# 中国卫生年鉴

# 1992

《中国卫生年鉴》编辑委员会　编

人民卫生出版社

1992·北京

（京）新登字081号

中 国 卫 生 年 鉴
1 9 9 2
《中国卫生年鉴》编辑委员会　编

人 民 卫 生 出 版 社 出 版
（北京市崇文区天坛西里 10 号）
人民卫生出版社印刷厂印刷
新华书店北京发行所发行

787×1092毫米16开本　44¼印张　15插页　1021千字
1992年11月第 1 版　1992年11月第 1 版第 1 次印刷
印数：00 001—4 600
ISBN 7-117-01803-8/R·1804　定价：32.00元

# 《中国卫生年鉴》(1992) 编委会

# 《中国卫生年鉴》(1992)特约编辑

(按姓氏笔画排列)

王贺祥　卫生部卫生防疫司
王博识　吉林省卫生厅
王蓓蓓　贵州省卫生厅
叶德慧　卫生部计划财务司
叶传城　广西壮族自治区卫生厅
史解放　卫生部科技司
艾克林　天津市卫生局
邓克中　新疆维吾尔自治区卫生厅
冯鎏祥　广东省卫生厅
朱宝铎　卫生部卫生监督司
刘振起　黑龙江省卫生厅
刘丕承　青海省卫生厅
孙爱明　卫生部医政司
乔建东　内蒙古自治区卫生厅
乔公先　甘肃省卫生厅
李万山　卫生部外事司
李振川　山西省卫生厅
陈清森　中华医学会
沙凤桐　国家中医药管理局
张景保　卫生部药政管理局
张　立　卫生部地方病防治司
张奎吉　中国红十字会总会
张丽霞　北京市卫生局
张　钢　上海市卫生局
张忠田　山东省卫生厅
宋明昌　中华人民共和国卫生检疫总所
宋友明　西藏自治区卫生厅
沈家贤　浙江省卫生厅
何汉文　湖南省卫生厅
邱省明　四川省卫生厅
金春田　卫生部教育司
宗　音　卫生部办公厅
杨才绩　海南省卫生厅
杨智海　陕西省卫生厅
郑国辰　国家医药管理局
赵同刚　卫生部办公厅
赵学诚　河北省卫生厅
郭　进　解放军总后卫生部
郭美松　湖北省卫生厅
费勤福　安徽省卫生厅
陶　金　全国爱国卫生运动委员会办公室
陶　曦　江西省卫生厅
夏雪红　卫生部妇幼卫生司
傅　红　卫生部政策法规司
韩明惠　辽宁省卫生厅
曾繁玉　河南省卫生厅
鲁建成　福建省卫生厅
曾晓林　宁夏回族自治区卫生厅
褚瑞明　江苏省卫生厅
熊汝成　云南省卫生厅
樊　娟　卫生部人事司

# 编辑说明

《中国卫生年鉴》是综合反映中国医药卫生工作各方面情况、进展和成就的史料性工具书。本书自1983年以来每年1卷，已出版9卷。本卷为1992年卷，收编的内容截至1991年底止。

本卷分13个部分：1. 重要会议报告；2. 政策法规；3. 救灾防病工作；4. 工作进展；5. 军队卫生工作；6. 省、自治区、直辖市卫生工作；7. 学术团体和群众团体；8. 中国红十字会；9. 人事与干部；10. 卫生工作纪事；11. 卫生统计工作；12. 附录；13. 索引。

1991年我国部分省份遭受到百年不遇的特大洪涝灾害。在抗洪救灾的斗争中，全国广大医药卫生工作者出色地完成了救灾防病工作，取得了大灾之年无大疫的优异成绩。这是一次具有重大意义的历史事件，为此，本卷特增加了“救灾防病工作”部分，以全面反映救灾防病工作的情况和经验，以鉴后人。

“工作进展”部分下设13个分栏目。其中增设了“少数民族卫生工作”栏，以充分反映我国少数民族地区的医药卫生工作的情况、进展和成就。撤消了“计划生育”和“药品和医疗器械”两个分栏目，以避免和另行出版的《中国计划生育年鉴》和《中国医药年鉴》有过多的重复。但有关计划生育技术方面的资料、药品和医疗器械管理方面的重大方针、政策及科研成果等资料，本卷均在其他相关栏中予以收编。

台湾、香港的资料仍收编在“附录”部分；澳门资料由于时间关系，未能收集到，故本卷缺如。

全书引用数字均以国家主管机关颁布的1991年底数字为准。卫生统计内容选自卫生部编发的《1991·中国卫生统计提要》。全书统计数字均不包括台湾省数字。

为便于读者检索，本卷对“工作进展”收编的内容，编制了“索引”附于书末，按汉语拼音字母依次排列。

本卷为第10卷，为纪念本书创办十周年，本卷对封面进行了重新设计，特此敬告。

**《中国卫生年鉴》编辑办公室**

1992年6月

第11届国际农村医学会议：

欣悉第11届国际农村医学会议在北京召开，我谨代表中国政府和中国人民向应邀前来参加会议的各国朋友表示热烈的欢迎。

农村医学是造福于人类的伟大事业。它不仅关系到保障农民健康和提高人口素质，也关系到经济的发展和社会的进步，是国民经济和社会发展的重要组成部分。我国政府一向把发展农村医学、搞好农村卫生和初级卫生保健作为卫生工作的战略重点、各级政府、各有关部门和全社会对此承担着重要的责任、并且十分重视依靠群众，动员群众自己起来同不卫生习惯作斗争。

“2000年人人享有卫生保健”是世界卫生组织提出的全球战略目标。早在1983年中国政府对此已作出承诺，现在正在为实现这一战略目标进行不懈的努力。中国是一个拥有11亿人口的大国，又是一个发展中的国家，我们有责任对世界做出应有的贡献，积极促进“2000年人人享有卫生保健”在我国的实现。

预祝大会圆满成功！

中华人民共和国主席

**杨尚昆**

1991年11月9日

第11届国际农村医学会议：

欣悉第11届国际农村医学会议在我国首都北京召开，我代表中国政府向大会表示热烈的祝贺，向出席这次大会的各国朋友表示热烈的欢迎。

早在十四年前，世界卫生组织就将“2000年人人享有卫生保健”确定为全球的目标，并且指出实施初级卫生保健是实现这一目标的关键。十余年来，中国政府一直积极支持世界卫生组织为此所作的一切努力，积极促进这一目标在我国的实现。最近，我们已把“2000年人人享有卫生保健”纳入了我国国民经济和社会发展“八五”计划和十年规划，作为各级政府和全社会的共同目标，努力为之奋斗。

中国是一个发展中国家，11亿人口中有9亿多居住在农村。因此，我国一直把农村作为医疗卫生工作的重点。搞好农村的初级卫生保健，使人民健康达到较好的水平，是我国在本世纪最后十年的重要任务之一。为此，我国政府将进一步组织动员全社会各个部门和所有成员关心、支持和参与初级卫生保健，共同为“2000年人人享有卫生保健”在我国的实现作出贡献！

预祝大会圆满成功！

国务院总理

李鹏

1991年11月9日

國门衛士

健康使者

李先念

关心妇幼保健，努力提高人口素质。

李鹏

一九九一年五月一日

1991年3月18日李鹏总理会见联合国副秘书长、儿童基金执行主任詹姆斯·格兰特，代表我国政府签署“儿童生存、保护和发展世界宣言”与“90年代儿童生存、保护和发展世界宣言行动计划”

（妇幼司　供稿）

1991年世界卫生组织总干事中岛宏博士先后三次来华访问。图为李鹏总理会见中岛宏博士的场景

（外事司　供稿）

1991年7月30日，国务院召开了全国抗灾防疫工作电话会议，图为国务委员李铁映同志在会上作重要讲话

（王　平　摄）

1991年10月21日，中共中央政治局常委宋平等领导前往参观国际传统医药展览。图为宋平同志在成都同仁堂展台前询问药膳的疗效及生产情况　　（沙凤桐　供稿）

卫生部部长陈敏章陪同国务委员李铁映同志视察安徽灾区。图为他们正在察看霉变麦情况
（郭庆华摄　健康教育所供稿）

卫生部孙隆椿副部长到贵州省察看灾情。图为孙副部长正与受灾群众亲切交谈　（健康教育所　供稿）

国家救灾防病领导小组办公室主任、卫生部副部长何界生同志正在分析疫情形势

（赵同刚　摄）

卫生部副部长顾英奇在湖北省新洲县西湖灾区慰问医疗队
（项新明摄　健康教育所供稿）

医疗队涉水前往灾民聚集地　（金义良摄　健康教育所供稿）

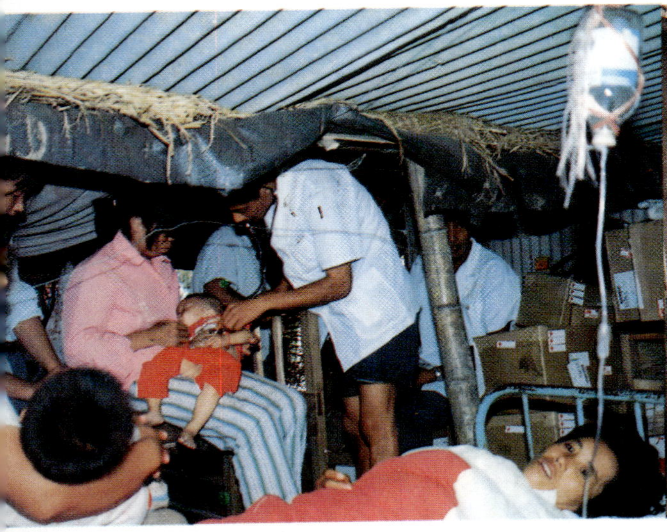

灾区庵棚中的急救室
（林先胜摄　健康教育所供稿）

洪水退到哪里，消毒、杀虫工作就做到哪里
（江荣进摄　健康教育所供稿）

医疗队队员向灾民讲解饮用水卫生知识　（金义良摄　健康教育所供稿）

防疫工作队队员向灾民宣讲卫生防病知识

（刘寿纯摄　健康教育所供稿）

广大医务人员为支援灾区开展了义诊

（张为摄　健康教育所供稿）

一方有难，八方支援。图为满载捐赠物资的车队驶往灾区的场景　（杨玉凯　摄）

到1991年，《中华人民共和国国境卫生检疫法》颁布五周年，1991年12月2日，卫生检疫总所、国务院法制局等单位联合在人民大会堂召开了总结大会。图为会议场景　（卫生检疫总所　供稿）

卫生检疫旗的升旗仪式即将开始　（卫生检疫总所　供稿）

卫生检疫人员在空港进行消毒工作
（卫生检疫总所　供稿）

卫生检疫人员在海港
（卫生检疫总所　供稿）

第十一届国际农村医学会议于1991年11月9日在北京国际饭店开幕。图为会议场景　（医政司　供稿）

世界卫生组织为表彰陈敏章部长对中国卫生和国际卫生所作的贡献，1991年2月4日在北京授予他人人享有卫生保健金质奖章。图为陈敏章部长在授奖仪式上讲话　（王平　摄）

全国卫生监督员统一使用的证件、证章
（卫生监督司　供稿）

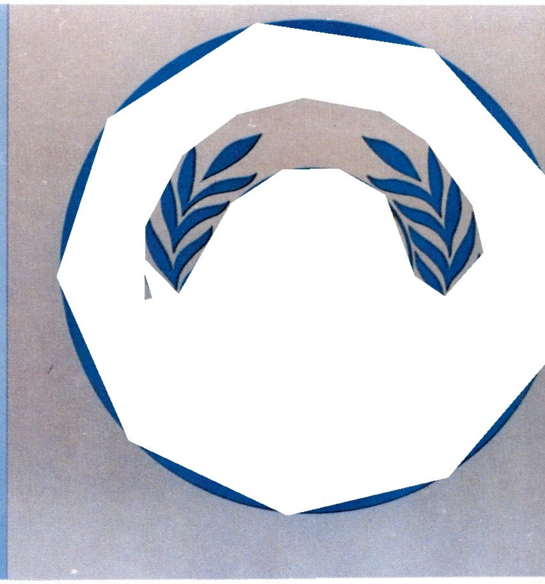

全国统一的卫生监督标志　（卫生监督司　供稿）

卫生部在北京宣布我国如期达到县以上85％儿童普遍免疫的目标　（外事司　供稿）

为2000年在我国人人实现初级卫生保健，云南省农村卫生工作暨初级卫生保健现场会于1991年10月在云南省玉溪市召开。图为大会会场

（刘春培　摄）

我国核试验下风向酒泉地区居民受照剂量与健康状况调查，于1991年5月正式结束。结果表明，我国核试验对下风向酒泉地区居民健康无不良影响。图为医务人员向居民做调查时场景

（甘肃省放射卫生防护监督监测所　供稿）

解放军总医院坚持9年向新疆边防派出医疗队，进行医疗科技支边。图为1991年派出的专家医疗队在中苏边界海拔4000米的吐尔尕特边防站为巡逻的战士送药　（姚春雨　摄）

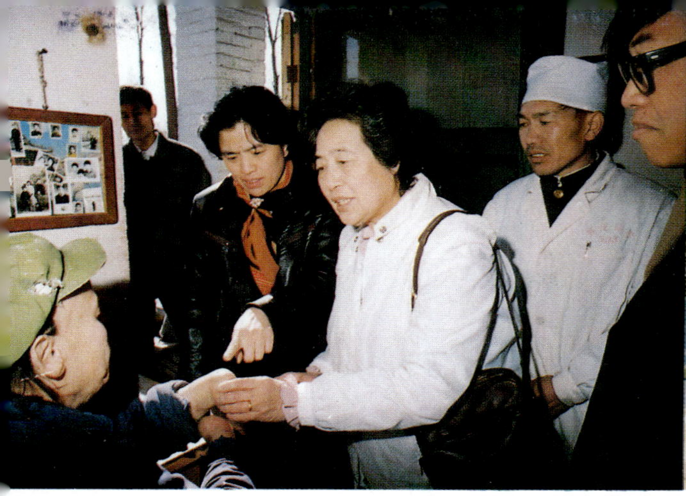

1991年1月30日，卫生部副部长何界生率慰问团到河北望都皮肤病防治院慰问麻风病人（周幻马　摄）

为进一步做好优生优育工作，科研人员正在开展X线照射对胎儿发育的研究。图为研究人员对在胎儿期受过X线照射的儿童进行智能测量　（王京津　摄）

新落成的中国农村改水技术中心

（全国爱卫办　供稿）

1991年7月18日中国红十字会在北京中南海怀仁堂举行颁发第33届南丁格尔奖章暨第2届无偿献血金杯奖大会。图为万里委员长为第33届南丁格尔奖章获得者河南省商丘地区人民医院吴静芳颁奖 （周　健　摄）

诺贝尔奖获得者丁肇中博士向中国预防医学科学院副院长、病毒学专家曾毅教授颁发1991年度陈嘉庚医药科学奖 （魏　征　摄）

国务委员李铁映等领导同志向无偿献血者颁发金杯奖　（周　健　摄）

桂林市中医医院重视科技兴医，发挥传统中医中药的优势，并注意引进现代检测手段。图为该院全国中医乳腺病防治中心的科技人员在用先进的液晶热象图仪认真为患者进行乳腺检查（见左下图）　（杨小凡　摄）

为继承发扬祖国医学遗产，在全国第一批500 名老中医药专家中，云南有10名著名老中医药专家收徒。图为云南省西双版纳年近80的著名老傣医康郎仑接受拜师献花（见右下图）　（刘春培　摄）

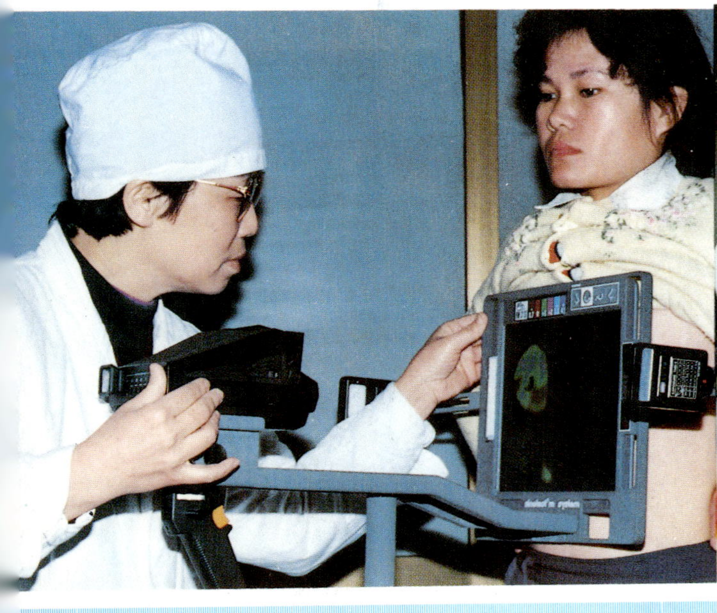

世界卫生组织指定人民卫生出版社为WHO书刊翻译和出版合作中心。图为西太区主任韩相泰向该中心主任董绵国颁发证书　　（外事司　供稿）

1991年10月18日，国际传统医药大会在北京召开。图为会议场景　（沙凤桐　供稿）

卫生部、经贸部、全国艾滋病控制委员会、世界卫生组织和联合国开发计划署，于1991年3月14日在北京联合召开了艾滋病控制国际合作会议。图为会议场景　　（外事司　供稿）

由卫生部主办的中国国际先进医疗器械设备展览会暨技术交流会于1991年5月21日在北京展览馆举行。图为展览会场景　　（外事司　供稿）

1991年，甘肃省各级政府坚持多渠道为乡镇卫生院筹集建设资金2321万元，维修改建卫生院房屋13.18 万平方米。图为泾川县集资新建的荔堡乡中心卫生院门诊部外景　　（沈宝华　摄）

中国红十字会副秘书长曲折和政策理论研究室副主任庄仲希，于1991年 9 月20日赴台湾，看望被扣压的大陆渔民。图为看望时场景　　（中国红十字会　供稿）

由日本政府和红十字会捐款，通过红十字会与红新月会国际联合会援建的中国红十字会杭州备灾救灾中心于1991年12月落成。图为该中心外景

（寿炳华　摄）

扩建后的北京医院

（计划财务司　供稿）

扩建后的上海市第六人民医院

（黄宗炜　摄）

全军先进企业——南方制药厂的质量检测中心　（南方制药厂　供稿）

1991年全国十佳合资企业之一——西安杨森制药有限公司　（杨森　供稿）

大型的综合性制药企业——中美天津史克制药有限公司　（史克　供稿）

上海市政府命名的“技术先进型”合资企业——中美上海施贵宝制药有限公司　（施贵宝　供稿）

# 目　录

## 工 作 进 展



### 初级卫生保健



### 少数民族卫生工作



### 公共卫生与疾病防治

## 爱国卫生运动



## 妇 幼 卫 生



## 中医事业管理

## 医政管理



## 医学教育

## 医学科学技术



## 药 政 管 理



## 计划财务管理与审计监督

## 健康教育与新闻出版



## 国际合作与交流



## 军队卫生工作

## 省、自治区、直辖市卫生工作



## 学术团体和群众团体

## 中国红十字会



## 人事与干部



### 卫生界人物

## 卫生工作纪事

# 卫生统计工作

## 卫生统计信息工作



## 卫 生 统 计

## 附　　录



## 索　　引

# 重要会议报告

## 国务委员李铁映关于医药管理工作的重要讲话(摘要)

(1991年8月5日)

1991年8月5日，中共中央政治局委员、国务委员李铁映、国务院副秘书长徐志坚等同志，听取了国家医药管理局的工作汇报。会上，李铁映同志就医药管理工作作了重要讲话：

国家医药管理局管理范围有三部分，**第一部分是对医药生产、科研、教育的管理；第二部分是对医药商品经营的管理；第三部分是对医药进出口贸易的管理，包括国际合作。**这三部分的**管理范围都包括药品、医疗器械、卫生材料、制药机械等范畴。**其中，第三部分还没有管起来；第二部分已经开始管；第一部分你们一直在管，但是现在的新情况**是行业管理问题**，现在其他部门也在搞医药，地方也在搞，军队也在搞，机械、电子行业，化工部门，食品、商业部门等有的在做药，有的在做医疗器械，这些都属于生产、科研、教育行业管理范畴。整个行业的管理很重要，**行业管理怎么搞法，在我们国家应体现在医药行业的体制和法制上面。**医药行业的管理体制，现在是通过医药管理局进行管理，有国务院这个层次，省级一个层次，下面还有企业、生产单位这个层次。行业管理有产品的技术、质量鉴定论证，也有行政管理，计划管理，法制管理。这个范畴的行业管理在今后的**"八五"期间，要建立一个有中国特色的行业管理体系。**行业管理反映经济体制，实际上是一个经济制度问题。**我们现在要借鉴的，一个是我们自己过去的做法，一个是国外医药行业管理的做法。**苏联的经济体制不顺，我们过去曾学过，看来还是要从我们自己的实践经验出发，主要研究、总结我们自己过去的做法；西方医药行业的管理办法，可以研究欧洲和日本的，美国的办法和我们差距太大。

"八五"期间医药的治理整顿工作是要进

一步做好医药生产，包括科研、教育的行业管理。因为今后要达到小康水平，人们对医药市场的需求可能要达到1000亿～2000亿元，你们现在是400亿。在世界上，医药行业是大行业，而且越来越大，现在正是发展的时候。不把行业管理体系健全起来不行，一个是体制，一个是法制。医药行业光靠行政管理不行，因为它市场很大，正在迅速发展，为什么出现“百业经药”，实际上就是因为医药行业有巨大的发展潜力。行业管理要把包括“三资企业”等各类生产药品、医疗器械的企业都要管起来。今后要严格审批制度，以国家统管的体制和法制，把我国医药生产管起来。不能地方上自己就批准生产药品。这是我讲的第一方面，医药行业的生产管理。

第二方面是医药销售市场的行业管理。管理体制和法制，“八五”期间要解决。生产管理与市场管理机构要分开。市场这一大环节，将来的管理任务是非常大的，机构的设置应该根据任务来考虑。整顿市场，建立法制，各地方怎样去管理市场，光靠医药局本身是困难的，还要和卫生、工商、公安等方面合作管理这个市场。市场管理的主要手段是要靠法制，要加强法制建设。市场管理包括所有的药品经营部门，各种公司、批发站，这方面也可以研究欧洲和日本的做法，没有严格的法制是管理不了这个市场的。国际上医药市场监督部门的力量是很强的，没有敢随便销售药品的。市场管理是一项相当复杂繁重的工作，要从体制上和法制上研究解决，完善市场的管理体系。

第三方面是进出口的管理。医药的进出口将来也是大的行业管理任务，一是常用药品的出口，因为中国的人口多，为了维持中国人民的生命健康，就需要有比较现代化的、大批量的常规药品的生产。对于常规药来说，中国应是世界上最大的供应者，避孕药品，中国也是世界上最大的生产和使用者。根据这样一个基本的估计，将来在常规药品上，只要我们把质量搞上去，做好出口工作，我们就可以占有世界相当大的市场。我建议，在出口问题上，不要着眼于稀、缺、少，高、精、尖的产品，而要着眼于大批量、高质量的常规药品的出口。我们国内市场是个大的检验，国内市场这么大，这么多人服用的药品的质量是好的，是达到国际标准的，出口就不成问题。对这样的一些品种，国内、国际要同一个质量标准和包装，不能国内一个低档标准，国际一个高档标准。不能再搞两个标准，限制我们的发展。我们要把常规药品、常规医疗器械以国际质量标准、中低档价格，大批量地面向国际市场。对于稀、缺、少、高、精、尖的，可以搞合作和引进，但是对常规的药品和器械，不再搞引进。关于药品进出口的范围，你们和经贸部、卫生部以及其他部门协调。原则是要保护我们的利益，一是要保护我们国内市场，即国家的利益，一是要保护人民生命健康，人民的利益。这么大的市场，常规药品必须靠我们自己自力更生来解决。另外对保健药品，我也不赞成进口，我们要积极开发保健药品，这个需要也是非常大的。对医疗必须的，比如治疗癌症及特殊病的一些稀、缺、少，高、精、尖的，我们一时做不了的药品可以考虑进口，但也要经过严格的审批。

第四方面，整顿医药市场要和专营联系起来。做法上可以采取中央和地方分别试点（指专营），中央研究宏观，研究法制，并选择试点；地方上也可以搞试点，搞一些法制的试点，可先建立地方的法制。要保护国家和人民的利益，假冒伪劣药品既损害国家利益，也损害人民利益。作为医药管理局，既要主管医药的生产、经营，又要代表国家进行执法和管理。

对于医药市场，批发一定要依法管住，零售也要依法经营，零售药品的质量必须是好的，要来自医药商业专业批发渠道。国务院29号文件精神不变，要继续贯彻执行。同时，整顿和建设要相结合，建设就是“八五”期间，要把医药的整个行业管理体制健全起来，法制完善起来。

第五方面是救灾药品问题。救灾药品不能短缺，要保证供应。各地医药局也可以借这次救灾的机会，对行业管理的情况进行一下检验。

（郑国辰　摘）

# 卫生部部长陈敏章在全国卫生厅（局）长会议上的报告（摘要）

## 一、回顾“七五”，成绩显著

医疗卫生机构有所增加。1990年全国卫生机构已达20. 8735万个，五年新增7869所。县级以上医院、卫生防疫站和妇幼保健所（站）增长较快，医院增加2840所、预防保健和专科防治机构增加589所、妇幼保健院由272所增加到328所。“七五”期间计划增加医院病床40万张，1990年全国医院病床已达到262. 4万多张，比1985年增加39. 5万张，各类医院的装备水平有了明显提高。全国有医疗点的村数1990年比1985年增加3. 6万个。

卫生技术队伍不断扩大。全国专业卫生人员达到490. 6万人，五年增加59. 3万人，其中卫生技术人员增加40万人，平均每千人口的卫生技术人员数由1985年的3. 28人增长到3. 43人，平均每千人口医生数由1985年的1. 36人增长到1. 56人。乡村医生和卫生员总数达到123万人，比1985年增加13万人。

医学教育改革取得成效。全国高等医学院校达到135所，年招生能力达到4. 5万人，在校生达到19. 7万人，三年制大专的比例有明显增长，约占招生总数的1/3。中等卫校达到511所。为农村培养的定向生逐年增长，打通了医学人才通往农村的渠道，为农村输送多层次的实用型人才不断增长。

医学科技事业有所发展。“七五”期间，我国医药卫生科技工作建立了新的运行机制，总体水平有所提高。“七五”国家科技攻关、“863”计划和部分重点科技项目的研究，获得了一批重大的科技成果，促进了防病治病重大技术的发展，跟踪世界高新技术的研究，为疾病的预防、诊断和治疗提供了有效措施和手段。1986年至1990年，全国共评出部级以上科研成果594项，其中获国家自然科学奖8项，国家发明奖23项，国家科技进步奖50项，部级科技进步奖513项。“七五”科技攻关计划确定的医学科技专题合同大多数已验收完毕，其中有10%的项目达到国际先进水平，处于国内领先的占85%，有8个合同受到国家阶段性的奖励。由卫生部组织在全国范围内推广的成果共有87项。1988年全国医药卫生科研单位技术转让成交额达3325. 3万元，相当于1985、1986两年技术转让成交额的总和。

卫生立法、执法监督得到加强。在人大常委会颁布的4部卫生法律中，有3部是在“七五”期间颁布执行的。国务院颁布了13个行政法规，卫生部颁布了100多个规章。药品、食品卫生监督保证体系基本建成。五年来，检验药品70多万批次，查处假劣药品案件 3.3 万多起；颁发食品卫生许可证 433 万个，监测食品和食品用品产品 428 万多件，查出不合格食品 11 万多吨，查处违反食品卫生法案件 356 万多起。此外，各类卫生监督执法队伍正在不断壮大。

医疗卫生服务改善，防病治病成绩显著。1990 年，全国各级医院诊疗达到 25 亿多人次，比 1985 年增加 1.2 亿人次，其中门、急诊增加 3.38 亿人次；入院人数为 5092 万人次，比 1985 年增加 17.6%。多年来困扰卫生部门的"看病难"、"住院难"、"检查治疗难"的情况得到显著缓解。1990 年全国节育手术总例数比 1985 年增加 13.2%左右。计划免疫"四苗"接种率继 1988 年实现以省为单位达到 85%目标以后，可望实现以县为单位的第二个 85%。在重点地方病区，开展了大规模的综合防治工作。三峡地区改灶防氟试点取得成功，南方湖区五省血吸虫病综合治理有了初步进展。妇幼卫生保健工作取得新进展，妇女、儿童系统保健覆盖率逐步扩大，新法接生率比 1985 年提高 1.3 个百分点，达到 95.7%，产妇住院分娩率提高近 7.8个百分点，婴儿死亡率 10 年降低 15 个百分点。农村改水到 1990 年底受益人口为农村人口的 70.3%，比 1985 年提高 20.5 个百分点。为适应我国人口疾病模式转变，在部分城市开展了一定规模的以社区为基础的慢性、非传染性疾病初级预防工作。我国传染病发病率继续大幅度下降，24 种法定传染病报告发病率由 1985 年的 521/10 万下降至 1990 年 12 月的 258.4/10 万，降低了 50%左右；急性传染病报告死亡率由 1985 年的 1.92/10 万下降到 1990 年的 0.91/10 万，降低了 52.6 个百分点；1990 年白喉、百日咳、麻疹三种传染病发病人数分别相当于 1985 年的三种病的 1/5 至 1/6，危害程度已大大减轻。

## 二、"八五"期间卫生工作的总体设想

**（一）发展战略** 90 年代卫生工作战略目标是：继续坚定不移地执行党的"一个中心，两个基本点"的基本路线，从我国国情和卫生事业现有基础出发，认真贯彻"预防为主"的方针，以提高人民健康水平和卫生服务水平为主导，以加强预防保健、农村卫生和振兴中医药为战略重点，努力建立具有中国特色、适合城乡经济发展和人民防病治病需要的卫生工作基础，保障人民群众最基本的医疗保健需求，总体上达到与小康水平相适应的健康水平，实现人人享有卫生保健。这一目标也是"八五"期间卫生工作的战略目标。在战略布局上，要抓两头：一是尽最大努力，搞好基础设施和基础服务；二是在医学科研的关键领域，追踪国际先进水平，为卫生事业的发展增强后劲。"八五"期间主要是立足现有基础，理顺关系、调整结构、整顿秩序、提高效益，走内涵与外延相结合、以内涵为主的发展道路。要把注意力放在对现有机构的完善、充实和更新改造方面，使其充分发挥整体功能，使有限资金发挥最大的效益。而"八五"计划的前两三年，要集中精力，继续搞好治理整顿和深化改革，为今后的稳步、协调发展打下坚实的基础。

**（二）有关战略重点的问题** 加强预防保健、农村卫生和继续振兴中医药是我国卫生事业"八五"计划和今后 10 年的发展战略重点。

党的十三届七中全会通过的《中共中央关于制定国民经济和社会发展十年规划和"八五"计划的建议》明确提出，卫生工作要进一步贯彻"预防为主"的方针，加强卫生监督工作和传染病、寄生虫病、地方病、职业病和严重危害人民健康疾病的防治工作，降低发病率。贯彻预防为主方针，加强预防保健工作既是党和政府确定的一项战略任

务，也是现代医学模式转变的要求。我国的预防保健工作虽然取得了很大的成绩，但是我们必须清醒地看到我们面临的任务仍然十分艰巨。

从全国范围看，不仅各类传染病、地方病、职业病以及许多已有预防和治疗手段的疾病至今仍然是危害我国公众身体健康主要因素，而且一些疾病的发病率还较高，并在局部地区时有暴发流行。病毒性肝炎年均报告发病率达到 1. 2%，乙肝病毒携带者占总人口的 1/10。霍乱、伤寒、流行性出血热、乙脑、痢疾等传染病每年都有部分地区的暴发流行，结核病发病率和死亡率也相当高，性病患者逐年增加，艾滋病已传入我国，潜在着蔓延的危险。我国已在国际上承诺了 1995 年前消灭脊髓灰质炎的任务，在国内也提出了在 2000 年前消灭丝虫病、破伤风、麻风病的奋斗目标，但目前距离完成上述任务还有相当大的差距。地方病、寄生虫病严重地影响了病区广大群众的健康、生活和生产，成为脱贫致富的障碍。全国现有血吸虫病二期病人 145 万人，钉螺面积 35. 5 亿平方米，血防工作任务十分艰巨。鼠疫虽是散发病例，但连年发生，并有向交通沿线和城镇地区发展的趋势。受到缺碘性疾病和地氟病威胁的人口约有 6 亿多。妇女儿童的防病任务也很繁重。每年有近百万 5 岁以下儿童死亡，破伤风仍然是新生儿死亡的主要原因之一。遗传性疾病及各种因素造成的出生缺陷占新生儿总数的 1. 1%。5 岁以下儿童贫血患病率高达 50%，北方儿童佝偻病的患病率高于 50%，儿童腹泻、肺炎发病率居高不下。同时，慢性、非传染性疾病发病率逐年上升。每年有数百万人死于恶性肿瘤、脑血管病。城市、农村因患恶性肿瘤，心、脑血管病致死的人分别占死亡总人数的 60%和 43%，其预防的任务正与日俱增。随着工业发展，特别是乡镇企业的发展，带来了一系列新的公共卫生问题。环境、水源、食品污染严重，接触有毒有害物质的人数增加。劳动卫生、精神卫生、学校卫生、意外伤害等问题日益突出，食品卫生的检查和监督任务仍很艰巨。我国人们的健康意识较差，不良的生活方式和行为习惯成为危害健康的潜在威胁。

卫生部门开展预防保健工作的现有条件和能力与面临的严峻预防疾病的任务极不适应，我国的预防保健机构普遍存在着机构不健全、工作条件差、经费没有保证、人员素质偏低的问题。卫生监督、监测的手段甚至落后于被监督的单位，影响执法监督的权威性。此外，我国的医疗服务能力还不能适应社会发展和人口增长的需求，国家、集体、个人对治疗疾病的经济承受能力也很有限。改善这种状况还需要相当长的时间。我们把贯彻预防为主方针，加强预防保健工作做为战略重点，就是要使各级政府、卫生部门和全社会充分认识预防保健工作的重要意义，采取有效措施，从政策和资源上，加强预防保健工作。在这里还需要指出的是我们必须正确理解和处理两个战略重点之间的辩证关系。加强预防保健和加强农村卫生两个战略重点是密不可分的，是相互关连的。李铁映同志最近明确指出，农村卫生工作要把医生看病、计划免疫和地方病、传染病防治、妇幼保健、计划生育合并起来考虑，不要搞两个体系。因此，加强农村卫生绝不意味着只是加强农村医疗服务，实际上，加强农村卫生最繁重的任务是加强农村的预防保健。同样，加强预防保健工作首要的任务是加强农村的预防保健工作。只有把两个战略重点紧密结合起来，才能达到预期的效果。

**（三）实现发展战略的基本思路** 总结十年来卫生事业发展建设的经验，“八五”期间要进一步强化以下四个意识：一是各级政府要进一步加强对卫生工作的领导，促进相关部门的协调配合，动员全体群众参与；二是深化改革，完善管理，多渠道增加卫生投入，不断提高卫生资源利用和卫生服务综合效益，实现卫生事业与社会和国民经济协调发展；三是依靠技术进步，人才培养，促进服务能力的提高和事业的发展；四是各项工作必须坚持从实际出发，因地制宜，分类指导，以适应不同地区经济、文化、卫生发展不平衡的特点。

## 三、充分认识加强农村卫生的战略意义，切实把卫生工作的重点放到农村

**(一)加强农村卫生建设是我国卫生工作的当务之急** 加强农村卫生工作，是发展农业的重要组成部分，也是脱贫致富的保证。把农业搞上去，一靠政策的稳定，二靠科技的进步，三靠投入的增加。身心健康的农业劳动者是影响农业生产的决定因素。卫生工作的任务和目的就是要保障农民群众有充沛的精力、健康的体质，全身心地投入到农业生产中去。因此，全社会特别是各级政府必须树立加强农村卫生工作是发展农业的重要组成部分的观点，决不能把加强农村卫生工作与发展农业对立起来，更不能把农民增加医疗卫生的投入，看做是增加农民负担。

我国的人口分布和卫生工作的宗旨，决定了卫生工作的战略重点必须在农村。因此要解决中国的卫生问题，必须首先要考虑农民的卫生问题。城市建设得再好，卫生水平再高，而农民的医疗卫生得不到解决，从数量上看也只是解决了 1/5 的中国卫生问题，不能算从根本上解决了中国的卫生问题。农村卫生工作的好坏，对于评价我国卫生工作成绩具有重要作用。

农村又是我国卫生工作的薄弱环节。我们必须清醒地看到，十年改革使我国农村经济发生了很大变化，但是农村卫生工作并不能适应农村经济发展的需要，广大农村特别是边远地区缺医少药的状况还没有从根本上扭转。许多地区对农村卫生事业的投资比例减少，基层技术力量外流严重，队伍素质降低，基层卫生组织不健全，三级医疗预防保健网受到严重冲击，不少地方的农村基层卫生机构和合作医疗保健制度解体，使预防保健任务的落实受到严重影响。但受各种传染病、地方病、环境污染等问题危害最大的是广大农民。据我们对 30 个省、自治区、直辖市 247 个监测点近 1 亿人口的孕产妇死亡监测，1989 年监测点孕产妇死亡率为 94.7/10 万，其中城市为 49.9/10 万，农村为 114.9/10 万。农村卫生工作中存在的这些问题，严重影响着农业生产力的发展和广大农民的切身利益。在过去一段时间里，我们对农村卫生事业发展的问题虽也不断地强调，但具体地指导不够有力，尤其是在农村经济体制改革后，没有及时地强调巩固、坚持集体互助福利制度和三级医疗预防保健网的网底建设，使农村卫生工作有所削弱，城乡间的差别有进一步拉大的趋势。这些问题，通过治理整顿、深化改革，虽然正在逐步扭转，但是，形势仍然十分严峻。对此，必须引起各级政府和卫生部门的高度重视。为此，要切实地把加强农村卫生工作做为战略重点，力争在“八五”期间取得显著成效。

**(二)实施初级卫生保健是落实加强预防保健和农村卫生两个战略重点的重要途径**

“2000 年人人享有卫生保健”是 1977 年世界卫生组织提出的全球性战略目标。对此，我国政府已予承诺。在我国能否实现这一目标，关键在于农村。实施初级卫生保健，目的是使人人都能得到最基本的、体现社会平等权利的、人民群众和政府都能负担得起的卫生保健服务。通过 250 个县(约占全国总县数 1/10)的初级卫生保健试点工作和对 29 个省、自治区、直辖市的 30 个试点县试点工作的考评表明：在中国发展初级卫生保健，实施“2000 年人人享有卫生保健”战略规划，以预防保健为核心，把政府和部门的职责与社会和群众的参与结合在一起，把对机构、制度建设等支撑条件的要求与工作任务结合在

一起，把医疗与预防保健各项工作结合在一起，是解决我国农村卫生服务的供需矛盾，同时落实两个战略重点，开创农村卫生工作新局面的有效途径。

“八五”期间，初级卫生保健首先要抓好普及阶段的起步工作。各地卫生厅局要在当地政府领导下，进一步协调政府各职能部门，结合当地的实际情况，做好全面普及阶段的规划安排和各项准备工作，以保证到1995年全国至少有50%的县达到低限标准。从1991年开始，各地的农村卫生工作都要紧紧围绕初级卫生保健的13项任务指标逐步开展起来。省、地、县、乡都要制定自己的年度实施计划，加强分类指导，处理好点与面的关系。“老少边穷”地区条件差，起步难，这些地区实施初级卫生保健的目标和办法绝不能脱离当地的实际情况，一定要切记不能因为方法简单和急于求成，而挫伤群众和政府的积极性。初级卫生保健的13项任务，每一项都与广大农民的身体健康有直接关系，不管哪一项工作，只要能在原有的基础上有所前进，使农民受益，我们都应给予肯定和支持。此外，初级卫生保健是一个社会系统工程，地方病防治、改水改厕、加强基层卫生组织建设等工作都是涉及多部门的政策性很强的工作，既需要一定的经费支持，更需要组织广大群众参与。因此，各级政府一定要明确有关部门的责任，搞好部门协同。在卫生部门内部也需要统一思想、统一认识、统一行动。初级卫生保健工作是卫生部门共同的任务。各项业务工作都要树立全局观念，齐心协力，相互支持，密切配合。同时，要抓紧初级卫生保健立法准备工作。

**（三）加强农村卫生事业建设的政策和措施** 各级政府要加强对农村卫生建设和改革的领导，为农村卫生事业发展创造宽松的环境。因此，各级政府应进一步加强对初级卫生保健工作的领导，采取切实可行的措施，妥善地解决困扰农村卫生事业发展的困难问题。各地政府在制定2000年规划和“八五”计划时，要根据十三届七中全会精神和李鹏总理关于实现人人享有卫生保健是2000年我国社会经济总体目标组成部分的指示精神，把卫生工作特别是初级卫生保健工作纳入当地社会经济总体目标，并按分类要求，明确“八五”期间以县为单位实施初级卫生保健的任务目标，使之与经济建设同步发展。

卫生投入不足是制约卫生发展的重要因素之一，各级政府要强化卫生投入不是单纯消费性支出，而是保护劳动力的生产性投资的意识。在经费上，要采取有效措施增强卫生投入，要使卫生事业经费的增长比例高于财政支出的增长比例，使预防保健经费高于卫生事业经费增长的比例，并逐步达到卫生经费占地方财政支出的8%的比例。要动员全社会共同增加对卫生的投入。我们已向国务院以及国家计委、财政部提出了关于在“八五”期间安排专项资金支持广大农村的预防保健工作和基层卫生事业发展的建议。

在政策上，各级政府要明确稳定农村卫生技术队伍的政策，支持卫生部门解决农村基层卫生技术人员的实际困难，要为推广多种形式农村医疗保险制度，恢复和发展集体办医创造条件，明确集资办医不是向农民乱摊派；对不合理服务价格和收费标准要适时调整，并应制止社会向医疗卫生单位的各种摊派。

加强三级医疗预防保健网的建设，积极推行多种形式的农村医疗保险制度。加强农村的医疗卫生工作，实施初级卫生保健，需要坚实的组织保障。我国从50年代开始，按照行政区划组织起来的县、乡、村三级医疗预防保健网，是适合我国国情的，对促进我国农村卫生事业的发展发挥了重要的作用，今后仍将是贯彻落实卫生工作方针的主要渠道，是实施初级卫生保健的支持体系。李铁映同志最近指出：中国从温饱向小康水平过渡时，农村医疗预防保健网的建立已提到议事日程，中国的经济发展不平衡，这个网可按农村经济发展的程度来考虑。为此，“八五”期间，各地要按照统一规划、合理布局的原则，加强以县级医疗卫生机构为技术指导中心，以乡（镇）卫生院为枢纽，以村卫生室（所）为基础的三级医疗预防保健网的建设，逐步健全和完善农村卫生服务体系。

乡（镇）卫生院可由乡（镇）举办和管理，也可由县卫生局或县卫生局和乡（镇）政府双重领导，这需要因地制宜。卫生院是落实预防医疗保健工作的枢纽，应贯彻预防保健工作为主，防治结合的原则，在完成本身医疗预防保健任务的同时，还要指导和监督所属村的初级卫生保健工作。

村级卫生组织是三级网的网底，是农村卫生工作的基础单位，主要任务是全面实施初级卫生保健各项具体的任务目标和治疗常见病。各地要参照“2000年人人享有卫生保健”规划目标，引导集体办村卫生室，积极发展由村民委员会领导、乡卫生院负责业务指导和管理的合格的村卫生室。乡、村两级卫生机构都要逐步做到人员、设备、房屋、药品四配套。

农村的个体医生和民办医疗机构是多种形式办医的组成部分。各地要根据治理整顿、深化改革的方针，对农村现有的个体医生和民办医疗机构进行整顿，符合办医标准要允许继续存在，但要合理布局，严格管理，并要承担一定的预防保健任务，使其充分发挥对国家医疗卫生事业的补充作用。对不符合办医标准的要坚决予以取缔。

县、乡、村三级医疗卫生机构，不论是全民所有制还是集体所有制性质，都应实行独立核算、自主经营和目标管理责任制。地方政府和卫生行政部门，既要从政策上为其提供必要的条件，又要加强领导和监督，帮助其改善经营管理，不断提高管理水平。

关于多种形式农村医疗保险制度问题。50年代兴起的体现集资医疗制度性质的合作医疗，对解决广大农村缺医少药问题发挥了重要的历史作用。包括合作医疗、集资医疗等在内的多种形式农村医疗保险制度，是从中国国情出发，体现我国社会主义制度优越性，发扬中华民族互助互济优良传统的一种社会保障制度。在集体经济的支持下，在农民互助合作的基础上建立起来的多种形式农村医疗保险制度，可以使农民以较少的经济投入，得到最基本的医疗保健服务。它有助于防止农民因病致贫，从而保护农业劳动力；也有利于在卫生工作中坚持社会主义方向，促进一定程度上的社会公平。建立多种形式农村医疗保险制度，是调动农民积极参与初级卫生保健的一种形式，是现阶段解决农民医疗保健费用问题的较为稳妥可行的办法，是贯彻十三届七中全会关于建立社会保障体系决定的重要组成部分。各地要在总结历史经验教训的基础上，根据农民的意愿，建立适合当地经济基础、符合群众利益的农村医疗保险制度，并要加强领导，严格管理，取信于民，使其不断巩固和发展。农村医疗保险所需资金，主要由集体经济和农民个人投入解决。不管以何种形式筹集的资金都是农民血汗劳动所得，要民主管理，使用得当，充分发挥应有的效益。要积极宣传卫生保健不是消费而是投入的观念。只有当政府、集体和农民对这一原则性问题有了共识，真正认识到兴办农村医疗保险并不是加重农民负担，而是关心广大农民疾苦，减轻农民因病致贫的风险，我们才能在农民群众尚缺乏健康投入意识的情况下，逐步开发农民公益积累的意识，引导他们合理地搞好消费分配比例，把部分所得用于自身健康，并从单项集资逐步发展为综合项目的集资，成为一种真正的集体经济支持下的社会保障制度。

稳定和发展农村卫生技术队伍。为农村培养适宜的卫生技术人才是加强农村卫生工作的重要保证。因此，在今后相当长的一个时期内，我们必须把稳定和发展农村卫生技术队伍做为加强农村卫生事业建设的一项重要任务，着重做好以下几项工作。一是各地要根据《卫生部关于进一步加强农村卫生技术队伍建设的意见》，逐步调整县、乡、村卫生技术队伍的人员结构，形成合理的技术梯队。二是要完善面向农村的定向培养制度和在职教育制度。本科和专科都要采取倾斜政策，有效措施，保证每年招收一定比例的定向生。中等医学教育要坚持面向农村、面向基层的办学方向，进一步扩大培养能力，以便为县和县以下医疗卫生机构输送更多更好的、适合农村卫生工作需要的“实用型”技术人才。对现有的农村卫生技术人员要逐步实行在职教育制度，利用各种教育形式，对在职人员进行培训。乡村医生是农村三级医疗预防保健网的基础力量，对乡村医生开展系统化、正规化培训，提高在岗乡村医生的业务素质是一项紧迫任务。各地要结合当地实际情况，积极创造条件，把乡村医生教育纳入当地教育系列，制定和完善有关配套措施，应达到《1991～2000年全国乡村医生教育规划》确定的标准。三是要制定稳定农村卫生技术队伍的相应政策，打通人才流向农村的渠道。为了稳定农村卫生技术队伍，在加强政治思想工作的同时，制定各种稳定农村卫生技术队伍的政策。许多省的经验告诉我们，只要各级政府重视，这些政策性的问题是可以解决的。如有的省已经对长期在艰苦地区农村工作的大学生、中专生实行比在城市工作的同等人员工资上浮的政策。四川省，省委、省政府已经决定：由计划、劳动部门每年拨给卫生部门一定数量的集体人员劳动就业计划指标，用于农村集体医疗卫生机构录用有真才实学的医务人员；有的省已决定有计划地解决集体医疗机构工作的技术骨干的“农转非”问题。

强化科技兴农意识，为农村提供适宜的医学科学技术。农村卫生事业的发展也必须以科学技术作为先导和依托，把发展科技事业与加强农村卫生工作结合起来。各级卫生行政部门和科研单位要积极向农村医疗卫生单位推广先进成熟的适宜技术，促使科技成果转化为生产力，转化为社会、经济效益，促进医疗、预防等工作水平的提高。向农村推广适宜的技术，要以投资少、见效快、效益高、覆盖面广、容易掌握的技术为主。要根据不同地区、不同经济条件和卫生事业发展的现状，统筹安排，分类指导，并利用各种手段向农民普及卫生知识。卫生部准备每年安排10项左右先进、成熟的适宜技术向农村、基层推广。各级卫生科技主管部门都要根据本地农村防病治病工作的需要，制定引进、推广、应用适宜技术的具体计划，并要抓好落实、检查和追踪效益反馈等工作。希望有关单位对已有的各种技术或产品进行综合评价，据此制定出推广工作规划，有计划、有步骤地替代应淘汰的低效益的技术或产品。为鼓励和支持农村医疗卫生机构积极引进、推广应用新技术，各级卫生部门要落实专项经费、制定奖励性政策和建立推广应用网络，使农村卫生工作逐步走上依靠医药卫生科技进步的发展轨道。

坚持城市支援农村，促使农村卫生工作水平的提高。城市医疗卫生机构应充分发挥人才、技术优势，努力做好对农村和“老少边穷”地区的各项支援工作。各级卫生部门要沟通城乡渠道，因地制宜地制定切实可行的支农规划。通过对口支援、目标支援以及支农巡回医疗队或初级卫生保健工作队等多种形式，帮助基层单位进行专业培训、技术开发和改善经营管理以及对重大疫情、自然灾害等突发事件的应急处理。城市医疗卫生单位也可对基层单位进行物质支援，以无偿赠送或优惠价的方式把更新、剩余的器械设备支援农村基层卫生机构，缓解农村设备缺乏的状况。近年来，在卫生改革中，城乡医疗卫生单位之间建立起来的“以大带小”、“以高带低”的联合体，也是城市支援农村的一种好的形式，可以使医疗单位、医务人员和病人共同受益。今后要根据无偿与有偿相结合的原则，使其不断完善健康发展。卫生支农工作不要搞一刀切，也不要一哄而起，搞形式主义，要进行科学的测算，按照逐级支援的原则，使基层单位经常保持一定数量的城市医技骨干在基层工作。各地要把支农做为考核城市医疗工作单位工作的一项指标，在不断总结经验的基础上，制定城市医疗卫生人员到农村服务的政策和管理办法。城市卫生技术人员下农村服务，其生活补贴和奖金不能低于在城市工作时的收入水平。接受援助的单位也应采取措施为城市卫生技术人员支农创造必要的条件，主要是借以提高技术、培养人才、改善管理。

（傅红　摘）

# 卫生部副部长孙隆椿在全国卫生厅（局）长会议上的总结讲话（摘要）

## 一、继续搞好治理整顿，深化卫生改革

党的十一届三中全会以来，卫生部门贯彻执行党的基本路线，在卫生管理体制和卫生机构运行机制等方面进行了改革和探索。通过改革开放，发展了卫生事业，增强了医疗卫生单位的生机和活力，提高了医疗预防保健服务能力，群众看病难、住院难、手术难的矛盾有了不同程度的缓解，医务人员的待遇也有所改善。实践证明，我国卫生改革的方向是正确的，已经出台的卫生改革的基本政策和措施应当充分肯定。

前个时期，卫生部门一些单位出现了医疗秩序混乱、服务质量下降，以及片面追求经济收入的不良现象，有些单位的个别人员甚至发生了违纪违法行为。经过两年来的治理整顿，宏观管理得到加强，改革措施逐步配套；社会监督体系和自我约束机制正在形成；乱办医、乱收费等社会反响较大的问题得到抑制，一些违纪违法案件受到查处；医德医风、文明服务和基础医疗质量得到重视和加强，医疗卫生机构的声誉逐步提高。总的来说，去年全国卫生厅局长会议上陈敏章部长提出的卫生系统治理整顿的目标和重点任务，经过广大医务卫生人员的共同努力，已取得一定成效，整个卫生系统的服务质量和综合效益正在逐步改善。但是，我们也应当清醒地看到，治理整顿在治“乱”治“差”方面虽有显著进展，但要进一步健全宏观调控体系和完善微观运行机制，任务还相当艰巨。医德医风、服务态度、服务质量等方面仍存在不少问题，人民还不尽满意。因此，治理整顿决不能放松，必须在巩固现有成果的基础上，继续抓紧抓好。

根据卫生部门实际情况，今年治理整顿的重点是：进一步加强医疗卫生全行业管理；继续清理整顿药品市场，严格药品管理，提高药品质量；整顿医疗卫生服务秩序，严格质量管理，健全和完善自我约束和社会监督机制，进一步纠正行业不正之风；在调整医疗卫生收费标准的同时，严格执行物价政策，坚决制止损害群众利益的乱收费现象；整顿服务作风和服务态度，严格基础管理和岗位责任，大力倡导高尚的医德医风。治理整顿一定要从实际出发，认真调查研究，本着兴

利除弊、积极稳妥的原则，要正确把握调控的力度，要注意保护广大医务卫生人员的积极性，稳定大局。

党的十三届七中全会公报指出："要在总结80年代改革开放经验的基础上，依据生产力发展的要求，使改革不断深化，开放进一步扩大。"卫生部门在继续治理整顿的同时，要处理好治理整顿和深化改革的关系，努力把卫生改革引向深入。深化改革不能简单地理解为又有一些新政策新措施出台，而是要在保持各项改革开放政策的连续性和稳定性的基础上，搞好配套措施，使改革政策日趋完善，效益更为显著。国务院颁发的〔1985〕62号和〔1989〕10号文件，既是多年卫生改革经验的总结，又是指导卫生系统深化改革的重要政策依据，两个文件所规定的各项改革政策，通过卫生系统这几年实践的证明，总体上是适合国情、行之有效的政策措施，例如多渠道、多形式兴办卫生事业，综合目标管理责任制，试行院（所、站）长负责制，横向技术协作与联合，有组织的专家门诊、业余服务，有偿服务与无偿服务相结合，"以副补主"，改革医疗收费和医疗保健制度等等，方向都是正确的。这些政策措施有利于调动医务卫生人员的积极性和责任感，促进了卫生事业的发展和各项卫生工作任务的完成，必须继续贯彻执行。

目前，深化卫生改革所面对的现实是，制约卫生事业发展的一些老问题没有完全解决，又有新问题出现。资源短缺、投入不足的问题在一些地方有所改善，但未能根本上解决。在十年改革中，由于财政体制的变动，东西部经济发展和卫生资源的差距扩大，出现地区性结构失衡。另一个问题是卫生事业的城乡结构、防治结构和人才结构的失衡。再一个突出的问题是医疗费用的承担问题，卫生部门要通过扩大服务来增加收入，企业、个人以及财政就会增加费用支出，这里反映了部门利益和全局利益的矛盾，也反映了医患双方供需利益的矛盾。因此，在继续治理整顿的同时，今年着重在以下三方面深化改革：

一是通过治理整顿进一步完善各项改革政策和配套措施，建立健全宏观调控机制和内部自我约束机制，加强监督管理。要制定和完善有关的规章、制度、标准等，使各项工作有章可循；要强化分级管理，发挥各级管理组织的职能；要重点指导和督促基层医疗卫生机构完善综合目标管理责任制，以提高质量为中心，坚持社会效益为最高准则。

二是继续完善投入机制和补偿机制。完善投入机制的思路是，积极争取各级财政增加卫生投入，使卫生事业费增长速度高于财政支出增长速度；同时继续开拓社会多方面投入的渠道。在增加投入的同时，要注意调整卫生事业投资结构，预防保健经费和初级卫生保健项目投资增长速度，要高于整个卫生事业费增长速度。努力把完善投入机制和调整投资结构结合起来。两广、福建等沿海开放地区应尽力多争取海外侨胞和台、港、澳同胞的投资。各经济开发区新增的医疗卫生设施，要纳入经济开发区的基础建设规划中。农村卫生除了政府投入外，应当广泛动员集体经济和农民个人增加投入，这是完善投入机制的重要方面。河北邯郸地区集资建设卫生院，180个乡镇卫生院动工兴建；山东潍坊市每人集资2元，50%用于乡村医生报酬，50%用于防保事业等；都是增加农村卫生投入的有效措施。

改革和完善补偿机制的重点，要放在继续调整不合理的医疗收费标准，逐步改变业务收入的构成，提高基本的技术劳务收入的比重，减少和杜绝不合理的药品销售收入。比如，陕西省调整了医疗收费标准，同时停止了两种收费标准的试点；湖北省增收病室综合处置费，同时取消病室内各种分解收费；上海市提高了挂号费，同时降低CT等大型设备的检查费；山西省眼科医院实行全程优质服务，同时降低业务收入中的药品收入比例等，都取得明显成效。调整业务收入结构是完善补偿机制的重要方面，如果能够全面合理提高基本的技术劳务收费标准，大型设备检查的收费标准就有可能降下来，"大处方"、不必要检查等不合理的现象将会进一步得到治理，医药费开支上升较快的势头，也可能在一定程度上得到抑制。

三是推进社会医疗保健制度改革。医疗保健制度是社会保障大系统的重要组成部分，关系到经济发展和社会安定。中央领导同志多次指示要推进这方面的改革。在农村要继续推行多种形式、多方集资的互助共济性质的医疗保健制度。各地都有许多坚持合作医疗数十年的好典型，如湖北武穴，山东招远，江苏苏州、无锡等，也有农村医疗保险试点的新经验，如四川眉山、简阳，上海金山，山西翼城等。要结合初级卫生保健规划的制定和实施，认真抓好农村医疗保健制度的改革、组建和完善工作，包括推行和完善计划免疫、妇幼保健保偿制。各地要因地制宜，努力扩大覆盖面，但不要搞"一刀切"。

城市公费和劳保医疗改革，总的方向是国家、集体、个人都负担一部分，既要保护劳动者健康，免除后顾之忧；又要减少浪费，提高医疗资源的使用效益。卫生部门要和财政、劳动、工会等有关部门密切配合，认真总结交流近几年公费、劳保医疗制度改革的经验，制定多种方案，分析比较，扩大试点，加强管理。

卫生改革是社会主义卫生事业和卫生保健制度的自我完善，受到许多因素的制约，需要社会多方面的配合，一定要积极稳妥，不要急于求成；要经常调查进展情况，善于总结经验教训，兴利除弊，及时调整，以保证卫生改革的健康发展。

## 二、加强重点，统筹兼顾，全面做好各项卫生工作

**（一）切实加强农村卫生** 各级卫生部门都要贯彻执行党中央关于各行各业支援农业的指示精神，把卫生工作重点放到农村去。这是一项长期的战略任务，也是今年的重点工作。国务院已经批发了卫生部、农业部、国家计委、国家教委、人事部《关于改革和加强农村医疗卫生工作的请示》，各地要认真贯彻执行。

一是要巩固发展三级医疗预防保健网，完善农村卫生服务体系。县、乡、村三级网，是实施农村初级卫生保健，实现"2000年人人享有卫生保健"的必备条件。村级卫生组织是三级网的网底，是农村卫生工作的基础。近些年来，许多省市大力整顿和积极扶助村级卫生组织，多方集资，落实乡村医生的报酬，稳定农村基层卫生队伍；同时在总结合作医疗历史经验的基础上，推行多种形式的集资医疗保健制度，调动广大农民共同参与初级卫生保健。这是正确的方向，各地都要继续发展。村级卫生机构要引导集体办为主，鼓励农民群众依靠集体和自身力量举办卫生服务设施。象甘肃庆阳地区和各地先进地区那样，通过典型示范、宣传动员，引导群众自觉增加卫生投入。要继续加强乡镇卫生院建设，特别是中心卫生院建设，一方面，适当增加投入，帮助卫生院改善服务设施；另一方面，注意发挥乡镇卫生院的枢纽作用，把工作重点放在初级卫生保健上，承担起本乡镇基本的医疗预防保健工作。要充分发挥中医药在农村医疗预防保健服务中的功能和作用。在经费安排上，要体现"倾斜"政策，集中部分财力，加强基层卫生事业，特别是投于卫生院房屋维修和改造，逐步改造危险房屋，充实基本的装备。

二是要贯彻落实卫生部《关于进一步加强农村卫生技术队伍建设的意见》，加快为农

村培养适宜卫生技术人才。建设农村卫生技术队伍要两手抓，一手抓能留得住、用得上的高、中级卫生人才培养，另一手抓现有卫生人员的培训。各高等医学院校要继续办好面向农村、基层的三年制专科教育，努力提高中等医学教育质量，采取定向招生、定向培养、定向分配、定期服务等形式，有计划地为农村培养急需的实用型人才。通过多种形式，对乡村医生进行系统化、正规化培训，尽早实现每个村至少有一个真正相当于中专水平的乡村医生。

三是广泛开展城市对农村的技术支援活动。近年来，一些省、市组织城市医务人员下农村、下基层，支援农村和基层卫生工作，取得了明显成效。今年要把这项工作抓好抓细，并长期坚持下去。城市各级医疗卫生机构除完成本单位的医疗、预防、保健、康复、科研、教学等任务外，应分层次、有组织地与农村基层卫生单位挂钩联系，从技术指导、人员培训、设备维修、物资调剂等方面实行对口支援，并形成必要的稳定的制度和政策。技术支援活动要兼顾双方利益。经济发达地区要顾全大局，多做贡献，从财力、物力和技术力量方面，积极支援"老少边穷"地区的卫生事业建设，这也是贯彻十三届七中全会精神的具体措施。

**（二）坚持"预防为主"，搞好预防保健**

做好预防保健工作，能够有效地控制疾病发生和流行，保护和增进人民健康，具有投入少、效益高的特点。各级卫生部门要继续加强预防保健机构和网络建设，适当集中力量，改善县级防保机构的设施和装备，使之能够全面开展急慢性传染病、地方病防治、计划免疫、计划生育技术指导、妇幼系统保健、卫生监督监测等工作；坚持无偿服务与有偿服务相结合，服务收入的分配要加强管理；同时，有计划地培训卫生防保人员，提高综合服务能力和业务技术水平。

要切实抓好各种急慢性传染病的防治工作。今年计划免疫第二个85％目标审评是项重点任务，这是计划免疫登上一个新台阶的大事。当前要针对薄弱地区、特定人群（流动人口、超计划生育儿童等），采取大范围突击普服和加强监测等强化措施，迅速有效地控制脊髓灰质炎疫情的回升，为实现1995年消灭脊髓灰质炎的全球目标奠定基础。

进一步加强地方病、寄生虫病的防治工作，全面落实国务院召开的全国血吸虫病防治工作会议精神，控制急性感染病人，减轻危害。要结合农田水利建设，开展群众性灭螺活动；落实"八五"科研攻关项目；继续做好湖区五省联防；抓好血防联系点的工作。

妇幼保健服务面广量大，衡量一个国家健康水平的主要指标中，有多项指标与妇幼保健工作直接相关，一定要切实抓好。要重点加强基层妇幼保健，加强妇女围产期保健，提高产科质量，大力推行母乳喂养和儿童生长发育监测工作；在农村以孕产妇和儿童保健系统管理为基础，重点加强高危孕产妇、高危婴儿的管理，降低母婴死亡率。扩大农村儿童保健覆盖面，继续进行儿童生长发育监测和重点疾病尤其是"四病"的防治工作。要积极推行优生优育宣传、咨询和技术指导工作，为提高全民族身体素质服务。

随着经济建设的发展，要加强对职业危害的临测、控制，进一步做好职业病防治工作，保护社会劳动力。卫生部门要积极参与爱国卫生运动。在农村，发动群众改水、改厕是关系农村卫生全局的大事，"两改"在初级卫生保健规划中既是重点，又是难点，一定要抓紧抓好。在城乡都要广泛开展健康教育，普及卫生知识，提高全民自我保健意识和能力。

**（三）改善医疗机构管理，提高医疗服务质量**　医疗机构要努力改善医疗服务，在保证医疗服务质量的前提下，扩大服务功能，加快病床周转，缩短住院日，在缓和"看病难，住院难"的基础上，要进一步加强全面质量管理，在我们医疗部门力所能及的范围内降低消耗，减轻患者负担，提高医疗设施的综合利用效率和服务质量，以缓和“看病贵，看病差”的矛盾。

要从宏观上适度控制城市大医院的发展规模，逐步调整布局，改善基层医疗机构的设施条件。积极稳妥地做好医院分级管理的试点和全面推行的准备工作。切实加强对社会办医、联合办医、医疗协作、家庭病床的管理，总结经验，兴利除弊。

要继续抓好急救设施的配套建设和管理。有条件的地方，逐步加强康复建设，充分发挥疗养院、所的作用。对残疾人的康复规划，要积极认真按计划执行，这也是体现党和政府关心人民疾苦的重要任务。

**（四）提高医学科技水平，加速卫生人才培养** 发展卫生事业，搞好各项卫生工作，科技是关键，人才是根本。1990年第四季度先后召开了全国医学教育工作会议和全国医学科技工作会议，两个会议的精神务必要抓紧贯彻落实，具体经验还希望各地区各单位在实践中创造。

要加强医学教育的宏观管理，继续改善医学教育条件，调整专业结构，扩大短线专业，深化医学教育改革，有计划地培养卫生人才。人才培养周期比较长，制约因素多，经常发生供需脱节的现象。因此，要求各地在今年组织力量做好卫生人员的本底调查和需求预测，避免人才结构性浪费。

卫生系统有一批经验丰富、能够继续提供服务的离退休卫生技术人员，各地要为他们创造一定的条件，加强组织管理，帮助他们发挥“余热”。

卫生行政领导要提高依靠科技进步来发展卫生事业的意识，这已成为新时期卫生工作的基本方针之一。今年要组织落实好国家“八五”医药卫生科技攻关项目的可行性论证、课题分解和招标工作，抓好卫生部医学科学基金、青年科研基金第三次招标工作。各地要把发展科技事业与加强农村卫生工作结合起来，积极向农村、基层推广先进成熟的适宜技术，今年部里计划推广10项左右技术成果，各地要有相应规划，落实专项经费，逐步建立推广应用网络，使科技成果真正发挥效益，促进医疗预防保健水平不断提高。

**（五）加强卫生立法执行，完善卫生法制建设** 近几年卫生立法工作取得较大进展，以卫生法律为基本骨架，卫生法规为主要内容，卫生规章为必要补充的法律法规体系正在逐步形成。今年要继续完成《食品卫生法》的修订，做好《烟草危害控制法》、《医师法》和《医疗机构管理条例》等法律法规的起草送审工作。去年已经送审的《传染病防治法实施办法》、《优生保健条例》、《计划生育技术管理条例》等法规争取早日出台。同时，有计划地开展卫生法制理论研究，抓紧“卫生基本法”和“初级卫生保健法”的调查论证工作，做好起草前期准备。

要继续完善卫生监督体系，逐步对卫生监督工作实行统一、综合管理；加强卫生监督执法队伍建设，提高卫生监督执法水平、法律文书质量和行政诉讼应诉能力；改善卫生执法条件，要制订监督取证工具装备标准，多层次、多渠道筹资装备。认真做好环境卫生、食品卫生、劳动卫生、学校卫生、放射卫生、公共场所卫生和国境口岸卫生的监督管理。

要继续加强药品监督管理，提高依法管药意识，继续做好各级药品监督员的培训工作，提高专业技术水平；继续做好审核、换发《许可证》工作，进一步整顿药品市场，巩固发展治理整顿的成果，严厉查处制售假劣药品和非法种植、贩运、销售、滥用毒品等犯罪活动；做好1990年版《药典》的执行工作。

在实施卫生专门法的同时，还要学习、宣传和执行《行政诉讼法》，搞好行政复议。要教育每个卫生管理干部和卫生执法人员自觉地依法行政，廉洁执法，使卫生工作真正纳入法制化管理轨道。

（六）**改善计划、财务、审计、统计工作，全面提高科学管理水平** 随着卫生事业的发展和卫生改革的深化，卫生计划财务管理工作日显重要。计划指导是实现行政职能转变，加强卫生事业宏观管理的重要途径，各地要结合本地实际，尽快制订地方卫生事业十年规划和“八五”计划，加强卫生计划的实施和评价工作，提高卫生计划管理水平。要选择适当评价领域和重点，逐步开展卫生事业综合效益评价，促进卫生资源开发和合理利用。各级医疗卫生单位要提高经济管理水平，深入开展“双增双节”活动，加强经济核算，严格财经纪律；坚持“治乱”与“理顺”相结合，严格医疗卫生收费管理。要加强仪器设备管理，在适当控制大型高、精、尖设备引进的同时，科学合理地提高现有设备的开放利用率，并建立相应的监督检查管理制度。

内部审计是完善医疗卫生单位自我约束机制的重要环节。各地要加强内部审计监督，堵塞漏洞，减少损失浪费，提高卫生经费的使用效益。

统计信息是加强科学管理，提高决策水平的最基础条件之一。各地要加强卫生统计工作基础建设，提高统计数据质量，充分发挥统计工作的信息、咨询、监督功能，为决策与管理服务。我们应当有远见，在未来的世纪，信息将越来越显示其重要性，我们现在就要努力打好基础。

为全面提高卫生事业管理水平，各级卫生行政部门和医疗卫生单位，都要重视和加强计划、财务、审计、统计等工作，争取有关部门的支持，有计划地充实专业队伍，提高人员素质，并提供必要的工作条件，帮助这部分管理人员解决具体困难。

（七）**坚持对外开放，扩大国际交流与合作** 对外开放是我们的基本国策之一，随着国内外形势的变化和我国改革开放的深入发展，要进一步扩大卫生领域的对外开放，做好卫生外事工作。要继续执行独立自主的和平外交政策，积极开展双边和多边的对外合作与交流。要贯彻“官民结合，以民促官”的精神，广开交流渠道；要拓宽对外合作领域，在搞好现有农村卫生、预防保健等方面的贷款、援助项目的同时，努力在医学高技术方面扩大国际合作，以促进我国医学科学技术的发展。要根据我国卫生事业十年规划和“八五”计划的要求，正确分析形势，把握有利时机，在引进人才、资金、设备、信息和科学管理等方面争取显著成效，为发展我国卫生事业服务。要进一步做好国际公务员的选派和管理工作；切实加强援外医疗队的管理，做好协调和政策指导，建立健全规章制度；积极筹备大型国际先进医疗器械展览会等。要继续贯彻“按需选派，保证质量、学用一致”的出国留学方针，认真加强出国留学管理工作，并积极创造条件，发挥留学回国人员的作用。

外事工作任务急、影响大、政策性强，要抓好卫生外事队伍的内部建设，加强思想教育，改进服务态度，提高工作效率，兢兢业业，廉洁奉公，认真贯彻对外开放政策，完成各项涉外工作。

## 三、坚持“两个文明”一起抓，大力加强思想政治工作

党的十三届七中全会强调指出：“以马列主义、毛泽东思想为指导的社会主义精神文明建设，是有中国特色的社会主义的重要特征。”当前国际形势风云变幻，世界动荡不安，我们在内有困难、外有压力的情况下，肩负着艰巨的建设和改革任务，更应在加强物质文明建设的同时，切实加强精神文明建设，提高全民族的思想道德素质和科学文化素质。发展社会主义卫生事业，必须坚定不移地贯彻物质文明建设和精神文明建设一起抓的方针，制定精神文明建设的总体设想和部署，并把它有机地纳入“八五”计划和十年

卫生发展的总体布局。要大力加强和充实思想政治工作队伍，各单位的行政领导都要为精神文明建设、为开展思想政治工作提供必要的经费和条件。

当前卫生系统精神文明建设，要着重抓好以下四个方面工作：

1. 发扬救死扶伤的革命人道主义精神，倡导高尚的医德医风，树立先进典型，宣传模范事迹，在卫生系统大力弘扬白求恩精神。应当肯定，卫生系统绝大多数医务卫生人员的医德医风是好的和比较好的。他们以白求恩为榜样，全心全意为人民健康服务，做出了重要贡献；尤其在发生重大自然灾害和突发事件时，医务卫生人员舍己救人、无私奉献的精神，在人民群众中享有崇高的声誉。当前，加强社会主义精神文明建设的大气候正在形成，我们要抓紧时机，主要通过宣传、表彰卫生系统的正面典型入手，开展思想政治教育。1991年第四季度卫生部将要开展全国卫生系统先进集体和模范个人的表彰活动，各地区各单位也都要开展多种形式的宣传表彰先进集体与个人的活动，“以正压邪”。思想政治教育要加强领导，常抓不懈，持之以恒，使卫生队伍的思想觉悟显著提高，促进卫生行业的精神风貌根本好转。

2. 开展职业道德教育，全面改善服务态度，提高服务质量，始终把社会效益放在首位。要客观公正地分析评价卫生行业的基本状况，既要看到成绩，又要指出问题，增强医德医风教育的紧迫感，继续发扬卫生行业的优良职业风尚，并根据新形势的要求，全面树立卫生工作者崭新的社会形象。从全国来讲，今年是“质量、品种、效益年”，我们要借这股东风，提高卫生部门的服务质量和综合效益，也要下决心诊治医疗卫生部门的“慢性病”。各级卫生行政部门的负责同志都要深入第一线，开展多样化、形象化的教育和考核评比活动，提高整个卫生队伍的职业道德水平，采取切实措施，提高服务质量。

3. 加强廉政建设，继续纠正行业不正之风，努力使卫生系统行业风气发生根本性的变化。各地卫生部门和医疗卫生单位在这方面已采取了一系列措施，如制订医德规范，公布收费标准，聘请社会监督员，实行“二公开一监督”等，取得了一定的成效，但我们不能盲目乐观，估计过高。今年继续把纠正行业不正之风作为一项重要任务，坚持不懈地抓下去。当前，除强化思想教育外，必须健全法制，完善规章制度，加强管理，建立明确的责任制；同时还要加强行政监察和审计监督，奖惩分明。加强廉政建设要各级领导带头，用自己的模范行动去实践共产党人“全心全意为人民服务”的根本宗旨。凡是要求下级单位做到的，上级机关要首先做到；要求群众做到的，领导要首先做到。

4. 深入持久地开展以党的基本路线、基本国情和马克思主义基本理论为主要内容的思想理论教育，使广大医务卫生人员在任何情况下都能坚持正确的政治方向。当前，要组织广大医务卫生人员认真学习好党的十三届七中全会的文件。这次全会审议通过的《中共中央关于制定国民经济和社会发展十年规划和“八五”计划的建议》，提出了今后十年我国国民经济和社会发展的基本任务和方针政策，是指导90年代各项工作的纲领性文件。《建议》第48条“发展卫生保健事业，提高人民健康水平”确定了我国卫生工作的基本方针，指明了卫生工作的发展方向和主要任务，我们一定要认真贯彻落实。同时，要充分认识新形势下学习马克思主义理论的重要性和迫切性，学好社会主义理论，统一思想，清除疑虑，充分认识政治稳定、经济稳定、社会稳定的重大意义，充分认识集中力量、专心致志搞好经济建设，坚持社会主义道路的重大意义，坚定社会主义信念，同心同德建设社会主义伟大祖国。马克思主义哲学是科学社会主义的理论基础，各级干部要把学习社会主义理论同学习马克思主义哲学紧密结合起来，要按陈云同志提出的“不唯上、不唯书、只唯实，交换、比较、反复”15个字的精神去努力做到实事求是，克服思想方法上的片面性和形而上学，振奋精神，提高建设有中国特色的社会主义卫生事业的自觉性，推进卫生发展和改革。

在卫生系统精神文明建设中，党组织要发挥核心领导作用，共产党员、特别是党员领导干部要发挥先锋模范作用，这是我们党的性质所决定的。1991年是中国共产党建党七十周年，共产党员要自觉维护党的威信；要密切联系群众，为增强人民群众的凝聚力，为“两个文明”建设作贡献。要发挥卫生系统思想政治工作研究会的参谋助手作用，发挥报刊杂志的新闻报导和舆论导向作用，研究新形势下思想政治工作的特点和规律，大力促进卫生系统的精神文明建设。

（傅　红　摘）

# 国家医药管理局局长齐谋甲在全国医药管理局长会议上的讲话（摘要）

（1991年12月22日）

## 一、关于1991年医药工作的回顾

1991年医药行业认真贯彻国务院关于开展“质量、品种、效益年”活动的决定，重点抓了提高产品质量、调整产品结构、提高经济效益、整顿医药市场、推进专营试点等项工作，取得了较好的成绩。医药经济继续朝着好的方向发展。

1. 医药工业生产、商业销售和经济效益同步增长。医药工业总产值预计可完成399亿元，比去年增长27%；化学原料药计划品种产量预计完成9万吨，比去年增长6.1%。市场购销两旺，国内纯购进预计达151.2亿元，比去年增长16.3%；纯销售预计达198.2亿元，比去年增长10.8%；医药产品出口额预计达36亿元，比去年增长12%。经济效益开始回升，国营医药工商企业实现利税比去年预计增长32.18%，流动资金周转速度达到年初制定的加快10天的要求，亏损金额比去年预计减少1亿元，工业企业每百元销售收入实现利润为6.35元，比去年增长14.82%。

2. 治理整顿工作取得很大成绩。医药行业在治理整顿中，做了大量的工作，特别是治理整顿医药市场工作成果明显。按照国务院国发（1990）29号文件精神，完成了国营医药批发单位重新发证工作，在28000家集体、个体批发企业中，绝大部分已经被取缔，少部分正在取缔中，以取缔非法经营和打击假劣药为主要内容的第一阶段任务基本完成。进展较快的部分省，在理顺经营机制，规范市场行为等方面进行了有益的探索，制定了一些措施，对净化医药市场，建立良好秩序起到了积极作用。

3. 积极抗洪救灾，为确保大灾之年无大疫做出了贡献。今年夏季，我国部分地区遭受洪涝灾害，灾区的医药生产、经营受到很大损失。在大灾面前，特别是安徽、江苏重灾区的广大医药职工奋起抗灾自救，为减少损失，尽快恢复医药生产做出了积极贡献。医药工、商、物资部门，积极调拨药品、医疗器材和有关物资支援灾区。国家医药管理局组织向灾区紧急调拨储备药械价值人民币

3842.14万元，原料药81.2吨，化工原料2860吨，据不完全统计，全行业为灾区人民捐款2530万元，捐赠药械折合人民币5000万元，基本上保证了灾区用药的及时和有效供应，为确保大灾之后无大疫做出了贡献，得到了国务院领导同志的肯定。

4. 加强医药质量管理，产品质量有所提高。1～3季度国家对医药产品质量监督抽查，合格率达90.4%，比全国同期平均水平高9.9个百分点，山东济宁抗生素厂等一批大中型企业抽查合格率保持100%。

1991年有9种产品10个企业获国家优质产品奖，其中金质奖3个、银质将7个；有33个品种84个企业获国家医药管理局优质产品证书。为指导全行业GMP、GSP的实施，成立了国家医药管理局推行GMP、GSP委员会。

5. 加强了新产品研究和开发工作。全年有法莫替丁等20多个国家级新产品投入试生产，仅卡别多巴、环丙氟哌酸、法莫替丁、酮康唑、N－去甲万古霉素5个产品产值预计达1.1亿元，创利税预计2000万元。有20多个医疗器械新产品已投产，其中超声探头5个品种已批量生产，并出口创汇预计可达2000万元（人民币）。

6. 产品结构开始调整。本着强化产销结合，压长促短，提高经济效益的原则，调整了化学医药24大类指导性计划品种目录，有市场潜力的十几个重点品种如氯霉素、安乃近等，较上年增产4300吨，长线品种如磺胺类的SMZ、TMP，解热镇痛类的非那西汀，医疗器械的人用体温计、注射针等，产量比去年有所减少。

7. 进行了医药专营的试点工作。河南省南阳地区在省政府的大力支持下，于7月份开始了医药专营试点，摸索了一些经验。专营后，经济效益明显上升，下半年比上半年工商利税预计增长43%，全年比去年预计增长90%。服务质量进一步提高。

8. 医药科研教育工作进一步加强。由国家医药管理局主持和组织实施的“七五”科技攻关项目已全部完成，受到国家表彰；全年上报科技成果98项，获国家发明奖2项、国家级科技进步奖5项，局级科技进步奖19项；医药生物技术的研究开发取得进展，华北制药厂已进入国家“863”行列；成立了医疗器械审查专家委员会，强化了医疗器械新产品的管理。组织制定了局直属高校的“八五”计划和十年规划；成立了继续教育协作组，开展了职工岗位培训的试点工作。

9. 加强了党的建设和思想政治工作。根据中央的精神，在地方党委的支持下，局属高校党的领导得到了改善和加强，领导体制全部转为党委领导下的校（院）长负责制；召开了局属各单位领导班子建设会议，加强了直属单位领导班子的建设。

思想政治工作得到加强，全行业发展了1400多个思想政治工作研究机构，8600多名骨干。中国医药职工思想政治研究会继去年被评为全国思想政治工作优秀单位后，今年再次获得这一荣誉。开展了第二届全国医药系统先进个人和先进集体评选活动，81个先进个人和83个先进集体受到表彰。

## 二、当前我国医药工作中存在的主要问题和对策

**（一）我国医药工作存在的主要问题和原因**

1. 盲目发展、盲目生产的现象还相当严重，计划经济与市场调节相结合的运行机制还未建立起来。

2. 在科研开发、基本建设和技术改造中，低水平重复现象比较突出，坚持科技进步的机制尚未得到很好落实。

3. 在医药生产、经营活动中，存在着重速度、而在效益上下硬功夫不够的现象，医药经济还没有很好地转移到提高经济效益的轨道上来。

4. 国营企业尤其是大中型企业缺乏活力，影响了社会主义全民所有制经济的健康发展。

5. 医药经济秩序比较混乱，经济行为不规范，回扣风、降价竞销、赊销等问题还没有根本好转，造成大量经济利益流失。

除上述问题外，以下一些问题和原因也不能忽视：

一是财政体制、管理体制和经营机制的分散化，导致利益的多元化，助长了盲目发展、低水平重复和“小而全”、“大而全”。

二是缺乏统一、有力的产业（行业）政策，代之而生的部门政策、地区政策、不同经济成分政策等，也是造成低水平重复、盲目发展和不能发挥已有优势的重要原因。

三是宏观失控、法规不健全和执行法规不力，是造成医药经济秩序混乱，不正之风屡禁不止的重要原因。

四是缺乏长远发展的观点和存在短期行为，这是医药企业缺乏后劲，不能充分发挥老企业的作用和乱布点、乱铺新摊的重要原因。

**（二）关于解决问题的对策** 医药行业存在的问题是多年积累下来的，有些问题还相当严重。必须在全行业统一认识的基础上，深化改革，建立健全各种强化医药事业健康发展的机制，促进医药事业向依靠科技进步和提高劳动者素质的方向转移。

1. 建立医药行业计划经济与市场调节相结合的运行机制。从以下四个方面进行有益的探索：

一是积极推进医药专营。医药专营不仅能较好地体现医药经济的特殊性，而且能体现计划经济与市场调节相结合的运行机制。因此，它是我国医药经济深化改革的重大课题，是保证我国医药事业健康发展的重要措施。

二是实行以需定产。结合医药的具体情况逐步做到：原料药或其它原材料性产品，应90%以上实现按外供合同和自用需要安排生产；制剂、医疗器械等最终产品，应90%以上实现按供货合同安排生产。

三是积极倡导代理制。通过工商之间的代理制，建立工商的共同利益基础，保持工商关系的相对稳定；发挥工商结合的优势，实现工商企业在新产品研制和市场开发方面的合理分工与合作。

四是积极发展责任市场。通过提高医药商业的素质，扩大服务领域，提高服务水平，逐步把医疗单位所需的医药物资，纳入医药商业主渠道，保质保量地承担起供应的责任，建立医药商业同用户之间相对稳定的密切关系。

2. 强化医药经济的效益机制。由于效益转移和流失等原因，在我国医药经济运行中，仍存在着无效益“空转”甚至下降的现象。我们应该早下决心解决。

一是改革医药经济的考核指标。考核指标对医药经济的发展具有机制和导向作用。建议：在综合经济指标方面，以销售额代替现行的产值，并以销售实现的货币回笼计算销售额；要突出效益指标，以百元资金利税率、百元销售额利税率和人均利税代替现行利税绝对金额；增加科技进步指标，即科研开发的投入强度（占销售额的比重）、科技进步在生产发展中所占的比重；完善效率指标，即以人均销售额和人均实物量计算劳动生产率。

二是规范经济行为，医治回扣风、降价竞销、赊销和流通不走主渠道四种“病症”。根据医药特殊性，制定相应的法规和制度，如制定不允许在医药经济活动中有回扣行为的法规，制定惩罚带头降价竞销的工商企业的办法，如明确规定由带头竞销的企业承担该品种由此而造成的全国性损失的责任，制定把赊销视同产品积压的办法，制定把医药产品不走主渠道视为不规范行为的办法等。

三是组织国内同品种协调体。各品种可

以根据本品种的情况，制定同品种协调体规则，报国家医药管理局备案。同品种协调体的主要任务是：协调国内产量和价格；协调对外贸易统一政策；参与研讨本品种发展规划。

四是合理规范生产、流通各环节的利益分配，制定相应法规，严格管理。

五是改革医药价格，建立新的管理模式和价格机制。如保持合理的社会平均利润；发挥价格的调节作用；鼓励科技进步和新产品开发；体现优质优价等，更好地发挥竞争机制的积极作用。

3. 强化科技进步的机制。要实现我国医药事业的现代化，必须把医药经济工作纳入科技进步的轨道。科技进步必须坚持以下四点：

一是不搞低水平重复。无论是基本建设还是技术改造，都要在现有国内外已有水平的基础上有所进步，不允许搞现有水平的简单重复，并以此作为医药项目立项的基本原则。

二是发展规模经济，建立规模优势。根据我国具体情况，规模经济的标志主要是：独家生产的品种应能满足国内市场90%以上；多家生产的品种，前三家应占领国内市场90%以上；实现国内规模经济的品种至少应有一个企业能进入国际同品种规模的前三名。形成规模经济应采取的措施是：基本建设和技术改造应立足于适度规模；提倡生产适度集中，使同一品种通过科技进步和竞争，逐渐集中于少数企业；在市场容量已满的情况下，允许具有重大科技进步意义的“重复建设”和技术改造；对国内多家生产的品种，国家择优支持（基本建设和技术改造）的企业不应多于三家。

三是强化专利的科技进步机制。今后，要通过专利更好地调动研究新产品、新技术、新工艺等方面的积极性，防止产品的盲目扩散和低水平重复，更好地建立产品和企业的技术优势。对医药发展有重要意义的、但长期不能变为生产力的专利产品和不能很好满足市场需求的专利产品，要实行强制许可，以促进科技进步。

四是建立鼓励科技研究开发投入的机制。现在关于知识产权问题正“紧锣密鼓”，这是解决这一问题的机遇。我们要根据中国国情，少要钱，多要机制，通过实施药品专利，在医药行业形成鼓励科研开发投入的机制。

4. 强化质量保证机制。医药产品质量是人命关天的大事，不能有丝毫放松。

结合我国医药行业的实际，①编制以质量为顺序的医药产品目录，即：同一品种以质量考核指标的情况排列厂家顺序，供商业和医疗单位选购，这样就会强化优胜劣汰的机制。②继续实行企业和产品考核中的质量否决权制度。③继续强化医药产品的质量监督和抽样检查工作，并对检查出的问题进行认真处理。④继续把优级品率、质量监督抽查合格率作为产品和企业的质量考核指标，并作为同品种质量排队的重要依据之一。⑤建立GMP、GSP的检查验收制度，使医药生产和流通切实在GMP、GSP的保证下进行。

5. 建立提高劳动者素质的机制。中央提出要切实把经济建设转移到依靠科技进步和提高劳动者素质的轨道上来，十分重要。我国医药事业的现代化就决定于医药行业的科技进步和劳动者素质，而劳动者素质又是更基础、更重要的“软件”。

根据我国医药事业发展战略规划，现在是医药行业提高劳动者素质的关键时期，除搞好多渠道、多层次、多形式的职工教育外，要在管理上形成机制，即建立能反映劳动者或职工队伍素质的指标，以便进行企业之间、单位之间的比较；建立劳动者或职工受教育率、受教育时间和教育构成的指标，并规范受教育时间的计算方法；从多方面鼓励和奖励教育者和受教育者，以调动教和学的积极性；把劳动者素质指标纳入精神文明建设和企业、单位考核的重要指标。

6. 健全项目审查和效果评价制度。由于体制和制度不完善等原因，医药经济工作中普遍存在"项目热"现象，常常造成人、财、物大量浪费。为了改变这种状况，必须加强管理，形成机制。

一要加强立项前的审查工作。审查的内容应包括：是否具有科技进步的意义（包括品种、技术、规模、效率、GMP、GSP等方面是否符合要求）；是否符合产业政策；市场是否落实可靠；建设资金是否真正落实；各级责任者是否明确和认真负责。

二要强化建设后的验收评价工作。评价的内容包括：是否达到设计、预期指标和效果；主要经验和教训；对各级负责人的公正评价；对该项目的今后建议。

7. 把医药行业的企业管理工作尽快转移到建立和发展企业优势的轨道上来。请企业认真检查这样几个问题：在企业领导班子和企业职工中，对建立和发展企业优势是否取得共识？是否结合企业的实际情况制定了建立和发展企业优势的"八五"计划和长远规划？企业的状况如何？具有哪些优势？在竞争中的地位如何？

如果医药企业都能形成各自的优势和特色，就会使我国的医药经济进入到一个更高的层次和水平。

## 三、发挥国营医药大中型企业的支柱和骨干作用，巩固国营经济的主导地位和公有制经济的主体地位

关于搞好国营大中型企业问题，不久前召开的中央工作会议制定了明确的措施（即20条），我们医药行业也结合自己的情况，提出了搞好大中型企业的几点意见，我想强调一点，就是一定要把主要精力用在认认真真地贯彻落实中央的20条上。

**（一）搞好国营大中型企业不仅是经济问题，也是政治问题** 国营大中型企业是公有制经济的骨干。国营大中型企业的状况如何，不仅影响国民经济的素质，而且会影响社会主义制度的经济基础。因此，在我国医药经济工作中，一定要树立十分明确的指导思想，即：搞好国营大中型企业，发挥其支柱和骨干作用，巩固国营医药经济的主导地位和公有制医药经济的主体地位，这是关系到我国医药经济的性质和方向的大事。

**（二）依靠社会主义制度的优越性和社会主义的积极性，搞好国营大中型企业** 必须依靠充分调动广大职工，尤其是工人阶级的社会主义积极性；必须依靠社会主义按劳分配原则的吸引力；必须依靠发挥社会主义经济的优越性；必须依靠把国营大中型企业纳入计划经济与市场调节相结合的运行机制。

**（三）积极发展国营医药大中型企业** 为了改变我国医药工业规模小、布局分散、投入多、效益差的局面。今后要继续集中使用资金发展大中型医药骨干企业，基本思路是：

1. 在有条件的现有企业基础上，择优进行技术改造或扩建，发展大中型医药企业。

2. 通过基本建设，集中资金建设少数（每个五年计划建设1～3个）大型医药现代化企业。

3. 通过城市医药企业的统筹技术改造，把若干中小企业合并改造为现代化的大中型企业。

4. 在有条件的地方，可以通过企业联合和调整，形成医药大中型企业或集团。

**（四）通过技术改造和强化科研开发，增强国营大中型医药企业的后劲** 随着医药专利的实施，简单的"仿制"和"移植"专利期内的新产品将成为不可能。国营大中型企业应不失时机地运用人才和经济实力优势，加强科研开发，建立新产品、新技术的专利优势，增强企业后劲。

**（五）我国医药行业对不同经济层次和**

**经济成分的基本政策** 医药工业坚持以国营经济为主体，集体经济为辅，“三资”企业为补充。除外商独资企业外，不允许开办私营和个体制药工业企业。由于医药属于高技术，根据医药特殊性和中国的现实条件，仍重申县以下不办药厂的原则，以保证医药质量和人民用药安全。只允许国营医药商业专业批发单位经营医药批发业务，集体和个体只能依法经营医药的零售业务。只有具备一定条件和资格的国营医药商业才允许直接从工业进货，其他国营医药商业只能从上述国营医药商业进货。

**（六）加强对新开办药品生产企业的管理，严格审批制度** 最近，一些地方出现了“开办药品生产企业热”，滥办药厂的现象比较严重，造成了产销失调，干扰了正常的药品流通秩序。要改变这种状况，必须加强管理，严格新开办药品生产企业的审批制度。

1. 明后两年原则上不再批准新开办药品生产企业。

2. 新开办药品生产企业（包括中外合资、外商独资企业），必须由所在省医药主管部门将产品方案、建设规模、技术水平、经营范围、规划布局等内容上报国家医药管理局，经审查同意后，才能在地方申请立项。

3. 新开办的药品生产企业（包括中外合资、外商独资企业），必须按照有关规定，经医药主管部门审查同意，并取得《合格证》后，再办理《许可证》和《营业执照》，“三证（照）”俱全，才能生产。

## 四、1992年的主要工作

**（一）关于调整结构工作** 1992年医药行业调整结构的主要任务是防止出现新的经济过热和保证更有效的供应，重点是调整产品结构。

1. 改革医药经济工作的考核指标。改革考核指标，对转变经济工作的指导思想和导向机制，消除和克服经济工作中的某些弊病具有重要意义和作用。我们将根据国家计委的统一要求，结合医药行业实际，提出改革方案。希望各级领导同志认真抓好这项具有重大意义的工作。

2. 压库限产，对有严重积压的品种，首先实行压库停产，待库存压缩到一定的程度后，再有计划地恢复生产，并防止出现新的积压。

3. 搞好截长补短，防止一哄而上、一哄而下、一哄而转。医药产品的“上、下、转”，都必须认真做好可行性调查研究。

4. 以需定产是保持正常经济秩序，实现医药经济持续、稳定、协调发展不可缺少的重要条件，要通过工商企业的共同努力，逐步使医药产品一个个地纳入以需定产的轨道。

5. 努力开发疗效好、适销对路的新品种，特别要抢仿一批近几年将要到期的专利产品。

6. 努力开发农村市场，积极做好农村药品供应，为支持农村经济的发展做出应有贡献。

**（二）扩大医药专营试点** 医药是特殊商品，要防止简单地照搬照抄一般商品的原则和做法。各级医药主管部门必须注意在“结合”上下功夫，正确贯彻党的改革开放政策。

医药专营是我国医药行业的重大改革措施。治理整顿医药市场第一阶段的工作任务基本完成后，下一步要巩固和发展治理整顿成果，进一步优化市场机制，规范市场行为，建立良好的市场秩序，为医药专营打好基础。扩大专营试点是全年的一项重要工作，是实行医药专营的重要步骤。河南南阳地区的专营试点摸索了不少有益经验。现在有不少省市和地区准备实行专营。医药专营工作的要求是：

1. 一定要思想先行，做好舆论宣传工作，在提高认识，搞清医药专营意义和必要性的基础上，取得共识。

2. 医药专营工作必须在当地政府的全力支持下进行，特别是试点工作就更需要当地政府的大力支持和领导。

3. 根据我国的具体情况，医药专营只能由点到面逐步展开，由不完善到完善，不搞一刀切，不搞一哄而上，力求稳妥扎实。

4. 一定要做好各项准备，条件好的先行，条件差的缓行，力争一次成功，不走弯路。

5. 医药专营是整个医药行业的共同任务，没有实行专营的地区有责任和义务积极支持和配合专营试点地区的专营工作。

**（三）加强专利工作** 要把1992年作为药品专利的宣传年，有计划地组织广大职工学习专利知识，增强专利意识，促进我国医药经济的科技进步。通过对药品专利的学习和宣传，使医药行业广大职工知法、守法、用法，严防侵权案件的发生。

**（四）进行医药价格改革的准备工作** 医药价格改革是医药行业深化改革的重要措施之一。价格改革的目的是：按照价值规律的要求，促进价格和价值的接近和一致，以实现供求平衡和价格稳定。价格改革是一项系统工程，要靠各部门通力协作，综合研究。国家医药管理局和国家物价局将组织调查组，调查目前药品价格现状，提出改革意见。各地医药管理部门要积极配合，把价格改革工作列入日程，为价格改革做好充分准备。

**（五）加强医药教育工作** 医药教育工作是医药事业各项工作的基础。教育工作要把德育放在首位，不断提高教学科研水平；教育要与生产相结合，为医药的现代化培养合格人才。要加强职工教育，通过组织各类学习班、培训班，不断提高职工科技文化水平；根据《国家医药管理局职工教育暂行规定》的要求，积极开展职工职业教育，提高职工的业务素质；要加强职工的思想政治教育，重点是加强职工社会主义思想教育，要借这次“双先会”的东风，在全行业掀起“学先进、赶先进”热潮，不断提高职工的政治素质。

**（六）加强医药行业管理** 最近国务院副秘书长徐志坚同志在听取我局工作汇报时指出：“医药行业管理要不断加强。国家医药管理局是全国医药行业的主管部门。主管部门要管全行业，不能只管医药系统。行业管理不是部门管理”。

今年以来，国家医药管理局发布了《医疗器械管理暂行办法》、《药品用包装材料、容器生产管理办法》、《国家医药管理局实验动物管理办法》等6项行政法规，这些都是加强行业管理的重要手段，我们要充分利用这些手段，理直气壮地加强行业管理，将医药行业管理工作推向一个新水平。

**（七）强化产业政策，加强情报信息和舆论宣传工作** 产业政策是保证医药事业健康发展的重要措施，今后要根据需要，不断深化和完善产业政策，提高对产业政策地位和重要性的认识，提高贯彻执行产业政策的自觉性和严肃性。

医药情报信息工作是医药工作的重要组成部分。要加强医药情报研究，在当前特别是注意加强调整产品结构的信息指导和专利情报研究。建立健全医药情报机构，加强情报力量，改善情报工作手段，充分发挥情报信息工作的耳目、尖兵和参谋作用。

继续加强舆论宣传工作，发挥舆论宣传导向作用。要把建设有中国特色的社会主义医药事业作为舆论宣传工作的重点。要大力宣传医药行业的地位和作用，宣传它的经济性质，增强人们对医药经济性质的认识，引导广大医药工作者，按经济规律做好各项医药工作。要不断提高医药工作者对医药行业地位和作用的认识，增强搞好医药工作的自觉性。

强化医药质量管理也是明年的一项重要工作，医药行业的质量工作面临严峻任务，希望各地结合实际，提出强化质量管理工作的措施，把医药质量工作提高一步。

（郑国辰　摘）

# 卫生部部长陈敏章在全国中药工作局长会议开幕式上的讲话（摘要）

（1991年1月11日）

## 一、中药是防病治病的特殊商品

它的特殊性主要体现在，它是关系到人民医疗保健的需求和对发展中医事业的影响。因此，必须正确处理它的社会效益和经济效益的关系。中药的生产和经营表现为大量的经济活动，作为经济活动就必须讲究成本核算，讲求经济效益，增加自身积累，提高扩大再生产能力，更好地发展中药事业。但是，对中药而言，讲求经济效益不是目的而是手段，最终目的在于适应和促进中医药事业的协调发展，逐步满足广大人民防病治病、康复保健和计划生育等项任务对中药的需求。从中医药事业对人民健康的作用而言，中药事业具有一定的福利性质，这就要求国家在政策上给予一定的照顾，以促进和支持中药事业更快更好地发展，从而体现中药事业所要求的社会效益。因此，中药工作的两重性决定了既要讲求经济效益，又要讲求社会效益，要把两种效益有机地结合起来。实行中医中药统一管理，一是有利于中医药事业的同步发展，二是有利于这两种效益的结合。我们应当在两种效益有机结合的基础上，鼓励、支持中药行业和企业，努力争取更好的经济效益。

## 二、一定要把中药质量抓上去

我国中医药之所以被认为是宝贵的文化遗产，至今在国内外享有盛誉，并受到当今国内外医药界的高度重视，成为我国医药卫生事业所具有的特色和优势，最根本的是在于它对很多疾病具有良好的独特的疗效。重视和保证中药质量是维护中药的良好信誉，弘扬我国传统中医药文化遗产的需要，是更好地为广大人民医疗保健服务的客观要求，也是中药工作者职业道德的最根本体现。不能低估由于质量问题在国际国内造成的不良影响和反应，有的借我们一些中药质量不高的产品，来抵制我们的中药在国际市场上的行销。产品的质量是我们的命根子。必须牢固树立质量第一的观点，并全面贯彻到中药行业管理和生产、经营的各项工作中去，切实把中药质量工作抓紧抓好。当然，抓好中药质量要进行综合管理，卫生部门的药政药检、工商行政和公安部门都要搞好协作配合，使之制度化、经常化。

国务院决定在今年开展“质量、品种、效益年”的活动，七中全会也明确指出，提高质量和效益是搞好企业的关键，在中药行业抓好这项工作尤为重要。一定要结合中药的特点和实际，进行广泛深入的宣传，采取切实有力措施，抓出成效。中药的质量、品种、效益是有机联系的。中药是多味配方，要努力做到品种适销对路，保证及时供应，配方尽可能齐全。这对保证中医的疗效，发挥中医特长具有重要影响。要在调整产品结构中，保护和发展名优产品，积极开发研制新产品。这里我特别强调，开发的新产品要高质量、高疗效。中药方剂很多，我们开发新的中成药产品一定要严格筛选，确保产品的质量和疗效，要防止“穿靴戴帽”，利用古方、宫廷方稍加变动就作为新产品进行不实的宣传。另外，对保健补品等开发要适度，目前这种类型的产品太多了，应适当地降降温，否则就会喧宾夺主，给人以中药就是补药的印象，损害中药的声誉。中药质量、品种与经济效益和社会效益是紧密联系在一起的。大家有丰富的经营管理经验，应当更能理解抓好这方面工作的重要性。我希望中药行业要通过今年的“质量、品种、效益年”的活动，首先把中药的质量工作推进到一个新的高度，为发展中药事业打下一个更扎实的基础。

### 三、要巩固和完善中医药统一管理体制

中药作为社会主义商品经济的一部分，同样存在如何探索出计划经济和市场调节的运行机制和有效调控措施的问题，尽可能防止生产经营的大幅度波动，避免挫伤药农的生产积极性。两年多来，在国务院实行的中医中药统一管理体制下，中药工作所取得的成果必须给予肯定。这两年地方的体制改革尚未进行或正在试点，地方的中药工作仍由医药管理局（总公司）管理。在中药行业管理工作上，统一执行国家中医药管理局制定的工作部署和政策措施，从而使地方都能根据中、西药不同的特点和实际，贯彻分类指导的原则。不少省、市医药管理局重视和加强了中药工作的领导和管理，取得了成效。按照国务院关于解决中医药有关问题的“四七”会议纪要精神，在各级政府领导下，继续帮助中药企业尽快克服生产、经营等方面困难。同时，中国药材公司在国家中医药管理局的直接领导下，继续承担部分行业管理职能，为开展中药行业的主渠道经营和加强管理，发挥了重要的作用。中共中央政治局委员、国务委员李铁映同志在去年六月全国治理整顿医药市场会议上指出：“药材公司有几十年管理和经营的历史，要充分发挥药材公司主渠道的作用。”加强各级药材公司的建设，使其在主管部门领导下，继续承担部分行业管理工作，这是在现行中药管理体制下加强中药行业管理所必须的。所以，我们一定要加强药材公司的各项建设，进一步发挥其作用。我认为一些药材主产区要在改革中更多地做些工作，把这些地方的药材公司建设得更好一些，使其对中药的生产经营做出自己应有的贡献，这是当前中药事业整体发展的急切需要。要增强中药企业的科研力量和投入，把企业的一部分利润有计划地用到科研开发上，保证中药开发具有足够的后劲，这也是促进中医事业发展的重要内容。

## 国家中医药管理局副局长张洪魁在全国中药工作局长会议上的报告（摘要）

（1991年1月11日）

### 一、“七五”期间中药工作的基本总结

**（一）坚持中医中药统一管理、医药结合、医药并重、同步发展、全面振兴的指导思想，遵循中药事业发展的特点和规律，加强宏观管理与指导。** “七五”初期，国务院为加强中药工作，于1986年发出8号文

件，提出了中药工作要三年大见成效的奋斗目标，有力地调动了中药战线广大干部、职工、科技人员的积极性，加快了中药事业发展的步伐。国家中医药管理局成立后，首先针对中药工作存在的问题，组织了较大范围的调查，明确了中药事业是具有社会主义福利性质的经济事业，为加强对中药工作的指导奠定了基础。国务院领导根据调查汇报签发的《关于解决中医药有关问题的会议纪要》明确指出：对于中医药事业的发展要给以政策扶持，这个总的原则是国家已经确定了的。国家税务局据此给予了免征部分税收的政策，为搞活企业创造了较好的条件。为贯彻好国务院纪要精神，国家中医药管理局在哈尔滨召开了全国中医药工作会议，重点研究抓好中药工作，明确提出，要充分认识中药工作的特殊性、复杂性、重要性，遵循中药的特点和规律，加强分类指导。会后我局同国家计委、商业部、卫生部、工商行政管理局、国家物价局联合下发了《关于整顿中药流通秩序的通知》,对中药行业的治理整顿工作起到了较好的推动作用。根据中药企业的实际情况,在国务院领导的直接关怀下，我局会同国家物价局适当调整了中药购销差率，调动了企业生产经营的积极性。三年来的实践证明，只有认真落实各级人民政府给予中药的各项政策，依靠各有关部门的配合与支持，根据中药的特点和规律，加强对中药的指导和管理，才能尽快把中药工作搞上去。

**（二）积极开展中药行业的治理整顿和深化改革工作**　“七五”后期，中药行业认真贯彻党中央、国务院提出的治理整顿的各项方针政策,以整顿中药流通秩序为重点,集中抓了中药行业的治理整顿工作。在六个部委局整顿中药流通秩序的通知下发后，部分省转发了这个文件。在国务院发出国发〔1990〕29号文件后，中共中央政治局委员、国务委员李铁映同志明确指示：要中西药品市场一起整顿。根据铁映同志指示，各地人民政府在整顿医药市场工作中，强调要抓好中药市场的治理整顿工作。为了推动这项工作，国家中医药管理局组成了整顿中药流通秩序领导小组，召开座谈会进一步研究中药市场治理整顿的有关政策界限，组织调查组分赴有关省调查了解情况。在调查研究的基础上，起草下发了《关于进一步加强中药市场治理整顿的通知》和中药市场整顿验收标准。经国务院的具体指导和协调，国家中医药管理局、卫生部、国家医药管理局联合发出通知，明确了药品生产、经营企业合格证由国家中医药管理局和国家医药管理局统一印制，中药市场的治理整顿要按六个部委局的文件和国家中医药管理局有关政策规定执行，使中药流通领域的治理整顿工作不断深入发展，据部分省不完全统计，已撤并了5300多家不符合条件的中药（中西药兼营）的批发企业。经过一年多的治理整顿，中药流通秩序有了较为明显的好转,百业经药、多方插手中药批发等混乱现象得到一定的纠正,国营药材公司主渠道的地位有所增强,市场占有率稳步上升，正常的流通秩序正在得到恢复和建立。

整顿中药流通秩序还推动了中药行业的深化改革。部分省调整了中药某些购销政策，给予中药行业必要的扶持。部分地区在发展横向联合的基础上，研究探讨组建中药企业集团的问题。天津市药材集团公司在市经委和医药局的积极支持和帮助下，经市政府批准已经成立。有的省通过总结开放搞活和治理整顿的经验，提出了对主要大宗药材实行专营的意见。对于这些，我们要在实践中不断总结推广，使中药生产、流通正常秩序尽早建立起来。

**（三）中药材生产在调整中保持了基本稳定的格局**　去年中药材生产预计完成种植面积487．8万亩，收购总量达32万吨。与一九八五年相比种植面积经过调整有所下降，收购量基本持平。这主要是因为，国务院提出中药工作三年大见成效的奋斗目标在1988年基本实现后，一方面随着生产的发展，供应品种紧缺问题得到缓解；另一方面由于当时经济过热的影响，价格上涨较大，使药材生产确实存在着一定的盲目发展，调整生产势在必行。另外，药材生产种植面积下降，也是近两年市场疲软，价格下跌，在生产上产生的滞后效应。“七五”后三年为适应新的形势，我们将工作重点放在稳定生产上，努力探索防止药材生产大上大下的新途径，支持并指导各级药材公司与药农和供销社发展各种产前、产中、产后服务组织，完善合同收购，调整生产结构，从资金、物资、信息、购销等方面加强对药材生产的扶持与指导。目前，在这些方面有的已取得较好的进展，有些则探索出一个良好的开端。从整体来讲，“七五”期间，主要大宗药材生产是基本稳定的，供应紧缺品种没有出现大的波动。

在稳定和发展药材生产的同时，加强了野生药材资源保护工作。在国务院颁布《野生药材资源保护管理条例》以后，各地结合本地区实际情况，采取了相应的措施，认真贯彻落实。目前已有一些省制定了本地《野生药材资源保护管理条例实施细则》。部分野生大宗药材资源保护工作和某些市场紧缺品种的野生变家种家养工作取得了较好的成绩。

**（四）中药工业克服市场疲软、资金不足等困难，继续得到发展** 中成药工业总产值1990年预计完成51.18亿元，产量19.06万吨，与1985年相比，产值增加1.4倍，产量增加33%，“七五”期间年平均递增分别为19.2%和16%。1988年到1990年，国家增加了对中药工业的投资，由原来每年的0.38亿元增加到0.76亿元，增长了1倍。国家供应中药的物资也有较大增长。国家共安排了中成药工业技术改造项目近100个，中药饮片工业38个，国家和地方及企业共投资12亿元，其中国家安排的项目投资4.7亿元，包括国家拨款4375万元。这些项目的完成，将大大增加中药工业的生产能力。在加强技术改造，努力发展生产的同时，积极调整中成药产品结构，发展适销对路的治疗性产品，控制滋补药品特别是王浆制品的生产，扩大名优新产品的生产，增加了有效供给。

中药饮片在“七五”期间，获得免税的优惠扶持政策，生产得到较快发展，主要工序的机械化水平有较大提高，生产和劳动条件有较大改善。特别是国家重点改造的饮片厂，已对全国起到了示范作用。1988年后，重点抓了对饮片工艺设备的研制、包装改革、质量标准、管理规范、生产能力发挥等改造后深层次问题，有些已取得一定的进展。

整个中药工业的管理水平有了进一步提高。为了提高中药管理水平，举办了中药GMP学习班，修订下发了中成药生产管理规范和规范实施细则，为全面抓好中成药工业GMP管理初步打下了基础。全面开展了中成药企业升级活动，杭州第二中药厂等32个企业跨入国家二级企业的行列。1990年北京同仁堂制药厂和天津达仁堂制药厂通过了国家一级企业预考评。部分企业获得国家计量合格证书，在节能、安全生产、环境保护等方面都取得了一定的成绩。

**（五）“七五”期间，中药商品流通有较大发展** 1990年中药购进预计完成65亿元，销售90亿元，比1985年分别增加1.04倍和1.09倍。1988年以来，中药行业在受到经济过热的影响之后，又面临市场疲软、资金不足、企业负担加重等困难。各级药材公司努力扩大购销，启动市场，搞活经营。目前从整体来看，中药生产经营已初步度过了最困难的时期。1990年的购进已超过比较正常的1987年，销售保持了稳步增长。特别是中药材购销越来越呈上升趋势。中成药购销持续稳定增长，治疗性药品的销售在激烈的市场竞争中，显示了优势，某些名优产品供不应求，市场占有率有所上升。整个中药市场供应基本稳定，价格比较平稳，中药饮片成方率仍保持在90%以上，基本上保证了人民防病治病的需要。在搞好国内供应的同时，中药的对外贸易进一步发展，“七五”预计创汇13亿美元，出口已遍及125个国家和地区。通过开展对外经济技术合作，兴建了中外合资企业，引进了外资和先进的技术设备。获得进出口权的企业，对外业务能力不断扩大，有关新的对外合作项目的考察洽谈都取得新的进展。

“七五”期间，中药商业的基础建设和企业经营管理水平都有所提高。国家和地方投资改造了一批中药商业仓储设施和零售网点。哈尔滨市药材公司等6家商业企业晋升为国家二级企业，北京市药材公司、上海市药材公司、天津市药材公司等评为局级先进企业。全国有97个企业的仓库被评为四好仓库。通过开展优质服务评比活动，使中药供应优质服务工作得到进一步深入开展。

**（六）中药科研教育工作取得较大进展**　“七五”期间，特别是在1988年以后，在资金不足，基础较为薄弱的情况下，中药科研工作紧密同生产、经营相结合，取得了一批科研成果。人工合成麝香最近通过新药鉴定，活熊取胆、人工培植牛黄技术已成功应用于生产，缓解了这些名贵药材的供应紧张状况。生物技术和人工发酵技术，在部分药材优良品种的选育及菌类药材的生产上的应用都获得成功。林麝人工授精技术研究和120种药材品种整理与质量研究有的达到国际先进水平。另外，对中药低温粉碎和干法制粒技术及设备进行了攻关，已取得较大进展。饮片炮制工艺和质量研究取得明显效果，有力地支持了饮片工业的技术改造。中医中药结合，促进了中药新制剂、新产品的研制，中成药新产品开发较为活跃，部分科研成果已经投入或即将投入生产。“七五”期间，中药科技工作为提高中药生产水平，保证中药质量，增加技术储备，满足医疗临床需要，做出了重要贡献。

中药教育工作也取得一定的成绩。开展了继承老中医药专家学术经验拜师带徒，为继承发扬我国中医药学创造了良好条件。通过多种形式办学，为中药行业培养一批急需的人才。在全行业评选出了一批优秀的企业家，并开展社会主义劳动技术竞赛，鼓励学习先进模范，调动了广大干部、职工爱本职、学技术、钻研业务的积极性，对提高职工队伍素质起到了较好的推动作用。

**（七）强化了中药质量管理工作**　“七五”期间，为进一步推进全面质量管理工作，国家中医药管理局陆续制定了中成药工业、商业质量管理奖评审办法及细则、中药商业质量管理规范及检查细则、优质产品评分细则和中成药同品种质量评比暂行办法等一系列行业质量管理规定，使中药质量管理逐步走向规范化。为贯彻《药品管理法》，加强治理整顿和质量管理，根据中药行业的特点，制定了中药工商企业合格证验收细则。通过加强全面质量管理，天津达仁堂制药厂被评为国家级质量管理奖预评企业；北京同仁堂制药厂等四个企业被评为局级质量管理奖企业。全行业有18个QC小组评为国家级优秀QC小组，64个QC小组评为局级优秀QC小组。中成药企业大部分的重点品种质量稳定并逐步提高，共有12个产品获国家金银质量奖，65个产品获国家级优质产品奖。同时完成了原有国优、局优产品的复查确认工作。中药商业为了严格把好收购关，防止伪劣药品进入流通领域，先后进行了两次中药质量大检查，强化了中药行业质量意识。中药饮片质量也有一定的提高，有21个单位被评为中药饮片质量管理先进单位。为进一步完善中药质量管理，初步完成了王浆制品标准和中成药行业内控标准的制定工作，并与有关部门配合，对伪劣中药产品进行了查处。

中药工作虽然取得较大成绩，但仍然存

在一些亟待解决的问题，有的是新的形势下出现的一些新问题。形势还是比较严峻的，我们必须给予高度的重视。这些问题主要是：①少数部门和地区没能把振兴中药事业摆在建设具有中国特色的社会主义医药卫生事业高度去认识，影响了党的中药政策贯彻落实，有的采取削弱中药工作的错误做法，撤并了部分地县药材公司，更换了部分药材公司、中成药厂和学校的名称，违背了国务院纪要的精神。②中药市场虽然呈现复苏趋势，生产回升，但不少中药生产、经营企业十分困难，企业经济效益没能同生产经营同步增长，相当一部分企业仍处于亏损和亏损边缘。③中药材部分大宗品种生产下降过大，有的价格已跌至成本以下，打击了生产，三类小药材收购也显得不足，潜在着紧缺品种增多的趋势。④中药工业从整体来讲，技术工艺还比较落后，产品结构不合理的情况仍较突出，对部分小药厂的整顿工作亟待加强。⑤整顿中药流通秩序的工作进展很不平衡，特别是整顿批发环节和中药十大药市的工作，涉及到一些政策性问题，有待进一步研究制定必要的政策和管理规定。⑥整个中药行业基础较差，投入不足，特别是科研、教育、质量管理更为薄弱，亟待进一步加强。对于这些问题都需要在今后的工作中加以认真研究解决。

## 二、关于中药“八五”计划和今年的工作

**（一）正确认识中药事业的重要地位和作用，在中医药理论指导下，根据中药工作特殊性，进一步加强分类指导与管理，促进中药事业全面发展与振兴**　中药是我国医药宝库的重要组成部分，是人民防病治病的特殊商品及出口创汇的重要物资，是我国医药卫生事业的特色和优势。中药必须以中医药理论为指导，遵循自身特有的规律来发展。要按照江泽民总书记关于弘扬我国民族文化、振奋民族精神的指示，提高对发展和振兴我国中药事业意义的认识。要按照宪法“发展现代医药和我国传统医药”的精神，把中药摆在与西药同等重要的地位，切实根据中药的特点，加强对中药的领导与扶持。同时，按照中药各产业的性质和具体情况，加强分类指导和管理。为了做到这一点，我们根据国务院制定的产业政策要点，制定了《中药行业“八五”——2000年产业政策导向的意见》，提交大家讨论修改。

加强对中药的指导和管理，就要稳定中药机构。按照国务院《关于解决中医药有关问题的会议纪要》的要求，对中药机构采取更名、撤并等削弱中药事业的做法，要予以制止和纠正，以利于中药事业的更好发展。

要区别地区和企业不同情况，制定不同的发展目标和速度。“八五”期间，中药事业要在保持适度增长的同时，把主要精力放在调整经济结构和提高效益上来。一定要在进一步改善产业结构、产品结构、企业组织结构、技术结构和地区结构等方面争取取得扎扎实实的进展，尤其要在提高企业经济效益上下大功夫、硬功夫，促进中药事业持续、稳定、协调发展。

**（二）继续推进中药行业的治理整顿和深化改革，建立中药生产流通的正常秩序**

中药行业的治理整顿要继续抓好整顿中药批发环节这个重点，把中药批发业务牢牢掌握在国营药材公司手中，坚决刹住百业经药、多方插手中药批发的做法。一定要按照铁映同志指示，象“扫黄”一样，坚决把制售伪劣药品图财害命的气焰压下去。对任何时候出现非法经营中药批发业务的都要坚决予以制止。在重点整顿好中药批发环节的同时，要严格掌握政策界限，抓紧整顿中药集贸市场。这次会上印发了一个《中药集贸市场管理暂行办法》，请大家修改完善。今年要重点把整顿中药集贸市场的工作开展起来，把整顿中药流通秩序的工作逐步引向深入。要加强对

名优中成药品种的保护扶植，绝不允许仿冒生产，粗制滥造，要同有关部门配合，抓紧制定有关管理措施，对名优产品逐步实行定点生产，这是贯彻治理整顿的一个重要内容，各地都要予以重视，认真抓好这方面工作。

要继续抓好中药行业的深化改革，探索建立具有中药商品特点的经营管理模式和体制。对已经省人民政府批准实行专营的大宗药材，要尽快制定管理规定，切实加强宏观调控，管住管好。要进一步理顺中药管理体制，切实加强各级国营药材公司的建设。去年在贯彻国务院29号文件的大会上，铁映同志对国营药材公司的职能、地位、作用又给予了充分肯定。经国家编委批准，国家中医药管理局又赋予了中国药材公司行业管理职能。实践证明，药材公司农工商一体、产供销结合的专业经营管理体制是适应中药商品特点和中药事业发展的好体制。应在治理整顿和深化改革的过程中，巩固加强这一体制，发挥其在行业管理方面的作用。要发展各种形式的联合，适时组建中药企业集团，发挥整体优势，提高中药生产、经营的集约化程度，促进中药行业形成最佳的企业组织结构。

**（三）坚持把发展药材生产放在首位，努力搞活流通**　中药的基础是药材，而药材是农副产品，靠千家万户的农民种植与采集而来。“八五”期间药材生产发展如何，对整个中药事业影响极大。我们要按照党中央、国务院高度重视农业的方针，切实加强对药材生产的指导，使药材生产稳步发展。发展药材生产同整个农业生产一样，从总体来讲，还是一靠政策、二靠科技、三靠投入。要把发展药材生产与改革结合起来，在新形势下制定稳定和发展药材生产的政策措施。要依靠科技兴农，加强这方面的科研，提高药材单产和良种选育、病虫害防治的能力。国家和地方要进一步增加对中药材生产的投入，同时要把发展药材生产纳入当地农业发展规划，特别要同科技兴农、星火计划和扶贫工作结合起来，使药材生产得到全社会各方面的支持与重视。要进一步抓好药材生产基地的建设，因地制宜，逐步推广适度规模经营，加强专业化生产。

今年要认真总结推广在实践中形成的新经验、新方法，使药材公司与药农的利益更紧密地结合起来，要加强药材生产组织建设，对生产技术人员进行必要的培训，提高他们技术和管理水平。要在巩固发展家庭联产承包责任制的基础上，努力发展社会化服务体系，继续支持药材生产者协会以及适应新形势而建立的各种指导服务组织。要抓好今年家种药材的种植计划落实工作，首先把春播药材抓好，对去年生产下降较大的某些大宗药材和供应紧缺品种要作为重点抓好。要抓住季节，搞好野生药材的收购工作。要特别注意在市场复苏的情况下，搞好商品余缺排队，并及时将市场信息反馈给生产者，使药材收购在计划和信息指导下，适应市场变化趋势，保持稳定增长，要进一步贯彻落实《野生药材资源保护管理条例》，配合有关部门坚决打击破坏野生药材资源的不法行为。希望各省医药局（总公司）把抓好药材生产列入重要工作日程，对存在的问题经常给予研究，帮助解决各种困难，使药材生产能在“八五”期间发展到一个新水平。

当前制约中药生产、经营发展的主要因素仍然是市场销售疲软，经济循环不畅。我们要从过去单纯抓生产逐步转变到抓社会再生产的轨道上来，要从投入、产出、销售、资金回收和再投入等方面，加强综合平衡和协调指导，促进药材生产收购的发展。因此，要进一步启动中药市场。启动市场的关键在于启动企业，必须挖掘企业的潜力，拓宽购销渠道，扩大购销领域，搞好供应服务。启动市场要同调整产品结构、库存结构结合起来，要支持发展名优产品和地道优质药材，开拓市场，提高市场占有率。要根据市场需要调整和充实库存，尽快扭转库存薄弱的局面，以提高应付重大灾情疫情和市场变化的能力。启动市场另一方面还要加强各地区和企业之间互相支持，进一步清理三角债，恢复和建立良好的商业信誉，提高合同执行率，加速商品周转。要特别注意加强中药物价管理，保持中药价格的基本稳定。要认真贯彻《国务院关于打破地区间封锁进一步搞活商品流通的通知》，维护统一的社会主义中药市场，促进中药商品流通正常发展。要积极开拓国际市场，已获得进出口权的企业要进一步扩大对外贸易。要按照党中央、国务院对外开放的方针和战略，继续扩大中药对外经济技术合作与交流，组建新的合资企业，更有效地引进外资和先进技术设备，加快中药走向世界的步伐。

**（四）以技术进步为中心，努力开发新品种，提高产品质量和经济效益，进一步调整产品结构和工业布局，发展中药工业生产** 今年中药工业在保持适度增长的前提下，要把工作重点由单纯追求产值的增长速度，转变到努力推进技术进步和进行深层次的结构调整，改善企业内外部环境，增强企业的应变能力，提高企业素质和经济效益的轨道上来。国务院决定今年在全国范围内开展“质量、品种、效益年”的活动，同时为启动市场，促进工业生产发展，增加了技术改造的投入。中成药工业一定要适应这一形势发展，首先抓好技术改造并及时将各方面工作抓出成效，提高生产水平。要少铺新摊子，多改造现有企业，为“八五”后期发展打好基础，增加后劲。技术改造要服从于产品结构调整，集中力量改造重点企业，提高名优产品的生产能力和产品质量。要下大力气抓好新产品的开发，并抓好技术改造项目的审定、品种布局、新工艺新技术的应用、投资的归还能力、自有流动资金的充实、经济效益的评估等方面工作。要按照李鹏总理提出的，宁可少干一些，也要讲求投资效益的指导思想，切实将中成药技术水平提高到新的较高层次上来。要进一步加强对中成药工业的宏观管理，制止乱办药厂。

要进一步加强中药饮片企业的技术改造。研究确定饮片整体改造的方向，集中力量抓好重点饮片厂的改造，特别要加强饮片生产工艺、包装、加工设备的研制，加快饮片生产向现代化工业迈进的速度。要把饮片厂的合理布局与适度规模生产结合起来。请各省认真抓一下改造后饮片厂生产能力的发挥问题，使饮片生产能够获得较好的经济效益，提高自我发展能力。

**（五）进一步加强中药科研与教育工作** 中药事业的发展必须以科技为先导，振兴中药必须依靠科学技术进步。只有不断开发出过硬的新产品，并有自己特有的科技优势和科技储备才能发展中药生产经营，才能在激烈的市场竞争中站稳脚跟。因此，必须提高对中药科技工作的认识，克服短期行为，重视科技工作。同时也要深化中药科技体制改革。中药科技要面向经济建设主战场，跟踪、发展、应用高新技术，为发展中药生产经营服务。要完善中药科研与生产经营紧密结合的机制，建立科技先导型企业。要加强科研机构内涵建设，不断提高科研能力和水平，集中力量解决生产经营中的重大科技问题。要做好“七五”攻关课题的验收和“八五”课题的分解、招标、管理工作，进一步抓好正在建设中的中药材工业性试验基地和野生变家种家养的工作，同时，抓好中药制药机械和各种仪器设备的研制与生产，加强对中药炮制方法、生产工艺和复方基础理论的研究。中医中药要紧密配合，加速新产品的开发和科研成果向生产力的转化，促进中药生产、经营的发展。

振兴中药事业必须要有一支高素质的队伍。因此，必须把中药教育工作抓紧抓好。“八五”期间要按照规划，逐年安排，切实落实中药教育工作任务。在办好中药高等院校（系）的同时，重点抓好中药中等教育和在职教育。要加强对中药教育工作的领导和支持，努力改善教学条件，提高教学质量。根据中药生产、经营的发展调整和增设教学内容，为中药行业培养出各种所需人才。

**（六）要进一步强化中药全面质量管理** 中药是人民防病治病的特殊商品，对质量管理任何时候都不能放松。中药行业全体干部、职工必须以对人民高度负责的精神，强化质量意识，努力提高产品质量。要充分认识到产品质量关系到企业信誉，也是企业提高竞争能力的关键所在。因此，必须牢固树立质量第一的观念。商业企业首先要把好收购关，防止伪劣药材进入流通和生产领域。要与有关部门协作，加强对中药集贸市场的质量管理，制定必要的管理规定。生产企业要全面落实质量责任制，不合格产品一律不准出厂。要进一步加强质量管理体系的建设，中药质量管理机构和检测中心都要充实力量，提高质量管理和检测水平，并切实推行质量否决权。要抓紧中药质量标准的研究制定工作，对已有的标准要严格执行。要特别抓好出口产品的质量管理，研究解决重金属超量问题，为中药更好进入国际市场奠定基础。要把质量管理纳入企业第二轮承包，并作为企业升级的考核内容。我们要在发展生产、搞活经营的同时，坚定不移地把中药质量抓上去，争取中药质量有明显的提高。

**（七）进一步加强企业管理，全面提高企业素质** 加强中药企业管理，当前主要任务是坚持和完善经营承包责任制，认真做好两期承包的衔接工作，维护企业的生产经营自主权，坚持和完善厂长（经理）负责制，并充分发挥企业党组织的核心作用，努力提高生产经营管理水平。要改变目前存在的管理粗放的情况，在开展“质量、品种、效益年”的活动中，牢固树立向管理要效益的思想。要全面抓好企业升级工作，已经通过国家一级企业预考评的企业，要巩固成果继续前进，争取晋升一级企业；国家二级企业也要进一步加强企业管理，争取今年中药企业管理水平有较大的提高。同时，要积极创造条件，开展县公司和中药仓库的升级活动。要进一步抓好企业管理的基础工作，加强班组建设和管理。要广泛应用以电子计算机为代表的现代化管理手段，提高管理水平。要全面加强中药生产经营各种设备的管理，进一步开展双增双节活动，降低各种物耗和流通费用，努力提高经济效益。

**（八）加强思想政治工作，纠正行业不正之风** 思想政治工作是我们党的光荣传统和政治优势，做好中药行业全体干部、职工的思想政治工作是各级中药主管部门必须长抓不懈的一项基本任务。首先要加强社会主义基本理论的学习与教育，培养中药行业全体干部、职工热爱社会主义、热爱祖国的思想情操，自觉维护安定团结的政治局面。其次要加强职业道德教育，增强干部、职工的责任感，激发他们为振兴中药事业而努力奋斗的积极性，要广泛地开展各种形式的社会主义劳动竞赛，充分发挥他们的聪明才智，努力做好各项本职工作。第三，要加强团结，特别要注意加强中医人员与中药人员之间的团结，中西药人员之间的团结，相互理解，互相支持，为振兴中药多做贡献。企业的厂长（经理）、书记要形成一股劲，抓好生产、经营工作。要坚决纠正中药行业生产、经营活动中的不正之风，正确处理好社会效益与经济效益的关系，反对“一切向钱看”的错误思想。对经营中行贿受贿等不法行为要坚决予以查处。要发挥广大群众的监督作用，使中药行业不正之风尽快得到纠正。

# 国家中医药管理局副局长朱杰在全国中药工作局长会议上的总结讲话（摘要）

（1991年1月15日）

## 一、进一步提高对抓好中药工作的认识

中药是我国的宝贵的物质财富和文化遗产。中药事业是具有社会主义福利事业性质的经济事业，是建设具有中国特色的社会主义医药卫生事业的主要标志之一，是我国的优势和能对人类做出重大贡献的领域之一。中药作为人民防病治病的特殊商品，对防治疾病有着许多独到的特点，深为广大人民群众所信赖。同时，做好中药工作对弘扬民族文化，促进民族经济发展，振奋民族精神具有重大的意义。因此，对中药的行业管理和生产经营应予以足够的重视和支持。"七五"期间，中药事业得到了很大的发展，面貌发生了较为深刻的变化，但与医疗保健的需要仍有相当的差距，其优势也未能充分地发挥出来。国务院徐志坚副秘书长指出："八五"、"九五"期间，中药行业应该是一个大力发展的行业。中药行业的全体干部职工应当认清形势，进一步提高对振兴发展中药事业的认识，努力抓好中药工作。

代表们集中地反映，中药事业这一具有福利性质的经济事业，应得到国家的扶持。既然强调中药事业的福利性质，强调要遵循中药工作的客观规律，那么在政策上就要能够反映出中药的特点。国家扶持中医药事业发展的总的原则是已经确定了的。代表们希望国家中医药管理局加强对中药行业优惠政策的研究。对此，我们一定要进一步加强这方面的工作，积极向国务院和有关部门反映，争取使国家能够继续给予中药行业以必要的优惠政策。过去争取到的一些优惠政策能否顺延，已经出台的优惠政策能否到位，这也需要我们继续努力。同时，我们也希望省局、省公司也多做这方面的工作，多向地方党政领导汇报，使他们能够了解振兴中药事业的重要意义，并支持其发展。

## 二、进一步抓好中药的治理整顿工作

中药行业的治理整顿工作虽然已初见成效，但在全国的进展还很不平衡，还有大量的工作要做。根据会议反映的情况看，有两点需要明确。第一，中药流通领域的治理整顿工作与其它行业相比较，有共性，也有其特殊性。中药品种繁多，涉及面广，治理整顿的任务繁重，难度较大。因此，必须在各级人民政府的领导下，与卫生、工商、物价、公安等部门密切配合，齐抓共管，才能在一九九一年更前进一步。第二，当前既要治理百业经药的状况，也要治理行业内部的混乱现象。各省局（总公司）要加强对所属中药工商企业的领导，要充分发挥药材公司主渠道的作用。要通过治理整顿，把中药生产、经营的正常秩序建立起来，把中药的质量抓上去，使产品结构和库存结构趋于合理。许多同志希望解决医疗单位进货的问题。这

既涉及到政策，也涉及到人们的认识和观念。国营药材公司是主渠道，对市场负责，即要为市场提供充分的品种，保证药品质量，按政策履行价格职责，抵制行业不正之风等。所以，医疗单位应该把国营药材公司作为进货的主渠道。十大药市的治理整顿工作十分艰巨。洪魁同志的意见是，中药行业主管部门要支持政府把药市整顿好，地方政府也应承担起治理整顿的任务，使国务院的有关文件得到贯彻落实。

## 三、进一步抓好中药材生产

中药材生产是中药事业发展的基础，在任何时候都不能放松。从会议反映出，中药材生产存在的问题很多。要解决这些问题，首先要在思想上予以足够的重视，象抓工业生产一样，努力抓好中药材生产。要通过深化改革，来促进药材生产发展。如何适应农村经济发展的新形势，探索出稳定药材生产的新途径，是亟待研究的新课题。要按照一九九一年中共中央、国务院1号文件精神，加强对药材生产社会化服务体系的建设，对近年发展药材生产的好经验和好办法加以总结推广。同时，要加强计划管理，提高调控能力，搞好市场信息反馈指导，避免盲目发展。要提高国营药材公司主渠道的吞吐能力，加强储备，启动市场，搞活经营，切实抓好药材的收购与销售，以利于生产稳定发展。

## 四、进一步明确中药管理职能

理顺中药管理体制，明确中药管理职能，要坚决贯彻国务院《关于解决中医药有关问题的会议纪要》精神，注重加强中医中药的统一管理。只有这样才有利于中医中药的相互结合，相互促进，同步发展，全面振兴。现在，各省、自治区、直辖市医药管理局（总公司）是分管中药工作的职能机构，今后国家中医药管理局要进一步与之加强联系，提供服务。各省（区、市）医药管理局（总公司）要加强对本地药材公司的领导，加强对中药行业的领导，并将各地中药工作的情况及时地报送给我们。

要切实加强各级药材公司的建设，发挥药材公司在行业管理方面的职能作用，建立与健全中药农工商一体、产供销结合的专业经营管理体制。各级药材公司要不断深化改革，努力发挥整体优势，提高经营管理水平。

## 五、加强思想政治工作和廉政建设

思想政治工作是我党的优良传统，也是一项基本工作。

# 卫生部部长陈敏章在全国中医工作厅（局）长会议开幕式上的讲话（摘要）

（1991年1月24日）

一、我们正在制定卫生工作“八五”计划和十年规划设想，提出三个战略重点：加强农村卫生工作，加强预防保健，加强中医药工作。农村卫生工作、预防保健事业和具有独特优势的传统医药学这三个方面，在我们的卫生事业发展中具有突出重要的作用和意义。这三个方面都有相对薄弱的环节，需要我们采取一些措施加以重点扶助，搞一些政策性倾斜。这三个环节都是建设具有中国特色的社会主义卫生事业的重要内容。中国特色要同国情结合起来考虑，我们国家的基本国情是人口众多，十几亿人口，80%在农村，每年要增长1000多万人口，卫生事业面向的是这样大的一个服务面。我国有56个民族，有丰富的传统医药资源，包括人才与药物，理论与经验。根据这样一个国情来建设我们带有中国特色的社会主义卫生事业，抓这样三个战略重点，是符合我们的卫生事业发展的实际情况。这就是我们为什么把这三个方面作为今后五年、十年卫生发展战略重点来考虑的主要想法。

二、这三个战略重点，不属于同一个层次问题，它们各有自身不同的内涵和自己重点发展的目标，不能简单地等同并列。但其相互之间又有紧密的内在联系，处理得好可以相互促进。

加强农村卫生工作是全局性的一项重要任务，涉及到保障八九亿农村人口的健康问题。这是我们卫生工作为农村经济建设服务、支援农业的一个具体内容，使农民能够真正身心健康、精力充沛地从事农业劳动生产，提高生产力。要说增加投入，应该说劳动力的投入是最根本的，其它的诸如化肥也好，农业机器也好，如果没有精力充沛、身体健康的农民去掌握使用，发挥其作用，那是不会产生效果的。所以我们要贯彻落实党的十三届七中全会《建议》中要求大力加强和发展农业这样一个精神，以及《建议》中对卫生工作提出的要切实加强农村卫生组织，巩固和发展三级医疗预防保健网的要求。

加强农村卫生工作重点是应该采取各种积极的措施，筹集各方面必要的卫生资源，分阶段地实现2000年初级卫生保健规划，这是我们现在作为加强农村卫生工作的最主要的内容。在初级卫生保健规划的一些具体指标当中，有相当多的是属于预防保健范围的。例如组织指标、健康效益评价指标等等。因此，切实加强防保工作，认真贯彻预防为主的方针，是涉及到能否全面实现初级卫生保健规划目标的关键问题。尽管是两个不同层次的战略重点，但是在他们之间有密切的联系。

在农村要实现初级卫生保健各项目标，从我们国家的历史经验来看，巩固和建设基层三级医疗预防保健网具有十分重要的意义，它是一个很重要的组织保证，这是我们国家在建国以后创建起来的一个很好的经验。县、乡、村三级服务网，虽然越到基层，服务的人群越小，对它服务的整体功能却要求越来越宽，特别是乡村这个层次，它又要承担防的任务，又要承担治的任务，村一级就更明显了。所以通过三级医疗预防保健网来实施这些具体的目标，就需要我们中医、西医、卫生防疫、妇幼保健和各类卫技人员的通力协作，各显其能，利用我们所掌握的中医的、西医的、中西医结合的技术和医药专业知识，在各个层次上为农民提供优质的医疗卫生防治服务。要充分调动各个方面的积极性共同为实现这个规划目标做贡献。这里，中医中药和民族传统医药在这方面显然应该，也可能做出积极的贡献。在我国农村，以及一些少数民族地区，广大农牧民和群众都有接受中医和民族医药治疗疾病的传统习惯，传统医药存在着广泛的群众基础。而且在农村有丰富的中医药和民族医药资源，便于就地就近取材，开展防治疾病工作。在基层的医药卫生人员当中，特别是乡村这一层次，不少人掌握了简易的“两种医”办法，即中医传统医的办法和西医的办法，来开展一些基本的医疗防保工作。而且这些基层人员，即便有些出身于西医或中医，但在实践当中由于工作的需要，往往中西医兼用，防治兼能。尽管他们的技术水平不一定很高，但是能够解决一些常见病多发病的防治。而且在有些地方还可以解决一些专科疾病，方便了农民，也完全符合初级卫生保健目标的要求。应该看到，在民间农村当中还流传一些不见经传、但确有防治效果的经验方药和技术，受到农民的欢迎。这些应看成是中医药在农村卫生工作中的很丰富的资源，应当很好地开发出来，所以我们应该倡导在农村现有的三级医疗预防保健网中充分发挥传统医药人才和技术的作用。鼓励医务人员学习、掌握和运用传统医药学的技术，以便能够更多能地为农民服务。这不能用人为的划比例的办法做一些规定，非要百分之多少用这种方法，这样做会产生一些消极的影响。主要还是要通过积极的疏导，用实际疗效来吸引群众，用临床疗效来吸引医务人员更积极地推广应用传统医药学的防治手段。这不是在现有的三级医疗预防保健网以外再另建一套三级网。而是发挥中医、西医、中西医结合的整体功能，共同加强巩固现有的三级医疗预防保健网。增强现有三级医疗预防保健网的功能，即加强整体服务功能，要使基层医务卫生人员认识到，这是加强农村卫生工作和防保工作所特有的传统优势，应该加以充分的开发利用。此外，加强农村卫生工作的一个重要内容就是如何组织城市的中医药力量支援农村，要用我们城市中医药的一些技术和技术力量支持农村中医药事业的发展和技术水平的提高，包括培养一些这方面的人才。还有就是如何组织中医药科技成果，有计划地向农村基层推广应用，来提高疗效和诊疗技术水平。要减轻农民的负担，帮助基层来总结他们已有的一些好的诊疗经验，并传授知识和经验给他们。这样既能使中医药为在加强农村卫生工作方面多做贡献，同时也有助于增强中医药和其它传统医药在人民群众中的信誉。城市支援农村也好，中医药科技成果向农村推广也好，都应有一个统筹安排、组织协调的问题，防止出现一哄而起，忽冷忽热，形成一些地方过于集中，另一些地方仍然是空白，或一个时期人员下去很多，农村受不了，变成了一个负担，而一个时期又没有人员下去。这确实有个统筹考虑和协调安排的问题。

除此之外，还有中药材生产本身是农业生产的组成部分，所以三个战略重点与农业关系都很密切，支持发展农业也包括要支持发展中药材生产，使得中药材生产在加强农业的大环境当中也发挥积极的作用。因为中药问题在全国中药工作局长会议上有比较具体的安排部署，这里就不再做更多的解释了。

三、谈谈人才培养问题。中医事业的发展，人才培养是关键。其它各行各业也都面临人才培养和教育问题。邓小平同志对教育的要求是“面向现代化，面向世界，面向未来”。因为当今世界的竞争，说到底是人才和教育的竞争，中医界也不例外，没有学术水平的提高和全行业的科技进步，就谈不上事业的真正发展，而提高学术水平就需要积极培养出真正掌握中医药真才实学的一些人才。

培养中医人才，有两个层次，一是提高，二是普及。从目前中医药队伍的人才结构与中医药的发展需求来看，更为迫切的是需要培养高质量高层次的中医药人才。我们建立中医学院已有30多年的历史，培养了8万多名毕业生，已有相当一批高层次结构和专业知识结构的人才。当然我们也听到过一些反映，有的同志对培养出的中医人员在素质、质量，以及培养方法等问题上，还有不同的看法，在这方面也还存在一些问题，特别是在怎么保持中医特色的问题上。但也绝不能因此否定高等院校培养中医人才的作用。事实上，现在中医药界的骨干人才，相当一批是从高等院校毕业出来的。一些不足的地方和弱点，可以在今后教育改革当中逐步加以纠正，以便探索一些好的途径。但目前这还是培养高等中医药人才的很宽的重要渠道。同时，我们也提倡名医带高徒的师承方法。去年10月，在人民大会堂举行了继承老中医药专家学术经验拜师大会，李铁映同志出席并讲了话，提出了一些要求和希望，有关单位应当订出计划，使这一工作能稳步、深入地开展下去，各地应在实践过程中认真总结经验，以利于逐步完善。师承方法尽管是一种老的传统办法，但现在应有新的内容，现在的徒弟和过去不一样，现在的老师也和过去不一样，带徒的方式，利用的各种教材教具，都会有新的进展，使传统方式在内容或形式上有所发展和进步。所以，培养中医人才的过程也是一种探索。在探索中要注意“继承而不泥古，创新而不离宗”，要实现这两条也是相当艰难的。遵循这样一个思路，可以创出一些好的经验。这样，才能使中医事业在保存自身特点的情况下不断向前发展。

四、讲讲中西医结合问题。中西医结合在针麻、正骨、急腹症、烧伤、痔瘘等大量临床科研方面，都有一些可喜的成果，有可能成为我国为世界人民多做贡献的领域。

50 年代，由于贯彻中西医结合方针，我国培养了一批中西医结合人才，而且其中不少在医疗、科研等方面做出了显著的业绩，我国确实具备开展中西医结合的有利条件。从 50 年代中医进入医院、毛主席号召西医学习中医开始，现在我国 95%的西医医院都设立了中医科，有的也设立了中医病床。近几年，中医医院有了很大发展，但西医医院的中医药人员占整个中医队伍的比重仍然很大。在这些医院里，既有西医又有中医，是中西医大汇合的场所，开展中西医结合研究的条件相对比较优越，应当成为中西医结合的重要阵地。目前虽有一些中西医结合医院，但数量不多，有的也名不副实，相当数量的中西医结合工作还是分散在西医医院里进行，这就要求卫生厅局、中医局共同协调，支持把中西医结合工作扎扎实实地搞上去。

这次会议提出了坚持中西医结合方针、继续举办西医离职学习中医班的要求，这是很好的意见，有助于中西医之间的团结协作，增加共同的语言，便于相互沟通和理解，我完全赞成。但在工作中一定要认真地、实事求是地解决好西学中人员的职称、安排、使用问题。职称问题过去人事部门做了一些特殊安排。只要掌握好政策，是可以解决的。对中西医结合的方式，目前还不可能都是同一种模式，应该允许多种途径去探索，从各个角度去鼓励探索。最后谁来评定哪个模式好，还得看客观效果。只要真正能多出成果，多出人才，这个模式就是好的。这应该作为判断中西医结合工作做得好不好的一个标准。要采取各种措施，充分发挥中西医结合在我国医学当中的优势。

# 国家中医药管理局副局长朱杰在全国中医工作厅（局）长会议上的总结讲话（摘要）

（1991 年 1 月 28 日）

**（一）对于中医药工作形势的估计**

当前中医药工作形势是好的。根据是：

1. 以江泽民同志为核心的党中央对弘扬民族优秀文化的重视。

2. 党中央、国务院和国家的各个部委办十分重视和关怀中医药工作，已经采取了并且正在继续研究一些措施，给中医药工作以支持。

3. 各级党和政府对振兴中医药的认识有了新的提高。

4. 我们整个中医药行业同志们的精神是振作的，并且更加注重对实际问题的研究，管理上更注重计划性和规范性。

5. 中医中药的实际工作也都取得不少成绩。

**（二）要向全社会继续介绍中医药，要使全社会更加了解中医药**

今后要继续向全社会介绍中医药，使全社会更多地了解中医药，最重要的是做好自身的工作，扩大影响。我们要在工作中取得人们对我们的了解。加强农村中医工作靠“一网多用”，但也不排除其它做法。在农村把中医药的优势和特点发挥出来，不搞重复建设，是对卫生资源的开发和更充分的利用，是开发卫生资源而不是分散卫生资源。

**（三）注重对中医药特点和规律的研究，按照中医药的特点和规律办事**

中医药工作，离开党和政府的支持是不行的，但违背了中医药自身的规律和特点同样不行。我们要着重研究中医药事业怎样按照自身的规律和特点发展，不在这个问题上克服“必然”，取得“自由”，就不能说中医药没有衰败的危险。建议以这样的忧患意识来加强对中医药规律和特点的研究。比如说，建设一百所示范中医医院，这种医院绝对不应该是西医医院的翻版，而应当体现中医药的特点和优势，代表着中医医院的形象。当然还得注意在地域上，在社会和经济发展的不同程度上都要有代表性。又比如说，在人才培养上，我们一定要很好地加强已有的学校教育，这是培养中医药人才的基地，是基础。但学校教育也要改革，也要注意吸收过去一些好的做法和经验。学校的改革主要有两条，第一点如何面向农村和基层招生，使他们上得来，又回得去；第二点就是要早临床，多临床。在抓学校教学的同时，要建立师承制度。建立师承制度，一是为了开展好这项工作，二是为了管理好这项工作。不可不抓，不可乱抓。要有计划，通过试点，取得经验再去推广。做到决心大，步子稳。过去有些地方师承的问题主要是不配套。有的地方是“四个没有”：第一是入学时没有门槛，第二是在课程上没有要求，第三是没有考试和考核，第四是出去的时候没有文凭。因此，有时就留了后遗症。要建立新的师承制度，希望变“四无”为“四有”，做到入学有门槛，理论上有要求，定期有考试，毕业有文凭，保证师承制度规范化，政策上也不留后遗症。再比如，在科技工作上，需要一手抓攻关，一手抓推广，要特别强调加强科研与临床、科研与中药生产的结合，使成果迅速转化为生产力。通过抓攻关，提高学术水平，在一些重要领域，对一些疑难病症的防治应该有一些突破。科技要大力发展，但不是要大铺摊子，而是要增强攻坚能力。

我们还有一个非常重要的领域就是民族医药，这方面我们面临着许多打基础的工作，已经有了一些可喜的成果，今后要继续加强。

中药工作，希望中医界同志注意支持和维护国营的主渠道作用。药材公司、国营主渠道在中药的产供销中起着枢纽作用，又是中药管理组织上的依托。假如把主渠道搞没了，生产计划谁去抓落实，责任市场就可能瓦解。希望中医单位要注意从药材公司进货。这样做有利于有计划的供应，有利于保证中药的质量，同时也有利于我们队伍的廉政建设。

**（四）面对现实，克服困难，改进工作方法，提高管理水平**

第一，大家关心的体制、政策、投入等问题，从外环境看，都是制约和影响中医事业发展的问题。这方面做为国家局应该尽职尽责，积极努力去做工作。过去做了一些，但做得很不够，今后要加强。但是，要根据分级负责的精神，地方上的事情也要各自负好责任。

第二，国家中医药管理局的成立是管理体制的重大改革，具有重大而且影响深远的意义。今后我们的任务是坚决地贯彻“四七”会议纪要的精神，把地方中医中药统一管理的试点工作搞好。这是国务院领导同志提出的要求，是我们的责任，做不好就是没有尽到责任。当然在方法上要研究，多做少说。

第三，在目前的体制状况下，更要注意加强协调。现在中医管理是三种状况，一种是计划财政单列的、副厅级或处级的局，一种是计划财政没有单列的局，再就是卫生厅局里的中医处。协调不能理解为让步，更不是软弱的表现，协调的目的是在坚持原则的基础上达到共识，它本身就包含着争取。任何一种体制都无法代替协调，即使是严密完善的体制，在惯性运行中也会有调度运行，就有协调问题。

第四，根据以往的经验，改革和建设有两个问题值得注意。一是要注意配套的出台，做到有目标，有任务，有措施，有办法。这次的“杏林计划”，以及以后的其它计划，要把该协调的问题协调了，把需要采取的措施都研究清楚，目的是能够配套地出台。第二点就是工作不要平推，一个阶段有一个阶段的重点。1991年重点抓什么？总的是提高质量。科技攻关上要抓一些课题；成果推广上实施“金桥计划”；师承制度要力争出台；示范中医医院的建设上，要先抓几个样板；外事上开好国际传统医药大会。主要抓以上几项，要非常有力量地把它推行下去。

第五，维护安定团结。我们这个行业团结是好的，也有特殊情况和问题，但是应当更多地把人们的注意力引导到共同点上。

第六，关于国家局更好地为基层服务的问题。一是决策要从实际出发，走群众路线，注意试点。二是一旦形成了决定，就坚决执行，抓紧督促检查，狠抓落实。从方法上讲，主要是要做到有所不为才能有所为。一般问题要放宽，有所不为；在重点问题上要抓紧，要有所为。国家管理和指导的任务是确定计划，制定政策，做好综合平衡，配套地运用经济、法律和行政手段加以引导和控制，这就是国家局的主要任务，要抓得很紧很紧。学术上不要过多干预，不要代替学者去做工作，要腾出时间抓宏观，抓调查研究，抓政策。还有一点更要有所不为，就是以权谋私那一套。

# 政策法规

## 1991年主要卫生法规规章目录

| 名称 | 发布时间 | 发布机关 |
| --- | --- | --- |
| **卫生防疫类** | | |
| 性病防治管理办法 | 8月12日 | 卫生部 |
| 结核病防治管理办法 | 9月12日 | 卫生部 |
| 全国乙肝疫苗免疫接种实施方案 | 10月25日 | 卫生部 |
| 中华人民共和国传染病防治实施办法 | 12月6日 | 国务院批准卫生部发布 |
| **卫生监督类** | | |
| 非医用加速器放射卫生管理办法 | 1月10日 | 卫生部 |
| 卫生防疫工作规范（劳动卫生分册） | 1月21日 | 卫生部 |
| 公共场所卫生管理条例实施细则 | 3月11日 | 卫生部 |
| 化妆品卫生监督条例实施细则 | 3月27日 | 卫生部 |
| $\gamma$辐照加工装置卫生防护管理规定 | 4月26日 | 卫生部 |
| 关于卫生监督监测工作实行分级管理的通知 | 6月13日 | 卫生部 |
| 农药安全性毒理学评价程序 | 6月18日 | 卫生部　农业部 |
| 关于更正《调味品卫生管理办法》部分内容的通知 | 6月24日 | 卫生部 |
| 卫生监督统计报告管理规定 | 7月1日 | 卫生部 |
| 油（气）田非密封型放射源测井放射卫生管理办法 | 9月14日 | 卫生部<br>中国石油天然气总公司 |
| 电离辐射剂量检定员管理规定 | 11月4日 | 卫生部 |
| 违反《中华人民共和国食品卫生法（试行）行政处罚程序（试行）》 | 11月26日 | 卫生部 |
| 全国学生常见肠道蠕虫感染综合防治方案（试行） | 12月13日 | 卫生部<br>国家教育委员会 |
| 公共场所卫生监督工作程序（试行） | 12月30日 | 卫生部 |

| 名　　称 | 发布时间 | 发布机关 |
|---|---|---|
| **国境卫生检疫类** | | |
| 进口食品卫生监督检验工作规程 | 5月15日 | 卫生部 |
| 关于对《国境卫生检疫法实施细则》有关条款的解释 | 5月29日 | 卫生部 |
| **医政管理类** | | |
| 首批淘汰35项临床检验项目方法的规定 | 12月20日 | 卫生部 |
| **药政管理类** | | |
| 换发“进口药品注册证”的规定 | 5月27日 | 卫生部 |
| 咖啡因管理规定 | 7月1日 | 卫生部 |
| 药品检验所工作管理办法 | 12月29日 | 卫生部 |
| **科技与教育类** | | |
| 卫生部公派出国留学管理暂行办法 | 1月24日 | 卫生部 |
| 关于扩大继续医学教育工作试点的通知 | 7月1日 | 卫生部 |
| 继续医学教育暂行规定 | 7月1日 | 卫生部 |
| **药品和医疗器械类** | | |
| 医疗器械管理暂行办法 | 4月10日 | 国家医药管理局 |
| 国家医药管理局实验动物管理办法 | 4月12日 | 国家医药管理局 |
| 国家医药管理局医药标准化管理办法 | 4月12日 | 国家医药管理局 |
| 医药标准化工作奖励办法 | 4月12日 | 国家医药管理局 |
| 国家医药管理局废止12个规范性文件的决定 | 4月12日 | 国家医药管理局 |
| 药品包装用材料、容器生产管理办法（试行） | 5月20日 | 国家医药管理局 |
| **人事工作管理类** | | |
| 全国卫生系统荣誉称号暂行规定 | 8月3日 | 卫生部 |
| 卫生部机关工作人员出国进修管理工作的若干暂行规定 | 11月1日 | 卫生部 |
| **中医药管理类** | | |
| 国际针灸专业人员水平考试办法（试行） | 1月4日 | 中医药管理局 |
| 关于抓紧做好老中医药专家学术经验继承工作的通知 | 4月3日 | 中医药管理局 |
| 关于印发《中医医院分级管理办法》、《中医医院分级管理标准》、《中医医院分级管理标准评分细则》的通知 | 5月25日 | 中医药管理局 |
| 国家中医药管理局中医药科学技术成果登记管理办法（试行） | 7月31日 | 中医药管理局 |
| 国家中医药管理局中药产业科技研究计划管理办法（试行） | 10月30日 | 中医药管理局 |
| **其　他　类** | | |
| 卫生工作中国家秘密及其密级具体范围的规定说明 | 3月1日 | 卫生部 |
| 医药卫生档案管理办法 | 3月9日 | 卫生部<br>国家档案局 |
| 卫生部密码电报使用和管理的规定 | 7月22日 | 卫生部 |
| 卫生单位名称代码数据库管理办法（暂行） | 10月9日 | 卫生部 |
| 农村乡镇卫生、卫生防疫、妇幼保健设施建设项目管理试行办法 | 11月15日 | 国家计划委员会<br>卫生部 |

（王向东）

# 中华人民共和国传染病防治法实施办法

（1991 年 10 月 4 日国务院批准，12 月 6 日卫生部令发布施行）

## 第一章　总　　则

**第一条**　根据《中华人民共和国传染病防治法》（以下简称《传染病防治法》）的规定，制定本办法。

**第二条**　国家对传染病实行预防为主的方针，各级政府在制定社会经济发展规划时，必须包括传染病防治目标，并组织有关部门共同实施。

**第三条**　各级政府卫生行政部门对传染病防治工作实施统一监督管理。

受国务院卫生行政部门委托的其他有关部门卫生主管机构，在本系统内行使《传染病防治法》第三十二条第一款所列职权。

军队的传染病防治工作，依照《传染病防治法》和本办法中的有关规定以及国家其他有关规定，由中国人民解放军卫生主管部门实施监督管理。

**第四条**　各级各类卫生防疫机构按照专业分工承担传染病监测管理的责任和范围，由省级政府卫生行政部门确定。

铁路、交通、民航、厂（场）矿的卫生防疫机构，承担本系统传染病监测管理工作，并接受本系统上级卫生主管机构和省级政府卫生行政部门指定的卫生防疫机构的业务指导。

**第五条**　各级各类医疗保健机构承担传染病防治管理的责任和范围，由当地政府卫生行政部门确定。

**第六条**　各级政府对预防、控制传染病做出显著成绩和贡献的单位和个人，应当给予奖励。

## 第二章　预　　防

**第七条**　各级政府应当组织有关部门，开展传染病预防知识和防治措施的卫生健康教育。

**第八条**　各级政府组织开展爱国卫生活动。

铁路、交通、民航部门负责组织消除交通工具的鼠害和各种病媒昆虫的危害。

农业、林业部门负责组织消除农田、牧场及林区的鼠害。

国务院各有关部委消除钉螺危害的分工，按照国务院的有关规定办理。

**第九条**　集中式供水必须符合国家《生活饮用水卫生标准》。

各单位自备水源，未经城市建设部门和卫生行政部门批准，不得与城镇集中式供水系统连接。

**第十条**　地方各级政府应当有计划地建设和改造公共卫生设施。

城市应当按照城市环境卫生设施标准修建公共厕所、垃圾粪便的无害化处理场和污水、雨水排放处理系统等公共卫生设施。

农村应当逐步改造厕所，对粪便进行无害化处理，加强对公共生活用水的卫生管理，建立必要的卫生管理制度。饮用水水源附近禁止有污水池、粪堆（坑）等污染源。禁止在饮用水水源附近洗刷便器和运输粪便的工具。

**第十一条**　国家实行有计划的预防接种制度。

中华人民共和国境内的任何人均应按照有关规定接受预防接种。

各省、自治区、直辖市政府卫生行政部门可以根据当地传染病的流行情况，增加预防接种项目。

**第十二条** 国家对儿童实行预防接种证制度。

适龄儿童应当按照国家有关规定，接受预防接种。适龄儿童的家长或者监护人应当及时向医疗保健机构申请办理预防接种证。

托幼机构、学校在办理入托、入学手续时，应当查验预防接种证，未按规定接种的儿童应当及时补种。

**第十三条** 各级各类医疗保健机构的预防保健组织或者人员，在本单位及责任地段内承担下列工作：

（一）传染病疫情报告和管理；

（二）传染病预防和控制工作；

（三）卫生行政部门指定的卫生防疫机构交付的传染病防治和监测任务。

**第十四条** 医疗保健机构必须按照国务院卫生行政部门的有关规定，严格执行消毒隔离制度，防止医院内感染和医源性感染。

**第十五条** 卫生防疫机构和从事致病性微生物实验的科研、教学、生产等单位必须做到：

（一）建立健全防止致病性微生物扩散的制度和人体防护措施；

（二）严格执行实验操作规程，对实验后的样品、器材、污染物品等，按照有关规定严格消毒后处理；

（三）实验动物必须按照国家有关规定进行管理。

**第十六条** 传染病的菌（毒）种分为下列三类：

一类：鼠疫耶尔森氏菌、霍乱弧菌；天花病毒、艾滋病病毒；

二类：布氏菌、炭疽菌、麻风杆菌；肝炎病毒、狂犬病毒、出血热病毒、登革热病毒；斑疹伤寒立克次体；

三类：脑膜炎双球菌、链球菌、淋病双球菌、结核杆菌、百日咳嗜血杆菌、白喉棒状杆菌、沙门氏菌、志贺氏菌、破伤风梭状杆菌；钩端螺旋体、梅毒螺旋体；乙型脑炎病毒、脊髓灰质炎病毒、流感病毒、流行性腮腺炎病毒、麻疹病毒、风疹病毒。

国务院卫生行政部门可以根据情况增加或者减少菌（毒）种的种类。

**第十七条** 国家对传染病菌（毒）种的保藏、携带、运输实行严格管理：

（一）菌（毒）种的保藏由国务院卫生行政部门指定的单位负责。

（二）一、二类菌（毒）种的供应由国务院卫生行政部门指定的保藏管理单位供应。三类菌（毒）种由设有专业实验室的单位或者国务院卫生行政部门指定的保藏管理单位供应。

（三）使用一类菌（毒）种的单位，必须经国务院卫生行政部门批准；使用二类菌（毒）种的单位必须经省级政府卫生行政部门批准；使用三类菌（毒）种的单位，应当经县级政府卫生行政部门批准。

（四）一、二类菌（毒）种，应派专人向供应单位领取，不得邮寄；三类菌（毒）种的邮寄必须持有邮寄单位的证明，并按照菌（毒）种邮寄与包装的有关规定办理。

**第十八条** 对患有下列传染病的病人或者病原携带者予以必要的隔离治疗，直至医疗保健机构证明其不具有传染性时，方可恢复工作：

（一）鼠疫、霍乱；

（二）艾滋病、病毒性肝炎、细菌性和阿米巴痢疾、伤寒和副伤寒、炭疽、斑疹伤寒、麻疹、百日咳、白喉、脊髓灰质炎、流行性脑脊髓膜炎、猩红热、流行性出血热、登革热、淋病、梅毒；

（三）肺结核、麻风病、流行性腮腺炎、风疹、急性出血性结膜炎。

**第十九条** 从事饮水、饮食、整容、保育等易使传染病扩散工作的从业人员，必须按照国家有关规定取得健康合格证后方可上岗。

**第二十条** 招用流动人员二百人以上的用工单位，应当向当地政府卫生行政部门指定的卫生防疫机构报告，并按照要求采取预防控制传染病的卫生措施。

**第二十一条** 被甲类传染病病原体污染的污水、污物、粪便，有关单位和个人必须在卫生防疫人员的指导监督下，按照下列要求进行处理：

（一）被鼠疫病原体污染

1. 被污染的室内空气、地面、四壁必须进行严格消毒，被污染的物品必须严格消毒或者焚烧处理；

2. 彻底消除鼠疫疫区内的鼠类、蚤类；发现病鼠、死鼠应当送检；解剖检验后的鼠尸必须焚化；

3. 疫区内啮齿类动物的皮毛不能就地进行有效的消毒处理时，必须在卫生防疫机构的监督下焚烧。

（二）被霍乱病原体污染

1. 被污染的饮用水，必须进行严格消毒处理；

2. 污水经消毒处理后排放；

3. 被污染的食物要就地封存，消毒处理；

4. 粪便消毒处理达到无害化；

5. 被污染的物品，必须进行严格消毒或者焚烧处理。

**第二十二条** 被伤寒和副伤寒、细菌性痢疾、脊髓灰质炎、病毒性肝炎病原体污染的水、物品、粪便，有关单位和个人应当按照下列要求进行处理：

(一) 被污染的饮用水，应当进行严格消毒处理；

(二) 污水经消毒处理后排放；

(三) 被污染的物品，应当进行严格消毒处理或者焚烧处理；

(四) 粪便消毒处理达到无害化。

死于炭疽的动物尸体必须就地焚化，被污染的用具必须消毒处理，被污染的土地、草皮消毒后，必须将10厘米厚的表层土铲除，并在远离水源及河流的地方深埋。

**第二十三条** 出售、运输被传染病病原体污染或者来自疫区可能被传染病病原体污染的皮毛、旧衣物及生活用品等，必须按照卫生防疫机构的要求进行必要的卫生处理。

**第二十四条** 用于预防传染病的菌苗、疫苗等生物制品，由各省、自治区、直辖市卫生防疫机构统一向生物制品生产单位订购，其他任何单位和个人不得经营。

用于预防传染病的菌苗、疫苗等生物制品必须在卫生防疫机构监督指导下使用。

**第二十五条** 凡从事可能导致经血液传播传染病的美容、整容等单位和个人，必须执行国务院卫生行政部门的有关规定。

**第二十六条** 血站（库）、生物制品生产单位，必须严格执行国务院卫生行政部门的有关规定，保证血液、血液制品的质量，防止因输入血液、血液制品引起病毒性肝炎、艾滋病、疟疾等疾病的发生。任何单位和个人不准使用国务院卫生行政部门禁止进口的血液和血液制品。

**第二十七条** 生产、经营、使用消毒药剂和消毒器械、卫生用品、卫生材料、一次性医疗器材、隐形眼镜、人造器官等必须符合国家有关标准，不符合国家有关标准的不得生产、经营和使用。

**第二十八条** 发现人畜共患传染病已在人、畜间流行时，卫生行政部门与畜牧兽医部门应当深入疫区，按照职责分别对人、畜开展防治工作。

传染病流行区的家畜家禽，未经畜牧兽医部门检疫不得外运。

进入鼠疫自然疫源地捕猎旱獭应按照国家有关规定执行。

**第二十九条** 狂犬病的防治管理工作按照下列规定分工负责：

(一)公安部门负责县以上城市养犬的审

批与违章养犬的处理，捕杀狂犬、野犬。

（二）畜牧兽医部门负责兽用狂犬病疫苗的研制、生产和供应；对城乡经批准的养犬进行预防接种、登记和发放"家犬免疫证"；对犬类狂犬病的疫情进行监测和负责进出口犬类的检疫、免疫及管理。

（三）乡（镇）政府负责辖区内养犬的管理，捕杀狂犬、野犬。

（四）卫生部门负责人用狂犬病疫苗的供应、接种和病人的诊治。

**第三十条** 自然疫源地或者可能是自然疫源地的地区计划兴建大型建设项目时，建设单位在设计任务书批准后，应当向当地卫生防疫机构申请对施工环境进行卫生调查，并根据卫生防疫机构的意见采取必要的卫生防疫措施后，方可办理开工手续。

兴建城市规划内的建设项目，属于在自然疫源地和可能是自然疫源地范围内的，城市规划主管部门在核发建设工程规划许可证明中，必须有卫生防疫部门提出的有关意见及结论。建设单位在施工过程中，必须采取预防传染病传播和扩散的措施。

**第三十一条** 卫生防疫机构接到在自然疫源地和可能是自然疫源地范围内兴办大型建设项目的建设单位的卫生调查申请后，应当及时组成调查组到现场进行调查，并提出该地区自然环境中可能存在的传染病病种、流行范围、流行强度及预防措施等意见和结论。

**第三十二条** 在自然疫源地或者可能是自然疫源地内施工的建设单位，应当设立预防保健组织负责施工期间的卫生防疫工作。

**第三十三条** 凡在生产、工作中接触传染病病原体的工作人员，可以按照国家有关规定申领卫生防疫津贴。

## 第三章 疫情报告

**第三十四条** 执行职务的医疗保健人员、卫生防疫人员为责任疫情报告人。

责任疫情报告人应当按照本办法第三十五条规定的时限向卫生行政部门指定的卫生防疫机构报告疫情，并做疫情登记。

**第三十五条** 责任疫情报告人发现甲类传染病和乙类传染病中的艾滋病、肺炭疽的病人、病原携带者和疑似传染病病人时，城镇于六小时内，农村于十二小时内，以最快的通讯方式向发病地的卫生防疫机构报告，并同时报出传染病报告卡。

责任疫情报告人发现乙类传染病病人、病原携带者和疑似传染病病人时，城镇于十二小时内，农村于二十四小时内向发病地的卫生防疫机构报出传染病报告卡。

责任疫情报告人在丙类传染病监测区内发现丙类传染病病人时，应当在二十四小时内向发病地的卫生防疫机构报出传染病报告卡。

**第三十六条** 传染病暴发、流行时，责任疫情报告人应当以最快的通讯方式向当地卫生防疫机构报告疫情。接到疫情报告的卫生防疫机构应当以最快的通讯方式报告上级卫生防疫机构和当地政府卫生行政部门，卫生行政部门接到报告后，应当立即报告当地政府。

省级政府卫生行政部门接到发现甲类传染病和发生传染病暴发、流行的报告后，应当于六小时内报告国务院卫生行政部门。

**第三十七条** 流动人员中的传染病病人、病原携带者和疑似传染病病人的传染病报告、处理由诊治地负责，其疫情登记、统计由户口所在地负责。

**第三十八条** 铁路、交通、民航、厂（场）矿的卫生防疫机构，应当定期向所在地卫生行政部门指定的卫生防疫机构报告疫情。

**第三十九条** 军队的传染病疫情，由中国人民解放军卫生主管部门根据军队有关规定向国务院卫生行政部门报告。

军队的医疗保健和卫生防疫机构，发现

地方就诊的传染病病人、病原携带者、疑似传染病病人时，应当按照本办法第三十五条的规定报告疫情，并接受当地卫生防疫机构的业务指导。

**第四十条** 国境口岸所在地卫生行政部门指定的卫生防疫机构和港口、机场、铁路卫生防疫机构和国境卫生检疫机关在发现国境卫生检疫法规定的检疫传染病时，应当互相通报疫情。

发现人畜共患传染病时，卫生防疫机构和畜牧兽医部门应当互相通报疫情。

**第四十一条** 各级政府卫生行政部门指定的卫生防疫机构应当对辖区内各类医疗保健机构的疫情登记报告和管理情况定期进行核实、检查、指导。

**第四十二条** 传染病报告卡片邮寄信封应当印有明显的“红十字”标志及写明××卫生防疫机构收的字样。

邮电部门应当及时传递疫情报告的电话或者信卡，并实行邮资总付。

**第四十三条** 医务人员未经县级以上政府卫生行政部门批准，不得将就诊的淋病、梅毒、麻风病、艾滋病病人和艾滋病病原携带者及其家属的姓名、住址和个人病史公开。

## 第四章 控 制

**第四十四条** 卫生防疫机构和医疗保健机构传染病的疫情处理实行分级分工管理。

**第四十五条** 艾滋病的监测管理按照国务院有关规定执行。

**第四十六条** 淋病、梅毒病人应当在医疗保健机构、卫生防疫机构接受治疗。尚未治愈前，不得进入公共浴池、游泳池。

**第四十七条** 医疗保健机构或者卫生防疫机构在诊治中发现甲类传染病的疑似病人，应当在二日内作出明确诊断。

**第四十八条** 甲类传染病病人和病原携带者以及乙类传染病中的艾滋病、淋病、梅毒病人的密切接触者必须按照有关规定接受检疫、医学检查和防治措施。

前款以外的乙类传染病病人及病原携带者的密切接触者，应当接受医学检查和防治措施。

**第四十九条** 甲类传染病疑似病人或者病原携带者的密切接触者，经留验排除是病人或者病原携带者后，留验期间的工资福利待遇由所属单位按出勤照发。

**第五十条** 发现甲类传染病病人、病原携带者或者疑似病人的污染场所，卫生防疫机构接到疫情报告后，应立即进行严格的卫生处理。

**第五十一条** 地方各级政府卫生行政部门发现本地区发生从未有过的传染病或者国家已宣布消除的传染病时，应当立即采取措施，必要时，向当地政府报告。

**第五十二条** 在传染病暴发、流行区域，当地政府应当根据传染病疫情控制的需要，组织卫生、医药、公安、工商、交通、水利、城建、农业、商业、民政、邮电、广播电视等部门采取下列预防、控制措施：

（一）对病人进行抢救、隔离治疗；

（二）加强粪便管理，清除垃圾、污物；

（三）加强自来水和其他饮用水的管理，保护饮用水源；

（四）消除病媒昆虫、钉螺、鼠类及其他染疫动物；

（五）加强易使传染病传播扩散活动的卫生管理；

（六）开展防病知识的宣传；

（七）组织对传染病病人、病原携带者、染疫动物密切接触人群的检疫、预防服药、应急接种等；

（八）供应用于预防和控制疫情所必需的药品、生物制品、消毒药品、器械等；

（九）保证居民生活必需品的供应。

**第五十三条** 县级以上政府接到下一级政府关于采取《传染病防治法》第二十五条规定的紧急措施报告时，应当在二十四小时内做出决定。下一级政府在上一级政府作出决定前，必要时，可以临时采取《传染病防治法》第二十五条第一款第（一）、（四）项紧急措施，但不得超过二十四小时。

**第五十四条** 撤销采取《传染病防治法》第二十五条紧急措施的条件是：

（一）甲类传染病病人、病原携带者全部治愈，乙类传染病病人、病原携带者得到有效的隔离治疗；病人尸体得到严格消毒处理；

（二）污染的物品及环境已经过消毒等卫生处理；有关病媒昆虫、染疫动物基本消除；

（三）暴发、流行的传染病病种，经过最长潜伏期后，未发现新的传染病病人，疫情得到有效的控制。

**第五十五条** 因患鼠疫、霍乱和炭疽病死亡的病人尸体，由治疗病人的医疗单位负责消毒处理，处理后应当立即火化。

患病毒性肝炎、伤寒和副伤寒、艾滋病、白喉、炭疽、脊髓灰质炎死亡的病人尸体，由治疗病人的医疗单位或者当地卫生防疫机构消毒处理后火化。

不具备火化条件的农村、边远地区，由治疗病人的医疗单位或者当地卫生防疫机构负责消毒后，可选远离居民点五百米以外、远离饮用水源五十米以外的地方，将尸体在距地面两米以下深埋。

民族自治地方执行前款的规定，依照《传染病防治法》第二十八条第三款的规定办理。

**第五十六条** 医疗保健机构、卫生防疫机构经县级以上政府卫生行政部门的批准可以对传染病病人尸体或者疑似传染病病人的尸体进行解剖查验。

**第五十七条** 卫生防疫机构处理传染病疫情的人员，可以凭当地政府卫生行政部门出具的处理疫情证明及有效的身份证明，优先在铁路、交通、民航部门购票，铁路、交通、民航部门应当保证售给最近一次通往目的地的车、船、机票。

交付运输的处理疫情的物品应当有明显标志，铁路、交通、民航部门应当保证用最快通往目的地的交通工具运出。

**第五十八条** 用于传染病监督控制的车辆，其标志由国务院卫生行政部门会同有关部门统一制定，任何单位和个人不得阻拦依法执行处理疫情任务的车辆和人员。

## 第五章 监 督

**第五十九条** 地方各级政府卫生行政部门、卫生防疫机构和受国务院卫生行政部门委托的其他有关部门卫生主管机构推荐的传染病管理监督员，由省级以上政府卫生行政部门聘任并发给证件。

省级政府卫生行政部门聘任的传染病管理监督员，报国务院卫生行政部门备案。

**第六十条** 传染病管理监督员执行下列任务：

（一）监督检查《传染病防治法》及本办法的执行情况；

（二）进行现场调查，包括采集必需的标本及查阅、索取、翻印复制必要的文字、图片、声象资料等，并根据调查情况写出书面报告；

（三）对违法单位或者个人提出处罚建议；

（四）执行卫生行政部门或者其他有关部门卫生主管机构交付的任务；

（五）及时提出预防和控制传染病措施的建议。

**第六十一条** 各级各类医疗保健机构内设立的传染病管理检查员，由本单位推荐，经县级以上政府卫生行政部门或受国务院卫生行政部门委托的其他部门卫生主管机构批准并发给证件。

**第六十二条** 传染病管理检查员执行下列任务：

（一）宣传《传染病防治法》及本办法，检查本单位和责任地段的传染病防治措施的实施和疫情报告执行情况；

（二）对本单位和责任地段的传染病防治工作进行技术指导；

（三）执行卫生行政部门和卫生防疫机构对本单位及责任地段提出的改进传染病防治管理工作的意见；

（四）定期向卫生行政部门指定的卫生防疫机构汇报工作情况，遇到紧急情况及时报告。

**第六十三条** 传染病管理监督员、传染病管理检查员执行任务时，有关单位和个人必须给予协助。

**第六十四条** 传染病管理监督员的解聘和传染病管理检查员资格的取消，由原发证机关决定，并通知其所在单位和个人。

**第六十五条** 县级以上政府卫生行政部门和受国务院卫生行政部门委托的部门，可以成立传染病技术鉴定组织。

## 第六章 罚 则

**第六十六条** 有下列行为之一的，由县级以上政府卫生行政部门责令限期改正，可以处五千元以下的罚款；情节较严重的，可以处五千元以上二万元以下的罚款，对主管人员和直接责任人员由其所在单位或者上级机关给予行政处分：

（一）集中式供水单位供应的饮用水不符合国家规定的《生活饮用水卫生标准》的；

（二）单位自备水源未经批准与城镇供水系统连接的；

（三）未按城市环境卫生设施标准修建公共卫生设施致使垃圾、粪便、污水不能进行无害化处理的；

（四）对被传染病病原体污染的污水、污物、粪便不按规定进行消毒处理的；

（五）对被甲类和乙类传染病病人、病原携带者、疑似传染病病人污染的场所、物品未按照卫生防疫机构的要求实施必要的卫生处理的；

（六）造成传染病的医源性感染、医院内感染、实验室感染和致病性微生物扩散的；

（七）生产、经营、使用消毒药剂和消毒器械、卫生用品、卫生材料、一次性医疗器材、隐形眼镜、人造器官等不符合国家卫生标准，可能造成传染病的传播、扩散或者造成传染病的传播、扩散的；

（八）准许或者纵容传染病病人、病原携带者和疑似传染病病人，从事国务院卫生行政部门规定禁止从事的易使该传染病扩散的工作的；

（九）传染病病人、病原携带者故意传播传染病，造成他人感染的；

（十）甲类传染病病人、病原携带者或者疑似传染病病人，乙类传染病中艾滋病、肺炭疽病人拒绝进行隔离治疗的；

（十一）招用流动人员的用工单位，未向卫生防疫机构报告并未采取卫生措施，造成传染病传播、流行的；

（十二）违章养犬或者拒绝、阻挠捕杀违章犬，造成咬伤他人或者导致人群中发生狂犬病的。

前款所称情节较严重的，是指下列情形之一：

（一）造成甲类传染病、艾滋病、肺炭疽传播危险的；

（二）造成除艾滋病、肺炭疽以外的乙、丙类传染病暴发、流行的；

（三）造成传染病菌（毒）种扩散的；

（四）造成病人残疾、死亡的；

（五）拒绝执行《传染病防治法》及本办法的规定，屡经教育仍继续违法的。

**第六十七条** 在自然疫源地和可能是自然疫源地的地区兴建大型建设项目未经卫生调查即进行施工的，由县级以上政府卫生行政部门责令限期改正，可以处二千元以上二万元以下的罚款。

**第六十八条** 单位和个人出售、运输被传染病病原体污染和来自疫区可能被传染病病原体污染的皮毛、旧衣物及生活用品的，由县级以上政府卫生行政部门责令限期进行卫生处理，可以处出售金额一倍以下的罚款；造成传染病流行的，根据情节，可以处相当出售金额三倍以下的罚款，危害严重，出售金额不满二千元的，以二千元计算；对主管人员和直接责任人员由所在单位或者上级机关给予行政处分。

**第六十九条** 单位和个人非法经营、出售用于预防传染病菌苗、疫苗等生物制品的，县级以上政府卫生行政部门可以处相当出售金额三倍以下的罚款，危害严重，出售金额不满五千元的，以五千元计算；对主管人员和直接责任人员由所在单位或者上级机关根据情节，可以给予行政处分。

**第七十条** 有下列行为之一的单位和个人，县级以上政府卫生行政部门报请同级政府批准，对单位予以通报批评；对主管人员和直接责任人员由所在单位或者上级机关给予行政处分：

（一）传染病暴发、流行时，妨碍或者拒绝执行政府采取紧急措施的；

（二）传染病暴发、流行时，医疗保健人员、卫生防疫人员拒绝执行各级政府卫生行政部门调集其参加控制疫情的决定的；

（三）对控制传染病暴发、流行负有责任的部门拒绝执行政府有关控制疫情决定的；

（四）无故阻止和拦截依法执行处理疫情任务的车辆和人员的。

**第七十一条** 执行职务的医疗保健人员、卫生防疫人员和责任单位，不报、漏报、迟报传染病疫情的，由县级以上政府卫生行政部门责令限期改正，对主管人员和直接责任人员由其所在单位或者上级机关根据情节，可以给予行政处分。

个体行医人员在执行职务时，不报、漏报、迟报传染病疫情的，由县级以上政府卫生行政部门责令限期改正，限期内不改的，可以处一百元以上五百元以下罚款；对造成传染病传播流行的，可以处二百元以上二千元以下罚款。

**第七十二条** 县级政府卫生行政部门可以作出处一万元以下罚款的决定；决定处一万元以上罚款的，须报上一级政府卫生行政部门批准。

受国务院卫生行政部门委托的有关部门卫生主管机构可以作出处二千元以下罚款的决定；决定处二千元以上罚款的，须报当地县级以上政府卫生行政部门批准。

县级以上政府卫生行政部门在收取罚款时，应当出具正式的罚款收据。罚款全部上缴国库。

## 第七章 附 则

**第七十三条** 《传染病防治法》及本办法的用语含义如下：

传染病病人、疑似传染病病人：指根据国务院卫生行政部门发布的《中华人民共和国传染病防治法规定管理的传染病诊断标准》，符合传染病病人和疑似传染病病人诊断标准的人。

病原携带者：指感染病原体无临床症状但能排出病原体的人。

暴发：指在一个局部地区，短期内，突然发生多例同一种传染病病人。

流行：指一个地区某种传染病发病率显著超过该病历年的一般发病率水平。

重大传染病疫情：指《传染病防治法》第二十五条所称的传染病的暴发、流行。

传染病监测：指对人群传染病的发生、流行及影响因素进行有计划地、系统地长期观察。

疫区：指传染病在人群中暴发或者流行，其病原体向周围传播时可能波及的地区。

人畜共患传染病：指鼠疫、流行性出血热、狂犬病、钩端螺旋体病、布鲁氏菌病、炭疽、流行性乙型脑炎、黑热病、包虫病、血吸虫病。

自然疫源地：指某些传染病的病原体在自然界的野生动物中长期保存并造成动物间流行的地区。

可能是自然疫源地：指在自然界中具有自然疫源性疾病存在的传染源和传播媒介，但尚未查明的地区。

医源性感染：指在医学服务中，因病原体传播引起的感染。

医院内感染：指就诊患者在医疗保健机构内受到的感染。

实验室感染：指从事实验室工作时，因接触病原体所致的感染。

消毒：指用化学、物理、生物的方法杀灭或者消除环境中的致病性微生物。

卫生处理：指消毒、杀虫、灭鼠等卫生措施以及隔离、留验、就地检验等医学措施。

卫生防疫机构：指卫生防疫站、结核病防治研究所（院）、寄生虫病防治研究所（站）、血吸虫病防治研究所（站）、皮肤病性病防治研究所（站）、地方病防治研究所（站）、鼠疫防治站（所）、乡镇预防保健站（所）及与上述机构专业相同的单位。

医疗保健机构：指医院、卫生院（所）、门诊部（所）、疗养院（所）、妇幼保健院（站）及与上述机构业务活动相同的单位。

**第七十四条** 省、自治区、直辖市政府可以根据《传染病防治法》和本办法制定实施细则。

**第七十五条** 本办法由国务院卫生行政部门负责解释。

**第七十六条** 本办法自发布之日起施行。

# 国务院关于印发全国综合治理血吸虫病“八五”规划的通知

国发〔1991〕69号

各有关省、自治区、直辖市人民政府，国务院各有关部门：

由卫生部、国家计委牵头，组织有关部委共同起草的《全国综合治理血吸虫病“八五”规划》，已经国务院批准，现印发给你们，请认真贯彻实施。

控制和消灭血吸虫病是一项长期艰巨的任务。疫区各级政府和有关部门要根据全国血防总体规划和各地实际情况，进一步制定、完善自己的规划和实施方案，把血防工作纳入本地区、本部门的社会经济发展规划，认真组织实施。

国务院

1991年12月9日

# 附　全国综合治理血吸虫病“八五”规划

血吸虫病在我国流行已久，危害极其严重。建国以来，党和政府一贯重视血防工作，依靠群众，动员社会各方面力量，取得了巨大成绩。在全国12个流行省（自治区、直辖市）中，已有广东、上海、福建、广西达到消灭血吸虫病标准；全国378个流行县（市、区）中，已有150个和110个分别达到消灭或基本消灭血吸虫病标准。

防治血吸虫病是一项长期艰巨的任务。前些年，全国特别是湖区钉螺面积不断扩大，疫情明显回升。据1989年全国血吸虫病抽样调查统计，全国约有150万血吸虫病人，其中晚期病人56000人；钉螺面积35．5亿平方米。

《国务院关于加强血吸虫病防治工作的决定》（国发〔1990〕18号）指出：“动员和组织人民群众消灭血吸虫病，是各级政府义不容辞的责任”，“疫区各级政府要将血防工作作为关心人民疾苦，密切政府和群众关系的一件大事，纳入议事日程，坚持不懈地抓下去”。为贯彻国务院决定精神，采取有效措施，实现控制和最终消灭血吸虫病的目标，特制订本规划。

**一、规划目标**

要在全国实现消灭血吸虫病的目标需要相当长的时间，要经过若干阶段、几个五年的努力才能实现。根据当前疫情状况和现有条件，“八五”期间（1991～1995年）定为综合治理第一期。

综合治理第一期的范围是湖南、湖北、江西、安徽、江苏、四川、云南、浙江、广东、广西、上海、福建12个省（自治区、直辖市），国家重点抓湘、鄂、赣、皖、苏5省的治理，以带动其他疫区的治理工作。

综合治理第一期的目标是在遏制疫情回升的基础上较大幅度降低疫情，压缩流行区范围，减轻危害程度，提高流行区群众自觉防治血吸虫病意识，提高血吸虫病防治机构的服务能力，为今后继续做好防治工作打下基础。其具体要求是：

1. 压缩流行区范围。已达到消灭血吸虫病标准的150个县，要进一步巩固血防成果；已达到基本消灭标准的110个县，要求有71个达到消灭标准；118个尚未控制流行的县中要有19个达到基本消灭标准。到1995年全国378个流行县中要有279个达到消灭或基本消灭标准，占总数的73.8%。浙江全省达到消灭血吸虫病标准。

2. 提高群体防病意识，流行区90%的七岁以上居民接受血吸虫病基本知识教育，掌握一定的防护知识，尽量减少疫水接触，并积极参与防治工作。

3. 降低病情。在1989年全国血吸虫病流行病学抽样调查的基础上，通过逐年大面积反复查治，使病人、病畜总数各下降40%以上；急性感染病人下降30%以上（按前五年的急性发病均值计算），并查清治疗疫区的全部晚期病人。

4. 压缩有螺面积。“八五”期间共压缩有螺面积3.928亿平方米。其中湖南压缩1.4983亿平方米，湖北压缩1.0011亿平方米，江西压缩6670万平方米，安徽压缩3592万平方米，江苏压缩940万平方米，四川、云南各压缩1500万平方米，浙江压缩82万平方米。

**二、防治任务**

为实现上述目标，必须实行查、治、灭、管、防的综合防治。“八五”期间要完成下列各项任务：

（一）开展大规模人、畜查治，“八五”期间共治疗血吸虫病人和扩大化疗1737万多人次，治疗病畜和扩大化疗597万头次，使疫情明显下降。

（二）采用综合措施消灭钉螺，特别要抓好四十项结合农业开发和水利工程建设的综合治理灭螺工程。“八五”期间灭螺总面积37.1413亿多平方米，其中环境改造灭螺16.1523亿多平方米，药物灭螺20.9889亿多平方米。

（三）加强疫情监测工作，在所有疫区，尤其是在已达消灭和基本消灭标准的地区，要在做好防治工作的同时，大力加强疫情监测巩固工作，搞好有螺洲滩人畜管理，严防疫情回升。

（四）积极配合爱卫会抓好疫区粪管、水管试点工作，逐步推广粪管、水管先进经验。

**三、防治要求**

总的要求是因地制宜，分类指导，突出重点，综合治理，根据不同的疫区类型，提出不同的防治要求。

（一）达到消灭标准的地区，要大力加强螺情、传染源和新感染的监测，一旦发现疫情，及时予以扑灭，巩固防治成果。

（二）达到基本消灭标准的地区，要积极查治病人、病畜；要彻底改造钉螺孳生环境，查清、消灭残存钉螺，灭一块，清一块，巩固一块，尽快达到消灭标准。

（三）尚未控制流行的地区，要开展大区域人畜同步化疗，控制传染源，积极处理易感地带钉螺；结合农业开发、水利建设，改造钉螺孳生环境，大幅度压缩生产、生活区内有螺面积，减轻危害，抢治晚期病人，做好粪管、水管和个体防护工作，防止成批急性感染发生，使血吸虫病感染得到基本控制。

**四、主要措施**

为使本规划得以顺利实施，并取得成效，必须采取以下措施：

（一）加强对本规划实施的统一领导和管理。国务院通过卫生部、农业部、水利部等部委实施对全国血防工作的领导，进一步健全省、地、县各级血防领导小组，统一领导、部署、协调综合治理中的重大问题。疫区各级政府、各有关部门要把血防工作作为关心人民疾苦，密切党群关系的一件大事纳入议事日程，坚持不懈地抓下去，要把血防工作纳入本地区社会经济发展总体规划，明确责任，落实任务，集中力量，打歼灭战。

（二）有关部门分工负责，综合治理。根据《国务院关于加强血吸虫病防治工作的决定》（国发〔1990〕18号），各有关部门应按照各自的职责和任务，制定本部门的具体计划，各负其责，抓好各项任务的落实。全国爱委会要制定出疫区的粪管、水管规划，采取积极有效措施，协同有关部门共同做好血防工作。

（三）要依靠和发动疫区广大人民群众，发扬自力更生精神，自己起来和“瘟神”作斗争，同时动员城乡各方面的力量，大力支援血防工作，真正做到万民齐动员，群策群力，再送“瘟神”。

（四）加强宣传教育，通过各种形式广泛宣传血防工作的重要意义和防治知识，提高疫区广大干部群众对血防工作重要性、长期性、科学性的认识，增强血防意识和自我保健能力，促进群防群治。

（五）健全血防机构，加速专业队伍建设。疫区各级政府应根据各地情况，加强血防领导小组办公室等血防管理机构的建设，配备与防治工作相适应的专职干部。

各疫区省要根据卫生部、农业部、人事部制定的《关于加强血吸虫病疫区防治机构和人员编制的通知》精神，制定本省各级血防专业机构和人员编制标准。各级政府和有关部门应根据血防工作的特点，加强人员培训工作，建立考核制度，不断提高专业人员的政治、业务素质，注意解决专业人员工作、生活上的实际问题。

（六）落实防治资金，提供必要的物资保证。血吸虫病的防治，主要由地方负责，实行“国家、集体、个人分级负担”的原则，地方各级政府在血防资金上要给予保证。各地可根据本地的实际情况，把与血防相关的农田水利项目、扶贫项目、老区建设项目、星火计划项目和民政项目等结合起来。同时亦可根据群众的承受能力，因地制宜地开展社会集资，群众义务工和有偿服务，动员全社会力量办血防事业。中央视血吸虫病疫情及财政情况，给予适当的奖励性补助。国务院有关部门要根据职责分工，将血防工作纳入本部门工作规划，对所需资金予以大力支持。

1. 规划资金安排计划

实施规划的资金采取地方筹集、世界银行贷款和中央补助的方式解决。除地方劳务投入外，地方政府筹集资金5.50986亿元，占总资金的49.30%，世界银行贷款7200万美元，（折人民币3.816亿元），占总资金的34.15%，中央补助资金1.85亿元，占总资金的16.55%。

2. 规划资金用途：

（1）控制血吸虫病传染源，用于查、治病人、病畜，降低感染，减轻病情。

（2）控制中间宿主——钉螺，以巩固防治成果。

（3）加强宣传教育，提高群众防病意识。

（4）对血防管理和专业技术人员进行培训，对血防专业机构进行必要的装备。

（5）开展血吸虫病防治的应用性科研。

（6）实施本规划的管理活动经费。

（七）加强科学研究。要把血防科研作为国家“八五”重点攻关项目列入科委、卫生、农业、水利等部门的科研规划，要增加科研投入。积极组织科研人员深入疫区第一线，进行多学科的研究，吸收国外先进技术，集中力量进行协作攻关。要开展血吸虫病流行规律和传播动力学、综合治理和优化组合的防治措施、新灭螺方法和高效低毒的杀螺药物、个体防护新药和考核疗效的新诊断方法等项研究，为防治工作的新突破作贡献。

（八）加强法制建设，大力开展宣传教育。抓紧制定和发布《全国血吸虫病防治条例》等政策法规，因地制宜地制定地方性法规，使防治工作逐步走上法制化、规范化、科学化的管理轨道。

（九）加强计划和质量管理。根据全国血防“八五”规划，各流行省制定具体工作计划，由各省血防领导小组负责抓好计划任务的落实。加强疫情的监测，设立若干观测点，定期观察综合防治效果。要制定相应的科学管理办法和评价的指标体系，确保防治工作质量。

附件 表1 全国综合治理血吸虫病“八五”规划具体目标
表2 全国综合治理血吸虫病“八五”规划防治任务
表3 全国综合治理血吸虫病“八五”规划地方政府投入计划
表4 全国综合治理血吸虫病“八五”规划经费中央投入计划

表1　全国综合治理血吸虫病“八五”规划具体目标

| 省　别 | 有螺面积纯降数 | | 急感病人纯降数 | | 慢性病人纯降数 | | 晚期病人纯降数 | | 病牛纯降数 | | 达到消灭标准县 | 达到基本消灭标准县 |
|---|---|---|---|---|---|---|---|---|---|---|---|---|
| | 万 $M^2$ | 下降% | 个 | 下降% | 个 | 下降% | 个 | 下降% | 头 | 下降% | | |
| 湖　南 | 14983.3 | 8.7 | 352 | 30(352/1171) | 178571 | 50.9 | 4167 | 41.9 | 28000 | 49.0 | 6 | 0 |
| 湖　北 | 10011 | 13.1 | 1043 | 44(1043/2381) | 212000 | 40.0 | 1987 | 37.1 | 15000 | 42.9 | 7 | 6 |
| 江　西 | 6670 | 9.4 | 395 | 30(395/1318) | 200000 | 62.5 | 3000 | 30.0 | 25000 | 50.0 | 4 | 3 |
| 安　徽 | 3592.7 | 16.0 | 393 | 30(393/1312) | 137200 | 60.0 | 3000 | 30.0 | 14000 | 47.0 | 5 | 3 |
| 江　苏 | 940.7 | 15.8 | 40 | 40(40/100) | 40000 | 33.3 | 631 | 38.7 | 7500 | 50.0 | 12 | 1 |
| 四　川 | 1500 | 12.8 | 15 | 30(15/50) | 74000 | 40.0 | 2000 | 40.0 | 10000 | 33.3 | 5 | 5 |
| 云　南 | 1500 | 50.0 | 15 | 30(15/50) | 25000 | 50.0 | 290 | 49.2 | 6500 | 50.0 | 4 | 1 |
| 浙　江 | 82.5 | 100.0 | 4 | 100(4/4) | 504 | 100.0 | 737 | 22.8 | 24 | 100.0 | 28 | 0 |
| 合　计 | 39280.2 | | 2257 | | 867275 | | 15812 | | 106024 | | 71 | 19 |

表2　全国综合治理血吸虫病“八五”规划防治任务

| 省　别 | 灭螺面积(万 $M^2$) | | | 治疗人数(万人次) | | 治疗家畜数(万头次) |
|---|---|---|---|---|---|---|
| | 灭螺总面积 | 环境改造灭螺面积 | 药物灭螺面积 | 慢　性 | 晚　期 | |
| 湖　南 | 146480.10 | 90068.90 | 56411.20 | 474.28 | 3.1809 | 61.5680 |
| 湖　北 | 81339.00 | 11339.00 | 70000.00 | 570.49 | 2.8074 | 95.1134 |
| 江　西 | 49360.00 | 29910.00 | 19450.00 | 239.27 | 3.0000 | 94.7000 |
| 安　徽 | 47981.00 | 21281.00 | 26700.00 | 112.00 | 3.0000 | 96.2070 |
| 江　苏 | 29448.05 | 5769.55 | 23678.50 | 25.88 | 1.3893 | 78.3175 |
| 四　川 | 7605.00 | 1755.00 | 5850.00 | 135.00 | 1.8000 | 105.9849 |
| 云　南 | 6400.00 | 400.00 | 6000.00 | 162.21 | 0.1770 | 63.2984 |
| 浙　江 | 2800.00 | 1000.00 | 1800.00 | 18.00 | 1.0000 | 2.4818 |
| 合　计 | 371413.15 | 161523.45 | 209889.70 | 1737.13 | 16.3546 | 597.6710 |

表3　全国综合治理血吸虫病“八五”规划地方政府投入计划

（单位：人民币万元）

| 省　别 | 地方政府投入 |
|---|---|
| 湖　北 | 8150.0 |
| 湖　南 | 13813.0 |
| 江　西 | 12002.0 |
| 安　徽 | 5383.6 |
| 江　苏 | 6500.6 |
| 四　川 | 4000.0 |
| 云　南 | 2000.0 |
| 浙　江 | 3250.0 |
| 合　计 | 55098.6 |

表4　全国综合治理血吸虫病“八五”规划经费中央投入计划

（单位：人民币万元）

| 项　目 | 国家计委 | 水利部 | 农业部 | 林业部 | 卫生部 | 财政部 | 合　计 |
|---|---|---|---|---|---|---|---|
| 查治病人 | | | | | 2000 | 2500 | 4500 |
| 查治病畜 | | | 3000 | | | | 3000 |
| 查灭螺 | | 5000 | 3000 | 1000 | | | 9000 |
| 基　建 | 2000 | | | | | | 2000 |
| 合　计 | 2000 | 5000 | 6000 | 1000 | 2000 | 2500 | 18500 |

注：1.“查治病人”一项含查治晚血病人；

2. 农业部补助经费包含动物血防机构的建设；

3. 农业部查治病畜经费3000万中2000万待落实。

# 中华人民共和国卫生部令

（第18号）

自1992年7月1日起至1993年1月1日，分步淘汰硫酸锌浊度试验等35项临床检验项目与方法，现予公布。

部长　**陈敏章**

1991年12月20日

## 附　首批淘汰35项临床检验项目、方法的规定

为贯彻执行中华人民共和国卫生部部长令（第18号），推动医药卫生科学技术进步，提高我国临床检验工作水平，为人民群众提供更好的医疗卫生服务，经科学研究、试点和专家反复论证，决定淘汰35项临床检验项目、方法。淘汰旧技术、利用新技术是推动科学技术发展的一项重要的技术政策工作，各级卫生主管部门和医疗卫生单位要认真组织贯彻执行，积极创造条件，做好新旧技术更替。要认真组织好宣传工作，使广大医药卫生工作者进一步增强依靠科技进步，积极采用新技术和适宜技术促进医药卫生事业发展的观念。现将有关规定通知如下：

一、首批淘汰和替代的临床检验项目及方法

（一）淘汰的检测项目、方法

1. 麝香草酚絮状试验；2. 硫酸锌浊度试验；3. 马尿酸试验；4. 高田氏反应试验；5. 尿兰母试验；6. 血清肌酸试验；7. 酚四溴酞磺酸钠潴留试验；8. 脑脊液胶金试验；9. 脑磷脂胆固醇絮状试验。

（二）淘汰及相应可替代的检测项目、方法

| 淘汰项目、方法 | 可替代的项目、方法 |
|---|---|
| 10. 血清蛋白结合碘测定 | $T_3T_4$及其他甲状腺功能测定 |
| 11. 黄疸指数测定 | 总胆红素测定 |
| 12. 凡登白试验 | 直接胆红素测定 |
| 13. 血清β—脂蛋白测定 | 甘油三酯、总胆固醇、高密度脂蛋白胆固醇测定 |
| 14. 血清非蛋白氮测定 | 血清尿素氮测定 |
| 15. 血红蛋白血液硫酸铜比重试验 | 血红蛋白测定 |
| 16. 尿胆红素碘环试验 | 重氮法、尿试纸法、Harrison法 |
| 17. 血清（浆）葡萄糖铜还原测定法 | 葡萄糖氧化酶测定法、己糖激酶、邻甲苯胺法测定 |
| 18. 血清丙氨酸氨基转移酶（ALT/GPT） | 赖氏比色法、酶法测定 |

| 淘汰的检验项目、方法 | 可替代的方法 |
| --- | --- |
| 金氏测定法 | |
| 19. 血清丙氨酸氨基转移酶（ALT/GPT）酮体粉测定法 | 赖氏比色法、酶法测定 |
| 20. 血清门冬氨酸氨基转移酶（AST/GOT）金氏测定法 | 赖氏比色法、酶法测定 |
| 21. 血清白蛋白盐析测定法 | 溴甲酚绿结合法 |
| 22. 血、尿淀粉酶温氏测定法 | 碘淀粉比色测定法、苏木杰比色测定法 |
| 23. 血清梅毒克氏试验 | 性病研究实验室试验 VDRL |
| 24. 血清梅毒康氏试验 | 不加热血清反应素试验 USR |
| 25. 血清梅毒瓦氏补体结合试验 | 快速血浆反应素环状卡片试验 RPR |
| 26. 尿妊娠蟾蜍试验 | 免疫学方法测 HCG |
| 27. 血清钾四苯硼钠比浊测定法 | 火焰法、电极法测定 |
| 28. 血清钠比浊、比色测定法 | 火焰法、电极法测定 |
| 29. 血清甲胎蛋白对流免疫电泳法 | 酶标法 |
| 30. 血清甲胎蛋白单扩散法 | 酶标法 |
| 31. 乙型肝炎表面抗原对流免疫电泳法 | 酶标法 |
| 32. 乙型肝炎表面抗原单扩散法 | 酶标法 |
| 33. 国际上已废除的细菌名称 | “全国临床检验操作规程”中规定的细菌分类名称 |
| 34. 药敏试验中“轻度敏感”和“极度敏感”的报告方式 | 采用“耐药”、“中度敏感/中介度”、“敏感”三个等级报告方式 |
| 35. 血红蛋白沙利氏目测法（县及县级以上医院淘汰） | 氰化高铁血红蛋白测定法 |

二、本《规定》适用于各级各类开展医学检验的医疗卫生、医学科研、医学教育等单位。

三、自卫生部部长令开始实施之日起，不准再使用已淘汰的检验项目、方法出具检验报告。

四、各单位可根据人员素质、技术水平、仪器、试剂等具体条件，从本《规定》推荐的可替代方法中任选一项替代，凡采用的现行检测方法优于推荐的取代方法者可继续使用。

五、执行本《规定》是医院质量管理的一项重要内容，要纳入医院评审作为考核检验工作的依据之一。各级卫生行政部门要切实做好监督检查工作。

六、以前公布的《全国临床检验操作规程》等，凡与本《规定》不符之处，均以本《规定》为准。

七、本《规定》所淘汰的检验项目、方法的技术方面解释权归卫生部临床检验中心。

**卫 生 部**

1991 年 12 月 16 日

# 关于改革和加强农村医疗卫生工作的请示

（1991年1月17日国务院以国发〔1991〕4号文转发）

国务院：

为了贯彻中央关于“全党动员起来，大办农业”，和“各行各业都要支援农业”的决定，现就改革和加强农村医疗卫生工作问题提出几点意见：

一、必须把加强农村卫生事业建设，改善农村卫生状况，解决八亿多农民的基本医疗保健问题，保护农民健康，作为整个卫生工作的重点，努力办好。改革开放以来，随着农村经济的发展和农民生活水平的提高，农村医疗卫生服务的供需矛盾日趋尖锐。一方面是需求增长，另一方面是供给不足。近几年来，由于种种原因，放松了对农村卫生事业的领导、管理和支持，农村卫生事业非但没有得到发展，反而有所削弱，进一步拉大了城乡差距。这突出表现为：第一，国家和集体对农村卫生事业的投入在本来不足的情况下明显减少，农村卫生技术人才大量流失。第二，三级医疗预防保健网受到严重冲击，不少地方的农村基层卫生机构和合作医疗保健制度解体，个体行医和社会办医失去控制，乱收费、高收费，群众承担不起医药费用，缺医少药状况较严重。第三，一些已经消灭或控制的传染病、血吸虫病再度发生，甚至泛滥起来。这些问题如不认真解决，不仅会阻碍农村生产力的发展，还会引起农民的不满，以致影响党群关系。

鉴于上述情况，应把加强农村医疗卫生工作作为战略重点，提到各级政府的议事日程上来。八亿农民现在是将来仍然是医疗卫生服务的主要对象。我们必须从卫生事业发展的长远战略着眼，从当前农村卫生事业投入严重不足，城乡之间医疗卫生资源分布极不合理的实际情况出发，通过治理整顿和深化改革将农村卫生事业振兴起来，把“2000年人人享有卫生保健”作为农村卫生工作的奋斗目标。

二、巩固发展三级医疗预防保健网，完善农村卫生服务体系。加强农村的医疗卫生工作，实现“人人享有卫生保健”，要有坚实的组织保障。从五十年代开始按照行政区划组建起来的县、乡、村三级医疗预防保健网，经过三十多年的实践，证明是适合我国国情的。它的生命力和功效在于凝聚了国家、集体和农民群众三方面的力量共同举办卫生事业，并通过划区服务体现了分级负责的原则。各地要按照统一规划、合理布局的原则，逐步健全和完善以县级医疗卫生机构为技术指导中心，以乡（镇）卫生院为枢纽，以村卫生室（所）为基础的卫生服务体系。

在管理体制上，原则是实行分级管理。县级医疗卫生机构和中心卫生院由县举办和管理。目前除继续加强县级医疗卫生机构建设外，有条件的县要重点建设好三至五所中心卫生院，使之成为所在区域内实施初级卫生保健的技术指导中心；乡（镇）卫生院一般可由乡（镇）举办和管理。目前由乡（镇）管理有困难的可仍由县卫生局领导管理，或者由县卫生局和乡（镇）政府双重领导；村级卫生组织一般由村民委员会举办和管理，也可由乡镇卫生院设点。对近几年来兴起的个体医生和民办医疗机构，应作为三级医疗预防保健网的补充力量，由县、乡卫生部门加强管理，并规定他们承担一定的初级卫生保健任务，发挥其积极作用，限制其消极作用。

在经营管理上，县、乡、村三级医疗卫生机构，不论是全民或集体所有制性质，都应实行独立核算、自主经营和目标管理责任制。地方政府和卫生行政部门既要为它们提供必要的条件，又要加强领导和监督，鼓励和帮助它们改善经营管理。但不得干预其经营权，抽调其资金和安插非专业人员或医疗卫生单位不需要的人员。

县、乡、村三级医疗卫生机构要建立起逐级技术指导关系，形成系统的技术指导网络。省级和地（市）级医疗卫生机构都必须遵照中央关于城市支援农村的指示精神支援农村卫生事业建设，作出全面规划和具体规定，采取签订合同或协议书的形式将这种支援与协作关系固定下来。

三、采取切实有效的办法，解决农村卫生技术人才缺乏的问题，稳定、充实和提高农村卫生技术队伍。

(一)任务侧重普及的各高等医学院校要在完成国家指令性招生计划任务的前提下，建立并完善面向农村（尤其是老、少、边、穷地区）的定向招生、定向培养、定向分配制度。要根据地方实际需要，积极、稳步地发展医学专科教育，尽快满足当前农村医疗卫生机构对高级人才的需求。中等卫生学校要面向农村基层，培养实用型的中等专业技术人才，以充实基层卫生队伍。

(二)要认真整顿并加强县卫校和职工中专的建设。省、地、县各级政府对确有基础条件的县卫校和职工中专（特别是对五十万人口以上的大县），应积极扶植，重点支持，帮助其改善办学条件，提高教学质量，使其成为培训农村卫生人才和乡村医生的基地。

(三)要采取措施鼓励卫生技术人员由城市向农村流动。各医学院校要加强对学生的思想政治工作，教育学生树立“与工农相结合，为工农服务”，特别是为农民服务的思想。要把学生到农村实习参加医疗预防工作实践，作为对毕业生考核的一项重要内容。积极推行技术支农，试行由住院医师晋升主治医师、主治医师晋升副主任医师前，先到县医院或中心卫生院接受一年或几个月的农村医疗卫生工作实绩考评的做法，并使之成为制度长期坚持下去。卫生部将就医学院校毕业生、医务人员到农村服务问题制定相应的政策措施和配套管理办法。

(四)针对目前农村卫生技术力量薄弱和技术骨干外流的状况，必须大力加强思想政治工作，加强爱国主义、社会主义、集体主义和热爱社会主义新农村、全心全意为人民服务的教育，以及自力更生、艰苦奋斗的教育。与此同时，各省、自治区、直辖市人民政府要制定相应的政策，稳定农村卫生技术队伍。

（五）“乡村医生”是农村卫生技术队伍的重要组成部分。今后应争取做到：村级卫生组织新补充的乡村医生必须经中专或县卫校三年以上的系统医学教育。对现职的乡村医生应采取多种办法，补充医学基础知识，提高素质。各级政府必须十分重视乡村医生队伍的稳定和提高，要采取切实措施合理解决其报酬。有条件的地区可在乡村医生和农村集体所有制医疗卫生机构职工中，本着国家、集体、个人三方担负的原则，逐步建立退休保险制度，以解决他们退休后的“老有所养”问题。

四、稳步推行合作医疗保健制度，为实现“人人享有卫生保健”提供社会保障。合作医疗保健制度系指在集体经济支持下，以农民互助合作为基础，按照自愿、受益和适度的原则，筹集医疗预防保健费用的多种形式的医疗保健制度。五十年代在我国农村就已兴起的合作医疗保健制度，是农民群众在防治疾病方面发扬互助合作精神的体现，应当继续提倡，正确指导，改革完善，稳步推行。各地要在总结历史经验的基础上，根据本地区的实际情况，因地制宜地建立符合群众利益的合作医疗保健制度，并加强科学管理，严格财会制度和经费核算。禁止任何部门和单位挪用农民的合作医疗预防保健费用。

五、加强领导，促进农村卫生事业与经济、社会同步发展。

(一)加强农村卫生事业建设和推行初级卫生保健，是各级政府的职责。地方各级政府要把它当成一件大事来抓，主要领导同志要亲自负责，发动有关部门积极参与，分工协作，密切配合，广泛动员社会各方面的力量共同做好这项工作。

(二)认真落实和完善有关政策，鼓励和支持农村卫生事业的发展。几年来，许多地方发动和引导农村集体经济组织、国家企事业组织和广大农民群众共同关心和支持农村卫生机构建设；有计划有重点地加强中心卫生院建设；对不合理的医疗收费价格及不合理的医用水、电、煤价格（低限额供给，超额按议价供应）进行了合理调整；在村集体提留的公益金内安排一定的医疗保健费用；注意发展和壮大集体经济，解决部分合作医疗保健费用开支，逐步减轻农民的直接负担。实践证明，这些政策有利于农村卫生事业的发展，应继续贯彻执行，并不断完善，真正做到从政策上有所倾斜。

(三)地方各级政府和有关部门要逐步增加对农村卫生事业的投入，争取在五到十年内，使农村医疗卫生机构的工作用房和设备条件有所改善。各地在安排卫生事业基建投资和经费时，都应体现“把医疗卫生工作的重点放到农村”的精神，尽快缩小并逐步改变城乡医疗事业投入相差悬殊的现状。对于贫困地区的卫生事业建设，尤应予以必要的扶植。

以上意见如无不妥，请批转各地遵照执行。

卫生部
农业部
国家计委
国家教委
人事部
1990年6月26日

# 全国卫生系统荣誉称号暂行规定

## 第一章　总　则

**第一条**　为调动广大卫生工作人员的积极性和创造性，对卫生系统在社会主义现代化建设中做出突出贡献的集体和个人进行表彰，以推动卫生事业的发展。根据《中华人民共和国宪法》有关条款，特制定本规定。

**第二条**　本规定所设置的荣誉称号是以卫生部的名义对全国卫生系统先进集体和模范个人授予的最高行政奖励。

**第三条**　本规定适用于全国卫生系统的各级各类单位和工作人员。

## 第二章　荣誉称号的设置

**第四条**　全国卫生系统荣誉称号分集体荣誉称号和个人荣誉称号。

(一) 集体荣誉称号为：全国卫生系统先进集体。

(二) 个人荣誉称号为：

1. 全国卫生系统模范工作者；
2. 全国卫生系统劳动模范；
3. 白求恩奖章。

**第五条** 必要时，征得人事部同意可设置其他荣誉称号。

## 第三章 荣誉称号的评选条件

**第六条** 全国卫生系统先进集体荣誉称号条件：

(一)领导班子坚持四项基本原则和改革开放方针，模范地执行党和国家的各项方针、政策和法律法规，注重两个文明建设，深入调查研究，密切联系群众，清政廉洁，尊重知识，尊重人才，充分发挥卫生工作人员的积极性，思想政治工作成效显著。

(二)卫生工作人员有高尚的职业道德和良好的工作作风，为社会提供优质、高效服务并取得显著社会效益、经济效益，为完成国家任务做出重大贡献。在全国卫生系统堪称楷模的单位。

**第七条** 全国卫生系统个人荣誉称号条件：

坚持四项基本原则，拥护改革开放的方针政策，遵纪守法，全心全意地为人民服务，在本职工作中钻研业务技术，作出重大贡献，取得显著成效，在全国卫生系统有一定影响的优秀工作者。

## 第四章 荣誉称号的授予

**第八条** 全国卫生系统先进集体和全国卫生系统模范工作者、劳动模范和白求恩奖章获得者等荣誉称号的产生，要广泛征求群众意见，并经所在单位领导集体讨论同意后向上一级推荐。

县、区卫生局接到推荐书后进行初审，逐级申报。省、自治区、直辖市卫生厅（局）及省中医（药）管理局统一组织评选或分别组织评选，报卫生部审批。

**第九条** 全国卫生系统各级各类卫生单位均在所在地参加评选。

垂直领导的个别部委所属卫生单位，可由主管部门负责评审并统一报卫生部审批。

**第十条** 卫生部成立全国卫生系统荣誉称号评审领导小组，由有关领导和专家组成，负责全国卫生系统评审表彰工作。

荣誉称号评审领导小组下设办公室，负责评审表彰的日常工作。办公室设在卫生部人事司。

**第十一条** 全国卫生系统先进集体和全国卫生系统模范工作者、劳动模范、白求恩奖章等荣誉称号经全国卫生系统荣誉称号评审领导小组审定后，报经部办公会批准、授予。

**第十二条** 全国卫生系统先进集体和全国卫生系统模范工作者、劳动模范，三至四年评选一次。

白求恩奖章荣誉称号根据实际情况，不定期组织评选。

在突发性事件中事迹突出或有其它重大贡献的集体和个人可随时授予荣誉称号。

**第十三条** 全国卫生系统先进集体和模范个人实行限额评选。

**第十四条** 全国卫生系统先进集体荣誉称号一般授予院、所、站、系及其以下科室或课题组以上相对独立的单位。

全国卫生系统模范工作者荣誉称号授予卫生系统中医务人员和其他工作人员。

全国卫生系统劳动模范荣誉称号授予卫生系统中有重大贡献的工人。

白求恩奖章授予全心全意为病人服务，具有高尚的医德医风、精湛的医术，并在工作中有卓越贡献的医务人员。

**第十五条** 对生前有突出事迹或重大贡献的人员，可追授荣誉称号。

## 第五章 表彰奖励形式

**第十六条** 对先进集体和模范个人的表彰奖励实行以精神鼓励和物质奖励相结合的原则。

**第十七条** 凡授予全国卫生系统先进集体荣誉称号者，颁发奖状并通报表彰；凡授予全国卫生系统模范工作者、劳动模范和白求恩奖章等荣誉称号者，颁发荣誉证书和奖章并通报表彰，同时享受省、部级劳动模范待遇。

**第十八条** 授奖。由卫生部或委托地方及有关部委授奖。

## 第六章 荣誉称号的撤销

**第十九条** 已被授予先进集体、模范个人等荣誉称号的，有下列情形之一者，撤销其荣誉称号。

（一）伪造事迹，骗取荣誉的；

（二）违法犯罪被判刑者；

（三）被劳动教养者；

（四）受到行政开除留用察看以上处分者；

（五）其他严重有损荣誉称号行为的。

**第二十条** 撤销荣誉称号按授予称号的程序逐级报批。

**第二十一条** 对被撤销荣誉称号者，取消其相应待遇。

## 第七章 附 则

**第二十二条** 本规定由卫生部负责解释。

**第二十三条** 本规定自发布之日起施行。

卫 生 部

1991年8月3日

# 关于卫生监督监测工作实行分级管理的通知（摘要）

1.县级卫生监督监测机构对辖区内被监督单位实施预防性和经常性卫生监督监测。地、市级以上卫生行政部门可根据监督监测技术难度、社会影响、重要涉外情况指定若干（同级行政隶属关系以上的）被监督单位，由同级卫生监督监测机构直接实施预防性和经常性卫生监督监测（直接管辖）。

2.上级卫生监督监测机构必须对下级卫生监督监测机构进行业务领导和技术指导，对辖区内的卫生监督监测工作进行全面管理。下级卫生监督监测机构对管辖范围内必须开展而实际开展不了的项目，上级卫生监督监测机构予以协助。

3. 地、市级以上卫生监督监测机构进行直接管辖的单位，要对食品卫生、劳动卫生、放射卫生、学校卫生、环境卫生和化妆品卫生等几项工作实行统一管理，并行使法律、法规、规章规定的全部卫生监督监测职责。

4.上级卫生监督监测机构直接管辖的单位，下级卫生监督监测机构不得重复监督监测。上级卫生监督监测机构在直接管辖单位进行卫生监督监测时应参与当地卫生行政部门统一安排的重要活动，并按时将卫生统计资料送当地卫生监督监测机构。

5.卫生监督监测机构对被监督单位的违法事件进行处理时，凡涉及到不属于自己管辖的，应将涉及案件的所有资料移送至有管辖权的卫生监督监测机构处理。但遇紧急事件，在移送前必须采取应急措施。

6.同级卫生监督监测机构因管辖发生争议时，由共同的上级卫生行政部门指定管辖；上、下级卫生监督监测机构因管辖发生争议时，由上级卫生行政部门指定管辖。

卫 生 部

1991年6月13日

（张秀云 摘）

# 全国乙肝疫苗免疫接种实施方案（摘要）

一、组织实施

（一）根据《中华人民共和国传染病防治法》第一章第四条“各级政府领导传染病防治工作，制订传染病防治规划，并组织实施”的规定，各级政府应把严重危害我国人民身体健康的乙肝防治工作列入政府工作的议事日程。

（二）各级政府卫生行政部门负责乙肝疫苗免疫接种工作的领导、监督和管理。

（三）中国预防医学科学院，负责对全国乙肝疫苗免疫接种实施工作的技术指导、效果评价及培训工作。

（四）各级卫生防疫站协助当地卫生行政部门制定本辖区乙肝疫苗免疫接种计划，并负责具体接种工作的组织动员、协调、宣传教育、人员培训、疫苗管理、分发登记、接种工作的检查指导、考核评比等。

（五）各级各类医疗、卫生防疫、妇幼卫生机构按照当地卫生行政部门确定的责任、范围和要求，认真做好新生儿及1994年前城市学龄前儿童乙肝疫苗接种工作。

（六）中国生物制品总公司保证按计划安排生产和向各省、区、市卫生防疫站，统一调拨供应质量合格的乙肝疫苗。

（七）药品生物制品检定部门要严格按照《中华人民共和国药品管理法》的要求，做好疫苗的质量控制。

二、实施步骤

自1992年1月起，在全国推广新生儿和学龄前儿童乙肝疫苗免疫接种工作，其步骤是先城市后农村，近三年内城乡新生儿和学龄前儿童乙肝疫苗免疫接种率应达到的指标：

市及县级市城区在1992年、1993年、1994年分别达到60%、85%和85%以上；县及镇城区在1992年、1993年、1994年分别达到40%、60%、和85%以上；特别是县以上城区学龄前儿童在1992年、1993年和1994年分别达到40%、60%和85%以上。富裕农村在1993年和1994年分别达到40%和60%以上；一般农村在1994年要达到40%以上；贫困农村要在1994年逐步开展乙肝疫苗免疫接种工作。

三、免疫方案

（一）新生儿免疫：

1. 不做孕妇乙肝病毒表面抗原筛查的地区所有的新生儿使用10微克三针免疫接种；

2. 做孕妇乙肝病毒表面抗原筛查的地区（妊娠6至9月筛查），对乙肝表面抗原阳性母亲的新生儿第一针使用30微克，第二、三针用10微克。

对经济条件许可，对单纯表面抗原阳性或表面抗原及e抗原双阳性母亲的新生儿，可用高效价乙肝免疫球蛋白加三针10微克或单纯用30微克三针免疫接种。

表面抗原阴性孕妇的新生儿，仍可用10微克三针免疫。

（二）学龄前儿童用10微克三针免疫接种。

（三）接种程序：0、1、6月三针间隔接种法。“0”指新生儿出生后24小时内的第一针，对其它儿童或成人为第一针起始时间。“1”为间隔1个月打第二针，“6”指第一针后的6个月打第三针。如果“0”针时使用高效价乙型肝炎免疫球蛋白，可在1～2周后接种第一针乙肝疫苗，以后则按1、6月间隔顺延。第一、二针为基础免疫，第三针为加强免疫，故第三针在5～8月接种均可。

表面抗原阳性母亲的新生儿，第一针（0针）必须在出生后24小时内完成。

四、疫苗供应及费用

1. 疫苗供应：根据《中华人民共和国传染病防治法实施办法》有关规定，各省、自治区、直辖市卫生防疫部门制订全省乙肝疫苗年度使用计划，统一向中国生物制品总公司订购。其它任何单位和个人不得经营。

2. 费用：按照有关规定标准收取疫苗、保藏、检测及劳务费。

五、统计报告

各省、自治区、直辖市卫生厅、局根据要求填报乙肝疫苗接种年报表，于次年3月底前报卫生部。对免疫后的人群要定期进行流行病学效果观测，并将观测结果逐级向卫生行政部门报告。

六、本方案自颁发之日起实施，原（87）卫防字第47号文件即行停止执行。各省、自治区、直辖市卫生厅、局可根据本实施方案制订本地区的具体实施方案。

**卫 生 部**

1991年10月12日

（吴文化 摘）

# 关于对放射性同位素与射线装置工作实行许可登记制度的通告（摘要）

1. 对放射性同位素工作实行卫生行政部门许可、公安部门登记制度。凡领取《放射性同位素工作许可登记证》的单位方可从事许可登记范围内的放射性同位素工作。许可登记证的发放、核查、换证工作按省、自治区、直辖市卫生行政部门和公安部门的规定办理。

2. 对射线装置工作实行卫生行政部门许可制度。凡领取《射线装置工作许可证》的单位方可从事许可范围内的射线装置工作。

3. 对放射工作人员实行《放射工作人员证》制度。凡领取《放射工作人员证》的职业性放射工作人员方可从事放射性同位素与射线装置工作。

《射线装置工作许可证》和《放射工作人员证》的发证、核查、换证工作按卫生行政部门的规定办理。

4. 凡未按《放射性同位素与射线装置放射防护条例》规定向卫生行政部门、公安部门办理许可登记手续的，在本《通告》发布后，需继续从事放射性工作的单位应立即申请补办。对未经许可登记非法从事放射性工作的，由卫生、公安部门按有关规定查处。

**卫生部 公安部**

1991年8月19日

（贺青华 摘）

# 全国 1995 年消灭脊髓灰质炎行动计划（摘要）

全国消灭脊髓灰质炎的总目标：

1. 1995 年在全国消灭脊髓灰质炎野病毒的传播。

2. 采取有利于促进基层卫生组织和初级卫生保健发展的措施，全面加强计划免疫工作。

分阶段目标：

1. 1993 年 7 月：建立和巩固由 3 个直辖市及 50%的省、自治区组成的"无脊髓灰质炎区"，即包括北京、天津、上海、河北、山西、内蒙古、辽宁、吉林、黑龙江、甘肃、青海、宁夏、新疆、西藏、山东、江苏 16 个省、自治区、直辖市。

2. 1994 年底：①使"无脊髓灰质炎区"扩大到全国 23 个（75%）相连接的省和自治区。②其余省份至少 80%的县无新的感染发生，工作重点放在那些继续成为疫点的地区。

3. 1995 年底：全国无脊髓灰质炎野病毒感染发生。

实现目标的主要策略：①通过常规免疫达到和保持高免疫接种率；②在重点地区开展强化免疫活动；③加强流行病学监测和实验室工作；④暴发流行控制（应急免疫活动）；⑤实施研究；⑥改进监测和评价工作。

消灭脊髓灰质炎的保证措施：①继续提高认识，加强各级政府对消灭脊髓灰质炎工作的领导。②各级卫生行政部门要把消灭脊髓灰质炎工作作为当前的重要任务。③加强卫生防疫机构的技术指导作用。④广泛开展社会宣传动员活动。

卫 生 部

1991 年 9 月 17 日

（于竞进　摘）

# 医疗器械管理暂行办法（摘要）

1. 国家对医疗器械实行分类管理。其中，第一类医疗器械由国家医药管理局负责管理，主要包括植入人体，用于生命支持，结构复杂，对人体可能有潜在危险，其安全性、有效性必须严格控制的。第二、三类医疗器械由省级医药管理部门负责管理，主要包括产品机理取得国际国内认可，技术成熟，其安全性、有效性必须严格控制的和通过常规管理即可保证安全性、有效性的。

2. 医疗器械生产企业的管理。首先从人员、厂房、生产技术管理、质量保证等方面规定了生产企业必须具备的五项条件，其次明确了企业生产医疗器械申领《营业执照》、《生产准许证》及备案的程序以及《生产准许证》管理的有关规定。

3. 医疗器械经营企业的管理。首先从经营场所、仓储设施、检测手段、质量检验和销售人员、资金等方面规定了医疗器械经营企业必须具备的四项条件。其次，明确了医疗器械经营企业申领《营业执照》、《医疗器械经营准许证》及备案的程序。

4. 医疗器械新产品的管理。医疗器械新

产品必须按照《医疗器械新产品管理暂行办法》实行归口鉴定。第一类及列入部级以上科技计划的新产品由国家医药管理局组织鉴定，其余的新产品由省级医药管理部门组织鉴定。经鉴定认可者发给“科学技术成果鉴定证书”，科技成果鉴定不发鉴定批准号。医疗器械新产品按分类管理原则申请“样机（样品）鉴定批准号”和“投产鉴定批准号”，取得鉴定批准号的新产品批量试产，须按生产企业管理中的有关规定办理相应手续。

5. 医疗器械的标准及质量监督管理。明确了医疗器械国家标准、行业标准的制定和发布权限以及相应的质量监督检测机构和质量监督员的设置问题及其相应的职责等。

6. 医疗器械的广告管理。明确了申请刊播医疗器械广告的审批权限及客户应出具的相应资料，同时规定了广告上必须写明对患者忠告性语言：“请在医生指导下使用”。

**国家医药管理局**

1991 年 4 月 10 日

（崔恩学　摘）

# 国家医药管理局实验动物管理办法（摘要）

1. 实验动物的管理机构。国家医药管理局主管全国医药行业实验动物管理工作，成立实验动物管理委员会进行管理工作。省级医药管理部门负责本地区的医药实验动物的管理工作，建立相应的机构，对本地区医药实验动物工作进行领导、监督和检查。医药企事业单位设立的实验动物管理机构，由本单位科技管理或质量监督部门归口管理。

2. 实验动物的工作人员。明确应设有专兼职技术人员，实验动物的饲养和管理人员应进行专业培训，各类人员实行资格认可制度，并明确规定工作人员应配备专用劳保用品并定期进行健康检查等。

3. 实验动物的管理。规定对实验动物和相应设施实行合格证制度。实验动物应从经认证的单位引进和购买。饲养室要与实验室分开，进行传染性或有毒试验时，必须具有相应的安全保护措施，并对工作人员办公室、休息室采取缓冲、防疫和保护措施等。对各项作业过程和监测数据应有完整、准确的记录，建立统计报告制度。

4. 奖励和惩罚。对成绩突出者，经各级实验动物管理机构推荐，由国家或省级医药管理部门给予表彰或奖励。对违反本《办法》的单位和个人，可由有关部门给予警告、限期改进、吊销其《合格证》等处罚，对造成重大损失的直接责任人员要依法追究责任。

**国家医药管理局**

1991 年 4 月 12 日

（崔恩学　摘）

## 国家医药管理局医药标准化管理办法（摘要）

1. 标准化工作的管理。国家医药管理局主管医药行业标准化的管理工作。其主要职责为贯彻落实有关法律、法规，制定方针、政策、工作规划、年度计划；审批，发布行业标准，监督检查等11项具体职责。省级医药管理部门分工管理地方医药标准化工作，行使7项具体职责。同时，国家还设立9个医疗器械标准化技术归口单位，设立天津制药用原料（中间体），辅料标准化技术归口单位，设立上海药用包装标准化技术归口单位，设立天津制药机械标准化技术归口单位。各归口单位具体履行9项具体职责。另外还明确了国家医药管理局归口管理医药行业标准的范围，即：医疗器械类，有14项：制药机械类，有3项；医药包装类，有2项；制药用原料，辅料类，有4项；医药工业环境保护类，有3项；医药能源管理类，有3项；医药工业、商业质量管理标准类。

2. 标准分类。将医药国家、行业标准分为强制性标准和推荐性标准。其中，强制性标准包括代替和修复人体脏器、肢体的产品，急救设备，直接与药物接触的机械设备、药检仪器、医药用压力容器等7项产品和标准。推荐性标准主要包括产品质量分等细则，一般技术管理规范等3项。进口或出口转为国内销售的产品，必须符合我国标准的要求。

3. 标准的制定。主要规定了标准规划和年度计划，标准的征求意见、预审和正式审查及审批发布等程序。国家标准报送国家技术监督局审批发布，行业标准由国家医药管理局审批发布。标准实施后，应适时进行复查，标准复查周期一般不超过5年。

4. 标准的实施与监督。规定强制性标准一经批准发布，各级医药主管部门，企事业单位都必须严格执行。任何单位和个人不得擅自更改和降低标准，医药科研新产品试制、鉴定前必须制定相应的技术标准，并进行标准化审查，否则，不准组织批量生产。国家医药管理局负责全国医药行业标准实施的监督，主要行使负责产品符合标准情况的审查，编制全国医药行业标准实施的监督检查计划，并组织实施等3项职责。

**国家医药管理局**

1991年4月12日

（崔恩学　摘）

## 医药标准化工作奖励办法（摘要）

1. 奖励的范围。医药标准化工作奖励包括标准化优秀项目奖和标准化先进工作者。标准化优秀项目奖的评奖范围包括：技术标准和标准化科研成果两方面。标准化先进工作者的评奖范围包括从事标准化管理以及在医药行业标准化领域中活动的一切工作人员。

2. 奖励的等级。医药标准化优秀项目奖分为四等，先进工作者的奖励分为三等。优秀项目奖按项目的标准化工作水平，技术难度、创造性贡献等综合评定。先进工作者则明确了四项基本条件。

3. 医药标准化评奖程序。明确申报医药标准化奖励由各单位按隶属关系逐级上报，各省、自治区、直辖市医药标准化主管部门组织本地区的单位和人员进行申报，并对申报的奖励对象进行初审。提出本地区申报对象及奖励等级的建议，报送国家医药管理局，由国家医药管理局组织医药标准化工作奖励评审小组，负责评定奖励等级并核准，授奖。

**国家医药管理局**

1991 年 4 月 12 日

（崔恩学　摘）

## 国家医药管理局废止 12 个规范性文件的决定（摘要）

《决定》废止的 12 个规范性文件的目录为：

1. 关于下达《医疗用毒性药、限制性剧毒药管理决定》的通知

2.《麻醉药品经营管理办法》（试行）

3. 关于印发《国家医药管理局仓库管理办法》的通知

4. 关于印发《医药科研工作管理试行办法》（等四项办法）的通知

5. 印发《国家医药管理总局医药、药材储备库管理办法》的通知

6. 关于印发《国家医药管理局商业仓库开展“四好仓库”竞赛活动试行办法》的通知

7. 关于国家医药管理局对科研、试制课题试行有偿合同制管理的通知

8. 印发《国营医药商业企业实行第二步改税会计处理问题的暂行规定》的通知

9. 关于国家统一进口化学药品、医疗器械价格管理的通知

10.《国家医药管理局医药产品生产许可证暂行规定》

11. 关于发布《国家医药管理局优质产品评选奖励办法的通知》

12. 关于印发《直属仓库整顿验收标准》的通知

**国家医药管理局**

1991 年 4 月 12 日

（崔恩学　摘）

## 药品包装用材料、容器生产管理办法（试行）（摘要）

1. 企业的管理。从产品、管理人员、技术人员、厂房、设施、卫生条件、质量检验机构、仪器设备等方面规定了开办或转产直接接触药品的包装材料、容器企业或车间所必须具备的条件，同时规定了新开办生产直接接触药品的包装材料、容器企业或现有企业新建直接接触药品的包装材料、容器车间的审批程序及审批权限以及按行业发展规划和产业政策进行审查的内容。审查的内容主要包括生产布局情况、产品先进性、生产规模和市场需求情况等。另外规定了《药品包装用材料、容器生产企业许可证》管理的有

关问题及验收通则等内容。

2. 产品的管理。明确了直接接触药品的包装材料、容器标准均为强制性标准。对重要的包装材料、容器产品逐步实施生产许可证制度。国家医药管理局设置药品包装用材料、容器质量监督检测机构，负责产品质量的检测工作。另外还规定了进出口药品包装用材料、容器产品的审批权限及原则。

**国家医药管理局**

1991 年 5 月 20 日

（崔恩学　摘）

# 救灾防病工作

**【1991年救灾防病工作】**

1991年6、7月，我国部分省市发生了百年未遇的特大洪涝灾害，给灾区人民的生命财产和身体健康带来了巨大损失。灾情发生后，党中央、国务院十分重视灾区的防病治病工作，关心灾民的身体健康，江泽民、李鹏、田纪云、李铁映等中央领导同志都亲赴灾区，慰问战斗在灾区第一线的医务卫生工作者，同时对救灾防病工作提出了保证灾区不出现传染病大规模流行等重要指示，确立了大灾之后无大疫的全国奋斗目标。

国务院成立了救灾防病领导小组，由中央政治局委员、国务委员李铁映同志亲自领导，并在救灾期间召开了五次全体会议，及时研究灾区防病形势和部署控制传染病流行的各种政策和措施，协调中央有关部门在救灾防病行动中的步伐。救灾防病领导小组办公室在卫生部党组的领导下，负责贯彻领导小组的决定精神，指导、组织、协调全国救灾防病的各项具体工作。各级、各地党政军领导，尤其是灾区省市领导，在中央统一部署下，积极投身救灾防病工作，进行现场指挥协调，保证了各项防病治病的措施落到实处。

卫生部门在这次救灾防病中，经受了严峻的考验。上自卫生部的领导，下至乡镇卫生院、村卫生所的广大医务卫生人员，在这场与自然灾害的斗争中，充分发扬了救死扶伤的革命人道主义精神，深入灾区、送医送药、防病治病，表现了崇高的无私奉献精神，涌现了像姚明华同志这样的白求恩式的医务卫生工作者，为全国卫生人员树立了光辉的榜样。卫生部部长陈敏章、副部长孙隆椿、何界生、顾英奇等都多次深入灾区，指导防病治病工作。预防医科院的卫生防疫专家，赴灾区第一线，分析疫情、监测疫情，及时、准确地为领导决策提供了科学的依据。

在救灾防病行动中，坚持贯彻预防为主的方针，大力进行卫生宣传教育，提高群众自我保健的意识，开展了以搞好饮水、饮食卫生和清理污泥、污水、垃圾，广泛进行消毒、杀虫、灭鼠活动为主要防病措施的爱国卫生活动，这是能有效控制传染病发生和流行，保证大灾之后无大疫的根本技术措施。

农村三级医疗预防保健网在这次救灾防病工作中，发挥了重要的作用，他们承担了大量的疫情报告、卫生宣传、饮水消毒、疫点处理、治疗伤病员等工作，真正做到了哪里有灾情、疫情，就出现在哪里，哪里有群众就服务到哪里。救灾防病的实践证明，哪里的三级医疗预防保健网健全，哪里的防病治病措施就比较落实，哪里的疫情就少，群众的健康就能得到保障。

救灾期间中央和各地向灾区先后派出了各类各种疫病防治工作队、医疗队、防疫队计13 594支，队员156 397人次，其中卫生部、铁道部、中医药管理局及总后卫生部、武警部队先后共派出282支。他们深入到灾区的村落庄台，送医上门，与基层卫生人员共同战斗，他们既是疫病防治队，也是卫生宣传工作队，他们以自己的献身精神，促进了灾区的多项防病治病工作的开展，为实现大灾之后无大疫作出了突出的贡献。

依靠科技进步，对灾区救灾防病工作实行科学的指导，是这次救灾防病工作的一大特色。7月份，在全国灾情即将达到高潮时，卫生部即邀请了全国知名的专家学者，共商防病对策，依靠专家制定了《全国救灾防病预案》以及包括控制9种传染病、血吸虫病、预防食物中毒、进行饮水消毒、粪便垃圾处理、杀灭蚊蝇鼠类等的卫生技术处理和突发事件处理的技术预案。疫情监测也打破常规，重点灾区进行日报并建立了"零"报告制度，有关省、市、区建立了疫情控制联防体制，为准确掌握疫情，运筹帷幄，提供科学依据。各地依据中央制订的预案，根据灾区实际情况分别制定了具体的实施方案，使整个救灾防病工作有条不紊地、基本上按预订计划运转并取得了预期的效果。

与抗洪救灾一样，救灾防病工作也体现了全国一盘棋，发扬了"一方有难、八方支援"的社会主义大协作精神。各有关部门积极参与、团结协作，大力支持，是夺取大灾之后无大疫的组织、经费、物质保证。救灾防病领导小组办公室，按照每次领导小组全体会议的决定和中央领导指示精神，制定和争取有关筹措救灾防病经费的政策规定和多方面筹集经费的渠道，力争为各地筹集到更多的救灾防病经费和物资，具体协调财政部、民政部、医药管理局、卫生部和中国红十字总会，千方百计筹措和下发救灾防病经费及药品，并督促各地政府落实经费和药械到位。据统计，全国共落实救灾防病经费24055.2万元（包括海外），其中从中央财政筹措防病经费2943.9万元。8个重灾省按照中央有关政策规定从中央下达的救灾款和捐赠款中提取5%～10%共14222.6万元，通过其它渠道自行筹集4466.2万元。卫生部还直接向各灾区省下发了由国内外15个机构捐赠的疫苗、治疗药品、器械、消杀灭药物等共折合人民币2144万元。中国红十字总会在救灾防病中发挥了特殊的作用，他们广泛争取了国际上和港、澳、台同胞的支持和援助。并向8个灾区省下发用于救灾防病的捐款2422.5万元，下拨各种救灾防病物资：药品、汽车、器械价值人民币4828万元，为救灾防病提供了资金和物资保障。也体现了海外侨胞一片血浓于水、与大陆同胞心连着心的赤子之诚。

全国人民，特别是灾区人民以及全体医务卫生工作者的艰辛工作、无私奉献的精神，换来了千百万人民群众身体健康，换来了大灾之后无大疫的胜利成果。1991年全国疫情及8个重灾省疫情见表1、2。

（戴志澄）

**【救灾防病工作的组织领导】**

为了加强救灾防病工作的全面领导，争取实现大灾之年无大疫的战略目标，国务院和省分别成立了救灾防病领导小组，负责救灾防病工作的全面领导、组织协调和各项防病措施的落实。

1. 国家救灾防病领导小组于1991年7月27日正式成立。国务委员李铁映任组长，国务院副秘书长徐志坚、卫生部部长陈敏章任副组长。领导小组采取集体办公的形式，共同研究灾区疫情动态和防病问题，全面领导和组织协调全国救灾防病工作，采取控制传染病流行的决策性措施。

2. 国家救灾防病领导小组下设办公室，

表1 1991年全国24种甲、乙类传染病的发病数、死亡数与1990年发病数、死亡数之比较

| 病名 | 1991年 | | 1990年 | | 1991年与1990年比较增减比% | |
|---|---|---|---|---|---|---|
| | 发病数 | 死亡数 | 发病数 | 死亡数 | 发病数 | 死亡数 |
| 鼠疫 | 33 | 11 | 74 | 2 | －55.41 | ＋450.00 |
| 霍乱 | 211 | 0 | 639 | 5 | －76.98 | －100.00 |
| 病毒性肝炎 | 1337351 | 1636 | 1306641 | 1768 | ＋2.35 | －7.47 |
| 痢疾 | 1320355 | 1162 | 1416314 | 1867 | －6.78 | －17.77 |
| 伤寒副伤寒 | 119665 | 347 | 114673 | 276 | ＋4.35 | ＋25.72 |
| 艾滋病 | 0 | 0 | 2 | 1 | — | — |
| 淋病 | 83297 | 1 | 77289 | 0 | ＋7.77 | ＋100.00 |
| 梅毒 | 816 | 0 | 1047 | 2 | －22.07 | －100.00 |
| 脊髓灰质炎 | 1926 | 61 | 5065 | 103 | －61.98 | －40.78 |
| 麻疹 | 123414 | 352 | 85705 | 190 | ＋43.99 | ＋85.26 |
| 百日咳 | 10677 | 21 | 20015 | 33 | －46.66 | －36.37 |
| 白喉 | 231 | 49 | 421 | 67 | －45.14 | －26.87 |
| 流脑 | 7860 | 543 | 9885 | 759 | －20.49 | －28.46 |
| 猩红热 | 31506 | 14 | 30057 | 4 | ＋4.82 | ＋250.00 |
| 流行性出血热 | 49429 | 1323 | 40648 | 1109 | ＋21.60 | ＋19.29 |
| 狂犬病 | 2106 | 2102 | 3520 | 3518 | －40.18 | －40.29 |
| 钩端螺旋体病 | 29480 | 606 | 28830 | 549 | ＋2.25 | ＋10.38 |
| 布鲁氏菌病 | 810 | 4 | 793 | 1 | ＋2.14 | ＋300.00 |
| 炭疽 | 2701 | 101 | 2305 | 112 | ＋17.18 | －9.83 |
| 斑疹伤寒 | 4360 | 2 | 3471 | 6 | ＋25.61 | －66.67 |
| 流行性乙型脑炎 | 24350 | 1199 | 38062 | 2626 | －46.03 | －54.35 |
| 黑热病 | 323 | 1 | 256 | 4 | ＋26.17 | －75.00 |
| 疟疾 | 101636 | 45 | 117359 | 35 | －13.40 | ＋28.57 |
| 登革热 | 902 | 3 | 376 | 0 | ＋139.89 | ＋300.00 |
| 合计 | 3253439 | 9583 | 3308447 | 13037 | ＋1.59 | －63.76 |

表2 重灾区8省1991年、1990年24种甲、乙类传染病发病、死亡统计比较表

| 省份 | 发病数(例) | | 死亡数(例) | | 1991年比1990年比较增减% | |
|---|---|---|---|---|---|---|
| | 1991年 | 1990年 | 1991年 | 1990年 | 发病数 | 死亡数 |
| 安徽 | 268 411 | 203 465 | 646 | 660 | ＋31.91 | －2.13 |
| 江苏 | 279 646 | 289 350 | 333 | 464 | －3.36 | －28.26 |
| 浙江 | 158 887 | 165 198 | 332 | 391 | －3.83 | －15.09 |
| 河南 | 216 636 | 200 943 | 415 | 928 | ＋7.80 | －55.29 |
| 湖北 | 217 027 | 224 316 | 877 | 1 219 | －3.25 | －28.06 |
| 湖南 | 166 081 | 184 197 | 616 | 958 | －9.84 | －35.70 |
| 四川 | 410 277 | 503 897 | 926 | 1 534 | －18.58 | －39.64 |
| 贵州 | 153 713 | 177 133 | 1 162 | 1 273 | －12.10 | －8.72 |
| 合计 | 1 870 678 | 1 948 499 | 5 307 | 7 457 | －4.00 | －28.84 |

由卫生部副部长何界生任主任。办公室设在卫生部内，采取集中分组办公形式。办公室设综合组、资料组、简报组、财务药械组和宣传组。综合组负责文件的审核、运转，对外联络，接待和各组之间工作的统筹协调；资料组负责有关灾情、疫情和救灾防病工作资料的汇总和收集；简报组负责编发《救灾防病简报》，收集信息，整理有关会议记录；财务药械组负责药品器械、防病经费、疫病防治工作队的计划、组织、调配和派遣工作。

国家救灾防病领导小组名单如下：

**国家救灾防病领导小组名单**

| | | |
|---|---|---|
| 组长： | 国务委员 | 李铁映 |
| 副组长： | 国务院办公厅副秘书长 | 徐志坚 |
| | 卫生部部长 | 陈敏章 |
| 成员： | 卫生部副部长 | 何界生（兼办公室主任） |
| | 民政部副部长 | 陈虹 |
| | 化工部副部长 | 林殷才 |
| | 国家医药管理局副局长 | 石岠 |
| | 国家中医药管理局副局长 | 朱杰 |
| | 中共中央宣传部副部长 | 李彦 |
| | 解放军总后卫生部部长 | 张立平 |
| | 全国爱国卫生运动委员会办公室副主任 | 朱庆生 |
| | 中国红十字会总会副会长 | 孙柏秋 |

3. 地方救灾防病领导小组。北京、河北、山西、吉林、黑龙江、上海、江苏、浙江、安徽、江西、山东、河南、湖北、湖南、广西、海南、四川、贵州、西藏、甘肃、青海、新疆等22个省、自治区、直辖市政府成立了由主管省（市）长挂帅，各有关部门负责同志参加的救灾防病领导小组及办公室；天津、辽宁、内蒙古、福建、广东、云南、陕西、宁夏8个省、自治区、直辖市在省卫生厅（局）成立了救灾防病领导小组。安徽、江苏、四川、湖南等省的受灾市、地、州也都成立了相应的组织机构。地方救灾防病领导小组在国家救灾防病领导小组和当地省政府的领导下，根据本地区的灾情、疫情，制订适宜的防病预案，组织落实多项防病措施。

各省、自治区、直辖市救灾防病领导小组名单如下：

**各省、自治区、直辖市救灾防病领导小组名单**

| 地区 | 组长 | 办公室主任 |
|---|---|---|
| 北京 | 何鲁丽副市长 | 郑志伟处长 |
| 天津 | 杨大峥副局长 | 范继善处长 |
| 河北 | 王幼辉副省长 | 赵学诚主任 |
| 山西 | 吴达才副省长 | 王芷芳副厅长 |
| 内蒙古 | | 刘广理副厅长 |
| 辽宁 | 刘忠德副厅长 | 马家声处长 |
| 吉林 | 张岳琦副省长 | 鲁安平副厅长 |
| 黑龙江 | 戴谟安副省长 | 李洪涛处长 |
| 上海 | 谢丽娟副市长 | |
| 江苏 | 吴锡军副省长 | 刘洪祺厅长 |
| 浙江 | 李德葆副省长 | 庄炳瑾副厅长 |
| 安徽 | 杜宣瑾副省长 | 许占山厅长 |
| 福建 | | 计克良厅长 |
| 江西 | 陈癸尊副省长 | 廖一祥副厅长 |
| 山东 | 宋法棠副省长 | 高传堂副厅长 |
| 河南 | 范钦臣副省长 | 许桂华副厅长 |
| 湖北 | 张怀念副省长 | 李清泉厅长 |
| 湖南 | 曹伯纯副省长 | 陈吉祥副厅长 |
| 广东 | | 厍文远副厅长 |
| 广西 | 李振潜副主席 | 王荣慈副厅长 |
| 海南 | 辛业江副省长 | 庄家荣主任 |
| 四川 | 韩邦彦副省长 | 陈科文副厅长 |
| 贵州 | 张玉芹副省长 | 陶增厚副厅长 |
| 云南 | | 杨朝斌副厅长 |
| 西藏 | 龚达锦副主席 | 洛桑丹珍主任 |
| 陕西 | | 卢希谦厅长 |
| 甘肃 | 王金堂副省长 | 王陇德厅长 |
| 青海 | 班玛丹增副省长 | 秦德奎副厅长 |
| 宁夏 | | 牛琦副厅长 |
| 新疆 | 铁木尔·达瓦买提政府主席 | 李国勇副厅长 |

**注**：1. 各省、自治区、直辖市救灾防病领

导小组办公室均设在卫生厅(局)。

2. 组长姓名空缺的省市均未设救灾防病领导小组，由卫生厅(局)负责救灾防病工作。

3. 西藏自治区为抗灾领导小组，办公室设在自治区农委。

4. 卫生部救灾防病领导小组。为了加强对全国救灾防病工作的业务指导，卫生部于1991年7月16日成立卫生部救灾防病领导小组。成员名单如下：

**卫生部救灾防病领导小组名单**

| | | |
|---|---|---|
| 组长： | 部长 | 陈敏章 |
| 副组长： | 副部长 | 孙隆椿 |
| | 副部长 | 何界生 |
| | 副部长 | 顾英奇 |
| | 副部长 | 胡熙明 |
| 成员： | 办公厅主任 | 曹荣桂 |
| | 政策法规司司长 | 支峻波 |
| | 计划财务司副司长 | 刘新明 |
| | 医政司司长 | 迟宝兰 |
| | 卫生防疫司司长 | 戴志澄 |
| | 卫生监督司司长 | 阚学贵 |
| | 地方病防治司司长 | 高淑芬 |
| | 药政管理局副局长 | 粟福民 |
| | 机关党委副书记 | 张家增 |
| | 全国爱国卫生运动委员会办公室副主任 | 朱庆生 |
| | 生物制品总公司总经理 | 江焕波 |
| | 中国预防医学科学院院长 | 陈春明 |
| | 《健康报》总编辑 | 白　筠 |

领导小组下设办公室，由办公厅、政策法规司、计划财务司、卫生防疫司、医政司、药政管理局抽调人员组成。主要负责救灾防病的协调和联系工作；主动了解和汇总上报灾情、疫情；反映卫生部的救灾防病工作情况；筹集救灾防病所需资金；加强救灾防病工作的宣传报道。

(赵同刚)

**【制定救灾防病预案】**

由于洪涝灾害的影响，灾区饮水、食物和环境污染严重，卫生状况恶化。人民群众的身心健康受到严重威胁。一些传染病的发病明显上升，尤其肠道传染病的发病人数急剧上升。仅安徽省7月1～25日不完全报告腹泻病例近20万人次，肝炎近2000例，食用霉变粮食而发生中毒近2万例，食用毒蕈中毒在一些灾区屡有发生。另据报告，受灾害影响，四川省垫江、苍溪、南部等县灾后发生局部甲型肝炎流行，病例近千例。1991年正值我国乙型脑炎等传染病的大流行年，许多灾区原是霍乱、伤寒、肝炎、疟疾、流行性出血热、钩端螺旋体病、鼠疫、血吸虫病等重点传染病的多发地区，由于受洪涝灾害的影响，有可能造成这些传染病在该地的暴发流行，如1990年四川省万县地区因干旱无雨，严重缺水，导致痢疾暴发流行，发病人数近4万例，死亡上百人；1989年海南省受强台风暴雨袭击，灾后霍乱流行，发病数百例；1987年新疆洪水、旱灾后暴发非甲非乙型肝炎近13万例，死亡700多人。江苏、安徽、湖北、河南等省都有因洪水而引起疾病流行的记载。

为了保障灾区人民的身体健康，党中央、国务院领导对灾区的卫生防病工作多次作了重要的指示，江泽民总书记指出："最重要的是要保障群众的生命安全。尽早采取防疫措施，注意搞好受灾群众的饮用水卫生，防止疾病的发生和蔓延"。李鹏总理指出："要想方设法解决好灾民的吃饭、住宿、防疫等问题，特别是要处理好饮水卫生和粪便管理。灾区的防病治病工作要加强，医疗队要下去，要把力量组织好，把药品及时送到灾区"。国务委员李铁映同志对救灾防病工作多次作了具体指示和部署：要求各级健全救灾防病的领导体制；统一部署防病措施；制订救灾防病预案，对灾区所发生的传染病要尽量扑灭在最基层，以控制传染病的流行。

鉴于全国救灾防病形势相当严峻，一旦

灾后发生传染病流行，后果将极其严重，为最大限度地保障灾区人民群众的生命安全，保护劳动力，安定群众的情绪，减少受灾损失，保卫已取得的抗洪救灾的初步成果，夺取抗洪救灾的全局性胜利，根据中央和国务院领导同志关于救灾防病的有关指示，卫生部组织起草了《全国救灾防病预案》（以下简称《预案》）。《预案》经国家救灾防病领导小组第一次会议通过，于8月1日由国家救灾防病领导小组办公室下发各地贯彻执行。部分灾区根据《预案》的要求，结合本地实际制订了本地的救灾防病方案。

《预案》主要分四个部分：第一部分提出要分阶段、分层次重点抓紧抓好全国预防控制霍乱、伤寒、肝炎、脊髓灰质炎、流行性出血热、钩端螺旋体病、疟疾、鼠疫、乙型脑炎、炭疽和血吸虫等重点传染病的流行和食物中毒事故的发生，并提出救灾防病的主要措施：加强疾病监测和疫情报告，重点抓好灾区水源保护和饮水消毒；要组织有关部门动员广大群众，大力开展爱国卫生运动，消灭蚊蝇鼠害，搞好环境清理和消毒等工作；做好灾区食品卫生工作，防止食物中毒发生；利用一切可以利用的宣传手段和传播媒介做好群众的卫生防病宣传教育和动员工作；充分发挥城、乡三级医疗预防保健网的作用，同时也要做好非灾区疫情的控制工作。

第二部分明确了全国救灾防病期间的领导体制。国务院成立国家救灾防病领导小组，李铁映同志任组长，国务院副秘书长徐志坚同志，卫生部部长陈敏章同志任副组长，领导小组由卫生部、民政部、化工部、国家医药管理局、国家中医药管理局、中央宣传部和解放军总后卫生部、全国爱卫会、中国红十字会总会等领导同志组成，领导小组办公室设在卫生部，由卫生部领导负责。要求灾区各级政府也要成立相应领导小组，并明确了救灾防病期间，中央各有关部委的职责。

《预案》第三部分对全国救灾防病所需药品、器械、物资的组织生产、供应和救灾防病所需经费的筹集、使用做出了明确的要求，规定中央及地方政府安排救灾经费中应划出5%，国内外救灾捐赠款中应提取10%以内的比例专项用于防病治病工作。

《预案》第四部分包括，重点传染病的控制方案；血吸虫病疫情控制方案；食物中毒预防及处理方案；饮用水的处理与消毒及水源的选择与保护方案；粪便、垃圾、尸体处理方案；消杀灭工作方案；卫生防病知识宣传教育工作安排方案等7项救灾防病技术方案。

（齐小秋）

**【1991年全国灾区疫情报告和监测】**

为了及时地了解和掌握全国灾区疫情情况，全国重点加强了疫情的报告制度和疾病监测工作。在救灾防病期间受灾地区对重点传染病和食物中毒实行了疫情每日报告和零报告制度，自1991年7月下旬至10月上旬，国家救灾防病领导小组办公室共收集整理上报《疫情动态》（全国灾区疫情日报）72期。阶段性全国灾区疫情情况5篇，为了进一步加强对重灾区疫情情况的掌握，全国救灾防病领导小组办公室先后组织中国预防医学科学院等有关单位派出21批共有44名专家和技术骨干组成的疫情监测组分赴受灾较重的安徽、江苏、湖北、湖南、四川、贵州等省的44个县85个乡和19个村协助开展疾病监测和了解传染病流行情况及预防控制等有关情况，并开展现场技术指导，提出工作建议。各灾区卫生部门深入基层，在灾区建立了县、乡、村级疾病监测点，加强疫情的监测和预测工作，及时掌握疫情动态，从而为科学地作出防治决策提供依据。安徽省将全省疫情报告由原来的每月一报改为每五天一报，并在全省设置712个疫情监测点，监测人口237.2万人，其中省设102个点（重灾县72个），监测人口153.2万人，地市以下设610个监测点，监测人口85万。省卫生厅先后多次召集有关专家分析已掌握的疫情，研究防治对策。

江苏省要求对重点传染病实行每日一报制度，及时掌握疫情动态，捕捉苗头性问题，并要求各地将伤寒、肝炎、痢疾等乙类传染病当作甲类传染病来管理，把每一处散发疫情作为暴发疫情处理，做到疫情报告从速、疫点处理从严，消毒隔离从紧。北京、天津、河北等相邻省、市和铁路部门建立了疫情控制联防体制。铁路部门紧急动员全路200个卫生防疫站，对7315趟次旅客列车，637.7万人次的旅客进行了疫情监测和卫生监督。

由于灾区饮水和环境污染严重，蚊蝇鼠类密度增加，灾区群众饮用不洁饮水和食物以及接触病媒昆虫机会明显增多，特别是那些被洪水长期围困的重灾区群众长期露宿山坡、堤坝，体力消耗大，机体抗病能力下降，又正值夏季传染病高发季节，因此，受灾较重的安徽、江苏、河南、湖北、四川、贵州、浙江、湖南省部分地区，肠道传染病和一些虫媒传染病的发病与往年相比，有所上升，但与全国疫情总的升降趋势基本一致，全国灾区总的疫情尚属稳定，一些病种发病虽有上升，但呈散发，未形成大规模暴发流行。灾区发病上升集中在7、8两个月。

7月，安徽省报告传染病37 252例，比1990年同期上升61.3%。其中：痢疾、伤寒、钩端螺旋体病上升1倍以上，肝炎上升51%。安徽阜南等24个重灾县传染病发病率明显高于全省水平，7月份总发病率比1990年同地区同时期上升113%，其中以钩端螺旋体病、出血热、痢疾、肝炎等上升明显。此外，由于食用霉变或不洁食物造成食物中毒9万多例，不明原因发热5万多例，具有腹泻症状的更多，但无死亡病例报告。江苏省疫情相对稳定，7月份全省报告传染病26 333例，比1990年同期上升6.9%；但7月份在局部地区发生霍乱12例，多年没有发生的钩端螺旋体病也出现少量病例，发生了血吸虫病急性感染病人197例。其它一些重灾省7月份发病比1990年同期相比也有不同程度的上升，湖北上升46.6%，贵州上升24.4%，河南上升9.2%。

8月上旬，安徽、江苏等灾区，痢疾、肝炎、伤寒、疟疾、乙型脑炎和流行性出血热疫情仍有上升趋势。江苏省局部地区肝炎、痢疾等肠道传染病发病人数继续增多，据江苏8个受灾特重的县、市疫情统计，与1990年同期相比，痢疾上升186.52%，肝炎上升82.5%。8月中旬，灾区传染病疫情上升趋势得到控制。8月中旬以后，安徽、江苏、湖北、湖南、河南、四川6省灾区的痢疾、肝炎、伤寒、乙型脑炎、钩端螺旋体病和疟疾、流行性出血热疫情有所下降。8月下旬，发病比8月中旬又略有下降。

9月，灾区疫情继续得到控制，安徽、江苏、湖北、湖南、河南、四川6省灾区，痢疾、肝炎、伤寒、乙脑、钩体、疟疾、出血热7种传染病发病总数为57 210例。中旬比上旬下降了42.0%，下旬比中旬下降28.0%。

10月安徽、江苏两省灾区疫情持续下降，10月上、中旬比9月中下旬，安徽省发病下降54%，江苏省下降15.5%。

11、12月份全国各重灾省传染病疫情报告总数持续大幅度下降，安徽省11月总报告疫情比10月份下降31.1%，江苏省下降17.5%，湖北、河南、四川、湖南、贵州、浙江等其它6个重灾省疫情均有较大幅度下降。12月份，安徽、江苏省传染病疫情月报告比11月分别下降24.3%，和20.0%，其它重灾省疫情均有较大幅度下降。

（齐小秋）

**【救灾防病中的爱国卫生运动】**

1991年夏，各级爱卫会在政府和救灾防病领导小组的统一部署下，充分发挥统筹协调职能，广泛组织和动员党政军民，积极投入救灾防病工作，开展了以健康教育、环境清理、饮水卫生、粪便垃圾管理、消杀蚊蝇和灭鼠为重点的一场防大疫的爱国卫生运动。

**一、党和政府加强对救灾防病爱国卫生**

**工作的领导** 江泽民总书记在灾区考察时指示：最重要的是保障群众生命安全，尽早采取防病措施，极力搞好受灾群众的饮水卫生，防止疾病的发生和蔓延。李鹏总理在常州、上海考察时指示：要大力开展爱国卫生运动，加强消毒、杀虫和改善环境工作；要想方设法做好饮水卫生和粪便管理工作，灾区防病工作要加强，一定要深入灾区，要把人员组织好，把药品及时送到灾区。国务委员、全国爱卫会主任李铁映同志，国务院副秘书长、全国爱卫会副主任徐志坚同志和卫生部部长、全国爱卫会副主任陈敏章同志等考察了安徽省蚌埠市、风台、颍上县、寿县、凤阳县和江苏省常州市、无锡市盱眙县等灾区。铁映同志在合肥主持召开抗灾防病现场办公会，要求安徽省尽快在全省城乡开展以救灾防病为中心的爱国卫生运动，确保大灾之年无大疫。在江苏期间，铁映同志强调，要继续开展专业队伍与群众队伍相结合的爱国卫生运动，坚决堵住疾病流行的口子，不留一处空白。

8月22日，安徽省召开广播电视动员大会，省委、省人大、省政府、省政协、省纪委、省军区六大班子主要负责同志出席大会，副省长、省爱卫会主任、救灾防病领导小组组长杜宜谨号召以灾区为重点，城乡一齐发动，全面展开以救灾防病为中心的爱国卫生运动。从8月25日起，安徽省在全国率先开展为期10天的爱国卫生突击活动。

江苏省委、省政府从本省实际出发，6月中旬以来，省政府领导多次带领有关部门负责人及专家，深入重灾区现场办公，部署救灾防病爱国卫生工作。

湖北省从7月起，全省三次召开电话会议，部署救灾防病爱国卫生工作。省委书记关广富，省长郭树言，副省长、省爱卫会主任韩南鹏等同志，多次深入重灾区、重疫区指挥救灾防病爱国卫生工作。

河南省委书记候宗宾、省长李长春、副省长范钦臣等党政领导，深入灾区检查指导救灾防病爱国卫生工作，并派出10多名处级干部带队奔赴信阳、驻马店、南阳三个重灾区协助工作。这三个重灾区还明确了由主管卫生副专员负责，通过爱卫会统筹协调，落实救灾防病工作。

**二、迅速行动，广泛开展以救灾防病为中心的爱国卫生突击活动** 全国爱卫会7月19日发出《关于组织开展社会卫生活动，做好救灾防病工作的紧急通知》，要求各级爱卫会在政府的领导下迅速行动起来，广泛开展以救灾防病为中心的爱国卫生运动。9月9日全国爱国卫生运动委员会召开电话会议。国务委员、全国爱卫会主任李铁映同志和卫生部部长、全国爱卫会副主任陈敏章同志对9月17～23日开展的“救灾防病爱国卫生突击周”活动进行动员和部署。这次爱国卫生突击周活动采取灾区与非灾区联防作战的方式，重点是以治理环境卫生，消除疫病发生条件，提高群众自我保健意识为主要内容。

据不完全统计，全国30个省、自治区、直辖市，14个计划单列市，党、政、军、人大、政协的领导同志，参加突击周活动14752人次；群众参与7362万多人；参加健康教育活动的专业技术工作人员102.7万人，受教育人数达1.1亿人，编发各种卫生宣传材料6905万份；清运垃圾1264.2万吨，动用各种车辆530万辆；清除卫生死角20多万处，喷撒、投放消杀灭药品1082.7吨；疏通沟渠867.1万延长米，修缮改建厕所19万座，(其中灾区新建各类厕所121357座)；清掏受淹水井58万多眼。

这次卫生突击活动的主要特点表现在：

1. 领导重视、积极部署 参加全国爱卫会电话会议的30个省、自治区、直辖市，14个计划单列市爱卫会，全国爱卫会委员部门及各级政府从指导思想、活动内容、部门的职责任务以及检查评比等方面提出了明确要求。灾区省将突击周活动作为救灾防病和恢复生产、重建家园一项重要措施来抓。

2. 广泛开展健康教育，既是突击周亦是健康教育宣传周。各省市在突击周活动中，充分发挥新闻媒介的职能优势，有针对性的开展健康教育活动，多种形式、多侧面地进行爱国卫生突击周宣传，使突击周活动尽人皆知。

3. 把救灾防病爱国卫生突击周活动与创建卫生城市结合起来。各省市对照卫生城市检查标准分解任务、落实职责，签订责任状并检查各项防病措施，促进了创建卫生城市工作的开展。

**三、充分发挥统筹协调作用，做好灾区的爱国卫生工作** 在各级救灾防病领导小组的统一部署下，各级爱卫会发挥统筹协调的积极作用。全国爱卫会办公室在救灾防病初期，通过对委员部门的协调，为灾区提供了漂白粉1000吨，敌敌畏60吨，凯素灵200吨。经与国家计委、国务院农资领导小组协商，为紧急进口必要的卫生杀虫剂解决了外汇额度。此外，全国爱卫会办公室还提出1万台手提式喷雾器的应急计划，通过中国红十字会在国外救灾款中安排进口，分发到各重灾区，保障了消杀药品、器械的及时供应。

灾区各级爱卫会，立足于统筹协调，积极会同有关部门帮助解决了一些与救灾防病和保护人民身体健康息息相关的实际问题。

江苏省爱卫会与卫生部门联合对农贸市场食品卫生问题就进行了5次拉网式执法大检查，成效显著。安徽省爱卫会针对本省既是洪涝重灾区之一，又是流行性出血热流行区的特点，及时主持召开各地市、有关部门联席会议，要求各级爱卫会要及时报告鼠情并制定灭鼠方案等一系列防治流行性出血热的措施。河南省在豫南水灾后，统一调度使用消杀药品，避免了许多重复和浪费。安徽、河南两省爱卫会，注意做好重建家园工作中的协调工作，及时协调建设、水利等部门在重建家园时，将农村改水、改厕、改善环境，纳入村庄规划统一考虑，使河南灾区新建的村庄、规划比较合理，住室开了后窗，群众吃上自来水或手压井水并建双瓮漏斗式厕所；安徽灾区建设的新村对饮水井、畜圈、卫生厕所做了合理的设置，达到卫生要求。

**四、依靠科学技术，指导开展救灾防病爱国卫生运动** 在这次救灾防病爱国卫生运动中，充分发挥卫生专业技术队伍和专家们的作用，用科学方法和技术指导制定各项卫生防疫措施和方案。全国爱卫会办公室及时组织中国预防医学科学院、中国军事医学科学院的专家，赴苏州、无锡、贵州和武汉指导灾后的环境清理及消毒、杀虫、灭鼠工作；征求灾区对全国救灾防病有关《预案》的修改意见并对武汉市灾区使用飞机喷洒杀虫作业的可行性进行了实地调查和论证。专家们深入到受灾严重的工厂、机关、住宅、农村自来水厂、农户调查了解环境污染情况、察看厕所、垃圾站等卫生基础设施毁损情况，结合实际修定了《灾后环境和室内清理、消毒、杀虫工作方案》、《洪涝灾区飞机喷洒杀虫作业预案》、《全国救灾防病消、杀、灭工作预案》、《洪涝灾害地区消毒、杀虫、灭鼠技术措施》、《粪便、垃圾、尸体处理预案》。实事求是地提出《关于武汉地区飞机喷洒有关问题的报告》，不仅指导了灾区的救灾防病爱国卫生工作，也为领导的决策提供了科学依据，也为今后遭受自然灾害、突发事件的应急处理摸索了经验。组织中国健康教育研究所及时编印了《洪涝灾区爱国卫生公约》、《个人与环境卫生宣传大纲》等60万份，由全国爱卫会办公室领导带队，分送安徽、江苏、湖北、浙江、河南、贵州、四川等受灾省、地、市，象送救灾粮食一样把防病知识送到灾区群众手中。

灾区在救灾防病工作中，结合当地实际情况，坚持以技术为先导，科学技术与群众运动相结合开展爱国卫生运动。江苏省在抗洪救灾开始就组织有关专家对灾后疫情进行预测、早、准、实地制定全省有关预案，并狠抓具体环节的落实，即：健康教育到户、饮水消毒到户、消毒杀虫到户、粪便管理到户等；坚持做到水退到哪里，环境清理到哪里，消杀灭到哪里，宣传教育开展到哪里。扬州市在遭受洪涝期间，400多万人口饮水卫生出现严重问题，他们以乡村医生为骨干，组织了3万多人开展的饮水消毒工作；苏、锡、常地区还采取把技术交给群众，组织市、区街道爱国卫生防疫小分队，统一指挥、统一行动，进行消毒、杀虫大会战，做到水退一户，消毒杀虫一户，水退后又进水的则反复消杀，重点灾区重点消杀。

安徽省，结合本省实际、组织群众在积极开展全面清理环境、消毒、杀虫、灭鼠、饮水卫生的同时，还开展防止食用霉变粮食发生食物中毒的工作。各级爱卫会一手抓技术指导、一手抓培训三员（消毒员、投药员、防疫员）并通过责任制控制技术质量。全省及时总结推广了四管、三灭、三统一的经验（环境卫生管理、饮用水管理、食品卫生管理、家禽家畜及粪便管理；灭蚊、灭蝇、灭鼠；消杀药品统一管理、技术人员统一配备、到灾民聚居点统一喷药）。针对沿淮行蓄洪区鼠密度高的情况，省爱卫会办公室组织技术力量，帮助制定当地灭鼠方案。风阳县救灾防病爱国卫生工作，实行特派员制度，对104个受灾行政村派驻171名县、区两级卫生技术人员，指导群众消毒饮水，处理霉变小麦，指导环境、住宅、厕所卫生管理。

（朱庆生　陶　金）

**【依靠科技进步指导救灾防病工作】**

**一、疫情报告、监测系统进人应急运转状态，为制定救灾防病对策提供科学依据**　为了及时掌握灾区疫情动态，向国家救灾防病领导小组快速、准确地反映灾区疫情发生情况，7～11月中国预防医学科学院计算机系统执行24小时值班制，每天将当天灾区各省所报疫情进行统计分析，及时报告国家救灾防病领导小组办公室。累计共编辑《疫情动态》73期，提供灾区疫情分析材料20余次；全国疾病监测中心将灾区范围内疾病监测点每3日报告的灾区疫情汇编《疾病监测点疫情动态》20余期，并派出4个小组赴8个重灾省检查指导灾后疾病监测工作。通过灾后应急疫情报告系统、疾病监测报告系统、全国疫情报告系统以及赴灾区工作组的实地考查，适时、客观地把握了灾区疫情动态，及时为领导提供疫情信息，为决策提供科学依据。

**二、参加卫生部制定全国救灾防病预案**　在多次召开的救灾防病工作座谈会上，有20余名专家对应重点防治的霍乱、伤寒、病毒性肝炎、疟疾、血吸虫病、钩端螺旋体病、流行性出血热、炭疽、脊髓灰质炎等传染性疾病的预防和控制提供对策。

有16位技术骨干参加了全国救灾防病预案的起草工作。短短4天内完成了重点传染病控制方案、血吸虫病疫情控制方案、消杀灭工作方案、饮用水处理与消毒及水源选择方案、食物中毒预防处理方案等救灾防病技术方案的起草工作。有3位技术骨干参加了全国爱卫会办公室主持的《洪涝灾区消毒、杀虫、灭鼠工作手册》编写工作。

**三、为洪涝灾区解决技术疑难问题**　寄生虫病研究所预测发生水灾的血吸虫病流行区可能发生大量急性感染病人，为灾区无偿提供单克隆抗体检测循环抗原诊断试剂盒10万人份；为抗洪救灾的解放军战士无偿检测血吸虫循环抗原；8月中旬又举办了灾区5省血吸虫实验诊断学习班。

食品卫生监督检验所为安徽灾区因食用霉麦引起的食物中毒进行霉菌毒素鉴定，判定为呕吐毒素和$T_2$毒素引起的中毒，并帮助河南省对霉变粮食进行了分离鉴定。

病毒学研究所帮助江苏省卫生防疫站建立检测轮状病毒的核酸电泳技术以检测灾区采集的腹泻标本。在建立技术方法的同时，为基层培养了技术人才，在省站举办了有关病毒性腹泻和病毒性肝炎的学术讲座，为兴化市制定了病毒性腹泻监测计划等。

**四、派员深入灾区，现场指导**　中国预防医学科学院先后派出 21 批 44 人次专业技术人员参加工作组，其中包括研究员 5 人、副研究员 16 人，深入灾区 44 个县、85 个乡、19 个村调查疫情，并利用各种场合，向各级政府和卫生行政部门提出防病工作建议。

赴江苏的工作组，从科学技术角度，肯定了该省卫生厅狠抓饮水消毒这一预防肠道传染病的决策性措施，并对灾区使用的饮水消毒持续净化器进行鉴定，肯定其推广价值并提出改进建议；对于疟疾疫情，预测在采取措施的情况下，该年不会发生大面积暴发流行，但应重视堤坝灾民可能出现点状流行；针对扬州地区甲型肝炎是高发年，伤寒稳中有降，M1 型多元耐药株逐年下降，提出了防治对策；针对有关领导同志多次提出灾区是否适用飞机喷药灭蚊蝇问题，专家们在常州等灾区认真调研后提出自己的观点：常州市 4000 多平方公里，用飞机喷洒药物无选择性，洒到蚊蝇孳生地的药物浓度会相对降低从而影响药效，而对桑林、鱼池等又可能造成污染，给养蚕、养鱼业带来不良影响，且药费明显高于地面喷洒。

赴四川的工作组根据在该省蓬溪、西充灾区调查病毒性肝炎发病情况，提出不能排除戊型肝炎流行的可能性。

赴安徽的工作组考查疫情报告质量后，肯定了该省疫情报告比较准确，灾后疫情呈高度散发、略有上升趋势，明确安徽灾区应重点防治的 6 种传染病；了解到疫情报告中的“原因不明发热性疾病”主要是露宿患上呼吸道感染而引起的发热。

赴贵州的工作组考查了炭疽病的发病情况，预测该省炭疽可能出现解放后第二个高发年。

赴湖北的工作组与省卫生防疫站专业人员共同总结了大灾之后无大疫的 8 点经验，肯定该省灾区控制腹泻病所取得的成效，水改工作起到关键作用，应推广“压把井”和自来水；由于预测该省急性血吸虫感染者可能出现 2～3 个高峰，与当地制订了血吸虫病防治对策。

赴湖南的工作组参与了常德市制定特大洪灾后控制血吸虫病疫情工作规划和灾区防病治病工作方案。

赴河南省工作组，在驻马店灾区证实了以咳血为主的 208 例发热病人为钩端螺旋体局部暴发流行，病死率高达 8.65%，血清学检测揭示该地区流行菌群可能由以往的波摩那群变为黄疸出血群，并帮助省、县卫生防疫站建立了实验检测方法，提供了标准血清、菌种和培养基，帮助县卫生防疫站制作了简易暗视野显微镜，以及为基层举办了钩端螺旋体病学术讲座。

（陈宝珍）

**【救灾防病中的血吸虫病防治】**

1991 年夏，安徽、江苏、湖北和湖南等血吸虫病重流行省发生了特大洪涝灾害。据 4 省不完全统计，大水冲毁有螺围垸 1045 处，淹没钉螺面积 8. 5 亿平方米；参加防洪抢险、生产自救而接触疫水的人数达 568.6 万人。由于采取了预防措施，截至 1991 年 10 月底，4 省共发生急性感染 4438 例，比 1989 年同期下降 62.41%，比 1990 年同期仅上升了 5.32%，防止了血吸虫急性感染的暴发流行，具体措施为：

1. 早期预防。在洪涝灾害初期，卫生部、农业部向各流行省发出了控制急性感染暴发流行的紧急通知，明确要求各地把预防急性感染作为流行区抗洪救灾的重要组成部分，加强领导，采取措施。国家救灾防病领导小组办公室、卫生部地方病防治司组织制定了《全国血吸虫病防治预案》，下发各地执行。各省结合本地具体情况制定防治方案，具体实施。

2. 组织专业人员进行技术指导。在抗洪救灾期间，卫生部和各流行省共派出 639 名专家和 5200 余名血防人员组成 1011 个血防小分队深入灾区进行调查研究、疫情监测和技术指导，广泛地开展血防知识的宣传教育，通过对接触疫水人群的调查登记和追踪观察，确定可能发生急性感染的重点对象进行预防性早期治疗，据4省统计，早期治疗人数达48.9万人。农业部派出专家组，并组织北京农业大学学生赴灾区帮助基层开展家畜血防工作，早期治疗家畜9．9万头。

3. 有关部门相互配合，落实防治药械到位。医药、化工、财政、铁路等有关部门相互配合，在抗洪救灾期间向流行区组织调运了灭螺药五氯酚钠2000余吨、人用抗血吸虫药吡喹酮930万片。采购了100万元的血防药品运往湖南和湖北重流行区。中国预防医学科学院寄生虫病研究所制备了10万人份的单克隆抗体试剂盒，储备了纯化的可供150万人次应用的单克隆抗体，无偿提供了可供6万人检查的血吸虫皮内试验抗原原液，为投入抗洪救灾的解放军战士检测血吸虫循环抗原，使他们得到及时诊断、治疗。湖北省政府从省财政和救灾款中调拨500万元，购买血防药物供应灾区。

（贾义德）

**【救灾中的卫生检疫】**

1991年，我国部分地区遭受特大洪涝灾害，一些国家和地区向灾区捐助物资。同时，世界霍乱暴发流行（1991年全世界霍乱50万例，死亡1.67万例，超过前5年的总和）。为了既使救灾物资迅速入境、又防止霍乱及其传播媒介传入我国，中华人民共和国卫生检疫总所采取了三项紧急措施：

1. 发出《关于对入境救灾物资迅速放行的紧急通知》，要求各卫生检疫所对入境救灾物资要立即检疫，迅速放行，免收一切费用，发现不符合卫生要求的物资（包括食品），要立即采取措施并通报当地有关部门。根据总所的通知，各卫生检疫所主要领导亲临检疫第一线，切实抓好救灾物资的入境检疫工作，投入大量的人力物力，加班加点，保证对救灾物资做到随到随检随放。据上海、北京、合肥、南京、武汉、深圳、连云港、湛江、天津、秦皇岛、汕头等卫生检疫所统计，共检疫入境救灾物资186批（17065件、103887箱），总计173 287吨。

2. 及时通报国外霍乱疫情，加强对来自国外霍乱疫区人员的检疫。年初，秘鲁等国家暴发霍乱流行，与我国毗邻的国家和地区也发生霍乱流行，总所及时向各卫生检疫所通报国外霍乱疫情，分别于3月、4月、8月三次发出加强对来自霍乱疫区人员检疫的通知。各所共检疫来自国外霍乱疫区入境人员135128名，发现霍乱及带毒者7例，疑似病例89例，均依法实施了隔离、留验和治疗，防止霍乱的传入。

3. 加强对来自国外霍乱疫区飞机、船舶的检疫。在抗洪救灾防病期间，共检疫来自国外霍乱疫区的船舶804艘（其中外国籍船舶335艘）、飞机680架（外国籍飞机222架）。对装自霍乱疫区15万吨压舱水进行消毒，对来自霍乱疫区交通工具上的782吨垃圾实施卫生处理，对38万吨进口废纸等废旧物品进行消毒、灭鼠、杀虫，对来自霍乱疫区的进口食品进行卫生监督检验，防止霍乱等传染病传播媒介传入。

（伦立广）

**【救灾防病中的环境卫生工作】**

在洪涝灾害期间，灾区的厕所、猪圈、水井、房屋以及自来水厂都被水淹，致使生活环境和饮用水受到严重污染。为了减少环境污染，保证饮水安全，各级卫生部门重点采取了以下措施：

1. 强化饮用水水源的卫生防护。对水源卫生防护带内有受淹危险的化学有害物质突击搬运到安全地点。搬迁沿河两岸的粪缸、垃圾堆，对饮用水取水口附近水面漂浮物进行及时打捞。

2. 加强对灾民集中点的粪便管理，设立临时厕所，由专人负责管理。在被大水围困的灾民点，用船作临时厕所，定时运出，防止粪便入河污染水源。

3. 对自来水厂全面实施消毒，增加投氯量。

4. 对井水、缸水采取直接投药法进行消毒。有的地区采取挖简易沙滤池对饮水进行净化消毒。

对被大水围困的、水源有困难的灾民点，用车、船等运送自来水，或临时架设自来水管道供水。

为了保障灾区分散式供水的安全，卫生部根据李铁映同志在江苏省无锡县考察时的指示精神，于8月底派专家赴无锡县对"饮水持续消毒器"的使用效果进行了实地考察。认为此装置结构简单，使用方便，价格低廉，一次加入500克漂白粉精片可使用两个月左右。优于民间采用的井水消毒方式。据此，卫生部救灾防病办公室拨专款购置10000个，发送到有关省市灾区试用。由于该产品有待进一步改进，卫生部未在全国范围内推广。

洪水退下之后，各地卫生防疫部门采取水退到哪里，环境清理到哪里，消毒杀虫工作跟到哪里。具体做法是：

1. 突击抢修被淹和损坏的乡镇自来水厂，加强饮水消毒，尽快恢复供水。

2. 及时清掏、冲洗水井，并进行加氯消毒。在居民家中推行缸水消毒。

3. 卫生防疫站加强对集中式供水的水质监测工作，及时公布监测结果，指导和监督饮水消毒工作。

4. 对居民粪便、垃圾要尽可能做到集中消毒处理。

5. 建立专职消毒员队伍，负责饮水消毒、室内外环境消毒工作。

6. 开展群众性"爱国卫生突击周"活动，推动灾区环境卫生改善。全国爱卫会发布公告，决定在9月17～23日在全国范围内开展"爱国卫生突击周活动"，在突击周活动中，各地共清运垃圾1264万吨，喷洒投放消杀灭药物1082吨，疏通沟渠867万米，修缮、改建厕所19万座，其中灾区新建各类厕所12万座，清掏受淹水井58万眼。

为探讨大面积喷洒灭蚊蝇药的方法，全国爱卫会办公室组织有关部门的专家，于8月底赴武汉市实地考察并研究了飞机喷洒杀虫药剂的实施方案。经专家组现场考察，因蚊蝇密度不高，决定不实施飞机喷药。

（高国强）

**【救灾防病经费的筹集和利用】**

在1991年的洪涝灾害中，卫生部门所属医疗卫生机构受到严重的损失，根据安徽、江苏、河南、四川、贵州、浙江、湖北、湖南等8个省，截止8月20日不完全统计，卫生系统共有10252个机构受到损失，共倒塌房屋49.9万平方米，严重损坏房屋192.43平方米，医疗设备、仪器损坏3849件，房屋、设备及其他直接损失共计5.56亿元(见表1)。8个省中，安徽、江苏两省损失最重，每个省损失超过2亿元；湖北、河南次之，每个省损失5000万左右；其余4省，每省损失1000万元左右。卫生部门所受损失主要是县以下医疗卫生机构，这些机构房屋倒塌或严重损坏，房屋损失总额达4.23亿元，占损失总额的75.94%。

在救灾工作中，中央和各级地方政府极为关心灾区的防病工作，积极动员全社会力量多方筹集资金用于救灾防病。救灾防病期间，卫生部门多方筹集资金2.4亿元。此外，灾区卫生部门无偿投入近2亿元。上述资金筹集的主要渠道是：

1. 国家救灾防病领导小组办公室筹集。经费来源于四个方面：①国务院救灾领导小组安排专款1000万元；②财政部从预算内调剂350万元；③卫生部、财政部安排救灾防病经费1000万元；④卫生部接受定向捐赠和义诊捐款593.9万元。

2. 各地从国家救济款和国内外捐赠中提取。为了确保灾区防病治病工作，有效地筹集防病经费，中央要求，中央及地方政府安排的救灾经费要划出5%专项用于救灾防病工作；国内外捐赠资金以不低于5%、不超过10%的比例用于防病工作。共提取14222.6万元。

3.红十字会总会下拨。红十字会总会积极呼吁，争取国际援助。救灾期间红十字会总会下拨捐款2422万元。

4.地方筹集。各地通过多种渠道筹款4466.2万元。

经费的筹集利用具体情况详见表2～6。

表1 部分受灾省份卫生部门所属单位直接损失一览表

| 省市名称 | 受灾机构数 小计 | 其中：县以上，区 | 乡 | 房屋损失 倒塌（万平方米） | 损坏（万平方米） | 金额（万元） | 设备损失 数量（台件） | 金额（万元） | 药品及其他损失（万元） | 损失合计（万元） | 备注 |
|---|---|---|---|---|---|---|---|---|---|---|---|
| 安徽 | 2462 | 48 | 2414 | 27.42 | 59.33 | 15342.48 | | 2546.19 | 3534.92 | 21423.59 | 每间房屋按20平方米计算 |
| 江苏 | 1366 | 89 | 1277 | 9.45 | 50.60 | 14830.00 | 1065 | 1202.40 | 4061.30 | 20093.70 | 千元以上仪器、设备 |
| 湖北 | 1130 | 67 | 1063 | 6.17 | 36.43 | 4878.50 | | 379.70 | 661.90 | 5920.10 | |
| 河南 | 389 | 19 | 370 | 2.29 | 21.80 | 3952.00 | 1884 | 594.60 | | 4546.60 | 仪器、设备损失中包括药品损失 |
| 四川 | 3989 | 154 | 3835 | 3.91 | 11.68 | 1500.00 | | | | 1500.00 | 房屋损失金额按面积计算 |
| 贵州 | 315 | 64 | 251 | 0.36 | 3.90 | 591.00 | | 27.00 | 24.00 | 642.00 | |
| 浙江 | 97 | 9 | 88 | 0.30 | 3.18 | 389.20 | | 67.00 | 30.80 | 487.00 | |
| 湖南 | 504 | 32 | 472 | | 5.50 | 825.00 | 900 | 90.00 | 150.00 | 1065.00 | 房屋、设备损失金额按面积和数量计算 |
| 合计 | 10252 | 482 | 9770 | 49.90 | 192.42 | 42308.18 | 3849 | 4906.89 | 8462.92 | 55677.99 | |

表2 重灾省份落实救灾防病经费一览表

（1991年11月1日统计） 单位：万元

| 项目 | 筹集金额 | 分配情况 合计 | 安徽 | 江苏 | 湖北 | 河南 | 四川 | 贵州 | 浙江 | 湖南 | 其他 |
|---|---|---|---|---|---|---|---|---|---|---|---|
| 合计 | 24055.2 | 23801.9 | 12937.5 | 3022.6 | 2386.3 | 1123.3 | 1425.7 | 841.2 | 754.5 | 934.1 | 376 |
| 一、国家救灾防病办公室下拨、下划 | 2943.9 | 2690.6 | 19] 3.6 | 161.4 | 454.7 | 305.3 | 358.7 | 301.4 | 228.7 | 310.1 | 376 |
| 其中： | | | | | | | | | | | |
| 卫生部调剂 | 1000.0 | 900.0 | 100.0 | 100.0 | 85.0 | 75.0 | 115.0 | 80.0 | 70.0 | 75.0 | 200 |
| 救灾防病专款 | 1350.0 | 1322.0 | 12.0 | 4.0 | 304.7 | 180.3 | 203.7 | 173.9 | 108.3 | 199.5 | 135 |
| 捐款义诊款 | 593.9 | 468.6 | 81.6 | 57.4 | 65.0 | 50.0 | 40.0 | 47.5 | 50.4 | 35.6 | 41 |
| 二、地方从救灾捐赠款中提取 | 14222.6 | 14222.6 | 9630.0 | 2569.2 | 611.6 | 619.0 | 189.0 | 110.0 | 363.3 | 130.5 | |
| 三、红十字总会下拨用于防病 | 2422.5 | 2422.5 | 1096.0 | 292.0 | 181.0 | 199.0 | 173.5 | 160.0 | 162.5 | 158.5 | |
| 四、地方筹集 | 4466.2 | 4466.2 | 2017.9 | | 1139.0 | | 704.5 | 269.8 | | 335.0 | |

注：1.卫生部下拨数截止到10月30日；

2.从救灾款中提取数，按各省不同提取方式计算或估算；

3.红十字会下拨截止到9月16日；

4.地方筹集包括各级财政追加、卫生部门调剂和各地直接接受的捐款等。

表3 卫生部接收国外捐款及分配情况

| 捐赠人 | 货币单位 | 金额 | 折人民币* |
|---|---|---|---|
| 香港菲里普莫里斯公司 | 美元 | 20万美元 | 1044000.00 |
| 中美文化协会 | 人民币 | 6000元 | 6000.00 |
| 日本光电公司 ALOKA OLYMPOS | 美元 | 11000美元 | 57450.80 |
| 香港成功企业公司 | 人民币 | 60000元 | 60000.00 |
| 日本岛津株式会社 | 美元 | 10000美元 | 52200.00 |
| 世界卫生组织 | 美元 | 30000美元 | 156560.00 |
| 合计 | | | 1376210.80 |

*按当时国家外汇牌价折算。

表4 救防办及卫生部下划、下拨救灾防病经费、捐款一览表

单位：万元

| 单位 | 金额 | 其中：部救灾款 | 防疫调剂 | 第一批国家救灾款及财政 | 第二批国家救灾款 | 捐款、义诊款 |
|---|---|---|---|---|---|---|
| 一、指标（或收到） | 2943.9 | 500.0 | 500.0 | 850.0 | 500.0 | 593.9 |
| 二、下划（或下拨） | 2690.6 | 500.0 | 400.0 | 822.0 | 500.0 | 468.6 |
| 安徽省 | 193.6 | 100.0 | | 12.0 | | 81.6 |
| 江苏省 | 161.4 | 100.0 | | 4.0 | | 57.4 |
| 其中：南京 | 10.0 | | | | | 10.0 |
| 湖北省 | 454.7 | 45.0 | 40.0 | 184.7 | 120.0 | 65.0 |
| 其中：武汉 | 55.9 | 10.0 | | 15.9 | 20.0 | 10.0 |
| 四川省 | 358.7 | 65.0 | 50.0 | 123.7 | 80.0 | 40.0 |
| 其中：成都 | 32.7 | 10.0 | 10.0 | 2.7 | 10.0 | |
| 重庆 | 22.7 | 10.0 | | 2.7 | 10.0 | |
| 河南省 | 305.3 | 35.0 | 40.0 | 100.3 | 80.0 | 50.0 |
| 贵州省 | 301.4 | 40.0 | 40.0 | 103.9 | 70.0 | 47.5 |
| 湖南省 | 310.1 | 40.0 | 35.0 | 149.5 | 50.0 | 35.6 |
| 浙江省 | 228.7 | 50.0 | 20.0 | 78.3 | 30.0 | 50.4 |
| 黑龙江 | 91.8 | | 40.0 | 11.8 | 40.00 | |
| 其中：哈尔滨 | 20.0 | | 10.0 | | 10.0 | |
| 吉林省 | 87.6 | 25.0 | | 11.8 | 30.0 | 20.8 |
| 其中：长春 | 13.0 | 8.0 | | | 5.0 | |
| 山东省 | 15.0 | | 15.0 | | | |
| 广西省 | 20.0 | | 20.0 | | | |
| 海南省 | 20.0 | | 20.0 | | | |
| 云南省 | 20.0 | | 20.0 | | | |
| 江西省 | 20.0 | | 20.0 | | | |
| 甘肃省 | 20.0 | | 20.0 | | | |
| 河北省 | 20.0 | | 20.0 | | | |
| 医疗队 | 6.0 | | | | | 6.0 |
| 救灾10年委员会 | 14.3 | | | | | 14.3 |
| 其他用途 | 42.0 | | | 42.0 | | |

注："其他用途"指统一印制防病宣传品等。

表5 卫生部购买下拨药品分配情况*

| 名称 | 单位 | 数量 | 分配情况 | | | | | | | | | |
|---|---|---|---|---|---|---|---|---|---|---|---|---|
| | | | 江苏 | 安徽 | 湖北 | 河南 | 四川 | 贵州 | 湖南 | 浙江 | 黑龙江 | 吉林 |
| 一、疫苗 | | | | | | | | | | | | |
| 脊灰 | 万人份 | 2160 | | | 370 | 370 | 420 | 360 | 250 | 190 | 100 | 100 |
| 麻疹 | 万支 | 142 | | | 26 | 26 | 24 | 22 | 19 | 15 | 5 | 5 |
| 乙脑 | 万支 | 8 | | 8 | | | | | | | | |
| 二、血防 | | | | | | | | | | | | |
| 吡喹酮 | 万片 | 185 | | | 115 | | | | 70 | | | |
| 五氯酚钠 | 吨 | 250 | | | 150 | | | | 100 | | | |
| 三、消杀灭 | | | | | | | | | | | | |
| 漂白粉精 | 吨 | 240 | 60 | 80 | 20 | | 20 | 20 | 20 | 20 | | |
| 漂白粉精片 | 吨 | 60 | | | 10 | 10 | 10 | 10 | 10 | 10 | | |
| 杀鼠醚 | 吨 | 15 | | | 4 | | 4 | 1.5 | 4 | 1.5 | | |
| 敌敌畏 | 吨 | 60 | | | 10 | 10 | 10 | 10 | 10 | 10 | | |
| 凯素灵 | 吨 | 20 | | | 3 | 4 | 3 | 4 | 3 | 3 | | |
| 饮水消毒器 | 个 | 9500 | 2000 | 3500 | 2000 | 2000 | | | | | | |
| 余氯比色计 | 个 | 3450 | 700 | 1350 | 700 | 700 | | | | | | |
| 四、抗疟药 | | | | | | | | | | | | |
| 氯喹 | 瓶(千片) | 6000 | | | 1200 | 1200 | 1200 | 1200 | 1200 | | | |

*1. 总价值844万元； 2. 表中空项为0。

表6 捐赠救灾防病药品、器械情况

| 捐赠单位名称 | 捐赠品种 | 数量 | 折合金额 | 备注 |
|---|---|---|---|---|
| 中国医学基金会 | 大输液 | 8000瓶/1000ml | 5万人民币 | 安徽省 |
| 中国生物制品总公司 | 漂白粉精粉 | 140吨 | 100万人民币 | 安徽80、江苏60 |
| 北京生物制品研究所 | 乙脑疫苗 | 9.34万人份 | | 安徽2.67、河南2.67、湖北4 |
| 北京生物制品研究所 | 人血丙球 | 3600支 | | 浙江 |
| 上海生物制品研究所 | 人血丙球 | 7500支 | | 江苏5000、湖北2500 |
| 成都生物制品研究所 | 人血丙球 | 10000支 | | 四川 |
| 成都生物制品研究所 | 钩端菌苗 | 10万人份 | | 贵州 |
| 长春生物制品研究所 | 甲肝疫苗 | 4000人份 | | 江苏1000、四川3000 |
| 兰州生物制品研究所 | 人血血浆 | 660瓶 | | 安徽360、贵州300 |
| 武汉生物制品研究所 | 乙脑疫苗 | 16万人份 | | 安徽 |
| 福瑞生物工程公司 | 乙肝诊断试剂 | 20万人份 | 20万人民币 | 湖北、安徽、江苏、贵州、四川、河南 |
| 美国先灵葆雅药厂 | 净水片 | 257万片 | 约50万人民币 | 贵州、四川、河南、黑龙江 |
| 古巴 | 干扰素 | 50000支 | 约1100万人民币 | |
| 古巴 | 流脑菌苗(B) | 3500支 | | |
| 古巴 | 人体表皮细胞生长素 | 6000瓶 | | |
| 隆泰(香港)公司 | 内窥镜 | 6套 | 约17万人民币 | 安徽3套、江苏3套 |
| 卫生部办公厅 | 体温计 | 5000支 | 1万元人民币 | 安徽 |
| 东洋酿造株式会社 | 白霉素注射液 | 40000支 | 约2万人民币 | 安徽2万、江苏2万 |

（刘新明　孟建国）

**【国家医药管理局保证了救灾防病药械供应】**

在救灾防病工作中，国家医药管理局保证了灾区防病治病所需药械的有效供应。

**一、加强了救灾防病药械供应的组织领导**

局党组于7月9日开会决定：成立局抗灾急救药械供应领导小组，副局长石岫担任组长，副组长由计划司副司长郭德恩担任，办公室设在计划司生产调度处；明确局所掌握的储备药械、物资统一由领导小组办公室进行分配；进一步完善抗灾急救通讯网络，与有关单位建立了联系。为有关工作人员配备了巡呼机，加开了两部传真机，实行昼夜双人值班。

为了更好地协调各部门工作，及时传达国家有关指示，通报情况，领导小组建立碰头会制度。在救灾紧张的7、8、9三个月里，坚持每星期二上午举行例会，编发抗洪救灾情况快讯。7月10日下发了《关于做好防洪救灾药品供应工作的紧急通知》，要求各级医药部门发扬医药行业救死扶伤的光荣传统，做到“一方有难，八方支援”，搞好生产自救互救，保证灾区抗洪救灾的药械供应。并以局党组和局的名义向安徽、江苏等6个重灾区发了慰问电。

**二、深入灾区调查研究，一切为灾区着想**

中国医药公司每周统计各一级站为灾区供应药械情况，中国医药物资供销总公司明确救灾物资工作归口局救灾领导小组领导。各单位都能做到救灾事宜立即办理，急事急办，随来随办。对于一些力所不及的问题，能够耐心地做解释工作，使灾区的同志感到局机关的工作作风在转变，是急灾区之所急的，积极为灾区服务的。

国家医药管理局领导和救灾领导小组的有关人员先后赴灾区进行实地调查，救灾小组副组长郭德恩参加了国务院救灾防病工作组赴安徽、江苏两省调查研究，现场办公协调解决药品供应。领导小组办公室的同志参加了国家救灾防病检查组赴湖北、湖南两省的调查，检查救灾药品到位情况。

为了使重灾区安徽省医药行业加速恢复生产，副局长王远、计划司司长韩立新等有关人员到安徽省，对当地的医药企业灾后恢复生产的工作给予了实际的支持和帮助。

**三、及时组织向灾区调拨急救药械和恢复生产急需的物资**

截止9月底国家医药管理局向有关灾区捐款和调拨急救药械及生产物资情况如下：

从局留利中给受灾严重的安徽省医药行业拨款20万元；向中国国际减灾十年委员会接受救灾捐赠办公室为灾区捐款50万元；局机关及在京直属单位个人捐款3.5万元；局直属6个中央站向灾区紧急调拨储备药械总金额3824.14万元，其中调拨安徽省1038.5万元、江苏省1081.75万元；中国医药工业公司从储备中调拨医药原料药81.2吨；中国医药物资供销总公司向灾区及重点生产急救药品的企业调拨化工原料2860吨。

经局救灾领导小组办公室与有关部委联系帮助解决的化工原料、生产物资有：通过化工部两次为灾区解决化工原料、中间体2145吨；通过国家生产办公室、轻工部为部分重点生产企业解决生产氯霉素所需的溴素220吨；安排山东新华制药厂直接为江苏省调拨1000万片吡哌酸；经与铁道部联系为昆山化工厂、山东新华制药厂安排了生产急需的车辆运输计划；向国家计委、物资部申请增加中央外汇307万美元，并通过海关总署为救灾期间紧急进口的891万美元的医药化工原料、中间体、药品临时减免了进口关税和增值税；为解决疫区和解放军急需的血防用药—吡喹酮，对生产厂下发了抓好生产和供应工作的通知，并在南京药厂召开现场办公会，坚持高温季节生产，保证了及时供应；通过卫生部为安徽、江苏等灾区解决了部分血液制品。

据不完全统计，截至8月初，各地医药部门积极组织所属企业捐赠灾区的药械折合人民币2032万元，并捐赠了大量的衣物、粮票、现金和各种救灾物品。其中上海市捐赠、调拨各种药械价值530多万元；天津市686万元；北京市70多万元；广东省600多万元；河南省146.5万元；山东省140万元；辽宁省115万元；四川省80多万元；重庆市53万元；陕西省40多万元；湖北省30万元；吉林省20多万元。

由于各部门共同配合，通力协作，基本上保证了灾区用药的及时和有效供应，有力地支援了灾区的救灾防病工作。

（郑国辰）

**【中医药系统的救灾防病工作】**

1991年7月19日国家中医药管理局成立了救灾防病领导小组。此后多次发出通知，要求全国中医药战线的干部职工全力投入抗洪救灾的工作。朱杰副局长率工作组赴灾区开展工作。邀请中医药专家，针对灾区出现和可能出现的肠炎、痢疾、流行性感冒、肝炎、伤寒、红眼病、皮肤溃烂等疾病的防治，以及清洁饮水措施，共献简便验方36个。灾区中医药人员用民间传统办法防病治病，十分有效。如用辣蓼泡水外洗治疗皮肤病，在耳尖或太阳穴针刺放血治疗红眼病，“刮痧”或针刺尺泽穴放血防治中暑，用地锦草、铁苋菜、马齿苋、大蒜防治细菌性痢疾等。救灾防病领导小组部署直属单位组织了三批六支医疗队奔赴灾区。医疗队员共诊治52500余人次，手术150例，培训当地医务人员1400人次，给当地留下价值10余万元的药品器械。

国家中医药管理局向安徽、江苏重灾省拨出中医救灾专款各30万元，中国药材公司向两省的中药仓库、网点拨补助款各20万元。同时组织安排灾区急用的中成药的生产。向灾区各省紧急调拨了一批贵细药材，如麝香、血竭、犀角、沉香、牛黄、六神丸等共16种。中医药系统职工积极投入救灾捐款捐物活动，仅局机关及在京直属单位共为灾区捐款192952元人民币，1100马克、2316.25公斤粮票，捐衣被42241件。

（杨　锐）

**【中国红十字会的特殊作用】**

1. 1991年夏、秋的洪涝灾害发生后，中国红十字会及时向红十字会与红新月会国际联合会发出呼吁。在国际联合会的协调下，挪威、奥地利、加拿大、芬兰、德国、英国、日本、泰国、伊朗、新加坡、匈牙利、西班牙、澳大利亚、冰岛、瑞典、波兰、蒙古、前苏联、巴基斯坦、马来西亚、美国、韩国、瑞士、土耳其、巴西、丹麦、爱尔兰、荷兰，以及台湾、香港、澳门等30多个国家和地区红十字会捐助款物，截至年底，共收到捐款折合人民币1.04亿多元，物资折价人民币2.3亿多元，全部物资已分发到灾区。

2. 捐款的分配情况如下：

| 接受单位 | 人民币（万元） | 美元（万元） |
|---|---|---|
| 安徽省红十字会 | 2586.8 | 36.4 |
| 江苏省红十字会 | 1655.5 | 34.2 |
| 河南省红十字会 | 609 | 1 |
| 湖北省红十字会 | 672 | 1 |
| 四川省红十字会 | 358 | |
| 浙江省红十字会 | 335 | 1 |
| 贵州省红十字会 | 330 | |
| 湖南省红十字会 | 519 | 1 |
| 吉林省红十字会 | 300 | |
| 黑龙江省红十字会 | 270 | |
| 其他省红十字会 | 59 | |

以上各省红十字会将分得捐款全部用于为灾民购买药品、粮食及生活必需品等。

此外，中国红十字会总会直接为灾区定购了净水器28台，进口喷雾器4000台，棉被125000床，棉大衣20000件，棉毯10000条，帐篷3000顶。

3.受灾省各级红十字会协同当地卫生部

门先后组织18000支医疗队，派出87000名红十字医务工作者，医治灾民224万人次。

4.全国红十字会系统共评出救灾防病工作先进集体101个，先进个人480名。

（刘德旺）

**【加强救灾防病新闻宣传报道】**

1. 安排专题新闻采访。曾先后安排卫生部部长陈敏章、副部长何界生及其他负责同志接受中央电视台、中央人民广播电台、中国国际广播电台、新华社和美国有线广播电视网（CNN）等国内外15家新闻单位的采访。并组织《光明日报》、《中国青年报》、《科技日报》等5家新闻单位的记者赴灾区采访，及时报道救灾防病动态，宣传大卫生观念，动员全社会参与救灾防病工作。

2. 组织救灾防病系列报道。健康报新闻版每期以45%的版面报道救灾防病工作。中央电视台在新闻联播节目中，连续报道灾区医务人员救灾防病事例以及上海、天津等医疗防疫工作队深入灾区为灾民服务的实况。据不完全统计，为首都各大报纸提供新闻稿件63条；在中央电视台、中央人民广播电台、中国国际广播电台播发有关新闻报导31件；同时，还积极组织各级卫生行政领导以及战斗在救灾防病第一线的医疗卫生人员撰写宣传救灾防病工作的文章。

3. 拍摄专题电视片。在收集、整理各地摄录的具有代表性的声象资料的基础上，健康报先后派出4个摄像组赶赴安徽、江苏等重灾区实地拍摄，编辑成专题电视片，使救灾防病中许多生动场面和感人情景，再现在广大观众面前。国务院副总理田纪云题名为《飘扬的红十字》的这部专题电视片，12月中旬在中央电视台播放。

4. 开展《救灾中的白衣战士》征文活动。征文以通讯、特写为主，从不同方位和角度，用亲身经历或感受，集中反映医务人员救灾防病的先进事迹。评选出一等奖5篇，二等奖15篇，三等奖20篇。

5. 评选救灾防病“好新闻”。卫生部、中华全国新闻工作者协会发出通知，广泛开展救灾防病好新闻评选活动。参选作品为全国各条战线上有关救灾防病中新闻通讯、影像图片及纪实性文章等。共评选出一等奖13件，二等奖29件，三等奖35件；好专栏、好标题3个，并在全国卫生工作会议上向获奖者颁奖。

6. 举办救灾防病摄影展览。由卫生部、国家中医药管理局、全国爱卫会办公室、中国红十字会总会、中国摄影家协会联合主办，中国健康教育所具体承办，于11月1～6日在民族文化宫举行《1991年救灾防病纪实摄影展览》（约300幅）。国务委员李铁映为影展题词，全国政协副主席钱正英、卫生部长陈敏章、副部长孙隆椿、何界生以及首都医疗卫生单位代表600多人出席开幕式，先后近2万人参观了展览。同时，选送41篇卫生题材作品参加全国《砥柱中流》摄影展，并有10幅作品获奖，其中获金、银牌奖各1幅。

7. 出版救灾防病画册。由参加图片展的5个单位联合编辑出版救灾防病画册。该画册由李鹏总理亲笔题写《白衣天使》刊名。选编了202幅优秀作品，印制出版了3000余册。

8.召开救灾防病先进集体及先进个人表彰大会。卫生部、国家中医药管理局、全国爱卫会办公室，在北京联合召开救灾防病先进集体和先进个人表彰大会。全国88个先进集体和349名先进个人在会上受到表彰。同时，各地采取多种方式，对救灾防病中涌现出来的先进单位和个人也进行表彰和奖励。

9. 组织专题文艺节目。11月23日由卫生部和中央电视台在《综艺大观》节目中，组织了一场反映卫生战线救灾防病题材的专题文艺节目，新创作了主题歌《心中的天使》、小品《水中情》。除邀请部分先进集体和个人代表参加外，还通知全国医疗卫生单位组织收看。

10. 摄制电视剧。由卫生部、中央电视台和北京电影学院联合摄制的两集电视剧《水情》。该剧着重描写了卫生人员在这场百年未遇的洪涝灾害中，以无私无畏的英雄气概和救死扶伤的人道主义精神，深入灾区、救灾防病的情景。同时，也从不同侧面和角度，反映了基层卫生人员的酸甜苦辣和悲欢离合，具有较强的生活感和感染力。

（刘仁富）

**【卫生部门对灾区卫生院对口支援】**

在1991年的洪涝灾害中，重灾区乡镇卫生院损失严重。为了保证1991年冬和1992年春，灾区防病治病任务的完成，使灾区三级医疗网尽快得到恢复，卫生部号召全国卫生系统对重灾区卫生院进行对口支援。对口支援的重点是安徽、湖北、河南、贵州4个重灾省及4省辖区内计划单列市的乡镇卫生院。江苏、四川、浙江、湖南、黑龙江和吉林6个受灾较重的省份，主要组织本省力量，在省内开展对灾区县乡镇卫生院的支援。支援乡镇卫生院常用设备、器械的主要品种是：进行三大常规化验的显微镜、计数器等；100MA以下的X光机；简易手术包、接生包；听诊器、血压计；小型消毒锅和手术床、病床、输液架等。

卫生部对对口支援工作进行了分工，华北地区各省、自治区、直辖市及驻京部直属单位支援安徽省；华东地区各省、直辖市、计划单列市及驻华东地区部直属单位支援贵州省；西北地区各省、自治区、辽宁省、沈阳市、大连市及驻西北地区和辽宁省的部直属单位支援河南省；其余省、自治区、计划单列市及部直属单位支援湖北省。

（孟建国）

## 附　救灾防病工作记事

（1991年7月5日至12月5日）

**7月5日**　卫生部下发《关于认真做好汛期传染病防治工作紧急通知》。

**7月10日**　卫生部召开紧急动员起来，努力做好救灾防病工作电话会议。

**7月12日**　卫生部、财政部向安徽、江苏下拨救灾防病专款75万元。

**7月13日**　卫生部实行灾区疫情日报制度和“零”报制度。

**7月15日**　世界卫生组织西太区办事处向安徽灾区捐献5000美元，用于救灾医疗。

**7月16日**　①卫生部成立卫生部救灾防病领导小组及其办公室。

②卫生部下发《关于开展义诊活动支援灾区的紧急通知》。

**7月18日**　卫生部、财政部向安徽、江苏、四川、贵州、河南、湖北、湖南等7个受灾省划拨救灾防病经费350万元。

**7月19日**　卫生部陈敏章部长召集中国预防医学科学院部分专家和卫生部救灾防病领导小组成员开会，分析、预测灾情，研究防病对策。

**7月20日**　①首都医务界458所医院开展支援灾区义诊活动，卫生部何界生、胡熙明副部长参加了活动。

②国务委员李铁映同志听取卫生部陈敏章部长、何界生副部长等同志救灾防病工作汇报，并作重要讲话。

**7月26日**　根据国务院领导同志指示，卫生部组织中国预防医学科学院专家成立救灾防疫专家小组，并向主要灾区派出救灾防疫专家联络组。

**7月27日**　国家救灾防病领导小组召开第一次全体会议。卫生部陈敏章部长、何界生副部长向李铁映同志汇报全国救灾防病预案。李铁映国务委员作重要指示，成立国家救灾防病领导小组及其办公室，李铁映同志任组长，徐志坚、陈敏章同志任副组长、何界生同志任办公室主任，办公室设在卫生部。

**7月29日**　国家救灾防病领导小组办公室主任何界生副部长主持召开首次联席会

议。卫生部、化工部、民政部、国家医药管理局、国家中医药管理局、全国爱国卫生运动委员会办公室、中国红十字会总会等单位同志参加。

**7月30日** 国务院召开全国抗灾防疫电话会议，国务院副秘书长徐志坚同志主持，国务委员李铁映、卫生部陈敏章部长、民政部陈虹副部长讲话。全国爱国卫生运动委员会副主任及有关单位出席了会议。

**8月1日** ①卫生部孙隆椿、何界生副部长和安徽省副省长杜宜瑾在北京火车站，为6支援皖医疗队送行。

②国家救灾防病领导小组办公室将中国生物制品总公司捐赠的人民币64万元购买漂白粉140吨运往安徽、江苏二省。

**8月5日** 国家救灾防病领导小组办公室主任何界生副部长主持召开第二次联席会议。研究接收国内外捐赠药品、款项的分配使用原则，关于防病经费占救灾经费比例的口径等问题。

**8月7日** ①国家救灾防病领导小组办公室听取全国爱卫办赴苏皖专家组工作汇报。办公室向江苏、浙江、安徽、贵州、河南、湖北、四川省7个灾区省份分送卫生防病宣传材料60万份。

②国家救灾防病领导小组办公室印发《关于下发〈全国救灾防病预案〉的通知》、《关于向江苏、安徽发送救灾防病药品的通知》及《关于下拨捐赠救灾防病药品的函》。

③卫生部防疫司派遣防疫专家和干部赴贵州省了解疫情和防病措施的落实情况。

**8月8日** 国家救灾防病领导小组办公室下发《关于进一步加强救灾防病经费及国内、外捐赠资金管理工作的通知》。

**8月9日** 卫生部医政司组织赴豫医疗队，由中山医科大学、白求恩医科大学、西安医科大学派遣技术骨干组队。

**8月10日** 国家救灾防病领导小组组长李铁映主持召开领导小组第二次会议，会上卫生部陈敏章部长、何界生副部长汇报疫情及领导小组办公室工作情况。

**8月12日** ①国家救灾防病领导小组组长李铁映，副组长陈敏章、徐志坚赴苏、皖实地考察救灾防病工作（8月12～21日）。

②国家救灾防病领导小组办公室下发《关于开展霍乱联防工作的通知》。

③国家救灾防病领导小组办公室负责人接收古巴向灾区捐赠的乙型脑炎疫苗及干扰素等药品。

**8月13日** ①国家救灾防病领导小组办公室上报《关于落实救灾防病1000万元经费》的请示，并下发《关于速报消杀药品需求品的通知》。

②卫生部、国家中医药管理局组派5支疫病防治工作队赴豫。

**8月14日** ①卫生部孙隆椿副部长赴四川、贵州两省灾区考察疫情（8月14～25日）。

②国家救灾防病领导小组办公室向民政部发《关于报送卫生部接收捐赠款情况的函》。

③国家救灾防病领导小组办公室将卫生部及其部直属单位的定向捐款和义诊款191.8万元拨往安徽、江苏等7省。

④国家救灾防病领导小组办公室发出《关于进一步做好救灾防病药品、器械、消杀灭物资供应工作的紧急通知》。

**8月15日** 国家救灾防病领导小组办公室下发《关于救灾防病经费的需求的报告》、《关于落实救灾防病经费有关问题的报告》。

**8月16日** 卫生部、财政部向浙江、吉林灾区划拨救灾防疫经费75万元。

**8月17日** 国家救灾防病领导小组办公室主任何界生副部长主持召开第三次联席会议，会议研究全面落实救灾防病经费和保证灾区药品供应有关问题。

**8月18日** 田纪云副总理批示，在国家救灾款中安排救灾防病经费500万元。

**8月19日** ①国家救灾防病领导小组办公室派出第二批援皖疫病防治工作队6支计60人。

②卫生部派员赴豫调查了解各级医疗队工作情况。

③国家救灾防病领导小组办公室将卫生系统义诊捐款45.6万元拨往浙江省。

**8月20日** ①WHO驻华代表处基恩博士通过卫生部转交WHO向灾区捐赠的3万美元，主要用于购买疫苗。

②国家救灾防病领导小组办公室下发《关于转拨救灾防病捐款的通知》。

**8月21日** ①卫生部顾英奇副部长赴河南、湖北两受灾省份考察、现场办公（8月21～30日）。

②卫生部何界生副部长在中央电视台就救灾防病工作发表电视讲话。

**8月22日** ①国家救灾防病领导小组办公室负责人在北京火车站与铁道部领导同志一起欢送铁路系统3支赴皖医疗队。

②国家救灾防病领导小组办公室派出第三批援皖疫病防治工作队。

③国家救灾防病领导小组办公室发出《关于捐赠、接收救灾防病药品、医疗器械若干问题的通知》。

**8月23日** 卫生部何界生副部长赴黑龙江、吉林两省灾区察看疫情及现场办公（8月23～31日）。

**8月26日** ①国家救灾防病领导小组副组长、卫生部陈敏章部长等，听取了援皖疫病防治工作队首批3个分队的工作汇报。

②国家救灾防病领导小组办公室派出中国预防医学科学院专家赴江苏省实地考察"饮水持续消毒器"的使用效果。

**8月29日** 国家救灾防病领导小组办公室派出专家组赴武汉实地研究飞机喷洒方案。

**8月30日** 国家救灾防病领导小组办公室负责同志去民政部落实500万元救灾款用于救灾防病。

**8月31日** 卫生部陈敏章部长参加全国救灾工作领导小组第四次会议，向田纪云副总理汇报救灾防病工作。

**9月2日** ①国家救灾防病领导小组副组长徐志坚副秘书长主持召开第三次全体会议，卫生部陈敏章部长、何界生副部长分别汇报全国救灾防病情况和办公室工作情况。

②卫生部、国家中医药管理局再派5支疫病防治工作队赴豫。

③卫生部向16个灾区省下拨防病经费400万元。

**9月3日** ①卫生部陈敏章部长接收日本株式会社向灾区捐赠的150万日元。

②国家救灾防病领导小组办公室下发《关于征集抗洪救灾大型纪实性摄影展览作品的通知》。

**9月9日** ①全国爱卫会召开电话会议，号召开展"救灾防病爱国卫生突击周"活动，国务委员李铁映同志出席会议并讲话。会议由国务院徐志坚副秘书长主持，卫生部陈敏章部长、解放军总后卫生部张立平部长、安徽省杜宜瑾副省长、江苏省吴锡军副省长、山东省宋法棠副省长分别在会上讲话。

②国家救灾防病领导小组办公室主任何界生副部长主持召开第四次联席会议，会议研究组织重点城市和有关部门的医疗卫生机构开展对口支援活动，支援灾区恢复乡卫生院工作等问题。

③国家救灾防病领导小组办公室又派出6支赴皖疫病防治工作队。

④国家救灾防病领导小组办公室下发《关于进一步加强全国救灾防病工作的通知》。

⑤国家救灾防病领导小组办公室负责人接受北京市政协委员、香港成功企业公司董事长兼总经理余新河先生捐献的6万元人民币，用于医疗队购买药品和交通旅差费。

**9月12日** 国家救灾防病领导小组办公室再派9支赴皖疫病防治工作队。

**9月21日** 卫生部、国家中医药管理局再派5支疫病防治队赴豫。

**9月23日** 水利部、农业部、卫生部联合组织血吸虫病疫情调查组，赴湖北、湖南考察（9月23～30日）。

**9月26日** ①国家救灾防病领导小组办公室负责人同台湾长茂通商股份有限公司及台湾财团法人佛教慈济慈善事业基金会商谈赈济灾区事宜。

②卫生部孙隆椿副部长召集会议，传达李铁映同志关于进一步加强救灾防病宣传报导工作的指示，部署具体宣传任务。并在办公室增设宣传组，加强宣传工作。

**9月27日** 国家救灾防病领导小组副组长、卫生部部长陈敏章接受香港菲利普莫里斯五洲集团向灾区捐献的20万美元。

**9月29日** 国家救灾防病领导小组办公室将中美文化协会捐赠6000元，拨往湖南省卫生厅，用于汉寿县第二医院恢复重建。

**10月5日** 国务院召开国家救灾防病领导小组第四次全体会议，会议由李铁映同志主持，卫生部陈敏章部长、何界生副部长汇报了全国救灾防病工作概况及办公室工作情况。

**10月7日** ①卫生部何界生副部长代表国家救灾领导小组办公室和卫生部，接受日本株式会社岛津制作所西八条实先生捐赠的1万美元救灾防病捐款。

②国家救灾防病领导小组办公室主任何界生副部长召开第五次联席会议，落实国家救灾防病领导小组第四次会议决定，组织全国人大政协检查组赴灾区检查救灾防病工作。

③卫生部孙隆椿副部长主持召开卫生部赴灾区医疗队报告会。

**10月8日** 卫生部机关和在京直属单位为安徽灾区捐献的衣被由48辆汽车运往阜南县，卫生部孙隆椿副部长为车队送行。

**10月9日** ①国家救灾防病领导小组办公室下发《国家救灾防病领导小组办公室第四次领导小组全体会议上的汇报提纲》。

②国家救灾防病领导小组将日本OLOKA公司、光电公司、OLYMPUS公司定向捐赠的5.7万元拨往贵州省，用于毛渡乡卫生院重建。

**10月10日** 田纪云副总理批示，在国家救灾款中再安排500万元用于救灾防病工作。

**10月11日** 卫生部孙隆椿副部长主持召开会议，研究、部署国家救灾防病领导小组3个检查组赴灾区6省检查防病工作。

**10月13日** 国家救灾防病领导小组组织赴安徽、河南、江苏、浙江、湖北、湖南的三支检查组出发。

**10月18日** ①国家救灾防病领导小组办公室下发《关于开展对口支援的通知》。

②国家救灾防病领导小组办公室向8个重灾省下拨脊髓灰质炎疫苗2160万人份、麻疹疫苗142万支价值270万元；向湖北、湖南下拨吡喹酮100万片、五氯酚钠250吨，价值100万元，下拨笨氯比色计3450个，价值12万元。

**10月25日** ①国家救灾防病领导小组办公室负责人接受日本东洋酿造株式会社捐赠我灾区的静注用白霉素4万支，分送安徽、江苏二省。

②国家救灾防病领导小组办公室向灾区下拨漂白粉精100吨、漂白粉精片60吨、杀鼠醚15吨，价值160万元。

**10月29日** ①由中国国际减灾十年委员会等24家部委、新闻单位联合主办的“砥柱中流－1991年中国抗洪救灾摄影纪实展览在京开幕。李瑞环、田纪云、杨白冰等领导同志出席并剪彩。

②卫生部顾英奇副部长到北京车站欢迎归来的卫生部向安徽派遣的最后一支医疗队

一行17人，并主持欢迎仪式。

③国家救灾防病领导小组办公室将定向捐款20.8万元拨往吉林省卫生厅，用于延边自治州传染病院和通揄县防疫站的恢复建设；将定向捐款15万元拨往江苏省卫生厅，用于阜宁县卫生院的灾后重建。

**10月31日** 国家救灾防病领导小组办公室接受美国先灵药厂捐赠“净水片”257万片，分送安徽、江苏、贵州、黑龙江省灾区。

**11月1日** ①国家救灾防病领导小组副组长、卫生部陈敏章部长主持召开国家救灾防病领导小组检查组汇报会。民政部、化工部、国家医药管理局、国家中医药管理局、中国红十字会总会等单位的领导听取了三个检查组的汇报。国务院徐志坚副秘书长到会并讲话。

②卫生部、国家中医药管理局、全国爱国卫生运动委员会、中国红十字会总会、中国摄影家协会、中国新闻摄影协会等联合举办的1991救灾防病纪实摄影展览开幕。全国政协钱正英副主席和卫生部陈敏章部长到会剪彩。

**11月2日** ①国家救灾防病领导小组办公室向灾区省份下拨敌敌畏60吨、凯素灵20吨，价值200万元。

②卫生部、财政部向8个受灾省下拨防病经费500万元，以解决今冬明春防病问题。

**11月5日** 国家救灾防病领导小组召开第五次全体会议，卫生部部长陈敏章做了全国救灾防病工作阶段性总结报告。

**11月6日** 国家救灾防病领导小组办公室将卫生系统义诊捐款104.83万元拨往湖北、河南等5个受灾省。

**11月22日** 国家救灾防病领导小组办公室召开全国救灾防病工作电话会议。国务委员李铁映、卫生部陈敏章部长在会上讲话，总结了今年救灾防病工作的巨大成效，提出今冬明春防病治病任务，会议由国务院徐志坚副秘书长主持。

**12月5日** 国家救灾防病领导小组办公室召开工作总结会。国家救灾防病领导小组副组长卫生部陈敏章部长、国家救灾防病领导小组办公室主任卫生部何界生副部长出席会议并讲话，充分肯定了办公室在今年救灾防病中的工作成绩，并希望继续做好今冬明春的防病治病工作按正常工作程序进行。

（赵同刚）

## 致　谢

为总结经验、提供信息、积累资料，推进我国医药卫生事业的发展，由卫生部主办，先后由卫生部、全国爱国卫生运动委员会、国家医药管理局、国家计划生育委员会、国家中医药管理局、解放军总后卫生部参加，联合编纂了编年体的大型工具书《中国卫生年鉴》。从1983年卷问世到1992年卷出版，她已度过了十个春秋。

这十年中，年鉴先后组建过十届编委会，有300余人次应聘担当过编委，由于编委们的认真努力，年鉴具有了明确的编纂方针、比较合理的框架结构，形成了自己的独特风格。由于他们十分重视内容的科学性和信息的真实性，对每篇稿件进行严格的审阅把关，确保了年鉴的权威性、科学性；全国有400余人次应聘担当过特约编辑，他们组织稿源并直接参加文稿的编写工作，进行宣传，参与推广发行，为年鉴的成长做出了贡献；全国有4000余人次为年鉴撰写过稿件，他们为广大读者提供了医药卫生工作各个方面极其宝贵的信息与资料；更有全国喜爱年鉴的广大读者，他们把年鉴视为工作中的挚友，为帮助我们办好年鉴，提出许多宝贵的意见和建议。

在这纪念《中国卫生年鉴》创刊十周年之际，我们向所有为本书做出过贡献的人们，表示衷心的感谢。

《中国卫生年鉴》编辑委员会

1992年10月

# 工 作 进 展

**【卫生工作进展】**

1991年各级卫生部门继续治理整顿，深化改革，努力开拓，积极进取，卫生工作取得了显著成效，为实现“八五”计划开创了一个良好的开端。

**一、治理整顿取得成效** 全国卫生系统继续整顿社会办医、个体开业和各种联合体，严格审定办医条件，取缔无照行医，整顿医药市场，打击坑害群众等不法行为，行业不正之风得到遏制。据调查，群众对医护人员服务态度满意和较满意率，分别接近和达到纠正不正之风阶段性成效量化指标。药品质量得到有效控制，全国审核换发“药品生产企业许可证”“药品经营企业许可证”等工作已基本结束。

**二、卫生改革深人进行** 各地进一步完善了改革配套措施，保证了出台卫生改革政策的连续性。广东省完善经营运行机制，全省医疗卫生单位综合效益比上一年增长15%～20%。广西、安徽、北京、天津等省市对不合理的医疗收费作了相应调整，其中天津市一年可增加收入1900万元。浙江、湖南等省实行分级管理与医疗收费挂钩。黑龙江、湖北、内蒙古、宁夏等省区也制定了方案，为合理解决医院补偿迈进了一步。

**三、救灾防病成绩突出** 国务院组建了国家救灾防病领导小组和办公室，制定下发了《全国救灾防病预案》。中央、地方和部队共向灾区组派疫病防治工作队13594支，队员159397人，共诊治灾区群众5115万人次，投入药物8805吨，分发药品902.8万户，消毒水井38万口，发送宣传品1300多万份，培训灾区卫生人员22万人。圆满完成了医疗、防病、宣传、培训任务，取得了大灾之后无大疫的胜利。

**四、预防保健战略措施进一步落实** 我国计划免疫工作通过了联合国儿童基金会与卫生部的审评，按期完成了以县为单位儿童免疫接种率达到85%的目标。血吸虫病防治工作已初步扭转了疫情回升的被动局面；碘缺乏病病区碘盐普及率达到83%。妇幼卫生以合作项目县为突破口得以全面开展。安徽省金寨县、吉林省磐石县妇幼卫生工作成绩显著。爱国卫生运动蓬勃兴起，51个城市分别被命名为“国家卫生城市”“十佳卫生城市”、“卫生城市”的称号，各地建立了一批卫生村、镇、乡。全国农村改厕有了较大发展，湖南卫生厕所改造突破100万户。累计农村改水受益人口已占农村总人口的75.4%。

**五、农村卫生工作呈现喜人形势** 18个省级政府召开了农村卫生工作会议，作出了加强农村卫生工作的决议。据统计，已有28个省级政府承诺建立或已建立了农村卫生院改造专项基金。一些地区按照"一无三配套"原则制定了乡镇卫生院改造计划，多种形式的合作医疗保健制度也在逐步恢复和发展。

**六、医学科技作用日益显著** "七五"期间的193个国家科技攻关合同通过了国家验收，其中19项获国家重大科技成果奖，168项获部二级以上成果奖。"八五"国家医学科技攻关签订的86个合同已投入实施。一批先进适宜技术成果得到较大面积推广和应用，并取得良好的社会效益。

**七、医学教育取得进展** 大部分地区把培养适宜农村的卫生技术人才作为工作重点。采取切实措施加以落实。23个省市制定了乡村医生教育十年规定。中等医学教育和高等医学专科教育扩大了为农村培养人才的教改试点。517个硕士点的研究生教育与学位授予质量自检和评估分析工作全面完成。医学院校德育工作得到加强，并制定了一批健全医学教育的规章制度。

**八、卫生法制建设和执法监督工作得到加强** 各地卫生部门开展了全行业的基本法和专业法的宣传教育。1991年报请全国人大和国务院审定的法律法规4个，已批准发布的法规1件，以卫生部令或部颁发的规章共35件。此外，《药品管理法》《传染病防治法》的配套法律得到了进一步的完善。

**九、国际合作和交流进一步扩大** 与世界卫生组织、世界银行、联合国儿童基金会等国际组织多边合作得到加强。世界卫生组织预算项目的实施率达到100%。民间交往引进资金9400万美元，扩大了与国外厂商的合作规模，推进了合作开发新项目。并顺利完成了重要代表团的出访活动任务。

**十、加强了思想政治工作** 宣传表彰卫生系统正面典型，开展职业道德教育是卫生系统进行思想政治工作的一个显著特征。1991年一些省区市相继召开了各种形式的表彰会，各级卫生部门多次组织先进人物报告团巡回讲演，使广大医疗卫生人员深受教育，促进了医德医风的进一步好转。

（曹荣桂　宗　音）

**【1991年我国卫生事业发展情况统计公报】**

1991年，我国各级卫生部门继续深化改革，卫生事业得到稳步、协调地发展，全国卫生机构、床位、人员，医院工作、居民病伤死亡原因概况如下：

**一、卫生机构、床位、人员**

1991年，各类卫生机构总数为20.90万个，比1990年增加302个；各类卫生机构床位总数为299.19万张，比上年增加6.65万张，增长2.27%；专业卫生人员总数为502.51万人，比上年增加11.89万人，增长2.42%。

（一）医院　全国医院为6.31万个，比上年增加647个。县及县以上医院1.36万个，其中：综合医院9817个，比上年增加57个；中医医院2108个，比上年增加71个。

医院床位数为268.86万张，比上年增加6.45万张，增长2.46%。

分部门医院床位：卫生部门167.61万张；工业及其他部门57.33万张；集体所有制42.17万张；私人开业0.24万张；其他1.51万张。

分类别医院床位：县及县以上医院190.06万张，其中：综合医院137.55万张，中医医院17.19万张；乡卫生院72.92万张；其它医院5.88万张。

全国平均每千人口医院床位2.35张，其中：市4.21张，县1.55张。

（二）卫生防疫站、专科防治所（站）　全国卫生防疫站为3652个，比上年增加34个；国境卫生检疫所57个，比上年增加7个；专科防治所（站）1818个，比上年增加37个。

（三）妇幼保健所（站）、妇幼保健院、儿童医院　全国妇幼保健所（站）2854个，比上年增加34个，其中：儿童保健所（站）13个，比上年减少7个。全国妇幼保健院为333个，比上年增加5个；床位3.33万张，比上年增加

1021张。儿童医院34个，比上年增加1个；床位8813张，比上年增加947张。

(四)医学科学研究院、药品检验所(室) 全国独立的医学科学研究院(所)为335个，比上年减少2个，其中：中医研究院、所57个，比上年增加2个。全国药品检验所(室)1927个，比上年增加35个。

(五)高、中等医药院校 全国高等医药院校为122个，在校生19.79万人，毕业生4.43万人。中等医药学校557个，在校生29.85万人，毕业生10.35万人。

(六)各种专业卫生人员 全国各种专业卫生人员502.51万人，比上年增加11.89万人，增长2.42%，其中：卫生技术人员398.50万人，其他技术人员9.13万人，管理人员40.88万人，工勤人员54.01万人。

专业卫生人员构成情况：卫生技术人员占79.30%，其他技术人员占1.82%，管理人员占8.14%，工勤人员占10.74%。卫生技术人员中：高级人员占51.83%，中级人员占35.16%，初级人员占13.01%。

卫生技术人员中，医生177.95万人(内：医师131.09万人)，护、师士101.19万人。平均每千人口医生1.56人(内：医师1.15人)，护师、士0.89人。

卫生技术人员中获得中级及以上职称情况：主任医、药、护、技师1.14万人，比上年减少414人；副主任医、药、护、技师8.95万人，比上年减少2231人；主治医、药、护、技师61.67万人，比上年减少8839人。

(七)农村三级医疗卫生组织 1991年，全国有县医院2199个，比上年减少41个；医院床位39.11万张，医生13.80万人；平均每所县医院床位177.84张，医生62.75人。县卫生防疫站1893个，比去年减少19个；县妇幼保健所(站)1722，比上年减少6个。三者减少的原因是一部分县改为市，原属县的上述三类机构划归城市。

农村乡卫生院4.81万个，床位72.92万张，人员91.26万人，其中：医生36.23万人。平均每院床位15.15张，人员18.96人，其中：医生7.53人。

全国农村有87.70%的村建立了村卫生室(保健站)，比上年增加了1.49个百分点。村设置的医疗点79.47万个，平均每村拥有1.07个医疗点。乡村医生79.45万人，比上年增加1.76万人；农村卫生员45.88万人，比上年增加0.42万人。平均每村乡村医生和卫生员1.69人，每千农业人口乡村医生和卫生员1.39人。

**二、医院工作**

1991年，我国各级医院为较好地满足群众的医疗需求，进一步加强科学管理，努力提高医疗质量，不断扩大医疗服务。全国医院工作主要情况如下：

(一)诊疗人次数 全国医院总诊疗人次数约为26.14亿次，比1990年增加0.55亿次，增长2.20%。其中：门、急诊人次数约为24.93亿次，比1990年增加0.46亿次，增长1.88%。

分县及县以上、乡、其他三类医院诊疗人次数增减情况：

县及县以上医院总诊疗人次数为14.39亿次，比1990年增加0.34亿次，其中：门、急诊人次数为13.53亿次，比1990年增加0.32亿次。

农村乡卫生院总诊疗人次数为10.82亿次，比1990年增加0.17亿次，其中：门、急诊人次数为10.53亿次，比1990年增加0.12亿次。

其他医院总诊疗人次数为0.93亿次，比1990年增加0.04亿次，其中：门、急诊人次数为0.87亿次，比1990年增加0.02亿次。

分卫生部门、工业及其他部门、集体所有制三类县及县以上医院诊疗人次数增减情况：

卫生部门医院总诊疗人次数为8.88亿次，比1990年增加0.30亿次，其中：门、急诊人次数为8.64亿次，比1990年增加0.32亿次。

工业及其他部门医院总诊疗人次数为5.09亿次，比1990年增加0.08亿次，其中：门、急诊人次数为4.48亿次，比1990年增加0.04亿次。

集体所有制医院总诊疗人次数为0.42亿次，比1990年减少0.04亿次，其中：门、急诊人次数为0.41亿次，比1990年同样减少0.04亿次。

县及县以上医院担负的总诊疗人次数占全国医院的55.05%，其中：门、急诊人次数占54.27%；农村乡卫生院总诊疗人次数占41.39%，其中：门、急诊人次数占42.24%；其他医院总诊疗人次数占3.56%，其中：门、急诊人次数占3.49%。

全国医院提供的平均每一居民全年总诊疗次数约为2.3次，其中：门、急诊次数约为2.2次。

(二)入院人数　全国医院入院人数约为5,292万人，比1990年增加152万人，增长2.96%；每百总诊疗人次的入院人数为2.0人，每百门、急诊人次的入院人数为2.1人。

分县及县以上、乡、其他三类医院入院人数增减情况：

县及县以上医院入院人数3,218万人，比1990年增加89万人。每百总诊疗人次的入院人数2.2人，每百门、急诊人次的入院人数2.4人。

农村乡卫生院入院人数2,016万人，比1990年增加58万人。每百总诊疗人次的入院人数1.9人，每百门、急诊人次的入院人数同样为1.9人。

其他医院入院人数58万人，比1990年增加5万人。每百总诊疗人次的入院人数0.6人，每百门、急诊人次的入院人数0.7人。

分卫生部门、工业及其他部门、集体所有制三类县及县以上医院入院人数增减情况：

卫生部门医院入院人数2,433万人，比1990年增加92万人，占全国医院入院增加人数的60.53%。每百总诊疗人次的入院人数2.7人，每百门、急诊人次的入院人数2.8人。

工业及其他部门医院入院人数735万人，比1990年增加2万人。每百总诊疗人次的入院人数1.4人，每百门、急诊人次的入院人数1.6人。

集体所有制医院入院人数50万人，比1990年减少5万人。每百总诊疗人次，门、急诊人次的入院人数均为1.2人。

县及县以上医院入院人数占全国医院入院人数的60.81%；农村乡卫生院入院人数占全国的38.10%；其他医院入院人数占全国的1.09%。

全国医院提供的平均每万人口入院人数约为463.4人；若包括开设的家庭病床服务，则为468.8人。

(三)病床使用　全国县及县以上医院病床使用率为81.4%；农村乡卫生院为43.5%；其他医院为71.1%。

县及县以上以医院中：卫生部门医院病床使用率为85.9%；工业及其他部门医院为70.3%；集体所有制医院为69.5%。

病床使用率较高的卫生部门医院有：地(市)及以上所属综合医院，其中：卫生部属医院86.5%；省、自治区、直辖市属医院97.8%；直辖市区、省辖市、地区(州、盟)属医院93.7%。医学院校附属医院97.5%；精神病院96.0%；儿童医院88.5%；肿瘤医院97.4%。

卫生部门县级综合医院和其他专科医院的病床使用并不紧张。

工业及其他部门医院、农村乡卫生院病床使用率虽比去年略有上升，但同卫生部门县及县以上医院相比仍然较低。

(四)平均住院日　全国县及县以上医院出院者平均住院日为15.9天；农村乡卫生院为5.1天；其他医院为22.0天。

县及县以上医院中：卫生部门医院出院者平均住院日为15.5天；工业及其他部门医院为17.5天；集体所有制医院为17.4天。

卫生部门医院中：地、县所属综合医院，妇幼保健院、儿童医院出院者平均住院日较低均在13天以下。平均住院日较高的医院有：精神病院79.1天；结核病院66.5天；职业病院59.3天；肿瘤医院40.0天；传染病院35.2天；卫生部属综合医院29.4天；其他专科医院25.4天；省、自治区、直辖市属综合医院23.6天；医学院校附属医院23.2天。

（五）医疗费用　1991年，卫生部门县及县以上综合医院平均每一门、急诊人次医疗费用13.7元，其中：药费9.4元；平均每一出院者住院医疗费用564.7元，其中：药费309.4元，检查治疗费122.9元。

卫生部门五类县及县以上综合医院的医疗费用情况：

卫生部属医院平均每一门、急诊人次医疗费用26.3元，其中：药费18.5元；平均每一出院者住院医疗费用1737.4元，其中：药费881.4元，检查治疗费363.1元。

省、自治区、直辖市属医院平均每一门、急诊人次医疗费用20.81元，其中：药费14.0元；平均每一出院者住院医疗费用1234.1元，其中：药费656.8元，检查治疗费268.8元。

直辖市区、省辖市、地区（州、盟）属医院平均每一门、急诊人次医疗费用14.5元，其中：药费10.0元；平均每一出院者住院医疗费用730.5元，其中：药费396.1元，检查治疗费168.0元。

省辖市区、地辖市属医院平均每一门、急诊人次医疗费用12.6元，其中：药费8.9元；平均每一出院者住院医疗费用471.5元，其中：药费268.5元，检查治疗费98.4元。

县（旗）属医院平均每一门、急诊人次医疗费用9.5元，其中：药费6.4元；平均每一出院者住院医疗费用354.0元，其中：药费200.5元，检查治疗费74.4元。

## 三、居民病伤死亡原因

1991年，全国共有22个省、自治区、直辖市的41个市和87个县（含县级市）向卫生部报送《居民病伤死亡原因年报表》，统计调查人口将近全国人口的十分之一。

为了便于比较和评价全国各类地区的人民健康状况，年报数据按城市、农村地区分为两类，并根据城市、农村之间不同的经济与社会发展、疾病流行情况，再分别将其分为大、中小城市两类地区；农村三类地区。

全国各类地区居民病伤死亡概况如下：

（一）居民死亡率　城市地区居民总死亡率为5.53‰，其中：男性为5.93‰，女性为5.11‰。大城市居民总死亡率为5.65‰，其中：男性为6.04‰，女性为5.24‰。中、小城市居民总死亡率为5.14‰，其中：男性为5.57‰，女性为4.67‰。

农村地区居民总死亡率为6.29‰，其中：男性为6.74‰，女性为5.83‰。一类农村地区居民总死亡率为6.29‰，其中：男性为6.79‰，女性为5.78‰。二类农村地区居民总死亡率为6.27‰，其中：男性为6.68‰，女性为5.84‰。三类农村地区居民总死亡率为6.51‰，其中：男性为6.82‰，女性为6.17‰。

（二）死因顺位　城市地区前十位死因顺位为：1.恶性肿瘤123.92/10万；2.脑血管病116.48/10万；3.呼吸系病84.18/10万；4.心脏病82.36/10万；5.损伤和中毒39.38/10万；6.消化系病22.52/10万；7.内分泌、营养和代谢及免疫疾病10.07/10万；8.泌尿、生殖系病8.71/10万；9.新生儿病866.31/10万；10.肺结核6.36/10万。前十位死因合计占死亡总数的90.61%，其中：前五位死因占死亡总数的80.65%。

大城市前十位死因顺位为：1.恶性肿瘤129.86/10万；2.脑血管病124.84/10万；3.心脏病87.91/10万；4.呼吸系病

82.65/10万;5.损伤和中毒36.19/10万;6.消化系病21.92/10万;7.内分泌、营养和代谢及免疫疾病10.91/10万;8.泌尿、生殖系病8.97/10万;9.新生儿病749.29/10万;10.精神病6.28/10万。前十位死因合计占死亡总数的91.27%,其中:前五位死因占死亡总数的81.65%。

中、小城市前十位死因顺位为:1.恶性肿瘤104.04/10万;2.呼吸系病89.29/10万;3.脑血管病88.53/10万;4.心脏病63.80/10万;5.损伤和中毒50.02/10万;6.消化系病24.53/10万;7.新生儿病1216.70/10万;8.肺结核10.08/10万;9.泌尿、生殖系病7.83/10万;10.传染病(不包括肺结核)7.44/10万。前十位死因合计占死亡总数的88.89%,其中:前五位死因占死亡总数的76.97%。

农村地区前十位死因顺位为:1.呼吸系病157.06/10万;2.恶性肿瘤101.39/10万;3.脑血管病97.51/10万;4.损伤和中毒75.81/10万;5.心脏病67.45/10万;6.消化系病33.64/10万;7.肺结核11.23/10万;8.新生儿病917.14/10万;9.传染病(肺结核除外)11.23/10万;10.泌尿、生殖系病8.87/10万。前十位死因合计占死亡总数的94.44%,其中:前五位死因占死亡总数的79.30%。

一类农村地区前十位死因顺位为:1.呼吸系病140.47/10万;2.恶性肿瘤132.72/10万;3.脑血管病115.85/10万;4.心脏病73.80/10万;5.损伤和中毒59.94/10万;6.消化系病25.45/10万;7.新生儿病851.67/10万;8.泌尿、生殖系病8.29/10万;9.肺结核7.13/10万;10.精神病6.80/10万。前十位死因合计占死亡总数的92.32%,其中:前五位死因占死亡总数的83.03%。

二类农村地区前十位死因顺位为:1.呼吸系病166.90/10万;2.损伤和中毒89.26/10万;3.脑血管病85.87/10万;4.恶性肿瘤79.19/10万;5.心脏病62.29/10万;6.消化系病38.63/10万;7.肺结核19.70/10万;8.传染病(肺结核除外)13.22/10万;9.新生儿病828.89/10万;10.泌尿、生殖系病9.04/10万。前十位死因合计占死亡总数的95.14%,其中:前五位死因占死亡总数的77.07%。

三类农村地区前十位死因顺位为:1.呼吸系病202.19/10万;2.损伤和中毒81.11/10万;3.心脏病63.18/10万;4.脑血管病54.93/10万;5.消化系病54.72/10万;6.恶性肿瘤50.24/10万;7.新生儿病1927.93/10万;8.传染病(肺结核除外)32.00/10万;9.肺结核21.05/10万;10.泌尿、生殖系病12.08/10万。前十位死因合计占死亡总数的96.81%,其中:前五位死因占死亡总数的70.07%。

(三)恶性肿瘤死亡率　城市地区恶性肿瘤死亡率为123.92/10万,其中:男性为151.08/10万,女性为95.12/10万。大城市恶性肿瘤死亡率为129.86/10万,其中:男性为157.07/10万,女性为101.30/10万。中、小城市恶性肿瘤死亡率为104.04/10万,其中:男性为131.47/10万,女性为74.00/10万。

农村地区恶性肿瘤死亡率为101.39/10万,其中:男性为125.79/10万,女性为75.85/10万。一类农村地区恶性肿瘤死亡率为132.72/10万,其中:男性为167.11/10万,女性为97.71/10万。二类农村地区恶性肿瘤死亡率为79.19/10万,其中:男性为97.11/10万,女性为60.03/10万。三类农村地区恶性肿瘤死亡率为50.24/10万,其中:男性为61.25/10万,女性为38.28/10万。

注:1.死因分类系按国际疾病分类(I CD-9);
2.新生儿病死亡专率系按每10万出生人数为分母计算的。

(卫生部卫生统计信息中心统计处提供)

**【1991 年爱国卫生工作】**

1. 创建卫生城市。1991 年命名了全国 51 个城市为“国家卫生城市”、“十佳卫生城市”和“卫生城市”，表彰了“十佳卫生城市”市长。修订了《全国城市卫生检查评比标准》和《国家卫生城市检查考核标准实施细则》，对全国“十佳卫生城市”和“卫生城市”(北京、天津、上海、深圳、广州、南京、合肥、青岛、济南、石家庄、哈尔滨、长春、大连、武汉、西安、成都)进行了重点复查。结果表明，这些城市不但巩固了卫生城市的成果，而且城市总体卫生水平有新的提高。

2. 卫生检查考核。1991 年对天津、上海等 11 个火车站，12 列列车；大连、宁波等 5 个港口及 8 艘客轮；北京首都机场和天津等 6 个机场、8 架飞机，共 50 个单位进行了卫生考核，考核结果均达到卫生车站、港口、机场及旅客列车、客轮、客机的“卫生标准”。全国爱卫会和交通部、铁道部、中国民航局给予命名和表彰。

3. 城市除“四害”达标活动。吉林省吉林市率先实现了灭蚊、蝇、鼠、蟑螂等病媒生物的全面达标；南宁、西宁、南昌、宁波(城乡)、厦门、胜利油田达到灭鼠先进城市(单位)的标准。全国省级(含省会市)灭鼠先进城市已达 33 个，占全国直辖市、计划单列市和省会城市的 92%；成都、深圳市获得灭蝇先进城市的称号；青岛市获得灭蟑螂先进城市的称号。

4. 救灾防病。在 1991 年救灾防病工作中发挥爱卫会的职能作用，协调化工、商业、运输等有关部门组织生产、调运、供应灾区急需的消杀灭药品和器械。提供漂白粉 1 000 吨、漂白粉精片 60 吨、杀鼠醚母粉 15 吨、敌敌畏 60 吨、凯素灵 20 吨，保证了灾区消毒杀虫灭鼠工作的需要。会同国家教委、卫生部联合下发了《关于加强学生肠道传染病预防工作的紧急通知》。组织有关专家赴灾区实地考察，起草制定了《灾后环境和室内清理、消毒、杀虫工作方案》,《洪涝灾区飞机喷药杀虫工作预案》,《消毒、杀虫、灭鼠工作预案》,《粪便、垃圾、尸体处理预案》并上报了关于《苏、锡、常地区目前不宜用飞机喷药杀蚊蝇理由》,《关于武汉地区飞机喷洒有关问题的报告》。组织编印了《洪涝灾区消杀灭工作手册》、《洪涝灾区爱国卫生公约》、《抗洪救灾卫生防病知识宣传大纲》、《个人与环境卫生》等救灾防病宣传品 60 万件，分送安徽、江苏、湖北、浙江、河南、贵州、四川省受灾地区。1991 年 9 月 17～23 日开展了“救灾防病爱国卫生突击周”活动，受灾地区各级爱卫会办公室为政府当好参谋，协调各部门落实救灾防病任务，组织、检查，保证各项措施的落实。

5. 全国农村改水工作。1991 年对“七五”期间全国 27 个农村改水达标省、自治区、直辖市和计划单列市进行调查和验收。“七五”期间，全国增加改水受益人口 27 632 万人，其中 14 973 万农村人口吃上了自来水。经过 10 年的努力，在 88 238 万农村人口中改水受益人口已达 66 572 万人，占农村人口的 75.4%。全国有 210 个县及市辖郊区，农村自来水普及率达到 80%以上。饮用水质不断提高，肠道传染病及氟中毒等地方病发病率下降。四川等 5 省市的 25 个县，使用世界银行贷款，建成了 2 805 项供水工程，有 5 503 个村的 725 万农村人口吃上了自来水。1991 年向在“七五”期间农村改水工作中作出突出贡献的 27 个省（区）、计划单列市，农村自来水普及率达 80%以上的 210 个县，及作出突出成绩的 17 个县及 8 个先进集体和 943 个先进工作者颁发了奖牌、奖旗、奖金及荣誉证书。

世界银行农村改水贷款项目评估完成；低造价农村供水与环境卫生（CPR/88/011）项目结束。

6. 全国农村改厕工作。1991 年底，河南省建造双瓮漏斗式厕所的农户总数，已由 1990 年的 18 万户突破 100 万户。浙江省推广三缸组合式和三格节水型厕所已达10万户。江西、四川省继续推广农村沼气厕所。哈尔滨市推出北方地区防寒卫生厕所，以探索适合北方既防寒，卫生效果又好的厕所类型。召开了南方省市粪便处理与利用研讨会；结合初级卫生保健目标开展了农村改厕试点县和卫生示范村的工作，并组织了吉林、江苏两省的农村改厕粪管试点调查。会同国家教委、卫生部联合下发《关于认真搞好城乡各类学校厕所与供水设施卫生建设的通知》，提出了加强学校卫生，预防疾病抓好改厕和供水设施卫生建设的意见及措施。

7. 开展健康教育工作。1991年在上海召开了第2届全国健康教育理论研讨会，从我国健康教育工作的理论、特色与规律等方面进行了探讨。表彰了268个全国无吸烟先进单位；广泛开展在交通工具及公共场所不吸烟活动；在山西省召开了中国农民吸烟行为干预现场经验交流会。全国50万人吸烟状况及相关疾病调查工作正在实施。

8. 制定下发《全国爱国卫生工作十年规划和“八五”计划纲要》。

9. 加强应用科学技术研究。增效剂巴沙和八氯二丙醚在蚊香中应用的可行性研究已经通过鉴定。代粮毒饵及新型诱鼠剂，灭蚊浓缩苏云金杆菌溶液及漂浮剂，新型灭蟑螂毒饵—灭蟑灵等研制成功；一批新型机械化、小型的适合群众使用的喷雾器械研制也取得成绩，正在向系列化、配套化方向发展。

10. 组织建设。经国务院批准全国爱卫会组成了新一届委员会。为进一步理顺农村改水贷款项目管理体制，加强农村改水贷款项目管理工作。1991年9月13日成立了世界银行贷款农村改水与环境卫生项目办公室。该办公室挂靠在全国爱卫会办公室。中国农村改水技术中心于1991年10月建成并投入使用。

（朱庆生　陶　金）

**【1991年医药工作】**

1991年医药工作认真贯彻国务院关于开展“质量、品种、效益年”活动的决定，重点抓了提高产品质量、调整产品结构、提高经济效益、整顿医药市场、推进专营试点工作，取得了显著成绩。

**一、医药工业生产、商业销售、经济效益明显增长**

1991年医药工业总产值（按1990年不变价格计算）完成405.95亿元，(列入统计的医药工业企业共1952个，其中不包括中成药和中药饮片工业企业)，比1990年增长近30%。其中：化学药品工业产值完成350.80亿元，比1990年增长28%；医疗器械工业产值完成23.74亿元，比1990年增长24%；卫生材料工业产值完成9.56亿元，比1990年增长7%；制药机械工业产值完成3.74亿元，比1990年增长43%；药用包装材料工业和其他工业产值比1990年分别增长26%和8.15%。

1991年化学原料药二十四大类总产量完成23.64万吨，比1990年增长13%。其中计划品种产量为9.6万吨，比1990年增长13%。在计划品种中，指令性计划品种完成6.70万吨，为年计划的129.33%。在医疗器械主要产品中，手术器械产量3 025.60万件，为年计划的118.55%，比1990年增长32.25%；X光机产量8 691台，为年计划的73.04%，比1990年增长3.34%。

市场购销两旺。全国医药商业四大类（药品、医疗器械、化学试剂、玻璃仪器）购进额为160.83亿元，完成年计划的123%，比1990年增长23.7%。商业四大类销售额为206.99亿元，完成年计划的116.23%，比1990年增长15.78%。年底，医药商业四大类库存额为83.56亿元，为年计划的126.29%，与年初和1990年同期相比，分别增长15.80%和17.55%。

经济效益开始回升。国营医药工商企业实现利税比1990年增长32.18%，流动资金周转速度加快 10 天，亏损金额比 1990 年减少 1 亿元，工业企业每百元销售收入实现利润为 6.35 元，比 1990 年增长 14.82%。

**二、治理整顿与行业管理工作**

1. 医药市场治理整顿任务基本完成。按照《国务院批转国家医药管理局关于进一步治理整顿医药市场意见的通知》，1991 年继续深入地开展了治理整顿医药市场工作。到年底，对全国 3 641 家医药生产企业，42 589 家医药经营企业审查验收核发了《合格证》。不符合政策规定的 28 000 家集体、个体医药批发单位，绝大部分已经取缔。医药市场秩序明显好转。

2. 清理“三角债”和限产压库工作，狠抓了组织、指标、措施三落实。清欠工作有所进展，但前清后欠问题还没有得到有效控制。限产压库完成 3.68 亿元(其中压库 1 亿元)，超额完成了国务院下达的计划指标。

3. 调整产品结构。结合产业政策和市场需求情况，年初调整了化学药指令性计划品种目录，调上 73 种，调下 65 种。紧缺畅销的氯霉素、安乃近等十几个重点品种较 1990 年增产 4 300 吨，积压滞销品种和部分磺胺药、非那西汀、人用体温计、注射针等的产量比 1990 年有所减少。新产品投放市场数量有较大增加。

4. 企业管理有所加强。全年晋升国家二级企业 16 个，一级企业 1 个(上海第三制药厂)。目前，医药行业共有国家级企业 96 个，其中一级企业 4 个，二级企业 92 个；工业企业 83 个，商业企业 13 个。根据国家有关规定，组织申报第二批和核实第一批医药大型工业企业的工作已经完成，核实 1988 年国家批准的第一批大型工业企业 22 个，新申报第二批大型工业企业 43 个。1991 年评选出四好仓库 155 个，其中新增 32 个。

5. 法制建设。全年国家医药管理局发布《医疗器械管理暂行办法》、《药品包装用材料、容器生产管理办法》、《标准化管理办法》、《医药标准化工作奖励办法》等 6 项行政规章，为加强医药宏观管理提供了法律依据。

**三、医药质量管理有所加强**

1991 年一至三季度，国家对医药产品质量监督抽查，合格率达 90.4%，比全国同期平均水平高 9.9 个百分点。山东济宁抗生素厂等一批大中型企业合格率保持 100%。1991 年有 9 种产品 10 个企业获国家优质产品奖，其中金奖 3 个，银奖 7 个。有 33 个品种 84 个企业获国家医药管理局优质产品证书。为适应医药工作需要，成立了国家医药管理局推行 GMP(优良生产管理规范)、GSP(优良商品供应规范)委员会，指导全行业 GMP 和 GSP 的实施工作。

**四、医药科研与教育工作**

医药科研：由国家医药管理局主持和实施的“七五”国家科技攻关工作已全部完成，受到国家表彰。全年上报科技成果 98 项，其中 23 项达到国家先进水平，获国家发明奖 2 项、国家科技进步奖 5 项、国家医药管理局科技进步奖 19 项、中国专利局优秀专利奖 2 项。有 80 余项攻关成果已转化为生产力，成果推广率达 80%，取得经济效益近 2 亿元。开展了《国家医药新产品开发指南》品种的研制、开发、生产的信息收集及反馈工作。加强了医药生物技术研究，举办重点企业厂长、总工程师生物技术培训班，初步建立了一支生物技术队伍，华北制药厂已进入国家“863”行列。

医药教育：组织制定了国家医药管理局直属高校“八五”计划和十年规划及“四定”(定专业、规模、任务、编制)工作。建立了两个药学专业博士后流动站。全年共分配局直属高校毕业生 806 人、研究生 90 人。接受其他部委、地方院校大学生 184 人、研究生 70 人。23 位有突出贡献的医药专家、学者享受 1991 年度政府特殊津贴。

**五、医药专营调研和试点工作**

从 1990 年开始，国家医药管理局组织有关部门和10多个省市医药管理局，对医药专营问题进行了调查研究和论证。普遍认为专营有利于保证药品质量，保证有效供应，维护消费者和国家的利益，赞成医药专营。河南省南阳地区，经省政府和国家医药管理局批准，从1991年7月开始医药专营试点。全年，该地区医药工业产值、利税分别比1990年增长53%和39%；医药商业销售和利润增长22.5%和146.9%；人民用药安全有了可靠保障；购销活动中的不正之风得到了遏制。

**六、抗洪救灾药品和医疗器械供应**

1991年夏季，我国部分省区遭受建国以来罕见的特大洪涝灾害，安徽、江苏尤为严重。为减少国家损失，保证灾区人民急救用药，国家医药管理局及时成立了抗洪救灾急救药械供应领导小组，向全国发出紧急通知，建立昼夜值班，赴灾区调查了解情况，积极组织恢复生产，全力保证灾区药械供应。从7月至9月，先后组织医药工业、商业、物资部门向灾区调拨药品、医疗器械价值3 842.14万元，原料药81.2吨，化工原料2 860吨，捐赠药械折合人民币5 000万元。有效地保证了灾区人民的用药需要。（郑国辰）

**【1991年卫生改革综述】**

**一、治理整顿任务基本完成，保持改革政策的连续性**

1991年，我国卫生部门继续贯彻执行国务院有关卫生改革的政策措施，在保持已出台的各项改革政策连续性、稳定性的同时，进一步配套完善，走扩大内涵的道路。福建省决定继续采取措施改革医疗制度，推行计划免疫、妇幼保健保偿制，实行综合目标管理责任制、院（所、站）长负责制，有组织地开展横向联合、业余服务、超额劳动服务、有偿服务、专家门诊等。省卫生厅、财政厅联合发出《福建省医疗单位开展业余服务和超额劳动若干问题的管理规定》，省卫生厅下发了《福建省医疗卫生单位综合承包（目标管理）责任制考评标准》（试行），进一步完善卫生改革配套措施。贵州省委、省政府下发了《关于加强全省卫生工作的通知》，要求进一步稳定和完善卫生改革政策，建立和健全多种形式的目标管理责任制、专业技术职务聘任制，适当开展业余服务和兼职服务，继续实行预防保健工作的有偿和多种保偿制，允许医疗卫生单位开展横向联合以及组织富余人员举办第三产业，以副养主，以工助医。上海市提出继续推行和完善责、权、利相结合的综合目标管理责任制，上级主管部门暂留一定比例的预算补助经费，年终根据目标完成情况兑现奖惩；进一步完善各类医疗卫生劳务提成分配办法，对医疗机构扩大医疗卫生服务的收入，在扣除必要的物质材料消耗费用和适当的仪器设备折旧费后，分配给医务人员个人的部分占净收入30%以内免征奖金税，凡超过部分，计入单位奖金税额。沈阳市在县、区级以上医疗机构全部实行综合目标管理责任制的基础上，提出完善措施。强调综合目标，突出质量和管理，严格各级各类人员的岗位责任；把思想政治工作和精神文明建设贯穿到责任制的全过程；把奖金作为鼓励上科技、上质量、上管理的导向性奖励；对重大事件、事故、差错、违法、违纪采取一票否决；从科室到单位，从单位到主管卫生行政部门，层层签订责任状。

各地继续坚持预防保健工作有偿服务与无偿服务相结合的政策，巩固和推行计划免疫保偿制，加强预防保健机构，特别是基层综合性预防保健机构建设。云南省卫生厅调整了卫生事业投资结构，使预防保健和计划免疫经费投入高于整个卫生事业费的增长速度；增加对计划免疫的补助经费。各地继续推行妇幼保健保偿责任制，不断完善管理办法和有关配套措施。有20余个省、自治区、直辖市实行妇幼保健保偿责任制。

全国卫生系统贯彻执行党中央《进一步治理整顿和深化改革的决定》，以及卫生部《关于清理整顿医疗机构若干问题的决定》精神，继续整顿社会办医，实行各类医疗机构和开业人员归口管理，严格审定办医条件和行医资格，纠正行业不正之风的工作不断深入，取得了阶段性成绩。

**二、开拓投资渠道，加强农村卫生组织建设**

1991年，国务院批转卫生部等五部委《关于改革和加强农村医疗卫生工作的请示》，提出关于改革和加强农村卫生工作的重要原则和指导意见。据不完全统计，四川、贵州、西藏、山东、山西、河北、河南、甘肃、新疆、广东、湖北等省、自治区、直辖市均以政府名义发出关于加强农村（牧区）卫生工作的决议。各地都把加强农村卫生工作，纳入政府社会经济发展规划之中，并要求各级政府切实加强领导，各级财政要逐年按财政支出比例增加对卫生事业的投入。广东省政府明确要求各市、县年度卫生事业拨款占财政支出的8%以上。山西省委、省政府决定，每年拿出500万元重点扶持乡镇卫生院建设，并要求各级政府保证核发一定的配套经费；每年增拨85万元中等卫生学校经费，保留每年90万元贫困地区乡村医生的补助款，加上世界银行无息贷款和正常卫生事业经费投资，预计今后5年全省可为发展农村卫生事业投入2亿元。四川省委、省政府规定乡镇卫生院民办事业补助必须按60%的比例补助，财政按农业人口人均0.05～0.10元安排资金，交同级卫生行政部门使用，农民按人均纯收入0.1%～0.3%提留。甘肃省强调提高县、乡医疗机构的事业补助费，县医院、中医院和乡镇卫生院的经费要不低于按编制核发的基本工资费的80%，并逐年增加基建、维修和设备购置经费。

各地加强了农村基层卫生组织的建设，各级政府安排了专项经费，并制定了特殊政策，力争在3至5年的时间内，实现农村乡镇卫生院“一无三配套”（无危房，设备、技术力量、房屋三配套）。广东省按照省、市、县（区）、乡镇几个一点的办法和“分级负责、突出重点、填平补齐、五年完成”的原则，分期分批地对乡镇卫生院进行“一无三配套”建设。全省已投入近1亿元改建乡镇卫生院。上海市将改建危房工作，作为政府的事来办，所需经费2115万元按照1∶2∶3的原则由市、县、乡共同负担。云南省政府采取省、地、县、乡共同筹资的办法逐步改建乡镇卫生院危房。从扶贫贷款中安排800万元作为贫困县和边境一线村级卫生室的药品垫本专项贷款，5年内由政府贴息。辽宁省在“八五”期间恢复和建立农村卫生专项经费，每年拨出400万元专款用于中心卫生院和乡镇卫生院技术装备和设备维修，安排250万元发展农村卫生事业专项补助资金。广西共拨款1100万元，作为修建乡镇卫生院的补助资金，地、市、县、乡各级筹集了2936.35万元的配套资金，优先用于建设70个地处“老少边穷”的乡卫生院，以及抢修危房面积超过30%的13个乡卫生院。

各地积极稳妥地推进乡镇卫生院管理体制改革，加强对乡镇卫生院的管理，健全以县医疗卫生机构为技术指导中心，以乡镇卫生院为枢纽，以管理区（村）卫生部为基础的三级预防保健网。广东省已有90%的乡镇卫生院实行乡镇卫生院由县卫生局与乡镇政府两级管理，以乡镇政府为主的管理体制。吉林省四平市对农村卫生管理体制实行把中心卫生院划归县直接管理，重点装备器械，统一调配技术力量；把乡卫生院划归政府管理的同时，再把村卫生所上调到卫生院统管，村卫生所的人财物和技术力量调配、经营管理由卫生院负责，形成了三级网络两级管理的体制。

各地因地制宜，积极推行农村健康保健制度的改革。山西省在多数村实行合作医疗保健型，资金来源采取集体经济或公益金中拿一点，村民个人出一点的办法解决；少数集体经济雄厚的村实行医疗保健福利型，全部集资额均由集体经济提供，村民就医实报实销；个别村实行集资医疗风险型。四川省制定了《四川省合作医疗保险试行办法》(草案)，在全省范围内实行。

各地积极开展城市医疗卫生机构以其技术、人才、设备支援农村的工作。卫生部下发了《关于在全国卫生系统开展设备支农工作的通知》。辽宁省规定，现职城市主治医师及相应职称者在晋升上一级职称前，必须到乡镇卫生机构工作半年，工作期间保留单位编制、职务、工资和各种政策性补贴与奖金；各有关行业都要支持农村卫生事业建设，农村医疗卫生工作必须的水、电、煤、油及其他物资要优先保证，在价格上给予适当优惠。四川省规定，凡在城市医疗卫生单位工作的各类医师以上卫生技术人员（医技人员具有士以上职称），均应参加支农工作，支农人数应不少于城市医疗卫生单位总人数的 3%，每个卫生技术人员支农工作时间不少于半年；继续实行分配到城市医疗卫生单位工作的大、中专生到农村工作一年的制度；采取定点扶持，对口辅导的原则，省级医疗卫生单位重点扶持“老少边穷”地区，其余市、地、州按属地原则划片包干。山东省对分配到县级以下卫生单位的大、中专毕业生，先安排到乡镇参加一定时间医疗预防保健工作实践；在县级以上卫生单位试行医师、主治医师晋升先到县医院或农村中心医院服务半年以上的办法。

**三、改革医学教育制度，为农村培养适用人才**

医学教育适应农村医疗卫生工作的实际需要和条件，改革教学模式，调整课程设置，健全短缺专业，培养有较强实践技能的“实用型”适宜人才。高、中等医学教育扩大了向农村，特别是“老少边穷”地区定向招生、定向培养、定向分配的比例。对乡村医生逐步实施系统化、正规化教育。全国已有 23 个省、市制定了乡村医生教育十年规划。各级政府制定政策，采取措施，加紧培养农村卫生人才，稳定农村卫生技术队伍。黑龙江省卫生厅、人事厅、财政厅、劳动局联合发文决定，对新分配到农村乡（镇）医疗卫生单位工作的大（中）专毕业生，自报到之日起可直接执行其定级工资，一年见习期满后，再向上浮动一级工资；在农村乡（镇）医疗卫生单位工作的具有中专以上学历，或初级以上专业技术职务的卫生技术人员，可在现工资基础上，向上浮动一级工资，从城市（含县级市和县镇）自愿到农村乡（镇）医疗卫生单位工作的卫生技术人员，自报到之日起其工资向上浮动一级。以上人员享受浮动工资满 8 年并经考核证实胜任本职工作，其浮动工资可转为固定工资。取得初级以上专业技术职务，在农村乡（镇）医疗卫生单位连续工作满 30 年以上的卫生技术人员，退休后退休金按 100%计发；在农村乡（镇）医疗卫生单位工作满 20 年以上（含 20 年）或具有相当主治医师以上专业技术职务人员的待业子女，符合招工条件，在同等条件下由劳动部门优先安排 1 名子女就业。湖北省对到县级以下基层医疗卫生单位工作的本科及专科毕业生，工作的第一年实行正式定级工资，不执行见习期待遇；到山区或少数民族地区县级以下医疗卫生单位工作年满 20 年以上的卫生技术人员，其子女上学、就业予以优先照顾和安排；本着国家、集体、个人三方负担的原则，逐步建立乡村医生和集体医疗卫生机构的集体卫生人员退休保险制度。云南省举办成人教育大专班，每年定向招收乡卫生院在职卫生技术人员 300 名，计划连招 5 年，为全省每个乡卫生院培养一名大专生。1991 年全省举办卫生职业高中班和在职乡村医生培训班 50～60 个，培养 3000～4000 人。甘肃省政府要求高校实行“三定向”要达到 15%～30%，大专、中专基本实行“三定向”；对 20 个少数民族县实行委托定向招生、定向培养、名额分配到县，县定向到乡，考生与县卫生局签订毕业后在乡卫生院服务

8年以上的合同，参加全省中专统考，单独划线，择优录取。西藏利用外援，为边远乡村培养乡村医生。瑞士红十字会援助西藏日喀则市举办了乡村医生培训班及边雄藏医学校。乡村医生培训班每期3个月，除了有针对性地开展教学活动外，还在学员毕业时发给500元的装备：一辆自行车（牧区学员给一付马鞍）、一个药柜、一个出诊包；边雄藏医学校专门为偏远乡村培训医生，学生入学前就要签订合同，学成后回村行医，并不能被录用为在编乡村医生。

**四、改革医学科技成果管理办法，推广适宜技术**

医学科技工作贯彻“预防为主”的方针，面向群体、面向防病第一线。卫生部决定，在未来10年将陆续选出100项有重大意义的先进、成熟、适用的医药卫生科技成果，大面积推广到基层和农村，每年均由科研经费中划出一定比例的经费，列为成果推广专款。

各地认真做好医学科技的管理工作，采取措施，加强医学科技和科技成果推广工作，提高科技人员待遇。湖南省提出在省、地（市）卫生行政部门和省直医学教育、科研、医疗卫生机构和400张床位以上的医院，设立专门的科技管理机构，其他医疗卫生部门和单位要配备专职或兼职的科技管理干部；省、地、县每年的科研经费要分别占卫生事业费的3%和2%，并将科技开发收入的40%纳入科研发展基金；力争在两三年内县以下医疗卫生单位80年代以前的陈旧技术全部更新；推广经费不得少于科研经费的1/3。天津市将科研经费增加到200万元，扩大了医学科研和新技术引进与开发的领域；兑现了科技成果转让费5%～10%分配给课题完成人员，科技成果与科技人员晋升和住房优先分配相挂钩的奖励政策；建立引进新技术奖励制度。

**五、医疗保健制度的改革开始起步**

各地在总结试点经验的基础上，因地制宜，制定政策，采取措施，不断探索公费医疗改革办法，加快了医疗保健制度改革的步伐。江西省从1991年6月1日起开始实施《省级公费医疗制度改革试行办法》，实行定点医疗、分级转诊、因病施治，合理检查、用药、收费的医疗服务原则。公费医疗资金由省财政合理确定年度定额，并将经费拨给省公费医疗管理委员会办公室统一管理和安排。公费医疗享受人员就诊时，门诊药费和单项在100元以上的检查、治疗费用的10%，住院医药费的5%由个人负担，在单位个人医药费备用金中支付。北京市推行“三挂钩”的改革办法，公费医疗经费支出与医疗单位、享受单位和享受者个人适当挂钩；从1991年11月起向上调整了全部医院门诊挂号费、住院床位费和普通透视费，同时，降低了CT、核磁共振等大型仪器检查收费标准。广东省卫生厅、物价局、财政厅联合发出通知，决定从8月15日起，全省各级各类医疗单位，都必须严格按照《广东省医疗收费项目》收费。安徽省物价局、财政厅、卫生厅联合发出《关于清理整顿医疗收费的通知》，并颁发了《安徽省医疗收费标准》，调整了现行定价过低的项目，如挂号、住院床位、手术收费项目等。要求卫生部门县以上医疗机构和向社会开放的工业及其他部门（含部队）的医疗机构，一律遵照执行。对县以下医疗单位（含个体开业医生）的医疗收费标准，少数具有地方特色的医疗服务项目和使用的能源、材料价格差异较大的项目等，授权各地、市物价、财政、卫生局制定收费标准，在本行政区内实行。海南省政府通过了《海南省公费医疗管理暂行办法》，规定公费医疗经费由各级财政部门按照同级政府所审批的年度预算直接拨给公费医疗管理机构统一使用。门诊医疗费由实施单位包干管理，即按享受公费医疗的人数和年人均定额，将40%的经费拨给实施单位掌握使用，节余留用，超支自理；住院医疗费由公费医疗管理机构管理，节余留用，超支部分由地方财政补足。公费医疗定额逐年核定。公费医疗费用，由个人按比例负担，门诊医疗费：在职干部、工人负担10%；退休人员负担7%；离休干部负担2%。住院医疗费：在职干部、工人负担5%；退休人员负担3%；离休干部负担1%。高新仪器的检查、治疗费(指一次200元以上的检查、治疗费)：在职干部、工人负担15%；退休人员负担10%；离休干部负担3%。个人负担医疗费的比例，由省社会保障委员会进行调整。

（支峻波　傅　红）

**【加强廉政建设，纠正行业不正之风】**

1. 加强卫生部机关的廉政建设。1991年，卫生部计划财务司、药政管理局、医政管理司、卫生监督司、卫生防疫司、国外贷款办公室等业务司局分别制定了有关廉政规定，以进一步堵塞漏洞，杜绝隐患。部领导抽查了10个司局规章制度的落实执行情况。

2. 召开全国卫生系统继续加强廉政建设，纠正行业不正之风电话会议。孙隆椿副部长代表党组在讲话中明确提出1991年要达到的五项阶段性目标：①卫生系统广大干部职工通过开展纠正不正之风工作，受到深刻的教育，廉政勤政意识和职业道德水平、遵纪守法观念进一步增强，违纪案件和问题的发生率明显下降，涌现出一批廉洁勤政、文明行医的典型单位和个人；②各单位、各部门存在的主要问题查摆出来了，并采取有效的措施，真正解决群众反映强烈的行业不正之风的问题；③严重违法违纪的行业不正之风案件被立案调查或得到严肃查处，不断提高结案率；④初步完成了本单位、本部门整章建制工作，内部制约机制、外部监督机制得到加强和制度化；⑤广大群众看到了卫生系统纠正行业不正之风的效果，随机抽样(医疗合同单位、被监督部门和广大患者)调查结果，要达到大多数满意和基本满意。

3. 以部直属单位和大中城市为重点，推动纠正不正之风工作。卫生部先后召开了部直属医院、直属高等医学院校暨附属医院纠正不正之风工作汇报会及全国直辖市、计划单列市、省会市卫生系统纠正不正之风工作汇报会。孙隆椿副部长在总结讲话中谈了六个方面的问题：①进一步加强纠风工作的领导，克服自满和厌烦情绪，认清纠正不正之风工作的长期性、艰巨性。②把纠正不正之风工作同本单位业务工作和精神文明建设结合起来。③正确看待抓纠正不正之风与坚持卫生改革的关系。④进一步完善规章制度，贯彻执行不走过场。⑤加强政府卫生行政主管部门依法对当地各类卫生医疗机构的宏观监督管理。⑥加强外部监督网络，增进与新闻舆论部门的联系和沟通。

各地根据实际情况，分别制定出阶段性目标和措施，重庆市卫生局派出30多位副处级以上干部，深入基层第一线，对医务人员宣讲阶段性目标和措施。天津市卫生局对各级各类医疗卫生机构实行行业管理，从强化医疗环节中的管理措施入手，使行业作风明显好转，在全市十几个行业的满意度调查中，从1989年的第17位跃居为1991年的第二位。上海市卫生局对医疗业务活动、医务人员的行为进行规范，把各项规章制度和措施落到实处。南京市卫生局建立医德医风考评，采取自我评价、科室考核、上级考核、社会评价四种方法，强化自我约束机制。河北唐山市卫生局和吉林四平中心医院，把纠正不正之风工作与医院分级管理结合起来，把医德医风作为评定同级甲等医院、甲等科室的重要评定标准，使“软件”成为“硬件”，并收到了满意的社会效果。厦门市卫生局把廉政廉医、纠正不正之风工作纳入目标管理的内容，做到与各项业务工作同部署、同开展、同检查、同考核、同奖惩，从措施上保证纠正不正之风工作进入常态运行。宁夏卫生厅从抓建立规范性制度，制定处罚制度，建立健全民主监督制度三方面入手，使廉政、纠正不正之风工作有章可循。大连市卫生局加强与新闻部门的沟通，坚持正确的舆论导向，取得社会上更多的支持和理解。武汉市卫生局在全市十个窗口行业“新风杯”竞赛中，连续三年夺魁。他们的这些做法和经验，不仅推动了“纠风”工作深入开展，同时得到了当地党政部门和领导的认可。

卫生部还向全国卫生系统印发了《辽宁省卫生系统加强廉政建设、纠正行业不正之风检查评比标准》以及辽宁锦州市卫生局从领导班子做起，尚俭戒奢，带头廉政勤政的突出事迹。

4. 深入实际，调查研究。为了了解卫生系统行业作风的真实情况，督促检查各地区的纠正不正之风工作，卫生部调查组分别对广东、海南、黑龙江省和北京地区进行了三次调查。调查组在各地明察暗访了33家医院，听取各医院及省市卫生厅局介绍纠正不正之风工作情况36次，召开患者、医务人员、合同医疗单位、新闻部门等座谈会15次，对患者进行问卷式调查2700余人。除对医院进行广泛调查外，还对这些地区的药政、药检及卫生监督执法部门和人员的行业作风进行调查。调查组深入药品、食品的生产、经营销售部门，以及中、高档宾馆，国营饭馆，个体从业户，各类公共场所共87家收集反映，以问卷形式调查140位个体从业人员，并走访了市区两级法院，通过行政诉讼案件的审理，了解卫生系统廉洁执法的情况。

通过深入调查，基本掌握了这些地区卫生行业不正之风的表现形式、特点和规律，据此采取了相应对策，力求通过制定有效监督措施，强化各种管理手段，不断深化卫生改革，从根本上铲除行业不正之风滋生的土壤。

5. 开展全国范围行业作风调查。在全国29个省、区、市（西藏除外）进行了全国医疗机构行业作风状况大型调查。共调查了73个地市级以上城市的240家医院，听取了250多个医院和卫生主管部门的工作汇报，召开了107次患者座谈会，104次医务人员座谈会，向患者问卷调查24000余人。

6. 正面教育，表彰先进。开展多种形式的职业道德教育，提高了广大干部职工的思想觉悟，“白求恩杯”、“南丁格尔杯”、“职业道德杯”等各种竞赛评比活动，调动了医务人员的积极性。

7. 深化治理整顿。卫生部门与物价、财政部门联合对医疗收费情况进行了彻底清查，明确取消不合理收费项目，使不合理收费、滥罚款等现象得到基本控制。同时进一步集中力量清理整顿了医药市场，完善有关规章制度，严格管理，使医疗卫生秩序明显好转。

8. 加强内部约束和外部监督机制。山东、福建、青海、上海等26个省、自治区、直辖市以及南京、沈阳、宁波等14个计划单列市卫生厅局分别制定了纠正行业不正之风的有关规定，它对于规范医务人员的行为，起到积极作用，也为纠正不正之风和案件查处工作提供了政策依据和量纪标准。举报电话、举报箱、领导接待日、聘请社会监督员等措施得到进一步健全和落实，“两公开一监督”制度已日臻完善。

对检查、调查和群众举报中发现的案件和问题，卫生部和各地卫生部门进行了认真查处，并向卫生系统发出通报，以实际行动取信于民。

1991年，卫生系统的行业作风有了明显转变，一些群众反映的热点问题得到初步解决。据1991年底对全国240所医院随机抽样调查，患者对医护人员服务态度的满意、较满意率为80.95%；对医院的信任度为90.5%；各地违纪案件的发生率为0.46%；结案率为90%；均达到了我部确定的阶段性成效的量化指标。据对这些医院的不完全统计：医务人员收到锦旗、镜匾等8365面（块）；表扬信、感谢信15746件；受到电台电视台、报刊表扬900余次；查处违纪案件

891起。（唐晓音）

**【1991年卫生法制建设】**

1991年《卫生部“八五”立法规划》制定。“八五”期间卫生立法将主要侧重健全卫生法律体系、完善医疗领域立法、做好现有法律、法规的修订和配套工作等几方面，卫生部将在“八五”期间起草《医师法》、《食品卫生法》修订、《优生保健法》等法律6件，《医疗机构管理条例》、《护士管理条例》、《生活饮用水卫生监督条例》等行政法规26件。经国务院批准，卫生部1991年12月1日发布《传染病防治法实施办法》。1991年卫生部发布了《进口食品卫生监督检验工作规程》、《卫生监督监测工作实行分级管理暂行办法》等35项规章。

卫生法律理论研究逐步深入，召开了全国卫生法律体系理论研讨会，来自卫生、司法及法学理论研究系统的人员对建立我国卫生法律体系理论模型的必要性及其基本结构达成了共识，并对卫生法律体系中部门划分标准及原则进行了讨论，提出了几种方案，为我国研究制定卫生基本法提供了理论基础。召开了全国首届生育限制和控制伦理及法律问题学术研讨会，会议从医学、遗传学、社会学、伦理学、法律等角度讨论了智力严重低下者生育的有关问题，为审议中的《优生保健法》提供了理论依据。

1991年是全国在公民中开展法制宣传教育的第二个五年规划的第一年，卫生系统的“二五”普法工作已经启动，结合全国统一部署，卫生部发布了《卫生系统开展法制宣传教育的第二个五年规划》，要求卫生系统广大干部职工继续深入学习宪法，有针对性地学习国家有关基本法律，有计划、有步骤、分层次、分行业地学习有关卫生专业法律、法规和规章。根据行业特点，提出了各类医药卫生人员选学卫生法规、规章目录。各省、自治区、直辖市、计划单列市卫生厅（局）及部属医学院校也结合本地情况制定了本地区、本单位的普法规划和考核办法。

（赵　宁）

**【推广农村医疗保健制度研究成果，开展新的软科学课题研究】**

卫生部政策与管理研究专家委员会在完成“中国农村医疗保健制度比较研究”课题的基础上，开始在全国范围内推广多种形式（集资医疗、医疗保险、合作医疗等）的农村健康保障制度：①出版发行了《中国农村医疗保健制度研究》一书。该书较系统地总结了我国农村医疗保健制度的历史经验，介绍了适合不同经济发展地区的农村集资医疗制度形式和方案，提出了我国农村医疗保健制度发展的政策性建议。②1991年5月21～24日，在湖南省华容县召开了全国农村健康保障制度经验交流会，会议就农村医疗服务调查的基本方针和结果分析、合作医疗保险方案设计与实施、农村医疗保健基金的筹措与测算方法和农村集资医疗办医与合作医疗保险的管理等四个专题，进行经验交流。

1991年专家委员会开展了新的软科学课题的研究：①多种形式办医政策的研究：通过对目前多种办医形式（包括民办、社会办、联合体、个体医等）的不同角度的调查分析，较全面地了解我国多种形式办医政策及其配套管理措施情况，科学地预测多种办医形式的发展速度和规模，以宏观指导卫生改革的健康发展。②城市医院支农问题的研究：在总结过去城市医院支农的基础上，提出今后一段时期内支农问题的对策和具体措施，包括网络结构、补偿机制等，为各地提供城市医院支农问题的政策性和可行性的方案。③医学卫生科技人才结构分析和人才空档对策的研究：调查了解卫生部直属科研单位人员、结构配置现状，制定科研单位人员和机构的学科基本模式。④影响开展社会大卫生障碍因素分析研究：根据不同经济水平的地区，按政府领导、卫生部门领导、社区群众三个层次，分别分析障碍开展大卫生的因素，为组织贯彻初级卫生保健，开发领导层、部门协调、群众参与提供了可靠依据。⑤东北地区卫生发展战略与对策的研究：运用区域卫生规划的思想和方法，对东北地区各类卫生发展区域开展发展战略与产业政策的研究，从资源的合理配置、结构规模等方面，探讨卫生发展战略的分类指导原则和评价指标。

（任明辉）

**【卫生系统开展法制宣传教育的第二个五年规划】**

为贯彻落实党中央、国务院批转的《中央宣传部、司法部关于在公民中开展法制宣传教育的第二个五年规划》，巩固和发展1986年开始的第一个五年普法工作的成果，继续深入普及法律知识，为卫生系统进一步治理整顿、深化改革创造良好的法制环境，卫生部于1991年4月17日发布了《卫生系统开展法制宣传教育的第二个五年规划》。该规划提出卫生系统“二五”普法的主要任务是继续深入学习宪法，有针对性地学习国家有关基本法律，有计划、有步骤、分层次、分行业地学习有关卫生专业法律、法规和规章，进一步提高法律意识，增强法制观念。学习的主要内容为《宪法》、《行政诉讼法》、《集会游行示威法》、《义务教育法》、《国旗法》、《国务院组织法》、《中华人民共和国选举法》、《中华人民共和国保守秘密法》、《食品卫生法（试行）》、《药品管理法》、《国境卫生检疫法》和《传染病防治法》。规划还列出了各类医药卫生人员选学卫生法规、规章的参考目录。“二五”普法规划自1991年开始实施，至1995年结束，分三个阶段进行。1991年为准备阶段，1992年至1994年底为实施阶段，1995年为考核验收阶段。这次普法教育的对象是全国卫生系统的干部和职工，重点是县处级以上干部、行政执法监督人员和医学院校学生。规划还就普法教育的方法、组织领导和考核标准作出了具体规定。

（何昌龄）

# 初级卫生保健

**【初级卫生保健工作】**

**一、政府领导**　1991年，国务院批转下发了《关于改革和加强农村卫生工作的请示》，26个省、自治区、直辖市召开会议，研究初级卫生保健和农村卫生工作。黑龙江、青海、西藏、湖北、河北、四川、江苏、浙江、山西、广东等省、自治区政府发布《关于加强农村卫生工作的决定》。强调各级政府要把初级卫生保健作为一项重点工作。至1991年底，已有22个省、自治区、直辖市成立了由省政府主要领导负责的初级卫生保健委员会或领导协调小组。有25个省制定下发了《“2000年人人享有卫生保健”的规划目标》，并把规划目标纳入本地区国民经济和社会发展规划，作为各级政府政绩考核的重要内容之一。有13个省、自治区、直辖市卫生厅（局）设立了初级卫生保健专项经费。

在实施“2000年人人享有卫生保健”的各项指标中，各省、自治区、直辖市人民政府针对卫生事业拨款占县、乡两级财政支出的8%，集资医疗、农村改水、改厕等难点、重点进行了专题研究，并召开现场会议。福建省人民政府提出全省要提前达到“2000年人人享有卫生保健”规划目标的最低限标准。天津市初级卫生保健委员会召开了全市农村改厕现场会，强调农村改厕势在必行。山西运城地区在《关于搞好农村改厕的通知》中要求乡镇改厕要达到80%以上，每个行政村成立3～5人的专业队，统一设计，统一施工，统一验收。卫生防疫站、乡镇卫生院要抽出专门技术人员深入现场进行技术指导。湖北、浙江、福建、山西、天津等省、市召开了全省集资医疗保健制度研讨会，天津市政府规划要求三年内全部实行集资医疗保健制度。浙江省政府常务会议要求各地要把初级卫生保健工作当作重要工作抓好，省卫生厅召开了全省农村医疗保健制度研讨会。

**二、农村三级医疗预防保健网建设**　据不完全统计，至1991年底，全国有2/3的省、自治区、直辖市已完成对乡、村两级卫生组织的整顿，有半数以上的省、自治区、直辖市制定了乡镇卫生院分期分批建设方案。浙江省乡、村两级卫生组织的整顿建设初见成效。湖北省从1991年起每年由省政府拨200万元补助款，省计划委员会及卫生厅拿出250万元建设经费，建设100个乡镇卫生院，计划在十年内完成全省乡镇卫生院整建工作。山西、云南省政府分别用500万元、400万元专款加强贫困地区乡镇卫生院建设。许多地方对建设项目实行项目管理，落实配套资金。各省、自治区、直辖市在加强农村卫生工作方面都坚持村卫生室以集体办为主。广东、河南、内蒙古、吉林、浙江、宁夏等省、自治区卫生厅下发了村卫生室（所）管理办法或标准。

**三、实行倾斜政策，稳定、加强农村卫生技术队伍**　黑龙江省政府发布的《关于加强农村卫生工作的决定》，对分配到农村乡镇卫生院工作的高、中等医学院校毕业生，可直接执行定级工资制；一年见习期满后，在定级工资基础上向上浮动一级工资；连续工作满8年，经考核胜任本职工作的，可转为固定工资。对在乡镇卫生院工作的具有中专以上学历和初级以上的专业技术人员，1984年政府就作出在现有工资基础上向上浮动一级工资等规定。广西、甘肃、吉林、辽宁、四川等省对在乡镇卫生院工作的卫生技术人员在工资、技术职务评定等方面给予优惠待遇。

**四、初级卫生保健宣传**　广东省初级卫生保健委员会于1991年6月开展了以“初级卫生保健与人人健康”为主题的初级卫生保健宣传活动，全省通过各种形式，各种途径接受初级卫生保健宣传教育的人数占当地人口数的50%～85%。天津市初级卫生保健委员会组织了各区、县以“初级卫生保健”为主题的文艺活动。（姜国珍）

**【城市初级卫生保健试点工作】**

1991年城市初级卫生保健工作在对城市“2000年人人享有卫生保健”指标体系的研究方面取得进展，扩大了城市初级卫生保健试点范围。

1．确定了“2000年人人享有卫生保健”指标体系。经过近两年的调查研究及论证工作，1991年4月第二次中国城市“2000年人人享有卫生保健”指标体系研讨会确定了包括6个方面、23项指标、66项分指标、7项附加指标的指标体系。

6个方面包括：

①市、区政府把初级卫生保健工作纳入当地社会经济发展总体规划；②具有与实施初级卫生保健相适应的卫生资源；③深入开展针对一般人群和重点人群（妇女、儿童、老年人、残疾人）的初级卫生保健工作，并在原有卫生工作基础上有深度和广度的提高；④居民具有一定的卫生保健知识，并积极参与初级卫生保健活动；⑤居民健康状况在原有基础上有所改善和提高；⑥在全社会范围内创造和改善“2000年人人享有卫生保健”的环境。

23项指标如下：①市、区政府把初级卫

生保健纳入当地国民经济和社会发展总体规划；②市、区政府的卫生事业拨款占财政总支出的%和人均预防保健费；③基层卫生保健机构覆盖率；④每千人口拥有的医师和预防保健人员数；⑤卫生信息管理达标率；⑥孕产妇系统管理率；⑦儿童保健系统管理率；⑧儿童四苗接种率；⑨中小学生健康保健普及率；⑩老年人、残疾人和精神病人社区保健普及率；⑪慢性病监测和管理率；⑫居民健康管理率；⑬食品卫生合格率；⑭健康教育普及率；⑮孕产妇死亡率；⑯儿童死亡率；⑰法定报告传染病发病率；⑱儿童生长发育达标率；⑲饮用水卫生监测合格率；⑳公共卫生厕所普及率；㉑垃圾管理合格率；㉒公共场所卫生监测合格率；㉓工业企业有毒有害作业点卫生合格率。

7项附加指标为：①环境保护综合评价达标率；②平均期望寿命；③计划生育率；④15岁及以上人口识字率；⑤人均占有公共绿地面积；⑥人均居住面积；⑦中学生体育达标率。

目前，我国各试点城区根据这一指标体系从本地实际出发制定或正在制定本地“2000年人人享有卫生保健”的指标。

2. 城市初级卫生保健试点范围扩大。1991年我国已有29个城市和城区（社区）进行了城市初级卫生保健的试点（见附表）。第二汽车制造厂作为工矿企业的代表，开展了社区初级卫生保健的试点。城市初级卫生保健工作在目标管理，组织建设，为基层服务等方面有较大进展。上海市在里弄普遍建立了卫生服务站，配备专职人员，由政府财政给予劳务补贴。北京市东城区在每个街道确立一所社区医院，以社区医院为中心开展医疗预防保健服务。社区医院下设初级卫生保健站，并派全科医生到保健站工作，帮助保健站建立居民健康档案。朝阳门街道、北新桥街道在使用微机对居民进行健康管理和进行卫生信息管理工作方面积累了一些经验。大连市沙河口区制定了该区实现“2000年人人享有卫生保健”的规划目标、评价标准和初级卫生保健工作管理程序，并且在组织区内工厂、学校、机关等部门的诊所、卫生所、医务室参与城市初级卫生保健方面进行尝试，取得初步经验。

附表　城市初级卫生保健试点市、区名单

| 试点市、区名称 | 所在市 | 所在省（自治区、直辖市） |
|---|---|---|
| 天河区 | 广州市 | 广东省 |
| 罗湖区 | 深圳市 | 广东省 |
| 商丘市区 | 商丘市 | 河南省 |
| 西工区、涧西区 | 洛阳市 | 河南省 |
| 五华区、盘龙区 | 昆明市 | 云南省 |
| 铁西区 | 沈阳市 | 辽宁省 |
| 沙河口区 | 大连市 | 辽宁省 |
| 洪山区、江汉区 | 武汉市 | 湖北省 |
| 宜昌市区 | 宜昌市 | 湖北省 |
| 大同市区 | 大同市 | 山西省 |
| 长治市城区 | 长治市 | 山西省 |
| 河东区、河北区 | | 天津市 |
| 成都市区 | 成都市 | 四川省 |
| 重庆市区 | 重庆市 | 四川省 |
| 自贡市区 | 自贡市 | 四川省 |
| 攀枝花市区 | 攀枝花市 | 四川省 |
| 奎屯市区 | 奎屯市 | 新疆维吾尔族自治区 |
| 道外区 | 哈尔滨市 | 黑龙江省 |
| 长春市区 | 长春市 | 吉林省 |
| 东城区 | | 北京市 |
| 芝罘区 | 烟台市 | 山东省 |
| 虹口区 | | 上海市 |
| 新芜区 | 芜湖市 | 安徽省 |
| 雨山区 | 马鞍山市 | 安徽省 |
| 第二汽车制造厂社区 | 石堰市 | 湖北省 |

（方素珍）

**【北京市东城区初级卫生保健工作特点】**

1. 领导重视，保证经费投入。1991年5月，北京市东城区第10届人民代表大会常务委员会第二次会议通过了《关于加强初级卫生保健工作的决议》。决议要求，加强对初级卫生保健工作的领导，健全初级卫生保健机构，增加对初级卫生保健的经济投入，做好初级卫生保健的宣传教育工作。区政府领导定期听取初级卫生保健工作汇报，深入基层考察指导工作，把实现“2000年人人享有卫生保健”纳入区社会经济发展总体规划，并列入区财政计划内预算。从1989年起，每年拨款30万元作为发展基层初级卫生保健工作的装备用款，拨款3万元给区初级卫生保健办公室作为活动经费。1991年，给区初级卫生保健办公室拨款5万元、和平里社区初级卫生保健中心拨款8万元。

2. 建立组织机构。东城区成立了以副区长为主任的初级卫生保健委员会，负责全区初级卫生保健指导、实施、协调及日常工作。各街道办事处成立了初级卫生保健委员会。居民委员会成立初级卫生保健领导小组。

3. 完善社区医院功能。街道医院改为社区医院后，其主要职责是：①掌握群众的医疗预防保健需求，开展一、二、三级预防等社区医疗卫生服务；②社区医院院长担任街道初级卫生保健委员会副主任，直接参与社区的初级卫生保健工作；③社区医院建立健康教育机构，开展健康教育工作；④培养和选派社区医院医生进驻基层医疗保健站，建立居民健康档案，开展以家庭为单位的医疗保健服务；⑤承担社区内的医疗任务，解决常见病、多发病，及社区内医疗工作中某些疑难问题，并承担转诊工作；⑥做好社区内医疗卫生部门的协调工作，建立统一的社区健康资料管理系统，为领导提供决策依据。

4. 以初级卫生保健为中心，开展各项工作。有关医疗卫生机构进行了婴幼儿营养与生长发育、老年保健、城市居民健康教育和中老年人骨密度等项目的研究。区防疫站和4个医院的地段保健科承担慢性病监测和干预工作。每个街道进行试点，建立两个初级卫生保健医疗保健站，掌握每个家庭成员的健康状况，重点加强对妇女、儿童、老年人的健康管理，全区20个居委会建立居民健康档案，朝阳门、和平里社区已实行计算机管理。

（王　羽）

**【农垦系统的初级卫生保健工作】**

从1986年开始，黑龙江等部分垦区开展了初级卫生保健工作的试点，到1990年全国多数垦区开展了这项工作。几年来主要做了以下工作。

1. 宣传教育。黑龙江垦区在1986年12月举办了管理局卫生行政领导50余人参加的初级卫生保健学习班。1990年3月举办了由管理局分管局长和各农场主管卫生工作的副场长共150多人参加的研讨班。海南垦区1990年8月召开了各农场场长、卫生科长以及总局机关领导共250多人参加的初级卫生保健工作现场会。新疆生产建设兵团从1990年开始，举办了几期师和团场领导参加的研讨班。农业部农垦司于1991年委托黑龙江农场总局为全国农垦举办了初级卫生保健研讨班，培训卫生局（处）长、农场场长、卫生科长等共350多人。在海南举办了两期骨干培训班，近400人参加。

2. 建立和健全组织机构。新疆、黑龙江、海南、武汉、上海、广东、粤西、内蒙古海拉尔等垦区陆续成立了各级初级卫生保健委员会或领导小组。垦区、农场把初级卫生保健纳入了目标管理工作，并作为考核主要领导和分管领导政绩的一项具体内容。新疆兵团在恢复13所师一级卫生防疫站后，对农场级防疫站的建设投入了力量，并已建站50余所，使1/4的农场有了独立的卫生防疫机构。海南垦区除总局防疫站外，还建立了16所农场级卫生防疫站。黑龙江垦区基本做到了每个农场均设立卫生防疫站。各垦区没有建立卫生防疫站的农场，在医院都设有防保组，承担卫生防疫任务。新疆、黑龙江等垦区，还建设了一批妇幼保健站、食品卫生监督检验所、卫生教育所等机构。通过初级卫生保健工作的开展，垦区和农场把恢复生产队卫生室作为一项基本的建设任务，提出了建设甲、乙、丙三级卫生室的标准。新疆、黑龙江等垦区制定了《连队（生产队）卫生室管理办法》和《连队（生产队）卫生室建设标准》，对卫生室逐个登记、审查、发证，建立健全了管理制度，落实了卫生员报酬。一些垦区开展了创建"文明卫生室"、"合格卫生室"活动，促进了连队（生产队）卫生室的标准化建设。

3. 培养人才。农垦系统组织了多层次、多种形式的专业培训，提高基层卫生人员专业技术水平，在本系统医学院校以及与河南医科大学、苏州医学院等院校联合办学，开办了妇产、放射、口腔、检验、医学、卫生、血吸虫病防治、结核病防治等专业培训班，开办了二、三年制结业证书班，培养专业骨干力量。黑龙江等一些垦区，对外出培训进修的专业人员结业后的待遇问题作出政策规定，卫生技术人员 80%得到了培训，近千人获得了大专层次的培训。从 1986 年开始，农垦系统对医院院长、防疫站站长、妇幼保健站站长、药检所所长、卫校校长、卫生科长开展岗位职务培训达 600 余人，并在湖北省武汉市建设了培训基地。

4. 制定实现"2000 年人人享有卫生保健"的规划。1989 年卫生部等五部委颁布了《关于我国农村实现"2000 年人人享有卫生保健"规划目标》以后，各垦区结合自己的实际，制定了垦区的规划。根据规划目标确定的初级卫生保健项目，制定了整套的登统计表格，把初级卫生保健项目的实施与管理，纳入了科学化、规范化的轨道。有些垦区在努力完成五部委提出的 13 项指标的同时，进一步丰富了初级卫生保健内容。如黑龙江垦区把结核病的管理纳入了初级卫生保健，并把建立"无盲人"农场作为初级卫生保健的一项工作指标。"八五"期间，又把"口腔卫生保健"、"精神卫生保健"、"慢性病防治"、"肿瘤防治"、"康复疗养"等纳入了初级卫生保健管理。为搞好初级卫生保健的分类指导，提高卫生工作综合效益，实行卫生工作规范化、科学化管理，还进行了垦区卫生事业状况综合评价，推动了初级卫生保健，丰富了卫生工作内容。

1991 年 9 月，农业部农垦司制定了《全国农垦"2000 年人人享有卫生保健"规划目标》以及管理程序和评价标准等文件，规划目标与全国目标一致，要求比地方农村标准高，内容更广泛，实现规划目标早，为农村起到示范带头作用。（刘学昌）

**【"中国农村初级卫生保健适宜技术与基本药物"课题研究】**

世界卫生组织上海嘉定初级卫生保健合作中心与世界卫生组织西太区合作，于 1989～1991 年进行了"中国农村初级卫生保健适宜技术与基本药物"课题研究。该课题重点调查了贵州、江苏、黑龙江、吉林、山西、湖北、上海及新疆 8 个省、自治区、直辖市 13 个县 30 个村的有关人口和经济状况、村卫生室人员、技能、基本设备及设施、药品、常见病、服务项目等内容；分析总结了中国农村运用适宜技术和基本药物的经验，并提出了适用于我国农村初级卫生保健发展需要的适宜技术与基本药物清单；编写了《中国农村初级卫生保健适宜技术与基本药物手册》一书。

（王　羽）

# 少数民族卫生工作

**【少数民族卫生事业发展概况】**

1951 年 8 月卫生部遵照原政务院发布的《关于民族事务的几项决定》，在北京召开了全国第一次少数民族卫生会议，颁布了《全国少数民族卫生工作方案》，以及少数民族地区性病、疟疾防治、妇幼卫生工作方案等文件，动员和组织了大批医务人员到少数民族地区开展工作，其中高级医务人员有5 300余人。国家除拨给正常的卫生事业经费外，还拨给卫生事业补助费(60年代最高时达到每年3 000万元)，在一些边疆地区对少数民族实行免费医疗或减免收费。许多沿海、内地的有关部门和单位也从人力、物力、财力上支援少数民族地区开展疾病防治和妇幼保健工作，帮助培养少数民族医务卫生干部和发展各级各类医疗卫生机构，使少数民族地区的卫生事业得到迅速的发展。到1957年，全国少数民族地区的卫生机构由1949年的361个发展到13 819个，专业卫生技术人员由1949年的3 531人发展到65 649人，基本消灭了鼠疫、性病、天花、回归热等疾病，控制了疟疾的大面积流行。

党的十一届三中全会以后，少数民族地区的卫生事业进入一个新的历史时期。1983年5月，卫生部和国家民族事务委员会联合召开了第二次全国少数民族卫生工作会议，总结了30多年来民族卫生工作的历史经验，提高了对少数民族卫生工作的认识，确定了今后一个时期民族卫生工作的指导思想、具体任务和政策措施。卫生部、国家民族事务委员会、教育部联合下发了《关于全国重点高等医学院校培养少数民族高级医学人才的意见》；卫生部和国家民族事务委员会印发了《关于继承、发扬民族医药学的意见》；卫生部、国家民族事务委员会、劳动人事部联合下发了《关于经济发达省市对口支援边远少数民族地区卫生事业建设的实施方案》。卫生部和国家民族事务委员会对少数民族地区的民族医药工作、妇幼卫生工作，结核病防治和进一步做好对口支援西藏卫生事业建设等问题，召开了专门会议。各自治区探索出了一些符合我国国情，具有地区特点、民族特点的多种形式的基层卫生组织，巩固和加强了农村、牧区的初级卫生保健工作；多种形式、多种途径培养人才，增强了本地区、本民族自我发展的能力；加强了对传染病、地方病、妇女病的防治工作，一些疾病的发病率呈逐年下降的趋势，各少数民族的防病保健水平稳步提高；少数民族医药事业不断发展。

据统计，截止1990年底，全国少数民族地区的医药卫生机构已发展到31 900余个，比1949年增长了87.4倍；专业卫生技术人员发展到488 600余人，比1949年增长了137.4倍。其中少数民族卫生技术人员163 731人(包括蒙医3 497人，藏医1 602人，维吾尔医427人)。各少数民族地区的城乡医疗卫生网基本形成，防病治病工作取得显著成就。据内蒙古自治区1987年抽样调查，麻疹、脊髓灰质炎和百日咳三种传染病全区总报告发病率均已达到国家规定的1990年控制的标准。该自治区已经基本控制了布氏杆菌病的流行，地方性甲状腺肿病的防治达到了国家控制的标准，克山病、大骨节病的发病也都趋于稳定。各少数民族地区的人口健康素质不断提高，人均寿命由解放前的30岁、40岁上升到1988年的60岁以上。

(于骏光)

**【9省区少数民族贫困地区卫生工作调查】**

卫生部、国家民族事务委员会、中共中央统战部及民主党派组成调查组，于1991年5～8月，对内蒙古、青海、宁夏、西藏、云南、贵州、海南、广西、新疆9省区少数民族贫困地区的卫生工作进行了调查。共调查29个民族29 347人，其中少数民族人口23 469人，占80.0%。

1. 人群整体健康状况。1990年9省区少数民族地区人口出生率为23.45‰、死亡率为6.76‰、自然增长率为16.70‰，分别同1949年的36‰、20‰、16‰相比，除自然增长率略高以外其它都低；但分别同全国1990年的20.98‰、6.28‰、14.70‰相比，都高于全国平均水平。该结果表明，少数民族地区的人口情况已逐步向低出生、低死亡、低增长率转变。

1990 年 9 省区少数民族地区人口平均寿命最低的达到 60 岁，比解放初期的水平(近 40 岁)有了提高，但还低于全国的平均水平(69 岁)。

婴幼儿死亡率 80 年代为 40‰左右；“老少边穷”地区婴幼儿死亡率达 68.01‰，5 岁以下儿童死亡率 84.37‰。

2. 农牧区群众患病率高，病区广，传染病、地方病仍很严重。1990 年，9 省区农村人口占全国农村总人口 15.7%，24 种传染病发病 532 107 人，占全国总发病人数的 16.1%，死亡人数占全国总死亡人数 21%，24 种传染病发病率 378.86/10 万(全国平均 297.24/10 万)，病死率高达 2.03/10 万(全国平均 1.17/10万)，西藏高达 8.27/10 万，高出全国平均水平 7 倍多。传染病中主要以肠道传染病为主，如青海省各种急性传染病，仅痢疾发病一项占传染病发病总数的 31.35%。地方病在民族地区也十分严重，特别是疫源地广、防治困难。西藏 30 万地方病病人约占全区总人口的 13.6%，受威胁人口 100 余万，占全区人口的 45%，全区几种主要地方病、传染病及结核病人数约为 345 000 余人，约占全区总人口 15.7%。

3. 常见病、多发病严重危害广大农牧民的健康。

调查的 29 347 人中，各种慢性病患者 4 382人，占 14.93%。常见病、多发病主要是消化系疾病、风湿、类风湿等结缔组织类疾病，以及呼吸系疾病和传染病。在这些地区中，疾病死亡模式的转变尚未完成，呼吸系疾病、消化系疾病、传染病等仍是居民死亡的主要原因。

4. 农牧民承受医药负担困难。1990 年全国农村自费医疗支出人均达 30 元左右，一般村卫生室常用药品可达 50 种左右，而这次调查少数民族贫困地区人均医疗费支出不到 15 元，当地农牧民因病致贫的占贫困户的 1/3。

5. 医药供应不能满足群众需求，广大农牧区，特别是乡村两级卫生组织药品奇缺。

6. 卫生技术力量不足，服务半径大，防病治病任务重。乡村两级卫生服务能力和农牧民患病、对卫生医疗的需求极不适应。

7. 医疗卫生机构设备陈旧、匮乏，无力更新，房屋破旧亟待改善。许多仪器系 50 年代产品，大多数医疗点没有治疗设备。

8. 三级医疗预防保健网，村级卫生组织不健全。卫生经费短缺。

(裴东红)

**【西藏卫生防疫事业】**

1991 年西藏的卫生防疫工作在机构建设、传染病防治等方面取得了进展。

1. 卫生防疫机构和队伍的建设逐步加强。截至 1991 年底西藏自治区卫生防疫机构共 90 个，县一级防疫机构基本建立，共有卫生防疫专业人员 1250 名，各学科专业开始有了本民族的学科带头人，独立承担卫生防病工作的能力得到进一步加强，地区级卫生防疫机构的卫生防病必需设备得到了装备，初步形成了一支以本民族为主体的民族卫生防疫队伍。

2. 传染病防治取得成绩。1991 年西藏自治区法定报告传染病发病数为 18262 例，比 1990 年发病数 18393 例下降了 0.72%，死亡数 1991 年为 126 例，比 1990 年 180 例下降了 30%，计划免疫四种疫苗所针对的六种传染病发病率也大幅度下降，其中脊髓灰质炎发病数 1991 年比 1990 年下降了 87.50%，百日咳下降了 82.20%。1991 年西藏全区计划免疫“四苗”接种率达到两个 85%。

3. 卫生防疫“八五”计划。1991 年制定了西藏卫生防疫“八五”计划。提出“八五”期间对法定报告传染病发病率力争控制在 2000/10 万以内(1991 年已控制到 1000/10 万)，法定报告传染病死亡率控制在 25/10 万以下。在巩固已经实现的两个 85%目标的基础上，“八五”期间力争实现以乡为单位“四苗”接种率达到85%。

（南俊华）

**【西藏藏医药状况】**

国家中医药管理局赴西藏考察组于1991年8月5～15日对西藏自治区的藏医藏药工作进行了实地考察。

**一、藏医药现状**

西藏和平解放后，藏医药事业发展较快。目前，全自治区有独立藏医机构14所，其中自治区级2所(藏医学院、藏医院及所附属的藏医研究所和天文星算研究所)，地市级6所，县级6所；74个县中有71个县人民医院设有藏医科；各级藏医院附属制药厂13个。藏医药卫技人员850人，其中正高职8人，副高职42人，主治(管)医师113人，医师(士)614人，其他73人。民间藏医个体行医688人。藏医院床位396张，周转率5.9，使用率89.2%。全区平均千人口拥有藏医人员0.4名(该区千人口拥有医药人员4名)。初步形成了藏医药的医、教、研体系。西藏自治区藏医药的发展，对青海、四川、甘肃、云南等省的藏医药发展影响也很大。

西藏自治区藏医院有职工400多名，建筑面积3万平方米，设12个科室，150张病床，门诊量23万人次/年。附属单位有藏医研究所，天文星算研究所和一个制药厂。藏医院在治疗高血压病、心脑血管病、风湿、类风湿、胃溃疡、萎缩性胃炎，癫痫疗效明显，占有一定优势，并开展了初步临床观察。藏药纳桑培(珍珠七十味丸)、玉宁、常觉、祖胎三十五味丸等为疗效显著的藏药优质产品。

藏医学院建于1989年9月，校园108亩，建筑面积1.45万平方米。分大学、中专两部，在校学生356人(大学131人，中专160人，进修生65人)，专职教师49人，兼职教师15人。自编24册五年制教材。已毕业学生本科50人，中专86人。

藏医药的科研工作开始起步，藏医研究所开发了藏医藏药的文献整理研究工作，完成了《医学百科全书，藏医药分卷》的编纂，正在进行《中华本草、藏药分册》的编纂工作。天文星算研究所引进了计算机技术进行藏历推算研究，为临床和农牧业服务。以胃镜和化验等手段观察藏药治疗萎缩性胃炎。自治区藏医研究所与华西医科大学合作研究的“大花红景天抗高山缺氧”课题初见苗头，1990年获自治区科研成果奖7项。

作为“藏文化”重要组成部分的藏医药学日益为国际医药界所瞩目。美国、日本、印度、尼伯尔、意大利等国学者曾来藏考察藏医药或邀请藏医药专家学者访问，有12个国家提出派留学生学习藏医的要求，尼泊尔、日本及港澳来藏就医、通信求治购药人士日增。

在西藏自治区，藏医药学和现代医学共同担负着广大藏民的预防、医疗、保健任务。1990年，自治区人民医院年门诊量是28万人次，自治区藏医院年门诊量23万人次，山区农牧区就诊藏医药的比例更高。从门诊统计数据分析，藏医药占总医疗量的40%左右，在藏族地区独具特点和优势。藏医药有自采、自制、自用的特点，实现“2000年人人享有卫生保健”，发展藏医药是一条必由之路。

**二、存在的问题**

1. 藏医药机构不足　藏医药事业起步晚，底子薄，其机构数量和广大藏民防病治病的需求还存在较大距离。边远山区、农牧区无医无药的问题没有解决。

2. 机构的内涵建设有待加强　藏医院医疗设备简陋，自治区藏医院只有总价值仅50万元的医疗设备，有学术专长的藏医生数量少，医生的层次结构不尽合理；藏医学院在教学管理、学科分化(只有藏医专业不分教研组室)、师资梯队(只有老藏医和新毕业生及青年助教人员)、教学比例(现代医学课时只占10%)、教学设备(仅2万元)等方面都有待加强、改进；科研单位没有独立科研机构，附属研究所的人员数量不足，素质也不够高，设备几乎没有，只能从事一些文献整理和临床观察工作，没有独立开展实验研究的能力。

3. 藏药亟待开发保护　疗效显著、深受患者欢迎的藏成药品种很多，但目前尚无一种具有正式批准文号的藏成药，因而不能形成社会生产和进入流通领域。原料昂贵，低价出售，经济效益差。藏药材资源丰富，如冬虫夏草、麝香、雪莲等。一些内地的个体户和采药团体，结合当地藏民，对野生藏药资源进行滥采、滥伐、滥捕，影响恶劣，对保护资源十分不利。

4. 农村三级医疗卫生网没有充分发挥藏医药的作用　西藏广大农牧区的个体行医只单纯看病售药，基层卫生人员藏医药的培训措施不力。在农村三级医疗卫生网工作中藏医药没有充分发挥其医疗保健作用。

5. 藏医药行政管理机构不健全　西藏自治区目前没有藏医药行政管理机构，均由各级卫生部门的医政处(科)兼管。

6. 全民免费医疗制度值得研究　西藏和平解放40年来，对藏族农牧民一直采取特殊的全民免费医疗制度。由于国家卫生经费投入增长比例低于物价增长指数，医疗经费实际有所下降，药品购置费十分紧张。藏药的主要服务对象是藏族农牧民(免费占86%)，没有作为商品进入流通领域，没有经济效益，失去自身活力，各级藏医机构的药品库存越来越少，基层尤为明显。不少基层机构陷入缺少药品困境。

**三、建议**

1. 稳步发展藏医药机构，重点加强内涵建设　藏医机构还需稳步增加，农牧村基层藏医机构和城市藏医院应同步发展。发展基层藏医机构宜采取加强县医院藏医科、办藏医门诊部、建县藏医院等多种形式。藏医学院的中专部应逐步独立出来，建成藏医学校，培养不同层次的藏医药人才。在医疗、教育、科研机构中，尽快培养一批学有专长的中青年藏医药技术尖子，通过学习，吸收多学科知识人才，继承老藏医药专家的学术专长经验，造就一批学科带头人，形成梯队，使他们在医、教、研不同岗位上发挥作用。建议在内地建一所中医学院办藏医进修班。

在机构管理上，自治区藏医院应进一步吸收现代医院的管理方法和现代科学的诊疗手段，学术开放引进，重点发展优势学科和项目，提高藏医药诊疗水平。藏医学院基础、临床教研室应进一步分化，提高现代医学的课程比例，完善教材，调整教学计划，使学生能以藏医药为专长、了解现代医学知识，动手能力强，适应社会防病治病的需求。

藏医药的医、教、研机构应添置必要的医疗、教学、科研仪器设备，促进学术引进和学科开放，使藏医药在继承的基础上得以发扬。科研工作随着人才培养和研究手段的改善，朝着逐步达到以藏医药人员为主，多学科开展藏医药研究的方向发展。国家对藏医药的科研课题、成果评定等应给予优惠照顾。

上述问题的经费，应以增加国家对西藏卫生经费投入与调动地方积极性二者结合，通过改革的途径加以解决。

2. 对藏药的开发采取倾斜政策　藏成药配方复杂(有的多达七八十味)，工艺特殊，药理、有效成份等尚认识不清，其质量标准应由藏医药专家根据其自身规律拟定，权利下放给自治区，促进藏成药早日得到批号，得以流通。藏药厂的设备、工艺技术等应投资改造提高，其标准要求不能用西药厂、中药厂的框框去套，应根据实际情况拟定对其的合理要求。藏成药的剂型改革，国家应给予一定投资和技术援助，使之由水泛丸增加到多种剂型，以适应临床需要和促进藏医药事业的发展。大力宣传保护野生药物资源，制定必要的措施，开发和保护相结合，使其得到合理的利用。

3. 加强农村三级卫生网中的藏医药建设　大力培训乡村医生、卫生员，集中组织乡村中的民间个体藏医到三级卫生网中来，给他们以一定的固定待遇，充分发挥他们的作用。建议在西藏选1～2个县进行农村三级卫生网的藏医试点。

4. 建议在西藏自治区卫生厅建立(恢复)藏医药管理机构。

5. 关于现行全民免费医疗制度的问题 医务人员强烈要求,应在不减少国家对西藏人民医疗经费投入的前提下,逐步改革现行全民免费医疗制度,使医疗费与个人适当挂钩。　　(沙凤桐)

# 公共卫生与疾病防治

**【1991 年卫生防疫工作】**

**一、计划免疫**　1991 年完成了计划免疫"第二个 85%"目标审评工作。卡介苗、脊髓灰质炎、百白破、麻疹疫苗接种率全国分别达到99.1%、97.8%、96.9%和97.7%,如期实现了以县为单位计划免疫接种率达到85%的目标。该成果获卫生部科技普及应用推广一等奖。针对近两年脊髓灰质炎疫情回升的趋势,全国采取了重点地区联防、加强脊髓灰质炎疫苗强化免疫和疫情监测报告等措施,使脊髓灰质炎疫情回升的势头得到控制。计划免疫国际合作项目进展顺利,与联合国儿童基金会合作项目已完成第四周期合作计划的80%。

**二、救灾中的防病工作**　1991 年全国大部分省区发生特大洪水灾害。针对灾区极可能发生较大疫情的严重形势,全国卫生防疫战线团结合作、保证重点、深入灾区开展防病治病;中央及各省组织专家指导组、疫情监测组,加强了疫情特别报告制度,及时向中央和灾区提供灾区疫情资料;制定了各种救灾防病的预案,指导全国防疫工作;下拨、组织救灾防病专项经费和物资,组织疫病防治工作队到灾区。1991 年取得了大灾之后无大疫的全面胜利。有 14 个卫生防疫站和 76 位卫生防疫工作者被卫生部评为先进集体和先进个人,分别占被表彰的 20.2%和 22.1%。

**三、重点传染病的防治**　1991 年甲、乙类报告传染病发生 3 253 439 例,比 1990 年下降了 3.3%。报告死亡例数 9583 例,比 1990 年下降了 27.8%。其中霍乱、脊灰、白喉、百日咳、乙型脑炎、疟疾、狂犬病下降幅度较大,肝炎、痢疾持平,伤寒略有上升,炭疽、出血热、布鲁氏菌病、黑热病、钩端螺旋体病等在局部地区有回升。

对重点传染病的防治采取了以下主要措施:

1. 加强对全国 145 个传染病监测点的组织领导和技术指导,抓紧监测点的基础建设,强化监测数据的质量意识并开展综合监测工作。

2. 防治以霍乱为重点的肠道传染病,制定 6 省腹泻防治规划,推广使用口服补液盐(ORS),加强以宣传教育为重点的综合防治措施。

3. 总结 7 年来全国出血热防治工作的经验和问题,加强各地监测点的工作。

4. 全面部署乙型肝炎疫苗接种推广工作,从组织、技术、宣传上做好各种准备工作。部署全国病毒型肝炎流行病学调查并加强了甲型肝炎疫苗的人群试验工作。

5. 开展性病防治机构和全国 16 个监测点的建设工作,对性病病人进行强制性治疗,性病蔓延和传播的速度得到一定的控制。预防控制艾滋病中期规划进展顺利，全国累计监测80余万人次，截至1991年底，全国累计发现HIV阳性者615例和艾滋病病人8例。

6.加强法规建设。《传染病防治法实施办法》已经国务院批准并由卫生部颁布实施。制定了《结核病防治管理办法》、《性病防治管理办法》等配套法规。

**四、慢性传染病防治** 召开第三次全国结核病防治工作会议，总结了近10年结核病防治工作和第三次全国结核病流行病学调查结果，表彰结核病防治先进集体和个人，部署"八五"期间结核病防治工作。控制结核病的贷款项目，完成了项目评估，争取了5700万美元的世界银行贷款，为12个省、自治区、直辖市的结核病防治工作提供了资金条件。

麻风病防治采取以联合化疗为主的综合防治措施，提高了化疗覆盖率和规划治疗率。配合世界卫生组织对8省、自治区联合化疗实施方案进行了考评并召开了全国联合化疗总结会议。在抓好8个麻风康复试点工作的同时，积极争取对外合作，由日本援建的青岛、南昌麻风康复中心落成，与比利时恢复签定了建立2个麻风康复中心和11个分中心的麻风康复计划协议书。全国麻风疫情监测计算机报告网已基本建成并开始工作。

**五、寄生虫病防治** 召开全国寄生虫病防治工作会议，总结了四年来寄生虫病防治工作，表彰了先进，确定了"八五"规划和任务。加强5省疟疾联防，结合救灾防病工作，控制灾区的疟疾疫情。完成了全国寄生虫分布现场调查，对肠道寄生虫病现状及防治对策和丝虫病防治远期目标进行了确认，召开了黑热病防治现场会。制定全国疟疾、包虫病防治的"八五"规划，明确了1992年的防治任务。

**六、卫生防疫机构的建设和管理** 制定了乡镇卫生防疫工作规范。1991年加强县区卫生防疫站193个，累计完成1798个，占应加强的64.1%。对有偿服务情况进行了调查并制订了新的管理办法。制订《各级卫生防疫站建筑及设备标准》、《卫生防疫站分级管理办法及考核标准》、《全面加强县区级卫生防疫站效益评估指标体系及办法》。完成《2000年预防战略目标制定研究》课题，并通过卫生部鉴定；《卫生防疫需求调查研究》课题完成。

（戴志澄）

**【全国卫生防疫事业"八五"计划和2000年规划】**

90年代卫生防疫发展战略为：突出预防保健和农村卫生两个战略重点，靠向卫生防疫倾斜和增加投入的政策，进一步治理整顿，深化改革，完善管理和依靠科学技术进步，不断提高卫生资源利用和卫生服务的综合效益，加强部门协调，动员群众参与，实现卫生防疫事业与社会和国民经济协调发展。

"八五"期间，以综合性卫生防疫机构为重点，创造条件，全面提高卫生设施和卫生服务质量，建立起具有中国特色的、比较完整的卫生防疫机构。"九五"期间进一步理顺关系，调整结构，提高效益，解决城乡、防治的合理分配和内涵问题，完善卫生防疫防、治、教、研的网络，建立起适合城乡经济发展和满足人民对卫生防疫基本需求的卫生防疫工作基础。

目标一：进一步提高儿童获得免疫服务的机会。

指标1：1995年计划免疫接种率力争以乡、镇为单位达到85%。公元2000年以乡为单位四种计划免疫疫苗覆盖率达90%。

指标2：1995年城镇新生儿乙型肝炎疫苗接种率达85%。

目标二：控制和基本消灭已有有效预防治疗手段的传染病。

指标3：到1995年报告传染病总发病率比1990年下降15%，到2000年再下降15%。

指标4：到1995年全国消灭脊髓灰质炎野毒株引起的麻痹型病例。

指标5：1995年基本消灭丝虫病，到2000年1/3的丝虫病流行县消灭丝虫病。到2000年基本消灭麻风病。

指标6：到1995年结核病患病率降至450/10万，到2000年降至350/10万。

指标7：到1995年基本查清艾滋病在我国的流行状况，控制霍乱、伤寒、出血热等病的暴发流行。

指标8：到1995年控制黑热病疫情回升，查清包虫病分布，疟疾发病控制在5万例以下。

（李淑芬）

**【中国2000年预防保健战略目标制定研究课题完成】**

自1987年开始的“中国2000年预防保健战略目标制定研究”课题已完成。该课题提出了到2000年中国在预防保健方面应达到的目标。从总体上讲，2000年预防保健总目标是强调预防疾病、增进人群健康和提高生命质量。课题共分15个专题，311个目标。即：预防保健政策，11个目标；预防保健资源，10个目标；预防传染病、加强计划免疫，33个目标；预防寄生虫病，30个目标；预防非传染性疾病，24个目标；口腔卫生与预防口腔病，21个目标；控制环境危害、改善饮水卫生，32个目标；控制职业危害，24个目标；合理营养，14个目标；食品卫生，17个目标；儿童青少年卫生，17个目标；妇幼卫生，23个目标；老年卫生，25个目标；减少吸烟危害，24个目标；加强健康教育和培养卫生行为，24个目标。每个专题一般包括健康状况、降低危险因素、服务与保护、群众参与、专业人员认识及训练、信息与监测等指标。每一指标一般包括“目标”和“基线”。“目标”包括到1995年和到2000年的具体目标；“基线”包括近期和若干年来本指标国内外基本情况。此课题已通过卫生部部级专家鉴定。

（王贺祥）

**【1991年卫生监督工作】**

**一、卫生监督体制改革试点**

1. 继辽宁省卫生厅设立卫生监督处后，黑龙江、山西、安徽等省及部分市卫生厅（局）也先后成立了卫生监督处、室。为总结和推广试点经验，1991年5月在大连召开了卫生监督管理体制改革座谈会，对下一步全国的卫生监督体制改革提出了要求。

2. 为了加快实施综合统一管理的步伐，卫生部卫生监督司对急需而又能够统一的方面，如各类卫生监督员的管理、卫生监督统计报告、卫生监督文书、预防性体检、预防性卫生监督管理等，制定了或正在制订统一的规章，使综合统一管理工作有章可循。

**二、卫生监督立法**　卫生部卫生监督司组织了卫生法学理论的研讨工作，对《中国卫生监督立法体系》中的法规层次进行了论证，并有计划地进行了各层次法规的制定工作。1991年颁布了《化妆品卫生监督条例实施细则》、《公共场所卫生管理条例实施细则》等法规和规章共12项。地方立法工作加快。辽宁、山西、湖南等12个省市颁布了劳动卫生管理条例。黑龙江、湖南、陕西3省颁布了《中、小学生卫生保健机构管理办法》。

**三、监督监测**　据29个省、自治区、直辖市（除西藏）统计，至1991年6月底，已获《化妆品生产企业卫生许可证》的生产企业达2224家；上海、辽宁等省市统计表明，生产企业化妆品卫生合格率达92.67%。到1991年底为止，半数以上的省、自治区、直辖市已经发布了化妆品管理的地方法规，省级和75%以上的地、市级卫生监督监测机构均可完成化妆品的微生物和化学指标的检测，大部分省可完成安全性评价的第一、二阶段的毒性试验。截至1991年底，卫生部共审批特殊用途化妆品及进口化妆品210个。涉及15省30县的乡镇工业企业职业卫生调查研究工作已基本结束。调查表明，82.99%

的乡镇工业企业存在不同程度的职业危害，33.76%的工人从事有害因素作业，矽尘、铅等8种有害因素浓度（强度）超标者达48.35%。这8种有害因素引起的职业病检出率达4.5%。至1991年底，全国放射卫生“许可登记证”领证率达90%以上，就业前体检率达95%以上，个人剂量监测覆盖率达70%以上。放射事故从1989年的20起和1990年18起降到1991年12起。1991年还完成了放射性污染监测点布局的调整工作，监测点由原来的45个调整为34个。据29个省、市（除西藏）报告，1991年1～3季度发生各种职业病（除尘肺）4622例，以化工和冶金行业为最多。1991年1～3季度，全国共监测食品样品755547件，平均合格率81.8%；监督检查8 297 898户次，处罚570 279户次，占总检查户数的6.87%。黑龙江省开展学校卫生综合监督管理试点取得了经验，并在省内逐步推广。哈尔滨、上海、南京等地作为学校卫生社会性监督试点单位，在对学生使用的文具、娱乐器具、保健用品的监督和管理方面开展了工作。

**四、制订规划**　1991年制定和颁布了《全国卫生监督与服务“八五”规划》，对全局和各专业卫生监督与服务工作在“八五”期末应达到的要求，提出了许多量化的指标，为五年后的评估工作提供了依据。各专业还制订了五年计划或方案。例如学校卫生正着手起草《学生常见病防治十年规划》和《常见病综合防治方案》，劳动卫生方面制定了“八五”期间重点项目，并通过招标形式落实了负责和参与单位。

**五、试点示范工作**　对12个省的放射卫生综合监督示范地市工作进行了现场考核验收。示范地区放射卫生监督工作基本做到了法制化，制定颁发了《医用X射线工作管理办法》、《放射性同位素与射线装置管理办法》等，并得到贯彻执行；对放射工作人员的管理实行《放射工作人员证》制度，示范地区放射工作人员的持证上岗率达95%以上，体检、个人剂量监测覆盖率和资料管理都达到了要求；人们的放射防护意识普遍增强。编写了《农村学校卫生工作示范县实施方案》，以指导示范县工作。第2批11个食品卫生示范县考核验收工作结束。这11个县的工作经验主要有将食品卫生工作纳入县政府的任期责任目标，划拨专项补助经费并补充仪器设备，增加食品卫生人员编制。这些示范县所在省正在推广经验，开展达标活动。

**六、调查研究工作**　制订了《中国2000年预防保健战略目标》，以指导本世纪的预防保健工作。就卫生防疫收费问题，对湖南、广东、上海进行了调查，并提出了卫生监督防疫收费的新的方案。对乡镇工业企业的卫生状况进行了调查，提出了乡镇工业企业劳动卫生管理的对策。对300个城市和部分县生活饮用水的卫生状况进行了调查，为制定有关法规提供了依据。对全国放射卫生监督监测机构和学校卫生专业机构、人员构成和仪器设备现状及需求进行了调查。对如何开展乡镇基层卫生监督工作和如何进行保健用品的卫生管理开展了调查。在24个省市对2566个厂的冷饮、乳粉等6类食品进行了卫生学调查。结果表明，罐头、酒的卫生合格率最高，分别为95.7%和90.9%；最差的是乳粉和糕点，合格率仅为71.2%和62.9%。食品的总合格率为83.8%。对食品中乱加药物以及生猪定点屠宰等问题进行了调查。

**七、信息交流、宣传培训工作**　举办卫生监督监测人员培训班39期，共培训1 907人。同时还开展了工业卫生知识电视讲座、食品卫生知识电视讲座等多种形式的宣传教育活动。《卫生监督信息》和《经济特区和沿海开放城市卫生监督信息》及时反映了全国卫生监督动态。组织了全国卫生监督影视片评选活动，共评选出一等奖3名，二等奖3名，三等奖3名。组织了3次卫生监督知识竞赛。

整顿、制定了一套卫生监督统计报表（15类25张）。

（阚学贵　朱宝铎）

**【“八五”卫生监督与服务工作目标】**

1991年卫生部组织制定了“八五”期间卫生监督与服务工作目标。主要包括：①各类食品卫生合格率达85%以上，“七五”期末为81.9%。，食物中毒年平均发生率较“七五”期间下降10%；②各类食品的年监测覆盖率达100%；③建立农村营养监测和改善试点，儿童营养不良率下降50%，贫血发病率下降10%，佝偻病患病率下降10%；④在部分大、中城市开展营养和慢性退行性疾病的监测、宣传和指导，使居民膳食脂肪提供的能量限制在膳食总能量的25%～30%，食盐平均日投入量限制在12克以下；⑤生产场所尘毒监测点年合格率，县及县以上企业为65%，县以下企业为40%；⑥降低慢性中毒人数，每年平均检出人数少于2500人；⑦水质卫生合格率大城市95%以上，中、小城市80%以上；⑧生产企业化妆品卫生总合格率达95%以上，市售各类化妆品卫生总合格率达90%以上；⑨中、小学生营养不良性的缺铁性贫血患病率，城市下降20%，县及县以下下降10%；⑩蛔虫感染率城市中、小学生下降到25%以下，县及县以下下降到35%以下；⑪中、小学生体重不足者城市下降30%，县及县以下下降40%；大城市肥胖学生检出率控制在5%以下，中、小城市控制在3%以下；⑫放射防护器材防护质量合格率达100%，医用诊断X线机防护措施合格率达85%以上，工业用X线、γ线检测器的卫生防护措施合格率达90%。

（朱宝铎）

**【卫生部发布1990年卫生监督工作情况通报】**

卫生部于1991年5月4日发布了1990年卫生监督工作情况通报。通报表明，职业病发病数略有下降。1989年为23757例，1990年为23 562例，其中有机磷农药中毒下降较为明显，由1989年的469例降至1990年的273例。尘肺病发病地区、行业分布仍未发生变化。从地区分布看，以辽宁省为最高，其次为四川省；从行业分布看，煤炭系统居首位，冶金系统次之。急性职业中毒仍以一氧化碳中毒居第一位，1989年为671例，其中死亡66例，1990年为853例，其中死亡65例，发病最高的仍是化工系统。慢性职业中毒，1989年为2 821例，1990年为3 059例，病种仍以铅、苯、三硝基甲苯中毒为前三位，主要发生在冶金、化工、有色金属、机械电子等系统和乡镇企业。生产环境有害物质监测点合格率上升，由1989年的62.05%上升到1990年的64.55%，这主要是由于县及县以上企业的合格率上升，而乡镇企业合格率有所降低。接触有害作业工人数增加，但职业病检出率下降。全国工矿企业中从事有毒有害作业工人数由1989年的18 789 671增加到1990的19 057 480。职业病检出数由1989年的0.57%下降到1990年0.50%。

食品卫生合格率上升。食品卫生监测合格率由1989年的80.3%增加到1990年81.9%。食物中毒人数明显下降。食物中毒人数1989年为49132，1990年为47367。食物中毒死亡数由1989年的396人减少至1990年338人。食品卫生监督执法收到良好效果。食品卫生监督处罚次数由1989年826730次下降到759916次，处罚率由1989年的8.1%减少至1990年的6.7%。1990年吊销卫生许可证1806户次，没收或销毁卫生不合格食品19 901 159公斤。进口食品检验进一步加强，全国各口岸进口食品总重量11 835 168 196吨，发现有问题23 024 715吨，占总重量1.95%，及时进行了退货、销毁或其它有效处理。1990年共收到11个省上报的放射事故18起，其中特大事故3起、重大事故11起、一般事故4起，受照人数达41人。

公共场所卫生监督得到加强。据14个省统计资料，共有公共场所380 118户，其中建档160 424户，获得卫生许可证258 575户，监测总户数95 175，监测项次数1 190 526次，合格率为82．7%。1990年是《化妆品卫生监督条例》实施的第一年，据13省统计报告，68．75%的化妆品企业获得了《化妆品生产企业卫生许可证》；共抽检化妆品6 469件，卫生总合格率为90．3%，其中生产企业91．4%，经营单位88．5%。出售的国产化妆品卫生合格率为89．0%，高于进口产品（84．0%）。各类国产化妆品的卫生合格率分别为：香水类98．2%，特殊用途类95．5%，发用类89．4%，美容修饰类89．1%，护肤类86．2%，进口化妆品的卫生合格率分别为：香水类97．1%，发用类92．3%，修饰美容类85．3%，护肤类73．6%（详见表1～21）。

表1　1990年全国职业病报告发病情况*

| 病　　种 | 1989年 | | 1990年 | |
|---|---|---|---|---|
| | 例数 | % | 例数 | % |
| 合　　计 | 23757 | | 23562** | |
| 尘　　肺 | 16551 | 69．7 | 15776 | 67．0 |
| 其中矽肺 | 6240 | | 6461 | |
| 煤工尘肺 | 7803 | | 6940 | |
| 慢性职业中毒 | 2821 | 11．9 | 3059 | 13．0 |
| 其中铅及其化合物 | 1439 | | 1639 | |
| 苯 | 534 | | 509 | |
| 急性职业中毒*** | 2259 | 9．5 | 2216 | 9．4 |
| 其中有机磷农药 | 469 | | 273 | |
| 一氧化碳 | 671 | | 853 | |
| 职业性眼、耳鼻喉疾病 | 1228 | 5．2 | 1540 | 6．5 |
| 其中噪声聋 | 617 | | 532 | |
| 职业性白内障 | 310 | | 566 | |
| 职业性皮肤病 | 426 | 1．8 | 399 | 1．7 |
| 物理因素职业病 | 337 | 1．4 | 359 | 1．5 |
| 职业性传染病 | 135 | 0．6 | 213 | 0．9 |

* 缺西藏；**1990年尘肺现患病例数366638；***1990年急性中毒发生1208起，共2216例；死亡144例，病死率6．5%。

* 本文所引1989年的统计数字与前卷年鉴所载1989年的数字略有差异，这是因为本文所引用的1989年的数字是在各地补报、更正报告的基础上进行了修正的数字。

表 2 尘肺病地区分布*

| 地区名称 | 1989年 接尘人数 | 1989年 现患 病例数 | 1989年 现患 其中 新病例数 | 1989年 现患 其中 死亡例数 | 患病率 % | 1990年 接尘人数 | 1990年 现患 病例数 | 1990年 现患 其中 新病例数 | 1990年 现患 其中 死亡例数 | 患病率 % |
|---|---|---|---|---|---|---|---|---|---|---|
| 总计 | 6098668 | 358808 | 16551 | 5535 | 5.09 | 7157037 | 366638 | 15776 | 6921 | 4.83 |
| 北京 |  | 6627 | 460 | 212 |  | 114024 | 6704 | 331 | 276 | 5.88 |
| 天津 | 95505 | 3575 | 257 | 53 | 3.74 | 88002 | 3748 | 192 | 60 | 4.26 |
| 河北 | 421251 | 13942 | 661 | 538 | 3.31 | 443955 | 15449 | 491 | 382 | 3.48 |
| 山西 | 809818 | 26179 | 1353 | 172 | 3.23 | 1029740 | 26589 | 1027 | 449 | 2.58 |
| 内蒙古 |  | 8446 | 310 | 139 |  | 114514 | 6824 | 306 | 119 | 5.96 |
| 辽宁 | 633231 | 33946 | 2310 | 704 | 5.36 | 588102 | 34764 | 1760 | 825 | 5.91 |
| 吉林 |  | 13545 | 1125 | 207 |  | 264737 | 14755 | 1264 | 138 | 5.57 |
| 黑龙江 | 424931 | 18368 | 937 | 167 | 4.32 | 423043 | 19256 | 1111 | 191 | 4.55 |
| 上海 | 238214 | 3958 | 221 | 26 | 1.66 | 238214 | 3973 | 138 | 91 | 1.67 |
| 江苏 |  | 7965 | 523 | 72 |  |  | 8450 | 586 | 138 |  |
| 浙江 | 255531 | 10437 | 444 | 185 | 4.08 | 260661 | 10118 | 264 | 148 | 3.88 |
| 安徽 | 242432 | 11575 | 453 | 253 | 4.77 | 240148 | 11797 | 548 | 227 | 4.91 |
| 福建 | 116880 | 4919 | 193 | 48 | 4.21 | 87946 | 4893 | 181 | 107 | 5.56 |
| 江西 | 222395 | 17025 | 586 | 590 | 7.66 | 233937 | 17381 | 892 | 394 | 7.43 |
| 山东 |  | 11939 | 474 | 25 |  |  | 12257 | 387 | 87 |  |
| 河南 | 320928 | 19244 | 1116 | 453 | 6.00 | 123758 | 19555 | 809 | 303 | 15.80 |
| 湖北 | 387050 | 9595 | 260 | 144 | 2.48 | 461593 | 9617 | 282 | 146 | 2.08 |
| 湖南 | 512262 | 31750 | 721 | 292 | 6.20 | 566250 | 32901 | 981 | 329 | 5.81 |
| 广东 | 163061 | 9961 | 304 | 192 | 6.11 | 225472 | 10166 | 365 | 126 | 4.51 |
| 广西 | 152148 | 4840 | 47 | 44 | 3.18 | 181435 | 4794 | 56 | 73 | 2.64 |
| 四川 | 394610 | 40292 | 1170 | 386 | 10.21 | 468814 | 39477 | 1419 | 567 | 8.42 |
| 海南 | 12997 | 153 | 8 | 2 | 1.18 | 27246 | 168 | 15 | 2 | 0.62 |
| 贵州 | 188320 | 6458 | 221 | 110 | 3.43 | 297460 | 6431 | 197 | 143 | 2.16 |
| 云南 |  | 9023 | 77 | 117 |  | 82369 | 9017 | 95 | 67 | 10.95 |
| 陕西 | 263981 | 12935 | 1126 | 246 | 4.90 | 276410 | 15016 | 702 | 1174 | 5.43 |
| 甘肃 | 160848 | 8707 | 696 | 22 | 5.41 | 188110 | 8587 | 129 | 62 | 4.56 |
| 青海 | 50131 | 1776 | 324 | 20 | 3.54 | 43213 | 1812 | 58 | 14 | 4.19 |
| 宁夏 | 32144 | 2431 | 43 | 30 | 7.56 | 48507 | 2503 | 104 | 39 | 5.16 |
| 新疆 |  | 9197 | 131 | 86 |  | 39377 | 9636 | 1086 | 240 | 24.47 |

* 缺西藏。

表 3　尘肺病产业系统分布*

| 产业系统 | 接尘人数 | 1989年 现患病例数 | 其中 新病例数 | 其中 死亡例数 | 接尘人数 | 1990年 现患病例数 | 其中 新病例数 | 其中 死亡例数 |
|---|---|---|---|---|---|---|---|---|
| 总计 | 6098668 | 358808 | 16551 | 5535 | 7157037 | 366638 | 15776 | 6921 |
| 煤炭 | 1718071 | 166968 | 8156 | 2610 | 1802502 | 172178 | 7120 | 3971 |
| 石油 | 39901 | 969 | 111 | 9 | 35001 | 522 | 24 | 4 |
| 电力 | 76113 | 3562 | 183 | 54 | 95097 | 3698 | 276 | 69 |
| 核工业 | 10716 | 1128 | 4 | 15 | 16764 | 1055 | 20 | 5 |
| 冶金 | 618504 | 46731 | 2005 | 617 | 756136 | 48643 | 2213 | 754 |
| 有色金属 | 202513 | 30127 | 727 | 946 | 266487 | 28400 | 639 | 669 |
| 机械 | 427291 | 15472 | 961 | 192 | 498746 | 15884 | 925 | 196 |
| 电子 | 507 | 82 | 6 | 0 | 3416 | 124 | 8 | 1 |
| 船舶 | 30995 | 951 | 41 | 5 | 29153 | 939 | 21 | 16 |
| 化工 | 206297 | 9691 | 472 | 68 | 223125 | 8772 | 359 | 94 |
| 医药 | 11949 | 268 | 12 | 8 | 16336 | 184 | 8 | 1 |
| 铁道 | 77758 | 9782 | 188 | 169 | 84531 | 9621 | 541 | 235 |
| 交通 | 92703 | 1751 | 143 | 22 | 98322 | 1520 | 166 | 14 |
| 民航 | 3371 | 279 | 1 | 12 | 653 | 8 | 0 | 0 |
| 建材 | 462891 | 19265 | 1164 | 184 | 575232 | 20036 | 1176 | 232 |
| 建设 | 74583 | 2278 | 113 | 27 | 81134 | 2336 | 101 | 31 |
| 地质矿产 | 63699 | 3524 | 128 | 42 | 78401 | 3968 | 194 | 67 |
| 水利 | 20183 | 1850 | 50 | 30 | 24726 | 2019 | 108 | 42 |
| 农业 | 23699 | 1065 | 45 | 29 | 32564 | 305 | 69 | 4 |
| 林业 | 32809 | 533 | 45 | 2 | 31313 | 602 | 31 | 1 |
| 轻工 | 329846 | 14640 | 590 | 179 | 397486 | 16955 | 520 | 186 |
| 纺织 | 126237 | 754 | 49 | 9 | 230738 | 540 | 36 | 5 |
| 航空航天 | 21114 | 350 | 38 | 8 | 21868 | 385 | 24 | 3 |
| 商业 | 16520 | 400 | 22 | 4 | 24444 | 346 | 23 | 2 |
| 邮电 | 25007 | 40 | 3 | 0 | 2931 | 35 | 5 | 0 |
| 公安 | 40440 | 3074 | 65 | 50 | 33356 | 2699 | 52 | 94 |
| 石化总公司 | 4210 | 3 | 1 | 0 | 21903 | 585 | 46 | 8 |
| 乡镇企业 | 1060422 | 7204 | 381 | 60 | 1363168 | 7550 | 368 | 53 |
| 其它 | 272426 | 16978 | 843 | 183 | 311504 | 16726 | 703 | 171 |
| 不明 | | | | | | | | 3 |

* 缺西藏。

表4 各种急性职业性中毒发病死亡汇总*

| 急性中毒名称 | 1989年发病 | | 1989年死亡 | | 病死率% | 1990年发病 | | 1990年死亡 | | 病死率% |
|---|---|---|---|---|---|---|---|---|---|---|
| | 例数 | 构成% | 例数 | 构成% | | 例数 | 构成% | 例数 | 构成% | |
| 总计 | 2259 | 100.00 | 157 | 100.00 | 6.95 | 2216 | 100.00 | 144 | 100.00 | 6.50 |
| 砷化氢 | 29 | 1.28 | 0 | 0.00 | 0.00 | 16 | 0.72 | 1 | 0.69 | 6.25 |
| 氯气 | 98 | 4.34 | 0 | 0.00 | 0.00 | 160 | 7.22 | 0 | 0.00 | 0.00 |
| 光气 | 3 | 0.13 | 0 | 0.00 | 0.00 | 5 | 0.23 | 1 | 0.69 | 20.00 |
| 氨 | 41 | 1.81 | 2 | 1.27 | 4.88 | 46 | 2.08 | 3 | 2.08 | 6.52 |
| 氮氧化物 | 23 | 1.02 | 0 | 0.00 | 0.00 | 36 | 1.62 | 0 | 0.00 | 0.00 |
| 一氧化碳 | 671 | 29.70 | 66 | 42.04 | 9.84 | 853 | 38.49 | 65 | 45.14 | 7.62 |
| 硫化氢 | 102 | 4.51 | 39 | 24.84 | 38.24 | 113 | 5.10 | 33 | 22.92 | 29.20 |
| 氰及腈类化合物 | 16 | 0.71 | 2 | 1.27 | 12.50 | 13 | 0.59 | 2 | 1.39 | 15.38 |
| 羰基镍 | 6 | 0.27 | 0 | 0.00 | 0.00 | 0 | 0.00 | 0 | 0.00 | 0.00 |
| 苯 | 36 | 0.59 | 3 | 1.92 | 8.33 | 56 | 2.53 | 2 | 1.39 | 3.57 |
| 有机氟 | 4 | 0.18 | 0 | 0.00 | 0.00 | 2 | 0.09 | 0 | 0.00 | 0.00 |
| 四氯化碳 | 3 | 0.13 | 0 | 0.00 | 0.00 | 1 | 0.05 | 0 | 0.00 | 0.00 |
| 苯的氨基及硝基化合物 | 106 | 4.69 | 1 | 0.64 | 0.94 | 91 | 4.11 | 0 | 0.00 | 0.00 |
| 硫酸二甲酯 | 72 | 3.19 | 1 | 0.64 | 1.39 | 29 | 1.31 | 0 | 0.00 | 0.00 |
| 有机磷农药 | 469 | 20.76 | 3 | 1.92 | 0.64 | 273 | 12.32 | 0 | 0.00 | 0.00 |
| 其它 | 580 | 25.68 | 40 | 25.48 | 6.90 | 522 | 23.56 | 37 | 25.69 | 7.09 |

* 缺西藏。

表5　急性职业中毒、死亡地区分布*

| 省 | 1989年 发病 次数 | 1989年 发病 例数 | 1989年 发病 构成% | 1989年 死亡 例数 | 1989年 死亡 构成% | 1989年 死亡 病死率% | 1990年 发病 次数 | 1990年 发病 例数 | 1990年 发病 构成% | 1990年 死亡 例数 | 1990年 死亡 构成% | 1990年 死亡 病死率% |
|---|---|---|---|---|---|---|---|---|---|---|---|---|
| 总　计 | 1451 | 2259 | 100.00 | 157 | 100.00 | 6.95 | 1208 | 2216 | 100.00 | 144 | 100.00 | 6.50 |
| 北　京 | 24 | 34 | 1.51 | 1 | 0.64 | 2.94 | 27 | 35 | 1.58 | 1 | 0.69 | 2.86 |
| 天　津 | 16 | 26 | 1.15 | 2 | 1.27 | 7.69 | 19 | 34 | 1.53 | 3 | 2.08 | 8.82 |
| 河　北 | 6 | 13 | 0.58 | 6 | 3.82 | 46.15 | 13 | 42 | 1.90 | 4 | 2.78 | 9.52 |
| 山　西 | 158 | 320 | 14.17 | 29 | 18.47 | 9.06 | 151 | 333 | 15.03 | 16 | 11.11 | 4.80 |
| 内蒙古 | 5 | 7 | 0.31 | 0 | 0.00 | 0.00 | 2 | 4 | 0.18 | 0 | 0.00 | 0.00 |
| 辽　宁 | 160 | 205 | 9.07 | 6 | 3.82 | 2.93 | 176 | 238 | 10.74 | 15 | 10.42 | 6.30 |
| 吉　林 | 61 | 82 | 3.63 | 2 | 1.27 | 2.44 | 61 | 93 | 4.20 | 1 | 0.69 | 1.08 |
| 黑龙江 | 15 | 17 | 0.75 | 3 | 1.91 | 17.65 | 16 | 20 | 0.90 | 1 | 0.69 | 5.00 |
| 上　海 | 46 | 99 | 4.38 | 1 | 0.64 | 1.01 | 28 | 79 | 3.56 | 8 | 5.56 | 10.13 |
| 江　苏 | 336 | 386 | 17.09 | 3 | 1.91 | 0.78 | 61 | 118 | 5.32 | 2 | 1.39 | 1.69 |
| 浙　江 | 68 | 124 | 5.49 | 12 | 7.64 | 9.68 | 75 | 135 | 6.09 | 15 | 10.42 | 11.11 |
| 安　徽 | 8 | 9 | 0.40 | 0 | 0.00 | 0.00 | 125 | 183 | 8.26 | 0 | 0.00 | 0.00 |
| 福　建 | 132 | 176 | 7.79 | 12 | 7.64 | 6.82 | 15 | 29 | 1.31 | 2 | 1.39 | 6.90 |
| 江　西 | 13 | 42 | 1.86 | 5 | 3.18 | 11.90 | 13 | 20 | 0.90 | 1 | 0.69 | 5.00 |
| 山　东 | 31 | 54 | 2.39 | 11 | 7.01 | 20.37 | 17 | 31 | 1.40 | 2 | 1.39 | 6.45 |
| 河　南 | 4 | 7 | 0.31 | 5 | 3.18 | 71.43 | 13 | 37 | 1.67 | 3 | 2.08 | 8.11 |
| 湖　北 | 19 | 82 | 3.63 | 16 | 10.19 | 19.51 | 44 | 99 | 4.47 | 1 | 0.69 | 1.01 |
| 湖　南 | 62 | 127 | 5.62 | 7 | 4.46 | 5.51 | 107 | 162 | 7.31 | 7 | 4.86 | 4.32 |
| 广　东 | 184 | 211 | 9.34 | 4 | 2.55 | 1.90 | 94 | 109 | 4.92 | 9 | 6.25 | 8.26 |
| 广　西 | 16 | 27 | 1.20 | 5 | 3.18 | 18.52 | 16 | 33 | 1.49 | 9 | 6.25 | 27.27 |
| 四　川 | 52 | 133 | 5.89 | 17 | 10.83 | 12.78 | 52 | 160 | 7.22 | 16 | 11.11 | 10.00 |
| 海　南 | 0 | 0 | 0.00 | 0 | 0.00 | 0.00 | 4 | 11 | 0.50 | 2 | 1.39 | 18.18 |
| 贵　州 | 7 | 13 | 0.58 | 0 | 0.00 | 0.00 | 7 | 10 | 0.45 | 2 | 1.39 | 20.00 |
| 云　南 | 0 | 0 | 0.00 | 0 | 0.00 | 0.00 | 17 | 44 | 1.99 | 5 | 3.47 | 11.36 |
| 陕　西 | 4 | 17 | 0.75 | 0 | 0.00 | 0.00 | 12 | 19 | 0.86 | 1 | 0.69 | 5.26 |
| 甘　肃 | 19 | 25 | 1.11 | 0 | 0.00 | 0.00 | 37 | 124 | 5.60 | 10 | 6.94 | 8.06 |
| 青　海 | 0 | 0 | 0.00 | 0 | 0.00 | 0.00 | 0 | 0 | 0.00 | 0 | 0.00 | 0.00 |
| 宁　夏 | 4 | 20 | 0.89 | 8 | 5.10 | 40.00 | 3 | 9 | 0.41 | 8 | 5.56 | 88.89 |
| 新　疆 | 1 | 3 | 0.13 | 2 | 1.27 | 66.67 | 3 | 5 | 0.23 | 0 | 0.00 | 0.00 |

* 缺西藏。

表 6　急性职业中毒、死亡产业系统分布*

| 产业系统 | 1989年 发病 次数 | 例数 | 构成% | 1989年 死亡 例数 | 构成% | 病死率% | 1990年 发病 次数 | 例数 | 构成% | 1990年 死亡 例数 | 构成% | 病死率% |
|---|---|---|---|---|---|---|---|---|---|---|---|---|
| 总计 | 1451 | 2259 | 100.00 | 157 | 100.00 | 6.95 | 1208 | 2216 | 100.00 | 144 | 100.00 | 6.50 |
| 煤炭 | 52 | 137 | 6.06 | 32 | 20.38 | 23.36 | 90 | 159 | 7.18 | 25 | 17.36 | 15.72 |
| 石油 | 17 | 26 | 1.15 | 1 | 0.64 | 3.85 | 13 | 22 | 0.99 | 1 | 0.69 | 4.55 |
| 电力 | 5 | 5 | 0.22 | 0 | 0.00 | 0.00 | 3 | 3 | 0.14 | 0 | 0.00 | 0.00 |
| 核工业 | 9 | 23 | 1.02 | 2 | 1.27 | 8.70 | 1 | 1 | 0.05 | 0 | 0.00 | 0.00 |
| 冶金 | 88 | 136 | 6.02 | 15 | 9.55 | 11.03 | 107 | 262 | 11.82 | 16 | 11.11 | 6.11 |
| 有色金属 | 10 | 14 | 0.62 | 0 | 0.00 | 0.00 | 50 | 103 | 4.65 | 12 | 8.33 | 11.65 |
| 机械 | 27 | 62 | 2.74 | 2 | 1.27 | 3.22 | 37 | 101 | 4.56 | 1 | 0.69 | 0.99 |
| 船舶 | 10 | 16 | 0.71 | 2 | 1.27 | 12.50 | 10 | 35 | 1.58 | 7 | 4.86 | 20.00 |
| 化工 | 353 | 607 | 26.87 | 22 | 14.01 | 3.62 | 364 | 633 | 28.56 | 23 | 15.97 | 3.63 |
| 医药 | 14 | 71 | 3.14 | 12 | 7.64 | 16.90 | 21 | 45 | 2.03 | 0 | 0.00 | 0.00 |
| 铁道 | 6 | 21 | 0.93 | 0 | 0.00 | 0.00 | 12 | 19 | 0.86 | 1 | 0.69 | 5.26 |
| 交通 | 7 | 10 | 0.44 | 1 | 0.64 | 10.00 | 4 | 11 | 0.50 | 1 | 0.69 | 9.09 |
| 民航 | 0 | 0 | 0.00 | 0 | 0.00 | 0.00 | 0 | 0 | 0.00 | 0 | 0.00 | 0.00 |
| 建材 | 10 | 16 | 0.71 | 3 | 1.91 | 18.75 | 13 | 32 | 1.44 | 3 | 2.08 | 9.38 |
| 建设 | 10 | 14 | 0.62 | 2 | 1.27 | 14.29 | 16 | 27 | 1.22 | 3 | 2.08 | 11.11 |
| 地质矿产 | 0 | 0 | 0.00 | 0 | 0.00 | 0.00 | 4 | 7 | 0.32 | 3 | 2.08 | 42.86 |
| 水利 | 1 | 1 | 0.04 | 0 | 0.00 | 0.00 | 0 | 0 | 0.00 | 0 | 0.00 | 0.00 |
| 农业 | 64 | 92 | 4.07 | 4 | 2.55 | 4.35 | 150 | 158 | 7.13 | 0 | 0.00 | 0.00 |
| 林业 | 61 | 62 | 2.74 | 0 | 0.00 | 0.00 | 1 | 1 | 0.05 | 0 | 0.00 | 0.00 |
| 轻工 | 41 | 66 | 2.92 | 14 | 8.92 | 21.21 | 54 | 97 | 4.38 | 8 | 5.56 | 8.25 |
| 纺织 | 11 | 15 | 0.66 | 2 | 1.27 | 13.33 | 8 | 24 | 1.08 | 0 | 0.00 | 0.00 |
| 航空航天 | 2 | 3 | 0.13 | 0 | 0.00 | 0.00 | 4 | 4 | 0.18 | 0 | 0.00 | 0.00 |
| 商业 | 5 | 9 | 0.40 | 3 | 1.91 | 33.33 | 11 | 25 | 1.13 | 4 | 2.78 | 16.00 |
| 邮电 | 0 | 0 | 0.00 | 0 | 0.00 | 0.00 | 1 | 1 | 0.05 | 0 | 0.00 | 0.00 |
| 公安 | 6 | 20 | 0.89 | 8 | 5.10 | 40.00 | 0 | 0 | 0.00 | 0 | 0.00 | 0.00 |
| 石化总公司** | — | — | — | — | — | — | 10 | 11 | 0.50 | 2 | 1.39 | 18.18 |
| 乡镇企业 | 403 | 529 | 23.42 | 30 | 19.11 | 5.67 | 74 | 228 | 10.19 | 19 | 13.19 | 8.33 |
| 其它 | 239 | 304 | 13.46 | 2 | 1.27 | 0.66 | 150 | 207 | 9.34 | 15 | 10.42 | 7.25 |

* 缺西藏；**1990 年起单列报告。

## 表7 各种慢性职业中毒

| 名称 | 1989 | | 1990 | |
|---|---|---|---|---|
| | 例数 | 构成% | 例数 | 构成% |
| 总计 | 2821 | 100.00 | 3059 | 100.00 |
| 铅及其化合物 | 1439 | 51.01 | 1639 | 53.58 |
| 汞及其化合物 | 49 | 1.74 | 109 | 3.56 |
| 锰及其化合物 | 166 | 5.88 | 163 | 5.33 |
| 镉及其化合物 | 15 | 0.53 | 1 | 0.03 |
| 铍病 | 5 | 0.18 | 4 | 0.13 |
| 砷及其化合物 | 11 | 0.39 | 17 | 0.56 |
| 二硫化碳 | 21 | 0.74 | 7 | 0.23 |
| 工业氟病 | 93 | 3.30 | 38 | 1.24 |
| 苯 | 534 | 18.93 | 509 | 16.64 |
| 三硝基甲苯 | 321 | 11.38 | 341 | 11.15 |
| 其它 | 167 | 5.92 | 231 | 7.55 |

## 表8 慢性职业中毒产业系统和地区分布*

| 产业系统 | 1989 | | 1990 | | 省 | 1989 | | 1990 | |
|---|---|---|---|---|---|---|---|---|---|
| | 例数 | 构成% | 例数 | 构成% | | 例数 | 构成% | 例数 | 构成% |
| 总计 | 2821 | 100.00 | 3059 | 100.00 | 总计 | 2821 | 100.00 | 3059 | 100.00 |
| 煤炭 | 168 | 5.96 | 120 | 3.92 | 北京 | 13 | 0.46 | 7 | 0.23 |
| 石油 | 35 | 1.24 | 49 | 1.60 | 天津 | 97 | 3.44 | 87 | 2.84 |
| 电力 | 39 | 1.38 | 42 | 1.37 | 河北 | 32 | 3.13 | 39 | 1.27 |
| 核工业 | 0 | 0.00 | 0 | 0.00 | 山西 | 62 | 2.20 | 87 | 2.84 |
| 冶金 | 237 | 8.40 | 545 | 17.82 | 内蒙 | 67 | 2.38 | 64 | 2.09 |
| 有色金属 | 448 | 15.88 | 369 | 12.06 | 辽宁 | 272 | 9.64 | 290 | 9.48 |
| 机械电子 | 594 | 21.06 | 487 | 15.92 | 吉林 | 100 | 3.54 | 95 | 3.11 |
| 船舶 | 21 | 0.74 | 22 | 0.72 | 黑龙江 | 62 | 2.20 | 31 | 1.01 |
| 化工 | 378 | 13.40 | 450 | 14.71 | 上海 | 78 | 2.76 | 71 | 2.32 |
| 医药 | 31 | 1.10 | 45 | 1.47 | 江苏 | 305 | 10.81 | 285 | 9.32 |
| 铁道 | 39 | 1.38 | 37 | 1.21 | 浙江 | 73 | 2.59 | 73 | 2.39 |
| 交通 | 96 | 3.40 | 58 | 1.90 | 安徽 | 71 | 2.52 | 168 | 5.49 |
| 民航 | 2 | 0.07 | 0 | 0.00 | 福建 | 27 | 0.96 | 34 | 1.11 |
| 建材 | 17 | 0.60 | 45 | 1.47 | 江西 | 78 | 2.76 | 84 | 2.75 |
| 建设 | 18 | 0.64 | 29 | 0.95 | 山东 | 122 | 4.32 | 44 | 1.44 |
| 地质矿产 | 7 | 0.25 | 25 | 0.82 | 河南 | 85 | 3.01 | 55 | 1.80 |
| 水利 | 5 | 0.18 | 1 | 0.03 | 湖北 | 92 | 3.26 | 102 | 3.33 |
| 农业 | 2 | 0.07 | 34 | 1.11 | 湖南 | 545 | 19.32 | 302 | 9.87 |
| 林业 | 9 | 0.32 | 3 | 0.10 | 广东 | 166 | 5.88 | 146 | 4.77 |
| 轻工 | 281 | 9.96 | 219 | 7.16 | 广西 | 46 | 1.63 | 45 | 1.47 |
| 纺织 | 62 | 2.20 | 29 | 0.95 | 四川 | 188 | 6.66 | 228 | 7.45 |
| 航空航天 | 6 | 0.21 | 7 | 0.23 | 海南 | 18 | 0.64 | 9 | 0.29 |
| 商业 | 10 | 0.35 | 11 | 0.36 | 贵州 | 37 | 1.31 | 31 | 1.01 |
| 邮电 | 9 | 0.32 | 13 | 0.42 | 云南 | 41 | 1.45 | 583 | 19.06 |
| 公安 | 2 | 0.07 | 4 | 0.13 | 陕西 | 104 | 3.69 | 55 | 1.80 |
| 石化总公司** | — | —— | 9 | 0.29 | 甘肃 | 18 | 0.64 | 12 | 0.39 |
| 乡镇企业 | 209 | 7.41 | 309 | 10.10 | 青海 | 8 | 0.28 | 3 | 0.10 |
| 其它 | 96 | 3.40 | 97 | 3.17 | 宁夏 | 1 | 0.04 | 1 | 0.03 |
| | | | | | 新疆 | 13 | 0.46 | 28 | 0.92 |

* 缺西藏；**1990年起单列报告。

## ·表 9 有害作业工人健康检查情况*

| 地区名称 | 1989 接触尘毒人数 | 1989 体检人数 | 1989 体检率% | 1989 检出人数 | 1989 检出率% | 1990 接触尘毒人数 | 1990 体检人数 | 1990 体检率% | 1990 检出人数 | 1990 检出率% |
|---|---|---|---|---|---|---|---|---|---|---|
| 总 计 | 18789671 | 3884535 | 20.67 | 22013 | 0.57 | 19057480 | 3914431 | 20.54 | 19672 | 0.50 |
| 北 京 | 101968 | 62197 | 61.00 | 555 | 0.89 | 420271 | 39964 | 9.51 | 69 | 0.17 |
| 天 津 | 190365 | 56563 | 29.71 | 343 | 0.61 | 191432 | 53869 | 28.14 | 285 | 0.53 |
| 河 北 | 998957 | 353768 | 35.41 | 1142 | 0.32 | 885496 | 325264 | 36.73 | 918 | 0.28 |
| 山 西 | 1106191 | 104244 | 9.42 | 1614 | 1.55 | 1073861 | 121759 | 11.34 | 1272 | 1.04 |
| 内蒙古 | 249546 | 46632 | 18.69 | 470 | 1.01 | 268270 | 46253 | 17.24 | 1011 | 2.19 |
| 辽 宁 | 1875771 | 416632 | 22.21 | 2881 | 0.69 | 1796015 | 366983 | 20.43 | 2369 | 0.65 |
| 吉 林 | 449157 | 93579 | 20.83 | 1383 | 1.48 | 445458 | 144590 | 32.46 | 1588 | 1.10 |
| 黑龙江 | 702529 | 121507 | 17.30 | 1041 | 0.86 | 700778 | 136171 | 19.43 | 1151 | 0.85 |
| 上 海 | 911137 | 399799 | 43.88 | 319 | 0.08 | 980340 | 311365 | 31.76 | 269 | 0.09 |
| 江 苏 | 1276470 | 160434 | 12.57 | 870 | 0.54 | 1488963 | 159957 | 10.74 | 876 | 0.55 |
| 浙 江 | 763285 | 159340 | 20.88 | 858 | 0.54 | 689007 | 155061 | 22.50 | 833 | 0.54 |
| 安 徽 | 568494 | 43839 | 7.71 | 603 | 1.38 | 469278 | 49177 | 10.48 | 608 | 1.24 |
| 福 建 | 310065 | 60128 | 19.39 | 418 | 0.70 | 249330 | 65045 | 26.09 | 256 | 0.39 |
| 江 西 | 608437 | 155052 | 25.48 | 807 | 0.52 | 583748 | 121830 | 20.87 | 1033 | 0.85 |
| 山 东 | 1295499 | 285771 | 22.06 | 475 | 0.17 | 1456014 | 357989 | 24.59 | 400 | 0.11 |
| 河 南 | 1098795 | 143551 | 13.06 | 1215 | 0.85 | 946599 | 198816 | 21.00 | 579 | 0.29 |
| 湖 北 | 882870 | 118209 | 13.39 | 515 | 0.44 | 936425 | 101659 | 10.86 | 530 | 0.52 |
| 湖 南 | 1262158 | 192437 | 15.25 | 1388 | 0.72 | 1234807 | 155611 | 12.60 | 1801 | 1.16 |
| 广 东 | 951802 | 230285 | 24.19 | 346 | 0.15 | 1084518 | 395809 | 36.50 | 212 | 0.05 |
| 广 西 | 256374 | 55800 | 21.77 | 152 | 0.27 | 300143 | 64661 | 21.54 | 98 | 0.15 |
| 四 川 | 1259507 | 359498 | 28.54 | 1527 | 0.42 | 1019597 | 247324 | 24.26 | 1735 | 0.70 |
| 海 南 | 39580 | 12818 | 32.39 | 26 | 0.20 | 83938 | 14167 | 16.88 | 25 | 0.18 |
| 贵 州 | 463149 | 68624 | 14.82 | 359 | 0.52 | 532503 | 71245 | 13.38 | 232 | 0.33 |
| 云 南 | 120593 | 24987 | 20.72 | 376 | 1.50 | 131443 | 48387 | 36.81 | 174 | 0.36 |
| 陕 西 | 529656 | 87679 | 16.55 | 1260 | 1.44 | 479635 | 87094 | 18.16 | 821 | 0.94 |
| 甘 肃 | 266659 | 28260 | 10.60 | 493 | 1.74 | 367241 | 41489 | 11.30 | 155 | 0.37 |
| 青 海 | 84074 | 11344 | 13.49 | 368 | 3.24 | 80708 | 6518 | 8.08 | 97 | 1.49 |
| 宁 夏 | 100936 | 11535 | 11.43 | 54 | 0.47 | 113437 | 13306 | 11.73 | 127 | 0.95 |
| 新 疆 | 65647 | 20023 | 30.50 | 156 | 0.78 | 48225 | 13068 | 27.10 | 148 | 1.13 |

* 缺西藏。

## 表 10　生产环境有害物质监测情况*

| 地区名称 | 1989 年 | | | | | | 1990 年 | | | | | |
|---|---|---|---|---|---|---|---|---|---|---|---|---|
| | 厂矿数 | 应测点 | 实测点 | 实测率 % | 合格点 | 合格率 % | 厂矿数 | 应测点 | 实测点 | 实测率 % | 合格点 | 合格率 % |
| 总　计 | 639724 | 1139019 | 689417 | 60.53 | 427796 | 62.05 | 687189 | 1184835 | 676299 | 57.08 | 436547 | 64.55 |
| 北　京 | 2016 | 22363 | 20866 | 93.31 | 17063 | 81.77 | 11846 | 32341 | 8500 | 26.28 | 6159 | 72.46 |
| 天　津 | 1954 | 10804 | 10744 | 99.44 | 4217 | 39.25 | 1792 | 10938 | 10369 | 94.73 | 6636 | 64.04 |
| 河　北 | 9318 | 32762 | 30406 | 92.81 | 15478 | 50.90 | 5558 | 41153 | 38942 | 94.64 | 22451 | 57.64 |
| 山　西 | 70965 | 120014 | 20670 | 17.22 | 9623 | 46.56 | 103571 | 112628 | 27785 | 24.67 | 15440 | 55.57 |
| 内　蒙 | 2528 | 12113 | 6694 | 55.26 | 3342 | 49.93 | 2297 | 12047 | 7093 | 58.88 | 4207 | 59.31 |
| 辽　宁 | 13813 | 119430 | 68312 | 57.20 | 44568 | 65.24 | 9354 | 100704 | 68330 | 67.85 | 48628 | 71.17 |
| 吉　林 | 6286 | 27241 | 19916 | 73.11 | 12235 | 61.43 | 5576 | 28642 | 23737 | 82.87 | 14592 | 61.47 |
| 黑龙江 | 4372 | 32056 | 15956 | 49.78 | 8398 | 52.63 | 5755 | 34869 | 21356 | 61.25 | 10231 | 47.91 |
| 上　海 | 11728 | | 65744 | | 43870 | 66.73 | 14515 | 36128 | 30950 | 85.67 | 21981 | 71.02 |
| 江　苏 | 29288 | 56107 | 32781 | 58.43 | 17001 | 51.86 | 26745 | 77439 | 28283 | 36.52 | 16723 | 59.13 |
| 浙　江 | 93771 | 35995 | 16892 | 46.93 | 8676 | 51.36 | 18085 | 38087 | 18087 | 47.49 | 11043 | 61.05 |
| 安　徽 | 104821 | 16855 | 10799 | 64.07 | 6407 | 59.33 | 105134 | 16360 | 9219 | 56.35 | 6322 | 68.58 |
| 福　建 | 11084 | 23286 | 12196 | 52.37 | 6918 | 56.72 | 9233 | 19277 | 15302 | 79.38 | 9356 | 61.14 |
| 江　西 | 5802 | 74652 | 38434 | 51.48 | 25033 | 65.13 | 4779 | 77458 | 35655 | 46.03 | 25704 | 72.09 |
| 山　东 | 22823 | 79773 | 49053 | 61.49 | 28774 | 58.66 | 21994 | 83498 | 55491 | 66.46 | 33321 | 60.05 |
| 河　南 | 96879 | 36389 | 27362 | 75.19 | 16766 | 61.27 | 156327 | 45178 | 24050 | 53.23 | 13133 | 54.61 |
| 湖　北 | 9788 | 41085 | 27792 | 67.65 | 19438 | 69.94 | 10397 | 37458 | 20519 | 54.85 | 13791 | 67.21 |
| 湖　南 | 42122 | 76049 | 40582 | 53.36 | 25021 | 61.66 | 40215 | 73340 | 42913 | 58.51 | 28005 | 65.26 |
| 广　东 | 49567 | 54493 | 51896 | 95.23 | 36330 | 70.01 | 34601 | 86928 | 64420 | 74.11 | 44529 | 69.12 |
| 广　西 | 2962 | 21102 | 12557 | 59.51 | 7860 | 62.59 | 3807 | 28748 | 18827 | 65.49 | 12012 | 63.80 |
| 四　川 | 17069 | 98787 | 50063 | 50.68 | 33130 | 66.18 | 11833 | 79410 | 30725 | 38.69 | 19350 | 62.98 |
| 海　南 | 480 | 1425 | 1158 | 81.26 | 901 | 77.81 | 676 | 2513 | 1949 | 77.56 | 1520 | 77.99 |
| 贵　州 | 11068 | 18576 | 12129 | 65.29 | 8849 | 72.96 | 62234 | 30320 | 19752 | 65.15 | 14228 | 72.03 |
| 云　南 | 567 | 7551 | 5700 | 75.49 | 4294 | 75.33 | 5487 | | 22807 | | 16894 | 74.07 |
| 陕　西 | 12076 | 16919 | 10954 | 64.74 | 5831 | 53.23 | 7808 | 25072 | 11286 | 45.01 | 6692 | 59.29 |
| 甘　肃 | 2669 | 24047 | 20037 | 83.32 | 12652 | 63.14 | 5288 | 23449 | 15207 | 64.85 | 11072 | 72.81 |
| 青　海 | 767 | 5269 | 3701 | 70.24 | 1860 | 50.26 | 784 | 5608 | 1580 | 26.89 | 895 | 59.35 |
| 宁　夏 | 892 | 5004 | 2915 | 58.25 | 1086 | 37.26 | 1440 | 4736 | 2559 | 54.03 | 1400 | 54.71 |
| 新　疆 | 2249 | 3529 | 3108 | 88.07 | 2175 | 69.98 | 58 | 820 | 687 | 82.68 | 233 | 34.37 |

* 缺西藏。

表 11　1990 年食品卫生监测情况

| | | 总计(1) | 熟肉及其制品(2) | 冷食(3) | 饮料(4) | 酱油(5) | 消毒牛乳(6) | 全脂牛乳粉(7) | 蒸馏酒(8) | 配制酒(9) | 熟啤酒(10) | 生啤酒(11) | 水产品(12) | 非发酵豆制品(13) | 粮食(14) | 植物油(15) | 糕点(16) | 其他(17) |
|---|---|---|---|---|---|---|---|---|---|---|---|---|---|---|---|---|---|---|
| 合计 | 监测件数〔1〕 | 919434 | 87749 | 141134 | 136927 | 28450 | 10746 | 11027 | 62773 | 20557 | 19201 | 1934 | 8836 | 13006 | 11181 | 23556 | 172557 | 169800 |
| | 合格件数〔2〕 | 753293 | 64941 | 106504 | 117515 | 18832 | 8443 | 9654 | 57091 | 18615 | 17832 | 1439 | 7966 | 10061 | 10620 | 19908 | 143512 | 140360 |
| | 合格率%〔3〕 | 81.9 | 74.0 | 75.5 | 85.8 | 66.2 | 78.6 | 87.5 | 90.9 | 90.6 | 92.9 | 74.4 | 90.2 | 77.4 | 95.0 | 84.5 | 83.2 | 82.7 |
| 抽检 | 监测件数〔4〕 | 683969 | 79019 | 89307 | 87556 | 23275 | 9490 | 9342 | 48200 | 15249 | 15422 | 1537 | 7479 | 11306 | 9123 | 19002 | 130291 | 128371 |
| | 合格件数〔5〕 | 548437 | 57421 | 62648 | 73228 | 14907 | 7459 | 8313 | 43843 | 13787 | 14344 | 1110 | 6814 | 8616 | 8723 | 16214 | 107281 | 103729 |
| | 合格率%〔6〕 | 80.2 | 72.7 | 70.1 | 83.6 | 64.0 | 78.6 | 89.0 | 91.0 | 90.4 | 93.0 | 72.2 | 91.1 | 76.2 | 95.6 | 85.3 | 82.3 | 80.8 |
| 送检 | 监测件数〔7〕 | 235465 | 8730 | 51827 | 49371 | 5175 | 1256 | 1685 | 14573 | 5308 | 3779 | 397 | 1357 | 1700 | 2058 | 4554 | 42266 | 41429 |
| | 合格件数〔8〕 | 204856 | 7520 | 43856 | 44287 | 3925 | 984 | 1341 | 13248 | 4828 | 3488 | 329 | 1152 | 1445 | 1897 | 3694 | 36231 | 36631 |
| | 合格率%〔9〕 | 87.0 | 86.1 | 84.6 | 89.7 | 75.8 | 78.3 | 79.6 | 90.9 | 91.0 | 92.3 | 82.9 | 84.9 | 85.0 | 92.2 | 81.1 | 85.7 | 88.4 |

## 表 12　1990 年各地区食品卫生抽检情况

比较项目：总计

| 地　区 | 监测件数 | 合格件数 | 合格率% |
|---|---|---|---|
| 全国总计 | 683969 | 548437 | 80.2 |
| 北　京 | 19868 | 16367 | 82.4 |
| 天　津 | 10428 | 9002 | 86.3 |
| 河　北 | 30312 | 24022 | 79.2 |
| 山　西 | 11161 | 8267 | 74.1 |
| 内蒙古 | 6099 | 4998 | 81.9 |
| 辽　宁 | 16401 | 13068 | 79.7 |
| 吉　林 | 12414 | 10824 | 87.2 |
| 黑龙江 | 46540 | 41799 | 89.8 |
| 上　海 | 25230 | 20989 | 83.2 |
| 江　苏 | 54636 | 45829 | 83.9 |
| 浙　江 | 32324 | 25475 | 78.8 |
| 安　徽 | 11593 | 8556 | 73.8 |
| 福　建 | 18326 | 14671 | 80.1 |
| 江　西 | 24349 | 19330 | 79.4 |
| 山　东 | 38455 | 31045 | 80.7 |
| 河　南 | 34471 | 25593 | 74.2 |
| 湖　北 | 23171 | 17895 | 77.2 |
| 湖　南 | 35862 | 29105 | 81.2 |
| 广　东 | 89325 | 72879 | 81.6 |
| 广　西 | 29111 | 21887 | 75.2 |
| 海　南 | 5317 | 4658 | 87.6 |
| 四　川 | 42661 | 34122 | 80.0 |
| 贵　州 | 13668 | 8696 | 63.6 |
| 云　南 | 15059 | 11095 | 73.7 |
| 西　藏 | 437 | 275 | 62.9 |
| 陕　西 | 6057 | 4827 | 79.7 |
| 甘　肃 | 12941 | 10524 | 81.3 |
| 青　海 | 2221 | 1753 | 78.9 |
| 宁　夏 | 6847 | 5299 | 77.4 |
| 新　疆 | 8685 | 5587 | 64.3 |

## 表 13 1990 年追究食品卫生法律责任情况

| 食品卫生监督机构 | | 总生产经营户数 | 检查户次总数 | 警告并限期改进户次数 | 责令追回产品户次数 | 没收或销毁产品 | | 罚款 | | 责令停业改进户次数 | 吊销卫生许可证户次数 |
|---|---|---|---|---|---|---|---|---|---|---|---|
| | | | | | | 户次数 | 公斤数 | 户次数 | 金额(元) | | |
| 总计 | 〔1〕 | 349908 | 11359275 | 401454 | 17093 | 109247 | 19901159 | 153462 | 12068118 | 76854 | 1860 |
| 省、自治区、直辖市属 | 〔2〕 | 110349 | 173382 | 2096 | 19 | 809 | 114274 | 3001 | 473744 | 423 | 37 |
| 直辖市区、省辖市、地区(自治州、盟)属 | 〔3〕 | 201292 | 1223170 | 38382 | 686 | 6487 | 2440879 | 17958 | 2108994 | 7478 | 253 |
| 省辖市区、地辖市属 | 〔4〕 | 1011149 | 3567107 | 147734 | 4212 | 1888 | 88758605 | 60393 | 4417083 | 34135 | 776 |
| 县(旗)属 | 〔5〕 | 2157797 | 6241343 | 208518 | 12110 | 81955 | 8411888 | 70375 | 4947687 | 33920 | 708 |
| 铁路、交通厂(场)矿属 | 〔6〕 | 18501 | 154273 | 4724 | 66 | 1108 | 175513 | 1735 | 120610 | 898 | 32 |

表 14　1990 年各地区食品卫生监督执法情况

| 地　区 | 生产经营户数 | 检查次数/户 | 各种处罚次数 | 检查处罚率% |
|---|---|---|---|---|
| 全国总计 | 3499088 | 3.2 | 759916 | 6.7 |
| 北　京 | 109541 | 1.5 | 5019 | 3.1 |
| 天　津 | 48792 | 3.7 | 8469 | 4.6 |
| 河　北 | 145605 | 2.4 | 61478 | 17.6 |
| 山　西 | 87781 | 3.9 | 21489 | 6.2 |
| 内蒙古 | — | — | 9602 | 7.9 |
| 辽　宁 | — | — | 24553 | 12.9 |
| 吉　林 | 95846 | 3.5 | 46947 | 13.9 |
| 黑龙江 | 131474 | 6.2 | 63679 | 7.7 |
| 上　海 | 73661 | 1.5 | 4993 | 4.6 |
| 江　苏 | 221549 | 2.6 | 27892 | 4.9 |
| 浙　江 | 337834 | 1.1 | 10834 | 2.8 |
| 安　徽 | — | — | 11245 | 5.9 |
| 福　建 | 81928 | 3.5 | 21348 | 7.5 |
| 江　西 | 138185 | 2.4 | 25690 | 7.7 |
| 山　东 | 337818 | 2.3 | 36977 | 4.8 |
| 河　南 | 196687 | 3.9 | 58122 | 7.6 |
| 湖　北 | 162251 | 6.0 | 52167 | 5.4 |
| 湖　南 | 203673 | 2.5 | 45255 | 8.8 |
| 广　东 | 224806 | 2.7 | 41706 | 6.8 |
| 广　西 | 128461 | 3.6 | 19509 | 4.3 |
| 海　南 | 13199 | 2.9 | 4579 | 12.1 |
| 四　川 | 485265 | 3.1 | 75584 | 5.0 |
| 贵　州 | 52965 | 8.2 | 9239 | 2.1 |
| 云　南 | 74461 | 3.4 | 18170 | 7.2 |
| 西　藏 | 974 | 9.0 | 841 | 9.6 |
| 陕　西 | 59887 | 3.0 | 21100 | 11.7 |
| 甘　肃 | 53754 | 5.2 | 15269 | 5.5 |
| 青　海 | 11643 | 2.7 | 2116 | 6.8 |
| 宁　夏 | 9165 | 4.1 | 2693 | 7.2 |
| 新　疆 | 11883 | 9.7 | 13351 | 11.6 |

表15 1990年各地区食物中毒发生情况

| 地区 | 中毒起数 | 中毒人数 | 死亡人数 |
|---|---|---|---|
| 总计 | 1816 | 47367 | 338 |
| 北京 | 23 | 378 | 2 |
| 天津 | 10 | 240 | 0 |
| 河北 | 58 | 1704 | 13 |
| 山西 | 23 | 514 | 4 |
| 内蒙古 | 29 | 896 | 10 |
| 辽宁 | 100 | 2754 | 15 |
| 吉林 | 27 | 1045 | 6 |
| 黑龙江 | 20 | 297 | 8 |
| 上海 | 43 | 2109 | 1 |
| 江苏 | 124 | 2857 | 10 |
| 浙江 | 121 | 2600 | 15 |
| 安徽 | 31 | 562 | 6 |
| 福建 | 34 | 676 | 5 |
| 江西 | 32 | 1722 | 3 |
| 山东 | 89 | 2297 | 16 |
| 河南 | 115 | 2827 | 29 |
| 湖北 | 93 | 2162 | 16 |
| 湖南 | 70 | 2017 | 10 |
| 广东 | 220 | 5406 | 25 |
| 广西 | 104 | 2224 | 26 |
| 海南 | 11 | 202 | 3 |
| 四川 | 226 | 4962 | 38 |
| 贵州 | 73 | 928 | 6 |
| 云南 | 45 | 1634 | 18 |
| 西藏 | 30 | 615 | 28 |
| 陕西 | 43 | 1037 | 17 |
| 甘肃 | 27 | 877 | 4 |
| 青海 | 10 | 468 | 2 |
| 宁夏 | 6 | 101 | 2 |
| 新疆 | 24 | 1256 | 0 |

## 表16 1990年食物中毒食品种类

| (甲) | | | 总计 | 动物性食品 | | | | | | | | | 动物性食品 | | | | | | | | 其它 |
|---|---|---|---|---|---|---|---|---|---|---|---|---|---|---|---|---|---|---|---|---|---|
| | | | | 合计 | 肉与肉制品 | 病死牲畜肉 | 变质肉禽 | 蛋与蛋制品 | 鱼贝及其制品 | 乳与乳制品 | 河豚鱼 | 其它 | 合计 | 谷与谷制品 | 豆与豆制品 | 调味品 | 发芽马铃薯 | 植物油 | 毒蕈 | 其它 | |
| 总计 | | 中毒起数 | 1861 | 951 | 951 | 92 | 126 | 58 | 152 | 1 | 33 | 59 | 759 | 144 | 72 | 11 | 3 | 36 | 135 | 358 | 151 |
| | | 中毒人数 | 47367 | 30398 | 14078 | 4208 | 4395 | 1211 | 4708 | 42 | 193 | 1563 | 14572 | 3365 | 2429 | 119 | 484 | 886 | 859 | 6430 | 2397 |
| | | 死亡人数 | 338 | 123 | 35 | 20 | 15 | 2 | 2 | 0 | 42 | 7 | 172 | 51 | 0 | 1 | 1 | 1 | 60 | 58 | 43 |
| 市 | 合计 | 中毒起数 | 661 | 343 | 178 | 12 | 41 | 23 | 73 | 0 | 5 | 11 | 280 | 49 | 31 | 3 | 0 | 12 | 19 | 166 | 38 |
| | | 中毒人数 | 18416 | 11366 | 4909 | 540 | 2092 | 398 | 3124 | 0 | 35 | 268 | 6191 | 1221 | 1353 | 25 | 0 | 431 | 42 | 3119 | 859 |
| | | 死亡人数 | 34 | 16 | 5 | 2 | 0 | 0 | 0 | 0 | 9 | 0 | 11 | 5 | 0 | 0 | 0 | 0 | 4 | 2 | 7 |
| | 集体食堂 | 中毒起数 | 227 | 96 | 52 | 0 | 14 | 4 | 22 | 0 | 1 | 3 | 119 | 26 | 18 | 0 | 0 | 2 | 2 | 71 | 12 |
| | | 中毒人数 | 9182 | 4892 | 2423 | 0 | 1437 | 107 | 836 | 0 | 10 | 79 | 3773 | 698 | 686 | 0 | 0 | 53 | 0 | 2336 | 517 |
| | | 死亡人数 | 7 | 6 | 3 | 0 | 0 | 0 | 0 | 0 | 1 | 0 | 0 | 0 | 0 | 0 | 0 | 0 | 0 | 0 | 1 |
| | 公共饮食业 | 中毒起数 | 96 | 80 | 35 | 3 | 9 | 5 | 25 | 0 | 0 | 3 | 13 | 5 | 2 | 0 | 0 | 2 | 1 | 3 | 3 |
| | | 中毒人数 | 3085 | 2682 | 1207 | 16 | 214 | 114 | 1031 | 0 | 0 | 100 | 379 | 86 | 13 | 0 | 0 | 213 | 0 | 67 | 24 |
| | | 死亡人数 | 0 | 0 | 0 | 0 | 0 | 0 | 0 | 0 | 0 | 0 | 0 | 0 | 0 | 0 | 0 | 0 | 0 | 0 | 0 |
| | 个体摊贩 | 中毒起数 | 109 | 89 | 61 | 1 | 9 | 1 | 14 | 0 | 2 | 1 | 14 | 3 | 3 | 1 | 0 | 2 | 0 | 5 | 6 |
| | | 中毒人数 | 1740 | 1236 | 720 | 91 | 93 | 20 | 297 | 0 | 12 | 3 | 286 | 48 | 40 | 13 | 0 | 88 | 0 | 97 | 218 |
| | | 死亡人数 | 6 | 5 | 2 | 0 | 0 | 0 | 0 | 0 | 3 | 0 | 6 | 0 | 0 | 0 | 0 | 0 | 0 | 0 | 1 |
| | 其它 | 中毒起数 | 229 | 78 | 30 | 8 | 9 | 13 | 12 | 0 | 2 | 4 | 134 | 15 | 8 | 2 | 0 | 6 | 16 | 87 | 17 |
| | | 中毒人数 | 4409 | 2556 | 559 | 433 | 348 | 157 | 960 | 0 | 13 | 86 | 1753 | 389 | 614 | 12 | 0 | 77 | 42 | 619 | 100 |
| | | 死亡人数 | 21 | 5 | 0 | 2 | 0 | 0 | 0 | 0 | 3 | 0 | 11 | 5 | 0 | 0 | 0 | 0 | 4 | 2 | 5 |
| 县 | 合计 | 中毒起数 | 1200 | 608 | 252 | 80 | 85 | 35 | 79 | 1 | 28 | 48 | 479 | 95 | 41 | 8 | 3 | 24 | 116 | 192 | 113 |
| | | 中毒人数 | 28951 | 19032 | 9169 | 3668 | 2303 | 813 | 1584 | 42 | 58 | 1295 | 8381 | 2144 | 1076 | 94 | 484 | 455 | 817 | 3311 | 1538 |
| | | 死亡人数 | 304 | 107 | 30 | 18 | 15 | 2 | 2 | 0 | 33 | 7 | 161 | 46 | 0 | 1 | 1 | 1 | 56 | 56 | 36 |
| | 集体食堂 | 中毒起数 | 175 | 60 | 29 | 0 | 9 | 3 | 12 | 0 | 1 | 6 | 104 | 27 | 15 | 0 | 2 | 7 | 5 | 48 | 11 |
| | | 中毒人数 | 6940 | 2637 | 1738 | 0 | 354 | 144 | 300 | 0 | 13 | 88 | 3877 | 1225 | 492 | 0 | 481 | 248 | 68 | 1363 | 426 |
| | | 死亡人数 | 2 | 1 | 0 | 0 | 0 | 0 | 0 | 0 | 1 | 0 | 0 | 0 | 0 | 0 | 0 | 0 | 0 | 0 | 1 |
| | 公共饮食业 | 中毒起数 | 79 | 62 | 31 | 2 | 11 | 3 | 12 | 0 | 0 | 3 | 12 | 7 | 0 | 0 | 0 | 1 | 0 | 4 | 5 |
| | | 中毒人数 | 2403 | 2229 | 990 | 165 | 249 | 155 | 335 | 0 | 0 | 335 | 141 | 62 | 0 | 0 | 0 | 7 | 0 | 72 | 33 |
| | | 死亡人数 | 2 | 0 | 0 | 0 | 0 | 0 | 0 | 0 | 0 | 0 | 2 | 2 | 0 | 0 | 0 | 0 | 0 | 0 | 0 |
| | 个体摊贩 | 中毒起数 | 154 | 117 | 71 | 13 | 14 | 1 | 9 | 1 | 1 | 7 | 33 | 9 | 6 | 1 | 0 | 5 | 3 | 9 | 4 |
| | | 中毒人数 | 4379 | 3514 | 2256 | 371 | 651 | 2 | 112 | 42 | 5 | 75 | 826 | 232 | 136 | 23 | 0 | 104 | 54 | 277 | 39 |
| | | 死亡人数 | 15 | 11 | 9 | 0 | 0 | 0 | 0 | 0 | 0 | 2 | 3 | 0 | 0 | 0 | 0 | 0 | 0 | 3 | 1 |
| | 其它 | 中毒起数 | 792 | 369 | 121 | 65 | 51 | 28 | 46 | 0 | 26 | 32 | 330 | 52 | 20 | 7 | 1 | 11 | 108 | 131 | 93 |
| | | 中毒人数 | 15229 | 10652 | 4185 | 3132 | 1049 | 512 | 837 | 0 | 40 | 797 | 3537 | 625 | 448 | 71 | 3 | 96 | 695 | 1599 | 1040 |
| | | 死亡人数 | 285 | 95 | 21 | 18 | 15 | 2 | 2 | 0 | 32 | 5 | 156 | 44 | 0 | 1 | 1 | 1 | 56 | 53 | 34 |

表 17　1990 年食物中毒原因分析

| (甲) | 微生物性食物中毒 | | | | | | | | | 化学性食物中毒 | | | | | | | | | 原因不明 |
|---|---|---|---|---|---|---|---|---|---|---|---|---|---|---|---|---|---|---|---|
| | 沙门氏菌 | 副溶血性弧菌 | 葡萄球菌 | 肉毒杆菌 | 变形杆菌 | 致病大肠杆菌或产毒 | 蜡样芽胞杆菌 | 霉菌毒素 | 其它 | 有机磷 | 有机汞 | 有机氯 | 砷化物 | 组胺 | 亚硝酸盐 | 棉酚 | 自然毒 | 其它 | |
| 中毒起 | 239 | 103 | 88 | 18 | 118 | 20 | 55 | 14 | 167 | 227 | 9 | 3 | 6 | 22 | 102 | 3 | 267 | 148 | 252 |
| 中毒人数 | 11506 | 3801 | 1767 | 246 | 3642 | 912 | 1442 | 331 | 4709 | 3841 | 9 | 143 | 214 | 1197 | 1197 | 32 | 3479 | 3133 | 5766 |
| 死亡人数 | 13 | 0 | 3 | 38 | 0 | 0 | 0 | 2 | 19 | 68 | 1 | 0 | 2 | 0 | 26 | 1 | 112 | 29 | 24 |

表18　1990年全国各口岸进口食品情况

| 食检所名 | 船(车、飞机)数 | 总重量(吨) | 发现问题(吨) | 占总重量% |
|---|---|---|---|---|
| 全国合计 | 8699 | 11835168.196 | 230247.150 | 1.95 |
| 北　京 | 1206 | 2774.916 | 1002.746 | 36.14 |
| 天　津 | 195 | 981420.599 | 91548.523 | 9.33 |
| 秦皇岛 | 31 | 1077724.200 | 1927.530 | 0.18 |
| 满州里 | 389 | 11588.060 | 0.000 | 0.00 |
| 二　连 | 0 | 0.000 | 0.000 | 0.00 |
| 大　连 | 146 | 3358599.022 | 1501.000 | 0.04 |
| 丹　东 | 219 | 24560.677 | 0.000 | 0.00 |
| 集　安 | 0 | 0.000 | 0.000 | 0.00 |
| 图　们 | 534 | 27624.059 | 389.655 | 1.41 |
| 黑　河 | 0 | 0.000 | 0.000 | 0.00 |
| 绥芬河 | 0 | 0.000 | 0.000 | 0.00 |
| 上　海 | 618 | 2424835.000 | 5521.000 | 0.23 |
| 南　京 | 19 | 38.000 | 0.000 | 0.00 |
| 连云港 | 20 | 664287.570 | 0.000 | 0.00 |
| 宁　波 | 10 | 241969.582 | 9114.405 | 3.77 |
| 温　州 | 0 | 0.000 | 0.000 | 0.00 |
| 厦　门 | 693 | 761099.206 | 20.442 | 0.00 |
| 青　岛 | 207 | 628886.510 | 43406.381 | 6.90 |
| 烟　台 | 5 | 38719.880 | 34740.000 | 89.72 |
| 威　海 | 0 | 0.000 | 0.000 | 0.00 |
| 石　臼 | 0 | 0.000 | 0.000 | 0.00 |
| 龙　门 | 0 | 0.000 | 0.000 | 0.00 |
| 广　州 | 777 | 734792.521 | 33149.318 | 4.51 |
| 深　圳 | 0 | 0.000 | 0.000 | 0.00 |
| 珠　海 | 0 | 14879.020 | 1.370 | 0.01 |
| 湛　江 | 31 | 506843.539 | 31.000 | 0.01 |
| 汕　头 | 2772 | 140317.621 | 3556.890 | 2.53 |
| 海　口 | 481 | 176089.830 | 3980.300 | 2.26 |
| 江　门 | 161 | 13608.300 | 352.300 | 2.59 |
| 佛　山 | 0 | 0.000 | 0.000 | 0.00 |
| 中　山 | 185 | 4510.084 | 4.290 | 0.10 |
| 南　宁 | 0 | 0.000 | 0.000 | 0.00 |

表19　1990年进口食品卫生检验情况

| 品　名 | 船数（车、飞机） | 总重量(吨) | 发现问题 | | 处理结果 | | | | | |
|---|---|---|---|---|---|---|---|---|---|---|
| | | | 重量(吨) | 占总重量% | 合计(吨) | 退货(吨) | 销毁(吨) | 改做他用(吨) | 无害化处理后食用(吨) | 其他(吨) |
| 合计 | 8699 | 11835186.196 | 230247.150 | 1.95 | 167203.136 | 1246.486 | 1686.202 | 6980.234 | 150495.100 | 6795.114 |
| 粮食类 | 878 | 9774948.961 | 133591.490 | 1.37 | 102092.320 | 60.000 | 1676.880 | 5742.280 | 94585.160 | 28.000 |
| 糖类 | 62 | 788691.199 | 22486.150 | 2.85 | 22486.150 | 0.000 | 0.000 | 982.150 | 21504.000 | 0.000 |
| 食用油类 | 804 | 822649.489 | 68777.468 | 8.36 | 37507.468 | 441.000 | 0.000 | 19.168 | 34384.370 | 2662.930 |
| 肉与肉制品 | 168 | 2097.452 | 24.160 | 1.15 | 0.000 | 0.000 | 0.000 | 0.000 | 0.000 | 0.000 |
| 禽类 | 106 | 3090.719 | 103.980 | 3.36 | 19.500 | 0.000 | 0.000 | 0.000 | 0.000 | 19.500 |
| 蛋与蛋制品 | 1 | 7.279 | 0.000 | 0.00 | 0.000 | 0.000 | 0.000 | 0.000 | 0.000 | 0.000 |
| 水产品类 | 730 | 69448.054 | 351.543 | 0.51 | 351.543 | 109.885 | 0.000 | 222.370 | 0.980 | 18.308 |
| 乳与乳制品 | 806 | 25619.252 | 2900.898 | 11.32 | 2834.871 | 8.100 | 0.096 | 14.175 | 0.300 | 2812.200 |
| 酒类 | 180 | 3226.793 | 57.770 | 1.79 | 44.990 | 0.000 | 1.700 | 0.000 | 20.290 | 23.000 |
| 饮料类 | 772 | 19077.504 | 48.367 | 0.25 | 13.367 | 0.000 | 3.000 | 0.000 | 0.000 | 10.367 |
| 果酱类 | 28 | 50.236 | 0.000 | 0.00 | 0.000 | 0.000 | 0.000 | 0.000 | 0.000 | 0.000 |
| 调味品类 | 390 | 27268.485 | 357.500 | 1.31 | 357.500 | 0.000 | 0.000 | 0.000 | 0.000 | 357.500 |
| 罐头类 | 86 | 409.168 | 0.200 | 0.05 | 5.000 | 0.000 | 0.200 | 0.000 | 0.000 | 4.800 |
| 糖果类 | 523 | 4583.366 | 118.130 | 2.58 | 118.130 | 30.830 | 0.000 | 0.000 | 0.000 | 87.300 |
| 糕点类 | 686 | 3549.405 | 238.236 | 6.71 | 232.636 | 146.100 | 0.036 | 0.000 | 0.000 | 86.500 |
| 蔬菜类 | 116 | 102.422 | 0.000 | 0.00 | 0.000 | 0.000 | 0.000 | 0.000 | 0.000 | 0.000 |
| 水果类 | 121 | 7713.419 | 0.000 | 0.00 | 0.000 | 0.000 | 0.000 | 0.000 | 0.000 | 0.000 |
| 餐料类 | 208 | 1163.675 | 61.612 | 5.29 | 17.637 | 2.873 | 0.000 | 0.000 | 0.000 | 14.764 |
| 食品添加剂类 | 325 | 3415.291 | 362.119 | 10.60 | 362.119 | 305.828 | 0.000 | 0.091 | 0.000 | 56.200 |
| 包装材料类 | 345 | 4935.670 | 108.182 | 2.19 | 101.560 | 7.340 | 0.000 | 0.000 | 0.000 | 94.220 |
| 食品工具设备类 | 342 | 9645.410 | 0.000 | 0.00 | 0.000 | 0.000 | 0.000 | 0.000 | 0.000 | 0.000 |
| 食品洗消剂类 | 94 | 898.730 | 62.000 | 6.90 | 62.000 | 62.000 | 0.000 | 0.000 | 0.000 | 0.000 |
| 其它 | 928 | 262576.217 | 597.345 | 0.23 | 596.345 | 72.530 | 4.290 | 0.000 | 0.000 | 519.525 |

## 表20 1990年14个省公共场所卫生监督、监测情况

| 省 | 基本情况 | | | 从业人员总数 | 从业人员卫生监督 | | | | | | | 卫生监督 | | 卫生监测 | | | | |
|---|---|---|---|---|---|---|---|---|---|---|---|---|---|---|---|---|---|---|
| | 总户数 | 建档数 | 发证数 | | 体检人数 | 体检率(%) | 发放健康证数 | 检出病人数 | 调离人数 | 调离率(%) | 培训人数 | 监督户数 | 监督率(%) | 监测户数 | 监测率(%) | 监测项次数 | 合格项次数 | 合格率(%) |
| 甘肃 | 20257 | 1896 | 13046 | 62374 | 51277 | 82.2 | 50372 | 905 | 660 | 72.9 | 9668 | 13046 | 64.4 | 2428 | 12.0 | 28946 | 22948 | 79.3 |
| 西藏 | 418 | 1880 | 403 | 2174 | 1880 | 82.2 | 1151 | 100 | 44 | 44.0 | | 418 | 100.0 | 18 | 4.3 | 108 | 84 | 77.8 |
| 安徽 | 54583 | 13347 | 22513 | 185594 | 97090 | 52.3 | 94573 | 2517 | 1388 | 55.2 | 28584 | 22513 | 41.3 | 624 | 1.1 | | | |
| 广西 | 21230 | 14508 | 13202 | 80452 | 68964 | 85.7 | 64428 | 1052 | 647 | 64.1 | 38456 | 12853 | 60.5 | 5773 | 27.2 | 40119 | 30256 | 75.4 |
| 辽宁 | 21420 | 13662 | 18677 | 140613 | 119659 | 85.1 | 118568 | 1246 | 1245 | 99.9 | 98564 | 22373 | 104.5 | 14297 | 66.8 | 116545 | 105123 | 90.2 |
| 青海 | 2633 | 1648 | 2115 | 9864 | 8423 | 85.4 | 7806 | 284 | 155 | 54.6 | 847 | 2021 | 76.8 | 247 | 10.6 | 4368 | 3394 | 77.7 |
| 四川 | 106320 | | 68359 | 246894 | 167084 | | | 4770 | 3426 | 71.8 | | | | | | | | |
| 山西 | 29574 | 25509 | 24102 | 130020 | 121881 | 93.7 | 120119 | 918 | 850 | 92.6 | 108756 | 25215 | 85.3 | 13006 | 44.0 | 110793 | 82620 | 74.6 |
| 广东 | 30288 | 24211 | 25622 | 146557 | 105505 | 72.0 | 96072 | 3349 | 2600 | 77.6 | 58470 | 19622 | 64.8 | 11105 | 36.7 | 95937 | 77069 | 80.3 |
| 山东 | 61011 | 34045 | 41831 | 243962 | 232498 | 95.3 | 215128 | 1942 | 1842 | 94.9 | 237504 | 46994 | 77.1 | 28325 | 46.4 | 546808 | 455732 | 83.3 |
| 海南 | 2951 | 2590 | 2590 | 14899 | 11604 | 77.9 | 11095 | 509 | 509 | 100.0 | 6751 | 2951 | 100.0 | 314 | 10.6 | 3750 | 3279 | 87.4 |
| 上海 | 8834 | 8067 | 7600 | 65935 | 64560 | 79.9 | 64479 | 302 | 302 | 100.0 | 63207 | 8071 | 91.4 | 7124 | 80.6 | 106741 | 99290 | 92.0 |
| 内蒙古 | 16990 | 15452 | 15090 | 78372 | 72624 | 92.7 | 67483 | 651 | 639 | 98.2 | 54010 | 15016 | 88.4 | 10099 | 59.4 | 80168 | 58747 | 73.3 |
| 天津 | 3609 | 3609 | 3609 | 24717 | 24299 | 98.3 | 22517 | 454 | 454 | 100.0 | 23442 | 15764 | 43.7 | 1815 | 50.3 | 56243 | 46214 | 82.0 |
| 合计 | 380118 | 160424 | 258757 | 1432427 | 1147348 | 80.1 | 933791 | 18999 | 14761 | 77.7 | 728259 | 206857 | 75.6 | 95175 | 34.8 | 1190526 | 984756 | 82.7 |

表 21　1990 年 13 个省市化妆品卫生质量监测情况*

| | | 发用类 | | 护肤类 | | 美容修饰类 | | 香水类 | | 特殊用途类 | | 合　计 | | 总计 |
|---|---|---|---|---|---|---|---|---|---|---|---|---|---|---|
| | | 进口 | 国产 | 进口 | 国产 | 进口 | 国产 | 进口 | 国产 | 进口 | 国产 | 进口 | 国产 | |
| 生产企业 | 检验件数 | / | 1918 | / | 1133 | / | 521 | / | 245 | / | 252 | / | 4069 | 4069 |
| | 合格件数 | / | 1708 | / | 1044 | / | 481 | / | 242 | / | 248 | / | 3719 | 3719 |
| | 合格率(%) | / | 88.8 | / | 92.1 | / | 92.3 | / | 98.8 | / | 98.4 | / | 91.4 | 91.4 |
| 经营单位 | 检验件数 | 39 | 540 | 110 | 948 | 68 | 341 | 47 | 169 | 4 | 134 | 268 | 2132 | 2400 |
| | 合格件数 | 36 | 483 | 81 | 817 | 58 | 304 | 46 | 166 | 4 | 128 | 225 | 1898 | 2123 |
| | 合格率(%) | 92.3 | 89.4 | 73.6 | 86.2 | 85.3 | 89.1 | 97.9 | 98.2 | 100.0 | 95.5 | 84.0 | 89.0 | 88.8 |
| 合计 | 检验件数 | 39 | 2458 | 110 | 2081 | 68 | 862 | 47 | 414 | 4 | 386 | 268 | 6201 | 6469 |
| | 合格件数 | 36 | 2187 | 81 | 1861 | 58 | 785 | 46 | 408 | 4 | 376 | 225 | 5617 | 5842 |
| | 合格率(%) | 92.3 | 89.0 | 73.6 | 89.4 | 85.3 | 91.1 | 97.9 | 98.6 | 100.0 | 97.4 | 84.0 | 90.6 | 90.3 |

*:13 个省市是:上海、天津、辽宁、广东、广西、海南、河北、山东、山西、四川、甘肃、内蒙古、青海。

（朱宝铎）

**【卫生部统一全国卫生监督员证件证章】**

为体现卫生监督执法的严肃性，加强管理，卫生部于 1990 年 7 月 7 日颁发了供各类卫生监督人员统一使用的中国卫生监督员证件、证章。新的证件、证章自 1990 年 10 月 1 日启用。

卫生监督员证件、证章颁发、使用要求：①该证件、证章供食品卫生、劳动卫生、学校卫生、放射卫生、环境卫生、化妆品卫生及传染病防治等卫生防疫领域各类卫生监督员使用。各省、自治区、直辖市根据各类卫生法律法规的相应规定，严格审查，统一编号，登记签发；②各类卫生监督员履行职务时，必须携带证件、佩戴证章（左胸前）；③该证件、证章只限卫生监督员本人使用，不得转借、涂改；④工作调动时，应将证件、证章交回颁发机关注销；⑤如有遗失，立即报告发证单位，公布作废。

铁路、交通、民航、厂矿系统卫生监督员也使用统一制作的证件、证章。

（张秀云）

**【卫生监督标志启用】**

卫生部卫生监督司决定于 1990 年 12 月 1 日起启用全国统一的卫生监督标志。标志用于卫生监督工作使用的交通工具、仪器设备、有关报刊杂志、文件、报表及卫生许可证等各个方面。

（张秀云）

**【乡村卫生监督与服务工作调查】**

1991年，卫生部对上海、湖南、吉林、甘肃、四川、山东6省市的乡村卫生监督与服务工作的现状进行了抽样调查。共调查20个县，60个乡，846个村卫生室，1531名乡村医生。

**一、不同预防保健（以下简称"防保"）组织形式的乡卫生监督与服务工作量比较**

在60个乡中，在乡卫生院设立防保组的29个(48.3%)，仅有专职防保人员而未设防保组的14个(23.3%)，成立相对独立的乡防保站的11个(18.3%)，有完全独立防保站(所)的6个(10%)。调查结果表明，在完成工作量方面，从完全独立的乡防保站、相对独立的防保站、卫生院设防保组，到卫生院设专职防保人员，依次减少。例如，食品卫生监督率依上述次序分别是100%、90.9%、25.9%、和64.5%；公共场所监督率分别是100%、90.9%、78.4%和57.1%；乡镇企业有害作业监测率分别是66.6%、18.2%、41.8%和28.6%。可见，防保组织的形式对卫生监督与服务工作的开展有很大影响。

**二、不同地区乡村医生从事卫生监督与服务工作比较**

表1　6省、市乡村医生承担各种卫生监督与服务工作的比例

| 卫生监督与服务项目 | 上海(n=365) | 湖南(n=192) | 吉林(n=306) | 甘肃(n=115) | 四川(n=112) | 山东(n=441) |
|---|---|---|---|---|---|---|
| 卫生监督 | 40.3 | 4.2 | 20.6 | 3.5 | 7.2 | 44.0 |
| 传染病报告 | 83.0 | 62.5 | 87.3 | 92.2 | 89.3 | 94.6 |
| 乡村企业 | 51.8 | 1.6 | 3.3 | 0.9 | 4.5 | 20.4 |
| 劳动卫生 | — | — | — | — | — | — |
| 食品卫生 | 61.1 | 6.8 | 22.6 | 0.8 | 16.1 | 51.0 |
| 学校卫生 | 42.7 | 10.3 | 23.9 | 2.6 | 8.9 | 49.7 |
| 粪便管理 | 70.0 | 7.3 | 13.4 | 20.9 | 8.0 | 47.2 |
| 改　水 | 68.8 | 14.1 | 15.7 | 27.0 | 23.2 | 61.5 |
| 消　毒 | 67.1 | 14.1 | 47.4 | 27.8 | 17.0 | 90.0 |

6省、市村卫生室及乡村医生承担卫生监督与服务的各项工作情况不同(见表1)。调查表明，不同地区间的差异很大，上海市及山东省乡村医生从事卫生监督与服务工作比例较高，吉林省次之，其它地区都低。

**三、乡卫生院在卫生监督与服务方面经费收入情况比较**

60个乡卫生院经费收入：国家卫生经费拨款、乡镇企业资助的总共占年经费收入的19.4%，其余80.6%是通过医疗、防保、药政或第三产业收入(见表2)。

表 2　60 个乡卫生院经济收入情况(1989 年)

| 收入来源 | 总收入(元) | 平均每个乡卫生院收入(元) | % |
|---|---|---|---|
| 卫生事业费拨款 | 1584261 | 26404 | 11.1 |
| 非卫生事业费拨款 | 453126 | 7552 | 3.2 |
| 县财政补贴 | 230000 | 3833 | 1.6 |
| 乡财政补贴 | 486733 | 8112 | 3.4 |
| 乡镇企业资助 | 15500 | 258 | 0.1 |
| 医疗业务收入 | 9741478 | 162358 | 68.0 |
| 防保业务收入 | 859644 | 14327 | 6.0 |
| 药政业务收入 | 902007 | 15034 | 6.3 |
| 第三产业收入 | 57153 | 953 | 0.4 |
| 合　　计 | 14329902 | 238832 | 100.0 |

在乡卫生院防保经费中，通过卫生监督与服务收入是极少的，1989 年卫生监督与服务收入共为 2640 元，平均每个卫生院由卫生监督与服务工作收入只有 44 元，不足总收入的 0.02%。

（朱宝铎）

**【1991 年国境卫生检疫工作】**

1. 全面承担了进口食品卫生监督检验工作。全年对 1700 余万吨进口食品进行了卫生监督检验，防止漏报漏检现象，检出不符合我国食品卫生标准的食品 52 余万吨，均依法采取了措施。

2. 加强对入出境人员在口岸上的检疫监测，完善疾病监测管理体系。全年经传染病监测发现霍乱患者 7 例、性病（梅毒、淋病、尖锐湿疣）356 例、肝炎 2252 例、艾滋病病毒感染者 26 例，其中中国人 18 例，占总数的 69%。

3. 普遍开展对入出境集装箱检疫监督，实施卫生处理 10 万箱，提高了集装箱卫生处理质量，有效地防止了啮齿动物、病媒昆虫借助集装箱传入传出。

4. 12 月 2 日，国务院法制局和卫生部联合召开了《中华人民共和国国境卫生检疫法》颁布五周年大会。党和国家领导人李先念、田纪云、江华、李德生、姬鹏飞、廖汉生、王汉斌、任建新、王任重为大会题词。李先念题词是："国门卫士、健康使者"，田纪云题词是："加强国境卫生检疫和进口食品管理工作，为我国对外开放服务"。姬鹏飞、彭冲、廖汉生、陈慕华、陈敏章、何界生等领导同志出席了会议。

会议总结了《中华人民共和国国境卫生检疫法》颁布五周年来，全国 170 多个国境卫生检疫机关认真执法的工作情况。各卫生检疫机关既严格依法对入出境交通工具和人员实施卫生检疫，又热情为入出境人员服务，改善国境口岸和交通工具的卫生面貌。防止了传染病由国境传入传出。

5. 召开了第二届国境卫生检顾问会议。会议总结交流了首届全国国境卫生检疫顾问会议以来各地国境卫生检疫、进口食品卫生监督检验工作经验。新聘任12位国境卫生检疫顾问。

6. 按照卫生检疫总所《"八五"期间国境卫生检疫发展规则》，提前建成二连卫生检疫所的鼠疫实验室、北京卫生检疫所的艾滋病检测中心实验室以及北戴河、海口、厦门三个检疫培训部，为培训检疫干部，提高检疫干部素质创造了条件。

7. 加强卫生检疫宣传工作。出版《中国国境卫生检疫杂志》6期，编印《国境卫生检疫信息》25期，《国际疫情、食检通报》33期。

8. 在抗洪救灾防病工作中，积极组织全国各卫生检疫所，对入境救灾物资做到随检随放，免收一切费用。据统计，仅北京、上海、天津、南京、合肥、武汉、深圳、连云港、湛江、秦皇岛、汕头等卫生检疫所共检疫入境救灾物资186批，17万余吨。加强对来自国外霍乱疫区的交通工具和人员的卫生检疫，对装自霍乱疫区的货物、压舱水实施卫生处理，防止了霍乱及其传播媒介的传入。

9. 在卫生检疫行政讼诉案件中，南京、宁波、上海卫生检疫所等5个案件均胜诉，原告上海、天津远洋公司败诉。

（曲绪禄）

**【1991年地方病防治工作】**

1. 深化改革，开展创建文明单位活动。根据创建文明单位的考核内容、标准和办法，各省级地方病专业所（站）抓紧领导班子、组织机构的建设；实行目标管理责任制；建立健全各项规章制度；有计划地培训各类专业人员；更新仪器设备；扩大服务范围，提高服务质量；开展政治思想和职业道德教育。

2. 疾病防治。经国务院批准，下发了《全国综合治理血吸虫病"八五"规划》，在湖南省岳阳市召开了全国血吸虫病防治工作会议，建立了血吸虫病防治部委级协调会议，以协调全国血吸虫病的防治规划、经费安排、表彰等问题。卫生、农业、水利等有关部委组成国务院检查组赴湖北、湖南、江西、安徽、云南、四川等疫区省检查血吸虫病防治工作。截至1991年10月底，全国处理钉螺面积5.95亿平方米，治疗病人76.9万人，湖北荆门市、浙江义乌县血吸虫病疫源县达到消灭血吸虫病标准。卫生部、水利部、农业部联合下发了《评选全国血防先进集体、先进个人表彰方案》，对在血防工作中做出显著成绩的集体、个人和"七五"达标县进行了表彰奖励。

1991年4月，召开了全国鼠疫防治工作会议，下发了《全国鼠疫防治"八五"规划及2000年规划设想》、《关于检查贯彻落实全国鼠疫防治工作会议的通知》。采取措施，使局部发生的鼠间、人间鼠疫疫情得到控制。组织调查组赴云南、新疆等10个省区，调查了解基层鼠疫防治人员的工作情况及生活待遇。1991年有5个鼠疫疫源县达到控制标准。

落实以食盐加碘为主的碘缺乏病综合防治措施，推广碘酸钾代替碘化钾，组织内蒙古、黑龙江、山西、甘肃等碘缺乏病防治达标省互查，以促进加碘措施的落实。

在三峡地区改灶降氟试点基础上，在云南、贵州、湖南3省推广改灶降氟的经验和技术。召开全国改水降氟工作会议，进一步明确建管并重的防治原则，截至到1991年12月为止，据26个省、自治区、直辖市统计，共建成改水降氟工程设施3万多项，受益病区3万多个，受益人口2400多万，占病区人口的26%。

大骨节病和克山病的防治，主要采取控制新发病人和治疗老病人的措施，收到较好效果。克山病、大骨节病发病处于稳定趋势，1991年辽宁省大骨节病、克山病防治工作在全国第一个达到基本控制标准。

1991年，我国南方水灾严重，血吸虫病重疫区和部分鼠疫疫区均有灾情。为此，制订了抗洪救灾期间《全国血吸虫病疫情控制方案》、《全国鼠疫疫情控制方案》，建立了血吸虫急性感染病人日报制度。为灾区调拨了930万片吡喹酮药。截至10月底，全国共发生急性感染的病例5141人，比1989年同期下降了57.4%，比1990年同期仅增加34例，使灾区疫情得到有效控制。并组织了鼠疫紧急疫情处理预备工作队，取得了大灾之后无大疫的成绩。

3. 宣传教育。1991年编印了20期《地方病防治简讯》，24期《地方病防治科研动态》以及《地方病获奖科技成果论文选》和地方病简介，拍摄了《中国鼠疫防治》、《中国布氏菌病防治》和血吸虫病防治科普片。

4. 科研和培训。1991年召开了"七五"血防科研新成果、新技术评估研讨会，公布了血防获奖科研成果。卫生部、农业部、化工部联合召开了灭螺新药研讨会，并在江西、安徽两省进行了对比试验。完成了旱獭皮带菌状况研究。举办了第2期全国地病办主任和专业所（站）长讲习班，2期血防站长培训班，地方病专业证书班，进行了地方病专业证书班的复查清理工作。

5. 学术交流与国际合作。召开了第四届全国碘缺乏病和第一届全国鼠疫防治学术交流会议，6月在青海召开了控制碘缺乏病中澳合作项目总结会和国际碘缺乏病理事会中国工作小组第三次会议。完成了由世界银行专家组对血防贷款项目的评估和立项工作。

（高淑芬　张　立）

## 组织管理

**【预防医学《专业证书》函（面）授班复查清理】**

北京医科大学、天津医学院等院校对承办的预防医学《专业证书》函（面）授班进行了自查清理。北京医科大学函授班：第一届招生6614人，年龄不符合要求的335人，转为结业证书班；学习考试不合格的139人，未予颁发专业证书；符合条件者为6140人。第二届招生3644人，均符合入学条件，目前正在学习中。天津医学院函授班：招生838人，复查合格826人，不合格12人。华西医科大学卫生检验专业证书面授班：招生141人，获得专业证书者135人。北京职工医学院预防医学（结核病）专业面授班：招生99人，合格者为97人，不合格2人。南京医学院预防医学（麻风病）专业面授班：招生72人，合格者61人，不合格者11人。扬州医学院预防医学（性病）专业面授班：招生36人，合格36人。

（万利亚）

**【全国卫生监督检测人员培训】**

1991年卫生部卫生监督司委托中国预防医学科学院、北京医科大学、卫生部工业卫生实验所、哈尔滨医科大学等单位举办培训班39期。培训省级在职卫生监督、检测人员1907人。本年度培训内容重点为：①卫生监督的法律、法规；②卫生监督、检测新技术的普及；③卫生监督统计报表的培训；④卫生监督、检测标准，工作规范。各省根据卫生监督执法检查中发现的问题，对基层卫生监督人员举办了卫生监督执法文书学习班。

（王淑云）

**【4省地方病防治所创建文明单位】**

吉林、辽宁、河北、山西4省地方病防治所开展了创文明单位活动。他们的基本做法是：①对创建文明单位活动比较重视，能按照"省级地方病专业所创建文明单位的条件和标准"进行自查自评。如河北省地方病防治所制定了创文明单位实施意见，成立领导小组，两次对各科室检查考评；吉林省地方病防治所把开展白求恩杯竞赛和创文明单位活动结合起来，收到良好效果。②领导班子团结协作，尽职尽责，深入实际，联系群众。能坚持改革开放，充分调动职工的积极性，利用现有条件和设备扩大服务范围，在坚持预防为主、搞好防治工作前提下，结合地方病防治工作开设专科门诊等服务项目，增收节支，增强单位的生机和活力。③各级各类人员普遍实行岗位责任制和目标管理。各专业所都制定了相应的规章制度，并定期检查考核。工会、共青团、学术委员会等组织比较健全，并能发挥作用。④党、政组织都把政治思想工作和精神文明建设放到重要的位置来抓，针对不同时期的工作、思想实际情况，采取有效措施，解决存在问题。⑤积极开展各种地方病防治、科研工作，深入基层，掌握病区情况，进行技术指导，开展疾病监测，大力宣传地方病防治知识。

（吴高盛）

## 计划免疫

**【儿童计划免疫接种率纳人国家“八五”计划】**

1990年我国实现了以县为单位儿童计划免疫接种率达到85%的目标。但是，由于计划免疫工作发展还很不平衡，各地经济、文化、卫生工作基础差异较大；局部地区卫生人员水平低、素质差；计划外生育的儿童、流动人口管理措施跟不上；漏卡、漏种现象严重，造成局部地区的免疫空白，致使某些传染病时有暴发流行。因此，为进一步加强基层计划免疫工作，巩固和提高计划免疫接种率，保证接种质量，国家“八五”计划中规定，到1995年使乡镇儿童计划免疫接种率达到85%。

（李惠芳）

**【中国实现计划免疫第二个85%目标】**

卫生部与联合国儿童基金会、世界卫生组织于1991年3月1～30日对全国计划免疫工作进行了联合审评。这次审评的重点是1988～1990年3年内计划免疫工作进展和在第一次（1989年）审评过程中发现问题的改进情况，其具体内容是①以县为单位12月龄儿童四种疫苗接种情况、未接种的原因及漏卡情况；②对村、乡、县、地（市）、省（自治区、直辖市）的计划免疫工作进行全面审评。调查的对象为1989年1月1日至12月31日出生的儿童，抽样方法是采取多阶段系统随机抽样的方法。全国随机抽取284个县（区），占全国县（区）级抽样单位的11.11%。调查地区人口为122 201 775人，占全国总人口的10.77%。本次调查共走访了745 192户，符合调查对象的儿童有59 443人，占全国同龄儿童的0.28%。

调查结果表明，全国1989年出生的儿童建卡率为99.66%，建证率为87.89%，12月龄内儿童计划免疫接种率：卡介苗为99.12%，脊髓灰质炎疫苗为97.80%，百白破混合疫苗为96.95%，麻疹疫苗为97.70%，四苗全程接种率为94.93%。全国抽取的284个县级单位，有283个县四种疫苗接种率分别在85%以上。可以认定，全国已实现了1990年以县为单位，儿童计划免疫接种率达到85%目标。

审评中也发现一些问题。如计划免疫工作发展不平衡，计划免疫相对应的传染病在一些地区没有得到有效的控制，脊髓灰质炎发病连续两年上升。管理工作有漏洞，一些地方注重接种率指标，而忽视了计划免疫工作管理。思想认识有差距，一些地区对计划免疫工作的长期性、艰巨性认识不足，满足突击式强化接种，过分依赖行政干预等。

（李惠芳）

**【1982～1990中国计划免疫推广应用项目获奖】**

1982～1990年中国计划免疫推广应用项目被评为1991年度卫生部医药卫生科技成果推广应用一等奖。该项目推广应用迅速、广泛、深入，覆盖全国30个省、自治区、直辖市。在实施、评价中，采用了国际标准方法和先进技术，在社会宣传动员、筹集资金、开展国际合作方面积累了经验。计划免疫接种率和针对疾病的发病率等主要指标达到了国际领先水平，并为基层培训了大量人员，提供了必要的装备，有力地促进了基层卫生保健工作的开展。据统计，全国卡介苗接种率由1983年的34%提高至1990年的99%；脊髓灰质炎疫苗接种率由79%提高至98%；百白破疫苗接种率由58%提高至97%；麻疹疫苗接种率由78%提高至98%，而1990年全球卡介苗、脊髓灰质炎、百白破和麻疹疫苗的接种率分别为90%、85%、83%和80%。计划免疫针对4种传染病的发病人数大幅度降低，有效地保护了儿童健康，我国实行计划免疫后的9年中（1982～1990年）与实行计划免疫前的9年（1973～1981年）相比较，每年4种传染病平均发病人数减少323万例，死亡人数减少12800人，其中仅麻疹每年就减少207万人发病，减少9931人死亡。

（杨保平）

**【颁发《关于加强计划免疫保偿制管理工作的意见》】**

卫生部于10月7日以卫防发（1991）第21号文颁发了《关于加强计划免疫保偿制管理工作的意见》。文件明确指出，计划免疫保偿制是以提供免疫接种服务为手段，以保护儿童健康为根本宗旨，依靠群众集资开展预防保健服务的一种形式，符合我国经济还不很发达，国家对计划免疫的投入不能满足实际工作需要的国情。文件规定，开展计划免疫保偿制应始终坚持社会效益第一的原则，在广泛宣传动员，提高群众认识的基础上积极稳妥地加以推行，不搞一刀切。要求各级卫生行政部门在政府的领导下组织推广保偿制工作，各级卫生防疫机构具体管理和实施辖区内的保偿制工作。文件提出应将提供四种计划免疫疫苗的免疫服务和有关的咨询服务作为保偿的主要内容。强调保偿金的使用应贯彻“两个为主”的原则，即在分成提留上，以乡、村基层卫生组织为主；在赔偿支付上以县级或县级以上参与保偿金提留的卫生防疫单位为主。保偿金主要用于基层卫生人员的劳务补偿；接种材料的补充；冷链设备运转、维修和更新；以及奖励、支付赔偿费用和计划免疫发展基金。保偿金应由县级卫生防疫机构统一管理，单独设帐，专款专用。

（杨保平）

**【第二届全国计划免疫宣传作品评比】**

卫生部卫生防疫司组织的第二届全国计划免疫宣传作品评比揭晓。本次评比共收到28个省、自治区、直辖市（除西藏、新疆外）的影视、摄影、美术、科普文章4大类462件计划免疫宣传品。获奖作品为86件，占送审作品总数的18.6%。其中除科普文章未评出一等奖外，其他三类共评出5名一等奖：影视作品（电视专题片）《红土高原的回答》，作者云南省卫生防疫站郑望宏、李建华；《预防脊髓灰质炎，保护儿童健康》，作者江苏省卫生防疫站。摄影作品《活佛来到幼儿园》，作者健康报社赵瑞清；《进世初针》，作者北京市健康教育所孟雷。美术作品《给俺娃娃喂糖丸》，作者山西省大同市卫生防疫站王旗。

（李惠芳）

## 传染病防治

**【1991年全国传染病疫情】**

据30个省、自治区、直辖市报告的疫情年报资料统计，1991年我国共发生甲、乙类传染病3 253 439例，死亡9583例，总报告发病率为287/10万，比1990年下降3.30%；总报告死亡率为0.85/10万，比1990年下降27.83%；总报告病死率为0.30%，比1990年下降25.36%。其中甲类传染病鼠疫发病33例，死亡11例，霍乱发病211例，无死亡病例报告；乙类传染病合计报告发病 3 253 195 例，死亡 9572 例。与 1990 年相比，计划免疫针对的传染病中，脊髓灰质炎、百日咳、白喉发病率下降幅度较大，分别下降62.67%；47.62%；46.13%。脊髓灰质炎 1989、1990 两年全国疫情曾连续两年上升，但 1991 年下降幅度较大。百日咳、白喉的发病率均达到或接近建国后历史最低发病水平。流行性脑膜炎发病在 1990 年大幅度下降的基础上，1991 年报告发病率继续下降 21.93%。麻疹发病率比 1990 年增长 41.38%，主要因为局部农村地区和山区发生暴发疫情所致。全国报告肠道传染病占甲、乙类传染病总发病率的 76.58%，比 1990 年略有下降，其中痢疾发病虽比 1990 年下降 8.47%，但占总发病数的 40.58%，仍为各病之首，病毒性肝炎（不包括乙型肝炎）占 32.25%，为第二位，其中甲型肝炎发病比 1990 年上升7.08%。疫情上升的主要有甘肃、云南、山西、河南和安徽等省。伤寒副伤寒发病上升2.46%，死亡上升 23.44%，上升幅度较大的有贵州、山西、内蒙古、江西、安徽、新疆等省区。血源及性传播传染病中与 1990 年相比，乙型肝炎上升 16.02%，淋病上升 5.81%，梅毒报告下降 23.48%。1991 年全国共报告 212 例 HIV 感染者，其中中国大陆居民 177 例，共报告 3 例艾滋病病例，其中中国大陆居民 1 例。自然疫源性及虫媒传染病仍为报告传染病病死数的第一位，其中报告因患狂犬病死亡 2102 例，比 1990 年死亡数下降 41.34%，但仍为各种传染病报告死亡数的首位，占 21.93%。乙型脑炎发病下降幅度较大，比 1990 年下降了 37.19%，病死数下降 55.17%，下降幅度较大的省有山东、河南、安徽、湖南、浙江、江西等省。疟疾疫情在连年下降的基础上，1991 年继续下降 14.97%。流行性出血热发病在 1990 年比 1989 年略有上升之后，1991 年发病 41108 例，死亡 917 人，比 1990 年发病上升 19.39%，死亡下降 17.13%。疫情上升的主要原因是 90 年代初期，我国部分地区先后进入出血热发病第五次流行高峰，此外，因洪涝灾害影响，改变了自然环境，使人鼠接触机会增多，一些重点地区，灭鼠措施不落实，鼠密度及带毒率高，也是疫情上升原因。炭疽发病上升 15.05%，但死亡下降 11.46%，发病上升较重的有贵州、广西、内蒙古等省区。此外，全国钩端螺旋体病、斑疹伤寒、黑热病、登革热等病疫情也有不同程度的上升。

另据 30 个省 145 个疾病监测点上报的疫情资料统计，在监测系统内报告发生甲、乙类传染病 21 种（无鼠疫、艾滋病、黑热病病例）共 47 596 例病例，总报告发病率为 501.64/10万，较 1990 年上升 0.64%，丙类传染病 11 种，共报告病例 127548 例，总报告发病率为 1397.43/10 万，较 1990 年下降 2.08%。与 1990 年监测点疫情相比，甲、乙类传染病中，霍乱、痢疾、伤寒、淋病、梅毒、脊髓灰质炎、百日咳、流行性脑膜炎、狂犬病、乙型脑炎 10 种传染病下降。上升比较明显的传染病为麻疹，1991 年报告发病率为 19.79/10 万，较 1990 年上升 126%（1991 年发病率为8.76/10 万）。钩端螺旋体病 1991 年报告发病率为 5.00/10 万，较 1991 年上升 49%。

统计数字还表明，1991 年夏季遭受特大洪涝灾害的安徽、江苏、浙江、河南、湖北、湖南、四川、贵州 8 省，共计报告发生甲、乙类传染病 1 870 678 例，死亡 5307 例，比 1990 年发病下降 5.09%，死亡下降 29.60%。同时来自灾区传染病监测点的信息也证实灾后我国没有较大的传染病暴发流行，取得大灾之年无大疫的成绩。（齐小秋）

**【性病防治】**

1991 年 12 月底统计，1991 年全国共报告性病 137790 例，男女之比为 1.65 : 1，与 1990 年同期相比，疫情增长速度有所减缓，其中北京、吉林、安徽、新疆、江西、湖南、辽宁、上海 8 个省市疫情呈下降趋势。

性病病种主要是淋病，占 77.26%，梅毒占 2.56%，且其所占比例呈逐年下降的趋势，但尖锐湿疣和非淋菌性尿道炎（宫颈炎）的流行在逐年增加。

为了加强性病防治工作，全国已恢复、建立的性病防治机构由 1988 年的 192 个增加到 1991 年的 1535 个。多数省市还建立了性病防治领导小组或协调小组，负责领导协调性病防治工作。

依据《中华人民共和国传染病防治法》，1991 年卫生部发布了《性病防治管理办法》。据统计，全国已有河北省、山东省、吉林省、浙江省、沈阳市、哈尔滨市、重庆市、广州市、吉林市、济南市等省市发布了地方法规。

为了促进我国西部地区及边远地区性病防治工作，1991 年 11 月卫生部在兰州举办了部分省市性病临床学习班，为 6 省市培训学员 60 名。在性病防治科研方面，开展了 TPHA（梅毒螺旋体血细胞凝集反应）国产化研究，已逐步推广应用于临床。进行了我国部分地区淋球菌耐药测定和流行病学研究，特种人群中非淋菌性尿道炎的病因学、流行病学的研究。淋菌快速诊断研究已建立了 SPA（葡萄球菌协同凝集试验）、酶免疫试验方法，正在试用于临床。进行了淋球菌分型的研究，初步建立了血清学、营养分型、耐药质粒分析三种方法。筛选了抗艾滋病病毒药物 20 余种，开展了人工合成多肽为抗原检测 HIV 抗体试剂盒的研究。对国内外生产的 4 种治疗性病的药品进行了临床观察（美满霉素、干扰素、肽丁胺霜剂、神油），为国内外药厂检测淋球菌杀菌剂 5 种。进行了全国 16 个性病监测点 1987～1990 年性病流行病学调查分析，同时开展了我国首例性病的调查及梅毒流行病学调查。

（郑中波）

**【艾滋病疫情及预防控制工作】**

1. 召开预防和控制艾滋病国际合作会议 1991 年 3 月 14～15 日，卫生部、对外经济贸易部、世界卫生组织和联合国计划开发署合作，在北京召开了预防和控制艾滋病国际合作会议，会议邀请十多个发达国家驻华使馆和国际组织驻京的代表参加。会上重点介绍了我国预防和控制艾滋病中期规划和近年来我国开展的工作。

2. 执行预防和控制艾滋病中期规划 卫生部和世界卫生组织共同制订的预防和控制艾滋病三年中期规划从 1991 年开始执行。为保证中期规划的执行，卫生部和各省、自治区、直辖市卫生厅均安排经费支持这项工作。世界卫生组织支持 100 万美元，用于中期规划项目管理、宣传教育、监测和实验室工作的开展。其中约 1/4 的经费用于云南省的预防和控制艾滋病工作。

3. 全国 HIV 感染和艾滋病情况 1991 年，全国共报告发现 3 例艾滋病病人，其中大陆居民 1 例，外国人和香港同胞各 1 例。该例大陆居民为 1989 年 10 月发现的感染者，系援外回国人员。病人 1 例回港，2 例死亡。

1991 年，全国共对重点人群 40 多万人进行了艾滋病的监测和检测，共查出 212 例 HIV 感染者。其中 143 例为吸毒者，12 例为回国人员，HIV 阳性者的配偶 1 例，卖淫妇女 3 例，嫖客 1 例，劳教人员 3 例，海员 1 例，边民 7 例，孕妇 1 例，原因不明者 5 例，华侨及港澳人员 6 例，外国人 29 例。至 1991 年底我国 HIV 感染者分布大致为：西南边境地区以静脉吸毒人群为主；沿海省份以出国探亲回国人员为主；内地省份以出国劳务归国人员为主；大城市以性病病人、卖淫妇女为主。

4. “世界艾滋病日”活动 1991 年 12 月 1 日“世界艾滋病日”主题是“共同迎接挑战”。卫生部与全国政协医教文体委员会等单位共同举办了“共同迎接挑战”的座谈会；部分艾滋病专家设立咨询点，开展艾滋病咨询活动。各省、自治区、直辖市卫生厅也举办了相应的宣传教育活动。 （孙新华）

【建国以来人间鼠疫疫情】

1950～1990年，我国共发生人间鼠疫7642例，死亡2688例。发病最多的是建国后的前五年(1950～1954年)，共发病6868人，死亡2268人，分别占建国41年中鼠疫发病、死亡总数的89. 87%和84.38%。这五年也是病例数大幅度减少的五年，平均每年减少62.26%，使疫情从1950年发病3455例，死亡1268例，减少到1954年发病258例，死亡124例。1955年发病数减少到37例，死亡18例，其后各年人间病例多波动在三十几例至数例之间。50年代平均每年发病706.6例，60年代减少到25.4例，70年代14.5例，80年代10.2例。与建国前五年(1945～1949)比较，尽管建国后头五年发病、死亡数最多，也分别仅占前五年的5.09%和2.17%。60年代后，每五年发病、死亡数仅是建国前五年的万分之几。

1950～1990年在8种类型疫源地、行政区划12省区129县(旗)发生人间鼠疫386县(旗)次，疫点1920点次。其中1950～1954年是建国以来发病范围最大的五年，在8省区196个县(旗)次发生人间鼠疫1615点次，分别占建国41年来疫区县次和疫点次总数的50.78%和84.11%，此间尚缺少西藏、新疆、甘肃等省区统计材料。经过几年大规模防治，浙江、福建、广东省从1951年至1953年、东北三省和内蒙古东四盟从1955年至1966年先后杜绝了人间鼠疫，鼠疫病例主要集中在我国西部地广人稀的旱獭疫源地和云南省西部家鼠疫源地区。

建国前人间鼠疫一经发生多酿成较大的流行，1945～1949年每个疫点平均发病61.29人，建国后疫点平均发病1～4人，多为散发。

建国41年来，鼠疫总病死率为35.17%，其中1950～1954年病死率为33.02%，病例多在人口密集地区并以腺鼠疫为主，其后病死率有所增加，原因为病例多发生在地广人稀旱獭疫源地，肺鼠疫较多，发现和报告不及时，病人未得到治疗而死亡，如旱獭疫源地病死率最高，达68.60%。建国41年间，除1984年外，每年均有人间鼠疫发生。部分疫区发病的间断性、突发性比较明显，有些年份发病、死亡数较多。如1960年发病67人，死亡41人；1970年发病52人死亡5人；1980年发病28人死亡17人。1990年云南省西部人间鼠疫在中断30年后，重又发生局部暴发流行，发病73例病人，使本年全国发病达75人，是我国1955年以来发病人数最多的一年。随着近些年我国动物鼠疫活跃及疫源地的经济开发，我国人间鼠疫有抬头趋势。

(沈尔礼)

【1991年鼠疫疫情及防治】

1991年在西藏、云南、青海和内蒙古的7个县(旗)发生人间鼠疫13起，发病33例，死亡11例。其中，在历史上无疫情记载的西藏曲松、隆子县发生了2起肺鼠疫暴发流行，共发病21人，死亡11人。这两起疫情的特点是，首例患者均因接触和剥食染疫死旱獭皮感染，疫情先在家庭内传播，随后引起周围邻居、与病家接触的有关人员感染发病。曲松县朗增村370余人，发生肺鼠疫病例15人。首例患者家有9口人，全部感染发病，死亡5人。云南省盈江、耿马、陇川县继1990年发生73例病人后，1991年再次发生9例腺鼠疫，但无死亡。内蒙古四子王旗在人间鼠疫中断73年后，于1991年又出现1例鼠疫并死亡。

监测到的鼠间鼠疫流行，分布在7个类型疫源地的7个省、自治区30个县(旗、市)。其中检出鼠疫菌的有27个县(旗)，血凝阳性达现疫流行标准的有3个县(旗)。在监测中新判定西藏当雄、堆龙德庆、曲松、隆子，青海同德和云南镇康6县为新疫源县。至此，我国判定的鼠疫疫源县达208个。监测结果表明，1991年我国西部旱獭疫源地和滇西黄胸鼠疫源地鼠间鼠疫流行猛烈。近年鼠间鼠疫十分活跃的内蒙古沙土鼠疫源地西部地区疫情平稳，但该疫源地中部和东部地区鼠间鼠疫流行猛烈，呈多点暴发，疫情超过往年。甘宁阿拉善黄鼠疫源地疫情静息12年后又在宁夏海原县检出鼠间鼠疫流行。内蒙古达乌尔黄鼠疫源地仍保持往年流行状态。浙江、江西等省家鼠疫区和哈尔滨市平房区均检出放射免疫阳性材料，其流行病学意义正在研究之中。内蒙古旱獭疫源地、布氏田鼠疫源地及广东、广西家鼠疫源地区均未检出鼠间疫情。

1991年鼠疫防治工作的重点是贯彻全国鼠疫防治工作会议精神。为配合全国防病救灾工作，控制鼠疫疫情发展，卫生部制定了救灾期间的《鼠疫疫情控制方案》，下发各疫源省区，同时组织中国预防医学科学院流行病学微生物学研究所、全国鼠疫布氏菌病防治基地和河北省鼠疫防治研究所成立了3个全国紧急疫情处理预备工作队。鼠疫防治达标工作，内蒙古3个市（旗）达到稳定控制标准，1个旗达到基本控制标准。到1991年底，我国208个疫源县（市、旗）中达到稳定控制标准的有42个，达到基本控制标准的有66个。

（侯培森）

**【全国鼠疫防治工作会议】**

全国鼠疫防治工作会议于1991年4月3～6日在北京召开。各省、自治区、直辖市卫生厅（局）、国家有关部委及人民解放军主管负责同志参加了会议。鼠疫防治任务较重的13个省、自治区地方病防治领导小组组长应邀出席会议。国务院副秘书长徐志坚出席会议并与省区地方病防治领导小组组长进行了座谈。

会议总结了“七五”期间的鼠防工作。中央地方病防治领导小组撤销后，全国鼠疫防治工作从1986年起由卫生部负责组织协调。五年来，继续巩固了我国基本控制人间鼠疫发生和流行的成果。东北三省和内蒙古东部以及东南沿海等9个省区已30多年未发生人间鼠疫，上述地区90%以上的范围控制了鼠间鼠疫流行。我国西部地区发生的人间鼠疫，绝大部分是散发病例。又有10个疫源县达到稳定控制工作标准，7个疫源县达到基本控制标准，使控制县占疫源县总数的53．96%。此外还发现7个新疫源县，新判定疫源面积10多万平方公里。《中国鼠疫自然疫源地的发现与研究》被评为1987年国家自然科学研究二等奖，还有23项获省部级科研成果奖。涌现出一批鼠疫防治先进地区、单位和个人。会议交流了吉林省积极创造条件，坚持长期灭鼠，基本控制鼠间鼠疫流行，稳定地控制人间鼠疫发生的经验，还交流了内蒙古、浙江认真开展监测，及时掌握疫情动态；青海、新疆严格处理人间鼠疫疫区，疫情没有扩大蔓延；广东省农业、卫生部门联合开展疫区农田灭鼠，防病保粮一起抓的经验。

会议分析了疫情态势，指出我国鼠防工作的长期性、艰巨性和疫情突发性的特点，特别指出近年来，我国鼠间鼠疫十分活跃，人间鼠疫有所抬头的趋势。要求克服一些同志存在的麻痹松劲思想和侥倖心理，切实解决疫区鼠防知识宣传教育不重视，有关部门灭鼠协调不够，鼠防专业队伍不稳定、后继乏人及防治经费、物资缺口较大的问题。为此，会议讨论通过了《关于加强鼠疫防治工作的意见》，要求切实加强领导；部门分工、综合治理；加强专业机构和队伍建设；保证防治经费和物资供应；加强科学研究；完善法制、大力开展宣传教育。并提出解决的具体政策和措施。

会议讨论制定了《全国鼠疫防治“八五”计划和2000年规划设想》。为完成规划确定的任务和推动鼠疫等地方病防治工作深入开展，会议讨论了《全国地方病战线开展先进集体、先进个人评选奖励方案》，决定1993年中期评审，1995年全面总结表彰。会议还具体地部署了1991年和今后一段时间的鼠防工作。（沈尔礼）

【鼠疫防治科研】

1991年10月全国第三届鼠疫防治学术会议在广西南宁召开。国内各鼠疫防治研究机构专业人员约120人参加了大会。大会共收到论文166篇。论文反映了当前鼠疫防治科研的方向及一些进展。浙江、福建等省应用放射免疫沉淀试验（RIP），在30多年未发现人、鼠间鼠疫疫情的地区检出阳性材料，这一结果表明，RIP这种敏感性高，特异性强的检测方法有可能用于检测东南沿海省区是否存在鼠疫疫源及鼠疫疫情监测。河北、甘肃、青海3省对旱獭皮自然带菌状况和带菌獭皮的无害化处理方法进行的研究表明，在40天内獭皮经日晒及消毒等处理，鼠疫菌失去再感染能力。青海省选育出有可能用于制备鼠疫活菌苗的菌株，试验证实该菌株的残余毒力、安全性、免疫性及其免疫血清中$F_1$抗体水平等指标都达到了作为活菌苗的技术要求。内蒙古鄂尔多斯长爪沙鼠鼠疫预报数学模型的提出和数学模型在鼠疫防制中应用研究的课题使动物鼠疫疫情预测符合率可达80%以上。在鼠疫菌分子生物学研究方面，用641株鼠疫菌对鼠疫菌质粒的种类、组成进行了较系统的研究，并对鼠疫菌质粒缺陷株的建立及66Mdal质粒的功能进行了较为深入研究。证实了$F_1$、$F_2$两种抗原与66Mdal质粒编码的关系。运用鼠疫菌DNA探针检测鼠疫菌的方法，识别了48株野生型（17个生态型）鼠疫菌和10株非典型鼠疫菌。

（胡连友）

【全国鼠疫防治工作“八五”计划及2000年规划设想】

1991年5月卫生部下发《全国鼠疫防治工作“八五”计划及2000年规划设想》。规划在总结分析鼠疫防治工作现状的基础上，确定了“八五”和2000年的防治任务和指标，指出了防治对策和措施。

本世纪鼠疫防治工作的总任务是，紧紧围绕实现社会主义现代化建设第二步战略目标，贯彻预防为主方针，坚持改革开放，进一步加强领导，在继续巩固发展现有成果的基础上，迅速控制疫源地区人间鼠疫暴发流行，扼制人间疫情回升的趋势，逐步降低发病和病死人数，防止疫情传出传入。近期内全国要以防治人间鼠疫为重点，在一些有条件的地方继续控制鼠间鼠疫，扩大达标范围，积极开展查明疫源工作。“八五”期间，一是重点加强基层鼠防机构和设施建设，稳定、充实和提高鼠防专业队伍；二是加强鼠防重点领域科学研究，追踪国际先进水平，为鼠防工作发展增强后劲，为今后稳步、协调发展打下基础。

规划主要指标：①控制人间鼠疫。1993年前控制云南局部地区人间鼠疫暴发流行，1995年控制全国人间疫情回升趋势，2000年前逐步降低人间鼠疫发病和死亡人数，坚决控制人间鼠疫传入人口密集的城镇、工矿区、交通枢纽、军事要地和旅游等重点地区。②控制鼠间鼠疫。1995年前再有17个疫源县分别达到基本和稳定控制工作标准，2000年有60%疫源县达标。③监测和查源。1995年前各类型疫源地形成骨干监测网络，建立健全20个全国重点监测点；2000年建成全国人员、设备齐全的系统监测网络，基本做到质量控制。“八五”期间南方重点查明云南、四川、广西等省区疑似疫源地区。2000年前查清东南沿海地区鼠疫自然疫源状况。④提高群体防病意识。“八五”期间，一般鼠疫流行区有80%、偏远交通不便的少数民族地区有50%的7岁以上居民接受鼠疫防治的基本知识教育。

（沈尔礼）

【1991～2000年全国结核病防治工作规划】

卫生部制定了《1991～2000年全国结核病防治工作规划》。规划提出，到2000年各省、自治区、直辖市的结核病涂阳患病率平均降低50%，全国涂阳患病率下降至70/10万以下。为了实现上述目标，对防治措施提出了分阶段、分项目工作指标，具体要求是：①病人发现工作指标。要求新发涂阳病人发现率从阶段要求的40～50%提高到规划要求的60～70%。②治疗管理指标，重点是新发现涂阳病人。要求新发现涂阳病人治疗覆盖率达到95%；新发现涂阳病人完成治疗率从阶段要求的80%提高到规划指标的85%；新发现涂阳病人的痰菌阴转率从阶段要求的80%提高到规划指标90%。③卡介苗接种指标。要求以乡为单位，新生儿卡介苗接种率从阶段指标的85%提高到规划指标的90%；新生儿卡介苗接种阳转率从阶段指标的85%提高到规划指标的90%。

（郭生贵）

**【全国结核病第三次流行病学抽样调查结果】**

1990年2～12月，在全国29个省、自治区、直辖市（天津市1989年已进行流行病学调查，未包括该市）开展结核病第三次流行病学抽样调查。确立调查点928个，抽样人数1 539 451，应检人数1 493 334，实检人数1 461 190，受检率为97．8%。

**一、患病情况**

1．活动性肺结核、涂阳患病率及估算病人数见表1。

表1　患病率及估算病人数

| 病人类别 | 患病率（1/10万） | 估算病人数（万） |
|---|---|---|
| 活动性 | 523 | 593 |
| 涂　阳 | 134 | 151 |

2．结核病三次流行病学调查患病率和年递降率见表2。

3．各省、自治区、直辖市结核病第三次流行病学调查患病率见表3。

表2　结核病三次流行病学调查患病率和年递降率

| 病人类别 | 患病率（1/10万） | | | 年递降率（%） | | |
|---|---|---|---|---|---|---|
| | 1979年 | 1984/1985年 | 1990年 | 1979～1984/1985年 | 1984/1985～1990年 | 1979～1990年 |
| 活动性 | 717 | 550 | 523 | 4．9 | 0．9 | 2．8 |
| 涂　阳 | 187 | 156 | 134 | 3．2 | 2．7 | 3．0 |

**二、流行趋势**

1．患病情况。1979～1990年28个省、自治区、直辖市（不包括海南省和天津市）肺结核患病率的年递降率：24个省、自治区、直辖市患病率呈不同程度下降，其中北京、上海年递降率分别为19．2%、15．7%；14个省、自治区（福建、山东、江苏、吉林、新疆、青海、浙江、广东、安徽、陕西、黑龙江、宁夏、甘肃、辽宁）年递降率为5%～10%，8个省、自治区（河南、湖北、广西、湖南、山西、江西、西藏、四川）年递降率为5%～1%。4个省、自治区（内蒙古、云南、河北、贵州）肺结核患病率呈不同程度上升。

在28个省、自治区、直辖市中，涂阳患病率的年递降率：北京、上海分别为19.0%、13.6%；12个省、自治区（福建、山东、江苏、吉林、广东、西藏、辽宁、浙江、青海、黑龙江、甘肃、江西）年递降率为5%～10%，10个省、自治区（河南、安徽、陕西、湖北、广西、湖南、山西、四川、河北、云南）年递降率为5%～1%，4个省、自治区（内蒙古、宁夏、贵州、新疆）涂阳患病率呈不同程度上升。

上述情况表明，全国结核病疫情仍然较高，疫情下降缓慢。城市和农村相比，肺结核患病率和涂阳患病率均呈现农村>城镇>城市的态势。肺结核患病率农村为城市的2.4倍；涂阳患病率农村为城市的2.8倍，提示结核病防治工作的重点仍在农村。部分少数民族地区结核病疫情较重,活动性肺结核和涂阳患病率与全国平均患病率、涂阳患病率比较,分别高出214/10万和42/10万,且多数分布于西北、西南和东北的边远地区。

2.结核病死亡率。结核病死亡率为21/10万,较1984/1985年流行病学调查下降了41.7%,年递降率为10.2%,说明各地在结核病防治管理上,在进行群防群治,加强宣传教育,提高群众自我保健,做到早期发现,早期治疗病人方面取得一定成效。

表3 各省、自治区、直辖市结核病第三次流行病学调查患病率*

| 省别 | 活动性结核病患病率(1/10万) | 涂阳患病率(1/10万) |
|---|---|---|
| 全国 | 523 | 134 |
| 北京 | 38.6 | 10 |
| 上海 | 38.9 | 12 |
| 福建 | 292 | 109 |
| 山东 | 150 | 46 |
| 江苏 | 271 | 89 |
| 吉林 | 229 | 62 |
| 新疆 | 647 | 189 |
| 青海 | 272 | 60 |
| 浙江 | 275 | 69 |
| 广东 | 393 | 87 |
| 安徽 | 502 | 164 |
| 陕西 | 293 | 71 |
| 黑龙江 | 551 | 99 |
| 宁夏 | 530 | 160 |
| 甘肃 | 280 | 67 |
| 辽宁 | 333 | 66 |
| 河南 | 466 | 109 |
| 湖北 | 468 | 145 |
| 广西 | 405 | 103 |
| 湖南 | 649 | 153 |
| 山西 | 398 | 115 |
| 江西 | 750 | 150 |
| 四川 | 807 | 177 |
| 西藏 | 1186 | 108 |
| 贵州 | 475 | 101 |
| 河北 | 505 | 105 |
| 云南 | 480 | 63 |
| 内蒙古 | 779 | 253 |
| 海南 | 753 | 237 |

注:* 天津1989年已进行结核病流行病学调查,此表未包括该市资料。

(郭生贵)

**【1991全国脊髓灰质炎疫情分析】**

1991年脊髓灰质炎疫情主要概况和特点是:①疫情大幅度下降,以散发分布为主。全国共报告发病1926例,死亡61例,与1990年相比发病、死亡数分别下降61.97%和40.78%。全国发生病例的县共有358个,较去年减少315个,下降46.81%。②发病仍以小年龄为主。0岁组发病占病例总数的1/3,有的省达40~60%。③无明显季节高峰。全年按月分布病例数基本持平,季节性升高已不明显。④无大暴发流行,但免疫空白地区仍然存在。暴发流行持续时间较前两年缩短,个别省个别地区仍存在流行周期性。漏服和部分流动人口、计划外生育儿童的累积是形成免疫空白地区的主要原因。⑤全程服苗发病者比前两年有逐年上升趋势。据专家分析,这是我国接种率在不断提高的一种表现。

1991年脊灰疫情表明,我国近几年加强疫情监测工作和基础免疫工作,特别是强化免疫和应急免疫活动起到了很大作用。但是也表明我国目前的免疫水平尚不能阻断野病毒的传播仍需在提高接种质量、接种率和开展强化免疫活动上下功夫,脊髓灰质炎潜在暴发、流行的因素仍然存在,1995年消灭脊髓灰质炎的任务十分艰巨,决不容盲目乐观、掉以轻心。

(周 军)

**【开展脊髓灰质炎疫苗强化免疫活动】**

为了按期实现1995年全国消灭脊髓灰质炎的目标,有效地控制脊髓灰质炎暴发流行,迅速切断脊髓灰质炎病毒的传播,1991年我国部分省在做好基础免疫的基础上,开展了脊髓灰质炎疫苗强化免疫接种活动。据统计,1991年全国共有21个省、自治区、直辖市利用冬春季,在不同范围内开展了强化服苗工作(其中12个省份进行了两轮服苗),服苗对象为0~4岁儿童,全国共使用疫苗7330多万人份,服苗近7000万人次,接种率全部达到90%以上。1991年强化免疫接种活动突出的几个特点是：①制订了详细的服苗方案，进行了大量本底调查，重点掌握了计划外生育儿童和流动人口情况；②服苗范围大；③各级行政、业务部门互相配合执行、监督和检查强化免疫接种活动的各项工作；④服苗效果显著，1991年脊髓灰质炎发病人数比1990年下降61.97%，没有发生大的暴发流行，流行季节高峰不明显，病例以散发为主；⑤进口液体疫苗（2300万人份）在我国首次使用于强化免疫活动。

由于强化免疫活动需要大量疫苗，目前疫苗供应紧张已成为强化免疫活动开展的突出问题。如何进一步提高疫苗接种质量，制订合理、科学可行的强化服苗方案，是今后开展强化免疫活动的关键性措施。

（周　军）

**【苏鲁豫皖冀建立消灭脊髓灰质炎联防】**

为加强省际间的联系与合作，互通情报，交流信息，有效地控制疫情，促进消灭脊髓灰质炎工作进程，近两年脊髓灰质炎疫情高发的江苏、山东、河南、安徽、河北5省于1991年7月建立了省际间联防，联防范围涉及5省交界的35个地区（市）103个县（市、区），联防内容主要涉及：①免疫接种：联防地区在加强常规免疫工作的同时，按统一要求开展冬春季强化免疫接种活动。②疫情报告：联防区内各县（市、区）卫生防疫站对本地区发生的脊髓灰质炎疑似病例除按疫情报告要求逐级上报外，同时通报毗邻县（市、区）卫生防疫站。③病例调查：联防区内各县（市、区）卫生防疫站接到疫情报告24小时内对病例进行调查，对外地来本地就诊病例，用个案调查表通报病人居住地县（市、区）卫生防疫站。④标本采集、运送和检验：发现外地病例，标本采集、运送由县（市、区）卫生防疫站负责，并将标本采集、运送情况通报病例居住地的县（市、区）卫生防疫站；标本检验由发现省卫生防疫站或距离较近的省卫生防疫站负责，检验结果直接通报病例居住地卫生防疫站，并反馈给发现地卫生防疫站。⑤疫情控制：发现疫情及时通报，共同商讨控制对策，采取措施，防止疫情蔓延。⑥信息交流：每月一次互通情报，定期召开工作会议，交流有关信息，总结经验。卫生部统一领导联防区的工作，并组织跨省间的人员培训工作，1991年培训联防区内消灭脊髓灰质炎工作人员120人。

（于竞进）

**【1984～1990年全国流行性出血热监测工作】**

根据卫生部1984～1990年全国流行性出血热防治工作规划，在全国29个省、自治区、直辖市建立了42个流行性出血热监测点。经过七年监测研究，得出了重要结果：

1.我国流行性出血热疫源地和疫区具有景观、空间时间和动物结构特点。流行性出血热主要分布在海拔500米以下的平原和丘陵地区，在海拔2000米以上的中、高山和高原地区未发现；分布在我国东北、华北、秦岭大别山区、东南和西南地区以及在多水带和过渡带及丰水带的东半部，而在西北盆地区、西北山地区、青藏外流和内流区以及少水地带罕见或无。从土壤区别和植被情况分析，该病主要分布在硅铝质土和富铝质土区域以及在东北林区和全国大部分农业区，而在干旱、高山、高寒和荒漠地区罕见或无。在动物群分布方面，耐时性较强的黑线姬鼠、大林鼠和褐家鼠等是优势种或常见种，亦是本病疫源地和疫区的主要宿主动物和传染源。

通过疫源地动物结构监测研究发现，本病宿主动物具有广泛的动物谱。捕获小兽334149只，病毒抗原检测241 995只，其中有56种脊椎动物能自然感染本病毒，另有9种节肢动物也分离到本病毒。全国流行性出血热疫区主要类型有单一姬鼠型和家鼠型，而大多数疫区为混合型。（见表1、2）。

表 1　全国不同海拔高度地区流行性出血热疫区分布

| 海拔高度（m） | 占总面积（%） | 地　形 | 市、县级气象台站所在地区 | |
|---|---|---|---|---|
| | | | 疫情发生地区 | 未发现地区 |
| 500 | 16 | 平原和丘陵 | 937 | 17 |
| 500～1000 | 19 | 丘陵、中山 | 9 | 44 |
| 1001～2000 | 28 | 中山和高原 | 1 | 74 |
| 2001～5000 | 18 | 中山、高原和高地 | 0 | 57 |
| 5000 | 19 | 高原和高山 | 0 | 0 |

表 2　全国 42 个流行性出血热监测点疫区分型

| 疫区类型 | 编号 | 监测点名 | 鼠种构成（%） | | 鼠密度（%） | | 鼠带病毒率（%） | | 带病毒鼠指数 | | | | 血凝抑制试验 | | 发病高峰季节（月） | | | | 人群隐性感染率（%） |
|---|---|---|---|---|---|---|---|---|---|---|---|---|---|---|---|---|---|---|---|
| | | | 野外黑线姬鼠 | 室内褐家鼠 | 黑线姬鼠 | 褐家鼠 | 黑线姬鼠 | 褐家鼠 | 黑线姬鼠 | 褐家鼠 | 指数合计 | 平均指数 | 姬鼠型 | 家鼠型 | 春 | 夏 | 秋 | 冬 | |
| 姬鼠型 | 6 | 牙克石 | 50.20 | 16.75 | 5.45 | 5.95 | 1.81 | 0.14 | 3.14 | 0.91 | 4.05 | | — | — | | | 11 | | 0.00 |
| | 7 | 黑河 | 64.43 | 27.68 | 14.76 | 5.92 | 5.27 | 4.17 | 8.82 | 4.97 | 13.79 | | 21/21 | — | | | 11 | | 3.06 |
| | 1 | 北京 | 68.09 | 74.58 | — | — | 1.55 | — | — | — | — | | — | — | | | 11 | | 0.00 |
| | 31 | 西安 | 63.67 | 37.85 | 8.78 | 7.18 | 6.67 | 0.39 | 7.65 | 1.67 | 9.32 | 9.21 | 289/290 | 1/290 | | | 11 | | 2.98 |
| | 33 | 户县 | 79.55 | 24.83 | 3.66 | 1.84 | 6.12 | 0.00 | 4.73 | 0 | 4.73 | | 212/212 | 0/212 | | | 11 | | 1.92 |
| | 35 | 天水 | 15.00 | 37.81 | — | 18.00 | 5.43 | 11.11 | — | 14.14 | 14.14 | | — | — | | | 12 | | 0.89 |
| 家鼠型 | 4 | 太原 | 12.92 | 54.56 | 0.52 | 3.20 | 0.00 | 7.40 | 0 | 4.87 | 4.87 | | — | — | | 4 | | | 4.25 |
| | 5 | 运城 | — | 89.48 | — | 8.17 | 0.00 | 2.64 | 0 | 4.64 | 4.64 | | 0/33 | 18/33 | | 4 | | | 8.17 |
| | 25 | 巩县 | 37.49 | 71.46 | 4.01 | 6.78 | 0.40 | 4.61 | 1.27 | 7.08 | 8.35 | | — | — | 3 | | | | 7.86 |
| | 23 | 新安 | 48.48 | 33.92 | 4.90 | 5.18 | 0.00 | 8.92 | 0 | 6.80 | 6.80 | 5.88 | 0/30 | 30/30 | | | 6 | | 9.01 |
| | 29 | 广州 | — | 46.27 | — | 5.19 | — | 7.37 | 0 | 6.18 | 6.18 | | 0/144 | 138/144 | 3 | | | | 4.00 |
| | 30 | 桂林 | 5.40 | 54.83 | — | 17.50 | 0.00 | 1.13 | 0 | 4.45 | 4.45 | | — | — | | 6 | + | 10 | — |
| 混合型 以姬鼠为主 | 9 | 延边 | 76.65 | 81.0 | 2.95 | 2.99 | 1.36 | 0.25 | 2.00 | 0.86 | 2.86 | | 84/98 | 5/98 | | | 11 | | 1.35 |
| | 10 | 沈阳 | 69.96 | 85.32 | 10.62 | 6.84 | 4.21 | 4.47 | 6.69 | 6.63 | 13.32 | | 88/50 | 1/50 | | 11 | | | 1.09 |
| | 18 | 安庆 | 89.19 | 57.83 | 6.85 | 5.48 | 3.56 | 1.86 | 4.94 | 3.19 | 8.13 | | — | — | | | 12 | | 3.81 |
| | 13 | 上海 | 4.90 | 23.82 | 0.18 | 0.40 | 2.19 | 1.67 | 0.63 | 2.58 | 3.21 | 9.75 | 37/162 | 125/162 | | | 12 | | 3.88 |
| | 27 | 天门 | 85.00 | 37.51 | 7.09 | 2.73 | 19.42 | 20.22 | 11.73 | 7.43 | 19.16 | | — | — | | | 12 | | 3.23 |
| | 32 | 宝鸡 | 45.27 | 52.92 | 9.82 | 1.12 | 9.81 | 3.16 | 9.81 | 1.88 | 11.69 | | — | — | | 11 | | | 2.98 |
| | 39 | 南充 | 60.24 | 89.46 | 4.84 | 7.90 | 3.89 | 3.00 | 4.17 | 4.87 | 9.04 | | 86/145 | 35/145 | | | 12 | | 6.69 |
| | 8 | 密山 | 76.65 | — | 27.50 | 3.00 | 4.24 | 1.98 | 10.80 | 2.44 | 13.24 | | — | — | | | | | — |
| | 19 | 凤台 | 75.01 | 48.14 | 11.63 | 5.90 | 4.56 | 2.69 | 7.28 | 3.98 | 11.26 | | — | — | | | | | 4.33 |
| | 40 | 遵义 | 76.88 | 89.82 | 6.10 | 8.38 | 4.19 | 1.61 | 5.06 | 3.67 | 8.73 | | 39/67 | 10/67 | | 11 | | | 2.92 |
| | 14 | 镇江 | 64.55 | 48.52 | 3.59 | 1.76 | 3.75 | 5.00 | 3.67 | 2.96 | 6.63 | | — | — | | | 12 | | 1.57 |
| 混合型 以家鼠为主 | 12 | 济宁 | 52.90 | 59.15 | 1.59 | 2.62 | 2.61 | 3.06 | 2.04 | 2.83 | 4.87 | | 73/357 | 268/357 | | 4 | | | 3.55 |
| | 10 | 沈阳 | 52.35 | 67.84 | 6.77 | 6.33 | 2.41 | 4.38 | 4.04 | 5.27 | 9.31 | | 924/1648 | 724/1648 | | | 11 | | 4.95 |
| | 15 | 徐州 | 62.91 | 67.36 | 2.33 | 9.41 | 0.39 | 3.97 | 0.36 | 6.11 | 6.47 | | 18/30 | 8/30 | | 5 | | | 4.37 |
| | 17 | 阜阳 | 40.10 | 51.43 | 5.73 | 7.96 | 5.53 | 5.22 | 5.63 | 6.45 | 12.08 | 9.18 | — | — | | | 12 | | 2.62 |
| | 38 | 成都 | 0.28 | 79.02 | 20.00 | 20.00 | 0.00 | 8.65 | 0.00 | 13.15 | 13.15 | | 3/12 | 6/12 | | 5 | | | 0.06 |
| 混合型 一般 | 20 | 天台 | 78.78 | 83.44 | 9.63 | 8.30 | 4.75 | 3.87 | 6.76 | 5.67 | 12.43 | | 126/256 | 94/256 | | | 12 | | 3.22 |
| | 21 | 高安 | 36.24 | 55.60 | 3.71 | 12.91 | 2.34 | 3.02 | 2.95 | 6.24 | 9.19 | | 17/88 | 13/88 | | | 12 | | 6.65 |
| | 11 | 临沂 | 70.77 | 35.21 | 3.51 | 1.50 | 3.32 | 2.57 | 3.41 | 1.96 | 5.37 | | 9/19 | 10/19 | | | 11 | | 1.28 |
| | 24 | 平顶山 | 64.75 | 32.93 | 13.67 | 6.06 | 2.97 | 4.72 | 6.37 | 5.35 | 11.72 | 8.48 | 38/66 | 22/66 | | | 12 | | 7.86 |
| | 22 | 福建 | 16.58 | 53.20 | — | 5.28 | 0.39 | 4.22 | 0.00 | 4.72 | 4.72 | | 5/51 | 46/51 | 4 | | | | 5.21 |
| | 3 | 唐山 | 55.65 | 56.07 | 3.34 | 3.56 | 1.32 | 4.55 | 2.10 | 4.02 | 6.12 | | — | — | 5 | + | 12 | | 2.69 |
| | 26 | 武昌 | 93.82 | 50.51 | 8.09 | 3.68 | 8.58 | 27.54 | 8.33 | 10.07 | 18.40 | | — | — | | | | | 4.72 |
| | 2 | 天津 | 42.40 | 64.81 | 3.96 | 2.76 | 1.33 | 2.57 | 2.29 | 2.66 | 4.95 | | — | — | 5 | + | 10 | | — |
| | 28 | 湖南 | 76.36 | 22.32 | 1.23 | 22.32 | 4.68 | 2.33 | 2.40 | 7.21 | 9.61 | | — | — | | | 12 | | 0.55 |
| | 41 | 云南 | 0.57 | 54.05 | 0.41 | 11.99 | 0.98 | 0.24 | 0.63 | 1.70 | 2.33 | | — | — | 4 | | | | 1.97 |
| 未定型 | 34 | 宁夏 | 5.64 | 27.69 | 0.59 | 2.11 | 0.00 | 0.00 | 0.00 | 0.00 | 0.00 | | — | — | 3 | | | | 0.00 |
| | 37 | 新疆 | — | — | — | — | — | 9.68 | — | 0.00 | 0.00 | | — | — | | | | | 0.24 |
| | 36 | 青海 | 0.14 | 14.25 | 0.02 | 1.61 | 0.00 | 0.00 | 0.00 | 0.00 | 0.00 | 0.00 | — | — | | | | | 0.00 |
| | 42 | 西藏 | — | — | — | — | — | — | — | — | — | | — | — | | | | | 0.00 |

2.疫情监测发现,50～80年代,疫区不断扩大,发病率逐年上升,1987年后虽呈下降趋势,但到1990年发病率仍居法定报告传染病第6位。监测证明,50～60年代主要是姬鼠型流行性出血热,70年代为姬鼠型流行性出血热发展期。80年代发病率增高的原因,是由于疫区类型演变的结果,大部分高发病省和多数监测点疫区已演变为混合型,混合型疫区以姬鼠型或家鼠型为主,单一姬鼠型和家鼠型疫区均属少数。不同年代发病情况见表3。姬鼠型疫区发病高峰为冬季;家鼠型疫区为春季;混合型疫区全年均有发病,冬、春季出现双峰,一般冬季高于春季。各型发病年龄均以青壮年组为主,家鼠型较姬鼠型更为集中。男多于女,职业以农民最多,城市家鼠型以工人为主。经血清学监测证明,病后特异性IgG抗体持续长久,临床诊断符合率较高,疫情基本可靠。共检测流行性出血热病人和健康人群血清186 796份,证实健康人群隐性感染率家鼠型疫区较高,混合型疫区次之,姬鼠型疫区最低。未发现病后再发病和隐性感染者发病的情况。

表3 全国流行性出血热不同年代发病与病死情况表

| 年　代 | 发病人数 | 发病率(/10万) | 病死人数 | 病死率(%) | 死亡率(10万) |
|---|---|---|---|---|---|
| 50 | 4168 | 0.0622 | 342 | 8.21 | 0.0051 |
| 60 | 36488 | 0.3628 | 2832 | 10.69 | 0.0388 |
| 70 | 171072 | 1.8630 | 14081 | 8.23 | 0.1533 |
| 80 | 703267 | 6.6924 | 21710 | 3.09 | 0.2066 |
| 合　计 | 904995 | 2.6858 | 38965 | 4.31 | 0.1156 |

通过全国42个出血热监测点的监测,其中有40个监测点发病,1950～1990年累计发病数占全国同期发病总数的37.26%。我国流行性出血热发病可分三个时期,1957～1969年为初发期,全国有12个监测点发病;1970～1979年为发展期,有21个监测点发病;1980～1990年为高发期,监测点发病高达38个。全国除青海、宁夏、新疆和西藏外,都发生了不同程度的流行性出血热流行和部分地区暴发流行。重发病省见表4。

表4 全国九个重点流行性出血热发病省疫情监测情况表

| 地区 | 发病人数 | | | | | | |
|---|---|---|---|---|---|---|---|
| | 1984年 | 1985年 | 1986年 | 1987年 | 1988年 | 1989年 | 1990年 |
| 黑龙江 | 4196 | 5616 | 4037 | 3099 | 4020 | 3480 | 2497 |
| 江　苏 | 6897 | 5268 | 4772 | 2172 | 1425 | 1516 | 1678 |
| 浙　江 | 5146 | 7116 | 10950 | 8922 | 6230 | 5927 | 5386 |
| 安　徽 | 4993 | 5345 | 4349 | 2503 | 1845 | 3382 | 4441 |
| 江　西 | 6771 | 7419 | 6943 | 5347 | 3311 | 2821 | 3048 |
| 山　东 | 14737 | 24589 | 96433 | 14452 | 10777 | 5079 | 3287 |
| 湖　北 | 12259 | 9460 | 7065 | 3775 | 2578 | 2327 | 2031 |
| 湖　南 | 6729 | 7455 | 5864 | 6041 | 5151 | 3470 | 3635 |
| 陕　西 | 10945 | 6573 | 4045 | 4417 | 5416 | 5075 | 6276 |

3.监测发现了非疫区和家鼠型疫区黑线姬鼠种群的构成、密度,带病毒率低或无;姬鼠型疫区野外黑线姬鼠型疫区种群、家鼠型疫区居民区内褐家鼠种群、混合型疫区野外

黑线姬鼠种群等的构成、密度,带病毒率较高。在寒冷地区秋冬季黑线姬鼠可向居民区内迁移。实验证明,流行性出血热病毒在蚤内不增殖,属机械性传播,革螨具有生物媒介作用;病毒可通过破损皮肤、滴鼻、口饲和气溶胶方式使黑线姬鼠和褐家鼠发生不同程度感染。黑线姬鼠和褐家鼠毒株在两种鼠中可相互感染。感染后黑线姬鼠3、5、7天的血中,5天的唾液中有病毒存在,感染病毒后的褐家鼠12小时及1、5、10、13天的血中,10天的唾液、粪便中,5天的尿中均有病毒存在。发现流行性出血热病毒在主要宿主动物体内持续感染时间较短。

(吴文化)

**【腹泻病控制】**

1991年广东、河南、湖北、江苏和黑龙江省制订了腹泻病控制规划,加上北京、山东、福建、云南、甘肃和湖南全国已有11个省(直辖市)在国家规划的指导下,制订了本省的腹泻病控制规划,大多数省成立了省级规划领导小组以协调卫生系统内部的规划落实,并从省财政厅或卫生厅取得了专项经费用于规划实施。1991年规划实施的重点是人员培训。

为加强腹泻控制工作的科学研究,卫生部与世界卫生组织联合召开了腹泻病控制科研工作研讨会。会议确定,科研工作方向是促进腹泻病控制规划的实施,为落实干预措施提供依据;重点是改进病例管理和解决规划实施过程中所出现的问题,筛选简单易行、可行性强的干预措施。

按全国腹泻病控制规划安排,卫生部组织了北京和湖南两地的腹泻病发病和病人家庭护理状况入户调查和规划实施情况综合审评。调查发现:北京和湖南两地5岁以下儿童发病率分别为0.25～1.66和2.11～4.30次/人/年,是影响儿童生长发育的主要疾病;医务人员和患儿看护人知识陈旧导致药物使用率高和忽视病例早期的家庭护理。综合审评结果表明,在腹泻病控制规划指导下,两地的工作目标明确,措施得力,正在有计划、有步骤地开展,但今后仍需加强组织和协调,提高群体参与意识和研究落实干预措施的具体而且确实有效的方法。

(于卫力)

**【麻风康复试点工作】**

1. 医务人员的培训和病人的教育。全国8个试点地区均为有关医务人员甚至为乡和村的基层卫生人员举办麻风康复培训班,普及和宣传麻风畸残防治和康复专业知识。通过板报、宣传画、广播等形式对社会人群进行了麻风畸残防治的宣传和教育。

2. 畸残调查。各试点地区进行了畸残调查工作,如云南省砚山试点县畸残调查结果是:累计病人数2393例,其中存活者1757例,接受畸残调查者1438例,占应调查总数的81.84%,有畸残者766例*,其中Ⅰ级畸残者111例、Ⅱ级畸残者256例、Ⅲ级畸残者399例。手部畸残者628例,足部畸残者480例,眼部畸残者128例,足底麻木需穿防护鞋者204例。各试点地区都摸清了麻风畸残流行情况,并制订了麻风康复医疗计划,为每例麻风治愈存活者和病人建立了畸残基础记录,同时选择了病例进行研究。

3. 周围神经炎的早期发现和治疗。各试点地区已对所有正在治疗的病人及监测期患者建立了神经功能评价表,平均每位患者随访评价已达3次以上。

4. 推广防护鞋。湖北省已建成麻风足防护鞋生产基地,正在逐步推广防护鞋,并为投放国际市场提供了样品。各试点地区在进行麻木足的自我护理教育和训练的基础上,给麻木足患者发放了防护鞋。

5. 自我护理的训练和教育。各试点地区已按计划选择了自我护理教育的对象,采取家庭个别教育或分片集中训练等方式对患者

---

* 在766例畸残者中,有1例多种畸残。

进行教育和训练，并提供宣传材料、防护用品等。

6. 义肢的安装和外科矫形。由于病例数较多，1991年度未能按原计划完成任务。

全国麻风康复试点项目进展情况见附表。

附表　全国麻风康复试点项目完成情况表*

| 计划项目名称 | 计划例数 | 完成例数 | 占总计划数% |
|---|---|---|---|
| 无痛性神经炎预防 | 3327 | 3116 | 93.60 |
| 眼、手、足自我护理 | 850 | 851 | 100 |
| 防护鞋(双) | 1750 | 1750 | 100 |
| 矫形手术治疗 | 1170 | 250 | 21.38 |
| 溃疡治疗 | 200 | 200 | 100 |
| 复杂性溃疡治疗 | 400 | 209 | 50.22 |
| 义肢安装 | 490 | 269 | 54.89 |

* 以上各项统计数字截止于1991年12月31日。

（申鹏章）

**【南昌、青岛市麻风康复医疗中心落成】**

为了解决麻风畸残者的康复医疗和联合化疗中出现反应病人的治疗问题，由世界宗教者和平会议日本委员会和平开发基金运营委员会资助兴建的麻风康复医疗中心，于1991年8月分别在南昌、青岛市落成。两中心建筑面积分别为2557平方米和3000平方米，分别设有病床40张和80张。设有手术室、理疗室、化验室、病理室、诊疗室、医护办公室、药房及培训教室等。

（申鹏章）

**【1991～1995年全国麻风防治规划】**

至1990年底全国尚有麻风现症病人不足3万名，上海市以县(区)为单位基本消灭了麻风，全国有1400多个县(市)的麻风患病率达到基本消灭的指标。但是，由于各地防治工作的发展尚不平衡，截至1989年底，贵州、四川、云南、广东、江西5省的现症病人均在2000名以上；西藏自治区的患病率仍高达0.4‰；海南、福建、湖南、青海、江苏、广西、新疆7省、自治区的患病率也还在0.02‰左右。为此卫生部制定了《1991～1995年全国麻风防治规划》。

规划要求，1991～1995年平均每年减少病人10%以上，年递减率14%以上。以1990年底的现症病人数为基数，至1995年底，对下列四类地区的要求是：①病人数在2000名以上的省、自治区要有60%以上的县(市)，西藏自治区要有50%以上的县(市)达到基本消灭的指标，25%以上的县(市)达到控制指标。②病人在1000～2000名的省、自治区要有80%以上的县(市)达到基本消灭的指标，其余县(市)达到控制指标。③病人在500～1000名的省、自治区要有90%以上的县(市)达到基本消灭的指标，其余的县(市)要达到控制指标。④病人在500名以下的省、自治区、直辖市要力争达到基本消灭的指标，并逐步完成考核验收工作，同时要做好疫情监测和社会防治工作，以巩固、扩大防治成果。

规划强调要尽早发现病人，积极进行治疗，使部颁的联合化疗方案的覆盖率达到98%以上，规则治疗率达到95%以上，对完成疗程的病人要做好监测工作(多菌型病人至少10年，少菌型病人至少5年)。积极开展康复医疗，同时做好治愈者的安置工作。规划规定建立由卫生部卫生防疫司领导的全国麻风疫情监测系统，即以县(市)为基本登记报告单位。中国医学科学院皮肤病研究所为全国麻风疫情监测总站，负责收集、汇总、整理资料。

（申鹏章）

**【麻风联合化疗工作】**

至1990年底，全国各省、自治区、直辖市都开展了麻风联合化疗，累计接受联合化疗的病人有54345例（其中多菌型36555例，少菌型17790例）；累计完成联合化疗疗程的有40739例（其中多菌型25170例，少菌型15569例）；累计联合化疗临床治愈的有29288例（其中多菌型14300例，少菌型14988例）。联合化疗后复发4例（均为少菌型）。

1990年应采用联合化疗的有22760例(其中多菌型18407例，少菌型4353例)，实际采用联合化疗的有22208例(其中多菌型17892例，少菌型4316例)，联合化疗接受率为97.6%(其中多菌型为97.2%，少菌型为98%)，规则治疗率为95%，监测率为96.3%(其中多菌型98.2%，少菌型94.4%)。

截止1990年底，全国登记的现症病人尚有22931例(其中多菌型19102例，少菌型3829例)，仍在继续联合化疗的病人有11881例(其中多菌型9585例，少菌型2296例)；年内中断治疗者有786例(其中多菌型612例，少菌型174例)；未接受联合化疗者有552例(其中多菌型515型，少菌型37例)。

(申鹏章)

**【卫生部1991年审核批准的消毒药械目录】**

| 申报单位 | 产品名称 |
|---|---|
| 山东省青岛红旗化工厂 | 漂粉精 |
| 湖北省武汉市葛店化工厂 | 活力碘 |
| 广西友联日用化工厂 | 100—强力洗消精 |
| 同济医科大学 | LJ—强化戊二醛消毒灭菌剂 |
| 重庆中药厂洗消剂分厂 | 国光牌洗涤消毒粉 |
| 北京中联公司新技术开发研究所 | TG901消毒剂 |
| 北京中联公司新技术开发研究所 | TG901A消毒剂 |
| 吉林省长白山化学品厂 | 新氯净 |
| 哈尔滨市康力消毒用品厂 | 消毒净 |
| 四川省成都市金牛药械厂 | 901电话消毒除臭剂 |
| 上海市金马国际联合有限公司 | 滴露消毒药水 |
| 山东省人才开发中心化工技术开发公司 | 菌毒清 |
| 江苏省徐州市合成洗涤剂总厂 | 海欧消毒洗涤粉(洗涤灵) |
| 亚州医用塑胶有限公司 | 爱乐液 |
| 天津市津南消毒洗涤剂厂 | 洗消剂 |
| 军事医学科学院微生物流行病研究所 | 健乐牌清洗消毒剂 |
| 河北省武强县民福化工厂 | 康乐洗消剂 |
| 军事医学科学院微生物流行病研究所 | 健乐牌消毒擦手纸巾 |
| 北京市海淀空后高温复合材料厂 | PZS石英紫外线杀菌灯 |
| 北京市海淀空后高温复合材料厂 | WZS—30W无臭氧紫外线杀菌灯 |
| 江苏省启东市荧光灯厂 | ZSZ—30W石英紫外线杀菌灯 |
| 江苏省江阴市灯泡厂 | 石英紫外线杀菌灯 |
| 河北省容城县灯泡厂 | 无臭氧紫外线杀菌灯 |
| 江苏省启东市荧光灯厂 | ZSZ型—30W无臭氧石英紫外线杀菌灯 |
| 河北省容城县灯泡厂 | 紫外线杀菌灯 |
| 河北省沧州市东风石英玻璃制品厂 | 沧狮牌无臭氧石英玻璃紫外线杀菌灯 |
| 河北省石家庄市红旗特种灯泡厂 | 凤凰牌石英无臭氧紫外线杀菌灯 |
| 山东省滕州市光源灯具厂 | ZSZ型无臭氧紫外线杀菌灯 |
| 青岛车辆厂消毒设备分厂 | EMS—1型环氧乙烷袋式灭菌器 |
| 北京市石景山区双华电器厂 | KX—CI型全自动电子消毒柜 |
| 广东省顺德县乐城日用电器厂 | WGD350型电子消毒碗柜 |
| 浙江省温岭宏达贮物器厂 | 上下透气式自动高效灭菌贮物器 |
| 浙江省温岭宏达贮物器厂 | 上下透气式手动高效灭菌贮物器 |
| 上海久新搪瓷厂 | 电子(臭氧)消毒柜 |

| 申报单位 | 产品名称 |
| --- | --- |
| 江苏省无锡市南长玻璃仪器厂 | 无臭氧（ZSH/W—30型）高强度紫外线杀菌灯 |
| 江苏省无锡市南长玻璃仪器厂 | 普通型（ZSH—30）高强度紫外线杀菌灯 |
| 江苏省江阴市石庄医用设备厂 | ZSZ型石英紫外线杀菌灯 |
| 江苏华石技工贸易公司 | SMB87—B1微型消毒器 |
| 军事医学科学院微生物流行病研究所 | WBY—1型微波牙钻消毒器 |

（吴文化）

## 地方病防治

**【辽宁省克山病、大骨节病达到基本控制标准】**

1991年辽宁省第一个成为我国克山病、大骨节病达到基本控制标准的省份。辽宁省的克山病、大骨节病病区分布于辽东山区的4个县。新宾县火石村1917～1945年间，曾3次暴发克山病，发病210人，死亡150人，病死率为71.4%。在大骨节病重病区，患病率高达34%以上，造成大批儿童畸形。经过几十年的综合防治，病情监测结果表明，近五年内辽宁省急型、亚急型及慢性克山病发病率已分别控制在0.3/10万及4.5/10万以内，5年内慢性病人存活率已达73.63～82.69%；大骨节病连续3年7～13岁儿童病人检出率为0～0.2%，X线检出率为0～0.48%。

（高永晶）

**【碘缺乏病防治】**

1991年全国29个省、自治区、直辖市碘缺乏病病区已推广应用碘酸钾加工碘盐，但部分地区碘盐质量有待提高。1991年5～6月，卫生部地方病防治司组织山西、甘肃、内蒙古、黑龙江4省、自治区碘缺乏病防治工作互查。所查的病区乡（村、屯）7～14岁中、小学生甲状腺肿大率及尿碘基本在正常范围，病情稳定。黑龙江省穆稜县研制的石磨加碘机是分散加碘较为理想的设备，具有耐腐蚀、加碘均匀、价格低廉等特点。检查中发现个别碘盐加工厂（点）加碘质量不稳定，部分地区非碘盐冲击盐业市场现象严重。第四届全国碘缺乏病学术交流会于1991年10月21日在福建省泉州市召开。会议反映了我国碘缺乏病防治、监测及理论研究等方面的进展。到1991年末，全国已有19个省、自治区、直辖市达到我国制定的碘缺乏病基本控制标准。全国病区人口约4亿，地方性甲状腺肿病人666万，地方性克汀病病人近20万，病区碘盐普及率为83%，共建全国监测点22个。1991年10月联合国世界卫生组织等国际组织在加拿大蒙特利尔召开了国际控制微量营养素缺乏政策研讨会，卫生部部长陈敏章出席了会议，并代表我国政府对71国首脑签署的《儿童生存、保护和发展世界宣言》和《执行90年代儿童生存、保护和发展世界宣言行动计划》中提出的“90年代末全球控制缺碘症”再次做了承诺。卫生部地方病防治司根据其有关精神制定了《中国2000年控制碘缺乏病规划（草案）》。

（许弘凯）

**【江西、湖南两省碘缺乏病防治达标】**

1990年10、12月江西、湖南两省分别宣布全省碘缺乏病防治工作达到我国制定的基本控制标准。

江西省于1984年确定全省有碘缺乏病区县84个，病人45.7万，患病率为10.42%，7～14岁中、小学生甲状腺肿大率为21.03%，地方性克汀病人2110例。1980年开始，全省病区采取了以食盐加碘为主的综合防治措施。1986年全省普及碘盐,其碘盐合格率由1982年的38.24%上升到1988年的91.97%。截至1988年底统计,全省共投服碘油丸3万余人次。1987、1988两年全省对病区县、乡考核,居民患病率为1.00%,7～14岁中、小学生甲状腺肿大率为7.59%,尿碘均值为117.87微克/克肌酐,达标病区乡占全省病区乡的97.88%。

湖南省于1979年确定全省有碘缺乏病区县70个,地方性甲状腺肿病人65万,患病率为7.76%,地方性克汀病病人8332例。十余年来,全省坚持落实以食盐加碘为主的综合防治措施,并建立了碘盐、病情监测网络。自1985年以来,碘盐合格率为84.88%,患病率为1.65%,7～14岁学生甲状腺肿大率为11.92%,尿碘中位数为167.24微克/克肌酐,未发现新克汀病人。

(许弘凯)

**【天津、北京布鲁氏菌病防治达到控制标准】**

1991年9、12两月,农业部畜牧兽医司和卫生部地方病防治司联合抽查复核了天津、北京布鲁氏菌病(以下简称"布病")防治达标工作。天津抽检牛羊血标本300份,重点职业人群血标本120份,均未检出阳性。北京抽检牛羊血标本202份,未检出阳性,人血标本110份,阳性1份,阳性率低于规定标准。两市抽检复核结果与自查考核结果一致,确认两市已达到农业部、卫生部规定的控制标准。至此,继吉林、甘肃、宁夏、陕西、辽宁、上海达标以来,全国已有8个省、自治区、直辖市达到控制标准。

天津市人畜间布病主要发生在农场系统。从50年代初首次检出布病阳性奶牛至今已判定布病疫区县(区)12个。70年代调查表明,个别农场牛和猪的布病感染率高达12.33%和48.38%,并检出牛型布氏杆菌。1982年以来,全市开展了大规模的检疫、免疫、淘汰阳性病畜和普查重点人群的防治工作,到1986年家畜布病感染率降到0.026%～1.8%,平均为0.25%。人间仅在1984、1985两年确诊15例布病,此后各年均未检出新病例。1990年全市对12个县(区)进行考核,畜间血清学检查,牛的阳性率为0.012%,猪、羊均未检出阳性。重点人群血清学检查阳性率为0.23%。

北京市解放前就有人畜间布病记载。从1955年开展布病防治工作以来,判定布病疫区县(区)13个。五六十年代人畜间布病较重,个别牛场牛的布病阳性率高达47%,人间布病发病率最高年份达0.67/10万。60年代中、后期新发病例逐年下降,每年偶有1～2例病人发生。经过综合防治,畜间布病检出率从1981年的3.11%下降到1990年初的0.07%,人间布病从1986年以来已连续5年没有新发病例。1990年全市对13个县(区)进行考核,畜间血清学阳性率分别为:牛0.26%,羊0.004%,猪未检出,重点人群血清学检查未见阳性。

(侯培森)

**【全国改水降氟管理工作会议】**

卫生部地方病防治司于1991年11月21～24日在洛阳召开了全国改水降氟管理工作会议。各省、自治区、直辖市地方病防治办公室主任、水利部门主管农村改水的负责同志,一些重病省、自治区、直辖市的卫生厅(局)长应邀出席了会议。会议肯定了"七五"期间地方性氟中毒防治工作的成就,总结交流了经验,指出了当前改水工程、设施管理等方面存在的问题,提出建管并重,加强管理的防治工作原则,要求既加快打井进度,又要管好、用好、充分发挥现有井的作用。卫生部副部长孙隆椿在会上指出:改水降氟工作目前存在的突出问题是,对改水工程、设施管理不够,机制不完善,制度不健全,致使1/3的改水工程、设施报废、破损或不能正常供水。他强调,要加强管理工作。

(杜英)

**【地方病标准分委会成立】**

1991年4月在全国卫生标准委员会第三届全体会议上成立了地方病标准分委会。由13名地方病专家组成，主任是克山病专家于维汉教授。分委会于1991年7月在吉林市召开了第一次会议，确定了“八五”期间要研究制订出34项地方病防治标准，其中克山病6项，含国家标准2项，行业标准4项；大骨节病7项，含国家标准3项，行业标准4项；碘缺乏病13项，含国家标准9项，行业标准4项；地方性氟中毒病8项，含国家标准5项，行业标准3项。地方病标准分委会挂靠在中国地方病防治研究中心。

（陈吉祥）

## 寄生虫病防治

**【全国寄生虫病防治工作会议】**

全国寄生虫病防治（以下简称“寄防”）工作会议于1991年10月16～19日在广西桂林市召开。各地交流了寄防工作的进展和经验，讨论了《全国防治寄生虫病“八五”计划和2000年规划设想》，对在寄防工作中做出突出成绩的51个先进集体和371名先进工作者进行了表彰，对为我国寄防工作做出贡献的卫生部寄生虫病专家咨询组织的成员颁发了纪念奖。会议认为，当前我国寄防工作存在的主要问题和困难是：防治工作比较成功的几种寄生虫病疫情不稳定，如疟疾点状暴发流行不断出现，血吸虫病疫情回升；其它寄生虫感染数高达6.7亿人，防治任务重；一些同志对寄防工作的重要性、长期性和危害性的认识逐渐淡薄；科研工作不能适应防治工作的需要等。会议指出，今后我国寄防工作的任务是既要突出重点，又要适当拓宽防治范围，增加防治内容。在进一步控制疟疾、丝虫病，巩固黑热病防治成果，降低钩虫病感染率前提下，因地制宜，逐步开展包虫病、囊虫病、肝吸虫病、肺吸虫病、旋毛虫病及各种肠道寄生虫病的防治工作。要加强与农业、畜牧、食品加工、商业、宣传、教育、医药、妇幼等部门的协作，共同推进寄防工作的开展。

（徐淑惠）

**【血吸虫病防治工作】**

1. 落实武汉全国血吸虫病防治（以下简称“血防”）工作会议精神。各血吸虫病流行省召开会议，传达贯彻全国血防工作会议精神，落实防治措施，并把血防工作纳入本省国民经济、社会发展总体规划和政府管理目标，列为农村工作的重要内容。解放军总后卫生部要求所属部队把血防工作作为稳定军队，提高部队战斗力的大事来抓，作为密切军民关系的政治任务来完成。

2. 制定“八五”血防综合治理规划。国务院于1991年12月批准下发了《全国血吸虫病综合治理“八五”规划》。各血吸虫病流行省都从本省实际出发，制订“八五”规划和本年度执行计划。截至1991年10月底全国共查螺78.37亿平方米，查出有螺面积35.47亿平方米，已处理有螺面积5.95亿平方米。计划查病1026.5万人，已查1069.4万人；计划治病84.1万人，已治76.9万人，其中治疗晚期病人1.3万人。计划治病畜111万头，已治13.2万头。上述查治病(人、畜)和查灭螺数均比1990年同期有较大增加。

3. 抗洪救灾防治血吸虫病。1991年安徽、江苏、湖北、湖南等省遭受特大洪涝灾害，接触疫水人数达568.6万人。在国务院救灾防病领导小组的统一领导下，各地对血防工作部署早，抓得紧，措施得力。截至10月底，全国1991年共发生急性感染的病例5141人，比1989年同期12059人减少6918例，下降57.4%，比1990年同期5107人仅增加34例，急性感染病人得到及时有效的治疗，取得大灾之后无急性血吸虫病暴发流行的好成绩。

4. 开展血防宣传教育。各血吸虫病流行

省普遍加强了对血防宣传工作的领导，增加了血防宣传经费。在宣传形式上继续采取广播、墙报、标语牌、告示牌、宣传栏等，在中小学校普遍开设血防知识课，推广“四个一”活动（中小学生上一次血防课，看一次血防录像，参加一次查螺，写一篇血防作文）。举办血防知识竞赛，组织文艺调演，编写报告文学作品。江苏、江西、湖南、湖北、四川、南京等地拍摄了反映血防工作的电视剧。中国农业电影制片厂拍摄了《再送瘟神》电影片。卫生部、农业部、广东省拍摄了血防专题录像片。卫生部和江苏省分别举办了血防好新闻评比活动。

5. 加强法制管理和机构队伍建设。江苏、湖北两省的血防管理条例正式颁布实施。水利部下发了本系统的血吸虫病防治管理规定。各省根据血防事业的需要，有的恢复了已撤并的血防站，有的批准成立了省动物血防站，有的市县增加了血防办公室的人员编制。国家计划委员会从1991年起每年拨款400万元以加强基层血防站（所）的建设和危房改造。卫生部继续举办血防成人大专班和流行县血防站长管理培训班。各省也举办了不同类型的培训班。江西、安徽、湖北开办了血防大（中）专专业班。

6. 加强科学防治。1991年3月，国家科委、卫生部联合召开了全国血防新技术新成果评估会，对评出的项目颁发推荐证书。为探索科学防治新途径，卫生部陈敏章、水利部王守强、农业部张延喜等领导同志分别在湖南省安乡县、岳阳县和湖北省应城市、阳新县、荆州四个湖区建立血防联系点和防治对策试点。为探索流行因素和控制规律，卫生部和农业部在血吸虫病流行区分别建立了疫情观测点。卫生部还组织编写了《当前血吸虫病防治目标和策略》论文集。各血吸虫病流行省针对本地防治难点，普遍开展了防治试点和科学攻关工作。

（王环增　施良根）

**【全国血吸虫病防治工作会议】**

全国血吸虫病防治（以下简称“血防”）工作会议于1991年12月21～24日在湖南省岳阳市召开。南方12省分管血防工作的省长，血防工作领导小组组长，卫生、农业、水利、计委、财政厅的负责同志及中央有关部委负责人出席了会议。会议的主要内容：①检查各省及国务院有关部门贯彻1990年武汉全国血防会议精神的情况，总结、交流经验；研究1991年洪涝灾害后，防止血吸虫病流行的措施。②表彰血防工作先进集体和个人。③研究落实全国血吸虫病“八五”综合治理规划和1992年血防工作任务。

水利部部长杨振怀代表国务院做了工作报告。报告肯定了全国血防工作取得的成绩，对今后工作提出了四点意见：①各地区要根据不同的目标，采取不同的防治策略。达到血吸虫病消灭标准的地区，要加强螺情、传染源和新感染的监测；尚未控制血吸虫病流行的地区，要开展大区域人畜同步化疗，控制传染源，积极处理易感地带钉螺。②落实规划。各地要联系本地实际贯彻执行国务院批准下发的全国血防“八五”规划。规划中的任务要层层分解，落实到各级政府、各部门、各基层单位。规划要由各级政府负责组织实施。③加强科研。在血防工作中要增强科技意识，要加强对科研工作的组织领导。继续抓好现有的防治试点，积极组织推广有效的科学防治经验。④加强协作。各有关部门和有关方面应继续按照国务院关于加强血防工作决定的职责分工，切实负起责任，将此项工作列入本部门的总体规划，制定具体措施，认真完成所承担的任务。

国务委员李铁映同志在会上讲话，他指出：一定要消灭血吸虫病的防治方针丝毫不能动摇。疫区要对干部、群众进行全面教育，普及血防知识，提高专业人员素质。要加强科学防治、综合治理。五省、三部要各抓好一个试点，试点中搞得好的要表彰，并推广他们的经验。达标省认真贯彻全国血防工作会议精神，继续抓好监测工作。会议还听取了湖区五省省长的汇报和血防专家的发言。

国务院副秘书长徐志坚在总结讲话中强调，抓落实讲实效是搞好血防工作的关键；改厕改水是搞好综合治理的重要措施；要依靠科学技术消灭血吸虫病；要进一步强化宣传教育，使疫区人人都成为血防战士。

（郭京平）

**【国务院检查组赴6省检查血吸虫病防治工作】**

1991年5～7月，由卫生部、农业部、水利部、国家计划委员会、财政部、化工部、林业部、国家医药管理局组成国务院检查组分别对湖北、湖南、江西、安徽、江苏及四川6省的血吸虫病防治(以下简称“血防”)工作进行检查。上半年湖区5省查螺近40亿平方米，灭螺2.6亿平方米，查病322万人，治病(包括扩大化疗)30.4万人，其中抢治晚期病人约4000人。这6省的基本做法是：

加强领导。江西省省长吴官正同志多次召集会议，落实鄱阳湖综合治理血吸虫病规划。省政府下达了200名血防人员“农转非”指标，增加151个事业编制，用于做好家畜血防工作。湖南省乡以上各级各部门制订血防工作计划并报同级人大常委会通过实施。安徽省调整充实省血防领导小组，繁昌等县实行目标管理。江苏、湖北省颁发了省血防管理条例。四川省恢复了地(市)县血防领导小组。

普及健康教育。6省加强了健康教育工作，采取多种形式进行宣传，增强全民血防意识。在中小学开设血防知识课，举办血防知识展览，播放血防科普录像片，设置宣传栏、告示牌，编发血防科普书。许多省推广“四个一”活动(中小学生上一次血防课，看一次血防录像，参加一次查螺，写一篇血防作文)。江苏省为血防工作安排了拍摄电视剧、组织文艺汇演、巡回展览等6件事。湖南省建立了全省血防宣教中心，培训基层干部。江西省开展了血防知识竞赛活动。

部门配合综合治理。四川省要求水利部门在农田建设中优先安排灭螺项目，彭县、眉山等县已建成配套的三面光水泥化沟渠水利网络，改善了灌溉条件，改变了钉螺孳生环境。江西省农业部门加强家畜血吸虫病查治，粪便管理与开发沼气相结合，围湖养鱼，水田改旱田与消灭钉螺相结合。林业部门在有螺洲滩植树造林，灭螺效果和群众经济效益都较显著。湖南省交通厅、农业厅、水利厅增设血防办事机构和专业机构。

多方筹措血防经费。湖南省1991年增加血防经费100万元。武汉市增加投资100万元，完成三期江滩吹沙填埋灭螺工程。湖北省荆州地区血防人头经费不低于2000元，县以下血防人员工资上浮一级。四川省级血防经费比1990年增加27%，各疫区县(市)也增加了血防经费。

研究科学防治对策。湖南省组织专家对防治难点进行研究，制订科学防治对策。安徽省抓好四个防治示范区。6省对当前防治目标和对策都开展了讨论，并结合本省情况，提出了切合实际的防治技术方案。

（王环增　施良根）

**【“六五”、“七五”期间血吸虫病防治新技术、新成果】**

1991年3月5～10日国家科学技术委员会和卫生部共同在武汉召开了全国血吸虫病防治新技术、新成果评估会议。会上成立了以寄生虫学教授毛守白为主任委员的血吸虫病防治新技术、新成果评估委员会。评估委员会共评出技术先进、实用性强、适合当前血吸虫病流行区推广的一类项目11项；技术先进、实用性较强、建议在试点区应用的二类项目25项(见附件)。

（贾义德）

## 附件 血吸虫病防治新技术、新成果评估结果

第一类：技术先进、实用性强，适合当前血吸虫病疫区推广应用的项目11项。

| 项目名称 | 完成单位 |
|---|---|
| 1.卵抗原致敏红细胞作间接血凝试验诊断血吸虫病的研究报告 | 江西省寄生虫病防治研究所 |
| 2.静脉注射用硝硫氰胺混悬液治疗耕牛日本血吸虫病 | 中国农业科学院上海家畜寄生虫病研究所 |
| 3.应用纯化血凝抗原(冻士)诊断耕牛日本血吸虫病 | 中国农业科学院上海家畜寄生虫病研究所 |
| 4.PVC薄膜快速ELISA诊断血吸虫病 | 四川省医学科学院寄生虫病防治研究所 |
| 5.溴乙酰胺在实施化疗地区进行灭螺效果的研究 | 中国预防医学科学院寄生虫病研究所<br>江苏省江都合成兽药厂 |
| 6.江湖洲滩地区血吸虫病流行因素和流行规律的研究 | 上海医科大学 |
| 7.鄱阳湖区螺情考察和血吸虫病易感地带的研究 | 江西省寄生虫病防治研究所 |
| 8.日本血吸虫病血清流行病学研究 | 南京医学院 |
| 9.新型长效杀螺剂——氯硝柳胺控释剂的研究 | 四川省寄生虫病防治研究所 |
| 10.鄱阳湖区猪日本血吸虫病的研究 | 江西省寄生虫病防治研究所 |
| 11.塑料管环卵沉淀反应诊断日本血吸虫病 | 安徽省泾县血吸虫病防治站 |

注：排序不分先后

第二类：技术先进、实用性较强，建议在血吸虫病防治试点区扩大范围应用的项目25项。

| 项目名称 | 完成单位 |
|---|---|
| 1.单克隆抗体免疫试验检测循环抗原诊断血吸虫病的研究 | 中国预防医学科学院寄生虫病研究所 |
| 2.血吸虫病现有血清学诊断方法的抗原标准化、操作规范化及考核防治效果的研究(IHAELISA标准化的研究) | 同济医科大学 |
| 3.吡喹酮一剂疗法治疗慢性日本血吸虫病 | 重庆医科大学 |
| 4.诊断耕牛日本血吸虫病新的粪卵工具——玻璃顶管塑料瓶 | 四川省畜牧兽医研究所 |
| 5.检查血吸虫病粪检方法的技术改进(塑料杯顶管塑料瓶) | 四川省医学科学院寄生虫病防治研究所 |
| 6.吡喹酮治疗慢性血吸虫病 | 上海医科大学 |
| 7.粪便直接孵化毛蚴法诊断耕牛日本血吸虫病的试验 | 安徽省农牧业厅、畜牧局 |
| 8.血吸虫病现有血清学诊断方法的抗原标准化、操作规范化以及考核防治效果的研究(DGS COPT) | 苏州医学院 |
| 9.“热处理超声干卵抗原”环卵沉淀试验诊断日本血吸虫病的研究 | 上海市寄生虫病研究所 |
| 10.血吸虫病现有血清学诊断方法的抗原标准化、操作规范化以及考核防治效果研究(干卵抗原的标准化)的综合报告 | 江苏省血吸虫病防治研究所 |
| 11. 血吸虫病现有血清学诊断方法的抗原标准化、操作规范化以及考核防治效果研究(ELISA标准化的研究) | 浙江医科院 |
| 12. 水网地区消灭血吸虫病技术措施的研究——南张试验区25年纵向观察 | 上海市寄生虫病防治研究所 |

| | | |
|---|---|---|
| 13. | 烟酰苯胺在实施化疗地区进行重点灭螺效果的研究 | 湖北省医药工业研究所 |
| 14. | 基本消灭和消灭血吸虫病地区监测方案的研究 | 浙江省医学科学院寄生虫病研究所 |
| 15. | 东洞庭湖湖洲钉螺螺口动力学研究 | 湖南省寄生虫病防治研究所 |
| 16. | 血吸虫病传播动力学时变模型与疫情预测、优化防治对策的研究 | 湖南省寄生虫病防治研究所 |
| 17. | 洞庭湖区人畜同步化疗控制血吸虫病流行的研究 | 湖南省寄生虫病防治研究所 |
| 18. | 船式灭螺拖拉机的研制 | 江西省寄生虫病防治研究所 |
| 19. | 消灭传染源和重点灭螺措施对控制湖沼地区血吸虫病的效果观察 | 中国预防医学科学院寄生虫病研究所 |
| 20. | 四川省大山区血吸虫病流行因素和流行规律研究 | 四川省医学科学院寄生虫病防治研究所 |
| 21. | 急性血吸虫病疫情预测的研究 | 江西省寄生虫病防治研究所 |
| 22. | 四湖地区沟渠水体钉螺分布规律及防止钉螺随水扩散的研究 | 湖北省荆州地区血防所 |
| 23. | 湖南省常德地区大面积化疗防制血吸虫病对策的研究 | 湖南省常德地区血吸虫病防治研究院 |
| 24. | 湖区消灭传染源以阻断血吸虫病传播的研究 | 湖北省血吸虫病防治研究所 |
| 25. | 吡喹酮缓释片 | 南京药物研究所 |

注：排序不分先后

**【1991 年全国疟疾疫情】**

据疫情统计，1991 年全国疟疾发病 10 1636 人，平均发病率为 8.875/10万，和 1990 年比较，发病人数和发病率分别减少 13.39%和 15.96%。因疟疾死亡 45 人，疟疾发病人数占甲、乙两类传染病发病总数的 3.12%。现在全国 88.1%的人口地区无疟疾病例报告或年发病率在 1/万以下，10%的人口地区发病率在 1.1～10/万，仅 1.9%人口地区发病率尚在 10/万以上。

1991 年疟疾流行区有很多省遭受水灾，由于加强了预防措施，大多数省发病率保持稳定或下降，灾情较为严重的安徽、江苏、湖北、河南四省，发病率分别下降 32.58%、25.11%、9.44%和 41.28%。但是，广东、广西、云南、贵州、湖南五省、自治区，发病率较 1990 年回升，尤其是海南和云南二省恶性疟流行仍未得到有效控制，全国共检出恶性疟现症病人和带虫者 10197 例，其中 95%以上病例是在上述二省感染。近几年南部地区疫情时有波动，其主要原因是流动人口增加，导致疟疾传播加剧，暴发点增多，病例扩散；有些省抗疟经费短缺，专业队伍不稳定，基层卫生组织不健全，影响抗疟措施的落实。

从疫情分析，以中华按蚊为主要媒介的中部地区，在目前的监测措施情况下，近几年内疫情将继续稳定下降；但在遭受水灾地区，因人群中潜在带虫者增多，蚊媒孳生地扩大，密度上升，1992 年防治措施仍不能放松，必须加强疟疾监测，严防疫情回升。南部地区由于存在传疟作用强的蚊媒，流动人口增加等原因，如不进一步加强防治措施，解决防治经费短缺，基层卫生组织不健全等问题，有可能出现疫情回升，甚至局部地区的暴发流行。

（钱会霖）

**【黑热病疫情】**

1991 年黑热病疫情仍呈上升趋势，全国累计发病数比 1990 年上升 19.44%。主要疫区仍是四川北部、甘肃南部的部分县。究其原因，这一地区黑热病流行因素复杂，病犬是主要传染源，并疑有自然疫源存在；养犬数目及流动人口日益增多；现行灭犬措施实施阻力大；地处贫困、边远山区，技术力量薄弱，管理制度不够完善，经费短缺。近年来流行区各级政府和卫生行政部门加强了对黑热病防治工作的领导和支持。甘肃省采取签订责任书的办法把防治任务落实到基层。四川省在流行县成立了黑热病防治领导小组，狠抓落实灭犬措施，1991 年该省发病率略有下降。1991 年 4 月 16～18 日在兰州召开西片第三次黑热病防治科研会议，重点研讨了“八五”期间控制黑热病疫情回升的问题，提出了进一步对该病加强领导和管理、检查督促、技术指导、对策研究及人员培训等建议。防治工作重点是配合宣传教育和群众工作，狠抓对家犬和病例的管理及灭蛉等综合性措施的落实。同时扩大和推广诊断新技术、灭蛉新措施等科研成果的现场实验和应用。继续深入调查研究，摸清西北地区自然疫源分布有关的流行因素，在新开发的工业基地，在作好预测的基础上，采取必要的防治措施。已经稳定控制黑热病流行的广大地区，仍需坚持黑热病监测、巩固防治成果。

（沈　洁）

**【全国防治肠道寄生虫病策略研讨会】**

我国尚存在着多种危害人民健康、影响经济发展的肠道寄生虫病，因财力、物力、技术力量的限制未能开展查治。如全国钩虫感染人数近 2. 5 亿，蛔虫感染约 5 亿，多数地区人群肠道寄生虫感染率高达 60%以上，同时感染 2～3 种寄生虫的人十分常见，钩虫，蛔虫，鞭虫等土源性线虫感染尤为普遍。为加快我国防治肠道寄生虫病工作，卫生部卫生防疫司于 1991 年 9 月 26～27 日，在京召开了全国防治肠道寄生虫病策略研讨会。会议强调：控制肠道寄生虫病是实施人人享有卫生保健全球战略目标的重要组成部分，是 90 年代预防保健和农村卫生两个战略要点的重要内容。其防治工作要贯彻预防为主、依靠科技进步、社会参与及为人民健康服务的方针。根据各地经济发展水平和寄生虫病危害程度，因地制宜，分类指导进行以根治传染源为主的综合防治。同时，应大力开展健康教育，改变不良生活、饮食习惯，提高群众的自我保健意识；加强粪便管理，做到安全用水并注意重点人群的防护。当前已有可能对肠道寄生虫病进行有计划的防治，要提高对肠道寄生虫病危害性和防治必要性的认识；切实加强领导，制订防治规划，各省亦要制订计划，认真组织实施；进一步建立健全寄生虫病防治机构；加强部门间协作，发挥各自优势，齐抓共管，促进防治措施的落实。

（徐淑惠）

**【庆祝毛守白教授从事教学、科研 50 周年】**

为庆祝我国著名寄生虫学专家、中国预防医学科学院科技顾问、寄生虫病研究所名誉所长毛守白教授从事寄生虫学教学、研究 50 周年，中国预防医学科学院寄生虫病研究所在上海隆重举行座谈会。卫生部陈敏章部长代表卫生部致信热烈祝贺。陈部长的贺词中指出：毛守白教授五十年如一日，呕心沥血，积极从事寄生虫学和寄生虫病防治和研究。他学识渊博、治学严谨，坚持科研为防治服务、理论联系实际、实验室研究与实地考察相结合的方针，为防治寄生虫病作出了出色的成绩。他先后主持和指导血吸虫病原生物学、媒介生物学与防治、免疫与免疫诊断方法、生物化学、流行病学以及新药临床应用等研究，并取得了一系列重要成果，在国内外享有较高的声望。1985 年，他成为我国第一位世界卫生大会颁发的里昂·伯尔纳基金奖获得者。

在庆贺毛教授从事寄生虫学教学、科研五十周年之际，我们要学习毛教授热爱社会主义祖国、热爱人民、热爱自己事业的高尚品德和无私奉献精神。他的这些品德和精神将继续激励我们的同道和同志们把有限的生命投入到无限的为人民服务之中去。

（陈勤生）

## 国境卫生检疫

**【全国卫生检疫所长会议】**

全国卫生检疫所长会议于1991年3月1～4日在北京卫生检疫总所召开。会议传达了全国卫生厅局长会议和全国口岸工作会议精神。总结了1990年全国卫生检疫工作，回顾了“七五”期间卫生检疫工作取得的重要成果。“七五”期间全国卫生检疫机关查验入出境人员为2.6亿人次，“六五”期间为9237万人次，增长1.8倍；检疫入出境船舶“七五”期间为61.6万艘次，“六五”期间为26.1万艘次，增长1.4倍；检疫入出境飞机“七五”期间为13.6万架次，“六五”期间为6.6万架次，增长1倍；检疫入出境列车“七五”期间为11.6万列次，“六五”期间为10.1万列次，增长14%；检疫入出境汽车“七五”期间为2370万辆次，“六五”期间为540万辆次，增长3.4倍；国际预防接种“七五”期间为114万人次，“六五”期间为72.8万人次，增长57%；国际间传染病监测体检“七五”期间为116万人次，“六五”期间为6万人次，增长18.4倍。“七五”期间，全国各卫生检疫所发现各种传染病4.5万例，其中艾滋病病毒感染者128例，性病1208例；完成进口食品卫生监督检验205万吨，发现不符合我国食品卫生标准的21.1万吨；与交通部门共同创建“无鼠害港”18个，“国家级卫生港”8个，“无鼠害船队”3个，改善了国境口岸和交通工具的卫生面貌。

会议讨论制订“八五”期间卫生检疫发展总体规划。要求全国各卫生检疫所在“八五”期间开拓进取，到“八五”末，使国境卫生检疫法制建设得到加强，国境卫生检疫机构管理体制改革全面完成，基本完善国际间传染病监测和检疫查验，全面开展国境口岸和交通工具卫生监督，建立健全进口食品卫生监督检验管理网络。建立一批重点项目的科研实验室，并达到国内同类实验室先进水平。卫生检疫的国内外疫情动态及技术情报、信息系统得以加强，内部机制运行畅通，检疫技术人员比例、组织机构设置合理，深入计划财务改革，实行综合目标责任制。卫生检疫人员的积极性得到发挥，使卫生检疫事业得到更大发展。

（赵清慧）

**【贯彻《国境卫生检疫法》五年工作情况】**

1. 国境卫生检疫法制建设完善，走上法制化管理轨道。1986年《国境卫生检疫法》颁布以来，1989年经国务院批准，卫生部发布《国境卫生检疫法实施细则》，卫生部会同公安部等部门制定了《关于来华外国人提供健康证明问题的若干规定》、《关于中国公民出入境提交健康证明的通知》等规章，使国境卫生检疫工作有法可依。

2. 国境卫生检疫任务成倍增加，依法检疫成绩显著。五年共检疫入出境人员2.6亿人次，检疫船舶61.6万艘次，检疫飞机13.6万架次，检疫列车11.6万列次，检疫汽车2370万辆次。实施国际预防接种114.3万人次，实施国际间传染病监测体检116.6万人次。五年共检疫发现传染病4.5万例，其中艾滋病及其病毒感染者128例，性病1208例以及霍乱、麻风、登革热、疟疾等。部分卫生检疫局从入境进口动物皮张血迹中检验出鼠疫抗原阳性，从进口废旧物品中检出死婴、死狗、垃圾污物，从入境交通工具上除鼠3万余只。

3. 改革检疫管理体制。根据《国境卫生检疫法》第2条的规定，经国务院批准，1988年成立“中华人民共和国卫生检疫总所”；同时将全国172个卫生检疫机构上划卫生部领导，由总所管理。1990年将进口食品卫生监督检验工作划归口岸卫生检疫机构负责，实行口岸上，卫生检疫和食品检验一个窗口、统一对外。

4. 认真贯彻《行政诉讼法》。南京、宁

波、上海、天津、大连卫生检疫局严格执法，少数船舶违反《国境卫生检疫法》被上述五局处罚后不服，到当地法院起诉。当地法院判决维持上述五局胜诉，违法的船舶全部败诉。

5. 近几年，在几次重大事件中，各卫生检疫局认真执法，热情服务，圆满完成任务。①在1988年初上海甲型肝炎大流行期间，上海等卫生检疫局全力以赴，对患有肝炎的中外籍人员立即隔离，对交通工具实施消毒，对交通员工进行预防注射，防止了甲型肝炎疫情在口岸扩散。②1990年9月，根据国务院部署，总所和北京、上海等卫生检疫局派出检疫人员赴伊拉克、约旦紧急接运我驻科威特回国人员，共对24架接运飞机，近5000千名回国人员实施检疫，发现疾病150余例，对飞机实施消毒除虫，圆满完成任务，受到国务院表扬。③在第11届亚运会期间，北京等卫生检疫局在机场设立亚运宾客专用检疫通道，实行24小时值勤，对口岸和飞机开展灭鼠灭蚊卫生处理，加强对食品饮用水卫生监督，为亚运会提供优质服务，受到亚运会组委会的表彰。④在1991年抗洪救灾防病工作中，各卫生检疫局对入境救灾物资做到随到随检随放。加强对来自国外霍乱疫区交通工具、货物检疫，发现7例霍乱病例，对装自国外霍乱疫区压舱水、垃圾进行卫生处理，防止霍乱以及传染病媒介传入，为确保我国大灾之年无大疫做出贡献。

6. 大力开展贯彻《国境卫生检疫法》宣传工作。在《国境卫生检疫法》、《国境卫生检疫法实施细则》颁布之际和《国境卫生检疫法》颁布五周年之际，卫生部和国务院法制局分别召开大会。中央和地方的新闻单位对此作了报道，使广大入出境人员了解检疫法、遵守检疫法。党和国家领导人李先念、田纪云、李铁映等同志为国境卫生检疫题词。

（宋明昌）

**【进口食品卫生监督检验工作】**

根据国务院口岸领导小组和卫生部《关于调整进口食品卫生监督检验管理机构归属问题的通知》精神，从1991年1月1日起，黑龙江、吉林、辽宁、内蒙古、河北、北京、天津、山东、江苏、上海、浙江、福建、广东、海南、广西15个省、自治区、直辖市的42个口岸的进口食品卫生监督检验工作由地方卫生防疫站全部移交到当地卫生检疫所，由中华人民共和国卫生检疫总所统一管理，在各卫生检疫所加挂“中华人民共和国××进口食品卫生监督检验所”牌子。进口食品卫生监督检验工作收归中华人民共和国卫生检疫总所统一管理后，首先完善了进口食品卫生监督检验的法规、标准，建立健全了进口食品卫生监督检验各项工作程序和规章制度，实行科学化、规范化管理。重新制定并颁发了《进口食品卫生监督检验工作规程》，制定了有关进口食品卫生监督检验的管理办法。集中统一管理后，有效地防止了原来在地方卫生防疫站时存在的漏检问题。据统计一些口岸过去漏检率达到40％～60％，现在市场上基本无漏检的进口食品流通，覆盖率达98％。进口食品卫生监督检验统计、报表也达到全国统一。

为便于进口食品卫生监督检验工作的管理，全国分6个进口食品卫生监督检验协作片，分别由大连、天津、青岛、上海、广州、深圳六个中心卫生检疫所牵头负责片内进口食品卫生监督检验业务工作的协调。

1991年，全国各口岸进口食品总量达1743万多吨，品种逾6000种，其中发现问题的有52万多吨，占总进口量的2.99％，食用油类、糖类、肉与肉制品类、食品添加剂类发现问题比例较高，分别达17.70％、8.82％、12.95％和10.02％，对这些不合格食品分别作出了退货、销毁、改为他用等措施，保证了进口食品的卫生质量，同时也为国家挽回了8000多万元的经济损失。

为提高进口食品卫生监督检验的技术水

平，1991 年为各口岸卫生检疫所配备了 2000 多万元的先进分析仪器，使 60%的项目由精密仪器检验，提高了分析检测的水平，保证了对外出证的速度和准确度。

为提高进口食品卫生监督检验人员的执法水平和工作质量，1991 年第 4 季度，在全国各口岸卫生检疫所开展了执行《中华人民共和国国境卫生检疫法》和《食品卫生法(试行)》检查活动，取得了良好的效果。

1991 年底，完成了云南、西藏、新疆、陕西、河南、湖北、湖南、四川、江西、安徽 10 个省、自治区 11 个口岸卫生检疫所进口食品监督检验工作的上划管理，在这 11 个卫生检疫所加挂“中华人民共和国××进口食品卫生监督检验所”牌。

按照中华人民共和国卫生检疫总所“八五”规划的要求，为提高进口食品卫生监督检验工作的管理水平，提高效率，至 1991 年底完成了卫生检疫总所进口食品卫生监督检验处和六个中心所进口食品卫生监督检验处计算机初步联网工作。

1991 年 11 月 19 日成立了全国进口食品卫生监督检验学组，并在广州举行了第一届学术交流会。

（陈晓枫　方　隽）

**【国境口岸传染病监测】**

1991 年，对入、出境人员和入、出境交通员工传染病监测体检 562955 人次。查出各种传染病 31691 例，其中艾滋病病毒感染者 26 例，霍乱 7 例，性病 356 例，肺结核 313 例，病毒性肝炎 2252 例，疟疾 10 例。

（伦立广）

**【入出境人员艾滋病监测】**

全国卫生检疫系统 1991 年共对入出境人员进行艾滋病监测检查 377590 人，查出艾滋病病毒感染者 26 例，其中中国籍人员 18 例，占 69%。中国籍人员的比例上升。

（伦立广）

**【国境口岸、交通工具卫生监督】**

1991 年卫生检疫机关和有关部门合作，对国境口岸和交通工具开展病媒防治、传染病控制、环境卫生、劳动卫生、食品卫生的卫生监督，创建了连云港、海口卫生港和青岛远洋运输公司“无鼠害”船队。

卫生部卫生检疫总所下发了《国境卫生检疫卫生管理规程》和《国境卫生检疫卫生处理方法》。

1991 年卫生检疫机关对国境口岸进行卫生监督 92825 次，其中发现问题 3156 次。卫生处理：除虫 31 9218 立方米，消毒 18 6615平方米，除鼠 48 81720 平方米。对入、出境交通工具卫生监督 202825 次，其中船舶 28758 艘，飞机 8150 架，列车 10225 列，车辆 155692 辆，共实施卫生处理 39770 次，其中消毒 93935 平方米，除虫 295700 立方米，除鼠 4229 次。卫生处理 24 艘国外进口的废钢船。卫生处理来自疫区压舱水 154859 吨。

（王宝麟　郭　辉）

**【入出境货物、集装箱的卫生检疫】**

各国境口岸卫生检疫机关对货物、集装箱实行了报验制度，防止了漏报、漏检。大连、上海、深圳等卫生检疫所从入境的集装箱内发现外来鼠、蚊种，从进口废旧物品中发现死婴、腐烂动物、垃圾等。二连卫生检疫所连续几年从进口的动物皮张的血迹中检出鼠疫杆菌抗原。北京卫生检疫所对入境集装箱、货物卫生检查表明：25. 4%携带鼠、蚊、蝇等病媒生物，18%污染了各种致病菌，检出了绿脓杆菌、伤寒杆菌、枯草杆菌、炭疽杆菌等多种致病菌。对上述问题，卫生检疫机关均依法采取了卫生处理措施，防止了传染病的传入传出。

1991 年卫生检疫机关对各类货物卫生检疫 15938 次，其中卫生处理 91832 次，集装箱卫生检疫 463324 只，卫生处理 106435 只。

（王宝麟　郭　辉）

【建立鼠疫研究实验室】

为加强鼠疫的国境卫生检疫、监测的研究，防止国外鼠疫及其传播媒介传入我国，检疫总所投资在二连卫生检疫所建立了鼠疫研究实验室。其主要任务是：①负责培训全国各地卫生检疫技术人员；②鼠疫防制研究与流行病学调查；③防制鼠疫及其传播媒介随入境人员、交通工具、货物传入的研究；④口岸地区鼠疫及传播媒介的本底调查。

（伦立广）

【建立卫生检疫系统艾滋病研究检测中心】

为加强艾滋病的研究及入、出境人员艾滋病监测管理，1991年10月15日，卫生检疫总所批复同意北京卫生检疫局设立卫生检疫系统艾滋病研究检测中心。该中心负责艾滋病的研究及全国卫生检疫系统艾滋病（含HIV感染者）的检测和确认。

（伦立广）

【电脑在卫生检疫中的应用】

根据《“八五”期间国境卫生检疫发展规划》，为加强卫生检疫总所与各所之间信息传递，卫生检疫总所制定了《计算机远程通讯网络实施方案》，4月初在深圳卫生检疫所召开了部分卫生检疫所计算机联网现场会，对卫生检疫微机管理系统软件进行了开发，举办了多期计算机培训班。8月底完成了卫生检疫总所与10个卫生检疫所的联网工作，初步实现了信息的快速传递和自动处理。广州、深圳、天津等卫生检疫所重视计算机应用，建立了计算机网络管理系统，提高了工作效率。

（赵　阳）

【媒介控制技术在卫生检疫中的应用】

根据卫生检疫“八五”规划，大连卫生检疫所正在建立媒介生物控制和卫生处理新技术、新药物研究中心；北京、天津、青岛、上海、广州、深圳等卫生检疫所正在加强消毒、除虫、除鼠的效果研究，购置了一些先进的卫生处理设备；大连卫生检疫所研究出了24小时对船舶蒸熏除鼠技术；广州卫生检疫所成功地在飞机上应用了溴甲烷蒸熏技术，使交通工具的卫生面貌改观，同时缩短了卫生处理时间，方便了运输生产；湛江卫生检疫所在创建卫生港过程中，发明了沙井装置，此技术有效地控制了蚊虫的孳生。

（王宝麟　郭　辉）

【1991年新建及恢复卫生检疫机构】

| 省（自治区） | 机构名称 |
|---|---|
| 辽宁 | 中华人民共和国大连卫生检疫所长海办事处 |
| 辽宁 | 中华人民共和国大连开发区卫生检疫所 |
| 山东 | 中华人民共和国济南卫生检疫所 |
| 新疆 | 中华人民共和国阿拉山口卫生检疫所 |
| 广西 | 中华人民共和国凭祥卫生检疫所 |
| 广西 | 中华人民共和国水口卫生检疫所 |
| 广西 | 中华人民共和国平而卫生检疫所 |

（高建华）

【卫生检疫机构管理体制调整工作完成】

1991年，完成了对云南、新疆、安徽、四川、湖南、西藏、陕西、湖北、江西、河南10省、自治区卫生检疫机构管理体制调整，上述10所卫生检疫机构自1992年1月1日起，由卫生部领导，由卫生检疫总所管理。至此，全国25个有卫生检疫机构的省（区）、直辖市的卫生检疫机构管理体制改革工作已全面完成。

（高建华）

【“八五”期间国境卫生检疫发展规划】

一、国境卫生检疫发展目标

国境卫生检疫机关以防止传染病及其传播媒介传入传出为主导，完善国际间传染病监测和检疫查验，全面开展国境口岸和交通工具的卫生监督，提高监督水平，重点建立进口食品卫生监督检验管理网络。建立鼠疫、霍乱、黄热病、艾滋病、进口食品卫生监督检验科研技术中心。加强人事管理和计划财务工作，加强卫生检疫机关自身管理和业务建设，增强自身发展能力，利用现代科学技术和管理手段，努力建立具有中国特色、适应对外开放需要的国境卫生检疫体系。

二、实现国境卫生检疫发展目标的措施

1. 严格执法，提高执法水平；

2. 完善国际间的传染病监测和检疫查验；

3. 全面开展国境口岸和交通工具的卫生监督，提高监督水平，创建卫生口岸；

4. 重点建立进口食品卫生监督检验管理网络；

5. 加强国境卫生检疫队伍建设；

6. 依靠科学技术发展卫生检疫事业；

7. 继续深化国境卫生检疫改革；

8. 抓好思想政治教育和精神文明建设。

（赵清慧）

## 劳动卫生与职业病防治

**【乡镇工业职业卫生服务需求与对策研究调查】**

卫生部、农业部于1990年联合开展的乡镇工业职业卫生服务需求与对策研究第一阶段的调查工作已结束。调查范围涉及北京、天津、山西、江苏、浙江、山东、河南、湖北、湖南、广东、四川、贵州、陕西、甘肃、辽宁15个省、市，30个县的29246个厂矿。调查内容包括①各调查县（区）的背景资料；②各厂矿的基本情况；③厂矿重点调查；④意向性调查；⑤个案调查。

调查结果说明：①82%以上的厂矿存在不同程度的职业危害，34%的生产工人从事有毒有害作业，其中女性职工占47%；②生产环境测定结果表明，尘、毒和噪声作业点的总合格率为36.9%，低于同期全国国营企业及县以上集体企业的68.3%；③体检结果说明，各种职业病的总检出率为4.4%，观察对象检出率为11.4%，几种主要职业病的检出率和观察对象的检出率都明显高于同期全国国营及县以上集体工业企业；④接触职业危害的作业人群主要分布在粉尘和物理性有害因素的行业，化学毒物作业人员相对较少；⑤职业危害主要集中在煤炭、建材、机械、仪器仪表、纺织、塑料制造、化工及皮革制造等行业，其主要有害因素为矽尘、煤尘、铅、苯和噪声；⑥乡办工业企业的职业危害高于村办工业企业；⑦60%的有毒有害厂矿没有防护措施，40%的厂矿没有安全技术人员，30%的厂矿领导和40%以上从事有毒有害作业人员不知道自己的工作环境中存在着有损于身体健康的有害因素；⑧广东省的外县工占本次调查的48万外县工中的77%；0.7%的企业雇佣未成年工，从事有毒有害作业的未成年工占全部未成年工的27%，未成年工主要受雇于村办工业企业；⑨卫生资源说明，县卫生防疫站劳动卫生专业人员严重不足，人均服务厂矿1115个，人均服务对象20945人。设有医务室的厂矿个数占全部厂矿个数的4.1%，每个厂矿平均拥有医护人员0.061人；新建、改建、扩建工程项目能执行“三同时”审批的仅占应审批工程项目的1.4%，进行生产环境监测的厂矿占应监测厂矿的3.9%，进行体检的职工占应检职工的2.7%；对125个案例调查结果分析，乡镇工业企业中以尘肺病及慢性职业中毒案例最多，占总案例数的76%，主要有矽肺、石棉肺，铅、苯、砷中毒，急性中毒主要是一氧化碳、硫化氢中毒。47%的案例说明，经过治理，职业危害就可得到控制。

调查结果说明，目前乡镇工业职业危害的状况相当严重，卫生资源严重不足等问题应引起各级政府和企业部门的高度重视。但只要重视生产过程中的职业卫生问题，遵守有关法规，采取必要的防护措施，就可以控制生产环境中产生的职业危害，减少或延缓职业病的发生发展，达到保障职工健康的目的。

调查建议：①加强法制建设，强化法制机制，提高企业管理水平；②制订完善各项政策，提高卫生服务水平和服务质量；③依靠科技进步，采用适宜技术，进行工艺改革和技术改造。

（李朝林　苏同泳）

【全国职业病报告漏报情况调查结果】

1990年开展的全国(缺陕西、内蒙古、西藏)职业病报告漏报情况调查表明,目前全国职业病报告漏报情况十分严重。职业病报告总漏报率为27.3%,其中尘肺病为8.6%,慢性职业中毒为6.0%,职业性眼、耳鼻喉疾病为18.5%,职业性皮肤病、物理因素职业病和职业性传染病为4.2%,尘肺病死亡漏报率32.6%,急性职业中毒漏报率最高,达74.3%。

从漏报病种看,尘肺病报告中漏报的主要病种为煤工尘肺,占44.8%,矽肺占31.9%;慢性职业中毒报告中漏报的主要病种为铅及其化合物,占36.1%,苯占22.0%;职业性眼、耳鼻喉疾病报告漏报主要病种有职业性白内障,为36.2%,铬鼻病74.4%;急性职业中毒报告漏报的主要病种有一氧化碳、氯气和有机磷农药,共占急性职业中毒报告漏报例数65.1%,并有20种病例全部未报,如四氟化钠、光气、氮氧化物、三硝基氯化苯。

从地区看,职业病报告漏报率新疆最高,达77.5%,主要为尘肺漏报,其次为山东、广西、云南、河北、贵州。急性职业中毒报告漏报率河北、山西、云南、新疆、青海为100%。

(杨　霞)

【卫生部制订农药安全性毒理学评价程序】

如何评价农药的安全性,我国历来缺乏统一的评价方法和程序,为改变这一状况,卫生部组织制订了《农药安全性毒理学评论程序》,并由卫生部和农业部于1991年6月18日共同颁布。

该程序适用于各类农药的安全性毒理学评价,为各专业所共用。程序将毒理学评价分为四个阶段,即急性毒性试验阶段,包括动物的经口、经皮、吸入和眼、皮肤刺激试验等;蓄积毒性和致突变试验阶段,包括原核细胞基因突变试验、哺乳动物细胞染色体畸变检测试验等;亚慢性毒性和代谢试验阶段,除经口、皮及吸入试验外,还包括迟发神经毒性、两代繁殖致畸试验等;慢性毒性和致癌试验阶段包括大鼠两年喂养试验或小鼠一年半喂养试验。程序还对试验结果的评价提出了具体要求。

(朱宝铎)

## 环境卫生监督

【第三次全国环境卫生工作会议】

卫生部于1991年12月11～13日在北京召开了第三次全国环境卫生工作会议。会议总结1986年第二次全国环境卫生工作会议以来的工作情况,交流公共场所卫生和化妆品卫生监督工作经验,研究部署1992年环境卫生工作,讨论1993年至1995年环境卫生工作要点。会议表彰了68个基层卫生防疫站环境卫生工作先进单位和158名优秀卫生监督员。

会议认为,五年来,我国的环境卫生工作取得了多方面的进展:首先,以《公共场所卫生管理条例》和《化妆品卫生监督条例》为起点,初步建立了环境卫生法规体系。1987年,国务院发布了《公共场所卫生管理条例》,1989经国务院批准,由卫生部发布了《化妆品卫生监督条例》,卫生部又先后发布了两个条例的实施细则,使我国的环境卫生工作开始纳入了法制化管理的轨道。第二,环境卫生工作队伍得到了壮大和发展。目前,全国已有专职环境卫生监督员7500多人,兼职环境卫生监督员5000多人,助理环境卫生监督员近2000人,还有一批从事环境卫生调查研究、教学的专业技术人员,与1986年相比,专业人员总数增加了一倍多。第三,环境卫生工作坚持面向基层,面向群众,在开展饮用水的监督监测、农村改水的技术指导、公共场所和化妆品的卫生监督以及环境污染对人体健康影响等方面做了大量的工作。特别是在1991年我国部分地区遭受特大洪涝灾害期间，广大环境卫生工作者投入抗洪救灾第一线，指导帮助灾区人民保护水源，进行饮水消毒和粪便无害化处理，保证了饮水安全，为灾后无大疫作出了贡献。第四，几年来，各地在开展人体生物材料监测、饮水与健康、松花江甲基汞污染对居民健康的调查、空气污染与健康、化妆品卫生调查等多方面开展了大量科学研究工作，在环境卫生工作的实践中发挥了重要的作用。

五年来，我国环境卫生工作的基本经验：①争取各级政府领导的重视，是环境卫生事业发展的基本保证；②各级爱卫会的支持和有关部门的配合，是做好环境卫生工作的必要条件；③提高科学管理水平，制定切合实际的任务和目标，是做好环境卫生工作的重要原则；④实行法制管理，增强全民卫生法制意识，是做好环境卫生工作的前提。

会议认为，在今后的环境卫生工作中，必须重视和加强基础性工作，巩固和扩大环境卫生工作的社会效益。要在健全环境卫生法规体系的基础上，认真抓好环境卫生监督执法工作。应加快宏观体制的各项改革步伐，增强环境卫生工作发展活力，继续坚持面向基层的工作方针，切实抓好农村环境卫生工作。

（高国强）

**【建立环境卫生工作试点县】**

为加强基层环境卫生工作，探索新时期开展农村环境卫生工作的经验，卫生部决定在全国开展环境卫生工作试点县活动。这一活动的主要目标是：加强县卫生防疫站环境卫生队伍的建设，搞好生活饮用水的卫生监督管理，贯彻实施《公共场所卫生管理条例》和《化妆品卫生监督条例》，改善公共场所卫生面貌，加强化妆品卫生监督工作，开展环境污染对健康影响的调查，会同有关部门处理环境污染危害健康的事故，参与制定本县村镇规划，对本县卫生改厕和粪便无害化处理进行技术指导。首批确定的环境卫生工作试点县是湖南省衡东县、山东省章丘县和吉林省伊通县。

（齐世荃）

**【发布《化妆品卫生监督检验实验室资格认证办法》】**

1991年12月，卫生部发布了《化妆品卫生监督检验实验室资格认证办法》。该办法规定，国家级化妆品卫生监督检验实验室由卫生部认证并发给批件，省级以下的化妆品卫生监督检验实验室由所在省、自治区、直辖市卫生行政部门发给资格认证批件。该办法还规定了各级卫生监督检验实验室应具备的基本检验能力，并要求获认证资格的单位，认真履行职责，完成化妆品卫生监督检验任务。

（齐世荃）

**【确定化妆品卫生监督检验机构及人体试用单位】**

卫生部确定中国预防医学科学院环境卫生监测所为化妆品卫生监督检验机构，其实验室为国家级化妆品卫生监督检验实验室，承担特殊用途化妆品及进口化妆品的卫生安全性评价和化妆品卫生监督检验工作。

卫生部确定的特殊用途化妆品人体试用或斑贴试验的10个单位是：北京空军总医院皮肤科、天津254医院皮肤科、上海皮肤病防治所、四川皮肤病防治研究所、第四军医大学第一附属医院皮肤科、大连医学院附属二院皮肤科、第一军医大学广州南方医院皮肤科、南京医学院第一附属医院皮肤科、湖南医科大学附属二院皮肤科、海南医学院皮肤科。

（齐世荃）

**【2224家企业取得《化妆品生产企业卫生许可证》】**

根据国务院批准发布的《化妆品卫生监督条例》规定，1991年，各地卫生行政部门对经审查符合卫生要求的2224家企业，颁发了《化妆品生产企业卫生许可证》。

（高国强）

**【批准特殊用途化妆品和进口化妆品】**

截止1991年底，有132种特殊用途化妆品和78种进口化妆品取得卫生部批准文号（见附表）。

附表　卫生部批准的特殊用途化妆品和进口化妆品

| 批准文号 | 产品名称 | 生产企业 |
| --- | --- | --- |
| (89) 卫妆准字16－QG－01－0001号 | 雄力育发液 | 成都长城保健品厂新繁分厂 |
| (89) 卫妆准字01－QG－01－0002号 | 101育发剂 | 北京市毛发再生精厂 |
| (89) 卫妆准字01－QG－01－0003号 | 丽尔育发露 | 北京大兴丽尔科研制剂厂 |
| (90) 卫妆准字01－QG－01－0004号 | 101B育发剂 | 北京市毛发再生精厂 |
| (90) 卫妆准字02－JK－0001号 | 夏士莲雪花膏 | 英国威康基金有限公司 |
| (91) 卫妆准字02－QG－02－0005号 | 雅美染发剂 | 天津市丽明化妆品合营工业公司 |
| (91) 卫妆准字02－QG－02－0006号 | 海河染发剂 | 天津市永明日用化学厂 |
| (91) 卫妆准字02－QG－02－0007号 | 美尔发染发剂 | 天津市永明日用化学厂 |
| (91) 卫妆准字12－QG－02－0008号 | 美丽染发露 | 青岛市崂山区城阳化工制品厂 |
| (91) 卫妆准字12－QG－02－0009号 | 华妮染发露 | 青岛即墨中姜日用制品厂 |
| (91) 卫妆准字12－QG－02－0010号 | 佳丽牌冷用染发剂 | 青岛市南区佳丽日用品厂 |
| (91) 卫妆准字12－QG－02－0011号 | 美泉染发剂 | 青岛市崂山区美泉日用化工厂 |
| (91) 卫妆准字12－QG－02－0012号 | 春辉回春染发精 | 青岛市沧口长城日用品厂 |
| (91) 卫妆准字02－QG－02－0013号 | 玫玉染发精 | 天津市第一日用化学厂 |
| (91) 卫妆准字04－QG－03－0014号 | 晋美冷烫精 | 太原健美日化厂 |
| (91) 卫妆准字02－QG－03－0015号 | 美郁牌冷烫精 | 天津市南开区服务公司美郁日用化工厂 |
| (91) 卫妆准字02－QG－03－0016号 | 白莲新型冷烫精 | 天津市北郊白莲日用化工厂 |
| (91) 卫妆准字02－QG－03－0017号 | 波美冷烫精 | 天津市丽明化妆品合营工业公司 |
| (91) 卫妆准字02－QG－03－0018号 | 白鸽牌冷烫精 | 天津市美蓉日用化工厂 |
| (91) 卫妆准字12－QG－03－0019号 | 春辉高级烫发水 | 青岛市沧口区长城日用品厂 |
| (91) 卫妆准字04－QG－03－0020号 | 孔雀冷烫精 | 太原南郊晋源塑料装璜彩印厂 |
| (91) 卫妆准字02－QG－03－0021号 | 天鹅冷烫精 | 天津市第一日用化学厂 |
| (91) 卫妆准字07－QG－03－0022号 | 浪花冷烫精 | 江苏省吴江县陶墩日用品厂 |
| (91) 卫妆准字28－QG－07－0023号 | 金桂花香露 | 广西桂林灵川化学制剂厂 |
| (91) 卫妆准字28－QG－07－0024号 | 银桂牌桂花露 | 广西桂林漓江日用化工厂 |
| (91) 卫妆准字21－QG－08－0025号 | 当归美容霜 | 兰州康妮化妆品公司 |
| (91) 卫妆准字16－QG－09－0026号 | 恩丽丝防晒增白霜 | 成都合成洗涤剂厂 |
| (91) 卫妆准字01－JK－0002号 | 强生婴儿洗发精 | 美国强生公司 |
| (91) 卫妆准字01－JK－0003号 | 强生婴儿护发素 | 美国强生公司 |
| (91) 卫妆准字02－JK－0004号 | 强生婴儿润肤油 | 美国强生公司 |
| (91) 卫妆准字03－JK－0005号 | 强生婴儿沐浴露 | 美国强生公司 |
| (91) 卫妆准字03－JK－0006号 | 强生婴儿爽身粉 | 美国强生公司 |
| (91) 卫妆准字01－QG－01－0027号 | 大宝育发剂 | 北京市三露厂 |
| (91) 卫妆准字21－QG－01－0028号 | 金城育发露 | 兰州军区总医院香露厂 |
| (91) 卫妆准字25－QG－01－0029号 | F1育发露 | 郑州F1育发露厂 |
| (91) 卫妆准字08－QG－01－0030号 | 朱氏育发液 | 瓯海县复苏毛发再生精厂 |
| (91) 卫妆准字16－QG－01－0031号 | 乐斯育发露 | 四川长征制药厂天乐分厂 |

| | | |
|---|---|---|
| (91)卫妆准字 25—QG—01—0032 号 | 人参育发露 | 郑州双宝日用化工厂 |
| (91)卫妆准字 25—QG—01—0033 号 | 美尔丝育发剂 | 郑州毛发用品厂 |
| (91)卫妆准字 08—QG—02—0034 号 | 春蕾染发剂 | 浙江黄岩城关城中化工厂二车间 |
| (91)卫妆准字 08—QG—02—0035 号 | 朝凤染发水 | 浙江安吉乌山日用化工厂 |
| (91)卫妆准字 01—QG—02—0036 号 | 光明染发水 | 北京日化五厂 |
| (91)卫妆准字 06—QG—02—0037 号 | 伊娜染发香波 | 上海伊娜美容品厂 |
| (91)卫妆准字 07—QG—02—0038 号 | 美灵染发剂 | 江苏泰县苏陈镇机电日化厂 |
| (91)卫妆准字 08—QG—02—0039 号 | 美华冷用染发剂 | 浙江黄岩爱迪化妆品厂 |
| (91)卫妆准字 08—QG—02—0040 号 | 春光染发剂 | 浙江黄岩爱迪化妆品厂 |
| (91)卫妆准字 07—QG—02—0041 号 | 月中桂乌发宝 | 江苏苏州市日用化工总厂 |
| (91)卫妆准字 25—QG—02—0042 号 | 迎春染发剂 | 洛阳涧西上海理发店染发剂加工厂 |
| (91)卫妆准字 08—QG—02—0043 号 | 天峰高级染发剂 | 浙江黄岩市日用化学品厂 |
| (91)卫妆准字 13—QG—02—0044 号 | 万年青染发剂 | 丹东美容日用化学厂 |
| (91)卫妆准字 08—QG—02—0045 号 | 春蕾染发剂 | 浙江黄岩城关城中化工厂一车间 |
| (91)卫妆准字 08—QG—02—0046 号 | 烟雨春染发粉 | 嘉兴东门日用化工厂 |
| (91)卫妆准字 08—QG—02—0047 号 | 南湖染发精 | 嘉兴东门日用化工厂 |
| (91)卫妆准字 08—QG—02—0048 号 | 朝阳染发精 | 浙江湖州日用化学厂 |
| (91)卫妆准字 13—QG—03—0049 号 | 芸辉冷烫精 | 抚顺新城化学试剂厂 |
| (91)卫妆准字 11—QG—03—0050 号 | 瑞香冷烫精 | 江西赣南宁都有机化学厂 |
| (91)卫妆准字 15—QG—03—0051 号 | 欣兰冷烫精 | 哈尔滨达达美日用化学厂 |
| (91)卫妆准字 15—QG—03—0052 号 | 美丝冷烫精 | 哈尔滨真美社会福利化妆用品厂 |
| (91)卫妆准字 15—QG—03—0053 号 | 云燕牌冷烫精 | 哈尔滨云燕化妆品厂 |
| (91)卫妆准字 08—QG—03—0054 号 | 牡丹化学烫发水 | 浙江湖州仁舍东升日用化工厂 |
| (91)卫妆准字 08—QG—03—0055 号 | 飘飞冷气曲发液 | 浙江平阳佳美化学制品厂 |
| (91)卫妆准字 01—QG—03—0056 号 | 法华丽冷烫精 | 北京日化五厂 |
| (91)卫妆准字 12—QG—03—0057 号 | 凤曲高级冷烫精 | 山东淄博化工厂 |
| (91)卫妆准字 06—QG—03—0058 号 | 佳丽美冷烫精 | 上海伊娜美容品厂 |
| (91)卫妆准字 06—QG—03—0059 号 | 上海牌化学卷发水 | 上海伊娜美容品厂 |
| (91)卫妆准字 02—QG—03—0060 号 | 复美天津冷烫精 | 天津市华滋日用化学厂 |
| (91)卫妆准字 02—QG—03—0061 号 | 玉兰牌冷烫精 | 天津市和平区服务公司修配厂 |
| (91)卫妆准字 28—QG—07—0062 号 | 甲正王除臭剂 | 柳州市中兴日用化工厂 |
| (91)卫妆准字 25—QG—07—0063 号 | 西施露 | 南阳市君达丽日用化工厂 |
| (91)卫妆准字 30—QG—07—0064 号 | 米兰飘香露 | 海口保健品厂 |
| (91)卫妆准字 02—JK—0007 号 | 强生婴儿润肤露 | 美国强生公司 |
| (91)卫妆准字 02—JK—0008 号 | 强生婴儿润肤膏 | 美国强生公司 |
| (91)卫妆准字 02—JK—0009 号 | 夏士莲润肤露 | 英国威康基金有限公司 |
| (91)卫妆准字 07—QG—02—0065 号 | 北洋染发剂 | 江苏泰县北洋日用品厂 |
| (91)卫妆准字 08—QG—02—0066 号 | 称心冷水染发剂 | 浙江黄岩香美化工厂 |
| (91)卫妆准字 13—QG—02—0067 号 | 墨燕染发精 | 辽宁丹东东方化工厂 |
| (91)卫妆准字 15—QG—03—0068 号 | 双峰冷烫精 | 黑龙江五常县山河永兴日化厂 |
| (91)卫妆准字 07—QG—03—0069 号 | 园花冷烫精 | 江苏邛江县沙头红星日化厂 |
| (91)卫妆准字 15—QG—03—0070 号 | 冰都冷烫精 | 黑龙江哈尔滨道里区永久烫发用品厂 |
| (91)卫妆准字 08—QG—03—0071 号 | 申美冷烫精 | 浙江湖州南浔烫发药水厂 |

| | | |
|---|---|---|
| (91) 卫妆准字 12—QG—03—0072 号 | 凤曲冷烫精 | 山东淄博化工厂 |
| (91) 卫妆准字 07—QG—03—0073 号 | 美灵化烫精 | 江苏泰县苏陈镇机电日化厂 |
| (91) 卫妆准字 28—QG—07—0074 号 | 仙丽公主兰夏露 | 广西柳州龙潭卫生用品厂 |
| (91) 卫妆准字 08—QG—09—0075 号 | 容宝增白防晒霜 | 浙江东阳市化妆品厂 |
| (91) 卫妆准字 07—QG—09—0076 号 | 蒙娜超级美容霜 NO. 2 夏霜 | 江苏江阴蒙娜美容品厂 |
| (91) 卫妆准字 01—QG—09—0077 号 | 美美防晒霜 | 北京市日用化学五厂 |
| (91) 卫妆准字 12—QG—01—0078 号 | 妙浴育发液 | 山东荣城日化厂 |
| (91) 卫妆准字 30—QG—01—0079 号 | 星龙 108 育发剂 | 海南星龙研究所 |
| (91) 卫妆准字 29—QG—01—0080 号 | 飞韵 801 育发剂 | 广州华丽丝生发精厂 |
| (91) 卫妆准字 29—QG—01—0081 号 | 飞韵 801 促发素 | 广州华丽丝生发精厂 |
| (91) 卫妆准字 08—QG—01—0082 号 | 林氏育发液 | 浙江乐清头发复生液厂 |
| (91) 卫妆准字 06—QG—01—0083 号 | 发发生育发剂 | 上海黄山制药厂 |
| (91) 卫妆准字 06—QG—01—0084 号 | 美龙超级育发霜 | 上海联合营养技术实业有限公司 |
| (91) 卫妆准字 06—QG—02—0085 号 | 东方之宝染发粉 | 东方之宝（中国）化妆品有限公司 |
| (91) 卫妆准字 06—QG—02—0086 号 | 东方之宝染发香波 | 东方之宝（中国）化妆品有限公司 |
| (91) 卫妆准字 01—QG—02—0087 号 | 飘逸黑发香波 | 北京丽源日化厂 |
| (91) 卫妆准字 29—QG—02—0088 号 | 超级星多功能黑发霜 | 广东梅州彩霞精细化工有限公司 |
| (91) 卫妆准字 01—QG—02—0089 号 | 光明一洗黑 | 北京日用化学五厂 |
| (91) 卫妆准字 02—QG—02—0090 号 | 玫玉染发香波 | 天津第一日用化学厂 |
| (91) 卫妆准字 08—QG—02—0091 号 | 牡丹一洗黑染发香波 | 浙江湖州申晟日用化学品厂 |
| (91) 卫妆准字 08—QG—02—0092 号 | 琬玲染发香波 | 浙江湖州琬玲日用化学品厂 |
| (91) 卫妆准字 06—QG—02—0093 号 | 影星染发香波 | 上海影星化妆品厂 |
| (91) 卫妆准字 06—QG—02—0094 号 | 上海牌染发水 | 上海伊娜美容品厂 |
| (91) 卫妆准字 11—QG—02—0095 号 | 佳宝洗染香波 | 江西江南化工厂 |
| (91) 卫妆准字 08—QG—02—0096 号 | 朝阳染发膏 | 浙江湖州市日用化学品厂 |
| (91) 卫妆准字 06—QG—03—0097 号 | 丝华露冷烫精 | 上海丝华露化妆品有限公司 |
| (91) 卫妆准字 02—QG—03—0098 号 | 福字天津冷烫精 | 天津北郊区兴华日用化学厂 |
| (91) 卫妆准字 29—QG—03—0099 号 | 莉施冷烫精 | 广东广州人民日用化工厂 |
| (91) 卫妆准字 11—QG—03—0100 号 | 松鹤冷烫精 | 江西萍乡光华化工厂 |
| (91) 卫妆准字 25—QG—03—0101 号 | 优艳冷烫精 | 河南许昌魏都光明化工厂 |
| (91) 卫妆准字 07—QG—03—0102 号 | 佳丽冷烫精 | 江苏泰县北洋日用品厂 |
| (91) 卫妆准字 13—QG—03—0103 号 | 万年青冷烫精 | 辽宁丹东美容日用化学厂 |
| (91) 卫妆准字 08—QG—03—0104 号 | 黛丝冷烫精 | 浙江东阳市大阳日化厂 |
| (91) 卫妆准字 02—QG—05—0105 号 | 普兰娜美乳霜 | 天津化妆品科学技术研究所 |
| (91) 卫妆准字 01—QG—05—0106 号 | 大宝美乳霜 | 北京三露厂 |
| (91) 卫妆准字 01—QG—06—0107 号 | 玉王健美浴液 | 福成化工有限公司北京分公司 |
| (91) 卫妆准字 01—QG—06—0108 号 | 玉王健美润肤乳 | 福成化工有限公司北京分公司 |
| (91) 卫妆准字 07—QG—06—0109 号 | 凤珠健美精 | 苏州吴县新兴保健用品厂 |
| (91) 卫妆准字 07—QG—06—0110 号 | 康福天然苗条霜 | 苏州吴县文教保健用品厂 |
| (91) 卫妆准字 12—QG—06—0111 号 | 佛乐高级天然苗条乳 | 山东老年经济技术开发咨询中心服务部 |
| (91) 卫妆准字 25—QG—06—0112 号 | 传人健美香水 | 郑州中商日用化妆品厂 |
| (91) 卫妆准字 01—QG—06—0113 号 | 大宝健美霜 | 北京三露厂 |

| | | |
|---|---|---|
| (91) 卫妆准字 02—QG—06—0114 号 | 普兰娜苗条霜 | 天津化妆品科学技术研究所 |
| (91) 卫妆准字 01—QG—06—0115 号 | 阿姆思体型健美霜 | 北京四环保健制品厂 |
| (91) 卫妆准字 08—QG—07—0116 号 | 一滴香 | 浙江瓯海县美容品厂 |
| (91) 卫妆准字 08—QG—07—0117 号 | 腋留芳 | 上海华山医院浙江景宁联营厂 |
| (91) 卫妆准字 21—QG—07—0118 号 | 金城香复露 | 兰州军区总医院香露厂 |
| (91) 卫妆准字 08—QG—08—0119 号 | 绮华灵祛斑霜 | 浙江富春药用化妆品有限公司 |
| (91) 卫妆准字 08—QG—08—0120 号 | 美美多消雀剂 | 浙江宁海日用精细化工厂 |
| (91) 卫妆准字 07—QG—08—0121 号 | 142 曲酸祛斑霜 | 江苏南京石山头制药厂 |
| (91) 卫妆准字 30—QG—08—0122 号 | 娇颜祛斑露 | 海南海口保健品厂 |
| (91) 卫妆准字 25—QG—08—0123 号 | 传人祛斑增白露 | 郑州中商日用化妆品厂 |
| (91) 卫妆准字 07—QG—08—0124 号 | 蒙娜超级美容霜 No. 5 祛斑霜 | 江苏江阴蒙娜美容品厂 |
| (91) 卫妆准字 13—QG—08—0125 号 | TSM 祛斑霜 | 辽宁沈阳港馨化妆品厂 |
| (91) 卫妆准字 06—QG—08—0126 号 | 东方之宝消斑霜 | 东方之宝（中国）化妆品有限公司 |
| (91) 卫妆准字 06—QG—09—0127 号 | 伊娜营养防晒霜 | 上海伊娜美容品厂 |
| (91) 卫妆准字 06—QG—09—0128 号 | 美能达高级营养防皱防晒蜜 | 上海美艳日用化工厂 |
| (91) 卫妆准字 06—QG—09—0129 号 | 东方之宝防晒霜 | 东方之宝（中国）化妆品有限公司 |
| (91) 卫妆准字 06—QG—09—0130 号 | 丽妃防晒美白粉饼 | 上海娜丽丝化妆品有限公司 |
| (91) 卫妆准字 06—QG—09—0131 号 | 丽妃美白防晒霜 | 上海娜丽丝化妆品有限公司 |
| (91) 卫妆准字 10—QG—09—0132 号 | 皇后防晒增白霜 | 福建漳州市化学品厂 |
| (91) 卫妆准字 02—JK—0010 号 | 爱求高级面霜 | 泰国帝国制药厂 |
| (91) 卫妆准字 02—JK—0011 号 | 爱求 VE 珍珠膏 | 泰国帝国制药厂 |
| (91) 卫妆准字 02—JK—0012 号 | 爱求真珠膏 | 泰国帝国制药厂 |
| (91) 卫妆准字 02—JK—0013 号 | 爱求乳液 | 泰国帝国制药厂 |
| (91) 卫妆准字 02—JK—0014 号 | 蜜诗 VE 润肤霜 | Ross Cosmetics Aust. Pty. Ltd. |

生产企业：Parfums Christain Dior 法国　牌号：Christain Dior

| 批准文号 | 品名 |
|---|---|
| (91) 卫妆准字 03—JK—0015 号 | DISSOLUANT DOUX |
| (91) 卫妆准字 03—JK—0016 号 | VERNIS A ONGLES |
| (91) 卫妆准字 03—JK—0017 号 | TEINT POUDRE |
| (91) 卫妆准字 03—JK—0018 号 | 5 COULEURS/EYESHADOW |
| (91) 卫妆准字 03—JK—0019 号 | CRAYON CONTOUR LEVRES |
| (91) 卫妆准字 03—JK—0020 号 | CRAYON A SOURCILS |
| (91) 卫妆准字 03—JK—0021 号 | TEINT DIOR |
| (91) 卫妆准字 03—JK—0022 号 | POUDRE COMPACTE |
| (91) 卫妆准字 03—JK—0023 号 | MASCARA PARFAIT |
| (91) 卫妆准字 03—JK—0024 号 | POUDRE PLUS FINE |
| (91) 卫妆准字 03—JK—0025 号 | BLUSH FINAL |
| (91) 卫妆准字 03—JK—0026 号 | ROUGE A LEVRES |
| (91) 卫妆准字 04—JK—0027 号 | DIORISSIMO |
| (91) 卫妆准字 04—JK—0028 号 | EAUSAUVAGE |

| | |
|---|---|
| (91) 卫妆准字 04—JK—0029 号 | POISSON PERFUME |
| (91) 卫妆准字 04—JK—0030 号 | MISS DIOR |
| (91) 卫妆准字 04—JK—0031 号 | FAHRENHEIT |
| (91) 卫妆准字 02—JK—0032 号 | CAPTURE/anti—aging complex for the face |
| (91) 卫妆准字 02—JK—0033 号 | ICONE/all types of dryness |
| (91) 卫妆准字 02—JK—0034 号 | EQUITE/alcohol—free softening lotion |
| (91) 卫妆准字 02—JK—0035 号 | EQUITE/vitalizing toner |
| (91) 卫妆准字 02—JK—0036 号 | EQUITE/face and eye make up remover |
| (91) 卫妆准字 02—JK—0037 号 | EQUITE/wash—off cleansing gel |
| (91) 卫妆准字 02—JK—0038 号 | RESULTANTE/eye care cream |
| (91) 卫妆准字 02—JK—0039 号 | RESULTANTE/firming wrinkle cream |
| (91) 卫妆准字 02—JK—0040 号 | HYDRA—DIOR/nourishing treatment cream |
| (91) 卫妆准字 02—JK—0041 号 | HYDRA—DIOR/enriched penetrating |
| (91) 卫妆准字 02—JK—0042 号 | HYDRA—DIOR/liquid moiseure base |
| (91) 卫妆准字 03—JK—0043 号 | HYDRA—DIOR/stimulating lotion |
| (91) 卫妆准字 03—JK—0044 号 | HYDRA—DIOR/cleansing emulsion |

生产企业：Laboratoire France Beaute Industrie 法国　牌号：Remy Laure

| 批准文号 | 品名 |
|---|---|
| (91) 卫妆准字 02—JK—0045 号 | COMPLEXE TONIFIANT BUSTALE |
| (91) 卫妆准字 02—JK—0046 号 | MOOR—DAY |
| (91) 卫妆准字 02—JK—0047 号 | CONTOUR YEUX |
| (91) 卫妆准字 02—JK—0048 号 | MOOR PEELING |
| (91) 卫妆准字 02—JK—0049 号 | LIGNE 7 |
| (91) 卫妆准字 02—JK—0050 号 | MOOR—NIGHT |
| (91) 卫妆准字 02—JK—0051 号 | LOTION JEUNESSE |
| (91) 卫妆准字 03—JK—0052 号 | LAIT DEMAQUILLANT |
| (91) 卫妆准字 03—JK—0053 号 | MASQUE NOIR |

生产企业：LABORATOIRES Dr. N. G. PAYOT 法国　牌号：PAYOT

| 批准文号 | 品名 |
|---|---|
| (91) 卫妆准字 02—JK—0054 号 | CREME DE NUIT REPONSE ACTIVE AUX RIDES ANTI WRINKLE NIGHT CREAM |
| (91) 卫妆准字 02—JK—0055 号 | GEL LISSANT CONTOUR DE YEUX AMNIODERM EYE CONTOUR GEL |
| (91) 卫妆准字 02—JK—0056 号 | CREME PURIFIANTE PURIFYING CREAM |
| (91) 卫妆准字 02—JK—0057 号 | LOTION HYDRAMNIOTIQUE SANS ALCOOL-LOTION WITHOUT ALCOHOL |
| (91) 卫妆准字 02—JK—0058 号 | CREME LIPOSOMES DAY CREAM |
| (91) 卫妆准字 02—JK—0059 号 | REPONSE ACTIVE AUX RIDES CREME CONTOUR DES YEUX ANTI-WRINKLE EYE CREAM |
| (91) 卫妆准字 03—JK—0060 号 | BASE HYDRATANTE PURIFIANTE MOISTURIZING PU-RIFYING CREAM |

| | |
|---|---|
| (91) 卫妆准字 03－JK－0061 号 | EMULSION PURIFIANTE PURIFYING EMULSION |
| (91) 卫妆准字 03－JK－0062 号 | LOTION DEMAQUILLANTE POUR LES YEUX EYE CLEANER |
| (91) 卫妆准字 03－JK－0063 号 | REPONSE ACTIVE AUX RIDESLAIT DEMAQUILLANT ANTI-WRINKLE CLEANSING MILK |
| (91) 卫妆准字 03－JK－0064 号 | GOLDEN RAYS PEAUX SENSIBLES AMNIODERM SENSITIVE SKIN CLEANSER |
| (91) 卫妆准字 03－JK－0065 号 | TONIQUE PURIFIANT PURIFYING EMULSION |
| (91) 卫妆准字 03－JK－0066 号 | MASQUE CLARIFIANT A L'ARGILECLARIFYING CLAY MASK |

生产企业：COORER COSMETICS S. A. 瑞典　牌号：TOKALON

| 批准文号 | 品名 |
|---|---|
| (91) 卫妆准字 02－JK－0067 号 | NIGHT CREAM WITH BIOCEL |
| (91) 卫妆准字 02－JK－0068 号 | NATURAL BEAUTY FLUID |
| (91) 卫妆准字 02－JK－0069 号 | MOISTURIZING DAY CREAM |
| (91) 卫妆准字 02－JK－0070 号 | TONIC LOTION |
| (91) 卫妆准字 02－JK－0071 号 | PLACENTA-COUAGEN EYE-WRINKLE CREAM |
| (91) 卫妆准字 03－JK－0072 号 | CLEANSING MILK |

生产企业：Laboratori Royal S. N. C. 意大利　牌号：Royal

| 批准文号 | 品名 |
|---|---|
| (91) 卫妆准字 03－JK－0073 号 | Cream Foundation |
| (91) 卫妆准字 03－JK－0074 号 | Nail Colour |
| (91) 卫妆准字 03－JK－0075 号 | Eyeshadow |
| (91) 卫妆准字 03－JK－0076 号 | Lipstick |
| (91) 卫妆准字 03－JK－0077 号 | Eyeliner |
| (91) 卫妆准字 03－JK－0078 号 | Compact Blush On |

(齐世荃)

## 放射卫生防护

**【调整全国放射性污染监测网布局及监测方案】**

卫生系统于 60 年代在全国范围内先后建立起 45 个环境放射性监测站。进入 80 年代以后，由于国内、外大气层核试验已基本停止，而我国核电站刚起步兴建。为了加强平时和核事故时的放射性监测，提高监测网络的监测报知能力，更好地发挥这支专业技术队伍的作用，使其真正成为监督来自国内外污染的观察哨。根据我国建设中核电站的布局和地理位置，卫生部决定将原来的 45 个监测站调整为 34 个（30 个省级监测站和省级以下 4 个站——深圳、青岛、大连、连云港）。为使有限的放射卫生监督监测经费产生更大的效益，将监测方案进行了调整，监测项目由原来的 10 种减为 7 种，侧重于生活饮用水和粮食、蔬菜、牛奶、水产品的监测，监测频度由原来的每月 1 次减少为每年 1～2

次（发生核事故时例外）。

（宋玉芳）

**【全国 7 个放射卫生综合监督示范市（地）考核结果】**

为贯彻落实国务院 1989 年第 44 号令发布的《放射性同位素与射线装置放射防护条例》（以下简称《条例》）和有关行政规章、标准，强化全国放射卫生监督，从 1990 年开始，卫生部在全国范围内开展了放射卫生综合监督示范市（地）（以下简称“示范市”）工作，并于 1991 年 11 月，对 7 个示范市（四川省绵阳市、黑龙江省佳木斯市、湖北省襄樊市、湖南省株洲市、内蒙古自治区赤峰市、贵州省遵义和黔南地区）进行了现场考核。

考核结果表明，各示范市经过两年的努力，已经取得了显著成果。他们的主要经验是：

1. 领导重视。除遵义地区以外的 6 个示范市成立了示范市领导小组，并由政府主管负责人签署贯彻落实示范市计划。

2. 认真宣传贯彻《条例》。7 个示范市（地）以不同的规模、形式召开大会，认真宣传《条例》。并以黑板报、传单、报纸、录像等方式全面广泛地开展宣传。佳木斯市利用“母乳日”、“戒烟日”等开展《条例》宣传周活动，绵阳市广播电台就此专题对市长进行了采访与报道，并以字幕的形式在电视台宣传《条例》。

3. 加强放射卫生监督。6 个示范市放射工作单位的许可（登记）率达 95%以上，其中绵阳、佳木斯、株洲、襄樊的许可（登记）率达到了 100%，医用诊断 X 射线机的防护合格率达到 95%以上，襄樊等市 X 射线机的防护合格率达到 100%；放射工作人员的培训率达 85%以上，其中株洲市达到 100%；放射工作人员的个人剂量监测和健康建档率也不断提高，佳木斯、绵阳市的个人剂量监测率达 90%以上。

各示范市（地）的放射卫生综合监督工作由于基础不同，发展也不平衡，因此存在不少薄弱环节，主要表现在：

1. 部分示范市的放射卫生综合监督工作没有被纳入本市长远卫生工作规划中。

2. 医用诊断 X 射线受检者的放射卫生防护，还没有引起临床医师的足够重视。

3. 常规用的放射性监测仪器陈旧，监测手段比较落后，取证工具十分缺乏。

4. 放射卫生监督队伍中的技术骨干比例偏低，专业人员素质亟待提高。

（杜治琴　宋玉芳）

**【医用辐射综合防护措施的研究与试点项目通过验收】**

1991 年 9 月医用辐射综合防护措施的研究与试点项目通过验收。该项目是卫生部与世界卫生组织的合作项目，于 1989 年下达给山东省卫生厅，在山东烟台市县级以上医院和芝罘市、莱州市、招远县包括乡、镇卫生院在内的所有放射工作单位共 133 家试点。试点的内容有：综合管理，制定地方法规，宣传培训，健康管理，个人剂量监测和医用诊断 X 线防护等 6 项。山东省的主要做法是：成立由省卫生厅、市卫生局主管负责人组成的领导小组和省、市放射防护专家组成的技术指导小组；摸清放射工作单位的人员、设备、防护条件等基本情况，对放射性同位素工作场所和射线装置一边测试检查，一边帮助改进防护条件，使试点工作有的放矢。试点工作达到了预期的目的，主要表现在：

1. 通过实施多种防护与管理措施，控制并降低了放射工作人员和公众的受照剂量，一年多的剂量监测结果表明，受照年剂量小于 15 毫希沃特（mSv）的放射工作人员数占被监测人数的 98. 3%。

2. 总结出一套适合我国国情、行之有效的放射防护综合管理措施，制定颁发了地方行政规章《烟台市医用诊断 X 线卫生防护暂行管理办法》，使有关放射防护法规、规章、标准得到贯彻落实。

3.各放射工作单位领导和工作人员增强了防护意识，提高了做好放射防护工作的自觉性，使医用辐射设施的合理应用与被检者的防护得到重视。各医院尽可能用拍片取代透视，使日透视人次显著减少，并注意了对儿童和孕妇的防护。

（贺青华）

## 食品卫生监督

**【全国部分食品卫生调查】**

卫生部于1991年6～8月组织对冷饮、乳粉、酒、罐头、糕点、油六类食品进行卫生调查。调查范围涉及全国24个省、自治区、直辖市，共调查了2566个厂家。调查内容按国家食品卫生标准确定，同时还包括食品标签内容。

调查结果表明，多数厂家有较完善的自身管理系统，重视产品质量，被抽检的样品批批合格。这六类产品总的食品卫生合格率达83.80%，较前几年有明显的提高。其中，罐头、酒的合格率最高，分别为95.73%和90.95%；其次是油和冷饮，合格率分别为87.97%和81.18%；最差的是乳粉和糕点，合格率仅为71.26%和62.90%。调查后公布了182个厂家生产的187种不合格食品，这些食品卫生不合格，甚至掺杂掺假，在产品说明书及标签上进行虚假夸大的宣传。对这些厂家各地食品卫生监督机构分别进行了处罚，多数厂家已进行了改进。

（张华莹）

**【11个全国食品卫生示范县(市)通过验收】**

1991年有11个全国食品卫生示范县（市）通过了卫生部的验收。他们的共同特点是：①充分体现了地方政府对创建食品卫生示范县（市）工作的重视，各县（市）政府将创建食品卫生示范县（市）和贯彻食品卫生法工作列入议事日程，制订了工作计划，并作为任期内的责任目标。②成立了食品卫生协调小组。③食品卫生监督机构得到了加强、充实和发展。除设立专职监督人员外，还注意完善监督检验设备、改善工作环境。④建立了食品卫生网络化管理体系。各乡（区）镇均设置了食品卫生检查员站，由食品卫生检查员协助监督工作，使县以下食品卫生工作得到加强。

这11个全国食品卫生示范县（市）是：

北京市昌平县　　河南省林县
贵州省都匀市　　浙江省义乌市
云南省楚雄市　　江西省大余县
西藏自治区拉萨市　　吉林省永吉县
四川省邛崃县　　重庆市九龙坡区
新疆维吾尔自治区博乐市

（李伯岭）

**【颁布第2批“既是食品又是药品”名单】**

1991年卫生部批准颁布第2批“既是食品又是药品”名单：麦芽、黄芥子、鲜白茅根、荷叶、桑叶、鸡内金、马齿苋、鲜芦根。第1批名单于1987年颁布，它们是：乌梢蛇、蝮蛇、酸枣仁、牡蛎、栀子、甘草、代代花、罗汉果、肉桂、决明子、莱菔子、陈皮、砂仁、乌梅、肉豆蔻、白芷、菊花、藿香、沙棘、郁李仁、青果、薤白、薄荷、丁香、高良姜、白果、香橼、火麻仁、桔红、茯苓、红花、紫苏。

（张华莹）

**【批准23种新资源食品试生产】**

根据《新资源食品卫生管理办法》及《新资源食品审批工作程序》的规定，经新资源食品审评委员会审评通过，卫生部批准了圆首可乐、桦液沙棘饮料、康沛宝、老子牌饮料、叁叁可乐饮料、康益可乐、南国可乐、安平泰有机锗饮液、金佛可乐、花粉素、亚绿可乐、灵锗浓缩液、天池天然花粉素、天然β-胡萝卜素、海洋宝、锗矿泉水、雪琴圣饮、苏罗马布饮料、蜂花乳、花粉液、爱得有机锗饮料及爱得有机锗饮液、有机锗（Ge-132）饮珍及有机锗（Ge-132）饮珍浓缩液、高碘蛋共23种新资源食品试生产。同时还批准了中槐茶作为新资源食品正式生产。

（张华莹）

**【河南省洛阳市查处使用罂粟壳（籽）的食品生产经营者】**

1991年4月与7月，洛阳市公安、卫生、工商行政管理部门两次联合行动，在全市范围内（含所属县）共检查饮食摊点1623户，查出经销、使用罂粟壳的违法户92户，没收罂粟壳67．7公斤，籽14．1公斤。92户中的86户（93%）为个体经营者，其余为个人承包者。

92户中经营牛肉汤（烩面）馆的56户（61%）；米皮（酿皮）摊22户（24%）；干货调料摊10户（11%）；卤肉、涮牛肚摊4户（4%）。罂粟壳的来源为34户（37%）从药房（店）或中药材交易场所购买；20户（22%）从干货调料摊购买；15户（16%）由“不知姓名”者送货上门；1户（1%）为自己少量种植；22户（24%）来源不明。

使用方式主要有以下几种：①将罂粟壳与其它调料混合装入布袋，放入汤中煮；②熬成水掺进食品；③磨碎后加入辣椒油或熬油使用。

使用目的，均因罂粟壳具有特殊香味，且有成瘾性。

洛阳市食品卫生监督机构对上述违法户进行了行政处罚，包括：警告并限期改进同时吊销卫生许可证1户；吊销卫生许可证1户；责令停业1户；罚款700～8000元并责令停业55户。

截至1991年9月，92户中的44户已结案，33户正在处理中，15户逃匿。

洛阳市公安局收审了其中违法情节较重、证据确凿的5起案件中的6人，以进一步侦查。

（李国新）

## 学校卫生监督

**【下发《全国学生常见肠道蠕虫感染综合防治方案（试行）》】**

肠道寄生虫感染是我国中、小学生，特别是农村学生普遍存在的健康问题。尤以肠道蠕虫感染率为最高，据部分地区调查：城市中、小学生肠道蠕虫感染率平均约为40%，农村约为60%至80%，个别地区高达90%。为加强全国学生肠道寄生虫感染防治工作的统一规划和统一领导，卫生部、国家教育委员会联合下发了《全国学生常见肠道蠕虫感染综合防治方案（试行）》。

该方案要求各省、自治区、直辖市结合实际情况，制定当地的实施计划，采取加强健康教育、改善学校卫生设施和集体服药等综合防治措施，到2000年，以中、小学生蛔虫感染率作指标，以省为单位，城市降至5%以下，农村降至15%以下。

为指导该方案实施中的有关技术问题，两部委组织成立了由全国学校卫生和寄生虫防治专家组成的全国学生常见肠道蠕虫感染综合防治专家指导小组。为保证各地更好地贯彻该方案，两部委制定了有关技术规范并统一印发了健康教育资料。

（白呼群　张晋京　刘东君）

## 卫生标准

**【成立第三届全国卫生标准技术委员会】**

1991年卫生部聘任了第三届全国卫生标准技术委员会委员和顾问共183名。中国预防医学科学院院长陈春明研究员任主任委员，阚学贵、肖梓仁、汪梅先任副主任委员，汪梅先兼秘书长。委员会下除保留第一、二届原有的食品卫生标准、环境卫生标准、学校卫生标准、劳动卫生标准、放射卫生防护标准、职业病诊断标准及放射性疾病诊断标准等7个分委会外，又新增加了传染病与消毒标准分委会及地方病标准分委会。至此，共9个分委会。

4月9～11日召开了第三届全体会议。会议明确“八五”期间卫生标准及诊断标准的研制工作要按《标准化法》的要求，在清理整顿的基础上，加强采用国际标准及先进国家的标准，加强可行性论证，进一步提高标准的质量及研制效率，以适应开放改革及保障人民健康的需要。

会议期间审议了“八五”期间标准研制计划（草案）及修订标委会章程，并对29项获卫生部“七五”期间优秀标准奖及特等奖的单位颁发了奖状。

（段冬梅）

**【1991年颁发的国家卫生标准（24个）】**

| 序号 | 标准号 | 标准名称 | 发布日期 | 实施日期 | 技术归口单位 |
|---|---|---|---|---|---|
| 001 | GB13099-91 | 番茄酱罐头卫生标准 | 1991.09.10 | 1992.03.01 | 卫生部食品卫生监督检验所 |
| 002 | GB13100-91 | 肉类罐头食品卫生标准 | 1991.09.10 | 1992.03.01 | 卫生部食品卫生监督检验所 |
| 003 | GB13101-91 | 西式蒸煮、烟熏火腿卫生标准 | 1991.09.10 | 1992.03.01 | 卫生部食品卫生监督检验所 |
| 004 | GB13102-91 | 食品工业用甜炼乳卫生标准 | 1991.09.10 | 1992.03.01 | 卫生部食品卫生监督检验所 |
| 005 | GB13103-91 | 色拉油卫生标准 | 1991.09.10 | 1992.03.01 | 卫生部食品卫生监督检验所 |
| 006 | GB13104-91 | 白糖卫生标准（代替GBn241-84） | 1991.09.10 | 1992.03.01 | 卫生部食品卫生监督检验所 |
| 007 | GB13105-91 | 食品中硒限量卫生标准 | 1991.09.10 | 1992.03.01 | 卫生部食品卫生监督检验所 |
| 008 | GB13106-91 | 食品中锌限量卫生标准 | 1991.09.10 | 1992.03.01 | 卫生部食品卫生监督检验所 |
| 009 | GB13107-91 | 植物性食品中稀土限量卫生标准 | 1991.09.10 | 1992.03.01 | 卫生部食品卫生监督检验所 |
| 010 | GB13108-91 | 植物性食品中稀土的测定方法 | 1991.09.10 | 1992.03.01 | 卫生部食品卫生监督检验所 |
| 011 | GB13109-91 | 蜂蜜中四环素族抗生素残留量卫生标准 | 1991.09.10 | 1992.03.01 | 卫生部食品卫生监督检验所 |
| 012 | GB13110-91 | 蜂蜜中四环素族抗生素残留量测定方法 | 1991.09.10 | 1992.03.01 | 卫生部食品卫生监督检验所 |
| 013 | GB13111-91 | 谷物和大豆中赭曲霉毒素A的测定方法 | 1991.09.10 | 1992.03.01 | 卫生部食品卫生监督检验所 |
| 014 | GB13112-91 | 食品中环乙基氨基磺酸钠的测定方法 | 1991.09.10 | 1992.03.01 | 卫生部食品卫生监督检验所 |
| 015 | GB13113-91 | 食品容器及包装材料用聚对苯二甲酸乙二醇酯成型品卫生标准 | 1991.09.10 | 1992.03.01 | 卫生部食品卫生监督检验所 |
| 016 | GB13114-91 | 食品容器及包装材料用聚对苯二甲酸乙二醇树脂卫生标准 | 1991.09.10 | 1992.03.01 | 卫生部食品卫生监督检验所 |
| 017 | GB13115-91 | 食品容器及包装材料用不饱和聚酯树脂及其玻璃钢制品卫生标准 | 1991.09.10 | 1992.03.01 | 卫生部食品卫生监督检验所 |
| 018 | GB13116-91 | 食品容器及包装材料用聚碳酸酯树脂卫生标准 | 1991.09.10 | 1992.03.01 | 卫生部食品卫生监督检验所 |
| 019 | GB13117-91 | 食品容器及包装材料用不饱和聚酯树脂及其玻璃钢制品卫生标准分析方法 | 1991.09.10 | 1992.03.01 | 卫生部食品卫生监督检验所 |

| 序号 | 标准号 | 标准名称 | 发布日期 | 实施日期 | 技术归口单位 |
|---|---|---|---|---|---|
| 020 | GB13118-91 | 食品容器及包装材料用聚碳酸酯树脂卫生标准的分析方法 | 1991.09.10 | 1992.03.01 | 卫生部食品卫生监督检验所 |
| 021 | GB13119-91 | 食品包装用发泡聚苯乙烯成型品卫生标准的分析方法 | 1991.09.10 | 1992.03.01 | 卫生部食品卫生监督检验所 |
| 022 | GB13120-91 | 食品容器及包装材料用聚酯树脂及其成型品中锑的测定方法 | 1991.09.10 | 1992.03.01 | 卫生部食品卫生监督检验所 |
| 023 | GB13121-91 | 陶瓷食具容器卫生标准(代替GBn148-81) | 1991.09.10 | 1992.03.01 | 卫生部食品卫生监督检验所 |
| 024 | GB13122-91 | 面粉厂卫生规范 | 1991.09.10 | 1992.03.01 | 卫生部食品卫生监督检验所 |

(谷京宇)

**【获卫生部"七五"期间优秀标准奖名单】**

(一)特等奖

| | 国标号 | 标准名称 | 负责研制单位 |
|---|---|---|---|
| 1 | GB5906-86 | 尘肺X线诊断标准及处理原则 | 中国预防医学科学院劳动卫生与职业病研究所 |
| 2 | GB2760-86 | 食品添加剂使用卫生标准 | 卫生部食品卫生监督检验所 |

(二)优秀奖

| ]] | 国标号 | 标准名称 | 负责研制单位 |
|---|---|---|---|
| 1 | GB10434-89 | 作业场所局部振动卫生标准 | 哈尔滨医科大学公共卫生学院<br>中国预防医学科学院劳动卫生与职业病研究所 |
| 2 | GB10438-89 | 煤矿井下采掘地点气象条件卫生标准 | 中国预防医学科学院劳动卫生与职业病研究所 |
| 3 | GB8780-88 | 车间空气中二甲基乙酰胺卫生标准 | 上海市劳动卫生职业病防治研究所 |
| 4 | GB10330-89 | 车间空气中炭黑粉尘卫生标准 | 中国预防医学科学院劳动卫生与职业病研究所<br>四川省劳动卫生职业病防治研究所 |
| 5 | GB11720-89 | 车间空气中敌百虫卫生标准 | 上海医科大学公共卫生学院 |
| 6 | GB8280-87 | 外照射急性放射病诊断标准及处理原则 | 中国人民解放军军事医学科学院 |
| 7 | GB11533-89 | 标准对数视力表 | 温州医学院 |
| 8 | GB8279-87 | 医用诊断X线卫生防护标准 | 中国医学科学院放射医学研究所 |
| 9 | GB11663-89 | 硫酸厂卫生防护距离标准 | 中国预防医学科学院环境卫生与卫生工程研究所 |
| 10 | GB7355-87 | 大气中铅及其无机化合物的卫生标准 | 中国预防医学科学院环境卫生监测所 |
| 11 | GB9663-88 | 旅店业卫生标准 | 北京市卫生防疫站 |
| 12 | GB8161-87 | 生活饮用水源水中铍卫生标准 | 湖南省劳动卫生职业病防治研究所 |
| 13 | GB9175-88 | 环境电磁波卫生标准 | 浙江医科大学 |
| 14 | GB11742-89 | 居住区大气中硫化氢卫生检验标准方法 | 中国预防医学科学院环境卫生监测所 |
| 15 | GB11936-89 | 水源水中丙烯酰胺卫生检验标准方法 | 甘肃省卫生防疫站 |
| 16 | GB7800-87 | 职业性氨中毒诊断标准及处理原则 | 大连化学工业公司职业病防治所 |
| 17 | GB8781-88 | 职业性一氧化碳中毒诊断标准及处理原则 | 中国预防医学科学院劳动卫生与职业病研究所 |

| 国标号 | 标准名称 | 负责研制单位 |
|---|---|---|
| 18 GB11502-89 | 职业性白内障诊断标准及处理原则 | 北京医科大学附属三院 |
| 19 GB11508-89 | 职业性中暑诊断标准及处理原则 | 同济医科大学公共卫生学院 |
| 20 GB9685-88 | 食品容器包装材料用助剂卫生标准 | 上海市食品卫生监督检验所 |
| 21 GB2716-88 | 食用植物油卫生标准 | 上海市食品卫生监督检验所 |
| 22 GB12388-GB12399-90 | 食品营养成分测定方法 | 中国预防医学科学院营养与食品卫生研究所 |
| 23 GB11671-89 | 果蔬类罐头卫生标准 | 卫生部食品卫生监督检验所 |
| 24 GB9678-88 | 糖果卫生标准 | 广东省食品卫生监督检验所 |
| 25 GB11673-89 | 含乳饮料卫生标准 | 上海市食品卫生监督检验所 |
| 26 GB9684-88<br>GB11681-89 | 不锈钢食具容器卫生标准及方法 | 上海市食品卫生监督检验所<br>山西省卫生防疫站<br>辽宁省食品卫生监督检验所 |
| 27 GB11675-89 | 银耳卫生标准 | 河南省卫生防疫站 |

（孟德山）

# 爱国卫生运动

**【全国爱国卫生运动委员会机构调整】**

1991年3月19日国务院办公厅调整和加强了全国爱国卫生运动委员会(简称“爱卫会”)机构。新一届全国爱卫会共有41个部门组成。爱卫会副主任委员单位由原来的5个增加至7个部门，委员部门为34个。

全国爱卫会组成：

| | | |
|---|---|---|
| 主　任： | 国务委员 | 李铁映 |
| 副主任： | 卫生部部长 | 陈敏章 |
| | 中国人民解放军总后勤部部长 | 赵南起 |
| | 国务院副秘书长 | 徐志坚 |
| | 国家计划委员会副主任 | 郝建秀 |
| | 农业部副部长 | 洪绂曾 |
| | 建设部副部长 | 叶如棠 |
| | 国家环境保护局局长 | 曲格平 |
| 委　员： | 中共中央办公厅副主任 | 杨德中 |
| | 中共中央宣传部副部长 | 刘忠德 |
| | 国家教育委员会副主任 | 王明达 |
| | 国家科学技术委员会副主任 | 李绪鄂 |
| | 国家民族事务委员会副主任 | 伍精华 |

| | |
|---|---|
| 公安部副部长 | 胡之光<br>(1991年11月免) |
| 副部长 | 蒋先进<br>(1991年11月任) |
| 财政部副部长 | 刘积斌 |
| 劳动部副部长 | 李沛瑶 |
| 能源部副部长 | 陆佑楣 |
| 冶金工业部副部长 | 徐大铨 |
| 化学工业部副部长 | 林殷才 |
| 轻工业部副部长 | 于 珍 |
| 铁道部副部长 | 傅志寰 |
| 交通部副部长 | 王展意 |
| 水利部副部长 | 王守强 |
| 商业部副部长 | 何济海 |
| 对外经济贸易部部长助理 | 刘 岩<br>(1991年11月免) |
| 对外经济贸易部部长助理 | 李国华<br>(1991年11月任) |
| 物资部副部长 | 桓玉珊 |
| 文化部副部长 | 高占祥 |
| 广播电影电视部副部长 | 马庆雄 |
| 国家体育运动委员会副主任 | 徐寅生 |
| 国家工商管理局局长 | 刘敏学 |
| 国家旅游局副局长 | 何光暐 |
| 中国民航局副局长 | 管 德 |
| 国家医药管理局局长 | 齐谋甲 |
| 国家宗教事务管理局副局长 | 宛耀宾 |
| 人民日报社副总编辑 | 李仁臣 |
| 全国总工会副主席 | 李容光 |
| 共青团中央书记处书记 | 张宝顺 |
| 全国妇联副主席 | 黄启璪 |
| 中国人民解放军武警部队后勤部部长 | 王国忠 |
| 中国人民解放军总后勤部卫生部部长 | 张立平 |
| 北京市副市长 | 何鲁丽 |
| 全国爱卫会办公室副主任 | 朱庆生 |

全国爱卫会办公室：

主　任：陈敏章

副主任：朱庆生

　　　　刘玉良

（董继成　陶金）

**【全国爱卫会第九次委员会扩大会议暨全国城市卫生检查评比表彰会】**

全国爱卫会第九次委员会扩大会议暨全国城市卫生检查评比表彰会于1991年1月27日在北京召开。会议总结全国爱卫会第八次委员会扩大会议以来的工作，讨论《全国爱国卫生工作十年规划和“八五”计划》，表彰1990年全国“十佳卫生城市”和“卫生城市”，部署今后爱国卫生工作的任务。国务委员、全国爱卫会主任李铁映同志在会上做了讲话。他指出，今后农村爱国卫生工作的重点是抓好改水、改厕问题，城市爱国卫生工作的重点首先抓四件事：垃圾、厕所、窗口单位卫生和灭鼠问题。城市卫生检查评比每逢双号年组织大查，单号年抽查。他要求全国455个城市的市长亲自抓好爱国卫生工作，全国2 000多个县的县长亲自研究解决农村改水问题；把爱国卫生工作规划列入省、市“八五”计划和十年规划，对于垃圾、污水、厕所、改水、灭鼠等方面的问题，依靠人民群众参与，依靠科学技术解决。

全国爱卫会副主任、卫生部部长陈敏章同志总结全国城市卫生检查评比活动的特点：①党政领导高度重视，主管领导亲自抓“创建”活动；②广大群众以主人翁的态度，视“创建”活动为己任；③宣传发动深入广泛，形成强大社会舆论；④社会大动员、大协作，共同为“创建”卫生城市作贡献；⑤城市卫生管理法规得到加强，建立和完善了规章制度。

（徐惠民）

**【第二次全国农村改水工作会议】**

第二次全国农村改水工作会议于1991年12月4～6日在北京召开。各省、自治区、直辖市、计划单列市及有关部委的领导同志，爱卫会办公室、改水办公室的负责同志及农村改水先进单位、先进工作者共250人参加了会议。国务委员李铁映、全国人大常委会副委员长廖汉生、国务院副秘书长徐志坚及全国爱卫会各位副主任、委员出席了会议。

全国爱卫会副主任、卫生部部长陈敏章在会上作了题为“认真总结经验，继续发动群众，努力完成‘八五’农村改水任务”的工作报告。报告指出，我国农村改水工作的基本经验是：领导重视，纳入规划；爱卫会协调，部门支持；民办公助，多方集资；依靠科学，分类指导；以水养水，综合管理。“八五”期间农村改水工作的指导思想和重点是：积极发展，补充完善，强化管理，提高质量。以改水带动环境卫生建设和健康教育普及同步发展，突破难点，向贫困地区进军；以集中供水为主要方向，全面推动农村改水工作。到1995年底，增加改水受益人口1.1亿人，使农村生活饮用水改水受益人口达到85%；增加饮用自来水人口5 500万人，使自来水普及率达到农村人口的35%。

会议还听取了湖北、江苏、山西、广东、浙江、四川等省及山东省曲阜市的领导同志关于“七五”期间农村改水工作的成绩和经验的汇报；宣布了《全国爱卫会关于表彰农村改水先进单位、先进工作者的决定》。

（郑幼德）

**【“七五”期间农村改水成绩】**

1. 受益人口大幅度增长，农村自来水建设发展迅速。“七五”期间，全国增加改水受益人口27 632万人，其中14 973万农村人口吃上了自来水，比“六五”末改水受益人口增加65%，饮用自来水的农村人口增加1.18倍。河北、江苏、山东、河南、广东5省在“七五”期间增加的饮用自来水人口均超过1 000万人。全国有18个省、自治区、直辖市及9个计划单列市完成了“七五”改水规划的自来水普及率指标。10年来，在88 238万农村人口中，改水受益人口已达66 572万人，占农村人口的75.4%，其中饮用自来水的人口达到27 127万人，占农村人口的

30.7%。全国已有210个县及市辖郊区，农村自来水普及率达到80%以上。

2.饮用水质不断提高，肠道传染病及氟中毒等地方病发病率显著下降。农村兴建自来水，改变了我国农村长期以来直接饮用地表水、土井水和涝坝水的状况，有效控制了农村水源性疾病的传播，提高了农民群众的健康水平。在1991年的洪涝灾害中，农村改水工程发挥了重大作用。由于重视了饮水消毒和其它综合性措施，大灾之年没有发生大疫。湖北省荆州、孝感、咸宁3个重灾地区，1991年伤寒、肝炎的发病率比1990年同期分别下降47.2%和65.5%。

3.节省农村劳动力，改善农民生活，促进乡镇经济发展。取得农村改水成效后，农民节省了由于远距离担水、驮水所用的劳力和时间，发展庭院经济、家庭养殖，方便生活，增加收入。农村有了基本符合卫生标准的自来水，改善了乡镇企业的投资环境。集体兴办的饮食业、食品加工、豆腐坊、饮料厂以及用水量较大的农副业，迅速得到发展。农村改水也加强了预防手段，改善了环境卫生，为农民提供了讲卫生的条件，增强了农民的健康意识，提高了农民群众的自我保健能力。

4.加强国际合作，提高了我国农村改水的工作水平。“七五”期间，我国的农村改水工作得到联合国开发计划署、世界卫生组织、世界银行、世界粮食计划署、联合国儿童基金会、欧洲共同体、德国技术合作公司等国际组织的援助。四川、陕西、浙江、辽宁、北京等5省、市的25个县，使用世界银行贷款，建成了2 805项供水工程，使5 503个村的725万农村人口吃上了自来水。通过使用贷款及双边合作，借鉴国际饮水供应的先进技术和科学管理方法，运用于我国农村的改水实践，使国际合作项目发挥了示范作用，我国农村改水工作逐步向较高层次发展。

（郑幼德）

**【中国农村改水技术中心成立】**

1991年11月4日中国农村改水技术中心（以下简称“改水中心”）成立。该中心是全国爱国卫生运动委员会直属的国家农村改水、水环境卫生和健康教育的中心技术业务机构。

改水中心的基本任务与职能是：负责组织、协调国内相关专业机构和专家进行国家农村改水技术业务活动。由各学科专家组成的专家委员会为国家农村改水发展战略提供咨询服务；负责农村供水、环境卫生工程的技术审定；组织相关学科课题的科学研究和成果推广，承担国际合作项目的技术业务工作。对国际国内高、中级农村供水、水环境卫生，健康教育管理人员进行专业技术培训；开展农村供水设施营运人员的技术教育；组织、制作、发行专业教材和宣传品；组织国际国内农村供水技术信息网络，开展国际交流。

改水中心内设工程技术、培训教育、水与环境，教材制作，计算机中心等五方面技术部门，配有相应的现代化技术装备和附属设施。

（刘　广）

**【南宁等市除“四害”工作达标】**

1991年南宁、西宁、南昌、厦门市和胜利油田的灭鼠工作，成都和深圳市的灭蝇工作，青岛市的灭蟑螂工作，吉林市的“除四害”工作，分别达到了全国灭鼠先进市、灭蝇先进市、灭蟑螂先进市和除“四害”先进市的标准，通过了全国爱卫会的考核鉴定（结果见表1～4）。

上述城市和单位除“四害”工作的共同特点是：领导重视，组织得力，规划科学，目标明确，分级管理，责任到人；并经过专家组调查和论证，提出具体防治方案，做好技术指导和“四害”密度监测工作；同时发挥爱卫会的统筹协调作用，广泛发动群众，综合治理，科学除害。经过2～3年的努力，实现达标。

（曲儒增）

表1　四城市、一单位鼠密度（粉迹法）统计表

| | 南宁 | 西宁 | 南昌 | 厦门 | 胜利油田 |
|---|---|---|---|---|---|
| 灭鼠密度(%) | 44.7 | 35.38 | 38.13 | 18.4（夹夜法） | 90.0 |
| 灭后密度(%) | 1.71 | 0.1 | 1.29 | 0.96（夹夜法） | 2.4 |

表2　成都、深圳灭蝇效果统计表

| | 阳性房间(%) | 蝇密度(只/间) | 幼虫孳生阳性率(%) |
|---|---|---|---|
| 成都 | 0.16 | 1.9 | 0.31 |
| 深圳 | 2.9 | 1.87 | 1.68 |

表3　青岛市灭蟑结果统计表

| | 侵害率(%) | 密度(只/间) | 特殊行业 | |
|---|---|---|---|---|
| | | | 侵害率(%) | 密度(只/间) |
| 自检结果 | 1.31 | 2.13 | 0.92 | 4.38 |
| 全国考核结果 | 0.29 | 1.7 | 0.19 | 2.7 |

表4　吉林市除四害达标情况统计表

| | 灭鼠 | 灭蝇 | | 灭蚊 | | 蟑螂 | 臭虫 |
|---|---|---|---|---|---|---|---|
| | | 成蝇 | 幼虫 | 成蝇 | 幼虫 | 侵害率 | 侵害率 |
| 密度(%) | 0.66 | 0.71 | 1.26 | 0.12 | 0.95 | 0.12 | 0 |

**【卫生车站、港口、机场及其交通工具的卫生考核鉴定工作】**

1991年全国爱卫会对11个火车站、5个港口、6个机场、12列旅客列车、8艘客轮、8架客机共50个申报单位进行了卫生检查考核，考核结果全部达到了全国卫生车站、港口、机场、旅客列车、客轮、客机标准，全国爱卫会、铁道部、交通部、民航局联合给予命名和表彰。名单如下：

**一、全国卫生车站**(11个)

广州火车站　上海火车站　天津火车站　长春火车站　太原火车站　兰州火车站　齐齐哈尔火车站　西安火车站　成都火车站　南京火车站　桂林火车站

**二、全国卫生旅客列车**(12列)

1/2次(广州铁路局)

5/6次(柳州铁路局)

11/12次(沈阳铁路局)

13/14次(上海铁路局)

17/18次(哈尔滨铁路局)

21/22次(北京铁路局)

65/66次(上海铁路局)

69/70次(乌鲁木齐铁路局)

89/90次(呼和浩特铁路局)

239/240次(济南铁路局)

251/252次(郑州铁路局)

265/266次(济南铁路局)

**三、全国卫生港口**(5个)

大连港　天津港　宁波港　蛇口港　湛江港

**四、全国卫生客轮**(8艘)

马兰轮(广州海运局)

上海轮(上海海运局)

天河轮(大连轮船公司)

龙客204号轮(黑龙江航运局)

江汉17号轮(武汉轮船公司)

芜湖130号轮(芜湖轮船公司)

海兴轮(上海海运局)

鉴真轮(上海远洋公司)

**五、全国卫生机场**(6个)

天津张贵庄机场　乌鲁木齐地窝铺机场　北京首都国际机场　沈阳桃仙机场

呼和浩特白塔机场　青岛流亭机场

**六、全国卫生客机**(8架)

中国北方航空公司2架(2134号—MD82型，2136号—MD82型)

中国东方航空公司2架(2308号—A300型，2135号—MD82型)

中国西南航空公司1架(2519号—B737型)

中国国际航空公司3架(2508号—B737型，2555号—B767型，2458号—B747型)

**【城市粪便处理与利用研究】**

“七五”期间，广大卫生与工程技术人员围绕日益突出的城镇粪便出路问题，深入实际，以粪便卫生处理与利用为重点开展流行病调查和应用科学研究，研制了粪便无害化卫生标准和城市厕所三级标准，总结了一批

较为成熟的城镇粪便卫生处理适宜技术，指导应用于实践，取得较好的社会卫生经济效益。

全国爱国卫生运动委员会办公室组织江西省和九江市浔阳区卫生防疫站、中国预防医学科学院环境卫生研究所、九江市环境卫生处、九江市茅山头畜牧水产场、广东省卫生防疫站等单位，共同开展了未经处理粪便污水用于农渔业的卫生学现状调查和厌氧发酵——生物稳定塘系统处理城市粪便设施及卫生评价的课题研究。该研究从1987年底开始，于1991年初结束。部分地区课题调查证实，直接与生粪接触的农业人口中寄生虫感染率为55%～92%，广东省局部地区食生鱼者肝吸虫感染率100%。江西省九江市粪便处理设施即厌氧发酵——生物稳定塘系统采用高温灭菌杀卵、中温消解发酵、生物稳定塘和鱼塘养殖为一体的工艺流程，工程规模为10立方米/日粪便，约占全市公厕粪便收集量的1/3，解决了约1万人的粪便出路问题。经一年现场监测和养鱼试验，其技术指标分别达到了粪便无害化标准和污水综合排放一级标准。WHO西太区环境与健康研究中心主任郭鸿铭教授曾实地考察指导并给予专项资助。

1991年6月该课题通过专家鉴定。认为该厌氧发酵——生物稳定塘系统工程优化组合了国内外技术，工艺路线较先进合理，具有基建投资低、运输费用省、易于管理等特点，获得了良好的卫生经济综合效益。此项技术为我国同类地区(南方水网生粪养鱼地区)粪便卫生处理和资源再利用工作提供了新的经验，具有推广应用价值。　（董继成）

**【下发《关于认真搞好城乡各类学校厕所和供水设施卫生建设的通知》】**

1991年10月12日，全国爱国卫生运动委员会、国家教育委员会、卫生部联合下发了《关于认真搞好城乡各类学校厕所与供水设施卫生建设的通知》。通知要求：

1. 加强领导。各级政府和爱卫会、教委、卫生部门要贯彻李铁映主任指示和国务院《关于加强爱国卫生工作的决定》，切实把学校改厕和饮水卫生作为预防工作的一项重要内容，列入工作日程，提出任务要求和措施，认真督促落实。

2. 制订计划。各地要结合实际制订学校改厕改水长、短期计划，纳入社会发展计划，并与校舍危房改造和改善办学条件等工作统筹规划，安排落实。各级政府要给予必要的资金、物资保证，并动员全社会给予关心支持，多渠道筹集资金。洪涝灾区学校的改厕改水工作要列为救灾防病重建家园的内容。力争在几年内，城乡各类学校都要普及卫生厕所和安全卫生水。

3. 加强技术指导。卫生厕所要做到有顶有墙，有防蝇和通风设施，无蝇蛆无臭味，储粪池有盖且不渗漏，粪便经无害化处理后排放。厕所与食堂、水源、教室要有卫生防护距离。当地有自来水厂的要优先给学校供水，其他地方的学校要根据条件建设自备水井、手压机井等供水设施。应配有排水暗沟，防止蚊蝇孳生和污染环境。卫生部门要定期监测学校饮水卫生。各地爱卫会办公室和卫生部门要加强改厕改水技术指导，因地制宜，保证施工质量，健全专人负责保洁制度等。

4. 加强健康教育。各地要抓好学校健康教育和各种形式的卫生知识普及活动，组织学生开展爱护校园设施、净化美化校园活动，增强学生的卫生意识和自我保健能力。

5. 总结经验。各地要及时研究、解决学校改厕改水工作存在的问题，不断总结经验，推动工作的开展。　（董继成）

**【低造价农村供水与环境卫生项目】**

低造价农村供水与环境卫生（CPR188/011）项目是由联合国开发计划署提供49.4万美元无偿援助的低造价供水与环境卫生项目。本项目始于1988年8月，实施期限为3年，1991年8月结束。项目地区为新疆和内蒙古自治区。项目目标是兴建400眼配有深层手动泵的水井；120个通风改良式厕所；培养兴建手动泵供水的能力；培训地方人员。经过两年多的努力，提前并超额完成了所有项目目标。有3个厂家能生产高质量的深井手动泵，467人得到培训，69 628人饮上安全卫生水，并解决了172 995头牲畜的饮水问题。通过本项目的实施，建立了从自治区到村级管水员自上而下的管理系统，结束了项目地区农村饮水的落后状况，改善了卫生条件，降低了疾病发病率。

（雷　俊）

**【《全国爱国卫生工作十年规划及“八五”计划纲要》】**

1991年全国爱卫会制订了《全国爱国卫生工作十年规划及“八五”计划纲要》，经李铁映主任和国务院有关领导批准，下发执行。《计划纲要》主要内容如下：

1.主要任务　①积极开展创建国家卫生城市和卫生单位活动，大力提高城市卫生水平；②加强健康教育工作，不断提高健康教育普及率，使城乡居民养成良好的卫生习惯，大大增强自我保健能力；③加强卫生基本设施建设，城乡居民都能享有便利的卫生基本设施，基本普及安全卫生饮水，改善生活居住卫生质量；④广泛开展除“四害”活动，努力降低“四害”密度到不足为害的程度，提高人群健康水平；⑤开展除“四害”、废物处理与利用和农村环境卫生的应用科学研究。

2.重要工作指标　①卫生城市达标率：1995年为15%～20%，2000年为25%～30%，其中国家卫生城市到2000年为3%；卫生单位达标率：1995年为20%～25%，2000年为30%～40%；②健康教育人员和机构：健康教育专业人员1995年为30人/百万，2000年为50人/百万；1995年所有省（区、市）、单列市和60%的其余城市、县建立健康教育机构，到2000年城市和县的健康教育机构普及分别为90%、75%～80%；③健康教育普及率：中小学健康教育开课率，城市1995年60%，2000年100%；农村1995年30%～50%，2000年80%以上；卫生知识普及率，城市1995年50%～70%，2000年80%，农村1995年30%～60%，2000年40%～80%；健康行为形成率：城市1995年60%～70%，2000年90%，农村1995年30%～50%，2000年50%以上；人群吸烟率：1995年控制在62%，2000年降为55%左右；④农村改水受益人口率：1995年为85%，其中饮用自来水人口占30%～40%，2000年分别是90%、35%～50%；饮水卫生合格率：1995年35%～50%，2000年为45%～60%；⑤城市生活垃圾无害化处理率：1995年5%～10%，2000年为15%～25%；⑥城市生活污水处理率：1995年10%～20%，2000年为20%～35%；⑦城市厕所（主要是水冲式）卫生达标率：所有大、中城市和旅游区、特区、经济开发区，1995年60%～80%，2000年为70%～85%；其他城市、镇1995年20%～40%，2000年为50%～70%；城乡各类学校都要普及符合卫生要求的厕所。⑧农村卫生厕所普及率：1995年20%～50%，2000年为35%～80%；积极开展农村人畜粪便无害化处理；⑨卫生先进村镇、乡达标率：1995年10%～15%和3%～6%，2000年为15%～25%和8%～10%；⑩灭鼠先进市、县达标率：1995年30%和10%，2000年为40%～50%和15%～20%；达标后巩固率城市为50%～60%，农村为30%～35%；灭蝇、蚊、蟑螂先进市（城区）达标率：1995年分别为1.5%～2.5%，2000年分别为3%～4%；⑪法定报告传染病发病率每五年递降率：1995年比1990年下降10%～20%，2000年再下降10%～15%；⑫除“四害”、废物处理和农村环境卫生应用科研：今后十年要出现一批达到国内外先进水平的科研成果，力争完成数十个部委级成果。

（董继成）

# 妇幼卫生

**【1991年妇幼卫生工作】**

1991年，妇幼卫生工作在“儿童优先”、“母亲安全”的国际环境中，在党的基本路线指引下，取得了显著进展。

1. 落实总理承诺，积极参与国家规划的制定。1991年3月18日，李鹏总理代表中国政府正式签署了1990年9月世界儿童问题首脑会议通过的《儿童生存、保护和发展世界宣言》和《90年代行动计划》，从而对中国的儿童事业作出了庄严的政治承诺。这项承诺包括：在1990年至2000年间，使婴儿死亡率和五岁以下儿童死亡率降低1/3、使孕产妇死亡率降低一半、使5岁以下儿童中度和重度营养不良减少一半等7项主要目标和25项支持性目标。卫生部妇幼司根据我国政府新承诺的妇女儿童健康目标，根据中共中央十三届七中全会提出的“有步骤地推动预防保健事业的发展，加强妇幼保健工作”、七届人大四次会议通过的《国民经济和社会发展十年规划和第八个五年计划纲要》提出的“健全预防保健机构，加强妇幼保健、卫生检疫、卫生监督和严重危害人民健康的重大疾病的监测与防治”以及卫生部《中国卫生发展与改革纲要1991～2000（讨论稿）》和《卫生事业第八个五年计划及2000年规划设想》，结合我国妇幼卫生事业发展现状，编制了《妇幼卫生工作“八五”计划及2000年目标（讨论稿）》。

1991年5月9～12日，在厦门市召开了全国妇幼卫生暨合作项目工作会议。李鹏总理为会议题词：“关心妇幼保健，努力提高人口素质”。会议认真总结了改革开放以来我国妇幼卫生工作所取得的成就和经验、现状与需求；研究了我国“八五”期间和今后十年妇幼卫生工作规划和实现李鹏总理承诺的各项目标的策略与措施。这次会议受到了国内外的广泛关注，被国际组织誉为儿童问题世界首脑会议之后，中国政府第一次重大的后续行动。各省（市）政府领导对此会给予了足够的重视。截至12月初，全国已有22个省召开了妇幼卫生及合作项目工作会议，传达李鹏总理题词和厦门会议精神，省政府领导莅临会议并亲自指示部署省、市的妇幼卫生工作，各市（地）、县相继传达了全国、省妇幼卫生工作会议精神，认真抓好各项目标的落实工作。

厦门会议推动了全国妇幼卫生工作的开展，起到了振奋精神，明确目标，稳定全局，增强信心的作用。

6月，卫生部妇幼司参加了由国务院妇女儿童工作协调委员会牵头，国家计委、财政部、教委、卫生部、经贸部、全国妇联等有关部委及群众团体共同制定的《90年代中国儿童发展规划纲要》的起草工作并完成了卫生部实施这一纲要的方案的编制任务。

2. 端正服务方向，不断深化改革。在总结全国各地开展妇幼保健保偿责任制经验基础上，1990年以卫妇发（90）第6号文肯定了妇幼保健保偿责任制这一改革的重大成果，决定根据各地具体情况有计划地在全国推行。山西、吉林、桂林等省（市）召开了实行妇幼保健保偿责任制的经验交流会。吉林省人民政府发布了《吉林省妇女儿童保健保偿管理办法》。在充分调查研究、反复征求各地意见的基础上，卫生部妇幼司完成了《全国妇幼卫生保健保偿管理办法》的起草工作。

根据卫生部卫妇发（90）第5号文件精神，到1991年10月底止，已有11个省按照卫生部要求，对妇幼保健院的职能、级别、内设机构等进行了调整，并拟定了“八五”期间进一步调整的详细计划。

1991年在继续探索、总结妇幼卫生体制改革经验的基础上，认真剖析研究了吉林省磐石县、安徽省金寨县妇幼卫生工作的经验和基层管理形式，认为两县的经验对于全国广大农村具有普遍指导意义。卫生部向全国通报表彰了磐石县、金寨县的妇幼保健和计划生育技术服务一条龙不搞重复建设的经验。为全国尤其是“老少边穷”地区在现阶段经济发展水平还不高的条件下，如何抓好妇幼卫生工作，保护妇女儿童的健康，落实计划生育、优生优育基本国策树立了典范。

3.妇幼卫生专业建设取得进展。继西安、同济、上海、北京医科大学开办妇幼卫生专业之后，国家教委1991年又正式批准华西、白求恩医科大学开办妇幼卫生专业，完成了全国妇幼卫生专业布点工作。5月中旬在成都市召开的妇幼卫生专业讨论会，进一步统一了对于妇幼卫生专业建设的认识，明确了妇幼卫生专业的办学方向、培养目标、教学方法、教学计划及课程设置。11月下旬又在武汉市召开了六校参加的会议，对妇幼卫生专业课程的基本要求、教学计划及教学大纲又进行了深入的研究，并对主要专业课教学大纲的编写工作明确了分工。

4.妇幼卫生领域中的对外合作进一步扩大，现有合作项目进展顺利

(1) 圆满完成了加强中国基层妇幼卫生·计划生育服务合作项目中的第一轮逐级扩展培训工作。一共培训9000多名乡（镇）级妇幼卫生专业人员和12万名乡村医生和村级妇幼人员，训练了省、地（市）、县级妇幼卫生专业的师资队伍。第二轮培训已进入实质性准备阶段。

(2) 妇幼卫生信息管理中的常规报告系统已结束了第一阶段现场预试、审评和修改工作，即将投入第二阶段扩大预试。项目基础调查初步分析工作已完成，其分析结果已用于全国妇幼卫生暨合作项目工作会议和项目的管理工作之中。外部审评工作进行顺利并为项目决策提供了有价值的反馈信息。

(3) 本周期合作项目中，开展了必须在项目县进行、在贫困地区有推广价值的指令性与指导性的应用科研工作。1991年完成了第一批课题的招标、评标和定标任务。经过反复修改论证，部分研究已经开题实施。根据基础调查结果和针对各地妇女儿童主要健康问题确定的指令性课题设计也在陆续完成。

(4) 为300个项目县提供的300辆汽车和价值330万美元的23种医疗设备按计划到货并已投入实际运用。为受灾的14个项目县提供了33.7美元的药品和设备。同时，加强了装备的使用管理和维修服务工作，项目设备管理制度进一步完善。

(5) 与WHO合作的儿童急性呼吸道感染防治项目已扩展到12个省31个县，引进了快速审评方法，在与儿童基金会合作项目中期审评中，又新建立了母乳喂养合作项目；与人口基金的合作扩展到优生领域，拟建立精神发育迟滞研究与防治方案等项目；世界银行贷款卫生Ⅰ项目中的妇幼卫生服务研究课题已完成；卫生Ⅲ项目在基础调查培训方面取得了一定成绩。

（王凤兰）

**【卫生部通报表彰金寨县、磐石县的妇幼卫生工作】**

安徽省金寨县、吉林省磐石县地处山区、半山区，经济条件较差。金寨县还是全国重点贫困县和地方病高发区之一。两县政府在抓改革开放、抓经济建设的同时，对妇幼卫

生工作给予了高度重视，从组织领导、机构建设、经费投入、措施落实等方面加以保证，成绩突出。

1991年4月27日，卫生部办公厅通报表彰了安徽省金寨县、吉林省磐石县的妇幼卫生工作。在同年5月9日召开的全国妇幼卫生暨合作项目工作会议上，金寨县、磐石县人民政府主管县长到会作了经验介绍。

他们的主要经验，一是县政府把妇幼卫生作为政府的一项职责和社会综合工程来抓，协调政府有关部门，动员社会参与，把妇幼卫生指标纳入当地经济和社会发展的总体规划和县、乡、村干部的任期责任制，始终把妇幼卫生和计划生育摆在非常重要的地位，常抓不懈，抓出成效。二是健全妇幼卫生网络，形成了以县保健所为中心、乡卫生院为枢纽、村卫生室为基础的三级妇幼卫生网，做到人员、房屋、设备三配套，任务明确，责任到人。金寨县还结合本县实际，实行计划生育技术服务、优生优育、妇幼保健一套人马，归口统一管理的体制，有效地利用了卫生资源，并在控制人口数量，提高人口素质方面取得明显效果，受到国务院领导同志好评。三是全面实行系列保健保偿责任制，既提高了群众自我保健意识和参与保健的主动性，又增强了基层妇幼保健人员的责任心，提高了服务工作质量，使妇幼卫生工作落到实处。四是重视科学管理，妇幼卫生工作水平不断提高。孕产妇死亡率、婴儿死亡率、人口出生率、病残儿出生率等指标均控制在较低水平。

金寨和磐石的实践证明，只要政府领导重视，各部门合作，全社会参与，从本地的实际情况出发，合理利用有限的卫生资源，贫困地区也能改变卫生落后面貌，进而摘掉“越穷越生、越生越穷”的帽子，使经济建设和社会发展进入良性循环。

（施妈麟）

**【全国妇幼卫生暨合作项目工作会议】**

全国妇幼卫生暨合作项目工作会议于1991年5月9～13日在厦门市召开。这次会议的议题是：总结改革开放以来我国妇幼卫生工作的主要成就和基本经验，分析研究我国妇幼卫生工作的现状与需求；研究落实“八五”期间和今后十年妇幼卫生工作规划以及李鹏总理承诺的各项目标；总结交流妇幼卫生合作项目工作经验，部署迎接中期审评的有关事项。5月1日，李鹏总理为会议题词“关心妇幼保健，努力提高人口素质”，使与会同志深受鼓舞和激励。参加这次会议的有：国务院妇女儿童工作协调委员会副主任，《加强中国基层妇幼卫生·计划生育服务》合作项目省级协调领导小组组长即省级主管省长、秘书长及主管市长，各省、自治区、直辖市、计划单列市卫生厅（局）长、妇幼处处长，联合国儿童基金会、联合国人口基金驻华代表、项目官员，全国妇幼卫生专家咨询委员会主任、副主任委员，妇幼卫生合作项目区域专家组组长即部属六校校长、专家，国务院秘书局，有关部委、妇联、工会、学术团体及新闻单位的代表共计180多人。

会议认为，在过去十年中妇幼卫生事业取得了显著进步。作为卫生工作重要组成部分的妇幼卫生工作正在越来越受到人们的重视，确立了它应有的社会地位。对外开放和“母亲安全”、“儿童优先”的世界潮流促进了我国妇幼卫生工作在自力更生基础上的发展。妇幼卫生战线不仅在提供计划生育技术服务方面做了大量的工作，同时，“控制人口数量，提高人口素质”的计划生育基本国策也从根本上支持和促进了妇幼卫生事业。我国的妇幼卫生队伍不断加强，服务领域不断扩大，服务水平进一步提高，妇女儿童健康状况明显改善。会议认为，“八五”期间和今后十年，我国妇幼卫生工作的根本任务是为实现我国政府承诺的世界儿童问题首脑会议提出的儿童生存、保护和发展目标服务，并继续为贯彻落实“控制人口数量、提高人口素质”，少生、优生、优育的基本国策作出贡献。

会议认为，要实现世界儿童宣言所确定的目标，今后要重点做到以下几点：①各级政府要加强对妇幼卫生工作的领导，认真落实我国政府的承诺；②采取切实措施，调整卫生资源的内部分配，增加对妇幼卫生的投入；③坚定不移地执行计划生育基本国策，做好计划生育的技术指导工作；④建立起具有中国特色的与社会发展相适应的妇幼卫生服务体系；⑤采取分级分类指导原则，努力提高妇幼卫生服务。

会议要求各省结合省情制定本省的“2000年儿童生存、保护和发展规划”和“八五”计划，将其做为全省经济与社会事业发展规划和“八五”计划的组成部分，具体组织实施。

（张焕春　刘　冰）

**【我国高等医学院校设立妇幼卫生系】**

我国第一个高等医学院校妇幼卫生系，于1991年11月5日在武汉同济医科大学成立。该校于1985年经国家教育委员会和卫生部批准，率先试办了妇幼卫生专业，当年招收本科生30名，学制5年。经过7年时间的努力，在师资队伍、教学设备、科研力量等方面均已初具规模，并已培养出两届妇幼卫生专业本科毕业生。

与此同时，还有5所医学院校经国家教委和卫生部批准，试办了妇幼卫生本科专业。他们是：西安、北京、上海、白求恩、华西医科大学。

在同济医科大学妇幼卫生系成立的同时，由国家教委和卫生部妇幼司主持召开的全国妇幼卫生专业课程基本要求讨论会也在该校结束。会议历时3天，重点讨论修改了国家教委高教司委托同济医科大学起草的《妇幼卫生本科专业课程基本要求》。这个“基本要求”报经国家教委和卫生部审定后，将成为国家教育部门指导、监测、评价妇幼卫生专业教育活动，以确保达到其培养目标的主要依据。

参加会议的有上述6所卫生部部属医学院校主管妇幼卫生专业的校长、教务处长、妇幼卫生专业负责人、卫生部和国家教委的代表、联合国儿童基金会驻华官员以及特邀专家等共34人。与会代表还讨论了妇幼卫生专业教学计划的总体框架，初步确定了公共课程、医学基础、临床课程、专业课程四大部分在总学时中所占的大致比例，以及理论教学与实践活动、临床实习与妇幼卫生专业实习各占的学时比例。会议进一步强调，妇幼卫生专业教育必须坚持社会主义方向，努力适应我国妇幼卫生事业发展的实际需求，坚持在各个教学环节中贯彻“预防为主”的方针，使学生有机会尽早接触社会、接触妇幼卫生的实际工作，并要求有关医科大学在“基本要求”的原则指导下，充分发挥自己的特长与优势，积极探索妇幼卫生专业教育的发展道路。

至此，我国妇幼卫生专业建设再次获得实质性进展。下一阶段将由国家教委和卫生部组织编写妇幼卫生专业课程教学大纲。

（刘运国）

**【与WHO建立“精神发育迟滞预防和康复”项目】**

据我国1982年到1990年11个省（市）160万人群的调查，精神发育迟滞患病率城市为0.7%，农村为1.4%。另据1987年全国残疾人调查，我国五类残疾者共约5 164万人，其中，智力残疾有1 017万人。重度精神发育迟滞为个人、家庭和社会带来沉重负担。

为加强精神发育迟滞的预防和康复，在经贸部的支持下，在我国“七五”期间有关精神发育迟滞流行病学调查的基础上，卫生部与WHO人口基金驻华代表处合作建立“精神发育迟滞预防和康复”项目。旨在通过该项目的实施，进一步摸清被调查区域内精神发育迟滞的发病原因、类型、频率；制定便于推广应用的诊断和评价的通用方法；建立《精神发育迟滞预防和康复》的模式。1991年10月17～29日，WHO邀请的国外专家与我国有关方面的专家共同设计形成了项目文件，该项目将从1991年开始执行，1994年结束。

（夏雪红）

**【纪念杨崇瑞博士诞辰一百周年】**

1991年是我国著名的妇产科专家，教育家，近代妇幼卫生、助产教育的主要创业者杨崇瑞博士诞辰100周年。杨崇瑞博士20年代创办了我国第一所助产学校，并确定了“牺牲精神，造福人群”的校训，相继培养了大批妇幼卫生人才。30年代初，她为了减少妇女多次生育给妇女儿童生命和健康带来的威胁，积极倡导节制生育。40年代，她曾应聘任联合国卫生组织妇幼卫生组副组长，当她得知新中国成立，便毅然辞去上述任职回国，参加社会主义建设，受到毛主席、周总理的接见。她曾任中央卫生部妇幼卫生局第一任局长，在改造旧接生婆、推行科学接生和科学育儿，培养妇幼卫生人才，防治严重危害妇女儿童健康的疾病方面，做了大量卓有成效的工作。曾任全国政协第三、四、五届委员。根据她的遗愿，把她终身积蓄的69 000元人民币和她的书籍杂志全部捐赠给国家。

为了大力宣传杨崇瑞同志的高尚思想品德，卫生部、北京市卫生局、杨崇瑞基金会、国立第一助产学校校友会于1991年9月6日上午在人民大会堂联合召开了杨崇瑞博士诞辰100周年纪念大会，全国人大副委员长陈慕华、雷洁琼，各有关单位领导，联合国儿童基金会和世界卫生组织驻华机构的代表，杨崇瑞博士的生前好友、学生及在京的妇幼卫生工作者约500人出席了大会。陈敏章部长在大会上发表了讲话，号召卫生系统学习杨崇瑞博士热爱党、热爱祖国、热爱人民、热爱社会主义的高尚品德，对事业执意追求，坚贞不渝的奉献精神、献身于实现四化、振兴中华的宏伟事业。大会还为第一批杨崇瑞基金获得者颁发了证书和奖金。

（张焕春　刘　冰）

## “加强中国基层妇幼卫生·计划生育服务”项目工作

**【12万乡村卫生人员接受妇幼卫生岗位培训】**

“加强中国基层妇幼卫生·计划生育服务”项目在1991年上半年开展了大规模的妇幼卫生基层岗位培训。培训工作覆盖全国300个项目县，1亿多人口，共有12万名各类乡村卫生人员接受了培训。培训按照统一计划进行，使用统编教材，统一的方法。根据事先的需求评估，选择了乡村卫生人员急需的五项妇幼卫生基本知识，即：孕产期保健、计划生育、母乳喂养、小儿腹泻以及婴幼儿急性呼吸道感染管理。采用乡村人员通俗易懂的语言，配以插图、图表等编成教材，并经过预试验，反复修改，使之更适于基层人员应用。

培训由5所医科大学（同济、华西、西安、北京和白求恩医科大学）的妇幼卫生区域专家组牵头，通过省（自治区）、地（市）、县各级师资，逐级扩展培训，最终把上述内容传授到乡村卫生人员手中。为了确保培训质量，各级师资普遍接受了培训方法学的训练。培训中采用参与性的教学方法以调动广大学员的积极性，例如：案例研究、小组讨论、角色扮演、示教、实习和培训前后评估问卷等，从而提高了培训效果。

各级政府对培训工作极为重视，从人、财、物诸方面给予了有力的支持。由于培训内容重点突出，方法生动灵活，广大基层人员学习后即可应用于实践，因此受到了广大乡村卫生人员的欢迎。

（秦晓春）

**【合作项目引进车辆、装备到货并投入使用】**

本周期妇幼卫生合作项目的300个项目县分布在我国27个省、自治区的“老少边穷”地区。这些项目县大多地处山区，服务半径大，交通不便，妇幼卫生服务条件差，缺乏必要的医疗保健设备和交通工具，孕产妇和婴儿死亡率高。为了保证项目工作顺利执行，完成项目规定的各项目标，1990年合作项目开始执行以后，首先用第一年度的受援设备经费为300个项目县引进了300辆交通工具，用于妇幼卫生专业人员下基层指导工作和转送危重孕产妇、婴幼患儿；1991年又根据项目工作需要，为项目县装备了婴儿培养箱、新生儿抢救台、多普勒胎心监测仪、X光机、心电图机、二氧化碳激光治疗仪、幻灯机、录放机、收录机、彩色电视机、投影仪等21种设备，用于开展妇幼保健、专业培训、群体健康教育等妇幼卫生工作，为项目县解决了开展妇幼卫生工作的急需设备，改善了服务条件，提高了服务能力。这些设备到货后由专人负责管理，已很快投入使用，直接为项目活动服务。

（贠士忠）

**【医科大学在合作项目的技术指导中发挥积极作用】**

我国开办或筹办妇幼卫生专业的北京、上海、华西、同济、西安、白求恩等6所医科大学，作为“加强中国基层妇幼卫生·计划生育服务”项目的技术指导单位，为项目工作顺利开展，做出了重要贡献。

这些大学以主管妇幼卫生专业的校长为组长，组成了区域性专家组，对项目的培训、监督、评估等工作给予了大力支持。1991年内，6所大学组织以教授为核心的教师队伍，深入到27个省（自治区）进行业务培训，使一大批妇幼卫生专业人员在培训工作中成为省、地（市）、县的师资，妇女儿童健康急需的救命知识在300个项目县得到普及。

承担区域性专家组的教师们还对各省（自治区）项目工作自检、互检活动给予了指导与监督，促进了各省（自治区）和300个项目县的项目工作和配套任务落实。

（陈宏章）

**【合作项目省（自治区）内自检、互检工作结束】**

为配合经贸部和有关国际组织对“加强中国基层妇幼卫生·计划生育服务”项目进行中期审评、促进项目工作开展，提高“老少边穷”地区妇幼卫生服务能力而进行的省（自治区）内项目自检、互检工作已于1991年底前结束。

这次活动得到了各省（自治区）各级政府与卫生部门的重视。各地从实际出发，制订了本省（自治区）检查方案，对项目工作的各项指标逐一进行了评审。部分省（自治区）还对项目执行好的县给予了奖励，促进了项目工作全面扎实地开展。据统计，27个省（自治区）和300个项目县均已完善了行政、业务两套组织系统，县、乡、村三级妇幼卫生人员有了明显增加。政府承诺的配套任务得到了认真履行，300个项目县中已有241个县完成了40%以上的乡村两级配套设备装备工作，其中云南省20个项目县均已100%地完成了乡村两级配套设备装备工作。这次项目自检结果，初步显示了项目工作推动整体妇幼卫生事业发展的广泛而富有成效的作用。

（陈宏章）

**【合作项目的外部审评工作】**

由上海医科大学承担的项目外部审评工作，目的在于通过客观的效果评价、过程评价等，为项目的执行提供反馈及建设性意见。

1991年外部审评工作在卫生部妇幼司和各省卫生厅妇幼处、省妇幼保健机构和基层三级网的支持和配合下，完成了知识与实践、基础资料调查核实和第一轮培训三方面的审评，实地考察了37个项目县，并于1991年年底完成了报告。

通过知识与实践的审评，概括了项目开始实施阶段的本底水平，为今后开展的健康教育宣传明确方向。基础资料调查核实进一步检验了基础调查资料的可信性。通过这两方面的审评还为整个项目的最终审评打下了基础。通过对第一轮培训的审评，发现了培训成功的方面及存在的问题，为项目管理和决策部门制定今后的培训工作方案及有效地开展培训工作提供了依据。

（张　彤）

**【合作项目进入中期审评】**

1991年8月，对外经济贸易部、卫生部和有关国际组织组成的考察团深入了安徽和湖北省的项目县，对项目的执行情况进行了实地考察。9～11月，又对包括"加强中国基层妇幼卫生·计划生育服务"项目在内的每个项目进行了逐一审评。1991年11月26～28日，中国和联合国儿童基金会1990～1994年合作方案中期审评大会在京举行，联合国儿童基金会总部和亚太区域办事处的代表专程来华参加了审评。大会总结了合作方案执行两年来的成绩和进展，讨论了存在的问题和改进意见，并提出了本周期方案储备金分配方案和下一周期方案的资金使用原则。作为中国与联合国儿童基金会本周期合作方案中最大的项目，本项目所取得的成绩受到了充分肯定。

针对项目提出的困难和问题，特别是部分极贫困县配套经费不足和培训经费不足的问题，经贸部和联合国儿童基金会同意从储备金中拨出80万美元以加强项目工作。经贸部还提出，将在1992年对本项目进行进一步审评。

（曾冬漉）

**【合作项目引进妇幼健康教育的理论和方法】**

合作项目在1991年间首次从国外引进了健康教育的理论和方法，提高广大群众自我保健意识来改善妇女和儿童的健康水平，促进了妇幼卫生健康教育工作的开展。

妇幼卫生工作者的一个重要任务是向妇女和广大群众提供健康和医疗咨询。项目邀请美国适宜卫生技术中心的专家来华介绍人际交流技巧，以改善卫生人员咨询技巧。重点介绍咨询提供者如何理解寻求咨询人员的需求，如何观察、听取意见以及提出问题和作出建议的具体办法。这一内容已由培训网逐级传授到县级妇幼卫生人员，不仅有益于妇幼卫生人员改进咨询工作，而且对各级师资理解学员需求，切实做好培训工作发挥了积极作用。

项目还邀请国外专家讲授如何根据群众需求制作健康教育材料的理论和方法，实习了组织小组讨论、征集群众需求以及开展预试验、修改作品的方法，不仅学到了知识，同时制作出一批较好的妇幼卫生健康教育材料。

健康教育理论和方法的引进，与其它技术软件的引用一样，对项目发展具有重要意义。各地同志通过理解、消化，吸收了符合我国国情，适用于我国妇幼卫生事业的部份，并正进一步总结我国妇幼卫生健康教育发展的理论和方法。

（秦晓春）

## 妇 女 保 健

**【全国出生缺陷动态监测工作】**

出生缺陷动态监测到目前为止已进行了4年，1990年至1991年6月出生缺陷动态监测结果如下：

**一、出生缺陷总发生率**

1990年至1991年6月，全国共监测围产儿924 618例，出生缺陷9 261例。其中1990年在481个监测点上监测了655 992例围产儿，查出出生缺陷 6 593 例，出生缺陷总发生率为 100.50/万。1991 年在 477 个监测点上监测了 268 626 例围产儿，出生缺陷 2 668例，出生缺陷总发生率为 99.32/万（见表 1）。与 1987～1989 年相比（分别为 130.07/万、103.72/万、106.33/万）出生缺陷总发生率呈下降趋势。

**二、围产儿死亡率**

1990 年全国监测点上共有死亡围产儿 14 955 例，围产儿死亡率为 22.80‰（表 1）。与 1989 年相比（23.12‰），下降不明显。

表 1　围产儿死亡率与出生缺陷发生率

| 年份 | 围产儿死亡率（‰） | 出生缺陷发生率（/万） |
|---|---|---|
| 1990 | 22.80 | 100.50 |
| 1991 | 资料不全暂缺 | 99.32 |

**三、14 种畸形发生率**

从监测结果看，神经管缺陷（无脑儿、脊柱裂、脑膨出）有下降趋势。唇裂、腭裂、唇裂合并腭裂变动不大（见表 2）。

表 2　全国 30 个省 14 种出生缺陷发生率（1/万）

| 出生缺陷种类 | 1990 年 | 1991 年（1～6 月） |
|---|---|---|
| 无脑儿 | 13.48 | 12.32 |
| 脊柱裂 | 8.60 | 7.89 |
| 脑膨出 | 2.48 | 2.42 |
| 脑积水 | 9.02 | 8.38 |
| 唇裂 | 4.42 | 3.98 |
| 腭裂 | 2.07 | 1.60 |
| 唇裂合并腭裂 | 9.19 | 10.31 |
| 小耳 | 3.19 | 3.46 |
| 食道闭锁/狭窄 | 0.37 | 0.22 |
| 直肠肛门闭锁/狭窄 | 2.76 | 2.20 |
| 肢体短缩 | 3.64 | 3.31 |
| 尿道下裂 | 1.92 | 2.35 |
| 脐膨出 | 1.34 | 0.97 |
| 指（趾）畸形 | 13.00 | 13.40 |

（徐兰芳）

**【江西省农村围产保健技术和管理规范研究获卫生部科技进步奖】**

江西省的《农村围产保健技术和管理规范模式研究》被评为 1991 年度卫生部科技进步二等奖。以“三十”措施为基本内容的农村围产保健技术和管理规范模式，其方法简明、概念清楚、重点突出、措施配套。这项研究成果已在该省推广应用，应用范围已由 1990 年的 23 个县扩展到 72 个县的试点乡，试点地区的农村孕产妇围产保健建卡率、产前检查率均提高到 99%，住院分娩率由试点前的 37%提高到 42%，这项科研成果正在逐步推广应用中。

该项研究具体内容参见 1991 卷“江西省在农村推行围产保健三个‘十’措施”条目。

（徐兰芳）

**【河北省推广高危孕产妇 ABC 管理方法】**

为进一步提高妇幼保健工作质量，降低孕产妇死亡率和围产儿死亡率，河北省迁安县本着强化管理、重点突破、优化效益的原则，自 1989 年以来，结合本县实际，大胆实践，探索出了一条适合基层及山区特点的孕产妇 ABC 管理方法。今年 6 月，河北省在迁安县召开了全省孕产妇保健工作现场经验交流会，目前已在全省推广这一孕产妇保健管理方法。

高危孕产妇 ABC 管理方法是将影响孕产妇妊娠的生物因素与社会因素结合起来，按孕产妇的高危程度与医院的治疗能力进行对应分级分层次的系统管理。其具体做法是：按已制定的孕产妇高危评分标准，将产科病理因素和社会因素分别分为 ABC 三级，三者合计共 100 分，然后按评分标准对孕产妇逐条进行审核评定，根据所得分数确定高危级别；同时根据医院救治能力，也以打分的形式将医院分别划为 ABC 三级，使 A 级孕产妇依据病情及时住进 A 级医院监护治疗待产，B 级孕产妇随时住进 B 级医院治疗待产，C 级孕产妇住进 C 级医院待产。这样，可以提高高危孕产妇的住院分娩率，增加高危孕产妇分娩和高危救治的安全系数，降低孕产妇死亡率。

（聂春雷）

**【《女职工保健工作暂行规定》实施情况调查】**

1986年，卫生部、劳动部、全国总工会、全国妇联联合颁布了《女职工保健工作暂行规定》(以下简称《规定》)。1991年4月，卫生部妇幼卫生司发函调查《规定》的实施情况。从25个省、市的调查看，该《规定》的颁布，对全国女职工保健工作起了促进和导向作用，扭转了以往女职工保健工作无章可循的局面，主要表现在以下几个方面：

1. 宣传教育。各级卫生部门、劳动部门、工会和妇联等组织联合召开大会及利用广播、报刊、研讨会、观摩检查等多种形式，把《规定》的精神和内容传播到各行业。有17个省、市举办了各种宣传培训活动达11 000次，发放宣传品140多万份。广泛的宣传形成了舆论力量，提高了广大女职工的自我保健意识。

2. 健全组织，加强培训，初步建立起一支女职工保健队伍。卫生部举办了4期全国女职工保健师资培训班；各省、市卫生厅(局)也相继举办讲习班，训练工会、妇联干部，形成了一支干、群、医三结合的女职工保健队伍。北京市卫生局与工会联合召开了经验交流会，传授工作方法，使保健人员学会如何做工作；陕西省在职工教育中加入女工保健内容，考试合格者发给合格证书。

3. 采取措施，落实五期保护。一些省、市政府领导和厂矿企业领导对提高生产效益与保护女职工健康的关系做了探索和研究，制定出对策。《规定》要求女职工怀孕7个月以上不上夜班，但在女职工集中的纺织系统增加预备工就要增加劳动费用，影响职工奖金和企业效益。石家庄市卫生部门通过调查研究，经有关部门协商、市长批准，增加预备工指标，落实了孕期保健；江苏、江西、浙江等省的部分地区积极试点实行生育基金社会统筹办法，解决女职工保健问题，积累了不少经验；山东、辽宁省厂矿企业建立女职工卫生室、冲洗室31 000多个，且有专人管理。

（徐兰芳）

## 儿童保健

**【儿童急性呼吸道感染防治进展】**

1990年世界儿童首脑会议提出将儿童急性呼吸道感染（ARI）死亡减少1/3的目标。肺炎是我国儿童死亡的第一位原因，是危害儿童生命健康的主要疾病。因此，肺炎的防治是现阶段我国儿童保健工作的重要内容。到1991年末这项工作已取得以下进展。

1. 扩大标准病例管理培训。标准病例管理培训是ARI控制的基本策略。据世界卫生组织报告，应用标准病例管理可以减少25%～60%的ARI死亡；我国四川省什邡县的资料表明，标准病例管理可以减少63%的ARI死亡。培训乡村医生，使之掌握这一适宜技术，是ARI控制的基础。1991年在361个国际合作项目县中，共培训了约14万名乡村医生，占全国应培训人数的16%。1991年7月世界卫生组织和联合国儿童基金会官员赴黑龙江省考察，对该省ARI项目的执行情况给予了很高的评价。以合作项目为先行，推动了全国的工作，浙江、四川、江苏等省都已在全省范围内开展培训。

2. 建立ARI监测系统。为了解ARI控制工作进展，进一步改善病例管理质量，在全国27个ARI项目县应用计算机建立了监测系统。1991年6月在北京召开了监测工作会议并进行了计算机应用培训。

3. ARI项目基础调查。1991年1月，在27个ARI项目县开展了基础调查工作。这

27个县为我国农村中等发展水平的县。调查结果表明，婴儿死亡率为40.01‰，最高的县为93.13‰；5岁以下儿童死亡率为49.38‰；肺炎占全部儿童死亡的23.9%，是第一位的死亡原因。64%的婴儿死亡发生在家中和送往医院的途中。

4. 开展ARI临床管理培训。ARI临床管理是在病例管理的基础上，进一步提高对ARI的抢救治疗水平，降低病死率的适宜技术。1991年在北京、成都举办了两期ARI临床管理培训班，学员为来自13个省的儿科医生及儿保医生。为探索适合中国国情的临床管理模式及管理方法，在河北省固安县、四川省绵竹县开展了试点研究，以便取得经验，推向全国。

（袁晓红）

**【加中儿童健康基金会设立“诸福棠奖”】**

诸福棠教授是我国著名的儿科专家，我国现代儿科学的奠基人。在半个多世纪里，他为开创中国现代儿科事业贡献了全部智慧和爱。30年代他在美国留学期间发明用胎盘球蛋白预防小儿麻疹，被誉为“小儿福音”，得到国际医学界公认。40年代，他编著了我国第一部《实用儿科学》，曾先后四次增订再版，成为我国医学院校儿科专业和儿科医师的指南。新中国成立后，他把自己创建的儿童医院奉献给人民，并创建了现代化的北京儿童医院。诸福棠教授曾任北京儿童医院院长、中华儿科学会主任委员等职。现已93岁高龄，仍在为我国的儿童医疗保健事业笔耕不辍。

为鼓励我国儿童医疗保健工作者追随诸福棠教授的崇高理想，献身儿童医疗保健事业，加拿大中国儿童健康基金会设立了“诸福棠奖”。卫生部陈敏章部长担任奖金会主席。奖金会下设评选委员会，由5名儿童医疗保健专家组成。首届获奖者为北京协和医院前儿科主任周华康教授。周教授在儿童医疗、保健、科研、教学等方面都做出了突出的贡献，在国内外享有很高的声誉。

1991年12月1日，诸福棠教授从医64周年暨诸福棠奖颁奖大会在北京举行。约300人出席会议。全国政协副主席钱正英及有关部委、北京市领导向诸福棠教授表示祝贺。陈敏章部长、加中儿童健康基金会主席谢华真教授向获奖者颁发了证书和奖金。

（袁晓红）

**【中国促进母乳喂养研讨会】**

母乳是促进婴儿身心健康发育、抵抗疾病的最佳营养品。当前国际上已将母乳喂养提高到关系儿童生存、保护和发展的高度，给予特别重视。1991年8月，联合国儿童基金会执行主任詹姆斯·格兰特和世界卫生组织总干事中岛宏曾就促进母乳喂养工作致函李鹏总理。

近年来，受诸因素的影响，我国出现母乳喂养率逐年下降趋势。为传播母乳喂养的新知识新技术，研究提高母乳喂养率的战略对策及措施，卫生部妇幼司于1991年11月11日～17日在上海市召开中国促进母乳喂养研讨会，与会者为来自全国4省（福建、浙江、黑龙江、山东）5市（北京、天津、上海、成都、哈尔滨）的妇幼卫生管理及专业人员，并邀请了联合国儿童基金会和人口基金驻华代表处项目官员和顾问，美国、瑞典和国内儿科、妇产科及妇幼保健专家参加会议并作专题报告。

通过授课、讨论及参观上海第一妇婴保健院、上海国际和平妇幼保健院和上海医科大学附属妇产科医院，与会者对我国开展促进母乳喂养工作的必要性有了明确的认识。会议进一步讨论了《中国促进母乳喂养规划》（讨论稿），认为规划中提出的目标——到2000年使出生至4个月婴儿纯母乳喂养率达80%——是可行的。与会者认为：改革产科制度，实行母婴同室、早吸吮、按需喂哺，提高妇幼保健人员促进母乳喂养的知识和技能，是提高母乳喂养率的关键。实现上述改革，需要各级政府对母乳喂养提供政策保证和支持条件。

（袁晓红 崔瑞新）

**【培养儿童心理卫生专科骨干】**

我国儿童心理卫生工作起步较晚，人才短缺。1984年，在南京建成我国第一所儿童心理卫生研究中心，1986年该中心被任命为“全国儿童心理卫生指导中心”。为加强儿童心理卫生专科建设，培养骨干力量，1991年4月20日至7月20日在南京举办了全国儿童心理卫生培训班。学员来自20个省、自治区、直辖市的妇幼保健机构。培训班的内容包括：儿童心理卫生基础理论和临床应用；儿童心理卫生问题的早期预防和干预；对我国儿童心理卫生工作基本任务及工作规范的研讨；邀请世界卫生组织专家讲授精神发育迟滞的流行病学、预防及统计学分析方法。

（袁晓红）

**【表彰全国优秀儿童工作者】**

近年来，为儿童办好事办实事已形成良好的社会风尚。在儿童卫生、教育、文化等战线涌现了一批先进单位和个人。1991年，全国妇女联合会、国家教育委员会、卫生部等14个部委联合表彰了全国儿童少年工作先进集体和优秀儿童工作者。

卫生系统有4名同志荣获“热爱儿童荣誉奖”。这4位同志是：原北京儿童医院院长、小儿血液病专家胡亚美；原四川省人民医院院长、儿童保健专家樊培禄；白求恩医科大学儿科教授赵忠娥；原北京市儿童保健所所长、儿童保健专家林传家。

（袁晓红）

## 计划生育技术指导

**【制定《优生咨询门诊工作规范》】**

据1990年粗略汇总，全国共开设优生咨询门诊700多个，仅1989年一年的咨询工作量就达33万多人次。为了加强优生咨询门诊工作的管理，提高工作质量，规范优生咨询门诊工作，卫生部妇幼司制定了《优生咨询门诊工作规范》。

“规范”包括总则、优生咨询对象、优生咨询步骤、医生应遵守的规则、任务、要求六部分。

“总则”对优生咨询的概念、目的及优生咨询门诊的任务进行了规定。“优生咨询对象”即指什么人需要到优生咨询门诊就诊。“优生咨询步骤”指进行优生咨询的步骤和程序，其中特别强调了运用遗传学的基本原理和方法判断是否遗传病。如为遗传病，要确定其类型、遗传方式、有关成员的基因型，估计再发风险，提出医学指导意见。“医生规则”要求医生认真、负责、热情地为咨询对象提供优质服务，并为其保守秘密。“任务”部分划分了省、地（市）、县优生咨询门诊的职责范围，根据现有的工作基础提出了不同的任务及转诊反馈程序。“要求”中强调了对优生咨询门诊和优生咨询医生实行许可制度，经过考核发证后才能开展工作。

本“规范”的特点是，既考虑到每个门诊部的工作管理，又注意到上下左右优生咨询门诊的联系，使优生咨询门诊工作逐步形成网络化结构，便于合理利用资源，调动工作潜力，使优生咨询工作深入到基层，深入到农村，为全体人民服务。

（宋岚芹）

**【计划生育技术标准化管理模式研究获北京市科技进步二等奖】**

北京市计划生育技术研究指导所和市卫生局妇幼处自1985年9月开始，以质量标准化、工作规范化、管理数据化为目标，进行计划生育技术标准化管理模式研究。该项研究1991年获北京市科技进步二等奖。该课题研究从质量管理入手，应用现代科学管理的理论，分四个阶段进行：

第一阶段（基本阶段）：收集资料，掌握历年来节育手术死亡、损伤、并发症数据，经过分析研究形成计划和方案。

第二阶段（发展阶段）：在调查研究基础上作出较准确的判断，制定执行计划。在全市实行计划生育技术规范化管理，要求手术室统一、手术包统一、手术操作统一、消毒统一。

第三阶段（提高阶段）：将执行结果与预定目标进行对比，从中总结经验教训。实行宏观控制，对全市进行节育手术人员培训考核和节育手术单位验收，实行节育手术单位许可证和节育手术人员合格证制度；制定验收标准和质量诊断标准，实现计划生育技术全行业管理。

第四阶段（成型阶段）：将方案总结提高，形成计划生育技术标准化管理模式。

标准化管理是计划生育技术管理模式的基础。五年来，在计划生育技术管理的实践中，利用妇幼保健三级网的优势，根据组织、指挥、协调、控制、管理职能的要求，以目标管理为核心，运用标准化管理和质量控制、信息网络、逐级控制等技术，根据计划生育技术需求进行手术单位市—区（县）—街道（乡）分级管理，逐步发展形成节育手术管理制度化、手术室房屋规范化、手术操作正规化、器械规格化、消毒冲洗标准化、手术污血处理无害化，使计划生育技术管理，有明确质量目标、技术规范、检查考核标准、严格的质量控制方法。

模式研究的效果：

一是实行了计划生育技术全行业管理，使受术者在最佳条件下得到优质服务。全市513个节育手术单位经过验收，全行业管理率97.5%；建立了计划生育技术信息网络，向领导提供决策依据；改善手术室条件，新建、扩建、改建手术室292间；更新手术室装备——手术床268个、电动吸引器342个、紫外线444个；各区（县）及各级医院资金投入97万元。

二是提高了节育技术人员素质。节育手术人员每人受到1～2次培训，考核发证1 728人；1 915名节育手术人员，经全市计划生育技术水平统考测验，18个区县中平均90分以上有10个区县，获得100分者137人，占7.2%；计划生育红旗单位3个，十年计划生育先进个人16人，节育手术万例无事故、无损伤、无穿孔、无感染先进单位19个，先进个人32个。

三是提高了计划生育技术服务质量。节育手术并发症发生率由0.11‰降低到0.04‰，下降幅度63%，达到国内先进水平；手术死亡率由0.38/10万下降到0.17/10万，未发现严重感染。

（李雅珍　夏雪红）

**【天津市颁发《计划生育技术机构暂行管理办法》】**

在70年代，天津市从事计划生育手术工作的机构主要是国家医疗卫生单位（含少数企业、部队医院）。80年代以来，随着卫生体制改革的发展和国家计划生育政策的贯彻落实，个体医生、社会办医单位、计划生育服务站相继开设计划生育门诊，从事节育手术。由于缺乏统一管理，节育手术并发症呈上升趋势，影响计划生育国策的顺利落实。

为了提高计划生育技术服务质量，保障受术者的安全与健康，天津市卫生局于1991年10月4日颁发了《天津市计划生育技术机构暂行管理办法》（以下简称《办法》），对全市计划生育技术工作实行全行业管理。《办法》规定，计划生育技术机构必须具备四项基本条件，即：①有健全的管理制度；②从事手术者获得市卫生局颁发的“计划生育手术合格证”；③高、中、初级技术人员比例、床位与技术人员比例等符合要求；④手术室设备齐全，布局合理。《办法》明确规定，个体医生、社会办医单位、非妇产科专科医院等不得开展计划生育手术；对符合规定的单位实行“计划生育技术服务许可证”制度，由卫生行政部门统一验收、发证。

《办法》把天津市计划生育技术机构分为三级，规定了各级卫生行政部门的管理、审批权限，并规定应逐级建立计划生育技术（专家）指导组。《办法》对计划生育技术质量管理做了七条规定，要求计划生育机构建立各项管理制度和使用统一的登记表册、病历、手术记录等，并对严重并发症的处理报告及新药具和新技术的使用推广审批都做了相应规定。《办法》指定各级妇幼保健机构为本地区计划生育技术监督单位，协助卫生行政部门做好社区内计划生育技术机构的日常质量监督。

《办法》公布实施后，各级计划生育技术机构依照《办法》规定努力改善自身的条件，力求达标。1991年年底检查考核结果表明，全市344个计划生育技术单位中有241个通过验收合格，（占72.1%）获得“天津市计划生育技术服务许可证”。

（王志政　夏雪红）

# 中医事业管理

**【中医事业“八五”计划及十年规划】**

1. 机构与床位的发展　“八五”期间，以县级为主，增加中医医疗机构300所，初步形成多种形式并存的农村三级中医医疗保健网络。

增加中医床位8万张（含西医医院中医床位2.5万张），千人口中医床位达到0.23张。计划到2000年中医床位达到38万张（含西医医院中医床位6万张），其中农村19.5万张，城市18.5万张，千人口中医床位达到0.3张。

2. 服务利用与效益　到“八五”期末，全国中医门诊量达到总门诊量的1/4，全国农村中医门诊量达到农村总门诊量的1/3以上。

“八五”期间，全国中医医院床位使用率提高5～10%；县及县以上中医医院床位使用率达到85%以上。全国中医医院床位年周转次数增加2～3次。

3. 加强内涵建设　“八五”期间，重点抓好100所示范中医医院的建设和40个农村中医工作试点县，办好一批中西医结合医院和民族医医院。在现有中医医疗机构中，选点充实、健全20个全国中医专科专病中心、8个急症医疗技术中心、11个中药剂型改革基地（含4个民族药物制剂中心）。

“九五”期间，继续分批充实中医医疗机构，逐步扩大和完善中医医疗保健和预防功能。到2000年，使各级各类中医医院达到分级管理标准，使中医医疗服务覆盖率达90%以上。

4. 人才培养与教育发展　“八五”期间，年度招收本、专科生达0.8～0.85万人，研究生0.04万人，中专生1.5万人（其中中医护理专业0.3万人），五年间共毕业本、专科生3.5万人，研究生0.2万人，中专生5万人，培训西学中人员0.2万人。

为农村培养中医药人才。从1991年到1995年，逐步使专科招生数达到本、专科招生总数的25～30%。本科定向招生（面向县及县以下）逐步达到10%。全国新建、改建中医药学校10所，重点放在尚未建立中医药学校的地区。

中医机构开展不脱产岗位培训覆盖率50%，使1/4在岗中医药人员累计接受3个月以上的短期进修教育。

“八五”期间，分批选择2 500名名老中医药专家作为指导老师，并分别配备1～2名助手。进一步完善中医师带徒制度。

“九五”期间，中医药人才培养和层次结构与事业发展相适应，培养高等中医药人才4万人，中等中医药人才6.5万人。

5. 科技进步与成果推广　在“八五”期间或更长一段时间内重点建设好1个中心、7个基地，并建立6个国家级及部（局）级重点实验室。到2000年，争取形成以此为依托的科研骨干力量，国家级重点实验室要具有高科技能力，能承担国家重大科研课题及国际水平的科研任务。

深入开展中药材、饮片和中成药的研究，完成针灸名词、器具的标准命名和150种左右中药材及中成药（新药）质量控制标准的研究；在文献研究方面取得较大进展。

6. 对外交流与合作　“八五”至“九五”期间增建中医药国际科技和医疗合作网点15个，增设7个世界卫生组织传统医学合作中心，选择15项适用性科研成果向国外推广。

在现有中医学院中选择2～3所作为全国中医药涉外人员培训中心，设置外语等专业，培养一批高质量的中医药对外交流人才。

（张建华）

**【中药行业“八五”计划和十年规划】**

**一、发展目标**　1995年中药材种植面积520万亩（不包括林木中药材），年平均递增1%。中药材收购总量48万吨，年平均递增4%。到2000年中药材种植面积547万亩，药材收购总量61万吨，年平均递增1%和5%。到2000年部分濒危动物药材要通过科研开发转入商品化生产。

1995年中成药工业总产值73亿元，总产量22万吨，年平均递增6%和2%。2000年中成药工业总产值达到98亿元，总产量24万吨，年平均递增6%和2%。

中药商品流通，1995年购进90亿元，销售124亿元，年平均递增都是6%。其中，中药材购进27亿元，销售47亿元，年平均递增都是6%。中成药购进63亿元，销售77亿元，年平均递增都是6%。到2000年中药购进120亿元，中药销售166亿元，年平均递增都是6%。力争比重由1990年的40%增至42%，2000年达到45%。

中药对外贸易和经济技术合作，1995年年出口创汇4亿美元，年平均递增4%。2000年年出口创汇5亿美元，年平均递增4.2%。2000年出口创汇结构争取实现中药材和中成药各占一半。

**二、发展规划**

1. 中药材生产　规划期间，要进一步加强药材基地和收购网点的建设，抓好资源保护和合理开发工作，重视技术开发，加强计划管理，促进药材生产协调发展。要使市场供应紧缺品种明显减少，力争做到除20多种濒危动植物药材和野生资源少的品种外，基本满足市场需要。

2. 中成药工业　“八五”期间，要使名优产品产值占总产值的比例从现在的13%提高到25%，“九五”期间提高到35%。支持以传统中医名家临床经验和经典中医药名著为基础发展的系列产品；支持以资源优势为依托发展的系列产品，支持治疗肝炎、风湿、心脑血管等常见病、多发病以及中医急症用药产品。抓好一批大中型骨干企业的整体改造。抓好一批新技术、新工艺、新设备和剂型改革技术的推广应用，以及国外先进技术的引进、消化、吸收工作。搞好市场急需、批量小、产值低、经济效益差的传统小成药的生产布局，并在政策和投资上给予扶持。

3. 中药饮片工业　严格执行《中药饮片炮制规范》，逐步实现质量标准化、工艺规范化、包装规格化、生产机械化和管理现代化。要继续争取国家安排专项拨款与地方积极性相结合，全面完成44个重点厂的整体改造任务。

4. 中药机械制造业。分步完成国家中医药管理局4个直供中药机械厂和行业内4个重点机械厂的整体改造，重点研制开发中药前处理、提取浓缩干燥、丸散制剂三条具有先进水平的生产线及商业仓储机械设备。

5. 中药商业　首先要分期分批抓百年老字号和地（市）以上中心中药店的改建和改造，并合理布局一批新的零售药店。拟在大城市建2～3个大型中药综合商场，作为展示全国优质名牌中药产品和对外开放的窗口。

对为全国服务的中药材主产区和集散地给予支持，扩建和新建60个中转储备库，其中部分仓库要达到较高的机械化水平。2000年要全面解决药材露天存放问题，基本消灭危房。

6. 中药科研　规划期间，要建立一个以局直属中药科研机构为首、辐射全国、布局合理、学科齐全、专业配套、密切协作、协调发展的中药科研开发体系。重点建成国家中药资源开发研究中心和国家中药科技开发中心。

7. 中药教育　要建立局直属的中药学院。高校年度招生达到1 500人以上，在校生达到5 000～6 000人，中等教育年招生达到2 000～2 500人，在校生达到6 000～7 500人。五年间，增加中药师、士20 000～25 000人，其中通过正规教育的占50%，到1995年具有中专水平以上的技术人员，应占中药系统职工的15%左右。

2000年，中医药高等院校年招生能力1 800～2 000人，在校生7 000人，中等教育招生达到3 000人，在校生8 500～9 000人，力争本世纪末中药师（士）占整个系统职工的20～25%。

8. 质量管理　“八五”期间，计划制定中药材商品等级规格标准74种，研究和制定行业中成药质量标准87种，制定中药材成分对照品200种。研究制定中药饮片质量标准。到2000年，计划增定中药材商品等级规格标准25～30种，制定行业中成药质量标准30～40种。

9. 中药企业管理　规划期间，中药企业管理工作要继续以质量第一，降低物耗，节约费用，提高社会经济效益为中心，加强各项基础工作，完善各项规章制度。

10. 中药对外贸易和经济技术合作　总的方针是：巩固传统的亚洲市场，积极开拓欧美市场，进一步走向世界。在出口产品结构上，扩大中药制剂产品，特别是中成药产品，稳步适度的发展中药材出口，积极扩大中药保健品的出口，逐步改变过去主要依靠中药材出口的局面。努力办好具有进出口权的中药联营企业，充分发挥其内联外引的作用，扩大对外业务。继续抓好现有中外合资的中药工商企业，争取在规划期间新开办1～2个行业内对外开展工贸、技贸结合的窗口，3～4个中外合资、合作生产、经营的中药制剂企业、积极筹建我局中医药对外经济技术合作总公司。

根据上述规划目标，初步测算，中药行业所需基本建设和技术改造投资总规模“八五”时期约24亿元，国家外汇2 000万美元，科技投入3 500万元；“九五”时期约28亿元，国家外汇3 000万美元，科技投入5 000万元。

（毛小莹）

**【中医药企业升级工作】**

1991年，经国家中医药管理局加强企业管理领导小组审定，并报国务院企业管理指导委员会批准，北京同仁堂制药厂、天津达仁堂制药厂晋升为第三批国家一级企业；武汉健民制药厂、河南宛西制药厂、上海中药制药三厂、江西清江制药厂、南京市药材公司、大连市药材公司和山东济宁药材站等7家中药企业晋升为国家二级企业；沈阳中药厂、江西弋阳制药厂、安徽余良卿制药厂、杭州天目山制药厂、河北省秦皇岛药材站和山东维坊医药公司高密分公司等6家中药企业晋升为国家中医药管理局局级先进企业。

（梁金龙）

**【老中医药专家学术经验继承工作】**

根据人事部、卫生部、国家中医药管理局《关于采取紧急措施做好老中医药专家学术经验继承工作的决定》，1991年全国的继承工作全面开展。在管理方面主要做了以下几方面的工作。

1. 为了加强对全国继承工作的管理与协调，国家中医药管理局设立了老中医药专家学术经验继承工作办公室，负责日常工作。

2. 根据两部一局的有关决定和实施细则，严格掌握文件规定的导师和继承人条件，国家中医药管理局对继承协议书进行了审核备案，保证了继承工作的高起点水平。

3. 国家中医药管理局于1991年6月21～24日在江西庐山召开了全国继承老中医药专家学术经验工作座谈会。会议对前段全国的继承工作情况进行了总结，与会代表交流了各地继承工作的经验和存在的问题，研讨了如何加强继承工作的管理及保证继承质量问题。

4. 制定下发了《国家中医药管理局老中医药专家学术经验继承工作管理考核暂行办法》。

5. 国家中医药管理局继承工作办公室与中国中医药学会联合举办了老中医药专家学术经验继承工作阶段有奖征文活动。1991年度征文内容是中医药专家治学方法与治学经验。有60篇优秀论文获奖。

（徐皖生）

**【国家中医药管理局成立行政复议办公室】**

国家中医药管理局于1991年5月6日成立行政复议办公室。其主要职责是：①负责拟定行政复议和行政应诉工作的规章制度；②负责管理和组织审理行政复议案件，并根据局务会决定起草复议决定书；③组织起草行政诉讼答辩状，受局委托直接出庭或协助其他诉讼代理人出庭应诉；④组织培训行政复议和行政应诉人员，开展工作研究和经验交流；⑤办理诉讼代理人授权委托书；⑥筹办局领导交办的其它与行政复议和行政应诉有关的工作。

（赵丽娜）

## 中医医疗

**【“杏林计划”在全国实施】**

“杏林计划”是全国100所示范中医医院建设计划，是“八五”时期中医药事业的重点建设项目。1991年3月，由国家中医药管理局向全国下发。

该计划的目标是：“八五”时期，在全国重点建设60所县级、30所地市级、10所省级示范中医医院，使其达到中医医院分级管理标准同级甲等或以上水平。参选的示范中医医院的8个条件是：①医院在中医特色、临床疗效、科研成果、教学质量、管理水平、医德医风、房屋设备、社会效益与经济效益等方面居本省或全国同级中医医院的前列；②省（部）级医院的规模与各项工作已达到或接近《中医医院分级管理标准》三级甲等医院的水平，地（市）级应达到或高于二级甲等医院的水平，县（市）级已达到或接近二级甲等医院的水平；③省（部）级医院病床不少于400张，地（市）级不少于200张，县（市）级不少于100张，三类医院平均业务用房建筑面积不少于42平方米；④中医药人员占医药人员总数的70%以上；⑤门诊中医药治疗率80%，病房中医药治疗率60%；⑥有

1～3个以上疗效突出的中医专科或专病，居本地区或全国同级中医医院的前列；重点中医专科本地区之外就诊人数不低于本科总就诊人数的15%；⑦截止申请之日起，前三年内曾获得过省、自治区、直辖市及以上先进单位或文明医院的称号。⑧申请单位所在地政府对建设示范中医医院能承担较大比重的经费投入（省、市、自治区和计划单列市与当地政府承担80%的建设经费）。

国家中医药管理局于1991年6月初在北京召开了评审会议，确定了121所中医医院为示范中医医院建设单位。1991年9月，在成都又召开了全国示范中医医院工作会议，部署了示范中医医院的业务建设和基建工作，与地方政府签订了示范中医医院建设投资合同书，讨论了示范中医医院建设标准，并规定从1993年开始分批验收。对未被选为示范中医医院建设单位的中医医院，经过努力达到“示范中医医院标准”的，经验收合格后同样授予“示范中医医院”证书和标牌。

（陈珞珈　刘文武）

**【中医医院实行分级管理】**

为加强中医工作宏观管理，健全和巩固中医药服务体系，发挥中医中药在医疗、预防保健、康复服务中的作用，合理利用中医药资源，进一步提高中医医院科学管理水平和服务质量，国家中医药管理局决定对全国中医医院实行分级管理。

中医医院分级管理是根据不同区域的卫生服务要求，赋于医院不同的级别并对其规模、设备、功能、任务、人员配备、技术水平、服务质量、管理效应提出不同要求，对中医医院实行科学管理即现代管理办法。1991年5月，国家中医药管理局在石家庄市召开了全国中医医院分级管理工作会议，《中医医院分级管理标准评分细则与附件》（试行草案）正式下发，对14个省市开展中医医院分级管理试评工作做了部署。

中医医院实行分级管理是我国中医医院管理体制的一项重大改革，作为一种新的宏观管理体制，是当代中医医院管理的主要模式之一。

（郑跃先）

**【农村中医工作试点县】**

国家中医药管理局在1990年确定了7个农村中医工作试点县的基础上，1991年又新确定了16个农村中医工作试点县，以进一步探索农村中医工作的经验，为今后制定农村中医政策提供依据。

附　农村中医工作试点县名单

1990年：山西省临汾市、曲沃县；湖北省麻城市、公安县；河南省邓州市；江苏省高邮市；四川省射洪县。

1991年：黑龙江省龙江县、望奎县；上海市嘉定县；安徽省潜山县；山东省莱州市、莱芜市；广东省阳春县、罗定县；辽宁省庄河县；湖南省慈利县；云南省陆良县；河北省隆化县；湖北省新州县；浙江省富阳县；广西壮族自治区灵山县；四川省合川县。

（刘文武）

**【中医医疗中心和中药基地建设】**

国家中医药管理局在全国遴选出11所中医医疗、科研机构，作为首批确认的全国中医专科（专病）医疗中心、中医急症医疗中心及中药制剂和剂型改革基地建设单位。它们是：天津中医学院第一附属医院（针灸专科）、中国中医研究院骨伤科研究所、河南省洛阳白马寺正骨医院（骨伤专科）、南京市中医医院（肛肠专科）、上海中医学院附属龙华医院（肿瘤专科）、河北省廊坊市中医院（血液病）、北京中医学院附属东直门医院、长春中医学院附属医院（中风急症）、上海中医学院附属曙光医院（厥脱急症）、成都市中医药研究所、黑龙江省中医药研究院（中药制剂和剂型改革）。上述单位从1991年起建设，三年后组织检查验收，其余的定点工作将于近两年内陆续完成。

（李尚青）

# 中医教育

**【高等中医药教育综合改革试点工作】**

为使高等中医药教育主动适应社会需求，培养急需的临床应用型人才，国家中医药管理局确定上海和成都中医学院为全国高等中医教育综合改革的试点院校。

上海中医学院的综合改革试点工作是开展以主动适应社会需求，加强实践能力培养为核心的改革，与此同时进行校长负责制、人事、工资等管理制度的改革。其主要方式是建立社会参与教育，教育主动适应社会需要的开放型办学管理机制。实行导师制，开展通专才相结合，建立起培养临床应用型人才的新模式。在教学内容、教材、课程设置方面的相应改革措施均是与培养临床应用型人方相配套，逐步摸索建立新的中医课程体系。

成都中医学院的改革重点放在如何为农村培养应用型人才方面，其主要内容是从改革招生制度入手，招收有实践经验的中医药从业人员，通过改革旧的教学模式，吸取师承教育长处，采用导师制，定向培养，使学生早临床、多临床。通过由理论—实践—理论—再实践的方法，在招生、培养、分配等各个环节上，始终围绕为农村培养应用型人才这个中心进行相应改革。

以上两所学校改革的共同点是增强高等中医药教育的社会适应性。上海属城市型，成都则以面向农村为主，两种典型改革试点取得初步经验后，拟在全国加以推广，从而带动中医教育改革的深化与发展。

（于永杰）

**【试办七年制高等中医教育】**

经国家教育委员会批准，自1991年秋季开始，在北京中医学院、上海中医学院和广州中医学院试办七年制高等中医教育，设置七年制中医学专业，培养理论基础和实践能力达到硕士水平的高级中医专门人才。三校年招生人数分别定为：北京中医学院20人、上海中医学院25人、广州中医学院20人。国家教育委员会颁发了《七年制中医学专业基本规范》，对专业培养目标、培养要求、主干学科、主要课程、修业年限、授予学位及主要分配去向作了明确的规定。

为了充分做好试办七年制高等中医教育的准备工作，确保教学工作的顺利进行，国家教育委员会与国家中医药管理局于1991年8月在北京联合召开了试办七年制高等中医教育准备工作汇报会。会议认为，七年制高等中医教育培养的人才应具有更扎实宽广的自然科学和人文社会科学基础知识，临床和科研能力强，能够自觉利用现代科学方法和手段，继承和发扬祖国传统医学。七年制高等中医教育在综合大学的学习年限最好不少于两年，依托综合大学强化自然科学和人文社会科学基础课程教学，着重培养学生逻辑思维、科学素养、发现问题和分析问题的能力，提高后续课程的教学起点，打好学生在未来工作岗位进一步学习和运用自然科学和人文社会科学的基础。严格管理是七年制高等中医教育培养质量的保证，要加强学生专业思想教育，实行导师制，加强学籍管理，加强外语教学。

（郑守曾）

**【深化中等中医药教育改革】**

1991年中等中医药教育在加强学校建设的同时，重点是面向农村基层，深化教育改革，培养实用型人才。

1. 调整结构适应农村需要。在发展普通中等中医药学校时，注重增加中医护校、中药、针灸推拿学校。在少数民族地区开办民族医药学校。建立17所中等中医药职业技术学校和7所中医药职工中专学校，有46所卫生学校设置了中医药专业。在专业建设方面，除论证、修订了原有专业外，增设了中医护士、针灸医士专业，各地试办了一批中医骨伤等农村急需的短缺专业，改变了过去办学的单一模式和类型。1991 年全国各类中等中医药学校招生 10 752 人，毕业 8 356 人，在校学生 35 310 人。

2. 改革教学提高实际技能。国家中医药管理局组织修订制定了各专业的教学计划和教学大纲。提出了中等中医药教育要坚持“两个突出，一个面向”，即突出中医特色，突出中专特点，面向农村基层培养人才的办学方向，改革教学内容。对原教学计划的课程结构进行了大的调整。压缩或取消了部分理论课和经典著作的学习，减少课程门数，压缩周学时。增加实践性教学和农村常见危急重病的中西医抢救内容，加强阶段和课间见习，延长毕业实习时间。注意吸收新的科研成果和民间有效的治疗方法，使学生能学以致用，有一定的独立诊治疾病能力。并采取后期分化、专科定向实习、定向培养的方式，加强学生在某一方面的技能训练。

3. 改革招生分配制度。中医药学校广泛开展了定向招生、定向培养、定向分配工作。对老少边穷地区采取适当降低分数线的办法，把一些考分稍低、素质较好的学生录取到中医药学校学习，毕业后回原地区从事中医药工作。中医药学校毕业生有 80%分配到县及县以下中医、卫生机构工作，有的专业如中医士，90%分配到区、乡级医疗机构工作。中医药职业技术学校全部招收农村户口的初、高中毕业生，统一入学考试，毕业后成绩合格者发给毕业证书，承认学历，不包分配，不转户口，回原乡、村从事中医药工作。通过这些改革，疏通了人才流向农村的渠道，改善了农村中医药队伍的结构，为农村基层培养了一大批中级中医药人才。

（濮传文）

**【中国国际针灸考试委员会成立】**

中国国际针灸考试委员会（以下简称委员会）于 1991 年 3 月 7 日正式成立。委员会是在国家中医药管理局领导下，指导和监督国际针灸专业人员水平考试的机构。主要任务是保证针灸专业人才质量检验的科学化、标准化，审议国际针灸专业人员水平考试的办法、条例，审定考试大纲，并报国家中医药管理局批准实施。委员会由中国从事针灸专业基础理论和临床教学工作的专家 30 人组成，其常设执行机构是中国国际针灸考试中心。

开展国际针灸专业人员水平考试的主要目的是，衡量应考者在针灸理论和临床实践上所达到的水平，作为应考者判断自己业务水平的标准。同时，也可作为其所在国家或地区的卫生行政主管部门或学术组织衡量其针灸专业水平的参考依据。通过考试，使针灸教育与考试逐步走向标准化、规范化，以提高国际针灸专业人员的业务素质。

（郑守曾）

## 中医药、中西医结合科研工作

**【中医药科技工作】**

1991 年国家中医药管理局会同有关部门对“七五”国家中医药科技攻关的 38 个专题进行了验收和总结，其中 21 个专题参加了全国攻关成果展览会，4 个项目获得表彰。获奖项目有针刺麻醉、著名中医诊疗经验、123 种中药材品种质量评价和人工培植冬虫夏草。为了提高工作效率，国家中医药管理局对局级重大项目《中华本草》的管理层次进行简化，实行二级合同制以增强其制约机制；在艾滋病的研究方面，续签了为期 3 年的中坦合作协议；对于标准化的研究，经国家技术监督局批准，启动了“中药材农药残留标准”课题。1987～1991 年共获得国家科技进步奖 30 项，国家发明奖 4 项；1986～1991 年共评出国家中医药科技进步奖255项，部分获奖项目已形成商品化或产业化。1991年，青蒿素治疟已经面向国际，10项成果在国内得到推广。

1991年国家中医药管理局会同有关部门对“八五”国家中医药科技攻关项目组织了论证、招标和评标。把肿瘤、中风、心血管病、乙型肝炎、艾滋病、针刺麻醉、紧缺中药材培植、药材品种质量评价、饮片炮制、浸膏工艺与成套装备、急救制剂、重点出口中成药及新辅料的研究作为重点。国家自然科学基金会对中医药基础研究（针麻、中药化学、中药对免疫机能的调节）增加了支持强度；国家科委也将中药（四种药物的生产）纳入火炬计划。WHO对中医药合作项目有所增加，确定了1991～1992年计划外四个资助项目和1992～1993年计划内两个资助项目。各级中医药主管部门贯彻点面结合的方针，加强了中医药科研机构的内涵建设。1个中心、7个基地和1/3重点院所得到加强，学术优势进一步强化。从1991年起实行重点实验室（研究室）制度，并开始建立情报检索中心和$P_3$实验室。

1991年扩大了对外学术交流，召开了国际传统医药大会和张仲景学术国际研讨会。

（张瑞祥）

**【1991年度国家中医药管理局中医药科技进步奖奖励项目】**

| 序号等级 | 项目名称 | 主要完成单位 | 主要完成者 |
|---|---|---|---|
| 91一1 | 循经感传和可见的经络现象的研究 | 全国经络研究协作组——<br>中国中医研究院针灸研究所<br>福建省中医药研究所<br>安徽中医学院针灸经络研究所等 | 程莘农<br>胡翔龙<br>孟昭威 |
| 91一2 | 医用文字信息处理及其应用研究 | 湖北中医学院附属医院 | 毛树松 何长青<br>沈绍武 高　梅<br>邵企红 王天闻<br>王亚文 沈　忠<br>翁月华 |
| 91一3 | 林麝人工授精技术的研究 | 陕西省药材公司<br>陕西省中药研究所<br>陕西省镇坪县养麝实验场 | 关　超 谭　锋<br>关　强 刘　鸣<br>胡朝锋 杨昌金<br>朱承嗣 胡　龙 |
| 91一4 | 药物加强针刺镇痛效应的研究 | 上海医科大学针刺原理研究所<br>上海医科大学附属华山医院 | 许绍芬 曹小定<br>徐振邦 吴根诚<br>潘银英 莫浣英<br>吴　钢 黄显奋<br>戴佳乐 |
| 91一5 | 常用中药材品种整理和质量研究（北方片）（防风、龙胆草、秦艽、麻黄、甘草、大小蓟、五味子、蟾酥和干蟾、五加皮、茜草、刘寄奴、海藻） | 北京医科大学药学院<br>中国医学科学院药用植物资源开发研究所<br>沈阳药学院<br>中国医学科学院药物研究所<br>天津药物研究院 | 楼之岑 张如意<br>李胜华 朱兆仪<br>陈碧珠 张豁中<br>崔　征 宋万志<br>张树花 |
| 91一6 | 常用中药材品种整理和质量研究（南方片）（党参、麦冬、黄芪、鸡血藤、骨碎补、菟丝子、蛇床子、砂仁、芍药、百部、沙参、七叶一枝花） | 中国药科大学<br>第二军医大学<br>中国药品生物制品检定所 | 徐国钧 徐珞珊<br>王峥涛 苏中武<br>余伯阳 王宝琴<br>屠鹏飞 梅其春<br>陈道峰 |

| 序号<br>等级 | 项　目　名　称 | 主要完成单位 | 主要完成者 |
|---|---|---|---|
| 91一7 | 脾虚型重症肌无力的监床和实验研究 | 广州中医学院 | 邓铁涛　李任先<br>张世平　刘小斌<br>李顺民　杨文辉<br>邓中光 |
| 91二1 | 五行模型的研究 | 上海市第一人民医院 | 冯杜熊<br>蔡小荪 |
| 91二2 | 300种药用植物种子生理的研究 | 浙江省中药研究所 | 孙昌高<br>许炫玉<br>方　坚<br>徐秀瑛<br>郑俊波 |
| 91二3 | 针麻在颞顶枕区及后颅窝手术中应用的规范化研究 | 上海医科大学附属华山医院<br>北京宣武医院<br>北京天坛医院<br>上海第二医科大学附属仁济医院<br>天津医学院附属医院 | 江澄川<br>方绍明<br>李德泽<br>罗其中<br>李庆彬 |
| 91二4 | 中医阴虚火旺症研究 | 上海中医学院<br>上海中医学院附属曙光医院 | 赵伟康<br>顾文聪<br>吴敦序<br>何雪帆<br>夏少农 |
| 91二5 | 充气式弹性脊柱固定牵引器治疗屈曲型胸腰脊柱骨折 | 山东文登整骨医院 | 孙文学<br>赵锦民<br>朱惠芳<br>张恩忠<br>孙显滋 |
| 91二6 | 循经感传规律性的研究 | 黑龙江省中医研究院 | 张　缙<br>李永光<br>张文娟<br>赵泉林<br>李淑芳 |
| 91二7 | 肾虚证和β肾上腺素受体M胆硷受体环核苷酸系统的关系及某些滋阴助阳药的调整作用 | 上海第二医科大学 | 易宁育<br>夏宗勤<br>胡雅儿<br>张世德<br>卞以洁 |
| 91二8 | “肾衰系列方”治疗慢性肾功能衰竭的临床及实验研究 | 天津市中医医院 | 张大宁<br>杨兴武<br>武寿芬<br>张宗礼<br>韩文轩 |
| 91二9 | 龙胆草野生变家种的研究 | 黑龙江省中药研究所<br>黑龙江省药材公司 | 杨友仁<br>杜永祥<br>齐瑞呈<br>吴成信<br>房迎春 |

| 序号<br>等级 | 项　目　名　称 | 主　要　完　成　单　位 | 主要完成者 |
| --- | --- | --- | --- |
| 91 二 10 | 中西医结合"自身调节体外复位固定支具"治疗胸腰段脊柱压缩骨折 | 天津医院 | 宫文清<br>顾云五<br>张铁良<br>陈宗源<br>师宜健 |
| 91 二 11 | 康龙参系列产品的研制 | 吉林省浑江市临江区参茸实业集团公司<br>北京中医学院<br>吉林农业大学 | 柳忠润<br>陈德昌<br>李向高<br>阎文玫<br>李树殿 |
| 91 二 12 | 病毒 I 号滴眼液治疗单纯疱疹性角膜炎的研究 | 中国中医研究院广安门医院 | 高培质<br>陆丽珠<br>王　克<br>蔡英娜<br>赵东云 |
| 91 二 13 | 《中藏经》整理研究 | 湖南省中医药研究院 | 李聪甫<br>刘祖贻<br>孙光荣 |
| 91 二 14 | 活血化瘀治疗视网膜静脉阻塞的实验与临床研究 | 成都中医学院附属医院 | 邓亚平<br>王明芳<br>王典荣<br>段俊国<br>李寿玲 |
| 91 二 15 | 李时珍研究 | 湖北省中医药研究院 | 钱远铭<br>叶发正<br>毛德华<br>蔡渔琴<br>张林茂 |
| 91 二 16 | 著名老中医张琪治疗劳淋经验的临床和实验研究 | 黑龙江省中医研究院 | 张　琪<br>单翠华<br>李宝琪<br>高桂郁<br>张佩清 |
| 91 二 17 | 脾虚型萎缩性胃炎的临床及实验研究 | 天津中医学院<br>解放军第 272 医院 | 高金亮<br>徐东琴<br>高玉德<br>张洪慈<br>惠忠道 |
| 91 二 18 | 针刺治疗中风的临床与实验研究 | 天津中医学院第一附属医院 | 石学敏<br>胡国强<br>周继普<br>张存生<br>韩景献 |
| 91 二 19 | P 物质在脊髓痛觉调制与针刺镇痛中的作用 | 中国中医研究院针灸研究所 | 朱丽霞<br>黎春元<br>方宗仁<br>赵飞跃<br>曹长清 |

| 序号等级 | 项目名称 | 主要完成单位 | 主要完成者 |
| --- | --- | --- | --- |
| 91二20 | 补肾益精法延缓衰老作用的机理研究 | 上海中医学院<br>上海市中医药研究院<br>上海中医学院附属龙华医院 | 赵伟康<br>宫　斌<br>林水淼<br>徐莲英<br>章玉正 |
| 91二21 | 洁尔阴洗液 | 成都恩威世亨制药有限公司 | 薛永新 |
| 91二22 | 常用中药材品种整理和质量研究（北方片）（漏芦、白鲜皮、草乌、山药、厚朴、瓜蒌、败酱草、仙鹤草、苍术、百合、葛根、钩藤、桂皮和肉桂、泽兰、益母草、茵陈、青蒿、艾叶、大青叶、瞿麦、冬葵子、黄芩、地黄、贯众、紫花地丁） | 北京医科大学药学院<br>中国医学科学院药用植物资源开发研究所<br>沈阳药学院<br>河南省中医研究院<br>中国中医研究院中药研究所 | 秦　波<br>冯毓秀<br>许春泉<br>都恒青<br>乐崇熙 |
| 91二23 | 常用中药材品种整理和质量研究（南方片）（苦杏仁、紫草、淫羊藿、丹参、伸筋草、狼毒、防己、黄柏、马兜铃、木香、丹皮、山豆根、海桐皮、桔梗、巴戟天、吴茱萸、独活、菖蒲、旱莲草） | 中国药科大学<br>上海医科大学<br>江西省药物研究所<br>四川省中药学校<br>湖北省中药材公司科研所 | 徐国钧<br>金蓉鸾<br>施大文<br>戴克敏<br>张海道 |
| 91三1 | 中英文版针灸文献分析和检索系统 | 中国中医研究院图书情报研究所 | 吴兰成<br>刘兴华<br>邓青青<br>任其霞<br>刘　静 |
| 91三2 | 医学热像技术在面瘫针刺治疗及疗效评价中应用的研究 | 中国中医研究院针灸研究所 | 张　栋<br>魏正岫<br>温宝珠<br>高惠合<br>孟镜壁 |
| 91三3 | 中西医结合治疗大肝癌（临床研究） | 上海医科大学肿瘤医院 | 于尔辛<br>刘鲁明<br>宋明志<br>黄雯霞<br>倪惠芳 |
| 91三4 | 中医寒热的临床和实验研究 | 北京医科大学中西医结合研究所<br>北京医科大学第一附属医院 | 谢竹藩<br>梁月华<br>马　澜<br>庞宁海<br>马剑鸣 |
| 91三5 | 血瘀证证型研究 | 江苏省中医药研究所 | 顾亚夫<br>王殿俊<br>倪　正<br>张珊珊<br>华兴邦 |
| 91三6 | 中药续断原植物及续断属修订研究 | 中国中医研究院中药研究所 | 艾铁民<br>陈虎彪<br>程志铭<br>李燕立<br>王跃生 |

| 序号 等级 | 项目名称 | 主要完成单位 | 主要完成者 |
|---|---|---|---|
| 91三7 | 中药驱铅的实验研究及临床观察 | 上海中医学院<br>天津南开医院 | 孙爱贞<br>吴敦序<br>赵英环<br>王惠芳<br>李维麓 |
| 91三8 | 中药汤剂改进的研究——单味及复方系列袋泡剂的研究 | 湖南省中医药研究院 | 杨永华<br>徐华雄<br>杨岱鸿<br>张灵芝<br>杨　勇 |
| 91三9 | 杵针疗法经验整理研究 | 成都中医学院<br>成都中医学院附属医院 | 李仲愚<br>钟枢才<br>杜　辛<br>曾升平<br>刘全让 |
| 91三10 | GZH 型热针仪的研制及临床应用 | 昆明市中医医院<br>国营西南仪器厂 | 管遵惠<br>戴瑞坤 |
| 91三11 | 大脑产伤后遗症点穴为主治疗之临床与机理研究 | 中国中医研究院骨伤科研究所 | 王肇普<br>吴夏勃<br>韩凤岳<br>陈燕平<br>杨梅香 |
| 91三12 | 电针治疗抑郁症的临床与实验研究 | 北京医科大学精神卫生研究所 | 罗和春<br>沈渔村<br>贾云奎<br>周东丰<br>舒　良 |
| 91三13 | 黄芩苷的基础药理研究 | 南京医学院<br>中国科学院有机化学研究所<br>南京药物研究所 | 张银娣<br>尤丽芬<br>王幼林<br>沈建平<br>庄碧年 |
| 91三14 | 银柴胡栽培技术及其质量的研究 | 宁夏区药品检验所<br>宁夏区药材公司<br>沈阳药学院<br>宁夏区陶乐县药材公司 | 邢世瑞<br>余复生<br>王英华<br>段金廒<br>刘景林 |
| 91三15 | 著名老中医方药中对慢性肾功能衰竭的临床诊治经验研究 | 中国中医研究院研究生部 | 方药中<br>许家松<br>聂莉芳<br>林秀彬<br>方　芳 |
| 91三16 | 复方161胶囊治疗冠心病心绞痛304例临床观察及实验研究 | 天津市第三医院<br>天津程林医院 | 马慧文<br>刘　军<br>刘瑞珍<br>苏文瑞<br>吴中玲 |

| 序号等级 | 项目名称 | 主要完成单位 | 主要完成者 |
|---|---|---|---|
| 91三17 | 宫颈癌阻断研究——宫颈Ⅰ号栓治疗宫颈“间变”与重度糜烂的临床与实验研究 | 中国中医研究院广安门医院 | 李光荣<br>任德麟<br>蔡玉华<br>王丽霞<br>于灵惠 |
| 91三18 | 新生儿中药应用剂量的研究 | 湖南中医学院<br>湖南医科大学附属第一医院 | 张宝林<br>凌锡森 |
| 91三19 | 冠心病动脉粥样硬化斑块消退药物及其机理研究 | 宁夏银川市中医医院 | 马浩亮<br>张文威<br>卢化平<br>张衡达<br>王毓畦 |
| 91三20 | 应用寒温统一热病理论治疗急症（高热、厥脱）的临床研究 | 江西中医学院<br>江西省中医药研究所 | 万友生<br>万兰清<br>卢　卫<br>马超英<br>杨　宁 |
| 91三21 | 强壮灵治疗小儿脾气虚厌食症的研究 | 中国中医研究院广安门医院 | 邹治文<br>阎孝诚<br>文　传<br>李秀敏<br>钱允键 |
| 91三22 | 东莨菪碱穴位注射治疗小儿瘫痪 | 江西中医学院 | 张秀辉<br>熊翠凤<br>邓吉华<br>孔庆芳<br>涂俊杰 |
| 91三23 | 当归、川芎药对（佛手散）配伍机理的研究 | 上海中医学院 | 李仪奎<br>胡月娟<br>徐　军<br>马建平<br>周　弘 |
| 91三24 | 《黄元御医书十一种》整理研究 | 西安市中医医院 | 麻瑞亭<br>孙洽熙<br>徐淑凤<br>肖芳琴 |
| 91三25 | 名老中医何宏邦对慢性萎缩性胃炎辨证施治临床观察研究 | 大连市中心医院 | 何宏邦<br>孔祥铁<br>刘玉姿<br>姜清华<br>樊纯风 |
| 91三26 | 小儿眼肌型重症肌无力的临床研究 | 北京中医学院 | 刘弼臣<br>李素卿<br>陈　丹<br>王允荣<br>郝清春 |

| 序号<br>等级 | 项　目　名　称 | 主要完成单位 | 主要完成者 |
|---|---|---|---|
| 91三27 | 家养麝活体取香质量评价研究 | 中国药品生物制品检定所 | 王宝琴<br>冷　炜<br>徐康森<br>郭希圣<br>李九丹 |
| 91三28 | 抗病毒口服液的研制 | 沈阳药学院<br>辽宁省本溪制药厂<br>广州市萝岗制药厂 | 徐绥绪<br>王秀智<br>罗国器<br>王志学<br>张大丰 |
| 91三29 | 中医中药治疗乙型肝炎的临床及实验研究 | 北京中医医院<br>北京友谊医院<br>北京地坛医院<br>北京佑安医院<br>北京儿童医院 | 陈增潭<br>王宝恩<br>赵伯智<br>殷蔚荑<br>卓焕慈 |
| 91三30 | 重症肌无力脾虚证型的辨证论治、疗效和治疗机理临床实验研究 | 第二军医大学附属长海医院<br>上海市虹口区中心医院<br>上海市第一肺科医院 | 涂来慧<br>李庚和<br>王　律<br>张仁琴<br>蒋方建 |
| 91三31 | 放射自显影研究中枢性5-羟色胺、r-氨基丁酸和蛋氨酸在针刺镇痛中的作用 | 苏州医学院 | 朱寿彭<br>张澜生<br>刘忠浩 |
| 91三32 | 旋转复位手法与治疗颈椎性血压异常疗效研究 | 广西中医学院 | 韦贵康<br>陈忠和<br>贺俊民 |
| 91三33 | 新药小儿热速清口服液治疗小儿外感高热的临床及实验研究 | 河南中医学院 | 李晏龄<br>孙国强<br>董玉秀<br>丁　樱<br>李建国 |
| 91三34 | 泽泻的活血化瘀实验研究 | 北京中医学院 | 齐治家<br>何基渊<br>陶晋舆<br>张秋菊<br>钱家俊 |
| 91三35 | 肝郁气滞血瘀的临床和实验研究 | 中国中医研究院基础理论研究所 | 李凤文<br>须惠仁<br>张问渠<br>温天明<br>傅湘琦 |
| 91三36 | 热必宁治疗急症外感高热的临床及实验研究 | 湖北中医学院附属医院 | 涂晋文<br>刘耀先<br>熊家平<br>陈克进<br>柯新桥 |

| 序号等级 | 项目名称 | 主要完成单位 | 主要完成者 |
|---|---|---|---|
| 91 三 37 | 中医治疗尪痹(类风关)的临床机理和实验研究 | 中日友好医院<br>辽宁省本溪市第三制药厂 | 焦树德<br>晁恩祥<br>董长宏<br>冯世伦<br>王伟钢 |
| 91 三 38 | 蝮龙抗栓丸治疗血管血栓病的临床研究 | 沈阳血栓病医疗中心 | 王仁华<br>驰明宇<br>汪维汉<br>邹有绵<br>张贵厚 |
| 91 三 39 | 青白汤治疗咯血的临床与实验研究 | 湖北中医学院附属医院 | 刘耀先<br>涂晋文<br>陈克进<br>洪亨惠<br>董梦久 |
| 91 三 40 | 中药微机程控炒药机的研制 | 中国中医研究院中药研究所 | 李铁林<br>汪文君<br>徐志坚<br>周　杰<br>李　川 |
| 91 三 41 | 针麻开颅手术的临床效果及血流动力学和神经内分泌反应 | 北京天坛医院 | 王恩真<br>王保国<br>李淑芹<br>董吟辰<br>张淑珍 |
| 91 三 42 | 中医舌诊客观化定量化的研究——光谱光度法中医舌象仪的研制及临床应用 | 上海市浦东中心医院<br>上海市激光技术研究所 | 余永敏<br>徐顺潮<br>韩新民<br>王均培<br>李月南 |
| 91 三 43 | 常用中药材品种整理和质量研究(北方片)(苦参、木通、旋复花、合欢花、白术、威灵仙、昆布、地肤子、女真子、葶苈子、青风藤、寄生、佩兰、天花粉、天南星、青木香、板兰根、沙苑子、鹤虱) | 北京医科大学药学院<br>沈阳药学院<br>中国中医研究院中药研究所<br>天津市医药科学研究所<br>北京中医学院中药系 | 王建华<br>孟宪纾<br>刘应泉<br>夏光成<br>李家实 |
| 91 三 44 | 常用中药材品种整理和质量研究(南方片)(黄连、川芎、藁本、升麻、延胡索、远志、连翘、土茯苓、牛膝、金钱草、香薷、姜黄、莪术、郁金、辛夷、郁李仁、紫荆皮、桃仁) | 中国药科大学<br>四川省中医药研究院中药研究所<br>华西医科大学<br>江西省药物研究所<br>成都市中药材采购供应站 | 姜荣兰<br>谢成科<br>郭春兰<br>谭天琼<br>王天志 |

（洪　净）

**【1991 年度国家中医药管理局科技进步奖成果简介】**

1991 年国家中医药管理局共收到申请奖励项目 330 项，评出中医药科学技术进步奖获奖项目 74 项，其中一等奖 7 项，二等奖 23 项，三等奖 44 项。

**1. 中药材质量和栽培技术研究等取得进展**

北京医科大学药学院和中国药科大学等完成的"常用中药材品种整理和质量研究"项目，从10项指标进行系统研究，澄清了中药品种的混乱现象，提出品种鉴别的依据和方法，评价了品种的质量，为医疗、预防与保健、安全用药、有效用药提供了科学依据，有较大的社会效益。这一研究对学科发展，制定中药材标准，修订药典，促进中药标准化、现代化具有重大意义和科学价值。在药材生产、经销和开发新药源、提高药材出口信誉，扩大国际市场方面将产生较大的经济效益。105个品种分别获得一、二、三等奖。

麝香是珍稀动物药，天然资源十分紧缺。为发展养麝解决药源问题，陕西省药材公司等进行了"林麝人工授精技术的研究"。首次成功地获得鲜精人工授精，林麝受胎率达52.6%，产仔16头，冻精受胎率33.3%，产仔6头。对保存动物资源，开展人工驯养事业，发展珍贵中药原料生产具有重要意义，在麝属动物中此类研究处国内外领先地位，获得一等奖。

龙胆草为常用、紧缺中药材，因其种粒微小(4.3万粒/克)，发芽和头年幼苗的生长受自然条件干扰很大，国内外在相当长的时期内家种未获成功。黑龙江省中药研究所等开展的"龙胆草野生变家种的研究"以室内人工控温控湿催芽、液态播种、带土移栽、遮阴促长和防治病虫害等综合措施，使野生变家种成功，达到国内先进水平，并扩大种植3 000亩，创经济效益100万元。

浙江省中药研究所完成的"300种药用植物种子生理的研究"，对种子的生物学特性、地区分布、采收方法、合理调制、贮藏条件和寿命等进行了研究，编著了《药用植物种子手册》，为药用植物种子的生理研究奠定了基础，为种质库的建立提供了科学依据，填补了国内外空白。

**2. 计算机应用成果令人瞩目**

湖北中医学院附属医院"《医用文字信息处理及其应用》研究"在计算机中文信息处理及医用多文种信息处理等领域进行了开拓性系列研究。通过确立"广义文字信息概念"及其理论框架，将计算机中文信息处理的理论及技术提到了一个新的高度——首创"首音、首笔"编码技术；提出"相关信息复合存储"新概念及处理技术并解决专业分类文字信息库的设计及实现方法；外挂式多文种文字信息处理软件工具的研制解决了不同机型、不同版本中文、西文操作系统软件兼容性难题；并将以上技术应用于中医药学信息处理领域，遍及医药学文字信息的基础工作以及信息管理，使我国的计算机中、西文专业文字信息处理技术处于世界先进水平。迄今，已将科研、病案、统计、设备、人事、药品等方面的研究成果在全国30个省市119个医疗单位推广应用，并取得经济效益28.3万元。获一等奖。

中国中医研究院图书情报研究所"中英文版针灸文献分析和检索系统"是全面收录全世界针灸文献，具有中英文两种版本的文献型数据库，涉及十余种语言，计520多种学术期刊，覆盖面较广，具有较高的查全率和查准率。所采用的分类和叙词法为主的标引方法与MEDLARS标引方法相兼容，可检索途径为16项。已取得一定的社会效益和经济效益。

**3. 经络、针麻研究取得新成果**

经络研究是目前国内外十分关注的课题。全国经络研究协作组完成的"循经感传和可见的经络现象的研究"，肯定了经络现象的存在，针刺感传具有路线基本循经、明确的客观效应，可被阻滞等重要特点；循经感传与针灸疗效有密切的关系，通过激发感传，促进气至病所，确可进一步提高针灸疗效。该研究进一步证明了经络学说的科学价值，使我国的经络研究工作在国际上保持了领先地位。

黑龙江省中医研究院“循经感传规律性的研究”对1000例研究对象进行了实验观察，从经络俞穴的声、电阻、温度三方面研究证明了隐性感传的存在，采用28个指标观察人体和进行动物实验，提出了经络感传具有普遍、潜在、趋病效应，可激、可控、循经、变异等规律。并根据这些特性应用于临床结合手法治疗冠心病等408例，疗效有明显提高，同时对治疗疾病的机理进行了探讨，取得了显著成绩。

上海医科大学“药物加强针刺镇痛效应的研究”，采用动物的皮肤痛及内脏痛测痛模型，观察24种临床常用药对针刺镇痛的影响，将这些药分为针麻增效药、针麻减效药和无影响药三类。在231例甲状腺切除术中进行了临床验证，选出4种增效药方案。应用多种先进技术进行增效机制的分析，不但找到了增效规律，而且对针刺镇痛原理的研究起到促进作用。该项目对临床针麻选择合理的辅助用药，提高针刺镇痛效果，扩大针麻的临床应用有重要意义。“针麻在颞顶枕区及后颅窝手术中应用的规范化研究”采用优选穴位和针麻增效辅助药物统一配方统一操作，在536例手术中克服了开颅中镇痛不全的缺点，使针麻手术成功率从75%提高到90%以上，成为颅脑外科手术常规选择性麻醉方法，为颅脑手术填补了空白。

**4. 老中医经验整理研究受到好评**

重症肌无力是一种世界性难治病，目前尚无特效疗法。广州中医学院“脾虚型重症肌无力的临床和实验研究”继承总结了邓铁涛教授的学术经验，首次应用中医证候频率分析法对233例重症肌无力的58个中医证候作了频率分析，确认了该病病机为脾胃虚损。从补脾入手创立“强肌健力饮”治疗252例，临床治愈47.7%，显效38.5%，好转13.7%，总有效率98.8%。疗效与激素相似，但无副作用。

黑龙江省中医研究院开展的“著名老中医张琪治疗劳淋经验的临床和实验研究”，对劳淋（慢性肾盂肾炎、慢性膀胱炎等）的病机提出本虚标实，治以益气养阴兼清利湿热。制成“泌炎康冲剂”经临床326例验证，近期治愈率82.5%，远期治愈率（6月）87%，明显高于西药对照组的33.33%和41.18%。

成都中医学院“杵针疗法经验整理研究”整理研究李仲愚老中医14代家传的独特针灸疗法，编写了《杵针治疗学》，制作了杵针，完成了83例中老年心血管疾病的杵针与针刺治疗即时效应对比观察，两法无明显差异。杵针具有操作简便、无创痛、易为患者接受的特点。

“著名老中医方药中对慢性肾功能衰竭的临床诊治经验研究”，“名老中医何宏邦对慢性萎缩性胃炎辨证施治临床观察研究”等项目均分别获奖。老中医经验整理研究突出中医特色，既体现传统方法，又结合现代科学手段，源于中医发展中医，受到好评。

（洪　净）

**【1991年度科研基金青年及民族医药课题招标】**

国家中医药管理局科研基金青年及民族医药课题招标工作于1991年8月29日完成。全国有27个省、自治区、直辖市及国务院部属10个直属单位共465项青年课题投标申请资助，经过评审，52项青年课题获得资助，资助率为11.18%。民族医药课题由国家中医药管理局于1990年布置各有关省、自治区中医及民族医药科研主管部门限额申报，经过评审，32项民族医药课题获得资助。

（宋春生）

## 中药生产经营

**【1991年度国家级和局级中成药优质产品】**

1991年中药行业共有7个产品获国家

优质产品奖(见表 1)。其中金质奖 2 个,银质奖 5 个。获奖产品经国家中医药管理局组织抽样检测,结果均达到或超过优等品标准,基本达到我国中药行业技术、质量、检测、管理的先进水平,产品质量稳定、疗效确切,畅销国内外,效益显著。

1991 年荣获国家中医药管理局优质产品奖的有 41 个产品(见表 2)。其中中成药 40 个、中药机械 1 个,所评优质产品中有 5 个产品是农垦系统的。

1991 年还有 20 个中成药产品被国家技术监督局复查确认为 1990 年国家优质产品。这些产品曾于 1985 年获得国家优质产品称号,其中金奖产品 3 个,银奖产品 17 个(见表 3)。

表 1　1991 年中成药国家优质产品名单

| 序　号 | 注册商标 | 产品名称 | 生产厂家 | 获国优等级 |
|---|---|---|---|---|
| 1 | 镇海楼牌 | 胃乃安胶囊 | 广州中药一厂 | 金 |
| 2 | 回生牌(内销)<br>长城牌(外销) | 藿香正气软胶囊 | 天津达仁堂制药厂 | 金 |
| 3 | 牡丹牌 | 妇科千金片 | 湖南株洲市中药厂 | 银 |
| 4 | 南峰牌 | 固本咳喘片 | 浙江台州制药厂 | 银 |
| 5 | 众牌 | 沈阳红药 | 沈阳中药厂 | 银 |
| 6 | 体健牌(内销)<br>长城牌(外销) | 藿香正气冲剂 | 天津中药制药厂 | 银 |
| 7 | 宝塔牌 | 骨刺消痛液 | 北京同仁堂药酒厂 | 银 |

表 2　1991 年国家中医药管理局优质产品名单

| 序　号 | 注册商标 | 产品名称 | 生产厂家 |
|---|---|---|---|
| 1 | 李时珍牌<br>同仁堂牌 | 大活络丹 | 北京同仁堂制药厂 |
| 2 | 长城牌 | 海马补肾丸 | 天津乐仁堂制药厂 |
| 3 | 潘高寿牌 | 蛇胆川贝枇杷膏 | 广州潘高寿药厂 |
| 4 | 王老吉牌 | 冲服凉茶 | 广州羊城药厂 |
| 5 | 天然牌 | 西洋参王浆 | 哈尔滨制药五厂 |
| 6 | 樟树牌 | 脑灵素片 | 江西清江制药厂 |
| 7 | 岳阳楼牌 | 龟龄膏 | 湖南岳阳市制药二厂 |
| 8 | 红叶牌 | 刺五加片 | 黑龙江铁力制药厂 |
| 9 | 鞍山牌 | 痢特敏片 | 辽宁鞍山第一制药厂 |
| 10 | 桑海牌 | 牛黄蛇胆川贝液 | 江西南昌桑海制药厂 |
| 11 | 天目山牌 | 妇乐冲剂 | 浙江天目山药厂 |
| 12 | 黄氏牌 | 黄氏响声丸 | 江苏无锡中药厂 |
| 13 | 神鹿牌 | 温胃舒 | 安徽合肥中药厂 |
| 14 | 羊城牌<br>嘉应牌 | 重感灵 | 广东梅州制药厂 |
| 15 | 山庄牌 | 颈复康 | 河北承德中药厂 |
| 16 | 敖东城牌 | 颐和春 | 吉林延边敖东制药厂 |
| 17 | 济药牌 | 三黄片 | 河南焦作市第二中药厂 |

| 序　号 | 注册商标 | 产品名称 | 生产厂家 |
|---|---|---|---|
| 18 | 安药牌 | 午时茶冲剂 | 湖北安陆制药厂 |
| 19 | 杨济生牌 | 排石冲剂 | 江西南昌济生制药厂 |
| 20 | 万年青牌 | 胆石通胶囊 | 广东汕头制药厂 |
| 21 | 鼎炉牌 | 新癀片 | 厦门中药厂 |
| 22 | 松鼠牌 | 珍视明滴眼液 | 江西抚州制药厂 |
| 23 | 上药牌 | 珍珠粉 | 上海中药制药一厂 |
| 24 | 陈州牌 | 晕痛定 | 河南周口地区第二制药厂 |
| 25 | 仙人洞牌 | 活心丸 | 吉林浑江第二制药厂 |
| 26 | 石佛牌 | 强力枇杷露 | 山西大同中药厂 |
| 27 | 江河源牌 | 乙肝宁片 | 青海中药制药厂 |
| 28 | 红宁牌 | 金钱草冲剂 | 广西南宁制药企业集团公司 |
| 29 | 蜂王牌 | 再障生血片 | 吉林辽源市中药厂 |
| 30 | 健民牌 | 咽喉片 | 武汉健民制药厂 |
| 31 | 老君炉牌 | 骨质增生丸 | 长春市人民制药厂 |
| 32 | 郯南牌 | 银黄口服液 | 山东鲁南制药厂 |
| 33 | 大鹏牌 | 王中王口服液 | 深圳长白山制药厂 |
| 34 | 银药牌 | 妇炎栓 | 宁夏中药厂 |
| 35 | 春柳牌 | 乙肝灵 | 吉林柳河中药厂 |
| 36 | 松鹿牌 | 鹿角胶 | 内蒙古扎兰屯制药厂 |
| 37 | 神女峰牌 | 三号蛇胆川贝片 | 四川万县地区中药厂 |
| 38 | 昆明牌 | 血塞通注射液 | 昆明制药厂 |
| 39 | 峨嵋牌 | 消核片 | 四川省中药厂 |
| 40 | 梨乡牌 | 甘草浸膏 | 新疆湖光制药厂 |
| 41 | 巨烽牌 | D74-10 型剁刀式切药机 | 天津市中药机械厂 |

表 3　1990 年国家优质产品复查确认名单

| 序　号 | 注册商标 | 产品名称 | 生产厂家 | 获国优等级 |
|---|---|---|---|---|
| 1 | 东阿牌 | 山东阿胶 | 山东东阿阿胶厂 | 金 |
| 2 | 远字牌 | 定坤丹 | 山西中药厂 | 金 |
| 3 | 人参牌 | 鼻炎片 | 武汉中联制药厂 | 金 |
| 4 | 参花牌 | 安脑牛黄片 | 吉林长春市人民制药厂 | 银 |
| 5 | 向阳牌 | 消咳喘 | 哈尔滨市中药二厂 | 银 |
| 6 | 鼎炉牌 | 六味地黄丸 | 厦门中药厂 | 银 |
| 7 | 鲁　牌 | 六味地黄丸 | 山东济南中药厂 | 银 |
| 8 | 李时珍牌 | 白凤丸 | 北京同仁堂制药厂 | 银 |
| 9 | 玉林牌 | 正骨水 | 广西玉林地区制药厂 | 银 |
| 10 | 山花牌 | 愈风宁心片 | 北京同仁堂中药提炼厂 | 银 |
| 11 | 松柏牌 | 益母草膏 | 天津市第六中药厂 | 银 |
| 12 | 林源牌 | 延边人参再造丸 | 吉林敦化市制药厂 | 银 |
| 13 | 葵花牌 | 护肝片 | 黑龙江五常制药厂 | 银 |
| 14 | 健民牌 | 止嗽定喘膏 | 江苏常州健民制药厂 | 银 |
| 15 | 铁船牌 | 十全大补酒 | 浙江绍兴中药厂 | 银 |
| 16 | 百合牌(内销)<br>栈桥牌(外销) | 利胆片 | 山东青岛中药厂 | 银 |

| 序　号 | 注册商标 | 产品名称 | 生产厂家 | 获国优等级 |
|---|---|---|---|---|
| 17 | 万年青牌 | 消炎利胆片 | 广东汕头制药厂 | 银 |
| 18 | 汾江牌 | 冯了性风湿跌打药酒 | 广东佛山市制药一厂 | 银 |
| 19 | 灵峰牌 | 金鸡冲服剂 | 广西梧州地区制药厂 | 银 |
| 20 | 金鼎牌(内销)<br>川江牌(外销) | 喉炎丸 | 成都中药厂 | 银 |

（郭清伍）

**【1991年获国家中医药管理局质量管理奖企业】**

1991年经国家中医药管理局质量管理奖审定委员会审议批准，黑龙江省佳木斯中药厂、哈尔滨中药二厂、山东东阿阿胶厂、天津中药制药厂、广州中药一厂、上海中药制药一厂、杭州第二中药厂、山东潍坊药材站、山东烟台药材站为国家中医药管理局质量管理奖企业。

获奖企业具有以下特点：

1. 质量意识强。各企业以超前的质量意识，大胆创新，积极开拓国内、国际两个市场，从提高产品质量、标准质量、技术质量、管理质量入手，走质量效益型道路，坚持"质量第一，用户至上"的生产经营方针，推行全面质量管理，做到组织、人员、制度三落实，方针目标管理成为企业管理的主线，重视突出质量目标，质量目标占企业方针目标达30%以上，形成了较为完善的质量保证体系。

2. 重视技术进步，积极采用国内外先进技术、设备和现代化管理手段。各企业做到软件上抓管理的同时，狠抓硬件的技术改造，积极采用"四新"，以GMP(优良生产管理规范)要求为标准，结合本企业特点，进行厂区划分、厂房改造、调整工艺流程、更新设备，各企业均有处于国内中药行业领先地位，达到国内先进水平的方面。哈尔滨中药二厂开发的高技术产品双黄连粉针，填补了中药粉针的空白，并以其疗效显著，深受欢迎，产品供不应求；山东东阿阿胶厂引进先进设备，改进阿胶生产工艺，成为全国唯一夏天不停产的阿胶生产厂；上海中药制药一厂引进日本水提、固液分离、浓缩、干燥及配套的干压制粒设备并消化吸收，生产出中药新剂型颗粒剂，产品国内领先并达国际水平；广州中药一厂"七五"期间投资1 200多万元，进行了三期技术改造，其粉碎车间具有程控自动化操作、消音防尘、安全设施好等优点，达到国内先进水平；山东潍坊药材站积极推行微机辅助管理，配备了15台微机并联网运行。企业的技术进步，大大提高了产品质量。

3. 方针目标成为职工的奋斗方向。企业方针目标管理的基础工作逐年扎实，方针目标展开的深度和广度逐年发展，方针目标的考核、诊断工作逐年完善，方针目标管理的制度、手段不断健全，使企业的方针目标真正成为指导全厂职工生产和工作的努力方向和奋斗目标。

4. 实行质量否决权。各企业的奖惩考核办法与经济责任制挂勾，对生产部门的产量和质量实行质量否决权，根据生产特点，提出具体实施细则，对管理部门采用百分制或系数法进行考核，拉开了奖金档次，很好地发挥了质量在劳动价值上的否决作用，树立了质量在企业中的权威性。

5. 产品质量好。工业企业主要产品均获省优以上荣誉称号，并至少有一种或一种以上产品获国家优质产品奖，优质产品产值率在70%以上，质量稳定提高率100%，市场监督抽查合格率100%。

6. 坚持社会主义经营方向，注重产品的适用性和服务质量。商业企业以良好的服务和质量赢得顾客。山东潍坊、烟台药材站常年经营中药品种 2 000 余种，所属批发部、零售店分别建立了必备产品目录，成方率 100%，合同履行率达 90%以上，并积极开展便民活动，满足市场需要，树立了良好的医药道德风尚。

（孙力英）

**【1991 年全国中药优秀质量管理（QC）小组评选】**

1991 年有 46 个质量管理（QC）小组获国家中医药管理局优秀 QC 小组称号（见附表），55 个 QC 小组获国家中医药管理局先进 QC 小组称号。推选出南京同仁堂制药厂排石冲剂 QC 小组、北京同仁堂饮片厂的精制饮片 QC 小组、上海市药材公司的探讨芳香药材综合管理办法 QC 小组为国家级优秀 QC 小组。

附表　1991 年国家中医药管理局优秀质量管理（QC）小组名单

**一、中成药小组**

| 名次 | 发表单位 | 小组名称 |
|---|---|---|
| 1 | 南京同仁堂制药厂 | 排石冲剂 QC 小组 |
| 2 | 山东东阿阿胶厂 | 销售科 QC 小组 |
| 3 | 沈阳中药厂 | 四车间麝香虎骨膏 QC 小组 |
| 4 | 上海中药制药一厂 | NEQC 小组 |
|  | 天津中药制药厂 | 愈风宁心片技术攻关 QC 小组 |
| 5 | 邯郸制药厂 | 粉碎机组改造 QC 小组 |
| 6 | 宁波中药厂 | 浓维磷补汁 QC 小组 |
| 7 | 黑龙江中医学院中药厂 | 羚羊清肺散创优 QC 小组 |
| 8 | 天津乐仁堂制药厂 | 养阴清肺糖浆 QC 小组 |
| 9 | 广东潮州宏兴制药厂 | 厂部 QC 小组 |
| 10 | 杭州胡庆余堂药厂 | 丸剂 QC 小组 |
|  | 郑州中药厂 | 提取车间 QC 小组 |
| 11 | 上海中药三厂 | 安络解痛片外观攻关 QC 小组 |
|  | 广州中药一厂 | 质量成本 QC 小组 |
| 12 | 江西樟树制药厂 | 参茸黑锡丸 QC 小组 |
| 13 | 大连中药厂 | 财务 QC 小组 |
| 14 | 北京同仁堂中药提炼厂 | 降低原材料消耗 QC 小组 |
| 15 | 吉林省敦化市制药厂 | 提取车间 QC 小组 |
|  | 无锡中药厂 | 黄氏响声丸 QC 小组 |
| 16 | 江苏省南通制药厂 | 季德胜蛇药片 QC 小组 |
| 17 | 湖南省株洲中药厂 | 妇科千金片前处理 QC 小组 |
|  | 武汉市健民制药厂 | 龙牡壮骨冲剂 QC 小组 |
| 18 | 山东潍纺中药厂 | 水丸 QC 小组 |
|  | 安徽淮南第一制药厂 | 节能管理 QC 小组 |
| 19 | 四川省阿坝州制药厂 | 片剂 QC 小组 |
|  | 哈尔滨中药二厂 | 双黄连提取 QC 小组 |
| 20 | 四川省万县地区中药厂 | 乙肝胶囊 QC 小组 |
|  | 吉林省临江制药厂 | 五加参蛤蚧精 QC 小组 |
| 21 | 北京同仁堂制药二厂 | 提取车间煮提工序 QC 小组 |

**二、中药饮片小组**

| 名次 | 发表单位 | 小组名称 |
|---|---|---|
| 1 | 北京同仁堂饮片厂 | 精制饮片 QC 小组 |
| 2 | 南京中药饮片厂 | 蒸制 QC 小组 |
| 3 | 上海徐汇中药饮片厂 | 节能 QC 小组 |
| 4 | 广州中药饮片厂 | 改善薄庄鹿茸片工艺管理 QC 小组 |
| 5 | 济南中药饮片厂 | 蒸制工艺 QC 小组 |
|  | 无锡中药饮片厂 | 中药炮制 QC 小组 |

**三、中药商业小组**

| 名次 | 发表单位 | 小组名称 |
|---|---|---|
| 1 | 上海市药材公司 | 探讨芳香药材综合管理办法 QC 小组 |
| 2 | 湖北省黄石市中药材公司 | 职教 QC 小组 |
| 3 | 杭州张国泰药店 | 中药营业柜 QC 小组 |
| 4 | 营口市药材公司 | 中成药老产品 QC 小组 |
| 5 | 北京市药材公司储运站 | 科学养护 QC 小组 |
| 6 | 江苏省南通医药站 | 中药仓库 QC 小组 |
|  | 河北省唐山药材公司 | 团委 QC 小组 |
| 7 | 烟台药材采购供应站 | 企业管理 QC 小组 |
|  | 海拉尔药材公司 | 生产科 QC 小组 |

| 名次 | 发表单位 | 小组名称 |
|---|---|---|
| 8 | 衡阳市药材公司 | 中药科 QC 小组 |
| 9 | 吉林市药材采购供应站质检科 QC 小组 | |

（孙力英）

**【1991 年度中药工业国家级节能企业】**

国家节能一级企业（2）

山东东阿阿胶厂

广州中药一厂

国家节能二级企业（17）

北京同仁堂制药二厂

北京同仁堂中药提炼厂

北京中药五厂

石家庄乐仁堂制药厂

哈尔滨中药二厂

哈尔滨制药三厂

上海中药制药三厂

浙江兰溪制药厂

杭州天目山药厂

江西弋阳制药厂

河南宛西制药厂

武汉健民制药厂

长沙中药一厂

广州敬修堂药厂

桂林中药制药厂

云南白药厂

兰州佛慈制药厂

（刘　新）

# 医 政 管 理

**【1991 年医政工作】**

到 1991 年底，全国县及县以上医院 13 638 所，乡卫生院 48 140 所；专业卫生技术人员 502.5 万人，其中医生 177.95 万人（中西医师 132.5 万人），护士（师）101.2 万人，全国共有个体开业医 14.9 万人。全国平均每千人口医院床位数为 2.35 张，其中市 4.21 张，县 1.55 张；每千人口卫生技术人员数为3.49人，其中市6.58人，县2.16人；每千人口医生数为1.56人，其中市2.92人，县0.97人；每千人口护士（师）为0.89人，其中市1.94人，县0.43 人。全国医院诊疗总人次为26.14亿次，入院总人数为5 292万人，病床使用率为81.4%，病床周转次数为17.6次，出院者平均住院日为15.9天。

1. 治理整顿医疗秩序，深化改革。1991年继续整顿医疗秩序，加强各地卫生行政主管部门对全行业归口管理，整顿社会办医，审定办医条件，打击借医行骗、非法行医等，乱办医的状况得到控制。医院管理工作方面重点开展按分级标准进行审评工作。卫生部于1991 年 6 月 23 日成立了卫生部医院评审委员会。到 1991 年底，有 18 个省、市成立了医院评审委员会，23 个省、市制定了医院分级管理实施细则。各地举办医院分级管理培训班，培训了 3 万多名管理干部。选择试点，开展试评工作，至 1991 年底全国已有近 400 所医院通过分级管理试点审评。浙江、湖南、宁夏等省、自治区与财政、物价有关部门共同制定了医院评审与收费挂钩的方案。1991年 6 月 23 日，卫生部在唐山市召开全国医院分级管理工作现场会，交流医院分级管理评审的经验，推广唐山市的经验。

为推动医药科技进步，提高临床检验水平，卫生部部长陈敏章发布卫生部第 18 号令，决定自 1992 年 7 月 1 日起至 1993 年 1

月1日，分步淘汰硫酸锌浊度试验等35项临床检验项目与方法。

医院管理信息系统的开发有了新的进展。1991年召开了医院管理信息系统论证会，成立了医院管理信息系统开发协作组。医院的药品编码、检验标准、疾病分类标准、财物编码已完成初稿。

纠正医疗行业不正之风工作不断深入。各地普遍进行了廉洁行医教育，完善内部制约和外部监督机制，广泛开展学白求恩、学雷锋活动，表彰先进集体和先进个人。全国有29个省、自治区、直辖市组织了卫生行业作风调查组，督促、检查、指导工作。据1991年对卫生部6所直属医院纠正不正之风工作的调查，结果表明，这6所医院领导重视，组织健全，实施医院分级管理，把纠正不正之风纳入目标管理，健全各种规章制度，加强内外监督，树立典型，查处违纪案件。6所医院的医疗质量信任度平均为95%，对医生服务态度的满意度平均为88%，对护士服务态度的满意度平均为71%。

2. 疫病防治和抗洪救灾医疗救护工作。1991年8、9、10月共组派疫病防治工作队13 594支，医生、护士、防疫人员共计156 397人。其中，卫生部直接组派62支，队员594人。疫病防治工作队共为灾区群众诊治疾病5 115万人次，投放消、杀、灭药品8 805吨，发送宣传材料1 333万份。工作队员完成了医疗、防疫、培训、宣传四项任务，实现了大灾之后无大疫。有88个先进集体、349名先进个人受到卫生部表彰。

3. 农村卫生工作。1991年初，国务院批转了卫生部《关于加强农村医疗卫生工作的请示》。国家计划委员会，各省、自治区、直辖市以及地、市、县各级政府，安排专项资金建设农村基层卫生机构。据不完全统计，全国已集资8亿多元。农村合作医疗保健制度在重建和完善中，1991年全国实行合作医疗的行政村占行政村总数的10%以上。卫生部于1991年9月18日下发了《关于进一步加强城市医院支援农村卫生事业建设的意见》后，各地城市支援农村的活动广泛开展。城市医疗卫生单位与农村基层卫生单位建立联系点或协作关系、组织医疗队、支援医疗仪器设备、培养人才、改善医疗机构管理等，收到了好的成效。

4. 初级卫生保健。四川、山西、安徽、甘肃、云南、新疆等省、自治区以政府名义召开了初级卫生保健工作会或经验交流会，28个省、自治区、直辖市拨专款加强农村卫生和初级卫生保健工作。各省、自治区、直辖市对初级卫生保健试点县的工作进行了检查、评价和总结分析，部分省已由试点阶段转向全面普及阶段。

5. 民族卫生工作。卫生部、国家民族事务委员会、中央统战部、全国妇联及民主党派联合组织了对内蒙古、新疆、广西、宁夏、西藏、青海、云南、贵州、海南等9个省、自治区卫生工作的综合调查，了解全国少数民族贫困地区医疗预防保健的现状。共调查37个县，111个乡，近333个村，调查总人数达3万人。

6. 护理工作。1991年卫生部医政司组派了两个专题调查组，赴河南、宁夏、辽宁、广东省、自治区和大连市就医院消毒供应室验收标准（试行）的落实情况及在医院分级管理中实施护理管理标准情况进行了调查。11月召开全国护理管理及护理质量控制研讨会，交流供应室验收标准及加强医院护理管理，提高护理质量的经验。对由103家医院组成的医院内感染控制网进行了整顿。

7. 老年卫生、精神卫生、康复医疗。1991年卫生部下发了《老年卫生保健“八五”规划》。卫生部、民政部、中国残疾人联合会联合发布了《康复医学事业“八五”规划要点》。卫生部、中国残疾人联合会等16个部委发布了《残疾人事业“八五”规划》。《中国残疾人事业五年工作纲要》提出的完成50

万例白内障复明手术指标提前半年完成，完成小儿麻痹矫治手术15万多例。召开了有关部委参加的精神卫生协调会，研究制定精神卫生“八五”规划。举办了精神病社区康复评价讲习班，为25个省市培养了64名有关人才。1991年卫生部又批准黑龙江泰来县、江苏省金坛县等11个县为防盲治盲先进县。

8. 慢性非传染性病防治（以下简称“慢病”）。由WHO支持成都市、四平市1992～1993慢病防治项目已完成准备工作，成立了组织，制定了计划。卫生部科技司、医政司组织的全国高血压流行病学抽样调查已经结束。为开展慢病防治工作，天津、北京、成都、四平等6城市成立了慢病预防与控制协作组。北京市以市政府的名义召开了慢病防治工作会议。

9. 牙病防治。1991年在全国开展了第三届“爱牙日”宣传教育活动。“爱牙日”的主题是：儿童与口腔保健。1991年卫生部办公厅下发了《牙病防治先进县标准及评定办法》，决定从1992年开始在全国评定牙病防治工作先进县，每两年评定一次。

（迟宝兰　孙爱明）

**【第十一届国际农村医学会议】**

第十一届国际农村医学会议于1991年11月9～12日在北京举行，来自近30个国家近400名专家、学者出席了会议。

会议的主题是：“2000年人人享有卫生保健”农村对策研讨。其内容包括：农村初级卫生保健的发展趋势；农村卫生人力开发；健康促进和健康教育；妇幼保健；食品与营养；农村公害防治与劳动卫生；社区康复；精神卫生；口腔病防治；传统医学在农村初级卫生保健中的作用；农村传染病、寄生虫病的防治；农村医疗服务的适宜技术；人机工效学；毒理。

会议期间召开了国际农村医学会会员大会，中国农村卫生协会副会长张自宽当选为国际农村医学会副主席。国家主席杨尚昆、国务院总理李鹏发来贺信，代表中国政府向大会表示祝贺。

（王书城）

**【全国医院分级管理工作】**

1991年6月23～25日，卫生部在全国试点单位河北省唐山市召开了医院分级管理试点工作现场经验交流会。会议肯定了唐山市的试点经验，即：抓区域医疗规划，为顺利实施医院分级管理工作打好基础；调动医院全体干部和群众的积极性，是搞好试点的关键；从严治院，狠抓质量，把握正确导向；争取各级领导及社会各方面的理解和支持，为实施医院分级管理创造宽松的环境。唐山会议后全国有25个省、自治区、直辖市卫生厅（局）举办各种医院分级管理培训班116期，培训管理人员3万多，为开展该项工作培训了一批医院管理干部。

卫生部医院评审委员会于1991年6月8日正式成立。至1991年年底已有20个省、自治区、直辖市卫生厅（局）建立了省级医院评审委员会，近50个市（地）建立了市（地）级医院评审委员会，使全国范围内医院评审组织初具规模。同时，有23个省、自治区、直辖市制定了医院分级管理实施细则，其中浙江、湖南、宁夏三省、自治区卫生厅制订的细则中明确规定了医院评审与医院收费挂钩的条款。近20个省、自治区、直辖市卫生厅（局）进行了医院评审试点，约400所医院通过了评审。试点地区医院评审工作的共同特点是，把医德医风建设作为第一个评审周期的重点。

（单藕琦）

**【发布《关于进一步加强城市医院支援农村卫生事业建设的意见》】**

根据国务院《关于改革和加强农村医疗卫生工作的请示》[国发（91）4号文]，卫生部于1991年9月18日发布了《关于进一步加强城市医院支援农村卫生事业建设的意见》。文件中提出，为使城市医院支援农村卫生事业建设的工作适应新的形势，做到经常化、制度化，要求各级各类医院要充分认识城市医院支援农村、高层次医院支援基层，是城市医院应尽的责任和义务，必须坚持不懈，做到经常化、制度化；要采取划区包干，分工负责，定点挂钩，对口支援等方法，建立和完善固定的技术合作和逐级指导关系，并逐步建立起双向转诊制度；支援与受援双方要签订协议，要定目标、定任务、定方式、定时间；医技人员参加卫生支农工作的实绩应作为考核、晋升、表彰的重要依据之一。

文件强调，要鼓励城市医疗机构中的离、退休医务人员到农村医疗单位工作，作为城市医院支农工作的补充力量。

（杨东明）

**【输血管理工作】**

据全国 83 个血站的不完全统计，1990 年献血者有 2 539 246 人次，献血量共 645 565.1 升。1988～1990 年，公民义务献血量由 21.5%增长到 45.4%，其中有偿献血量由 20.8%增长到 43.8%，无偿献血量由 0.7%增长到 1.6%，自愿供血量由 78.5%下降到 54.6%。江苏省徐州市是全国第一个无偿献血超万人的城市，也是第三次年无偿献血超过万人的城市。

1990 年，卫生部、国家物价局联合下发《加强输血工作管理的若干规定》后，各地加强对输血工作的领导，端正发展输血事业的指导思想，坚持以社会效益为准则，严禁以盈利为目的把血液作为商品倒买倒卖；进行采、供血机构的治理整顿，严格采、供血（浆）机构的审批与管理，关闭或取消了个别不合格的血站、采浆站及血库；通过实行“个体献血证”或建立“个体献血员档案”等办法加强血源管理，严格执行献血员体检标准，切实加强了统一管理血源、统一采血、统一供血，纠正了输血管理失控的混乱现象。

为提高全国输血技术人员业务素质和输血管理、技术水平，卫生部委托中国医学科学院于 1989 年、1991 年先后举办了两期《医学实验技术、输血专业证书》班，培训学员 86 名。各省、自治区、直辖市也举办了不同类型、不同内容、不同层次的学习班或专题训练班。

《上海市公民义务献血条例》实施两年以来，上海市献血工作取得了明显效果：公民献血义务观念有所增强，献血人数大幅度增加，义务献血 44.5 万人次，其中 94.6%为第一次献血；无偿献血发展迅速，全市无偿献血者累计 4 万余人次，其中 30 人获得卫生部、中国红十字会总会授予的无偿志愿献血奖杯；实行与个人、家庭相关联的家庭无偿储血，互助免费用血办法；加强血源管理，献血工作走向法治化管理的轨道；医院加强用血管理，达到合理用血。

（杨东明）

**【急救工作】**

到 1991 年底，我国大、中城市共有急救中心（站）80 余个，3 319 人从事院前急救工作，其中卫生技术人员 966 人。上海市医疗救护中心在科学管理、抢救质量、提高反应能力、缩短服务半径方面取得较好效益，平均日出车 300 余次，基本满足了社会需求，取得较好的社会效益。北京、上海急救医疗机构开发了急诊医疗的计算机管理软件程序，将计算机应用引入院前急救的科学管理。全国已有 15 个城市开设了“120”急救呼救专用电话，上海已将“120”急救专用电话覆盖到郊区。辽宁省急救中心除设置急救专用电话外，还在全省 14 个市实现了短波通讯和超短波通讯联网。江西省九江市、陕西省宝鸡市、浙江省金华市结合本地的实际情况，根据区域卫生规划原则，在卫生部医政司、贷款办的指导下，利用世界银行贷款，经过几年的不懈努力，结构较为合理的院前急救服务网络已初具规模，并广泛开展了对公众的急救知识宣传普及工作，特别是加强了对特殊人群如司机、交通警察等的宣传普及工作，受益人数达十余万人次，极大地提高了人们自救互救能力，降低了死亡率和伤残率，为我国其它城市院前急救工作积累了经验。

卫生部医政司分别在昆明市、上海市举办了全国性的灾害评估讲习班和院前急救管理讲习班，培训了近80名急救管理人才。中华医学会急诊分会在大连市召开了急诊医学学术会议，170余名专家交流了急诊医学的新观点、新的治疗手段和先进的管理经验。

（赵明钢）

**【卫生部医院评审委员会成立】**

卫生部于1991年6月8日正式成立了从事医院评审的专业组织——卫生部医院评审委员会。该委员会由具有医院管理（医疗、行政、护理、医技或后勤管理）经验的专家51人组成，张自宽任主任委员。其主要任务是：了解和掌握各地医院分级管理和评审进度，进行信息交流；负责评审三级特等医院；核查各地医院评审结果，进行评审质量控制；研究、修订综合医院分级管理标准；组织研究、制定专科医院分级管理标准；开展医院分级管理干部培训等。委员会在卫生部医院管理研究所内设立了办公室。

（杨东明）

**【世界卫生日“居安思危、有备无患”活动】**

1991年4月7日世界卫生日的主题是“居安思危、有备无患”。卫生部、全国爱国卫生运动委员会和中国红十字会总会于3月联合下发了《关于开展“居安思危、有备无患—防备意外伤害”宣传教育活动的通知》，4月6日在北京召开了居安思危、有备无患—防备意外伤害的宣传动员会。卫生部医政司和中国健康教育研究所编印了《1991年世界卫生日活动主题参考资料》。各地利用广播、电视、报纸、小册子和宣传画等多种形式开展了宣传活动。

（单藕琦）

**【发布《关于加强医院治安保卫工作的通知》】**

卫生部、公安部于1990年12月15日联合发布了《关于加强医院治安保卫工作的通知》。该通知要求，各级卫生行政部门和医院党政领导要切实加强对医院治安保卫工作的领导，把治安保卫工作列入医院行政管理的重要议事日程，加强对医院职工的法制教育和“四防”安全教育；建立健全各项安全管理制度，加强医院内部安全防范工作，提高自防自卫能力；加强医院保卫组织建设，充分发挥保卫队伍的作用；公安机关要加强对医院治安保卫工作的检查和指导，积极支持、协助医院维护好医院的治安秩序，及时查处发生在医院的刑事、治安案件，打击各类违法犯罪活动。各级卫生行政部门应加强同公安部门的联系，及时交流情况，不断总结经验，做好对医院等所属单位的治安保卫工作。

（杨东明）

**【防盲治盲先进县建设】**

卫生部医政司和全国防盲指导组于1991年7月22日新批准了11个县（市）为防盲治盲先进县。它们是：黑龙江省泰来县，江苏省金坛县、海门县、启东市，山西省汾西县、夏县、绛县、新绛县，陕西省兴平县，云南省陆良县和宁夏回族自治区隆德县。这11个县（市）的共同特点是，将眼病防治纳入初级卫生保健，在治疗白内障的同时，大力宣传眼病防治知识，利用三级医疗预防保健网开展眼病监测，各有关部门密切配合，使防盲治盲长期坚持下去。

泰来县是黑龙江省的贫困县，县医院眼科建设和乡级的防盲治盲工作于1972年开始。1984～1986年全县普查，共查出盲人790人，其中可治盲人455人。到1990年上半年为止，已治疗327人，占可治盲人的71.9%。他们还组织力量，开展眼病防治知识宣传教育，在中、小学生中普及眼病防治知识。陕西省兴平县将防盲治盲纳入初级卫生保健的工作目标，政府投资为县医院眼科和乡卫生院充实必要的眼科设备，将防盲治盲列入年度考核内容，已使62%的可治盲人脱盲脱残。

（林　岩）

**【发布《全国牙病防治先进县标准及评定办法（试行）》】**

为进一步推动全国农村牙病防治工作，实现2000年人人享有初级口腔卫生保健的战略目标，卫生部于1991年11月1日发布了《全国牙病防治先进县标准及评定办法（试行）》。牙病防治先进县标准主要有：①政府重视，组织落实，县牙病防治指导组能充分发挥作用；②3岁以上人口刷牙率，学生和城镇居民达到80%以上，农村达到50%以上；③以农村三级医疗预防保健网为依托，建立健全农村防治网点；④重视口腔健康教育。中小学生口腔保健知识知晓率达到80%以上；⑤县、乡有完整的口腔保健资料；⑥各部门密切配合，动员社会、群众参与。评定办法：县卫生局、牙病防治指导组自查自评，省、自治区、直辖市、计划单列市牙病防治指导组审评，卫生厅、局验收，卫生部办公厅、医政司批准发给证书。全国牙病防治先进县自1992年开始，每两年评定一次。

（孙爱明）

**【淘汰35项临床检验项目与方法】**

鉴于我国现行的部分检验项目、方法已不适应临床检验的需要；有的检验项目灵敏度低、检测方法落后，已在国际上被淘汰；有的检验项目，因使用检测方法不一，参考值不同，病人易院就诊，往往需要重复检查，既增加了患者就诊困难、造成资源的浪费，同时检测质量也难以保证。同时，近年来我国在临床检验技术方面涌现出一批特异性强、准确性高、灵敏度好的新项目、新方法，依靠科技进步，推广和使用新方法，淘汰陈旧、落后的检验项目、方法是推动科学技术发展的一项重要措施，势在必行。为进一步推动医学科学技术进步，提高我国临床检验工作水平，为人民群众提供更好的医疗卫生服务，根据我国临床检验的实际情况，经科学研究、试点和专家反复论证，卫生部决定淘汰35项临床检验项目、方法（参见“政策法规”栏）。

（崔　斌）

**【颁发《全国临床检验操作规程》】**

卫生部于1991年2月20日正式颁发了《全国临床检验操作规程》（以下简称《规程》）。《规程》内容包括：临床血液学、一般临床检验、临床化学、临床微生物、临床免疫、血清学等学科的检验项目。《规程》汇集了建国40年开展的检验项目及检测方法，推荐了国内外比较先进又能适应我国国情的常规检测方法，详细介绍了其操作方法、原理、注意事项、参考值以及对所用的仪器、试剂等的具体要求。

卫生部明确规定，目前各试验室所使用的检测方法劣于《规程》推荐方法者，凡县级以上医院最迟在1992年底前、其他医院在1993年底前，逐步从推荐的检测方法中任选一项代之；凡现行检测方法优于《规程》推荐的检测方法者，可继续使用。本《规程》主要适用于各级各类医院检验科（室）、血站等，涉及临床检验工作项目的单位，也应执行。

（崔　斌）

**【康复医学事业“八五”规划要点】**

卫生部、民政部、中国残疾人联合会于1991年7月31日联合下发了《康复医学事业“八五”规划要点》（以下简称《要点》）。《要点》指出，“八五”期间康复医学事业发展的基本任务和目标是：积极培养各种康复医学专业人员，初步建设一支经过较为系统训练、多学科相配套的康复医学队伍，充分发挥城乡医疗预防保健网的作用，整顿、充实、提高现有康复医疗机构，开展在部分综合医院设置康复医学科的试点，建成一批骨干康复医疗机构，逐步推行社区康复，把康复医疗落实到基层。

1. 关于康复医学队伍的建设。“八五”期间，有条件的省、自治区、直辖市建立培训康复医学专业人员的基地，高等医学院校、中级卫生学校和护士学校开设康复医学课程，设置康复医学或康复治疗专业，并纳入教育、卫生和民政等部门的计划，加强在职教育，提高康复医学专业人员素质。

2. 关于康复医疗机构的建设。康复医疗机构是指使用综合的康复评价和治疗方法，对患者施行康复措施，使其尽量减少身心功能障碍，以利于重返社会的一种新型的医疗机构。一般需要配备有经过系统训练的康复医师及其专业人员，并要有与其任务相适应的房屋和设备。

3. 关于扩大社区康复试点。建议各地政府和有关部门组织和指导城乡社区服务网、医疗预防保健网、残疾人组织、残疾人家庭和其他社会力量，开展社区康复工作。

《要点》指出，各地可参照本《要点》结合当地实际情况，制订本地区的康复医学事业发展规划，采取切实的措施，有步骤地促其实现。

（朱宝森）

**【发布老年医疗保健“八五”规划】**

卫生部于1991年7月发布了老年医疗保健“八五”规划。规划目标：“八五”期间，将老年医疗保健纳入卫生工作总体规划，纳入初级卫生保健工作。积极发展社区老年医疗保健服务。大力发展以老年自我保健和普及疾病防治知识为主要内容的健康教育，覆盖率达到30%～50%。改善老年医疗条件，开展社区老年保健工作，培训老年医疗保健人员。凡60岁以上老年人口系数达10%以上的省、自治区、直辖市，要建立健全老年医疗卫生研究机构或重点进行老年病防治研究的综合医院。深入进行与老年人生活质量有关因素的调查，老年常见病、多发病的防治及老年流行病学的调查研究，有条件的单位要开展老年医学的基础研究。具体措施：①加强对老年医疗保健工作的组织领导；②积极探索和发展我国社区老年医疗保健；③加紧培养老年医学人才；④改善老年人的医疗保健服务；⑤大力开展老年人的健康教育；⑥发展老年人家庭病床；⑦重视老年医学科学研究。

（刘金锋）

**【三项康复工作】**

1989年9月3日，国务院颁布了《中国残疾人事业五年工作纲要》，全国残疾人三项康复工作办公室相继和地方政府建立健全了残疾人事业协调机构，制定了《全国残疾人三项康复工作实施方案》（三项康复工作包括聋儿语训、小儿麻痹矫治和白内障复明手术），于1991年5月15日起施行《中华人民共和国残疾人保障法》。

为确保五年工作任务的完成，已经召开两次全国残疾人三项康复工作会议，成立了三项康复工作办公室，完善了统计制度、经费使用办法、贫困对象补助标准；分层次举办聋儿语训、耳膜制作、小儿麻痹矫治和白内障复明手术等培训班492期，组派了14批医疗队；广东省、山东省、吉林省和内蒙古自治区进行了社区康复试点工作，编制了社区康复教材和录像片，制订康复医疗机构标准。世界卫生组织西太区于1991年6月在广州市召开了区域性社区康复计划管理研讨会，总结和推广中国社区康复试点经验。卫生部委托同济医科大学举办实用康复培训班，培训康复医师92名。清华大学等单位也开办了康复工程培训班。

到1991年为止，全国已完成白内障复明手术49.9万多例，占五年任务数的99.89%；完成小儿麻痹矫治手术15万多例，占五年任务数的52.30%（各省、自治区、直辖市的完成任务情况见附表）。因聋儿语言训练教师缺乏，到1990年底仅完成任务量的33%。

（林　岩）

附表　白内障复明手术和小儿麻痹矫治完成任务表（截止到1991年6月）

| 地区 | 白内障复明手术（例） | | | 小儿麻痹矫治（例） | | |
|---|---|---|---|---|---|---|
| | 五年任务数 | 完成任务数 | 完成率（%） | 五年任务数 | 完成任务数 | 完成率（%） |
| 北京 | 4 735 | 12 134 | 256.26 | 2 341 | 1 303 | 55.65 |
| 天津 | 3 995 | 6 018 | 150.63 | 1 897 | 3 114 | 164.15 |
| 河北 | 27 000 | 30 031 | 111.22 | 14 200 | 12 694 | 89.39 |
| 山西 | 13 000 | 16 584 | 127.56 | 6 800 | 6 811 | 100.16 |
| 内蒙古 | 9 925 | 5 360 | 53.91 | 4 955 | 2 343 | 47.28 |
| 辽宁 | 18 275 | 21 124 | 115.58 | 8 965 | 9 018 | 100.59 |
| 吉林 | 11 420 | 11 191 | 97.99 | 5 852 | 4 135 | 70.65 |
| 黑龙江 | 16 475 | 16 692 | 101.31 | 8 885 | 7 922 | 89.61 |
| 上海 | 6 025 | 12 941 | 214.78 | 2 615 | 1 765 | 67.48 |
| 江苏 | 30 855 | 28 303 | 97.72 | 15 513 | 5 021 | 32.36 |
| 浙江 | 19 965 | 28 222 | 141.35 | 8 979 | 3 808 | 42.41 |
| 安徽 | 25 515 | 13 869 | 54.46 | 13 309 | 8 904 | 66.90 |
| 福建 | 13 385 | 15 400 | 115.05 | 7 031 | 4 826 | 68.63 |
| 江西 | 17 105 | 9 006 | 52.65 | 7 763 | 5 418 | 69.76 |
| 山东 | 38 185 | 41 265 | 108.06 | 19 911 | 12 021 | 60.37 |
| 河南 | 38 230 | 32 141 | 84.07 | 19 938 | 7 707 | 38.65 |
| 湖北 | 24 380 | 19 709 | 80.84 | 12 628 | 10 253 | 81.19 |
| 湖南 | 27 805 | 23 855 | 85.85 | 13 683 | 6 915 | 50.53 |
| 广东 | 30 830 | 32 884 | 106.66 | 18 498 | 8 183 | 44.23 |
| 广西 | 19 030 | 13 343 | 70.11 | 9 405 | 1 565 | 16.64 |
| 海南 | 3 025 | 3 114 | 102.94 | 1 315 | 1 949 | 148.21 |
| 四川 | 50 000 | 46 527 | 93.05 | 29 360 | 6 671 | 22.72 |
| 贵州 | 14 660 | 5 640 | 38.47 | 7 796 | 6 012 | 77.11 |
| 云南 | 16 810 | 13 792 | 82.04 | 7 386 | 5 336 | 72.24 |
| 西藏 | 985 | 1 440 | 146.19 | 291 | 60 | 20.62 |
| 陕西 | 14 830 | 18 167 | 122.50 | 7 898 | 6 076 | 76.93 |
| 甘肃 | 10 080 | 8 897 | 88.26 | 5 048 | 3 339 | 66.14 |
| 青海 | 2 010 | 3 114 | 154.93 | 706 | 418 | 59.21 |
| 宁夏 | 2 030 | 2 630 | 129.55 | 718 | 672 | 93.59 |
| 新疆 | 6 720 | 6 028 | 89.70 | 3 032 | 2 655 | 87.56 |
| 合计 | 500 000 | 499 448 | 99.89 | 300 000 | 156 914 | 52.30 |

**【国家间社区康复计划和管理研讨会】**

世界卫生组织西太区举办的国家间社区康复计划和管理研讨会于1991年6月10～15日在广州召开。来自菲律宾、越南、老挝、南朝鲜、马来西亚、巴布亚新几内亚、斐济、香港和中国等9个国家和地区的50余名代表出席了会议。

会议分析了社区康复取得的成绩和存在的问题，讨论了社区康复计划的制订，社区康复的管理、监测和评价，以及人员培训等问题。我国代表在会上介绍了我国康复事业的发展情况、基本经验和今后五年计划。

（朱宝森）

# 医学教育

**【医学教育工作】**

1991年是"八五"计划的第一年，也是全面完成90年代卫生事业发展目标的起步阶段，医学教育工作突出了为农村培养适宜人才和加强德育工作等重点，进一步深化改革，提高质量，改善条件，加强制度建设，为"八五"期间医学教育发展打下良好基础。

**一、认真贯彻全国医学教育工作会议精神，加强为农村培养适宜人才**

根据1990年11月召开的全国医学教育工作会议精神，各地进一步加强了为农村培养适宜人才的工作。有17个省、市、自治区先后召开了医学教育工作会议并提出了具体落实措施，24个省市已制定或正在制定卫生人力发展规划。卫生部教育司先后组织了3个调查组，重点检查了边远省区落实情况。高、中等医学教育进一步巩固和扩大定向为农村培养人才的比例。各地在为农村培养"下得去、留得住、用得上"的适宜人才方面又积累了新的经验，如黑龙江省在各层次医学教育中面向农村、边境和少数民族地区，采取定县、定乡、定专业、定服务年限的"四定"措施；同时，由卫生、教育、人事、财政、劳动部门联合下发文件，提出有关农村卫技人员职称、待遇、学习、子女安排等各项配套措施，进一步稳定了农村卫技队伍。1991年已有23个省、市、自治区制定了"乡村医生教育十年规划"，全国乡村医生系统化、正规化教育已经启动。各地认真总结和推广教改经验，加强初级卫生保健和预防医学课程教学。

**二、全面贯彻党的教育方针，把德育放在医学教育工作中的首位**

1991年，卫生部教育司组织进行了全国医药院校德育工作现状的信函调查和实地考察，并在调研过程中具体指导各校的德育工作；为解决医学院校和医药卫生单位缺少党课教材的问题，组织有关专家编写了3本党课教材；委托北京医科大学举办了部属高校（扩大）社科部和学生工作干部培训班；指导和参与了高等医药院校政治理论课教学研究会的工作和部属高校党委书记（扩大）工作研讨会。为把德育教育与临床教学工作有机结合起来，卫生部教育司下发了《部属高等学校临床教学阶段加强德育教育的几点意见》；结合医学研究生教育质量检查评估，对研究生培养工作中德育及毕业研究生的职业道德现状进行了初步评估。

**三、在搞好治理整顿的同时，积极推动各层次医学教育改革**

医学成人教育的治理整顿工作基本完成，部属高校成人教育没有发现"三乱"问题，已有9所学校经本省教委检查验收合格。1988年以来卫生部审批的62个专业证书班也正在按国家教委要求检查整顿。

为进一步推动加强预防战略在医学教育中的贯彻，卫生部教育司下发了《卫生部部属学校"在医学教育中加强预防战略"的几点意见》。为推动中等卫生学校教学改革，先后同WHO合作举办全国传染病护理课程讲习班、全国中等口腔医学教育改革研讨会、护理改革教学计划教学方法学习班。在黑龙江省医学类成人高考科目改革的基础上，今年已扩大到6个省试点。为推动乡村医生系统化、正规化教育，拟定了乡村医生指导性教学计划、教学大纲，并正在修编20门乡村医生教材。

**四、加强人才培养制度建设，强化宏观管理职能**

为开辟临床医学高层次专门人才的培养渠道，卫生部教育司与国务院学位办公室联合进行了“医学专业学位实施方案”的调查与研究工作，调查与征询了8个省区及10所高等医学院校附属医院200多名临床专家和教学管理人员的意见。在征求全国29个省市不同层次医院和不同层次临床医务人员意见的基础上，进一步修改了《住院医师培训试行办法》。召开了21世纪中国毕业后医学教育研讨会，进一步取得了对毕业后教育的性质、任务和阶段划分的共识。

《继续医学教育暂行规定》在全国扩大试点，并在天津举办了继续医学教育讲习班。卫生管理干部重点岗位的岗位培训规范，在17个单位进行调查研究和反复论证之后已基本完成。为给建立医学成人教育运行机制和系统的管理制度提供科学依据，医学成人教育制度软课题研究正在7个省市及40余所成人高校中进行调研、论证。

**五、通过检查评估工作促进教学质量的提高**

在两年来对部属高校临床教学质量检查的基础上，召开了部属高校临床教学工作会议，总结交流经验，提出了《卫生部关于加强部属高校临床教学工作的暂行规定》，并表彰了一批临床教学先进集体和优秀教师。

为进一步推动附设性卫（护）校建设，制定了附设性卫（护）校合格评估指标，并开始对部属卫（护）校进行合格评估。为提高中等卫生学校管理水平，卫生部教育司委托安徽医科大学管理学院举办了中等卫生学校校长教育管理讲习班。

医学门类研究生教育与学位授予质量综合评估，1991年已开始第二期工作，并全面完成了517个硕士点的自检和自检分析。

**六、加强综合性工作和医学教育服务支持系统的建设，扩大对外合作与交流**

根据国家教委要求，卫生部教育司制定出医学教育“八五”计划和十年规划要点（草案）上报国家教委，并进行了第一轮专家征询。

医学教育服务支持系统的建设今年有了较大的进展。对教材管理体制改革进行了积极的探索；利用世界银行卫Ⅰ贷款后期项目余款建立了全国高等医学院校图书馆网络，组织了第二批视听教材的制作；完成了华夏基金会若干资助项目。

世界银行卫Ⅳ农村卫生人力发展项目的准备工作进展顺利，已完成了确定项目省、实地考察和专家审核工作，并指导河北、山西、河南、贵州、福建5省完成了基础调查和起草项目建议书，通过了世界银行专家的预评估。

卫生部教育司先后组团或派员出国学习考察国外毕业后医学教育、图书资源共享及教学改革情况；邀请国外专家来华交流加强预防战略、毕业后教育、中专教改等方面的情况。

（黄永昌）

**【医学教育“八五”计划和十年规划】**

根据国家教委要求，卫生部教育司制定出《医学教育“八五”计划和十年规划要点（草案）》（简称“要点”）。

“要点”包括：现状与回顾；医学教育“八五”计划和十年规划的依据和立足点；90年代医学教育发展总体指导思想、主要任务和各层次医学教育发展的指导方针；发展目标及规划指标；政策和措施。

在“现状与回顾”部分分析了医学教育事业在我国教育事业和卫生事业中的重要地位，系统回顾和总结了“七五”期间各层次医学教育发展情况、主要成绩和存在的突出问题。

至1990年底，全国已有高等医学院校122所（包括中、西医药院校，不包括未招生的筹建院校、综合大学内的医学院系、大学分校和军队院校），在校生20.1万人，比1985年增加28.2%，专任教师4.3万人。中等卫生专业学校563所，在校生30.8万人，专任教师2.9万人，分别比1985年增加39.3%和11.96%。现有85所高等医学院校和30个科研机构培养研究生，在学研究生1.08万人；博士点438个，硕士点1 523个，博士生指导教师1 083人，分别比1985年增加1.1倍、10.2%和2.4倍。现有成人高等医学院校28所，在校生1.07万人；卫生干部专修科75个，在校生3 337人；函授部和夜大学214个，在校生3.4万人；职工中专259所，在校生5.4万人；县卫校1 000所，在校生8.02万人。

"七五"期间共招收本专科生22.5万人，平均年招生递增率为1.48%，毕业17.9万人；招收中专生49.1万人，平均年招生递增率为1.7%，毕业39.5万人；招收研究生2.65万人，毕业1.8万人。高等医学成人学历教育毕业约8.3万人，中等医学成人学历教育毕业约7.2万人，主治医师以上人员知识更新培训27万人，系统培训乡村医生32.1万人，培训管理干部4.3万人。

"七五"期间医学教育取得的主要成绩是：认真贯彻卫生工作方针和战略重点，主动适应行业发展需要，加强为农村培养适宜人才；根据卫生事业发展需要，调整医学教育结构，深化医学教育改革；教育质量和办学水平逐步提高；通过多种渠道改善办学条件，加强对外交流；改革管理体制，逐步建立健全医学教育制度。

"七五"期间医学教育工作存在的主要问题是：在办学指导思想上一度出现忽视思想政治教育的倾向；医学教育连续统一体各层次之间的关系尚未完全理顺；医学教育改革的深度和广度不够；医学教育在提高现有卫生技术队伍素质方面发挥作用不够；各级各类学校管理水平和办学效益亟待提高；医学教育经费投入严重不足；医学教育管理体制有待进一步理顺；农村和基层卫生人员培训仍然薄弱。

"要点"提出90年代医学教育发展总体指导思想是：根据国家教育事业发展的总体要求，围绕卫生工作总目标、基本方针和战略重点，从卫生工作实际需要和21世纪社会发展与卫生事业发展需要出发，以坚持社会主义办学方向，深化医学教育改革，切实抓好培养质量，控制办学规模，努力提高办学效益，不断改善办学条件，理顺医学教育体系和管理体制，主动适应卫生事业发展需求为总的指导思想。

"要点"确定的医学教育事业发展的总目标是：到本世纪末，努力建成一个能主动适应我国卫生事业发展和医药科技进步需要，面向21世纪，层次结构合理并协调一致，内部充满活力，具有中国特色的医学教育体系，为我国卫生事业提供各级各类数量适宜、质量较高的德智体全面发展的卫生技术人才。

在《医学教育"八五"计划和十年规划要点（草案）》中还提出了各层次医学教育的发展任务和若干规划指标，目前正在进行专家征询与调整。

（张　鸣）

**【纪念毛泽东同志"救死扶伤，实行革命的人道主义"题词50周年】**

1991年是毛泽东同志为中国医科大学的前身原延安中国医科大学题词"救死扶伤，实行革命的人道主义"50周年。这一著名题词是对革命战争时期我军卫生工作任务和宗旨的高度概括，也体现了我党对新民主主义革命和社会主义建设时期卫生工作的基本要求，同时又简捷、精辟地表述了医务工作者应当奉行的行为准则。

为纪念毛泽东同志题词50周年暨中国医科大学建校60周年，党和国家领导人先后为纪念活动题词。江泽民同志的题词是："发扬红军卫校传统，办好社会主义的医科大学"，杨尚昆同志的题词是："发扬延安精神，办好中国医科大学"，李鹏同志的题词是："继往开来，为祖国培养更多的优秀医生"。

卫生部党组发出通知，要求各地卫生部门开展多种形式的宣传教育活动。7月15日卫生部在北京召开纪念大会，原卫生部副部长王斌、中国医科大学校长李厚文、协和医院名誉院长方圻教授先后在大会上发言，卫生部部长陈敏章在讲话中强调了当前在卫生战线弘扬题词精神的重要现实意义，并对进一步加强医德医风建设和整个卫生行业的社会主义精神文明建设提出了具体要求。

（张　鸣）

**【医药学专业教材工作】**

1991年医药学专业教材工作紧紧围绕教材为医学教育服务、以全面提高教材质量为中心的方针，针对各专业、各层次的具体情况，健全管理措施，推动教材建设工作。

**一、临床医学专业教材工作**　1991年5月11～14日在湖北襄樊召开了换届选举会议。会议选举产生了卫生部临床医学专业教材评审委员会第三届委员会。该委员会主任委员由裘法祖教授担任。会议总结了第二届评审委员会工作：①组织完成了第三轮45门教材的修订工作；②完成了申报为部级优秀教材的评审工作，评定了13种教材为部级优秀教材；③选定了供7年制临床医学专业教学急需的12种影印教材；④组织了儿科医学专业第三轮教材的修订；⑤完成了5种申请为规划教材的评审及推荐工作；⑥组织开展了第三轮医学专业教材的书评工作；⑦制定了5个有关教材管理的意见和办法。会议对第三届评审委员会的工作进行了大体规划：①进一步管理好第三轮教材的质量，使之尽快配套出齐；②广泛收集对教材使用的意见，为修订第四轮教材提供依据；③作好修订第四轮教材的准备工作。

**二、预防医学专业教材工作**　预防医学专业第一届教材评审委员会第三次会议于1991年5月11～14日在湖北襄樊召开。会议评审通过了预防医学专业的《卫生化学》、《卫生微生物学》、《卫生毒理学》、《流行病学》、《环境卫生学》、《劳动卫生学》、《营养与食品卫生学》、《儿童少年卫生学》、《卫生统计学》等九种教材第三轮编写提纲、各科的编写人员及编写进程计划。确立了教材编写应本着培养预防医学专业的通用人才而不是专科人才的原则。讨论了编写字数问题，要求按教委的规定每学时4000字的原则，9种教材由前版的430万字减少到294万字。进一步明确了主编负责制。

**三、医学检验专业教材工作**　1991年5月11～14日在湖北襄樊召开了医学检验专业教材评审委员会换届选举会议。会议选举产生了卫生部医学检验专业教材评审委员会第二届委员会。该委员会主任委员由陶义训教授担任。会议总结了第一届评委会的工作，认为最重要的是解决了医学检验专业教材的有无问题，成功地完成了9门教材的编写乃至出版任务，为医学检验教育的发展作出了贡献。确定了第二届评审委员会的工作目标，这个目标主要是"充实提高，系列化"。拟定了1992年至1994年3年期间的工作计划：1992年以编写实验指导为主，1993年以编写影像教材为主，1994年以编写参考书为主，逐步实现医学检验教材规范化、系列化。

**四、口腔医学专业教材工作**　口腔医学专业第三轮修订共10门教材按预定计划进行编写、修订，多数教材已写出初稿，并召开了编写会、定稿会。教材评审委员会对编写的质量进行管理、控制；并组织、落实口腔医学专业教材参考书的选题工作。

**五、药学专业教材工作**　药学专业第三轮编写、修订教材共20种，绝大部分已编写、修订完毕，其中4种已交人民卫生出版社出版。

**六、临床医学专科教材工作** 临床医学专科第三轮编写、修订教材第一批确定18门，全部都按计划进行编写、修订。教材评审委员会重点放在质量控制上，并为第二批编写、修订的3种教材进行准备，以求该套教材健全、配套。

**七、中等卫生学校教材工作** 鉴于中等卫生学校教材修订的原则，1991年主要为修订工作作准备，包括做好调查研究、广泛征求意见、参加一些学科的校际协作组会议，探讨教材修订的管理模式、落实修订措施、筹措修订经费等。

**八、乡村医生教材工作** 为了贯彻落实卫生部1991～2000年全国乡村医生教育规划，在全国范围内开展乡村医生系统化、正规化教育，1991年10月6～10日在沈阳中国乡村医生培训中心召开了成立乡村医生教材评审委员会会议。该委员会主任委员由金魁和同志担任。会议确定中国乡村医生教材共20门：《医用化学》、《医用生物学》、《解剖学与组织胚胎学》、《生理学与生物化学》、《微生物学与寄生虫学》、《病理学》、《药理学》、《中医学》、《医学心理学与精神病学》、《诊断学》、《内科学》、《外科学》、《妇产科学与妇女保健》、《儿科学与儿童保健》、《传染病学》、《五官科学》、《皮肤性病学》、《农村卫生学》、《流行病学》、《农村基层卫生管理》，共500余万字。会议确定了编写计划、编写大纲、主编、编者，要求1992年内完成编写任务。

**九、制定了医药学教育“八五”期间教材建设规划** 根据国家教委的有关要求，卫生部教材办公室制定了“八五”期间医药学教育教材建设规划，要点是①在前三轮（有些专业是二轮）教材建设工作的基础上，注意提高质量，认真修订创新，填齐补缺，适当发展新教材。②进一步完善教材建设体制，使政府与专家共同管理教材的模式得以巩固和发展。③准备、实施新的一轮教材的修订工作，进行各类教材评审委员会的换届聘任工作。④评审规划教材及各类自编教材，配合教委抓好教材编写出版工作混乱状况的治理整顿。1991～1992年做好全国优秀教材的评选工作。

（南　潮　陈志元）

**【确立第一个国内访问学者基地】**

为贯彻国家关于高层次人才立足国内培养的精神，1991年卫生部利用中山医科大学中华医学基金会（CMB）项目，开展了接受首批国内访问学者的试点工作，并确立中山医科大学为卫生部接受国内访问学者第一个基地。中山医科大学成立了CMB区域性培训中心。1991年开始接受首批国内访问学者，招生的学科、研究方向及指导教师如下表：

| 学科（专业） | 研究方向 | 指导教师 |
|---|---|---|
| 生理学 | 神经、消化或心血管生理 | 陈培熹教授 |
| 生物化学 | 蛋白质、多肽；酶学；核酸 | 马润泉教授 |
| 寄生虫学 | 寄生虫区系、生态免疫及传病 | 刘启文副教授 |
| 病理学 | 肿瘤病理 | 叶玉玲教授 |
| 微生物学 | 登革病毒、疱疹病毒致病与免疫分子生物学 | 郭辉玉教授 |
| 医学遗传学 | 分子、生化、细胞遗传 | 杜传书教授 |
| 药理学 | 神经或心血管药理 | 胡本荣教授 |
| 内科肾病学 | 肾脏病 | 叶任高教授 |
| 消化内科学 | 常见消化系统肿瘤病因的诊断和治疗 | 余道智主任医师 |
| 传染病学 | 病毒性肝炎 | 彭文伟教授 |
| 眼科学 | 常见致盲眼病 | 李绍珍教授 |
| 卫生毒理学 | 环境化学物质损伤效应研究 | 张桥教授 |

1991年9月，上述各学科（专业）各招生1名学员，共12名。这些学员都是各学校推荐的优秀中青年教师，具有讲师以上职称，年龄基本在45岁以下。他们在导师的精心指导下，经过半年或一年的学习，将熟悉该学科的最新进展和发展趋势，并进行教学和专题科研训练，为学成之后回原单位发挥学术带头人或学术骨干的作用打下坚实的基础。

（芮国忠）

# 高等医学教育

## 【1991年高等医学教育工作】

1991年高等医学教育工作继续坚持治理整顿，深化改革，贯彻国家教育委员会提出的高等教育24字方针，即坚持方向，稳定规模，优化结构，改善条件，深化改革，提高质量。主要做了以下几项工作：

1. 坚持社会主义办学方向，把德育放在学校一切工作的首位，努力把高等学校办成培养社会主义的建设者和接班人的阵地。在国际风云急剧变化的情况下，高等医学院校坚持党的领导，加强马克思主义基本理论教育、形势政策教育、爱国主义教育、民主与法制教育，广泛开展社会实践活动，为提高学生思想政治素质，使他们健康成长创造了有利环境。

2. 稳定办学规模，调整人才培养结构，适应经济和社会发展对医学人才的需求。

卫生部批复了部属高等学校“八五”计划和十年规划，确定了在1995年以前，部属高校在校学生总规模保持基本稳定，1996～2000年稳步发展，5年增长幅度在5%左右。工作的重点是改善办学条件，提高教学质量和办学效益。

1991年高等医学院校的招生规模基本保持在上一年的水平。本科医学院校减少或暂停了一些专业面窄、毕业生分配困难的专业的招生人数，增加短线专业的招生人数。

召开医学专科教学改革研讨会，探讨高等医学专科学校如何从本地区和本校的实际情况出发，面向农村和基层，办好专科教育。

在华西医科大学和白求恩医科大学新增设了妇幼卫生专业，使妇幼卫生专业的布点达到了6个，以适应社会对妇幼卫生高级人才的需求，提高妇幼卫生技术队伍的素质。

北京、上海、中山、华西和西安医科大学以及北京中医学院克服困难，采取积极措施，通过降低录取分数线，让学生首先到民族学院学习预科等方式，坚持为边疆地区培养少数民族医学人才。

3. 改善办学条件，促进教学改革。针对医学图书资料价格大幅度上涨，图书经费严重不足的状况，教育司着手组织建立全国高等医学院校图书馆微型计算机网络，为实现医学图书资源共享，充分发挥使用效益奠定基础。

在利用世界银行贷款完成第一批医学视听教材发展项目的基础上，教育司继续组织第二批视听教材的制作。明确了成套发展系列视听教材的工作方针，成立了40个学科专家组，确定了教材选题，落实了制作任务。

4. 适应医学教育模式转变和医学教育的发展趋势，深化医学教育改革。

为在医学教育改革中加强经济意识，讲求办学效益，5月份举行了高等医学院校教育经济学讲习班，为教育改革引入了新的概念，开阔了思路。

6月初，在天津医学院举行的在医学教育中加强预防战略第三次研讨会，利用天津市卫生局开展“四病”防治的经验和防治基地，引导医学院校加强慢性非传染性疾病的预防医学教学，面向基层建立社区医学教学基地，并提出了《卫生部关于加强部属学校在医学教育中加强预防战略的几点意见》，使预防医学教育进一步得到落实。

5. 开展教学质量评估。在前两年对部属

高校临床教学质量检查的基础上，1991年继续组织外科临床教学质量评估。在11月份卫生部部属高校临床教学工作会议上总结了几年来教学评估的经验，讨论了《卫生部关于加强部属高等学校临床教学的暂行规定》，表彰了部属高等学校临床教学先进集体和优秀教师。这次会议在全国高等医学院校中引起积极反响，很多地方医学院校也纷纷借鉴卫生部教育司的评估标准，开展教学评估。

（解江林）

**【在医学教育中加强预防战略第三次研讨会】**

卫生部教育司于1991年5月31日至6月6日在天津市召开了在医学教育中加强预防战略第三次研讨会。部属学校和所在省（市）卫生厅（局）的代表，以及21所地方医学院校的代表等80余人参加。会议安排了慢性非传染性疾病预防、社区医学教育和初级卫生保健等领域的学术报告；进行了论文交流；参观了天津市卫生局、天津医学院“四病”防治基地和预防医学教学基地。代表们回顾和总结了近几年来在医学教育中加强预防战略取得的进展和经验，并就具体实施的形式、方法和措施展开了讨论，对在医学教育中加强预防战略的内涵、目标及重要性取得了共识。与会代表讨论了《卫生部属学校在医学教育中加强预防战略的几点意见》（征求意见稿），提出了修改意见。

会议认为，当前落实在医学教育中加强预防战略，主要的任务有以下几个方面：

1.继续巩固已经建立起来的预防医学教学组织，并使之不断完善和加强。

2.逐步完成预防医学在各学科教学中的渗透，将加强预防战略的思想贯穿于教学的全过程。

3. 学校要加强教师的培训，把在医学教育中加强预防战略的理论、教学内容和方法，作为教师重要的继续教育内容，引导教师将预防战略的思想渗透到教学的各个环节中去。

4.要坚持建设农村和城市社区卫生保健实习基地，积极开展预防医学实践。

5.各学科现有的教材在如何加强预防方面还不够成熟。希望教师多注意在这方面积累资料，编写讲义，以供教学急需。以后，逐步在卫生部组织编写的规划教材中，充实预防方面的内容。

6.在医学教育中加强预防战略的组织和实施，特别是建设社区卫生保健实习基地所需经费，除增加拨款外，各校应尽量本着互惠互利的原则，争取地方的支持；同时，在教育事业费中也应有一定的比例用于这方面的建设。

7.在医学教育中加强预防战略的实施效果，应作为学校教学质量评估的重要指标之一，学校应定期研究，解决问题，控制质量。卫生部教育司将把这一问题列为考核学校办学质量的重要指标，并在适当的时机，组织检查评估。

（孟　群）

**附件　卫生部属学校“在医学教育中加强预防战略”的几点意见**

1991年6月

为了使我国的医学教育适应社会主义卫生保健事业发展的需要，为实现“2000年人人享有卫生保健”的战略目标，培养合格人才，在医学教育中加强预防战略，并将预防战略的思想贯彻于教学的全过程中，是促进我国卫生保健事业和医学教育事业发展具有战略意义的措施，是医学教育改革的重要内容，是今后一个时期高等医学教育改革和发展的一项十分重要和迫切的任务。现对卫生部属学校贯彻“在医学教育中加强预防战略”提出几点意见：

**一、提高对“在医学教育中加强预防战略”的认识**

在本世纪中，生物医学科学取得了很大进展。但是，人类的健康问题还没有得到根本解决。在世界范围内，卫生资源分布的不平衡，提供卫生服务的不合理及社会承担医疗费用的上升等已成为严重的问题。

我国一贯把预防为主作为卫生工作方针之一，在这一方针指导下，我国的卫生工作，利用较少的资源，取得了举世瞩目的成就。但近年来，一些传染病、寄生虫病、地方病在城乡有所抬头；各种慢性非传染性疾病（如心脑血管疾病、恶性肿瘤等）已成为严重威胁人民健康的疾病。随着我国卫生保健事业的发展，人口趋向于老龄化，疾病构成和死因顺位发生变化；职业危害和环境污染等对卫生保健服务提出了更多更高的要求。应该认识到，当前导致人类疾病的病因中，除生物因素外，人的精神心理因素、社会因素、生态环境、生活及工作方式等，都对人类疾病的发生发展产生错综复杂的影响。

健康，已不能仅仅理解为没有疾病，还必须包括具有健康的身心状态和社会适应能力，当今医学的任务再也不能停留于单纯的对个体病人的正确合理的治疗，还应强调人群的预防保健和各种促进健康的措施。这一切都深刻地提醒我们，必需加强预防战略观念，持久地、广泛而有效地采取预防战略措施，进一步提高卫生工作质量，以适应现代卫生保健的需要。

高等医学院校承担着为卫生保健事业培养高级医学人才的任务，各院校在办教育的过程中，要充分注意我国未来卫生保健事业的发展和社会的需求。由于医学模式的变化，21 世纪的医生，不再仅仅是治疗某些疾病，还需承担一定的卫生保健工作，还需满足全人类和人体整体对健康的需要。医学教育的目的是培养促进全体人民健康的医生！因此，高等医学教育必须深化教育改革，探索新的教育模式，以适应这些变化。当前在医学教育中加强预防战略，是为 21 世纪培养新型医生的重要措施之一。

卫生部已把卫生保健工作作为《卫生工作十年规划》中的重要发展战略之一。高等医学院校要组织广大师生认真讨论这一具有战略意义的问题，坚定从事教育工作的教师和临床工作的医生及其他卫生专业人员，以及医学生的信念，采取切实有效的措施，解决教学中的问题。

**二、"在医学教育中加强预防战略"的目的、任务**

"在医学教育中加强预防战略"的目的是培养为"2000 年人人享有卫生保健"目标而服务的防治结合、根据专业各有侧重的高级医学人才。要培养学生具有较强的预防意识，树立为人民健康服务的责任感和献身精神，培养学生能从预防观念、群体观念出发，开展医疗、教学和科学研究工作。应加强对学生调查研究能力、健康教育能力、分析和处理社区卫生问题能力的培养。培养学生不仅能诊治疾病，保护个体，而且能开展预防工作，促进人群健康。

**三、"在医学教育中加强预防战略"教育的内容与要求**

1. 教育学生熟悉我国卫生工作方针，卫生法规，掌握三级预防的概念和原则。

2. 了解现代预防战略思想的内涵，了解预防医学的发展、现状及其对临床医学的影响和意义。初步了解我国的主要公共卫生问题及基本对策。

3. 掌握医学统计学、流行病学及开展医学科学调查研究工作的主要方法和技能。

4. 掌握影响健康的主要因素及健康教育的方法和技能，掌握对传染病和慢性非传染性疾病的预防干预的原则和方法。

5. 参与预防保健的社会实践，在社会服务中学习。

**四、"在医学教育中加强预防战略"的组织、实施**

"在医学教育中加强预防战略"，涉及到基础和临床各个学科的授课、实验、生产实习等各个教学环节，必须在教学的全过程和整体课程结构中予以充分考虑和合理安排。

当前，首先要深化预防医学的学科教学改革，在贯彻、落实国家教委《普通高等学校临床医学专业（五年制）〈预防医学〉课程基本要求（试行）》的基础上，适当调整教学内容，优化教学组织，改进教学方法，强化实践教学环节。更重要的是：应逐步探索在基础和临床教学中，贯彻三级预防的原则。通过让学生早期接触临床、接触社会，通过各个学科的教学，逐步健全教学组织，完善教学方法，使学生更好地了解我国卫生国情，培养学生具有三级预防和保健的知识与能力。学校的领导和有关教学管理部门必须把学生具有预防保健知识与能力作为全面评价教学质量的重要指标之一。

"在医学教育中加强预防战略"的实施最终要通过教师来完成，因此，要重视教师队伍的建设和教师的知识更新，要把预防战略的观念和方法与预防保健工作的知识与能力作为教师，特别是临床教师继续教育的重要内容之一，并鼓励教师积极参与预防保健工作实践，在实践中不断完善教学内容和方法，总结教学经验，逐步形成新的教学体制和模式。

**五、重视预防保健教学基地的建设**

"在医学教育中加强预防战略"的实施，要紧密联系卫生服务的实际，不能只停留在理论教育上，必须重视实践环节，创造条件，让学生到现场，结合预防保健问题进行卫生服务，在服务中学习。

高等医学院校要重视预防保健教学基地的建设。预防保健教学基地的选择一般应为城市地段、街道卫生机构和农村乡卫生院等基层卫生组织。要将基地的建设看做与附属医院和教学医院建设同等重要，创造条件建设好。

当地政府和卫生行政部门有责任帮助高等学校把教学基地建设好。学校与基地双方本着互惠互利的原则，充分利用现有社区卫生保健机构的教学条件，逐步把预防保健教学基地建设成为教学、科研、服务为一体的，以服务为先导的、相对稳定的社区卫生保健工作示范基地。

加强预防战略观念，实现预防战略思想的转移是一项艰巨而复杂的任务，涉及到卫生行政部门的支持，高等医学院校领导的认识和广大师生的理解以及社区基地卫生专业人员的配合，是一项复杂的系统工程。很多问题还需要各校进一步研究和探索。各校要结合本校的实际情况，抓紧时机，大胆创新，总结经验，逐步落实，将"在医学教育中加强预防战略"做为教育发展战略问题深入、持久地开展下去，并不断创造成功经验。

**【全国医药院校德育工作调查】**

为了更有针对性地加强医药院校的德育工作，卫生部教育司在1991年3～4月间，分别以选点调查和问卷调查两种形式对全国医药院校德育工作情况进行了调查。实地调查了9所高等医学院校，5所中等卫生学校，对全国高、中等医药院 校普遍进行了问卷调查。在调查中共召开汇报会、调查会、座谈会、征求意见会等60余次，共有600余名院校领导、各层次的干部、教师、学生参加。调查组还先后与中共山东省委高校工委、中共上海市委教卫办公室等省、市主管院校思想政治工作部门的负责同志就加强在该地的卫生部属高校思想政治工作的有关问题交换了意见。

通过调查了解到，1989年夏秋之后，同其它院校的情况一样，医药院校的德育工作也出现了转机。各校的德育工作普遍受到了重视，学校的领导体制进一步理顺，德育工作机构得到加强，政工队伍建设得到改善，全员德育意识开始形成，探索把德育工作和行业特点相结合已初步总结出了一些经验，学生的思想趋于稳定，学生中的积极因素正在回升，医药院校德育工作总的形势是好的。但是，还较为突出地存在着以下问题：①学校内的全员德育首位意识还没有完全形成，广大教职工对加强德育工作的积极性还有待于进一步调动。②在宏观管理上缺少必要的配套政策，在学校微观管理上还缺少切实可行的具体措施。③专职学生思想政治教育工作队伍不稳定，总体素质不高，补充来源困难。④政治理论课教学亟待改进。学生的党组织发展工作需要抓紧，团组织的作用需要增强。⑤研究生及青年教师的思想政治工作还较薄弱。⑥德育教育的必要投入较少，经费紧张，致使一些活动很难开展。

针对上述问题，提出了加强这项工作的建议，即：加强宏观管理，健全配套政策；尽快制定医药院校德育教育大纲，并研究和改进德育教育的形式；加强德育工作队伍建设，解决后继乏人的问题；加强对附属医院及教学医院工作人员的医德医风教育，优化育人环境；学生中的党建工作要加强，对研究生及青年教师的思想教育应予重视；要加强对德育的科学研究，以及对德育工作的评估、检查、督促等等。

（金春田）

**【卫生部部属高校（扩大）党委书记工作研讨会】**

1991年7月4～10日，卫生部部属高校（扩大）党委书记工作研讨会在上海及杭州举行。卫生部属11所高校及上海第二医科大学、浙江医科大学、上海中医学院、上海铁道医学院、哈尔滨医科大学、首都医学院、北京中医学院、北京针灸骨伤学院、广州中医学院等20所院校的党委书记或副书记参加了会议。

会议着重研究了加强高等医学院校党的建设的问题，就高等学校实行党委领导下的校长负责制、系党总支的政治核心作用及附属医院的领导体制、加强党支部建设等问题进行了研讨，介绍和交流了经验，并就学校中党的建设的有关问题向卫生部党组提出了若干建议。

孙隆椿副部长在讲话中回顾并肯定了1990年以来卫生部部属高校在党的建设工作和思想政治工作方面所取得的成绩，强调在高校实行党委领导下的校长负责制是中央的重大战略决策，要求加强党委班子的建设，发挥基层党支部的作用，把高等医学院校党的建设工作搞好

（金春田）

**【卫生部部属高等学校临床教学工作会议】**

为总结、交流近年来临床教学质量检查评估工作，表彰先进，进一步提高临床教学质量，卫生部于1991年11月6～8日在长沙市湖南医科大学召开了卫生部部属高等学校临床教学工作会议。会议总结、交流临床教学质量检查评估工作；讨论、修订《卫生部关于加强部属高等学校临床教学的暂行规定》；表彰部属高等学校临床教学工作21个先进集体和82个优秀教师，并就如何进一步加强临床教学工作、不断提高临床教学质量进行了研究、讨论。会议明确了以下几个问题：

1. 肯定了近年来的临床教学质量检查工作。自1989年开始，卫生部教育司在部属11所高等学校开展的临床教学质量检查评估工作，突出了以检查毕业实习生临床基本技能为主，着重提高实际工作能力。对加强部属学校临床教学管理，纠正临床教学质量滑坡状况，提高教学质量起到了积极作用；并对全国高等医学院校重视实践环节、加强临床能力培养进行了正确的导向。要把这样的检查作为对学生实习出科的常规考试，坚持下去，逐渐形成制度。

2. 强调教书育人。会议认为，临床教学阶段，不仅要加强对学生临床基本技能的训练，更要注重医德医风的培养。当前行业不正之风尚未完全克服，商品经济在医疗服务工作中所产生的消极影响也还明显可见，因此，教书育人就显得尤为重要。教师要寓德育于智育中，对学生发挥政治上的引导作用，

医德上的示范作用，智能上的培育作用，培养出又红又专、医德高尚、技术精良的医学人才。

3. 明确了附属医院的教学职能。会议针对当前附属医院工作中教学容易成为软任务而受到影响这一问题，进一步明确和重申了附属医院的作用和职能。临床教学阶段是医学生学习专业知识，培养临床工作能力和医德医风教育的关键时期。附属医院在整个临床教学中，发挥着主导作用。附属医院的工作水平和对教学的重视程度，直接关系到临床教学质量。附属医院是高等医学院校的重要的组成部分，它具有救死扶伤和教书育人两个基本职能，要完成医疗、教学、科研三项主要任务。医、教、研三者的关系应该是相互促进，协调发展，不可偏废，在提高医疗质量的基础上，保证教学、科研任务的完成。就附属医院的教育职能而论，医疗是基础，育人是目的。因此附属医院必须全面贯彻教育方针，正确处理好医、教、研三者的关系，增强教学意识，完善教学管理，提高教育质量。

4. 认真贯彻《卫生部关于加强部属高等学校临床教学的暂行规定》。会议认为，部属学校要认真贯彻执行《卫生部关于加强部属高等学校临床教学的暂行规定》，把提高临床教学质量作为一项长期的任务，始终不渝地抓下去。卫生部亦将在适当时候，组织抽查，狠抓落实。

（孟　群）

**【高等医学院校图书馆资源共享网络建设】**

由于长期以来我国医学图书馆受传统的“大而全”、“小而全”观念的影响较深，习惯于封闭保守、重藏轻用，再加上条块分割的行政管理体制和一些不合理的规章制度，各医学图书馆历来注重自身的建设，图书馆之间的协作十分不密切。当前医学文献量与日俱增，书刊价格不断上涨，而高等医学院校书刊经费不能相应增加甚至有所减少，致使绝大多数医学图书馆无法继续维持原有的馆藏，更谈不上增加新的医学文献。MEDLINE光盘的广泛应用，虽然部分满足了读者的需要，但随之而来的是对一次文献需要量的大大增加。医学文献资源供给与需求的矛盾越发突出。为此，卫生部利用世界银行贷款项目，自1990年下半年起开始酝酿建设我国高等医学院校图书馆资源共享网络。1991年，在卫生部教育司领导下，成立了全国医学文献资源共享网络领导小组，并设立了网络硬件和软件建设小组。组建了由国家馆（设在协和医科大学）、地区馆（共6个，分别设在北京、上海、湖南、华西、中国、西安医科大学）和资源馆（共24个，设在各省、市、自治区医学院校）组成的三级网络体系。卫生部投资约20万美元，为这些中心馆配备了一些必要的硬件设备，如计算机及外围设备、复印机、传真机、Modem等，为实现资源共享创造了物质条件。

实现医学图书馆资源共享，尤其是应用现代电子与情报技术开展医学情报服务，我国尚处于起步阶段。为学习借鉴国外医学图书资源共享网络建设的先进技术和经验，1991年7月，卫生部组织四人考察组赴美进行学习，并于1991年8月举办了全国“医学图书资源共享网络建设与管理”讲习班，邀请美国加州大学洛杉矶生物医学图书馆和夏威夷医学图书馆馆长来华作专题讲座。

目前，我国医学图书馆资源共享网络的各项活动，如“中国医学期刊馆藏联合目录数据库及其检索系统”的研制开发、网络标准的制定、医学原版期刊合作订购、各种形式的人员培训等正在计划和进行之中。

（芮国忠）

**【部属高校投资现状调查】**

在高等医学教育体系中，卫生部所属11所高等医学院校有其特有的地位和作用，同时在发展中也面临很多困难，办学经费紧张、投入不足是当前亟待解决的突出问题。为此，卫生部教育司进行了专题调查。

"七五"期间，在卫生基建费被大大压缩的情况下，部属高校基建投资完成额逐年有所增加，占卫生部部属单位的53.2%，加上中国医学科学院(协和医科大学)约占70%，使办学条件有所改善；每个学生平均教育事业费拨款标准已从1985年的1 800元提高到2 500元左右。尽管如此，部属高校在基建投资、经费、办学条件方面仍存在以下突出问题：

1.由于高等医学教育的特点和多种因素制约，基建投资仍然不足，结构不合理，并缺少保证机制。高等医学教育的突出特点是临床教学所占比重较大，在部属高校现有建筑面积中校本部教学办公用房占30%，医疗用房占31.2%，职工住宅占35%，科研用房占3.8%，"七五"期间对部属高校的基建投资中，约有60%用于附属医院建设，校本部教学行政用房、教职工住宅与定额标准仍有较大差距。在基建投资中，5万元以上大型设备费被大大压缩，用于校舍建筑和设备的基建投资不能保持合理比例，造成基建投资结构不合理，降低了投资效益。

2.教育事业费严重不足。调查结果表明，部属高校每个学生平均拨款标准与实际支出差额将近三分之一。从教育事业费的使用情况看，人员经费所占比例较大，目前达到60%左右，学校运转基本维持费逐年加大，有些学校已占教育事业费拨款额的17%，大大挤压了本来就不足的教学经费、仪器设备维修费、图书经费和修缮费，严重影响教学工作的质量和学校的稳定。

3.各类摊派和地方性补贴等额外负担沉重。近年来社会各方面向学校征收名目繁多的各种费用，如收取供电补贴费、城市建设维护费和配套费、商业网点费、城市水源污染改造费、供热供煤集资和各种管理费等，使学校难以承受。地方性补贴支出逐年增大是造成部属高校额外负担加重的另一个重要因素。

4.预算外收入呈下降趋势，有些医学院校尚缺乏通过科技开发创收弥补经费不足的经验。

(张　鸣)

**【教育经济学讲习班】**

为学习和借鉴教育经济学的基本理论和方法、交流高等医学院校经济管理的经验，提高教育投资的决策水平和使用效益，加强我国高等医学院校的经济管理，卫生部教育司于1991年5月15～22日在南京医学院举办了教育经济学讲习班。参加讲习班的有来自22所高等医学院校的校领导、财务处长、总务处长、医学教育研究人员以及教师等54人。

讲习班聘请了4位经济学及教育经济学专家讲授了经济学基本理论，介绍了世界教育经济学研究和发展概况，讲授了教育成本和效益的分析计算方法，分析了我国教育经费的现状。

这次讲习班，启发了与会代表用教育经济学观点分析高等医学教育发展和改革中存在的问题，开阔了改革的思路；明确了教育投资，其中包括医学教育投资，绝不仅仅是消耗性支出，而是一种生产性投资，可以产生巨大的社会效益和潜在的经济效益。

讲习班认为，在高等医学教育领域研究教育经济问题，应着重研究以下几方面的问题。

1. 研究高等医学教育的发展战略

需要制定长远的战略目标，战略重点、实施步骤以及配套的政策，确定各个阶段的目标和任务，提高工作的计划性和自觉性，减少失误。

当前高等医学教育发展中很多问题值得深入探讨。例如，高等医学教育的总体规模，目前从社会需要的角度考虑较多，主要依据医师与人口之间的比例；而较少从经济发展水平、社会可能提供的投入和承受能力来分析社会的需求。

在医学人才培养的层次上，存在着追求高层次、长学制的倾向；在专业结构上，专业越分越细，目前本科专业已多达57种，而且还有要求增加的趋势。

对每所高等医学院校的规模以多大为宜，每个专业点应招收多少学生，才能既保证办学质量，又能收到最大的办学效益也缺乏研究。

在人才培养的途径上，关于成人补课性质的学历教育，尚未见到有人从成本效益的角度进行分析。

2. 多渠道筹集资金，改善办学条件

教育经费短缺是高等医学院校普遍存在的问题，但是深入研究拓宽资金来源的途径和筹集办法的却很少。针对医学教育的特点，对医学生培养所需要的成本的定量分析研究，目前还是空白。开展这方面的研究，为宏观决策提供证据，有利于争取国家提高对高等医学教育的投资标准，保证教学需要和提高教学质量。

除了争取国家投资以外，结合医学教育的特点，探讨自筹资金的可行性，是研究高等医学教育经济的重要课题。

高等医学教育属于非义务教育。随着经济的不断发展，城乡人民生活水平不断提高，分析公民的收入水平，探讨收取学费的可行性及收取标准，对于扩大教育经费来源，增强学生学习的自觉性和责任感，都具有重要的意义。

3. 加强人事和财务管理，提高教育投资的使用效率和办学效益

引起教育经费短缺的重要原因之一是教职工人数过多，人员经费逐年上升，所占比例过大，一般占高等医学院校教育事业费的50～60%。公用经费所占比例相应逐年缩小，影响教学条件建设，教学设备、图书资料等难于得到改善，影响教学质量的提高。

如果扩大在校学生数量，提高学生与教师的比例，走扩大外延的道路，可以争取国家投资，发挥现有师资的潜力，提高规模效益。但是，由于医学教育有其本身的发展规律，学生在校期间约有一半时间是临床学习，增加学生人数，将加剧本来已经不足的教学床位紧张的状况，降低教学质量。另外，受国家经济发展水平的制约，整个高等教育的规模受到限制，医学教育的规模也需要保持相对稳定。教育要适应经济的发展而发展，而不可能只根据自身的师资力量来决定。因此，控制教职工的人数，建立人才流动的正常机制，走内涵发展的道路，才能实现良性循环，走上稳步发展的轨道。

教育经费紧张的原因，除了来源不足以外，浪费现象的存在也是一个重要的因素。例如，在贵重仪器的使用上，无偿占有、单位所有的现象普遍存在。以至在一个学校内，各单位互相攀比，重复购置，搞“小而全”，使用效率很 低，不能发挥应有的效益。

在临床教学基地的建设上，或由于管理体制的原因，或受人际关系的影响，现有临床教学设施不能充分利用，而花费大量财力物力新建附属医院。

在财物管理上，由于措施不力，开支控制不严，擅自提高开支标准，公费医疗超支严重，委托培养自费生及各类成人教育挤占国家任务教育费用等，加重了教育经费的紧张状况。

4. 结合成本-效益分析，开展医学教育评估。

长期以来，由于传统观念的影响，过多地强调培养人才的社会效益，办学不计成本，片面追求“高质量”，缺乏从每生教育成本的角度进行成本效益分析，评价办学的实际效果。客观上引导学校一味向上伸手要投资，学校规模越大越好，专业设置越多越好，办学层次越高越好，在校学习年限越长越好，不利于学校面向社会的客观需求，根据具体条件把学校办好。

按照教育经济学的观点，教育投资属于生产性投资。人才培养同其他生产一样，存在着投入与产出问题。分析教育的成本效益，目的是研究以最小的成本，取得最大的效益。

（解江林）

# 中等医学教育

**【1991年中等医学教育工作】**

1991年中等医学教育工作紧紧围绕深化教学改革，培养“实用型”人才的目标，以开展合格评估为手段，改善办学条件、提高教育质量为目的，主要做了以下工作：

1. 继续深化护士、口腔医士专业教学改革试点，并取得可喜成绩。

由世界卫生组织资助，卫生部邀请美国护理专家、世界卫生组织顾问玛丽·亚历山大博士于1991年6月第三次到杭州举办中国中等护理教育改革研讨班。研讨班着重修改了护理教学计划和目标体系，调整教学内容；讲授各种教学和评估方法，为实施和检验教改计划创造条件；并组织教师编写与教改计划相配套的教材。以杭州护士学校为试点，从1991年秋季入学的新生班开始试用新的教改计划和教材。

在卫生部教育司的支持下，山西省运城口腔卫生学校经过几年的教学改革，探索出“学校—医院—社区三位一体的中等医学教育体制”，使学生进入学校后，以学校为主体，始终与临床和社会保持密切联系，在整个教学过程中对学生加强了专业教学、社会实践、技能训练和预防保健训练。

以上改革试点所取得的经验，为修订部颁教学计划和修编教材奠定了基础。

2. 制定了《附设性中等卫生（护士）学校合格评估指标体系》。

附设在高等医学院校或综合医院的全日制附设中等卫生（护士）学校，约占全国500余所中等卫生学校的1/5。这类学校在培养中等卫生技术人才，特别是培养护理人才方面发挥了重要作用。为在中专教育合格评估中促进该类学校办学条件和办学质量的提高，根据国家教育委员会有关文件精神，并结合该类学校的特点，经商得国家教委职教司的同意，制定了《附设性中等卫生（护士）学校合格评估指标体系》，同时制定了《附设性中等卫生（护士）学校合格评估操作标准》。卫生部首先组织部属单位15所卫生（护士）学校依此指标体系进行自评，教育司组织两个复评小组共计12名专家于1991年12月中旬至1992年1月中旬对上述学校进行复评，复评总结将于1992年第一季度完成。

3. 加强国际合作，借鉴国外经验，改革和发展我国中等医学教育。

（1）为发展我国中等检验专业教育，争取并落实了华夏基金会对国内9所卫生学校和1所大学检验专业约100万美元的资助，购置计划将于1992年上半年完成。

（2）在世界卫生组织和华夏基金会的资助下，邀请国外有关方面的专家在华举办了全国综合传染病护理课程讲习班、中国中等护理教育改革研讨班和全国中等口腔医学教育改革研讨会。

（3）积极参与世界银行卫生Ⅳ项目贷款省关于加强农村卫生人力培训规划和澳大利亚关于卫生人力发展项目的考察工作。

（4）组织召开了全国中等医学教育改革学术会议，交流教学改革的理论研究与实践成果，探讨为农村培养“实用型”人才的经验以及中等卫生学校教育评估的经验。代表来自全国27个省、自治区、直辖市，共计127名。

4. 卫生部教育司委托安徽医科大学卫生管理学院举办了中等卫生学校教育管理讲习班，学员主要是世界银行卫生Ⅳ项目贷款省的中等卫生学校校长。教学内容围绕如何培养“实用型”中等卫生人才为中心，以中等卫生学校科学管理和医学教育改革为重点。

（陆美芳）

**【“七五”期间中等医学教育稳步发展】**

中等医学教育在“七五”期间由于各级领导的重视和支持，得到了稳步发展。据国家教育委员会统计（见表1），年招生、毕业生和在校生人数均呈平稳而略有发展的状况。“七五”期间全国中等卫生学校的专业调整工作进一步取得了好成绩（见表2、表3），尤其是检验、药剂、放射、卫生、口腔等短缺专业，不仅专业布点有所增加，而且招生数量也略有增长。西医士专业的布点和招生人数增加得尤为明显，说明中等医学教育为农村培养人才进一步得到落实。全国中等卫生学校教职工队伍进一步壮大（见表4），专任教师的职称评定工作已经进入正轨。进一步重视了专任教师队伍的学历结构，专任教师中的本科生由1986年的41.01%上升至1990年的45.46%，净增2 667人(表4)。中等卫生学校的办学条件也有所改善，学校建筑面积由1986年平均每生20.2平方米至1990年增至平均每生23.42平方米。

（陆美芳）

表1　全国中等卫生学校数及学生人数

| 年份 | 学校数（个） | 实有学生数(人) | | | 占中等专业学校学生总数的比重(%) | | |
|---|---|---|---|---|---|---|---|
| | | 招生数 | 毕业生数 | 在校学生数 | 招生数 | 毕业生数 | 在校学生数 |
| 1986 | 544 | 86 854 | 59 664 | 245 430 | 12.8 | 12.0 | 14.0 |
| 1987 | 553 | 96 818 | 70 362 | 274 575 | 13.5 | 12.2 | 14.7 |
| 1988 | 537 | 109 504 | 85 653 | 300 061 | 14.1 | 14.4 | 14.6 |
| 1989 | 554 | 93 142 | 82 783 | 306 506 | 12.67 | 14.01 | 14.08 |
| 1990 | 563 | 93 261 | 94 175 | 308 394 | 12.77 | 14.24 | 13.74 |

表2　全国中等卫生学校分专业布点情况

| 学年度 | 学校总数 | 专业数 | | | | | | | | | | | | | | | |
|---|---|---|---|---|---|---|---|---|---|---|---|---|---|---|---|---|---|
| | | 护士 | 助产 | 医士 | 妇幼 | 中医 | 检验 | 药剂 | 放射 | 卫生 | 口腔 | 中药 | 针灸 | 实验技士 | 卫生统计 | 藏医 | 营养 | 其它 |
| 1979 | 473 | 426 | 76 | 187 | 90 | 113 | 61 | 45 | 34 | 46 | 21 | 22 | 0 | 4 | 4 | 2 | 0 | 9 |
| 1982 | 485 | 436 | 116 | 173 | 99 | 88 | 64 | 51 | 45 | 43 | 26 | 20 | 7 | 7 | 6 | 4 | 0 | 15 |
| 1984 | 490 | 439 | 130 | 164 | 96 | 51 | 79 | 54 | 42 | 45 | 29 | 25 | 22 | 11 | 12 | 5 | 2 | 14 |
| 1986 | 510 | 472 | 138 | 215 | 120 | 61 | 85 | 54 | 45 | 56 | 42 | 28 | 27 | 13 | 13 | 5 | 4 | 20 |
| 1988 | 523 | 499 | 131 | 253 | 91 | 46 | 91 | 64 | 45 | 60 | 54 | 32 | 29 | 14 | 18 | 5 | 7 | 27 |
| 1990 | 517 | 490 | 124 | 288 | 101 | 39 | 92 | 71 | 54 | 65 | 46 | 32 | 20 | 11 | 18 | 7 | 5 | 51 |

表 3 全国中等卫生学校分专业招生情况

| 专业名称 | 1980年 | | 1985年 | | 1990年 | |
|---|---|---|---|---|---|---|
| | 合计 | % | 合计 | % | 合计 | % |
| 总　计 | 57 784 | 100.00 | 82 103 | 100.00 | 75 690 | 100.00 |
| 西医士 | 3 540 | 6.13 | 9 837 | 11.98 | 14 722 | 19.45 |
| 中医士 | 3 124 | 5.41 | 1 282 | 1.56 | 1 309 | 1.73 |
| 少数民族医士 | 235 | 0.41 | 165 | 0.20 | 184 | 0.24 |
| 妇幼医士 | 4 842 | 8.38 | 2 683 | 3.27 | 3 783 | 5.00 |
| 卫生医士 | 2 300 | 3.98 | 3 008 | 3.66 | 3 398 | 4.49 |
| 放射医(技)士 | 1 225 | 2.12 | 1 877 | 2.29 | 2 097 | 2.77 |
| 口腔医(技)士 | 565 | 0.98 | 1 271 | 1.55 | 1 771 | 2.34 |
| 针灸推拿医士 | | | 859 | 1.05 | 805 | 1.06 |
| 护　士 | 32 101 | 55.55 | 41 701 | 50.79 | 31 928 | 42.18 |
| 助产士 | 2 531 | 4.38 | 4 589 | 5.59 | 3 869 | 5.11 |
| 药剂士 | 2 194 | 3.08 | 3 286 | 4.00 | 3 167 | 4.18 |
| 中药士 | 990 | 1.71 | 1 472 | 1.79 | 1 725 | 2.28 |
| 检验士 | 2 627 | 4.55 | 4 127 | 5.03 | 3 213 | 4.24 |
| 临床检验士 | | | | | 798 | 1.05 |
| 卫生检验士 | | | | | 164 | 0.22 |
| 医学实验技士 | 437 | 0.76 | 458 | 0.56 | 81 | 0.11 |
| 医疗器械维修技士 | | | | | 125 | 0.16 |
| 生物制品技士 | 50 | 0.09 | 224 | 0.27 | 63 | 0.08 |
| 卫生会计、统计士 | 270 | 0.47 | 946 | 1.15 | 1 091 | 1.44 |
| 营养士 | | | | | 126 | 0.17 |
| 其　它 | 753 | 1.30 | 4 318 | 5.26 | 1 281 | 1.69 |

表 4　1986、1990 学年中等卫生学校教职工情况

| 学年度 | 合计 | 教职工数 |  |  |  |  |  |  |  |  | 专任教师学历 |  |  |  |
|---|---|---|---|---|---|---|---|---|---|---|---|---|---|---|
|  |  | 计 | 专任教师 |  |  |  |  | 行政人员 | 教学辅助人员 | 工勤人员 | 小计 | 本科 | 大专 | 中专高中 |
|  |  |  | 小计 | 高讲 | 讲师 | 助讲 | 教员 |  |  |  |  |  |  |  |
| 1986 | 54 588 | 49 682 | 25 701 | 196 | 4 471 | 8 058 | 12 976 | 9 591 | 5 132 | 9 345 | 26 032 | 10 676 | 7 367 | 7 989 |
|  |  |  |  |  |  |  |  |  |  |  |  | 41.01% | 28.30% | 30.69% |
| 1990 | 63 001 | 55 346 | 29 752 | 3753 | 10 834 | 10 993 | 4 172 | 8 844 | 6 844 | 9 906 | 29 375 | 13 353 | 9 809 | 6 213 |
|  |  |  |  |  |  |  |  |  |  |  |  | 45.46% | 33.39% | 21.15% |

**【中等卫生学校校长教育管理讲习班】**

为了提高中等卫生学校教育管理水平和学校领导人对教育改革的认识，受卫生部教育司的委托，安徽医科大学卫生管理学院于 1991 年10 月28 日～11 月26 日，为河南、河北、福建、贵州、山西等省中等卫生学校校长近40 人举办为期四周的“中等卫生学校校长教育管理讲习班”。

讲习班紧密围绕着培养“实用型”中等卫生技术人才这个中心和加强中等卫生学校科学管理、促进医学教育改革这两个重点，重点讲授国家卫生工作方针、卫生人力发展战略以及现代教育思想，介绍了学校教学科学化管理、教育评估的基本知识。讲习班采用启发式、研讨及案例分析教学方法，对当前中等卫生学校管理中存在的问题及其对策和如何培养我国农村实用型中等卫生人才等专题进行了研讨，一些教育改革试点学校也到场介绍了护理、口腔等专业教育改革的思路和经验。

（王锦倩）

**【关于卫生职业技术教育体系的调查研究】**

受国家教育委员会职业教育司的委托，1991 年卫生部成立课题组对《卫生系统人才结构与职业技术教育体系》课题进行了调查研究。这一调查课题是国家教委《关于建立我国职业技术教育体系的调查研究》的子课题之一。通过调查分析卫生系统人才结构与辅助技术类专业人员培训的现状，对今后一个时期国家发展卫生职业技术教育紧密相关的问题提出建议，为调整和建立具有中国特色的卫生职业技术教育知识结构体系提供依据。

研究报告分三大部分，即：卫生系统专业卫生技术人力现状；存在的问题；发展卫生职业技术教育的规划与设想。

经过调查研究，大量数据证明，全国高(师)、中（士）、初（员）卫生技术人员比例严重失调，形成倒三角形，如 1979 年高、中、初卫技人员比例为 1：2.54：1.69，1984 年为 1：1.77：1.03，到 1989 年变为 1：0.67：0.23。统计分析表明，相当比重的“师”级以上卫生技术人员是从“士”或“员”中按年资长短自然晋升上来的，例如：药剂师、检验师、护理师 1989 年分别有 155 902 人，77 328 人和 409 299 人，比 1987 年的 53 455 人、28 166 人、90 149 人分别增长 2.92 倍、2.75 倍和 4.54倍，然而，1987 年至 1989 年三年中，高等医学院校共计毕业药学、检验、高等护理专业的学生分别只有 6 912 人、956 人和 767 人。短期内猛增的药剂师、检验师和护师，除极少数接受过在职教育外，93～99%以上的师级人员是从药剂士、检验士、护士中晋升来的。大批药剂员、检验员和护理员中，绝

大多数也是未经系统的正规培训晋升为“士”的。以上各层次人员的比例关系，与卫生部提出的高、中级人员之比为1∶2～2.5相对照，反映出严重的比例失调现象，造成了人才浪费、岗位责任不明确；而且高、中级人员的晋升未经过严格考试，基本上按年资长短晋级，又造成卫生技术队伍的文化水平和业务能力与业务职称不完全相符，影响了有关领域技术水平的提高。

调查研究还表明，农村卫生技术人员数量不足，质量不高。1990年全国共有卫生技术人员3 897 921人，平均每千人口中3.45人；其中，城市每千人口中6.59人，而农村每千人口中仅有卫生技术人员2.16人。医师，城市每千人口中有2.42人，而农村每千人口中仅有0.63人。另据抽样调查，县级卫生机构的卫生技术人员中，本科生只占8.8%，专科生占10.5%，中专生占48.9%，无学历者占31.8%；乡级卫生机构的卫生技术人员中，无学历者高达62.7%。因此，如何建设和优化农村卫生技术队伍，是亟待解决的问题。

调查研究还表明，我国卫生辅助系列专业技术人才培训，长期以来一直主要采取单一的中等医学教育形式。除药学专业外，检验、护理、放射等专业直到80年代才在高等医学院校中陆续开始设置。因此，我国职业技术教育的层次结构还不够健全，尚未形成一个以中等卫生职业技术教育为主体，普通高等和成人高等卫生职业技术教育、学历教育与岗位培训、职前与职后培训紧密结合的，与我国经济发展相适应的卫生职业技术教育体系。

研究报告针对以上问题，提出了关于建立健全卫生职业技术教育体系、卫生职业技术教育要为农村服务、合理解决发展卫生职业技术教育中的几个政策问题以及改革办学模式、培养实用型人才的规划和设想。

（陆美芳）

**【全国中等口腔医学教育改革研讨会】**

卫生部教育司于1991年9月4日至11日在河北唐山市召开了“全国中等口腔医学教育改革研讨会”。此次研讨会是深化我国口腔医学教育改革的一个重要组成部分。到会代表来自37所卫生学校共计48人。研讨会的主要内容是：

1. 邀请了日本、澳大利亚口腔医学教育专家来华讲学，介绍了上述两国口腔辅助人员的培训计划，课程设置和课程内容等情况。两国专家的讲学对修订我国口腔辅助专业教学计划和编写教学大纲提供了有益的借鉴。如：日本平均每10万人口中有58名口腔医师；而我国平均每10万人口中只有口腔医师2.09名。日本不仅设有高等齿科医学专业，同时设有齿科技工士、齿科卫生士等辅助类专业并形成独立的分支，我国口腔医学教育与之对比，尚有较大差距。又如：日本口腔辅助类专业教育的培养目标十分明确，核心课程突出。大阪齿科大学齿科技工士专门学校的课程中，专业基础课和专业课占教学总时数的92.77%，不设医学基础课和口腔临床课，突出技工士的培养目标和学生的技能训练；我国口腔技工专业教学计划中，专业基础课和专业课课时仅占49.2%。

2. 国内卫生学校之间进行了口腔教学改革的经验交流。大家就全国中等医学教育工作会议以来，不少学校在改革传统的办学模式，加强实践教学，加强技能训练，加强口腔预防保健，调整教学计划，让学生早期接触社会和临床等方面进行了许多改革性尝试，研讨会的经验交流，显示了大家所取得的成绩。山西运城地区口腔卫生学校对建立“学校—医院—社区”三位一体的中等医学教育体制的探索受到了国内外同行的一致赞赏。

会议经现场填写的30份调查问卷，一致认为该研讨会举办得好，总体评价是成功的。

（陆美芳）

# 医学成人教育

**【1991年医学成人教育工作】**

1991年医学成人教育工作主要贯彻全国医学教育工作会议精神，落实全国乡村医生教育研讨会工作任务，切实加强为农村培养卫生技术人才；继续贯彻治理整顿、深化改革的方针，加强宏观管理，把建立与完善成人教育的自我约束机制作为重点，使成人教育工作逐步走向制度化、科学化管理。

目前全国已有23个省、市、区拟定了“乡村医生十年教育规划”，部分省、市增拨了乡村医生教育专项经费，建立了省级乡村医生培训中心等综合管理协调机构，加强了乡村医生教育机构的建设。四川、云南、湖南等省制定了乡村医生教育的配套政策、措施，调动了乡村医生学习的积极性，稳定了乡村医生队伍。为保证乡村医生系统化、正规化教育的开展和培养质量，有些省市采取举行资格考试，签发“乡村医生合格证书”的办法，在规定年限内获得合格证者，才可行医。同时开通多种学习途径：有计划地招收承认学历的函授生；鼓励中等专业卫生学校、县卫生学校以办班、函授、自学考试等易被乡村医生接受的方式培养；在普通卫校开设了乡村医士专业。

受卫生部委托，中国乡村医生培训中心已拟定出全国指导性乡村医生教学计划、教学大纲及视听教材目录。成立了全国乡村医生教材评审委员会，开始修编20门乡村医生教材。落实了25部视听教材的拍摄任务。

医科类成人高考科目由考政治、语文、数学、物理、化学改为考政治、语文、数学、人体解剖学、生理学的试点工作，在黑龙江省试行两年的基础上，经国家教委批准，1992年将扩大到山东等6省。配合此项改革，已印制了有关的复习考试大纲和复习资料，安排了1992年招生、考试、录取的有关事宜。通过这一改革，可更好地选拔、培养在职人员，特别是中专毕业后在农村、基层工作多年的优秀卫生技术人员入学深造，同时可控制一部分非卫生技术人员流入卫生队伍，有利于稳定农村和基层卫生队伍。

部属各院校医学成人教育治理整顿工作基本完成，已开始进行教学改革的调研、探索。完成了1991年成人高教事业计划119.7%，中专师资本科班计划87.5%。

根据国家教委的要求，在1990年对《专业证书》教学班治理整顿的基础上对卫生部自1988年以来审批的61个专业证书教学班复查清理。复查重点是教学班审批手续、学员入学资格和教学质量。

由于医学成人教育起步晚，发展快，缺乏相应的约束机制，为此加强了科学研究工作。组织了“建立与完善我国医学成人教育制度”课题。经专家论证，通过了由22个省、市卫生厅（局），普通、成人高校申请的29份课题申请书。此研究将总结、分析我国医学成人教育现状，为今后的发展做出预测，为科学化、制度化管理提供科学依据。

在1990年制定《继续医学教育暂行规定》的基础上，向全国发出了扩大试点的通知。举办了“第一期继续医学教育讲习班”。

现阶段我国卫生管理在职教育的重点是岗位培训，为使此项工作走向规范化、制度化，组织了近20个单位承担了各类卫生管理干部岗位培训规范的研究与制定工作，将为全国提出一个有科学性、实用性、可操作性的培训规范。

建立了“全国成人高、中等教育办学情况数据库”，修改了“卫生机构在职人员培训情况年报表”，更适合于成人教育工作。

（黄琼丽）

**【医科类成人高等教育招生考试科目改革扩大试点】**

目前，我国约有专业卫生技术人员

389.7万人，其中中级卫生技术人员约135.4万人。他们主要工作在县及县以下卫生机构，许多人是基层卫生网中承担防病、治病工作的骨干。医学成人教育应选拔和培养这些优秀的在职人员。但是，近些年实行的成人高等教育入学考试科目是政治、语文、数学、物理、化学。致使中专毕业后长期在第一线工作、有实践经验又年龄偏大的在职人员，由于多年从事业务工作，没有时间和精力系统复习高中文化课程，而难以考入高校深造。为此，卫生部提出进行考试科目改革，除考政治、语文、数学外，改考物理、化学为考人体解剖学、生理学。经国家教委批准，在黑龙江省试行，同时进行有关问题的软科学研究。在黑龙江省教委、招生委、卫生厅的通力合作下，试点是成功的。从实践和理论上证实了科目改革的必要性和可行性，深受广大在职卫生技术人员，特别是农村和基层的卫生技术人员及各级医疗卫生机构、医学成人高校的欢迎。

改革考试科目的优越性在于：①为年龄偏大和长期在第一线工作的在职卫生技术人员提供了深造的机会；②有利于在职卫生技术人员、具有中专学历和专业对口的人员考取成人高校；③有利于农村和基层在职卫生技术人员队伍的稳定；④控制了部分非卫生技术人员继续流入卫生队伍；⑤有利于学校根据学生本职工作的需要因材施教，培养实用型人才。科学研究也证明考专业课的学生入学成绩与在校学习成绩有很好的相关性，比较容易造就合格的卫生人才。

在黑龙江省试点的基础上，国家教委批准1992年将试点扩大到山东、山西、陕西、四川、湖南、黑龙江6省。经卫生部教育司选拔、推荐，国家教委成人教育司同意，黑龙江省教委、招生委聘请有关专家编写了以全国中等卫生学校“生理学”、“解剖学”统编教材为依据，突出成人教育特点的复习考试大纲。国家教委、卫生部与6省有关同志研讨制定了1992年扩大试点的实施办法。

（黄琼丽）

**【拟定乡村医生教学计划，修编乡村医生教材】**

根据《1991～2000年全国乡村医生教育规划》的要求，卫生部教育司委托中国乡村医生培训中心拟定了指导性全国乡村医生教学计划和教学大纲。教学计划分为在岗乡村医生和新培养乡村医生两类。“计划”中规定了乡村医生的培养目标，即：适合我国农村卫生工作实际需要的，德、智、体全面发展的，能够预防、诊断、治疗农村常见病、多发病，开展初级卫生保健工作的，达到中专水平或相当于中专水平的乡村医生。对新培养的乡村医生的要求是：达到中专水平，对在岗乡村医生的要求为：相当于中专水平。

为了提高乡村医生教材的质量和适用性，成立了全国乡村医生教材评审委员会，主任委员金魁和。并聘任了20门乡村医生教材的主编，论证通过了各门教材的修编提纲。审查了乡村医生教育视听教材目录，安排了文字、音像教材的编写、制作和出版进程。

（王宇明）

**【复查清理跨省、区举办的《专业证书》教学班】**

1991年3月，国家教育委员会、人事部下达了对成人高等教育《专业证书》教学班复查清理的通知。据此要求，卫生部对1988年以来审批的61个《专业证书》教学班（见附表）展开复查清理工作。由教育司、人事司负责组织，重点复查清理教学班审批手续、学员入学资格和教学质量，以做到有计划地按需培养，严格控制办班规模，确保教学质量。

复查是在各学校、委托单位自查的基础上，由教育司、人事司验收合格，报国家教委、人事部审核。1992年将分批向各省卫生厅局公布复查验收合格的教学班及学员名单，不合格的学员，不予承认。

附表　卫生部审批的跨省区〈专业证书〉教学班简况

| 主办单位 | 承办学校 | 专业设置 | 办学形式学制 | 审批文号 |
|---|---|---|---|---|
| 卫生部医政司 | 上海医科大学 | 护理学 | 全脱产一年 | 卫科教进字(88)497号 |
| | 上海医科大学 | 护理学 | 全脱产一年 | 卫教成字(89)81号 |
| | 中国医科大学 | 护理学 | 全脱产一年 | 卫教成字(89)05号 |
| | 南京医学院 | 护理学 | 全脱产一年 | 卫教成字(89)05号 |
| | 吉林医学院 | 医学检验 | 全脱产一年 | 卫科教进字(88)497号 |
| | 湖北药检专科学校 | 医学检验 | 全脱产一年 | 卫科教进字(88)497号 |
| | 协和医科大学 | 医学实验技术 | 全脱产一年 | 卫教成字(89)45号 |
| | 同济医科大学 | 医学影像 | 全脱产一年 | 卫科教进字(88)497号 |
| | 安徽医科大学 | 临床医学(康复) | 全脱产一年 | 卫教成字(89)081号 |
| | 北京医科大学 | 放射医学 | 函授二年 | 卫科教进字(88)0415号 |
| | 中国医科大学 | 护理(管理)学 | 全脱产一年 | 卫教成发(90)第86号 |
| | 南京医学院 | 护理(管理)学 | 全脱产一年 | 卫教成发(90)第86号 |
| | 吉林医学院 | 医学检验 | 全脱产一年 | 卫教成发(90)第86号 |
| | 协和医科大学 | 医学实验技术 | 全脱产一年 | 卫教成发(90)第86号 |
| 卫生部防疫司 | 华西医科大学 | 卫生检验 | 全脱产一年 | 卫科教进字(89)36号 |
| | 南京医学院 | 预防医学 | 全脱产一年 | 卫科教进字(89)95号 |
| | 北京职工医学院 | 结核病防治 | 全脱产一年 | 卫教成字(89)24号 |
| | 北京医科大学 | 预防医学 | 函授二年 | 卫教成字(89)017号 |
| | 天津医学院 | 公卫环卫 | 函授二年 | 卫科教进字(88)0415号 |
| | 扬州医学院 | 皮肤病防治 | 全脱产一年 | 卫教成发(90)第108号 |
| 卫生部妇幼司 | 北京医科大学 | 妇幼卫生 | 全脱产一年 | 卫教成字(89)017号 |
| | 华西医科大学 | 妇幼卫生 | 全脱产一年 | 卫教成字(89)017号 |
| | 西安医科大学 | 妇幼卫生 | 全脱产一年 | 卫教成字(89)017号 |
| | 上海医科大学 | 妇幼卫生 | 全脱产一年 | 卫科教进字(88)497号 |
| | 同济医科大学 | 妇幼卫生 | 全脱产一年 | 卫科教成字(89)98号 |
| 卫生部地病司 | 上海医科大学 | 预防医学 | 全脱产一年 | 卫科教进字(88)497号 |
| | 北京医科大学 | 预防医学 | 全脱产一年 | 卫教成字(89)45号 |
| | 北京医科大学 | 预防医学 | 全脱产一年 | 卫教成发(91)第001号 |
| | 哈尔滨医科大学 | 公共卫生 | 全脱产一年 | 卫科教进字(88)497号 |
| | 哈尔滨医科大学 | 预防医学 | 全脱产一年 | 卫教成发(91)第001号 |
| 卫生部药政局 | 同济医科大学 | 药学(药物分析) | 全脱产一年 | 卫科教进字(88)497号 |

| 主办单位 | 承办学校 | 专业设置 | 办学形式学制 | 审批文号 |
|---|---|---|---|---|
| | 湖北药检专科学校 | 药学 | 全脱产一年 | 卫科教进字(88)497 号 |
| 全国爱卫会 | 上海医科大学 | 预防医学(健康教育) | 全脱产一年 | 卫科教进字(88)497 号 |
| | 同济医科大学 | 预防医学(健康教育) | 函授二年 | 卫科教进字(88)0415 号 |
| | 同济医科大学 | 预防医学 | 全脱产一年 | 卫教成发(90)第 82 号 |
| 卫生部计财司 | 吉林卫生管理干部学院 | 卫生财会 | 全脱产一年 | 卫教成发(90)第 92 号 |
| | 浙江医科大学 | 生物医学工程 | 全脱产一年 | 卫教成发(91)001 号 |
| 卫生部贷款办 | 浙江医科大学 | 生物医学工程 | 全脱产一年 | 卫教成发(91)001 号 |
| 卫生部教育司 | 首都医学院 | 生物医学工程 | 全脱产一年 | 卫科教进字(88)0415 号 |
| | 首都医学院 | 生物医学工程 | 全脱产一年 | 卫教成发(90)第 82 号 |
| | 同济医科大学 | 卫生事业管理 | 全脱产一年 | 卫教成字(88)497 号 |
| | 同济医科大学 | 卫生事业管理 | 全脱产一年 | 卫教成字(90)第 82 号 |
| | 安徽医科大学 | 卫生事业管理 | 全脱产一年 | 卫教成字(89)081 号 |
| | 黑龙江卫生管理干部学院 | 卫生事业管理 | 函授二年 | 卫科教进字(88)0415 号 |
| | 华西医科大学 | 卫生事业管理 | 全脱产一年 | 卫科教进字(88)497 号 |
| | 浙江医科大学 | 生物医学工程 | 全脱产一年 | 卫科教进字(89)91 号 |
| | 同济医科大学 | 医学图书情报 | 全脱产一年 | 卫科教进字(89)37 号 |
| | 安徽医科大学 | 卫生事业管理 | 函授二年 | 卫教成字(90)5 号 |
| 举办单位 | 承办学校 | 专业设置 | 办学形式学制 | 审批文号 |
| 中国医学科学院 | 协和医科大学 | 医学实验技术 | 全脱产一年 | 卫教成字(89)45 号 |
| 北京医科大学 | 本校 | 护理学 | 业余二年 | 卫科教进字(88)0415 号 |
| | 本校 | 卫生事业管理 | 业余三年半 | 卫教成字(89)24 号 |
| | 本校 | 医学实验技术 | 业余二年 | 卫教成字(89)24 号 |
| 中国医科大学 | 本校 | 护理学 | 半脱产一年半 | 卫科教进字(88)0415 号 |
| | 本校 | 口腔医学 | 半脱产一年半 | 卫科教进字(88)0415 号 |
| | 本校 | 预防医学(卫生) | 半脱产一年半 | 卫科教进字(88)0415 号 |
| | 本校 | 基础医学(实验技术) | 半脱产一年半 | 卫科教进字(88)0415 号 |
| | 本校 | 临床医学(实验技术) | 半脱产一年半 | 卫科教进字(88)0415 号 |
| 白求恩医科大学 | 本校 | 护理学 | 业余二年 | 卫教成字(89)81 号 |
| | 本校 | 医学检验 | 业余二年 | 卫教成字(89)81 号 |
| | 本校 | 医学影像 | 业余二年 | 卫教成字(89)81 号 |
| 国境卫生检疫总所 | 同济医科大学 | 预防医学 | 业余二年 | 卫教成发(91)001 号 |

（黄琼丽）

## 【开展医学成人教育软课题研究】

为科学地总结分析我国医学成人教育的现况，解决管理工作中存在的理论与实践问题，建立健全医学成人教育制度，取得制定有关政策的科学依据，1991 年卫生部在全国范围内开展了建立与完善我国医学成人教育制度课题研究工作。

本次科研课题分为 5 个分课题，24 个子课题，共收到 17 个省、市 36 个单位的 33 份课题申请书，经专家评审，通过了 29 份。

该课题研究计划在 1992 年 8 月份完成。

具体课题如下：

建立与完善我国医学成人
教育制度科研课题一览表

总课题

一、医学成人教育发展战略研究

1. 医学成人教育发展趋势的研究
2. 评价无专业学历卫技人员业务素质的研究
3. 医学成人教育的地位和作用
4. 卫生技术队伍现状及发展研究
5. 医学成人教育的培养能力

二、不合格卫技人员有关政策的研究

1. 非卫技人员进入卫技队伍的现状及对策
2. 无医科学历人员进入卫技队伍的预测
3. 开展在职卫技人员补课教育有效途径研究
4. 对不合格卫技人员进行补课教育的对象、培养目标研究
5. 对在职卫技人员实行培养—管理—使用一体化制度研究
6. 对不合格卫技人员的流向研究

三、成人学历教育有关制度研究

1. 成人高教现状及分析
2. 医学成人专科学历教育学制、专业设置研究
3. 医学成人教育特点的研究
4. 成人中专的现状和展望
5. 医学成人自学考试研究
6. 采用电教进行教育的可行性探讨

四、医学成人非学历教育的研究

1. 试行《专业证书》制度的调研
2. 在职卫技人员进修教育研究
3. 乡、镇卫生院初级卫生人员现状分析及培训途径
4. 社会力量办学的现状和管理办法

五、医学成人院校的现状及评估

1. 医学成人高校评估指标体系及实施办法
2. 医学成人高校医疗专业评估的研究
3. 医学成人中专评估指标体系的方法学研究

（王宇明）

## 【继续医学教育制度化建设】

为适应当代新技术革命的挑战和社会发展的需要，针对我国继续医学教育和卫生技术队伍的现状，卫生部从 1988 年起开展了继续医学教育制度化建设工作，其目的是通过强有力的制度和措施，加强卫生系统继续医学教育工作，促进卫生技术人员学习新知识、新理论、新技术、新方法的学习，培养骨干力量和学科带头人，提高卫生技术人员的素质。经过反复、广泛的研究论证以及各有关方面的努力，1991 年完成了《继续医学教育暂行规定》的制定；并决定在全国有条件的省、自治区、直辖市和卫生部直属单位扩大试点工作。围绕继续医学教育试点工作，还举办了“卫生部第一期继续医学教育讲习班”。

1.《规定》的起草过程及指导思想

1989 年 5 月，卫生部在调查、总结浙江省和长春市继续医学教育试点工作的基础上，起草了《临床医师继续医学教育条例》（草案第一稿），提出了使医学教育成为分阶段连续统一体的教育思想。1990 年 5 月，根据所征求的各省、自治区、直辖市卫生厅、局及人事部等有关部门的意见，考虑到使《规定》具有宏观指导作用，推动整个卫生系统的继续教育工作，经过认真研究讨论，将《临床医师继续医学教育条例》（草案）修改为《继续医学教育条例》（征求意见稿）。其对象扩大为完成毕业后医学教育的各类卫生技术人员，并对有关条目作了完善和修改。

这次修改后，卫生部分别委托华西医科大学和上海医科大学的医学教育研究所进行了继续医学教育学分制的研究；委托浙江省、

北京市和长春市做了继续医学教育现状和需求调查。卫生部教育司将《继续医学教育条例》(征求意见稿)再次下发到各省、自治区、直辖市卫生厅、局等有关部门组织有关人员进行论证,征求意见。在此基础上,于1990年11月进行了第三次修改,其名称最后确定为《继续医学教育暂行规定》。“规定”进一步明确了继续医学教育是继毕业后医学教育之后,以学习新理论、新技术为主的一种终身性的医学教育;强调了有考核的自学形式;规定了我国卫生技术人员每年参加继续医学教育的最低学分数。

2.扩大继续医学教育试点工作

在各省、自治区、直辖市卫生厅、局对卫生部制定的《继续医学教育暂行规定》取得共识、认为已基本成熟的情况下,卫生部于1991年7月向全国各省、自治区、直辖市卫生厅、局及卫生部直属单位发出通知,决定扩大继续医学教育工作试点,希望更多的地区和单位按照卫生部制定的《继续医学教育暂行规定》的精神和要求,结合当地和本单位的具体情况,制定具体的实施计划和方案,开展继续医学教育试点工作。

这一工作得到了许多省、自治区、直辖市卫生厅、局和直属单位的积极支持和响应。到1991年10月底,已经有19个省、区、市卫生厅、局和9个卫生部直属单位向卫生部提出了参加试点工作的申请。有的省、区、市成立了继续医学教育委员会等专门的组织机构,制定了具体的实施方案和细则。

3.举办继续医学教育讲习班

为了使参加继续医学教育试点工作的省、区、市卫生厅、局和卫生部直属单位的领导及有关人员了解继续医学教育的有关理论和国内外继续医学教育的发展动态,正确把握《继续医学教育暂行规定》的具体要求和指导思想,使试点工作健康发展,卫生部于1991年11月14日至17日在天津市举办了第一期继续医学教育讲习班。

参加讲习班的有85人。讲习班的讲授内容主要有:①请有关医学教育专家、学者讲授继续医学教育的理论,介绍发达国家开展继续医学教育的经验和做法,以使试点地区和单位的有关领导和负责继续教育工作的同志开拓思路,明确继续医学教育的意义、任务、性质。②由《继续医学教育暂行规定》起草小组的成员讲解《规定》的有关条文,和大家一起学习、领会《规定》的要求,以便试点工作能按《规定》的要求实施。

讲习班收到了满意的效果,基本上达到了预期的目的,为各地区、单位的试点工作奠定了基础。

(刘顺利)

## 医学研究生教育与学位工作

**【1991年医学研究生教育与学位工作】**

1991年全国研究生教育工作,继续贯彻1988年国家教育委员会、国家计划委员会、财政部、人事部联合发布的《关于进一步改革研究生招生工作的几点意见》和贯彻高等教育在“八五”期间“坚持方向、控制规模、优化结构、深化改革、改善条件、提高质量”的方针。强调以全面提高研究生教育质量为中心,尤其是要提高研究生的政治素质;使研究生教育适应社会主义建设对各方面高层次人才的需要,优化学科结构,培养各种类型研究生;积极稳妥地进行研究生教育和学位制度的改革。

医学门类1991年的研究生教育,在稳定规模的基础上编制招生计划,调整招生的学科、专业。本着“按需招生”的原则,适当地扩大应用型学科和专业、新兴学科、边缘学科的招生比例。继续贯彻从大学本科毕业后经过实践锻炼的优秀职工中招收硕士研究生,计划安排从有实践经验的优秀职工和从大学本科应届毕业生中招收硕士研究生的比例大体上各占一半，其中招收定向培养研究生占总招生人数的30%。同时，扩大从优秀硕士研究生中考核选拔直接攻读博士学位者的比例，既充实了博士生的生源又能保证入学质量。

在研究生的培养中，注意了把德育放在首位，加强研究生的思想政治工作和研究生中党组织建设，完善研究生思想政治工作体制及加强管理队伍。增加了研究生的社会实践环节，进行基本国情的教育。对研究生的招生、培养、管理、学位授予各个环节都加强了管理。

1991年医学门类共招收研究生4 128人，其中博士生811人，硕士生3 317人。毕业研究生3 990人，其中博士生436人，硕士生3 554人。授予学位共4 163人，其中博士学位490人，硕士学位3 673人。1991年底在学研究生11 658人。

在学位工作方面，继续贯彻“坚持标准、保证质量”的方针，有计划有步骤地开展医学门类学位授予质量的检查与评估。为多渠道促进医学高层次专门人才的成长，积极开展向在职人员授予硕士、博士学位工作。卫生部与国务院学位委员会继开展设置“医学专业学位”的必要性与可行性调研之后，1991年着重进行了“医学专业学位”实施方案的调查与研制。

（胡祖挺）

**【21世纪中国毕业后医学教育研讨会】**

卫生部教育司于1991年9月17～21日在北京召开了21世纪中国毕业后医学教育研讨会。与会者就中国21世纪毕业后医学教育的问题、改革趋势、措施与对策等问题撰写论文在大会进行交流与控讨。

与会代表对医学教育这个连续统一体分成基本教育、毕业后医学教育、继续医学教育三个阶段的概念，基本取得共识。认为一个医生接受医学教育是终身连续过程，称之谓“医学教育连续统一体”。医学基本教育是指医学生在医学院中所接受的医学基础教育。这个阶段涉及的知识面比较广，但无深度。毕业后医学教育是医生接受某一学科的专业培训，使所掌握的知识与技能朝着专业方向逐步深化的过程。继续医学教育则是在完成毕业后医学教育阶段以后，在本专业范围内深化提高、拓宽知识面的终身过程。

对毕业后医学教育的含义及内涵，与会者一致认为毕业后医学教育是培养医学高层次专门人才的阶段，培养的对象应该是医学院校毕业的本科生。

关于现行的毕业后医学教育的两条途径，即临床住院医师规范化培训与临床医学研究生培养的关系问题，与会者多数认为，临床医学高层次专门人才应该分成两类，一类是以科研训练为主的医学科学研究型人才，可用研究生制度来培养；一类是以临床实际工作能力训练为主的临床医学专门技术的应用型人才，用住院医师规范化培训方法来培养；两种培养方法各有侧重。培养的人才既要有能力，还要有潜力。目前临床医学博士生的培养办法，在实施中基本综合了两种渠道的培养办法，但培养数量不适应医疗卫生事业的需要。与会者建议，要尽快颁布《临床住院医师规范化培训试行办法》。

关于在毕业后医学教育中，探讨通科人才培养问题，与会代表认为，展望21世纪中国卫生工作对医学人才的需求，今后应逐步加强对医学通科人才培养的研究。目前举办的联合公共卫生学院研究生班，是在公共卫生研究生教育改革方面培养高层次公共卫生通才方面的有益尝试。

通过这次讨论与研究，结合卫生事业发展规划，大家献计献策，对我国毕业后医学教育制度的建立健全起到了一定的推动作用。

（秦怀金）

**【住院医师培训现状】**

为了解我国住院医师培训试点现状和所

具有的培养能力，预测开展培训的适当规模，卫生部教育司于 1991 年 2～6 月对试点区和四川、甘肃、广西等省、自治区、市部分医院及 7 所部属医科大学附属医院进行了住院医师培训现状调查。

1. 调查方法采取问卷调查与实地考察相结合的方式。共函调 6 省、市卫生厅(局)、7 所部属院校及各类医院 48 所，发出住院医师调查表 1 440 份，回收 1 099 份，占76.31%；发出带教人员调查表 1 440 份，回收1 046 份，占 72.64%；调查组对京、津、沪、浙和吉林等省、市的 22 所医院进行了实地考察，召开各类人员座谈会 29 次，参加人数 376 人。

2. 试点省、市医院住院医师培训现状

| 地区 | 试点医院数 | 培训人数 | 医学院校 |  | 省市级 |  | 地(区)级 |  | 其它 |  | 每年约补充住院医师数 |
|---|---|---|---|---|---|---|---|---|---|---|---|
|  |  |  | 医院 | 人数 | 医院 | 人数 | 医院 | 人数 | 医院 | 人数 |  |
| 北京 | 10 | 743 | 1 | 86 | 9 | 657 | — | — | — | — | 400 |
| 上海 | 65 | 6 760 | 19 | 2 267 | 12 | 2 471 | 34 | 2 022 | — | — | 500 |
| 天津 | 36 | 1 157 | 6 | 439 | 24 | 604 | 6 | 114 | — | — | 250 |
| 浙江 | 20 | 811 | 4 | 374 | 2 | 28 | 14 | 409 | — | — | 600 |
| 吉林 | 95 | 8 911 | 2 | 390 | 1 | 188 | 8 | 850 | 84 | 7 483 | 500 |
| 合计 | 226 | 18 382 | 32 | 3 556 | 48 | 3 948 | 62 | 3 395 | 84 | 7 483 |  |

3. 组织管理

试点省、市都先后成立了负责住院医师培训工作的领导机构，医院有相应机构和专人负责，使住院医师培训工作初步形成了一套比较完整的管理系统。京、津、沪、浙等省市制定了本地区的《住院医师培训试行办法》和各专业实施细则，上海市编写了一套、15 种《住院医师自学丛书》。浙江医科大学对试点前毕业已满五年的住院医师进行一次性临床实践考试，追记学分；对试点后毕业的住院医师，根据不同毕业年度，制定培训计划，经过三年试点，已向工作满五年，达到总学分要求的 273 人颁发了《住院医师培训合格证书》。北京、吉林等省(市)卫生厅(局)还与人事部门联合发文，明确要求住院医师要把完成规范化培训作为申报主治医师的必备条件，目前培训工作基本做到了制度化、规范化。住院医师经过规范化培训，业务技术水平有了明显提高，在理论知识上得到补缺、更新，受到各级医师的赞同，促进了住院医师队伍的稳定。

四川、甘肃、广西等非试点省(区)的部分医学院校附属医院和省市级医院，虽有对住院医师实行科室轮转培训的要求，但尚无统一的规范化制度和实施细则。

4. 培训方法及内容

培训时间为 5 年左右，培训以提高临床医疗工作能力为主；理论学习和外语以业余、自学为主；考核成绩采用学分积累制。具体做法包括三方面的内容：

临床实践：分两个阶段进行，第一阶段二年，在本学科的主要科室和相关科室进行轮转，进行临床诊疗技能训练并通过规定科目的考核，经考核合格后进入第二阶段学习。第二阶段三年，进行专业定向培训。训练掌握本学科、专业的临床技能，逐步达到能独立处理本科常见病及某些疑难病症。部分医院最后一年为优秀住院医师安排一定时间担任总住院医师工作。临床实践由科室集体指导，部分单位指定老师带教，考试或考核由考评小组评议与临床操作相结合的方式进行。

理论学习：开设必修、选修课及临床医学进展讲座等，以业余办班或自学完成。每年定期组织考试，成绩作为学分记录于住院医师手册。必修课主要有伦理学、心理学、统计学、文献检索、科研设计、临床药理学等。选修课主要有：临床生化、免疫、计算机应用、医学遗传学、分子生物学等。

政治思想、医德医风、遵纪守法方面：主要根据平时工作表现、廉洁行医、服务态度及有无医疗事故等指标，综合进行评议。

5. 住院医师培训中的几个问题

(1)培训制度有待完善，对基地认可还没有制定出标准细则，临床能力的考核指标和方法还不够健全。学分的评定还较复杂和繁琐，需进一步研究解决。

(2)部分青年医生不安心临床工作，对参加培训积极性不高，认为只有争取出国才能有前途，影响着住院医师队伍的稳定。

(3)毕业生实行一次性分配制度，使人才不易流动，医院不能留优汰劣，缺乏竞争机制，是影响人才培养的重要原因。另外，部分医院由于临床住院医师数量紧缺，使轮转培训计划难以实现。

(4)按年资，重“论文”、“外文”的晋升办法对住院医师培训有较大冲击和干扰，希望培训工作与职称评定制度相配套。临床医师晋升要把工作表现和临床能力放在主要位置，对优秀人才要给于重点培养与及时晋升。

(5)部分医院主治医师层次学历偏低，带教能力较差，不能满足住院医师规范化培训的需要。据对50所省(市)级医院和123所地(区)级医院医师情况调查，主治医师层次的学历结构分别为：省(市)级医院中，本科占41.11%，大、中专学历占58.89%；地(区)级医院中，本科占34.51%，大中专学历占65.49%。

(李义祥)

**【“设置医学专业学位实施方案”调查研究】**

1990年10月召开的国务院学位委员会第九次会议决定，在广泛征求意见的基础上，提出《设置医学专业学位的实施方案》，待条件成熟后，提交国务院学位委员会会议讨论。

为此，医学专业学位研究小组于1991年3月至7月先后对北京、上海、四川、浙江、西安、沈阳、长春、武汉等省市10所高等医学院校的200余名临床医学专家、临床住院医师、在学或已毕业临床医学博士生及毕业后医学教育与学位管理人员进行了调查。调查采用召开座谈会方式，分两步进行调研与论证。首先根据临床医学专家及有关部门的意见与建议，在总结试行《医学博士(临床医学)研究生培养试行办法》和《临床住院医师规范化培训》的初步经验的基础上，研究草拟《关于设置医学专业学位的初步设想》，征求临床医学专家、管理人员对该初步设想的意见，并进一步修订，提出《设置医学专业学位实施方案》(征求意见稿)。然后，将此征求意见稿提交医学专业学位研究小组正、副组长审议后，到上述地区进行调研，广泛征求意见。

参加座谈的大多数临床医学专家及有关人员对方案的指导思想、总体结构予以肯定，认为该方案具有原则性与灵活性双重特点，既保证了学位授予的标准，又有操作的可行性。个别临床医学专家认为，目前的方案是医学研究生培养办法和临床住院医师规范化培训办法的“二合一”，结果可能导致“两败俱伤”。因此，方案应从学位授予对象、授予标准、培养办法、学位授予等方面进行全面修改。

一、关于设置医学专业学位的目的，参加座谈者强调指出，设置医学专业学位的出发点是好的，该方案如能实施，无疑对临床医学高层次专门人才的培养具有重要意义，但要防止因为学位授予数量的扩大而影响质量。

二、关于学位授予对象，参加座谈的人员

虽然对方案中提到的两种对象未提出异议，但提出了与之相关的几个问题：

1.授予对象中，一类是经过入学考试竞争、择优录取的临床医学研究生；一类是临床住院医师，没有经过资格考试与选拔。因此，对临床住院医师的培训、考核更应从严，尤其是在进入第二阶段时，要进行统一的考试或考核。

2.对已受多年训练、尚未取得主治医师资格的住院医师，是否也应在授予对象之列有不同意见。

3.个别学科、专业如放射诊断等，与内、外、妇、儿等学科、专业工作要求不同，这些学科、专业的临床住院医师是否应包括，有待进一步研究。

三、关于学位授予标准，多数认为，方案中的标准比较客观、可行，基本反映了临床医学高层次专门人才的知识结构与能力结构的要求。

四、关于培养方法及培养年限，参加座谈人员对方案中制定的分两阶段连续培养的方法予以肯定，认为这种方法符合临床能力训练的特点，有利于竞争机制的形成。他们特别赞成方案中第一阶段以二级学科临床训练为主的培养方法，对低年住院医师临床能力训练尤为重要。

关于指导教师问题，一致认为应采用科主任负责制和导师负责制相结合的集体指导的原则。

关于理论知识学习与临床工作的关系，大家一致认为，作为临床医学高层次专门人才的培养，两者都需要，但两者的时间比例关系尚需进一步研究。

对于培养年限，一致认为方案提出的4至6年比较合适，有一定的弹性，不同学科、专业执行时可灵活掌握。

五、关于医学专业学位的考核，参加座谈的人员一致认为，学位考核对保证专业学位授予质量极为重要，同时对专业学位的考核极为担心，并提出一些意见与建议。

1.方案中提出的三种考核方式比较模糊，没有具体标准，缺乏明确的考核方法，担心这样容易导致具体执行时降低标准，不能保证质量。

2.“轮转考核”由于近年来受到人际关系的影响，考核结果不可靠，应该注重科室内组织的、对住院医师的年度考试，轮转考核作为参考。

3.由于临床住院医师第一阶段无资格选拔，因此，第二阶段必须有统一的资格考试。理论知识、外语要制定全国统一考试标准，临床能力的考核要组织“考核小组”，参照目前临床医学博士研究生临床能力的考核办法，制定客观、统一的科学化考核方法。

此外，关于论文标准及学位授予等问题，座谈中没有提出异议，一致认为，方案中的提法比较合适。

（秦怀金）

**【卫生部所属学位授予单位学位评定委员会成立与换届】**

根据《中华人民共和国学位条例暂行实施办法》第19条规定，1991年卫生部审核批准了所属3个新增学位授予单位——北京老年医学研究所、长春生物制品研究所、兰州生物制品研究所成立了学位评定委员会。对西安医科大学、中日友好临床医学研究所、北京生物制品研究所学位评定委员会换届作了批复。

（秦怀金）

**【中国协和医科大学授予马耳他总统塔博恩名誉医学博士学位】**

1991年12月9日，中国协和医科大学授予马耳他共和国总统文森特·塔博恩名誉医学博士典礼仪式在人民大会堂新疆厅隆重举行。塔博恩总统是经协和医科大学授予名誉医学博士的第一位外籍医学家，也是中国授予外国专家名誉医学博士学位的第一位。国务委员、国家教委主任李铁映，卫生部长陈敏章及300余名协和医科大学师生参加了典礼。著名医学家、协和医科大学名誉校长吴阶平教授介绍了塔博恩总统的简历及其在担任世界卫生组织顾问期间，特别是帮助台湾防治沙眼的工作中做出的杰出贡献。同时宣读了中国协和医科大学学位委员会关于授予塔博恩医学博士学位的决定。

协和医科大学校长顾方舟向塔博恩总统颁发了博士学位证书。国务委员、国家教委主任李铁映热烈祝贺塔博恩总统荣获中国协和医科大学名誉医学博士学位。他说，中国协和医科大学是中国唯一的一所八年制教育的医科大学，在国内外都享有盛誉。荣获中国协和医科大学荣誉学术称号，体现了获得者在医学科学上所做出的突出贡献和所取得的杰出成就。江泽民总书记在会见塔博恩总统时，还特别对总统荣获协和医科大学名誉博士学位表示祝贺。

（王家腾）

**【研究生教育与学位工作管理改革】**

1.根据“八五”期间高等教育方针，医学门类在巩固现有博士、硕士学位授权学科、专业点的情况下，重点加强医学研究生教育的指导队伍建设。各学位授予单位充实与调整了学位评定委员会，加强对指导教师遴选的管理。对硕士研究生指导教师的遴选，注意了中年导师的骨干作用；重视增补年轻的教师为研究生的指导教师；对老一代博士指导教师，继续发挥他们的引路和把关作用，注意在工作中给他们配备助手，加强学术梯队建设。对年轻一代的学术带头人或学术带头人的接班人，给予提高、交流、创造的机会。努力形成一个知识结构、年龄结构合理的医疗、教学、科研集体。

2.进一步加强研究生教育和学位工作的宏观管理，把住研究生的培养质量。1991年以复查学位授权点为中心，开展基础医学、公共卫生与预防医学两个学科范围的研究生教育与学位授予质量的评估工作。全国49个高等医学院校和科研机构的37个学科、专业，共计483个学位授权点接受了第二期评估。整个检查与评估工作在国务院学位委员会与卫生部领导下进行。1991年在卫生部学位委员会领导下成立了学位、研究生教育评估领导小组，具体对医学研究生教育与学位授予质量评估进行指导。评估领导小组由卫生部教育司、北京医科大学、上海医科大学、上海第二医科大学、哈尔滨医科大学、西安医科大学、华西医科大学、第三军医大学等八个单位主管研究生教育与学位工作的校级领导组成。单位的评估先由受检学科、专业按照卫生部制定的统一检查提纲及评估指标进行自检，由高等医学院校及科研机构组织有关专家、学者进行复查与核实并撰写检查报告。自检结果统一报送卫生部分析与处理。根据卫生部统一分析的结果，决定复查或抽查对象名单，经评估领导小组认可后组织专家进行复查。

卫生部教育司于1991年10月在湖北宜昌市召开了医学研究生教育与学位授予质量评估研讨会，在卫生部学位研究生教育评估领导小组主持下进行。与会人员共56人。会上介绍了医学教育评估的理论、方法、技术，以及评估新进展，交流了经验。同时邀请了德国波恩大学医学教育评估专家与会，介绍与交流了西方国家医学教育评估的经验。

3. 国务院学位委员会于1991年3月发布了《国务院学位委员会关于授予具有研究生毕业同等学力的在职人员硕士、博士学位暂行规定》及其实施细则。

1991年经学校申报、国务院学位委员会办公室审核，批准了医学门类37个高等医药院校及科研机构有权向在职人员授予硕士、博士学位。

（胡祖挺）

## 附件1 1991～1992学年度全国高等医药院校分专业本专科招生、在校生、毕业生数

| 专　业 | 招生数 | 在校学生数 | 毕业生数 |
|---|---|---|---|
| 1 基础医学 | 89 | 636 | 260 |
| 2 预防医学 | 2 649 | 12 221 | 2 849 |
| 3 卫生检验 | 1 302 | 4 695 | 1 036 |
| 4 临床医学 | 27 876 | 115 615 | 25 865 |
| 5 儿科医学 | 829 | 4 097 | 818 |
| 6 眼耳鼻喉科学 | 351 | 1 404 | 151 |
| 7 放射医学 | 676 | 2 502 | 593 |
| 8 护理学 | 794 | 2 313 | 677 |
| 9 口腔医学 | 1 204 | 6 043 | 1 216 |
| 10 中医学 | 4 833 | 20 731 | 4 775 |
| 11 针灸推拿学 | 1 204 | 5 330 | 1 164 |
| 12 法医学 | 224 | 1 416 | 355 |
| 13 药学 | 1 945 | 7 209 | 1 766 |
| 14 药物化学 | 153 | 772 | 173 |
| 15 制药 | 125 | 361 | 87 |
| 16 药理学 | 85 | 364 | 81 |
| 17 中药学 | 1 288 | 4 811 | 1 106 |
| 18 卫生事业管理学 | 319 | 1 376 | 383 |
| 19 生物医学工程 | 184 | 876 | 138 |
| 20 其他 | 1 522 | 5 229 | 847 |
| 总　计 | 47 652 | 198 001 | 44 340 |
| 其　中： | | | |
| 本科生 | 30 266 | 150 772 | 29 909 |
| 专科生 | 17 386 | 47 229 | 14 431 |

注：本资料统计数字中包括全国高等医药院校分校、大专班学生数；综合大学医学院（系）学生数不计在内。

（芮国忠）

## 附件2 1991～1992学年全国中等卫生学校分专业招生、毕业生数

| | 招生 | | 毕业生 | |
|---|---|---|---|---|
| | 人数 | 百分数 | 人数 | 百分数 |
| 总　　计 | 78，553 | 100．00% | 88，217 | 100．00% |
| 西医士 | 14 611 | 18．60 | 13 046 | 14．79 |
| 中医士 | 1 507 | 1．92 | 1 161 | 1．32 |
| 少数民族医士 | 834 | 1．06 | 538 | 0．60 |
| 妇幼医士 | 4 042 | 5．15 | 2 854 | 3．24 |
| 卫生医士 | 3 160 | 4．02 | 3 046 | 3．45 |
| 放射医（技）士 | 2 553 | 3．25 | 1 905 | 2．16 |
| 口腔医（技）士 | 1 519 | 1．93 | 1 595 | 1．81 |
| 针灸推拿医士 | 757 | 0．96 | 889 | 1．01 |
| 护士 | 31 615 | 40．25 | 47 327 | 53．65 |
| 助产士 | 4 148 | 5．28 | 3 700 | 4．19 |
| 药剂士 | 3 551 | 4．52 | 3 287 | 3．73 |
| 中药士 | 1 602 | 2．04 | 1 542 | 1．75 |
| 检验士 | 2 503 | 3．19 | 2 603 | 2．95 |
| 临床检验士 | 1 687 | 2．15 | 1 648 | 1．87 |
| 卫生检验士 | 657 | 0．84 | 361 | 0．41 |
| 医学实验技士 | 104 | 0．13 | 129 | 0．15 |
| 医疗器械维修技士 | 115 | 0．15 | 149 | 0．17 |
| 生物制品技士 | 60 | 0．08 | 77 | 0．09 |
| 卫生财会、统计士 | 1 153 | 1．47 | 977 | 1．11 |
| 营养士 | 249 | 0．32 | 235 | 0．27 |
| 其　　它 | 2 126 | 2．71 | 1 156 | 1．31 |

## 附件3 1991年全国卫生职工中等专业学校名录

| 序号 | 学校名称 | 地 址 | 邮政编码 | 电话 | 主管部门 | 专业设置 | 1991年在校人数 |
|---|---|---|---|---|---|---|---|
| 001 | 铜陵市卫生职工中专 | 安徽铜陵市劳动新村6栋 | 244000 | 32070 | 市卫生局 | 护士，妇幼医士，医士 | 57 |
| 002 | 马鞍山市卫生职工中专 | 马鞍山市长江路72号 | | 75722 | 市卫生局 | 医士，护士 | |
| 003 | 芜湖市卫生职工业余中等专业学校 | 芜湖市 | 241000 | 37406 | 市卫生局 | 护士，中药士 | 48 |
| 004 | 北京市中药职工中专 | 宣武区广安门内北极阁2号 | 100053 | 334195 | 市卫生局 | 中药士 | 238 |
| 005 | 同安县卫生职业中专学校 | 福建同安县中山路161号 | 361100 | 722435 | 县卫生局 | 医士 | 58 |
| 006 | 安溪县卫生职工中专 | 福建安溪县城关 | 362400 | 32375 | 县卫生局 | 医士，妇幼医士，护士 | 295 |
| 007 | 福建云宵县卫生职工中专 | 云宵县云平路5号 | 363300 | 33056 | 县卫生局 | 医士，护士 | 81 |
| 008 | 莆田县卫生职工中专 | 福建莆田市城郊四步岭 | 351100 | 222375 | 县政府 | 医士，妇幼医士，护士 | 103 |
| 009 | 福鼎县卫生职工中专 | 福建福鼎县城关山前 | 355200 | 53063 | 县卫生局 | 医士，护士 | 32 |
| 010 | 福清市卫生职工中专 | 福建福清市融城镇大北路22号 | 350300 | 22653 | 市卫生局 | 卫生医士，医士 | 36 |
| 011 | 沙县卫生职工中专 | 福建沙县城关府北新区 | 365500 | 22995 | 县政府 | 医士，护士，助产士 | 104 |
| 012 | 漳平县卫生职工中专 | 福建漳平县城关顶部13号 | 364400 | 32700 | 省卫生厅 | 护士 | 189 |
| 013 | 南海县卫生职工中专 | 广东佛山市佛平路30号 | 528200 | 637354 | 县卫生局 | 医士，护士，中药士 | 71 |
| 014 | 中山市卫生职工中专 | 广东中山市石岐良朋里 | 528402 | 822352 | 市卫生局 | 医士，中医士，护士，妇幼医士 | 132 |
| 015 | 顺德县卫生职工中专 | 广东顺德大良新基路34号 | 528300 | 222124 | 县卫生局 | 中医士，医士，妇幼医士，护士 | 153 |
| 016 | 湛江市卫生职工中专 | 湛江市文明东路4号 | 524003 | 227434 | 市卫生局 | 口腔医士，医士，妇幼医士，护士，卫生医士 | 865 |
| 017 | 台山卫生职工中专 | 广东台山县台城镇健康路100号 | 259200 | 22422 | 县卫生局 | 卫生医士，妇幼医士，护士 | 267 |
| 018 | 汕头揭阳卫生职工中专 | 汕头市揭阳县榕城北门天福路 | 515500 | 623724 | 市卫生局 | 医士，护士，中医士 | 552 |
| 019 | 潮阳卫生职工中专 | 汕头潮阳县棉城镇柳园路 | 515100 | 822512 | 市卫生局 | 中医士，护士，口腔医士，医士，妇幼医士，中药士 | 241 |
| 020 | 新兴卫生职工中专 | 肇庆市新兴县新城镇南外果园路 | 527400 | 883269 | 市卫生局 | 卫生医士，医士，妇幼 | 162 |
| 021 | 廉江卫生职工中专 | 广东廉江县廉城镇人民西路 | 524400 | 22157 | 县卫生局 | 医士，妇幼医士，护士 | 596 |
| 022 | 兴宁卫生职工中专 | 广东兴宁县兴城镇米寨村 | 514526 | 332492 | 县卫生局 | 医士，妇幼医士，护士，中医士 | 290 |
| 023 | 高州卫生职工中专 | 广东高州县城东门 | 525200 | 664540 | 茂名卫生局 | 妇幼医士 | 190 |
| 024 | 广州越秀区卫生职工中专 | 广州飞鹅西路南一街10号 | 510405 | 674600 | 市卫生局 | 护士，药剂士 | 215 |
| 025 | 平果县成人中专学校 | 广西平果县 | 531400 | 2155 | 县卫生局 | 医士，护士 | 386 |

| 序号 | 学校名称 | 地址 | 邮政编码 | 电话 | 主管部门 | 专业设置 | 1991年在校人数 |
|---|---|---|---|---|---|---|---|
| 026 | 来宾县卫生成人中专 | 广西来宾县 | 546100 | 2754 | 县卫生局 | 医士 | 300 |
| 027 | 马山县卫生成人中专 | 广西马山县白山镇中学262号 | 530600 | 2293 | 区卫生厅 | 医士 | 269 |
| 028 | 贵港市卫生成人中专 | 广西贵港市贵城镇 | 537100 | 4501转 | 市卫生局 | 医士，护士，药剂士，检验士 | 212 |
| 029 | 都安民族卫生成人中专 | 广西都安县安阳镇和兴街102号 | 530700 | 2381 | 地区卫生局 | 医士，护士 | 145 |
| 030 | 容县卫生成人中等专业学校 | 广西容县容城新南街60号 | 537500 | 22773 | 区卫生厅 | 医士，护士 | 301 |
| 031 | 龙州县民族卫生成人中专 | 广西龙州县龙州镇兴仁街 | 532400 | 22329 | 县卫生局 | 医士，护士，妇幼医士 | 200 |
| 032 | 四十四医院职工中专学校 | 贵阳市 | 550003 | 32164 | 省军区 | 护士，药剂士，放射医士 | 120 |
| 033 | 黔南职工中专学校 | 贵州省都匀市 | 558000 |  | 州卫生局 | 护士，医士 |  |
| 034 | 黑河地区卫生职工中专 | 黑龙江黑河市南郊 | 164300 | 3234 | 地区卫生局 | 医士 | 172 |
| 035 | 哈尔滨市卫生局职工中专 | 哈尔滨市南岗区清明四道街103号 | 150080 | 347929 | 市卫生局 | 医士，护士，口腔士，放射士，药剂士，检验士，营养医士 | 201 |
| 036 | 绥化地区卫生局职工中专 | 肇东市地区结核医院内 | 151100 | 4103 | 地区卫生局 | 医士 | 149 |
| 037 | 松花江地区行署卫生局职工中专 | 黑龙江五常县城内 | 150076 | 402744 | 地区卫生局 | 医士，妇幼医士，放射线，护理药剂士，检验士，五官医士 | 471 |
| 038 | 双鸭山市卫生局职工中专 | 黑龙江双鸭山市向阳小区 | 155100 | 24207 | 市卫生局 | 卫生医士，医士，护士，药剂士 | 148 |
| 039 | 绥化市卫生局职工中专 | 黑龙江绥化市北二东路145号 | 152053 | 3691 | 市卫生局 | 医士 | 242 |
| 040 | 大庆市卫生局职工中专 | 大庆市中林街一号 | 163312 | 661813 | 市工农教办 | 医士，药剂士，放射线，护士 | 20 |
| 041 | 鸡西市卫生局职工中专 | 鸡西市鸡冠区文化路 | 158100 | 56583 | 市卫生局 | 医士，卫生医士，助产士，药剂士，护士 | 373 |
| 042 | 黑龙江省卫生职工中专 | 北安市 | 164000 | 4971—3 | 卫生厅 | 医士，护士 | 685 |
| 043 | 黑龙江北安市卫生局职工中专 | 北安市政法街 | 164000 | 2169 | 市卫生局 | 医士，护士 | 188 |
| 044 | 新化县卫生职工中专 | 湖南新化县 | 417600 |  | 县卫生局 | 医士，护士，中医士，妇幼医士 | 906 |
| 045 | 安乡县卫生职工中专 | 湖南安乡县 | 415600 |  | 县卫生局 | 医士，护士 | 239 |
| 046 | 桃江县卫生职工中专 | 湖南桃江县 | 413400 |  | 县卫生局 | 医士，护士，中医士 | 358 |
| 047 | 新绍县卫生职工中专 | 湖南新绍县 | 422900 |  | 县卫生局 | 医士，护士 | 136 |
| 048 | 益阳县卫生职工中专 | 湖南益阳县 | 413002 |  | 县卫生局 | 医士，护士，中医士 | 427 |
| 049 | 酃陵市卫生职工中专 | 湖南酃陵市 | 412200 |  | 县卫生局 | 医士，护士 | 286 |

| 序号 | 学校名称 | 地　址 | 邮政编码 | 电话 | 主管部门 | 专业设置 | 1991年在校人数 |
|---|---|---|---|---|---|---|---|
| 050 | 邵阳县卫生职工中专 | 湖南邵阳县 | 422100 | | 县卫生局 | 医士，护士 | 334 |
| 051 | 沅陵县卫生职工中专 | 湖南沅陵县 | 419600 | | 县卫生局 | 医士，护士 | 145 |
| 052 | 溆浦县卫生职工中专 | 湖南溆浦县 | 419300 | | 县卫生局 | 医士，护士，中医士 | 277 |
| 053 | 隆回县卫生职工中专 | 湖南隆回县 | 422200 | | 县卫生局 | 医士，护士 | 362 |
| 054 | 邵东县卫生职工中专 | 湖南邵东县 | 422800 | | 县卫生局 | 医士，护士 | 206 |
| 055 | 常德县卫生职工中专 | 湖南常德县鼎城区 | 415101 | | 县卫生局 | 医士，护士，中医士 | 356 |
| 056 | 沅江市卫生职工中专 | 湖南沅江市 | 413100 | | 县卫生局 | 医士，护士，妇幼医士 | 202 |
| 057 | 祁阳县卫生职工中专 | 湖南祁阳县 | 421700 | | 县卫生局 | 医士，护士，中西医结合医士 | 496 |
| 058 | 衡阳县卫生职工中专 | 湖南衡阳县 | 421200 | | 县卫生局 | 医士，护士，中医士 | 494 |
| 059 | 湖北省广水市卫生职工中专 | 广水市应山办事处红石坡 | 432700 | 32407 | 市卫生局 | 针灸推拿医士，妇幼医士，健康教育医士，药剂士，医士，护士，检验士 | 198 |
| 060 | 襄樊市卫校南漳县职工分校 | 南漳县城关镇水镜路65号 | 441500 | 22442 | 县卫生局 | 医士，护士，妇幼士 | 242 |
| 061 | 襄樊市卫校保康县职工分校 | 保康县城关镇东沟街61号 | 441600 | 2267 | 县卫生局 | 医士 | 48 |
| 062 | 湖北孝感地区卫校应城市职工分校 | 应城市新河村弯上新街3号 | 432400 | 22417 | 市卫生局 | 医士，口腔医士，护士，妇幼医士 | 385 |
| 063 | 鄂西自治州卫校咸丰县职工分校 | 湖北咸丰县高乐山镇东门路1号 | 445600 | 22951 | 县卫生局 | 医士，护士 | 61 |
| 064 | 枝江县卫生职工中专 | 湖北枝江县马店镇公园路7号 | 443200 | 22792 | 县卫生局 | 医士，妇幼医士 | 173 |
| 065 | 湖北房县卫生职工中专 | 房县城关镇泉水村 | 442100 | 4526 | 县卫生局 | 医士，中药士，护士 | 67 |
| 066 | 黄冈地区卫校罗田县职工分校 | 湖北罗田县凤山镇义水南路113号 | 436600 | 52051 | 县卫生局 | 医士，护士 | 277 |
| 067 | 湖北潜江卫生职工中专 | 潜江市园林镇和平街174# | 433100 | 43250 | 市卫生局 | 医士，护士，药剂士 | 765 |
| 068 | 孝感地区卫校云梦职工分校 | 云梦县城关镇朝阳村附32号 | 432500 | 22907 | 县卫生局 | 口腔医士，医士，护士 | 71 |
| 069 | 湖北谷城卫生职工中专 | 谷城县谷城镇西大街 | 441700 | 22917 | 县卫生局 | 医士，护士，助产士 | 445 |
| 070 | 仙桃市卫生职工中专 | 湖北仙桃市光湖路6号 | 433002 | 21714 | 市卫生局 | 医士，护士，中医药，检验，防疫，妇幼，卫生管理，放射 | 886 |
| 071 | 湖北洪湖卫生职工中专 | 洪湖市宏伟北路24号 | 433200 | 23825 | 市卫生局 | 医士，血防医士，检验医士，护士 | 598 |
| 072 | 咸宁地区卫校通山职工分校 | 湖北通山县仙龙潭44号 | 437600 | 5198 | 县卫生局 | 医士，护士 | 230 |

| 序号 | 学校名称 | 地　址 | 邮政编码 | 电话 | 主管部门 | 专业设置 | 1991年在校人数 |
|---|---|---|---|---|---|---|---|
| 073 | 钟详卫生职工中专 | 湖北钟详县郢中镇崇山古路5号 | 431900 | 22594 | 县卫生局 | 医士，护士，麻醉士，中药士 | 726 |
| 074 | 宜昌地区卫校长阳职工分校 | 湖北长阳县龙舟坪镇 | 443500 | 22367 | 县卫生局 | 中医士，西医士，妇幼医士，护士 | 48 |
| 075 | 黄梅县卫生职工中专 | 湖北黄梅县黄梅镇 | 436500 | 21831 | 县卫生局 | 医士，护士，妇幼士 | 411 |
| 076 | 咸宁市卫生职工中专 | 湖北咸宁市双泉 | 437000 | 22775 | 市卫生局 | 医士，护士，财会统计 | 294 |
| 077 | 武汉黄陂卫生职工中专 | 黄陂县城关镇群光路13号 | 432200 | 42513 | 县卫生局 | 医士，护士，药剂士，检验 | 407 |
| 078 | 鄂西卫校利川职工分校 | 湖北利川市利北路22号 | 445400 | 22346 | 市卫生局 | 医士，妇幼医士，护士 | 89 |
| 079 | 襄樊市卫校老河口市职工分校 | 湖北老河口市老县城 | 441805 | 23168 | 市卫生局 | 医士，护士 | 277 |
| 080 | 宜昌地区卫校秭归职工分校 | 湖北秭归县归州镇胜利街69号 | 443600 | 2156 | 县卫生局 | 医士 | 107 |
| 081 | 远安县卫生职工中专 | 湖北远安县名风镇孙家岗 | 444200 | 22304 | 县卫生局 | 中药士，中西医士，护士，妇幼医士 | 85 |
| 082 | 郧阳地区卫校竹山职工分校 | 湖北竹山县城关镇大街300号 | 442200 | 5631 | 县卫生局 | 医士，中药士，护士 | 50 |
| 083 | 荆州卫校松滋县职工分校 | 湖北松滋县新江口镇 | 434200 | 22801 | 县卫生局 | 医士，助产士，财会，护士 | 408 |
| 084 | 宜昌县卫生职工中专 | 湖北宜昌县大桥路14号 | 443700 | 822962 | 县卫生局 | 医士，护士，妇幼医士 | 266 |
| 085 | 湖北监利县卫生职工中专 | 监利县容城镇平桥街 | 433300 | 63295 | 县卫生局 | 医士，护士，卫生医士，妇幼医士 | 619 |
| 086 | 来凤县卫生职工中专 | 湖北来凤县翔凤镇半边城1号 | 445700 | 22791 | 县卫生局 | 医士，护士 | 250 |
| 087 | 海南省琼海卫生职工中专 | 琼海县加积镇大春坡一号 | 571400 | 12492 | 卫生厅 | 医士，护士 | 507 |
| 088 | 邯郸市卫生职工中专 | 河北邯郸市邯山区曙光街2号 | 056001 | 314966 | 市卫生局 | 护士，药剂士，助产士，卫生医士，医士 | 134 |
| 089 | 保定市卫生职工中专 | 保定市卫生路9号 | 071000 | 224665 | 市卫生局 | 护士，药剂士，妇幼医士，保健医士，卫生医士 | 117 |
| 090 | 张家口市卫生职工中专 | 河北张家口市新华街隆昌巷2号 | 075000 | 5587 | 市卫生局 | 医士，口腔医士，妇幼医士，放射医士，护士 | 117 |
| 091 | 秦皇岛市卫生职工中专 | 秦皇岛市燕山大街 | 066000 | 332922 | 市卫生局 | 医士 | 221 |
| 092 | 承德市卫生职工中专 | 承德市下营房三道沟口 | 067000 | 225495 | 市卫生局 | 医士，放射医士，护理，妇幼，检验 | 76 |
| 093 | 邢台市卫生职工中专 | 邢台市桥西区育才路57号 | 054000 | 223691 | 市卫生局 | 医士，护士，放射医士，中医士，药剂士，检验士 | 318 |
| 094 | 定州市职工中等专业学校 | 河北定州市西城区夏庆子 | 073000 | 3865 | 卫生厅 | 医士 | 286 |

| 序号 | 学校名称 | 地　址 | 邮政编码 | 电话 | 主管部门 | 专业设置 | 1991年在校人数 |
|---|---|---|---|---|---|---|---|
| 095 | 江西省卫生职工中专 | 南昌市上海路中段 | 330029 | 332158 | 省卫生厅 | 医士，护士，药剂士，检验士，放射士，妇幼士，血防医士，统计士 | 1128 |
| 096 | 扬州市泰县卫生职工中专 | 泰县姜堰镇通扬西路49号 | 225500 | 2598 | 县卫生局 | 医士 | 164 |
| 097 | 扬州市高邮卫生职工中专 | 高邮县体育场巷24号 | 225600 | 3702 | 县卫生局 | 护士，妇产医士，助产士，中医士 | 197 |
| 098 | 扬州市太兴卫生职工中专 | 太兴县太兴镇保健巷22号 | 225400 | 632974 | 县卫生局 | 药剂士 | 99 |
| 099 | 南通市海安卫生职工中专 | 海安县海安镇曙光中 | 226600 | 812536 | 县卫生局 | 针灸推拿医士，医士 | 22 |
| 100 | 南通市民如皋卫生职工中专 | 如皋县如城镇通桥口巷12号 | 226500 | 2829 | 县卫生局 | 护士，医士 | 40 |
| 101 | 南通卫生职工中专 | 南通县金沙镇 | 226300 | 612435 | 县卫生局 | 医士，助产士 | 152 |
| 102 | 南通市海门卫生职工中专 | 海门县海门镇海西北路19号 | 226100 | 2465 | 县卫生局 | 儿保医士，护士 | |
| 103 | 常州市武进卫生职工中专 | 常州市东门三里庵 | 213021 | 445053 | 武进卫生局 | 医士，妇产医士 | 119 |
| 104 | 镇江市句容卫生职工中专 | 句容县城镇西大街 | 212400 | 722483 | 县卫生局 | 助产士 | 97 |
| 105 | 镇江市丹阳卫生职工中专 | 丹阳市画院路九号 | 212300 | 525014 | 县卫生局 | 医士，护士 | 82 |
| 106 | 南京市江宁卫生职工中专 | 江宁县东山镇外巷路 | 211100 | 281561 | 县卫生局 | 卫生统计，卫生财会，医士 | 57 |
| 107 | 洪泽卫生职工中专 | 江苏洪泽县健康路68号 | 223100 | 2654 | 县卫生局 | 护士，医士，助产士 | 98 |
| 108 | 连云港市东海卫生职工中专 | 东海县牛山镇 | 222300 | 2674 | 县卫生局 | 助产士 | 92 |
| 109 | 连云港赣榆卫生职工中专 | 赣榆县 | 222100 | 2163 | 县卫生局 | 医士，护士 | 152 |
| 110 | 淮阴市灌南卫生职工中专 | 灌南县兴安镇 | 223500 | 22975 | 市卫生局 | 护士，助产士，医士 | 151 |
| 111 | 淮阴市泗阳卫生职工中专 | 泗阳县众兴镇爱国路58号 | 223700 | 2940 | 县卫生局 | 医士 | 207 |
| 112 | 徐州市卫生职工中专 | 徐州市殷庄南 | 221002 | 55465 | 市卫生局 | 医士，药剂士，护士 | 240 |
| 113 | 新沂卫生职工中专 | 新沂市安药路54号 | 221400 | 3507 | 市卫生局 | 医士 | 94 |
| 114 | 徐州市丰县卫生职工中专 | 丰县南郊 | 221700 | 2361 | 县卫生局 | 医士，护士 | 131 |
| 115 | 淮阴市淮安卫生职工中专 | 淮安市南门外 | 223200 | 513003 | 市卫生局 | 卫生医士 | 73 |
| 116 | 宜兴卫生职工中专 | 宜兴市宜城镇通真观路 | 214200 | 703372 | 市卫生局 | 中医士 | 57 |
| 117 | 江阴卫生职工中专 | 江阴市健康路12号 | 214431 | 884812 | 市卫生局 | 口腔医士 | 66 |

| 序号 | 学校名称 | 地　址 | 邮政编码 | 电话 | 主管部门 | 专业设置 | 1991年在校人数 |
|---|---|---|---|---|---|---|---|
| 118 | 盐城市大丰卫生职工中专 | 大丰县大中镇 | 224100 | 3497 | 县卫生局 | 放射医士 | 30 |
| 119 | 盐城市东台卫生职工中专 | 东台镇新东西路 | 224200 | 2726 | 市卫生局 | 检验士，医士，护士 | 122 |
| 120 | 盐城市响水卫生职工中专 | 响水镇卫生路1号 | 224600 | 2410 | 县卫生局 | 护士 | 32 |
| 121 | 盐城市滨海卫生职工中专 | 滨海县东坎阜东中路76号 | 224500 | 2846 | 县卫生局 | 医士，护士 | 150 |
| 122 | 苏州吴县卫生职工中专 | 吴县打卖镇 | 215101 | 561476 | 县卫生局 | 护士，医士 | 38 |
| 123 | 苏州市太仓卫生职工中专 | 太仓县城厢镇新民村20号 | 215400 | 512209 | 县卫生局 | 检验士，护士 | 89 |
| 124 | 常熟市卫生职工中专 | 常熟市虞山镇 | 215500 | 623230 | 市卫生局 | 医士，助产士 | 92 |
| 125 | 桦甸卫生职工中专 | 吉林省桦甸市永吉街 | 132401 | 3347 | 市卫生局 | 医士，护士，五官医士，药剂士，卫生医士 | 144 |
| 126 | 永吉卫生职工中专 | 吉林省永吉县口前镇 | 132200 | 3346 | 市卫生局 | 医士，妇幼医士，卫生医士，检验医士，护士 | 105 |
| 127 | 蛟河卫生职工中专 | 吉林省蛟河市河南街9号 | 132500 | 24652 | 省卫生厅 | 医士，护士，卫生医士，口腔医士，妇幼医士，助产士，药剂士 | 322 |
| 128 | 敦化卫生职工中专 | 敦化市胜利北大街 | 133700 | 2227 | 市卫生局 | 医士，护士 | 173 |
| 129 | 珲春卫生职工中专 | 吉林珲春市河南街 | 133300 | 3329 | 市卫生局 | 医士，护士，药剂士，妇幼医士，卫生医士 | 227 |
| 130 | 龙井市卫生职工中专 | 吉林龙井市光新乡工农区南村 | 133400 | 2915 | 市卫生局 | 妇幼医士 | 213 |
| 131 | 和龙卫生职工中专 | 吉林省延边州和龙镇文化街 | 133500 | 2619 | 州卫生局 | 医士，护士，中药士 | 221 |
| 132 | 白城卫生职工中专 | 吉林白城市白平公路4号 | 137000 | 25014 | 市卫生局 | 医士，护士，卫生医士，放射医士，检验士，口腔士 | 121 |
| 133 | 前郭县卫生职工中专 | 吉林前郭县镇内 | 131100 |  | 县卫生局 | 医士，护士，助产士 | 118 |
| 134 | 扶余卫生职工中专 | 扶余市扶余镇文化街 | 131200 | 4369 | 地区卫生局 | 医士，护士，放射医士，妇幼医士，公卫医士，药剂士 | 344 |
| 135 | 吉林省公主岭卫生职工中专 | 公主岭市东环城街187号 | 136100 | 5486 | 市卫生局 | 医士，护士，妇幼医士 | 54 |
| 136 | 梨树卫生职工中专 | 吉林梨树县 | 136500 | 2401 | 市卫生局 | 医士，妇幼医士，中医士，卫生医士 | 65 |
| 137 | 柳河卫生职工中专 | 吉林省柳河县柳河镇民康路40号 | 135300 | 4716 | 市卫生局 | 医士，护士，妇幼医士 | 54 |
| 138 | 梅河口市职工中专 | 吉林梅河口市新华街 | 135000 | 3443 | 市卫生局 | 医士，护士，妇幼医士 | 87 |
| 139 | 北票市职工中专卫生分校 | 辽宁北票市南山街青年路七号 | 122100 | 3546 | 市卫生局 | 护士，医士，中药 | 152 |

| 序号 | 学校名称 | 地　址 | 邮政编码 | 电话 | 主管部门 | 专业设置 | 1991年在校人数 |
|---|---|---|---|---|---|---|---|
| 140 | 朝阳市卫生职工中专 | 辽宁朝阳市双塔区朝阳大街二段 | 122000 | 7901 | 市卫生局 | 医士 | 248 |
| 141 | 辽宁海城市卫生职工中专 | 海城市海城镇东关街 | 142000 | 23624 | 市卫生局 | 医士，护士，检验士，药剂士 | 425 |
| 142 | 乌海市卫生职工中专 | 内蒙古乌海市海拉北路 | 016000 | 223500 | 市卫生局 | 医士，护士，卫生士，中药士，妇幼士，药剂士，中医护士 | 295 |
| 143 | 青海卫生职工学校 | 西宁市儿童医院 | 810007 | 77901 | 卫生厅 | 卫生医士，护士，放射医士，口腔医士，检验医士 | 42 |
| 144 | 嘉定县卫生职工中专 | 上海嘉定县马陆镇南首 | 201801 | 9156635 | 县卫生局 | 医士，护士 | 48 |
| 145 | 上海市静安区卫生职工中专 | 上海市胶州路445号 | 200040 | 2562377 | 区卫生局 | 医士，保育护士，儿保医士 | 76 |
| 146 | 南汇县卫生职工学校 | 上海南汇县惠南镇拱报路21号 | 201300 | 8017405 | 县卫生局 | 医士 | 45 |
| 147 | 长宁区卫生职工学校 | 上海华山路1164号 | 200052 | 2522378 | 区卫生局 | 护士，医士 | 88 |
| 148 | 松江县卫生职工学校 | 松江中山中路844号 | 201600 | 7813481 | 县卫生局 | 医士，检验士，护士 | 13 |
| 149 | 闵行区卫生职工学校 | 上海闵行区鹤庆路221号 | 200240 | 4358151 | 区卫生局 | 药剂士，护士 | |
| 150 | 青浦县卫生职工学校 | 上海青浦县青浦镇青安路25号 | 201700 | 9712261 | 县卫生局 | 医士，护士 | 29 |
| 151 | 铜川市职工卫生学校 | 陕西铜川黄堡 | 727001 | 89360 | 市卫生局 | 医士，护士 | 238 |
| 152 | 陕西省卫生厅职工卫生学校 | 西安市陵园路南段29号 | 710061 | 53061 | 卫生厅 | 药剂士，护士，放射医士，检验士 | 246 |
| 153 | 忻州市地区卫生职工中专 | 山西省忻州市长征路西家庄村南 | 034000 | 32296 | 忻州卫生局 | 中医士，医士，健康教育，中医护士 | 261 |
| 154 | 莱州市卫生职工中专 | 山东莱州市文化东路98号 | 261400 | 711385 | 市政府 | 护士，检验士，卫生医士，妇幼士，中医士 | 434 |
| 155 | 泰安市莱芜卫生职工中专 | 山东莱芜市康乐街8号 | 271100 | 23632 | 市卫生局 | 医士，护士，药剂士 | 934 |
| 156 | 荷泽地区曹县卫生职工中专 | 山东省曹县西环北路 | 274400 | 721358 | 地区卫生局 | 医士，妇幼医士，护士，卫生医士 | 467 |
| 157 | 济宁市邹县卫生职工中专 | 山东邹县健康路13号 | 273500 | 2481 | 市卫生局 | 护士，医士，口腔医士，妇幼医士 | 405 |
| 158 | 聊城地区卫生职工中专 | 山东聊城市青林街3号 | 252000 | 221495 | 地区卫生局 | 医士，护士，卫生医士 | 141 |
| 159 | 青岛市平度卫生职工中专 | 平度市常州路北端 | 262800 | 762704 | 市卫生局 | 医士，护士 | 602 |
| 160 | 济南市卫生职工中专 | 济南市花园路118号南院 | 250013 | 45159 | 市卫生局 | 医士，护士，妇幼医士，口腔医士，中医士，中药士，中西医结合医士 | 606 |
| 161 | 潍坊市卫生职工中专 | 潍坊市寒亭区工业街 | 261100 | 251244 | 市卫生局 | 医士 | 328 |
| 162 | 临沂地区苍山县卫生职工中专 | 临沂地区苍山县 | 277700 | 871642 | 县卫生局 | 医士，护士，妇幼医士，卫生医士 | 409 |

| 序号 | 学校名称 | 地　址 | 邮政编码 | 电话 | 主管部门 | 专业设置 | 1991年在校人数 |
|---|---|---|---|---|---|---|---|
| 163 | 山东德州地区卫生职工中专 | 容河县 | 251100 | 21554 | 地区卫生局 | 医士，护士 | 372 |
| 164 | 天津市卫生局职工卫生学校 | 天津市职工医学院 | 300052 | 703374 | 卫生局 | 卫生医士，中药士，检验士 | 394 |
| 165 | 宝坻县职工卫生学校 | 天津宝坻县城关镇津围七路7号 | 301800 | 921142 | 卫生局 | 医士，助产士，护士 | 749 |
| 166 | 天津市汉沽区职工卫生学校 | 汉沽区河西三经路 | 300480 | 963334 | 市卫生局 | 医士，护士，中医护士 | 82 |
| 167 | 台州地区职工中等卫生学校 | 浙江临海市城关东湖后湖 | 317000 | 4116 | 区卫生局 | 临床检验，医士，卫生医士 | 140 |
| 168 | 金华职工中等卫生学校 | 浙江东阳市吴宁中路53号 | 322100 | 622844 | 市卫生局 | 医士，护士，妇幼士，中药士 | 42 |
| 169 | 温州市职工中专 | 温州市蛟翔巷107号 | 325000 | 226140 | 市卫生局 | 卫生检验，医士，护士，临检 | 61 |
| 170 | 嘉兴职工中等卫生学校 | 浙江平湖市城关西小街265号 | 314200 | 22870 | 市卫生局 | 妇幼士，助产士，护士，医士，中医士 | 56 |
| 171 | 绍兴职工中等卫校 | 浙江绍兴市城关西殿 | 311800 | 22670 | 市卫生局 | 医士，护士 | 92 |
| 172 | 海宁市职工中等卫校 | 浙江海宁市东山82号 | 314400 | 22329 | 市卫生局 | 医士，护士，药剂士 | 107 |
| 173 | 丽水职工中等卫生学校 | 浙江丽水市丽阳路60—3 | 323000 | 31626 | 市卫生局 | 医士，中医士，护士 | 98 |

（裴立风）

## 附件4　批准授予在职人员硕士、博士学位的单位及学科、专业名称

| 单位名称 | 学科、专业名称 | 学位级别 |
|---|---|---|
| 中国协和医科大学 | | |
| | 生理学 | 硕士 |
| | 微生物学 | 硕士 |
| | 遗传学 | 硕士 |
| | 生物化学 | 硕士 |
| | 细胞生物学 | 硕士 |
| | 人体解剖学 | 硕士 |
| | 免疫学 | 硕士 |
| | 病理学 | 硕士 |
| | 生物医学工程 | 硕士 |
| | 病理生理学 | 硕士 |
| | 内科学（只限符合条件的有权方向） | 硕士 |
| | 儿科学 | 硕士 |
| | 神经病学 | 硕士 |
| | 皮肤病与性病学 | 硕士 |
| | 核医学 | 硕士 |
| | 外科学（只限符合条件的有权方向） | 硕士 |
| | 妇产科学 | 硕士 |
| | 眼科学 | 硕士 |
| | 耳鼻咽喉科学 | 硕士 |
| | 口腔科学（只限符合条件的有权方向） | 硕士 |
| | 影像医学 | 硕士 |
| | 放射治疗学 | 硕士 |
| | 麻醉学 | 硕士 |
| | 肿瘤学 | 硕士 |
| | 流行病学 | 硕士 |
| | 药物化学 | 硕士 |
| | 生药学 | 硕士 |
| | 药物分析学 | 硕士 |

| 单位名称 | 学科、专业名称 | 学位级别 |
| --- | --- | --- |
| | 微生物药学 | 硕士 |
| | 药理学 | 硕士 |
| 北京医科大学 | | |
| | 生理学 | 博士、硕士 |
| | 生物化学 | 博士、硕士 |
| | 生物物理学 | 博士、硕士 |
| | 组织学与胚胎学 | 博士、硕士 |
| | 免疫学 | 博士、硕士 |
| | 内科学（只限符合条件的有权方向） | 博士、硕士 |
| | 儿科学 | 博士、硕士 |
| | 精神病学与精神卫生学 | 博士、硕士 |
| | 皮肤病与性病学 | 博士、硕士 |
| | 传染病学 | 博士、硕士 |
| | 外科学（只限符合条件的有权方向） | 博士、硕士 |
| | 妇产科学 | 博士、硕士 |
| | 眼科学 | 博士、硕士 |
| | 口腔科学（只限符合条件的有权方向） | 博士、硕士 |
| | 影像医学 | 博士、硕士 |
| | 运动医学 | 博士、硕士 |
| | 麻醉学 | 博士、硕士 |
| | 儿少卫生与妇幼保健学 | 博士、硕士 |
| | 劳动卫生与职业病学 | 博士、硕士 |
| | 药物化学 | 博士、硕士 |
| | 生药学 | 博士、硕士 |
| | 药理学 | 博士、硕士 |
| | 遗传学 | 硕士 |
| | 人体解剖学 | 硕士 |
| | 病理学 | 硕士 |
| | 寄生虫学 | 硕士 |
| | 病理生理学 | 硕士 |
| | 神经病学 | 硕士 |
| | 耳鼻咽喉科学 | 硕士 |
| | 流行病学 | 硕士 |
| | 环境卫生学 | 硕士 |
| | 营养与食品卫生学 | 硕士 |
| | 卫生统计学 | 硕士 |
| | 卫生检验学 | 硕士 |

| 单位名称 | 学科、专业名称 | 学位级别 |
| --- | --- | --- |
| | 社会医学与卫生事业管理 | 硕士 |
| | 药剂学 | 硕士 |
| 首都医学院 | | |
| | 病理生理学 | 硕士 |
| | 内科学（只限符合条件的有权方向） | 硕士 |
| | 神经病学 | 硕士 |
| | 药理学 | 硕士 |
| 北京中医学院 | | |
| | 中医基础理论 | 硕士 |
| | 方剂学 | 硕士 |
| | 内经 | 硕士 |
| | 伤寒论 | 硕士 |
| | 温病 | 硕士 |
| | 各家学说 | 硕士 |
| | 中医诊断学 | 硕士 |
| | 中医内科学 | 硕士 |
| | 中医儿科学 | 硕士 |
| | 针灸学 | 硕士 |
| | 中西医结合基础（只限符合条件的有权方向） | 硕士 |
| | 中西医结合临床（只限符合条件的有权方向） | 硕士 |
| | 中药学 | 硕士 |
| 中国医科大学 | | |
| | 生理学 | 硕士 |
| | 微生物学 | 硕士 |
| | 遗传学 | 硕士 |
| | 生物化学 | 硕士 |
| | 细胞生物学 | 硕士 |
| | 人体解剖学 | 硕士 |
| | 组织学与胚胎学 | 硕士 |
| | 免疫学 | 硕士 |
| | 病理学 | 硕士 |
| | 寄生虫学 | 硕士 |
| | 法医学 | 硕士 |
| | 生物医学工程 | 硕士 |
| | 病理生理学 | 硕士 |
| | 内科学（只限符合条件的有权方向） | 硕士 |
| | 儿科学 | 硕士 |
| | 神经病学 | 硕士 |

| 单位名称 | 学科、专业名称 | 学位级别 |
| --- | --- | --- |
| | 皮肤病与性病学 | 硕士 |
| | 传染病学 | 硕士 |
| | 外科学（只限符合条件的有权方向） | 硕士 |
| | 妇产科学 | 硕士 |
| | 眼科学 | 硕士 |
| | 耳鼻咽喉科学 | 硕士 |
| | 口腔科学（只限符合条件的有权方向） | 硕士 |
| | 影像医学 | 硕士 |
| | 麻醉学 | 硕士 |
| | 肿瘤学 | 硕士 |
| | 卫生统计学 | 硕士 |
| | 劳动卫生与职业病学 | 硕士 |
| | 药理学 | 硕士 |
| 沈阳药学院 | | |
| | 药物化学 | 硕士 |
| | 药剂学 | 硕士 |
| | 生药学 | 硕士 |
| | 药物分析学 | 硕士 |
| | 微生物药学 | 硕士 |
| | 药理学 | 硕士 |
| 白求恩医科大学 | | |
| | 生理学 | 硕士 |
| | 微生物学 | 硕士 |
| | 遗传学 | 硕士 |
| | 生物化学 | 硕士 |
| | 人体解剖学 | 硕士 |
| | 组织学与胚胎学 | 硕士 |
| | 免疫学 | 硕士 |
| | 病理学 | 硕士 |
| | 寄生虫学 | 硕士 |
| | 病理生理学 | 硕士 |
| | 放射医学 | 硕士 |
| | 内科学（只限符合条件的有权方向） | 硕士 |
| | 儿科学 | 硕士 |
| | 神经病学 | 硕士 |
| | 皮肤病与性病学 | 硕士 |
| | 传染病学 | 硕士 |
| | 临床检验诊断学 | 硕士 |
| | 外科学（只限符合条件的有权方向） | 硕士 |

| 单位名称 | 学科、专业名称 | 学位级别 |
| --- | --- | --- |
| | 妇产科学 | 硕士 |
| | 眼科学 | 硕士 |
| | 耳鼻咽喉科学 | 硕士 |
| | 口腔科学（只限符合条件的有权方向） | 硕士 |
| | 影像医学 | 硕士 |
| | 麻醉学 | 硕士 |
| | 中西医结合临床（只限符合条件的有权方向） | 硕士 |
| | 药物化学 | 硕士 |
| | 药理学 | 硕士 |
| 哈尔滨医科大学 | | |
| | 生理学 | 硕士 |
| | 微生物学 | 硕士 |
| | 遗传学 | 硕士 |
| | 人体解剖学 | 硕士 |
| | 免疫学 | 硕士 |
| | 病理学 | 硕士 |
| | 病理生理学 | 硕士 |
| | 内科学（只限符合条件的有权方向） | 硕士 |
| | 神经病学 | 硕士 |
| | 外科学（只限符合条件的有权方向） | 硕士 |
| | 妇产科学 | 硕士 |
| | 眼科学 | 硕士 |
| | 口腔科学（只限符合条件的有权方向） | 硕士 |
| | 影像医学 | 硕士 |
| | 流行病学 | 硕士 |
| | 环境卫生学 | 硕士 |
| | 营养与食品卫生学 | 硕士 |
| | 儿少卫生与妇幼保健学 | 硕士 |
| | 劳动卫生与职业病学 | 硕士 |
| | 药理学 | 硕士 |
| 黑龙江中医学院 | | |
| | 中医基础理论 | 硕士 |
| | 方剂学 | 硕士 |
| | 伤寒论 | 硕士 |
| | 金匮要略 | 硕士 |
| | 中医内科学 | 硕士 |
| | 中医妇科学 | 硕士 |

| 单位名称 | 学科、专业名称 | 学位级别 |
| --- | --- | --- |
| 上海医科大学 | 针灸学 | 硕士 |
| | 中医学史 | 硕士 |
| | 中西医结合基础（只限符合条件的有权方向） | 硕士 |
| | 中西医结合临床（只限符合条件的有权方向） | 硕士 |
| | 生理学 | 博士、硕士 |
| | 微生物学 | 博士、硕士 |
| | 生物化学 | 博士、硕士 |
| | 人体解剖学 | 博士、硕士 |
| | 病理学 | 博士、硕士 |
| | 内科学（只限符合条件的有权方向） | 博士、硕士 |
| | 儿科学 | 博士、硕士 |
| | 神经病学 | 博士、硕士 |
| | 皮肤病与性病学 | 博士、硕士 |
| | 传染病学 | 博士、硕士 |
| | 外科学（只限符合条件的有权方向） | 博士、硕士 |
| | 妇产科学 | 博士、硕士 |
| | 眼科学 | 博士、硕士 |
| | 耳鼻咽喉科学 | 博士、硕士 |
| | 影像医学 | 博士、硕士 |
| | 肿瘤学 | 博士、硕士 |
| | 环境卫生学 | 博士、硕士 |
| | 卫生统计学 | 博士、硕士 |
| | 劳动卫生与职业病学 | 博士、硕士 |
| | 中西医结合基础（只限符合条件的有权方向） | 博士、硕士 |
| | 中西医结合临床（只限符合条件的有权方向） | 博士、硕士 |
| | 药理学 | 博士、硕士 |
| | 遗传学 | 硕士 |
| | 生物物理学 | 硕士 |
| | 组织学与胚胎学 | 硕士 |
| | 免疫学 | 硕士 |
| | 寄生虫学 | 硕士 |
| | 法医学 | 硕士 |
| | 生物医学工程 | 硕士 |
| | 病理生理学 | 硕士 |

| 单位名称 | 学科、专业名称 | 学位级别 |
| --- | --- | --- |
| | 放射医学 | 硕士 |
| | 核医学 | 硕士 |
| | 临床检验诊断学 | 硕士 |
| | 口腔科学（只限符合条件的有权方向） | 硕士 |
| | 放射治疗学 | 硕士 |
| | 运动医学 | 硕士 |
| | 麻醉学 | 硕士 |
| | 流行病学 | 硕士 |
| | 营养与食品卫生学 | 硕士 |
| | 儿少卫生与妇幼保健学 | 硕士 |
| | 卫生检验学 | 硕士 |
| | 社会医学与卫生事业管理 | 硕士 |
| | 药物化学 | 硕士 |
| | 药剂学 | 硕士 |
| | 生药学 | 硕士 |
| 上海第二医科大学 | 生理学 | 硕士 |
| | 微生物学 | 硕士 |
| | 生物化学 | 硕士 |
| | 组织学与胚胎学 | 硕士 |
| | 免疫学 | 硕士 |
| | 病理学 | 硕士 |
| | 生物医学工程 | 硕士 |
| | 病理生理学 | 硕士 |
| | 内科学（只限符合条件的有权方向） | 硕士 |
| | 儿科学 | 硕士 |
| | 神经病学 | 硕士 |
| | 皮肤病与性病学 | 硕士 |
| | 传染病学 | 硕士 |
| | 核医学 | 硕士 |
| | 外科学（只限符合条件的有权方向） | 硕士 |
| | 妇产科学 | 硕士 |
| | 眼科学 | 硕士 |
| | 耳鼻咽喉科学 | 硕士 |
| | 口腔科学（只限符合条件的有权方向） | 硕士 |
| | 影像医学 | 硕士 |
| | 麻醉学 | 硕士 |
| | 药理学 | 硕士 |

| 单位名称 | 学科、专业名称 | 学位级别 |
|---|---|---|
| 上海中医学院 | | |
| | 中医基础理论 | 硕士 |
| | 伤寒论 | 硕士 |
| | 金匮要略 | 硕士 |
| | 各家学说 | 硕士 |
| | 中医诊断学 | 硕士 |
| | 中医内科学 | 硕士 |
| | 中医外科学 | 硕士 |
| | 中医妇科学 | 硕士 |
| | 中医儿科学 | 硕士 |
| | 中医骨伤科学（含：推拿） | 硕士 |
| | 针灸学 | 硕士 |
| | 医古文 | 硕士 |
| | 中西医结合基础（只限符合条件的有权方向） | 硕士 |
| | 中西医结合临床（只限符合条件的有权方向） | 硕士 |
| | 中药学 | 硕士 |
| 苏州医学院 | | |
| | 生理学 | 硕士 |
| | 微生物学 | 硕士 |
| | 生物化学 | 硕士 |
| | 免疫学 | 硕士 |
| | 病理学 | 硕士 |
| | 寄生虫学 | 硕士 |
| | 病理生理学 | 硕士 |
| | 放射医学 | 硕士 |
| | 内科学（只限符合条件的有权方向） | 硕士 |
| | 儿科学 | 硕士 |
| | 外科学（只限符合条件的有权方向） | 硕士 |
| | 影像医学 | 硕士 |
| | 药理学 | 硕士 |
| 浙江医科大学 | | |
| | 生理学 | 硕士 |
| | 微生物学 | 硕士 |
| | 生物化学 | 硕士 |
| | 人体解剖学 | 硕士 |
| | 免疫学 | 硕士 |
| | 病理学 | 硕士 |
| | 病理生理学 | 硕士 |

| 单位名称 | 学科、专业名称 | 学位级别 |
|---|---|---|
| | 内科学（只限符合条件的有权方向） | 硕士 |
| | 儿科学 | 硕士 |
| | 传染病学 | 硕士 |
| | 外科学（只限符合条件的有权方向） | 硕士 |
| | 妇产科学 | 硕士 |
| | 眼科学 | 硕士 |
| | 耳鼻咽喉科学 | 硕士 |
| | 肿瘤学 | 硕士 |
| | 劳动卫生与职业病学 | 硕士 |
| | 药物化学 | 硕士 |
| | 药物分析学 | 硕士 |
| | 药理学 | 硕士 |
| 山东医科大学 | | |
| | 生理学 | 硕士 |
| | 微生物学 | 硕士 |
| | 生物化学 | 硕士 |
| | 人体解剖学 | 硕士 |
| | 组织学与胚胎学 | 硕士 |
| | 病理学 | 硕士 |
| | 内科学（只限符合条件的有权方向） | 硕士 |
| | 儿科学 | 硕士 |
| | 神经病学 | 硕士 |
| | 外科学（只限符合条件的有权方向） | 硕士 |
| | 妇产科学 | 硕士 |
| | 眼科学 | 硕士 |
| | 耳鼻咽喉科学 | 硕士 |
| | 口腔科学（只限符合条件的有权方向） | 硕士 |
| | 影像医学 | 硕士 |
| | 流行病学 | 硕士 |
| | 环境卫生学 | 硕士 |
| | 药物化学 | 硕士 |
| | 药理学 | 硕士 |
| 河南医科大学 | | |
| | 生理学 | 硕士 |
| | 微生物学 | 硕士 |
| | 生物化学 | 硕士 |
| | 人体解剖学 | 硕士 |
| | 组织学与胚胎学 | 硕士 |
| | 免疫学 | 硕士 |

| 单位名称 | 学科、专业名称 | 学位级别 |
|---|---|---|
| | 病理学 | 硕士 |
| | 寄生虫学 | 硕士 |
| | 病理生理学 | 硕士 |
| | 内科学（只限符合条件的有权方向） | 硕士 |
| | 儿科学 | 硕士 |
| | 外科学（只限符合条件的有权方向） | 硕士 |
| | 眼科学 | 硕士 |
| | 耳鼻咽喉科学 | 硕士 |
| | 药理学 | 硕士 |
| 同济医科大学 | | |
| | 生理学 | 硕士 |
| | 微生物学 | 硕士 |
| | 遗传学 | 硕士 |
| | 生物化学 | 硕士 |
| | 人体解剖学 | 硕士 |
| | 组织学与胚胎学 | 硕士 |
| | 免疫学 | 硕士 |
| | 病理学 | 硕士 |
| | 寄生虫学 | 硕士 |
| | 法医学 | 硕士 |
| | 生物医学工程 | 硕士 |
| | 病理生理学 | 硕士 |
| | 内科学（只限符合条件的有权方向） | 硕士 |
| | 儿科学 | 硕士 |
| | 神经病学 | 硕士 |
| | 皮肤病与性病学 | 硕士 |
| | 传染病学 | 硕士 |
| | 核医学 | 硕士 |
| | 外科学（只限符合条件的有权方向） | 硕士 |
| | 妇产科学 | 硕士 |
| | 眼科学 | 硕士 |
| | 耳鼻咽喉科学 | 硕士 |
| | 影像医学 | 硕士 |
| | 康复医学与理疗学 | 硕士 |
| | 麻醉学 | 硕士 |
| | 流行病学 | 硕士 |
| | 环境卫生学 | 硕士 |
| | 营养与食品卫生学 | 硕士 |

| 单位名称 | 学科、专业名称 | 学位级别 |
|---|---|---|
| | 儿少卫生与妇幼保健学 | 硕士 |
| | 卫生统计学 | 硕士 |
| | 劳动卫生与职业病学 | 硕士 |
| | 中医基础理论 | 硕士 |
| | 中西医结合基础（只限符合条件的有权方向） | 硕士 |
| | 药物化学 | 硕士 |
| | 药理学 | 硕士 |
| 湖南医科大学 | | |
| | 生理学 | 硕士 |
| | 微生物学 | 硕士 |
| | 遗传学 | 硕士 |
| | 生物化学 | 硕士 |
| | 免疫学 | 硕士 |
| | 寄生虫学 | 硕士 |
| | 病理生理学 | 硕士 |
| | 内科学（只限符合条件的有权方向） | 硕士 |
| | 儿科学 | 硕士 |
| | 神经病学 | 硕士 |
| | 精神病学与精神卫生学 | 硕士 |
| | 传染病学 | 硕士 |
| | 外科学（只限符合条件的有权方向） | 硕士 |
| | 妇产科学 | 硕士 |
| | 眼科学 | 硕士 |
| | 耳鼻咽喉科学 | 硕士 |
| | 影像医学 | 硕士 |
| | 流行病学 | 硕士 |
| | 药理学 | 硕士 |
| 湖南中医学院 | | |
| | 金匮要略 | 硕士 |
| | 温病 | 硕士 |
| | 中医诊断学 | 硕士 |
| | 中医内科学 | 硕士 |
| | 中医学史 | 硕士 |
| | 中西医结合临床（只限符合条件的有权方向） | 硕士 |
| | 中药学 | 硕士 |
| 中山医科大学 | | |
| | 生理学 | 硕士 |

| 单位名称 | 学科、专业名称 | 学位级别 |
| --- | --- | --- |
| | 微生物学 | 硕士 |
| | 遗传学 | 硕士 |
| | 生物化学 | 硕士 |
| | 细胞生物学 | 硕士 |
| | 人体解剖学 | 硕士 |
| | 组织学与胚胎学 | 硕士 |
| | 免疫学 | 硕士 |
| | 病理学 | 硕士 |
| | 寄生虫学 | 硕士 |
| | 法医学 | 硕士 |
| | 生物医学工程 | 硕士 |
| | 病理生理学 | 硕士 |
| | 内科学（只限符合条件的有权方向） | 硕士 |
| | 儿科学 | 硕士 |
| | 神经病学 | 硕士 |
| | 皮肤病与性病学 | 硕士 |
| | 传染病学 | 硕士 |
| | 外科学（只限符合条件的有权方向） | 硕士 |
| | 妇产科学 | 硕士 |
| | 眼科学 | 硕士 |
| | 口腔科学（只限符合条件的有权方向） | 硕士 |
| | 肿瘤学 | 硕士 |
| | 营养与食品卫生学 | 硕士 |
| | 卫生统计学 | 硕士 |
| | 劳动卫生与职业病学 | 硕士 |
| | 药理学 | 硕士 |
| 华西医科大学 | | |
| | 生理学 | 硕士 |
| | 微生物学 | 硕士 |
| | 遗传学 | 硕士 |
| | 生物化学 | 硕士 |
| | 细胞生物学 | 硕士 |
| | 人体解剖学 | 硕士 |
| | 组织学与胚胎学 | 硕士 |
| | 免疫学 | 硕士 |
| | 病理学 | 硕士 |
| | 寄生虫学 | 硕士 |
| | 法医学 | 硕士 |
| | 生物医学工程 | 硕士 |
| | 病理生理学 | 硕士 |
| | 内科学（只限符合条件的有权方向） | 硕士 |
| | 儿科学 | 硕士 |
| | 神经病学 | 硕士 |
| | 精神病学与精神卫生学 | 硕士 |
| | 皮肤病与性病学 | 硕士 |
| | 传染病学 | 硕士 |
| | 核医学 | 硕士 |
| | 外科学（只限符合条件的有权方向） | 硕士 |
| | 妇产科学 | 硕士 |
| | 眼科学 | 硕士 |
| | 耳鼻咽喉科学 | 硕士 |
| | 口腔科学（只限符合条件的有权方向） | 硕士 |
| | 影像医学 | 硕士 |
| | 麻醉学 | 硕士 |
| | 肿瘤学 | 硕士 |
| | 流行病学 | 硕士 |
| | 环境卫生学 | 硕士 |
| | 营养与食品卫生学 | 硕士 |
| | 卫生统计学 | 硕士 |
| | 劳动卫生与职业病学 | 硕士 |
| | 卫生检验学 | 硕士 |
| | 社会医学与卫生事业管理 | 硕士 |
| | 药物化学 | 硕士 |
| | 药剂学 | 硕士 |
| | 生药学 | 硕士 |
| | 药物分析学 | 硕士 |
| | 药理学 | 硕士 |
| 重庆医科大学 | | |
| | 微生物学 | 硕士 |
| | 组织学与胚胎学 | 硕士 |
| | 病理学 | 硕士 |
| | 儿科学 | 硕士 |
| | 神经病学 | 硕士 |
| | 传染病学 | 硕士 |
| | 临床检验诊断学 | 硕士 |
| | 妇产科学 | 硕士 |
| | 药物化学 | 硕士 |
| | 药理学 | 硕士 |
| 成都中医学院 | | |

| 单位名称 | 学科、专业名称 | 学位级别 |
|---|---|---|
| | 中医基础理论 | 硕士 |
| | 伤寒论 | 硕士 |
| | 金匮要略 | 硕士 |
| | 中医内科学 | 硕士 |
| | 中医外科学 | 硕士 |
| | 中医妇科学 | 硕士 |
| | 中医儿科学 | 硕士 |
| | 中医眼科学 | 硕士 |
| | 针灸学 | 硕士 |
| | 中药学 | 硕士 |
| 西安医科大学 | | |
| | 生理学 | 硕士 |
| | 微生物学 | 硕士 |
| | 生物化学 | 硕士 |
| | 人体解剖学 | 硕士 |
| | 组织学与胚胎学 | 硕士 |
| | 免疫学 | 硕士 |
| | 病理学 | 硕士 |
| | 法医学 | 硕士 |
| | 生物医学工程 | 硕士 |
| | 病理生理学 | 硕士 |
| | 内科学（只限符合条件的有权方向） | 硕士 |
| | 儿科学 | 硕士 |
| | 皮肤病与性病学 | 硕士 |
| | 传染病学 | 硕士 |
| | 核医学 | 硕士 |
| | 外科学（只限符合条件的有权方向） | 硕士 |
| | 妇产科学 | 硕士 |
| | 眼科学 | 硕士 |
| | 耳鼻咽喉科学 | 硕士 |
| | 口腔科学（只限符合条件的有权方向） | 硕士 |
| | 影像医学 | 硕士 |
| | 流行病学 | 硕士 |
| | 劳动卫生与职业病学 | 硕士 |
| | 药理学 | 硕士 |
| 第一军医大学 | | |

| 单位名称 | 学科、专业名称 | 学位级别 |
|---|---|---|
| | 生理学 | 硕士 |
| | 人体解剖学 | 硕士 |
| | 组织学与胚胎学 | 硕士 |
| | 免疫学 | 硕士 |
| | 病理学 | 硕士 |
| | 内科学（只限符合条件的有权方向） | 硕士 |
| | 儿科学 | 硕士 |
| | 外科学（只限符合条件的有权方向） | 硕士 |
| | 耳鼻咽喉科学 | 硕士 |
| | 影像医学 | 硕士 |
| 第二军医大学 | | |
| | 生理学 | 硕士 |
| | 微生物学 | 硕士 |
| | 生物化学 | 硕士 |
| | 组织学与胚胎学 | 硕士 |
| | 免疫学 | 硕士 |
| | 病理学 | 硕士 |
| | 寄生虫学 | 硕士 |
| | 病理生理学 | 硕士 |
| | 内科学（只限符合条件的有权方向） | 硕士 |
| | 神经病学 | 硕士 |
| | 外科学（只限符合条件的有权方向） | 硕士 |
| | 眼科学 | 硕士 |
| | 耳鼻咽喉科学 | 硕士 |
| | 影像医学 | 硕士 |
| | 社会医学与卫生事业管理 | 硕士 |
| | 防原医学 | 硕士 |
| | 药物化学 | 硕士 |
| | 生药学 | 硕士 |
| | 药理学 | 硕士 |
| 第三军医大学 | | |
| | 生理学 | 硕士 |
| | 微生物学 | 硕士 |
| | 生物化学 | 硕士 |

| 单位名称 | 学科、专业名称 | 学位级别 |
|---|---|---|
| | 人体解剖学 | 硕士 |
| | 组织学与胚胎学 | 硕士 |
| | 免疫学 | 硕士 |
| | 病理学 | 硕士 |
| | 病理生理学 | 硕士 |
| | 内科学（只限符合条件的有权方向） | 硕士 |
| | 儿科学 | 硕士 |
| | 神经病学 | 硕士 |
| | 皮肤病与性病学 | 硕士 |
| | 传染病学 | 硕士 |
| | 外科学（只限符合条件的有权方向） | 硕士 |
| | 妇产科学 | 硕士 |
| | 眼科学 | 硕士 |
| | 影像医学 | 硕士 |
| | 野战外科学 | 硕士 |
| | 流行病学 | 硕士 |
| | 卫生学与军队卫生学 | 硕士 |
| | 防原医学 | 硕士 |
| | 药理学 | 硕士 |
| 第四军医大学 | | |
| | 生理学 | 硕士 |
| | 微生物学 | 硕士 |
| | 生物化学 | 硕士 |
| | 人体解剖学 | 硕士 |
| | 免疫学 | 硕士 |
| | 病理学 | 硕士 |
| | 病理生理学 | 硕士 |
| | 航空、航天和航海医学 | 硕士 |
| | 内科学（只限符合条件的有权方向） | 硕士 |
| | 传染病学 | 硕士 |
| | 外科学（只限符合条件的有权方向） | 硕士 |
| | 妇产科学 | 硕士 |
| | 眼科学 | 硕士 |
| | 口腔科学（只限符合条件的有权方向） | 硕士 |
| | 影像医学 | 硕士 |
| | 流行病学 | 硕士 |
| | 卫生统计学 | 硕士 |
| | 卫生学与军队卫生学 | 硕士 |
| | 防原医学 | 硕士 |
| | 中西医结合临床（只限符合条件的有权方向） | 硕士 |
| | 药理学 | 硕士 |
| 军医进修学院 | | |
| | 病理学 | 硕士 |
| | 内科学（只限符合条件的有权方向） | 硕士 |
| | 儿科学 | 硕士 |
| | 神经病学 | 硕士 |
| | 传染病学 | 硕士 |
| | 临床检验诊断学 | 硕士 |
| | 老年医学 | 硕士 |
| | 外科学（只限符合条件的有权方向） | 硕士 |
| | 妇产科学 | 硕士 |
| | 眼科学 | 硕士 |
| | 耳鼻咽喉科学 | 硕士 |
| | 口腔科学（只限符合条件的有权方向） | 硕士 |
| | 影像医学 | 硕士 |
| | 康复医学与理疗学 | 硕士 |
| | 麻醉学 | 硕士 |
| 军事医学科学院 | | |
| | 微生物学 | 硕士 |
| | 遗传学 | 硕士 |
| | 生物化学 | 硕士 |
| | 细胞生物学 | 硕士 |
| | 免疫学 | 硕士 |
| | 病理学 | 硕士 |
| | 寄生虫学 | 硕士 |
| | 病理生理学 | 硕士 |
| | 流行病学 | 硕士 |
| | 营养与食品卫生学 | 硕士 |
| | 卫生毒理学 | 硕士 |
| | 卫生学与军队卫生学 | 硕士 |
| | 防化医学 | 硕士 |
| | 药物化学 | 硕士 |
| | 药物分析学 | 硕士 |
| | 药理学 | 硕士 |

# 医学科学技术

**【1991年医药卫生科技工作】**

1991年的医药卫生科技工作，主要围绕贯彻我国科技工作总方针和落实全国医学科技工作会议精神进行。

**一、完成了国家“七五”医学科技攻关的总结、验收和成果展览**

在国家计划委员会、国家科学技术委员会和财政部的统一安排下，对卫生部主持的国家“七五”科技攻关的193个合同进行了全面总结验收，其中完成任务好的或超额完成任务的占20%，完成任务比较好的占20%，基本完成任务的占57%，完成任务差或没有完成任务的占3%。在国家计划委员会、国家科学技术委员会和财政部主持召开的表彰奖励大会上，卫生部主持的攻关项目中有19项获奖，有9位同志被评为有突出贡献的科技人员和管理人员。在国家“七五”科技攻关成果展览会上，卫生部主持的成果展览部分被大会评为最佳设计奖和最佳组织奖。

国家“七五”医学科技攻关期间共鉴定成果374项，其中获部二级以上科技进步奖168项；经专家鉴定，达到国内领先水平和国际先进水平的145项。为尽快推广应用国家“七五”医学科技攻关的成果，卫生部编印了167万字的《国家“七五”医学科技攻关研究进展》。

基本落实了国家“八五”医学科技攻关计划。在认真总结“七五”攻关经验的基础上，对卫生部主持防治研究的恶性肿瘤，心、脑、肺血管病，严重危害人民健康的传染病、主要地方病和职业病等4个项目（包括12个课题94个专题）进行了可行性论证，并组织了招标评审工作，共收到标书607份，经83位同行专家分组评审，择优选出130多份标书，组合成75个攻关专题合同；对17个委托专题，先由专题负责人向专家组报告、进行答辩，然后按专家组意见修改后签定合同。国家“八五”医学科技攻关计划的落实，体现了“有限目标，突出重点，集中力量，协作攻关”的精神。

**二、顺利进行了医学科研基金的招标工作**

1. 第3次卫生部科学研究基金招标，共收到标书2 545份，经同行专家评审，择优选出中标课题377项，中标率15.15%，资助总经费2 283.5万元，其中课题基金1 983.5万元，平均资助强度5.4万元，项目基金280万元，平均资助强度28万元。经费分配情况：基础研究课题占25.44%，预防医学课题占16.71%，临床医学课题占36.31%，药学课题占14.16%，中西医结合课题占4.07%，社会医学与软科学课题占3.31%。

2. 第3次卫生部青年科学研究基金招标，共收到标书318份，通过同行中年专家评审，择优选出83个课题进行资助，中标率26.1%。资助总经费100万元，平均资助强度1.2万元。

3. 博士学科点专项科研基金招标，共收到标书163份，经同行专家评议，中标标书80份，中标率49%。

4. 留学回国人员“科研启动基金”招标，从1991年开始，实行限额申报评审办法，从251份申请标书中，择优资助97个课题。

**三、切实加强了医药科技成果推广应用和管理工作**

1991年3月，在广州召开了首届卫生系统科技成果推广应用研讨会，陈敏章部长在会上作了重要讲话。大会强调，加强医药科技成果的推广应用工作是整个医学科技活动的重要组成部分，也是当前的一个薄弱环节，必须广为宣传，提高和统一认识，加强领导，制定相应的政策措施，使大批医药科技成果尽快转化为社会和经济效益，为人民健康服务。

为落实预防保健和加强农村卫生这两个战略重点，制定了“十年百项”重大成果推广应用规划，并于1991年6月正式公布了首批10项重大科技成果向基层、农村推广应用计划。在深入调查研究，并在京、津、沪试点的基础上，经专家反复评审，确定了首批淘汰的落后的临床检验项目和方法共35项。

1991年，卫生系统获得国家奖励的成果有13项，其中“埃尔托型霍乱弧菌两类菌株的研究及其在霍乱防病中的应用”获国家科技进步一等奖。1991年卫生部共受理申报部级医药卫生科技进步奖的成果447项，推广应用成果124项，共571项，经会议初审和部终审委员会评审，评出161项获奖成果，其中一等奖11项，二等奖30项，三等奖120项。继续组织了由8名科技人员组成的讲授团赴广西推广先进适宜技术，推广了“有机磷农药中毒抢救技术”、“防止临床输液热原反应与供应室管理”和“弱视斜视诊治技术”3项成果，有579人参加了学习班。组织了25项科技成果参加了德国莱比锡国际博览会。

1991年卫生部举办了知识产权高级研讨班，部属院校校长、党委书记等30余人参加了学习，提高了对知识产权重要性的认识和保护知识产权的意识。

**四、重点实验室和工业性试验基地建设有新进展**

由于微循环国家重点实验室长期不能验收，经国家计划委员会、卫生部和中国医学科学院的共同努力，在专家评议的基础上，对它作了妥善处理，即从1992年起，微循环实验室不列入国家重点实验室序列。根据国家计划委员会的安排，卫生部主持验收了实验血液学和医学遗传学国家重点实验室，装备了医学分子生物学国家重点实验室，组织招标和论证了医学神经生物学国家重点实验室。此外，装备了寄生虫病学和呼吸系统疾病两个部级重点实验室；批准并资助了在西藏筹建少数民族优生优育研究指导发展中心。

在工业性试验基地建设方面，积极争取解决了新药工业性试验基地经费短缺问题，使该基地建设又有了新的进展；基本落实了中国医学科学院昆明医学生物学研究所甲型肝炎疫苗工业性试验基地建设项目。

**五、继续发挥有关学会的作用**

会同中华医学会举办了第6次全国中青年优秀科技论文（儿科学）报告会，收到论文858篇，选出了147篇论文在大会上报告交流，评出优秀论文一等奖10篇，二等奖20篇，三等奖40篇。第8次“走向世界”讲座按计划进行，从全国各地推荐来的113篇论文中，评选出10篇，组织了有关专家赴天津、哈尔滨进行讲座交流。

（肖梓仁）

**【国家“七五”医学科技攻关任务完成】**

在国家计划委员会、国家科学技术委员会、财政部的统一安排和协调下，卫生部主持了国家“七五”科技攻关计划中的2个项目、2个课题、137个专题、193个专题合同的总结验收工作，组织了27个省、自治区、直辖市的2 000多个科研机构和医疗单位的7 000多名研究人员和技术人员，针对现阶段严重危害我国人民健康的重大疾病开展了科技攻关。经过4年多的努力，在恶性肿瘤，病毒性肝炎，心、脑、肺血管疾病，重点地方病，血吸虫病，职业病，优生，淋巴细胞杂交瘤技术和单克隆抗体诊断试剂盒的应用研究中，取得了重大进展。“七五”期间共鉴定成果374项，其中获部二级以上科技进步奖的168项，在已鉴定和获奖成果中，达到国内领先水平和国际先进水平的145项。

1991年9月3日上午，中共中央总书记江泽民、国务院总理李鹏等党和国家领导人出席了在人民大会堂举行的国家“七五”重点科技攻关计划总结表彰大会，并向453项获国家“七五”重点科技攻关重大成果奖的集体和206名为国家“七五”科技攻关项目做出突出贡献的科技工作者和管理工作者颁奖。卫生部的25个专题合同荣获国家“七五”重点科技攻关重大成果奖。它们是：

1. 亚硝胺诱发人胚上皮细胞食管癌成功　主要完成单位：中国医学科学院肿瘤研究所

2. 食管癌癌前阻断性治疗　主要完成单位：中国医学科学院肿瘤研究所、中国医学科学院基础医学研究所、中国医学科学院药物研究所

3. 无症状结肠癌筛检及评价　主要完成单位：浙江医科大学、嘉善县肿瘤研究所、中国医学科学院浙江分院基础所、海宁市肿瘤研究所

4. 化学致癌物、促癌物和抗致癌物的检测技术　主要完成单位：中国医学科学院肿瘤研究所、浙江医科大学

5. 肝癌的选择性定位与导向治疗　主要完成单位：上海医科大学

6. 甲肝减毒活疫苗　主要完成单位：浙江省医学科学院、中国医学科学院昆明医学生物学研究所、中国药品生物制品检定所、浙江医院

7. 肝炎诊断试剂　主要完成单位：中国药品生物制品检定所、北京医科大学肝病研究所、中国预防医学科学院病毒学研究所、卫生部北京生物制品研究所、北京免疫制剂中心、卫生部兰州生物制品研究所、军事医学科学院基础医学研究所、浙江省医学科学院、中国医学科学院生物医学研究所

8. 载脂蛋白防动脉硬化的新发现　主要完成单位：中国医学科学院基础医学研究所

9. 冠状动脉腔内成形和旁路手术及溶栓疗法　主要完成单位：中国医学科学院阜外医院、上海医科大学中山医院、北京医科大学附属第三医院

10. 改进型人工心脏瓣膜性能的研究　主要完成单位：广东省心血管病研究所、中国医学科学院阜外医院、上海医科大学、中国药品生物制品检定所、清华大学

11. 栓塞材料研制及颅脑血管病介入放射治疗　主要完成单位：北京市神经外科研究所

12. 肺动脉高压病理形态变化　主要完成单位：中国医学科学院阜外医院、同济医科大学、山西医学院

13. 补硒能预防克山病　主要完成单位：中国预防医学科学院营养与食品卫生研究所、湖北省卫生防疫站、四川省凉山州防疫站

14. 血吸虫病现有血清学诊断评价　主要完成单位：同济医科大学、浙江医学科学院寄生虫病研究所

15. 溴乙酰胺灭螺技术　主要完成单位：中国预防医学科学院寄生虫病研究所、江西省彭泽县血吸虫病防疫站、江苏省江都合成兽药厂

16. 尘肺综合诊断　主要完成单位：中国预防医学科学院劳动卫生与职业病研究所、沈阳劳动卫生职业病防治所、华西医科大学职业病院、山东泰安煤矿工人疗养院、中国医科大学附属第三医院、北京医科大学附属第一医院、鞍钢劳动卫生职业病防治所、上海劳动卫生职业病防治所、江西医学院附属第一医院

17. 中国围产儿出生缺陷分布图的绘制

主要完成单位：全国出生缺陷监测组

18. 产前诊断新方法　主要完成单位：北京协和医院、哈尔滨医科大学附属第二医院、西安医科大学

19. 乙型肝炎表面抗原基因工程疫苗　主要完成单位：中国预防医学科学院病毒学研究所、中国科学院上海生物化学研究所、卫生部长春生物制品研究所、北京生物制品研究所

20. 人基因工程干扰素　主要完成单位：中国预防医学科学院病毒学研究所、卫生部长春生物制品研究所、中国科学院上海生物化学研究所

21. 单克隆抗体诊断试剂盒　主要完成单位：中国药品生物制品检定所、卫生部武汉生物制品研究所、中国预防医学科学院病毒学研究所、北京协和医院、中国医学科学院基础医学研究所、中国医学科学院血液病研究所、中国医学科学院肿瘤所、中国科学院上海细胞生物学研究所

22. 新一代广谱高效抗感染药环丙氟哌酸　主要完成单位：中国医学科学院医药生物技术研究所、天津药物研究院、太原制药厂、天津中央制药厂、北京医科大学临床药理研究所

23. 低毒新抗生素柱晶白霉素　主要完成单位：中国医学科学院医药生物技术研究所、沈阳药学院、四川抗菌素研究所

24. 针刺镇痛机理的揭示及针麻在临床的应用　主要完成单位：上海医科大学、中国中医研究院针灸研究所、北京医科大学

25. 123种中药材品种质量评价　主要完成单位：北京医科大学药学院、中国药科大学、中国中医研究院中药研究所、中国医学科学院药用植物资源开发研究所、上海医科大学

（史　启）

**【国家“八五”医学科技攻关计划开始实施】**

1991年是我国“八五”计划的第一年。为了做好国家“八五”医学科技攻关项目的组织实施工作，卫生部在认真总结国家“七五”医学科技攻关经验的基础上，根据国家计划委员会、国家科学技术委员会、财政部的安排，及时向有关部门推荐了国家“八五”医学科技攻关预选项目。7月初，国家科委对卫生部主持的“恶性肿瘤防治研究”、“心、脑、肺血管疾病防治研究”、“病毒性肝炎、流行性出血热、艾滋病防治研究”、“克山病、大骨节病的病因学、血吸虫病和矽肺治疗研究”4个项目（包括12个课题共94个专题）进行了可行性论证。7月16日，卫生部上报了可行性论证报告，并于9月中旬向全国发出《关于国家“八五”医学科技攻关项目招标的通知》。截止到10月20日，共收到标书620份。11月上旬卫生部召开了国家“八五”医学科技攻关项目招标评审会，经83位同行专家的认真评审，择优选出176份标书，共签订了92个攻关专题合同，其中17个委托专题负责人向专家组进行了报告和答辩，专家们对课题设计提出了许多宝贵的修改意见，从而保证了课题组能够更圆满地完成本专题“八五”科技攻关计划的设计。

国家“八五”医学科技攻关项目与“七五”攻关项目相比，每个合同增加了投资强度，进一步体现了“突出重点，有限目标，集中力量，协作攻关”的原则；在评审中严格遵守了回避制度，保证了评审的公正性、严肃性；“八五”攻关项目评审后，要求组合标书及委托标书的承担和参加单位按照专家意见重新书写《合同书》，并签订协议，确保了中标课题的质量。

（邵　新）

## 【国家科委发明评选委员会 1991 年批准的医药卫生发明项目】

| 序号 | 项目名称 | 发明者 | 等级 |
| --- | --- | --- | --- |
| 1 | 3，4，5-三甲氧苯甲酸甲酯合成新工艺 | 西南合成制药厂、东北第六制药厂，陈长波、薛守礼 | 3 |
| 2 | 血液循环动力学脉图检测技术与脉图仪 | 南昌市第二医院、长海医院、解放军163医院、海军医学专科学校、空军杭州医院，张大祥、肖行贯、何素荣、黄国栋、余历宇、周正民 | 3 |
| 3 | 人工皮肤及生产工艺 | 青岛海洋大学楼宝城、林华英、刘万顺 | 3 |
| 4 | 医用水射流刀 | 山东省泰安市中心医院、山东省泰山科学院，解建、李传礼、刘启宗、单兵、韩国强 | 3 |
| 5 | 测量宫腔镜 | 沈阳大学、上海计划生育研究所，姜克让、冯缵冲、林　泉、李　莹 | 3 |
| 6 | 中国女性盆腔辐照人体模型 | 成都科技大学、四川省肿瘤医院、四川大学、华西医科大学，林大全、吴大可、王远萍、郑昌琼、张一云、李瑞祥 | 3 |
| 7 | 气囊束腹压带助产装置 | 鞍钢公司赵少飞 | 4 |
| 8 | 髌骨记忆整复器(镍钛——聚髌器)的设计与临床应用 | 第二军医大学长海医院、上海钢铁研究所，张春才、张巽奇、刘植珊、高建章、崔振忠 | 4 |
| 9 | 环锯、环锯法颈椎前路手术 | 上海第二军医大学长征医院徐印坎、贾连顺、刘洪奎、刘正平 | 4 |
| 10 | 组织细胞氧耗测定器 | 中国人民解放军304医院吴志谷、朱兆明、盛志勇、尹少杰、孙同柱 | 4 |
| 11 | 心内血液吸引回收微栓过滤多用器 | 西安医科大学第一附属医院郑国强 | 4 |
| 12 | 多抗甲素 | 国家医药管理总局四川抗菌素工业研究所、西安医科大学、中国人民解放军成都军区总医院，方　亮、何壁梅、庄镇华、邹敬源、郁顺章、蒋朝宗 | 4 |
| 13 | 核孔滤膜红细胞变形能力测定仪 | 上海医科大学、上海医科大学仪器厂，戴稼禾、陈良巨 | 4 |
| 14 | 可调式多浪康复床 | 中山医科大学附属第一医院、广州白云电机工业公司，王维平、胡毅强 | 4 |

（赵秋来　王秀峰）

## 【1991 年国家级医药卫生科学技术进步奖获奖项目】

### 一　等　奖

| 序号 | 项目名称 | 主要完成单位 | 主要完成人 |
| --- | --- | --- | --- |
| 1 | 埃尔托型霍乱弧菌两类菌株的研究及其在霍乱防病中的应用 | 中国预防医学科学院流行病学微生物学研究所 | 高守一　刘延清　杨永民　祁国明　童道玉　徐兆炜　吴顺娥　张树波　陈晶晶　刘秉金　章丽娟 |
| 2 | 骨水泥固定及珍珠面无骨水泥固定人工关节的实验及临床的系列研究 | 中国人民解放军总医院、北京钢铁研究总院、天津市合成材料工业研究所 | 卢世壁　王继芳　孙燕群　徐英忱　童衍传 |

## 二 等 奖

| 序号 | 项 目 名 称 | 主要完成单位 | 主要完成人 |
|---|---|---|---|
| 1 | 中国脑血管病流行病学研究 | 中国脑血管病流行病学研究协作组 | 史荫绵 王尊禹 张葆樽 何裕新 陈 良 吴志英 王耀山 郭述苏 王笑中 |
| 2 | 中国人 HLA-Dw 的研究 | 上海第二医科大学、上海市免疫学研究所 | 周光炎 陆佩华 郑泽铣 富赛里 俞 强 周来娣 臧人杰 苏炳华 |
| 3 | 应用 DNA 扩增技术进行遗传病的基因诊断 | 上海市儿童医院医学遗传研究室、中国医学科学院基础医学研究所生化研究室、第一军医大学分子生物学研究室、广西医学院附属医院儿科、第一军医大学南方医院血液科、重庆医科大学附属儿科医院、第一军医大学南方医院妇产科 | 曾溢滔 刘敬忠 黄淑帧 张基增 吴冠芸 蔡仕萍 高庆生 黄道华 龙桂芳 |
| 4 | 小儿脑水肿临床与实验系列研究 | 湖南医科大学附一院儿科、湖南医科大学电镜室、湖南医科大学附一院神经外科 | 虞佩兰 杨于嘉 彭隆祥 徐正谷 周佩芳 李一丁 |
| 5 | 原发性肝癌的再次手术及免疫综合治疗的研究 | 第二军医大学长海肝胆外科研究所、第二军医大学长征医院实验诊断科 | 陈 汉 吴孟超 郭亚军 张晓华 孔宪涛 杨甲梅 沈 锋 张鲁榕 刘新垣 |
| 6 | 中国流行性出血热地理流行病学研究 | 安徽、江苏等 29 个省、市、自治区卫生防疫站 | 罗兆庄 刘光中 裘学昭 李传斌 |
| 7 | 中国临床检验质量控制系统—临床化学实验室间质量评价和实验室内质量控制 | 卫生部临床检验中心 | 叶应妩 李墨菊 何立千 陈 明 周序开 胡汉城 许圣洁 李葆玲 |
| 8 | 狼疮性肾炎治疗的研究 | 南京军区南京总医院 | 黎磊石 唐 政 周 虹 陈惠萍 沈克勤 |
| 9 | 甲肝病人血白细胞中甲肝病毒抗原的发现及甲肝病毒分离和增殖的实验研究 | 南京军区后勤部军事医学研究所 | 郑纪山 李法卿 林建汶 郑启格 乐美兆 |
| 10 | 断肢和断手指再植研究 | 济南军区第 89 医院创伤外科中心 | 王成琪 范启申 蔡锦方 徐保德 汉恒德 |

## 三 等 奖

| 序号 | 项目名称 | 主要完成单位 | 主要完成人 |
|---|---|---|---|
| 1 | 特发性生长激素缺乏症的临床研究 | 北京协和医院内分泌科、北京协和医院儿科 | 史轶繁 邓洁英 鲍秀兰 高素敏 刘 蓉 |
| 2 | 中国农村儿童肺炎及北京市儿童急性呼吸道感染的流行病学监测和防治研究 | 首都儿科研究所、示范县儿童肺炎防治协作组 | 张梓荆 林良明 刘玉琳 王之樑 曹玉璞 |
| 3 | 全球环境监测系统——长江、黄河、珠江、太湖水质动态研究 | 中国预防医学科学院环境卫生监测所、湖北省环境卫生监测站、山东省环境卫生监测站、广东省环境卫生监测站、江苏省环境卫生监测站 | 鄂学礼 徐幼云 丁贸部 叶能权 陈守建 |
| 4 | 清开灵注射液治疗中风病痰热证的临床与实验研究 | 北京中医学院、长春中医学院、山东中医学院、陕西中医学院、天津中医学院 | 孙塑伦 张 孝 齐治家 黄启福 祁颂平 |
| 5 | 中华人民共和国地方病与环境图集 | 中国科学院地理研究所、中国科学院长春地理研究所、中国科学院贵阳地球化学研究所 | 谭见安 苏映平 刘永笑 范正一 朱文郁 |
| 6 | 1988年上海甲型肝炎流行起因与预防措施的研究 | 上海医科大学 | 徐志一 胡善联 汪健翔 李子华 冯学山 |
| 7 | 小儿惊厥与癫痫的综合研究 | 北京医科大学第一临床学院儿科 | 左启华 吴希如 林 庆 王 丽 张宗昊 |
| 8 | 人血浆载脂蛋白AI，AⅡ，B100，CⅠ，CⅡ，CⅢ及E免疫测定法及其在冠心病等中的应用 | 华西医科大学 | 刘秉文 傅明德 张祖辉 吴兆丰 刘铭锋 |
| 9 | 糖尿病视网膜病变的临床研究 | 中国医学科学院北京协和医院眼科 | 张承芬 朱宣和 董方田 叶俊杰 张潜娜 |
| 10 | 室内燃煤空气中苯并a芘与人群肺癌剂量—反应关系研究 | 中国预防医学科学院环境卫生与卫生工程研究所、云南省卫生防疫站、云南省宣威县卫生防疫站 | 何兴丹 曹宗仁 陈 威 李学明 杨儒道 |
| 11 | 敦煌医学研究 | 兰州医学院、甘肃中医学院 | 赵健雄 徐鸿达 王道坤 |
| 12 | 海南班氏丝虫病防治措施的研究——全省基本消灭丝虫病 | 海南省热带病防治研究所 | 吴让庄 陈绩彰 徐凤翔 |
| 13 | 上消化道纤维内镜临床应用研究 | 第二军医大学长海医院消化内科内镜诊疗中心 | 周岱云 许国铭 施雅芳 孙振兴 李兆申 |
| 14 | 手术证实不能切除肝癌的缩小后切除 | 上海医科大学肝癌研究所 | 汤钊猷 余业勤 周信达 陆继珍 刘康达 |
| 15 | 上颈椎损伤、畸型及其不稳的临床研究 | 第二军医大学长征医院 | 贾连顺 徐印坎 刘洪奎 李家顺 赵定麟 |
| 16 | 脑立体定向技术的研究和临床应用 | 第四军医大学第一附属医院神经外科、国营黄河机器制造厂 | 吴声伶 易声禹 陈玉书 袁顺书 梁景文 |
| 17 | 急性照射后骨髓间质和实质变化规律的研究及其在辐射损伤防治中的应用 | 卫生部工业卫生实验所 | 常世琴 王玉珍 王秀娥 黄绮龙 张家钰 |
| 18 | 轴型瓣的开发与临床应用研究（游离移植部分） | 沈阳军区总医院、中国解放军第89医院、第一军医大学南方医院、第二军医大学长海医院、第二军医大学长征医院 | 杨果凡 王成琪 罗力生 郭恩覃 何清濂 |

（赵秋来　王秀峰）

**【1991 年国家级医药卫生科学技术进步奖获奖项目选介】**

1. 埃尔托型霍乱弧菌两类菌株的研究及其在霍乱防病中的应用

中国预防医学科学院流行病学微生物学研究所建立了埃尔托型霍乱弧菌噬菌体——生物分型方案。将埃尔托型霍乱弧菌（EVC）明确区分为流行株和非流行株两类菌株，并对两类菌株的致病性、变异性和分子遗传学特征进行了系统深入的研究。

本项研究于 1966 年选出我国分离的五株弧菌噬菌体，建立了 EVC 噬菌体分型方案。对不同来源 EVC 进行分型，发现一个重要规律：菌株的噬菌体型与本病流行之间存在密切相关关系。据此于 1971 年提出将 EVC 区分为流行株和非流行株两类菌株的论点。1978 年将分型方案发展成噬菌体——生物分型。致病性研究表明，两类菌株的毒力、定居能力和产毒能力等均有显著差异。分子遗传学研究证实，流行株具有特征性的染色体酶谱，与非流行株的酶谱不同。霍乱毒素（CT）基因探针分子杂交证明，两类菌株存在有、无 CT 基因的根本区别。噬菌体——生物分型、染色体酶谱和 CT 基因检测三项技术在区分两类菌株上结果相符、证明按噬菌体——生物型区分两类菌株具有分子遗传学基础。

本方案从 1971 年开始在国内推广应用，至今已有 25 个省、市、自治区的防疫单位和其他有关单位应用。1982 年卫生部防疫司将其列入《霍乱防治手册》。此方案为追踪传染来源，分析传播途径，预测流行趋势提供了有效手段。按两类菌株采取区别对待的防疫对策，不仅提高了防疫效果，而且节省大量人力、物力，已取得显著的社会效益和经济效益。

2. 骨水泥固定及珍珠面无骨水泥固定人工关节的实验及临床的系列研究

人工关节置换术是目前国际上对严重损毁关节的先进修复方法。中国人民解放军总医院等单位，从 70 年代初开始，经过近 20 年的努力，从基础理论、设计制作、临床应用等方面进行了全面、系统的深入研究。

人工关节按固定方式分为骨水泥固定和无骨水泥固定两大类，为人工关节两条不同的技术发展路线，适用于临床不同范围。

骨水泥在人工关节置换术中用于充填假体与骨之间隙，是人工关节临床应用的必备条件，在国际上尚属保密的技术。研究人员经过大量的实验研究，不断改进处方，使单体充分聚合，骨水泥毒性及交界面温度大大降低，其效果优于国外名牌产品。

无骨水泥固定也称生物学固定，即在假体上设计特殊的表面，使骨组织长入假体表面间隙，起到固定作用。本项研究在设计思想上不同于国外偏重于骨长入后的晚期固定，而强调初期与后期并重。其人工关节的主要特点是：①假体柄与国人股骨上端髓腔紧密结合；②坚强的初期固定保证骨内生长良好；③珍珠面表面与骨内生长结合牢固；④加压螺垫固定髋臼杯。

本项研究还探索出珍珠面假体表面骨内生长形成的规律：①珍珠面型关节表面确有骨内生长；②植入二周左右出现骨内生长活动；③植入一个月内生长骨逐步成熟；④植入二个月成骨趋于相对稳定状态；⑤骨内生长活动松质骨较皮质骨出现早。

本课题自行设计了 15 种人工关节，临床治疗了 647 例，效果满意。

（赵秋来）

## 【1991年卫生部医药卫生科学技术进步奖奖励项目】

### 一　等　奖　（11项）

| 总序号 | 等级序号 | 项目名称 | 主要完成单位 | 主要完成者 |
|---|---|---|---|---|
| 1 | 1 | 激素分泌性垂体瘤的临床及基础研究 | 中国医学科学院北京协和医院 | 史轶蘩　任祖渊　邓洁英　劳远琇　陆召麟　尹昭炎　王直中　臧旭　金自孟　周觉初 |
| 2 | 2 | 循环系统的内分泌功能及其临床意义 | 北京医科大学基础医学研究所、中国医学科学院心血管病研究所 | 汤健　张琪　丁金凤　刘力生　唐朝枢　谢翠微 |
| 3 | 3 | 人肝癌癌基因谱及癌基因靶向治疗的研究 | 上海市肿瘤研究所 | 顾健人　万大方　周筱梅　蒋惠秋　许秀兰　马安卿　马积庆　张素胤 |
| 4 | 4 | 人体硒需要量及安全摄入量范围的研究 | 中国预防医学科学院营养与食品卫生研究所 | 杨光圻　顾履珍　周瑞华　荫士安　朱莲珍　刘胜杰　钱平初　严本武　刘贻庆　刘义奇 |
| 5 | 5 | 全国尘肺流行病学调查研究 | 中国预防医学科学院劳动卫生与职业病研究所、辽宁省劳动卫生研究所、全国及29个省、自治区、直辖市尘肺流行病调查办公室 | 邹昌淇　刘占元　于得汶　程玉海　李德鸿　金水高　符绍昌　朱惠兰　李朝林　邢春生 |
| 6 | 6 | 我国人群体内有害物质蓄积水平的动态研究 | 中国预防医学科学院环境卫生监测所 | 郑星泉　郭彩霞　刘建荣　张静宜　陈昌杰　王庭栋　吉荣娣　蔡士林　陈辰　闫惠珍 |
| 7 | 7 | 小肝癌的诊断与治疗（推广应用项目） | 上海医科大学肝癌研究所 | 汤钊猷　余业勤　杨秉辉　周信达　陆继珍　林芷英　唐辰龙　马曾辰　叶胜龙 |
| 8 | 8 | 1982～1990年中国计划免疫推广应用项目（推广应用项目） | 卫生部防疫司等 | |
| 9 | 9 | 乙型肝炎血源疫苗生产技术推广应用（推广应用项目） | 卫生部北京生物制品研究所 | 巩志立　赵铠　杨光林　王子柱　胡宗汉　周根喜　唐巧英　许秋荣　赵景杰 |
| 10 | 10 | 人类和医学细胞遗传学新技术的推广应用（推广应用项目） | 湖南医科大学 | 夏家辉　李麓芸　戴和平　何小轩　邓汉湘　贺明伟　罗盛原 |
| 11 | 11 | “人工心脏瓣膜研制与临床应用”和“四联症根治术右室流出道重建标准”四项研究成果推广应用的结果（推广应用项目） | 中国心血管技术协作培训中心、中国医学科学院阜外医院 | 郭加强　朱晓东　韩铁如　胡小琴　薛淦兴　王光荣　王志远　夏月琴　赵文英　朱曼路 |

## 二 等 奖 （30项）

| 总序号 | 等级序号 | 项 目 名 称 | 主要完成单位 | 主要完成者 |
|---|---|---|---|---|
| 12 | 1 | 肺动脉高压病理形态学及可逆性研究（包括人体及动物实验） | 中国医学科学院心血管病研究所、同济医科大学、山西医学院 | 阮英茆 车东媛 孙本韬 林琼芳 邓希贤 张婉蓉 李文英 |
| 13 | 2 | 乙型肝炎慢性化机理的研究 | 上海医科大学、北京医科大学、重庆医科大学、同济医科大学、上海市静安区中心医院 | 闻玉梅 陶其敏 张定凤 郝连杰 姚光弼 何丽芳 王 宇 |
| 14 | 3 | 中草药有效成份的X衍射晶体结构研究 | 中国医学科学院药物研究所、中国科学院物理研究所、中国医学科学院基础医学研究所、中国科学院生物物理研究所 | 郑启泰 范海福 贺存恒 徐常富 鲍光宏 林秀云 沈福苓 |
| 15 | 4 | 江西省农村围产保健技术规范化研究 | 江西省妇产医院、江西省卫生厅妇幼处 | 姚家生 蒋育枝 陈一臻 刘维时 万 红 习斌蓉 |
| 16 | 5 | 云南德宏、保山黄胸鼠鼠疫自然疫源地的发现、证实与研究 | 云南省流行病防治研究所、中国预防医学科学院流行病学微生物学研究所 | 雷崇熙 刘云鹏 余自忠 马永康 黄坚华 何晋候 杨光荣 |
| 17 | 6 | 肉毒梭菌食物中毒的研究 | 卫生部食品卫生监督检验所、新疆塔城地区卫生防疫站、新疆石河子医学院附属医院、卫生部兰州生物制品研究所 | 刘宏道 高庆仪 吴季高 夏宏器 王成怀 |
| 18 | 7 | 心律失常临床电生理研究 | 苏州医学院 | 蒋文平 黄 俭 沈坚冰 汪康平 方祖祥 朱崇圣 杨 华 |
| 19 | 8 | 鸭乙型肝炎病毒实验模型 | 中国医学科学院医药生物技术研究所、上海医科大学 | 陈鸿珊 闻玉梅 张 维 杨文刚 郭巨涛 李 壮 罗玉芳 |
| 20 | 9 | 长江三峡地区燃煤污染氟中毒防治措施研究 | 中国预防医学科学院环境卫生与卫生工程研究所、中国地方病防治研究中心、哈尔滨医科大学 | 曹守仁 汤瑞琦 李承泽 王志成 孙玉富 孙淑庄 富 德 |
| 21 | 10 | 前列腺素对子宫胎盘血循环的调节及对胎儿发育等方面的影响 | 同济医科大学计划生育研究所、同济医科大学附属同济医院 | 吴熙瑞 马庭元 李 郁 闻良珍 杨大森 |
| 22 | 11 | 互隔交链孢霉在人食管癌中的病因学意义 | 河南医科大学 | 刘桂亭 苗 健 甄应中 徐友梅 裴留成 张 鹏 郑其岚 |
| 23 | 12 | 福建省细菌性腹泻病的调查研究 | 福建省卫生防疫站 | 陈亢川 林成水 陈拱立 林业杰 郑国魁 庄世福 陈光华 |

| 总序号 | 等级序号 | 项目名称 | 主要完成单位 | 主要完成者 |
| --- | --- | --- | --- | --- |
| 24 | 13 | 大山区血吸虫病流行因素、规律和干预试验的研究 | 中国预防医学科学院寄生虫病研究所、四川省医学科学院寄生虫病防治研究所、云南省大理州血吸虫病防治研究所、四川省西昌市血吸虫病防治研究站、云南省巍山县血吸虫病防治研究站 | 张 容 辜学广 郑 江 谢法仙 李玉祥 赵文贤 周镇炳 |
| 25 | 14 | 生产环境高温对机体损害机理与防治措施的研究 | 同济医科大学 | 张国高 贺涵贞 张 伟 秦东日 陈荣安 吴 扬 李成坤 |
| 26 | 15 | T-PA 基因工程 | 上海医科大学 | 宋后燕 朱运松 顾银良 陈幼姝 翁致平 丁 皓 冷星红 |
| 27 | 16 | 人宫颈癌与乳头瘤病毒癌基因的分子流行病学、癌变原理及病毒亚基因诱癌研究 | 中国医学科学院基础医学研究所 | 李 昆 司静懿 韩日才 张 卫 宋国兴 刘士德 赵维敏 |
| 28 | 17 | 心肌缺血—再灌注损伤的细胞分子水平机制及防治研究 | 北京医科大学 | 苏静怡 唐朝枢 李兆萍 |
| 29 | 18 | 基本消灭和消灭血吸虫病地区监测方案的研究 | 浙江省医学科学院、江苏省寄生虫病防治研究所 | 范学理 何尚英 陶海全 曹 奇 陈震平 顾伯良 姜耀明 |
| 30 | 19 | (1) 应用放射性核素法测定右心功能的系统研究 | 中国医学科学院阜外医院、北京红十字朝阳医院 | 刘秀杰 翁心植 刘蕴忠 张金谷 张 正 何作祥 张洪玉 |
| | | (2) 核心脏病学数据处理系统的研制及临床应用 | 中国医学科学院心血管病研究所、清华大学工程物理系 | 刘秀杰 王彦群 金永杰 赵希德 史蓉芳 刘蕴忠 吴卫保 |
| 31 | 20 | 白血病细胞自身抑制活性的研究 | 中国医学科学院血液学研究所 | 吴克复 刘 黎 朱永明 王维新 宋玉华 褚建新 范 开 |
| 32 | 21 | 性激素与系统性红斑狼疮 | 上海医科大学华山医院、上海医科大学肿瘤医院、上海市肿瘤研究所 | 冯树芳 康克非 刘尚廉 罗林娣 程家莹 |
| 33 | 22 | 限制性门腔静脉侧侧分流术的实践与临床研究——理论机制与实践 | 北京友谊医院、北京心肺血管中心——安贞医院 | 孙衍庆 张健美 王 宇 刘传绶 刘 鸣 许元弟 杜 威 |
| 34 | 23 | 国产黄体生成激素释放激素(LHRH)及其类似物(LHRH-A)的妇产科诊断与治疗研究 | 上海医科大学妇产科医院、妇产科研究所 | 陆湘云 周剑萍 颜本元 张俊慧 苏放明 吴文宣 |

| 总序号 | 等级序号 | 项目名称 | 主要完成单位 | 主要完成者 |
|---|---|---|---|---|
| 35 | 24 | 骨髓病态巨核细胞生成及临床意义的研究 | 中国医学科学院血液学研究所 | 宋玉华 杨崇礼 齐淑玲 钱林生 林永敏 孔祥银 刘志红 |
| 36 | 25 | 无创性核素时相分析和心脏断层显像在早期诊断冠心病中的研究 | 上海医科大学、上海第二医科大学、上海华东医院 | 诸骏仁 赵惠扬 龚兰生 朱承漠 蒋茂松 袁爱娜 李志善 |
| 37 | 26 | 15种常见病毒病ELISA诊断方法的建立与推广应用（推广应用项目） | 中国预防医学科学院病毒研究所、卫生部科技司成果处、中国预防医学科学院技术指导处 | 张礼璧 许文波 苏崇鳌 江永珍 郑浩强 张大 刘玉清 |
| 38 | 27 | 足趾移植术、再造拇指与手指（推广应用项目） | 上海医科大学附属华山医院 | 顾玉东 张高孟 陈德松 严计庚 成效敏 |
| 39 | 28 | 体外反搏装置（推广应用项目） | 中山医科大学、广东佛山分析仪器厂、四川绵阳电子医疗仪器厂 | 郑振声 伍于添 欧阳荣 王毅梅 钟宜光 陈铁成 王联旭 |
| 40 | 29 | 生产右旋糖酐新菌——1226菌株的推广应用（推广应用项目） | 中国医学科学院血液学研究所 | |
| 41 | 30 | （1）东方鲎试剂检测细菌内毒素（新产品、新技术、新方法）的推广应用（推广应用项目） | 福建省药品检验所福州东方鲎试剂厂 | 刘端华 郑丽莉 林秀明 高丹玲 陈钟机 闻健 陈引秀 |
| | | （2）细菌内毒素检查法的推广应用（推广应用项目） | 中国药品生物制品检定所 | 夏振民 张端亭 郭红 胡可可 周海钧 |

## 三等奖 （120项）

| 总序号 | 等级序号 | 项目名称 | 主要完成单位 | 主要完成者 |
|---|---|---|---|---|
| 42 | 1 | 慢性淋巴细胞性甲状腺炎临床研究 | 中国医学科学院北京协和医院 | 白耀 戴为信 郭芝生 夏朴 潘蔚如 |
| 43 | 2 | 癌免疫过继疗法新途径 | 哈尔滨医科大学肿瘤研究所 | 巴德年 李殿俊 徐震逸 孟晓波 |
| 44 | 3 | 中药五味子类木脂素资源利用的研究 | 中国医学科学院药物研究所 | 宋万志 童玉懿 刘耕陶 马林 王珂 |
| 45 | 4 | 高能磷酸盐制剂保护缺血再灌注性损伤的机理研究 | 延边医学院 | 金基焕 安君 李素香 尹正日 金青松 |
| 46 | 5 | 直肠壁外纤维层的认识与临床应用 | 北京儿童医院 | 张金哲 王燕霞 傅明 |

| 总序号 | 等级序号 | 项目名称 | 主要完成单位 | 主要完成者 |
|---|---|---|---|---|
| 47 | 6 | 颅颌紊乱症的综合研究 | 华西医科大学 | 徐樱华 易新竹 罗宗赉 罗 丽 |
| 48 | 7 | 慢性阻塞性肺病、肺心病急性期重症呼吸衰竭临床抢救和心肺功能监测 | 上海医科大学附属中山医院 | 钮善福 白春学 蔡映云 张洪熹 |
| 49 | 8 | 触发型心律失常的植物神经调节 | 上海第二医科大学 | 徐有秋 施渭彬 邬枝英 刘远谋 |
| 50 | 9 | (1) 胎儿新生儿缺氧缺血与颅内出血的诊断与防治研究 | 上海第二医科大学 | 周郅隆 刘棣临 杨祖菁 吴圣楣 范冷艳 |
| | | (2) 胎儿新生儿缺血缺氧与颅内出血的诊断防治研究（产科部分） | 北京妇产医院、北京复兴医院、北京友谊医院、北京积水潭医院、北京红十字朝阳医院 | 黄醒华 夏恩兰 陈 焰 王汝琪 彭登智 |
| 51 | 10 | 新型长效杀螺剂——氯硝柳胺控释剂的研究 | 四川省医学科学院寄生虫病防治研究所 | 蔡德全 熊维楷 左世会 卢永嵩 席金玉 |
| 52 | 11 | 圆斑蝰蛇毒及其所含磷脂酶 $A_2$ 的生化药理研究 | 福建医学院 | 刘广芬 王晴川 李跃生 陈清澄 涂光涛 |
| 53 | 12 | 甘草的综合应用基础研究 | 中国医学科学院药用植物资源开发研究所 | 林寿全 冯毓秀 张阴麟 高光跃 林 琳 |
| 54 | 13 | (1) 应用多普勒超声心动图对胎儿血管血流动力学的研究 | 山东医科大学附属医院 | 张 运 范东升 葛志明 高德恩 陈菊芳 |
| | | (2) 胎儿超声心动图的临床研究 | 中国医学科学院北京协和医院、西安医科大学、哈尔滨医科大学 | 朱文玲 裘佩春 刘爱武 李树林 张蕴景 |
| 55 | 14 | 3、7型腺病毒分子流行病学与所致疾病的研究 | 白求恩医科大学第一临床医学院 | 傅文永 梁 东 刘为民 郑永晨 许忠 |
| 56 | 15 | 老年股骨上段骨折的发生机理及治疗研究 | 上海第二医科大学附属第九人民医院 | 戴克戎 倪 诚 苑建新 孙月华 裘世静 |
| 57 | 16 | 低密度脂蛋白对血小板、红细胞的病理作用与衰老 | 上海医科大学附属中山医院 | 陈松鹤 应赛亚 陈蔚卿 李旭日 王建中 |
| 58 | 17 | 少年儿童高血压易患者的识别与一级预防 | 上海医科大学、上海市高血压研究所 | 王文英 赵光胜 宁寿葆 张国栋 孔德汶 |
| 59 | 18 | 非均匀性脂肪肝的超声诊断研究 | 北京市肿瘤防治研究所 | 董宝伟 李建国 陈敏华 李吉友 |
| 60 | 19 | 超声多普勒方法测定肺动脉高压技术的改进及新技术应用研究 | 中国医学科学院心血管病研究所 | 刘汉英 程克正 刘延玲 何建国 宋 松 |

| 总序号 | 等级序号 | 项 目 名 称 | 主要完成单位 | 主要完成者 |
|---|---|---|---|---|
| 61 | 20 | 妊娠妇女弓形体感染及其对人口健康素质的影响研究 | 山东医科大学 | 赵仲堂 郝凤荣 潘玉珍 古钦民 石素英 |
| 62 | 21 | 利什曼原虫单克隆抗体诊断盒的研究 | 中国预防医学科学院寄生虫病研究所 | 瞿靖琦 包意芳 许永湘 汪俊云 杨玥涛 |
| 63 | 22 | 乙型肝炎疫苗大范围应用研究 | 北京市卫生防疫站、北京医科大学公共卫生学院、北京医科大学肝病研究所、北京佑安医院、北京市东城区卫生防疫站、北京市昌平县卫生防疫站、北京市海淀区卫生防疫站、北京市宣武区卫生防疫站、北京市崇文区卫生防疫站、北京市石景山区卫生防疫站、北京市顺义县卫生防疫站、北京市门头沟区卫生防疫站、中国药品生物制品检定所、卫生部北京生物制品研究所、上海市血液中心、北京市和平里医院 | 高寿征 邢玉兰 庄 辉 张秀春 龚晓红 |
| 64 | 23 | 弓形虫基因组文库的建立，特异克隆的筛选和弓形虫病的DNA诊断 | 上海第二医科大学基础医学院 | 陈诗书 夏爱娣 顾允中 杨惠珍 徐克继 |
| 65 | 24 | 甲、乙型肝炎试剂国家质控标准的建立及攻关试剂的临床验证 | 中国药品生物制品检定所、北京医科大学人民医院肝病研究所 | 李河民 吴绍源 张 正 苏 涛 林京香 |
| 66 | 25 | 血吸虫病现有血清学诊断方法的抗原标准化、操作规范化及考核防治效果的研究 | 同济医科大学、浙江省医学科学院 | 石佑恩 张素娥 韩家俊 郑志国 姜昌富 |
| 67 | 26 | 中国精神疾病分类方案与诊断标准制定 | 湖南医科大学精神病研究所、上海市精神卫生中心、华西医科大学、北京医科大学精神病研究所等 | 杨德森 张明园 刘协和 许又新 徐韬园 |
| 68 | 27 | 细菌外膜蛋白与限制性核酸内切酶分析在新生儿感染中的应用 | 重庆医科大学儿科医院 | 吴仕孝 彭若奇 唐 毅 |
| 69 | 28 | 阵发性室上性心动过速的临床电生理研究 | 中国医学科学院心血管病研究所 | 孙瑞龙 郭彩英 王方正 胡绳俊 陈 新 |

| 总序号 | 等级序号 | 项　目　名　称 | 主要完成单位 | 主要完成者 |
|---|---|---|---|---|
| 70 | 29 | 激光治疗致命性心律失常的实验研究 | 中国医学科学院心血管病研究所 | 吴光烈　张　岩　林　方　陈尚恭　张　蓓 |
| 71 | 30 | 高血压脑出血及实验性脑出血的垂体病理激素代谢及神经递质的研究 | 白求恩医科大学 | 刘多三　张　昱　姜明辉　林世和　饶明俐 |
| 72 | 31 | 自由基与心肌缺血再灌注损伤机制的研究 | 中国医学科学院心血管病研究所 | 陈尚恭　朱青燕　句海松　赖仲方　郝建明 |
| 73 | 32 | 脂质过氧化与动脉粥样硬化发病机制及防治的研究 | 中国医科大学<br>北京中医学院 | 陈铁镇　卢泳才　董玉兰　郭肇铮　杨向红 |
| 74 | 33 | 流式细胞分析术和影像细胞分析术在膀胱肿瘤诊断和预后上的应用 | 上海医科大学附属中山医院、上海医科大学肿瘤医院 | 熊汝成　曹世龙　王　泽　缪廷杰　缪中良 |
| 75 | 34 | 细菌内毒素对 Corti 氏器及神经成分损伤的研究 | 福建医学院附属协和医院 | 林基祯　许光义　吴翊钦　林国经　陈文烈 |
| 76 | 35 | 微波热化疗治疗口腔癌及热增敏剂的研究 | 华西医科大学<br>四川大学 | 毛祖彝　李德光　李有童　余惠卿　郑光勇 |
| 77 | 36 | 白血病综合药物敏感试验的研究 | 中国医学科学院血液学研究所 | 万景华　殷建林　卞寿庚　糜静娴 |
| 78 | 37 | N-去甲基万古霉素的发现及质量研究 | 中国药品生物制品检定所 | 刘玉芬　周　玉　凌大奎　孔令如　郑昌亮 |
| 79 | 38 | 银屑病的抗体依赖细胞介导生长刺激 | 武汉市第一医院<br>武汉市中西医结合研究所 | 胡长发　王玮秦　甘　霖　阎　鸣　孙曾拯 |
| 80 | 39 | 心血管α肾上腺素受体及抗高血压药物的研究 | 同济医科大学 | 钱家庆　夏　霖　倪西平　倪沛州　李　倩 |
| 81 | 40 | 肝癌选择性定位与导向治疗 | 上海医科大学肝癌研究所、上海医科大学附属中山医院、上海医科大学药学院、广西肿瘤研究所 | 汤钊猷　刘康达　赵惠扬　范　桢　杨克政 |
| 82 | 41 | 大肠癌单克隆抗体的制备及其在基础和临床医学中的应用 | 湖南医科大学肿瘤研究所、湖南省人民医院 | 孙去病　蔡小红　成志诚　王才力　张　洁 |
| 83 | 42 | (1) 胃癌早期诊断及普查方法的研究 | 北京医科大学消化疾病研究中心、北京医科大学卫生学院、北京医科大学基础医学院、北京市肿瘤研究所、北京协和医院、中国人民解放军总医院 | 林三仁　王润田　雷道年　李益农　陆星华 |

| 总序号 | 等级序号 | 项 目 名 称 | 主要完成单位 | 主要完成者 |
|---|---|---|---|---|
| | | (2)胃癌的早期诊断与普查方法的研究 | 上海第二医科大学、上海市肿瘤研究所、上海市肿瘤防治办公室、上海市杨浦区肿瘤防治院、上海市长宁区中心医院、上海市闸北区肿瘤防治办公室、上海医科大学、上海市卢湾区中心医院、上海市同仁医院 | 史奎雄 屠基陶 吴裕忻 丁 生 王庆华 |
| 84 | 43 | 肺损伤的细胞和分子机制 | 湖南医科大学 | 罗正曜 尤家騄 罗 涵 王燕如 周启明 |
| 85 | 44 | SGY多功能消化道检测仪及消化道运动功能的研究 | 西安医科大学第二附属医院、国防科工委航天医学工程研究所 | 罗金燕 陈延航 董 蕾 陈心海 龚 均 |
| 86 | 45 | 完整胫腓骨和腓骨部分切除后的生物力学研究及其临床意义 | 上海市骨伤科研究所 | 曲克服 陆宸照 沈金根 陈凯敏 郭强苏 |
| 87 | 46 | 年龄地区因素对年轻人动脉壁的影响和动脉粥样硬化早期病变发生发展关系研究 | 中国医学科学院心血管病研究所、广西医学院、军事医学科学院仪器测试中心 | 赵培真 邓卓霖 黄文英 张英珊 张红叶 |
| 88 | 47 | 我国痢疾杆菌耐药性监测研究及其在痢疾防治中的意义 | 中国预防医学科学院流行病学微生物学研究所、江苏省卫生防疫站、辽宁省卫生防疫站、上海市卢湾区卫生防疫站、北京市密云县卫生防疫站、江西省卫生防疫站 | 徐兆炜 杨月欣 张立红 陶香娣 童 刚 |
| 89 | 48 | TI-201心肌靶心图正常图象的建立及其对冠心病诊断价值 | 北京医科大学第一医院 | 林景辉 潘中允 袁家讷 汪丽蕙 袁 颖 |
| 90 | 49 | 江湖洲滩地区血吸虫病流行因素和流行规律的研究 | 上海医科大学、湖南省寄生虫病研究所、湖南大学、岳阳市电子研究所、江西省寄生虫病研究所 | 袁鸿昌 卓尚炯 张绍基 吴昭武 刘志德 |
| 91 | 50 | 江湖洲滩地区初步控制血吸虫病后流行消长规律的研究 | 安徽省血吸虫病防治研究所<br>上海医科大学 | 李同山 汪天平 姜庆五 秦形远 袁鸿昌 |

| 总序号 | 等级序号 | 项 目 名 称 | 主要完成单位 | 主要完成者 |
|---|---|---|---|---|
| 92 | 51 | 甲基丙烯酸环氧丙酯诱变性及其机理研究 | 中国预防医学科学院劳动卫生与职业病研究所、中国医学科学院基础医学研究所 | 谢大英 方福德 张 伟 高惠兰 曹来福 |
| 93 | 52 | $^{60}Co$-γ射线辐照中药质量评价研究 | 中国药品生物制品检定所、沈阳药学院、北京大学技术物理系、上海中药研究所、军事医学科学院放射医学研究所、广州市药品检验所、北京市同仁堂制药厂研究所、上海市中药制药一厂、黑龙江省药品检验所、广州中药一厂、中国科学院原子能研究所 | 王宝琹 郭允珍 赵雅玲 袁荣尧 药风荷 |
| 94 | 53 | 全国"药品质量监督管理信息系统"的设计和实现 | 卫生部药政局综合监督处、中国药品生物制品检定所质量情报处 | 唐秋瑾 俞汝龙 徐晓东 杨晓克 赵宪明 |
| 95 | 54 | 北京市结核病控制技术政策及实施措施的研究 | 北京市结核病防治所 | 阚冠卿 张立兴 屠德华 蒋建英 吴基成 |
| 96 | 55 | 国产石棉致癌作用与间皮瘤阻断效果的实验研究 | 华西医科大学公共卫生学院 | 刘学泽 罗素琼 王朝俊 杨光华 彭恕生 |
| 97 | 56 | 慢性氟中毒多种非骨相组织的病理学研究 | 贵阳医学院 | 刘家骝 肖开棋 官志忠 于燕妮 董 仲 |
| 98 | 57 | 生物样品中有毒物质或其代谢物测定方法规范 | 中国预防医学科学院劳动卫生与职业病研究所、上海市卫生防疫站、辽宁省劳动卫生研究所、广东省职业病防治院、湖北省卫生防疫站、上海医科大学公共卫生学院、山东省劳动卫生职业病防治研究所、北京市劳动卫生职业病防治研究所、上海市劳动卫生职业病防治研究所 | 缐引林 殳家豪 李金泰 叶能权 梁 禄 |
| 99 | 58 | 状态风险分析理论与配套ASRS统计软件和应用研究 | 中国医学科学院肿瘤研究所 | 刘韵源 陈元立 杜万仓 潘学雷 |
| 100 | 59 | 急性出血性结膜炎病原学及快速诊断的研究 | 中国医学科学院基础医学研究所 | 沐桂藩 吕 华 徐如良 顾方舟 |

| 总序号 | 等级序号 | 项目名称 | 主要完成单位 | 主要完成者 |
|---|---|---|---|---|
| 101 | 60 | 中国食品和水中天然放射性核素水平及其对居民所致内照射剂量研究 | 卫生部工业卫生实验所及全国28个省、自治区、直辖市放射卫生防护机构 | 朱昌寿 刘玉兰 徐　宁 胡爱英 寇太禄 |
| 102 | 61 | 红细胞遗传性酶缺陷所致溶血性贫血的研究 | 中山医科大学 | 杜传书 华小云 王　菁 谢江新 陈路明 |
| 103 | 62 | 中国人 h296DNA 指纹图的研究 | 上海市第六人民医院 | 项坤三 徐　瑾 王延庆 冯　铮 孙多奇 |
| 104 | 63 | 应激对巨噬细胞功能的影响及其机制分析 | 北京医科大学 | 范少光 丁玄宙 丁桂凤 |
| 105 | 64 | 可提取核抗原（ENA）表位的异质性研究及其多肽抗体谱的临床应用 | 上海第二医科大学附属仁济医院、上海市免疫学研究所 | 陈顺乐 许以华 叶　萍 江绍基 黄铭新 |
| 106 | 65 | 人参和滇紫草细胞大量培养小试 | 中国医学科学院药物研究所 | 朱蔚华 李新兰 周志华 罗淑荣 胡　秋 |
| 107 | 66 | 膀胱癌生物行为系列研究：膀胱癌建株、单克隆抗体导向药物和放免显影、组织图 | 北京医科大学泌尿外科研究所 | 吴阶平 顾方六 俞莉章 马文香 夏同礼 |
| 108 | 67 | 动脉壁基质中的蛋白聚糖与动脉粥样硬化病变形成的关系 | 中国医学科学院心血管病研究所 | 张英珊 丛祥凤 杨小平 张春玲 周建忠 |
| 109 | 68 | 阿片受体及内源配体对ACTHβ内啡肽和催乳素静息分泌和应激时平行释放的调控 | 中国医学科学院基础医学研究所 | 许荣焜 时占祥 全　镭 杨穗津 黄醒亚 |
| 110 | 69 | 单克隆抗体免疫试验检测循环抗原诊断血吸虫病的研究 | 中国预防医学科学院寄生虫病研究所 | 严自助 吕再婴 王　文 吴　缨 |
| 111 | 70 | 我国首次发现球形阜孢霉所致皮肤真菌病——一种新发现的条件致病菌 | 吉林省通化市卫生学校 | 赵玉明 陈世平 邓成儒 陈　曦 王　茁 |
| 112 | 71 | 临床伽玛闪烁图象分析软件系统 | 江苏省原子医学研究所 | 史国成 殷俊伟 钱　晖 谢天豪 万卫星 |
| 113 | 72 | 职业性哮喘(过敏性)病因和诊断研究 | 北京医科大学第三医院、沈阳军区总医院、沈阳市劳动卫生职业病研究所、北京协和医院、中国预防医学科学院劳动卫生与职业病研究所 | 刘镜愉 陈　萍 李　忠 张宏誉 郎温芳 |

| 总序号 | 等级序号 | 项目名称 | 主要完成单位 | 主要完成者 |
|---|---|---|---|---|
| 114 | 73 | 蚤类研究若干新进展 | 新疆维吾尔自治区地方病防治研究所 | 叶瑞玉 于 心 曹汉礼 张金桐 王敦清 |
| 115 | 74 | 重症肝炎的治疗及疗效机理研究 | 上海第二医科大学附属瑞金医院、天津市传染病医院、中国医科大学、重庆医科大学 | 沈耕荣 黄仲德 董祥家 张定凤 周霞秋 |
| 116 | 75 | $N_1$ $N_2$ 新亚型流感病毒株的发现及其意义 | 中国预防医学科学院病毒学研究所、黑龙江省哈尔滨市卫生防疫站、北京市卫生防疫站、上海市卫生防疫站、四川省卫生防疫站 | 郭元吉 郭忠明 董振英 沈方正 许凤琴 |
| 117 | 76 | 我国常见实验动物染色体研究——方法、核型及应用 | 中国医学科学院实验动物研究所<br>中国医学科学院基础医学研究所 | 蔡有余 王 生 常宗礼 张 岩 鞠丽梅 |
| 118 | 77 | IL-2Ra 表达调控研究及 IL-2Ra cDNA 亚克隆的建立 | 白求恩医科大学、中国医学科学院基础医学研究所 | 杨贵贞 沈翊琲 朱 迅 王劲松 姜恩子 |
| 119 | 78 | 环境因子对人胚绒毛膜致突变性的研究 | 国家计划生育委员会科学技术研究所 | 崔应琦 嵇小迎 陈春明 李颜慧 曲 鸥 |
| 120 | 79 | 绒毛膜促性腺激素(HCG)受体研究及应用 | 华西医科大学 | 陈曼玲 雷幼导 王德恭 杜泽丽 曹泽毅 |
| 121 | 80 | 人血清载脂蛋白 AⅠ、AⅡ、B100、CⅡ、CⅢ及 E 免疫扩散测定试剂盒的研制 | 华西医科大学基础医学院 | 刘秉文 张祖辉 吴兆丰 范 萍 刘铬锋 |
| 122 | 81 | 乳癌二级预防及其最优方案的研究 | 北京市肿瘤防治研究所 | 徐光炜 胡永升 阚 秀 庆 瑞 郑 惠 |
| 123 | 82 | 食管癌的二级预防研究 | 河南省医学科学研究所 | 裘宋良 杨观瑞 赵立群 王立东 孙 豫 |
| 124 | 83 | 我国食管癌高发区易感人群的检出和进行规模预防的策略 | 中国医学科学院肿瘤研究所 | 吴 旻 胡 楠 王秀琴 傅 明 贺立绩 |
| 125 | 84 | 心脏传导系统的光镜和电镜研究 | 西安医科大学 | 凌凤东 孔祥云 杨月鲜 赵根然 林 奇 |
| 126 | 85 | 脊髓至外颈核与背索核的双投射系统 | 首都医学院 | 吕国蔚 何国瑞 李菁锦 张 肃 杨存田 |
| 127 | 86 | 系统研究眼血管铸型和视网膜血管病 | 北京医科大学第三医院 | 张惠蓉 高 锦 |

| 总序号 | 等级序号 | 项目名称 | 主要完成单位 | 主要完成者 |
| --- | --- | --- | --- | --- |
| 128 | 87 | 乙酰螺旋霉素质量和工艺研究 | 中国药品生物制品检定所 | 唐秋瑾　李素杰　申玉珍　王　维　薛闻鹏 |
| 129 | 88 | 衰老进程中脂蛋白变化规律的研究及其在动脉粥样硬化防治中的意义 | 卫生部北京老年医学研究所 | 李健斋　王嘉瑾　李培瑛　牛庆田　李洛生 |
| 130 | 89 | 吻合血管神经的游离胸小肌移植治疗晚期面瘫 | 上海第二医科大学附属第九人民医院 | 张涤生　曹谊林　王德昭　冯胜之　周丽云 |
| 131 | 90 | 钙通道阻滞剂在肝硬化门脉高压患者中的应用 | 上海第二医科大学附属新华医院、济南军区总医院 | 李定国　陆汉明　李宣海　权启镇　李新民 |
| 132 | 91 | 磁共振、CT 立体定向手术方法及定向仪研究 | 上海医科大学附属华山医院 | 蒋大介　陈星荣　潘　力　江澄川 |
| 133 | 92 | 国产栓塞材料研制及颅脑血管病介入放射治疗研究 | 北京市神经外科研究所 | 王忠诚　吴中学　王小平　张先秀　石祥恩 |
| 134 | 93 | 溶酶体贮积症的产前诊断 | 中国医学科学院基础医学研究所、上海市第六人民医院 | 施惠平　吴文彦　王佩兰　郭玉凤　张为民 |
| 135 | 94 | 手足皮肤微循环血管树的实验形态学研究 | 中国医科大学 | 柏树令　孟庆延　刘　志　李　吉 |
| 136 | 95 | 血清直接酶链反应(PCR)测定乙肝病毒DNA：一种不需同位素确诊乙肝感染状态的新方法 | 上海市肿瘤研究所 | 陈渊卿　顾健人　严根宝　蒲瑞莲 |
| 137 | 96 | 肝大部切除后再生的研究 | 上海医科大学 | 成令忠　钟翠平　朱继红　顾云娣　卢炯华 |
| 138 | 97 | 国人胚胎形态学研究 | 张家口医学院 | 薄爱华　夏　苓　穆　铮　张竟时　戴　洁 |
| 139 | 98 | 引起突触前抑制的传入纤维类别 | 西安医科大学 | 牛汉璋　朱　衡　程珍凤 |
| 140 | 99 | 出血热病毒空斑技术在国内首次建立并首次应用于疫苗免疫性、毒株抗原性的研究 | 中国药品生物制品检定所、安徽医学科学研究所 | 俞永新　姚小剑　何　浩　刘文雪　安　祺 |
| 141 | 100 | 用单克隆抗体 ELISA 检测疟疾病原的研究 | 江苏省寄生虫防治研究所 | 高　琪　杨仲炎　张炜琪　李菊林　罗国湘 |
| 142 | 101 | 急性心肌梗塞患者左心室功能和冠状动脉病变的研究——与梗塞后远期预后关系 | 上海第二医科大学附属瑞金医院 | 沈卫峰　龚兰生　张建盛　崔连群　叶季平 |

| 总序号 | 等级序号 | 项目名称 | 主要完成单位 | 主要完成者 |
|---|---|---|---|---|
| 143 | 102 | 作业场所超高频辐射卫生标准 | 北京医科大学公共卫生学院 | 张书珍　赵宗群　王　生　胡白和　刘文毅 |
| 144 | 103 | 矽肺发病机理的研究 | 中国预防医学科学院劳动卫生与职业病研究所、山东省劳动卫生职业病研究所、黑龙江省劳动卫生职业病研究所、暨南大学医学院、清华大学生物科学与技术系 | 李玉瑞　孙顺仙　阳宝珠　司徒锐　蔡国平 |
| 145 | 104 | 具多种元素保证值的牛血清标准参考物质的研制 | 中国预防医学科学院环境卫生监测所 | 郑星泉　陈　辰 |
| 146 | 105 | 双工位血液凝固自动测时仪 | 中国医学科学院输血研究所 | 梁文熙　李怀炳　薛　浩　张国平　于生铭 |
| 147 | 106 | 复方 $B_{12}$ 对放射性皮肤损伤的临床治疗及动物实验治疗的研究 | 白求恩医科大学放射医学研究所 | 纪　辉　陈　强　杨晓虹　康德仁　王　绍 |
| 148 | 107 | 三种血浆蛋白制品加热灭活病毒中新稳定剂（木糖醇）的实验研究 | 中国医学科学院输血研究所 | 王憬惺　潘文良　杨显福 |
| 149 | 108 | 流感快速诊断和抗原分析方法的建立 | 中国预防医学科学院病毒研究所 | 陶三菊　杨冬荣　过　迪　王焕琴　吴立平 |
| 150 | 109 | HLA 单克隆抗体诊断试剂盒的研究 | 卫生部武汉生物制品研究所、中国医学科学院肿瘤研究所、中国医学科学院血液学研究所 | 徐星培　陈毓仙　沈德诚　史良如　陈　璋 |
| 151 | 110 | 静脉蒂动脉化的游离神经移植(推广应用项目) | 上海医科大学附属华山医院 | 顾玉东　陈德松　张高孟　严计庚　成效敏 |
| 152 | 111 | 地鼠肾组织培养人用狂犬病疫苗推广应用 | 卫生部武汉生物制品研究所 | 林放涛　曾繁珍　罗洪均 |
| 153 | 112 | T—N 矫正牙颌畸形方法临床推广应用（推广应用项目） | 北京口腔医院、北京有色金属研究总院 | 王邦康　杨凤芝　金宜霖　吴勉人　纪昌蓉 |
| 154 | 113 | 用人二倍体细胞 2BS 株生产脊髓灰质炎活疫苗研究及推广应用（推广应用项目） | 卫生部北京生物制品研究所 | 闻仲权　杜桂枝　顾佩韦　杨光林　闫淑琴 |
| 155 | 114 | 男性非手术可复性注射栓堵节育法的推广应用(推广应用项目) | 山西省人民医院、山西省卫生厅、山西省计划生育委员会、山西省科学技术委员会 | 赵生才　蔚锐传　张树平　李丕民　冀永裕 |

| 总序号 | 等级序号 | 项目名称 | 主要完成单位 | 主要完成者 |
|---|---|---|---|---|
| 156 | 115 | 心脏直视手术在云南边疆地区推广应用（推广应用项目） | 昆明市延安医院 | 张剑平　陈圣邦　单丕相　赵惟敏　雷定华 |
| 157 | 116 | 血浆蛋白成份抗血清成果的推广应用（推广应用项目） | 卫生部上海生物制品研究所 | 张天仁　苏联娟　顾其胜　季荣科　孙九如 |
| 158 | 117 | 儿童弱视、斜视研究成果的推广应用（推广应用项目） | 北京医科大学儿童视觉研究中心 | 刘家琦　郭静秋　陈斯同　甘晓玲　臧英芬 |
| 159 | 118 | 内分泌激素放免试剂药盒的推广应用（推广应用项目） | 上海第二医科大学、上海市内分泌研究所 | 丁　霆　陈家伦　宓志钧　朱忠义　金静芬 |
| 160 | 119 | 双氧水声学造影（推广应用项目） | 同济医科大学附属协和医院 | 王新房　王加恩　黄幼珍　陈汉荣　鲁成发 |
| 161 | 120 | 高频喷射通气技术推广应用（推广应用项目） | 江西医学院第一附属医院、江西医学院基础部、江西省医药管理局医疗器械工业处、江西第五机床厂、南昌玖玖电子总厂 | 曹　勇　邹嘉明　舒梦陶　李宗翼　吴印生 |

**【1991年卫生部医药卫生科学技术进步奖奖励项目选介】**

1. *激素分泌性垂体瘤的临床和基础研究*

北京协和医院12年来收治1 046例垂体瘤患者，进行了系统研究。研究组在国内首先建立了7项激素测定方法及8项下丘脑垂体靶腺功能试验，使催乳素瘤得以诊断，8%轻症生长激素瘤得以早期发现，异位促肾上腺皮质瘤得以鉴别，并使垂体卒中及治疗后病情发展有了可靠追随指标。通过CT扫描技术，使过去难以发现的垂体微腺瘤的比例上升至全组的43%。

该院经引进经口鼻蝶窦显微外科技术，改良麻醉及手术切除方法，使促肾上腺皮质激素瘤及生长激素瘤的治愈、缓解率分别达到90%及79%。应用加速器及模拟定位器等进行垂体放射治疗，促肾上腺皮质激素瘤治愈、缓解率为56%，生长激素瘤为77%。溴隐亭治疗催乳素瘤使90%的病人血催乳素下降，月经恢复及妊娠。

通过研究，证实垂体瘤是功能自主性肿瘤，但仍保留对下丘脑激素的反应；证实视交叉与垂体有共同血源，垂体微腺瘤可通过窃血而导致视野缺损。

2. *循环系统的内分泌功能及其临床意义*

在过去研究的基础上，这一工作在国际上率先较完整和较系统地提出和证明了整个心血管系统都具有内分泌功能的新概念。循环系统的内分泌功能主要由心源性激素、血管源性激素和心血管系统的神经递质三部分组成。它可以产生和分泌几十种生物活性物质，在体内起着自分泌、旁分泌、胞内分泌、神经分泌和循环激素的作用。

心钠素和脑钠素是全身最强大的利尿钠剂，是体内的一种钙拮抗剂；内皮素是全身最强大而持久的缩血管剂，是体内的一种内源性的钙激动剂，心血管局部的肾素血管紧张素系统可以维持血管局部的紧张性，是心血管细胞的一种生长因子；降钙素基因相关肽是全身最强大的血管舒张剂和有效的降压剂。

心血管系统的激素具有自身的调节网络，处于一个动态平衡的调节体系之中。循环系统内分泌功能的平衡失调是一些心血管疾病发病的重要机制。测定循环系统内分泌水平的变化，对于某些心血管病及其并发病的早期诊断具有重要的意义。

应用心钠素、降钙素基因相关肽和内皮素、血管紧张素的拮抗剂，对于一些心脑血管病如高血压、心肌梗塞、脑缺血、心律失常、休克和心功能不全等疾病的治疗具有广阔的应用前景

3. 人肝癌癌基因谱及癌基因靶向治疗的研究

继发现 N-ras 基因为人原发性肝癌的转化基因之后，这项研究又首次发现在肝癌中有 N-ras、C-myc、C-ets-2、胰岛素样生长因子Ⅱ（IGF-Ⅱ）及其受体和集落生长因子Ⅰ（SF-Ⅰ）的受体基因被激活，同时，抗癌基因 $P^{53}$在肝癌中发生缺陷。这些异常基因组成了人原发性肝癌的癌基因谱。

研究发现，这些激活的癌基因可分为两类：一类为不少人体恶性肿瘤所共有，如 N-ras、C-myc 等；另一类胰岛素样生长因子Ⅱ及其受体、集落生长因子Ⅰ的受体基因的同时激活，是人肝癌的一个特征。它揭示了人肝癌有独特的自泌和邻泌机制。由于ⅠGF-Ⅱ及其受体同时在肝癌中过量表达，促进癌细胞本身及其邻近细胞持续增殖，是肝癌细胞恶性行为“自主性”生长的原因。因此，该研究提出并证明了人体恶性肿瘤有其多种癌基因参与的谱型，其中某些癌基因的激活为不同肿瘤所共有，而某些基因则可能具有相对特异性，打破了认为一、两个癌基因能引起癌变的概念。

研究组成功地组建了一种能抑制癌基因表达的假病毒，证实该假病毒可在体外抑制肝癌细胞生长，在裸鼠体内也得到同样结果，从而为发展以癌基因为靶向的肝癌的生物学治疗奠定了基础。

4. 人体硒需要量及安全摄入量范围的研究

本项研究将硒需要量分为最低需要量和生理需要量两个等级。最低需要量系测定病区居民能避免发生克山病的最低摄入量，而生理需要量，不单包括最低需要量，并且还能为机体提供适当的硒储备，使血浆中含硒酶——谷胱甘肽过氧化物酶活力达到饱和状态，远较以往习用的在营养素的最低硒需要量上增加 2S. D. 的办法更具有明确的生理意义。在研究最大安全摄入量时，提出用指甲形态改变以及血浆硒和血球硒浓度比值变化作为中毒的新指标，并利用我国存在高硒区的事实，直接在人群中进行观察。为了取得可靠的摄入量数据，根据血硒和摄入量间的回归关系，从较稳定的血硒值去推算硒摄入量。

这项研究的结果已应用于实际工作中。1987 年美国国家科学委员会营养组、1988 年我国营养学会以及 1990 年国际联合组织（FAO/WHO/IAEA）已先后采用本工作提供的人体硒需要量数字。为预防我国硒不足或过多引起的地方病，根据本研究所得出的结果，计算出了在高、低硒地区主粮及硒盐中硒的适宜含量，供病区预防工作参考。

5. 全国尘肺流行病学调查研究

该调查于 1987 年开始在全国 29 个省、自治区、直辖市实施，1990 年完成。调查结果表明：

（1）至 1986 年底，全国累计发生尘肺病人为 393 787 例，其中死亡 79 627 例，尚有现患病例为 314 160 例。全国有可疑矽肺病人 50 多万人。

（2）各省、各个工业部门、各类工种中都有尘肺发生。累积尘肺病人在 2 万例以上的

有5个省。在22个工业系统中，煤炭系统尘肺病例最多，占全国总例数的46.5%。在全国12种尘肺中以矽肺和煤工尘肺病例数最多。全国33个统计工种中，尘肺主要发生在矿山各工种。

（3）30年来我国尘肺病防治工作取得了很大成绩。矽肺发病工龄从1955～1959年的9.54年延长到1986年的26.25年，煤工尘肺从16.24年延长到24.72年。矽肺的死亡年龄从36.64岁推迟到60.64岁，煤工尘肺从44.80岁推迟到61.43岁。

（4）预测我国尘肺的发展趋势是，到2000年每年新发尘肺病将达3万人，累计发生尘肺病人将近80万。

6. 我国人群体内有害物质蓄积水平的动态研究

环境污染物在人体中的含量，不仅可反映生活环境近期的污染水平，更表明了人体真实的总暴露水平，因而是研究环境污染物对人体健康影响的重要方法和组成部分。本研究调查区人口5千万人，共采集人体材料（人奶和人血）样品11 294份，监测指标为DDT、六六六、六氯苯、多氯联苯、铅、镉等我国现阶段重要并具有全球意义的污染物。

研究结果表明：①虽然近年环境中DDT、六六六的浓度水平已迅速下降，但到1988年止我国人体内的DDT、六六六等的蓄积量仍处于世界最高水平之列，仍有95%的婴儿自母奶摄入的DDT超过联合国粮农组织/世界卫生组织规定的每日最高允许摄入量。②1988年人体中的六六六浓度比1983年开始禁用时平均下降了56%。预计到2000年时，人体六六六的浓度可降低到经济发达国家80年代初的水平。③人体内DDE下降缓慢（平均下降了34%）表明，人体内DDE尚有DDT以外的来源。④我国人体内的多氯联苯属世界最低之列。⑤在人奶中发现了我国不生产、不使用的有机氯化合物。⑥人体铅在我国呈上升趋势，威胁到我国人民特别是儿童的健康。而经济发达国家已逐年下降。⑦血镉在世界各国中属较高水平，吸烟者中有相当一部分人的血镉水平已超过世界卫生组织对职业接触者提出的血镉极限值。

7. 小肝癌的诊断与治疗（推广应用奖励项目）

本项科研成果已于1985年获国家科技进步一等奖。获奖后研究者仍继续深入研究，将普查对象由自然人群改为高危险人群，手段由检验血中甲胎蛋白改为与超声显像相结合。采用多种定位诊断方法已可诊断出0.5～1厘米的小肝癌，治疗小肝癌亦由单一切除变为切除为主、多种局部治疗相结合的模式。而且将小肝癌研究的理论与实践引伸到复发的小肝癌，以及将大肝癌变为小肝癌两个方面。理论上用分子生物学方法证实小肝癌既有单中心发生，又有多中心发生的理论。

在成果推广方面，研究组先后举办7期全国性学习班，培训近400人，接收进修培养80人；举办了2次国际会议和2次全国性会议，使1 800位国内外学者受益；发表论文74篇，其中在国外发表30篇，编写专著四本。目前国内约40家医院采用这一成果，报告小肝癌1千多例。该研究单位住院病人中小肝癌的比例日增，肝癌总的5年生存率由60年代的2.8%提高到80年代的34%，生存5年以上共116人，10年以上35人，最长30年，从而使肝癌由“不治之症”变为“部分可治之症”。

8. 1982～1990年中国计划免疫推广应用项目（推广应用奖励项目）

卫生部卫生防疫司在广泛调查研究、分析我国传染病控制现状、总结以往经验的基础上，经过组织多学科专家论证，研究分析国内外大量资料后，将应用疫苗进行特异性人工主动免疫这一经济有效、简便易行的实用技术确定为传染病控制的重点工作。研究确定了1982～1990年计划免疫工作的目标和四种疫苗接种率指标，及实现规划目标的主要措施、策略，统一了全国免疫程序。

从中央到地方建立了较为完整的计划免疫组织实施系统，大力开展了社会宣传动员活动，普及计划免疫知识。分级培训各级计划免疫专业人员。积极开展国际合作，引进国外先进技术方法和资金设备，建立了冷链系统，保证计划免疫措施的落实。

经过努力，我国按期实现了分别以省和县为单位接种率达到85%的目标，全国城乡占99%人口的地区均能提供每年4次以上的免疫服务。我国目前4种疫苗的接种水平显著高于全球水平。计划免疫针对的四种传染病的发病人数大幅度降低。实行计划免疫后的9年（1982～1990年）与实行计划免疫前的9年（1973～1981年）相比较，每年4种计划免疫针对的传染病的平均发病人数减少3 233 480例，死亡人数减少12 752例。

*9. 乙型肝炎血源疫苗生产技术推广应用（推广应用奖励项目）*

乙型肝炎血源疫苗于80年代前半期研制成功，经过大量人群免疫试验，证明了疫苗的安全性及有效性。自1986年正式推广应用以来，全国许多大中城市已广泛开展乙肝疫苗接种。大量的免疫实践证明，用10μg剂量免疫三针，易感儿童抗体阳转率可达到90%以上。用30μg剂量免疫e-抗原阳性母亲所生的新生儿，保护率可达到80%以上。湘潭市用10μg剂量经过连续5年对新生儿普遍接种，乙型肝炎的带毒率已由免疫前的19.32%下降到0.65%，下降率为96.46%，达到控制乙肝的目标。中国预防医学科学院病毒研究所和上海医科大学等单位4年前开始在沪、粤、湘、冀4省市每年免疫新生儿3万人，乙肝带毒率已由免疫前的16.26%下降到1.53%，保护率达86.98%。

乙肝血源疫苗的生产亦获得很大的经济效益。据不完全统计，到1990年全国已生产乙肝疫苗2 300万人份，创效益3.5亿元。

*10. 人类和医学细胞遗传学新技术的推广（推广应用奖励项目）*

70年代初，有关研究人员就引进并改良了人类染色体显带技术，提出了中国人姬式显带染色体模式图。十几年来又创造了用妊娠40天的绒毛诊断染色体病的技术，最早将人类睾丸决定基因定位于Y染色体短臂11.32带。为了解决细胞遗传学向基层推广的难题，根据我国国情，总结了一套“湖南方法”。

从1980年到1985年，举办半年一期的学习班9期，培训182人。从1988年开始，向全国100个县推广染色体病的诊断与预防技术，目前已有73个县151人接受了培训。至1990年底，以历届学员提供的资料为基础，主编了《中国人类染色体异常目录》第二集，全国189个实验室共完成遗传咨询门诊病人的检查155 832人，发现了染色体病患者14 418人，其中21三体患者3 925人，染色体数目异常患者5 876人，染色体结构异常患者4 617人。此外，还收集并鉴定了由549名细胞遗传学工作者发现的世界首报核型732种。

*11. “人工心脏瓣膜研制与临床应用”和“四联症根治术右室流出道重建标准”等四项研究成果推广应用的结果*（推广应用奖励项目）

推广应用的内容主要是BN型生物瓣及GK型机械瓣，传授瓣膜置换技术及四联症根治右室流出道重建标准的手术技术、诊断及适应症以及二种手术的麻醉、体外循环、术后ICU处置技术与工作常规。

在成果推广中，为24所医院培养专业骨干322名，能独立主刀做这二项手术的人员由推广前的35人增至推广后的148人。同时形成了一个分布于20多个省区的全国性技术协作网络。在上述24所医院中有45%分布于老少边穷地区，有7所被批准成为中国心血管技术协作中心的分中心，12所较好的医院又进一步与周围24个省区71所医院形成

# 你能尝到的最好“食物”却不是食物。

## 施尔康

而是一种营养品：施尔康。因为在提供营养方面，没有一种食物比施尔康更全面、更均衡。

高效施尔康，含有人体每日所需的十种维生素和六种微量元素，服用方便，每日一片，即可满足您每日所需的营养。是第25届奥运会中国体育代表团专用维生素，荣获1992年中国运动营养金奖。

高效施尔康　每日一片　健康泉源

中美上海施贵宝制药有限公司

沪卫药宣字(1991)第00—073号

上海施贵宝　健康之瑰宝

上海施貴寶

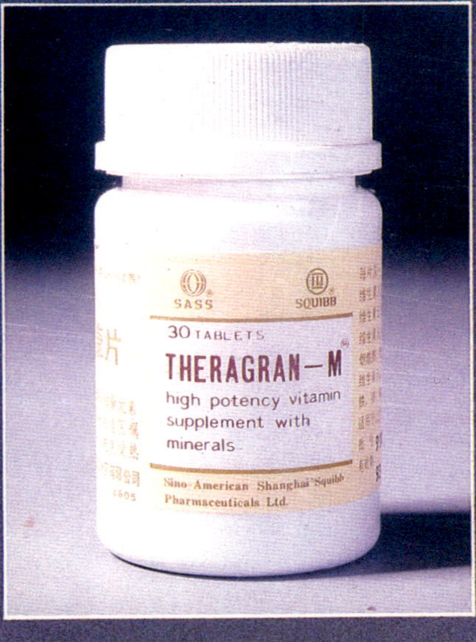

# 999胃泰

南方制药厂

胶囊

三九胃泰从1973年开始研究，到1987年1月正式投产，研制开发历经15年之久。创中成药研制开发时间最长的记录。

自1973年三九胃泰第一次组方到1981年先后四易其方。参加研制工作的副教授、副主任药师以上的高级知识分子20多人，主治医师、主管药师以上的技术人员近百人，对三九胃泰进行了多学科的研究，其中包括中医基础理论、动物管理、毒理学、中药临床药理、病理学等方面。临床采用多中心重复验证，均以胃镜及药理为鉴定指标，有关研究工作发表的论文数十篇。南方制药厂独创两条中药自动化生产线，运用现代化的管理手段将这一科研成果转化为生产力。三九胃泰的问世近二十年，以其确切的疗效，良好的质量、精美的包装，赢得了国内外医药界的信赖和好评，成为中国销量第一的胃药。

为适应患者的不同需要，更好地发挥三九胃泰的疗效。南方制药厂在原处方，原提取工艺的基础上，经进一步提纯精制加工研制出三九胃泰胶囊。该剂的特点是产品纯度高，疗效好，便于携带，适宜于忌糖患者，是颗粒剂的一大进步。按广东省卫生厅的指示，采用多中心重复验证方法，在省卫生厅指定的三间医院共进行了255例临床观察，总有效率为95.68%，治愈和显效率为66.66%，表明三九胃泰胶囊具有显著的疗效。

南方制药厂从西德引进胶囊填充机(BOSCH)及吸塑包装机(NOACK)，生产出品质优良的三九胃泰胶囊，远销到港澳、东南亚、欧洲等地区，深受患者欢迎，赢得了良好的信誉。

【主要成份】三桠苦、九里香、白芍、生地、木香。

【功　　效】1. [三九胃泰]能使大脑的蛋白质合成代谢能力提高，调节平衡功能增强，对胃肠功能有调节作用，使胃肠运动恢复正常，对胃蛋白酶等消化腺分泌亦有调节作用。

2. [三九胃泰]对机体各脏器的蛋白质等的合成代谢均有促进作用，增强血液微循环，增加病变组织营养的供给，使萎缩性胃炎的活动静止下来，并进而使萎缩病变趋向逆转，恢复正常。

3. [三九胃泰]对胸腺核蛋白、脾、胸腺去氧糖核酸具有显著促进合成的作用，增强机体免疫系统功能。

【适 应 症】专治浅表性胃炎、糜烂性胃炎、萎缩性胃炎等慢性胃炎及胃溃疡、胃痛、胃胀、胃酸过多、胃部不舒服、上腹痛、消化不良等各种胃病症状。

【可 靠 性】[三九胃泰]全部是中草药材提炼出来的植物有效素，药性温和，无副作用，无毒性，长期大量服用，保证安全。

【用法用量】每日三次，每次2粒，十五天为一疗程。

【注意事项】1. 服药期间，忌食辛辣、油炸、过敏食物及烟酒类。

2. 本品药性偏中，胃寒、热病人都可服用。

【包装规格】0.5g/粒、12粒/小盒、10小盒/中盒、40中盒/箱。

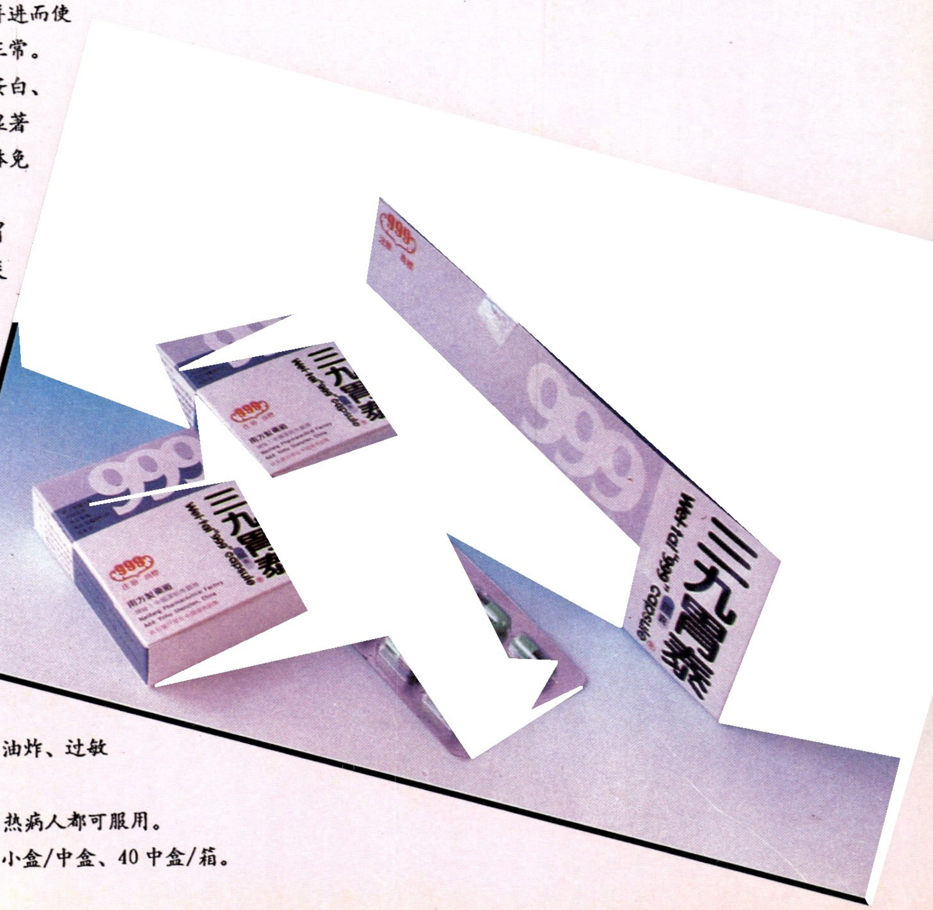

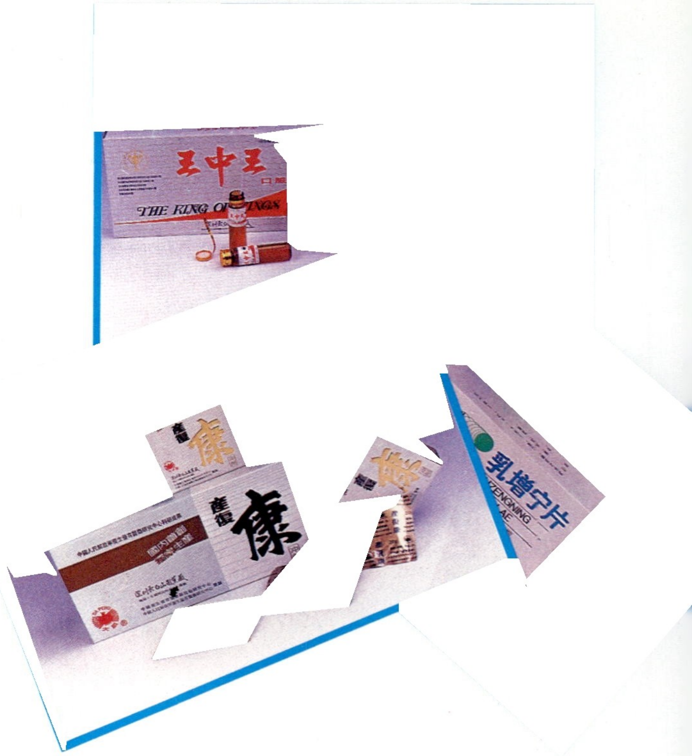


## 深圳长白山企业公司

深圳长白山企业公司是沈阳军区与深圳、香港共同创办的中外合资企业，成立於1983年3月，占地8800平方米。公司主要生产经营中西药品，清凉饮品，养颜护肤用品及长白山区土特产品。

公司的主要经济实体深圳长白山制药厂是目前深圳市较大的综合性现代化制药厂，拥有9000平方米符合GMP标准的生产厂房，12条生产多种剂型的流水线及较先进的设备。药厂现有化学原料药、生化原料药、口服液、大输液、水针、粉针、片剂、冲剂和胶囊等近40种产品。自行开发研制的王中王口服液和胶囊是药厂的独家产品。具有补气血、健脾胃、强心肺、益肝肾、生精髓、壮筋骨等功效。畅销国内20多个省、市、自治区及香港、泰国、日本、德国等国家和地区，深受广大用户的一致好评。曾在国际、国内多次评比会上受到嘉奖：1989年12月获全国抗衰老药物学术大会“金寿杯”奖；1990年5月获全国抗衰老药物学术年会“延龄杯”奖；1990年7月获中医药新技术新产品展示会“汉方世界杯”优秀奖；1990年9月获国际老年医学研讨会“金杯奖”；1990年9月获中国中医药文化博览会“神农杯”奖；1990年12月获国防科工委、国家计委、国家科学技术委员会、对外经贸部军转民高技术出口产品展览交易会“银奖”；1991年6月获中医药国际学术会议“金奖”。1989年11月被评为沈阳军区优质产品；1991年8月被评为国家中医药管理局优质产品；1991年11月被评为深圳经济特区优质产品。独家生产的产复康冲剂主要用于妇女产后康复，亦可用于早产、引产和人工流产的康复，对于妇科杂病，诸如月经不调、痛经、带下、崩漏、贫血、不孕等也有良效。现已被国家卫生部列为十年百项重大医药科研成果首批十项之一，并被评为广东省优秀新产品，在中医药国际学术会上荣获银奖。在92年的“全国首届优生优育优教展览会”上荣获“金奖”。主要出口创汇产品绒促性素远销香港、日本和西欧。此外还有独家生产的万寿减肥茶和治疗乳腺增生的乳增宁片，新近投产的注射用精制蝮蛇抗栓酶和十八种氨基酸注射液等。正在开发和研制的新产品清栓抗癌灵(787)、咳痰喘哮平、痛特灵、硒利生等已完成临床前的研制工作。

药厂于1988年正式投产，到1991年底固定资产总值达到1704万元，累计产值1.4868亿元，利润2748万元，创汇726万美元。

公司连续四年被评为深圳市出口创汇大户，深圳市重合同守信用企业，广东省省级先进企业，全军先进企业和全国出口创汇先进外资企业。

公司已征地15000多平方米，计划筹建饮料厂和化妆品厂，以拓宽生产和经营范围。在两年之内建成中药提取基地，兼对现有车间进行设备更新和技术改造，提高生产能力和产品质量。公司坚持依靠科技进步，开发有竞争能力的新产品，使企业增添生机、活力和后劲。

公司热情欢迎国外客商与我们协手合作，包括投资入股，成果转让，技术引进，来料加工，联合办厂，包销产品等等。同时公司也愿意与国内的大专院校，科研机构和企业界的同行以各种形式进行合作。

了二级协作，较好地发挥了辐射科技成果的作用。据24个单位不完全统计，二项手术推广后的手术例数为1 939例，比推广前增长5.7倍；换瓣手术推广后为1 246例，约占该手术全国历年累计总数的20%。24所医院用各种国产瓣1 294个，约为国产瓣历年累计产量总和的17.5%。推广后，24所医院除4所没有开展四联症根治术，其余均能同时开展这二项手术，手术死亡率下降，对二项手术掌握程度明显改善。

（刘晓波）

**【卫生部公布首批面向农村和基层推广的10项重大医药卫生技术】**

从1991年起，卫生部开始实施面向农村和基层"十年百项成果推广计划"。首批10项重大医药卫生技术是：

1. 乙型肝炎的诊断和预防技术（归口中国生物制品总公司）

2. 单克隆抗体检测循环抗原（中国预防医学科学院寄生虫病研究所）和间接血凝试验诊断血吸虫病（江西省寄生虫病研究所）

3. 人体绒毛膜促性腺激素酶标单克隆抗体体外检验盒诊断早早孕（中国医学科学院基础医学研究所）

4. B超声对胎儿复杂畸形的产前诊断（北京协和医院）

5. 促进产后康复疗法（解放军优生优育医药研究中心）

6. 农村饮水检测技术（中国预防医学科学院环境卫生监测所）

7. 有机磷农药中毒急救技术（军事医学科学院毒物药物研究所）

8. 临床输液热源反应预防方法（山西省大同市药品检验所）

9. 灭鼠技术（内蒙古自治区爱卫会办公室）

10. 烧伤湿润暴露疗法（北京光明中医烧伤创疡研究所）

（王秀峰）

**【1991年医药科技成果获奖名单】**

**一、获国家发明奖项目**

| 序号 | 项目名称 | 主要完成单位 | 主要完成人 | 获奖等级 |
|---|---|---|---|---|
| 1. | 3，4，5—三甲氧苯甲酸甲酯合成新工艺 | 西南合成制药厂<br>湖南医工所<br>东北第六制药厂<br>金华制药厂 | 陈长波　薛守礼　徐嘉彦<br>梁之江　姚　宁　曹汉锦 | 三 |
| 2. | 多抗甲素 | 国家医药管理局四川抗菌素工业研究所<br>西安医科大学<br>中国人民解放军成都军区总医院 | 方　亮　何璧梅　庄镇华<br>邹敬源　郁顺章　蒋朝宗 | 四 |

**二、获国家级科技进步奖项目**

| 序号 | 项目名称 | 主要完成单位 | 主要完成人 | 获奖等级 |
|---|---|---|---|---|
| 1. | 二巯基丁二酸 | 中科院上海药物所<br>上海新亚制药厂 | 梁猷毅　丁光生　谢毓元<br>秦淑苹　倪为民 | 二 |
| 2. | 树皮年轮的研究及其在中药方面的应用 | 中国中医研究院中药所 | 赵中振　唐晓军　胡　梅<br>邬家林　王跃生　田建军 | 二 |
| 3. | 进口中药材质量标准制订与检验方法研究 | 中国药品生物制品检定所<br>天津市药品检验所<br>上海市药品检验所<br>广州市药品检验所<br>北京市药品检验所 | 秦祥林　贾宗才　谢培山<br>朱孝云　周富荣 | 二 |

| 序号 | 项目名称 | 主要完成单位 | 主要完成人 | 获奖等级 |
|---|---|---|---|---|
| 4. | 青霉素球状菌氮源代谢的研究及应用 | 华北制药厂 | 姚学强 张聚发 巢天浩 杨增展 任金生 李东久 刘文富 王明卫 杨文晴 | 二 |
| 5. | 治疗脑血管病新药－尼莫地平的研制 | 中国医学科学院药物研究所 山东新华制药厂 | 张均田 陈淑凤 肖文凯 乐伟佩 董乃泽 吴树春 何丽一 朱健生 宋大为 | 二 |
| 6. | 新生牛血清制备及质量标准的研究 | 河南省生物技术研究所 河南省卫生防疫站 河南省计划生育研究所 河南省生物研究所 河南省医学科学研究所 河南省肿瘤研究所 河南省畜牧兽医研究所 | 史秀山 陈美光 曾贵全 闫英地 史勇 郭秀礼 姚仲寅 刘雄伯 林焯唐 | 二 |
| 7. | 天然溶栓物质尿激酶的研制 | 南京大学生化系 南京大学生化厂 | 朱德煦 庄火荣 张洪祖 王恒圯 孙乐琴 张博达 | 三 |
| 8. | γ－去甲基万古霉素的开发研究 | 华北制药厂 中国药品生物制品检定所 | 贺秉坤 陈杰 刘玉芬 张胜利 陈曙曦 | 三 |
| 9. | 抗癌新药－"卡铂" | 山东医科大学 齐鲁制药厂 | 王慧才 赵彦伟 厚惠玲 韩华兰 祝寿康 | 三 |
| 10. | JYZ－I型YAG激光眼科治疗仪 | 机电部11所 解放军空军45厂 | 汤沂 杨映庆 赵祖德 虞锁本 温志珍 | 三 |
| 11. | 荫风轮（断血流）的药用基础和临床应用研究 | 安徽中医学院 安徽大学 霍山县制药厂 | 刘清云 薛申茹 黄以华 李国贤 胡继龙 | 三 |
| 12. | J88－系列电动骨科手术器械的研制与临床应用 | 中国人民解放军济南军区88医院 | 米大成 宁志杰 张美进 黄彦杰 | 三 |
| 13. | 澄清中药材混乱品种砂仁，贯众等6品种的研究 | 中国药品生物制品检定所 卫生部药政局中药处 | 杨兆起 王宝琹 韩白石 | 三 |
| 14. | 抗变态反应新药——曲尼斯特工艺研究 | 中国药科大学制药厂 中国药科大学 南京医学院第一附属医院 | 陈新 王振南 邹光武 黄胜凯 彭锡祺 | 三 |
| 15. | 盐酸氟桂嗪的开发与新合成工艺的研究 | 郑州大学 淅川制药厂 | 郭彦春 黄志新 张广明 刘振中 | 三 |
| 16. | 新型生物敷料辐照猪皮的研究和临床应用 | 苏州医学院 | 唐忠义 陆兴安 林伟 祁强 石洪福 | 三 |

## 三、获国家医药管理局科技进步奖项目

| 序号 | 项目名称 | 主要完成单位 | 主要完成人 | 获奖等级 |
|---|---|---|---|---|
| 1. | YZ－20T同光路手术显微镜 | 苏州医疗器械厂 | 祁巨 徐玲玲 傅晓武 | 二 |
| 2. | CX－960－1多功能超声诊断仪 | 上海医用电子仪器厂 上海医疗器械研究所 上海交通大学 | 郁维泗 卜书中 郭惠民 俞无畏 谭克俭 寿文德 蒋丹丹 | 二 |
| 3. | 法莫替丁原料药及其片剂开发研制 | 沈阳药学院 青岛制药厂 | 沈建民 程卯生 王敏伟 王富裕 张京春 | 二 |

| 序号 | 项目名称 | 主要完成单位 | 主要完成人 | 获奖等级 |
|---|---|---|---|---|
| 4. | 抗肿瘤新药—米托蒽醌的研究和开发 | 上海医药工业研究院 | 张世昌 郑 升 沙碧如 熊蔚霞 | 二 |
| 5. | TDZ—200—4 型多效蒸馏水器 | 丹东日飞医疗器械（集团）公司<br>大连理工大学 | 霍英文 朱 戈 车世铭 曲金堂 | 三 |
| 6. | 新型肝病药物—马洛替酯 | 南京药物研究所<br>江苏省人民医院<br>常州第三制药厂 | 冷宗康 贾辅忠 施文鸿 林力行 李永华 | 三 |
| 7. | XH—1 纤维咽喉镜 | 上海医用光学仪器厂 | 经正荣 王伟明 杜长虹 | 三 |
| 8. | 减肥药物芬氟拉明的合成及片剂研究 | 上海医药工业研究院 | 陆定熙 周民生 徐家栋 方文仪 汤加英 | 三 |
| 9. | 硫酸长春新碱生产新工艺研究 | 广州第十制药厂 | 吴应罴 | 三 |
| 10. | 青霉素新工艺研究 | 哈尔滨制药厂 | 李 春 金乃岩 曲伟奎 赵作琪 蔡 军 | 三 |
| 11. | 23×24X 射线形象增强管国产化 | 上海医疗器械九厂<br>中科院电子学研究所 | 朱耀恒 陈行祚 张方麟 金如良 黄振超 | 三 |
| 12. | 特非那丁的研究 | 湖北省医药工业研究所 | 张 勇 杨淑芳 朱式欧 王杜章 程文香 | 三 |
| 13. | 左旋多巴提取工艺研究 | 广西壮族自治医药物研究所 | 张 晓 苏大荣 许家伟 唐第光 韦成闯 | 三 |
| 14. | 予胶化淀粉（可压性淀粉） | 沈阳药学院 | 张汝华 王洪光 周书余 胡光辉 姚培源 | 三 |
| 15. | 鸡骨草野生变家种技术研究 | 广西南宁药材批发站 | 陆善旦 杨福顺 赵胜德 黄培标 李挺干 | 三 |
| 16. | 华北制药厂管理信息系统 | 华北制药厂<br>中科院沈阳自动化研究所 | 李津涛 徐书新 解久钦 宋金城 郭兰军 | 三 |
| 17. | SSZ800 三足式离心机 | 辽阳制药机械总厂 | 张 诗 高元志 李炳生 赵育明 杨嘉伦 | 三 |
| 18. | CX—2000B 型超声实时显象仪 | 上海医用电子仪器厂 | 郁维泗 凌恂业 卜书中 | 三 |
| 19. | 盐酸氯丙咪嗪 | 天津药物研究院 | 颜书理 刘汝珍 苏 怡 沈莉娜 张荣庭 | 三 |

（高霞云）

**【卫生部在医药卫生科学技术进步奖中设立推广应用奖励项目】**

为了促进医药卫生科技成果的推广应用，鼓励广大医药卫生科技工作者、管理工作者积极参与科技成果推广应用工作，并奖励其作出突出贡献者，卫生部从 1991 年开始在卫生部医药卫生科学技术进步奖中设立科技成果推广应用奖励项目。1991 年共奖励了推广应用项目 21 项。其中一等奖 5 项，二等奖 5 项，三等奖 11 项。根据卫生部的规定，获奖的推广应用项目与其他获奖项目享受同样的荣誉。

科技成果推广应用工作是科技工作的重要组成部分，是将科学技术转化为生产力，连接科技与经济的桥梁，是实现医药卫生科技进步的必由之路。科技成果推广不仅仅是组织管理工作，而且是更大范围和更高难度的科技工作，所产生的效益也是十分巨大的。承认这项工作的价值，激励更多的人参与这项工作，对于促进成果的推广应用是十分必要的。卫生部已决定今后每年奖励的推广应用项目，占科技进步奖总数的10%左右。

（刘晓波）

**【卫生部医药卫生科技成果推广应用工作研讨会】**

卫生部于1991年3月4～10日在广州召开了卫生部医药卫生科技成果推广应用工作研讨会。国家计划生育委员会、国家中医药管理局、解放军总后勤部卫生部、中国科学院、解放军武警总队卫生部、化工部、铁道部等部委的代表共132人出席了会议。陈敏章部长讲话指出，这次会议在我国医药卫生发展史上是一次重要会议。他强调了依靠科学技术进步促进医药卫生事业发展，大力抓好科技开发和科技成果推广应用工作的重要性。湖南省卫生厅、中山医科大学、第一军医大学等单位做了开展科技成果推广应用工作的汇报。中国知识产权研究会秘书长刘激扬教授开办了知识产权方面的讲座。

代表们重点讨论了“卫生部医药卫生科技成果推广应用奖评审办法”，“卫生部医药卫生技术市场管理办公室章程”，“医药卫生科技成果登记管理办法”，“关于加强医药卫生科技成果推广应用工作的意见”等文件。

代表们参观学习了中山医科大学深圳医疗服务中心、深圳南方制药厂、科达电气新技术公司、丽珠医药集团等单位进行技术开发与医药商品生产经营的经验。

（刘晓波）

**【卫生部生物技术领导小组成立】**

医药卫生领域是当前研究、开发和应用生物技术最活跃的领域。从战略角度看，发展医药生物技术及这一新兴产业是提高医药卫生科学技术和防病治病水平，提高自我发展能力和国际竞争能力的紧迫任务和突破点。

为适应科技形势发展的这一需要，加强对医药生物技术工作的领导，1991年初，卫生部成立了以陈敏章部长为组长侯云德、顾方舟、肖梓仁为副组长的生物技术领导小组。成员由卫生部生物技术咨询委员会的部分专家及卫生部有关司局、中国生物制品总公司的负责同志组成。领导小组的任务是：

1、加强对医药生物技术的科学研究、产品开发和推广应用工作的领导和组织协调；

2、确定发展医药生物技术的方针、政策；审定有关发展医药生物技术的战略目标、战略重点、技术路线和布局等重大问题；

3、根据国内外医药生物技术的进展及问题，作出相应的对策。

领导小组下设负责日常工作的办公室，挂靠在卫生部科技司，设在中国生物制品总公司内。

（刘　谦）

**【两个国家重点实验室建成验收】**

**一、医学遗传学国家重点实验室**

1991年11月5日～6日，受国家计划委员会委托，卫生部组织验收专家委员会，对医学遗传学国家重点实验室进行了验收。委员会认为：①该实验室研究方向明确，用现代细胞和分子细胞遗传学以及分子遗传学技术相结合的手段，发展医学遗传学的应用基础研究。提出的近中期研究目标，明确具体，切实可行。②该实验室采取边建设边开放的方针，取得了明显的成绩。在细胞遗传学方面，研究力量雄厚，成果突出，可代表国家水平。近几年来，该实验室承担了“七五”国家重点科技攻关计划、国家自然科学基金、卫生部科研基金多项课题。“人类和医学细胞遗传学新技术推广应用”获卫生部1991年科技成果推广应用一等奖。该室在染色体显微切割、微克隆技术方面取得突出进展。已经成为国内外医学遗传学的一个重要研究基地。③该重点实验室的学术带头人具有较高的学术水平，曾多次获重大科技成果奖，并编著多本专著。实验室已培养了一批博士生和硕士生，并初步建立了一支训练有素的年轻的科研队伍，具有良好的发展基础。④经费使用合理，在原有基础上改建和新建的实验室，条件良好，设备齐全，基本达到国际同类实验室的先进水平。⑤该实验室的学术委员会组成适当，已建成了相应的管理条例和开放的科研课题指南，并建立了一套行政管理制度，具备进一步向国内外开放的条件。

医学遗传学国家重点实验室设在湖南医科大学内。国家总投资110万美元（额度）、配套人民币约600万元。该实验室主任为李麓云教授，学术委员会主任为夏家辉教授。

**二、实验血液学国家重点实验室**

1988年，国家计划委员会批准在中国医学科学院血液学研究所建立实验血液学国家重点实验室。由国家拨款外汇额度120万美元，配套人民币500万元。经过三年筹建，卫生部受国家计划委员会委托，邀请专家组成验收委员会，于1991年7月对其进行了验收，听取了实验室筹建总结报告，并对实验室作了实地考察，认为验收合格。

实验血液学实验室的组建基础是中国医学科学院血液学研究所免疫学研究室和血液学研究室，另补充部分其他专业人员。该室主任由宋增璇教授担任，学术委员会由全国知名专家组成，陈璋教授担任主任。该实验室的特点是紧密结合细胞学、免疫学和分子生物学的基础知识和新技术，集中研究血液学基本理论和有关应用课题。长远目标是阐明造血细胞和免疫细胞生长发育规律，研究造血干细胞癌变及其恶性表型逆转的诸因素和有关疾病的发病机制，并为之提供诊断治疗新方法和新材料。

该实验室有明确的研究方向和健全的管理制度，仪器设备运转良好。中国医学科学院血液学研究所为该室提供了1 000平方米的实验室和其他后勤服务保证，为今后的科研工作和进一步对外开放创造了有利条件。

（刘　谦　柏　志）

**【卫生部举办首届知识产权高级研讨班】**

我国知识产权的法律保护日臻完善。医学研究院（所）、高等教育机构是医学知识产权的重要产生地。随着经济体制改革的深入，对外科学技术交流的日益频繁，加强知识产权的管理，充分发挥知识产权有关法规在保障医学科技成果转化为现实生产力中的作用，推动医药卫生事业的发展，已成为当务之急。

为对国内外知识产权保护有关法律、案例增进了解，研究有关政策，促进高科技发展，卫生部于1991年8月12日至19日在大连市举办了首届知识产权高级研讨班。

这一研讨班，邀请了部属医学院校的党委书记和院校长、部机关有关司局、公司领导出席，共35人。

中国知识产权研究会和中国社会科学院法律研究所的学者，应邀担任主题报告人。

（王秀峰）

**【第六次全国中青年医学（儿科）学术交流会】**

为了促进中青年一代医学人材的成长，创造使他们脱颖而出的条件，卫生部和中华医学会已经举办了肿瘤、心肺肾、放射、消化和外科等五次全国中青年医学学术交流会。1991年10月27～29日在北京举行了第六次儿科学术交流会。

参加这次学术交流会的人员，是从30个省、自治区、直辖市推荐的858篇论文中，经过专家通过“双盲法”的严格评审，选出的118名年龄在45岁以下的中青年儿科医务工作者。送选论文的数量是历次中最多的一次。交流会的主题是：把儿科学的基础研究和临床实际工作结合起来，推广应用新技术。交流的重点内容是：儿科各专业包括儿童保健的基本问题，儿科领域内的实验研究、临床研究、防治经验和临床工作的总结以及儿科学的新技术和新进展。

为培养中青年一代良好的学术作风，使

他们能够走向世界的学术讲坛，交流会采取专业分组交流，规定严格的论文报告时间和幻灯的片数，用听众定性和评委专家定量相结合的评定方法，从论文的科学性、创造性、应用性和作者的表达能力诸方面进行评判，最后选出70篇，其中35篇更为优秀的论文到大会上报告。从大会报告的论文中，再由所有的评审专家评出一等奖10名，二等奖20名；其余40名为三等奖。卫生部和中华医学会对获奖人员颁发了荣誉证书和奖金。

（刘俊立）

**【WHO卫生与生物医学情报合作中心成立】**

1991年1月3日，WHO在中国医学科学院医学情报研究所成立西太区第一个“WHO卫生与生物医学情报合作中心”。该中心的主要任务是：促进在中国及WHO西太地区其他国家的地区级和国家级医学图书馆、医学情报所和卫生文献服务机构的网络联系；在国内并通过WHO西太地区参加的网络，收集、编辑、整理和传播中文卫生文献；组织、举办或参加有关卫生文献服务、卫生图书馆运营和管理的训练班、研讨会，并出版发行情报资料，以支持初级卫生保健；在中国建立和保存具有中外文系统检索服务的计算机网络系统，并与WHO的西太地区国家联网；发展并传播卫生及医学中文文献的专门目录、索引或指南；编辑出版从中文原著中精选出的文献，供WHO地区及生物医学情报系统的合作者使用。

（张虎林）

**【中国的世界卫生组织合作中心主任会议】**

1991年中国的世界卫生组织合作中心主任会议于11月1日在武汉举行。会议邀请了世界卫生组织驻华代表基恩博士参加，他介绍了世界卫生组织西太区的六个工作重点。各中心主任围绕这些重点，结合我国的实际，讨论了怎样进一步开展今后的工作；上海和北京市卫生局介绍了在合作中心管理工作方面的情况。

世界卫生组织西太区的六个工作重点是：消灭特定的疾病（脊髓灰质炎，麻疹），健康促进，环境卫生，管理，卫生人力的开发以及信息和经验的交换。

至1991年底，我国已被确认64个合作中心（见附表）。

（刘俊立）

附表　中国的世界卫生组织合作中心名录

| | |
|---|---|
| 1. 世界卫生组织疾病分类合作中心 | 北京协和医院 |
| 2. 世界卫生组织初级卫生保健合作中心 | 广东省从化县 |
| 3. 世界卫生组织初级卫生保健合作中心 | 山东省莱州市卫生局 |
| 4. 世界卫生组织初级卫生保健合作中心 | 上海市嘉定县卫生局 |
| 5. 世界卫生组织初级卫生保健合作中心 | 内蒙古自治区科左中旗卫生局 |
| 6. 世界卫生组织初级卫生保健信息合作中心 | 黑龙江省绥化市卫生局 |
| 7. 世界卫生组织城市初级卫生保健发展合作中心 | 上海市虹口区卫生局 |
| 8. 世界卫生组织卫生教育合作中心 | 上海市卫生教育馆 |
| 9. 世界卫生组织预防牙医学研究和培训合作中心 | 北京医科大学口腔医学研究所 |
| 10. 世界卫生组织口腔卫生合作中心 | 山西省运城地区口腔卫生学校 |
| 11. 世界卫生组织围产保健研究和培训合作中心 | 北京妇产医院、北京市妇女保健所 |
| 12. 世界卫生组织妇婴保健研究和培训合作中心 | 上海市第一妇婴保健院 |
| 13. 世界卫生组织母婴保健研究和培训合作中心 | 北京医科大学妇儿保健研究培训中心 |
| 14. 世界卫生组织儿童体格生长和社会心理发育合作中心 | 上海市儿科医学研究所 |

| | |
|---|---|
| 15. 世界卫生组织人类生殖研究合作中心 | 上海市计划生育科学研究所 |
| 16. 世界卫生组织人类生殖研究合作中心 | 浙江省医学科学院计划生育研究所 |
| 17. 世界卫生组织人类生殖研究合作中心 | 四川省计划生育科学研究所 |
| 18. 世界卫生组织生育健康与人口科学研究合作中心 | 北京大学人口学研究所 |
| 19. 世界卫生组织人类生殖合作中心 | 国家计划生育研究所 |
| 20. 世界卫生组织人类生殖合作中心 | 天津市计划生育研究所 |
| 21. 世界卫生组织职业卫生合作中心 | 中国预防医学科学院劳动卫生与职业病研究所 |
| 22. 世界卫生组织职业卫生合作中心 | 上海医科大学预防医学研究所 |
| 23. 世界卫生组织精神卫生研究和培训合作中心 | 上海市精神卫生中心、上海市精神卫生研究所 |
| 24. 世界卫生组织精神卫生研究和培训合作中心 | 北京医科大学精神卫生研究所 |
| 25. 世界卫生组织儿童心理卫生研究和培训合作中心 | 南京儿童心理卫生研究中心 |
| 26. 世界卫生组织神经科学研究和培训合作中心 | 上海医科大学神经病学研究所 |
| 27. 世界卫生组织神经科学研究和培训合作中心 | 北京市神经外科研究所 |
| 28. 世界粮农组织/世界卫生组织食物污染监测合作中心 | 中国预防医学科学院营养与食品卫生研究所 |
| 29. 世界卫生组织试剂生产合作中心 | 上海市临床检验中心 |
| 30. 世界卫生组织输血服务发展和研究合作中心 | 上海市血液中心 |
| 31. 世界卫生组织药品质量保证合作中心 | 中国药品生物制品检定所 |
| 32. 世界卫生组织传统医学合作中心 | 上海医科大学针刺原理研究所 |
| 33. 世界卫生组织传统医学合作中心 | 中国中医研究院临床医学和情报研究所 |
| 34. 世界卫生组织传统医学合作中心 | 南京中医学院 |
| 35. 世界卫生组织传统医学合作中心 | 中国中医研究院针灸研究所 |
| 36. 世界卫生组织传统医学合作中心 | 上海中医学院 |
| 37. 世界卫生组织传统医学合作中心 | 中国中医研究院中药研究所 |
| 38. 世界卫生组织传统医学合作中心 | 中国医学科学院药用植物资源开发研究所 |
| 39. 世界卫生组织康复合作中心 | 中山医科大学康复医学教研室 |
| 40. 世界卫生组织康复研究和培训合作中心 | 同济医科大学康复医学教研室 |
| 41. 世界卫生组织害虫抗药性、生物学及防治研究合作中心 | 中国科学院上海昆虫研究所 |
| 42. 世界卫生组织疟疾、血吸虫病和丝虫病合作中心 | 中国预防医学科学院寄生虫病研究所 |
| 43. 世界卫生组织淋巴丝虫病合作中心 | 山东省寄生虫病防治研究所 |
| 44. 世界卫生组织肺吸虫病、肝吸虫病及利什曼病研究合作中心 | 北京热带医学研究所 |
| 45. 世界卫生组织蠕虫病研究合作中心 | 浙江省医学科学院寄生虫病研究所 |
| 46. 世界卫生组织湖区血吸虫病防治研究合作中心 | 湖南省寄生虫病防治研究所 |
| 47. 世界卫生组织急性呼吸道感染流行病学和保健组织研究合作中心 | 首都儿科研究所 |
| 48. 世界卫生组织布氏菌病及钩端螺旋体病研究和培训合作中心 | 中国预防医学科学院流行病学微生物学研究所 |

| | |
|---|---|
| 49. 世界卫生组织免疫遗传学与免疫病理学合作中心 | 上海市免疫学研究所 |
| 50. 世界卫生组织免疫学研究合作中心 | 中国医学科学院基础医学研究所 |
| 51. 世界卫生组织肠道病毒参考研究合作中心 | 中国医学科学院医学生物学研究所 |
| 52. 世界卫生组织病毒咨询和研究合作中心 | 中国预防医学科学院病毒学研究所 |
| 53. 世界卫生组织遗传疾病社区控制合作中心 | 中国医学科学院基础医学研究所分子生物学和生化研究室 |
| 54. 世界卫生组织防盲合作中心 | 北京市眼科研究所 |
| 55. 世界卫生组织癌症研究合作中心 | 上海市肿瘤研究所 |
| 56. 世界卫生组织癌症研究合作中心 | 中山医科大学肿瘤防治中心 |
| 57. 世界卫生组织癌症研究合作中心 | 中国医学科学院肿瘤研究所、肿瘤医院 |
| 58. 世界卫生组织心血管病研究和培训合作中心 | 上海市心血管病研究所 |
| 59. 世界卫生组织心血管病研究和培训合作中心 | 广东省心血管病研究所 |
| 60. 世界卫生组织心血管病研究和培训合作中心 | 中国医学科学院心血管病研究所、阜外医院 |
| 61. 世界卫生组织结核病化疗研究合作中心 | 北京全国结核病防治研究中心 |
| 62. 世界卫生组织烟草或健康合作中心 | 北京红十字朝阳医院 |
| 63. 世界卫生组织书刊翻译和出版合作中心 | 人民卫生出版社 |
| 64. 世界卫生组织生物医学情报合作中心 | 中国医学科学院医学情报研究所 |

**【中国医学文献信息网络系统的建立】**

由三个网络——医学图书馆资源共享三级网络、MEDLARS 国内外联机检索网络和中文医学文献信息联机检索网络——组成的中国医学文献信息网络系统已初步建成，使我国医学文献信息管理的现代化成为现实，缩短了我国在这个领域内与国外的差距，也为我国医学情报事业跻身于世界之林打下良好基础。

医学图书馆资源共享三级网络由国家级、大区级和省级医学图书馆组成，通过传真、复印等现代化技术实行馆际通讯和互借，达到资源共享的目的。

MEDLARS 国内联机网络： “中国 MEDLARS 中心”（设在中国医学科学院医学情报研究所）拥有从美国国立医学图书馆引进的 MEDLARS 系统中最大的医学文献库——MEDLINE 及其自 1966 年以来的所有回溯文档。为了充分发挥“中心”的效能，“中心”开始建立 MEDLARS 的国内联机网络 。通过这个网络，各地的终端用户可以通过电话线直接与“中心”的主机相联，使用“中心”的 MEDLINE 及其所有回溯文档，以及定题检索数据库（SDILINE）及医学主题词文档（MeSH）。

MEDLARS 国际联机网络：我国与美国国立医学图书馆的联机已开通，用户可使用 MEDLINE 以外的其它数据库，包括艾滋病情报、癌症文献、毒理学、卫生计划和管理、人口情报等 30 多个数据库资源。

中文医学文献信息联机网络：正在建立的较大型的生物医学文献信息数据库有《中国生物医学文献分析与检索系统》和《中国医学科技成果和进行中项目分析和检索系统》。前者收入我国生物医学学术期刊约 400 种，年收录文献量约 3. 5 万篇，约占我国生物医学文献总量的 70%。收录文献包括题录和原文作者文摘、英文题名，并对机构、文献类型、主题内容、研究课题特点、研究经费来源等均可作为单独或综合的统计项目进行分析统计。后者收录全国省市以上医学科技成果和进行中的科研项目，并可根据科研管理等需要进行统计分析。这两个数据库建成后，可进入医学文献信息网络系统，开展联机检索服务。

（张虎林）

# 药政管理

## 【1991年药品监督管理工作】

一、从1990年下半年起至1991年上半年止，在全国进行审核换发《药品生产企业许可证》、《药品经营企业许可证》和《制剂许可证》的工作，对1986年以后获证的3 650多家药品生产企业、8万多家药品经营企业和近7 000个制剂室重新检查验收。通过换证，有力地促进了药品生产企业的改造，形成了一批初步达到GMP（优良生产管理规范）标准的大中型骨干企业，为“八五”期间全面展开GMP认证创造了有利条件；对药品市场进行了清理整顿，清理经营药品批发业务的集体企业和个体工商户，形成了以国营企业为流通主渠道的药品流通市场；全国医院制剂室比换证前减少近20%；卫生部对全国各地的肝炎诊断试剂、血液制品生产点进行了全面整顿，停办了百余个肝炎诊断试剂生产点和13个血液制品生产点。

二、继续全面、深入依法开展监督工作，严厉查处假劣药案。全国各级药品检验所依法对生产、流通、使用各个环节上的药品进行抽查检验。各地把查处假劣药案件作为重点工作，常抓不懈。湖南省投入了2 000多名药品执法人员开展大检查，据不完全统计，共查处案件15 000余起，总金额超过亿元。辽宁省、吉林省、湖南省、广西壮族自治区、北京市等地先后破获了多起制售假劣药品大案。在一些重点地区如安徽省、河南省、广西壮族自治区，查处工作的成效得到巩固。

三、进一步加强了特殊药品的管理工作。除了严格执行特殊药品产、供、用的计划管理外，根据我国禁毒工作的新形势和新任务，加强了对戒毒、药物依赖性监测、治疗康复工作的领导和管理，目前全国已形成了数十个戒毒治疗康复点。同时，我国与联合国及有关国家和地区的多边合作和双边交流有了新的发展，先后在我国举办了“药物滥用预防和管理”等研讨班和培训班。

四、1991年，卫生部组建了第六届药典委员会，落实了1995年版《中华人民共和国药典》的编纂计划；对近1 000个品种的中成药地方标准进行整顿，形成部颁标准；开始筹备在八五期间对上市中西药进行全面的再评价，制订新版的“国家基本药物”；全年共审批新药164种，同时，临床药学及医院药剂管理得到加强。

五、《药品管理法》的配套法规进一步趋于完善，先后颁布了《药品检验所工作管理办法》、《关于麻醉药品、一类精神药品经营管理的若干补充规定》以及《新药审批办法补充规定》及有关附件等法规。

六、在执法实践中药品监督管理执法队伍有了发展和提高。卫生部先后举办了全国药检所所长培训班、全国药品监督员培训班、及全国药品监督管理政策研讨班及各类技术培训班，全国各级卫生行政部门普遍开展了各类人员的培训，推行岗位目标管理责任制，认真严格依法办事，秉公执法，对廉政进行重点检查，有力地推动了各地的廉政建设。同时，管理工作科学化、规范化的水平有了新的提高。

（张景保）

## 【全国药品抽验工作】

1991年由全国四级药品检验所承担的

药品抽验工作重点包括：①1985 年以来批准试产或批准正式投产的新药；②1988～1990 年获国家评定的优质产品称号的药品及由各省市评定的优质产品；③生化药品中属于部颁标准（1989 年版第一分册）所收载的品种；④凡属发现临床不良反应较多的品种；⑤某些质量管理混乱厂家的产品；⑥1990 年版《中华人民共和国药典》增加溶出度检查的品种。

据不完全统计，全国共抽验药品约 18 万批次，有 21 000 批次不合格，药品抽查的合格率为 88. 30%。其中中国药品生物制品检定所在全国范围内抽查了安乃近片、土霉素片、多酶片等 26 个品种计 485 批次，发布了三期药品质量抽查公报，公布了 7 个品种 54 个不合格批号的生产厂家。由各省市卫生行政部门发布的药品质量抽验公报累计达 60 期。

抽验结果的综合分析表明，我国大多数大中型国营企业和合资制药企业的产品质量比较稳定并持上升趋势。例如山东新华制药厂生产的安乃近片、济宁抗生素厂等三个厂家生产的青霉素，合格率均达 100%。但是某些品种或少数厂家的产品质量问题不少，如从 23 个厂抽查的 23 个批号的土霉素片，合格率只有 79%；抽查 10 个厂家生产的 28 个批号的多酶片，合格率仅为 39.3%。

（邹　健）

**【1991 年新药审批管理工作】**

1. 组织制订新药研究技术指导原则。该指导原则包括新药的化学研究、药理学研究、毒理学研究、临床研究四大部分，对试验设计、试验模型、观察指标、统计处理、评价原则等提出了较为明确的要求，以指导医药研制单位开发新药工作。至 1991 年底，新药化学研究指导原则、新药毒理学研究指导原则及 12 个类别的新药临床研究指导原则已基本定稿，新药药理学研究指导原则计划在 1992 年第二季度全部完成。

2. 对用进口麦迪霉素、乙酰螺旋霉素原料药生产制剂的品种再评价。经审核，批准乙酰螺旋霉素片剂生产厂家 42 家，撤销 11 家；麦迪霉素片剂及胶囊生产厂家 54 家，撤销 23 家。

3. 下发《关于地方批准仿制新药处理问题的通知》。该通知对卫生部所批新药超过保护期后由各地所在省、市卫生厅（局）审批的仿制药品的处理问题提出了明确要求。凡是未按规定要求自行批准生产的，限期撤销批准文号。关于对新药的保护、新药试行质量标准转正及今后仿制药品的审批程序等问题，也提出基本原则，有关具体规定将在 1992 年发布执行。

4. 新药审批。自 1990 年 1 月 1 日起至 12 月 31 日，已批准新药（包括制剂）171 个，其中中药 50 个，西药 112 个，生物制品 9 个。

（张志军）

**【颁发《咖啡因管理规定》】**

咖啡因是第一类管理的精神药品，它具有中枢兴奋作用，长期大量使用将会危害人体健康。为进一步加强对咖啡因的管理，保证医疗、科研、工业及出口贸易的需要，防止滥产滥销，流入吸毒等非法用途，卫生部、国家医药管理局于 1991 年 7 月 1 日颁发了《咖啡因管理规定》，对咖啡因的生产、供应、出口等作出规定。该规定明确了各需用咖啡因的生产单位，必须向各省、自治区、直辖市及计划单列市卫生厅（局）和医药管理局、总公司提出申请，获得《咖啡因购用证明》后方可购买。各生产单位多购买的咖啡因只能通过咖啡因定点调拨单位进行调剂，不得擅自销售。

（孔繁圃）

**【《药品卫生检验方法》1990 年版正式执行】**

《药品卫生检验方法》1990 年版于 1991 年 5 月 16 日由卫生部正式颁布执行，这是继 1980 年和 1984 年重新修订后的第 3 版。

卫生部中国药品生物制品检定所根据各

地对药品执行卫生学检查中遇到的问题和提出的修改意见，组织进行了实验研究、起草和复核定稿。该版内容包括微生物限度检查法和无菌检查法，增加了部分检验方法和供试液制备的方法，对某些内容作了改动，同国内外现行的检验方法相协调，并参照国家标准的编写格式重新作了编排，成为标准化的操作规程。

（苏德模　董润生）

**【生物制品的生产、价格和质量管理】**

1991年卫生部部属北京、上海、武汉、长春、兰州、成都生物制品研究所和昆明医学生物学研究所完成产值60 515.4万元，为全年计划的139.49%。成品合格率达98%以上。主管的25种产品中，主要产品生产数量为：冻干麻疹疫苗13 559.95万人份，脊髓灰质炎疫苗27 500万人份，人用狂犬病疫苗551.65万人份，卡介苗14 350万人份，百日咳、白喉联合制剂10 643.91万毫升，流行性脑膜炎多糖体菌苗10 267万人份，乙型脑炎疫苗11 572.20万毫升，丙种球蛋白1 981.96万毫升，白蛋白5 720.55公斤。

为管理生物制品的价格，卫生部协同国家物价总局建立了全国统一的生物制品价格体系。根据生物制品种类和使用对象将生物制品价格分为指令性价格、指导性价格和市场调节性价格三大类，属于前两类价格管理的品种均规定了出厂价、调拨价、批发价和零售价，已颁发全国执行。

在质量方面，大部分生物制品保持稳定，有些生物制品质量有所提高。如狂犬疫苗效价有明显提高，效力指标按2.5Iμ/2ml要求，自检合格率达70%左右。卡介苗试行推广上海生物制品研究所的丹麦Ⅱ株种菌种，使质量随之明显提高，解决了长期存在保护率差、活菌数不高、热稳定性差的问题。为了加强质量管理工作，1991年开展了“质量、品种、效益年”活动，主要做了以下工作：①广泛开展质量意识教育；②健全质量管理和质量控制的组织机构；③广泛开展QC（质量管理）小组活动，经卫生部和国家质量协会评比，在6个部属生物制品研究所中评出1个国家级优秀QC小组和3个部级优秀QC小组；④按“GMP”（药品生产质量管理规范）要求改善生产条件；⑤开展所级质量评优活动。卫生部兰州生物制品研究所晋升为国家二级企业，卫生部成都生物制品研究所被评为省先进企业。

（崔仁子）

**【中国药品生物制品检定所获《计量认证合格单位》证书】**

中国药品生物制品检定所于1991年8月5日获得了国家技术监督局颁发的《计量认证合格单位》证书，有效期5年。至此，中国药品生物制品检定所具备了对19类药品、生物制品按照中国药典、生物制品规程等相应标准的规定进行检定的能力，对药品生物制品的检定结果具备了法律依据。

计量认证合格证书的获得，使中国药品生物制品检定所为社会提供的数据具有了法律效力，可作为贸易出证、产品质量评价、成果鉴定的公证数据，为国际间产品质量检验机构的相互承认创造了条件。

至1991年底贵州、广东、湖北、陕西、北京、上海、天津等大部分省市药品检验所通过了计量认证。（汪开敏　蔡保健）

**【卫生部兰州生物制品研究所晋升国家二级企业】**

根据国务院企业管理指导委员会“关于1991年国家二级企业考核审定的安排意见”的精神，卫生部于1991年继续开展了企业升级工作。1991年6月，卫生部与甘肃省计（经）委等有关部门对申报国家生物制品企业的卫生部兰州生物制品研究所进行了国家二级企业升级验收工作。

1991年卫生部兰州生物制品研究所按照“卫生部生物制品企业管理工作要求考查实施细则”等有关规定的要求，不断强化企业管理意识和质量意识，围绕“抓管理、上等级、全面提高企业素质”这一中心环节，运用企业升级的有效手段提高企业的管理水平。该所在7项基础管理、5项专业管理以及科技进步、计算机应用、精神文明建设等方面有了很大提高，基本达到了管理科学化、规范化和程序化。经过评审验收，卫生部兰州生物制品研究所各项考核指标均达到或符合生物制品企业国家二级企业的标准，经报请国务院企业管理指导委员会审定，卫生部正式授予兰州生物制品研究所国家二级企业的称号。

（刘景起）

**【《中国生物制品规程》(1990版)颁布实施】**

经卫生部生物制品标准化委员会会议审定，1990年版《中国生物制品规程》(一部)于1991年颁布实施。本版规程收载了57个预防、治疗和体内诊断用生物制品，10个生物制品通则，28个生物制品化学检定方法和要求，2个生物制品无菌试验和热原质试验规程。对每种生物制品的产品质量标准以及所用原材料、制备工艺、检定要求等均做出了详细而准确的规定。

《中国生物制品规程》是我国生物制品的强制性国家标准，生产者必须按规程的规定组织生产；质量检验者必须按规程的规定检验和判定产品的质量，不符合标准的产品不得出厂销售；使用者需按规程规定的说明书正确使用。

我国对生物制品规程一向很重视，1952年、1959年和1979年相继颁布了三版生物制品规程，对保证我国生物制品质量发挥了决定性的作用。为贯彻1988年颁布的《中华人民共和国标准化法》，加强我国的生物制品的标准化工作，1988年12月8日卫生部将原生物制品委员会加以调整后成立了卫生部生物制品标准化委员会，由陈敏章部长和顾英奇副部长分别任名誉主任委员和主任委员，负责组织生物制品国家标准的制定和修订，经过两年的努力完成了1990年版《中国生物制品规程》。

1990年版《中国生物制品规程》较1979年版有了全面的提高。本版生物制品规程的指标大多已接近国际水平，有些项目超国际标准，还有些项目存在一定的差距，随着科学技术的进步，规程将不断地补充和完善。收载体外诊断用品的《中国生物制品规程》(二部)将于1993年出版。

（曹连之）

**【卫生部第六届药典委员会成立】**

1991年5月16日卫生部第六届药典委员会成立。第六届药典委员会由150人组成，其中名誉委员14人，委员136人。卫生部部长陈敏章担任主任委员，解放军总后卫生部部长张立平、国家医药管理局局长齐谋甲，卫生部副部长顾英奇、胡熙明，国家中医药管理局副局长朱杰以及卫生部药政管理局局长潘学田任副主任委员。

陈敏章同志在第六届药典委员会上作了重要讲话，主要谈了以下3个问题：①要充分认识国家药品标准的地位和作用；②编制下一版药典的指导思想和总的目标；③群策群力搞好国家药典，并再次强调了药品标准在保证药品安全有效性方面的重要意义。

（赵黎力）

**【1991年质量管理(QC)小组获奖名单】**

1. 国家级优秀QC小组：

卫生部成都生物制品研究所干扰素诱导工序QC小组

课题名称：用大罐诱导干扰素

效果：扩大了生产，增加了产量和效益，年增产值1 000万元。

2. 部级优秀QC小组：

(1)卫生部武汉生物制品研究所血液制剂室QC小组

课题名称：低温乙醇法提高人血白蛋白质量

效果：控制了热原污染、降低了分装污染，提高人血白蛋白产量，创直接经济效益323.2万元。

(2)卫生部上海生物制品研究所卡介苗菌种改造QC小组

课题名称:卡介苗菌种改造

效果:改造菌种,改变剂型,提高了卡介苗质量,降低了成品污染和接种反应,增加效益194.7万元。此外,由于降低异常反应,社会上减少处理、治疗费用60.6万元。

(3)卫生部长春生物制品研究所低温乙醇法生产人血白蛋白和球蛋白QC小组

课题名称:低温乙醇法生产人血丙种球蛋白新工艺的研究

效果:提高产量16%~20%,节约了原材料,年增产值80多万元。

(赵保明　刘景起)

**【肝炎诊断试剂的整顿】**

为了加强对肝炎诊断试剂的管理,提高肝炎诊断试剂的质量,卫生部于1987年颁发《肝炎诊断试剂管理规定》,并通知各地对肝炎诊断试剂进行整顿。

根据通知要求,中国药品生物制品检定所制定了肝炎诊断试剂质量标准,研制出肝炎诊断试剂标准品和参考品,经卫生部生物制品标准化委员会审议通过。同时,国内各肝炎诊断试剂生产单位向卫生部新药审评办公室申报研制的技术资料;同时由中国药品生物制品检定所到申请厂家抽检样品,卫生部药政局组织有关部门按GMP要求对申请厂家进行了验收。最后,卫生部根据药品审评委员会对申报资料的审查意见和样品检定结果及厂家GMP情况,共批准了57家生产单位和240个生产批准文号,准予生产销售。

(张秀兰)

# 计划财务管理与审计监督

**【1991年计划财务管理工作】**

1991年是执行《卫生事业"八五"计划和2000年规划设想》的第一年。为实现2000年规划目标,全国卫生计划财务系统在继续抓紧治理整顿的同时,将工作重心放在全面实施规划、加强农村卫生事业和预防保健方面。

**一、加强重大卫生经济政策研究**

实现卫生事业2000年规划目标的关键是如何筹集和利用卫生资源。为了解决这一重大卫生经济政策问题,1991年5月,卫生部在世界银行经济发展学院和世界卫生组织的支持下,与国家计划委员会、财政部、国家物价局联合召开了八省市参加的《中国卫生资源筹集与利用高层次政策研讨会》。中外专家、与会省市领导和有关部门负责人就我国卫生资源筹集与利用现状、2000年基本需求、筹集政策、合理分配与利用等问题进行了广泛深入的探讨,并在一些重大问题上取得基本共识,对国家和各地制订卫生资源筹集与利用政策起了积极作用。

为了对我国卫生事业面临的卫生经济政策问题进行更深入、系统的研究,为政府决策提供依据,在世界银行支持下建立起来的"中国卫生经济培训与研究网络"已经开始运行。除已着手对卫生经济师资进行培训外,还组成了七个课题组,分别对中国卫生总费用、卫生服务资源利用效益评价、农村卫生资源筹集与利用、医疗服务成本和价格、高科技医疗设备合理配置、职工医疗保健制度改革与完善、健康模式转变对未来卫生保健投入及政策影响等开展了研究工作。

**二、实现计划财务工作向农村和防保战略重点的转移**

加强农村和预防保健工作是我国卫生事

业的战略重点，也是实现2000年规划目标的决定因素。为此，全国卫生计划财务系统在指导方针、计划安排和力量组织上实行向农村和预防保健的战略转移。

1.落实资金。经卫生部申请，国务院、国家计委审定，决定在“八五”期间建立加强农村卫生和预防保健事业两项基金。加强农村基金暂定每年2 000万元，1991年开始执行；加强防保基金暂定每年4 000万元，1992年起执行。

2.组织编制《乡(镇)卫生院建设标准》、《防疫站建设标准》、《妇幼保健院(所)建设标准》，使今后乡镇卫生院和防保机构建设符合功能要求，满足人民群众的基本需求。在建设部的支持、指导下，组织有关方面，起草了建设标准。通过几上几下酝酿和各种会议研讨、修改，已基本形成送审稿。这三个建设标准将填补有关卫生机构建设国家标准化管理的空白，使建设、设计单位有法可依，也使各级卫生主管部门的管理工作有章可循。

3.与国家计划委员会联合颁发了《农村乡镇卫生、卫生防疫、妇幼保健设施建设项目管理试行办法》，以管好用好乡镇卫生院和防保机构建设资金，确保建设质量和功能要求，实现一无(无危房)三配套(房屋、设备、人员配套)。从而鼓励各省、自治区、直辖市积极组织引导各级政府为2000年9亿农村人口享有卫生保健提供最基本的设施条件。

经过一年的紧张工作，乡镇卫生院建设出现了多年来少有的好势头。全国筹集资金6.3亿元，建设速度、质量都好于往年。预计全年可完成3 303所。

**三、加强卫生部直属单位的建设、改造**

遵照卫生部领导关于处理好普及与提高关系的指示，计划财务工作在加强面上农村卫生和预防保健事业建设的同时，加强了“国家队”——卫生部直属单位的建设，以使国家队能够更好地为全国卫生事业建设和管理起指导、推动和示范作用。

1.严格执行经卫生部审批的十年建设规划。基本建设投资顺位依然是保证国家重点建设工程和在建竣工项目。严格控制新建项目。挤出一切可能挤出的资金用于改善职工住宅条件。对超越十年规划的一切项目，一律不予安排。1991年完成投资额2.67亿元。

2.开展会计单位达标升级活动。通过同济医科大学试点，面上推广、培训以及检查和总结交流，会计达标升级活动取得了可喜进展。经过验收，继同济医科大学试点达标之后，又有8所大学会计单位达标，为1992年上等级奠定了基础。

3.对直属医院进行技术改造。在财政部文教司的支持下，从1991年开始，以项目管理的办法，着手对卫生部直属医院进行房屋装备技术改造，以更好地发挥其功能、作用。

房屋部份：经过调查，同财政部文教司共同决定，从1991年起，三年内消除医院业务用危房；五年完成大型修缮；六年完成水、电、气等基础设施改造。1991年确立67个项目，资金9 700万元(含配套资金)。

技术装备：重点为常规装备改造。为提高危重病人的抢救成功率、治愈率，降低院内死亡率，经专家论证，决定以危重病医学作为第一个改造领域。1991年在医药局支持下，利用495万美元，统一对外订货，完成11所综合医院的填平补齐和更新改造。

**四、巩固和扩展卫生计划财务工作改革成果，推动卫生事业稳步发展**

继续推动开展综合效益评价工作。为了更加合理的使用卫生资源，以较少消耗为人民群众提供更多的符合社会需求的医疗卫生保健服务为目的的综合效益评价工作，受到越来越多的卫生主管部门的重视。据不完全统计，已有26个省、自治区、直辖市卫生厅(局)和14个计划单列市卫生局配备了专、兼职负责效益评价工作的人员。此外，一些学术团体、大专院校和科研机构也开展了卫生区域发展、医院效益、防疫项目等方面的综合效益评价研究工作，为深化卫生事业改革提出了一批重要问题。

卫生服务收费改革继续深入。一方面，经过治理整顿在一定程度上纠正了分解收费等乱收费现象；另一方面，在物价、财政部门的配合支持下，以按不含工资的成本收费为目标，本着小步走、分步到位的原则，重点、适度地提高了挂号费、手术费、住院费等，降低了CT、MRI等大型仪器设备的检查费用，使收费结构朝着更加合理的方向又迈进了一步。

为抑制医疗费用增长过快的势头，会同有关部门继续探索公费医疗制度改革路子。总结出各种已实行的改革经验，并正式提出关于公费医疗制度改革的设想方案。为加强公费医疗管理与改革，国家正式批准在卫生部设立公费医疗管理与改革的专门机构。

一年来，由于巩固和深化改革，过去几年改革中出现的一些问题得到治理和整顿，也得到社会的理解。各有关部门对卫生事业建设和发展继续给予同情和支持。1991年在部分地区遭到特大自然灾害、财政困难的状况下，全国卫生事业费达到了86.44亿元，较1990年增长了6.45%，基本建设投资达到32.2亿元，较1990年增长19.97%。全国新增卫生机构302所，其中新增预防保健机构107所；新增医院床位6.45万张；新增专业卫生人员11.89万人，其中卫生技术人员8.71万人。

新增CT65台，MRI8台。新增部分布局趋于合理。

全年完成医院诊疗人次26.14亿，入院5 292万人次。急性传染病报告发病率较1990年下降1.6%，计划免疫“四苗”接种率实现了以县为单位的第二个85%的目标，人民群众的健康水平继续提高。

（魏　颖）

**【卫生资源筹集与利用高层次政策研讨会】**

1991年5月27日至6月1日，卫生部、国家计划委员会、财政部、国家物价局与世界银行、世界卫生组织合作，在上海联合召开了卫生资源筹集与利用高层次政策研讨会。8省市的省长或副省（市）长以及省（市）有关部门的负责同志，国务院研究室、国务院发展中心、卫生部、国家计委、财政部、国家物价局、国家体改委的领导同志，世界银行、世界卫生组织的高级官员和由他们邀请的专家，以及国内部分专家、教授共120多人参加了研讨会。

这次政策研讨会的主题是：总结近年来我国卫生资源筹集与利用的经验，探讨适合我国国情的卫生资源筹集与利用的方针、政策，以保证战略重点，实现“2000年人人享有卫生保健”的战略目标。围绕这一主题，代表们对卫生资源筹集方式和途径、卫生资源配置、利用效益评价以及医疗保健制度改革等问题进行了广泛深入的研讨。

关于我国卫生资源筹集与利用现状，会议认为，改革开放以来，出现了多渠道、多形式筹集卫生资源、举办卫生事业的大好局面。实践证明，这种以政府和企业投入为主，多渠道、多形式筹集卫生资源的方针是正确的，今后应当继续坚持。但同时存在着卫生资源投入不足与资源利用效益不高及出现一些浪费现象的矛盾。现有资源配置不均衡，防治比例、城乡比例长期不协调，机构重复设置、职能交叉问题仍较严重。

关于今后卫生资源筹集政策，会议认为应当首先明确：我国卫生事业的性质是公益性的福利事业；卫生投入不是简单的消费，而是保护劳动生产力身体素质的生产性投入；保护人民健康是全社会的共同责任，仅靠卫生部门的努力不可能解决好全社会的卫生保健问题，必须动员全社会的力量来共同参与。因此，今后我国卫生资源筹集与利用的对策是：国家作为主渠道，逐步增加卫生投入；不断完善医疗卫生服务收费政策，逐步调整医疗收费标准，作为国家卫生投入的补充。同时，动员社会各方面力量，并积极争取外援，还要继续坚持改革中出现的一些增加卫生投入的政策。

关于卫生资源的分配、利用，会议认为应有计划、有步骤地调整卫生资金投向，增加对预防保健和农村卫生机构的资金投入，适当控制大中城市卫生投入，保证卫生发展战略重点。要探索改革现行条块分割、各成体系的机制，逐步实行全行业管理和区域卫生发展规划，同时，加强内部管理，提高有限卫生资源的利用效益。

关于医疗保险制度改革，会议认为必须加速改革和完善现行公费和劳保医疗制度，实行医疗费用由国家、单位、个人合理负担的办法，并强化管理，建立有效的运行机制。在农村要积极推行多种形式的合作医疗保健制度，提高广大农民的疾病风险承受能力，防止因病致贫、因病返贫，满足农民的基本医疗需求。

此外，代表们还提出要加强卫生软科学的研究、设立卫生发展基金、设立专门用于卫生事业的香烟消费税等建议。

（于德志）

**【中国卫生经济培训与研究网络成立】**

随着我国改革开放政策的不断深入发展，卫生事业面临严峻的挑战。一方面，卫生投入严重不足，不能适应卫生事业发展的需要；另一方面，现有卫生资源利用效益不高。如何充分利用有限的卫生资源取得较大的效益，已引起人们的关注。因此必须重视和加强卫生经济人才的开发和卫生经济政策的研究，以提高我国卫生经济宏观管理水平。

经与世界银行经济发展学院（EDI）协商，EDI承诺帮助我国建立"中国卫生经济培训与研究网络"（以下简称"网络"）。EDI表示，将从世界银行、其它国际组织和多边以及双边机构中寻找资金支持网络的有关活动，在EDI内部安排专职人员协调网络活动。

1991年6月，我国政府（卫生部、国家计划委员会、财政部和国家物价局）与世界银行、世界卫生组织在上海共同举办了中国卫生资源筹集与利用高层次政策研讨会。会议提出今后要重视和加强卫生经济软科学的研究。会后召开了网络成立筹备工作会议，卫生部与EDI共同签署了建立中国卫生经济培训与研究网络联合公报。

网络的宗旨是提高我国卫生行政管理干部的卫生经济知识和技能，从而促进卫生事业发展。网络目标是：提高各级卫生行政管理人员卫生经济管理水平；提高网络内各单位师资的卫生经济学教学水平；增强卫生经济政策研究能力。

中国卫生经济培训与研究网络直接由卫生部领导，卫生部成立网络领导小组。何界生副部长为领导小组组长，具体工作由卫生部计划财务司、教育司、国外贷款办公室负责。网络由：上海医科大学、北京医科大学、哈尔滨医科大学、同济医科大学、华西医科大学、西安医科大学卫生管理干部培训中心和卫生部卫生经济研究所组成。

网络成立以来，分别召开了网络培训会议和科研课题论证会，制定了中国卫生经济培训与研究网络五年行动计划，明确了今后五年要开展的培训和研究工作。培训工作主要立足于国内，培训对象为卫生行政管理人员和卫生经济学教师。培训方式为举办不同层次的卫生经济政策研讨会和培训班，并选派部分条件合格人员到国外培训。网络将开展7个卫生经济政策科研课题研究：中国卫生总费用研究、卫生服务资源利用效益评价研究、农村卫生资源筹集与利用研究、医疗服务成本与价格研究、高科技医疗设备合理配置研究、中国职工医疗保健制度改革与完善研究、健康模式的转变对未来卫生保健投入及政策的研究。7个课题的牵头单位分别是：哈尔滨医科大学、华西医科大学、同济医科大学、上海医科大学、西安医科大学、卫生部卫生经济研究所、北京医科大学。研究人员包括网络单位的卫生经济专家、教授，国家有关部门的有关人员，有关省（市）卫生行政管理人员。

（夏应坚）

**【乡（镇）卫生院、卫生防疫站、妇幼保健院（所）建设标准编制完成】**

为了加强对卫生防疫、妇幼保健和乡（镇）卫生院规范化、科学化建设的宏观管理，卫生部经过历时一年的工作，编制了乡（镇）卫生院、卫生防疫站、妇幼保健院（所）建设标准（以下简称《标准》），已报送建设部。在编制标准过程中，编制组成员先后调查了12个省、自治区的223个乡（镇）卫生院，10个省、市的188个各级卫生防疫站（其中：省级站10个，地级站34个，县级站144个）以及150个各级妇幼保健院、所（其中：省级院、所8个，地级院、所30个，县级所112个）。然后按级别、项目分别进行整理，综合归纳分析，写出了调查报告。在大量掌握和充分运用调查资料的基础上、按照三类机构的工作性质、工作内容，规模以及从我国国情、科学技术水平和发展、2000年的需要等方面综合考虑，对数据进行了反复处理，形成编制标准的依据。

编制《标准》的指导思想和基本原则是，将当前国家的实际情况、国力的可能和农村卫生、卫生防疫、妇幼保健工作的需要作为确定每个指标数值的基础。《标准》力求做到既科学又可操作。避免把《标准》定得过高或过低，注重投资效益，讲求卫生资源的有效利用，力求使乡（镇）卫生院、卫生防疫站、妇幼保健院（所）的建设达到规模适宜、功能适用、装备适度、经济合理、安全卫生的要求。

编制中确定指标，主要考虑下列几项原则：①满足功能要求；②考虑国力可能；③节约每一寸土地；④尽量做到需要与可能、当前与长远相结合。

确定《指标》的主要依据是：①现状调查资料的分析；②现有国家关于乡（镇）卫生院、卫生防疫站、妇幼保健院（所）职能、任务的有关规定；③现有国家关于乡（镇）卫生院、卫生防疫站、妇幼保健院（所）人员编制的规定；④现有国家关于土地占用的有关规定。

（于　冬）

**【颁发《农村乡镇卫生、卫生防疫、妇幼保健设施建设项目管理试行办法》】**

为贯彻落实《国民经济和社会发展十年规划和第八个五年计划纲要》中提出的预防为主和把医疗卫生工作的重点放在农村的精神，力争在我国实现“2000年人人享有初级卫生保健”规划目标的低限标准，国家决定在“八五”期间设立农村卫生和预防保健专项投资，以增强地方政府对卫生的投入，从而达到切实加强农村基层卫生、卫生防疫和妇幼保健工作的目的。

为了加强建设项目的管理，充分发挥投资效益，国家计划委员会和卫生部联合制定并颁发了《农村乡镇卫生、卫生防疫、妇幼保健设施建设项目管理试行办法》(以下简称《办法》)。该《办法》规定了专项投资的使用方向及安排原则。这些专款主要用于乡（镇）卫生院、中心乡（镇）卫生院和县级（含县级市）卫生防疫站、妇幼保健所等设施的建设。其安排的原则是：①乡镇卫生、卫生防疫、妇幼保健设施建设的资金，以地方投入为主，中央投资起引导和增强作用。②对经济、社会事业发展比较落后的“老少边穷”地区在投资安排上给予重点支持。对经济条件较好或乡镇卫生院、卫生防疫、妇幼保健设施建设已经基本完成的地区，原则上不再安排中央投资。③中央投资及地方各级政府用于上述设施的建设资金，应根据其所承担的任务，按照国家规定的建设标准合理安排和使用。立足于现有设施的改、扩建，填平补齐。严格控制新建或翻建的规模和标准。④建设项目的选择要优先考虑领导班子健全，管理制度完善，各项工作开展较好，技术人员数量可满足需要且素质较高，但在业务用房和装备方面条件较差的单位。⑤国家对各省、自治区、直辖市和计划单列市的增强资金实行项目管理。每个省、自治区、直辖市和计划单列市为一个项目单位，项目的实施、监督、评估一律以省、自治区、直辖市和计划单列市为单位。

该《办法》还规定了项目省（区、市）的必备条件：①地方政府重视乡镇卫生院、卫生防疫、妇幼保健机构的建设，并将加强农村卫生、卫生防疫、妇幼保健工作纳入了政府工作计划，设立了相应的建设基金。②按照要求及时制定出农村乡镇卫生院、防疫站和妇幼保健所建设的“八五”规划和项目实施计划，目标明确，规划具体、措施得力，资金落实。③各省、自治区、直辖市和计划单列市要成立由卫生厅（局）分管计划财务工作的厅（局）长及计划财务、医政、卫生防疫、妇幼卫生等有关同志和同级计划等有关部门的同志组成的乡镇卫生院、卫生防疫站、妇幼保健所建设项目领导小组。

该《办法》明确了5年的建设目标，即争取在1995年使全国50%的乡镇卫生院，县级卫生防疫站和县级妇幼保健所（不包括1990年底前已改造完的乡镇卫生院、防疫站和妇幼保健所）完成改造任务，实现房屋、设备、人员、技术、管理五配套。

《办法》要求子项目完成后，由项目领导小组和有关部门进行评价验收，主要检查以下几个方面：①房屋是否符合建设标准，布局是否符合功能要求；②必备的仪器设备是否装备齐全，完好率、使用率如何；③卫生技术人员能否对常见病进行正确的诊断和治疗；④初级卫生保健实施计划是否落实，是否按规划达标，卫生防疫和妇幼保健任务能否完成；⑤资金落实情况和工程的面积、标准、造价、质量、工期等，是否按要求完成。

《办法》最后提出各省、自治区、直辖市和计划单列市的领导小组要在次年2月底之前报告上一年度的项目执行情况。国家计委和卫生部将组织评审组于每年12月至次年2月对项目省年度计划内10%的项目进行随机抽查和评估。对计划执行好的省（区、市）将根据下年度的计划继续给予增强资金。对未按项目计划执行的省（区、市）将调减直至停止安排下年度的增强资金。

（于　冬）

**【1991年乡镇卫生院、卫生防疫站、妇幼保健院（所）建设进展情况】**

据对上报的1991年乡镇卫生院、卫生防疫站、妇幼保健所建设计划执行情况统计，30个省、自治区、直辖市和部分计划单列市，1991年共落实资金80 149万元，其中，中央2 000万元、省14 311万元、地（市）7 870万元、县17 851万元、乡15 522万元、其它22 595万元。计划建设乡镇卫生院4 530个，其中竣工2 541个，竣工面积1 333 921平方米；卫生防疫站计划建设262个，其中竣工129个，竣工面积163 092平方米；妇幼保健所计划建设283个，其中竣工129个，竣工面积108 711平方米。乡镇卫生院的建设已经出现好势头，其主要特点是：

1. 中央有关部门的积极支持。①国家决定在“八五”期间设立农村卫生和预防保健专项投资，1991年安排1 800万元专项投资，用于扶持农村卫生设施的建设。②“乡（镇）卫生院、卫生防疫站、妇幼保健院（所）”三个建设标准，经过编制组一年的辛勤工作，已完成送审稿，将于1992年元月正式颁发试行，填补了我国乡镇卫生院、卫生防疫站、妇幼保健院（所）建设无标准的空白，使其建设和检查有了法规性的依据。③国家计划委员会和卫生部门联合印发了《农村乡镇卫生、卫生防疫、妇幼保健设施项目管理办法》，使建设项目管理、投资效益的充分发挥有了一定的保证。④在1991年乡（镇）卫生院建设计划执行的基础上，编报了

1992年乡（镇）卫生院、卫生防疫站、妇幼保健院（所）建设计划及编制“八五”计划和2000年规划设想。为落实建设项目实施计划提供了可靠的依据。

2. 各级政府和有关部门的高度重视。①1991年下半年以来，河北、广东、海南、湖北、贵州、福建等省相继召开了卫生工作会议和计划财务工作会议。会议研究部署了农村卫生建设工作，解决了面临的实际困难问题。②各级卫生部门和有关业务部门，在深入实际、调查研究、制定规划、落实资金、实施管理、监督检查、总结验收等方面办了大量的实事。③各级政府从指导思想、战略方针、投资方向实施政策倾斜，抓好县级预防保健机构和乡（镇）卫生院的“一无、三配套”建设（一无危房，设备、人员、房屋三配套）。在落实资金筹措方面拟定投资比例，采取省、市、县、乡、个人“几个一点”的办法筹集资金。如：广东省今年筹集资金1亿元，江苏省筹资11 906万元，四川、山东、湖北、湖南、河北等省均筹集资金4 000万元以上。

3. 群众集资办医积极性很高。加强预防保健工作和农村卫生事业建设是关系到8亿农民的大事，人民群众是完全拥护的。如甘肃省平凉地区群众集资办医共投资515万元，使77所卫生院面貌一新。

（李泮岭）

**【全国设备支农领导小组成立】**

为了实现全国卫生工作战略重点转移到农村，充实农村医疗卫生防保机构急需的医疗设备，切实提高农村卫生医疗水平，卫生部决定在全国卫生系统开展设备支农。为此，成立了设备支农领导小组。卫生部陈敏章部长任设备支农领导小组组长，领导小组办事机构设在卫生部计划财务司。该领导小组主要负责对全国设备支农工作的计划、调配以及卫生部直属单位的设备支农工作。

（王蔓莉）

**【卫生部门治理“三乱”工作取得成效】**

1990年9月16日，中共中央、国务院发布《关于坚决制止乱收费、乱罚款和各种乱摊派的决定》。根据此决定精神，在各地政府的统一领导下，全国卫生系统全面开展了治理“乱收费、乱罚款和各种乱摊派”（以下简称“三乱”）的工作。卫生部对全系统的治理“三乱”工作进行指导的同时，认真对部定收费、罚款、集资项目进行了清理。

1991年第二季度以前，各级卫生部门和部直属单位，对本系统、本单位的收费、罚款和集资项目进行了认真的自查和重点抽查。检查的重点包括收费（罚款）项目及项目范围、收费（罚款）标准的执行情况；收费、罚款的财务收支情况；收费、罚款的票据使用情况等。检查中，针对存在的问题，及时分析查找原因，分别不同情况报经有关部门批准，进行了处理。各地先后明令取消了一批乱收费项目。

在审核处理阶段，卫生部和各地卫生厅局配合物价、财政部门，对现行收费、罚款、集资项目进行了审核分析，区别不同情况进行了处理。合理合法的项目继续执行，合理不合法的项目，补办手续使之合法化，合法不合理的项目加以调整，既不合理又不合法的予以取缔。

在治理中，医疗卫生单位边整边改，普遍建立健全了收费（罚款）管理机构和各项规章制度，充实、调整、培训了收费管理人员和执法人员，加强了自我约束机制。同时，对主要收费项目实行明码标价，公布上墙，不少单位还从社会上聘请了义务物价监督员，自觉接受社会监督。经过治理整顿，卫生部门所属机构乱收费、乱罚款的现象已经基本得到控制。并将把治理“三乱”工作推向深入。

（张成玉）

**【全国卫生计划财务工作会议】**

1991年8月20～24日，全国卫生计划财务工作会议在新疆乌鲁木齐市召开。会议的主要任务是：研究卫生计划财务工作如何为10年发展规划任务服务，保障卫生工作战略重点的实现。

何界生副部长为会议做了书面发言，何副部长在讲话中着重提出了90年代卫生计划财务工作的基本任务：①计划财务工作要全力贯彻预防为主的方针，切实加强基层预防保健机构建设；②坚持以农村为重点，切实加强以初级卫生保健为核心的农村卫生院建设；③努力筹集卫生资源，提高卫生资源利用效益。

会议总结交流了各地加强预防保健、农村卫生建设，搞好房屋建设、设备调配、资金筹集、建设管理等经验，认真讨论了为适应2000年人民群众最基本的医疗保健需求所必需具备的最低水平的业务用房和仪器装备而制定的三个建设标准，即乡（镇）卫生院、防疫站、妇幼保健站（所）建设标准。

会议着重强调了卫生事业10年规划的战略位置，实现10年规划目标关系到我国国民经济和社会发展第二步战略目标的实现，也关系到我国政府对国际社会到2000年人人享有卫生保健全球战略及《儿童生存、保护和发展世界宣言》与《九十年代行动计划》的各项承诺。据此，进一步明确了计划财务工作的各项任务，即：①努力使预防保健费用的增长速度高于卫生事业费的增长速度。使凡是技术力量配套的县防疫站、妇幼保健站都能具备符合业务需要的工作用房和仪器装备。②到2000年使95%的乡（镇）卫生院实现房屋、设备、人才三配套。同时，明确了实现上述目标要坚持一手抓资源筹集，一手抓有效利用的工作方针。

（叶德惠）

**【全国卫生事业综合效益评价工作会议】**

为充分发挥综合效益评价工作在卫生事业宏观管理与决策中的作用，进一步推动综合效益评价工作在全国范围内的开展，1991年6月27～30日，卫生部计财司在天津召开了首次全国卫生事业综合效益评价工作会议。各省、自治区、直辖市、计划单列市卫生厅（局）从事综合效益评价工作的专（兼）职人员、部分特邀代表、院校学者共60余人出席了会议。

会议交流了自1990年8月以来，各地贯彻落实何副部长在1990年全国卫生计划财务工作会议上的讲话精神以及卫计发(90)第165号《关于下发〈开展卫生事业综合效益评价工作意见〉的通知》的情况；部分地区和单位介绍了开展综合效益评价工作的经验及其具体作法；讨论了开展综合效益评价工作中的有关问题；几位学者讲授了有关效益评价的基本理论、概念和方法。会议期间，卫生部计财司司长魏颖就开展效益评价工作的意义、作用以及目前工作中的有关问题和今后工作的任务等作了讲话。他着重指出：今后要进一步加强以下几方面工作：①进一步加强对某些重要领域的综合效益评价指标体系与评价方法的研究。②进一步推动各省、自治区、直辖市、计划单列市开展效益评价工作。③进一步加强领导，健全评价机构。④加紧对从事卫生事业综合效益评价的工作人员进行培训，提高这支队伍人员的业务素质。

（许少斌）

**【医疗制度改革】**

1991年在七届人大四次会议上通过的《中华人民共和国国民经济和社会发展十年规划和第八个五年计划纲要》中提出了社会保障制度改革的规划和要求，李鹏总理在《关于国民经济和社会发展十年规划和第八个五年计划纲要的报告》中明确指出“公费医疗和劳保医疗制度也要改革和完善……”。

国务院有关领导多次听取卫生部和医疗制度改革研讨小组对职工医疗制度改革情况的汇报，并以国务院办公厅名义发文，要求地方报送职工医疗制度改革情况。结合各地报送的材料，在总结、借鉴国内、外改革经验的基础上，卫生部初步提出了我国医疗制度改革总的方向和目标是：逐步建立适合社会主义初级阶段国情的、具有多种形式、多层次的医疗保障制度；实现社会化管理，逐步扩大覆盖面，使社会全体成员都能获得基本医疗保障，以增进人民健康水平。公费医疗制度改革的具体目标是：①改革和完善公费医疗经费的筹资机制。②建立有效的医疗费用控制机制。③建立和完善科学有效的公费医疗管理运行机制。

为推进医疗制度改革不断深入，国务院加强了对医疗制度改革的领导，明确医疗制度改革工作由国务委员李铁映同志负责，并对医疗制度改革的组织机构和分工进行了新的调整。全国医疗制度改革小组由国家经济体制改革委员会牵头，卫生部负责提出公费医疗制度改革方案，劳动部负责提出劳保医疗制度改革方案。

（乔勤增）

**【严禁购买非法进口 CT、MRI】**

国务院于 1985 年 7 月批转了原国家经济委员会《关于控制重复引进、制止多头对外的报告》（国发［1985］90 号），将 CT 列入国家限制进口的机电产品，其后又将 MRI 列入限制进口产品。

但是，近两年来发现一些公司通过更改名称、化整为零等非法手段进口了大量 CT、MRI（含二手 CT），这种做法不仅违反了国家的有关规定，而且破坏了国家对 CT 的合理布局。一些公司通过倒卖 CT 牟取暴利。对此，卫生部以卫计发（1991）第 150 号文通知各省、自治区、直辖市卫生厅（局），解放军总后勤部卫生部，武警后勤卫生部及卫生部直属单位“严禁购买非法进口的 CT、MRI”，“通知”重申：正常的进口 CT、MRI 指标每年由国家计划委员会和国务院机电设备进口审查办公室联合下达给各地区、各部门的计委和机电设备进口审查办公室，各卫生主管部门由卫生部下达通知，除此之外的引进均属非法进口。

上述通知下达后，在整个卫生系统中反映强烈，认为对那种非法倒卖 CT、无视国家规定的行为应坚决制止。许多卫生厅都转发了卫生部 150 号通知，并根据通知要求将本省非法引进 CT 的单位报告卫生部。

（王蔓莉）

**【制定部直属高等院校“八五”计划及十年规划】**

根据国家计划委员会的统一安排和部署，结合部直属高等院校的实际情况，由卫生部计划财务司牵头，人事司、教育司、科技司参加，制定了部直属高等院校“八五”计划及十年规划。

规划的指导思想是：坚持实事求是、量力而行、注重实效、稳步前进的方针，事业发展与国家经济力量相适应，“八五”期间稳定现有规模，“九五”期间略有发展。

规划的主要任务是：根据学校的事业规模，按照国家现行的建设标准和学校现有条件，核定建设规模，确定需要配套的建设项目，通过填平补齐，使学校的业务用房达到功能齐全，成龙配套，将学校逐步建设成设施完备的大学。

规划确定了“八五”期间安排基本建设项目的主要原则，即视国家财力可能，按轻重缓急，首先确保“七五”计划基本建设结转项目；其次是优先安排职工住宅建设；第三是继续建设填平补齐成龙配套项目，改善教学、科研及医疗条件。

规划明确了部直属高等院校“八五”及今后十年的事业发展规模和建设规模，对学校的发展建设起到减少盲目性、增强计划性的指导作用。

目前除协和医科大学的“八五”计划和十年规划正在核定外，其余十所院校已经核定审批，根据审定规模已完成了总体规划项目设计工作。有的总体规划已得到当地规划部门的认可。

（齐贵新）

【1991年直属单位财务工作会议】

1991年10月14日在武汉同济医科大学召开了部直属单位财务工作会议。这次会议重点解决的问题是：①总结1991年部属单位开展会计达标工作情况。②统一部属单位对科技开发的认识。要求各单位充分发挥技术密集的长处，通过财务部门支持科技开发，组织合理收入，弥补事业费的不足，发展卫生事业。③讨论专项经费实行项目管理的办法。④总结1990年财务大检查工作，布置1991年财务大检查任务。⑤介绍了1991年部属单位开展财产物资清查试点工作情况，要求各单位1992年做好财产物资清查准备工作，并于1993年在部直属单位全面推开。⑥成立部直属单位会计学会。

会议主要强调了以下问题：①直属单位各级财务主管和全体财会人员应树立明确的建设好国家队的意识。作为"国家队"的计划财务工作，必须同"国家队"的其它各项工作一样，要在全国卫生系统起示范作用，确保质量和效益。②建设好"国家队"，计划财务部门应做的几项工作是：做好单位的建设规划和计划，维护规划和计划的严肃性；坚持多渠道筹集资金；对于到手的资金和在用的资金，一定要管好、用好，使其充分发挥效益。③为了使计财部门能承担和实现上述任务，各单位党政领导要加强对计划财务工作的领导，加强计划财务队伍的建设，帮助计划财务部门解决实际问题，支持计财部门的工作。

（王明霞）

【卫生事业费一次性专款实行项目管理】

长期以来，部直属单位卫生事业费一次性专款实行切块管理，分给各单位自行安排，大多数单位将这部分经费用于一般修缮和设备购置，而对一些长期遗留的问题，如危房改造、房屋大修、辅助设施的配套以及常规设备的更新未得到解决，直接影响正常业务开展。卫生部决定从1991年开始，对卫生事业费一次性专款集中使用，按项目分别下达给各单位，重点解决老大难问题。

1991年7月10日卫生部计划财务司以"卫计司发（91）第166号"文，下发了《卫生事业费项目管理有关规定》。具体内容有：①卫生事业费一次性专款采取项目管理方法，重点用于：业务用危房的翻修；常规装备的更新改造；基础设施的维修和必要设备的购置。②立项程序：首先由各单位按上述内容要求，提出具体项目内容、项目总投资、项目支持条件及自筹资金能力，报主管院校审核，然后由主管院校按项目轻、重、缓、急排列汇总，报卫生部计划财务司。卫生部计划财务司根据各单位报送的项目计划，在财力的可能范围内初步立项。通过项目考察，最后确定项目内容，与各项目单位签定项目合同书，下拨一次性专款。③项目的配合条件：凡实行项目管理的资金投入，由卫生部和项目单位共同承担，原则上部拨款与各单位自筹资金比例为1∶1，专科性医院与实行全额管理的单位以及由于地区收费低而造成收入少的单位，根据具体情况，可酌情增加部拨款比例。④项目的执行与监督：在项目执行过程中，部委托主管院校进行监督检查，定期报送项目执行情况。项目完成后，按项目合同书有关规定，由卫生部计划财务司进行验收检查，并进行项目评估和效益考核。⑤项目的管理：要求各单位对项目经费实行专款专用，同时做好项目申报、自筹资金的配比、组织实施等工作，配合卫生部计划财务司做好项目管理工作。

实行项目管理的奋斗目标：①三年内消灭部直属医疗单位业务用危房。②"八五"期间完成房屋大修。③五至六年内争取完成基础设施配套工程。④每年按计划对部分医疗单位常规设备进行更新。

（王明霞）

【实施加强危重医学装备项目管理】

为提高卫生事业费投入的产出效益，改

变部直属院校附属医院常规设备落后、功能不系统和装备建设发展不平衡的状况，卫生部在1991年开始实行卫生事业费一次性专款的项目管理中，装备更新改造工作首先实施加强危重医学装备项目。

项目的主导思想是，通过项目的实施，为各院校的危重医学工作打下基础，同时推动危重医学领域整体工作的开展。其内容包括：①加强对从事危重医学人材（医护和设备维护人员）的培养。②同步带动危重医学配套条件的建设。③完善危重病医学领域的正规化、规范化管理。项目的重点是危重医学领域的4个主要环节，即急诊、麻醉/术中监护、术后复苏和重症监测治疗病房（ICU）。项目的目标是形成危重医学装备的基础结构，提高危重病抢救的成功率，降低急诊死亡率和麻醉死亡率，增强为所在地区提供危重病的医疗服务能力；改善危重医学教学和研究条件，并为所在地区培训危重医学人才。

1991年4月下旬，在北京召开了项目评估会。经评估，确定了部直属院校中的11所综合医院为1991年项目单位。拟定了装备仪器清单，项目使用资金总额为495万美元。

根据项目评估会要求和项目的实施计划，专家组于5月下旬着手设备采购。设备采购坚持了集中引进、货比三家、客观评估、集体决策的做法。采取这种做法，较一般贸易节省了20%～25%的资金。

为配合项目实行，着手抓了人员培训，已举办了5期仪器使用维护培训班，1期危重医学理论与实践培训班，参加人数80多人次。并委托北京协和医院为加强危重医学装备项目培训中心，继续不定期开展人员培训工作。

年内大部分仪器设备已经到位，各项目单位的机构调整、人员配备、房屋修建、国内设备配套等准备工作基本就绪，引进的设备将在1991年底安装调试完毕投入使用。

（崔泽实　杨　军）

**【部直属单位全面开展会计工作达标活动】**

根据卫计司发（90）第339号《关于全面开展会计工作达标升级活动的通知》精神，从1991年起在部直属单位全面开展了会计工作达标升级活动。会计工作达标升级活动分自查、互查、考核、确定四个阶段进行。

经过历时1年的考核，于1991年12月26日在北京医科大学召开了卫生部直属单位会计工作达标升级考评委员会会议，确认了第一批会计工作达标单位，它们是：中国医学科学院、北京医科大学、白求恩医科大学、中国医科大学、上海医科大学、湖南医科大学、山东医科大学、西安医科大学、中国医疗卫生器材进出口公司、人民卫生出版社、健康报社等共计11个单位。

通过考核确认，评委们一致认为，会计达标工作的开展大大促进了财会工作的规范化、系统化，尤其是财会基础工作较之以往有了明显的改进和提高。具体表现在：①普遍建立和完善了岗位责任制。②培训了一批财会人员。③普遍加强了内部控制制度和完善了稽核制度。④提高了会计核算水平。⑤纠正了在财务收支管理中出现的一些问题。⑥进一步完善了管理制度。⑦结合1991年的财务大检查，对各单位的财务收支进行了一次检查。

但是在会计达标工作中也存在着不少问题。如组织机构不够健全、基础工作不够扎实、会计达标工作开展不平衡等问题。

会计工作达标升级活动是一项长期性、战略性的工作，拟年年进行考核评比。1992年力争使直属单位会计工作都达标，使部分单位达到会计工作三级水平。

（陈桂芝）

**【北京医院扩建工程竣工】**

北京医院扩建工程是国家“七五”重点建设项目，于1991年底已全部竣工。

北京医院是一座建于1905年的老医院，由于年久失修并受唐山大地震的影响，房屋建筑破坏严重。经过几十年的发展，医疗用房不足的问题相当突出。国务院于1980年批准北京医院扩建立项。国家计委和卫生部分别以计文（1983）793号文和卫计字（1984）158号文批准了扩建工程的初步设计和投资概算。

1986年3月，北京医院扩建工程正式动工。整个扩建工程包括门诊楼、病房楼、医技楼、综合楼、污水处理站、煤气调压站、急诊室和搬迁宿舍等八个单项工程，总建筑面积67 191平方米。由于预算定额较大幅度调整，最后投资达到13 338万元。

扩建后，北京医院病床数由1983年的369张增加到653张（均指普通病床），门诊量达到2 000人次/日，将大大缓解该院长期存在的病人看病住院难的问题。北京医院扩建竣工，使部分科室条件大为改善，为该院在部分医学领域追踪世界先进水平提供了可能。扩建工程还为我国亟待解决的老医院扩建问题积累了丰富经验。

（刘 魁）

**【引进血液制品生产线工程竣工】**

卫生部上海生物制品研究所血液制剂生产线是国家"七五"重点卫生项目之一。1985年国家计划委员会批准项目可行性研究报告，1988年5月动工兴建，1990年11月正式建成，并于1991年5月28日通过了国家验收。这条生产线是在前国家领导人、人大常委会廖承志副委员长的积极促进、前卫生部钱信忠部长的直接支持下，经多方努力，从国外引进全套工艺设备，由日本脏器制药株式会社协助建造的。它是我国生物制品生产史上投资最多（总投资达1.7亿多元）、规模最大（建筑面积1.2万平方米）、设备最先进的基本建设项目，也是目前亚洲地区规模最大的血液制剂生产线之一。

生产线包括主楼和12个配套设施，按世界卫生组织优良药品制造规范（GMP）设计建造。主楼生产区采取封闭式、人工照明、机械通风的设计，净化面积达1 765平方米，净化级分别含10万、1万、1 000、100四个级别。根据工艺要求，还配有1 400平方米的冷库及低温工作室。中央控制室配有80年代先进的电脑设备，对整个生产过程进行自动控制。为确保安全，还备有消防自动报警装置、层间指示装置、嗅敏报警装置。生产线设计能力为年投血浆量30万立升，可生产人血白蛋白7 500公斤，人血丙种球蛋白1 350公斤，Ⅷ因子浓制剂6 000万国际单位等多种产品，是现有生产量的10倍。这一生产线的建成，不仅可缓和国内血液制剂的紧缺局面，使我国血液制剂的生产步入世界先进行列，并为血液制剂打入国际市场创造了条件。

（刘殿奎）

**【冷链关键设备质量评价及损耗预测研究课题完成】**

由卫生部计划财务司综合评价处主持、卫生部防疫司计划免疫处和上海医科大学卫生经济教研室共同合作开展的"计划免疫冷链关键设备质量评价及损耗预测"课题，历时2年（1990～1992），已全部完成。该研究通过对河北、贵州、广西、安徽、吉林、湖北、广东、宁夏、四川和上海等9省（自治区）1市的县级以上防疫站计划免疫冷链设备中冷库（低温和普通）、速冻器和运输车辆（冷藏车和工具车）等关键设备的全面现状调查，对冷链关键设备的运转、损耗状况及其影响因素进行了分析评价。主要研究结果如下：

88.89%的低温冷库运转状况良好或基本正常，坏损率为11.11%；90.6%的普通冷库运转良好或基本正常，坏损率8.2%，报废率1.1%；速冻器完好率96.85%，坏损率3.15%；冷链运输车辆完好率53.94%，坏损率41.84%，报废率4.23%。从总体上看，作为冷链的重要环节的冷库和速冻器的运转状况基本正常。但在冷链运转过程中，运输环节的问题较为突出。

影响冷库正常运转的主要原因是故障和停电；影响速冻器正常运转的因素是供电不足、缺少零配件、缺乏维修能力和机器正常损耗；影响运输车辆正常运行的因素是道路状况不良、车辆质量差、缺少零配件、缺乏维修能力和燃油标号不配等。

此外，本课题还针对我国目前冷链关键设备的运转现状和影响因素进行了专题研究和探讨。完成的主要专题有：①冷链关键设备的分布及基本情况；②计划免疫冷链经费使用状况；③冷链速冻器运转状况分析；④冷链维修队伍现状分析；⑤冷链冷藏车寿命的可靠性分析；⑥冷链工具车质量评价、可靠性分析和大修及报废估测；⑦应用于冷链设备评价的质量分析理论、评价指标及评估方法。通过研究，该课题针对我国目前计划免疫冷链运转系统面临的主要问题，就如何维持计划免疫冷链系统的正常、持久运转，解决资金筹措、设备购置更新、维修保养、零配件配备和科学化管理等方面的问题提出了对策建议。同时从理论和方法上对冷链设备的质量评价、评价指标和损耗预测等作了有益的探讨。

（许少斌）

**【编制40年卫生事业费统计资料】**

建国40年来，随着国民经济的发展，我国卫生事业取得了举世瞩目的成绩，从根本上改变了我们民族的卫生状况。为了总结40年来卫生事业经费管理使用的情况，以便进一步研究卫生经济管理工作的理论、方针、政策，为卫生计划和财务管理工作提供依据，促使卫生事业的不断发展，同时满足我国各级卫生部门的领导和计划财务管理人员一直期冀能够得到一本系统地反映我国卫生经费收支变化、经费收支中主要比例关系的卫生事业费统计资料的愿望。卫生部收集整理了建国40年来卫生事业经费执行情况的有关资料，汇编成一本《全国卫生部门历年卫生事业费统计资料》（以下简称《资料》）。同时，为了便于领导同志参阅，还编印了一个《摘要》本。

我国的卫生事业费，是指各级政府的卫生管理部门管理的卫生事业经费。国家工业交通等其它部门（或系统）、中国人民解放军以及群众集资举办的卫生事业的经费，均不属《资料》统计的范围。《资料》以国家财政决算口径为依据。

该资料归集了1949～1990年卫生事业费支出及其有关资料，分为全国卫生事业费统计资料、分地区卫生事业费统计资料、财务分析资料、其它有关经费统计资料、卫生事业机构、床位、人员统计资料五部分。

（张成玉）

**【五种大型医疗仪器普查】**

近年来，全国引进大型医疗仪器的数量较大。为了摸清全国大型医疗仪器分布、装备、使用效益和掌握各厂家出售仪器的质量、售后服务等情况，根据国务院机电设备进口审查办公室的要求，卫生部计划财务司在1991年9月对5种大型医疗仪器进行了普查。

这5种大型医疗仪器是：ECT（衍射性计算机断层扫描装置）、800mA及以上X光机、钴60治疗机、医用直线加速器、彩色多普勒超声扫描仪。

这次普查采取以表格填报的方式，由各省、市卫生厅局负责汇总本省、市医院的情况，报卫生部计划财务司。普查的内容包括：仪器的一般情况（规格型号、购入日期、价格等）、质量性能情况、厂家的售后服务情况，以及仪器设备的效益情况。

通过这次普查，掌握了大量信息，经统计分析、专家评估后，将对大型医疗设备引进的宏观管理有重要的参考价值。该项普查也将对控制进口规模、制定医院装备标准以及评价投资效益提供依据。

（杨　军）

**【1991年税收、财务、物价大检查】**

根据国务院国发［1991］46号《国务院

关于开展1991年税收、财务、物价大检查的通知》精神，卫生部部属单位税收、财务、物价大检查工作从1991年10月开始，由卫生部税收、财务物价大检查办公室组织部属企事业单位和社会团体在自查的基础上，对部分单位进行重点检查。检查内容为1991年发生的违犯财经法纪问题，以及1990年未检查、未纠正的违犯财经法纪问题。

经对部属26个企事业单位的核查，共查出1991年违纪金额161.78万元，其中偷漏税款金额3000元，乱挤成本费用774元，偷漏能源交通重点建设基金和预算基金70.90万元，不按规定用途支用各项财政资金47.25万元，违反国家价格法规自行提高收费标准、违规收费24.66万元，乱收费、乱集资摊派2.01万元，私设"小金库"违纪金额4.89万元，请客送礼招待费7.3万元；应入库金额99.11万元，已入库96.37万元。通过这次税收、财务、物价大检查，对各单位加强财务管理，执行物价政策，增强纳税意识等方面均有较大触动。针对检查出的问题，各单位纷纷制订措施，避免类似问题再发生。

（薛贵修）

**【卫生部直属单位会计学会成立】**

卫生部直属单位于1991年10月18日在武汉同济医科大学召开部直属单位会计学会成立大会，部直属26个单位的代表76人参加了成立大会。

会议通过了《卫生部直属单位会计学会章程（草案）》，通过了组织机构的设置和相应的人选安排。

卫生部直属单位会计学会是研究会计理论与实践的群众性学术团体，是全国卫生经济学会所属的一个分会。学会的宗旨是以马克思列宁主义、毛泽东思想为指导，坚持四项基本原则，贯彻"百花齐放、百家争鸣"方针，发扬理论联系实际的学风，组织和推动会员开展学术活动，交流财务管理工作经验。学会的任务是：宣传贯彻会计法和国家有关财经政策、方针和法令；组织会员积极从事财会理论研究和学术交流；总结本系统会计核算和财务管理经验，推动财务管理的改革；提高部属单位财会工作和会计人员的水平；推动部属单位财会工作向更深层次发展。

凡在卫生部直属单位财会岗位工作的财会人员（含在审计部门工作的具有财会学历的人员，以及从财会岗位上离退休人员），具有相当助理会计师以上职称，承认学会章程，愿意参加学会活动者，均可申请入会。

学会理事会由部直属30个单位财会负责人组成，大会选出常务理事16人，推举出会长、副会长、秘书长、副秘书长人选。学会秘书处设在北京医科大学，指导部设在上海医科大学，培训部设在同济医科大学，宣传部设在中国医科大学。

（薛贵修）

**【卫生系统内部审计工作】**

1991年卫生系统内部的审计工作，围绕治理整顿和深化卫生改革的中心任务，艰苦奋斗，积极开拓，在维护国家财经法纪、完善内部控制制度、改进管理、加强廉政建设等方面发挥了积极作用。

依照审计条例和卫生系统的内部审计工作规定，目前已有80%以上的省、自治区、直辖市、计划单列市的卫生厅（局）成立了审计机构，审计队伍有了很大发展，初步改变了老带小、中间断层的现象。

在"边组建、边工作"和"积极发展、稳步提高"的方针指引下，按照一审二帮三促进的原则，积极开展了财务收支审计。据不完全统计，仅卫生部直属单位1991年就查出违纪金额470万元，促进增收节支890万元。部分单位在搞好财务收支的基础上，充分发挥内审人员熟系本系统、本单位情况的优势，逐步向检查、评价内部控制制度和经济效益审计延伸，并取得了经验。北京医科大学附属第三医院的审计人员用"保本点分析法"对大型仪器设备效益审计的方法和效果得到了院领导和有关专家的肯定。天津市、上海市卫生局通过审计发现问题，制定措施，较早地纠正了医疗收费中的一些问题，收到了良好的社会效果。

几年来的审计工作使各单位的领导增强了自我保护和自我监督意识，大部分单位领导把内部审计当作是实施正确领导、科学决策的参谋和助手。卫生部长春生物制品研究所、中国医科大学、上海医科大学等单位把内部审计作为增收节支、维护自身利益不可缺少的职能部门之一。

为进一步加强审计工作，1991 年在武汉、西安、泰安等地分片召开的卫生系统内部审计工作座谈会上，与会的省、自治区、直辖市、计划单列市卫生厅（局）及部直属单位审计负责人在肯定成绩交流经验的基础上，分析了存在的问题主要是：个别卫生厅（局）尚未建立机构或配备专职人员；部分审计人员的素质还不适应改革开放后经济监督工作的需要，一些群众对内部审计工作还不理解。针对存在的问题提出了 1992 年审计工作的重点。 （赵自林）

# 健康教育与新闻出版

## 健康教育

**【1991 年健康教育工作】**

1991 年，中国健康教育事业的发展，主要表现在以下几个方面：

1. 各级领导重视，健康教育的组织机构和队伍建设有新发展。上海、天津、湖南、福建、广东、辽宁、陕西等省健康教育组织机构及队伍建设走在全国前列。老少边穷地区如甘肃、青海、内蒙古、新疆健康教育机构和队伍亦发展迅速。安徽、江西、广西、湖北、陕西、黑龙江、吉林、宁夏、云南等省、自治区，加强了健康教育的基础建设。

2. 开展各种形式的健康教育活动。山西省、江苏省及沈阳、哈尔滨、深圳、大连等城市重视对各类重点人群的健康教育，学校健康教育开课率有提高。北京、上海、广州、天津等市设立了心理咨询热线电话，不同形式的心理健康教育逐步开展。

3. 各地重视规划设计和效果评价。山西省几十万煤矿工人的健康教育、山东、黑龙江省的重点人群健康教育、北京、成都、沈阳、杭州等市的社区健康教育、湖南的妇女健康教育项目等，都经过严密规划设计，并取得成果。

4. 学术研讨活动活跃。1991 年举行的全国性健康教育研讨会主要有：全国第二届健康教育理论研讨会、社会健康教育研讨会、控制吸烟健康教育研讨会、学校健康教育研讨会、性病、艾滋病健康教育研讨会以及健康教育人才开发研讨会等。各省、市、自治区也举办了不同内容的健康教育研讨活动。

5. 社会各界参与各种健康教育活动。中国人民解放军系统把健康教育列为军事训练和院校教育的内容。铁路系统在抓好职工健康教育的同时，加强向乘客开展各种形式的健康教育。国家教委落实《学校卫生工作条例》中关于中小学开设健康教育课的要求。全国妇联在全国组织妇女保健知识大赛。新闻媒介部门普遍开设了健康教育栏目，向广大群众传播各种卫生科学知识。

6. 加强国际交流。世界卫生组织总干事应邀于1991年8月访问了中国健康教育研究所。我国派16位代表出席了在芬兰举行的第14届世界健康教育大会。并还组团考察了加拿大和泰国健康教育发展情况等。

（刘　立）

**【中国5万农民吸烟行为干预取得初步成果】**

中国健康教育研究所烟草控制与疾病预防研究室与全国11个省市合作，从1990年年底开始，实施了《中国5万农民吸烟行为干预方法研究》项目。本项目首先在山西省小区进行预试验。1991年9月年终评价显示：稷山县和绛县6个试验村8 000农民的吸烟率下降6％。在控制吸烟小区，各村都成立了戒烟委员会。烟民和健康教育工作者签订戒烟合同，确定戒烟的时间、具体步骤和所需要的辅助手段，并把戒烟计划张榜公布，大家监督。

村干部参加戒烟协会，干部带头戒烟。学校老师和医务室医生带头戒烟，学生回家后劝阻自己的亲属不吸烟，同时发挥广大妇女的作用。

为了创造一个以不吸烟为荣的环境，小区的公共场所设置了禁烟标志。

在项目实施过程中，健康教育工作者帮助烟民选择戒烟时机，争取一次成功。并提供戒烟灵，采取耳针和耳豆压穴等辅助方法帮助烟民戒烟。鼓励村民在婚丧嫁娶时不敬烟，不摆烟，由村戒烟协会监督实行。

（郑保义）

## 新闻出版

**【卫生出版概况】**

1991年医药卫生书籍的出版工作，从出版种数和出版社的数量上看，都比1990年有所发展。根据我们所掌握的资料统计，1991年全国出版医药卫生类新书（包括教材）1305种，比1990年的1212种增加7．7％；出版医药卫生书籍的出版社已达209家，比1990年的199家增加5％。

在全年出版的品种中，按性质分类，教材为3种（1990年为48种）、工具书46种（1990年为42种）、自编参考书477种（1990年为404种）、翻译书47种（1990年为58种）、中医药现代著作与古籍整理218种（1990年为270种）、中西医药科普读物493种（1990年为365种）、其它21种（1990年为25种）。

按出版社统计出书种数，人民卫生出版社仍名列前茅，全年共出新书181种，占总种数的13．9％。其它出版社出版品种在20种以上的有：中国医药科技出版社（67种）、上海科学技术出版社（62种）、天津科学技术出版社（38种）、人民军医出版社（31种）、科学普及出版社（26种）、江苏科学技术出版社（26种）、上海中医学院出版社（25种）、山西科学教育出版社（25种）、科学出版社（24种）、黑龙江科技出版社（22种）、上海古籍出版社（20种）。特别值得提出的是中国医药科技出版社、天津科学技术出版社、上海中医学院出版社和山西科学教育出版社，从出版医书的角度说，他们发展较快。

在“多出好书、调整结构、减少品种、优化选题、提高质量”的思想指引下，1991年继续出版了一批大型的学术水平较高的中西医药学专著与实用性较强的参考书、工具书和很有史料价值的作品以及紧密结合群众生活实际的优秀科普读物。如人民卫生出版社出版的李家泰主编的《临床药理学》、刘斌主编的《体外受精与胚胎移植》、毛守白主编的《血吸虫生物学与血吸虫病的防治》、吴恩惠主编的《泌尿系统影像诊断学》、杨晓惠等主编的《实用整容外科手术学》、胡熙明主编的《针灸临证指南》、冷方南主编的《中医男科临床治疗学》、医学大词典编委会编的《汉俄医学大词典》、李恩生编的《汉英日临床常用分类词汇》;中国医药科技出版社出版的吴咸中等主编的《腹部外科实践》、林久祥主编的《现代口腔正畸学》、张大宁编著的《实用中医肾病学》、薛庆煜编著的《医学英语常用词组词典》;科学出版社出版的冉小峰主编的《中国中成药保健品集粹》;中医古籍出版社出版的由国家中医药管理局编写的《建国40年中医药科技成就》、陈可冀主编的《清宫医案研究》;人民军医出版社出版的宋琛编著的《眼成形外科学》;上海科学技术出版社出版的徐家裕主编的《临床胰腺病学》、蒋大介等编著的《实用神经外科手术学》、曹炳章辑集的《中国医学大成》、严振国编的《经穴断面解剖图解》;天津科学技术出版社出版的薛庆澄主编的《神经外科学》、钱信忠主编的《医学小百科》;北京科学技术出版社和香港雪谷出版社联合出版的由白永波等主编的《中医养生大全》;北京出版社出版的董建华主编的《中国现代名中医医案精华》;江苏科学技术出版社出版的孙宏训编著的《肝脏病学》;湖南科学技术出版社出版的苏庆章编著的《消化系X线诊断图谱》;河北科学技术出版社出版的王云凯主编的《百病自我简易疗法》;文汇出版社出版的裘沛然主编的《中国中医独特疗法大全》;上海中医学院出版社出版的严世芸主编的《中国医籍通考》;内蒙古人民出版社出版的丁振东主编的《实用优生优育知识1000题》;山西高校联合出版社出版的由山西老年大学编写的《中老年自我保健》;吉林大学出版社出版的郑国有主编的《家庭实用儿童保健知识大全》以及中国妇女出版社出版的郎景和主编的《妇女保健卫生知识100问》等等。

综上所述,1991年医药卫生出版工作取得了新的成绩。但仍有薄弱环节,例如:卫生工作面向农村、面向基层,这是党的既定方针,卫生出版工作也应毫不例外地予以贯彻执行。可是为培养基层医务人员而出版的书,特别是系统培养的读物似嫌不足,建议采取有力措施,进一步解决好这一关系到广大农民健康的问题。

(张明亮　郭有声)

**【《健康报》宣传报道工作】**

1991年健康报主要抓了3方面的宣传报道:

1. 努力反映卫生改革进程,总结各地卫生改革经验,加强《健康报》的指导性。根据我国农村人口占总人口90%以上的基本国情和卫生部工作的战略重点,《健康报》加强了农村医疗卫生的报道。发表了《办好合作医疗顺民心合民意》等5篇消息和系列报道,系统地介绍了山东招远农村合作医疗的经验。为推动全国250个初级卫生保健达标试点县的工作,报道了崇明、丹阳、静海、枝江、勃利5个初级卫生保健达标县的经验,用系列报道的形式发表了《大家都来参与,为别人、也为自己》等5篇通讯,刊发了2篇综述文章,系统地介绍了他们的经验。

为贯彻中央领导同志的指示精神,围绕卫生工作方针和卫生事业性质的宣传,发表了《深刻领会新方针的基本精神》等22篇文章。其中《怎样理解我国卫生事业的性质》等9篇文章,从不同侧面着重分析了我国卫生事业的性质问题,引起了卫生界的重视。

2. 在全国18个省市发生特大洪涝灾害期间,根据中央领导同志和卫生部提出的“当前卫生工作要以救灾防病为中心”的指示,《健康报》组织了救灾防病的战役性报道。洪涝灾害发生后,《健康报》及时派出记者奔赴灾区,写出了《白茆河的女儿》、《晴了的灾区》、《情操,在洪涛中升华》等通讯,反映灾区广大医务人员救死扶伤,忘我工作的先进事迹,表现他们的精神风貌。针对大灾之后可能出现较大疫情的问题,及时发表了《打一场救灾防病主动仗》等文章,对灾后的卫生、环境等问题,发表了《大环境、永恒的话题》、《起步:灾害预防医学》等5篇反思文章，从大卫生、大环境的角度提出了亟待解决的问题。

3. 加强人物报道，宣传为祖国卫生事业艰苦创业，奋力拼搏的典型人物。《健康报》重点抓了刘晓程、姚明华等社会反响强烈的报道。刘晓程是卫生系统不留恋大城市，立志艰苦创业的先进典型。《健康报》发表了《书写人生绚丽的篇章》、《众志成城》、《回声》等通讯，配发了评论员文章《青年工作者的楷模》等，反映出了新一代医务工作者的创业风采。姚明华是抗洪救灾中涌现出的乡村医生先进代表，《健康报》发表了《白茆河的女儿》等长篇通讯，着力反映灾区医务人员克服重重困难，忘我工作，救死扶伤，实行革命人道主义的精神。

（赵海泉）

**【全国医药卫生期刊完成换发登记证工作】**

1991年3～7月，卫生部根据新闻出版署《关于统一核发“期刊登记证”的通知》，对部属医药卫生期刊进行了核准，最后认定，部属期刊共166家。各家期刊在办理新证的同时，都按照已颁布的国家标准《中国标准刊号》进行了编号。按照规定，此次登记之后，各期刊社将每年到当地新闻出版局核验登记证一次。

（孙　苏）

**【部属医学音像出版社完成整顿重新登记注册】**

1991年2月，根据《中共中央办公厅、国务院办公厅关于压缩整顿音像单位的通知》的精神，卫生部对北京协和医学音像出版社、中华医学音像出版社、中国卫生科教音像出版社3家部属医学音像出版社进行了整顿。各音像出版社自建社以来，能够以为人民服务为宗旨、遵守国家有关医疗卫生工作和音像出版事业的规定，为发展我国医学音像出版事业做出了贡献。3家出版社都对现有状况进行了总结，针对领导体制，编辑、技术、设备，发行网络，规章制度等方面存在的问题提出了具体整顿方案。3家出版社已于1991年12月通过新闻出版署验收并重新登记注册。

（孙　苏）

**【组织编撰实用临床系列丛书】**

人民卫生出版社组织编撰出版实用临床系列丛书。丛书侧重介绍临床医疗中需解决的诊、治、防各方面的实际问题，汇总了各学科最新的理论与实践成果，以权威性、实用性和先进性为其显著特点。该套丛书包括内科、外科、妇产科、儿科、眼科、皮肤科、耳鼻喉科、口腔科、护理学及诊断学等临床学科，总计约4000万字。其中《实用内科学》从1952年出版以来已重印9次，总发行量达100多万册；《实用儿科学》出版以来，已重印6次，发行60余万册。丛书各卷目前已大部出版，1993年将全部出齐。

（林　靖）

**【《本草纲目》等获首届全国古籍整理图书奖】**

在1991年新闻出版署主办的首届全国古籍整理图书评奖活动中，人民卫生出版社送评的11种图书全部获奖，占本届获奖图书品种总数的10%。其中《本草纲目》（点校本）获得一等奖，《针灸大成校释》获得三等奖，《黄元御医书》（点校本）等9种获得古籍整理丛书奖。

（林　靖）

**【《中级医刊》创刊40周年】**

《中级医刊》是人民卫生出版社主办的面向基层、城乡兼顾的全国性综合性医药卫生专业期刊。其办刊宗旨是向基层医药卫生人员普及医学理论及业务技术，推广医学科研成果，交流防病治病经验。该刊坚持理论与实际结合、普及与提高结合、中西医结合、防治结合和“双百”方针。《中级医刊》作为传播医药科技信息和知识的载体，以内容充实、题材新颖、栏目丰富、形式活泼、如期发行而赢得了广大读者的欢迎。仅从1978年复刊以来统计，该刊共出160期，刊登文章5760余篇，总字数达2000余万字，总发行俯数达4374万余册，汇编出书20余种，发行50余万册。

1991年2月1日是《中级医刊》创刊40周年纪念日。为此人民卫生出版社举行了纪念《中级医刊》成立40周年的纪念活动。出席会议的有卫生部部长陈敏章以及多年来支持与关心《中级医刊》的在京编委近百人。

（林　靖）

**【《中国药事》杂志公开发行】**

由卫生部药政管理局和中国药品生物制品检定所主办的《中国药事》杂志于1991年4月起在国内外公开发行。

该刊的办刊宗旨是：宣传党的卫生工作方针、政策；宣传贯彻《药品管理法》；研究药事管理的理论与方法，交流药品监督管理工作的经验；介绍国内外的药品管理信息。主要报道药品监督管理的理论与实践及其经验，以提高我国药品监督管理水平，提高药品质量，保证人民用药安全有效。

（张瑞亭）

**【《中药新药与临床药理》杂志公开发行】**

《中药新药与临床药理》杂志是由卫生部主管，广州中医学院主办的学术性刊物，原名《中药（新药）临床及临床药理通讯》。经国家科委批准，定为季刊，从1991年4月起公开发行。

该刊的办刊宗旨：以《药品管理法》和《新药审批办法》为依据，报道和宣传中药新药及临床药理的研究成果和进展，促进中药新药研制的科学化、规范化、系统化，并为卫生部和省、自治区、直辖市新药审评委员以及新药临床药理基地提供情报和信息，为中药的研制、生产、应用部门提供执行新药法规和技术开发方面的交流园地。

（杨甲禄）

**【1991年度全国医药卫生类图书统计表】**

| 序号 | 出版社 | 合计 | 教材 | 工具书 | 参考书 中文 | 参考书 译著 | 中医 著作 | 中医 古籍 | 民族医药 | 科普书 | 法规标准 | 图谱 | 索引 | 其它 |
|---|---|---|---|---|---|---|---|---|---|---|---|---|---|---|
| 1 | 人民卫生出版社 | 181 | | 14 | 90 | 14 | 24 | 13 | | 24 | | 1 | | 1 |
| 2 | 中国医药科技出版社 | 67 | 1 | 2 | 41 | 5 | 7 | | | 10 | | 1 | | |
| 3 | 上海科学技术出版社 | 62 | 2 | 3 | 25 | 1 | 13 | 3 | | 15 | | | | |
| 4 | 天津科学技术出版社 | 38 | | | 13 | 1 | 8 | | | 15 | 1 | | | |
| 5 | 人民军医出版社 | 31 | | 1 | 15 | 1 | 3 | | | 11 | | | | |
| 6 | 科学普及出版社 | 26 | | | 2 | | | | | 24 | | | | |
| 7 | 江苏科技出版社 | 26 | | | 16 | 1 | 5 | | | 4 | | | | |
| 8 | 上海中医学院出版社 | 25 | | | 3 | 13 | 2 | | | 5 | | 1 | 1 | |
| 9 | 山西科学教育出版社 | 25 | | | 4 | | 1 | | | 19 | | 1 | | |
| 10 | 科学出版社 | 24 | | | 13 | 4 | | | | 7 | | | | |
| 11 | 黑龙江科学技术出版社 | 22 | | 1 | 9 | | 6 | | | 6 | | | | |
| 12 | 上海古籍出版社 | 20 | | | | | | 20 | | | | | | |
| 13 | 湖南科学技术出版社 | 19 | | | 8 | 1 | 5 | 1 | | 3 | | 1 | | |
| 14 | 上海医科大学出版社 | 18 | | 1 | 12 | 2 | 1 | | | 2 | | | | |
| 15 | 中医古籍出版社 | 18 | | 1 | 1 | | 13 | 2 | | 1 | | | | |
| 16 | 福建科学技术出版社 | 17 | | 3 | 5 | 1 | 2 | | | 5 | 1 | | | |

| 序号 | 出版社 | 合计 | 教材 | 工具书 | 参考书 | | 中医 | | 民族医药 | 科普书 | 法规标准 | 图谱 | 索引 | 其它 |
|---|---|---|---|---|---|---|---|---|---|---|---|---|---|---|
| | | | | | 中文 | 译著 | 著作 | 古籍 | | | | | | |
| 17 | 科学技术文献出版社重庆分社 | 17 | | | 5 | | 3 | | | 9 | | | | |
| 18 | 山东大学出版社 | 17 | | 1 | 3 | | 2 | | | 11 | | | | |
| 19 | 江西科学技术出版社 | 17 | | 1 | 5 | | 3 | | | 8 | | | | |
| 20 | 河南科学技术出版社 | 16 | | | 9 | | 4 | | | 3 | | | | |
| 21 | 上海科学教育出版社 | 15 | | | 9 | | | | | 6 | | | | |
| 22 | 科学技术文献出版社 | 15 | | | 6 | | 2 | | | 7 | | | | |
| 23 | 辽宁科学技术出版社 | 15 | | | 8 | | 1 | | | 6 | | | | |
| 24 | 上海科学技术文献出版社 | 14 | | 1 | 5 | | | | | 7 | | 1 | | |
| 25 | 北京出版社 | 14 | | | 3 | 1 | 6 | | | 4 | | | | |
| 26 | 华夏出版社 | 13 | | | 1 | | 3 | | | 9 | | | | |
| 27 | 广东科学技术出版社 | 13 | | 1 | 7 | | 4 | | | 1 | | | | |
| 28 | 北京科学技术出版社 | 12 | | 1 | 8 | | | | | 3 | | | | |
| 29 | 人民体育出版社 | 15 | | 1 | | | | | | 14 | | | | |
| 30 | 浙江科学技术出版社 | 12 | | 1 | 4 | | 4 | | | 3 | | | | |
| 31 | 北京医科大学，协和医科大学联合出版社 | 11 | | | 10 | | | | | 1 | | | | |
| 32 | 中国人口出版社 | 10 | | | 2 | 1 | | | | 7 | | | | |
| 33 | 上海翻译出版公司 | 9 | | | 2 | 2 | 3 | | | 2 | | | | |
| 34 | 学苑出版社 | 9 | | | 2 | | | | | 7 | | | | |
| 35 | 金盾出版社 | 9 | | | 1 | | 1 | | | 7 | | | | |
| 36 | 湖北科学技术出版社 | 9 | | | 5 | | | | | 4 | | | | |
| 37 | 安徽科学技术出版社 | 9 | | | 2 | | 2 | 1 | | 4 | | | | |
| 38 | 广西民族出版社 | 9 | | | | | | | | 9 | | | | |
| 39 | 广西科学技术出版社 | 8 | | | 3 | | | | | 4 | 1 | | | |
| 40 | 上海科学普及出版社 | 7 | | | 3 | | | | | 4 | | | | |
| 41 | 天津人民出版社 | 7 | | | 1 | | 1 | | | 5 | | | | |
| 42 | 化工出版社 | 7 | | | 4 | 2 | 1 | | | | | | | |
| 43 | 云南科学技术出版社 | 7 | | | 3 | | 3 | | | | | | 1 | |
| 44 | 河北科学技术出版社 | 7 | | | 1 | | 2 | | | 4 | | | | |
| 45 | 贵州人民出版社 | 7 | | 1 | 3 | | 1 | | | 2 | | | | |
| 46 | 甘肃科学技术出版社 | 7 | | | 3 | | 3 | | | 1 | | | | |
| 47 | 沈阳出版社 | 7 | | | 2 | | 1 | | | 4 | | | | |
| 48 | 中国妇女出版社 | 6 | | | 2 | | | | | 4 | | | | |
| 49 | 煤炭工业出版社 | 6 | | | | | | | | 6 | | | | |
| 50 | 中国商业出版社 | 6 | | 1 | | | | | | 5 | | | | |
| 51 | 新疆人民出版社 | 6 | | | 2 | | | | | 4 | | | | |
| 52 | 中国财政经济出版社 | 5 | | | 5 | | | | | | | | | |
| 53 | 知音出版社 | 5 | | 1 | | | 4 | | | | | | | |
| 54 | 河南大学出版社 | 5 | | | 2 | | 1 | | | 2 | | | | |
| 55 | 白山出版社 | 5 | | | 2 | | | | | 2 | | 1 | | |
| 56 | 东南大学出版社 | 5 | | | 3 | | | | | 2 | | | | |

| 序号 | 出版社 | 合计 | 教材 | 工具书 | 参考书 中文 | 参考书 译著 | 中医 著作 | 中医 古籍 | 民族医药 | 科普书 | 法规标准 | 图谱 | 索引 | 其它 |
|---|---|---|---|---|---|---|---|---|---|---|---|---|---|---|
| 57 | 中国广播电视出版社 | 4 | | | | | | | | 4 | | | | |
| 58 | 高等教育出版社 | 4 | | 1 | | | 1 | | | 1 | 1 | | | |
| 59 | 原子能出版社 | 4 | | | 3 | | 1 | | | | | | | |
| 60 | 北京体育学院出版社 | 4 | | | | 1 | | | | 3 | | | | |
| 61 | 海洋出版社 | 4 | | | 2 | | | | | 2 | | | | |
| 62 | 清华大学出版社 | 4 | | | 1 | 1 | 1 | | | 1 | | | | |
| 63 | 中国科学技术出版社 | 4 | | | 1 | 1 | | | | 2 | | | | |
| 64 | 北京大学出版社 | 4 | | | | | | | | 4 | | | | |
| 65 | 河北人民出版社 | 4 | | | 2 | | | | | 2 | | | | |
| 66 | 华中师范大学出版社 | 4 | | | 2 | 1 | | | | 1 | | | | |
| 67 | 浙江大学出版社 | 4 | | | | 1 | | | | 3 | | | | |
| 68 | 陕西人民出版社 | 4 | | 1 | 1 | | | | | 2 | | | | |
| 69 | 甘肃人民出版社 | 4 | | | 1 | | | | | 3 | | | | |
| 70 | 延边人民出版社 | 4 | | | 2 | | | | | 2 | | | | |
| 71 | 内蒙古人民出版社 | 4 | | | 2 | | | | | 2 | | | | |
| 72 | 黑龙江人民出版社 | 4 | | | | | 1 | | | 3 | | | | |
| 73 | 吉林教育出版社 | 4 | | | 4 | | | | | | | | | |
| 74 | 上海人民出版社 | 4 | | | 3 | | | | | 1 | | | | |
| 75 | 长春出版社 | 4 | | | 1 | | | | | 2 | | | | |
| 76 | 四川科学技术出版社 | 4 | | | 2 | | | | | 2 | | | | |
| 77 | 广西师范大学出版社 | 4 | | | 3 | | | | | 1 | | | | |
| 78 | 广东高教出版社 | 4 | | | 1 | | 1 | | | 2 | | | | |
| 79 | 上海教育出版社 | 3 | | | | | 1 | | | 2 | | | | |
| 80 | 光明日报 | 3 | | | 1 | | | | | 2 | | | | |
| 81 | 中国国际广播出版社 | 3 | | | | | | | | 3 | | | | |
| 82 | 轻工业出版社 | 3 | | | | | | | | 3 | | | | |
| 83 | 中国中医药出版社 | 3 | | | | | 2 | | | 1 | | | | |
| 84 | 南京大学出版社 | 3 | | 1 | 2 | | | | | | | | | |
| 85 | 吉林科学技术出版社 | 3 | | | 2 | | | | | 1 | | | | |
| 86 | 海天出版社 | 3 | | | | | | | | 3 | | | | |
| 87 | 华中理工大学出版社 | 3 | | | 1 | | | | | 2 | | | | |
| 88 | 南海出版公司 | 3 | | | | | | | | 3 | | | | |
| 89 | 陕西科技出版社 | 3 | | | | | 2 | | | 1 | | | | |
| 90 | 湖南出版社 | 3 | | | 1 | | | | | 2 | | | | |
| 91 | 厦门大学出版社 | 3 | | | 1 | | 1 | | | 1 | | | | |
| 92 | 华南理工大学出版社 | 3 | | | 2 | | | | | 1 | | | | |
| 93 | 云南大学出版社 | 3 | | | | | 2 | | | 1 | | | | |
| 94 | 青海人民出版社 | 3 | | | 1 | | 1 | | | 1 | | | | |
| 95 | 三联书店上海分店 | 2 | | | | | | | | 2 | | | | |
| 96 | 文汇出版社 | 2 | | | | | 1 | | | 1 | | | | |
| 97 | 同济大学出版社 | 2 | | | | | | | | 2 | | | | |

| 序号 | 出版社 | 合计 | 教材 | 工具书 | 参考书 | | 中医 | | 民族医药 | 科普书 | 法规标准 | 图谱 | 索引 | 其它 |
|---|---|---|---|---|---|---|---|---|---|---|---|---|---|---|
| | | | | | 中文 | 译著 | 著作 | 古籍 | | | | | | |
| 98 | 上海交通大学出版社 | 2 | | 1 | 1 | | | | | | | | | |
| 99 | 天津大学出版社 | 2 | | | 2 | | | | | | | | | |
| 100 | 天津翻译出版公司 | 2 | | | 1 | 1 | | | | | | | | |
| 101 | 经济管理出版社 | 2 | | 1 | | | | | | 1 | | | | |
| 102 | 冶金工业出版社 | 2 | | | 2 | | | | | | | | | |
| 103 | 能源出版社 | 2 | | | 2 | | | | | | | | | |
| 104 | 新华出版社 | 2 | | | | | | | | 2 | | | | |
| 105 | 知识出版社 | 2 | | | | | | | | 2 | | | | |
| 106 | 中国工人出版社 | 2 | | | | | | | | 2 | | | | |
| 107 | 北京工业大学出版社 | 2 | | | | | | | | 1 | | | | 1 |
| 108 | 三联书店 | 2 | | | | | | | | 2 | | | | |
| 109 | 北京航空航天大学出版社 | 2 | | | 1 | | | | | 1 | | | | |
| 110 | 奥林匹克出版社 | 2 | | | | | | | | 2 | | | | |
| 111 | 电子工业出版社 | 2 | | | 2 | | | | | | | | | |
| 112 | 北京理工大学出版社 | 2 | | | | | | | | 2 | | | | |
| 113 | 中国友谊出版公司 | 2 | | | | | | | | 2 | | | | |
| 114 | 中国华侨出版公司 | 2 | | | 1 | | | | | 1 | | | | |
| 115 | 世界图书出版公司 | 2 | | | 2 | | | | | | | | | |
| 116 | 山东人民出版社 | 2 | | | 2 | | | | | | | | | |
| 117 | 吉林人民出版社 | 2 | | | | | | | | 2 | | | | |
| 118 | 中山大学出版社 | 2 | | | 1 | | | | | 1 | | | | |
| 119 | 四川教育出版社 | 2 | | | 1 | | | | | 1 | | | | |
| 120 | 吉林文史出版社 | 2 | | 1 | | | | | | 1 | | | | |
| 121 | 东北师范大学出版社 | 2 | | | 1 | | | | | 1 | | | | |
| 122 | 大连出版社 | 2 | | 1 | | | | | | | | | | |
| 123 | 山西科学技术出版社 | 2 | | | 1 | 1 | | | | | | | | |
| 124 | 湖南教育出版社 | 2 | | | 1 | | | | | 1 | | | | |
| 125 | 吉林大学出版社 | 2 | | | | | | | | 2 | | | | |
| 126 | 兰州大学出版社 | 2 | | | 1 | | | | | 1 | | | | |
| 127 | 新疆大学出版社 | 2 | | | 1 | | 1 | | | | | | | |
| 128 | 三秦出版社 | 2 | | | | | | | | 2 | | | | |
| 129 | 济南出版社 | 2 | | | | | | | | 2 | | | | |
| 130 | 哈尔滨出版社 | 2 | | | | | 1 | | | 1 | | | | |
| 131 | 石油大学出版社 | 2 | | | 2 | | | | | | | | | |
| 132 | 青岛海洋大学出版社 | 2 | | | 1 | | | | | 1 | | | | |
| 133 | 中原农民出版社 | 2 | | | | | | | | 2 | | | | |
| 134 | 四川大学出版社 | 2 | | | 1 | | 1 | | | | | | | |
| 135 | 杭州大学出版社 | 2 | | | 1 | | | | | 1 | | | | |
| 136 | 学林出版社 | 2 | | | | | | | | 2 | | | | |
| 137 | 复旦大学出版社 | 1 | | | | 1 | | | | | | | | |
| 138 | 上海文化出版社 | 1 | | | | | | | | 1 | | | | |

| 序号 | 出版社 | 合计 | 教材 | 工具书 | 参考书 中文 | 参考书 译著 | 中医 著作 | 中医 古籍 | 民族医药 | 科普书 | 法规标准 | 图谱 | 索引 | 其它 |
|---|---|---|---|---|---|---|---|---|---|---|---|---|---|---|
| 139 | 明天出版社 | 1 | | | | | | | | 1 | | | | |
| 140 | 中国社会出版社 | 1 | | | | | | | | 1 | | | | |
| 141 | 中央广播电视大学出版社 | 1 | | | | | | | | 1 | | | | |
| 142 | 北京师范大学出版社 | 1 | | | | | | | | 1 | | | | |
| 143 | 中国建筑工业出版社 | 1 | | | | | | | | 1 | | | | |
| 144 | 中国城市经济社会出版社 | 1 | | | | | | | | 1 | | | | |
| 145 | 中国旅游出版社 | 1 | | | | | | | | 1 | | | | |
| 146 | 华龄出版社 | 1 | | | | | | | | 1 | | | | |
| 147 | 中国经济出版社 | 1 | | | | | | | | 1 | | | | |
| 148 | 教育科学出版社 | 1 | | | 1 | | | | | | | | | |
| 149 | 中国地图出版社 | 1 | | | | | | | | | | 1 | | |
| 150 | 电子科技大学出版社 | 1 | | | | | 1 | | | | | | | |
| 151 | 中国标准出版社 | 1 | | | | | | | | | | 1 | | |
| 152 | 北京邮电学院出版社 | 1 | | | | | | | | 1 | | | | |
| 153 | 中国文史出版社 | 1 | | | | | | | | 1 | | | | |
| 154 | 人民大学出版社 | 1 | | | | | | | | 1 | | | | |
| 155 | 国防工业出版社 | 1 | | | | | | | | 1 | | | | |
| 156 | 中国和平出版社 | 1 | | | | | | | | 1 | | | | |
| 157 | 中央广播电视出版社 | 1 | | | | | | | | 1 | | | | |
| 158 | 新蕾出版社 | 1 | | | | | | | | 1 | | | | |
| 159 | 万国学术出版社 | 1 | | | 1 | | | | | | | | | |
| 160 | 中国科技大学出版社 | 1 | | | | | | | | 1 | | | | |
| 161 | 中国计量出版社 | 1 | | | | | | | | 1 | | | | |
| 162 | 鹭江出版社 | 1 | | | 1 | | | | | | | | | |
| 163 | 河海大学出版社 | 1 | | 1 | | | | | | | | | | |
| 164 | 宁夏人民出版社 | 1 | | | | | | | | | | | | 1 |
| 165 | 青岛出版社 | 1 | | | 1 | | | | | | | | | |
| 166 | 陕西人民教育出版社 | 1 | | | | | | | | 1 | | | | |
| 167 | 四川科学教育出版社 | 1 | | | | | | | | 1 | | | | |
| 168 | 西北大学出版社 | 1 | | | 1 | | | | | | | | | |
| 169 | 山西高教联合出版社 | 1 | | | | | | | | 1 | | | | |
| 170 | 西藏人民出版社 | 1 | | | | | | | | 1 | | | | |
| 171 | 黑龙江朝鲜民族出版社 | 1 | | | | | | | | 1 | | | | |
| 172 | 江苏人民出版社 | 1 | | | | | | | | 1 | | | | |
| 173 | 北方妇女儿童 | 1 | | | | | | | | 1 | | | | |
| 174 | 兰天出版社 | 1 | | | | | | | | 1 | | | | |
| 175 | 希望出版社 | 1 | | | | | | | | 1 | | | | |
| 176 | 漓江出版社 | 1 | | | | | | | | 1 | | | | |
| 177 | 福建少儿出版社 | 1 | | | | | | | | 1 | | | | |
| 178 | 福建人民出版社 | 1 | | | | | | | | 1 | | | | |
| 179 | 内蒙古教育出版社 | 1 | | | 1 | | | | | | | | | |

| 序号 | 出版社 | 合计 | 教材 | 工具书 | 参考书 中文 | 参考书 译著 | 中医 著作 | 中医 古籍 | 民族医药 | 科普书 | 法规标准 | 图谱 | 索引 | 其它 |
|---|---|---|---|---|---|---|---|---|---|---|---|---|---|---|
| 180 | 湖北少儿出版社 | 1 | | | | | | | | 1 | | | | |
| 181 | 江苏教育出版社 | 1 | | | | | | | | 1 | | | | |
| 182 | 河北大学出版社 | 1 | | | 1 | | | | | | | | | |
| 183 | 成都科技大学出版社 | 1 | | | 1 | | | | | | | | | |
| 184 | 福建教育出版社 | 1 | | | | | | | | 1 | | | | |
| 185 | 岳麓书社 | 1 | | | | | | 1 | | | | | | |
| 186 | 中南工业大学出版社 | 1 | | | | | | | | 1 | | | | |
| 187 | 山东教育出版社 | 1 | | | | | | | | 1 | | | | |
| 188 | 西北大学出版社 | 1 | | | | | | | | 1 | | | | |
| 189 | 浙江人民出版社 | 1 | | | | | | | | 1 | | | | |
| 190 | 辽宁大学出版社 | 1 | | | | | | | | 1 | | | | |
| 191 | 江苏古籍出版社 | 1 | | 1 | | | | | | | | | | |
| 192 | 四川人民出版社 | 1 | | | | | | | | 1 | | | | |
| 193 | 山西人民出版社 | 1 | | | | | | | | 1 | | | | |
| 194 | 东方出版社 | 1 | | | | | | | | 1 | | | | |
| 195 | 浙江古籍出版社 | 1 | | | | | | | | 1 | | | | |
| 196 | 甘肃少儿出版社 | 1 | | | | | | | | 1 | | | | |
| 197 | 河北教育出版社 | 1 | | | 1 | | | | | | | | | |
| 198 | 新时代出版社 | 1 | | | | | | | | 1 | | | | |
| 199 | 辽宁人民出版社 | 1 | | | | | | | | 1 | | | | |
| 200 | 成都出版社 | 1 | | | | 1 | | | | | | | | |
| 201 | 东北财经出版社 | 1 | | | 1 | | | | | | | | | |
| 202 | 华东师范大学出版社 | 1 | | 1 | | | | | | | | | | |
| 203 | 西安交通大学出版社 | 1 | | | 1 | | | | | | | | | |
| 204 | 黄河出版社 | 1 | | | 1 | | | | | | | | | |
| 205 | 湖南地图出版社 | 1 | | | | | | | | | | 1 | | |
| 206 | 武汉出版社 | 1 | | | 1 | | | | | | | | | |
| 207 | 湖南师范大学出版社 | 1 | | | 1 | | | | | | | | | |
| 208 | 重庆大学出版社 | 1 | | | | | | | | 1 | | | | |
| 209 | 贵州科技出版社 | 1 | | | | 1 | | | | | | | | |
| | 合计 | 1305 | 3 | 46 | 477 | 47 | 175 | 43 | | 493 | 5 | 11 | 1 | 4 |

（严建中）

**【1991 年度全国医药卫生新书书目】**

**世界药物指南**/国家医药管理局医药工业情报中心站，国际医药服务公司(IMS International)编. 上海医科大学出版社，9.50 元

**新药指南**/国家医药管理局，医药工业情报中心站编. 中国医药科技出版社，6.50 元

**高等药理学实验教程**/刘发，王晓雯主编. 新疆人民出版社，2.90 元

**分子药理学**/金荫昌主编. 天津科学技术出版社，精 33.85 元

**免疫药理学**/张罗修主编；庄庆琪等编写. 上海医科大学出版社，3.15 元

**图解药剂学**/(日)宫崎正三等编著；徐麟等译. 中国医药科技出版社，精 9.00 元

**药物结构与制剂**/沈建民，武振卿编著. 中国医药科技出版社，12.00 元

**应用生物药剂学和药物动力学**/(美)L. 夏盖尔，A. B. C. 尤编著；李安良译. 中国医药科技出版社，7.80 元

**药物控释系统和治疗学入门**/(联邦德国) K. 海尔曼著；刘淑贞，房安石译. 中国医药科技出版社，4.30 元

**药物代谢研究**：意义、方法、应用/宋振玉主编. 人民卫生出版社，15.65 元

**放射药理学**/孙祺薰编著. 人民卫生出版社，8.25 元

**麻醉药理学**/郑斯聚，段世明主编. 中国医药科技出版社，5.15 元

**药理学多选题**/丁全福主编. 海洋出版社，3.70 元

**精神活性药物处方实践**/(英) Hamid Ghodse，(瑞士) Inayatkhin 编著；张岱，陈荔子译. 人民卫生出版社，2.00 元

**河南中西药**/马文飞主编. 南京大学出版社，14.00 元

**医药仓储技术**/总后勤部卫生部编. 人民军医出版社，精 13.00 元

**医药科技发展的现状与趋势**/边振甲，赵知中著. 北京科学技术出版社，2.80 元

**薄层扫描法及其在药物分析中的应用**/孙毓庆主编. 人民卫生出版社，10.05 元

**新编药理学**/容健材，廖锡麟主编. 江苏科学技术出版社，16.00 元

**心血管药物临床应用指南**/(美)A. 施内韦斯，G. 谢特勒著；董长城等译. 人民军医出版社，5.80 元

**生物药物分析**/曾经泽编著. 中国医药科技出版社，4.90 元

**输液药物配伍化学**/周维书编著. 中国医药科技出版社，7.00 元

**药物设计的基本原理**/张其楷主编. 中国医药科技出版社，9.80 元

**药物相互作用**：原理和生化基础/周维书等编著. 科学出版社，9.20 元

**世界卫生组织药物依赖专家委员会第二十五个报告**/世界卫生组织编；张守杰译. 人民卫生出版社，1.45元

**中华人民共和国药典** 二部：临床用药须知：1989 年/中华人民共和国卫生部药典委员会编. 中国医药科技出版社，25.00 元

**中华人民共和国药典**：一部 1990 年版/中华人民共和国卫生部药典委员会编. 人民卫生出版社；化学工业出版社，精 21.00 元

**海药的采集与加工**/王书和编写. 海洋出版社，1.30元

**辐射防护药及其作用机制**/(美) J. C. 利夫西等著；王培仁等译. 中国科学技术出版社，3.50 元

**药物动力学**/奚念朱主编. 上海医科大学出版社，2.10 元

**药物透皮吸收新剂型**/(美) A. F. 基多尼厄斯主编；郑俊民译. 科学出版社，9.75 元

**医用药理学基础**/金有豫，林志彬主编. 2 版. 世界图书出版公司，6. 90 元

**抗菌药物临床应用指南**/汪复主编. 人民卫生出版社，3.10 元

**药物合成的有机化学** 第 2 卷/(美) D. 莱德尼瑟，L. A. 米彻尔著；曹观坤等译. 化学工业出版社，9.60 元

**矿物药分析**/赵中杰编著. 人民卫生出版社，10.00 元

**实用注射剂配伍变化 300 例**/杨大魁，王宏图编译. 上海翻译出版公司，9. 80 元

**临床药理学**/李家泰主编. 人民卫生出版社，精 48.00 元

**药物制剂的体内处置和合理用药**/奚念朱主编. 中国医药科技出版社，3.50 元

**药学问答** 第二分册/《药学问答》编辑委员会编著. 人民卫生出版社，12.70 元

**计算药学**/相秉仁编著. 中国医药科技出版社，9.80元

**药物化学**/刘绍雄主编. 中国医药科技出版社，7.20元

**药剂学**/王承德主编. 中国医药科技出版社，5.20元

**输液的工业生产**/李全林等主编. 中国医药科技出版社，13.00元

**现代临床用药必备**/熊方武主编译. 中国医药科技出版社，9.50元

**医学统计学**/倪宗瓒主编. 人民卫生出版社，4.35元

**医学通论**/赵兴太等主编. 河南科学技术出版社，2.90元

**实用医学伦理学**/董炳良等主编. 上海人民出版社，3.50元

**医药工作十年大事记**：1978～1988/齐谋甲，金同珍主编. 中国医药科技出版社，18.00元

**中国医学史**/傅维康主编. 上海中医学院出版社，6.90元

**乡村医生医德学**/施榕主编. 上海科学技术出版社，2.10元

**医药职业道德概论**/朱琼瑶主编. 中国医药技术出版社，4.50元

**2000年上海卫生发展战略研究**/王立本主编. 上海医科大学出版社，14.90元

**临床医学概论**/罗祖贻主编. 中国医药科技出版社，7.70元

**社区卫生工作者工作指南**：培训准则·改编准则/世界卫生组织编；宋允孚等译. 人民卫生出版社，8.35元

**世界卫生论坛**：国际卫生发展杂志：1989年第10卷第2期/世界卫生组织编. 人民卫生出版社，4.40元

**现代临床医学伦理学**/吴咸中，温克勤主编. 天津人民出版社，3.80元

**医学道德**/张显立主编. 科学技术文献出版社重庆分社，2.20元

**计算机医疗咨询系统**：MYCIN/（美）爱德华·汉斯肖特利夫著；张小云等译. 人民军医出版社，5.00元

**当代世界医学**：1989/上海铁道医学院《当代世界医学》编辑委员会主编. 人民卫生出版社，4.75元

**中国现代医学**：1989：中英对照/《中国现代医学》编辑委员会主编. 人民卫生出版社，8.30元

**世界卫生论坛**：1989年　第10卷　第3/4期/世界卫生组织编. 人民卫生出版社，4.40元

**世界卫生组织通报**：选译：1990年　第1期/世界卫生组织编. 人民卫生出版社，4.40元

**医学社会学**/（美）蓝采风等编著. 浙江大学出版社，3.50元

**村级卫生技术人员职务晋升考试复习大纲题解**/张源茂主编. 福建科学技术出版社，9.75元

**实用医学新旧计量值对照表**/罗振智等编. 广西科学技术出版社，2.80元

**全国医药卫生科研机构及高级人员名录**/薛志福，李忠泽编. 人民卫生出版社，4.45元

**1991年全国硕士研究生入学考试医学综合科目考试大纲**：西医、中医/中华人民共和国国家教育委员会制订. 高等教育出版社，0.93元

**健康大趋势**/梁浩材著. 北京科学技术出版社，2.80元

**卫生发展研究**/杜乐勋著. 北京科学技术出版社，2.80元

**世界卫生组织通报选译**：1990年第2期/世界卫生组织编. 人民卫生出版社，4.40元

**伦理选择**/范以农等著. 北京科学技术出版社，2.80元

**新编医学伦理学**/张世嵘主编. 青岛出版社，4.10元

**简明医学史**/程之范，宋之琪编著. 北京医科大学、中国协和医科大学联合出版社，1.04元

**新中国医学教育史**/朱潮，张慰丰编著. 北京医科大学、中国协和医科大学联合出版社，7.00元

**心理卫生**/王效道主编. 浙江科学技术出版社，3.80元

**世界卫生组织概况**/世界卫生组织编；袁波，马涛译. 人民卫生出版社，1.40元

**医学新学科研究进展**/焦春荣，奚尧生主编. 广西师范大学出版社，6.00元

**中国医药荟萃**　第3辑：《心血管疾病》专辑/成都市分部，重庆总部主编. 北京科学技术出版社，2.50元

**东北地区主要医学动物与疾病**/全理华等编著. 白山出版社，精33.00元

**若月俊一与农村医学**/张自宽等译著. 吉林科学技

术出版社，2.50元

**医德一百题**/施榕编著. 上海人民出版社，2.00元

**世界卫生论坛**：1990年　第11卷　第1期/世界卫生组织编. 人民卫生出版社，4.40元

**世界卫生论坛**：1990年　第11卷　第2期/世界卫生组织编. 人民卫生出版社，4.40元

**人乳中的少量和微量元素**：世界卫生组织/国际原子能机构协作研究的联合报告/世界卫生组织编；赵金扣译. 人民卫生出版社，2.50元

**社会医学**/梁浩材主编. 广东科技出版社，2.20元

**实用医学科研方法学**/管遵信编著. 上海中医学院出版社，4.80元

**新编医学伦理学**/牟来忠等主编. 华中师范大学出版社，3.00元

**医德学**/黎群武等主编. 中国妇女出版社，4.20元

**医学心理学**/李心天主编. 人民卫生出版社，5.90元

**中国口腔医学史考**/周大成著. 人民卫生出版社，13.50元

**中国医学史**/甄志亚主编. 人民卫生出版社，33.30元

**拉丁语在医药学中的应用**/娄全寅主编. 河南大学出版社，2.95元

**大生态医学模式论**：医学未来发展战略之哲学和伦理论证/陶功定著. 山西科学教育出版社，1.95元

**历代医德论述选译**/王治民主编. 天津大学出版社，5.05元

**实用医学伦理学**/吕国恩，吴祥廉主编. 山东人民出版社，4.85元

**医德学教程**/袁利廷主编. 鹭江出版社，3.30元

**护理心理学**/李建明主编. 中国医药科技出版社，6.80元

**临床心理学**/黄怀铃，王凤霞编著. 华中师范大学出版社，2.20元

**实用医学大词典**/吴之理主编. 人民军医出版社，精48.50元

**医疗卫生英汉分类词汇**/游斌主编. 福建科学技术出版社，5.40元

**医学通俗百科**/王赞舜主编. 上海科学技术出版社，精19.70元

**医学英语常用词组词典**/薛庆煜编著. 中国医药科技出版社，精15.00元

**企业技术安全人员劳动卫生实用手册**/贾树队等编著. 中国医药科技出版社，3.60元

**中国计划生育年鉴**：1988/《中国计划生育年鉴》编辑委员会编. 人民卫生出版社，精19.00元

**中国中医机构志**/史宇广主编. 中医古籍出版社，精65.00元

**南京卫生年鉴**：1989/南京市卫生局《南京卫生年鉴》编辑委员会主编. 河海大学出版社，精20.00元

**中华古文献大辞典**：医药卷/庄树藩主编. 吉林文史出版社，精18.00元

**实用临床药物手册**/张希德主编；刘泽玲等编. 上海科技教育出版社，4.85元

**离退休干部保健手册**/方正主编. 上海科技教育出版社，5.20元

**（浙江省）黄岩县卫生志**/黄岩县卫生志编纂办公室编. 上海人民出版社，11.25元

**日本医疗医药企业年鉴**：1990. 中国人民卫生出版社；日本国株式会社日中社，6.40元

**汉英日临床常用分类词汇**/李恩生编. 人民卫生出版社，精34.75元

**实用临床检验手册**/孙荫等主编. 上海科技教育出版社，5.60元

**中国内科年鉴**：1989/《中国内科年鉴》编辑委员会编. 人民卫生出版社，精27.00元

**应用外科手册**/华积德主编. 上海科技教育出版社，7.50元

**实用皮肤病诊疗手册**/王侠生主编. 上海科技教育出版社，3.10元

**英汉皮肤科学词典**/顾伟程编写. 陕西人民出版社，12.00元

**实用眼科手册**/奚渭清主编. 上海科技教育出版社，4.55元

**急性化学中毒抢救手册**/上海市化工职业病防治研究所编. 上海科学普及出版社，2.80元

**实用营养手册**/吴德才等主编. 天津科学技术出版社，11.75元

**简明旅游保健手册**/赵桂馨，贺海山编著. 东北师范大学出版社，3.00元

**离退休干部保健手册**/方正主编. 上海科技教育出版社，精7.20元

**袖珍针灸成方手册**/杨子雨，李小娣编著. 中医古籍出版社，1.95元

**石家庄地区卫生志**/本书编纂委员会编. 河北人民出版社，精16.95元

**实用内科手册**/赵宪邨主王子骥等编. 上海科技教育出版社，5.30元

**护士工作手册**/黄人健主编. 2版. 科学普及出版社，3.00元

**临床常用诊疗数据手册**/李绍魁，李新民编. 河南科学技术出版社，精3.40元

**医学超声技术词典**/寿文德，燕山主编. 上海交通大学出版社，3.15元

**中药小辞典**：供家庭用/田吉生，王满恩编. 中医古籍出版社，3.35元

**X线鉴别诊断手册**/刘赓年编著. 福建科学技术出版社，5.40元

**眼科实用药物手册**/王国军主编；华龙山等编. 天津科学技术出版社，3.40元

**药疗监护手册**/罗素琴，亓永禄编著. 中国医药科技出版社，14.00元

**实用妇产科急症手册**/周郅隆，刘棣临主编；蔡希蕙等编. 上海科技教育出版社，2.70元

**内经词典**/张登本，武长春主编. 人民卫生出版社，精18.50元

**上海医科大学年鉴**：1990/汤钊猷，萧俊主编. 上海医科大学出版社，精18.00元

**家庭实用中西医手册**/胡晌亮等编著. 上海科学技术文献出版社，2.50元

**中华养生大辞典**/春湖养生研究所编纂；王者悦主编. 大连出版社，精36.00元

**气功大辞典**：繁体字版/吕光荣主编. 人民卫生出版社，精装16.40元

**简明医疗体育手册**/范振华，周士枋主编. 人民卫生出版社，8.50元

**实用炎症手册**：中医西医结合统一诊断标准/罗仁，郑吉民编著. 华南理工大学出版社，8.00元

**医疗保健应急手册**/朱德敏，王德苓主编. 天津科学技术出版社，2.25元

**外科医嘱手册**/许洪福，张学琦主编. 上海科学技术出版社，精6.90元

**实用气功手册**/张天戈，薛近芳编著. 上海科学技术出版社，精5.35元

**袖珍诊疗数据手册**：法定单位与非法定单位对照/杨兆琪等编. 2版. 福建科学技术出版社，5.60元

**实用临床检验手册**/孙荫等主编. 上海科技教育出版社，5.60元

**曲靖市卫生志**/曲靖市卫生志编纂委员会编. 云南科技出版社，精20.00元

**西吉县卫生志**/海生云，李炬主编. 宁夏人民出版社，2.50元

**卫生管理词典**/王春然，石长吉主编. 经济管理出版社，精11.80元

**简明育儿知识手册**/肖维等编. 山西科学教育出版社，3.30元

**中国医学百科全书**：营养性疾病/张孝骞主编. 上海科学技术出版社，2.95元

**家庭医学知识手册**/印玉湖主编. 中国广播电视出版社，5.90元

**英汉双解精选医学词典**/祝希媛等译. 人民卫生出版社，20.55元

**俄英汉医药学词汇**/周德湘等主编. 江西科学技术出版社，精18.50元

**中国药学年鉴**：1988～1989/《中国药学年鉴》编辑委员会编；彭司勋主编. 人民卫生出版社，精17.65元

**中国矿物药图鉴**/杨松年主编. 上海科学技术文献出版社，精28.00元

**药物处方手册**/陈星荣，戴瑞鸿主编. 上海科学技术出版社，5.65元

**药物不良反应处理手册**/（美）R. Douglas Collins著；刘君实等译. 贵州科技出版社，4.40元

**家庭常用药物使用手册**/沈钧棠主编. 上海科学技术文献出版社，4.35元

**实用针灸选穴手册**/杨兆民等编著. 金盾出版社，3.70元

**小儿麻痹后遗症外科治疗手册**/黎云青等编著. 江西科学技术出版社，3.60元

**现代家庭急救手册**/稚庆，家德编. 中国商业出版社，3.00元

**心电图诊断手册**/李三波，陈涛编. 山西科学教育出版社，1.60元

**中西医结合内科诊疗手册**/洪用森，吴宝森主编. 浙江科学技术出版社，精18.00元

**中成药实用手册**/张炳鑫主编. 人民卫生出版社，8.00元

**大众识病手册**/王辉武，庞国荣主编. 科学技术文献出版社重庆分社，5.35元

**急症针灸治疗手册**/朱明清，程晓明编著. 浙江科学技术出版社，2.20元

**灌云县卫生志**/吴继敏主编. 江苏科学技术出版

社，12.00 元

**南京卫生年鉴**：1990/南京市卫生局《南京卫生年鉴》编辑委员会主编. 北京科学技术出版社，精24.00元

**实用肝脏病手册**/王季午，何南祥主编. 浙江科学技术出版社，精 7.50 元；平 5. 20 元

**外科医嘱手册**/许洪福，张学琦主编；王芳元等编写. 上海科学技术出版社，5.40 元

**英汉康复医学词汇**/丁涵章编写. 浙江科学技术出版社，4.20 元

**现代针炎师手册**/胡伯虎等主编. 北京出版社，精 15.30 元

**实习护士手册**/周家梁，王菊吾主编. 广东科技出版社，8.50 元

**消灭脊髓灰质炎工作手册**/李方军等编著. 安徽科学技术出版社，1.10 元

**江苏卫生年鉴**：1990/《江苏卫生年鉴》编辑委员会编. 南京大学出版社，精 24.00 元

**卫生志**/《秦皇岛市卫生志》编纂委员会编. 河北人民出版社，精 14.80 元

**中国卫生年鉴**：1990/《中国卫生年鉴》编辑委员会编. 人民卫生出版社，精 25.00 元

**英汉医学词汇**/《英汉医学词汇》编纂组编. 人民卫生出版社，精 30.00 元

**袖珍实用药物手册**/柯则龙等编. 福建科学技术出版社，4.80 元

**法定传染病防治手册**/本书编委会编. 山东大学出版社，4.40 元

**华容县血防志**/华容县血防志编纂组编. 华东师范大学出版社，5.00 元

**实用老年病症诊疗手册**/王赞舜，王传馥主编. 上海科技教育出版社，3.50 元

**袖珍新生儿临床手册**/宋韶鸣主编. 江苏科学技术出版社，精 3.10 元

**云南中药志**　第 I 卷/黎光南主编. 云南科技出版社，精 30.00 元

**实用中药手册**/孔增科编著. 天津科学技术出版社，6.55 元

**中成药临床手册**/刘汉清主编. 江苏科学技术出版社，精 4.40 元

**家庭食补与药补手册**/张然等编著. 黑龙江人民出版社，4.35 元

**袖珍药物手册**/南京医学院第一附属医院《袖珍药物手册》编写组编. 2 版. 江苏科学技术出版社，精 5.60 元

**麻醉手册**/谢柏樟编著. 2 版. 人民卫生出版社，10.75 元

**实用计划免疫手册**/李鑫等编著. 黑龙江科学技术出版社，2.60 元

**中国本草图录索引**/萧培根主编；《中国本草图录》编写委员会编写. 商务印书馆（香港）有限公司；人民卫生出版社，精装

**中药材手册**/卫生部药政管理局，中国药品生物制品检定所主编. 2 版. 人民卫生出版社，精 20.40 元

**中医内科手册**/孙建芝主编. 河南科学技术出版社，8.50 元

**辐射防护手册**　第五分册：辐射危害与医学监督/李德平，潘自强主编. 原子能出版社，10.80 元

**家庭育儿实用知识手册**/程萍编著. 光明日报出版社，1.85 元

**汉俄医学大词典**/汉英、汉法、汉德、汉日、汉俄医学大词典编纂委员会编. 人民卫生出版社，精 85.00元

**实用英汉医学词汇**/陈维益等编. 上海科学技术出版社，精 13.50 元

**医学英语常用词汇百日通**/臧玉秋编著. 上海科学技术出版社，5.10 元

**教师保健手册**/杨立新主编. 中国城市经济社会出版社，3.80 元

**乡村医生药品知识手册**/黄祚钦编著. 广西民族出版社，5.10 元

**药品检查技术手册**/韩世儒主编. 天津科学技术出版社，2.40 元

**怀孕与生育百科全书**/J. 巴拉斯凯斯，Y. 戈登著；徐晋勋，程利南译编. 上海文化出版社，精11.80元

**汉英药物词汇**/刘有常主编. 广东科技出版社，精 15.00 元

**中国药学年鉴**：1990/《中国药学年鉴》编辑委员会编. 人民卫生出版社，精 21.80 元

**袖珍检验诊断手册**/王鸿利主编. 上海科学技术出版社，精 1.35 元

**现场急救手册**/夏玉光编著. 人民军医出版社，2.10元

**现代急诊医学治疗手册**/（美）迈克尔·J. 卡拉汉主编；丁恩深等译. 成都出版社，精 48.00 元

**内科急症手册**/韩培信，杨晔主编. 中国医药科技

出版社，9.80元

**实用心脏病学手册**/黄振文，崔天祥主编. 中国医药科技出版社，12.50元

**实用中药手册**/陈瑞华等编著. 上海科学技术出版社，精10.00元

**孕妇手册**/郎景和著. 华夏出版社，3.85元

**灭鼠技术实用手册**/祁明常，朱中炳主编. 人民军医出版社，2.70元

**官兵健康应急手册**/王开明，王贵臣主编. 山西科学教育出版社，3.50元

**中华名医方剂大全**/彭怀仁主编. 金盾出版社，精26.00元

**人体生理节律万年速查手册**/施华廷等编著. 浙江大学出版社，2.45元

**常见急症救治手册**/赵崇德主编. 山西科学教育出版社，6.30元

**家庭急救手册**/王国干编译. 煤炭工业出版社，4.10元

**驾驶员急救手册**/曹连甲等编. 江西科学技术出版社，1.30元

**汉英对照针灸词汇**/李复峰主编. 黑龙江科学技术出版社，4.80元

**现代针灸师手册**/胡伯虎等主编. 北京出版社，11.45元

**养生长寿辞典**/姚品荣，姚丽明编著. 江苏古籍出版社，5.00元

**实用养生保健自疗手册**/周志杰，雷跻九主编. 陕西人民出版社，7.95元

**儿童牙齿保健知识手册**/湖北医学院口腔医院预防科，湖北省牙病防治指导组编. 华中师范大学出版社，1.00元

**肿瘤与血液病诊断治疗手册**/（德）Else Heidemann 等著；刘通顺编译. 华中师范大学出版社，2.75元

**临床心电·超声·脑电·脉象诊断手册**/王志良主编. 中国医药科技出版社，4.80元

**袖珍外科手册**/顾树南，姚全梅编著. 甘肃科学技术出版社，精4.10元

**中华长寿中药宝典**/柴国钊，李志文主编. 长春出版社，精13.00元

**青年卫生保健手册**/彭建芝主编；吴汉文等编. 中国商业出版社，3.80元

**儿童营养卫生手册**/王韬文编. 陕西人民出版社，3.80元

**实用临床护理手册**/熊方武主编译. 中国医药科技出版社，9.50元

**新编中成药手册**/陈馥馨主编. 中国医药科技出版社，精25.00元

**临床危重病急救手册**/范国辉等主编. 中国医药科技出版社，3.50元

**快速记忆**：英汉医学词汇分解词典/宋清茂，张亚历主编. 湖南科学技术出版社，精10.80元；平9.80元

**实习医师手册**/唐春林，周洸主编. 山东大学出版社，6.20元

**中医临床实习手册**/吴涛，田维君编著. 江西科学技术出版社，4.00元

**推拿按摩气功养生题目索引**：1950～1985/王德深主编. 上海中医学院出版社，6.30元

**宝宝康**：独生子女的营养与保健/梅东，亦员编. 科学技术文献出版社重庆分社，2.45元

**老年人营养与锻炼**/吉海旺，姚淑莲编著. 陕西人民出版社，2.20元

**老年营养与食疗**/安徽老年大学，广西老年大学编. 甘肃人民出版社，2.80元

**中老年晨间锻炼指南**/伍后胜，缪钦编著. 人民军医出版社，4.95元

**中老年人保持青春活力指南**：生命的自我管理/季友明编著. 天津科学技术出版社，4.90元

**中老年自我保健**/何英，林子通编著. 轻工业出版社，1.75元

**避孕方法指南**/印玉湖编著. 科学技术文献出版社，3.00元

**计划生育百问百答**/李敬之等编著. 天津科学技术出版社，1.55元

**新婚保健咨询**/马智主编. 天津科学技术出版社，2.30元

**百治百验效方集**/卢祥之著. 中国医药科技出版社，2.65元

**家庭实用便方**/武子仁编著. 中医古籍出版社，2.50元

**家庭实用偏方**/黄永春，佑村编. 河北科学技术出版社，2.00元

**益寿效方120**/王毅等编著. 中国医药科技出版社，1.70元

**抗癌咨询**：肿瘤专家答疑/俞鲁谊等主编. 上海科

学普及出版社，3.20元

**女性防癌指南**/汪淑琴编．黑龙江科学技术出版社，2.60元

**家庭实用自学用药法**/朱砂等编著．长春出版社，3.20元

**新编食品卫生必读**/赖威民主编．中山大学出版社，3.45元

**每日健康秘法**/畅帆编译．延边人民出版社，3.50元

**名医谈保健**/赵艳主编．华龄出版社，4.50元

**健身长寿之道**/张志洁，高品诗编著．中国医药科技出版社，3.80元

**人类的寿命有多长**/(苏)纳·阿·加夫里洛夫著；杨更生译．上海教育出版社，0.91元

**老年传统健身**/骆勤方主编；杨有为编．人民体育出版社，5.30元

**老年医疗保健按摩**/王友仁编著．北京出版社，4.25元

**医学小百科**：护理/钱信忠主编．天津科学技术出版社，5.35元

**医学小百科**：营养/钱信忠主编．天津科学技术出版社，5.50元

**病从哪里来？**/黄树则著．人民卫生出版社，0.86元

**生活习惯与健康**/韩绍安编写．人民卫生出版社，0.87元

**老年期性问题咨询**/杨文质主编．科学出版社，精4.90元；平3. 90元

**性科学·性健康**/焦玉江等著．北方妇女儿童出版社，2.30元

**性生活咨询**/胡廷溢编著．江西科学技术出版社，2.20元

**性卫生手册**/赵西苑，王炳强编译．中国医药科技出版社，3.10元

**妇女保健365问**/陆曙民，唐建华主编．中国人口出版社，4.90元

**浅谈妇女卫生**/雷慧中编写．人民卫生出版社，0.90元

**孕妇必读**/康健祥编著．广西民族出版社，2.40元

**家庭实用儿童保健知识大全**/郑国有主编．吉林大学出版社，5.65元

**婴幼儿保健**/孙美珍，田永峰编著．科学技术文献出版社重庆分社，1.95元

**气功健身指南**/沈福道，张德云编著．科学技术文献出版社，3.90元

**中国秘传气功治病法**/唐一寺编著．南海出版公司，4. 80元

**针灸锦囊**/邵经明编著；邵素霞，邵素菊协助整理．河南科学技术出版社，3.50元

**家庭食物疗法**/王文斗等编．辽宁科学技术出版社，3.20元

**抗衰、壮阳与进补**/朱大年等编著．上海科技教育出版社，2.10元

**女性疾病与饮食疗法**：饮食与美容/（日）落合敏著；何希泉等译．中国工人出版社，2.45元

**食物疗法**/上海食疗研究会编著．浙江人民出版社，3.65元

**厘正按摩要术**/（清）张振鋆编辑；曲祖贻点校．人民卫生出版社，2.90元

**穴道指压术**：治疗·保健/吴熙，周金伙编著．福建科学技术出版社，1.40元

**脐疗**/韩文领等编著．科学技术文献出版社重庆分社，1.70元

**帮你学针灸**/徐宏勋等编著．科学出版社，2.50元

**简易强身祛病气功**/萨仲冉等编．福建科学技术出版社，3.80元

**常见病自我推拿图解**/庄元明等编写．上海科学技术出版社，2.00元

**家庭推拿按摩**/金宏柱编著．金盾出版社，2.30元

**健身自我按摩**/孙树椿等编．清华大学出版社，2.00元

**美发生发古验方**/赵章光编．中医古籍出版社，4.50元

**三补简便验方**/（明）王象晋撰；齐馨点校．中医古籍出版社，2.95元

**医学特殊检查问答**/严忠浩，燕山编写．人民卫生出版社，0.80元

**家庭护理与家庭营养**/万钫著．中央广播电视大学出版社，3.75元

**常见内科病家庭疗养**/张传义等编著．山东大学出版社，1.35元

**心脏病知识**/戴瑞鸿主编．上海科学技术出版社，3.50元

**怎样防治佝偻病**/薛沁冰等编著．人民卫生出版社，0.60元

**小儿尿频尿痛和尿血**/王天雍编著．人民卫生出版

社，0.86 元

**妇科肿瘤浅谈**/李诚信等编著. 人民卫生出版社，0.86 元

**性传播疾病的防治**/孙芝斋，庄亦仁编著. 中国医药科技出版社，2.20 元.

**性传播疾病防治 100 问**/郑佛洲等编著. 金盾出版社，2.00 元

**常见眼病知识**/赵光喜编著. 人民卫生出版社，0.79元

**儿童眼卫生与戴镜知识**/潘佩琨著. 科学技术文献出版社重庆分社，1.10 元

**儿童牙病的防治**/北京医科大学口腔医院儿童牙科编. 煤炭工业出版社，0.80 元

**中老年人口腔病及牙病的防治**/北京医科大学口腔医院编. 煤炭工业出版社，1.30 元

**实用推拿治病百法**/骆竞洪著；骆仲逵等编. 人民体育出版社，4.20 元

**医学小百科**：推拿/钱信忠主编. 天津科学技术出版社，3.05 元

**自我按摩集锦**/骆勤方主编. 人民体育出版社，5.50元

**自我按摩与家庭按摩**/韩贵满编著. 新疆人民出版社，2.05 元

**防病·用药**/范正祥，骆勤方主编. 人民体育出版社，4.10 元

**医林观奇**/戴洪龄等主编. 吉林人民出版社，2.80 元

**饮食·保健**/范正祥，骆勤方主编. 人民体育出版社，3.70 元

**怎样安排儿童科学膳食**/蒋安惠编著. 中国工人出版社，1.20 元

**保健集锦**/陈瑞华主编. 上海科学技术出版社，2.95元

**老年人保健**/世界卫生组织编；刘梓荣，周清华译. 人民卫生出版社，1.85 元

**家庭自疗简便方**/袁立人等编著. 中国医药科技出版社，3.00 元

**强身延年膏滋良方**/周克振编著. 金盾出版社，1.00元

**心血管病保健咨询**/吴英恺，胡旭东主编. 科学普及出版社，3.60 元

**老年病症自我防治指导**/谈运良编著. 上海科学技术出版社，3.25 元

**爸爸必读**/周正猷，唐引荣编著. 人民卫生出版社，3.70 元

**男性避孕节育**/李顺强，刘小章编. 中国人口出版社，1.60 元

**农村计划生育宣传教育指南**/李俊喜主编. 科学普及出版社，5.80 元

**人口与计划生育基础知识十讲**/金海峰主编. 江苏人民出版社，1.80 元

**实用优生优育知识 1000 题**/丁振东主编. 内蒙古人民出版社，12.00 元

**优生与婴儿保健**/中国科协普及工作部等合办编. 科学普及出版社，2.50 元

**怎样做一个未来的母亲**：孕产妇保健指南/蒋建国编译. 陕西人民教育出版社，1.75 元

**宝宝健康顾问**/李呈瑞编著. 厦门大学出版社，1.80元

**滋阴壮阳食谱**/陈国明，修显红编著. 福建科学技术出版社，1.35 元

**疾病食疗 900 方**/王明陵等编. 中国医药科技出版社，2.05 元

**老年常见病的家庭饮食调治**/李津香，李晓敏编著. 中国医药科技出版社，2.15 元

**女性美容、食疗与保健**/姜坤等编著. 科学普及出版社，2.10 元

**食物养生 200 题**/孟庆轩，陈国珍编著. 2 版. 金盾出版社，3.00 元

**婴幼儿中医食疗食补**/张达旭著. 广西科学技术出版社，1.15 元

**家庭害虫防治问答**/冯绍泉编著. 科学技术文献出版社重庆分社，1.30 元

**实用家庭虫害杀灭方法精选**/梁铁麟等编著. 上海翻译出版公司，1. 55 元

**高原保健指南**/《高原保健指南》编辑委员会编. 西藏人民出版社，精 7.10 元；平 4. 10 元

**科学育婴 100 问**/孙光远主编. 辽宁科学技术出版社，2.80 元

**母子健康指南**：生命知识的普及/中国儿童发展中心编. 上海科学技术出版社，1.95 元

**实用育儿指南**/朗景和主编. 2 版. 福建少年儿童出版社，7.80 元

**婴儿智力发育月月观**/林庆编著. 上海科学技术出版社，1.55 元

**优生·健美·长寿**　上册/关训良，王天顺主编.

中国医药科技出版社，5.70元

**性生理卫生咨询**/陈光来编著. 江西科学技术出版社，2.20元

**话说矮身材**/戴帜主编. 科学技术文献出版社重庆分社，1.95元

**老年心理卫生**/骆勤方主编. 人民体育出版社，3.20元

**身心健康与长寿**/杨健身主编. 上海科学技术出版社，1.25元

**大众气功**/胡斌著. 人民体育出版社，1.60元

**旅游健身气功**/夏双全编著. 人民体育出版社，1.60元

**中国药膳**：英汉对照/张文高等编著；张来修，赵文渠等译. 上海中医学院出版社，22.20元

**颈肩痛与腰腿痛**/沈志祥等编. 人民卫生出版社，0.64元

**癌症的认识和征服**/鲁中原编著. 安徽科学技术出版社，1.40元

**皮肤卫生与皮肤病**/苗德云编著. 山东大学出版社，1.35元

**性传播疾病咨询**/朱景委，马世俊编著. 江西科学技术出版社，1.40元

**畜·禽·鱼·药膳食用指南**/罗时淦编. 轻工业出版社，2.90元

**结核病人百题问答**/李新，李守娟主编. 济南出版社2.45元

**妇科常见病家庭防治法**/高金亮编著. 山西科学教育出版社，1.35元

**常吃蔬菜的营养价值**/曹强编著. 知识出版社，1.20元

**实用饮食知识**：吃的学问/（英）玛格丽特·萨姆纳著；李金鸣等译. 上海科学技术文献出版社，1.65元

**幼儿营养知识问答**/李汉华编著. 四川教育出版社，1.25元

**怎样合理安排儿童营养**/柳启沛，朱朝勇编. 上海科学技术文献出版社，1.30元

**保你在三周内减肥健美**/（日）广池秋子著；李连鹏译. 山西科学教育出版社，2.30元

**东方神功**/（日）广池秋子著；李连鹏译. 山西科学教育出版社，4.80元

**健身秘诀**/（美）肯尼思·库珀著；胡大一等编译. 中国广播电视出版社，2.80元

**长寿之谜**/马广安编著. 大连出版社，2.95元

**老年病人的家庭康复**/严忠浩，储宏明编著. 人民卫生出版社，1.05元

**少林长寿秘诀**/德虔，德炎编著. 北京体育学院出版社，3.65元

**实用保健气功**/李成银编著. 甘肃人民出版社，2.75元

**孕产妇生活须知**/于载畿等编著. 山西科学教育出版社，2.45元

**从小培养好习惯**/韩棣华编著. 人民卫生出版社，1.00元

**气功、科学与现代文明**/陶祖莱著. 华夏出版社，7.15元

**气功冥想健康法**/悟真编译. 北京体育学院出版社，2.70元

**气功天地**/龚启莘编著. 贵州人民出版社，5.00元

**气功·养生·医论**/乔鸿儒著. 济南出版社，4.20元

**婴幼儿保健三百问**/吴复苍，阎慧卿编著. 山西科学教育出版社，2.45元

**幼儿卫生保健手册**/云初等主编；周文美等编写. 福建人民出版社，1.40元

**幼儿营养与保健**/汪南平，朱壮勇编译. 明天出版社，2.35元

**小儿常见病症状与家庭护理**/阎明编著. 山西科学教育出版社，2.70元

**儿童肥胖病的防治常识**/杨成功，姚伟民编译. 安徽科学技术出版社，1.15元

**婴幼儿腹泻**/候俊阁编著. 人民卫生出版社，0.68元

**夏秋季小儿易患的传染病**/杜裕生编著. 人民卫生出版社，0.80元

**家庭药膳100种**/阎金海等编著. 山西科学教育出版社，2.00元

**健美·祛病·食物疗法**/林孟良，王发友编著. 经济管理出版社，4.60元

**俩情饮食奇方录**/王佑民，易简编著. 上海科学技术出版社，3.40元

**小儿家庭营养配餐与食疗名方**/南光编著. 山西科学教育出版社，2.80元

**达摩长寿秘功**：自我气功点穴按摩法/李藏山编著. 北京体育学院出版社，3.30元

**胎儿都是天才**：向你揭示神童的诞生之谜/（美）实

子·斯瑟蒂克著；张志军编译. 学林出版社，2.50元

**癌症防治指南**/李宗彦等编译. 北京理工大学出版社，1.15元

**益寿五法初学指南**/线春海编著. 北京理工大学出版社，3.50元

**家庭常用验方**/范正祥，刘德山编著. 人民卫生出版社，0.91元

**400种病症民间验方**/崔豪著. 山西科学教育出版社，1.65元

**便读速记新编方歌300首**/何足道编著. 内蒙古人民出版社，3.70元

**小功法治百病宝典**：简易省时显效自疗的神通术：神通术之三/李和生编著. 山西科学教育出版社，3.40元

**意拳气功**/王安平编著. 安徽科学技术出版社，1.65元

**养心之道**：心理的自我保健技术/连长贵编著. 杭州大学出版社，2.60元

**家庭急救必备**/杨子雨等主编. 山西科学教育出版社，2.80元

**沈阳看病指南**/《沈阳看病指南》编委会编. 沈阳出版社，3.95元

**常用保健滋补品知识**/鲍迪富等编著. 上海科学技术出版社，1.75元

**防癌食品**/阎金海等编著. 山西科学教育出版社，1.70元

**古今家庭食疗方法精选**：治病、美容、健身/万德芬编. 天津科学技术出版社，7.35元

**蟒针疗法**/王实古著. 沈阳出版社，2.95元

**手掌与疾病**：疾病预测与最佳治疗时间选择/梁秋湖等编著. 广西科学技术出版社，1.60元

**自学推拿图说**/张义炯主编. 安徽科学技术出版社，4.95元

**家庭穴位按摩**/伍后胜主编. 中国广播电视出版社，4.60元

**古代名家养生箴言**/丁青艾，侯又白编著. 华夏出版社，4.50元

**静坐养生功法**/周国远讲授；朱胜武整理. 山西科学教育出版社，1.00元

**内功养生秘诀**/邓宏逖编著. 湖南科学技术出版社，4.40元

**养生五百忌**/郭申元编译. 上海科技教育出版社，2.60元

**中医养生大全**/白永波，孙光荣主编. 北京科学技术出版社；香港雪谷出版社，精38.00元

**医·食·健·美万事通**：人生一百年/《中国体育报》科技部编. 中国社会出版社，8.00元

**自然健美法**/戴家夫妇著；李庆坤，杨松译. 三联书店，2. 40元

**中老年保健**/彭桦编. 广西师范大学出版社，1.40元

**中老年人保健指南**/孙天祥主编. 人民军医出版社，3.80元

**生与育的科学**/尚丽新编著. 沈阳出版社，4.00元

**优生指南**/高锦声，叶玲玲编著. 河南科学技术出版社，3.80元

**简易家庭按摩与导引术**/李乐德编著. 湖南科学技术出版社，3.20元

**脚部按摩疗法**/汤叔梁，杨秉元编著. 东南大学出版社，2.70元

**实用按摩推拿大全**/李茂林编著. 中医古籍出版社，12.00元

**实用推拿手法图解**/费季翔等编著；黄原摄影. 上海翻译出版公司，7. 80元

**现代推拿法**/李会生编著. 北京科学技术出版社，3.10元

**孕产中的戒与忌**/王洪编著. 江西科学技术出版社，1.80元

**儿童保健100问**：续集/玉振熹编著. 广西民族出版社，1.80元

**民间治病小手册**/牙廷艺编著. 广西民族出版社，2.10元

**杏林妙法**/夏德君，惠广喜编. 人民卫生出版社，5.55元

**怎样对付艾滋病**/世界卫生组织编；林长胜译. 人民卫生出版社，1.50元

**医学美容与生活美容**/陈兆红，杜家彦编著. 新疆人民出版社，4.50元

**急性腹泻婴幼儿患者的膳食管理**：地区规划管理人员实用手册/樊京娜译. 人民卫生出版社，0.89元

**癌症家庭防治大全**/陈四传主编. 上海科学技术文献出版社，4.95元

**心灵战**：威胁还是幻觉/（美）约翰. 怀特，马丁·埃本编著；袁品荣等译. 中国友谊出版公司，5.70元

**睡眠之谜**/李志平编译. 甘肃少年儿童出版社，

1.50元

**求医检查须知**/严忠浩等编著. 上海科技教育出版社，1.80元

**怎样观察自己的健康**/叶桂蓉，高振都编译. 新时代出版社，3.50元

**残疾病人体育疗法**/王玉琴编著. 上海科学技术出版社，1.55元

**艾滋病**：一种疾病的故事/（英）J. 格林，D. 米勒著；徐钢，陈甦译. 知识出版社，3.50元

**针灸易学**/（清）李守先撰；董晋宝点校. 人民卫生出版社，1.85元

**中国民间灯火灸疗法**/谭支绍著. 广西科学技术出版社，2.75元

**蜂刺疗法**/陈伟编著. 中南工业大学出版社，2.50元

**军中名医谈百病**（1）：献给被疾病困扰的人们/汪曾炜，郑斯聚主编. 辽宁科学技术出版社，4.95元

**少年儿童卫生问答**/王锦雯，马捷编著. 辽宁科学技术出版社，3.95元

**菜篮子与全家福**：家庭饮食与营养科学/陈光新，朱清华主编. 中国商业出版社，5.50元

**自然医食与健康长寿**/（日）森下敬一著；姚力译. 新华出版社，2.40元

**儿童少年营养卫生知识读本**/杭州市学生营养促进会编. 浙江科学技术出版社，1.80元

**幼儿食谱**/（法）勃朗第·玛尔伽台；亨利·布歇著；谢桂芳译. 中国商业出版社，2.40元

**皮肤保健与美容**/（加）霍华德，多恩斯基著；翟志瑞，余建一译. 科学技术文献出版社，3.30元

**皮肤病防治常识**/郭长洲编著. 学苑出版社，1.90元

**性病证治**/杨建葆著. 中国妇女出版社，2.90元

**性传播疾病的防治**/李容，李学熹著. 北京出版社，2.05元

**三元延寿参赞书**/（元）李鹏飞编·**修龄要旨**/（明）冷谦撰·**医先**/（明）王文禄撰·**摄生三要**/（明）袁黄撰·**养生肤语**/（明）陈继儒撰. 上海古籍出版社，2.10元

**食宪鸿秘**/（清）朱彝尊撰. 上海古籍出版社，3.55元

**寿世青编**/（清）尤乘纂·老老恒言/（清）曾庭栋撰. 上海古籍出版社，2.85元

**素问**：摄生类/不著撰人·**养生论**/（三国魏）嵇康撰·**养性延命录**/（南朝梁）陶弘景撰·**备急千金要方**：养性/（唐）孙思邈撰·**千金翼方**：养（性）/（唐）孙思邈撰. 上海古籍出版社，1.70元

**太平御览**：**养生**/（宋）李昉等编·**苏沈良方**：养生类/（宋）苏轼撰·**保生要录**/（宋）蒲虔贯撰·**摄生消息论**/（元）邱处机撰. 上海古籍出版社，1.65元

**新刻养生导引法**/（明）胡文焕编·**静坐要诀**/（明）袁黄撰. 上海古籍出版社，2.40元

**性命要旨**/（清）汪启贤撰. 上海古籍出版社，1.75元

**养生类要**/（明）吴正伦辑. 上海古籍出版社，4.85元

**饮膳正要**/（元）忽思慧撰. 上海古籍出版社，4.50元

**华夏药膳保健顾问**/王仙舟等编. 华夏出版社，6.10元

**家庭保健膳食精选**/刘瑞彩等编. 河北科学技术出版社，3.60元

**家庭食疗秘方900例**/孔繁芝编. 北京科学技术出版社，4.50元

**中华食物疗法大全**/窦国祥主编. 江苏科学技术出版社，精19.00元

**中医营养学**/申却骄，姚鸣春编著. 中医古籍出版社，5.80元

**大众气功按摩**/张福增，黄晓春编著. 天津科学技术出版社，1.60元

**道家真气功**/胡玉兰著. 人民军医出版社，5.50元

**慧通丹田气功**/邸占雄，王国良编著. 天津科学技术出版社，2.20元

**气功点穴按摩术**/杨树文著. 华夏出版社，3.50元

**如意健美气功**/邹金华编著. 天津科学技术出版社，1.80元

**生命自控光流气功**/徐岱，徐巍编著. 天津科学技术出版社，1.80元

**中华医疗气功**/张有寓等编. 天津人民出版社，4.00元

**百病自我简易疗法**/王云凯主编. 河北科学技术出版社，6.95元

**现代健身指导**/（英）亨利·库珀著；王兴杨，邱锡铼译. 上海翻译出版公司，1. 95元

**大学生保健**/张德生编著. 兰州大学出版社，1.85元

**青春期知识与健康150问答**/叶广俊主编. 学苑出版社，2.70元

**让中年充满活力**：一个医生的忠告/（美）K. D. 牛顿著；郭肇妲，李舜伟译. 科学出版社，3.00元

**老年生活保健指南**/华宇编著. 浙江大学出版社，2.70元

**饮酒·健康·疾病**/杨磊，苏长海主编. 中国广播电视出版社，2.90元

**性功能障碍咨询**/葛根等编著. 江西科学技术出版社，1.90元

**生育的知识**/楼象编. —修订版. 科学普及出版社，3.50元

**育儿咨询500问**/许积德，顾菊美主编. 上海科学技术出版社，4.85元

**儿童口腔卫生**/朱希涛主编. 科学普及出版社，1.95元

**医疗体育**/黄美光，陈健华编著. 科学普及出版社，9.90元

**子午流注气功点穴法**/罗振宇著. 科学普及出版社，2.30元

**医学小百科**：健美/钱信忠主编. 天津科学技术出版社，5.50元

**肥胖与减肥术**/府强等编著. 学苑出版社，3.00元

**现代肥胖症与减肥疗法**/张雪亮，于文明编著. 学苑出版社，3.00元

**毒害品防护知识问答**/丛金铎编. 白山出版社，2.30元

**肾脏病105问**/陶静华，李恩编著. 人民卫生出版社，2.75元

**癫痫诊治100问**/王德权，关凤桐编. 辽宁科学技术出版社，2.60元

**呼吸系统常见病防治320问**/李峻亨主编. 金盾出版社，2.50元

**糖尿病患者的自我疗养**/（美）C. M. 彼德森，L. 乔瓦诺维克著；纪英如，邢政译. 科学普及出版社，1.50元

**糖尿病人的生活指导**/马德锡主编. 科学技术文献出版社，2.20元

**胆·肾结石患者必读**：体外震波碎石问答/王文忠等编著. 人民军医出版社，0.95元

**肾脏疾病的防治与康复**/姚德鸿著. 上海科学普及出版社，2.70元

**孕产妇健美与优生**/孟昭庆等编译. 新蕾出版社，2.30元

**孕产妇用药须知**/（英）R. S. 莱沃德，D. F. 霍金斯著；王秀毓等译. 黑龙江科学技术出版社，2.40元

**人体生理奇闻趣谈**/黄延训编. 白山出版社，2.60元

**健身益寿防病术**：体育疗法荟萃/李言顺，黄真喜编. 福建科学技术出版社，3.90元

**气功针疗与减肥**/淳于家平著. 广东高等教育出版社，4.30元

**寿亲养老新书**/（宋）陈直撰；（元）邹铉续增. 上海古籍出版社，5.65元

**武当太乙天鹰气功**/杨瑞甫传授；刘彦骅，田嵩岭整理. 河南科学技术出版社，2.65元

**益寿保健气功咨询**/赵怀庆等编著. 江西科学技术出版社，3.50元

**简明智能气功学**/庞明著. 河北人民出版社，7.70元

**智能动功功法普及教材**/庞明主编. 河北人民出版社，3.00元

**中华简易气功功法精选**/祝跃平等编著. 学苑出版社，2.90元

**实用健身养生大全**/汪早立等编. 中国科学技术出版社，10.80元

**中国古代养生长寿秘法**/浙江省当代国际问题研究会主编. —增订本. 浙江科学技术出版社，4.00元

**特效疗法100种**：家庭必备/（日）小林三刚，佐藤久三著；高云岫，谢贵章译. 煤炭工业出版社，2.70元

**常见慢性病的自我康复疗法**/郭光宇编著. 北京出版社，4.65元

**医生成功之路**/刘振华等编著. 科学技术文献出版社，3.50元

**病人求医指南**/俞纯山编著. 广东科技出版社，2.80元

**长个的秘诀**/金日石等编著. 黑龙江朝鲜民族出版社，0.85元

**鼠害及其防治**/宋长和，于清华编著. 福建教育出版社，0.85元

**粮菜瓜果肉食家庭疗法**/郭教礼，胡岳著. 西北大学出版社，2.50元

**名医谈百病**/白筠，王海云主编. 科学普及出版社，

4.50元

**大众食品营养素便览**/殷毅编著. 江苏科学技术出版社，2.40元

**家庭营养小百科**/宁先云，亦木主编；刘芳琴，李连德编写. 吉林文史出版社，4.80元

**营养饮食与食物疗法**/何东兰编著. 南海出版公司，3.80元

封面和版权页作者为“何冬兰”。

**文明与疾病**/王廷兆编著. 河南科学技术出版社，2.10元

**健康圣经**：有病不求人/（日）石川恭三著；山口三男画；航山译. 光明日报出版社，3.25元

**运动卫生与康复锻炼100问**/浦钧宗编著. 北京医科大学、中国协和医科大学联合出版社，2.40元

**中小学生健康指南**/王士龙，王廷珍主编. 白山出版社，3.20元

**中老年自我保健**/甄永存等编著. 学苑出版社，3.20元

**40岁以后的身体锻炼与保健**：健康地生活在21世纪/隋文萍，邵佩译. 北京师范大学出版社，1.55元

**第三年龄**：人类长寿之道/（苏）ю. В. 塔尔纳夫斯基著. 新华出版社，1.45元

**活到99**/陈庆树，黄渭铭编著. 中国经济出版社，4.95元

**老年保健和老年病防治**/边齐编著. 人民军医出版社，3.50元

**休息的科学**/韩绍安编著. 人民卫生出版社，0.95元

**综合避孕法**/江泽国编著. 2版. 甘肃科学技术出版社，2.00元

**皮肤与皮肤病的家庭保健**/陈贤丰编著. 华南理工大学出版社，3.20元

**影响美容的皮肤病**/谭仲楷，祝连庆编著. 山西科学教育出版社，3.20元

**家庭用药必读**/王开贞等编著. 山东大学出版社，2.45元

**常用西药用药指南**：药物的使用禁忌/李福涛主编. 重庆大学出版社，1.95元

**自我健康诊断**：22个确认点/（日）石浜淳美，石滨贞著；张葆春，王振宇译. 北京大学出版社，2.50元

**孕产妇保健300问**/邢淑敏等编著. 金盾出版社，2.50元

**养花治病**/储农等编著. 上海科学技术文献出版社，2.60元

**怎样防治性病**/赵天恩等编著. 山东大学出版社，1.20元

**狂犬病问答**/赵春媛，赵玉霞编. 沈阳出版社，1.20元

**鸡蛋养生食谱**/王纯义编著. 中医古籍出版社，2.20元

**解酒食品与解酒方法**/刘博纯编著. 辽宁大学出版社，2.30元

**中草药保健饮料**/李保真等编著. 广西科学技术出版社，3.30元

**道家气功宝典**/倴怀邦，周晓云编著. 山西科学教育出版社，3.80元

**道家气功精华**/刘正才等编著. 上海翻译出版公司，2.45元

**恒心功成**/清峻，川碣编. 新疆人民出版社，2.60元

**九转还丹功**/裴锡荣，施祖谷编著. 三秦出版社，2.10元

**内外功图说辑要**/席裕康纂辑. 上海古籍出版社，6.30元

**气功入门**/辅声编. 吉林大学出版社，2.00元

**气功修炼经穴图说**/刘福信，刘淼编. 内蒙古人民出版社，2.80元

**神奇的智能功**：记庞明大师的智能气功进修学院/宣德著. 中国国际广播出版社，4.80元

**听心斋客问**/（明）万尚父撰 · **尹真人寥阳殿问答编**/（明）尹真人传；（清）闵一得订正 · **梅华问答编**/（清）薛阳桂述. 上海古籍出版社，2.60元

**应时通灵歌**：用音律开发超功能的神通术：神通术四/隆影著. 山西科学教育出版社，3.80元

**只需十分钟**/（美）赫伯特 · 本森著；陈仁椁等编译. 中国人民大学出版社，1.85元

**环境医学知识问答**/杨正焱，郭湘英主编. 海天出版社，3.16元

**渔业卫生常识**/项学林编著. 人民卫生出版社，0.95元

**妇幼保健**/郑惠连主编. 江苏科学技术出版社，3.45元

**0～6岁小儿养育手册**/苏祖斐等主编. 上海科学技术出版社，8.85元

**玩赏动物与人类健康**/王长安编著. 上海科学技术出版社，3.05元

**无锡医疗指南**/许国忠等编. 科学技术文献出版社，1.40元

**英国医学科普小品精选**：英汉对照/林耀寰编. 人民卫生出版社，5.55元

**群众办事指南**：医疗卫生分册/哈尔滨市监察局，哈尔滨市人民政府法制办公室编写. 黑龙江人民出版社，3.00元

**法国减肥术**/张润青编译. 三联书店，2. 60元

**实用营养减肥法**/王美岭等编著. 山东大学出版社，1.35元

**饮食与健康**/曾强，曹艾珍编. 华中理工大学出版社，3.50元

**大学生体育锻炼与营养饮食卫生**/柳新义，张延主编. 河南大学出版社，2.70元

**婴儿营养**/杨必伟著；黄令玲等译. 浙江大学出版社，3.00元

**家庭用药小顾问**/李雅君，孟德忠编著. 科学普及出版社，2.40元

**通过初级卫生保健预防和控制缺铁性贫血**：卫生行政人员和规划管理人员指南/E. M. Demaeyer 等著；于淑清译. 人民卫生出版社，1.90元

**自我测病指南**/（日）吉川博通著；葛薇，何平译. 北京出版社，2.40元

**年轻十岁的秘诀**/程方编. 南海出版公司，3.20元

**养身长寿保健法**/韦鉴芳，吴佩颖编著. 广西民族出版社，3.80元

**家庭合理用药问答**/战嘉怡，胡林基主编. 中国计量出版社，5.90元

**老年人的用药**/赵暖春主编. 黑龙江科学技术出版社，1.75元

**糖尿病防治200问**/陈艳，王国忠编著. 金盾出版社，1.50元

**常见老年疾病咨询**/周礼智主编. 天津科学技术出版社，6.50元

**女性卫生知识问答**/谢慧珍主编. 广西民族出版社，4.50元

**妇女更年期**：一个医生的忠告/张以文，吴宜勇编译. 科学出版社，2.50元

**孕期必读**/陈俊杰编著. 科学出版社，2.70元

**小儿常见疾病的家庭处理**/李鸿仁，刘豫阳主编. 上海科技教育出版社，1.80元

**幼科三字经**/罗磐真编著. 陕西科学技术出版社，1.40元

**生命与健康**/（美）马文·R·莱维等著；轩宝玉，杨杜芳编译. 中国国际广播出版社，5.90元

**大学生常见病防治**/李庆方主编. 河南大学出版社，2.50元

**大学生生理与心理卫生**/席子明，荣金玉主编. 河南大学出版社，2.40元

**青年自我保健问答**/唐建华，姚德鸿主编. 上海教育出版社，2.40元

**健康教育读本**：中老年保健篇/黄荣魁主编. 上海医科大学出版社，1.60元

**中老年健康指南**/房亚军，杨敏主编. 山东大学出版社，5.10元

**中老年自我保健**/山西老年大学编. 山西高校联合出版社，6.50元

**超长寿的秘密**/陈星烨，张宏造译. 湖南出版社，3.60元

**抗老防衰指南150例**/田文谋，田玉冰编著. 中国旅游出版社，3.50元

**世界长寿秘诀**/李明编译. 山西科学教育出版社，2.00元

**民间便方六百六**/岳天虎，郭爱廷主编. 北京科学技术出版社，2.00元

**男科验方汇编**/曹开镛主编. 中国医药科技出版社，5.10元

**男女科病千首妙方**：续集/樊中州主编. 科学普及出版社，8.00元

**偏方奇效：民间偏方与验方2000例**/王启民编著. 北京科学技术出版社，5.70元

**伤科一百方**/郭焕章编著. 青海人民出版社，1.45元

**进口药英文说明书阅读指南**/杨维濂主编. 辽宁科学技术出版社，9.00元

**看病就医指南1000例**/刘宝蕙，南宇编. 中国妇女出版社，7.50元

**结核病防治指南**/王开敏等主编. 中原农民出版社，3.40元

**医疗健身气功**/张六通主编. 湖北科学技术出版社，3.70元

**宇宙沉思录（二）**：逍遥功功理功法/林清泉著. 甘肃民族出版社，1.30元

**中华美容气功**/杨一工编著. 天津人民出版社，

4.05元

**中医气功内丹法**/董永法编著. 广东高等教育出版社，2.80元

**自练气功法**/陆恒主编. 湖北科学技术出版社，3.95元

**四季养生保健**/施仁潮等编著. 金盾出版社，2.70元

**气功防治心血管疾病**/王崇行主编. 华夏出版社，4.10元

**气功入门(纵横)**：严新绘画功法/余楠主编. 沈阳出版社，6.00元

**不知医必要**/梁廉夫编著；黄瑾明点校. 广西民族出版社，2.50元

**怪病怪治**/刘道清编. 中原农民出版社，3.70元

**今古秘方精选**/韦青云等编著. 2版. 广西民族出版社，2.50元

**妇女保健卫生知识100问**/郎景和主编. 中国妇女出版社，1.80元

**生命知识与传播**/全国健康教育培训中心编写. 湖南教育出版社，3.40元

**育儿百宝箱**：父母必读/姚剑琴编著. 科学普及出版社，1.70元

**育儿知识千问**/华中师范大学教育系，湖北医学院第一附属医院小儿科编. 2版. 湖北少年儿童出版社，精9.20元

**茶酒治百病**/程丽等编著. 上海科学技术文献出版社，2.95元

**健身热饮配制700例**/王淑珍，白晨编著. 轻工业出版社，3.95元

**饮食保健与食疗**/王梅平编著. 人民军医出版社，3.30元

**中华美容药膳**/赵菲主编. 长春出版社，9.80元

**常见病的气功疗法**/吴鸿洲，虞定海编著. 上海科学技术出版社，2.80元

**老年人常见疾病的早期防治**/赵暖春主编. 黑龙江科学技术出版社，2.60元

**中老年病百问**/孙宗鲁主编. 北京大学出版社，3.15元

**肝胆病的自我保健**/戴良科，钟力编著. 山东大学出版社，1.60元

**人类乙型肝炎防治问答**/王树声主编. 广西民族出版社，1.00元

**牙病防治指南**/曾远编著. 海天出版社，2.80元

**征服癌症之路**/丁生主编. 上海科学普及出版社，1.50元

**名医治癌良方**/杨柱星等编著. 广西科学技术出版社，2.80元

**性科病症中医治疗良方**/曹庆荣，罗钊编著. 广西科学技术出版社，1.95元

**人为何是人**：基于生理人类学的构想/(日)佐藤方彦著；高崇明，张爱琴译. 北京大学出版社，1.95元

**合理使用与保护大脑**：脑科学新进展的启示/宋采编著. 黑龙江人民出版社，2.55元

**向超自然挑战**：对人体特异功能的探索/(英)约翰·泰勒著；周莲译. 北京大学出版社，1.95元

**常见病按摩图谱**/纪君时等编写. 海天出版社，4.25元

**家庭推拿及保健医术**/周华龙编著. 东南大学出版社，3.50元

**中医百症用药配伍指南**/杨思澍编著. 中医古籍出版社，精27.00元

**宫庭美容长寿方**/张金鼎，薄立宏编著. 河南科学技术出版社，3.75元

**简易良方**/程宝书等编. 黑龙江科学技术出版社，3.50元

**神医奇功秘方录**/黄魂编著. 广西民族出版社，3.80元

**现代名医百病良方**/麻能评，林中昌主编. 修订本. 广西科学技术出版社，3.40元

**常见病防治大全**/谢宝玙主编. 中国和平出版社，9.60元

**优生优育指导**/唐钧等编著. 黑龙江科学技术出版社，1.30元

**优育问答**/石焕华，王爱兰编著. 广西民族出版社，2.40元

**东方养生法**/黄渭铭，陈庆树编著. 中国国际广播出版社，4.50元

**古今养生秘法**/王丽等编写. 三秦出版社，4.65元

**中华帝王养身术**/石非一主编. 延边人民出版社，4.90元

**来自西方的知识**：营养与食物/(美)李湞等著；陈春英，普贤译. 科学普及出版社，精10.40元

**现代性病知识**/王有顺，景建平编著. 人民军医出版社，2.50元

**性病的预防与治疗**/王石等编著. 中原农民出版

社，3.00元

**性传播性疾病与防护**/何继亮，王晓冬主编．华夏出版社，5.20元

**健齿防病200问**/李秉琦，陈谦明编著．四川科学技术出版社，3.00元

**妇女之友**/张锐编．中国人口出版社，1.50元

**男科300问**/曹开镛主编．中国医药科技出版社，6.50元

**男性性功能障碍治疗与保健**/曹开镛主编．中国医药科技出版社，1.60元

**孩子发烧怎么办**：年轻父母的对策/陶玉琴主编．中国人口出版社，2.60元

**小儿常见病哮喘厌食的辨证施治**/汪受传著．中国医药科技出版社，2.00元

**育儿知识**/李贵主编．中国人口出版社，1.30元

**大众抗癌新技术新方法：癌症防治200题**/励世晟主编．同济大学出版社，4.50元

**揭开癌症之谜的旅行**/（日）平山雄著；马焕璞译．中国科学技术大学出版社，4.70元

**识癌·防癌·治癌**/李祥，韦争编著．三联书店上海分店，1. 80元

**癌症姑息治疗**/王依群译．人民卫生出版社，1.00元

**胃癌的早期防治**/郭振昌编著．青海人民出版社，1.20元

**冠心病家庭与自我防治**/张培信等编著．青岛海洋大学出版社，2.45元

**中老年肥胖与消瘦寻秘**/周永淑等著．河北科学技术出版社，2.60元

**美容诀窍：医学美容咨询**/李成龙著．湖南出版社，2.40元

**实用针灸美容手册**/王宇华编著．江苏科学技术出版社，3.00元

**家庭食疗选**/李景文，李建伟编著．中国商业出版社，2.65元

**食粥养生与治病**：中国粥方集锦/尤廉，庄汉编著．上海科学技术文献出版社，2.70元

**秘传珍奇便方**/李晓金等编．河北科学技术出版社，2.40元

**头痛的识别与治疗**/汤正才，刘晋萍编著．云南大学出版社，2.40元

**计划生育基础知识**/桂林市计划生育委员会编．蓝天出版社，0.99元

**人口与婚育知识手册**/沈国祥主编．科学普及出版社，5.00元

**优生优育优教**/王家光等主编．中国妇女出版社，1.80元

**优生与计划生育**/周湘华编．中国人口出版社，1.10元

**妈妈手册**/汪浩廉，高兴亚编．漓江出版社，3.60元

**婴幼儿喂养与教育**/江凤，申平编写．希望出版社，3.80元

**中国古代养生之道**/郑杰文著．山东教育出版社，1.42元

**中医养生法**/张奇文，尹常健编著．山东大学出版社，1.50元

**舌苔与疾病**/陈泽霖，贝润浦编著．人民卫生出版社，1.55元

**能手：有利于人类健康的按摩技术**/（美）罗伯特·巴尔著；冉春风译．科学技术文献出版社，3.15元

**实用家庭按摩**/谈运良等编著．湖北科学技术出版社，3.20元

**（图解）实用保健按摩**/刘世森，高益民编著．人民卫生出版社

**金属尘肺**/张辉明主编．冶金工业出版社，精10.50元

**食品营养**/邱雁临编写．湖北科学技术出版社，2.85元

**营养保健膳食指南**/周璿主编．北京工业大学出版社，4.80元

**家庭日用食品营养与保健**/方菲主编．天津人民出版社，4.30元

**婴幼儿饮食200问**/李明河编著．文汇出版社，2.40元

**从生到死**/贺锡廉，周勤斯编著．三联书店上海分店，2. 90元

**保健养生长寿术**/（捷）Y. 克瓦皮利克著；刘廷民译．科学出版社，1.75元

**健康教育**：初级卫生保健健康教育手册/万安静，万国林译．江西科学技术出版社，3.50元

**生活保健禁忌选**/罗兴华，李嫩智编．人民卫生出版社，24.30元

**一分钟健康诊断**/（日）石川恭三著；王彦良等译．天津人民出版社，2.30元

**医疗保健指南**/殷华符主编．北京航空航天大学出

版社，6.20元

**中医美容保健按摩术**/唐方城，张小典著. 科学普及出版社，0.90元

**大学生身心自我保健**/王文珠主编. 华中理工大学出版社，3.60元

**青少年健身秘诀100法**：益智　健美　强身/陈昶编著. 科学普及出版社，3.30元

**青少年健康知识百科荟萃**/（苏）H. в. 科罗斯捷夫著；乔立良等译. 海洋出版社，3.80元

**更年期保健百问**/周喜民等编. 科学普及出版社，2.50元

**老年精神卫生咨询**/赵友文等主编. 科学出版社，精6.40元；平5. 40元

**中老年养生妙术**：自养　自防　自测　自诊　自治/漆浩，刘硕编著. 中国妇女出版社，2.80元

**八亿农民与优生优育**/郭子恒主编. 中国人口出版社，2.50元

**新编家庭医学**/（日）小林太刀夫等著；尹少奇等译. 广西民族出版社，精22.00元

**医学科普创编学**/刘龙云等主编. 中国医药科技出版社，8.40元

**猪小戒东游遇险记**：新编医学西游记/王勋主编；徐家安著. 科学普及出版社，3.70元

**猪小戒巧探人造器官**：新编医学西游记/周立明著；王勋主编. 科学普及出版社，2.10元

**防尘技术与尘肺研究**：今日尘肺　第三卷/白云亭，杨德昌主编. 能源出版社，3.70元

**今日尘肺**　第二卷：粉尘与尘肺研究/杨德昌，白云亭主编. 能源出版社，3.50元

**职业中毒病例研究**/孙维生主编；马伯利等编. 化学工业出版社，8.90元

**工业卫生与职业病学**/王世俊主编. 化学工业出版社，17.50元

**橡胶助剂的毒害**/（英）A. R. 纳特著；阎家宾，郑孝廉译. 化学工业出版社，4.00元

**工业卫生知识讲座**/刘世杰等主编. 中央广播电视大学出版社，5.25元

**危害童工健康的特殊因素**/世界卫生组织编；许侠译. 人民卫生出版社，1.45元

**煤工尘肺的防治**/孟玉峰，王华君编. 煤炭工业出版社，2.00元

**生产环境粉尘测定**/李烈勋等编. 冶金工业出版社，3.50元

**公共场所卫生学**/张利伯主编. 上海医科大学出版社，6.20元

**营养调查与电脑处理**/徐臻荣等编著. 新疆人民出版社，1.15元

**食品卫生检验方法注解**：**微生物学部分**/孟昭赫主编. 人民卫生出版社，精45.00元

**食品从业人员卫生监测和管理程序**/世界卫生组织编；刘宏杰译. 人民卫生出版社，1.00元

**临床营养学**/顾景范，邵继智主编. 上海科学技术出版社，精36.40元

**中国食物中毒概况**：1949～1989/张观行，韩松林主编. 江西科学技术出版社，5.80元

**学前卫生学**/李林静等编著. 科学技术文献出版社重庆分社，5.60元

**幼儿卫生学**/朱家雄等编著. 江苏教育出版社，2.70元

**内蒙古青少年儿童体质研究**：1983～1986/内蒙古教育厅编. 内蒙古教育出版社，10.20元

**儿童少年生长发育**/唐锡麟主编. 人民卫生出版社，10.90元

**临床流行病学**：临床科研设计、衡量与评价/王家良主编. 上海科学技术出版社，11.00元

**流行病学**/王正伦主编. 人民卫生出版社，3.20元

**流行病学进展**：第六卷/吴系科等主编. 人民卫生出版社，11.60元

**虫媒传染病学**/徐肇玥等主编. 宁夏人民出版社，9.50元

**四川省遗传病流行病学调查研究**/张思霖主编. 成都科技大学出版社，4.20元

**我国东南沿海地区的吸血蚊蠓及其防治**/虞以新等编著. 人民军医出版社，0.65元

**传染病及流行病学　卫生学**/云南省卫生厅科教处编. 云南科技出版社，8.80元

**妇幼保健流行病学基础**/李竹主编. 北京医科大学、中国协和医科大学联合出版社，3.30元

**常见传染病的免疫预防**/董树林主编. 甘肃科学技术出版社，10.20元

**卫生事业单位预算会计**/卫生部计划财务司组织编写. 中国财政经济出版社，4.50元

**卫生事业财务管理**/卫生部计划财务司组织编写. 中国财政经济出版社，3.20元

SYSTAT（**软件包**）**医学统计例解**/马斌荣，俞建明主编. 北京工业大学出版社，8.00元

**医院成本核算**/卫生部计划财务司组织编写. 中国财政经济出版社，2.85元

**医院会计**/卫生部计划财务司组织编写. 中国财政经济出版社，3.10元

**医院药品管理核算**/蒋谷诒编著. 湖南出版社，4.00元

**医院财务会计工作指南**/王春然等主编. 中国财政经济出版社，4.30元

**医院经济管理概论**/邵浩奇，蔡仁华编. 上海科学普及出版社，4.70元

**实用医院后勤管理**/山东省卫生厅，山东省医院管理学会编. 山东大学出版社，9.90元

**医院管理学**/郭子恒主编. 3版. 人民卫生出版社，14.50元

**临床实验室建设与管理**/冯仁丰等主编. 上海科学技术出版社，4.65元

**医院管理纲要**/那天龙主编. 光明日报出版社，10.50元

**提高初级卫生保健中社区卫生工作者的素质**/世界卫生组织编；汪培山译. 人民卫生出版社，1.40元

**前进中的首都卫生防疫事业**/张殿余，孙贤理主编. 北京出版社，3.50元

**医院内感染—监控与管理**/贾辅忠主编. 江苏科学技术出版社，3.60元

**当代医院经营管理**/刘纯铭等主编. 河北大学出版社，3.60元

**卫生人力发展研究**/韩复笑主编. 吉林教育出版社，6.80元

**妇幼保健学**/贵州省卫生厅编. 贵州人民出版社，4.60元

**现代保健科学**/中国保健科学技术学会，中国现代设计法研究会编. 中国建筑工业出版社，3.20元

**各种环境和作业条件下的卫生保健**/陈旭主编. 人民军医出版社，2.55元

**医院疗养院科主任必备**/杨在春主编. 人民军医出版社，12.10元

**(卫生部政策与管理研究专家委员会)中国农村医疗保健制度研究**/中国农村医疗保健制度研究课题组编. 上海科学技术出版社，4.55元

**计划生育管理**/刘长江等编著. 内蒙古人民出版社，6.75元

**实用计划生育管理**/梁济民主编. 黑龙江科学技术出版社，4.50元

**遗传优生**/郑增淳主编. 江苏科学技术出版社，3.65元

**基层计划生育工作评价**/高尔生等编著. 中国人口出版社，4.80元

**社会卫生管理**/戴宝柱，李源喆主编. 延边人民出版社，2.70元

**新中国预防医学历史经验** 第4卷/《新中国预防医学历史经验》编委会编. 人民卫生出版社，精19.00元

**社会主义卫生经济学**/高伟鑫，朱凯主编. 山东人民出版社，3.85元

**国外预防医学历史经验资料选编**:《新中国预防医学历史经验》附卷/姚家祥主编. 人民卫生出版社，7.75元

**卫生区域发展的道路**/卫生区域发展研究所编. 北京科学技术出版社，2.80元

**医院感染学**/王枢群，张邦燮主编. 科学技术文献出版社重庆分社，17.50元

**河南省预防医学历史经验**/河南省预防医学历史经验编辑委员会编. 江苏科学技术出版社，精32.00元

**新中国预防医学历史经验** 第一卷/《新中国预防医学历史经验》编委会编. 人民卫生出版社，精23.90元

**健康教育发展研究**/戴宝柱，李源喆主编. 吉林人民出版社，7.40元

**中国人口主要死因地图集**；汉英对照/同济医科大学公共卫生学院主编. 中国地图出版社，精50.00元

**人体科学研究**/杨玉辉著. 科学技术文献出版社重庆分社，3.30元

**医药应用数学**/郭必贵主编. 科学技术文献出版社重庆分社，7.40元

**状态风险分析及其在生物医学中的应用** 上册：定常协变量问题/刘韵源著. 科学出版社，34.20元

**激光医疗实用技术**/朱平等编. 电子工业出版社，4.80元

**医用物理实验**/秦任甲等主编. 广西师范大学出版社，2.30元

**医用物理实验教程**/同济医科大学等编. 华中理工大学出版社，2.75元

**医用物理学**/张泽宝主编. 辽宁科学技术出版社，9.40元

**环保、医学中的离子选择电极**/薛效贤，陈山林编

著．青海人民出版社，4.60 元

**实用临床化学**/王美岭编著．山东大学出版社，8.00元

**金属植人材料及其腐蚀**/浦素云编．北京航空航天大学出版社，4.00 元

**生物医学电子学**/张唯真编著．清华大学出版社，3.90 元

**实用临床生物化学**/王明运主编．科学技术文献出版社，10.00 元

**微积分初步与生物医学应用**/方积乾主编．北京医科大学、中国协和医科大学联合出版社，4.10 元

**医学正常值的统计研究方法**/田凤调主编．人民卫生出版社，12.00 元

**实用激光医学**/徐国祥主编；哈献文等编著．广东高等教育出版社，6.80 元

**药用物理学**/余国建，李德才主编．中医古籍出版社，5.95 元

**电磁场在生物医学中的应用**/王保义等编著．国防工业出版社，2.25 元

**医用计算机基础**/徐礼维，王乃康主编．电子工业出版社，8.90 元

**基础组织学与胚胎学**/盛昆岚等主编．上海科学技术出版社，6.40 元

**临床随访资料的统计分析方法**/余松林编著．人民卫生出版社，5.50 元

**激光医学基础**/史宏敏主编．华南理工大学出版社，7.00 元

**激光医疗基础**/王慕珍编．黑龙江科学技术出版社，3.40 元

**骨伤生物力学基础**/顾志华，高瑞亭主编．天津大学出版社，3.85 元

**医学基础**/张光武主编．江苏科学技术出版社，3.80元

**医学化学实验**　上册/韩振茂等编．东南大学出版社，2.40 元

**医学细胞生物学概论**/杨抚华主编．四川科学技术出版社，7.20 元

**解剖学及组织胚胎学**/朱万鹏主编．辽宁科学技术出版社，11.35 元

**解剖组胚**/于频，王彦主编．人民卫生出版社，6.40 元

**人体解剖学作业**/朱培志主编；罗克忱，朱培志编著；丁誉声，丁山绘图．人民卫生出版社，6.00 元

**组织学与胚胎学**/章燕程主编．中国医药科技出版社，6.80 元

**临床细胞学**/刘树范主编．人民卫生出版社，精 27.00 元

**人体解剖学**/丁士海，韩棣主编．上海科学普及出版社，8.50 元

**人体解剖学**/卢义锦主编．广西师范大学出版社，5.20 元

**医用局部解剖学**/王根本主编．人民卫生出版社，6.70 元

**口腔科解剖图谱**/王有伟编著．长春出版社，1990．精 14.00 元

**组织学图解**/李福祥，孙宝田主编．上海医科大学出版社，12.00 元

**人体解剖学**/周德育主编．湖南科学技术出版社，7.90 元

**解剖学及组织胚胎学**/叶美因主编；施长友等编写．浙江科学技术出版社，4.50 元

**临床解剖学丛书**：四肢分册/王启华，孙博主编．人民卫生出版社，精 20.20 元

**人体解剖彩色图谱**/（英）R. M. H. McMinn，R. T. Hutchings 著；万选才主译．人民卫生出版社，精 180.00 元

**人体解剖学**/王亚威等主编．湖北科学技术出版社，7.60 元

**组织学与胚胎学**/李培基主编．辽宁科学技术出版社，5.65 元

**基础与临床生理试题选集**/黎海蒂，张问德编译．科学技术文献出版社重庆分社，2.20 元

**临床内分泌生理学**/张家驹编译．中国医药科技出版社，5.90 元

**全国肺功能正常值汇编**/穆魁津，刘世琬主编．北京医科大学、中国协和医科大学联合出版社，2.25 元

**外国医学教材研究**：生理学·药理学·流行病学/伍贻经主编．北京医科大学、中国协和医科大学联合出版社，3.00 元

**医学生理学**　下册/（美）V. B. 蒙卡斯尔主编；陈尚恭等译．科学出版社，精 72.70 元

**血液循环力学**/王鸿儒，文宗曜编著．中国协和医科大学、北京医科大学联合出版社，2.00 元

**现代人体特异功能研究**/（英）奎内斯编；沈英丁等译．中国友谊出版公司，5. 70 元

**人体解剖生理学**　上册/胡集荣主编．东北师范大学出版社，2.70元

**人体功能学**/李思，王志安主编．石家庄：河北教育出版社，4.35元

**人体生理学**/（德）R．F．施密特，G．特夫斯著；王复周等译．科学出版社，精86.60元

**生理学**/徐琳主编．辽宁科学技术出版社，5.65元

**生理学**/张凌云主编．湖北科学技术出版社，4.85元

**当代抗衰老与养生进展**　第一集/中国老年学学会抗衰老科技学会编；许士凯主编．中国科学技术出版社，5.95元

**心脏生理与临床**/姜松林主编．黑龙江科学技术出版社，6.20元

**消化道生理学**/张经济主编．中山大学出版社，8.90元

**神经内分泌学**/谢启文主编．辽宁科学技术出版社，精13.70元

**病理**/吴中立等主编．人民卫生出版社，4.55元

**超微病理学基础**/武忠弼主编．人民卫生出版社，23.95元

**病理生理学**/杨永宗等主编．上海科学技术出版社，7.40元

**病理生理学复习指南**/周其全编．兰州大学出版社，1.98元

**临床病理生理学**　上册/李楚杰等主编．广东科技出版社，12.00元

（下册），定价12．00元

**病理学**/李宇萍主编．湖南科学技术出版社，5.90元

**病理学**/孔锡鲲主编．上海科学技术出版社，8.95元

**医用病毒学**/（澳）D．O．怀特，F．J．芬纳著；郑志明等主译校．科学出版社，16.20元

**医学病毒学基础及实验技术**/黄祯祥主编．科学出版社，精25.50元

**微生物、寄生虫及免疫**/黄彩贤主编．人民卫生出版社，7.00元

**医学微生物学**/时常仁等主编．吉林科学技术出版社，5.45元

**医学微生物学**/宋家兴等主编．上海科学技术出版社，6.70元

**医学微生物学及人体寄生虫学**/李功信主编．辽宁科学技术出版社，6.65元

**人类疾病的动物模型**　第二辑/郭鹞编．人民卫生出版社，6.05元

**吸血双翅目昆虫调查研究集刊**　第一集：1989/虞以新主编．上海科学技术出版社，11.50元

**中国西北细螨研究**/刘增加等著．上海科学技术出版社，3.06元

**寄生虫学与寄生虫检验学**/白功懋主编．中国医药科技出版社，4.10元

**医学昆虫学**/柳支英，陆宝麟主编．科学出版社，精29.00元

**人体寄生虫学**/孙怀宝主编．河北科学技术出版社，4.20元

**免疫学与免疫检验学**/沈玉清主编．中国医药科技出版社，7.90元

**医学免疫学**/何俊森等主编．河南科学技术出版社，4.95元

**医学基础免疫学**/林飞卿等主编．上海医科大学出版社，5.15元

**医学免疫学**/张绍伦等主编．吉林科学技术出版社，3.90元

**男女生殖系畸形**/肖凤云编著．人民卫生出版社，5.35元

**医用分子遗传学**/宋后燕，朱运松主编．上海医科大学出版社，3.00元

**体外受精与胚胎移植**/刘斌主编．人民卫生出版社，10.00元

**遗传性血液疾病**/曾溢滔等著．科学出版社，7.30元

**医学遗传学**/陶学训，赵刚主编．湖北科学技术出版社，6.20元

**医学遗传学多选题集**/丁克清，胡国明主编．湖北科学技术出版社，2.60元

**心身医学**：心理生理医学的基础与临床/徐斌，王效道主编．中国医药科技出版社，8.00元

**学生心理卫生**/赵国秋等编著．中国医药科技出版社，2.30元

**心身医学概论**/何裕民，叶锦先主编．上海中医学院出版社，5.30元

**医学心理学**/朱鸣杲著．吉林教育出版社，2.80元

**医学心理学**/王友平，李恩昌主编．科学技术文献出版社，5.80元

**新编诊疗常规**/张学庸主编．金盾出版社，精25.00

元

**医用拉丁语**/曹煊主编. 石油大学出版社，2.00元

**现代超声临床诊断**/林礼务主编. 厦门大学出版社，11.00元

**急诊医学**：原理与实践/（美）乔治·R. 施瓦茨等编著；蒋健等编译. 上海翻译出版公司，9.70元

**西医诊断学基础**/王汝琨主编. 湖南科学技术出版社，9.80元

**诊断学**/魏太星等主编. 河南科学技术出版社，14.80元

**血液学及血液学检验**/潘瑞彭，王鸿利主编. 人民卫生出版社，3.45元

**疾病临床诊断和疗效标准**：医政规范之五/江苏省卫生厅编. 江苏科学技术出版社，精16.00元

**实用妇产科超声诊断学**/吴钟瑜著. 天津科技翻译出版公司，7.00元

**全国临床检验操作规程**/中华人民共和国卫生部医政司编. 东南大学出版社，精15.00元

**超声波诊断仪的原理、应用及维修**/陈传元，李健编著. 中国医药科技出版社，9.50元

**胎肝造血细胞输注与移植**/孟沛霖，刘本俶主编. 上海科学技术出版社，2.90元

**实用冷冻疗法**/郭玉德主编. 人民卫生出版社，9.00元

**急救与自救**/邵孝鉷，郎景和主编. 华夏出版社，7.15元

**场效应治疗法**：中英双语本/沈存正编著. 科学出版社，

**场效应治疗法**/沈存正编著. 科学出版社，1.50元

**实用内科疾病理疗**/周万松，肖红雨编著. 人民军医出版社，3.50元

**常用急救技术**/中国红十字会主编；人民卫生出版社，1.85元

**创伤急救**/冯剑平等编. 煤炭工业出版社，2.10元

**内科临床与进展**/方圻主编. 中国医药科技出版社，9.80元

**内科学**/林郁华等主编. 广西科学技术出版社，12.40元

**实用内科临床问答**/王树德主编；于尔志等编写. 黑龙江科学技术出版社，4.80元

**冠心病监护手册**/（澳）D. 亨特等著；包世宏等编译. 复旦大学出版社，8.00元

**临床心脏电生理和心脏起搏**/胡大一，许玉韵主编. 科学普及出版社，3.50元

**实用心导管诊疗学**/杨鼎颐，崔长琮主编. 西北大学出版社，9.00元

**冠状循环与临床**/孙廷魁，柯若仪主编. 上海科学技术出版社，9.10元

**心血管疾病的适用诊断技术**/世界卫生组织编；刘梓荣，王绍军译. 人民卫生出版社，0.97元

**心血管新区听诊**/岳玉飞等编著. 科学技术文献出版社重庆分社，1.95元

**心肺脑复苏术**：操作训练规范/中华医学会急诊医学学会编著. 中国医药科技出版社，0.60元

**心脏血管疾病诊治图表解**/桑振亚编著. 河南科学技术出版社. 13.00元

**急性腹泻防治指南**/世界卫生组织编；刘秀珍译. 2版. 人民卫生出版社，1.45元

**纤维结肠镜临床应用技术**/于皆平，雷亨朗编著. 湖南科学技术出版社，7.60元

**西医内科学**/南京中医学院主编. 湖南科学技术出版社，9.80元

**加拿大结核病规范**/加拿大肺科联合会编；谢汇江，马曾鲁译. 清华大学出版社，2.40元

**冠心病的预防和治疗**/李永安，饶邦复编著. 科学技术文献出版社重庆分社，3.60元

**心律失常的近代概念**/杨钧国等编著. 上海科学技术出版社，6.80元

**心血管病临床疑难病100例分析**/葛德元编. 科学技术文献出版社，12.50元

**血吸虫生物学与血吸虫病的防治**/毛守白主编. 人民卫生出版社，精30.00元

**复杂心律失常心电图分析**/常振华编著. 山西科学教育出版社，3.25元

**临床高血压病学**/刘力生等主编. 天津科学技术出版社，11.05元

**临床心电图学及图谱**/魏太星著. 2版. 河南科学技术出版社，精23.50元

**老年心血管疾病的防治**/T. Strasser 编著；郭云赓译. 福建科学技术出版社，2.30元

**心血管血流动力学**/陈君楷著. 四川教育出版社，精8.50元

**心脏骤停的抢救及有关问题的处理**/苟普仁编著. 贵州人民出版社，3.60元

**斯堪的那维亚胃肠病学杂志**：90(3)/上海市消化疾病研究所，上海第二医科大学编. 上海科学技术文

献出版社

**消化性溃疡**/邝贺龄主编. 人民卫生出版社，5.95元

**重症肝炎**/沈耕荣，余书文主编. 天津科学技术出版社，精 14.45 元

**煤气中毒**/刘镜愉编著. 人民卫生出版社，0.46 元

**内科学与儿科学**/赵如璞主编. 人民卫生出版社，4.60 元

**临床医学继续教育教材：内科分册**/浙江省卫生厅等单位主编. 上海科学技术出版社，6.50 元

**实用内科诊疗常规**/骆继杰主编. 湖南科学技术出版社，6.00 元

**中华内科疑难病例讨论选编** 第二辑/孙华宇等编. 天津科学技术出版社，9.85 元

**实用临床传染病学**/黄玉兰主编. 人民军医出版社，精 23.00 元；平 18. 50 元

**心血管病防治指南**/程文杰编著. 河北科学技术出版社，2.15 元

**心脏病试题及详解**/陈秉良等编. 人民卫生出版社，5.00 元

**内科临床问答**/邓似云，张根廷编著. 2 版. 广东科技出版社，14.00 元

**血液病的现代治疗**/敖忠芳，林宝爵主编. 江苏科学技术出版社，6.20 元

**肝脏病学**/孙宏训编著. 江苏科学技术出版社，精 20.00 元

**心脏急症**/姚震，高尚志主编. 人民卫生出版社，5.90元

**胃及十二指肠疾病**/王传家主编. 修订本. 甘肃科学技术出版社，5.55 元

**临床胰腺病学**/徐家裕主编. 上海科学技术出版社，精 14.10 元

**内科学进展讲座**/姚光弼主编. 上海科学技术出版社，3.70 元

**现代急诊内科学**/陈国伟主编. 广东科技出版社，18.00 元

**内科学**/陈灏珠主编. 3 版. 人民卫生出版社，11.10元

**内科疾病诊断标准**/戴瑞鸿主编. 上海科技教育出版社，5.00 元

**实用内科急救指南**/施丽君编著. 黑龙江科学技术出版社，5.30 元

**世纪病艾滋**：艾滋病的病理、传播及防治/(法)卢克·蒙塔利尔主编；曹克利，默锋编译. 中国华侨出版公司，3. 65 元

**小儿肺结核的预防与治疗**/丘犹兴编著. 学苑出版社，1.20 元

**中国丝虫病防治研究论文集**/中华人民共和国卫生部卫生防疫司编. 福建科学技术出版社，13.30 元

**临床心电图学及图谱**/魏太星著. 修订本. 河南科学技术出版社，16.50 元

**疑难心电图分析 200 例**/王开迎等主编. 安徽科学技术出版社，7.20 元

**血液病诊断及疗效标准**/张之南主编. 天津科学技术出版社，4.00 元

**呼吸急诊与急救**/陶仲为主编. 山东大学出版社，5.75 元

**成人呼吸窘迫综合征**：ARDS/毛宝龄等主编. 人民军医出版社，3.20 元

**上消化道出血**/陈其康等主编. 杭州大学出版社，3.20 元

**肝脏病学进展—'90**/王宝恩主编. 上海科学技术文献出版社，7.50 元

**传染病学释疑**/孙明述主编. 山东大学出版社，2.80元

**结核病防治**/臧美玲主编. 人民卫生出版社，4.70 元

**湖南省血吸虫病地图资料集**/湖南省人民政府血防领导小组办公室等编. 湖南地图出版社，15.00 元

**我国滇桂边境地区的吸血蚊蠓及其防治**/安继尧等编著. 人民军医出版社，0.65 元

**心血管疾病问答**/白步云，徐世全编著. 人民卫生出版社，6.50 元

**心血管病诊疗的新概念**/张文博主编. 黄河出版社，3.90 元

**血栓形成与临床医学**/李家增，贺石林主编. 湖南科学技术出版社，5.90 元

**中国丝虫病防治研究论文集**/中华人民共和国卫生部卫生防疫司编. 福建科学技术出版社，精 16.50 元

**老年病学**/黄定九主编. 上海科学技术文献出版社，9.90 元

**遗传与消化、呼吸系统疾病**/陈士葆等编著. 科学出版社，9.00 元

**内科基本功**/郭仓主编. 天津科学技术出版社，精 32.50 元；平 28. 50 元

**内科临床新进展**/中华医学会河南分会内科学会主编．中国医药科技出版社，5.50元

**心电临床与基础：干扰与脱节**/郑书勤等编著．科学技术文献出版社，2.80元

**冠心病的预防**：危险因素的实际处理/（美）Norman M. Kaplan，Jer. Stamler编著；张安玉等译．天津科学技术出版社，8.05元

**病毒性心肌炎**/杨英珍主编．上海医科大学出版社，3.90元

**血液病诊疗标准**/蔡玉庚编．四川科学技术出版社，2.70元

**外科引流**/韩学德主编．人民卫生出版社，11.95元

**手术室供应室技术**/金均，张国琇编．人民卫生出版社，4.80元

**骨伤科临床检查法**/郭效东编．人民卫生出版社，8.60元

**下腰痛**/赵定麟等主编．上海科学技术文献出版社，6.35元

**中国外科年鉴**：1989/中国外科年鉴编辑委员会编．人民卫生出版社，精27.00元

**外科理学诊断**/吴孟超，李殿柱主编．人民军医出版社，图;4.50元

**外科学**　上册/谢志征等主编．河南科学技术出版社，5.30元

**神经外科疾病诊断和鉴别诊断**/孟广远主编．人民卫生出版社，14.00元

**神经外科学**/薛庆澄主编．天津科学技术出版社，精29.80元

**实用神经外科手术学**/蒋大介，杨国源编著．上海科学技术出版社，精22.90元

**急腹症的早期诊断**/骆明义，孔庆治主编．人民卫生出版社，4.50元

**肾脏疾病千题解**/谢福安，陈建编著．人民卫生出版社，5.25元

**简明普通外科资料库**/（美）R. M. 斯蒂尔门著；冯变喜译．山西科学教育出版社，3.60元

**外科学与妇产科学**/丁友亮主编．人民卫生出版社，4.20元

**痔全息系列疗法**/杨里颖著．山西科学教育出版社，2.85元

**骨伤手术学**/郭维淮，娄多峰主编．河南科学技术出版社，7.10元

**外科围手术期处理**/陈易人主编；丁义涛等编著．江苏科学技术出版社，5.20元

**老年泌尿外科学**/刘国栋主编．甘肃人民出版社，6.70元

**肾脏病学**/钱桐荪主编．江苏科学技术出版社，精18.00元

**男子的生育不育和避孕**/张永康，王国民编著．上海科学技术文献出版社，1.10元

**小外科学**/吕福林等主编．人民卫生出版社，精35.00元

**麻醉与内分泌**/林桂芳主编．人民卫生出版社，8.35元

**美容整形外科学**/宋儒耀主编．北京出版社，精16.60元

**基本外科疾病诊断和鉴别诊断**/崔自介，韩积义主编；王国柱等编写．人民卫生出版社，15.50元

**颈椎综合症**/倪文才主编．人民卫生出版社，6.70元

**男性不育**/黄平治，李永海主编．科学技术文献出版社，8.80元

**实用整容外科手术学**/杨晓惠，李健宁主编．人民卫生出版社，精13.80元

**颈肩腰腿痛封闭疗法**/张卫华，刘步先编著．黑龙江科学技术出版社，2.80元

**心脏外科指南**/朱晓东，薛淦兴主编．世界图书出版公司，精38.00元

**小儿腹部外科学**/童尔昌，季海萍主编．人民卫生出版社，精21.10元

**现代脾脏外科学**/夏穗生主编；丁焕新等编著．江苏科学技术出版社，5.70元

**四肢瘫与截瘫患者的康复**/（英）Ida Bromley著；屈晓旭译．北京出版社，3.70元

**脊柱侧凸与后凸诊治的新进展**/姜洪和等编著．黑龙江科学技术出版社，3.95元

**实验外科学**/胡同增主编．人民卫生出版社，精7.80元

**外科概要**/（澳）P. 雷昂著；张祖奇译．江苏科学技术出版社，精8.00元

**人体循环系统与麻醉学**/石毓澍，邓迺封主编．中国医药科技出版社，11.00元

**神经外科学基础与临床**/江自强，张铭文编著．江西科学技术出版社，9.60元

**腹部外科实践**/吴咸中，黄耀权主编．中国医药科

技出版社，精 35.00 元

**中国骨伤科学**/张希彬，张世明主编．四川科学技术出版社，精 13.00 元

**膝关节外科学**/（英）J. P. jackson，W. Wangh 原著；金惠生，朱汉章编译．中国医药科技出版社，6.50 元

**妇产科学**/高岳生等主编．上海科学技术出版社，7.80 元

**妇产科学进展讲座**/周郅隆，戴钟英主编．上海科学技术出版社，3.15 元

**高危妊娠处理原则**/北京医科大学第一临床医学院妇产科教研组编译．中国人口出版社，3.50 元

**怀孕与分娩**/谢培珍著．上海科学普及出版社，1.50元

**实用中西医结合妇产科学**/高耀洁主编．河南科学技术出版社，7.00 元

**胎心率及其监护**/程志厚等编著．北京出版社，4.50元

**实用妇产科急症指南**/刘棣临，张惜阴主编．沈阳出版社，6.00 元

**子宫脱垂的防治**/周济海，韩文玲编著．人民卫生出版社，0.64 元

**临床医学继续教育教材**：妇产科分册/浙江省卫生厅等编．上海科学技术出版社，3.55 元

**妇产科学**/郑怀美主编．3 版．人民卫生出版社，6.75元

**女性外阴疾病及性病的防治**/严仁英主编；夏纫洁等编．学苑出版社，5.00 元

**胎教的实用与科研**/刘泽伦编著．教育科学出版社，3.00 元

**妇产科病理学**/吴盛祚主编．中国医药科技出版社，8.50 元

**实用盆腔阻抗血流图**/刘汉名，刘大仁编著．江西科学技术出版社，1.60 元

**简明儿科学**/马沛然等主编．人民卫生出版社，12.45元

**实用新生儿学**/金汉珍等主编．人民卫生出版社，精 26.45 元

**儿科治疗学**/袁承文主编．中国医药科技出版社，精 35.00 元

**小儿病毒性呼吸道感染与病毒性肺炎**/张梓荆主编．中国医药科技出版社，5.50 元

**临床医学继续教育教材**：儿科分册/浙江省卫生厅等主编．上海科学技术出版社，3.30 元

**实用小儿液体疗法**/宋广林编著．海洋出版社，3.50元

**新生儿诊疗护理常规**/秦振庭主编．北京医科大学、中国协和医科大学联合出版社，5.10 元

**儿科病理学**/黄陵主编．天津科学技术出版社，精 17.35 元

**小儿腹泻**/马沛然，孔祥和主编．人民卫生出版社，5.00 元

**儿童多动症 40 问**/厉夫，张文琴编著．沈阳出版社，0.90 元

**新生儿学表解**/吴静梅，朱贞美编著．辽宁科学技术出版社，8.80 元

**小儿惊厥**/孔祥和主编．人民卫生出版社，7.00 元

**小儿常见血液病的防治**/罗鹏飞编著．人民卫生出版社，0.70 元

**实用肿瘤放射治疗学**/胡自省主编．湖南教育出版社，2.90 元

**肿瘤放射治疗问答**/刘永生，黄鸿年编．科学技术文献出版社，8.70 元

**癌基因**/E. 帕尔曼多著；贾立斌译．上海医科大学出版社，7.50 元

**营养与癌**/张月明主编译．新疆大学出版社，4.50 元

**宫颈癌控制中的细胞学普查技术指南**/世界卫生组织编；吴爱如等译．人民卫生出版社，1.60 元

**骨髓增生异常综合征：白血病前期**/浦权编．广西科学技术出版社，1.55 元

**乳腺癌**/沈镇宙主编．上海科学技术文献出版社，8.00 元

**早期乳腺癌的诊断与治疗**/沈明主编；汤慧等编写．广西科学技术出版社，1.55 元

**肿瘤放射治疗增敏药物的研究与应用**/郑秀龙，金一尊主编．上海医科大学出版社，1.95 元

**原发性肝癌的研究与进展**/汤钊猷，杨秉辉主编．上海医科大学出版社，7.50 元

**直肠癌**/J. B. Dubols 等原著；顾胜德编译．上海医科大学出版社，6.30 元

**头颈部恶性肿瘤**/余树观，沙永慧主编．河南科学技术出版社，精 21.50 元

**第四次全国肿瘤学术会议文摘**/中华医学会肿瘤学会编．万国学术出版社，精装

**原癌基因与心血管疾病**/汤健，周爱儒编著．北京

医科大学，中国协和医科大学联合出版社，5.35元

**恶性肿瘤的诊断与治疗**/贺国辉主编. 江西科学技术出版社，4.45元

**癌症问答**：病因、早期发现及预防/谢文编著. 中国华侨出版公司，3. 75元

**乳腺癌的研究** 第二集/金显宅主编. 学苑出版社，6.50元

**早期肿瘤病态研究**/(苏) Б. Е. 别捷利申等著；游湜涛译. 北京体育学院出版社，4.00元

**肿瘤外科学**/(美) E. M. 科普兰主编；李国材主译. 上海翻译出版公司，14. 80元

**食管癌和贲门癌**/黄国俊，吴英恺主编. 上海科学技术出版社，精 20.50元

**癌瘤治疗的策略**/(法) 勒·布尔乔亚主编；胡志林总编译. 中国人口出版社，9.50元

**老年神经病学**/王新德主编. 人民卫生出版社，精 15.05元

**神经病学**/韩仲岩主编. 上海科学技术出版社，4.80元

**脑病**/祁衍等编著. 黑龙江科学技术出版社，3.50元

**脑血管疾病**/叶文翔编著. 中国医药科技出版社，6.30元

**临床神经心理学**/王荪，蒲道学编著. 云南科技出版社，3.50元

**心理治疗讲座**/(英) 悉尼·布洛克等著；刘平等译. 天津科技翻译出版公司，4. 00元

**神经精神疾病综合症**/徐占兴等主编. 中国科学技术出版社，8.00元

**神经生物学**/许绍芬主编. 上海医科大学出版社，4.45元

**行为医学**/杨德森主编. 湖南师范大学出版社，7.70元

**老年神经系统疾病诊治荟萃**/闻立斗等编著. 武汉出版社，5.80元

**神经系统疑难病案**/陈清棠主编. 人民卫生出版社，4.00元

**癫痫发作时的脑电图图谱**/(日) 和田丰治，八木和一著；吴立文，肖淮海译. 中国医药科技出版社，精 13.00元

**精神卫生与疾病**/吴彩云，徐培锡编. 人民卫生出版社，5.55元

**遗传与精神疾病**/江三多等编著. 科学出版社，11.90元

**性学**/(苏) 伊·科恩著；陈训明译. 贵州人民出版社，3.85元

**现代性传染病及其预防**/马复兴著. 上海中医学院出版社，3.30元

**性医学与性传播疾病研究进展**/刘金刚主编；丁曼琳等编. 青岛海洋大学出版社，11.50元

**现代性传播疾病**/李志文等编. 人民卫生出版社，13.40元

**性传播疾病临床与实验诊断**/陈民钧，李世泰主编. 科学出版社，2.50元

**临床皮肤病鉴别诊断学**/傅志宜编著. 中国医药科技出版社，精 98.00元

**老年皮肤病学**/王树椿主编. 中国医药科技出版社，9.50元

**血管炎的诊断与治疗**/刘墨义编著. 中国医药科技出版社，3.50元

**世界卫生组织麻风登记报告系统**/M. F. Le-chat等著；杨忠民等译. 人民卫生出版社，7.00元

**口腔科护理**/张国萍主编. 人民卫生出版社，3.95元

**口腔卫生的监测与评价**/世界卫生组织编；魏怡等译. 人民卫生出版社，1.20元

**口腔急症**/李武修主编. 石油大学出版社，4.50元

**口腔组织胚胎学**/于秦曦编著. 广东科技出版社，2.85元

**口腔矫形铸造设计120例**/封振生，王有伟著. 长春出版社，4.00元

**临床口腔正畸学**/王邦康主编. 北京科学技术出版社，3.80元

**实用殆学**/徐樱华主编. 四川大学出版社，4.30元

**实用牙周病学**/陈殿廉编著. 新疆人民出版社，13.50元

**遗传性口腔疾病**/陆可望等编著. 科学出版社，10.10元

**口腔小手术指导**/黄培喆等编著. 上海翻译出版公司，3. 80元

**口腔颌面外科及头颈部整形外科临床实践**/吴廷椿主编. 天津科学技术出版社，11.15元

**现代口腔正畸学**/林久祥主编. 中国医药科技出版社，精 18.00元

**耳鼻咽喉科理论和实践**/陶正德主编. 人民卫生出版社，25.15元

**耳鼻咽喉科学**/黄选兆主编. 3版. 人民卫生出版社，4.75元

**耳聋诊疗与康复**/刘蓁虞，俞诺主编. 湖南科学技术出版社，8.40元

**眼科临床免疫学**/杨德旺主编. 人民卫生出版社，10.70元

**实用眼镜屈光学**/江苏省防盲指导组编. 江苏科学技术出版社，4.10元

**白内障手术学**/龚启荣主编. 南京大学出版社，5.80元

**眼成形外科学**/宋琛编著；杨贵舫绘图. 人民军医出版社，精15.30元；平10. 60元

**辐射研究与辐射工艺学术论文集**/林念芸主编. 上海医科大学出版社，4.50元

**辐照对胚胎和胎儿脑发育的影响**：国际放射防护委员会第49号出版物/国际放射防护委员会编；李元敏译. 原子能出版社，1.80元

**核医学**/梁仁等主编. 广东科技出版社，5.50元

**核医学漫谈**/项景德等编著. 科学普及出版社，3.20元

**甲状腺核医学**/周前等编著. 科学出版社，5.80元

**泌尿系统影像诊断学**/吴恩惠主编. 人民卫生出版社，精23.75元

**实用临床核医学**/马寄晓，刘秀杰主编. 原子能出版社，15.80元

**军队卫生及防护医学**/谢德利等主编. 人民军医出版社，5.60元

**简明核医学**/潘中允主编. 北京医科大学，中国协和医科大学联合出版社，3.60元

**临床X线诊断防护技术**/宋聚忠等主编. 白山出版社，4.80元

**X线摄影化学与暗室技术**/袁聿德主编. 人民卫生出版社，1.80元

**X线诊断基础**/蓝琦主编. 人民卫生出版社，4.25元

**核医学与核生物学基础及应用**/王世真等主编. 科学出版社，27.00元

**临床介人放射学**/李麟荪主编. 江苏科学技术出版社，6.20元

**消化系X线诊断图谱**/苏庆章编著. 湖南科学技术出版社，精25.00元

**失重生理学**/庄祥昌，裴静琛编著. 人民军医出版社，5.30元

**放射免疫及其应用**/孙荣光等编著. 内蒙古人民出版社，3.80元

**临床X线诊断技术**/胡永新编写. 上海交通大学出版社，5.00元

**X线诊断问答**/李铁一主编. 2版. 人民卫生出版社，8.00元

**建国40年中医药科技成就**：1949～1989/国家中医药管理局编. 中医古籍出版社，38.00元

**中国针灸史**/郭世余编著. 天津科学技术出版社，精8.10元

**中医学**/云南省卫生厅科教处编. 云南科技出版社，11.85元

**医古文**/段逸山主编. 知音出版社，30.00元

**中国医学大成**：重刊订正本/曹炳章辑集. 上海科学技术出版社，精950.00元

**学中医**/王洪图等著. 科学普及出版社，3.90元

**中医各科习题汇讲**/马照寰，王明来主编. 中国医药科技出版社，18.50元

**核技术在中草药研究中的应用**/蔡锡麟编著. 原子能出版社，8.70元

**英汉实用中医药大全**（8）：医学气功：英汉对照/毕永升，于文平编著. 高等教育出版社，3.50元

**中国医籍通考** 第一卷/严世芸主编. 上海中医学院出版社，精67.50元

**中国传统文化与医学**/李良松，郭洪涛编著. 厦门大学出版社，12.90元

**医古文**/钱超尘，王育麟编写. 贵州人民出版社，9.90元

**中医文献学**/马继兴著. 上海科学技术出版社，精29.40元

**中国医学大成**/曹炳章编纂. 岳麓书社，精480.00元

**古今时间医学**：择时诊病 服药 针灸/刘炳权，苏祥编著. 广东科技出版社，2.80元

**医古文习题集**/段逸山主编. 人民卫生出版社，11.35元

**应用中医文献学**/邱纪凤编著. 中医古籍出版社，15.00元

**英汉实用中医药大全** （1）：中医学基础/刘承才等主编. 高等教育出版社，7.65元

**医易会通精义**/李浚川，萧汉明主编. 人民卫生出版社，13.20元

**中医中药科研方法撷要**/张震等编著. 云南科技出

版社，2.50元

**医古文**/《医古文》编写组编．中国商业出版社，2.80元

**医述**/（清）程杏轩撰．2版．安徽科学技术出版社，精17.50元

**老年中医保健**/骆勤方主编．人民体育出版社，2.60元

**实用中医保健**/王正芳编著．中国医药科技出版社，4.60元

**中国古代养生术**/洪丕谟编著．上海人民出版社，2.30元

**中医养生康复学**：英汉对照/孙广仁等编著；李学珍等译．上海中医学院出版社，16.00元

**中医养生康复名著选读**：医经分册/张湖德主编．上海中医学院出版社，8.00元

**中医基础理论**　下册：英汉对照/史兰华等编著；胡兆云，韩毓昉译．上海中医学院出版社，5.50元

**近代中医珍本集**：医经分册/陆拯主编；包来发等编．浙江科学技术出版社，精17.50元

**内经语言研究**/钱超尘著．人民卫生出版社，13.90元

**难经正义**/（清）叶霖著；吴考槃点校．人民卫生出版社，3.90元

**中藏经校注**/李聪甫主编．人民卫生出版社，5.15元

**伤寒六书**/（明）陶节庵撰；黄瑾明，傅锡钦点校．人民卫生出版社，6.70元

**杂病治疗大法**/左季云著．天津科学技术出版社，精8.90元

**脾胃理论与临床**/徐复霖等编著．湖南科学技术出版社，5.40元

**气血证治**/张问渠，赵孟华著．科学技术文献出版社，4.60元

**内经与临证**/杨智孚编著．广东科技出版社，4.80元

**金匮要略校注**/何任主编．人民卫生出版社，7.90元

**金匮要略语译**/何任主编；范永升等编写．人民卫生出版社，5.00元

**研经言**/（清）莫枚士述；王绪鳌，毛雪静点校．人民卫生出版社，4.00元

**医学读书记**/（清）尤怡撰；傅幼荣等点校．人民卫生出版社，3.00元

**中医升降学**/寇华胜编著．江西科学技术出版社，3.50元

**《内经》多学科研究**/雷顺群主编．江苏科学技术出版社，8.00元

**难经校注**/凌耀星主编．人民卫生出版社，6.05元

**曹氏伤寒金匮发微合刊**/曹颖甫著；顾瑞生校点．上海科学技术出版社，7.05元

**伤寒论临床应用**/王占玺主编．科学技术文献出版社，6.60元

**脾胃学说与临床**/王淑兰主编．人民卫生出版社，7.35元

**经穴解**：附针灸阐岐幼科阐岐/（清）岳含珍撰；张灿玾，柳长华点校．人民卫生出版社，13.50元

**腧穴学**/汪瀛乐主编；杨永峰等编写．江苏科学技术出版社，3.60元

**中医革新**：病机论疗法/朱振华编著．人民军医出版社，2.90元

**传统中医理论现代研究**/蔡光先主编．湖南科学技术出版社，4.50元

**难经语译**/凌耀星主编．人民卫生出版社，3.55元

**中医经络现代研究**/胡翔龙等主编．人民卫生出版社，精24.20元

**中医学新编**/邓铁涛主编．2版．上海科学技术出版社，19.00元

**伤寒论析疑**/沈济苍编著．上海科学技术出版社，3.50元

**标准针灸经穴部位图谱**/中国中医研究院针灸研究所编制．中国标准出版社，23.80元

**经穴部位文献考与解剖**：中华人民共和国国家标准《经穴部位》的编制说明/国家中医药管理局编．中国中医药出版社，5.00元

**经穴断面解剖图解**：头颈、胸部/严振国编．上海科学技术出版社，精63.20元

**子午流注针法快速查表**/张国瑞，朴联友著．人民卫生出版社，1.10元

**实用针灸解剖挂图**/严振国主编．上海中医学院出版社，27.00元

**针灸治疗阳萎**/张洪度，杨蓁编著．上海中医学院出版社，0.80元

**妇人针方九集**/张淳编著．中国医药科技出版社，4.90元

**道枢**/（宋）曾慥编．上海古籍出版社，5.70元

**古本伍柳仙宗全集**/（明）伍守阳，（清）柳华阳撰．

上海古籍出版社，8.90元

**海灯法师养生之道**/海灯法师述；范应莲整理．四川人民出版社，1.40元

**黄庭经**/（唐）务成子，梁邱子注．上海古籍出版社，1.55元

**乐育堂语录**/（清）黄裳讲述．上海古籍出版社，3.65元

**玄肤论**/（明）陆西星撰·**道窍谈**/（清）李西月撰·**三车秘旨**/（清）李西月撰.上海古籍出版社，

**玄机直讲·道言浅近说·玄要篇**/（明）张三丰撰.上海古籍出版社，3.00元

**延陵先生集新旧服气经**/（唐）延陵先生集·**天隐子**/（唐）司马承祯撰·**玉清金笥青华秘文金宝内錬丹诀题**/（宋）张伯端撰·**丹阳真人语录**/（元）王颐中集·**大丹直指**/（元）邱处机述．上海古籍出版社，2.05元

**中国秘藏点穴术**：独门失传秘法/施以德编著．黑龙江科学技术出版社，1.95元

**百灵临床论文集**/韩百灵著．黑龙江人民出版社，3.45元

**临证秘津**/段洪光著．上海中医学院出版社，1.60元

**王静安临症精要**/王静安著．电子科技大学出版社，2.50元

**中国现代名中医医案精华**/董建华主编．北京出版社，40.30元

**上海名医学术精华**/裘沛然，凌耀星主编．上海中医学院出版社，3.70元

**黄元御医书十一种**　（上）：素问悬解：附校余偶识灵枢悬解　难经悬解/（清）黄元御撰；麻瑞亭等点校．人民卫生出版社，精34.95元

**黄元御医书十一种**　（中）：伤寒悬解　金匮悬解　伤寒说意/（清）黄元御撰；麻瑞亭等点校．人民卫生出版社，精32.75元

**黄元御医书十一种**　（下）：四圣心源　四圣悬枢　素灵微蕴　长沙药解　玉楸药解/（清）黄元御撰；麻瑞亭等点校．人民卫生出版社，28.55元

**实用针灸推拿治疗学**/夏治平等编著．上海中医学院出版社，精12.00元

**手针新疗法**/朱振华编著．人民军医出版社，1.85元

**针灸处方学**/王岱主编．北京出版社，7.10元

**陈樱宁（圆顿子）气功论集**/姚雨山编注．高等教育出版社，2.85元

**粗针疗法**/李复峰主编．黑龙江科学技术出版社，2.50元

**黄帝针灸甲乙经**：新校本/黄龙祥校注．中国医药科技出版社，7.80元

**神应经**/（明）陈会撰；刘瑾补辑·**扁鹊神应针灸玉龙经**/（元）王国瑞撰；李宁点校．中医古籍出版社，1.80元

**针灸问答**/王卜雄等编著．上海科学技术出版社，3.05元

**中国针灸**：英汉对照/吕建平等编著；孙衡山，朱胜利译．上海中医学院出版社，17.25元

**现代针灸临床聚英**/王振坤，肖淑春编著．中医古籍出版社，3.25元

**中医临床各科**　上册：英汉对照/张恩勤等著译；左连君等主译．上海中医学院出版社12.80元

**中医诊断学**：英汉对照/刘家义等编著；杨敏，杨杰译．上海中医学院出版社，13.85元

**针灸有效病症**/方幼安，陈业孟编著．上海翻译出版公司，精7．95元；平6．20元

**八纲与八法**/北京中医学院主编.天津科学技术出版社，1.80元

**六经辩证**/天津中医学院主编.天津科学技术出版社，2.05元

**当代中国有效气功**/黄鹤举，董耀会编著．天津科学技术出版社，6.90元

**内丹养生功法指要**/王沐著．东方出版社，5.50元

**秘传道家筋经内丹功**/王庆余著．人民体育出版社，4.50元

**气功与特异功能之谜**/徐才章等著.山东大学出版社，3.50元

**千家气功精粹**/藏单飞编．奥林匹克出版社，4.80元

**轻身辟谷术**/施仁潮著．浙江古籍出版社，4.80元

**少林内劲一指禅中级功法**/姚金圣编著.同济大学出版社，1.85元

**清·黄元吉养生静功心法注释**/邱陵编注.中国文史出版社，2.50元

**仙家秘传祛病功**/李远国编著；吴伯钧绘图．人民体育出版社，2.50元

**医、巫与气功**：神秘的中国养生治病术/漆浩著.人民体育出版社，3.50元

**中国气功**　第5辑：精源气功与“外气”导引疗法/

黄瑞森演述；马大成等整理．浙江科学技术出版社，1.30元

**中国气功经典**：先秦至南北朝部分（上）/吕光荣主编．人民体育出版社，5.40元，(下册)，定价4.80元

**中国自控气功**：防治肿瘤疑难症快速功法/张明武编著；王守信，王中凯整理．人民体育出版社，4.00元

**中华道家气功**/张有寓等编著．天津人民出版社，3.40元

**中国现代名中医医案精华**/董建华主编．北京出版社，精52.70元

**罗元恺论医集**/罗元恺编著．人民卫生出版社，5.00元

**医林一介**/汪济美著；俞长荣审正．福建科学技术出版社，2.55元

**中医经方学家夏仲方专辑**/陈玉英主编．化学工业出版社，4.00元

**古代气功治病法**：诸病源候论导引新解/赵邦柱主编．贵州人民出版社，4.50元

**鹤翔庄文选**/赵金香主编．北京邮电学院出版社，7.00元

**经络功法**：古代秘传长寿术/彭静山编著．辽宁科学技术出版社，2.75元

**静动气功**/王觉民编著．山西科学教育出版社，1.70元

**老子气功**/孔庆连编著；朱胜武整理．山西科学教育出版社，2.95元

**灵宝毕法**/（唐）钟离权著；（唐）吕洞宾传；曹志清等点校．山西人民出版社，1.70元

**马礼堂养生新功法集粹**/马礼堂等编著．奥林匹克出版社，3.20元

**中医临证三字诀**/胡翘武，胡国俊编著．2版．安徽科学技术出版社，2.60元

**中医临床各科**　下册/张恩勤主编．上海中医学院出版社，

**现代针灸学概论**/袁其伦编著．科学技术文献出版社重庆分社，4.40元

**针灸时间治疗概论**/靳瑞等编著．上海翻译出版公司，3. 70元

**中国推拿**/张恩勤主编．上海中医学院出版社

**古今针灸医案医话荟萃**/高忻洙等编著．安徽科学技术出版社，3.30元

**指甲诊病彩色图谱**/李学诚著．山西科学教育出版社，7.00元

**中医理论辩**/瞿岳云编著．湖南科学技术出版社，4.60元

**中医诊疗阐微**/王少年，王卫中著．天津科学技术出版社，3.20元

**中医证候规范**/邓铁涛主编．广东科技出版社，5.20元

**浙江名中医临床经验选辑**　第一辑/浙江省中医管理局编．浙江科学技术出版社，3.40元

**中医临床科研选题设计分析**/林平等编著．河南大学出版社，2.85元

**中国针灸处方大成**/王立早主编．江西科学技术出版社，精19.80元

**历代名医临证经验精华**/卢祥之主编．科学技术文献出版社重庆分社，13.50元

**清宫医案研究**/陈可冀主编．中医古籍出版社，精350.00元

**中医临证席谈**/江淑安著．中国中医药出版社，1.00元

**耳廓诊治与养生**/刘士佩编著．上海教育出版社，2.70元

**古今名医临证秘诀**/路振平主编．云南大学出版社，4.50元

**难病针灸**/张仁编著．人民卫生出版社，8.40元

**石学敏针灸临证集验**/天津中医学院第一附属医院针灸科编．天津科学技术出版社，精16.40元

**针灸三法的应用**：刺血、燔针、发泡灸/南正九编著．甘肃科学技术出版社，1.45元

**当代名医证治汇粹**/宋祖敬主编．河北科学技术出版社，精18.00元

**山西民间中医集萃**/《山西民间中医集萃》编写组编．山西科学教育出版社，1.90元

**失眠嗜卧专辑**：常见病证中医文献专辑/方肇勤编．上海科学技术出版社，3.15元

**四明心法　四明医案**/（清）高鼓峰撰；周次清等点校．人民卫生出版社，3.55元

**针灸明理与临证**/刘冠军著；刘芳，刘虹整理．人民卫生出版社，8.55元

**静坐法精义**/丁福保编·**指道真诠**/杨践形述．上海古籍出版社，3.15元

**针灸疗法歌诀**/曾昭旺等编著．黑龙江科学技术出版社，4.50元

**针灸文献概论**/李复峰编著. 黑龙江科学技术出版社，3.50元

**针灸新义**/祁越著. 新疆大学出版社，3.50元

**针灸治疗和操作**/刘炎，许建敏编著. 上海科学技术出版社，3.65元

**中国针灸针麻科研概况**：1977～1987/王德深编. 中国中医药出版社，6.50元

**黄廷翼浅针术**/黄之光编著. 福建科学技术出版社，2.70元

**针刺治疗功血病**/刘万成，张晓彬著. 黑龙江科学技术出版社，1.80元

**中医临床诊治续集**/贺升效著. 四川大学出版社，2.90元

**石室秘录评述**/（清）陈士铎著；程丑夫评述. 湖南科学技术出版社，6.40元

**气功与气功仪器**/储维忠编著. 上海中医学院出版社，1.00元

**生物控制论与气功**/黄秉宪编著. 华夏出版社，4.60元

**当代名医证治汇粹**/宋祖敬主编. 河北科学技术出版社，14.50元

**袁子谦医疗经验选**/袁子谦编著. 陕西科学技术出版社，2.00元

**中医病案分析**/北京中医学院主编. 天津科学技术出版社，5.10元

**中国推拿练功学**/金宏柱主编. 上海中医学院出版社，3.60元

**耳穴压丸疗法**/杨兰绪等编著. 江苏科学技术出版社，3.60元

**腕踝针疗法**/张心曙著. 2版. 人民军医出版社，3.20元

**眼针疗法**/彭静山著. 辽宁科学技术出版社，精7.50元

**针灸临证指南**/胡熙明主编. 人民卫生出版社，17.80元

**内功养生秘诀**/邓宏逖著. 湖南科学技术出版社，精6.20元 .

**中国中医独特疗法大全**/裘沛然主编. 文汇出版社，精24.00元

**中医疾病诊疗纂要**/张震主编. 云南科技出版社，精15.00元；平12. 50元

**脉学精微**/王金芳编著. 陕西科学技术出版社，1.50元

**实用中医内科学**/沈全鱼主编；王复光等编写. 中医古籍出版社，12.05元

**外感热病诊治**/梁运通主编. 中医古籍出版社，8.50元

**中医温病三字经**/段苦寒编. 天津科学技术出版社，1.00元

**活血化瘀研究新编**/姜春华主编. 上海医科大学出版社，4.45元

**瘀证证治**/沈全鱼等编著. 中医古籍出版社，1.44元

**实用中医肾病学**/张大宁编著. 中国医药科技出版社，精22.00元

**骨伤简史及医籍选**/韦贵康主编. 河南科学技术出版社，4.35元

**中医骨伤科基础**/丁继华，汤邦杰主编. 人民卫生出版社，3.80元

**中医筋伤学**/孙树椿，孙之镐主编. 人民卫生出版社，3.25元

**晨苗子——白癜风的防治**/李鸣等编著. 清华大学出版社，3.00元

**疯门全书**/（清）萧晓亭撰；赵石麟，王怡点校人民卫生出版社，2.40元

**汗证证治**/沈全鱼等编著. 中医古籍出版社，1.13元

**皮科易览**/李博鑑著. 中国医药科技出版社，2.50元

**癫痫的中医治疗**/藏明仁著. 山东大学出版社，1.80元

**癫狂痫证治**/沈全鱼等编著. 中医古籍出版社，1.58元

**神经系统常见疾病中医诊疗**/周绍华，周佩云著. 中国医药科技出版社，3.40元

**中医诊治男性不育与性功能障碍**/王玉英主编. 中国医药科技出版社，4.80元

**中医妇科三字经**/段苦寒编. 天津科学技术出版社，1.00元

**婴儿论**：明清中医珍善孤本精选（五）/（清）周士祢撰；陈熠编选. 影印本. 上海科学技术出版社，4.25元

**幼科折衷**/（明）秦昌遇编著；俞景茂点校. 中医古籍出版社，2.10元

**名老中医肿瘤验案辑按**/李济仁主编. 上海科学技术出版社，7. 90元

**仲景内科学**/张谷才编著．上海中医学院出版社，3.60元

**血证论**/（清）唐宗海著；魏武英，曹健生点校．人民卫生出版社，4.60元

**中医外科学**/顾伯康主编．知音出版社，25.00元

**经带证治**：陈雨苍妇科经验/谢德聪，陈应钟编．福建科学技术出版社，1.00元

**中医妇科学**/罗元恺主编．知音出版社，25.00元

**中医儿科临床手册**/王骏彧，程家正主编．上海科学技术出版社，3.20元

**中医儿科学**/何珉主编．贵州人民出版社，5.70元

**中医儿科学**/江育仁主编．知音出版社，20.00元

**脑炎后遗症和大脑发育不全**/宋祚民等著．人民卫生出版社，1.80元

**中医耳鼻喉科学**/王德鉴主编．知音出版社，20.00元

**中医男科辑要**/张敏建，李小平编著．上海中医学院出版社，1.40元

**中医治愈肿瘤五十例**/梁秀清著．哈尔滨出版社，2.90元

**治病要法**/安浚等编著．科学技术文献出版社重庆分社，3.30元

**中心静脉插管术**/（英）Michael Rosen 著；何孔源译．中国医药科技出版社，2.90元

**脏腑病证常用方药**/天津中医学院主编．天津科学技术出版社，4.90元

**中医肾脏病学**/申志强主编．河南科学技术出版社，精14.50元

**古今男科医案选按**/戴西湖，刘建华主编．华夏出版社，4.50元

**男科证治指南**/李彪，何耀荣主编．湖南科学技术出版社，4.80元

**男女不育症的中医治疗**/薛光耀编著．甘肃科学技术出版社，1.70元

**中医男科百问**/吴银根，沈庆法主编．上海科学技术出版社，2.35元

**中医男科临床治疗学**/冷方南主编．人民卫生出版社，精20.00元

**内科临证识见**/黄星楼编著．江苏科学技术出版社，3.90元

**温病学**/彭胜权，李惠德主编．广东高等教育出版社，3.25元

**温病自学辅导**/史定文等主编．中医古籍出版社，2.60元

**悬壶漫录**/任继学著．北京科学技术出版社，4.80元

**女科临证集要**/刘长天，贺开效编著．甘肃科学技术出版社，2.95元

**小儿卫生总微论方**/（宋）不著撰者；吴康健点校．人民卫生出版社，精14.50元

**董万鑫骨科秘验**/隋书义等整理．北京出版社，4.55元

**中医伤科学**/周善民主编．江苏科学技术出版社，3.25元

**实用中医美容**/雷振萍等编著．广西科学技术出版社，1.65元

**中医皮肤美容学**：东方美容集萃/（日）佐藤好司著；于淞等主译．哈尔滨出版社，7.40元

**中医耳鼻喉科**/李书良编著．人民卫生出版社，2.85元

**中医外感热病学**/吴银根，沈庆法主编．上海科学技术出版社，11.85元

**伤寒论研究**/关祥祖等编著．云南大学出版社，3.80元

**实用男科大全**/张有寓主编．天津人民出版社，9.50元

**中医男科名方选议**/王琦主编；刘采倩编著．华夏出版社，4.15元

**血吸虫病中医证治研究**/王定寰主编．湖南科学技术出版社，2.55元

**中药治愈癌症良方**/李云祥主编．山东大学出版社，2.20元

**中医治癌之光**/郑文友编著．科学普及出版社，7.50元

**针灸眼科学**/李复峰主编．黑龙江科学技术出版社，2.90元

**实用中医肾病学**/张天，陈以平主编．上海中医学院出版社，精16.00元

《**医心方**》**男科奇览**/陈和亮编著．华夏出版社，2.35元

**郁证的治疗**/张翼编著．青海人民出版社，2.15元

**临床中药学**/庞俊忠主编．中国医药科技出版社，9.80元

**中药学**/曲京峰等编著．上海中医学院出版社，14.50元

**中药研究进展**/张洪魁，李华祥主编．中国医药科

技出版社，7.00元

**方剂学**/李敦清等编著．上海中医学院出版社，16.50元

**方剂学**/李庆业主编．中国医药科技出版社，9.00元

**中国名贵药材：英汉对照**/张恩勤主编．上海中医学院出版社，9.00元

**人参的药用与食用**/陈治烈编著．广东科技出版社，1.90元

**中成药新用**/贺振泉编著．上海中医学院出版社，2.60元

**中药鉴定问题解答**/张贵君主编．哈尔滨出版社，8.50元

**骨伤方歌白话解**/黄荣宗，吴大真编著．中医古籍出版社，4.00元

**湖南省中草药民间单验方选编**/湖南省中药资源普查办公室编．湖南科学技术出版社，精12.00元

**台湾香港名医秘方**/杨柱星等编著．广西科学技术出版社，2.55元

**药用矿物**/谢崇源，黄汉强主编．广西科学技术出版社，1.35元

**益寿中草药**/陆钦尧，黎明编著．渡假出版社有限公司．

**中国名优中成药**：英汉对照/张恩勤主编．上海中医学院出版社，12.50元

**丹参**：生物学及其应用/徐任生主编．科学出版社，14.20元

**贵州省中药材质量标准**：1988：贵州省地方标准：黔D/WS-001～217-88/贵州省卫生厅编．贵州人民出版社，精15.00元

**济南中药材**/张振平等编著．济南出版社，4.90元

**食物本草**/（元）李果编辑；（明）李时珍参订；（明）姚可成补辑；郑金生等校点．中国医药科技出版社，精16.00元

**中药古今应用指导**/臧堃堂，吴克强编著．广东科技出版社，5.40元

**中药鉴定实验技术**/杨启德编著．浙江科学技术出版社，4.50元

**实用补养中药**/赵一，黄国钧编著．广西科学技术出版社，1.80元

**单方验方偏方应用必备**/朱进忠主编；王象礼，许逸民编著．科学技术文献出版社重庆分社，2.20元

**奇难杂症效方精选**/潘文昭，玉振熹编著．广西科学技术出版社，2.35元

**小品方辑录笺注**/汤万春辑注．安徽科学技术出版社，3.90元

**中国常用中成药大全**/刘树三主编．哈尔滨出版社，精25.00元

**中国中成药保健品集粹**/冉小峰主编．科学出版社，精34.00元

**增补神效集**/（清）不著撰人著；刘宏伟，张瑞贤点校．中医古籍出版社，1.90元

**中国中医骨伤科百家方技精华**/施杞主编．中国中医药出版社，精15.00元

**当代中医验方精选**/郭桃美编著．上海科学技术出版社，3.75元

**女科仙方**/（清）傅山撰；刘国正点校．中医古籍出版社，1.85元

**验方新编**　上册/（清）鲍相璈编辑，梅启照增辑；周光优等点校．人民卫生出版社，8.30元，（下册）10．50元

**中国当代名医验方大全**/杜怀棠主编．河北科学技术出版社，精21.00元

**叶类生药鉴定图说**/楼之岑，童玉懿主编．人民卫生出版社，6.90元

**中药材的采制与购销规格**/那中凯编著．吉林大学出版社，5.00元

**张仲景对药的临床应用**/王玉芝等编著．北京科学技术出版社，2.80元

**《妇人良方》校注补遗**/（宋）陈自明原著；（明）熊宗立补遗；（明）薛己校注；余瀛鳌等点校．上海科学技术出版社，14.40元

**广济方研究**/王永庆等编著．黑龙江科学技术出版社，3.80元

**精选八百外用验方**/王家忠主编．吉林科学技术出版社，6.20元

**偏方验方500首**/本书编写组编．天津科学技术出版社，1.20元

**实用延寿中药学**/朱建贵等编著．北京出版社，7.30元

**樟树中药炮制全书**/樟树中药研究会编；龚千锋主编．江西科学技术出版社，精9.50元

**人工培植牛黄技术**/段文增等编著．黑龙江科学技术出版社，3.50元

**中药养护保管**/中国药材公司中级技术培训教材编写组编．中国商业出版社，2.10元

**实用延寿中药学**/宋建贵等编著. 北京出版社，精 11.25 元

**中药学**/中国药材公司中级技术培训教材编写组编. 中国商业出版社，3.60 元

**本草问答评注**/黄杰熙评注. 山西科学教育出版社，2.35 元

**中国本草图录** 卷九/《中国本草图录》编写委员会编写；赵素云，李永江主编. 商务印书馆（香港）有限公司；人民卫生出版社，精装

**中国本草图录** 卷十/《中国本草图录》编写委员会编写；黄燮才，夏光成主编. —商务印书馆(香港)有限公司；人民卫生出版社，精装

**新华本草纲要** 第二册/江苏省植物研究所等编著. 上海科学技术出版社，精 25.90 元

**新华本草纲要** 第三册/江苏省植物研究所等编著. 上海科学技术出版社，精 34.6 元

**常用中药材组织粉末图解**/赵达文主编. 人民卫生出版社，12.20 元

**医方集解**：点校本/（清）汪讱庵著辑；叶显纯点校. 上海科学技术出版社，5.85 元

**中药性状鉴别歌诀**/郑万功编著. 华夏出版社，5.40元

**中药炮制品古今演变评述**/张炳鑫主编. 人民卫生出版社，13.70 元

**医院基本常用中成药集释**/吴焕才等编. 青海人民出版社，3.20 元

**穆氏本草启蒙录**/陕西省中医学会办公室编著. 三秦出版社，1.50 元

**新编汤头歌诀**/程宝书等编. 增订本. 黑龙江科学技术出版社，4.85 元

**新编全国大众验方精选**/陈琳贤等主编. 广西民族出版社，4.90 元

**现代千家验方荟萃**/车龙日，金三星主编. 延边人民出版社，4.70 元

**古今名医验方秘方**/路振平主编. 云南大学出版社，4.50 元

**经效验方四百八**/成大权编著. 山西科学教育出版社，3.90 元

**方名释义**/洪文旭，苏礼编著. 中国医药科技出版社，2.50 元

**中医名方应用进展**/魏菊仙等主编. 中国医药科技出版社，15.00 元

**中药学**/高学敏主编. 中国医药科技出版社，12.00 元

**中药学**/颜正华主编. 人民卫生出版社，41.10 元

**苏颂与《本草图经》研究**/苏克福等主编. 长春出版社，5.90 元

**中药中毒与解救**/庄国康，刘瓦莉编. 中国医药科技出版社，4.00 元

**护理伦理**/邱世昌编. 人民卫生出版社，3.00 元

**护理诊断及其应用**/钟秀玲等编著. 人民军医出版社，2.20 元

**临床护理观察学基础**/邹立志，谭寿莱著. 西安交通大学出版社，3.40 元

**老年病护理**/徐玉梅，陈武玲主编. 黑龙江科学技术出版社，3.70 元

**危重病护理学**/王丽华，崔素雯编著. 人民军医出版社，9.80 元

**护理心理学**/葛慧坤著. 吉林教育出版社，3.10 元

**妇产科护理学**/臧运敏主编. 化学工业出版社，8.80元

**外科护理学**/王珏主编. 化学工业出版社，13.50 元

**护理专业试题精选**/殷冬生，夏泉源主编. 江苏科学技术出版社，5.95 元

**耳鼻咽喉科护理**/汪广平主编. 人民卫生出版社，2.50 元

**内科学、儿科学基础护理学**/云南省卫生厅科教处编. 云南科技出版社，19.00 元

**创伤护理学**/孔禄生，王庆林主编. 人民军医出版社，11.80 元

**护师必备**/杨在春主编. 人民军医出版社，13.00 元

**基础护理学**/严彩华，罗冈仪主编. 湖北科学技术出版社，5.95 元

**1990 年全国青年护士论文选**/霍杰主编. 河北科学技术出版社，5.70 元

**医疗护理文件书写**/李光振，李永哲主编. 延边人民出版社，8.10 元

**护理心理**/陈紫瀛主编. 人民卫生出版社，3.90 元

**护理心理学**/马文元，那文彬主编. 东北财经大学出版社，2.70 元

**生物化学检验技术**/陈惠黎主编；王继贵等编著. 人民卫生出版社，4.30 元

**血气分析临床应用**/张瑞祥编著. 上海科学技术出版社，3.40 元

**克氏康复医学**/（美）克鲁逊主编；南登崑等编译.湖南科学技术出版社，精 15.30 元

**实用康复医学**/周士枋主编. 东南大学出版社，7.50元

**老年家庭康复**/骆勤方主编. 人民体育出版社，2.90元

**中国康复医学**/卓大宏主编. 华夏出版社，40.00 元

**常见慢性病疗养康复指南**/中国职工疗养学会筹备组编写；周汝翔，赵士仁主编. 辽宁人民出版社，13.40 元

**康复医学人门**/陈道莅编著. 华夏出版社，2.70 元

（唐　欣）

# 国际合作与交流

**【1991 年卫生外事工作】**

1991 年，我国继续贯彻执行改革开放和独立自主的和平外交政策，反对霸权主义和强权政治，稳定周边，开展睦邻外交，团结第三世界，积极开展多层次、多形式的对外交流与合作。1991 年，卫生部系统派赴国外考察访问、讲学和进修人员 2506 人次；接待外宾 2907 人次；全年轮换医疗队员 512 人次。世界卫生组织总干事中岛宏博士来华访问，并向卫生部部长陈敏章颁发了“人人享有卫生保健”金质奖章。为加强民间交流工作，举办了中日笹川医学奖学金协议签署 5 周年纪念活动，至 1991 年底，我国已派出笹川奖学金留学生 450 余人，97%已学成回国。积极做好三引进一培养（引进资金、技术、人才；培养人才）工作，首次召开了中国国际先进医疗器械展览会暨技术交流会，近 20 个国家和地区的 165 家中外厂商参加，组织了 26 场学术交流会，1500 名专家出席，8 万余人次参观了展览会。为在新形势下统一思想、交流经验，加强外事归口管理，卫生部召开了部属单位外事工作会议。为表彰对我国做出重要贡献的国际友人、专家，卫生部设立“中国卫生奖”，首批表彰了日本的笹川良一、石馆守三和美国的菲利浦斯等 3 位外国友人。

（李万山）

**【中国医疗队工作】**

1991 年我国派往第三世界国家的援外医疗队由 1990 年 39 个减至 36 个。援索马里医疗队和援埃塞俄比亚医疗队因所在国国内战乱分别于 1 月和 5 月调回。援中非医疗队由于中止了两国的外交关系于 8 月撤回。全年度我国共派出援外医疗队员 515 人次，轮换回国人员 510 人。截至 1991 年底在国外的医疗队员总计 1139 人，分布在亚洲和非洲 34 个发展中国家的 91 个医疗点上。

中国医疗队员在动荡的国际形势和艰苦的条件下，牢记祖国人民的重托，继续发扬国际主义、爱国主义、无私奉献和艰苦奋斗的精神，以白求恩为榜样，克服种种困难，全心全意为当地人民的健康服务，得到所在国政府和人民热情支持和欢迎。如援摩洛哥医疗队应用哈氏棒内固定治疗脊柱骨折；援赤道几内亚医疗队成功地开展了第一例开颅手术；援也门医疗队以中国传统医学疗法和西医手术疗法相结合，利用“兔脑穴位埋藏手术及术后电针、火罐综合疗法”治疗也门的常见病、多发病——顽固性哮喘，获得成功等。1991 年，第 9 批援扎伊尔医疗队 28 人，

第8批援塞内加尔医疗队17人获得所在国总统和政府颁发的国家级荣誉勋章。第11批援坦桑尼亚医疗队36人、第14批援阿尔及利亚医疗队赫利赞点1人获得所在国政府授予的荣誉证书。我部对成绩优异的第5批援吉布提医疗队进行了表彰和奖励。吉林省政府对援索马里医疗队队长张玉民给予记大功并晋升一级工资的奖励。

卫生部为进一步加强对第三世界国家的医疗援助，决定成立援外办公室，负责援外医疗队的管理工作。

为总结派遣援外医疗队管理工作的经验，研究援外医疗队国内外管理方面的理论和实际问题，提高管理人员自身的管理水平，7月3～6日在昆明召开了全国出国医疗队管理工作研讨会。（钱君琦）

**【中国与外国重要卫生代表团互访】**

1991年，我国卫生部负责人率团访问了美国、古巴和日本等国家。波兰、蒙古、古巴、老挝、斐济、比利时、巴林、马耳他、泰国等国卫生部负责人率团访问了我国，(详见表1、2)。

表1 1991年中国卫生部负责人出访情况

| 出访负责人 | 日期 | 访问国别（地区） | 访问概况 |
|---|---|---|---|
| 陈敏章 | 6月5～19日 | 美国<br>古巴 | 应美中关系委员会和古巴卫生部邀请出访。陈部长在美国参观有关医疗机构和研究所，会见了美卫生部长沙里文；在古巴参观医院和研究所，与古巴卫生部长会谈，受到卡斯特罗主席接见 |
| 顾英奇 | 11月11～21日 | 日本 | 应日中医学协会邀请出访。顾副部长参加了日中医学交流会议和国际长寿科学讨论会并作有关学术报告，会见前大藏大臣桥本龙太郎、厚生省事务次官坂本龙彦、笹川纪念保健协力财团会长笹川良一等 |

表2 1991年外国卫生部负责人访华情况

| 负责人 | 日期 | 访问概况 |
|---|---|---|
| 波兰卫生社会福利部长西多罗维奇 | 3月22～26日 | 在京期间参观了医院、研究所，与陈敏章部长举行工作会谈，签署了中波卫生合作协定1991～1994年度合作计划，会见了国务院副总理吴学谦 |
| 蒙古健康部副部长宾巴 | 4月29日至5月6日 | 参观访问北京、南京等地区的科研机构，与顾英奇副部长举行工作会谈 |
| 蒙古健康部副部长宫奇格 | 5月21～25日 | 参加卫生部举办的国际先进医疗器械设备展览会，会见了陈敏章部长等 |
| 古巴卫生部副部长迪亚斯·巴利纳 | 5月21～25日 | 在京期间参加卫生部举办的国际先进医疗器械设备展览会，会见了陈敏章部长 |
| 老挝卫生部长坎布·苏米塞 | 5月9～18日 | 参观访问北京、昆明等地医疗、科研机构，与陈敏章部长举行工作会谈 |
| 斐济卫生部常务秘书瓦瑞亚 | 5月18～27日 | 参观访问北京、杭州等地医疗、科研机构，与顾英奇副部长举行工作会谈 |
| 比利时卫生部秘书长万达尔 | 7月6～12日 | 参观访问了北京、西安等地的医疗科研机构，与顾英奇副部长举行工作会谈，签署了中比卫生合作协定1991～1993年度执行计划 |
| 巴林卫生部部长助理费萨尔·穆萨维 | 7月29日至8月7日 | 参观访问北京、济南等地医疗科研机构，与何界生副部长举行工作会谈 |

| 负责人 | 日期 | 访问概况 |
| --- | --- | --- |
| 马耳他议会卫生秘书赫兹勒 | 6月28日至7月4日 | 与顾英奇副部长举行工作会谈，会见了陈敏章部长，出席派遣医生赴马讲学协议签署仪式 |
| 斐济卫生部部长库里桑吉拉 | 9月17～23日 | 在北京参观访问有关医疗科研机构，与陈敏章部长举行工作会谈 |
| 泰国卫生部部长派洛·宁沙农 | 10月3～12日 | 参观访问北京、上海、桂林、广州等地，与陈部长举行工作会谈 |

（高细水）

**【顾英奇副部长率团出席第44届世界卫生大会】**

世界卫生组织第44届世界卫生大会于1991年5月6～16日在瑞士日内瓦举行。经国务院批准，卫生部副部长顾英奇率领中国代表团出席了会议。会议选举蒙古卫生部部长为本届大会主席，联合国儿童基金执行主任格兰特先生到会，就世界儿童首脑会议后续活动发表了讲话。本届卫生大会审议的主要议题有：总干事关于1990年世界卫生组织工作报告；世界卫生组织1992～1993年财务期规划预算方案；减轻切尔诺贝利事故对卫生影响的国际规则等。会议共通过了43项决议，接受马绍尔群岛和密克罗尼西亚为世界卫生组织新会员国，托克劳为准会员国。

我国代表团积极地参加了会内外活动，在大会及两个主要委员会上共发言27次，顺利完成了与会任务。

（亓庆东）

**【世界卫生组织总干事中岛宏博士访华】**

应卫生部陈敏章部长的邀请，世界卫生组织总干事中岛宏博士于1991年先后3次来华访问。访问期间，国务院总理李鹏、副总理吴学谦、国务委员李铁映分别会见了他。陈敏章部长就进一步加强双方合作问题与他举行了工作会谈。中岛宏博士将“世界卫生组织人人享有卫生保健”的金质奖章授予陈敏章部长，并在京举行了授奖仪式。中岛宏博士在华期间应邀出席了第十届亚太肿瘤会议和国际传统医药大会，访问了我国的一些医疗卫生机构。

（吴国高）

**【联合国儿童基金会执行主席詹姆斯·格兰特和世界卫生组织总干事中岛宏先生致李鹏总理的一封信】**

1990年8月30日联合国儿童基金会执行主席詹姆斯·格兰特和世界卫生组织总干事中岛宏先生联名就促进中国母乳喂养问题致国务院李鹏总理一封信。摘要如下：

阁下：

世界儿童首脑会议作了一个重要承诺，即：“使所有妇女能够对其婴儿在4～6个月内完全以母乳喂养，并将母乳加补充食物喂养一直延续到第二年”。您对这一承诺表示支持。

母乳喂养对保证母婴健康是至关重要的。它能增强婴儿免疫力和抵抗力，降低发病率和死亡率；同时也能降低母亲乳腺癌的患病率。世界卫生组织和联合国儿童基金会认为妇幼卫生人员缺乏母乳喂养的知识和技能，妇幼卫生机构不恰当的服务以及母乳代用品的广告宣传和推销活动是影响母乳喂养的世界性问题。

1981年世界卫生大会通过了《国际母乳代用品销售守则》，并敦促所有的会员国将国际守则转为国家立法。

世界卫生组织和联合国儿童基金会发起创建爱婴医院的活动，按照世界卫生组织和联合国儿童基金会提出的促进母乳喂养成功的十点步骤颁布医院的标准。这是保护、促进和支持母乳喂养成功的有利措施。

今年6月婴儿食品制造商国际协会代表各会员公司表示支持世界卫生组织和联合国儿童基金会对促进母乳喂养的联合声明，表示到1992年底停止向发展中国家捐赠和廉价推销母乳代用品。并表示这些公司支持诸国采用立法规章或其它适应的行政措施，以确保持久地遵守这个规定。

请求阁下行使您的职权，恰当立法，成功地贯彻婴儿食品工业政策。支持全球新行动，让所有的妇幼卫生机构做到“爱婴”。我们随时准备支持贵国政府。

请接受我们最崇高的敬意。

联合国儿童基金会执行主席

**詹姆斯·格兰特**

世界卫生组织总干事

**中岛宏**

（袁晓红　崔瑞新）

**【参加东亚太平洋地区2000年儿童生存、保护和发展国别规划磋商会】**

1990年9月30日，71个国家或政府的首脑及部长和大使率领的代表团出席了在纽约联合国总部召开的儿童问题世界首脑会议。该会正式通过了《儿童生存、保护和发展世界宣言》和《执行90年代儿童生存、保护和发展世界宣言行动计划》。会后各国政府各自着手准备有关儿童的国别行动方案，准备工作于1991年年底完成。

为了在各国政府和首脑对世界首脑会议宣言和行动计划所做出的承诺的基础上，进一步促进和支持具体的国家后续行动计划，1991年7月18～20日在泰国曼谷召开了东亚太平洋地区2000年儿童生存、保护和发展国别规划磋商会。联合国儿童基金会、世界卫生组织、亚太经济委员会等区域办事处及11个国家和地区的62名代表应邀参加。以国家计划委员会副主任、国务院妇女儿童工作协调委员会副主任郝建秀同志为团长，由国家教委、卫生部、经贸部、水利部、外交部、财政部、国家计委和残联、妇联等组成的中国政府代表团一行10人出席了会议。中国政府代表团团长郝建秀同志代表我国政府在会上宣读了《90年代中国儿童生存、保护和发展规划纲要》。大会着重就儿童发展目标的优先性、适应性、阶段性，儿童权利和国别行动方案，资源、措施和监测机制等问题进行了讨论。

依照会议要求，我国将根据与会国家代表的提议和讨论意见，从我国国情出发，进一步修改和完善我国“2000年中国儿童发展规划纲要”，并于1991年年底前报联合国总部。同时，以国务院名义下发各省、自治区、直辖市人民政府和各有关部委，将此规划纲要的主要目标和对策及规划纳入地方经济社会事业发展总体规划和各部委的“八五计划及2000年规划”之中，尽早付诸实施。

（王凤兰）

**【何界生副部长率团赴美参加妇幼卫生方向性研讨会】**

卫生部组织妇幼卫生方面的专业和管理人员一行6人，在何界生副部长率领下于1991年11月12～25日赴美国参加了妇幼卫生方向性研讨会。

代表团访美之际，正值世界儿童问题首脑会议之后，各国政府陆续采取一系列后续行动，承诺首脑会议通过的《儿童生存、保护和发展世界宣言》与《90年代行动计划》，制定国家一级的规划与方案，组织实施2000年儿童保健目标的关键阶段。1991年3月李鹏总理代表我国政府签署上述两个重要文件之后，国务院妇女儿童工作协调委员会已组织国家有关部委，拟定了《90年代中国儿童发展规划纲要》（草稿），并着手制定地方一级的行动计划。我代表团访美期间，主要同联合国儿童基金会、联合国人口基金总部的高级官员就我国儿童发展规划纲要中卫生领域的目标与实施计划交换了意见，听取了其他国家制定和实施规划的情况介绍，讨论了国际妇幼卫生现状和发展趋势。两个基金会总部官员高度评价中国妇幼卫生工作的巨大成就，并保证将作为中国最好的合作伙伴，支持我国政府实现90年代儿童发展目标。

何界生副部长一行还访问了美国的一些从事妇幼卫生适宜技术研究的大学、科研机构和社区妇幼卫生项目。这次活动是由联合国儿童基金会安排的。

（施妈麟　刘运国）

**【与联合国儿童基金会建立“中国促进母乳喂养合作项目”】**

1990年9月世界儿童首脑会议通过了《儿童生存、保护和发展世界宣言》和《90年代行动计划》两个文件。提出了降低婴儿死亡率、5岁以下儿童死亡率等主要目标，将母乳喂养列为重要支持性目标之一。《90年代中国儿童发展规划纲要》提出提高4～6个月以内婴儿的纯母乳喂养率，2000年使母乳喂养率以省为单位达到80%。母乳是婴儿最理想的食品，为转变我国母乳喂养率持续下降的状态，保护婴幼儿的健康，1991年我国与联合国儿童基金会建立“中国促进母乳喂养合作项目”。联合国儿童基金会提供40万美元，作为1992年～1993年项目活动经费。

该项目的开展将在全国选择部分省、市作为促进母乳喂养项目先行试点，项目省市由卫生部、对外经济贸易部、联合国儿童基金会联合考察，评估后确定。项目的主要目标为，到1995年直辖市的4～6个月以内婴儿纯母乳喂养率达40%，计划单列市达50%，以省为单位达60%。

为实现上述目标，项目省市要制定实施促进母乳喂养的有关政策，包括医院产科制度及收费标准的改革；贯彻实施“母乳代用品销售守则”和“女职工劳动保护规定”，以改善母乳喂养的社会支持条件。全面执行WHO和WVICEF保护、促进和支持母乳喂养的十点措施，通过培训和健康教育，强化社会和妇幼卫生人员对促进母乳喂养的知识和技能。改革医院产科、儿科不利于母乳喂养的制度，促使更多的医院成为“爱婴医院”。

项目的实施将对全国母乳喂养工作起到先行、示范的作用，以推动和带动全国母乳喂养工作的开展。

（袁晓红　崔瑞新）

**【世界银行贷款卫生Ⅰ“农村卫生和医学教育”项目医学教育部分进展】**

卫生部教育司利用世界银行贷款开展的卫生Ⅰ“农村卫生和医学教育”项目医学教育部分，自1984年7月开始执行，在1991年底结束，历时7年半。涉及11所部属院校和2所中医学院。项目包括5个共同项目领域，20个特殊项目领域以及围绕这些项目开展的中央项目。

5个共同项目领域是13所学校都要加强的领域，也是本项目的重点。具体内容是：

1. 加强教与学

(1) 改革教学计划，改进教学方法，以利提高学生自学能力、独立解决问题能力和科学评价能力的培养，并重视对学生能力的全面评价。

(2) 改进教学条件，更新教学、实验和实习的手段；提高教学质量。

(3) 扩建图书馆，增加学生阅览座位，延长开馆时间，使师生充分利用图书、期刊、声像设备和缩微设置。

(4) 使用视听教学设备，如语音实验室、闭路电视及幻灯，提高授课效果、开拓授课内容。

(5) 在教学中开发和使用电子计算机，开阔学生的知识领域，加强电子计算机在教学管理、考试以及对学生评价方面的应用。

2. 非传染性疾病的预防战略措施

(1) 在基础课、临床课的教学中加强预防战略，重视预防战略思想的转变。

(2) 改革预防医学教学 的改革，提高教师队伍的素质，使学生对疾病的预防、基层卫生工作、群体疾病的预防等认识的加深，以利对医学模式转变的适应。

（3）促进预防医学教学成果与科研成果对改变基层医疗卫生面貌产生直接与间接的影响。

3. 设计—衡量—评价（DME） 即：设计是指对病人（或人群）的疾病情况用科学的方法进行调查研究，对诊断、治疗和预后等问题提出科学的见解，对临床研究工作提出科学的设计。衡量是采用数学或统计学的定量分析方法来衡量人群健康情况和疾病的征象、疾病的结果，从而对不同的诊断或治疗方法进行科学性的比较。评价是指运用上述的原则和方法来研究和评定科研设计和临床资料等数据的价值，客观地确定其真实性、适用性、可行性和最优化选择，以及评价医疗费用和经济效益等等。

（1）建立设计—衡量—评价教研室。

（2）提高本科生、研究生、临床医生和教师在教学、科研、临床与预防工作中的设计、衡量和评价等方面的基本概念、知识、技能及实际应用设计—衡量—评价（DME）的能力。

（3）对医疗和预防的决策、诊断治疗、普查预防措施进行评价。

4. 加强卫生管理干部的培训 建立卫生管理干部的培训机构，制定医学院校及附属医院的各级卫生管理干部加强管理培训的规划。使卫生管理干部能对卫生需求做出评价，能根据需要对资金做出计划分配，使用情报管理系统检测工作的进展和评价其效果。

5. 加强在职人员培训和进修教育 提高在职人员的业务水平，尤其强调通过地区和市级医院网把这种教育扩大到县级及基层单位。

19个特殊项目领域是各校根据本校具体条件，需要加强的内容。

1. 加强口腔医学临床教学和研究能力——中山医科大学、北京医科大学、西安医科大学、华西医科大学、山东医科大学、白求恩医科大学、中国医科大学。

2. 加强外语教学——中山医科大学、湖南医科大学、上海医科大学、华西医科大学、中国医科大学、北京中医学院（其中湖南医科大学、上海医科大学为卫生部外语培训中心）。

3. 建立医学教育视听软件制作和复制中心——中山医科大学、北京医科大学、上海医科大学 、北京中医学院、广州中医学院。

4. 加强电子显微镜技术的培训——山东医科大学。

5. 建立围产医学国家培训中心——山东医科大学。

6. 加强临床药理教学与科研——中山医科大学、北京医科大学、中国协和医科大学、湖南医科大学（其中湖南医科大学为临床药理学国家培训中心）。

7. 加强儿童生长发育、行为科学教育和科研的能力——中山医科大学、北京医科大学、西安医科大学、中国医科大学、同济医科大学。

8. 建立医学细胞遗传学国家培训中心——湖南医科大学。

9. 建立医学教育研究中心——中山医科大学、上海医科大学、中国医科大学、北京医科大学。

10. 建立神经内科国家培训中心——白求恩医科大学。

11. 建立临床免疫学及风湿病学国家培训中心——中国协和医科大学。

12. 加强学校学习心理卫生教育——西安医科大学。

13. 建立卫生管理干部培训中心——西安医科大学。

14. 建立医学情报检索中心——上海医科大学。

15. 建立环境医学国家培训中心——同济医科大学。

16. 加强中医临床药理学的教学与研究——北京中医学院、广州中医学院。

17. 加强附属医院的病案管理系统——北京中医学院。

18. 加强中医教育科学研究，建立中医教育研究中心——北京中医学院。

19. 建立设计—衡量—评价（DME）国家培训中心——上海医科大学、华西医科大学、广州中医学院。

围绕上述活动卫生部教育司也开展了一些中央项目，如：在医学教育中加强预防战略、加强卫生和医学教育管理、加强教育司建设、建立国家医学教育发展中心、加强国家医学考试中心的建设、建立卫生部仪器设备维修培训中心、医学视听软件生产和分配计划、软课题研究等活动。

该项目加强了学校的教与学的设施，使学校的教学质量、教师素质和教学管理水平得到了较大的提高；加强了实践教学的环节；从片面地强调知识传授转变为重视培养学生德、智、体全面发展，提高了本科学生的动手能力、分析和解决问题的能力以及学生的自学能力；强化了非传染病预防医学的战略意识，使学生能走出课堂，深入到工厂和农村等基层单位，利用服务—教学—科研的形式进行健康服务和初级卫生保健工作，改变了学生过去只重视个体的治疗，从而建立了群体防治的观点；建立并完善了设计—衡量—评价（DME）这一新兴学科；以及加强了在职教育和学校的管理。中央项目的执行加强了教育司对全国医学教育管理及协调的能力，在办公手段现代化方面得到了改善并提高了工作效率。

这一项目的执行，为我国大规模利用国外贷款提供了经验，项目结束后，利用贷款启动的工作将继续坚持下去。

（黄　谦）

**【世界银行贷款卫生Ⅲ“区域性卫生规划”项目医学教育部分的进展】**

世界银行贷款卫生Ⅲ“区域性卫生规划”项目医学教育部分所涉及的单位有浙江医科大学、浙江医科大学金华分校、江西医学院、九江医学专科学校、九江市卫生学校、九江市卫生进修学校、宝鸡卫生学校、金华卫生学校、陕西省卫生管理干部学院（含省卫生学校）以及项目地区县卫校。其项目内容是：

1. 加强教和学的资源。重点和核心是改善与学生基础、临床、公共卫生方面实验用设备及条件；改善图书馆条件，增加藏书量和学生用空间，增加图书馆开放时间；发展视听设施。目的是为学生创造更多的自学机会。

2. 改革课程设置。加强预防战略（尤其是慢性非传染性疾病及中毒意外伤害）、社会医学、卫生管理、卫生经济、医学心理学、康复医学、健康教育等与现代医学模式转变有关的课程比重。

3. 建立教学基地。在继续办好传统的临床教学基地的基础上，重点是建立以人群防治为对象的社区基地。使学生参加一定时间的疾病监测、慢性非传染性疾病的流行病调查与预防干预、评价健康教育的结果、参与社区康复和妇幼保健等方面的社区现场学习。使学生建立群体预防保健的意识，以影响他们日后的行医行为。

4. 改革教学方法。减少传统的讲大课的教学、增加自学和小组讨论；减少必修课，增加选修课，并逐步采用学分制；开展视听教育。

5. 加强继续教育。采用多种方法和途径提高现有卫生技术人员的技能和医疗、预防保健质量，提高卫生管理人员的管理水平。

6. 改进学校的环境管理。通过一系列的措施改善学校的环境，改善学生的生活条件，使学生在一种干净、卫生、井然有序的环境中学习。培养学生重视医德、讲究卫生的作风，以影响他们未来的行医行为。

1991年，该项目在各方面都进行了大量的工作。特别是在教学改革方面，4月1～4日在西安医科大学安康分校召开了有西安医科大学、浙江医科大学、江西医学院、陕西省卫生厅等单位30余人参加的社区医学教育现场研讨会，美国新墨西哥州立大学医学院Umland教授参加了这次研讨会。研讨了社区医学教育的内容和以及以问题为中心的医学教育方法。大家认为社区医学教育的基本点是：以高等应用型人才为培养目标；以社区为定向的课程设置；以问题为基础的教学方法；以目标管理为手段的实施安排；以知识、能力、态度为评价内容的综合考试方法。培养适应社会主义现代化建设实际需要的、德智体全面发展的、能胜任基层（县、乡）医疗与预防、卫生保健工作须要的高级应用型人才。9月24日至10月15日由卫生部教育司组织浙江医科大学、江西医学院、江西省卫生厅负责教学的同志到美国考察了新墨西哥州立大学医学院和波士顿大学医学院。学习了两校在以问题为中心的医学教育方法的经验。考察的主要内容是：

1. 观念的改变：

①教师的思想观念如何适应医学教育的改革；②学生的思想观念如何适应医学教育的改革。

2. 课程设计与评价：①课程与学科的关系；②课程计划的制定与管理；③课程教育目标的制定；④课程计划评价的内容、方法及指标体系；⑤课程质量评价的内容、方法及指标体系。

3. 预防医学教育与社区医学教育：①预防医学教育与预防医学教育课程的进展与前景；②社区医学教育的目的，教学方法及学生能力的培养；③群体医学与初级卫生保健的关系；④如何安排学生到社区医疗服务点实习。

4. 医学教育改革：①教学改革的研究和方法；②教学过程的组织；③以问题为中心教学课程的设计；④临床教学的改革及教学质量的评价；⑤师资力量的组织和培训；⑥医师资格考试与医学生毕业统考的内容、方法及二者的关系。

5. 教材的选定与建设：①教师如何选用教材；②教材建设的内容安排及总体要求。

（黄　谦）

**【世界银行贷款卫生Ⅳ“中国农村卫生人力开发”项目准备工作的进展】**

卫生部教育司利用世界银行贷款开展卫生Ⅳ“中国农村卫生人力开发”项目。项目的目的是利用世界银行贷款和相应的配套资金在项目省开发农村卫生人力，以达到农村卫生队伍和农村卫生需求的基本平衡，人才结构的基本合理，队伍的基本平衡。并通过本项目，总结出可供其它地区借鉴的经验。

项目的内容是：

1. 在确定农村卫生服务需求及农村卫生人力方面的问题的基础上，制定农村卫生人力发展规划。

2. 根据农村卫生人力发展规划，对医学教育的课程、教学内容与方法进行改革，以适应农村卫生工作的需要，培养实用型的农村卫生工作人员。

3. 加强医学教育师资队伍的建设。

4. 改善农村卫生人才培训机构的教学设施。

5. 适当地改善农村卫生技术人员的工作条件。

6. 在促使卫生人才流向农村，稳定农村卫生队伍，防止非卫生技术人员进入卫生技术队伍三大方面进行改革，制定出一系列的配套政策。

1991年，卫生部与世界银行的官员、国内外专家在河南、河北、山西、福建、贵州5省进行了现场考察及技术援助，确定了这5个省为项目备选省。5个项目备选省选定了项目地区：

山西省：运城地区、临汾地区、吕梁地区、雁北地区、忻州地区、长治地区。

河南省：濮阳市、开封市、南阳地区、驻马店地区、周口地区、商丘地区、信阳地区。

河北省：张家口地区、承德地区、沧州地区、保定地区、邢台地区、衡水地区。

福建省：宁德地区、龙岩地区、南平地区、三明市、莆田市。

贵州省：黔东南州、黔南州、遵义地区、安顺地区、六盘水市。

5个项目备选省完成了基础数据的调查；确定了项目的活动内容。

（黄　谦）

**【部属单位外事工作会议】**

1991年10月8～9日，在山东省济南市召开了卫生部直属单位外事工作会议。会议主要传达全国外事工作会议的文件精神，简要报告部外事司、医疗卫生国际交流中心近两年来外事工作的开展情况；审议并通过《卫生部关于进一步加强外事归口管理的规定》和《关于多边外事工作中存在的有关问题》两个文件；交流外事工作经验；通报了外事工作中存在的有关问题。顾英奇副部长在闭幕式上针对贯彻全国外事工作会议文件精神、关于加强外事归口管理和外事队伍的建设问题，以及对外事部门、外事干部的工作作风、工作方法和效率等问题作了明确指示。会议决定，每年定期召开一次直属单位外事工作会议，研究和解决工作中的新情况和新问题；举办部属单位外事干部培训班，就外事方针政策、办事程序、礼仪、外语等方面进行培训，提高外事干部的素质；创办“卫生外事”刊物，以宣传贯彻中央外事方针政策，交流经验，沟通信息，反映广大卫生外事工作者的精神风貌等。

（张　惠）

**【对外医疗劳务合作】**

1990～1991年间，根据中国—科威特双方在海湾战争前共同签署的派遣114名护士的协议，已有57名中国护士分批赴科受雇，执行为期两年的医疗技术服务合同。在中国—沙特阿拉伯王国建交一年半之后，沙特有关方面同卫生部中国医疗卫生对外技术合作公司（以下简称中卫公司）共同签署了分批派遣2000名中国护士赴沙特工作的协议书，中卫公司于1991年12月首批派出34名中国护士。在此期间，巴林、阿曼、阿联酋、利比亚、博茨瓦纳、马耳他等海湾和亚非国家也分别与中卫公司商签了派遣中国医生及护士的协议。

（吴富贵）

**【设立“中国卫生奖”】**

为了奖励对中国的医药科技和卫生事业做出突出贡献的外国友人、专家、学者，卫生部决定自1991年起设立“中国卫生奖”。首批获得该奖的是日本笹川纪念保健协力财团会长笹川良一先生；笹川纪念保健协力财团理事长、日中医学协会会长兼理事长石馆守三先生以及美国国际腹腔镜协会主席、美国向中国赠书委员会主席菲利浦斯教授。

自80年代初，日本笹川纪念保健协力财团就致力于中日双方的医学交流与合作，促进了我国在1997年消灭麻风规划的实施，并于1986年与中国卫生部签署了笹川医学奖学金协议，日方将在十年间接受中方1000名医务人员赴日进修，至1991年底已有400多人学成回国。

菲利浦斯教授近几年收集了近千万册医学书刊，赠给我国30个省、自治区、直辖市400多个医学院校、科研单位的图书馆。

（张　惠）

**【中日双方就控制脊髓灰质炎开展技术合作】**

日本国际协力事业团（JICA）与我国卫生部就有关控制脊髓灰质炎的技术合作进行了会谈，达成了一致意见，并于1991年12月4日签署了会谈纪要。根据这一纪要，日本国际协力事业团将通过以下三种方式为控制中国的脊髓灰质炎提供技术帮助：①派遣日本专家来华工作；②接受中方人员赴日本进修学习；③提供必要的仪器设备。会谈纪要执行期限为5年，从1991年12月4日起开始。

（慕英英）

**【纪念笹川医学奖学金协议签署五周年】**

为了总结笹川医学奖学金项目的经验，进一步完善该奖学金制度，促进中日医学交流和增进两国人民友好，中国卫生部、日本笹川纪念保健协力财团、日本医学协会于1991年8月15～18日在北京共同举办笹川医学奖学金协议签署五周年纪念活动。主要内容有：召开纪念大会、授予笹川良一和石馆守三先生“中国卫生奖”，组织进修生学术报告会，成立笹川进修生同学会。

（高细水）

**【美前总统卡特先生向我国赠送药品】**

由美国前总统吉米·卡特先生创办的全球2000年发展基金会于1990年12月底至1991年2月共向我国赠送了39.8万支美国Amgen公司生产的促红细胞生成素（约价值4000万美元）。此药专治肾功能衰竭引起的贫血症。

药品已由卫生部医疗卫生国际交流中心分发到25个省、自治区、直辖市的107家医院使用。

（张　红）

**【向中国赠送医学图书十周年纪念会】**

美国妇产科专家、腹腔镜协会主席菲利浦斯教授1981年发起并组织了“向中国赠送医学图书委员会”。到1991年为止，菲利浦斯博士及其夫人共收集了近千万册医学书刊（包括一定数量的录音带、录像带、幻灯片、病理片、教具及一些小型换代医疗器械），赠送给我国30个自治区、直辖市、400多个医学院校、科研单位的图书馆。为表彰菲利浦斯博士为中国卫生事业的发展作出的积极贡献，卫生部举办了向中国赠送医学图书十周年纪念大会，会上，陈敏章部长向菲利浦斯博士颁发了“中国卫生奖”。

（董淑珍）

**【首届中国国际先进医疗器械设备展览会暨技术交流会】**

由卫生部主办，卫生部医疗卫生国际交流中心和香港世界会展承办的首届中国国际先进医疗器械设备展览会暨技术交流会（简称SINOMED’91）于1991年5月21～25日在北京展览馆举行。国务院副总理邹家华、卫生部部长陈敏章、香港世界会展董事长黄雾贞及中外各界来宾1000多人出席了开幕仪式。

参展的中外厂商共165家，他们分别来自澳大利亚、加拿大、古巴、丹麦、芬兰、法国、德国、匈牙利、意大利、日本、荷兰、新加坡、西班牙、瑞典、瑞士、美国、苏联等国和南朝鲜、香港地区以及我国十几个省（含台湾省）、自治区、市，展出面积达7000平方米，观众达81000人次，其中参加20多场技术交流会的专业对口人员达1350人次，中外展品贸易成交额达2000余万美元和3900万元人民币。

（张少怡）

# 军队卫生工作

**【1991年军队卫生工作】**

1991年，军队卫生工作以开展优质服务、加强基层卫生建设、发展医学科学技术为重点。

**一、开展优质服务活动**

全军医院、疗养院通过广泛开展“白求恩杯”优质服务竞赛活动，进一步端正了服务方向，提高了医护质量。在确保军人“三优先”的同时，主动派出综合和专科服务队2 934批、16 128人次，深入基层、边海防3 347个单位，诊治疾病81 428人次，为基层培训卫生人员6 000余人，支援医疗设备1 690台(件)。一些大中城市的医院积极支援艰苦地区部队卫生单位，开展帮、带、建活动，促进了基层卫生建设。解放军总医院在连续8年派医疗队到边疆的基础上，又派出专家医疗队为南疆高原部队服务。沈阳军区211医院开展优质服务活动，赢得了部队万名官兵联名上书赞扬。

**二、加强基层卫生建设**

1991年，部队基层卫生工作在巩固和发展师、团卫生建设成果的基础上，突出了营连卫生建设。总部为师以下部队和干休所增加卫生事业费和医疗设备费9 700多万元，添置了必要的医疗设备，改善了卫生工作条件，较好地解决了官兵的看病吃药问题。全军72%的营卫生所、66%的连卫生室达到了总部规定的建设标准。坚持预防为主的方针，强化大卫生观念，广泛开展创建卫生营院活动及健康教育，改善了营区生活环境卫生质量，提高了官兵的自我保健能力，增强了军政首长抓卫生工作的责任感，促进了部队的整体建设，推动了“八五”除害灭病规划的落实，使全军部队各种发病率均控制在规定指标以内，保障了部队战斗力。

**三、加强卫生战备，参加抗洪救灾卫生工作**

为适应新形势下军事斗争任务和应付突发事件的需要，对全军卫生战备工作进行了总体规划，拟定了《关于加强新时期卫生战备工作的意见》，调整和加强卫勤机动力量建设，突出抓了重点部队的卫生战备建设。按照组织、思想、技术、装备四落实的要求，建立健全各项卫生战备工作制度，加强了卫生战备训练，卫生战备物资做到“三分四定”，进一步提高了应急机动卫勤保障能力。在抗洪救灾卫勤保障中，全军紧急组织医疗、防疫队686批，为群众防治病52万人次，支援医药卫生器材400多万元，圆满完成了抗洪救灾卫勤保障任务。

**四、医学科研和人才培养**

按照“八五”医学科研规划纲要的要求，论证下达了41项指令性计划，组织了科研基金招标和评审，落实了26项协作攻关课题、183项重点课题和292项青年基金课题。在争取国家科学基金中，获得105项国家自然科学基金、14项国家“863”计划科研项目。全军卫生获奖成果201项，其中国家级奖21项。根据对“八五”人才需求分析，有针对性地抓了解决基层缺编、骨干培养、继续教育和岗位练兵几项工作。继续开办了单项课程班和专修班，培养骨干981名，并首批组织了17名中医师带徒，摸索了培养高层次中医人才的新途径。

**五、四项专题调查论证取得阶段性成果**

通过对全军卫生工作体制、人才、装备、经费的四项专题调查论证，提出了深化网络型卫生保障体制改革方案；制订了“八五”人才培训规划；为加快卫生装备的列装、列编做了充分准备；为全军卫生经费标准化供应奠定了基础。

**六、计划生育工作呈现良好开端**

计划生育工作在中央军委、总部首长的高度重视和亲切关怀下，解决了多年未能解决的一系列重大问题。确立了“军队计划生育工作要走在全社会前列”的指导思想，制订了《“八五”期间军队人口与计划生育工作计划》，调整充实了各级计划生育工作领导小组，统一了机构设置，落实了编制和经费，实行了承包责任制。

（李贵堂）

**【全军开展卫生资源、工作体制专题调查论证】**

为了适应军队建设指导思想的战略转变和军队改革的不断深化，探索新时期的卫生建设和改革规律，科学制定军队卫生工作“八五”规划乃至本世纪末卫生工作发展战略，并有效地解决当前卫生工作面临的一些重要问题，1990年至1991年，全军组织开展了以卫生工作体制、人才、装备、经费为主要内容的四项专题调查论证工作。

调查论证工作分为三个阶段。1990年2月至10月为准备阶段。总后卫生部、后勤学院与中国科学技术讲学团在北京联合举办了发展战略与科学决策研讨班，全军成立了调查论证领导、协调、技术临时工作机构，制定了调查论证总体方案，培训了50名调查指导员和80名微机录入员，进行了一系列的思想、理论、组织、技术准备。1990年11月至1991年3月为实施阶段。在取得济南战区先行调查经验基础上，召开了全军卫生工作专题调查论证工作会议，部署了全军调查论证的任务，确定了由战区统一组织人员培训，按建制系统分头组织实施的基本组织工作原则。调查范围涉及到全军各级各类卫生机构，每一个卫生干部、数万台主要卫生装备，信息量达50余兆字节。1991年4月至12月为分析论证阶段。4月份全军在北京举办了数据核查和统计分析骨干学习班，完善了各级卫生工作的主题数据库。分析论证采用总题与专题结合，总部与大单位结合，领导、机关与专业研究人员结合的形式，运用多目标决策、综合评价等科学分析方法和现代信息处理工具，完成了4个专题和8个分题的论证报告和改革方案，及时、准确地为总部首长、机关提供信息统计分析报表2 800余份。

全军卫生工作体制和资源专题调查论证是我军卫生工作史上规模空前的一次科学实践活动。经过全军卫生人员的共同努力和总后科研所的支持、配合，调查论证工作取得了明显成效。一是基本摸清了我军卫生资源、部队疾病构成和健康需求等方面的现状，初步掌握了人才成长和流动规律、经费投入与效能的基本比例关系及其规律、卫生需求与专业保障能力的发展趋势等，做到了心中有数。二是理出和考证了当前卫生工作中存在的主要问题，提出了一些有针对性的措施与建议，为制定“八五”全军卫生工作规划、新时期卫生战备建设意见、全军卫勤保障体制改革方案设想、卫生经费总供给数量及比例等一些重大问题提供了决策依据。三是促进了全军卫生信息的标准化、自动化建设，建成的计算机信息系统经专家鉴定，居国内卫生系统领先水平。四是增强了领导机关的科学决策意识，改进了工作作风，推进了决策的科学化、民主化进程，并为今后开展较大规模的调查论证工作积累了经验，为发展战略性研究奠定了基础。

（毛常学）

**【全军第五届医学科学技术委员会全体会议】**

经解放军总后勤部批准，全军第五届医学科学技术委员会全体会议于1991年5月7～11日在北京召开。会议根据军队建设指导思想和新时期军事战略的要求，在认真总结第四届医学科学技术委员会工作和全军医学科学技术研究“七五”规划执行情况的基础上，着重审议了《1991～1995年全军医学科学技术研究规划纲要》和《1991～2000年军队医学科学技术发展战略》；讨论修订了医学科学技术委员会章程和专业组织工作概则；推举产生了第五届医学科学技术委员会和专业组织（见附件1、2）。

会议充分肯定了“七五”期间全军医学科技工作所取得的成绩。

1. *取得了一批水平较高的科研成果* “七五”期间共获国家级科技进步奖128项，比“六五”期间增长94%；获军队科技进步一、二等奖720项，比“六五”期间增长131%，创历史最好水平。

2. *攻关课题取得重大进展* 全军106项协作攻关课题中，14项取得重大突破，占13.2%；55项取得可喜苗头，占51.9%；31项完成进度指标，占29.2%。178项招标课题中，37项已获得成果奖励。承担的国家重点攻关项目和自然科学基金课题，取得了良好进展。

3. *卫生装备研究和试装工作有所加强* 对部队卫生9类装备性成果进行了补缺配套研制、改进；组织试装了161个项目，并对其中91个试装项目进行了技术改造；对247个试装项目进行了扩试，举办了新技术、新方法培训班。

4. *科技开发取得进展* 开展技术服务，开拓技术市场，加强多种形式的科技开发，取得了显著效益，提高了科技工作主动适应经济建设和国防建设、主动适应科技发展的能力，增强了科研工作的生机和活力。

5. *科研支撑条件有所改善* 已建成41个全军专业实验室，66个临床专科中心和16个临床药理基地；卫生装备测试中心、微生物检验中心、疾病监测中心正在加紧建设；引进、更新了部分先进仪器设备，改善了实验动物条件，正在筹建全军医学图书情报资料中心。

6. *专业技术队伍素质有所提高* 有计划、有步骤地进行了职称改革，实行了专业技术任命制度，全军医药卫生人员的专业、职务、学历、年龄结构逐步趋于合理，一大批中青年科技人才在老一辈专家的辛勤培育下，脱颖而出，迅速成长。

7. *科技体制改革取得显著成效* 以改革科技运行机制、组织结构和人事制度为内容的体制改革，取得了显著成效，基本形成了具有军队特色的科学技术研究组织管理体系。

8. *科技管理水平有所提高* 学习、运用现代科技管理的理论，结合军队医药卫生科研实践和特点，形成了以指导性计划为主，计划管理与择优竞争相结合的课题管理办法；不断适应科技体制改革的需要，形成了领导与专家相结合的科研组织管理办法，提高了决策的科学性和民主性；形成了定性、定量管理相结合的课题评价、成果评价体系，加强了科技管理干部的培训，提高了业务素质和管理水平。

附1　第五届医学科学技术委员会领导机构组成名单

主任委员：张立平

副主任委员：姜泗长　吴德昌　吴孟超　黎　鳌　陆裕朴　陆增祺

常务委员（21名，按姓氏笔画排列）：

马承宣　王正国　刘桂昌　刘景昌　吴孟超　吴祖泽　吴德昌　汪曾炜　沈倍奋　张文康　张立平　陆裕朴　陆增祺　杨伟炎　钟世镇　姜泗长　秦伯益　殷　震　盛志勇　黎　鳌　黎磊石

秘书长：陆增祺（兼）

副秘书长：王　谦　吴乐山

附2　第五届医学科学技术委员会委员名单

于立身　马承宣　马剑文　马清钧　马廉亭　王　翚　王　谦　王士雯　王文亮　王正国　王代全　王成琪　王赤才　王绍山　王晋山　王颂章　王福春　王耀山　孔宪涛　田　牛　田伏洲　史常旭　史景泉　卢世璧　白　涛　冯天有　付　源　任连仲　任国铨　孙　滨　刘　逵　刘无非　刘永雄　刘宝臣　刘宝林　刘桂昌　刘恩波　刘景发　刘景昌　刘德祥　达万明　阮金秀　汤志平　汤洪川　朴英杰　朱忠勇　吕永达　吕莲桂　牟善初　杜　平　杜光明　杨　晔　杨立民　杨兴生　杨伟炎　杨果凡　芮耀诚　李　石　李士友　李主一　李世荣　李兆基　李若新　李国桢　李树贞　李超林　李毓义　李德馨　吴乐山　吴佑安　吴孟超　吴祖泽　吴晓恒　吴德昌　吴嘉慧　汪曾炜　何守志　何意亭　苏增贵　沙丽君　沈倍奋　张　纪　张　愈　张文康　张立平　张立藩　张远慧　张学庸　张宝仁　张基增　张新生　张玲霞　张绍增　张殿堂　陈　凡　陈　汉　陈　泊　陈　刚　陈文亮　陈成功　陈苏民　陈根云　陈惠荪　陆宝麟　陆裕朴　陆增祺　陆德如　时述山　邹恂达　邹霞英　罗成基　周殿元　郑文济　郑斯聚　金　虎　金关甫　金伯泉　胡　琳　赵　宽　赵达生　赵克森　赵定麟　赵学忠　赵彼得　郝　崇　骆抗先　骆明义　俞梦孙　俞惠琴　侯介礼　钟世镇　柳大昌　姜宗义　姜泗长　晁福环　贯凤兰　秦伯益　秦绍明　郭先健　郭述苏　唐佩弦　徐复霖　殷　震　钱蕴秋　黄世林　黄昌林　黄其鎏　黄茂辉　黄培堂　黄翠芬　盛志勇　龚锦涵　葛忠良　葛绳德　曹文娥　傅　征　鲁开化　谢增柱　程天民　程国良　简文豪　游国雄　赖佛新　廖文海　蔡关元　蔡祖龙　蔡建宇　蔡瑞康　潘长玉　暴连喜　黎　鳌　黎介寿　黎磊石　鞠名达

（李亚平）

**【总后医学院校教学改革工作座谈会】**

1991年10月20～26日，总后勤部在重庆召开了总后医学院校教学改革工作座谈会。总后各医学院校，军事医学科学院的领导、专家、教授共60余人出席会议。

会议抓住当前影响和制约院校发展的主要矛盾，紧扣学科和人才建设、深化教学改革、提高教学质量这一主题，总结了“七五”期间的经验，研究分析院校存在的问题，探讨了“八五”期间乃至今后十年院校建设的奋斗目标、基本思路和主要任务，讨论了加强学科建设、人才培养、研究生教育、深化教学改革等五个文件。

会议确定，本世纪内我军高等医学院校建设的奋斗目标和总体思路是：进一步落实军队建设指导思想实行战略性转变的要求，全面贯彻军委关于新时期院校建设的一系列方针、原则和办学思想，以培养政治合格、业务过硬、作风优良、纪律严明、体魄强健的合格人才为根本目标，进一步完善符合我国国情，具有我军特色的现代化医学教育体系，着重建设一批具有军队特色和优势的重点学科，培养出一大批适应我军现代化建设和未来战争需要的跨世纪优秀科技人才，把我军高等医学院校建成高水平的教学、科研中心，为下个世纪的全面发展奠定坚实可靠的基础。

会议认为，从现在开始到本世纪末，是军队医学教育发展十分关键的时期。我军高等医学院校必须始终坚持正确的办学方向，主动适应部队现代化建设的需要，以提高教学质量为目的，以加强学科、人才建设为重点，深化改革，发展特色，从严治校，严谨治学，强化管理，全面加强院校建设，力争到本世纪末，使医学院校建设的整体水平有显著进步。

（高永刚）

**【1991 年军队医药卫生科学技术成果获奖项目】**

1991 年，军队医药卫生科学技术成果获各类国家科学技术奖励 26 项，军队科学技术进步奖一、二等奖 180 项。其中：国家科学技术进步一等奖 2 项、二等奖 8 项、三等奖 11 项；国家发明四等奖 3 项；国家星火四等奖 2 项；军队科学技术进步一等奖 12 项、二等奖 168 项。有关获奖项目名单如下：

1991 年军队医药卫生科技成果获国家科学技术进步奖项目

〔公布 12 项〕

| 序号 | 项 目 名 称 | 主 要 完 成 单 位 | 等级 |
|---|---|---|---|
| 1 | 骨水泥固定及珍珠面无骨水泥固定人工关节的实验及临床的系列研究 | 解放军总医院<br>北京钢铁研究总院<br>天津市合成材料工业研究所 | 1 |
| 2 | 原发性肝癌的再次手术及免疫综合治疗的研究 | 第二军医大学长海医院<br>肝胆外科研究所<br>第二军医大学长征医院实验诊断科 | 2 |
| 3 | 狼疮性肾炎治疗的研究 | 南京军区南京总医院 | 2 |
| 4 | 甲肝病人血白细胞中甲肝病毒抗原的发现及甲肝病毒分离和增殖的实验研究 | 南京军区军事医学研究所 | 2 |
| 5 | 断肢和断手指再植研究 | 济南军区 89 医院创伤外科中心 | 2 |
| 6 | 中国脑血管病流行病学研究 | 中国脑血管病流行病学研究协作组 | 2 |
| 7 | 大熊猫病理生理及临床救治的研究 | 成都军区总医院<br>成都动物园 | 2 |
| 8 | 上消化道纤维内镜临床应用研究 | 第二军医大学长海医院消化内科<br>内镜诊疗中心 | 3 |
| 9 | 上颈椎损伤、畸型及其不稳的临床研究 | 第二军医大学长征医院 | 3 |
| 10 | 脑立体定向技术的研究和临床应用 | 第四军医大学第一附属医院神经外科<br>国营黄河机器制造厂 | 3 |
| 11 | 轴型瓣的开发与临床应用研究〔游离移植部分〕 | 沈阳军区总医院<br>济南军区 89 医院<br>第一军医大学南方医院<br>第二军医大学长海医院<br>第二军医大学长征医院 | 3 |
| 12 | J88-系列电动骨科手术器械的研制与临床应用 | 济南军区 88 医院 | 3 |

## 1991年军队医药卫生科技成果获国家发明奖项目

| 序号 | 项 目 名 称 | 主 要 完 成 单 位 | 等级 |
|---|---|---|---|
| 1 | 髌骨记忆整复器（镍钛-聚髌器） | 第二军医大学长海医院<br>上海钢铁研究所 | 4 |
| 2 | 环锯、环锯法颈椎前路手术 | 第二军医大学长征医院 | 4 |
| 3 | 组织细胞氧耗测定器 | 304医院 | 4 |

## 1991年军队医药卫生科技成果获国家星火奖项目

| 序号 | 项 目 名 称 | 主 要 完 成 单 位 | 等级 |
|---|---|---|---|
| 1 | 动物性食品卫生检验箱 | 兽医大学军事兽医研究所六室<br>兽医大学兽医卫生检验系 | 4 |
| 2 | 利用单宁防治鸡、水貂、狐狸等动物食癖症的试验研究 | 兽医大学军事兽医研究所 | 4 |

## 1991年军队医药卫生科技成果获军队科学技术进步一等奖项目
（公布8项）

| 序号 | 项 目 名 称 | 主 要 完 成 单 位 | 等级 |
|---|---|---|---|
| 1 | 光敏生物素核酸探针标记和检测试剂盒的研制和应用 | 军事医学科学院放射医学研究所<br>军事医学科学院实验动物中心 | 1 |
| 2 | 登革热病毒单克隆抗体的研究及其在病原诊断和基础研究中的应用 | 军事医学科学院微生物流行病学研究所 | 1 |
| 3 | 冲击波—脉冲噪声对人耳致伤的机理和安全标准的研究 | 解放军总医院耳鼻喉科<br>第四军医大学西京医院<br>军事医学科学院卫生学环境医学研究所 | 1 |
| 4 | 大型综合性医院的计算机医院管理信息系统 | 解放军总医院<br>人民大学经济信息管理系 | 1 |
| 5 | 视网膜检影S图像的发现及其应用 | 第二军医大学长海医院 | 1 |
| 6 | 烧伤肠源性感染的研究 | 第三军医大学第一附属医院 | 1 |
| 7 | 医学数据的交互式统计分析方法研究 | 第四军医大学卫生统计学教研室 | 1 |
| 8 | 我国IgA肾病免疫发病机理与诊断及治疗的研究 | 南京军区南京总医院 | 1 |

## 1991年军队医药卫生科技成果获军队科学技术进步二等奖项目

（公布154项）

| 序号 | 项目名称 | 主要完成单位 | 等级 |
|---|---|---|---|
| 1 | 叔胺型重活化剂代谢研究 | 军事医学科学院毒物药物研究所 | 2 |
| 2 | 喹磷类药物的定量构效关系及定量药物设计 | 军事医学科学院毒物药物研究所 | 2 |
| 3 | 西北三种特殊环境下的军事应激试验与人体内分泌系统变化的系列研究 | 兰州军区第五医院 | 2 |
| 4 | 流行性出血热液体治疗方法及其机理的研究 | 第四军医大学第二附属医院 | 2 |
| 5 | 反相液相色谱法在血清类固醇激素谱研究中的应用 | 济南军区106医院<br>济南军区卫生学校 | 2 |
| 6 | 外周血造血干细胞移植技术及临床应用研究 | 解放军总医院血液科<br>解放军总医院小儿内科 | 2 |
| 7 | 异种骨移植系列研究 | 第四军医大学创伤骨科研究所 | 2 |
| 8 | 颅脑损伤的临床救治与实验研究 | 第四军医大学西京医院 | 2 |
| 9 | 喉全切除术后，Ⅱ期钛喉再造术 | 沈阳军区206医院 | 2 |
| 10 | 颅底外科手术进路研究——面前进路复合组织瓣揭翻颅底显露 | 北京军区总医院 | 2 |
| 11 | Imazodan 和 Dazoxlben 抗血栓作用的研究 | 第二军医大学药学院 | 2 |
| 12 | 中药商陆活性成份的研究 | 第二军大学药学院 | 2 |
| 13 | 制霉素〔中国制霉菌素〕组分的系统研究 | 总后卫生部药检所 | 2 |
| 14 | 硫酸铵、辛酸钠及超滤提纯白蛋白的新工艺研究 | 济南军区后勤部供血站 | 2 |
| 15 | 华北地区抗药昆虫防制的药物研究 | 北京军区后勤部军事医学研究所 | 2 |
| 16 | 军用毒剂的化学免疫 | 军事医学科学院毒物药物研究所 | 2 |
| 17 | 5＋IT抗体在国内首次制备、推广应用及5＋IT阳性内分泌细胞和神经研究的新发现 | 第四军医大学训练部 | 2 |
| 18 | 免疫抑制法CK-MB试剂盒研制和临床应用 | 第二军医大学长征医院 | 2 |
| 19 | 偏头痛颅外动脉病理形态学及其形成机制的研究 | 沈阳军区205医院<br>解放军总医院 | 2 |
| 20 | 抗人免疫球蛋白Kappa和Lambda轻链单克隆抗体的研制与临床应用 | 广州军区181医院 | 2 |
| 21 | 心力衰竭发生机理及新型正性肌力药物治疗心衰的研究 | 第三军医大学第二附属医院 | 2 |
| 22 | 颈椎病发病机制及诊治技术的研究 | 第二军医大学长征医院骨科 | 2 |
| 23 | 腰椎椎管和腰椎椎管狭窄症实验与临床研究 | 第二军医大学长征医院 | 2 |

| 序号 | 项目名称 | 主要完成单位 | 等级 |
|---|---|---|---|
| 24 | 肌性斜颈病系统治疗临床研究 | 北京军区二十八军坦克七师医院 | 2 |
| 25 | 淀粉样脑血管病的临床与病理研究 | 沈阳军区总医院 | 2 |
| 26 | 慢性阻塞性肺病并肺动脉高压血流动力学与临床联系研究 | 广州军区广州总医院 | 2 |
| 27 | 流行性非甲非乙型肝炎(戊型肝炎)临床与病理观察 | 兰州军区乌鲁木齐总医院<br>新疆军区第三七六医院 | 2 |
| 28 | 脊柱侧弯矫正与多功能矫形器的研制及临床应用 | 济南军区 88 医院<br>泰山医学院 | 2 |
| 29 | 出口处梗阻型便秘的诊断和治疗研究 | 第二军医大学长海医院 | 2 |
| 30 | 中药胃超声增效液的研制与应用 | 第二军医大学附属长征医院 | 2 |
| 31 | 腹会阴直肠切除人工肛门术式改进及其实验研究 | 广州军区 157 医院<br>第二军医大学 | 2 |
| 32 | 系列紫外线治疗仪的研制 | 解放军总医院药材处<br>济南军区总医院<br>北京 718 厂<br>山东济南灯泡厂<br>机电部 12 所 | 2 |
| 33 | GYH-140 型高原单兵按需补氧呼吸器 | 成都军区总医院<br>国营 487 厂 | 2 |
| 34 | 犬传染性肝炎病原、诊断与实验免疫研究 | 兽医大学军事兽医研究所<br>兰州军区军事兽医研究所 | 2 |
| 35 | 裂变中子-γ 混合辐射场吸收剂量测定的研究 | 军事医学科学院放射医学研究所 | 2 |
| 36 | 肺冲击伤形态学改变的研究 | 第三军医大学外科研究所 | 2 |
| 37 | 囊虫病特异诊断方法的研究 | 南京军区军事医学研究所 | 2 |
| 38 | 家畜梨形虫病的防治研究与抗梨形虫药物的合成 | 兽医大学 | 2 |
| 39 | 微囊化杂交瘤细胞培养的基础应用研究 | 第二军医大学训练部 | 2 |
| 40 | 终纹床核的研究 | 第四军医大学训练部 | 2 |
| 41 | 流行性出血热患者外周血细胞感染病毒的电镜与免疫金标记研究 | 军事医学科学院基础医学研究所 | 2 |
| 42 | 人铜锌超氧化物岐化酶纯化建株与检测方法学建立及抗体应用研究 | 北京军区 253 医院<br>军事医学科学院放射医学研究所 | 2 |
| 43 | 抗乙肝病毒核心抗体抗独特型抗体的研究 | 解放军 302 医院 | 2 |
| 44 | 急性脑缺血缺氧的实验与临床研究 | 第三军医大学第三附属医院<br>第三军医大学第三附属医院 | 2 |
| 45 | 肾综合症出血热病毒对人血管内皮细胞的作用及其意义 | 第四军医大学第二附属医院<br>第四军医大学电镜室 | 2 |
| 46 | 颌骨骨折固定器材的研制及临床应用 | 第三军医大学第三附属医院 | 2 |
| 47 | 肝移植研究 | 第二军医大学长海医院 | 2 |

| 序号 | 项 目 名 称 | 主 要 完 成 单 位 | 等级 |
|---|---|---|---|
| 48 | α地中海贫血的临床和实验研究 | 广州军区303医院<br>中国医学科学院基础所 | 2 |
| 49 | 髌骨记忆整复器〔镍钛-聚髌器〕的设计与临床应用 | 第二军医大学长海医院<br>上海钢铁研究所 | 2 |
| 50 | 保留幽门、胃窦浆肌瓣式胃大部切除术的实验及临床研究 | 第三军医大学第二附属医院普外科 | 2 |
| 51 | 微波快速聚合口腔修复体的应用研究 | 济南军区153中心医院 | 2 |
| 52 | 呼吸心电监护仪 | 北京军区272医院 | 2 |
| 53 | 脊柱侧弯症基础研究与治疗 | 沈阳军区211医院 | 2 |
| 54 | λ-A固体标准滤片试剂及应用研究 | 成都军区总医院 | 2 |
| 55 | 槐属植物分类学研究 | 军事医学科学院毒物药物研究所 | 2 |
| 56 | 超微弱光发生探测技术的研究及在生物医学中的应用 | 空军总医院 | 2 |
| 57 | FJ-86系列多功能复位矫型手术器械 | 北京军区260医院 | 2 |
| 58 | 抗真菌新药——联苯苄唑 | 军事医学科学院放射医学研究所<br>上海第二制药厂 | 2 |
| 59 | 头颈部肌皮瓣的应用解剖学研究及临床应用 | 第一军医大学训练部<br>成都军区昆明总医院<br>湖南省怀化地区人民医院 | 2 |
| 60 | 手创伤显微修复系列研究 | 济南军区总医院 | 2 |
| 61 | 军用激光装备(测距机、训练模拟器)安全测试与评价研究 | 军事医学科学院放射医学研究所 | 2 |
| 62 | 肼、甲基肼在地面水中最高容许浓度研究 | 军事医学科学院毒物药物研究所 | 2 |
| 63 | 战伤护理系列研究及应用 | 成都军区昆明总医院 | 2 |
| 64 | 西北区癫痫流行病学调查系列研究 | 兰州军区总医院<br>兰州军区乌鲁木齐总医院<br>第三医院<br>第五医院 | 2 |
| 65 | 一组新胃癌相关抗原的纯化分析及在胚胎、癌前病变组织体液中表达规律的研究 | 第四军医大学西京医院 | 2 |
| 66 | 尾核和下丘脑在丘脑痛觉调制中的作用 | 第一军医大学训练部 | 2 |
| 67 | 人乳头瘤病毒〔HPV〕DNA在女性生殖道肿瘤中检测及其早期基因的克隆和表达 | 第一军医大学训练部 | 2 |
| 68 | 组织光谱及枪伤组织光谱判断的研究 | 第三军医大学训练部物理教研室 | 2 |
| 69 | 单克隆抗体作单纯疱疹病毒糖蛋白的特性鉴定以及临床应用 | 第四军医大学微生物学教研室<br>第四军医大学西京医院眼科 | 2 |
| 70 | 中脑导水管周围灰质传出投射的定位、定性研究：镇痛机制的形态学基础 | 第四军医大学解剖学教研室 | 2 |

| 序号 | 项 目 名 称 | 主 要 完 成 单 位 | 等级 |
|---|---|---|---|
| 71 | 实验性呼吸窘迫综合征及急性肺损伤的病理学研究 | 解放军 304 医院 | 2 |
| 72 | 复杂血管病的导管诊断与治疗的实验研究和临床应用 | 广州军区武汉总医院 | 2 |
| 73 | 再生障碍性贫血与血瘀症舌质的研究 | 沈阳军区 210 医院<br>第 211 医院 | 2 |
| 74 | 皮肤移植新方法的研究和临床应用——附三种皮肤移植方法 | 北京军区 262 医院<br>北京积水潭医院 | 2 |
| 75 | 葡萄膜血管解剖生理病理研究及临床应用 | 解放军总医院眼科<br>军事医学科学院放射医学研究所<br>解放军总医院病理科 | 2 |
| 76 | 生物力学加载装置的研制及临床应用 | 沈阳军区 208 医院<br>吉林省农机研究所 | 2 |
| 77 | 顽固性癫痫外科治疗系列研究 | 海军总医院 | 2 |
| 78 | 袖珍医用折射计 | 南京军区 180 医院 | 2 |
| 79 | 电子血球计数仪试剂及全血质控物的研究 | 沈阳军区 230 医院 | 2 |
| 80 | 中药增茸灵的研究 | 兽医大学附属兽医院 | 2 |
| 81 | 磷酸二酯酶 I 的检测试剂、方法及医学应用价值的研究 | 济南军区军事医学研究所<br>新乡职业病防治研究所<br>济南军区总医院 | 2 |
| 82 | 新荧光分析检测试剂的研制与应用研究 | 成都军区军事医学研究所昆明研究室<br>云南大学化学系 | 2 |
| 83 | 治疗冠心病心绞痛新药参芎片的研制 | 空军总医院 | 2 |
| 84 | 肾细胞癌的病理学及其与预后关系的研究 | 解放军总医院病理科 | 2 |
| 85 | 时间分辨荧光免疫分析研究 | 解放军总医院生化室<br>解放军 302 医院免疫室 | 2 |
| 86 | 大、小冠状动脉的神经-体液调节：正常机制及若干异常改变 | 第四军医大学生理学教研室 | 2 |
| 87 | 肿瘤免疫抑制因子及其蛋白纯化，氨基酸成分分析及理化生物学性状的研究 | 北京军区总医院<br>中国预防医学科学院病毒学研究所 | 2 |
| 88 | 尿酸酶研究及在医学检验中的应用 | 沈阳军区总医院<br>中国科学院沈阳应用生态所 | 2 |
| 89 | 乙型肝炎病毒感染与肾炎关系的研究 | 南京军区南京总医院 | 2 |
| 90 | 房室管畸形外科治疗 | 沈阳军区总医院 | 2 |
| 91 | 绒促性素原料来源和生产工艺及检验方法研究 | 沈后军马防治研究所 | 2 |
| 92 | 新药尼可地尔的研究 | 北京军区总医院<br>南京军区卫生学校 | 2 |
| 93 | 表面张力动态测试仪的研制与应用 | 第三军医大学一院烧伤研究所 | 2 |

| 序号 | 项 目 名 称 | 主 要 完 成 单 位 | 等级 |
| --- | --- | --- | --- |
| 94 | 88型呼出气氢含量测定仪的研制 | 第四军医大学空军医学系<br>北京工业大学三系 | 2 |
| 95 | 男性病实验诊断技术研究及临床应用 | 南京军区南京总医院 | 2 |
| 96 | 电子探针在临床医学试验中应用研究 | 空军总医院 | 2 |
| 97 | 血氨测定板的研制及其临床应用 | 广州军区武汉总医院 | 2 |
| 98 | 速消净的研制及其处理大输液瓶的开发应用 | 广州军区广州总医院<br>广东省东莞市南方消毒剂厂 | 2 |
| 99 | 肌内动脉的阵列，动脉侧副吻合在循环代偿中的形态变化及机理研究 | 第三军医大学训练部解剖学教研室 | 2 |
| 100 | 核事故受照人员诊断和应急医学处理措施 | 军事医学科学院放射医学研究所 | 2 |
| 101 | 中暑防治方案的研究与应用 | 广州军区军事医学研究所<br>军事医学科学院四所<br>第一军医大学高温室<br>广州军区武汉总医院 | 2 |
| 102 | 促肾上腺皮质激素等非阿片肽痛觉调制的神经化学机理研究 | 第三军医大学生理教研室 | 2 |
| 103 | 磁共振成像临床应用研究（系列） | 第一军医大学第一附属医院 | 2 |
| 104 | 胃癌单克隆抗体导向药物、毒素治疗的实验研究 | 第四军医大学西京医院消化内科 | 2 |
| 105 | 鼠伤寒沙门氏菌分型噬菌体的建立和临床应用 | 济南军区150中心医院<br>平顶山防疫站<br>郑州市儿童医院<br>河南医科大学<br>开封市防疫站 | 2 |
| 106 | 一组识别人大肠癌相关抗原单克隆抗体的研究 | 沈阳军区总医院 | 2 |
| 107 | 早期胃癌内镜诊断及癌前疾病的研究 | 第三军医大学第一附属医院 | 2 |
| 108 | 提高腹膜透析效率，降低腹膜透析并发症的系列研究 | 广州军区广州总医院 | 2 |
| 109 | 眼部复杂疑难成形手术的系列研究 | 解放军总医院眼科 | 2 |
| 110 | 复杂先天性心脏病的二维超声心动图诊断系列研究 | 沈阳军区总医院 | 2 |
| 111 | 噪声对听觉中枢的影响及其防治的研究 | 第二军医大学长征医院<br>海军医学研究所 | 2 |
| 112 | BSPM-Ⅲ型体表电位标测微机系统 | 第四军医大学空军医学系<br>煤炭科学研究总院西安分院 | 2 |
| 113 | 流行性出血热病毒传播途径的研究 | 南京军区军事医学研究所<br>沈阳军区军事医学研究所 | 2 |

| 序号 | 项目名称 | 主要完成单位 | 等级 |
| --- | --- | --- | --- |
| 114 | 川芎防止甘油致家兔急性肾功能衰竭的实验研究 | 第二军医大学长海医院<br>第二军医大学中心实验室<br>第二军医大学生化教研室 | 2 |
| 115 | 幽门螺杆菌与慢性胃炎和消化性溃疡关系的系列研究 | 第一军医大学第一附属医院 | 2 |
| 116 | 桑葛丹防治高脂血症及动脉粥样硬化研究 | 成都军区 69 医院<br>成都军区后勤部卫生部 | 2 |
| 117 | 中药委陵菜及其复方制剂的系统研究 | 沈阳军区 201 医院<br>鞍山第一制药厂 | 2 |
| 118 | 软组织缺损修复的系列研究 | 兰州军区总医院骨科 | 2 |
| 119 | ST-880 型手提式微型透视机 | 第三军医大学外研所<br>机械电子工业部第 759 厂 | 2 |
| 120 | 生物用可调组合式激波管与冲击枪的研制及其应用 | 第三军医大学野战外科研究所 | 2 |
| 121 | 自由基在创伤和休克时的细胞损伤作用及其防治研究 | 第三军医大学外科研究所 | 2 |
| 122 | 负压微生物气溶胶实验室及其性能研究 | 军事医学科学院微生物流行病研究所<br>天津市生物净化设备厂 | 2 |
| 123 | 辅助循环实验研究及临床应用 | 解放军总医院心血管外科 | 2 |
| 124 | 重型病毒性肝炎临床及病理研究——附 205 例病理资料分析 | 南京军区重肝协作组<br>302 医院 | 2 |
| 125 | 速冻（玻璃化）储存皮肤的研究 | 解放军 304 医院烧伤科 | 2 |
| 126 | 快速鉴定需氧及厌氧菌酶法新技术的建立及应用 | 第四军医大学西京医院检验科<br>第四军医大学西京医院消化科 | 2 |
| 127 | 肝炎后肝硬化造血功能障碍的临床和实验研究 | 空军天津医院 | 2 |
| 128 | 健康人及支气管哮喘患者气道反应性研究 | 解放军总医院呼吸科 | 2 |
| 129 | 斑秃免疫病理及病因学研究 | 第三军医大学第一附属医院 | 2 |
| 130 | 脊柱脊髓火器伤临床救治的系列研究 | 成都军区昆明总医院 | 2 |
| 131 | 创（烧）伤与自由基 | 304 医院烧伤科<br>304 医院中心实验室<br>304 医院病理科 | 2 |
| 132 | 主动脉根部运动机理系列研究 | 第四军医大学第二附属医院 | 2 |
| 133 | 细胞核基质与 DNA 聚合酶 | 海军医学专科学校 | |
| 134 | 临床红细胞免疫实验与应用研究 | 第二军医大学长海医院 | 2 |
| 135 | UDU 型超声波洁牙机系列产品的研制 | 第四军医大学口腔医院 | 2 |
| 136 | “左右心功能同步无创检测分析系统”的研究 | 空军工程学院<br>空军杭州医院 | 2 |
| 137 | 枸橼酸锌（锌利康）的研究 | 沈阳军区 220 医院<br>解放军药品仪器检验研究中心 | 2 |

| 序号 | 项 目 名 称 | 主 要 完 成 单 位 | 等级 |
|---|---|---|---|
| 138 | 实用临床免疫学检验的研究 | 南京军区南京总医院 | 2 |
| 139 | 邻指皮瓣血运重建规律及断蒂时间的实验研究与临床应用 | 空军成都医院<br>第四军医大学 | 2 |
| 140 | “多道电子听诊系统”的研制及应用 | 第二军医大学附属长海医院 | 2 |
| 141 | 提高指战员战时体力与耐力〈威力佳〉制剂的研究 | 海军医学研究所<br>江苏无锡第四制药厂<br>中科院上海药物研究所 | 2 |
| 142 | 痢疾双价菌苗株 FSM21-17 的构建及人体试验观察 | 军事医学科学院微生物流行病所 | 2 |
| 143 | 鸭乙型肝炎病毒的定位和形态发生研究 | 北京军区总医院 | 2 |
| 144 | 创伤致肠道细菌易位与内源性感染的实验研究 | 解放军 304 医院 | 2 |
| 145 | YDH 牙髓电活力测试仪的研制 | 第四军医大学医学电子工程系<br>第四军医大学口腔医院 | 2 |
| 146 | 左旋咪唑擦剂的研制与应用 | 兽医大学 | 2 |
| 147 | 腰椎间盘的生物力学作用及其切除对腰椎影响的实验研究 | 第二军医大学长征医院骨科 | 2 |
| 148 | 磁性义齿的临床应用研究 | 北京军区 264 医院 | 2 |
| 149 | 济南战区〔山东部分〕流行性出血热流行病学的综合研究 | 济南军区后勤部军事医学研究所<br>第四军医大学<br>54896 部队 | 2 |
| 150 | 中药治疗胃粘膜病变的临床及实验研究 | 沈阳军区总医院 | 2 |
| 151 | 胎肝造血干细胞的体外长期培养与移植的实验研究 | 军事医学科学院放射医学研究所 | 2 |
| 152 | 重组痘苗病毒表达乙型肝炎病毒表面抗原、核心抗原及 e 抗原的研究 | 军事医学科学院生物工程研究所 | 2 |
| 153 | Schlemm 氏管血液充盈的临床研究 | 南京军区南京总医院 | 2 |
| 154 | 高效体外激波碎石机 | 国防科工委第 29 基地五所<br>成都军区总医院 | 2 |

（王玉民）

**【全军除害灭病工作“八五”规划】**

1991 年 3 月 30 日，全军爱国卫生运动委员会召开了第十五次全体委员会议，总结了全军部队执行《“七五”除害灭病规划》的基本情况，研究部署了“八五”期间全军爱国卫生工作的奋斗目标和主要任务。

“七五”期间，全军部队认真执行中央军委批转的《“七五”全军除害灭病规划》和解放军三总部《关于加强军队爱国卫生工作的决定》，深入开展以除害灭病为中心，以提高环境质量和生活质量为重点的爱国卫生工作，规划的主要指标要求已在全军 80%以上的连队和基层单位基本实现，其中，先进单位占 26.5%，达标和基本达标的占 54.2%，尚未达标的占 19.3%(参见《中国卫生年鉴》1991 卷第 301 页）。

“八五”期间，军队爱国卫生工作要求认真贯彻执行军委批准下发的《1991～1995 年全军除害灭病规划》，坚持以战斗力为标准，深入贯彻预防为主的方针，不断强化大卫生观念，持续有效地开展以除害灭病为中心，以提高环境、生活质量和增强自我保健能力为重点的爱国卫生工作。至1995年，80%的团以上单位要基本实现“人人享有卫生保健”的目标。为了实现这一战略目标，今后的主要任务是：继续搞好基层卫生设施配套建设，进一步改善部队生活、环境卫生条件；加强卫生法制建设和科学管理，提高卫生防疫监督、监测水平；积极开展健康教育，不断增强官兵的自我保健能力；着重解决给水、食品、环境卫生和军事劳动卫生等有关方面的主要问题，努力消除有害健康的因素；认真抓好以传染病为主的疾病防治工作，减少和控制部队发病；进一步发展预防医学科学技术，加强基层卫生防病指导，不断提高爱国卫生工作的质量和效益。与《“七五”规划》相比，《“八五”规划》既注重部队客观生活环境质量的改善，又注重了官兵主观健康意识的养成，坚持了主观与客观的统一、理论与实践的结合，没有提过高的指标要求，但强调了整体卫生水平的提高。为了搞好综合达标，全军爱卫会借鉴全国开展“卫生城市”活动的有效做法，发出了《关于开展创建卫生营院活动的通知》，并制订了《考评标准》。通过在全军部队广泛开展创建卫生营院活动，促进《“八五”全军除害灭病规划》的贯彻落实。

（李春明）

**【全军医院、疗养院开展“白求恩杯”优质服务竞赛活动】**

1991年全军各医院、疗养院首次开展“白求恩杯”优质服务竞赛活动以来，以弘扬白求恩精神，坚持为部队服务的正确方向，完善管理机制，提高医护质量为主要内容，广泛开展了优质服务竞赛活动。其特点是：

一是领导高度重视，发动群众充分。各医院、疗养院大都成立了由主官担任的优质服务领导小组，机关四部（处）分工负责，齐抓共管。做到年有计划，月有重点，层层落实为部队服务的各项措施。许多单位开展了以岗位学雷锋、白求恩，行业树新风为主题的各种竞赛活动和“白求恩在我心中演讲会”、“优质服务知识竞赛”、“技术操作比武”、“学先进事迹报告会”等，调动了广大医务人员的积极性。

二是全面落实各项规章制度，医德医风明显好转。各医院、疗养院以落实三总部颁发的《军队医院确保为部队服务的规定》为重点，坚持军队医疗卫生单位把为部队服务放在第一位的正确方向，严格执行总部颁发的各项条令、条例和规章制度，加强科学管理，开展全员质量教育，进行全程质量控制，实施全面质量管理，依法管医管药，纠正行业不正之风，违纪事例明显减少，好人好事明显增多。据不完全统计，全军医务人员拒收礼物折价和现金达56．9万元，经民意测验，90%以上的伤病员表示满意。

三是注重求实务实，确保为部队服务。在院内服务方面，较好地落实了部队病员“三优先”措施，拒收、推诿、只开处方不给药的问题基本杜绝，较好地保证了军队伤病员诊疗任务的完成。1991年1～10月份，全军医院用于弥补军人检查、用药等方面的不足经费约达到1．1亿元。在完成院内服务的同时，医院主动延伸服务范围，扩大服务功能，从技术、人才培养、医疗设备等方面对基层部队单位给予支援。据1～10月份的统计，全军医院共派出医疗队2 244批次、医护人员17 360人，诊治病人、查体94．3万例，发放药品价值360多万元，上卫生课8 250次。

1991年底，全军各大单位按照总部的统一要求和部署，对所属医院、疗养院开展优质服务竞赛活动的情况进行了检查评比。总后勤部通报表彰了解放军总医院等50所医院、疗养院。

（张敬礼）

**【军队医院分级管理研讨与试点】**

1991 年 8 月 26～30 日，总后卫生部在江苏省连云港市 149 医院召开了全军医院分级管理研讨会。会议系统论证了实施军队医院分级管理的指导原则、范围和医院级等划分；探讨了医院分级管理与现行医院体制编制、管理体制、网络型划区医疗保障体制的关系，以及可能遇到的问题及其对策。

会议认为，军队医院实施分级管理的主要目的是：以现代管理学理论为指导，借鉴国内外现代医院管理成功的经验，结合军队实际，巩固与发展“划区医疗、就近收治、逐级后送”的网络型划区医疗，加强医疗机构分类指导的布局及结构的合理性，搞好宏观管理；充分利用现有的卫生资源，完善各级医院功能，建立系统的完整的医院建设标准的评价指标体系，充分体现医院全面质量管理，提高个人素质、整体效能、工作效率、医疗服务质量及发展能力，调动各方面的积极性，更好地为部队、为伤病员服务。军队医院实行分级管理，必须充分体现军队医院是保障福利性质单位，立足于平战时的卫勤保障，有严密的组织管理体制等特点。必须遵循从军队实际出发，不随意改变现行医院体制级别，坚持以医疗为中心，以提高部队战斗力为标准，与网络型划区医疗保障体制改革，调整医院布局、结构相结合，积极稳妥、统筹规划、周密组织、分步实施的原则。必须形成一种管理办法科学，布局、编制、保障合理，分级救治、逐级后送、指挥灵便的军队医院分级管理新模式。

军队医院比照国家对医院级别的划分，在不改变现行“旅团卫生队、师医院、驻军医院、中心医院、总医院五级”管理体制的基础上，按医院功能、任务、规模的不同划分为一、二、三级医院，每级医院按技术水平、预防、医疗、保健、训练科研、卫生战备发展要求、服务质量和科学管理等方面的综合水平，又划分为甲、乙、丙等（三级增设特等），与国家医院分为三级十等相一致，与军队现行“五级管理”相对应。使各战区形成以三级医院（总医院、部分中心医院）为核心、二级医院（部分中心医院、驻军医院、部分师医院）为骨干，一级医院（部分师医院、旅团卫生队）为基础的逐级防治体制。

全军选择沈阳、兰州、南京军区和海、空军的 15 所医院，参照《军队医院分级管理办法》和《军队医院分级管理标准》（试行），分别于 1990 年 3 月至 1991 年 10 月进行了分级管理评审试点。

试评结果：15 所试点医院中，评出三级甲等医院 8 所，三级乙等医院 1 所，二级甲等医院 3 所，二级乙等医院 1 所，一级甲等医院 2 所。

（李文考）

**【1991 年全军中医药（包括中西医结合）工作】**

1991 年全军的中医药（包括中西医结合）工作，在加强中医科内涵建设、扩大中医为部队服务的功能和繁荣中医学术等方面均有所发展。据不完全统计：全军 78 个中医科门诊共 81 196 人次，住院病人 2 464 人，抢救危重病人 1 489 人。派出 563 名中医技术人员深入部队基层为指战员服务，共医伤治病 34 873 人，培养中医实用技术骨干 835 人。获科技成果奖 95 项，其中军队科技进步二等奖以上成果 11 项。

1. 制订发展计划，加强对中医药工作的宏观指导与管理

为了加强对中医药工作的宏观指导与管理，在总结“七五”的基础上，制订了《全军中医药（中西医结合）业务技术建设“八五”计划》，经专家教授论证修改，总后卫生部批准，已下发全军。

2. 加强全军重点中医科建设

1991 年初下发了《全军重点中医、中西医结合科组建基本条件》，在成都军区总医院进行了试点。并在试点论证的基础上，制订

了《全军重点中医科、中西医结合科建设标准》，于10月下发全军执行。重点中医科的建设，对全军中医科建设起到了很大推动作用。截至11月底，已有12个单位申报和争创重点中医科；中医科也由原来的78个增加到89个（不含中西医结合科）；实行中医药“一条龙”管理的中医科由原来的18个增加到22个，其占用床位总数已达到现编中医科的38.4%。兰州军区还在6所中心医院落实了中医科编制。成都军区总医院、第四军医大学西京医院中医科逐步建立健全了与“一条龙”管理相配套的管理制度，并开展了定病房、定病种的中医辩证施护，使医药护协调发展。在全国中医护理工作会议上，这两个科的护士长都被评为全国中医护理先进工作者，受到表彰。

3. 继承老中医药专家学术经验

总政干部部、总后卫生部联合下发了《军队中医药专家学术经验继承工作实施办法》的通知，各大单位根据《通知》要求选拔推荐了6名指导老师和17名学生，经总政干部部、总后卫生部审核、国家中医药管理局批准，于5月17日在北京召开了拜师会，并签订了《协议书》。9月，转发了国家中医药管理局《关于继承老中医药专家学术经验管理办法》；同时，国家和军队都下拨了专项经费。目前，这项工作进展比较顺利，并取得初步成效。在国家中医药管理局组织的1991年度全国师承工作优秀论文评奖活动中，军队有四篇论文获奖，占全国获奖总数的6.7%。我军著名中医专家高辉远教授的学生于有山、王发渭、薛长莲撰写的《著名老中医高辉远治学门径与方法》一文获全国一等奖。

4. 推广中医实用技术，扩大中医为部队服务的功能

1991年4至6月，先后组织了10名中医推拿、针灸专家分3组深入到济南、兰州、成都、广州战区6个师的20多个团队，开展训练伤的防治工作，并对基层的4 256名官兵进行了体格检查，对查出的1 366名训练伤员进行了治疗，使他们解除或缓解了疾苦，重返训练场；为部队培训了112名训练伤防治骨干，在军事训练保护中发挥了积极作用。组织了80多名中医专家和技术人员，编写了30多万字的《中医实用技术手册》，作为培训基层卫生人员防治训练伤教材；进一步加强了大连、成都两个骨伤推拿培训基地建设，为每个点下拨了专项经费，两年来共培训了35名技术骨干。大连点还建立了软组织疼痛实验室，开展了骨骼肌损伤与肌痉挛疼痛的研究。

5. 加强中医学会建设，繁荣中医学术

8月在包头召开的全军第二届中医学会上，总结、部署了中医学会工作，修改了中医学会章程，对学会进行了组织调整。经选举产生的64名第二届中医学会理事，平均年龄比第一届年轻了7.1岁，是全军21个单位、20多个专业的技术骨干，具有广泛的代表性和权威性。中医内科、针灸、气功、老年虚证专业组和各分会都相继进行了组织调整，将一批年富力强的各专业的技术骨干吸收到各级中医学会，增强了学术组织的发展活力。同时，上述专业组和内科四诊学术组，先后组织了学术交流。

10月组成解放军代表团，参加了18至23日由世界卫生组织和国家中医药管理局在北京共同举办的国际传统医药大会。军队代表团共84人，有21篇学术论文在会上进行了交流，占大会交流总数的13%；155项成果，其中军队科技进步二等奖以上成果52项参加了展览。

1991年2月成立的中国中医药报解放军记者站，到年底已发展为拥有260余人的、医药护专业趋于配套的通联队伍，加强了军内外中医药的行业联系和学术信息交流。

（刘仕福）

**【1991年军队药品器材供应管理工作】**

1991年军队药材工作的重点是抓基层，抓管理，抓药学业务技术建设。

**一、面向基层，加强部队平、战时药材供应**

1. 制定了加强部队营、连药材供应管理的措施，开展整顿建设，实行“计价核算，公开标准，群众监督”，以保证营、连用药供得上，管得好，真正发挥效益。

2. 改善部队基层卫生设施，为营、连卫生室增添、更新两包一箱（卫生包、敷料包、药品箱）；为营卫生所配备了TDP治疗机、雾化吸入器、药品柜、诊断治疗床等。

3. 各级医疗器械检修所派维修组到部队巡回检修，共修复各种医疗设备3160余台（件），节省资金100余万元。

4. 对师医疗装备的使用管理进行追踪检查，摸清了情况，为进一步落实好各项制度找到了依据。

5. 制定旅、团卫生装备标准和装备实施计划。

**二、深化管理，提高药材保障能力**

着眼于网络型划区保障和联勤供应的发展，改革药材供应管理办法，制定《中国人民解放军药材计价定量供应管理办法》；拓展药材仓库职能，制定《军队药材仓库业务管理规定》；完善军队药检所制度建设，修订《药检所工作规定》；为贯彻全军药政工作会议精神，加强药品监督，组织各级药品监督员深入82个单位开展药品监督，对189个医疗单位的1210批制剂进行抽查，对97所有核医学室的医院进行放射性药品使用许可证验收，同时，组织军内药学专家编写了第二版《军队医院制剂规范》。

**三、抓专业机构建设，提高业务技术水平**

1. 针对药学人才断挡严重、在校培养不足的情况，进行了药学函授大专教育的可行性论证。

2. 举办各种类型学习班，培训技术骨干540名。

3. 召开全军临床药理基地研讨会，总结交流临床药理基地建设经验，明确“八五”工作目标，通过了《加强临床药理基地建设的意见》。

4. 协调血液制品的生产、供应和质量监督，成立了军队血液制品咨询组。

5. 进行了新药审评委员会换届选举，组成了第三届新药审评委员会。

6. 药材仓库机械化进一步配套，下发储运设备148台（件）。

7. 举办了首次医学计量监督管理学习班。

8. 召开了第九届全军药学专业学术会议，汇集论文1664篇。

9. 药械技术有长足进步，获得军内外科学技术奖130项。计算机在药学技术、管理中的应用日趋广泛。

（任国荃）

**【全军计划生育工作会议】**

1991年6月18日至20日，全军计划生育工作会议在北京召开。中共中央总书记、中央军委主席江泽民要求中国人民解放军发扬优良传统，坚决贯彻中央的方针政策，切实把全军的计划生育工作做好。李鹏总理希望军队的计划生育工作走在全社会的前列。国家主席、军委第一副主席杨尚昆，军委副主席刘华清接见了与会代表。中央书记处书记、中央军委秘书长杨白冰到会并讲了话。

这次会议的中心议题是，以中共中央、国务院召开的计划生育工作座谈会精神为指针，结合军队实际，总结过去，规划未来，认真贯彻落实《中共中央、国务院关于加强计划生育工作，严格控制人口增长的决定》和中央军委关于计划生育工作的指示，进一步推动全军计划生育工作的深入开展。

“七五”期间，军队的计划生育工作取得了显著成绩，较好地完成了各项计划生育工作任务和工作指标。北京、济南、成都军区先后被评为全国、全军计划生育红旗或先进单位；全军大多数师以上单位，连续多年达到无计划外生育、无多胎生育的要求；累计有311个先进单位、146名（次）先进个人分别受到国家和三总部的表彰；有上千个团以上单位被驻地人民政府评为计划生育先进单位。

会议总结了军队在“七五”期间开展计划生育工作的几条基本经验：①党委领导，齐抓共管，将计划生育工作摆到了战略位置；②注重建设，打好基础，计划生育工作的条件不断改善；③抓住中心环节，突出工作重点，基层计划生育工作比较扎实；④强化管理，完善制度，计划生育工作质量和效益明显提高；⑤依靠科技，优质服务，优生优育工作有了新的进展。

为贯彻落实《中华人民共和国国民经济和社会发展十年规划和第八个五年计划纲要》中关于控制人口增长的计划指标和军委首长提出的“全军计划生育工作要走在全社会前列”的要求，全军计划生育领导小组研究决定，并报经中央军委批准，“八五”期间，军队计划生育工作的指导思想是：要坚决贯彻《中共中央、国务院关于加强计划生育工作，严格控制人口增长的决定》和中央军委关于做好计划生育工作的一系列指示，坚定不移地执行计划生育的基本国策。“八五”期间的主要目标是：坚持实行晚婚晚育、优生优育，提倡一对夫妇只生育一个孩子，全面完成计划生育工作各项任务和六项主要工作指标，努力提高计划生育干部队伍的整体素质，建立比较配套、适合军队特点的计划生育法规体系，积极开展优生、优育、优教系列服务，把全军计划生育工作提高到新水平。

为实现上述目标，“八五”期间要加强以下几项主要措施：①各级党委要全面负责；②加强专业机构与队伍建设，提供有力的组织保证；③严格执行现行计划生育政策，充分发挥法规制度的保证作用；④健全服务网络，搞好技术保障；⑤各有关部门密切配合，整体协同，齐抓共管；⑥分级筹措，提供足够的经费保障；⑦强化管理，完善制度。

会议期间，全军计划生育领导小组组长、总政治部副主任李继耐作了《严格控制人口增长，努力提高人口素质，为我军计划生育工作走在全社会前列而奋斗》的工作报告。全军计划生育领导小组副组长、总后勤部副部长刘明璞作了会议总结。

会议期间，三总部表彰了一批计划生育先进单位和先进个人，与会代表还交流了各自单位开展计划生育工作的经验体会。

国防部长秦基伟、总参谋长迟浩田、总后勤部部长赵南起分别参加了接见代表并为会议题词。

（徐嘉祥）

**【不断开拓前进中的南方制药厂】**

南方制药厂是解放军总后勤部第一军医大学于1985年6月在深圳特区创建的，1987年1月正式投产。该厂以三高一少（高科技、高速度、高效益、用人少）为发展策略，工业产值、利润连年翻番。1991年，工业总产值63 398万元，全年利润额6 868万元，年利税额7 839万元，人均产值48万元，人均利税7．5万元。现拥有固定资产6千万元。有冲剂、丸剂、片剂、胶囊、粉针、软膏六大车间，生产品种9个，干部、职工1 000人。

南方制药厂先后被授予“军队医药先进企业”、“军队先进企业”、“深圳市经济效益十佳企业”等称号，1991年晋升国家二级企业。

厂长赵新先荣获“全军优秀企业家”、“全军劳动模范”、“全国医药企业优秀企业家”、“中药行业优秀企业家”、“第二届全国科技实业家创业金奖”等。

建厂初期，自行设计组装了NF—A型中药生产线，全部流程实现了自动化、连续化、管道化。全车间共9名工人，三班生产。1989年在NF—A生产线取得各项数据的基础上，建成性能更先进的 NF—B 型生产线，实现了中心控制台操作，通过工艺状态模拟屏、闭路电视监控，彻底改变了中药生产的落后面貌。

为使科研成果转化为生产力，该厂把第一军医大学研制的、经军内外多家医院临床试用有特效的中成药“三九胃泰”冲剂，作为第一个拳头产品，获得巨大成功。“三九胃泰”冲剂先后荣获“百病克星”奖、健康杯奖、“军优产品奖”和“特区优质产品奖”。随后，又推出了获全军医药科技进步奖的“壮骨关节丸”、“补脾益肠丸”、“胃必宁”、“正天丸”等高效中成药，都获得了优异的社会和经济效益。同时自行研制了“三九胃泰”胶囊，在港澳市场取得成功，即将推向国内市场。

目前南方制药厂设有九星彩色印刷包装中心、九新药业有限公司、九升生物制品厂等分厂，并计划在总厂中成药基地基础上逐步发展原料药、合成药基地和医学生物制品基地。

（史书香）

# 省、自治区、直辖市卫生工作

## 北京市

**基本情况** 1991年全市卫生机构总数为4 970个，比1990年增加了17个。床位数61 744张，比1990年增加2 708张，其中医院床位数58 747张，增加了3 273张，增长率为5.9%；平均每千人口拥有医院床位5.65张。有卫生人员161 103人，比1990年增加4 799人，其中卫生技术人员114 342人，比1990年增加2 728人，增长率为2.4%；平均每千人口医生数5.03人，护士3.44人。

**治理整顿与深化改革** 首次为6名中青年科技人员、12名中青年临床医师破格晋升高级技术职务；评选了73名优秀青年临床医师、31名优秀中青年中医师；制定了加速培养中青年科技人员的决定；在北京儿童医院、安贞医院分别建立诸福棠、吴英恺奖励基金，制定了“北京市市区县医疗卫生机构人员编制标准”。加强物价管理。1991年合理调整了门诊挂号费和住院床位费、透视费，降低了部分大型仪器检查费。下发了《关于加强本市公费医疗管理改革工作的通知》；清理出不应享受公费医疗的单位147个，11.5万人，审核不符合报销范围的费用达98万元，罚没违纪金额11.7万元。制订了关于整顿社会办、民办医疗院所办医条件、申请审批程序、处罚程序、取缔无照行医等法规性文件。对9家违纪违法医院和门诊部，吊销行医执照；对不符合条件的医院劝其关闭；对10家医院罚款3万元。

**预防保健** 1991年传染病发病率比1990年同期下降12%，结核病涂阳患病率保持全国最低水平；计划免疫“四苗”全程接种率为98.7%，提前实现以区县为单位达到第2个85%的目标；食物中毒发病继续保持低发病水平；农村改水受益人口达农业人口总数的90.9%；爱国卫生保持了全国“十佳卫生城市”称号。

妇幼保健覆盖率为70%，围产儿、新生儿死亡率、孕产妇死亡率均比1990年有所下降。全年节育手术40余万例，并发症下降到0.04%。

**医疗卫生** 1991年对76种单病种实行

质量监控，治愈率与平均住院天数等主要指标基本达到要求的标准。全市门诊工作量为8 000多万人次，收治住院病人60多万人次，市属医院抢救危重病人2.4万人次，抢救成功率为88.3%。

全市已有精神病床5 800张，17个区县成立了精神卫生保健所，基层精神卫生网点为293个，市、区县三级精神卫生保健网初步形成。监护重症精神病人1.4万人。

1991年参加公民义务献血14.9万人，从1984年以来全市已有4万多人无偿献血。

1991年市政府增拨农村卫生专款2 500万元。制定了乡卫生院危房改造“八五”规划，1991年市、县、乡共同投资1 192万元，已建成17个乡卫生院，竣工面积1.2万平方米；投资315万元，为乡镇卫生院添置了医疗设备。部分区县对乡卫生院实行县、乡两级管理。全市97%的行政村建立了卫生室，甲级卫生室占40%。城市医疗卫生机构对口支援农村，推动了农村技术水平的提高。为改善乡卫生院的管理，对264个乡镇卫生院院长进行免费培训。

**医学教育与科研** 医学教育已初步形成高、中等医学教育、毕业后教育和继续教育相结合，能培养多学科、多层次卫生人才的教育体系。1991年，市、区县属单位高级技术人员总数为7 000多人，中级技术人员为2.17万人。中等专业学校完成结构调整，10所中等专业学校停止招生，8所区县卫生护士学校和4所直属卫生护士学校全部完成综合配套改革工作。对护士专业实行“四年制”试点和招生面试工作。天坛、友谊、同仁等7所市属医院改为首都医学院附属医院，使首都医学院临床教学基地扩大为8所大型综合医院。

1991年市直属单位科研总投入1 800万元，比1990年增加20%；全年获部级成果奖14项。在首都儿科研究所建立了北京市第一个医学高科技实验室。对外科技交流，1991年引进技术项目41项，仪器设备106台，获得资金总额约888万美元。

**中医工作** 1991年市、区县中医医疗机构为22所，实现了县县有中医医疗机构的目标。全市共有中医病床4 000张，每千人口中中医病床数达到0.39张，每千人口中拥有中医师0.62人。市中医医院和宣武、房山两所区中医医院被列为全国百所“杏林计划”建设单位。为47名全国及本市著名老中医配徒89人；以继承、研究老中医药专家学术经验为内容的电子计算机专家诊疗系统已达14个；出版专著27本，700多万字。

**救灾防病** 6月份北部山区发生特大洪灾，市卫生部门及时派出医疗防病小分队深入灾区开展医疗救护、卫生防病工作。市卫生局安排救灾专款100万元，有关部门和各大医院分赴灾区送医送药，无偿支援急需的设备物资，保证了大灾之后无大疫。安徽等省遭受洪涝灾害后，北京市与卫生部联合发起组织全市医务界义诊救灾活动，458家医院的3万余名医务工作者参加了义诊，义诊收入和医务人员个人捐款总额为115万元。友谊、同仁、天坛医院和市防疫站组成3支医疗队到安徽重灾区救灾防病，被卫生部评为全国抗灾防病先进集体。全市卫生系统将总计32.8万元的医疗设备及物资送往安徽灾区。

**廉政建设** 收到表扬信5 414余封。市、区卫生行政部门受理群众监督电话6 305件，是1990年的5.16倍，其中反映医疗质量、服务态度等方面问题的仅占5.61%。年底，根据千人问卷调查，患者对医生、护士服务态度满意、较满意的分别为93.8%和84.6%；对就诊医院信任度达到92.3%。

（白 莹）

## 加强农村卫生工作

1. 加强对农村卫生工作的领导 1991年，北京市各郊区县县委、政府召开了本地区卫生工作会议，制定了卫生事业“八五”发展规划和年度实施计划。市政府向郊区县增拨补助专款2 500万元。市、县、乡共同投资1 547万元，改造乡镇卫生院18所，为乡镇卫生院添置救护车21辆，医疗设备189件。

2. 改革乡镇卫生院管理体制　实行县乡分级办医，分工管理。通县、顺义、怀柔、平谷、密云等县，在乡镇政府设立了卫生助理。房山、怀柔、门头沟等区县，把农村卫生工作纳入乡镇政府的政绩考核，并与奖惩挂钩。市卫生局拨出20万元专款，首次举办了乡镇卫生院院长管理知识培训班，对264名乡镇卫生院院长进行免费培训。

3. 加强村级卫生组织建设　全市行政村卫生室覆盖率为97%，比1990年增加1%。其中，集体办的占69%，合格的占78%，甲级的占40%。密云、延庆等县实行了集资医疗保健工作试点，平谷、顺义、海淀、丰台等区县实行了合作医疗保健制度试点，大兴县由县乡两级投资15万元，为全县所有村卫生室统一装备。怀柔县拨款5万元，用于村卫生室建设。密云、顺义等县，按每人0.5～1元筹集资金，解决乡村医生报酬。

4. 落实“卫生支农”工作　市卫生局指定的11家城市大医院与10家远郊区县医院签订了协议，还有15家城市大中型医院分别与50多家远郊区县医院和乡镇卫生院签订了协议，建立了对口支援。昌平、延庆等10家远郊区县医院也与42家乡镇卫生院建立了支援协议。一个城乡结合的、多层次的技术支援联系网络，在北京市基本形成。支援的医院到受援单位讲课1 000多人次，进行业务技术指导5 600多人次，诊治病人4万多人次，无偿支援医疗设备价值130多万元，接受基层进修1 000多人次。

（蔡　谦）

## 天 津 市

**基本情况**　1991年全市卫生机构达到3 397个，比1990年增加5个。各类卫生机构床位总数37 504张，比1990年增加1 923张，增长5.4%。医院床位35 124张，增加1 742张，增长5.2%。全市平均每千人口有医院床位4.01张，市(郊)5.34张，县1.39张，比1990年分别增加0.18张、0.25张、0.02张。全市卫生工作人员89 237人，比1990年增加1 815人，增长2.1%，其中卫生技术人员68 887人，增长2.1%。卫生技术人员中，医生32 385人，增长1.1%，护师、士19 230人，增长4.9%。平均每千人口拥有卫生技术人员7.86人，医生3.70人，护师、士2.19人，比1990年分别增加0.11人、0.02人、0.08人。

**农村卫生事业**　1991年全市共有乡卫生院214所，30%的乡卫生院购置了B型超声诊断仪。X光机、心电图机、化验设备等辅助诊断及治疗仪器普遍得到更新。各地结合卫生院的具体情况，发展专科特色，并着重抓了卫生院由医疗型向预防保健型的转化。

全市3 865个自然村中，有3 632个村设立了医疗点，占村数的94.0%，共设医疗点4 356个，比1990年增长1.2%，其中90%建成甲级卫生所。医药费实行减免的村数702个，占村数比重从1990年的6.3%提高到18.2%。

共有乡村医生和卫生员7 747人，其中获得乡村医生证书的6 785人，农村接生人员1 688人。平均每村有乡村医生和卫生员人数为2人。

为抓好农村卫生事业的技术建设，市卫生局确定每年向农村推广10项技术。1991年共组织20多期新技术、新成果学习班，390名农村医疗卫生技术骨干参加了学习。市卫生局决定市内33所医院和7个防病站与郊县医院、防病站建立对口支援关系。

为搞好农村卫生人才建设，市卫生局采取一系列措施。一是各医学院校定向招生、定向培训、定向分配，为农村输送人才，二医农村医生班，医学院、中医学院农村毕业生 80 多人和中专学校农村毕业生 500 多人，全部分配回农村。二是采取多种形式在职教育，主要是“进市进修”和“下乡带教”。农村医务人员免费到市内进修。三是培训提高乡村医生技术水平，1991 年共培训 1 500 名乡村医生。

1991年改扩建郊县卫生院16所，共 8 865 平方米，完成建设投资 502 万元。城市医疗机构无偿支援农村 100 万元的医疗设备。

**预防保健** 1991 年 3 月，召开了天津市首次预防保健工作会议，提出将预防工作纳入初级卫生保健工作中，将初级卫生保健工作纳入政府工作。利用各方集资办法，加强城市街道卫生室、农村合作医疗卫生所的建设。全市急性传染病总发病率为 298.54/10 万，比 1990 年下降 25.4%。其中，甲类传染病无病例发生；乙类传染病（性病除外）比 1990 年同期下降 22.7%，其中，脊髓灰质炎无病例发生。肺结核患病率居全国第 3 位。卡介苗、麻疹、脊髓灰质炎、白百破等“四苗”计划免疫接种，按街乡达到 85%。对高血压、冠心病、脑卒中、恶性肿瘤等非传染性“四病”，开始生活干预。心脏病、脑血管病和恶性肿瘤死亡专率分别为 142.26/10 万，118.17/10 万和 95.87/10 万，分别占死亡总数的 26.0%，21.6% 和 17.5%。

1991年全市医院、卫生院共诊疗病人 3 974.9 万人次，诊疗人次比 1990 年减少 2.7%。门诊 3 689.3 万人次，占诊疗总人次数的 92.8%，比 1990 年减少 2.2%，其中县及县以上医院 2 480.2 万人次，减少 1.3%；城市街道卫生院 604.3 万人次，减少 9.3%；乡（镇）卫生院 604.7 万人次，增加 1.8%。县及县以上医院住院病人治疗有效率为 93.9%，比 1990 年提高 0.3%，病床周转率 12.2 次，减少 0.8 次，病床使用率保持 88.7%，出院者平均住院日 24.8 天。城市街道卫生院住院病人治疗有效率 94.7%，比 1990 年提高 0.7%，病床周转率保持 6.4 次，病床使用率 94.0%，提高 5.4 个百分点。

全市家庭病床总数 56 138 张，比 1990 年减少 0.2%，家庭病床病人治疗有效率 91.9%，病死率 1.7%。在 54 个街（乡）开展了孕产妇和儿童系统管理覆盖率、合格率的调查，开始以达标为核心的管理，在津南区进行了 10 万人次的优生流行病学调查。完成农村饮水除氟工程 32 处，18 万人受益。在 944 个工厂建立了劳动卫生职业病档案，建立了尘肺病数据库。食品卫生抽样 11 261 件，合格10 019件，合格率为 88.97%。全年共发生食物中毒 7 起，比 1990 年同期下降 3 起。市卫生防病中心和市结核病防治所被评为全国计划免疫先进单位，和平区卫生防疫站被评为部级先进单位，市结核病防治所和河东区结核病防治所被评为全国防疫战线先进单位，津南区通过卫生部验收，为“妇幼保健”达标区。“四病”防治被卫生部推荐，世界卫生组织批准为代表我国参加慢性病社会综合预防项目。

**医疗科技** 1991 年建立了评价医院科技进步的综合指标体系，制定了《附设性科研机构管理办法》。市卫生局投入科研经费 240 万元，医院从每年的业务收入中提取 1%，用于本单位的科技进步工作，这部分经费约 340 万元。

1991 年，新开展科技项目 137 项。其中，国家级 7 项，部级 9 项，市级 22 项，局级 99 项。共鉴定科技成果 76 项，比 1990 年增加 35.7%。其中，属国家重大科技成果 62 项，占 81%，达到国际先进水平的 35 项，占 46%。已推广科技成果 21 项，引进科技成果 40 项。获国家发明奖 2 项（三等奖 1 项，四等奖 1 项），部级科技进步奖 6 项，市级科技进步奖 14 项，局级科技进步奖 30 项。

1991 年，天津市首次淘汰 34 项落后技术，被卫生部列为淘汰落后技术试点单位。

**卫生执法** 1991 年 11 月，市政府法制办公室与市卫生局联合，进行了首次以食品卫生执法工作为重点的执法监督检查，对1989年以来的行政执法档案400余卷进行抽查。对药品生产、经营、使用、监督人员进行培训。有计划地抽验药品1 100批，药品合格率本市产品为95%，外埠为84.2%，医院制剂为95%，药材饮片为89%。依法查处无证经营案件2起。

市卫生局与市高级人民法院、市法官培训中心主办了为期3个半月的应诉代理人培训班，并组织了5个摹拟法厅进行诉讼训练，为卫生执法部门和医疗单位培训了80余名应诉代理人。

**整顿行业作风**

具体做法是：

1. 把改善服务态度与提高医疗质量结合起来，制定并下达了《天津市二级以上医院全程优质服务标准(试行)》，开展了全程优质服务活动。

2. 加强正面教育。编印了《纪念白求恩文荟》、《医务道德奖惩规定》，组织医务人员深入学习白求恩精神，学习天津援皖医疗队事迹。

3. 接受监督、处理举报。全年共受理举报37起，对查实的给予了严肃处理。

4. 继续整顿社会办医。成立了市卫生局整顿社会办医领导小组。对社会办医机构逐个复核，查处2个未经批准擅自开诊严重违法乱纪的医院。取缔18名外地来津假医行骗者。

5. 继续控制不合理的医疗消费。继续落实市政府关于加强公费医疗和劳保医疗管理的通知，加强全行业管理，实行药品费用定额控制，严格物价管理。

市卫生局直属15所医院达到药品消费控制指标。11月份对10所综合医院、地段医院1 000名门诊、出院患者调查，对医生技术和态度的满意度分别为74%和84%。

**国际合作与交流** 1991年天津市共接待来自日本、美国等21个国家和地区的医学专家、学者70批240人。在津召开了第2届国际骨科学术讨论会和中瑞(士)肿瘤学术研讨会。据不完全统计，全年共接受境外赠送价值250万元人民币的医疗器械、办公用具和医学书籍。市卫生局系统共派出210人次赴21个国家和地区考察、访问，参加国际学术会议、技术培训以及留学、进修，比1990年增加34.6%。

(刘道安)

## 医疗质量管理

天津市卫生局把1991年确定为“医疗质量管理年”。

1. 召开首次天津市医疗卫生质量工作会议。明确了卫生改革走质量效益型的路子，把质量工作做为管理工作的核心。制订并下发了《天津市医院全面质量管理方案》、《天津市二级及以上医院全程优质服务标准》和《医院后勤工作全面质量管理标准》，并将此作为考核晋升、奖金分配、评选先进的依据。

2. 建立、健全质量管理体系。市卫生局成立了质量管理办公室。各区、县，单位也建立、健全了相应机构。从组织上保证了质量管理工作的全面、深入开展。

3. 进行全员质量意识教育。把卫生职工的全员质量意识教育，做为提高医疗卫生服务质量的战略问题来抓。1991年，质量意识教育覆盖面为80%，同时，推广了质量保证累进工作法，发动群众解决质量问题。

4. 开展全程优质服务活动。把服务态度的提高与医疗质量的提高结合起来，并形成量化指标。对3 000多项便民措施进行了整理，使之规范化。

5. 确立“质量分析日”。市卫生局规定每月末的最后一个周四为“质量分析日”，局领导利用这一天深入基层，与基层干部、群众一起分析工作中存在的质量问题。

6. 普遍开展对质量管理现状的调查研究。1991年夏季市卫生局对11所市、区和医学院属医院进行了调查研究后，普遍应用质量管理自我诊断技术，对本单位质量管理现状进行了调查研究，为今后加强质量管理提供了依据。

（刘道安）

## 河 北 省

**基本情况** 1991年，河北省医疗卫生机构发展到10 647个，病床发展到148 107张，专业卫生人员发展到224 468人。

**农村卫生工作**

1. 采取多种办法加快乡镇卫生院建设。推广邯郸地区多方集资和廊坊市采取“五方五步”（市、县、乡财政、县卫生局、乡卫生院各为一方；利用5年时间分5步一轮进行乡镇卫生院建设）建设乡镇卫生院的经验，到1991年12月底全省共集资4 698万元，其中近3 500万元用于乡镇卫生院建设。新建、改建房屋13 456间，全省已有60%的乡镇卫生院危房得到改善。邯郸地区、廊坊市和泊头市的乡镇卫生院基本消灭危房。

2. 在村级卫生组织结合创建甲级卫生所活动中推行村委会集体办。石家庄市郊区村卫生所全部实行了集体办，保定市的满城、清苑两县集体办达到90%以上。

3. 省政府召开了全省农村卫生工作会议，下发了《关于加强农村卫生工作的决定》。

4. 推行初级卫生保健。制订了《河北省农村2000年人人享有卫生保健规划目标》，确定了26个试点县，召开了试点县会议。研究、讨论了评价方案和标准，并进行了检查指导。

**预防保健**

1. 开展了以救灾为中心的防病灭病工作。省和各地建立了救灾防病组织，落实了各项防疫措施，没有传染病的暴发流行。对结核病的防治实现了卫生部关于发现、管理和治疗活动型肺结核50/10万的目标。完成了全省肠道内外寄生虫病的流行病学现场调查，并获得了“全国寄生虫病流行病学调查集体”奖。地方病防治仍以改水降氟为重点，完成农村和城镇高氟改水工程209处，受益人口23万人，使全省累计受益人口达到453万人。

2. 计划免疫如期实现了第2个85%的目标。世界卫生组织、联合国儿童基金会对河北省计划免疫随机抽取19个县（市、区），对3 991名儿童进行现场调查和综合评价，建卡率为97.75%，“四苗”全程接种率为97.57%。完成了全省600多万0～4岁儿童第一次普服脊髓灰质炎疫苗工作，使小儿麻痹发病率比1990年下降69%。11月省政府和各地区行署、市政府签定了消灭脊髓灰质炎工作目标责任书。

3. 妇儿保健保偿工作已在全省铺开。孕产妇入保37.1万人，入保率为61.1%，儿童入保458万人，入保率为63.9%。孕产妇系统管理近47万人，管理率为76.09%。开展妇女病普查310万人，对其中的63.3万名患病妇女进行了治疗，治疗率为91.0%。普查0～7岁儿童547万人，对查出患有佝偻病、缺铁性贫血的儿童均给予治疗。全年共做各种节育手术1 873 450例。

4. 广泛开展创建卫生城市和卫生县城活动。省爱卫会继续与地市签定了《实现卫生目标管理奖惩协议书》，并进行了卫生联查。承德、涿州、衡水市被评为省级卫生城市。新乐、故城、新河、万全、永年5县被命名为省级卫生县城。灭鼠工作连续5年“一役达标”，全年共筹集灭鼠资金447.5万元，有13个地市被全国和省命名为无鼠先进地市。农村改水累计建成自来水厂（站）36 730座，饮灌两用机井39 566眼，手压机井2 202 600个，3项改水受益人口为4 574.51人，占农村人口的

92.9%。

**医院分级管理和端正医疗作风**　为开展医院分级管理，培训行政和医院管理干部1 400多人，完成了试点医院的评审工作。唐山市工人医院作为试点，成为全省第一个三级甲等医院。通过对试点医院的评审，完成了1所三级、4所二级、6所一级医院的评审工作。在进行医院分级管理试点工作中，抓了医德医风建设，完善各项配套措施，在全省卫生系统开展了"学习白求恩争当医德医风建设先进集体、争做白求恩式的医务工作者"的"双争"活动。

在医疗卫生单位内部推行"两公开、一监督"制度，建立了医德医风、医护质量、物价审计等监督检查组织。经对全省医疗单位服务质量和医德医风等行业作风抽样调查，患者对医院医疗质量的信任度为96.2%，对医护人员服务态度满意度为81.8%。

**医学教育与科研**　完成了各类院校招生计划，共招收大学本科生1 214人，大专生877人，各类中等专业生4 538人，各类学校招生数与1990年相比均有所增长。为解决农村基层人才不足问题，招生工作继续实行"三定"制度。张家口、沧州地区卫生学校实行了"合同公证制"招生，在为农村培养实用型人才方面受到了法律保护。乡村医生函授教育第1期学员已经结业，结业率为91%，第2期招收学员6 956人。

1991年共获省科技进步奖26项(其中二等奖3项，三等奖14项，四等奖9项)、卫生厅科技进步奖91项(其中一等奖7项、二等奖33项、三等奖51项)。

(赵学诚)

## 山西省

**基本情况**　1991年，山西省各级各类卫生机构发展到6 121个，比1990年增加13个，增长0.21%，其中县及县以上医院617个，乡(镇)卫生院1 908个，其他医院77个，疗养院、所15个，门诊部、所2 979个，专科防治所、站11个，卫生防疫站145个，妇幼保健所、站137个，药品检验所室50个，其他卫生事业机构139个，医学科学研究机构23个，高等医学院校5个，中等医药卫生学校15个。全省有医疗床位107 713张，比1990年增加2 389张，其中医院床位100 590张，比1990年增加2 448张，增长2.55%；专业卫生人员159 753名，比1990年增加6 027名，增长3.9%，其中卫生技术人员132 792名，比1990年增加4327名，增长3.4%。全省总人口为2941.86万，平均每千人口拥有床位3.66张，有卫生技术人员4.51名。私人开业卫生机构17个，床位380张，人员3 719名。全省行政村设医疗点30 546个，占行政村总数的91.5%，其中集体办的有21 553个，占70.6%，乡村医生或卫生员联合办的3 413个，占11.2%，乡卫生院设点的895个，占2.9%，个体办的3 814个，占12.5%，其他871个，占2.8%。有乡村医生36 724名，卫生员16 364名，接生员22 738名。

**农村卫生工作**　省卫生厅组织了12个调查组，对全省12个地市的58个县（市、区)、108个乡镇卫生院、103个行政村和41个地、县级医疗卫生机构进行了调查，起草了《山西省关于加强农村卫生工作的意见》，制定了《关于开展卫生支农的若干规定》。1991年3月和11月，分别召开了全省农村卫生工作会议和全省农村卫生工作汇报暨运城地区现场会，决定从省财政调拨500万元专款加强乡（镇）卫生院建设。建立健全和巩固发展农村三级医疗预防保健网。集中力量整顿和建设村卫生所。有91.5%的行政村恢复和巩固了卫生所，70%的卫生所实行了集体举办，25%的卫生所达到了甲级标准。同时对乡（镇）卫生院实行重点装备，突出专科建设，开展第三产业，90%的卫生院基本实现了收支平衡。推行农村初级卫生保健工作。成立了山西省初级卫生保健委员会及其办事机构，12个地市和101个农村县（区）均已建立了相应组织，并制定和实施了《农村实现“2000年人人享有卫生保健”的规划目标》及《管理程序》。长治市、晋城市政府，为了解决经费不足问题，动员社会力量集资1 100万元。晋城市政府把农村改厕和合作医疗保健制度作为重点，全市改建厕所15万个，占农村总户数的40%以上，实行合作医疗保健制度的行政村为1 200多个，占全市行政村总数的50%。运城地委、行署把农村卫生工作与经济建设结合起来，抽调2 000余名干部包村蹲点，使全区3 000多个行政村全部办起卫生所，90%的村实现了集体举办，50%的村推行了合作医疗保健制度，30%的村实行了妇幼保健保偿制度。到年底，全省27个农村初级卫生保健示范县基本达标，占全省101个农村县（区）的26.7%。

**医院改革** 1990年全省县级以上医院把依靠科技进步、科学管理和提高医务人员的素质作为中心推进医院各项工作的开展。具体作法是：①推广省眼科医院“病人至上，质量第一，全程优质服务，患者、社会、政府三满意”的经验。举办了4期有省、地（市）、县三级医院负责人参加的培训班，召开了全省推广省眼科医院经验深化医院改革现场会，制订了《山西省医院优质服务考核标准》，选出了16所医院作为试点单位。②有计划有步骤地实施医院分级管理和评审工作。省卫生厅制订下发了《山西省医院分级管理办法实施细则》，成立了“山西省医院评审委员会”，下设办公室和医院管理、医疗、医技、护理、后勤等5个评审组。制定了《山西省一、二、三级综合医院评审标准》，省举办了2期有400多人参加的医院分级管理培训班，召开了全省县级以上医院及有300张床位以上的厂矿医院参加的医院分级管理研讨会，对医院分级管理的标准、办法程序、难点及存在的共性问题进行了探讨。制定了《山西省医院分级管理评审工作实施意见》，并安排部署了各地、市分别抓$\frac{1}{3}$县级以上医院和$\frac{1}{3}$20张床位以上的乡（镇）卫生院分级管理的试点工作。对山西省人民医院、寿阳县人民医院进行了试评。

**预防保健** 1991年7月，在大同市召开了全省计划免疫妇幼保健保偿会议，向全省推广了大同市以医院为中心扩大预防及翼城县妇幼保健保偿的经验。长治、太原、临汾、忻州等地、市批转了妇幼保健保偿责任制方案。长治市在实施过程中做到了“四到位”，即领导到位、宣传到位、资金到位、服务到位。在全省各地建立健全了孕产妇和5岁以下儿童死亡监测网，开展了妇女病普查普治活动。1年来，共查治妇女病60多万人次，其中治疗“妇女两病”（子宫脱垂、尿瘘）1 800多人。全省计划免疫以县为单位全部达到第2个85%的目标。建卡率为99.6%，建证率为93.57%，卡介苗接种率为99%，麻疹疫苗接种率为97.3%，小儿麻痹糖丸服用率为97.6%，“百白破”接种率为96.5%，“四苗”平均接种率为93.93%。由于推广了儿童计划免疫保偿制，城市儿童入保率达到71.43%，农村达到40.25%。

健康教育工作，推广了长治市的“四有”经验，在27个初级卫生保健示点县中，有60%的农村居民户做到了家庭有保健员、有农民卫生课本、有卫生评议卡、有卫生知识袋。50%的村设立了卫生行为评议台，80%的小学开设了卫生课，接受系统的健康教育。稷山县、绛县为全国控烟实验小区，经过1年努力，吸烟率降低了8～10%，卫生部和全国爱国卫生运动委员会办公室在运城地区召开了“中国农民吸烟行为干预方法运城现场会”，向各省、市推广了该地的控烟经验。

**卫生监督管理** 举办了6期有250多人参加的各类卫生监督员培训班，为60多个卫生监督单位配备了监督取证器材，加强了食品卫生 、劳动卫生、环境卫生、学校卫生和放射卫生的监督、监测工作，各类指标的合格率、卫生监测和监督覆盖率及从业人员培训率、体检率都有较大提高。食品生产经营户的年监督频率为3.7户次，食品从业人员的体检率和检出“五病”(病毒性肝炎、活动性肺结核、化脓性或渗出性皮肤病、痢疾及伤寒)人员的调离率分别为95%、99%以上。工业企业有害因素作业点的实测点比1990年增加了34.42%，漏报率仅为1.1%，职工健康监测监护率提高了14.38%。

在药政管理上，对1 025个省、地、市、县、乡级医疗单位的药品进行了检查整顿，查出假劣药品121种，价值4.4万元，对不具备放射性药品使用条件的12个单位限期整顿改进。同时对药品生产、经营单位及医药市场进行大检查，被查单位7 337个，查处假药153种，劣药298种，价值32.7万元，取缔无证经营户91个，查处假劣药案13起。

**支援灾区** 全省广大医药卫生人员对遭受洪涝灾害的南方省、市进行支援，据统计，全省卫生系统募集现金26.3万元，药品、衣物等55个品种，296件价值25万多元，粮票2万多斤。全省各级医院，开展义诊募捐活动，山西省人民医院义诊募捐2.2万多元，全部支援灾区。

(李振川)

## 山西省眼科医院走出改革新路子

山西省眼科医院是一所具有180张床位、273名职工，在医疗、教育、科研、防病方面全面发展的专科医院。1988年以来，该院在改革上迈出了新路子。其做法是：①推行全程优质服务　病人从入院到出院实行“三挑”(挑医生、挑护士、挑病房)，一切全包，门诊病房一条龙服务，计划治疗分等定级，质量控制严格考核，确定了病人在医患关系中的主体地位，也为医护人员的技术水平、服务质量和科室管理提供了平等竞争的机会。②实施“多维护理”　把护理工作分成生活护理、基础护理和多维护理三个层次，为患者提供全方位、多层次，高水平的护理网络，发挥护士对患者进行医学咨询、身心疗理、病房管理、卫生保健作用。3. 建立“三三制管理体制”。理顺医疗、行政、后勤三大关系，把人员、工作和奖金分成三个层次进行管理、考核和奖惩，既突出医护工作的主体地位，又重视行政管理和后勤服务的协调和保证作用。由于采取以上三项改革措施，4年来，该院每年平均自筹近百万资金用于引进和更新先进医疗设备，投资5～6万元用于医护人员出省、出国进修深造；在国家和省级杂志发表论文150余篇，开展新技术、新项目117项，通过省、部级科研成果鉴定20项；年门诊量比改革前增加近万人次，住院人数增加2 000人次，手术增加近千人次，优质手术率由改革前的70%提高到了95%；降低了用药比例，加快了病床周转率。同改革前相比，药品收入所占业务总收入的比例从65%下降到10. 5%，病床使用率提高了14.3%，周转率平均增加了4.4次，病床工作日平均增加了58天，平均住院日下降了5.4天；在业务总收入中自主动用部分由过去的30%上升到70%左右。

(李振川)

## 长治市健康教育成效显著

山西省长治市政府为了提高全市居民健康知识水平，首先成立了“长治市健康教育所”，批准了《关于解决乡村医生报酬问题的请示》，并要求市、县、区、乡、村各级医疗卫生单位健全防疫保健机构，充实专、兼职防疫保健人员。培训专职健康教育人员310

名，兼职人员4500多名，为基层培训了8 000多名行为监督员和32.5万名家庭保健员。通过各种形式进行宣传，同时对小学生、农民、家庭主妇等重点人群开展系统的健康教育，全市13个县、区的4 986所中小学校中有4 323所开设了卫生课，开课率为86.7%，在3 504个行政村建立农民健康教育课堂3 200多个，发《农民健康教育课本》12.5万册，对2.8万多名食品从业人员、1.8万多名公共场所从业人员、10万多名煤矿工人及老年人、幼儿、城市居民开展健康教育活动，全市健康教育普及率达90%以上，大众传播形式覆盖率为98%，系统教育覆盖率达60%以上。其次对群众的不良习惯进行干预。干预的内容分环境卫生、个人卫生、消灭“四害”、饮食卫生、妇幼保健、社会心理卫生、病伤防治、家庭保健等8个方面，70条具体项目，印发至各县、区及基层单位贯彻施实，在做法上，自我干预，让受教育者自觉纠正自己的不良行为与习惯；他人干预；群体干预；行政干预。由政府或主管部门组织群众改造环境、改良饮水、治理污染等；法制干预，通过贯彻国家公布的法律条款进行干预；第三进行科学评价。1991年底，采取随机抽样办法对全市健康教育作了中期审评，每个县区抽查了3个乡（镇），每个乡（镇）抽3个行政村、100名小学生和100名家庭主妇。结果表明：家庭主妇和小学生卫生健康知识问卷合格率分别为85.6%和97.61%，健康行为考核合格率均为84.4%以上，2 641名家庭保健员培训前后卫生知识对比考核平均分由38.8分提高到77.3分。全市1991年法定报告传染病发病率下降到98.67/10万，比1985年下降了62.87%；婴儿死亡率和孕产妇死亡率分别降至28.78‰和14.04/万，比1989年分别下降了0.35%和28.84%；人均期望寿命由1982年的64岁提高到70.5岁。

（李振川）

## 运城地区靠群众集资发展农村卫生事业

山西省运城地区有3 220个行政村，427万人口中，农业人口占390万。1990年，全区集体办的村卫生所只占20%，个体行医几乎占领了整个农村卫生阵地；70%以上乡镇卫生院房屋破旧，设备简陋，技术水平低，传染病发病率呈上升趋势。为了改变这种状况，运城地委、行署根据1991年全省农村卫生工作会议精神，在全区范围内开展了一个群众集资，干部职工捐款助医活动。半年时间，全区共集资捐款2 466万元，全部用于农村卫生建设。①在整顿建设村卫生所中，由乡镇政府制定集资方案，在自愿的前提下，农民每人每年交3元保健费，通过合作医疗保健制度，农民看病免除医疗费和部分药品费，在乡镇卫生院就医，免除住院费或其他诊疗费。这样，全区建所集资达574万元，用来扩建卫生所改进设备、补充药品、增加乡村医生报酬。全区集体办村卫生所由原来的20%上升到95%；乡村医生由原来的8 000名增加到1.1万名，村卫生所房屋由3.5间增至4.5间，每所流动资金由3 200元增至4 500元，全区甲级卫生所合格率为45%。②乡镇卫生院建设主要靠县、乡干部和卫生系统的广大职工捐款集资。全区共集资683万元，使120个乡镇卫生院的房屋得到翻修或新建，150个卫生院的设备得到不同程度的更新与充实。③发动群众，治理农村环境。全区共投资1 209万元，投工237万个，硬化巷道2 890条，总长度为645公里，清理“三堆”（柴草、粪便、垃极）65万车，路旁植树55万株。

（李振川）

## 内蒙古自治区

**基本情况**　1991年全区卫生机构共5 172个，其中医院1 927所、疗养院（所）12个、门诊部2 716个、专科防治所（站）66个、卫生防疫站155个、妇幼保健所（站）122个、药品检验所（室）46个、医学科学研究机构10个、高等医学院校3所、中等医药学校17所、其它卫生事业机构98个。全区专业卫生人员123 935人，其中卫生技术人员97 984人；床位62 929张，其中医院病床59 268张；每千人口拥有病床2.90张，拥有卫生技术人员4.50人、医生2.13人。全区有13 949个行政村设有医疗点，占行政村总数的96%；有乡村医生12 480人，卫生员8 890人。

**治理整顿与卫生改革**　1991年初，卫生厅成立了全区卫生系统纠正行业不正之风领导小组和办事机构；下发了《关于进一步搞好纠正行业不正之风的意见》。

整顿医药市场。对药品生产企业和药品经营、批发企业进行了“许可证”的全面年检复验，并对区内生产的1990年药典和中成药部颁标准品种进行了复验和注册；继续扩大城乡药品监督覆盖面，查处伪劣药品计90万元。

完善医疗卫生服务收费管理工作。全区从各级医疗单位申报的1 200余项新增项目中审定其中212项为全区新增医疗收费项目，并制定了相应收费标准；同时对原标准中部分不合理项目和不明确的规定进行了调整、修改，颁发了《内蒙古自治区新增医疗收费标准及补充规定》。

深化卫生改革。重点针对已出台的改革方案完善配套措施。全区开始医院分级管理的试点工作，成立了自治区、盟市两级医院分级管理评审委员会，颁发了《内蒙古自治区医院分级管理实施细则》和《内蒙古自治区一、二、三级医院评分标准》，确定了77个试点单位。

**农牧区卫生工作**　突出抓了三方面的工作：①集中力量进行乡（镇、苏木）卫生院建设。自治区卫生厅与财政厅联合下发了1991～1995年《自治区乡（镇、苏木）卫生院建设项目管理实施方案》。1991年共装备建设乡（镇、苏木）卫生院263所，完成匹配投资1 522.79万元，其中自治区投资594.88万元、盟市（含旗县、乡镇投资及单位自筹资金）投资927.9万元。上述投资用于购置设备的占40%，基建维修占40%，人才培养占20%。②开展初级卫生保健。全区重点抓了14个试点旗县的有关工作，并进行考评，其中科左中旗基本达标，通辽市、临河市、翁牛特旗、阿荣旗、科右前旗、喀喇沁旗接近基本达标。非试点地区此项工作也逐步展开，各地成立了有关领导机构和工作班子。③加强基层卫生技术和管理人才培养。1991年卫生厅举办了全区防保人员函授班，在各盟市建立了教学辅导站，招生1 500多人；举办4期乡（镇、苏木）卫生院院长学习班，培训90人；组织进行全区乡村医生技术职务任职考试，受试者9 048人。

**卫生防病工作**　1991年，全区共发生20种法定报告传染病，总报告发病率为207.21/10万。计划免疫实现了以县为单位达到85%的目标。“四苗”全程接种率为97.88%，其中卡介苗为99.58%、小儿麻痹糖丸为98.84%、百白破为98.52%、麻疹为98.89%。全区食品从业人员健康体检率为99.4%，食品生产经营单位卫生许可证发放率为99.9%（不含流动摊贩，下同），食品卫生监督覆盖率为100%，销毁有毒有害食品242568公斤。建立了全区尘肺病人及$O^+$者数据库。

妇幼保健。下发了自治区《农村牧区儿童系统保健管理实施方案》和《农村牧区孕产妇系统保健管理办法》；完成妇女病普查普治60余万人次，儿童健康检查40万人次，小儿“四病”防治30万人次；全区孕产妇死亡率控制在7.12/万，婴儿死亡率控制在40‰以内。

地方病防治。突出强化鼠疫疫情监测、指导防治和疫情处理工作，区内新设了固定和流动监测点，监测面积共约3万平方公里。普遍落实了克山病、大骨节病区以补硒为主的综合防治措施，在18个病区旗县中90%的地区普及了硒盐，克山病区有8个旗县达到控制标准，占病区旗县的50%。

爱国卫生工作。配合自治区那达慕运动会，大搞城乡卫生活动，各地参加义务劳动294万余人次，改善了城乡卫生面貌。"阿吉奈"奖甲级组城镇总评工作，受检的21个城镇都保持了甲级组卫生城镇的水平。全区健康教育城镇中小学开课学生达到112万人，开课率为25%。伊金霍洛旗和达拉特旗实施的农村廉价供水及环境卫生项目提前完成，共打井125眼，装泵100台，受益人口16 700人，受益牲畜56 300头（只），建成简易厕所78个。

**医学科研** 1991年，全区有11项医学科研成果获得1991年度自治区科技进步奖，其中一等奖1项、二等奖1项、三等奖9项。

（乔建东）

## 内蒙古实施卫生院建设项目管理

内蒙古自治区决定从1991～1995年对全区乡、镇、苏木卫生院进行匹配投资建设，并对整个建设工作实行项目管理。主要内容和作法是：

1.*组织领导* 自治区成立项目管理领导小组，各盟市、旗县也组成领导小组，确定专管人员，负责当地卫生院建设的项目管理工作。

2.*投资对象* 为1990年底以前在农牧区正式设立的全民所有制和集体所有制乡、镇、苏木卫生院。各盟市必须在自治区年度投资计划下达前，对本地当年建设的卫生院进行全面整顿，经旗县卫生主管部门考核验收达到要求后，方予以投资建设。

3.*建设标准* 通过匹配投资建设使卫生院具备向农牧区基层提供最基本的医疗、预防、保健、康复服务的工作条件。做到人员、房屋、设备和管理四配套。卫生院总的建设原则：①配套建设、人员培训、设备增添与房屋修建同步进行；②因地制宜，规模力求小而精；③根据不同地区经济和社会状况分类建设，确定各级匹配比例，对边、牧、山、老区予以倾斜照顾。

4.*投资办法* 乡、镇、苏木卫生院建设原则上实行自治区、盟市、旗县和乡镇苏木财政四级匹配投资，每所卫生院平均投资5.5万元，全区五年共投资7 500万元，自治区每年投资600～900万元。自治区和盟市年度的总体投资匹配比例及具体匹配比例一年一定。盟市和旗县、旗县和乡镇苏木的匹配比例由盟市和旗县依据各地情况自行确定。每年度由自治区项目管理领导小组给盟市下达预拨指标，盟市结合预拨指标和当地配套经费作出具体建设计划，报自治区项目领导小组审定，然后自治区与盟市签订合同，下达经费。

5.*时间和进度要求* 卫生院匹配投资建设计划在五年内完成，具体实施分年度进行。以年度计算，每年投资建设的单位和经费达到五年建设和投资总额的20%。每所卫生院除人才培养外，其它各项工作都在当年内完成。项目管理领导小组每完成1批卫生院的建设即进行一次检查验收，并根据验收结果进行评比奖惩。

通过项目管理，到1991年底，全区各盟市共实现投资1 522.79万元，装备建设卫生院263个，超额完成年度投资建设计划。

（乔建东）

## 辽 宁 省

**基本情况** 1991年末，全省卫生机构总数为7 736个，床位总数为200 752张，其中医院床位176 365张，卫生人员总数为304 073人，其中卫生技术人员228 326人，平均每千人口拥有医院床位4.46张、医师1.70人；全省从事预防保健人员为17 600余人，约占卫生系统总人数的5.8%。1991年全省医院床位增长速度已由过去的3%～8%降到1.1%，整个卫生事业进入了平稳增长、适度发展的轨道。1991年全省卫生事业经费为4.736亿元，比1990年增长了10%。

**治理整顿和深化改革** 全省卫生部门贯彻《辽宁省医疗机构管理条例》，治理整顿医疗秩序，开展全行业管理。各级医疗卫生单位参加辽宁省委组织的16个系统规范化服务“窗口”竞赛，纠正行业不正之风，建立健全内部制约和社会监督机制，强化了思想政治工作和职业道德建设。据对省内65所医院调查，患者对医院的满意率提高到96.5%，社会对医院的满意率提高到94.3%。在农村开展了对村卫生所(室)的整顿，符合要求的村级卫生机构达到60%。对药品生产流通环节依法进行治理，共查处假劣药品案件186起，罚没金额20多万元，城乡游医药贩减少。

全省共对750多个手术、理疗、输血等收费项目标准适当上调。在公费医疗管理和改革中，医疗费用与享受个人适当挂钩的普及面达到80%，全省公费医疗经费支出实现了年初制订的指标。全省进一步推广计划免疫保偿合同制和母婴卫生保健保偿合同制，开展此项试点的县区达到61个。

**农村卫生建设** 辽宁省政府下发了《关于加强农村卫生工作的通知》，设立了每年650万元的农村卫生专项经费，并在全省开始了农村基层卫生工作建设达标活动。在经费上采取了以奖代拨、奖优补贫的办法，全年全省共投资近4 000万元，其中房屋改造投资2 230万元，改造了139所乡镇卫生院，占全部乡镇卫生院的13%，改造房屋面积58 773平方米，占应改造面积的23%。全省开始实施以培训在职人员为主的“八五”期间农村卫生人才培养规划。农村初级卫生保健工作按照省卫生厅“同时起步、分期达标”的要求，在全省74个农业县区普遍展开，本省确定的“八五”期内达标的38个县区相继成立了初级卫生保健领导和办事机构，基本形成了省、市、县、乡、村5级领导体系，对各市、县政府领导和计划、财政、卫生部门的负责人进行了初级卫生保健培训。

**卫生工作** 全省法定传染病的总发病率继续呈下降趋势，在部分地区遭受水灾的情况下，未发生主要传染病的暴发与流行，全年共发生甲、乙类传染病20种，总报告发病例数105307例，比1990年同期下降3.34%，死亡例数比1990年下降71.01%，计划免疫实现了以县为单位儿童计划免疫接种率达85%的奋斗目标，“四苗”覆盖率为99.66%。全省开始实施《辽宁省防止劣生条例》，建立了省、市、县各级优生技术鉴定组织，确定了优生执法监督监测法定单位，婚前体检率城乡分别是71.7%和56.3%。地方病防治贯彻综合治理方针，碘缺乏、氟中毒等7种地方病防治成果得到巩固，通过了国家组织的大骨节病、克山病基本控制达标验收。爱国卫生工作贯彻国务院《关于加强爱国卫生工作的决定》，开展了“爱国卫生月”、“救灾防病爱国卫生突击周”和创建卫生城市等活动。在全国第二届“白鹤杯”卫生影视片评比中，辽宁共获4个一等奖和19个二、三等奖。

开展了中医急症和护理工作，全省有6所县级中医院参加了全国示范中医院创建活动。学术交流日趋活跃，全省卫生系统共获得170项市级以上科技成果，其中有50项获得省科技进步奖，5项获部级奖。在1991年全国救灾防病工作中，全省卫生部门捐款捐物、开展义诊活动支援灾区，各医疗单位救灾义诊活动共募集资金50余万元，向安徽灾区派出三批医疗防疫队，共向安徽、河南灾区支援医疗设备、物资价值100多万元。全省有8个单位和26名同志分别获卫生部授予的全国卫生系统先进单位和模范个人称号。有27个单位和30名个人获省卫生厅、人事厅授予的全省卫生系统先进单位和模范个人称号。有37名医学专家获得了国家特殊津贴。

（韩明惠）

## 辽宁省各级医院开展规范化服务活动

辽宁省委社会主义精神文明建设指导委员会1991年组织卫生等16个系统42个行业开展了规范化服务竞赛。辽宁省卫生厅组织了近20万职工。

**一、做法** 省卫生厅制定了竞赛标准，抓了以下几个环节：

抓"三基三严"（基本知识、基础理论、基本技能、严格的要求、严格的方法、严谨的态度）。组织医院开展规范性示范查房、进行病例质量评估活动。在全省掀起全方位、高标准的岗位培训、技术练兵。

抓规范、规章、制度的建设。省卫生厅制定出《辽宁省病历、处方书写规范》、《辽宁省医疗护理诊疗技术操作规程》、《护理工作质量管理标准》，对现有的各种规章，制度和技术操作标准进行修订与完善。

抓质量控制。建立质量管理体系，院有质量管理委员会；建立以医务科、护理部为主的质量考核体系；抓环节质量的提高，形成每周科自检，半月院小查，一月院大检的质量控制制度，对不合格病志、处方公开展览，并在管理方面与个人进修、出国、奖金等挂钩。

抓医德规范建设，解决群众反映的"难点"问题。将医德医风建设编入《辽宁省卫生系统（医疗）规范服务"窗口"竞赛评比标准》中，建立健全院、科、个人3级医德评价体系，做到每半年对职工医德行为按高尚、良好、一般、缺陷4级进行评价，建立健全医院工作人员医德档案。

建立公开监督制度，聘请社会各界人士参加社会监督队伍，设立举报电话，举报箱和院长接待日制度，向门诊及住院患者发放征求意见卡，将《主要常用药品价格》、《常用治疗、处置收费标准》公开上墙；建立惩戒制度；建立自我约束、自我监督机制；开展便民利民服务。

**二、效果**

1. 加强了医院管理，提高了医疗护理质量。

2. 各级医院发生了变化，社会效果良好。据对65所医院的调查，患者对医院的满意率，社会对医院满意率分别为96.5％和94.3％。参赛医院中有75％的门诊量均提高5.84％，58％的床位利用率平均提高8.4％，84％的业务收入平均提高10.6％，38％的人均住院费用平均降低20.9％，36％的门诊费用平均降低11.8％。

（韩明惠）

## 以奖代拨加强初级卫生保健工作

1991年，辽宁省政府实行了"以奖代拨"、"奖优补贫"的做法。拿出100万元用于扶持贫困地区农村卫生事业，将150万元用于以奖代拨，鼓励农村卫生工作特别实施初级卫生保健工作开展好的地方。

省卫生厅会同财政等有关部门下达文件，将领导重视程度、乡镇卫生院危房改造情况、农村卫生工作完成情况分解为100余项具体指标，作为达标评比内容，颁发了乡镇卫生院、中心卫生院建设和工作基本标准(包括乡镇卫生院器械装备标准、业务用房基本标准、应完成的业务工作指标等)。在市县自查基础上，由省统一验收，以县为单位达标受奖。同时，凡达标受奖县及所在市也要相应安排配套资金，由上一级卫生财政部门监督实施。

全省74个农业县区经市验收有28个县区达到规定标准，兑现了以奖代拨经费。效果如下：

1. 强化了各级政府的卫生意识，提高了管理水平，使农村卫生工作切实纳入政府工作日程。

2. 实现了多渠道投入建设农村卫生事业。全省共投资近4 000万元，其中2 230万元用于房屋改造投资，改造139所乡镇卫生院，占全部乡镇卫生院的13%，改造危房面积58 773米，占应改造面积23%。

3. 全面推动了农村卫生工作。14个省辖市和“八五”期间实现初级卫生保健基本要求的38个县(区)均成立了初级卫生保健领导和办事机构，基本形成了省、市、县、乡、村5级领导体系。在参加以奖代拨评比达标活动的县区，集体办医的比例恢复到80%以上，其中50%的村卫生组织做到了房屋、设备、人员、管理“四配套”。初级卫生保健的各项指标，如安全饮用水、“四苗”接种率、儿童和孕产妇保健系统管理率等，均有明显变化。

(韩明惠)

## 吉林省

**基本情况** 到1991年末，全省人口总数为2 459.97万人；全省卫生事业费为25 644万元，比1990年增加6.05%；共有卫生机构4 369所，比1990年减少38所；全省医院床位83 826张，比1990年增加585张，增长0.7%，平均每千人口占有病床3.41张；全省卫生队伍人员总数为163 178人，比1990年增加5 486人，增长3.48%，其中卫生技术人员124 309人，占卫生队伍总数76.18%，平均每千人口占有卫生技术人员5.05人；全省有10 277个村，有9 804个村建了卫生所或医疗点，比1990年增加129所，增长1.33%，建所率为92.74%；乡村医生总数为21 444人，比1990年增加348人，增长1.65%；全省有私人开业人员2 934人。

**行业作风** 1991年初，省卫生厅制定了行业作风8条标准和考评细则。4月14～17日在四平市中心医院召开了全省医院系统全程优质服务现场会；9月4～6日在辽源市召开了行业作风建设常态运行研讨会，在全省卫生系统开展了“白求恩杯”竞赛和“党员形象大讨论”活动。主要做法：①把解决认识问题贯穿于加强行风建设的全过程；②抓班子作风建设，带行业作风转变；③坚持经常进行职业道德教育，抓党员、带群众，抓党风、促行风；④树立典型，推动面上工作；⑤切实加强制度建设，完善内外监督机制；⑥深入开展行业作风建设的理论探讨，及时总结行业作风建设的规律和特点。经过努力，吉林省卫生行业作风建设取得成效。主要标志是：各级卫生部门领导重视，树立常抓不懈的思想；初步形成了卫生系统加强行风建设的完整体系；卫生队伍的整体素质提高。对全省卫生医疗单位考核结果表明，社会对卫生工作的满意度为90%以上，有83.5%的被调查对象认为卫生行业作风已达到阶段性标准。

**治理整顿** 各级卫生部门治理医疗市场，整顿社会办医、民办医院和个体诊所，取缔不合条件的个体诊所1 254个，个体诊所整顿合格率为98%。整顿食品卫生市场，依法对个体饭店进行整顿，取缔不合卫生标准的个体饭店192家。整顿前个体饭店各项基础设施合格率为12.6%，整顿后提高到

82.5%。全省饭店餐具消毒合格率为82.1%。加强药品市场管理，完成全省202家药品生产企业、110家药品经营企业、225家医院制剂室验收登记、发放《许可证》工作。全省全年共打击游医药贩和查处各类违法案件773起，累计罚没款28万多元。整顿乱办厂，查处了30家非法移地、联办分厂、车间的案件。对全省生产的1 063种药品更换了新的批准文号。

**初级卫生保健** 1991年有58个县（市）成立了初级卫生保健委员会，所属乡镇都成立了相应的组织，制定了具体的实施规划。榆树市等10个县（市）评为初级卫生保健先进县（市）。全省各级政府都把初级卫生保健纳入当地社会发展的总体规划，各市、地、州召开农村卫生工作会议。全省有60%以上的村建立了集体办的卫生所。在8个初级卫生保健试点县的2 186个村卫生所中，集体办所的达90%以上，40%的村卫生所达到甲级村卫生所标准。全省健康教育面达到70%以上，东丰县印发8万册初级卫生保健手册，发放到全县的各家各户，并在全县聘用了7 744名宣传员，开展宣传教育活动。初级卫生保健试点县召开了农村改水、改厕现场会。据统计，试点县已有50%的农村厕所达到卫生厕所标准。统计试点县890户居民家庭饮用自来水的占48.1%，饮用手压机井的占43.4%，饮用小口井的为8.5%，消灭了大口井。各地出现了一批初具规模的文明卫生村屯。开展了城市医院支援农村工作，全省有105所县以上医院对口支援123所中心卫生院，提高了乡镇卫生院的技术和管理水平。

**救灾防病工作** 1991年7月，吉林省大部分地区遭受洪涝灾害。各级医疗卫生部门组织医疗救护队和防疫消杀队618个，派出医疗卫生人员2 886人，深入3 739个受灾点，免费为灾民诊治疾病556 800人次，投入药品价值108万元。同时，有549个受灾乡镇卫生院也组织医疗队，派出1 100多名医务人员，免费为灾民开展医疗救护，加强卫生宣传，进行饮水消毒。由于各项预防控制措施的落实，据全省10个重灾县的疫情统计，6～8月份，各种传染病的发病率均比1990年同时期有较大幅度下降。全省卫生系统涌现出65个救灾防病的先进集体和113名先进个人。

**各项业务工作** 1991年全省各种传染病的总发病率为227.76/10万，比1990年下降31.66%，其中：肝炎的发病率比1990年下降35.22%；各种传染病的总死亡率为0.41/10万，比1990年下降31.76%。吉林市成为全国第一个除“四害”全面达标市。全省孕产妇系统管理率为70%，儿童系统管理率为75%以上。妇幼保健保偿责任制的保偿面，以乡镇（街道）为单位达到94%，儿童入保率为70%，孕产妇入保率为60%。全省筹集资金1 680万元，打防病井250眼，有18万人口受益。鼠疫地区全年灭鼠95万只，已连续32年无人间疫情发生。全省有5所中医院被列入国家中医发展的“杏林计划”。医学教育继续实行为农村定向招生制度，医学本科定向招生比例占50%，专科定向招生为100%，中专定向招生占30%。全省有764名卫生管理干部参加“七长”培训班；有6 644人获得4个专业、3个档次的乡村医生任职证书。全年医药科研结转课题62项，按计划完成22项，省卫生厅预审鉴定的科研成果49项；奖励科研成果49项。全省319家县以上医院实行了全面质量管理。蛟河市医院有4项QC成果获国家和省级质量奖。

全省卫生工作实行了全方位目标责任制管理。长春市卫生局、辽源市卫生局、四平市卫生局被评为目标管理先进单位。

（王博识）

## 黑龙江省

**基本情况** 1991年底，全省共有医疗卫生机构8 878个，其中各级各类医院1 675

所，比1990年增加21所，增长1.27%；床位达到124 949张，比1990年增加2 621张，增长2.14%，其中医院床位113 068张，增长2.74%，卫生人员232 614人，比1990年增加5 606人，增长2.47%，其中卫生技术人员178 220人，比1990年增加5 399人，增长3.12%；全年财政拨款3.36亿元，比1990年增长4.27%。地方卫生部门房屋面积353万平方米，比1990年增加2.22%；专业设备总值3.35亿元，比1990年增长23.40%。

**农村卫生** 省政府于1991年5月6日下发了《关于加强农村卫生工作的决定》。省卫生厅制定了9项具体实施细则，65个市县政府结合本地实际，制定了实施方案，实行一系列倾斜政策。全省增加农村卫生专项经费181.8万多元，为151个中心乡（镇）卫生院、262个一般乡（镇）卫生院改善了房屋、设备条件；通过各种形式，分层次培训3295名农村卫生技术人员；1 390名中等专业卫生学校“四定生”（定县、定乡、定专业、定服务8年）毕业回本县、本乡工作，充实壮大了农村卫生队伍；为6 862名乡镇卫生技术人员浮动了工资、解决了114户职工住房、安排了510名待业子女的工作。经过整顿建设，全省农村卫生所覆盖率为95.23%，集体办所率为87.79%，有26.13%的卫生所达到甲级卫生所标准。

**预防保健** 省会哈尔滨市保持了全国“十佳卫生城市”称号。佳木斯、大庆两市达到省级卫生城市标准。对1983年以来创建的省级卫生先进市、区、镇和单位进行了全面复查，合格率分别为100%和99%。农村各种形式改水总普及率为85%，其中自来水总普及率为32%，有640万农村人口吃上自来水。完成了“七五”农村改水任务指标，被全国爱卫会命名为“农村改水达标省”。农村改厕工作中有14个农村改厕试点县卫生厕所普及率均达到30%以上。通过采取综合防治措施，地方病得到有效控制，传染病、妇女儿童疾病继续下降。全省计划免疫接种率为96.83%；实现了以县为单位第二个85%的目标。据统计，急性传染病报告发病率比1990年下降16.47/10万，婴儿死亡率下降0.4‰，孕产妇死亡率下降0.07/万。

**救灾防病** 1991年夏季，龙江发生罕见的洪涝灾害，59个县（市）、76个农场遭灾，饮水、食物和环境严重污染，人民健康受到严重威胁。为预防各种疾病的暴发流行，省政府成立了救灾防病领导小组，制定了《救灾防病预案》，省卫生厅下发了《关于加强救灾防病工作的紧急通知》。全省各级医疗卫生单位共组织858支医疗队，349支防疫队，派出8 037名医疗卫生人员，携带87.4万元的治疗药品和消杀灭药械，深入灾区为群众防病治病，共诊治病人19.8万多人次。全省有310家医院7658名医务人员开展了赈灾义诊活动；诊治病人6.4万多人次，收入13万多元全部捐给了灾区。卫生部门广大职工捐款7万多元，实现了大灾之后无大疫。省卫生厅被省委、省政府评为抗洪救灾先进集体。

**“优质服务年”活动** 1991年初，省卫生厅做出了在全省卫生系统开展以改善服务态度，提高服务质量，纠正行业不正之风为重点内容的“优质服务年”竞赛活动的决定，并制定下发了竞赛方案。竞赛中，全省各级医院共增加服务项目2 700余项、便民利民措施1 370余项，医疗护理质量和群众对医护人员的满意率明显提高，经抽检32所医院，病案合格率、处方合格率平均达到95%以上。据对全省14个地市和省直36所医院的3 517名门诊和出院病人问卷调查，对医疗质量信任和比较信任的为3 304人，信任率为93.9%；对医生服务态度满意和比较满意的为3 165人，满意率为89.9%；对护士服务态度满意和比较满意的为2 596人，满意率为82.9%；发现医务人员吃请和接受钱物33例，行业不正之风发生率为0.94%。

（刘振起）

## 上 海 市

**基本情况** 1991年上海市人口1287.20万，人口出生率7.84‰，人口死亡率6.66‰，人口自然增长率1.18‰，人均期望寿命75.79岁。全市共有医疗卫生机构7554个，比1990年减少136个，其中医院463个，医学科研机构17个，高、中等医学院校29所，卫生防疫站33个，妇幼保健所23个，药品检验所20个。全市卫生人员总数159677人，其中卫生技术人员119226人；每千人口医师数为3.45人。全市病床7.01万张，每千人口病床数为4.90张。全年完成诊疗总次数8 372.5万人次，出院总人数93.5万人，县以上医院进行手术的病人19.7万人。

**精神文明建设** 采取了五项新措施：①加强班组政治学习，开展班组达标创优活动；②重新修订《上海市卫生系统文明单位建设实施细则》；③宣传表彰一批先进集体和个人；④把门急诊列入创建文明单位的考评范围，制订了门急诊服务设施、服务设备、服务规范的标准化管理办法；⑤继续纠正行业不正之风，全市组建了22支115人参加的监督员队伍，市、区、县卫生局和医学院校一年查处案件106起。

**治理整顿与深化改革** 在治理整顿方面，进一步加强医疗卫生单位内部的制度建设和规范化管理，对医务人员外出兼职、当顾问，医疗单位购置大型医疗仪器设备等，作出有关规定；继续整顿社会办医、协作病房和个体行医，批准59家社会医疗机构继续开业，允许124所医院继续开设协作病房。在公安、工商、税务部门的支持配合下，联合采取5次行动，取缔了一批游医药贩。在深化卫生改革方面，主要抓了四件事：①协助市红十字会等有关部门共同制定和实施了《上海市中小学生和幼儿园儿童住院医疗保险办法（试行）》，全市近200万中小学生、幼儿园儿童中有93%参加了住院医疗保险。②继续调整收费标准。核定了16家医院新病房大楼的住院费标准，制定了297个新项目收费标准，调整了X光拍片、妇女病普查、婚前检查、病房监护、高压氧舱等收费标准，取消了X光曝光、滤线器等收费项目。③改革预算分配办法。一是提高了对专科医院的工资补助比例和防疫、妇幼保健机构的拨款定额，二是将行政拨款同医院工作实绩挂钩，即年初将预算拨款中的20%作为考核经费，在年终考核结束后再分档下达。④完成实施医院分级管理前的准备工作。制订了《上海市医院分级管理实施细则（试行草案）》等配套文件，成立了上海市医院等级评审委员会及工作委员会，开展了综合性医院等级评审的试点。

**救灾防病** 1991年7月5日青浦县炸坝泄洪之后，市卫生局成立了救灾防病领导小组。重点抓好饮水、饮食卫生和粪便管理。市爱卫会号召广泛开展环境整治和卫生宣传活动，加强农村水粪管理。市卫生防疫部门组建了20支防病小分队，深入灾区开展工作，使缸、井水消毒合格率从40%提高到90%以上。各县的粪缸加盖率和河边粪缸搬迁率都巩固在95%以上。市健康教育所加印了1万份《上海大众卫生报》送到灾民手中，到重点县放映饮水、饮食卫生录像。7.8.9月，全市共出动防疫专业人员上万人次，走访灾区农户7万多家，分发漂粉精40多吨，应急预防接种13万余人次，全市甲、乙类传染病总发病率比1990年同期下降1.15%，其中灾情较重的青浦、金山、松江3县下降了15.62%。

8月22日至10月28日，全市组织了3批、13支、154人参加的疫病防治工作队，随带价值60多万元的药品、器械、物资、车辆，分赴安徽省巢湖地区和颍上县。医疗队在皖期间共诊治病人4.5万人次，开展手术340例，抢救危重病人和疑难杂症660人次，投放消杀药品6 400公斤，清理消毒水井近千口，举办业务培训67次，组织健康宣传教育336次，有20万余人次接受教育。为支援灾区，全市406家医院、8万余名医务人员开展义诊活动，将义诊收入106万元和全系统捐赠的70多万元钱物赠送灾区人民。此外，市红十字会开展赈灾救济工作，接受海内外捐赠钱物价值410多万元；并受中国红十字会委托，接受和转运台湾、香港及国外救灾物资价值2亿多元。

**爱国卫生和预防保健** 1991年全市乙型脑炎发病15例，比1990年下降60.85%；乡、村水厂的出厂水合格率分别达到市规定的95%、90%以上的要求。已有6个县创建为灭鼠先进县，连续13年未发现血吸虫新感染病人、病牛和阳性钉螺。农村粪缸加盖率为98.1%，河边粪缸迁移率为95.7%，开展了家用卫生厕所试点。全市以县为单位的“四苗”覆盖率为98.9%，及时率为85.9%，通过了第二个计划免疫85%的目标审评。制订了《上海市食品卫生举报处理办法》和《上海市火锅食品卫生管理办法》等，共监督检查了10万余户食品生产经营单位，对其中违反《食品卫生法》等法律规章的近3 000户作了行政处罚。全年集体性食物中毒起数比1990年下降37.5%，中毒人数减少56%。艾滋病监测8万余人次，发现艾滋病病毒感染者7例，其中本市户口4例。1991年甲、乙类传染病总发病率为327.38/10万，比1990年下降8.07%。制定和实施了《关于加强上海市健康教育工作的意见》和《上海市医院健康教育工作规范（试行）》；继续扩大“健康教育读本”的试点，全市已有6万多人接受了系统教育。市健康教育所同中国健康教育所，创办了《华东健康教育》、《国外健康教育》等杂志。围绕进一步降低孕产妇和围产儿死亡率的目标，建立了早产儿医疗护理中心；采取了干预措施，使剖腹产率下降。调整了市级专科医院母婴同室的收费标准，帮助虹口、川沙、嘉定等区县妇幼保健院开设母婴同室。1991年孕产妇死亡率为23.42/10万，围产儿死亡率为10.59‰。6月中旬儿童病毒性脑炎发病增加，全市共收治患儿1 729例，无一例死亡。

**农村卫生和初级卫生保健** 制订了《关于进一步加强本市郊县农村卫生工作的通知》，《上海郊县“八五”期间实施卫生保健规划》、《关于加强本市郊县卫生技术人员队伍建设的若干意见》等文件。市政府共完成25个乡卫生院3.5万平方米危旧房改造。成立了上海市初级卫生保健委员会及其办公室和专家咨询组。12月全市召开了农村卫生工作会议。

**医学教育和医学科研** 全市中等专业卫生护士学校已由30所调整为21所，专业化学校由6所增加到13所，共招收学生2 481名，分配中专生2 383人。护士专业实行医院床旁技术操作考试取得初步成效。中专自学考试开考5个专业，参考人数56 900人次，在籍学生3 417人。成人教育重点抓好住院医师培养制度的扩大试点，从原40家医院，22个学科扩大到现在的73家区县中心以上医院、28个专科，接受培训的住院医师由3 750人扩大到6 720人。对已取得中级职称的专业技术人员举办中、青年主治医师进修班。针对全市医学科技优势近年有所削弱的实际情况、采取了5项措施：①通过召开市医学科技工作会议以及组织举办科技节、展览会、科技画廊等活动，增强“科技兴医”的意识；②制订了《鼓励医学科研的几项规定》，采取发放“科技贡献证书”、设立科技成果推广应用基金和留学回国人员启动基金等；③争取医学科研机构事业费增长幅度参照农业研究机构的比例，增设重点项目专项补助，解决防治经费补贴渠道；④建立医学实验动物调剂服务处；⑤加强“上海队”的组建，做好基础工作，参与重大课题投标。全市通过投标取得卫生部项目69项、国家“八五”医学科技攻关项目12项、国家“863”高技术项目 7 项，共获得经费 1 877 万元，向世界卫生组织申请预算外项目 2 项、合作课题 3 项，获得经费 19 万美元。全市获得 1991 年度卫生科技进步奖 107 项，其中国家级 10 项、部级 30 项、市级 40 项、局级 27 项。

**中医工作** 成立了市中医医院分级管理领导小组和试评工作评审委员会，确立龙华、香山、川沙、奉贤县中医医院为试评单位。采取“统一管理、集中上课、分散带教、定期考核”的办法，巩固和发展老中医药专家学术经验继承工作。举办了中药计价、胆石症、乳房病等科技成果推广班和首届全国中医科研方法学习班。曙光、川沙和青浦县中医医院的病房楼、南汇光明中医医院的门诊楼竣工并投入使用，成立了 3 个附设性中医研究所。国家中医药管理局确定了龙华医院、曙光医院、川沙县中医医院为全国示范医院建设单位，曙光医院的中医急诊科、龙华医院的中医肿瘤科、岳阳中医医院的推拿科被列入全国首批 11 个专科治疗中心，嘉定县被列为全国 10 个农村中医工作试点县之一。全市获得 1991 年度全国中医药科技进步奖 11 项，其中一等奖 1 项。

**卫生法制建设** 市卫生局成立了卫生法规处，初步建立了规范性文件备案等工作制度，汇编了《卫生专业法必读》，开展了卫生执法人员培训、卫生立法预测、《行政诉讼法》实施情况检查等工作。10 月召开了首次市卫生法制工作会议，11 月市卫生局成立了行政复议委员会，目前已有 10 个区、县卫生局成立了相应机构，部分区、县卫生局落实了专、兼职卫生法制干部。

**总务与基建工作** 编写了总务管理干部系列专业培训教材和水电、制冷、锅炉、厨师、驾驶修理 5 个通用技术工种的教学计划、教学大纲和应知应会考核标准，开办 7 个技工专业培训班；建立了卫生系统能源季度报表制度；成立了市卫生系统后勤管理协会。卫生系统第三产业继续得到发展，现有企业 255 个，年产值 2.2 亿元，税前利润 2 656 万元，上交税收 1 000 万元。列入市年度计划的基建项目 24 个，年内竣工的有市六医院迁建工程、瑞金医院综合楼等 11 个项目，完成总投资 9 771 万元。

**对外交流与合作** 全年接待外宾 95 批 807 人次，出国及赴港进修学习、培训、考察、访问、参加国际会议等共 117 批 178 人次；举办了中日内科疾病、呼吸系统疾病中医研讨会、上海疼痛治疗学术报告会等 3 个国际性学术活动。上海市医疗卫生国际交流中心继续聘请了部分外国友人担任名誉顾问，并接受了赠款。组派了 53 名医务人员赴摩洛哥医疗队，发送援外物资计人民币 1 115 万元。

（张　钢）

## 上海市试行家庭储血互助办法

家庭储血互助办法是指适龄、健康的公民在履行献血义务时无偿献血，不领取献血营养费（国家规定献 200 毫升血补贴 60 元），而领取献血办公室发给的“储血证”。自储血之日起的五年内，储血本人和其家庭中不享受公费、劳保医疗待遇的父母、配偶、子女因伤病需要用血，可享受相当于一次储血量的 5 倍的免费用血；特殊困难的用血大户，经本人申请和有关部门审批，超过 5 倍的部分，可以给予适当报销。五年内未用血的储血家庭，五年后如需用血仍可报销与储血量等量的用血费。计划外生育、非法人流、非指征用血、违法致伤者，只享受储血量等量的免费还血。公民参加家庭储血后未领取的献血补贴费作为储血经费，按照金山县的做法，储血经费实行分级包干管理，其中 40 元由乡（镇）医疗保健基金会或合作医疗乡管理站管理，用作本乡（镇）家庭储血户的用血经费；20 元由县献血办公室管理，其中 10 元为县的家庭储血备用金，用于支援用血报销有困难的乡（镇）和其它特殊需要，另外10元用于家庭储血证书、证章、奖杯（牌）等支出。

试行家庭储血互助办法以后，全市农民的"储血保险"意识和互助观念得到加强，组织公民献血的难度得到降低，冒名顶替献血、领取高额补贴等不正之风得到抑制，同时也促进了全市无偿献血的发展。全市1991年度有近5万名公民参加无偿献血。

（张　钢　潘智伟）

## 上海市职工医疗制度现状与对策研究报告

1990年9月，市科委批准设立"上海市职工医疗制度现状与对策研究"课题。课题研究分为：总课题及职工医疗需求与利用；职工医疗费用水平与结构；公费医疗、劳保医疗、地区集体医疗制度管理与改革；国外医疗保健制度比较研究六个分课题。1991年7月17日通过了市科委组织的专家评审和鉴定。

《上海市职工医疗制度现状与对策研究报告》共分五个部分。第一部分为基本情况，通过数据，反映了上海市职工医疗制度的概况；享受公费医疗、劳保医疗待遇职工的结构；医疗需求与利用；医疗费用水平与结构。第二部分为现行公费医疗、劳保医疗存在的主要问题和原因分析。第三部分为职工医疗制度改革与思考，归纳了目前上海市劳保医疗制度改革中医疗费定额统筹、工厂与医院共同管理医疗经费、部分医疗费个人定额包干和公费医疗制度改革中医疗经费与个人、单位、医院挂钩的基本改革办法，并分析了改革的成效和问题。第四部分为职工医疗制度改革设想，提出了保障职工基本医疗需求；医疗费用由国家、集体、个人合理分担；强化管理、克服浪费、有效的利用卫生资源；综合治理和配套改革的改革指导思想与原则。改革的目标是：逐步建立起符合我国国情，与多种经济形式、多种分配制度以及有计划商品经济相适应的，费用由国家、集体、个人三者合理分担，社会化及多层次、多形式的职工医疗保障体系。改革总体上拟分为三个阶段。第一阶段，健全职工医疗管理组织，强化管理，减少浪费，控制医疗费用增长过猛的势头，同时完善现行公费医疗、劳保医疗的改革措施。第二阶段，提高职工医疗制度的社会化管理程度，实行全部或部分职工医疗费的社会统筹，并提出三项社会统筹方案。第三阶段，引进保险机制，建立具有中国特色的职工医疗保障制度。也提出了三项基本方案。此外，课题报告对每个阶段的配套改革措施都作了相应的研究。第五部分为职工医疗制度改革的可行性研究。从政策依据，国家、单位和个人的态度与要求，经济效益和利益得失，职工心理和经济承受能力，管理机构和管理人员，医院经济补偿机制等方面，对职工医疗制度改革的可行性作了初步的分析。

（龚忆莼）

## 上海市实行《中小学生及幼儿园儿童住院医疗保险办法（试行）》

由上海市卫生局、上海市红十字会、上海市教育局、中国人民保险公司上海分公司等单位在1990年7月至1991年10月通过对全市青少年儿童健康状况、发病情况、医疗费用及承受能力的调查和统计分析，制订了《上海市中小学生和幼儿园儿童住院医疗保险办法（试行）》（以下简称《办法》），并于1991年10月29日正式发布实施。该办法采用住院医疗保险形式，解决中小学生和幼儿园儿童因病住院其家庭难以承受的高额医疗费用问题。通过医疗保险办法，取得稳定的基金，不增加国家支出和企业负担。“办法”规定每年家长支付6元保险费，被保人生病后只要住院即可享受保险责任，其医疗费用在享受半费劳保、公费医疗或其它合作医疗待遇后的其余部分按6级累进比例计算给付保险金，即1级为1 000元（含1 000元）以下的部分，给付比例为55%；2级为1 000元以上至4 000元的部分，给付比例为60%；……6级为30000元以上的部分，给付比例为95%。

为切实提供医疗费用的社会保障，“办法”中除了要求医疗单位严格掌握住院医疗指征，做到合理检查，合理治疗外，并规定聘请有关专家组成住院医疗保险鉴定机构，对不合理检查和治疗的情况进行鉴定，并对其所发生的费用责任作了相应规定。

为了充分利用现有卫生资源，又方便患病学生、儿童就近就医，“办法”规定“实行按区（县）医疗”原则。市卫生局对接受住院医疗保险办法的各级各类医疗单位及血液病、恶性肿瘤、重度烧伤、先天性心脏病手术、血液透析、肾移植等专科治疗单位都作了明确规定。

（史　峄）

## 上海市试行技术工人等级培训和工资性补贴

上海市卫生局从1988年起，对本系统的技术工人实施等级培训，到1991年底，已有1 100多名技术工人经考核领取了相应的技术等级证书，占本系统技术工人总数的25%。与此同时，在部分市、区、县医疗卫生单位中开展了技术等级工资性补贴试点工作，具体做法是：

1. 编写适合卫生系统特点的技术工种等级标准，培训计划和教育大纲。上海市卫生局目前已完成了本系统技术工人的五个工种（水电工、司炉工、厨师、汽车驾驶与修理、制冷工）近50万字的考核标准、培训计划和教育大纲。

对人数较少的技术工种，分期分批输送到有关局主办的考核站进行培训。

2. 建立培训基地和考核组织。成立了上海市卫生系统技术工人培训考核站和相应的培训基地。考核站的职能是：制定培训规划；具体实施技术工人的培训、进行考核和发证工作；负责工人技师的评审工作；负责培训、考核教育文件的编写、修订工作。

3. 实施技术工人等级工资性补贴办法试点

（1）制订“实施方案”和“工作实绩考核办法”。在技术工作岗位上取得技术等级证书的工人，经组织考核后聘用，可享受相应的工资性补贴，其标准分别是“四级工（6元）、五级工（10元）、六级工（14元）、七级工（18元）、八级工（22元）。经考核，不能发挥原有技术等级水平的，可降低工资性补贴标准，直至取消补贴。“实施办法”主要体现政策和原则，“工作实绩考核办法”主要体现以工作实绩考核为主的若干规定。

（2）建立考核评审组织。各单位必须建立考核领导小组。

（3）建立评审程序。评审程序为：个人小结、班组评议、科室考评、院部评审。规定对四、五级工的评审，要有1/2评审小组成员同意方能通过，对六级工（含六级工）以上的评审，要有2/3评审小组成员同意方能通过。

（4）聘用与平时考核。对评审合格的技工，一律实行聘任制，由单位发给聘书。对本单位的技工每月或每季度考核，每年年终全面考核一次。具体方法是：各部门用表格的形式由科室考核人员定期逐项填写受聘技术工人的工作实绩，经部门领导审阅，每月

（季）底报单位人事部门审核备案，作为该人员年终考评的主要依据。

（黄钦才　刘建平）

## 江　苏　省

**基本情况**　1991年末，全省总人口6 843.7万人，人口出生率为17.05‰，死亡率为6.50‰，自然增长率为10.55‰。全省有各类卫生机构12 377个，比1990年增加11个，其中，县及县以上医院477个，乡镇卫生院1 981个，疗养院、所36个，门诊部、所9 187个，专科防治所、站112个，卫生防疫站137个，妇幼保健院、所、站114个，药品检验所74个，医学科研机构14个，高等医学院校9所，中等医药学校18所，其他卫生事业机构218个。全省拥有病床16.77万张，其中医院病床14.85万张，比1990年增加0.32万张。卫生队伍发展到28.63万人，其中专业卫生技术人员22.22万人，比1990年增长4.1%，其中医生10.2万人，增长2.6%，护师、护士5.61万人，增长5.1%。专业防疫人员10 896人，比1990年增长2.8%。

**救灾防病**　1991年夏季，江苏省遭受特大洪涝灾害，省卫生厅发出加强救灾防病工作的紧急通知，省和有关市、县成立了救灾防病办公室，实行24小时值班，组织制定了防病预案。全省组派2 500多支疫病防治工作队，分赴重灾区，开展巡诊、消杀和卫生宣传，义务诊治病人3万人次。省、市、县卫生行政部门组成工作组，深入灾区指导并协助搞好灾后疫病防治工作。省接收境内外捐赠的治疗药品715种24 893件、消杀药品600吨，接收救灾款4 235、8万元。全省1991年1～10月份累计发生法定报告传染病234 043例，比1990年同期下降2.44%，9个重灾市6～10月份有关的几种主要传染病总发病与1990年同期持平，分别与近10年最高发病年份同期比，伤寒下降67.24%，痢疾下降47.35%，肝炎下降9.23%，乙型脑炎下降86.73%，钩端螺旋体病下降92.39%，疟疾下降98.96%。在遭受洪涝灾害的情况下，全省51个疫区市县组织了59万查螺人员，投工238万个，查出有螺县（区）40个，面积8 000万平方米，完成灭螺面积3 565万平方米，完成查病95万人，并及时给予了治疗。省爱卫会对江阴、苏州、无锡、扬州、徐州等10个城市进行卫生城复查，仍保持较好水平。为实现消灭脊髓灰质炎的战略目标，在全省进行了0～4岁儿童的第二次突击服苗活动，服苗的适龄儿童人数为334万名，服苗率为97.32%。开展了计划免疫第二个85%目标的审评工作，实现了以县为单位"四苗"接种率85%以上的目标。对全省卫生系统计划生育技术服务工作进行检查，完成各项节育手术290万人次，孕产妇系统管理率苏南为60%，苏北为40%，儿童系统管理率苏南为60%，苏北为30%，完成了大丰、淮阴、滨海、阜宁、响水妇幼卫生项目县的评审工作。

**农村卫生**　省卫生厅在东海县、靖江县分别召开了苏北片和苏中片农村基层卫生工作现场会。对铜山、金湖、大丰、东海、江宁、靖江6个初级卫生保健试点县进行中期评估。农村改水增拨经费50万元，全年完成新增206万受益人口的改水任务，开展了水厂消毒和修复工作。农村改厕成立了卫生、农林、环保、城建等部门参加的技术指导组，对30万农户进行了厕所粪便管理现状调查，在近20万农家进行了改厕试点，并进行了试点评价和总结推广。落实省政府确定的解决100个乡（镇）卫生院危房改造任务，对全省现有乡镇卫生院危房组织了调查，会同财政部门制定了修建危房的计划。淮阴市委、市政府决定对乡镇卫生院建设实行民办公助，按每个农民每年集资2元，连续三年，实现一无四有（无危房、有门诊、病房、食堂、围墙）的目标，全市已筹集经费 1 052.55 万元。洪泽县三年集资，一年完成，13 个乡镇卫生院有 9 个改变了面貌。南通市在所辖 6 县推行一无两有（乡镇卫生院无危房，村有集体办的卫生室和合作医疗保健制度）。1991 年全市筹集资金 2 312 万元，96 个乡卫生院的危房得到改建。针对洪涝灾害给乡镇卫生院房屋造成的严重损失，从捐款中划拨 700 万元，帮助乡镇卫生院修复重建。截止 1991 年底，全省已有 400 多个新建扩建乡镇卫生院开工，计 4 万平方米，200 多个竣工，计 2 万平方米。同时，各地加强了村级卫生组织的整顿建设，集体办医、合作医疗有所扩大，甲级卫生室有较大幅度的增加，三级医疗保健网的网底建设进一步加强。全省集体办村卫生室占行政村总数的 60%，苏州市合作医疗的覆盖率超过 85%。在卫生支农、对口支援工作中已有 100 万元的设备支援到农村，技术支援已普遍进行。

**医学教育和科研** 中等卫生学校全年完成招生 4 971 人，其中面向农村定向招生 1 390人。会同省教育委员会对 6 所省属卫生学校进行了以办学条件为主要内容的合格评估工作，其中 4 所合格，2 所基本合格。在职教育落实卫生职工中等专业招生 985 人，组织制定了全省统一的乡村保健医生培训教材大纲。医学科技工作，贯彻科技兴省的战略，3 月份召开了全省医学科技工作会议。省卫生厅下发了《关于加强科技工作的意见》。1991 年获卫生部科技进步奖 5 项（其中，苏州医学院的“心律失常临床电生理研究”、省寄防所的“基本消灭和消灭血吸虫病地区监测方案的研究”获二等奖，“临床伽玛内烁图像分析软件系统”等 3 项获三等奖），获省政府科技进步奖 30 项，获省卫生厅科技进步奖 33 项。组织推广了免疫缺陷动物应用技术、持续性动静脉血液透析滤过技术等 10 项科技成果。苏州医学院附一院“血栓与止血”、省人民医院“心肌病研究”、徐州医学院“钙调蛋白与细胞调控”、南京市儿童医院“婴幼儿先天性心脏病诊断与治疗”等 4 个定向科研基地全部通过了专家验收。

**药政管理** 查处制售假劣药品案 136 起，行政处罚金额 100 万元。组织 14 600 人开展基层药品质量检查，共查 34 000 个单位，查出假劣药品及不符合规定的中西药品 28 700 种次，金额 44. 4 万元。总结推广了乡（镇）卫生院为村卫生室统一代购药品，加强农村基层药品管理的经验。依法治理整顿医药市场秩序，换发药品生产企业许可证 285 份，药品经营企业许可证 2 336 份，医院制剂许可证 537 份，放射性药品使用许可证 20 份。各级药品检验所完成各类检品 50 368 件，合格率 92.8%。全年评审新药 31 个，审批药品 315 个。

**对外合作与交流** 1991 年接待日本、美国等国家和地区的来宾 23 批、92 人次。参加各种国际学术会议 10 批、13 人次。江苏卫生代表团访问考察澳大利亚卫生事业管理，江苏省中药剂型考察团访问日本。南京市鼓楼医院同澳大利亚维州皇家墨尔本医院，省太湖干部疗养院与澳大利亚格雷斯麦克凯勒康复中心建立友好关系，完成了援桑给巴尔医疗队第 13 队、14 队的轮换工作。

**中医工作** 加强农村中医工作和中医急诊工作。在总结高邮、江阴等市县试点经验的基础上，制定了《江苏省农村中医建设考核标准》、《江苏省中医医院急诊科（室）建设检查标准》，为加强全省中医事业发展宏观管理，将全省 82 所中医医院的建设规划汇编成《江苏省中医机构建设规划集》。为继承老中医药专家学术工作，首批确定了中医药专家 22 名，遴选出 31 名继承人，召开了拜师会，颁发了《江苏省老中医药专家学术经验继承工作实施细则》。

**医德医风建设** 各级医疗单位以治乱治差为重点，加强医院管理，提高医疗服务质量，普遍开展了“满意在医院”、“白求恩杯”、“战高温、创优质服务”等竞赛活动。进一步整顿医疗收费，加强血源管理。在南京、南通、扬州三市10个医院进行了卫生行业作风的抽样调查。通过登门入户1 086份问卷调查，对医护人员的服务态度，对医院医疗质量信任的满意率分别为84%和90%。对全省卫生系统救灾防病先进集体和先进个人进行了表彰，组织了救灾防病先进事迹报告会。省卫生厅救灾防病办公室被中共江苏省委、省人民政府授予救灾防病先进集体，66个单位212名个人分别受到省和卫生部的表彰。

（张华强　褚瑞明　纪国富）

## 抗洪救灾的第二战场

1991年江苏省遭受百年罕见的特大洪涝灾害，全省成灾面积3 200万亩，成灾人口2 500万人，转移安置436万人，直接经济损失233.53亿元。受淹医疗卫生机构1 366个，倒塌房屋5 348间，损坏25 322间，直接经济损失2.01亿元。给灾区饮水、食品和环境造成严重污染，疾病传播因素广泛存在，随时可能出现疫病流行。由于打了一场救灾防病的人民战争，实现了大灾之后没有发生大疫的目标。据疫情报告，全省1991年1～10月份累计发生法定报告传染病234 043例，比1990年同期下降2.44%；9个重灾市6～10月份几种主要传染病总发病与1990年同期持平，分别与近10年最高发病年份同期比，伤寒下降67.24%，痢疾下降47.35%，肝炎下降9.23%，乙型脑炎下降86.73%，钩端螺旋体病下降92.39%，疟疾下降98.96%，血吸虫病虽因洪涝灾害造成钉螺扩散，由于及早预防而未发生大批急性感染病人。

1. 加强对救灾防病工作的领导。洪涝灾害发生初期，卫生厅对全省卫生部门的救灾防病工作作了全面安排。省政府批转了卫生厅有关救灾防病工作的紧急报告。并三次召开全省救灾防病工作电话会议，邀请有关专家对可能出现的疫情进行分析预测，研究对策，制订防治预案。省委、省政府对救灾防病工作多次作了批示，并在6、7月份洪涝灾害期间和8、9月份救灾防病关键时期，到南京、镇江、常州、扬州、淮阴、盐城、苏州、无锡等市的重灾县现场办公，研究救灾防病工作，督促防治措施的落实。省政府成立了救灾防病领导小组，灾区各级政府也都成立了救灾防病领导小组，设立了专门办事机构，对救灾防病工作实行统一领导，统一指挥，统一管理。

2. 开展宣传教育，大造舆论声势。①统一各级领导的思想认识，增强防大疫的紧迫感和责任感。②组织和扩大社会宣传。省爱卫会、省委宣传部制定了防大疫的宣传计划，印发了《关于切实做好洪涝灾害后防病卫生宣传工作的通知》，要求各地发挥电视、广播、报刊等大众传播媒介的作用，集中宣传报道大量卫生防病知识和救灾防病的做法。③运用多种形式把卫生防病知识的宣传做到进村入户到人。全省编印宣传资料100多种、共600余万份，拍摄《汛期防病消毒知识介绍》等防病科教电视片11部，组织2 500多支疫病防治工作队和13万多名医疗防疫人员及基层卫生人员，深入千家万户宣传救灾防病知识。

3. 充分发挥三级医疗预防保健网的作用，做好疾病防治工作。洪涝灾害发生后，广大乡村保健医生和卫生员承担了大量的疫情侦察、卫生宣传、饮水消毒、疫点处理等工作，并为抗洪一线的干部、群众提供医疗保健服务。常州市1 960个村卫生室的2 883名乡村保健医生配合县、乡卫生防疫人员一道，每3个负责1个村，建立责任制，按照健康教育、医疗服务、饮水消毒、粪便管理、消毒杀虫“五到户”的统一要求，开展了灾区的疫病防治工作。金坛县儒林乡杨家村在汛期不久发生伤寒，该村乡村医生及时发现并报告疫情，使上级卫生部门很快地组织 13 名防疫人员进驻该村，对全村 151 户、535 人进行了饮水消毒和预防服药，制止了疫情扩散，没有发生二代病例。

乡镇卫生院是防病治病工作的直接组织和具体实施者，启东市为防止急性肠道传染病流行，依靠乡村两级卫生人员对全市 40 多万农户、近百万农民进行了挨家逐户的查治腹泻病人工作，对查出的近万名腹泻病人全部服药治疗。许多自身受灾的乡镇卫生院建立了临时医疗点收治病人。

县级防疫、医疗等单位一方面发挥业务技术指导作用，为政府和卫生部门出谋划策，一方面加强疫情监测和疫情报告，实行了重点传染病每日一报制度。受灾市县一度大都将乙类传染病当作甲类传染病来管理，把散发疫情作为暴发疫情来处理，做到疫情报告从速，疫点消毒从严，病人隔离从紧，同时还积极组织救灾防病工作队，深入乡、村进行突发疫情的应急处理。市以上医疗、防疫单位除组派医疗队、防疫队深入基层外，还开展赈灾义诊和募捐、对口支援、卫生支农等活动。

几个月来，9 万余名乡、村卫生人员同县以上医疗卫生单位和驻江苏部队派出的 2 500 多个疫病防治工作的 4 万余名医疗防疫专业人员，为灾区群众防病治病达 300 多万人次。

4. 发动群众，开展以环境综合治理为重点的爱国卫生运动。洪涝灾害造成环境水源污染。各级爱卫会动员全社会投入了以环境清理为重点的爱国卫生运动。

灾区各市把救灾防病工作与创建卫生城市和卫生集镇活动结合起来，做到城建、环保、农林、旅游、环卫、工商、卫生等部门配合，普遍开展了 3～5 次卫生突击活动。对上百万进水户的室内外进行了二三次消毒杀虫，对 5 万多座厕所和 9 万多只垃圾箱反复喷药灭蝇，共用消毒杀虫药剂 1 000 多吨。9 月 9 日各地又一次开展了群众性的环境卫生整治活动。据统计和重点抽查，多数城市和集镇 95%以上的居民住房、厕所、垃圾箱、垃圾中转站、下水道、牲畜饲养场等室内外环境得到了清理和消毒。

与此同时，扬州、盐城、常州、徐州等市及出血热高发县（市）组织开展了群众性灭鼠活动，巩固了灭鼠达标成果。盐城筹集灭鼠资金 70 余万元，配制毒饵 60 多吨，培训近 2 万名投药员，对 139 个乡镇、127 万多户上门投放毒饵，使室内平均鼠密度由灭前的 20%下降到 2.5%。

5. 强化饮水消毒和食品卫生管理，防止肠道传染病的暴发流行。搞好饮水消毒，加强食品卫生管理，是防止大灾之后肠道传染病流行的关键措施。洪涝灾害发生后，全省灾区有 3 500 多万人需要进行饮水消毒。各地组织妇女主任、中小学师生、红十字青少年等，进行短期培训，作为饮水消毒员，同乡村保健医生一起，采取“一统四定一本帐”（村卫生室统一配制母液，定人、定时、定户、定缸，组、户一本帐）等做法，落实饮水消毒。扬州市组织培训了 3.5 万多名饮水消毒员，在各县（市）普遍建立了饮水消毒四条专线：县、乡、村行政专线，负责发动；消毒员专线，负责宣传、送药到户、投药进缸；技术指导专线，负责培训和指导；质量检查专线，负责检查监督消毒质量，确保灾区 600 多万群众的饮水消毒饮用率、有效率都在 90%以上。经抽查，全省其他灾区缸水消毒有效率一般达 80%左右，好的达 90%以上。苏州、无锡、常州等地对 6 600 余口被淹水井进行了清洗消毒，对 50 余万口水井推行持续加氯消毒器、简易漂精粉缓释漂浮袋等井水消毒方法。苏州市对市区和城镇水厂、乡村水厂及居民饮用的井水、缸水、自备水、高层水箱二次供水加强全面消毒，增加检测次数，城乡饮水消毒合格率为 95%以上。各级爱卫会对 648 座被淹乡村自来水厂及时清理厂区环境，突击抢修受损机件和重氯消毒被污染的制水设备。

在救灾防病工作中，各地普遍加强了食品卫生管理，指导受灾的食品生产经营单位进行清理、洗刷、消毒。强化了对冷饮、卤制品和农贸市场、街头食品的监督管理，组织开展了食品卫生执法检查，取缔无证经营、恢复和改善食品卫生状况。常州市开展了612次拉网式食品卫生检查，封存处理了1 500多吨、价值500多万元的食品，巡回监督2.5万多户次，对不卫生单位实行黄牌警告，限期改进。南京、镇江、南通、盐城等市城区和各县对违反《食品卫生法》的单位分别进行了处罚，经抽检，主要食品平均合格率为80%以上。盱眙、丹徒、句容等县对群众加强了安全食用霉变小麦的宣传与指导，开展了霉变小麦引起的食物中毒的防治。做好中秋、国庆节日食品卫生管理，开展了食品卫生大检查。中秋、国庆节日期间与1990年同期相比，食物中毒起数下降71.4%，中毒人数减少了63.2%，没有发生食源性疾病的暴发和流行。

6. 广开渠道，确保防大疫的“人、财、物”及时到位，落实到基层。洪涝灾害发生后，各级卫生行政部门和医疗防疫单位，把做好救灾防病工作作为头等大事来抓。通过组派地方、部队、医学院校疫病防治工作队、卫生部门救灾防病工作组等形式和依靠三级医疗卫生网，确保了救灾防病第一线有足够的专业防治力量，在卫生部先后派来三批专家的指导下，依靠自身力量，适应了灾区防病治病的需要。全省共接收救灾款、捐赠款4 685万元，除购买防大疫所需消毒杀虫药品分发灾区使用外，重点用于重灾地区乡镇卫生院危房修复的适当补助。全省共收到境内外捐赠的治疗药品715种、24 893件，消杀药品600吨，省还自购各类消毒杀虫药品1 200多吨，分发到基层，用于饮水消毒、环境消杀、灭鼠灭蚊灭蝇。省红十字会接受境内外捐赠的药品器械3 493件、717.54万元，净水器材和救护车辆等1 263件，775.72万元，及时分发到灾区。还从捐赠款中划出100万元，帮助重灾地区乡镇卫生院补充医疗器材和冷链设施。

（刘洪祺　丁琼　褚瑞明）

## 浙 江 省

**基本情况**　1991年，全省有各级各类医疗卫生机构8 983个，比1990年增加66个；全省拥有床位99282张，比1990年增长2.2%，有专业卫生人员166 705人，其中卫生技术人员135 034人，比1990年增长3.1%。全省43 362个行政村中有村卫生室28 524个；有乡村医生19 999人。

**卫生保健**　1991年全省8个市地及50多个县区成立了初级保健委员会，28个示范试点县区中70%的乡镇建立了相应组织。一年中56个市县，派出农村卫生工作队123批，5 577人次，县及县以上医院共派出医疗队1 013批，4 449名医护人员下农村，诊疗病人263 490人次，手术4 495人次，抢救危重病人1 841人次，开展学术讲座765次，赠送医疗仪器价值183 687元。据10个示范县统计，一年内已有95%以上村建立了村卫生室，有280万的农业人口享受以合作医疗为主的医疗保健。

新增自来水受益人口157万人，全省已有88.16%的农村人口改善了饮用水条件，比1990年增长1.89%。其中59.17%的农民用上清洁卫生的自来水。为适应农村改厕要求，全省已初步建立起一支4 000余人的改厕技术骨干队伍，在乡镇人口集散地建造各类公厕5 600余个，对12万户农民家庭厕所进行了改造；新建家庭卫生厕所的农民为5万户。1991年全省累计发生甲、乙类传染病15.7万例，比1990年同期的16.5万例下降了4.34%，霍乱下降70%，伤寒副伤寒下降18.5%，痢疾下降16.73%。

全省已基本实现消灭麻风病的目标。全年查螺2亿多平方米，查出钉螺面积130万平方米，灭螺达90%以上，反复灭螺面积1 854万多平方米。消灭血吸虫病标准的县市已增加到26个。一年中没有发生急性血吸虫病病人，没有查出新病人（牛）及阳性钉螺。地方性甲状腺肿病达到基本控制的县增加到39个，当年达标的县28个。全省新法接生率为90.5%；住院分娩率89.38%；孕产妇死亡率下降到33.4/10万。

**救灾防病** 1991年夏秋季，杭嘉湖地区遭受特大洪涝灾害。省委、省政府成立了浙江省救灾防病领导小组，省卫生厅和灾区各地派出219个防病小分队，1 073人次深入灾区第一线，进行饮水和环境消毒，加强食品卫生监测，开展卫生防病知识宣传。派救灾医疗队150多支，出动医护人员3 000多人次，诊治灾民30余万人，共向灾区运送、发放消杀药品97吨，印发宣传资料4.5万份，省红十字会收到国内外捐款348万多人民币和部分港币、美元，以及价值数百万元的物资。灾区传染病发病率比1990年同期下降。同时，向安徽灾区派送6支医疗防病工作队。在救灾防病工作中，受到卫生部表彰的先进集体4个，先进个人20名；受到省政府表彰的先进集体6个，先进个人30名。

**治理整顿** 1991年，广泛开展了多种形式的医德医风教育。绍兴市开展了“二学三优”活动；金华市开展向吴凤堂同志学习活动；衢州、舟山等地开展了“满意在我院”、“医疗质量年”活动等。被卫生部表彰的全国卫生系统先进集体9个，模范工作者13名。向卫生人员进行纪律教育和法制教育。宁波市制订下发了《关于严禁医务人员收取红包的规定》和《回扣处理规定》，并建立院外监督制度。省卫生厅会同有关部门，对一批医疗收费项目进行了修改和调整，使医疗收费秩序好转。

加强卫生执法队伍建设。对全省各类卫生监督队伍进行调整、充实、并采取分级培训的办法。各级食品卫生监督机构与电视函授大学一起，对全省42 984名食品生产经营从业人员进行了一级培训。经全省饮料等18类食品卫生质量抽检，合格率为82.8%，比1990年上升1.4个百分点；全省共发生食物中毒90起，中毒人数占全省总人口的4/10万，明显低于1990年的6/10万。对医药市场继续进行治理整顿。完成了换发“药品生产企业许可证”、“药品经营许可证”、“制剂许可证”工作。严厉打击了制售假劣药品活动，开展药品质量大检查，全省检查覆盖面：县以上为90%以上，县以下为70%左右；检查品种次为100万以上，查获假劣药品价值50多万元。

**医学教育与科研** 医学教育以农村卫生工作为中心，为农村培养各类适宜的卫生技术人才。绍兴卫生学校开展了医士专业的初级保健教学实习，并建立了实习基地。这一改革措施已在全省中等卫生学校医士、妇幼医士等三个专业中推行。1991年，对全省8所中等卫生学校开展了办学条件的合格评估工作。继续教学加强了制度化建设，共举办6期由中级职称人员参加的知识更新班，对住院医师实行制度化培训，共培训2 043人。开展乡村医生培训，在校学习的乡村医生为1 300余人。新建省乡村医生培训总校的总体设计初步完成。

1991年全省共安排科研基金项目49项，青年基金项目30项，归国人员启动基金项目4项，政策性资助项目19项，软科学项目4项。参与国家和卫生部“八五”科技攻关招标中标项目10项。全省共获各级科技成果进步奖35项，其中国家“七五”攻关表彰奖6项、卫生部2项、省政府27项。先后推广适宜新技术、新成果12项。

**中医工作** 1991年，浙江省被列为国家级中医分级管理试评工作的省份之一，“杏林计划”开始实施，杭州、金华、宁波、余杭、余姚等5所中医院被列为国家示范中医院建设单位，省中医药研究院被国家列为“八五”重点建设机构。富阳县被列为全国农村中医工作试点县。为继承中医学术经验，成立了老中医专家学术经验继承办公室，召开中医拜师大会，为16位老中医药专家配备了25名继承人。

**对外交流** 1991年向国外派遣半年以上的留学生29批，45人；多种技术培训18批、37人；派出参加国际会议、合作交流人员17批、32人次。一年中有7项中医药科研成果参加了国际传统医药大会展览会。宁波市利用侨乡优势，开展多渠道引进外资工作，香港李惠利先生捐资3 000万港币兴建李惠利医院，住院大楼1.4万平方米。由港胞顾国华先生兄弟捐资兴建宗瑞医院、旅居巴西华人张明为先生捐资兴建的佩珍医院已落成。嘉兴、舟山市及海盐县参加的“中美预防神经管畸形合作项目”；富阳、遂昌县参加的中国与世界卫生组织开展的儿童急性呼吸道感染防治合作项目都已开展工作，卫生Ⅲ贷款项目1991年已进入全国实施阶段。价值1 262万元的第1次招标设备已大部分按装使用。第1批享受世界银行农村改水贷款和增益贷款的11个项目县(市)经过6年努力，已按规定超额完成任务。各项目县（市）共建水厂401座，受益村1 987个，受益人口205万。

（沈家贤）

## 安 徽 省

**基本情况** 1991年，安徽省共有人口57 439 876人，比1990年增长1.47%，拥有各级各类卫生机构7 359个，比1990年增长0.96%。其中卫生系统3 907个，比1990年增长0.31%，工业和其他部门3 452个。卫生系统拥有县及县以上医院227所，区、乡（镇）卫生院（所）3 106所，门诊部、所58个，专科防治所、站64个，卫生防疫站119个，妇幼保健所（站）108个，药品检验所63个，医学科研机构9个。全省有疗养院、所10个，高等医学院校5所，中等医药卫生学校18所，卫生进修学校66所。全省共有卫生技术人员137 868人，每千人口拥有卫生技术人员数2.4，比1990年增长1.60%，其中医师44 823人，每千人口拥有医师数0.78，比1990年增长0.57%。卫生系统共有卫生技术人员99 719人，比1990年增长2.09%。全省共有医院床位98 941张，每千人口拥有床位数1.72，比1990年增长3.25%，其中卫生系统拥有床位82 763张。

**治理整顿** 全省继续加强对各类社会办医、个体行医和联合诊所的管理，进行验证和审查注册工作，清除虚假行医广告，取缔非法行医、整顿医药市场，打击制售假药活动。颁布了《安徽省医疗收费标准》。组织调查行业不正之风的主要表现。

**传染病、地方病防治** 全年共发生乙类传染病15种，发病263 247人，死亡520人，发病数比1990年上升36.49%，死亡数下降16.8%。上升幅度较大的疾病有麻疹、流行性出血热、痢疾、肝炎等，下降的有脊髓灰质炎、百日咳、疟疾等，未发生甲类传染病和恶性疟。1991年对1 485 442人进行疟疾休止期根治，疟疾预防服药12 407 000人次，在8个县30个乡开展DDT室内滞留喷洒灭蚊，喷洒面积为1 888.4万平方米。开展丝虫病调查和省级考核验收，在16个县（市）完成74万人微丝蚴血检和采血任务，有67个县（市）开展了药盐防治，其中42个县（市）达到基本消灭标准。推广应用碘酸钾代替碘化钾加工碘盐，防治地方性甲状腺肿，进行半定量盐碘监测。调查出42个县、市有地方性氟中毒流行，病区自然村2万多个，病区人口2 000多万。在16个地、市和40个县（市）确定了性病防治专（兼）职机构，培训1 729人次专业人员，1991年报告性病1 495例，累计报告7 269例。已在40个县（市）进行麻风病防治自行考核和省级验收，推行麻风联合化疗方法。制订了《安徽省1990年～2000年结核病防治工作规划》。全省儿童计划免疫“四苗”全程接种率为96.23%，如期实现以县为单位儿童计划免疫接种率达到85%的目标。1991年，有7 794 363名4岁以下儿童普服脊髓灰质炎疫苗。全省16个地、市装备了电子计算机，用于冷链运转管理和疫情监测。

全年共查血吸虫病197.5万人，查出病人和治疗对象140 997例，治疗137 781例。发生急性感染995例，比1990年同期下降42.3%。实际灭螺面积6 632万平方米，消灭面积585万平方米。开展水利工程灭螺、建沼气池杀死虫卵、以林代芦改变钉螺孳长环境、改造环境灭螺等示范区规划工作。在6个县（市）12个乡（镇）进行血防教育试点。

**卫生监督监测**　食品卫生监测15 169件，合格率为78.18%，监督137 783户次，没收销毁不符合卫生要求的食品164 684.55公斤。审批39个化妆品、5个净水剂生产厂家。调查近视229 637人，发行500万册《小学健康教育课本》。对1 265名放射工作人员开展个人剂量监测。对1 498名放射工作人员进行健康检查。

**妇幼保健**　全省各地继续推行优生优育系列保健保偿制，完成11个项目县的区、乡、村妇幼保健人员培训工作，对妇幼保健单位进行检查考核。农村孕产妇系统管理已在9个县（市）全面展开，全省计划内孕产妇管理率为33%，72个县开展城乡婴幼儿保健系统管理，得到保健的儿童为77万。

**初级卫生保健**　下发了《安徽省农村实现“2000年人人享有卫生保健”规划目标》，提出13项不同经济地区最低限标准，已确定15个试点县（市）。1991年确定马鞍山市雨山区、芜湖市新芜区为城市初级卫生保健试点。

全省儿童计划免疫保偿制覆盖面为80%，有829 161名儿童入保，入保率城市为76.98%，农村为44.64%。妇幼保健保偿以优生优育系列保健保偿制为主要形式，其它有母子保健保偿、孕产妇保健保偿、儿童保健保偿等形式，合计覆盖面为20%。有2 870个行政村实行合医合药或合医不合药的合作医疗制度，占全省9.2%。

**人才培养**　举办医士、护士、检验士等10个专业资格考试，有14 076人参加，4 605人取得合格证书，占32.7%。开办中专层次的卫生防疫、医学检验、药学、放射人员《专业证书》班，招收专业对口人员131人。在16个中等卫生学校部分专业实行面向农村卫生院的定向招生，首批招收520人。建立省乡村医生培训中心和乡村医生函授部，招收乡村医生半脱产成人中专班120余人。制定下发了《关于加强农村卫生技术队伍建设的意见》和《1991～2000年乡村医生教育规划》。

**医院管理**　制定了《安徽省实施医院分级管理细则》，举办护理分级管理学习班。对1 980名满30年护龄的护理工作者颁发“荣誉证书”。编写《安徽省病历书写规范》。对184所县及县以上医院消毒供应室进行检查，有51所医院获取《合格证》。

**中医工作**　开展中医药专家学术经验继承工作，有12名老专家开始带徒，对1989年招收的高、中、初等中医药学徒进行基础课统考。经国家中医药管理局批准，芜湖市、天长县、和县3所中医院作为“全国示范中医院”予以建设。潜山县被确定为“全国农村中医工作试点县”。

**医学科研**　组织申报国家和省科研攻关项目、卫生部科研基金及青年科研基金招标项目，共中标23项，获得科研经费160万元。获1项国家科技进步二等奖，1项卫生部科技进步三等奖。获省科技进步一等奖1项、二等奖2项、三等奖4项、四等奖4项。完成420 000人的全国高血压流行病学抽样调查任务。

**爱国卫生运动** 对卫生城市复查，马鞍山、合肥、蚌埠市巩固了“全国卫生城市”成果，争创“国家卫生城市”。1991年全省共投入2亿余元，加强基础卫生设施建设。全省城市灭鼠达标率为67%，9个地级市和4个县级市进入“灭鼠先进城区”，4个县城达到灭鼠先进县城标准。农村建立41 000个双瓮漏斗式厕所，7.5万个沼气厕所。农村饮用安全卫生水已达3 774.2万人，普及率为80.1%，饮用自来水人口为667.9万人，普及率为14.8%。制定了《县（含县城）卫生检查评分标准》。

**药政监督和医疗器械管理** 对735家药品生产、经营单位、放射性药品使用单位换发许可证。审批药品578个品种，查处药厂生产的10个品种、20批不合格药品。组织全省14个地、市级药品检验所进行药品检品会检。对全省价值5万元以上的139台大型医疗器械进行调查登记。

（费勤福　宣庆生）

## 安徽省1991年救灾防病工作

1991年入夏以来，安徽省遭受历史上罕见的特大洪涝灾害，受灾面积占全省耕地面积的72%，受灾人口占全省人口的80%，其中重灾民和特重灾民占全省人口的50%，各项直接经济损失达275.3亿元。全省人民和广大卫生工作者，经过连续几个月的努力，实现了大灾之后无大疫的目标。

1. *党政领导重视* 针对灾情病情发展情况，省委、省政府及时把医疗救护和卫生防病纳入抗洪救灾的重要议事日程，把吃、住、医摆在同等位置，统一安排落实。省救灾指挥部下设医疗卫生组，省卫生厅成立抗灾医疗卫生办公室，省、地、市、县也相继成立救灾防病领导小组。省委、省政府多次召开全省电话会议、广播电视动员大会、现场会以加强救灾防病工作的领导。

2. *加强舆论宣传* 8月22日省委、省政府通过电视广播号召全省开展救灾防病爱国卫生运动。《安徽日报》组织3期卫生专版，《群众卫生报》增发2期救灾防病专刊，省电台、电视台设置专题节目，省科技出版社编印救灾防病活页资料11万份，发到灾区。省卫生防疫站向灾区印发100万份卫生宣传材料，编录了14部卫生防病专题录像片。各地报刊、电视、广播共进行卫生宣传报道19 171次，印发各种卫生宣传品500多万份。各级疫病防治工作队和广大基层卫生人员，帮助灾民增强防病意识和技能。

3. *国际国内支援* 1991年救灾防病工作，得到国家有关部委、兄弟省、市、港澳台同胞和国际社会的支持与援助。全省组派医疗队、防疫队和疫病防治工作队2 713支37 142人，其中解放军和卫生部、铁道部组派117支疫病防治工作队计966人，支援灾区。通过多种渠道筹集和接受防病治病经费及药品价值9 000多万元。省下发各地、市8.4亿救灾款由地方包干使用，解决灾民的吃、住、医问题。各级卫生部门接收捐赠药品后，组织职工运送到灾区。为了及时掌握疫情，设置712个疫情监测点，监测人口237万人。组织专家研究制订了全省救灾防病预案及近、中、远期计划，分阶段具体实施。

4. *大搞群众爱国卫生运动* 1991年开展的救灾防病爱国卫生运动，以灾区为重点，全省总动员，全面推行清（清理环境）、堆（高温堆肥）、消（饮水消毒）、杀（药物喷杀蚊蝇）、灭（消灭老鼠）、服（预防服药）、管（卫生管理）等综合措施。据1991年10月底统计，共清理垃圾和污泥污物32 153.9万吨，高温堆肥4 775.8万立方米，新建临时厕所79 105座，清除蚊蝇孳生场所235.3万处，清掏消毒水井77.5万眼，新打水井59 637眼，喷洒消杀药品3 588.3吨，并在恶性疟老疫区开展室内滞留喷洒 1 888.4 万平方米，投放灭鼠毒饵 1 133 吨，灭鼠覆盖面为 445.8 万户，对重点地区、重点人群实行疟疾预防服药 1 035 万人次。

5. 医药卫生人员做出奉献　灾区广大卫生人员在救灾防病中，顾全大局，心系灾民，不畏艰险，奋力拼搏，不怕疲劳，连续作战，有的轻伤不下火线，有的献出自己的生命。

在救灾防病工作中，由于始终坚持预防为主的方针，1991 年未发生甲类传染病和乙类传染病的暴发流行。全省法定传染病的发病数比 1990 年上升 36.49%，因传染病死亡人数比 1990 年下降 16.8%。疫情上升主要集中在 7、8 两个月，9 月份后逐渐恢复到常年发病水平。

（严　威　费勤福）

## 福　建　省

**基本情况**　1991 年底，全省各种卫生机构总数为 4 867 个，比 1990 年减少 18 个，各种卫生机构床位总数为 68 985 张，比 1990 年增加 912 张，增长 1.34%。其中医院 1206 所，比上年增加 8 所，增长 0.67%，其中医院床位 61 674 张，比 1990 年增加 1 010 张，增长 1.66%。全省平均每千人口医院床位数 2.00 张，减少 9.9%。全省有门诊部（所）3 298 个，疗养院（所）13 所，床位 2417 张，比上年减少 111 张，下降 4.39%；有卫生防疫站 91 个、专科防治所 30 个，国境卫生检疫局 2 个，妇幼保健所（站）64 个，妇幼保健院 1 所，床位 280 张；儿童医院 2 所，比 1990 年增加 1 所，现有床位 280 张，比 1990 年增加 150 张。医学科学研究所 13 个、药品检验所 44 个。

全省各种卫生专业人员 106 429 人，其中卫生技术人员88 607人（内有中西医师 36 448 人），卫生专业人员比 1990 年增加2 265 人，增长 2.20%。

1991 年全省卫生事业经费决算 2.67 亿元，比1990年增长12.7%；卫生基建投资 1 882.5 万元，其中省计划投资 1 692.5 万元，占全省基建投资总额的 89.9%。

全省县及县以上各级各类医院门诊 2 462.4 万人次，比 1990 年增加 2.17%；住院 100.6 万人次，比 1990 年增加 9.80%。

**卫生工作**　1991 年 9 月，省政府召开了第 19 次常务会议，并决定从 1992 年起，“八五”期间，省财政每年再增加 1 000 万元用于农村卫生建设和主要城市医疗卫生机构建设。9 月 4～6 日，召开了全省卫生工作会议，要求全社会关心、支持卫生工作。福州市委、市政府 1991 年拨出专款 1 300 多万元，解决卫生部门基建欠款、设备购置和房屋维修等问题。三明市决定“八五”期间，每年安排 100 万元的初级卫生保健专项经费。厦门市、莆田市政府、宁德、龙岩地区行署召开了地市卫生工作会议。

省委、省政府决定扶建贫困地区 20 所中心卫生院、发展 2 000 张病床、建成协和医院病房综合大楼和开工兴建省急救中心。

**卫生改革**　1991 年，全省已有 80%的医疗卫生单位实行院（所、站）长负责制，多数医疗卫生单位推行目标管理责任制或综合承包责任制。有组织地开展业余服务、超额劳动服务、专家门诊；农村坚持计划免疫、妇幼保健保偿服务。全省计划免疫保健保偿年集资 1 000 多万元，解决了部分经费不足的问题；坚持城乡联合、技术联合，扩大医疗卫生服务范围，增加服务项目；坚持对外开放，积极吸收、利用港、澳、台胞和海外侨胞以及友好人士捐资办医。

**农村卫生**　1991 年，省卫生厅颁发了《福建省农村卫生院建设标准》。全省安排 894 万元扶持、帮助贫困县和山区、边远县的 58 所乡镇卫生院修、建业务用房、增添设备和培训卫生技术人员，各地本着补助一点的原则，共安排配套经费 1 577 万元。

省卫生厅、省计委召开了福建省农村

“三项建设”会议，各地拟定了县卫生防疫站、县妇幼保健所、乡镇卫生院建设计划。

为加快农村卫生事业建设，省卫生厅提出20条意见。1991年，福建医学院面向农村，定向招收210名大专生；省卫生厅向农村推广了10项新技术、新成果；省人事局等有关部门为400名在农村乡镇卫生院工作的中级和中级以上技术职称的集体所有制卫生技术人员吸收录用为国家干部，给予办理“农转非”。全省50%的县试行乡村医生养老退休保险制度。全省有1 033个村坚持和恢复了合作医疗或集资医疗制度，有1 323个村卫生所达到甲级标准。

**初级卫生保健** 1991年，省卫生厅下发了《福建省农村人人享有卫生保健规划》，在三明市召开了初级卫生保健工作会议，推广三明经验。至1991年底，全省有8个地（市）、48个县（区）、216个乡镇制定了初级保健规划，有8个地（市）、53个县（区）、275个乡（镇）成立了初级卫生保健委员会。全省有23个县（区）、192个乡（镇）、1 148个村开展初级卫生保健试点工作。

**预防保健** 1991年，全省共报告乙类传染病17种65 949例、死亡177例，分别比1990年同期下降16.04%和36.4%。有8个地方性甲状腺肿病区县经考核达到基本控制的标准，至此全省有32个县达到基本控制标准。全省消灭血吸虫病后，1991年共灭青螺147个村，面积为1 243.5万平方米，新建感染监测16个村，检查7～14岁儿童5 450人。完成历时3年的人体寄生虫分布调查，共查26个县104个点5.2万人份，查出人体和人畜共患寄生虫62种。宁德地区和30个县实现了基本消灭麻风病目标。到1991年底，全省有22个县达到基本消灭疟疾标准，比1990年增加7个。组织丝虫病监测，检查人群25.9万人，查出微血蚴血症67例，治疗43例；血清学监测7 098人份。全省结核病患病率为351.90/10万，比1985年下降了49.5%。

**计划免疫** 1991年，全省实现了计划免疫第二个85%的目标，计划免疫“四苗”全程接种率为90.66%。卡介苗、脊髓灰质炎、百白破、麻疹等四苗接种率分别为96.97%、95.06%、93.93%和94.29%。有63个县（市、区）实行计划免疫保偿制，投保儿童67万人。

**妇幼保健** 1991年，全省实行孕产妇、儿童系统保健管理的村分别占村总数的48.5%和40.2%。全省有49个乡开展了妇幼保健保偿制。据全省730所乡卫生院调查，63%的卫生院达到“二室三床”（人流室、产房、妇检床、产床、产检床）标准。67%的卫生院能开展产科手术。1991年各级各类医疗单位共开展4种节育手术121.5万例。全省9地（市）及各县（区）成立了围产期保健协作组，多数医院设立了高危门诊和病房。省妇幼保健指导所在连江县开展“加强孕产妇保健，降低孕产妇死亡率”的试点工作，孕产妇死亡率从1990年的31.8/万降至5.8/万。加强优生优育指导、举办遗传咨询培训班，推动了妇幼保健工作。在各级民政部门的配合下，全省有62个县的67个乡镇开展了婚前健康体检，共婚检4.62万人次。漳州市芗城区、宁化县、福州市台江区被卫生部确定为全国5岁以下儿童死因监测点。全省5个项目县完成70%以上配套设备的乡有60个、350个村，全部完成配套的有226个村，共培训妇幼卫生人员2 706人。

**卫生监督监测** 1991年，全省完成食品卫生许可证换证工作，共换证20余万份；监测各类食品29 886件（次），合格率为83.2%；检查食品生产经营单位36.26万家（户），给予警告限期改进的有1.07万户，吊销卫生许可证53户，没收销毁不合格食品6.09万公斤，罚款36.9万元。三明、福州、南平3地市对948个厂矿1.65万个有害作业点8 125名职工的监测、体检。全省开展了放射性、同位素与射线装置使用单位发放卫生许可证工作；全省工业探伤单位已发证 61 家，对 2 548 名放射工作人员进行个人剂量监测，对 140 件放射性同位素进行污染情况测定；对 55 147 家符合国家卫生标准的单位发放了许可证，占公共场所总数的 98.8%；并对 13.12 万名公共场所从业人员进行了健康体检，占从业人员总数的 90.98%，对化妆品生产企业发放卫生许可证 58 份，有 32 家化妆品生产企业按卫生要求建立了微生物检验室。省卫生厅制定了城镇生活用水二次供水卫生管理暂行办法。对 57.7 万名中小学生进行健康体检，治疗 3.81 万人次；同时，对 2.01 万名中小学生进行健康监测。

**卫生执法** 全省进行药品检查 3 300 余次，立案查处违反《药品管理法》案件 736 起，销毁处理假劣药品 14 995 种次，总价值 7.34 万元，罚没款 57.59 万元。1991 年，全省核发《药品生产企业许可证》97 家、《药品经营企业批发许可证》202 家、《医院制剂许可证》122 家。对 1 145 名药品监督员重新审核、聘任。

**城市医院管理** 省卫生厅和福州市卫生局对省、市属医院急诊工作、病历书写质量进行了检查，制定了医院病历质量评定标准；组织人员对 9 地(市)30 所医院供应室进行考核验收，达标率为 96.7%。到 1991 年底，全省 117 所综合性医院供应室首批基本达标的有 63 所，占 53.8%。全省举办各类培训班 71 期，培训医务卫生人员 3 260 名。接受进修生 543 名，派出专家、教授、业务技术骨干 1 200 名到农村讲学、咨询，建立城乡技术联合体 72 个。1991 年，全省各级医院完成白内障复明术 5 439 例、小儿麻痹矫治术 2 179 例。省组建精神卫生中心，创办了《福建精神卫生通讯》。省政府拨出专款 100 万元，为省、地属医院干部病房添置了设备，加强了干部保健工作。

**公费医疗管理工作** 1991 年，公费医疗管理重点是充实管理机构和人员，试行公费医疗改革。到 1991 年底，全省 43 个县及县以上成立了公费医疗管理委员会或领导小组，占县(区)总数的 47.8%，66 个县及县以上政府成立了公费医疗管理办公室，占应建数的 72.2%，全省有专职工作人员 139 名。1991 年，全省享受公费医疗人数为 73.93 万人，全年总支出 1.007 亿元，人均支出 136.21 元，公费医疗人均支出连续 5 年保持在全国第 8 位。全省公费医疗管理形式主要有部门或单位包干、医院包干或者部门、单位、医院共同管理形式，政和、福鼎县实行医疗保险管理形式，福州市、南平、莆田等县(市)由公费医疗门诊部统筹管理。

**中医工作** 大田、漳平、浦城、诏安、福安、将乐、明溪等县 7 所中医院增设了住院部，病房面积为 1.6 万平方米，总投资 463 万元。沿海地区争取侨资兴办中医事业 2000 万元人民币。漳州等 7 个市(县)中医院为首批示范中医院建设单位。

各级中医院注重发扬祖国医学传统、发展中医中药事业。三明市中医院组建男性病专科，宁化县中医院增设各种中医专科，治疗不孕症。1991 年，全省中医门诊 589.69 万人次，住院 9.1 万人次，中医院业务收入比 1990 年增长 17.1%，自给率为 62.5%。为 15 名主任级专家配备了 19 名主治医师(主管药师)为继承人，确定 10 名专家的子女(住院医师级)为继承人，继承期 3 年，经考核合格后予以晋升为中级职称。

1991 年，举办中医各类培训班 38 期，750 人参加学习。有 6 项科研项目获省医药科技成果奖，其中一等奖 2 项、二等奖 4 项；有 3 项被省科委评为科技进步奖；福建省中医药研究所的“循经感传和可见的经络现象的研究”获得国家中医药管理局科技进步一等奖，福建中医学院的“中国药学史纲”，被评为国家教委科技进步奖。47 项被评为省中医药科技图书优秀奖。

**廉政廉医建设** 全省各级卫生部门和各类医疗卫生单位成立了纠正行业不正之风领导小组或廉政廉医建设领导小组，下设办公室。设立了举报电话、举报信箱、意见本，发放了“致病员公开信”，建立了院长接待日制度，公开医疗收费、药品价格、手术、检查时间。7月15日，全省各地开展纪念毛泽东同志“救死扶伤，实行革命的人道主义”题词50周年活动。省卫生厅组织14名省卫生战线先进模范人物事迹报告团和全国救灾防病事迹报告团，表彰了60个廉政廉医建设先进单位，200名学雷锋、学白求恩先进个人。全省医务卫生人员为灾区捐款63万元。抽查了8所医院，社会群众对医院医疗质量信任率为90.1%，对医生服务态度满意率为83.2%。

**医学教育和科研** 1991年，2所医学院校招生1 100人，有在校生4 302人；12所中等卫生学校招生1 908人，有在校生6 172人，毕业生2 610名；卫生成人教育招生407人。1991年有4项科研项目获卫生部奖励，其中二等奖2项，三等奖2项。有19项获省科技进步奖，其中二等奖7项，三等奖12项。全省重点推广新技术新成果10项，举办成果推广班18期。福建医学院附属协和医院的“糖尿病神经病变的超微结构的观察与早期诊断方法的探讨”列入卫生部中标课题。福建医学院的“胃癌高发现场化学病因因素的研究”列入“八五”国家科技攻关计划。开展了全国高血压抽样调查工作，共调查3.39万人，其中农村1.6万人，城市1.8万人。省卫生厅成立了福建省心脑血管防治委员会、福建省医学科研管理学会。10月8～10日，召开了全省医药卫生科技工作会议。

**对外交流** 1991年，第6批援博茨瓦纳和第9批援塞内加尔医疗队分别于5月和12月派出。

省属医疗卫生单位共组团出国考察、进修47批95人次，邀请和接待国外专家、考察人员9批44人次。省职业病防治所与日本名古屋大学原子核工学教学研究室签订了科研协作协议书。日方提供了一套氡连续测定装置。厦门国际中医药培训中心召开了海峡两岸第2届中医药学术交流大会。福建中医学院、中华全国中医学会福建分会、福建省闽台中医药学术交流中心联合举办了1991年海峡两岸中医药学术研讨会。泉州市中医学会主办的中国—东南亚中医学术研讨会于11月在泉州召开。

（鲁建成　王乃金　张美能）

## 江　西　省

**基本情况** 1991年底，江西省人口总数3 780万人，人口自然增长率14.07‰。比1990年的增长率下降2.98个千分点。有各类医疗卫生机构5 632个。其中：医院2 308个，门诊部（所）2 645个，疗养院（所）23个，专科防治所（站）126个，卫生防疫站119个，妇幼保健所（站）114个，药品检验所（室）92个，医学科研机构9个，高等医学院校5个，中等医药学校12个，其他卫生事业机构179个。全省共有各类病床92 745张，比1990年增加471张。全省共有各类专业卫生人员146 418人，比1990年增加1 835人。其中，卫生技术人员117 903人，比1990年增加1 117人。全省有19 733个行政村建立了卫生所，占行政村总数的95.2%。其中，实行合作医疗的行政村6 200个，占行政村总数的30%。农村有乡村医生24 902人，卫生员17 087人，农村接生员23 639人，个体开业医生5 185人。

**治理整顿** 至1990年底，全省重点停业整顿村卫生所3 005个，厂矿和部队医疗机构354个，医院的分院、门诊部41个，各类社会医疗机构99个，个体开业行医2 945人，牙科诊所73个，气功诊所3个。取缔不合格农村诊所303个，厂矿和部队医疗机构70个，医院的分院、门诊部44个，各类社会医疗机构64个，个体开业医1 863人，牙科诊所

96个，气功诊所19个。全省抽调638人对5 044个药品产、供、用单位进行了检查，查处假劣药价值21万多元，取缔无证药贩65个。核发换发药品“三证”率，药品产、供、用单位检查覆盖率和重点药品监督检查覆盖率为100%。查处进贤县非法制造、销售一次性输液器10万余套。

**卫生改革** 1991年，各级医疗卫生机构完善了综合目标管理责任制。县和县以上医疗卫生单位分别与卫生主管部门签订了目标管理责任合同。全省清理整顿了3 600多项医疗卫生服务收费项目，合理调整了2 300多项医疗收费标准，新设立医院病房综合处置费和妇幼保健母子系列健康保偿服务收费项目和标准。省卫生厅实行了大型医疗设备有偿占用制和部分单位任务带经费的财务拨款办法的改革，制定了业余服务，专家门诊，防疫保健的有偿服务等管理办法与收入分配办法。省卫生厅组织对全省各类各级卫生技术人员进行评聘后的业务考试与考核，完善了卫生技术职务评聘的改革办法，从德、能、勤、绩4个方面对现有10万余名高、中、初级卫生技术人员进行了考试考核，破格评定了50余名40岁以下的高级卫生技术人员职务。

**农村卫生工作** 1991年，省政府继续增拨300万元用于血吸虫病防治专款，省计委、水利、林业等部门集资1 250万元，加上疫区配套资金进行9项综合治理血吸虫病灭螺工程。全省11个地市、87个县区政府成立了农村初级卫生保健领导小组或委员会，省成立了全省乡卫生院和县级防疫妇幼保健机构建设领导小组，落实配套资金443万元，安排28所农村中心卫生院建设项目。据统计，全省集资1 142.1万元，建设128所乡(镇)卫生院，由农民自发集资900万元改造乡卫生院危房6万多平方米，新建业务用房9万多平方米，添置医疗设备550多万元。全省共组派522个2486名医务人员组成的支农医疗队，血防医疗队，治疗病人220 996人次，手术4 077例，成功抢救病人1 607例，为农村培训卫生技术骨干1 868人，无偿支援医疗设备317台(件)。

**防疫保健** 1991年，全省改、扩建地、县级妇幼保健机构58个，新建业务用房6 911平方米，治疗尿瘘病人2 081例，子宫脱垂病人43 423例，尿瘘新发病率下降为0.17/10万。以三“十”措施为基本内容的农村围产保健技术规范管理被评为卫生部科技进步二等奖。1991年，继以省为单位计划免疫单苗接种率达到85%目标后，经审评达到以县为单位85%的目标，其中：“四苗”全程覆盖率为96.84%，“四苗单苗接种率分别为，卡介苗99.52%，脊髓灰质炎98.57%，百白破98.14%，麻疹98.14%。1991年，有2 500多万农村人口饮用上卫生水，占农村人口总数的85.6%。全省建有农村小型自来水厂(站)4 770座，受益人口580万人；建手压水机井87万台，受益人口600余万人。省政府继续拨出农村改水专款100万元，由县、乡政府投入改水经费860万元，农民自筹改水经费1 600多万元。1年内，全省农村投入改厕经费340多万元，农民自筹改厕经费812.3万元，累计改厕17万多个。

**医学教育与科研** 全省5所医学专科学校招生1 200多人，比1978年增加6倍。县和县以上医院为乡卫生院免费培训卫生技术人员840人。各地采取多种形式培训农村卫生人员9 712人，选送3 743名乡卫生院卫生人员到县以上单位学习进修。省卫生厅组织编写了《乡村医生必读》，制定了全省乡村医生系统化、正规化教育“八五”规划。1991年，省卫生厅增加科技专款42.8万元，资助重点研究课题30项，设立科技开发基金，全省推广新技术10项。全省有15项医学科技成果获省以上奖励，10项成果获省科技进步奖，2项成果获第40届尤里卡国际博览会金、银奖，15项医学成果获第6届全国发明展览会银、铜奖。

**公费医疗制度改革** 1991年6月，省直单位和南昌市直属单位公费医疗改革方案出台。省级公费医疗经费支出比1990年减少51.8万元，下降13.8%。南昌市公费医疗改革后，医药费支出比1990年减少近400万元，省、市政府决定将此经费用于医院建设和发展。江西省公费医疗改革成果得到财政部、卫生部的奖励经费150万元，全部用于公费医疗管理先进单位。

（陶 曦）

### 鄱阳湖区综合治理血吸虫病取得成效

江西省政府把综合治理鄱阳湖区血吸虫病作为全省血防工作的重点，制定了《鄱阳湖区综合治理血吸虫病“八五”规划》，1991年，由疫区县、乡政府和省农业、水利、林业、卫生等部门落实经费3 730万元，安排首批血防灭螺工程9个，组织疫区群众46万多人，完成土石方512万方。沿湖的星子、都昌、永修、湖口等县成立了灭螺工程指挥部。动员疫区群众参加血防大会战。为配合血防灭螺工程，省政府及时解决工程灭螺的用电、用油、用车等问题。卫生部门组织201个医疗队，600多名医务人员服务在血防灭螺工地，开展巡回医疗和技术指导。省卫生厅、省科委组织100多名科技人员进行综合治理血吸虫病联合攻关科研，安排鄱阳湖区控制血吸虫病和综合防治科研经费17.4万元，省农牧部门组织力量对疫区猪牛“安全放牧”，“收粪发酵处理”，“生猪圈养”，“沼气池推广应用于灭螺”等，进行了系统研究试点。省寄生虫病研究所研制100多万人份的诊断血吸虫病的间接血凝抗原，分送全省各疫区以及邻省疫区供查病使用。有关工厂生产了水陆两用灭螺船。全省印发血防宣传品11万多份，举办血防巡回展览，有11.8万人受到教育。省血吸虫病防治办公室和省电视台举办了全省血防知识竞赛，联合摄制电视连续剧和血防新闻片，组织编写了供农民学习用的《血防知识通俗读本》、《家畜血防技术》、《血防三字经》等。

1991年，全省查螺90.4万亩，灭螺8.9万亩，人群查病88.05万人，治病9.38万人，其中治疗晚期病人2 715人；完成耕牛查病8.7万头，治疗病牛2.3万头。全省发生急性血吸虫感染病人比1990年减少22.3%。

（陶 曦）

## 山 东 省

**基本情况** 1991年山东省有各类卫生事业机构11 141个，增加101个。医院病床164 700张，增加5 144张，增长3.2%。专业卫生人员308 458人，增加1 949人，增长0.6%。卫生技术人员241 202人，增加138人。

**治理整顿和深化改革** 1991年共清理医疗收费4 984项、防治监测检验收费904项、其他收费139项、涉及各种法律法规罚款9项。卫生厅直属单位对执行物价政策的情况进行自查，加强内部审计工作。全省各级医疗卫生机构对收费标准实行明码标价，并设立监督箱、举报电话，聘请社会监督员。

根据《山东省个体开业医管理办法》，继续对个体开业医进行清理整顿。青岛市1～10月份，有24个诊所受到处罚、16个诊所停业整顿、39个诊所被吊销营业执照、58名借医行骗的“个体医”被取缔。聊城地区行署下发了《关于清理整顿个体开业医的通知》，成立了由公安、工商、卫生、物价等部门参加的领导小组，共清理个体开业医916个，取缔882个。

为实施医院分级管理，卫生厅制定了一、二、三级医院管理标准实施细则及6个配套文件，培训了1 000多名管理干部，成立了山东省医院分级管理评审委员会，召开了全省医院分级管理工作会议，部署了1992年的任务。菏泽地区医院修订了全面质量管理7大类、169条的目标方案，制定了检查评比标准和奖惩办法，把检查结果同对职工的奖惩挂钩。淄博市制定了《市属医疗卫生单位工作考核标准及考评办法》。省卫生厅印发了《山东省卫生厅关于预防医院内感染的暂行规定》，使医院加强了对供应室的质量管理，减少了院内感染的发生。经对62所医院消毒供应室的达标情况进行考核验收，合格率为82%。

年初在莱芜市召开了全省公费医疗改革座谈会，提出改革的总要求。10月对省级10所医院公费医疗管理情况进行了检查。全省正在建立国家负担为主，享受单位、医疗单位和个人都负担的机制。一年来省直公费医疗经费比预计金额减少开支1 500万元。

**疾病防治** 卫生防疫机构建设。已装备97个县级防疫站，基本实现了人员、设备、房屋、管理“四配套”。1991年有107个县（市区，下同）遭受了洪涝灾害。各级卫生部门把救灾防病作为中心任务来抓。由于防疫机构健全、防病措施得力，没有发生传染病暴发流行。

**计划免疫工作** 实现以县为单位免疫接种率达到第二个85%的目标。免疫建证率和建卡率均为100%，“四苗”覆盖率为97.62%。与计划免疫相应的传染病发病率大幅度下降。

**地方病防治** 截至1991年5月，全省累计投资2亿多元，建成改水降氟工程4 777处，使6 526个氟病村的564万人民基本摆脱了氟中毒的危害。有7个市地、15个县的改水降氟工作达到指标要求。全省10个经销地加碘县，已完成碘化钾改碘酸钾的加碘工艺，同时加强了碘盐加工、供应的监督监测工作，保证了2 000万病区群众的碘盐供应。济南、青岛、潍坊等11个市地的布氏杆菌病防制工作，已达到农业部、卫生部制定的控制标准。

目前全省有麻风现症病人479名，已进行联合化疗。加强了对结核病的防治工作，把重点放在农村。完成了乡镇工业职业卫生服务需求与对策的调查研究。全省生产性农药中毒人数比1990年下降49.7%。

**妇幼卫生** 集中力量抓妇幼保健机构的规范管理，以及妇幼保健保偿合同制的推行和各种形式的有偿服务。各地妇幼保健单位继续抓业务用房、器械设备、人员素质、业务指标的“四配套”。又有11个县的妇幼保健站，达到甲级站标准。全省11个妇幼卫生合作项目县，其受援设备和国内配套资金基本到位。在7个有业务用房建设任务的项目县中，有6个县已经完成任务或正在进行建设。完成了1989年全省孕产妇死亡调查，孕产妇死亡率为60.8/10万；农村孕产妇死亡率为68.7/10万，城市为28.1/10万。12个市地完成节育手术队伍的整顿，11 220人获得了《节育手术许可证》。

**爱国卫生** 烟台、莱州、滨州市，莱芜市，在1991年基本达到国家卫生城市标准。全省共有54个省级卫生城市、县城或单位。烟台市辖11个县全部达到省级卫生城市、县城标准。同时，开展了创建卫生乡镇活动。

农村卫生改水。1991年全省受益人口为6 212万，占农村总人口的92%；其中2 191万人吃上了自来水，自来水普及率为32%，实现了国家提出的改水受益率和自来水普及率的指标要求。有12个县被全国爱卫会授予“农村自来水普及县”；有38个县由省爱卫会命名为山东省农村改水和农村自来水建设先进县。

**初级卫生保健** 1991年重点抓了17个省级示范县年内达标、考评验收和35个省级试点县指标进展控制工作。从市、地县到乡、村都建立了实施初级卫生保健工作领导组织，制定了具体实施方案，增加了资金投入。青岛市政府在胶州市召开了全市初级卫生保健工作现场会，决定按农民人均收入的3‰筹集资金。枣庄、泰安、淄博、聊城、济宁、菏泽、日照等市地向农村派出实施初级卫生保健工作队。济南市历下区直属医疗卫生单位，同姚家镇9个条件差的行政村签定合同，从仪器设备、医疗技术等方面予以支援。

**机构建设** 重点建设乡镇卫生院和行政村卫生室。1991年规划建设100个，省里投资500万元，为每个中心卫生院购置5万元的仪器设备。其余资金，由中心卫生院所在市地、县、乡镇按省里投资数额进行筹集。临沂地区1991年共筹资2 881万元，改善了156个乡镇卫生院的工作条件。潍坊市用于卫生院建设的投资2 208万元，其中寿光县的卫生院改造建设动工率为100%。东营市1991年为21个卫生院投资1 165.23万元。到1991年底，全市有70%的卫生院完成了建设任务。菏泽地区有30%的卫生院完成了改造建设任务。其中菏泽市共筹资660多万元，使2/3的卫生院完成改造建设任务。该市何楼乡1991年拿出盖办公楼的资金15万元，新建24间病房。

整顿建设行政村卫生室。全省建立卫生室的行政村有85 505个，占行政村总数的96.7%。并强调集体办医和开展创建甲级卫生室活动。潍坊市集体办卫生室有9 102个，占全市卫生室总数的91.9%，其中甲级卫生室7 492处，为75.6%。泰安市行政村卫生室覆盖率100%，其中集体办的占95%，甲级卫生室率为60%以上。长清县重点抓了卫生室设施规范化、工作目标化和乡村医生任免程序化，并对全县1 131名乡村医生进行轮训，考试合格率为95%；乡村医生的报酬基本上与村干部相同。

自1984年以来，山东省15个农村贷款县共完成基建投资3 783万元，新建业务用房16.85万平方米；设备采购投资862万美元和国内配套资金888万元，培训投资632万元，培训各类人员14 718人次。

**卫生监督** 全省有5 300多名卫生监督员。一年来共检查药品生产、经营单位53 629个，其中有13 516个单位存在药品质量问题。查处假劣药品价值为190余万元，没收假货价值为83万余元，罚没款50余万元。重点查处了阳信、庆云、乐陵3县市不法分子非法经营药品和贩卖假药活动，食品卫生监督工作。共监督食品生产经营者90余万户次，监督覆盖率为97%。据对43 120份样品进行监测，结果表明，食品卫生合格率为82.37%，比1990年提高了1个百分点。全省继续开展食品卫生达标县活动，青州、平阴等20个县通过了省级考核验收。全省累计，共有食品卫生达标县29个。

**医学教育与科研** 1991年，全省29所中等卫生学校参加了国家教委统一部署的中专教育评估。高等医学院校招生3 083人，比1990年增加305人；高校函授夜大招生809人。中等卫生学校招生6 462人，职业中等专业学校招生4 332人，职工中等专业学校招生1 820人。举办各种进修班、培训班42个，培训学员近2 000人次。

1991年，召开了全省医学科技工作会议。省卫生厅下发了《科技计划管理办法》、《青年科研基金管理办法》、《加强医学科技工作的意见》等规范性文件和医学科技“八五”计划纲要。新上科研项目63个，投资120万元。省设立了青年科研基金，收到申请课题35个，批准的19个。共鉴定科技成果78项，审评申报科技进步奖的科技成果274项，获省卫生厅科技进步奖的79项，获卫生部科技进步二等奖的2项。列入科技成果推广应用计划的19项，并举办了推广交流会和学习班。

**中医工作** 经国家中医药管理局批准，济南市、淄博市、青岛市、肥城县、诸城市5所中医院为全国示范中医院建设单位；莱州市、莱芜市为全国农村中医工作试点县。经过评估，泰山区、乳山县等地的13所中医院为全省示范中医院建设单位。全省中医院分级管理工作开始起步。山东中医学院附属医院以及由济南市、青岛市推选的4所中医院作为试评单位。中医院校增设了短缺专业，山东中医学院开辟了3个“博士授课点”。全省首届中医自学考试1 259人取得岗位专业证书，936人获大专学历。有31个项目被列入中医药科研计划。通过鉴定的有35个项目。有65项科技成果参加了国际传统医药大会举办的展览会。有3项成果得到推广，其中银黄口服液经济效益达3 000多万元。中医膏贴疗法得到继承和推广，在安丘县召开的全省中医膏贴疗法学术经验交流会上，收到论文80多篇。

**思想政治工作** 1991年，就医德医风问题，在10所医院，1 000例门诊和出院病人中进行调查的结果表明：对医护人员工作态度基本满意率为80%以上，对医疗质量信任和较信任的占96%。

安徽省发生特大洪涝灾害后，山东省组成36人救灾防病医疗队在两个多月里，共诊治病人11 256人次，巡诊4 100人次，做手术513例。为当地培训一批卫生技术人员，向广大群众宣传防病知识。全省县及县以上医院开展了义诊活动，诊治病人43万人次，收入41.5万元，全部捐赠给灾区。省直医疗卫生单位向灾区捐衣物11 166件，捐款51 612元。 （张忠田）

### 临邑县改变乡镇卫生院面貌

山东德州地区临邑县20所乡镇卫生院1991年发生了显著变化。

该县一年来共向卫生院投资805万元，用来新建翻修房屋总面积为33 000平方米，硬化路面4 568平方米，砌院墙总长4 815米，建大门22个、花池景点48个、车棚20个；购置B超、200毫安X光机等大、中型医疗设备48种、440台件，以及总价值为45万元的病房用品和办公设备，卫生院的工作环境和条件得到改善。其主要做法有以下几点：

1. 加强领导。县乡党政成立领导小组，深入卫生院现场办公，参加专题会、办公会、现场会、施工进度检查、达标验收等亲自制定规划标准、组织筹集资金、征地选址找建设队、检查施工进度和质量。

2. 县乡有关部门给予大力支持。县卫生局为领导当好参谋，为基层搞好指导服务。县计委帮助报批基建计划。县物资局在钢材、木材、水泥方面实行优惠价格、优先供应和优质服务。财政、土管、环保、教育、计生等部门及各企事业单位，发挥职能作用。

3. 全社会筹集资金。县委、县政府决定，实行全社会参与，多渠道投资。县乡财政集资200万元；乡镇直部门集资100万元；乡村集体集资100万元；干部群众集资405万元。

4. 在大灾面前坚持“四个不变”。1991年7月全县遭受百年不遇的特大雹灾，7个乡镇的农作物绝产、半绝产。县委、县政府在组织生产自救的同时，把卫生院的建设搞下去，做到决心不变，标准质量不变，投资数额不变，实现达标不变。各乡镇卫生院建设达到了预期目的。 （张忠田）

## 河 南 省

**基本情况** 1991年底，全省有卫生机构8 639所，床位184 862张，卫生人员279 020人。与1990年相比，机构减少37所，床位增长1.5%，人员增长3.1%。主要卫生机构有：县及县以上医院778所，区、乡（镇）卫生院2 034所，其它医院22所，疗养院、所12所，门诊部所5 083所，专科防治所、站45所，卫生防疫站190所，妇幼保健所、站138所，药品检验所131所，医学科研机构8所，高等医学院校6所，中等医药学校42所，其它卫生事业机构150所。

全省卫生技术人员230 291人中，有中医师14 398人，西医师57 227人，中西医结合高级医师118人，护师21 264人，中药师4 138人，西药师5 946人，检验师4 538人，其它技师3 376人。全省主治医师及其以上职称人员28 856人，比1990年减少3 428人，下降11.87%。

**治理整顿和卫生改革** 进一步贯彻中央和省有关治理整顿的决定，取缔1万多家无照行医者，打击游医药贩，实行按地区全行业管理。纠正行业不正之风，省卫生厅制定了《关于医疗卫生机构工作人员索要钱物、吃请、私收回扣和开具假证明的处罚规定（试行）》，同时对《食品卫生法（试行）》和《药品管理法》执法情况组织监察，查处一批大案要案。经对10家省、市、县级医院门诊、出院病人问卷调查和查访，对医务人员服务态度满意率为90%，对医疗质量信任度为88%。

为解决医疗收费标准过低问题，省物价局、卫生厅又4次调整部分医疗收费标准，改善医疗卫生单位的补偿机制。与此同时，进行引进世界银行农村卫生人力开发项目的预评估工作，接受国外和香港课题项目和援助合作资金246万元，组织了国内外学术交流和考察，医务劳务输出的工作已经起步。

**救灾防病** 1991年夏，河南省南部遭受百年未遇的特大洪涝灾害，秋季又发生全省性大面积干旱，重灾人口2 000余万。灾情发生后，省政府成立了救灾防病工作领导小组，设立了办公室，发出了《关于做好救灾防病工作的紧急通知》。灾区地、县、乡、村也成立了相应的救灾防病组织，广泛发动群众开展以清理环境、饮水消毒和杀灭蚊蝇、老鼠为主要内容的爱国卫生运动。全省派出医疗防疫队359支、2 045人，为灾区群众防病治病。省直医疗卫生单位向灾区支援了价值600余万元的消毒、杀虫和治疗药物。卫生部、国家中医管理局和其他省市卫生部门、驻豫部队以及香港、台湾、澳门同胞，也对河南省救灾防病工作给予了支持。实现了大灾之年无大疫。

**预防保健** 农村又有103.86万农户改用“双瓮漏斗式”等卫生厕所，全省累计改厕已达到171.07万户；新增农村改水受益人口424.88万人，其中新增自来水受益人口308.24万人，全省累计改水率90.37%，其中自来水33.77%，有24个县（市、区）普及了自来水。为开展城市创建“三优杯（优美环境、优良秩序、优质服务）活动，全省27个城市抓了卫生基础设施建设和群众性卫生活动。创建卫生县城和卫生村活动也逐步推开。

计划免疫工作。全省以县为单位“四苗”接种率为96.53%。增购了1 000万人份脊髓灰质炎糖丸疫苗，供全省4岁以下儿童普服，1991年发病率比1990年下降77.78%。为遏制乙型脑炎流行，全省对适龄儿童普种乙脑疫苗达1 200万人份，使乙脑发病率比1990年下降53.36%。全省共报告发生乙类传染病20种，发病率为254.45/10万，比1990年上升6.34%；其中乙型脑炎、脊髓灰质炎等9种传染病下降，痢疾、病毒性肝炎等8种传染病上升。

地方病防治。1991年又完成氟病区534个自然村的防氟改水工程，受益人口44.82万，加强了碘盐的监测和管理，与计划、轻工、商业等部门配合解决了叶县、舞阳县乱产乱销非碘盐问题，先后查处非碘盐2 644吨。

妇幼卫生。继续推行孕产妇保偿和母子保健程序化管理，建立了5岁以下儿童死亡监测网。省、市（地）、县集资180万元，对18个县级妇幼保健所进行装备。获得“加中儿童基金会灾区儿童保健项目”和“灾区儿童营养监测与干预项目”资助经费28万元。完成各类计划生育手术493.95万人次，同时加强优生优育的宣传。

**农村初级卫生保健**　1991 年省农村初级卫生保健委员会正式成立。11 月，在洛阳召开了全省初级卫生保健经验交流会议，总结了 21 个试点县的工作经验，表彰了伊川、清丰等 10 个初级卫生保健试点先进县。

为加强农村三级医疗卫生网建设。完成装备 14 个县防疫站，18 个县妇幼保健所和 10 个县药品检验所的任务，为 20 所县医院解决了采暖锅炉。制定了《河南省乡（镇）卫生院建设“八五”计划和十年规划设想》及《河南省乡（镇）卫生院建设标准》，1991 年又投资 500 万元，资助 62 所老、山、穷地区乡卫生院建设。农村坚持集体办医，村或村民集体办的卫生所发展到 24 387 个，比 1990 年增长 11.4%；乡村医生联合办医疗点 7 444个，增长 6.7%；卫生院设点 1 887 个，增长 12.7%；乡村医生个体办医减少 7 209 个。全省 47 623 个行政村中，共设有医疗点 75 994个，平均每村有医疗点 1.6 个。全省有乡村医生 102 968 人，卫生员 32 059 人，接生员 34 087 人。实行合作医疗减免医药费的村由 1990 年 470 个发展到 667 个。

**中医事业**　1991 年，全省中医药人员发展到 32 694 人，中医医院 131 所，中医床位 13 788 张。有 76 所中医院达到国家中医药管理局的建设标准。6 所中医院被定为国家首批示范中医院建设单位，洛阳正骨医院被定为全国骨伤科治疗中心，省中医研究院被定为全国省级重点研究院。举办了首届中医护理技术比武和中医药理论与技术竞赛，为 16 位名老中医药专家选配了 27 位继承人，省安排培训在职中医药和管理人员 2 925 人。

有 26 项科研成果获省中医药科技进步奖，其中获国家中医药管理局二等奖和三等奖各 1 项；同时有 67 项课题被列入中医科研计划。

**医学科研和医学教育**　制定了《关于加强科技工作，促进卫生事业发展的意见》和《关于进一步做好医药卫生科技成果推广工作的意见》，确定了首批成果推广计划 21 项，推广了双瓮漏斗式厕所改造技术、有机磷农药中毒急救技术、烧伤湿润暴露疗法。新增科研课题 131 项，有 30 项成果获得省医药卫生科技成果奖，其中获卫生部二等奖 1 项，三等奖 1 项；获省科委二等奖 1 项，三等奖 5 项。

1991 年分配到医疗卫生单位的医药院校大专毕业生 2 315 人、中专生 4 297 人。把为农村培养卫生人员作为医学教育重点，18 所普通中等卫生学校招生 4 192 人，80%以上学生来自农村；20 所卫生职业中等专业学校招生 4 210 人，省卫生函授中等专业招生 2 443人，主要招收农村社会青年和乡村医生。

**卫生执法监督**　开展了全省药品质量大检查，共抽调药品监督检查人员 2 384 名，检查各级医疗卫生单位 44 609 个，检查覆盖率为 66.11%。检查药品 817 万批次，查处不合格药品 25 503 批次，折款 114.4 万元，不合格率为 0.31%。制定了《河南省药品抽验办法》和抽验计划，加强了经常性执法监督。全省共检验药品 15 855 件，不合格率为 17.4%。对查出的不合格药品均依法处理，保证了人民用药安全有效。

贯彻了《食品卫生法（试行）》、《传染病防治法》等卫生法律、法规和规章。在全省范围内开展了食品卫生监督员整顿工作，提高了执法监督水平，使全省食品卫生合格率达到 78.4%，食物中毒起数比 1990 年下降 26.09%，中毒人数减少 32%。破获了洛阳市少数饮食摊点在食品中添加罂粟壳的违法案件。

（曾繁玉）

## 开封市医学科研所向农村基层推广适宜技术

河南省开封市医学科研所于 1990 年制

定了向农村基层推广适宜技术的“523 工程”，计划用 5 年左右的时间，在病毒、细菌、免疫、生化、内分泌等 5 个方面，开发并引进科技成果，填补市级检验检测项目 50 个；在县级医疗卫生单位推广实用诊疗技术 20 项；在乡级普及适用医疗技术 30 项。同时，对全市 6 000 余名乡村医生进行有关专业知识培训，使全市区域整体医疗水平得到提高。

为更好地向基层幅射技术，把本所情报室建成全市医疗科技情报中心，该所主办的《开封医药》杂志专门开辟了基层实用诊疗技术、国外医疗技术集锦专栏，建立了可容纳 200 人的培训中心，成立了医疗科教仪器调剂经理部、医学检验试剂分装供应中心，形成了为农村基层服务的技术、信息、培训、设备、试剂的“一条龙”服务体系。该所培训中心已先后免费举办专业培训班 24 期，向 1 400多名农村卫生人员传授了气管炎敷贴、药物、菌苗三联疗法、有机磷农药中毒抢救新技术、微量生化快速检查法、厌氧菌培养等 15 项先进技术。据统计，全市 93 个乡卫生院和千余名乡村医生利用这些技术已接诊 60 余万人次，既减轻了农民进城看病的非医疗性消费，又减轻了城市医院的压力。该所针对市区医疗科技领域的空白，耗资 20 余万元，引进乙肝病毒 DNA 分子检测、脊髓灰质炎病毒早期诊断、内分泌激素测定等项目，接诊患者 3 万余人次。

（曾繁玉）

## 林县坚持集体办村卫生所 36 年

河南省林县有 94 万多人口，2 033 个村落分布在山区、丘陵中。由于坚持集体办医的方向，全县 536 个行政村都有集体办村卫生所，且 40％以上已达到甲级卫生所水平。不少卫生所拥有 X 线机、显微镜，能开展常规检验和小手术。

这些村卫生所中，有 142 所是 1955 年前后即已建立的合作社卫生所或联合诊所，已坚持集体办医 36 年。这些集体卫生所之所以能巩固发展，主要有以下几个因素：

1. 党政领导重视和支持。卫生主管部门能比较好地坚持社会主义办医方向和实事求是的思想路线。10 年动乱初期，只有林县保留下来联合诊所。实行农业联产承包责任制后，许多地方的原大队卫生所都随之解体了，代之以分散承包或个体开业，但林县仍坚持集体办所的方向，并采取了一系列适应新形势的管理措施；1990 年整顿社会乱办医，该县也没有搞“一刀切”，而是从山区居住分散、交通不便的实际出发，采取集体办医为主、多种形式并存的灵活政策，保留了自然村卫生室 133 个、个体开业医 187 个，方便群众就医。

2. 坚持一套独立核算、自主经营的独特管理制度和办法。县成立了农村卫生所管理委员会。乡设有管理小组，并制定有《卫生所管理条例》、《财务管理细则》、《行医开业守则》等制度，财务物价管理方面的帐、卡、表、册等也比较健全，乡管理小组每月审核一次卫生所的业务收入。同时各卫生所在经济上完全保持独立，乡卫生院不能侵占他们的财产，也不依附于生产大队（村委会）。

3. 重视提高乡村医生的培训。全县 2 000 多名乡村医生几乎都经过县卫生学校 1 年以上系统培训。1986 年起，该县又举办了 3 期 2 年制乡村医生进修班，培训 490 人。许多卫生所给外出进修学习的乡村医生照发工资。近几年送到市、县、乡医疗单位代培进修的已有 314 名，参加中等专业函授的 127 名。

4. 合理解决乡村医生报酬。县管委会统一规定村卫生所人员基本工资分为 7 级，最高 97 元，最低 58 元，另加工龄工资和各项补贴；资金则由乡管理小组每半年审核一次，视各所经营情况发放。县卫生局和村民委员会每年拿出一定数量补助费补助从事防疫、妇幼保健的乡村医生。最近，又推行了乡村医生养老基金制，解除了乡村医生“老无所养”的后顾之忧。

由于林县坚持集体办医，预防保健工作也搞得比较好。全县已有80%人口饮用自来水，2万多农户改用卫生厕所，计划免疫“四苗”接种率为95%以上，传染病明显减少。

（曾繁玉）

## 湖 北 省

**基本情况** 1991年全省有各类卫生事业机构10 509个，比1990年增加37个，其中医院2 111个，门诊部（所）7 824个，防治防疫机构238个。卫生部门的卫生事业机构2 445个，比1990年增加256个，工业及其他部门卫生事业机构4 607个，比1990年减少34个，集体所有制卫生事业机构3 390个，比1990年减少178个。全省各类卫生事业机构中，医院2 111个，比1990年增加87个，其中县及以上医院502个，比上年增加19个，中医院77个，比上年增加2个，区乡卫生院1 529个，比上年增加66个。防治防疫机构238个，比1990年增加5个，妇幼保健机构98个，比上年增加2个，中等医学教育机构增加1个。

1991年全省卫生病床总数为165 219张，卫生部门病床数为114 904张，比1990年增加4 303张。医院病床数为134313张，比1990年增加2734张，其中县及以上医院病床增加2 520张，区乡卫生院病床数为45370张，比1990年增加49张，专科防治所（站）病床数为7875张，比上年增加219张，门诊部（所）病床数为18964张，比1990年减少1362张。

1991年全省专业卫生人员总数为275 060人，比1990年增长2.81%，其中卫生技术人员数为215 493人，比1990年增长3.03%。全省卫生部门专业卫生人员183 367人，比1990年增加10 552人，工业及其他部门专业卫生人员68 050人，比1990年减少941人，集体所有制专业卫生人员20 416人，比1990年减少3 832人，私人开业的专业卫生人员2 855人，比1990年减少55人。全省专业卫生人员中具备中专学历以上的人数为1 58346人，比1990年增加10 788人，其中本科生以上的人数为21 983人，比1990年增加991人，专科生人数为30 314人，比1990年增加2 074人，中专生人数为106 049人，比1990年增加7 723人。

**卫生防疫** 全省计划免疫实现了以县为单位免疫接种率达到85%以上目标，“四苗”全程接种率为85.94%，“四苗”基础接种率分别为：卡介苗97.10%，脊髓灰质炎92.47%，百白破89.88%，麻疹疫苗91.52%。完成了20万人的丝虫病横向监测和20个县市晚期病人的监测任务。制定了卫生监督监测工作分级管理实施方案，完成了洪湖、武穴两市乡镇工业职业卫生服务需求与对策研究的第一阶段工作和全国放射防护工作示范试点工作，并通过卫生部考核验收。

全省农村改水受益人口2 970万人，占农村人口的66.9%，其中自来水受益人口1 540万人，占农村人口的34%，占改水受益人口的52%。有32个县（市）超额完成改水计划。全省已完成“七五”农村自来水普及率指标，武汉市完成农村改水受益率和自来水普及率两项指标。仙桃等6个县（市、区）农村自来水普及率为80%以上。全省在44个县（市）开展农村改厕试点工作。麻城、钟祥等14个重点县市以及黄石、宜昌、十堰、鄂州等地市普遍开展了大面积的灭鼠活动，鼠密度大幅度下降。1991年1～10月，全省流行性出血热发病人数比1990年同期下降23.1%，黄石市、宜昌市被授予“灭鼠先进市”称号。

**妇幼卫生** 全省新法接生率为88%，新生儿破伤风发病率为0.58%，住院分娩率为

51.94%，孕产妇系统管理覆盖率为78.34%，计划生育手术死亡率控制在0.66/10万以下。完成了全省5岁以下儿童死因流行病学调查，摸清了全省儿童死亡率、婴儿死亡率和新生儿死亡主要原因及死因顺位，对危害儿童健康的主要疾病提出了防治措施，制定了全省妇幼保健事业发展十年规划和“八五”计划，提出了全省妇幼保健事业发展的主要目标与指标。

**中医工作** 组织实施国家中医药管理局的“杏林计划”，成立湖北省示范中医医院评审领导小组和湖北省示范中医医院检查团。湖北中医学院附院、沙市市中医院、襄樊市中医院、仙桃市中医院、公安县中医院被列为全国示范中医医院建设单位。组织开展中医医院分级管理试评工作，选定试评单位，制定了全省中医医院分级管理试评方案，落实了老中医药专家学术经验继承工作，召开了全省继承老中医药专家学术经验拜师大会。中医科研成果获国家中医药管理局科技进步一等奖、二等奖各1项，三等奖2项，获省科技进步三等奖2项。

**医政工作** 召开了全省医院分级管理试点工作会议，确定在同济医院、省人民医院、荆州地区医院、襄樊市中心医院、武汉市二医院、武汉市六医院、江陵县观音卫生院等18个单位进行医院分级管理试点工作。制定了《湖北省医院分级管理办法实施细则（试行草案）》和湖北省一、二、三级医院评审细则。加强全省血源定点划片管理工作。新增加江陵、远安、黄陂、随州为全省农村实施初级卫生保健试点县（市）。与省职称改革办公室联合下发了《关于印发〈湖北省村级卫生技术人员晋升技术职务专业理论知识教育实施方案〉的通知》和《关于认真做好村级卫生技术人员技术职务聘任工作的通知》，开展了村级卫生技术人员技术职务聘任工作。

**医学科研** 制定了湖北省卫生厅医药卫生科技进步奖励实施办法、湖北省医药卫生查新检索管理制度、湖北省医药卫生科技计划管理办法。将湖北省卫生厅医药卫生成果奖改为湖北省卫生厅医药卫生科技进步奖，成立专门评审委员会，对申报的129项成果进行评审，78项成果获奖，其中一等奖4项，二等奖23项，三等奖51项；获1991年度湖北省科技进步奖23项，其中二等奖6项，三等奖17项；获卫生部科技进步奖5项，其中二等奖2项，三等奖3项。

**地方病防治** 全省血吸虫病疫区开展了大规模查治病人和查螺灭螺工作，在遭特大洪灾情况下，全省血吸虫病疫情没有发生大的回升，晚期血吸虫病人减少380人。咸宁市、当阳市和一部分乡镇达到消灭血吸虫病标准。全省氟病区有2.6万农户改建降氟炉灶，完成改水降氟工程24处，共有受益人口13万，全省地方性甲状腺肿病区的66个县（市）开展了病情的三级监测和盐业市场的监督检查。

**卫生法制建设** 《湖北省食品卫生监督行政处罚暂行办法》和《湖北省血吸虫防治条例》经省人大、省政府颁发执行。严格执行《药品管理法》，开展全省药品质量大检查，覆盖面为90%左右，对全省300多个地方西药标准的品种进行评价，推荐214个品种作为卫生部药品标准，完成第2次换发“三证”工作，共核发《药品生产企业许可证》187家，《药品经营企业许可证》2 307家，医院《制剂许可证》332家。对全省49个使用放射性药品的医疗单位核发了《放射性药品使用许可证》。加强了对进口药品的检验和管理，共检验进口药品975件128种，检出不合格进口药品11批。全省共监测各类食品24万件，合格率为79.6%，比1990年上升1.6%，销毁、没收、禁止出售不合格食品589吨，实行行政处罚5.2万余次。全省发生食物中毒39起，比1990年下降50.1%，武穴、京山、仙桃、枝城、宜昌、蒲圻、老河口、丹江口、恩施、咸丰等10个县（市）达到省定食品卫生达标县标准。

**其他卫生工作** 1991年12月省政府转发了《省财政厅、省卫生厅关于加强公费医疗管理工作的意见》,全省推行公费医疗经费由医疗单位管理的办法,合理核定公费医疗基数,结余医疗经费可用于改善医疗条件,超支部分由享受单位,财政和医院合理负担,医院负担部分不超过15%。实行公费医疗经费与公费医疗享受者经济利益适当挂钩,个人自费比例10%～20%,对离退休人员、二等乙级以上革命伤残人员及特殊病患者给予适当照顾。

各地、市、州根据医疗收费标准分级管理办法,对地管的部分医疗收费标准进行调整,重新制订医疗收费标准2 700多项。确定了世界银行中国传染病控制项目的湖北“地方病防治项目”和“结核病防治项目”贷款数额和贷款承诺原则、配套资金初步方案。

完成了全省晋升高、中级卫生技术职务的外语、医古文考试和晋升中、初级卫生技术职务基础现论、专业知识考试工作。制定了《湖北省卫生技术人员下派工作暂行规定》、《关于卫生技术人员下派工作划区分片的通知》。

(郭美松 张效武)

## 省人民政府加强农村卫生工作

从1991年开始,省政府要求各级政府加强农村卫生工作,准备用10年时间,每年重点建设100个乡(镇)卫生院,建设初期优先安排贫困地方,卫生院的业务用房等基建经费,卫生院的人才培训经费,由当地政府统筹解决,省财政对卫生院的设备购置给予适当补助。坚持和完善面向农村,尤其是“老少边穷”地区的定向招生、培养、分配制度,到1995年使全省乡(镇)卫生院大专以上毕业生占卫生技术人员的10%,中心卫生院达到15%。鼓励各地通过多种途径对乡村医生进行系统的中等卫生专业教育和培训,使新上岗的乡村医生达到中等专业水平,在岗乡村医生逐步达到中等专业水平。择优录用已取得师级卫生技术职务的乡村医生到全民和集体医疗卫生单位工作。全省每年择优招收一定比例的乡村医生到普通中等卫生学校学习,毕业后回本县分配到县以下医疗卫生单位工作,对分配到县以下农村基层医疗卫生单位工作的大学本科及专科毕业生,实行先到县以上医疗卫生单位进修学习1～2年后回到原基层单位工作的制度。

## 开展创建卫生先进县和卫生县城活动

1991年全省农村通过制订创建卫生先进县、卫生县城实施方案和卫生先进县10条标准、卫生县(市)城4大指标,开展创建卫生先进县和卫生县(市)城活动,促进全省农村初级卫生保健工作。

卫生先进县10条标准:

1. 县、乡政府年度卫生事业拨款占两级财政总支出的8%;

2. 县、乡、村三级医疗卫生保健网健全(村有卫生室或防保点,甲级村卫生室覆盖率50%),合作医疗覆盖率50%,每年递增5%;

3. 农村居民饮用“安全卫生水”普及率70%;

4. 农村居民家庭“卫生厕所”(作无害化处理)普及率15%;

5. 孕产妇死亡率每年递减5%;

6. 婴儿死亡率每年递减3%;

7. 儿童“四苗”单苗接种率达到85%;

8. 法定报告传染病发病率每年递减3%;

9. 县(市)所在地城镇达到省定卫生县

（市）城标准；

10. 县（市）有中医院，乡（镇）卫生院有中医门诊，村卫生室有中医诊疗手段，中医床位（不包括中医院）占病床总数的50%。

卫生县（市）城指标：

**一、环境卫生**

1. 垃圾清运率：100%；

2. 垃圾无害化处理>15%；

3. 有蝇房间不超过3%。

**二、公厕卫生**

1. 按建设部《城市环境卫生设施标准》的要求，设置足够数量的公厕（1000人/公厕面积5～10平方米）；

2. 水冲式厕所占70%以上。

**三、灭鼠**

1. 鼠密度：粉迹法5%以下，夹夜法10%以下；

2. 发现鼠洞、鼠粪、鼠咬痕的阳性房间不超过2%。

**四、食品卫生及公共场所**

1. 食品卫生合格率>80%；

2. 微生物性食物中毒发生率<4/10万；

3. 餐具消毒率>98%；

4. 餐具消毒合格率>80%；

5. 公共场所直接为顾客服务的从业人员体检率100%；"五病"调离率100%。

各地、市、州报经省政府审定，达到卫生先进县（市）标准的，由省政府授予"卫生先进县（市）城"称号并给予奖励。

## 湖北省救灾防病工作

1991年，全省各地遭受历史上罕见的特大洪涝灾害，全省卫生部门1 480个医疗卫生机构受灾，其中县（市）级医疗机构53个，乡（镇）卫生院（所）1 405个。因水灾完全损坏的乡镇卫生院50个，乡卫生所106个。药品损失价值661.9万元，医疗器械损失9 501台（件），价值379.7万元。灾害发生后，全省各级卫生部门和医疗卫生单位开展了对传染病的预防与控制以及灾区的医疗救护工作，成立了疫病防治领导小组和办公室。全省共落实救灾防病专款1 623.7万元，下发消杀灭药品690吨，血吸虫病治疗药品6 000瓶，低容量喷雾器17台，鼠夹3 600只，鼠笼100只，转拨丙种球蛋白7 500支。灾区普遍开展了饮水卫生、食品卫生、除害灭病，血吸虫防治等工作，共修复各种供水设施9.8万处，井水消毒141.8万口，饮水消毒覆盖人口743.5万，现场施放消杀灭药品750吨，面积达0.4万平方公里，清除垃圾820多万吨，高温积肥191.8万立方米，新建改建厕所40多万个，9 877个村落实疫病防治措施。全省各级卫生部门和部队医院、厂矿企业医疗卫生单位派出10 365名医务人员，组成2 212支疫病防治工作队深入灾区，携带530多万元药品和51万多元的医疗器械，免费为灾区群众提供多种医疗卫生服务。省健康教育所编印防病治病专辑35万份，制作"灾区饮水消毒"、"急性血吸虫病防治"电视专题片，在省、地、县电视台播放，编印下发《抗洪防病饮水消毒技术常规》、《急性肠道传染病疫点消毒杀虫技术常规》以及漂白粉（片）饮水消毒使用说明书。举办疫病防治学习班640期，培训15 720人，派出14 300多人次到灾区宣传卫生知识。

省红十字会转发中国红十字总会下拨的救灾物资及香港、国内外部分厂家捐赠的救灾物资，价值2 000万元，将中国红十字总会下拨和中山、江门、上海、广州等红十字会捐赠的救灾款337.2万元送往灾区。全省各地红十字会将义诊义演收入和募捐款39.75万元，粮票11.2万斤等全部发到灾民手中。

全省传染病总发病率与1990年相比，下降4.53%，其中细菌性痢疾下降7.13%，脊髓灰质炎下降96.8%，百日咳下降48.05%，白喉下降87.5%，钩端螺旋体病下降

28.3%，乙型脑炎下降 43.67%，疟疾下降 6.91%，血吸虫病疫情没有发生大的回升，急感发病人数为 3 004 人，实现了大灾之后无大疫的目标。

（郭美松　张效武）

## 湖　南　省

**基本情况**　1991 年，全省有卫生机构 10 557个，比 1990 年增加 5 个，其中卫生部门 1 733 个，工业及其他部门 5 611 个，集体所有制 3 213 个。机构总数中，医院 4 219 个，其中县及县以上医院 592 个；疗养院 16 个；专科防治站（所）79 个；卫生防疫站 146 个；妇幼保健站（所）129 个；药品检验所（室）112 个；医学科研机构 5 个；高等医药院校 4 所；中等医药学校 13 所。有卫生工作人员 217 321 人，比 1990 年增加 2 853 人，其中卫生技术人员 178 106 人，比 1990 年增加 722 人。全省共有病床 148 735 张，比 1990 年增加 977 张，其中卫生部门 85 594 张，工业及其他部门 32 419 张，集体所有制 30 722 张。

**预防保健**　各级防疫站共完成基建投资 1 394 万元，建房 2. 8 万平方米；添置价值 165 万元的设备 390 台件。各级妇幼保健站完成基建投资 786 万元，建房 2.5 万平方米；添置价值 169 万元的设备 299 台件。全省计划免疫工作如期实现第 2 个 85%的目标。与计划免疫相对应的传染病，除脊髓灰质炎外，均达到国家控制标准。1991 年，全省发生水旱灾害，各级卫生部门和医疗卫生单位开展了防病救灾工作。派出 1 285 支医疗救护队 5 710人，诊疗病人 64.5 万人次，免收诊疗费 215 万元；派出防疫工作队 560 支 2 596 人，开展卫生防病知识宣传、环境消毒、饮水饮食卫生管理、疫点处理和疫苗抢种工作；向灾区调拨运送了价值近 300 万元的医疗防疫药品。传染病发病总数和死亡数分别比 1990 年减少 8.24%和 38.71%。

血防工作。在洞庭湖区遭到严重洪涝灾害的情况下，有效地控制了疫情，急性血吸虫病的发病数仅 700 多人，比 1990 年同期减少 26%。

卫生监督监测。各类食品卫生监测总合格率为 83.6%，比 1990 年提高 1 个百分点。全面开展了劳动卫生的监督与管理。化妆品抽检合格率为 82.86%，比 1990 年提高 2.5 个百分点；各类公共场所监督监测覆盖率为 96%。国境卫生检疫共查验出入境飞机 133 架次，查验出入境旅客 23 501 人次；完成出国人员体检 1 708 人。

妇幼卫生。全省新法接生率为 96.92%，新生儿破伤风发生率控制到 0.34‰，孕产妇死亡率控制到 5.68/万，婴儿死亡率控制到 50‰左右；全省计划生育手术并发症发生率控制到 0.68‰，节育手术死亡率控制到 0.81/10万。

健康教育。又有 23 个县（市、区）达标。《大众卫生报》年发行 18 万份，比 1990 年增加 3 万份。加强了重点人群的健康教育，食品从业人员的健康教育培训率为 98%；医院卫生宣传教育率为 78%；有 3 700 所完全小学健康教育开课率为 100%，有 1 200 所村办小学卫生课开课率为 90%。

爱国卫生运动。全省新建垃圾站 95 座，水冲式公共厕所 89 处，新修城市道路 54 万平方米，新开下水道 29 397 米，绿化市区植树 453 万株。有 24 个城市灭鼠工作达标。岳阳市创我国南方第一个灭蟑先进市。农村改水共投入改水经费 8 100 余万元，新建各类水井 53 472 口，改建自来水工程 5 100 处，农村居民饮用清洁卫生水的人口新增 391.26 万，其中有 160 万人饮用自来水。

**农村卫生**　有 8 个地市、56 个县市政府承诺了初级卫生保健责任，157 个乡镇分别被列为地、县初级卫生保健试点乡，实行初级卫生保健的县、乡数比 1990 年分别增加 3 个和 90 个。1991 年，省政府增列 100 万元专款，省卫生厅从维修费和设备费中拿出 200

万元，用于农村区、乡卫生院建设。各级政府共筹集 3 988 万元，为区、乡卫生院建房 14.25 万平方米，其中 143 所区乡卫生院 2 万多平方米的危房得到改造。添置价值 9.8 万元的设备 3 586 台件。全省有 42 598 个行政村建立了卫生室，占行政村总数的 87.8%，其中有 66.08%达到“六有”建设标准，有 11.3%的村卫生室由集体办。全省有 682 个县以上医疗卫生单位向 781 个对口边远贫困山区基层医疗卫生单位进行技术支援，共派出卫生支农队 682 支，卫生技术人员 4 526 名，帮助对口单位开展新技术项目 681 项，推广新成果 402 项。优惠或免费培训当地卫生技术人员 306 名，抢救各类危重病人 9 871 例。赠送价值 29.9 万元的医疗器械 1 219 台件。

**中医工作** 全省县以上中医和中西医结合机构共投资 1 394 万元，建房 2.8 万平方米，添置价值 165 万元设备 390 台件。全省又有 13 家中医医院急诊科室达标。慈利、浏阳、衡东 3 县为全省农村中医工作试点县，制订了“关于加强农村中医工作试点县建设的意见”。经国家中医药管理局批准，浏阳、慈利县，衡阳、株洲市及湖南中医学院附一院被确定为全国示范中医医院创建单位。经全省考察推选了 14 位老中医药专家作为国家级中医药专长绝技继承人，为其配备主治医师以上职称的助手 24 人。继续从名老中医子弟和中药在职人员中，通过成人考试录取了 4 批中药学徒 48 名。1991 年，全省中医科技工作实行了计划单列，制定了《中医药科技工作“八五”计划》，成立了湖南省中医药科技专家委员会，全省有 47 项课题列入年度中医科研计划。又有 32 项中医科技成果获厅级以上科技进步成果奖，其中，获省、部级科技进步成果奖 9 项。全省组织推广新成果、新技术 174 项，开展新诊疗项目 473 项次，开设新专科 169 个。重点抓了“《常见急症中医诊疗方案》编写”、“中药剂型改革研究”、“中医药治疗乙型肝炎研究”3 个科研项目的实施。加强了中药饮片质量管理。省卫生厅与省人事厅联合举办了中青年中药专业技术人员理论知识和操作技术比赛。又有 36 家中医医院中药汤剂室达标。成立了集科工贸为一体的国药经济技术开发公司。

**医学教育与科技** 从 1991 年 2 月起，在全省范围内开展了卫生技术人员现状调查和制定人才培训规划工作。进一步完善了“三定向”招生制度，拟定了先签定合同，后发录取通知以及毕业后任何单位不准截留和改派的办法。开展了医学类教学评估工作。改革了医学成人大专招生考试，增加了在职人员的录取机会。据统计，1991 年省电大卫生分校的招生以在职人员为主，共招收 400 名学员，15 所职工中等专业招收 1 200 名学员。开展了在岗乡村医生系统化教育，全省共招首届学生 3 000 余人。

共受理科技成果鉴定目 84 项，通过鉴定 53 项。全省共有 106 项医学科技成果获厅以上科技进步奖。其中，“脑水肿实验与临床研究”、“微爆破肝胆管内碎石研究”达国际水平。成立了省科技成果推广服务中心，有 11 个地市成立了科技成果推广站，50%的县成立了科技成果推广服务点。全省共举办科技成果推广学习班 176 期，培训 2 万多人次，推广科技成果 590 项。特别是烧伤湿润膏暴露疗法和有机磷中毒抢救新技术已在全省 70%以上的县级医院推广应用，其抢救成功率由过去的 61.2%提高到 96.7%。

**治理整顿**

1. 对“三乱”的治理 ①治理社会乱办医、整顿社会医疗市场。全省共整顿社会医疗机构 3 475 个，整顿个体开业行医 6 043 家，完成医疗机构注册发证 7 431 个，取缔游医药贩 4 381 个。②治理社会乱办学，整顿医学教育秩序。③治理社会乱办药，整顿不合格药品生产经营。全省取缔无证无照药品生产经营单位及个体 2 048 个，整顿不合格药品生产经营单位及个体 1 667 个。

2. 医疗卫生单位内部整顿　①强化质量管理。全省县以上医院建立了质量控制机构和质量控制队伍，有 822 所医院实行了全面质量管理。②各医院强化自我约束机制，实行自查自纠、自我监督，严格执行国家物价政策。③强化内部审计，实行定期自审自查和定期审计相结合的制度。省直各医疗卫生单位自审自查总金额 3 940 万元，自查发现违纪违规行为 77 起、金额 23 万多元。④实行廉政廉医制度，加强群众监督。全省有 3 027所医院建立了廉洁行医制度，聘请社会各界医政监督员 3 759 名，设立监督电话、信箱 1 125 处，聘请物价监督员 1 507 人。试行医院分级管理，成立了湖南省医院评审委员会，聘请了一批医院评审员，设立了医院分级管理办公室，在湖南医科大学各附属医院、株洲市中心医院等 11 所医院进行了分级管理试点。

**卫生执法**　开展了“卫生执法年”活动。加强《药品管理法》、《食品卫生法》、《传染病防治法》以及《湖南省血吸虫病防治管理条例》、《湖南省中医管理条例》等卫生法律法规的宣传。出动宣传车，利用新闻媒介播刊进行宣传。举办卫生法规学习班 1 479 期，培训各类人员 13 万多人次，编印卫生法规宣传资料 17 万多份。查处了一批不符合卫生要求的食品，销毁变质食品 49 万公斤。各地巡回监督食品生产经营单位 39 万户次，行政处罚 1. 8 万户次。食物中毒起数、人数和死亡人数分别比 1990 年减少 47. 5%、66. 10%和 55. 60%。全省共查处假劣药品案件 3 680 起，没收销毁假劣药品 66. 4 万公斤，罚款 20 余万元。全省共抽调 4 500 余名药品监督管理人员，组成 401 个小组，对 35 025 个医药经营和医疗卫生单位进行检查，重点清查了邵东廉桥及长沙桥东两大药材市场，共清查出销售价值约 200 多万元的假土霉素、氯霉素、四环素等 20 多种假劣片剂 2 000 多万片，针剂 100 多万支，其他剂型 3 万多包，假劣药材 50 吨。

（何汉文）

## 广 东 省

**基本情况**　1991 年广东省总人口为 6 308. 8万。全省共有卫生机构 9 032 个，其中卫生部门 2 789 个。在机构数中，医院 1 906所，比 1990 年增加了 21 所，疗养院所 50 个，门诊部所 6 366 个，专科防治所站 156 个，卫生防疫站 152 个，妇幼保健所站 64 个，药品检验所室 95 个，医学科研机构 17 个，高等医药院校 7 个，中等医药学校 31 个，其他卫生事业机构 188 个。全省拥有病床 129 774 张，其中医院病床数 119 079 张，疗养院床位 7 263 张，其他机构床位 3 432 张。医院的床位比 1990 年增加 5 023 张，增长 4. 4%。全省共有卫生工作人员 249 717 人，比 1990 年增加 5 678 人，增长 2. 3%。在卫生工作人员总数中，卫生技术人员 199 051 人，其他技术人员 4 476 人，管理人员 19 029 人，工勤人员 27 161 人。个体开业行医 8 525 人。全省有乡村医生 21 939 人、农村接生员 24 009 人。全省每千人口占有医院床位数 1. 89 张，卫生技术人员 3. 16 人。

**农村卫生**　1991 年省卫生厅主要抓了两件事：①与人大代表座谈当前农村卫生工作的困境。省人大七届四次会议主席团通过了把“要求摆脱乡镇卫生院困境问题”作为重点议案，要求省政府提出解决办法；②省政府召开全省农村卫生工作会议，印发了《关于加强农村卫生工作的通知》。省政府作出决定，理顺乡镇卫生院为全民所有制单位，对经费等问题作了明确的政策规定，解决乡镇卫生院的危房和基本配套建设的经费来源问题。1991 年全省已投入近 1 亿元用于乡镇卫生院的建设，其中第一批选择了 12 个市的 136 所卫生院，共筹集资金 4 698 万元；第二批整顿建设的卫生院正在调查核实和签订协议书。陆河县是该省有名的穷县，县委、县政府三年来发动群众集资620万元办卫生事业。其中县财政160万元，乡镇政府90万元，投入改造卫生院危房230万元，全县8个卫生院中有7个正在改造中。惠州市和各县政府决定每年集资700万元，连续三年完成卫生院的危房改造工程，1991年已集资1 400多万元，有44个卫生院动工兴建，占卫生院总数的1/2。

各地在加强卫生院建设的同时，抓紧管理农村区卫生站的整顿建设工作，贯彻以集体办为主的方针，推广合作医疗保健制度，使农村三级医疗预防保健网得到进一步的巩固发展。佛山市广大农民群众的健康保健意识提高，积极参加合作医疗，全市参加合作医疗人数为79万多人，占农村人口的46.04%，比1990年增加了31.1%，其中顺德县占71%，南海县占85%。

组织省市医院支援农村。推广了汕头市第二人民医院与澄海县医院合作的经验。广州、深圳、佛山等7个市与清远、梅州、汕尾等7个市、县建立了对口挂钩关系。广州地区14所医院与14个山区县医院和部分卫生院定点挂钩两年，帮助该院达到同级甲等或乙等医院的标准要求。肇庆市80多所市县医疗卫生单位挂钩扶持乡镇卫生院，派出了90多批450多名医疗骨干。

**初级卫生保健** 推广南海县开展初级卫生保健工作的经验。创办了《人人保健》杂志，加强宣传教育工作。1991年6月，开展了宣传发动工作。对21个试点县（市）进行了试点阶段期末评价，有10个单位基本达标。

**卫生防病** 经卫生部随机抽样确定13个县（区），调查了4.06万户居民，2 734名适龄儿童。建册率达99.52%以上，“四苗”全程接种率达96.52%。全面推广计划免疫保偿制，惠州市入保率达到80%以上，有的县达到91%。

搞好城乡爱国卫生运动。珠海市灭鼠工作通过省达标验收，灭蚊工作已列入全国试点；佛山市全面开展了灭蟑螂活动；深圳市城区灭蝇工作、宝安县灭鼠工作，均验收达标。目前全省19个城市中，灭鼠工作通过全国和省验收达标的有11个市。农村改水人口220万，累计全省农村饮用清洁水约4 800万人，占农村人口的89%，其中饮用自来水2 749万人，占农村总人口的51.3%。1991年，在遭受严重干旱和历史上罕见的强台风袭击的情况下，没有发生传染病的大流行。狂犬病疫情下降42.9%，血吸虫病、丝虫病、地方性甲状腺肿病的灭病成果得到巩固。19个市进行了妇幼保健保偿制试点，全省孕产妇系统管理率为55%，儿童系统管理率为30%。进一步健全了肿瘤防治网络，充实更新了一批设备，完成了全省肿瘤全死因抽样调查的总结分析工作。

**医院分级管理** 在佛山、韶关两市进行了医院分级管理试点工作。分别确定了2所医院为三级试点医院、7所医院为二级试点医院、30所医院为一级试点医院。经省、市、县三级评审委员会的评审，评出三级甲等医院1所，三级乙等医院1所，二级甲等医院5所，一级甲等医院23所，1所中心卫生院被破格评为二级乙等医院。

**纠正不正之风** 1991年提出了全省卫生系统纠正不正之风工作的阶段性目标要求。卫生部调查组对广州、深圳、珠海市进行了调查，印发了《特区不特殊，坚持抓廉政，广东省卫生系统行业不正之风有成效》的简报。对全省10所医院进行了行业作风的调查。据对1 007份问卷调查，对医生的服务态度表示满意的占89.5%，对医生技术水平反映好和比较好的占85%，对医疗质量投信任、较信任票的占96%。

（冯鎏祥）

## 广东省人民医院采取多渠道多形式科技支农

广东省人民医院近几年，通过多渠道、多形式进行科技支农，该院的主要做法是：

1. 请进来，为基层培训卫生技术人员。该院从1980～1990年，共接收进修生3 221人，其中县级以下医疗单位的进修生1 898人，占进修生总数的58%。并采取一系列措施：①免除对来自县和县以下医疗单位卫生技术人员来院进修前的录取考试；②学习时间灵活掌握，对不能坚持半年至1年进修的，安排3个月；③举办短训班，如各种专业理论知识更新班、新技术推广班、急诊抢救提高班等；④专业安排上给予照顾，一个人可以进修两个以上专业；⑤进修费从优，一般降低20%不等。

2. 走出去，就地传帮带。①按需派出。该院到受援单位进行实地考察或请进来协商，然后签订“协议书”。遵照双方协议做到按需派出。如宝安县第二人民医院，原是镇级医院，1989年4月升为县级医院。双方签定了协议书，自1991年1月，对该院内科、外科、麻醉、护理及主要技术诊断部门作为第一阶段支援的重点。7月后增派儿科、妇产科、放射、检验专业。同时根据颅脑外科较薄弱的实际情况，选派1名外科医生到省人民医院进修脑外科，为该院派出的脑外科专家到基层开展工作创造条件。类似这样的医疗联合体，该院共办了6个。②发挥省医院优势，帮助基层医院搞好专科建设。心血管专业是该院的专科特长，他们选择了心血管疾病的高发区，并具备开展心外科手术条件的番禺县人民医院，作为以防治心血管疾病为中心的联合点。70年代初就开始有计划地培训心内科、心外科、麻醉、人工心肺机、复苏、监护、X光等技术诊断的全套技术人员。以后，该院技术小组到番禺县人民医院开展心血管疾病外科手术，同时开展心外科专科建设。③定期或不定期派出相结合。如派往三水县的金本、河口镇卫生院的内儿科支农医疗小组是每3个月轮换1次，已坚持三年。派往宝安县第二人民医院的医疗小组是每个月换1次，现已派出8批，每批3～4个不同专业。派往南海县大沥镇卫生院的医疗小组每周固定一天，由3～4个专业组成。

3. 技术支农与科研工作相结合。该院在技术支农的过程中，与科研工作相结合，促进了科研成果的转化。国家“七五”攻关课题——风湿热调查的风湿性心脏瓣膜病的一级预防，历时4年通过对不同条件、不同地区的调查比较，共监测364 195人，得出了我国青少年风湿热的发病率、复发率及风湿性心脏病患病率的可靠数据。该成果1991年分别获省卫生厅科技进步奖和省政府科技进步奖。

（冯鎏祥　郭立珍）

## 广西壮族自治区

**基本情况**　1991年，广西壮族自治区（下称全区）有卫生机构5 865个，病床数77 120张，其中医院病床71 323张，卫生人员137 363人，其中卫生技术人员110 577人。平均每千人口拥有医院病床数1. 66张，拥有卫生技术人员2. 57人。卫生事业经费支出决算占财政支出决算的3. 63%，人均有卫生事业经费5. 97元。卫生基本建设投资完成额2 600万元。新设立的机构有：卫生厅政策法规处、广西医学院附属肿瘤医院。

**农村卫生和初级卫生保健**　1991年5月，自治区人民政府召开了全区卫生工作会议，成立了广西壮族自治区初级卫生保健委员会及其办公室，制订了《广西农村实施“2000年人人享有卫生保健”规划目标的意见》。至年底，已有桂林、北海、钦州、南宁等9个市、地及阳朔等59个县成立了初级卫生保健领导机构及其办事机构。

成立了广西壮族自治区乡（镇）卫生院抢建领导小组及其办公室，向全区发出关于抢修乡（镇）卫生院危房及建设新分乡（镇）卫生院的通知。自治区计委、财政厅、卫生厅共同制订了实施细则。中央和自治区财政给予1 100万元补助，各地、市、县、乡也广泛筹集配套资金，1991年落实首批抢修危房和新建卫生院共215项，重点先解决老、少、边、穷的县乡。

自治区体制改革委员会办公室作出向乡、镇政府放权的试行方案，明确了将乡、镇卫生院管理权下放给乡、镇人民政府，经试点，一些地方已逐步推开。

**全国第四届少数民族运动会（下称“民运会”）卫生保健** 自治区人民政府和南宁、桂林等区辖5市人民政府为加强民运会的卫生保健工作，全区开展了创建卫生城镇的爱国卫生运动。南宁市完成了城市卫生软、硬件的建设任务，全国卫生城市柳州和旅游城市桂林的卫生状况得到了进一步巩固和发展。桂林火车站、南宁5/6次列车达到国家卫生车站和列车标准。桂林市实行上门收集垃圾有偿服务，6.8万户居民接受了这种服务。全区有146个单位被授予自治区级爱国卫生先进单位。

卫生行政部门和医疗卫生单位加强了民运会期间的食品卫生和公共场所卫生监督监测工作，防止了食物中毒的发生和传染病的暴发流行。组织了157名医疗卫生人员为民运会卫生医疗保健服务。完成了近1.5万名运动员、裁判员和海内外宾客的保健与医疗任务。

**卫生执法检查** 自治区人大常委会决定在全区开展执法检查。各级卫生行政部门和医疗卫生单位普遍进行了国家《宪法》、《民族区域自治法》、《行政诉讼法》和卫生专业法律的知法守法教育及执法守法教育。提高了卫生行政机关和执法单位工作人员的执法水平。对极少数执法人员违法行为作出处理。

**治理整顿与改革** ①自治区人民政府批准了全区新的医疗收费标准，改变了医疗收费乱的状况。②卫生厅与工商行政管理等部门联合颁发了《广西壮族自治区医疗广告管理办法》，纠正了乱做医疗广告的现象。③加强对个体开业行医及社会力量办医的管理，在各地清理整顿的基础上，组织地市交叉检查，重点检查了自治区辖5市、4个郊区及21县的71个镇对《广西壮族自治区个体开业医务人员和联合医疗机构管理暂行规定》的执行情况。④卫生厅向各地卫生部门下发了《广西卫生系统加强廉政建设切实纠正行业不正之风的暂行规定》，各地把纠正行业不正之风列入单位责任制管理目标。象州县卫生监督和药品监督执法单位实行标准、发证、制度、处罚、各项收费价格、办事结果“六公开”。⑤许多县、市加强管理措施。如南宁市颁发了《市卫生局关于整顿医疗卫生服务秩序的若干规定》，贺县卫生局制订了《贺县医疗卫生单位责任目标考核奖罚暂行规定》，桂林市卫生局与医疗卫生单位签了综合目标责任合同制管理的第2轮合同；⑥各级医院普遍开展了“优质服务”活动。

**工作进展** ①继续巩固全区消灭血吸虫病成果，在宜山、德保两县发现残存螺点，经检查活螺分别为209只和164只，均为阴性，查人和牛、鼠等动物，均无阳性感染；②全区新增25个县达到消灭丝虫病标准，累计达标县市已有41个；③新增9个县市达到消灭或基本消灭疟疾标准，全区累计达标县市已有44个；④全区“四苗”全程接种率以县为单位达85%的目标；⑤至11月，共发生法定报告传染病75 156例，死亡315例，分别比1990年同期下降12.50%和25.53%，其中下降幅度较大的有病毒性肝炎、痢疾、麻疹、百日咳、流行性脑脊髓膜炎、钩端螺旋体病等。脊髓灰质炎在来宾等县流行，至11月，已发病324例、死亡21例。新发现麻风病

126 例；⑥救灾防病工作取得成果，全区有 38 个县市遭受旱、涝、风灾，自治区人民政府成立了区救灾防病领导小组，组派了卫生防病救灾工作组 4 批 24 人和 35 个医疗队 198 人到重灾区开展救灾防病工作，保障了全区在大灾之后未发生大的疫情；⑦全区县及县以上医院完成门急诊医疗 3 355 619 人次，住院医疗 1 199 616 人次，卫生厅为实施医疗分级管理进行了培训工作；⑧全区大中专医药院校录取本科生 1 201 名、中专生 2 970 名。全区获医药卫生科技进步国家级奖 1 项，部级奖 2 项、自治区级奖 14 项。桂林市开展了以推广应用适宜新技术为主的“科技兴医”活动；⑨“加强中国基层妇幼保健、计划生育服务合作项目”的 16 个县，调整充实了项目工作领导小组。进一步落实了配套资金（自治区 110 万元、地区和县 96 万元）、建立了管理规章制度。1991 年已接收受援设备 260 台（件）。安排 135.75 万元重点装备了上思、龙州、东兰、凤山等贫困县妇幼保健机构；⑩中医医院进一步加强内涵建设。全区新成立 3 所中医医院，至年底，县级中医医院达 68 所；⑪开展质量、效益年活动，加强食品卫生和药品质量监督执法工作。卫生部门与科委举办了乡、镇食品管理和检验人员函授培训班，有 379 人参加学习。全区检测食品 51 768份，合格率为 79.53%，检测食具 27 617 份，合格率为 66.3%；抽检药品 10 376 份，合格率为 72.1%。全区查处违反《食品卫生法》案件 10 910 起，违反《药品管理法》案件 633 起，其中假药案 274 起。卫生厅与工商等部门联合举办了假冒劣商品展览（其中有药品馆）。

（谢　平　叶传诚）

## 广西加强乡村卫生机构建设

广西农村人口约 3 700 万人，占全自治区总人口的 87%。近几年，全区卫生部门和政府从以下几方面加强了乡村两级卫生机构建设。

1. 整章建制，加强管理。自治区人民政府颁发了《广西壮族自治区乡（镇）卫生院管理暂行办法》和《广西壮族自治区行政村卫生所管理暂行办法》。明确了乡村卫生机构设置的原则、管理体制、人员配置、任务、职责，规定乡村卫生机构必须坚持以公有制为主。至 1991 年底，全区 1 371 个乡镇，已有 1 099 个乡镇建立了卫生院，占乡镇总数的 80.16%，有床位 17 828 张、卫生人员 20 251 人，平均每个卫生院有床位 15.7 张，卫生人员 21.3 名。全区 14 923 个行政村，已有 13 957个村建立了卫生所，占行政村总数的 93.5%，有乡村医生 24 524 人，接生员 32 740人，平均每个行政村有乡村医生和卫生员2.8人，接生员 2.3 人。

2. 制定向农村倾斜，加强农村卫生事业建设的政策。自治区人民政府批转了卫生厅《关于加强农村卫生工作的意见》，要求各级政府实行向农村倾斜的政策，加强乡村卫生组织建设，要求城市医疗卫生机构支援农村卫生建设。

3. 开展抢修卫生院危房和建设新分乡镇卫生院的工作。全区乡镇卫生院危房面积达 50 多万平方米，危房面积占建筑面积 50%以上的有 120 个卫生院，占 30～50%的有 154 个卫生院。1991 年自治区人民政府发出了《关于抢修乡（镇）卫生院危房和建设新分乡（镇）卫生院的通知》，成立了“自治区抢修乡（镇）卫生院领导小组”。各地行署、市、县也成立了相应机构，广泛发动社会各部门、各单位及干部、职工、群众捐资、出力修建卫生院。1991 年底已落实资金 4 034.35 万元。其中地市县乡各级财政自筹 2 936.35 万元，中央和自治区财政调济出抢修卫生院危房补助款 1 100 万元。安排了 146 个卫生院修建危房，69 个新分乡（镇）建卫生院，共计16万多平方米。自治区卫生厅安排了100万元作为卫生院装备经费。

4. 县、乡、村搞好村卫生所建设。如崇左县整建村级组织中提出要搞好“一村两所”建设，即搞好村公所和村卫生所建设。县人大常委会于1990年作出《关于今年内普遍建立村卫生所的决定》，县人民政府发了《关于整顿健全村级卫生组织的通知》。该县通过县财政补助(6.8万元)、村公所集体资金投入(9.7万元)、乡村医生投资(1.16万元)，群众集资(14万元)，解决了全县107个行政村卫生所的业务用房，计5 771平方米，平均每个卫生所54平方米。其中55个达甲级村卫生所，占村卫生所总数的46%。县乡财政每月给每个乡村医生补助费35元。

（梁启成　叶传城）

## 桂林市开展科技兴医

桂林市领导机关和卫生部门抓科技兴医，促进全市医学科技水平的提高和卫生事业的发展。至1991年底，已建立起基本配套的医疗卫生体系，有了高、中等医学院校，国家示范中医医院，专科门类较多的医疗、预防、保健、卫生监督、健康教育、科研、信息情报机构及学术团体，引进吸收、推广应用了一批医学新技术与先进仪器设备，承担了一批自治区和市医药卫生科研课题，并同国内外医学界建立广泛的联系、交流与合作。

1. 中共桂林市委、市人民政府重视科学技术工作，为科学技术的发展作出了政策导向并创造了适宜的外部环境。①市委、市政府贯彻改革开放方针，倡导、鼓励、促进医学科学技术的发展，开拓桂林医药卫生界同国内、国际的交流与合作的渠道，引进医学科技人才、新技术和先进仪器设备；②市政府批准了桂林市卫生改革方案，把科技兴医列为市政府——卫生局——医疗卫生单位的合同管理目标，每年层层检查实施情况，兑现奖罚。并且，不断总结经验，充实完善各项措施；③市政府每年举办全市科技活动周(月)，促进医学科技活动的开展；④1991年市政府颁发了《桂林市科学技术拔尖人才选拔和管理试行办法》，对有突出贡献、有创新能力的专业技术人员作出定期奖励，改善医疗保健、生活和工作条件等项规定，为医学科技人才的成长和才能的发挥作出政策保障。

2. 市卫生局有目标、有计划、有步骤，组织科技兴医工作。①组织本局和有关部门及卫生单位到外地考察、学习先进经验，制订卫生改革方案和科技兴医计划；②发挥医学科技人员的作用，调查研究医学科技市场，选择适宜新技术，寻找技术靠山与合作伙伴，引进了血液稀释等项新技术；③合理及时地调整专业结构，组织力量发展专科、专病诊疗技术，并建立了口腔医院、血液稀释研究所、心脑血管血栓病防治所、矮身材研究所、卫生宣传教育所，同时，加强了市人民医院、中医医院等单位的技术优势，形成几项技术中心；④加强医学科技信息情报工作，建立和发展市医学情报研究所和医药卫生学术团体，开展内联外引的学术交流活动和扩大医学科技信息情报幅射效能的工作；⑤利用桂林市丰富的旅游资源和对外开放的窗口，拓展了医学科技合作交流的渠道与领域，派出了医学科技骨干到日本等国家和地区考察、进修、学习，培养起一批技术骨干和学科带头人；⑥市卫生局制定了《桂林市卫生系统医学科技管理的若干规定》，加强了医学科技工作的科学管理。

3. 市属各医疗卫生和科研机构按目标管理责任制合同要求，建立健全技术委员会，落实本单位科技兴医的具体内容。

（梁　菁　叶传城）

## 海 南 省

**基本情况** 1991年海南省卫生机构总数为3 154个，其中卫生部门478个（含集体所有制178个），工业、农垦及其他部门2 676个。床位总数21 402张，其中卫生部门11 913张（含集体所有制2 971张），工业、农垦及其他部门9 489张。卫生工作人员总数36 796人，其中卫生技术人员29 743人。人员总数中，卫生部门为19 709人（含集体所有制5 451人），其中卫生技术人员14 637人（含集体所有制3 559人）；工业、农垦及其他部门人员总数17 087人，其中卫生技术人员13 873人。个体医生1 233人。

**救灾防病** 1991年7、8月海南省连续遭受第6、11号台风袭击后，传染病有流行趋势。省政府成立了救灾防病领导小组和办公室，下发了《关于认真做好救灾防病工作的通知》，制定了《海南省救灾防病工作方案》。省财税厅拨出454万元，作为防疫专项补助经费。8月上旬琼山县十字路镇流行登革热，省政府召开了紧急会议，同时组织省、市、县防疫医疗队到灾区疫区开展防病治病工作。在10个市、县27个乡（镇）的登革热老疫区，共配备卫生宣传检查员1 633人。全省山区开展春、秋两季抗疟活动，加强肠道传染病的监测工作，在8个市、县40个点开展霍乱预测预报科研工作；在12个重点市、县进行霍乱查源检索，全年共检测标本（含腹泻粪检、厕所、水源、食品和外环境）15 799份。

由于加强了灾后防病工作，全年发生法定传染病病例比1990年同期发病下降2.7%，其中下降幅度为50%以上的疾病有脊髓灰质炎、百日咳、麻疹和流行性脑脊髓膜炎等。

**计划免疫** 1991年初，全省开展了计划免疫查漏补种工作。3月5~16日，在屯昌、东方、白沙3个抽样县调查3 630人，建卡率为98.25%，建证率为76.03%，卡介苗接种率为97.94%，脊髓灰质炎糖丸全程服食率为95.08%，“四苗”全程计划免疫接种率为91.59%。审评结果海南省实现以县为单位儿童计划免疫接种率85%以上的目标。50个计划免疫工作先进集体和100名先进工作者受到表彰。省政府、省卫生厅和各市、县签订了1995年实现以乡镇为单位计划免疫达85%和消灭脊髓灰质炎的目标“责任书”。

**妇幼保健** 海南省与联合国儿童基金会、联合国人口基金会合作，在乐东、保亭、屯昌3个县开展《加强中国基层妇幼卫生计划生育》项目工作，举办5个专业知识培训班29期，受训人员共计838人。市、县妇幼保健部门开展妇科病普查普治和儿童健康检查工作。据统计，全年普查妇女51 666人，查出妇科病患者8 290人，患病率为16.05%，治疗7 772人；儿童体检78 102人，患病2 419人，患病率为0.31%，治疗2 182人，查出有缺陷儿童27 753人，占35.5%，矫治24 355人。开展了孕产妇、儿童“两个系统管理”试点和孕产妇死亡、婴儿出生缺陷监测工作。

**爱国卫生** 1991年1月，对全省16个县城1990年度爱国卫生工作进行检查评比。汀迈县金江镇获得第1名，文昌县文城镇获得第2名，儋县那大镇和万宁县万城镇并列第3名。评选出海南宾馆等81个先进单位。

省爱卫会、省精神文明建设领导小组联合发出《关于开展1991年爱国卫生月活动的通知》，开展第3个“爱国卫生月”活动。

儋县、琼海县和海口市获市、县精神文明、社会治安和爱国卫生工作总分前3名。

全年农村改水受益人数19.6万人，累计改水受益人数占农村总人口76%，其中使用自来水11万人。

**农村卫生建设** 省政府下发了《关于加强防疫、保健站（所）和乡镇卫生院建设的通知》，省计划厅将农村卫生院建设列入专项基金，分期分批改造卫生院危房。全年投入837.8万元，改建、扩建乡镇卫生院80间。省财税厅拨出资金100万元为农村卫生院装备仪器设备，省扶贫办公室拨出20万元支持贫困地区卫生院建设，省老区办公室拨出7万元支持革命老区卫生院建设。各市、县、乡镇政府拨出配套资金64万元，发动社会集资55万元，华侨捐赠40万元，支持乡镇卫生院建设。

**整顿医药市场** 海南省政府颁布了《海南省医疗机构管理规定》，于1991年10月25日起实施。省卫生厅制定下发了《海南省医院分级管理办法实施细则》，组织实施全省医疗机构登记注册和发证工作。同时对个体开业医生进行了业务技术考试和发证工作。

为加强医药市场管理，省卫生厅下发了《关于整顿医药市场、查处假劣药品的通知》，在《海南日报》上刊登了《通告》，并将3 000份《通告》分发至各市县乡镇公共场所张贴。全省开展了3次药品质量大检查，参加检查人员178人(次)，检查医药单位1 555个，检查覆盖面为92%。查出假药24种(主要为中药材)，价值7 806元，劣药198种(次)，价值1 157元，取缔无证经营药品73个，游医药贩17个，查处假药案2宗，罚款5.28万元。

与此同时，检验药品788件，合格率为80.89%，其中抽检136件，合格率为70.5%。审批药品生产品种98个，新药(中药保健药品)5个，药厂5间，药品广告25个，进口药品1 450批次。完成了药品生产企业、经营批发企业、药品零售企业和医院制剂室《许可证》的审核换证工作。

**中医工作** 海口市和琼山、琼海、儋县、乐东等县继续开展与外省横向联合办医，引进专病专科医疗技术。省中医院举办第2期全省中医药科研方法讲习班；举办中西医结合全国普通外科进展研讨会海南学习班，邀请国内教授专家讲授了19个专题。

**医学教育与科研** 省卫生厅委托海南医学院举办"医疗专业证书班"招收学员40名；委托海南省医学会举办儿童常见急症新进展研修班，聘请全国著名儿科专家授课，招收学员32名。中等卫生学校招生495名，卫生职工中等专业招生250名。上海、湖南、同济医科大学以及广西卫生管理学院为海南省培训本、专科班学员35名。光明中医函授大学、天津医学院、黑龙江省卫生干部管理学院等院校函授班，为海南省培养了一批学员。

省卫生厅制定了《海南省医药卫生科学技术成果管理办法(试行)》和《海南省医学科学研究基金管理条例》。组织申报1991年国家自然科学基金、省自然科学基金、卫生部科研基金和省计划厅科研经费共49项，其中获得各类基金资助的项目15项，资助经费27.43万元。此外，加拿大国际发展研究中心资助19万加拿大元，《中国海南社区环境与登革热防制》的合作研究项目，在儋县进入现场实施。

全省申报科技进步成果奖44项，其中应用研究成果24项，基础研究成果18项，开发研究成果2项。省热带病防治研究所的"海南斑氏丝虫病防治措施的研究——全省基本消灭丝虫病"，荣获国家科技进步奖三等奖。全省高血压流行病学抽样调查人数为22 434名。

(杨才绩)

## 四 川 省

**基本情况** 1991年，全省有卫生机构20 403个，比1990年增加99个，增长率为0.49%，有医院病床220 020张，比1990年增加4 555张，增长率为2.1%，有专业卫生人员389 978人，比1990年增加6 812人，增长率为1.78%，每千人口拥有专业卫生人员3.61人，医院病床2.13张。

**农村卫生工作** 1990年初省政府召开

了初级卫生保健会议暨卫生工作会议，9月省人大作出了《关于进一步加强农村卫生工作的决议》，全省21个市（地、州）和2/3的县（市、区）提出了加强农村卫生工作的意见。农村卫生投入增加，省、市、县各级财政增拨1 500万元用于农村卫生事业建设，2/3的县（市、区）财政已兑现乡镇卫生院集体人员工资60%的补助，落实了乡镇卫生院的事业补助经费。各地制定了区、乡卫生院房屋改扩建规划，采取省、市（地、州）补助一点，县、乡财政安排一点，单位自筹一点，群众集资一点的办法筹措资金，成都、绵阳、达县、凉山等12个市、地、州，已筹集资金4 081.09万元，改扩建区、乡卫生院498所，面积265 981平方米。为农村培训在职卫生人员6 800人，不少县（市）划拨专项指标，择优从中等卫生职业学校、县卫生学校录取具有中专水平的自费生充实加强乡镇卫生院。城市医疗卫生单位定点扶持农村医疗卫生机构，派出医疗队503个，医务人员2 335人，为基层培训卫生技术人员4 733人，受援县、区、乡1 127个。

**初级卫生保健** 1991年除省政府确定的29个试点县外，试点乡已扩展到1 500多个，70%的市、地、州，60%的县（市、区）和部分工业企业部门成立了初级卫生保健委员会办事机构，并制定了规划。对29个试点县进行中期评价，共考评84个乡镇，240个行政村，2 577名家庭主妇和2 821名四年级小学生，有23个县基本达标，占79.3%；9 655个村卫生站中有甲级村卫生站3 676个，占38%；卫生事业拨款用于乡、村两级的比例有26个县达到基本达标要求。29个试点县均由县委、县政府作出加强初级卫生保健工作的决定，人大审议通过初级卫生保健规划和年度实施计划，纳入政府工作目标管理和社会经济发展规划；1 171个区乡已有1 089个建立了初级卫生保健委员会及办事机构，957个区乡制定了规划和年度计划，专（兼）职人员2 310名。试点县划拨了一定的初级卫生保健专项经费，长寿县3年拿出60万元专项经费用于初级卫生保健工作；犍为、资中县分别落实初级卫生保健活动经费7.5万元和3万元。农村改水26个县达到基本达标要求，占89%；28个县居民卫生保健知识普及率基本达标，占97%；22个县中小学健康教育普及率基本达标，占79%；26个县健康形成率基本达标，占89%；资中、长寿两县居民户卫生厕所普及率达到基本达标要求；攀枝花市仁和区和丹棱县集资医疗覆盖率分别为51.54%和62.41%。

**治理整顿** ①对业余服务、兼职服务、有偿超劳务提成、医疗技术协作联合体进行清理整顿，加强对扩大医疗卫生服务的组织领导，监督管理；②对全省1 748家社会办医机构，27 394名个体行医人员进行考核，重新登记，依法取缔704家不合格的社会办医机构，取销15 777名个体开业医的行医资格，查出假劣药品价值100余万元，核发《药品生产企业许可证》321个，《制剂许可证》749个；③取销不合理收费70余项，制定了《四川省卫生防疫监督监测检验收费标准》，重新调整收费项目219项，新增400项，成都、广元、内江、宜宾等11个市、地和厅直单位组织自查收费项目785项，参加自查人数7 112人，自查收费、罚款项目14 436个，金额1.7亿多元，处理违纪金额60余万元；④各级卫生行政部门和医疗卫生单位均建立了纠正行业作风领导小组，省卫生厅下发了《坚决纠正行业作风加强廉政建设的通知》，将行业作风建设和开展向白求恩、南丁格尔学习的优质服务竞赛活动相结合。对10所综合医院行业作风调查，患者对医院医疗质量信任度为94.5%对医生服务态度满意率为83.3%，认为医生医疗技术好、比较好的为86.5%，评出全国卫生系统先进集体18个，先进个人28人，受省表彰的先进集体83个，先进个人121人。

**预防保健和救灾防病**　1991年21个市、地、州，150多个县遭受多种自然灾害，受灾面达70%。省委、省政府成立了省救灾防病领导小组及办公室，制定了《四川省救灾防病预案》和具体防病技术方案，下发了《关于加强救灾防病宣传工作的通知》，编印了《自然灾害地区的消毒》、《洪涝灾区的房舍卫生》、《饮水卫生》等救灾防病宣传资料27万份。组织卫生防疫医疗队1 486个，出动卫生防疫、医疗人员2万余人，诊治病人24万余人，消杀灭面积为5 271万平方米，有效地控制了灾后肠道等传染病的流行和食物中毒事故的发生。1991年与1990年相比，乙类传染病总发病率下降19.78%，总死亡率下降40.55%，19种疾病中有14种发病程度不同下降，血吸虫病发病率下降17%，疟疾发病率下降39%，地方性氟中毒改炉灶1万户，25个县已完成改灶降氟任务，布鲁氏菌流行的48个县疫情基本得到控制，有4个县达到控制区标准。评出全国救灾防病先进集体4个，先进个人22名，省救灾防病先进集体20个，先进个人60名。部、省、县三级共同投资152.55万元为27个县装备了冷链车，为边远贫困地区装备普通冰箱100台，已实现以县为单位儿童计划免疫接种率达85%，计划免疫单苗接种率达85%的目标，小儿"四病"除脊髓灰质炎外，都已降到建国以来最低水平。有16个单位，27人被评为全国计划免疫先进集体和个人，40个单位、261人被评为四川省计划免疫先进集体和个人。

（邱省明）

## 彭山县全面推行企业职工大病医疗基金统筹

四川省彭山县在全县10个系统的63个全民和集体企业，推行大病医疗基金统筹管理。参加统筹的在职职工2 594名，退（离）休人员1 126名。

企业职工大病医疗基金统筹的原则是：互助互济，保证医疗，以支定筹，略有积累，严格管理，防止浪费。统筹对象：为企业单位的在职职工（含固定职工、合同制职工、混岗大集体职工）、退（离）休职工。统筹范围为：月连续就医医疗费超过301元或住院医疗费超过501元的病症。统筹基金的筹集：凡参加统筹企业单位按在职职工人数每人每月交纳2.5元在企业税后留利中列支，职工个人每人每月交纳1.00元在个人工资中扣除，退(离)休人员每人每月交纳4.00元在营业外支出中列支。基金使用范围及支付比例：凡医疗费在2 000元以下的，在统筹基金中支付70%，单位负担20%，个人承担10%；医疗费在2 000元以上的，在统筹基金中支付85%，单位负担10%，个人承担5%。统筹基金由县职工社会保险事业管理处负责组织实施。

（邱省明）

## 简阳县健康保险初见成效

1991年四川省简阳县健康保险试点工作，由原2个乡、2万余人发展到在10个区、14个乡（镇）的20万人中实施，参加健康保险人数为90%。

1. 健康保险的对象范围　凡户口在本乡的常住村民，均可以户为单位参加，入保手续一年办理一次。入保者因患各种疾病，可在村卫生站或乡卫生院门诊住院或转到区、县级医疗单位住院治疗，按规定比例报销医药费和住院费。

2. 方案的制定和保险金的筹集　健康保险实施方案的制定实行医疗、预防保健一体化，以收定支，量入为出，侧重住院，略有节余，逐步到位的思想。保险金的筹集控制在农民年均纯收入的1%～1.5%以内，即人均5～7元。筹资方式采取乡镇企业、村公益金、入保者个人三方筹资的办法，五保户和特困户的保险金，由公益金或民政救济费解决。保险金只用于补偿村民的预防、保健、医疗和必要的管理费开支，报销比例为医药费占88%，预防保健费占4%，管理费占8%。管理上实行"以户入保，由乡统管，分村核算，群众监督"的管理办法，支出采取乡财政管钱，管理组管帐，医疗单位先垫支，审查后付费。

3.健康保险取得的成效　①促进了乡村医疗机构的建设。乡村医疗机构业务量和业务收入明显增加，1991年与1988年相比门诊人次增长91.4%，业务收入增长74.6%，村卫生站集体办站率为60%，乡村医生月报酬平均上升30%，为84元。②满足了群众基本医疗需求。与1988年相比，生病未就诊率由25.3%下降到8.7%，应住院而未住院的由16.8%下降到0.9%。③避免了因病致贫。开展健康保险以来，住院补偿100元以上的有106人次，支出保险金15 820.6元，占住院支出的29.1%，贫困户中因病致贫的由1988年的23%下降到1991年的9.1%。④制止了乱办医、乱摆摊、设点卖药等社会医药市场混乱的现象。健康保险实行定点就医的原则，入保者患病后，点外就诊率由开展保险前的29.2%下降到1991年的6.3%。⑤加强了对医疗卫生机构的监督。受聘医疗机构在保险合同的实施中，采取与之相适应的各种岗位责任制，管理上取消了药品利润、辅助诊断收入与医生报酬挂钩的方法。⑥病员就诊分布合理，减轻城市大医院的压力。保险后村、乡、区三级医疗机构门诊人次构成上升，县、市、省和其他医疗机构门诊人次构成下降。⑦增加了医院收入，巩固和发展了农村三级医疗预防保健网，有利于预防保健工作的落实。　（邱省明）

## 贵 州 省

**基本情况**　1991年底，全省有卫生机构6 908个，比1990年减少41个，减少0.59%；床位59 168张，其中医院床位53 978张，比1990年增加904张，增加1.53%；专业卫生人员105 271人，其中卫生技术人员87 774人，比1990年增加1 654人，增加1.92%；个体开业人员6 220人，比1990年增加39人，增加0.63%。全省卫生事业费16 881万元。

**农村卫生**　省和黔南、黔东南、黔西南、铜仁、六盘水等地州市成立了初级卫生保健委员会。对13个初级卫生保健试点县进行了中期评审，黎平、福泉、施秉、玉屏、清镇等县已基本达标或接近达标。各试点县把初级卫生保健工作纳入当地社会经济发展规划和政府任期目标管理内容；黎平县卫生经费已占财政支出的8.12%，福泉县占7.87%；村卫生室覆盖率为59.6%，高于全省42%的平均水平；儿童预防接种全部达标；有9个县的食品卫生合格率达到80%以上。全省投入1 602.8万元建设农村卫生机构，其中国家计委补助350万元，省安排170万元，地、县配套1 082.8万元，共改建12所县医院、8所妇幼保健站（所）、4所县卫生防疫站和43所区乡卫生院。六盘水市为全市850个村每个卫生室添置500元的设备和药品。农工民主党江苏省委组织支边医学专家讲学组到毕节地区开展讲学和教学查房；北京地区部分医疗卫生单位免费为毕节地区培训医疗、卫生、教学人员并赠送一批医疗设备。

**预防保健**　全省如期实现了以县为单位计划免疫接种率达85%的目标。全年共报告法定传染病153 704例，发病率为472.93/10万，比1990年下降14.24%。4月份全省进行一次脊髓灰质炎疫苗强化免疫，全年发病率为0.35/10万，比1990年下降74.82%。麻疹发病10 745例，发病率33.06/10万，比1990年上升了100.61%。组织供应加碘食盐

20余万吨防治地方性甲状腺肿，并用碘油丸治疗17万余人；在地方性氟中毒病区改灶5 200个，受益人口26 000人。贯彻《贵州省工业企业劳动卫生管理条例》，对有毒有害场所进行经常性卫生监督监测；颁发了《贵州省工业建设项目预防性卫生监督管理办法》，对新、改、扩建工程开展了预防性卫生监督。与联合国儿童基金会、联合国人口基金合作开展妇幼卫生合作项目的20个县工作进展顺利，培训了妇幼保健人员、进行了省内互检。又有三穗、江口、龙里、铜仁4县（市）达到部颁普及新法接生标准，全省新法接生率为83.45%。

**爱国卫生** 在城镇加强目标管理，加快基础设施建设。农村改水项目投资506万元，受益人口31.03万人；日本国援助贵州农村改水项目完成了90多个水厂的建设，受益人口30万；水利部门解决了50万人的饮水问题。全年共新增改水受益人口111.03万人。有61个县的城镇开展了统一灭鼠，其中42个县达标；有8个市的鼠密度降到全国爱卫会规定的控制指标(5%)以下。

**救灾防病** 1991年夏季，贵州省遭受了严重的洪涝灾害，受灾范围达71个县。灾情发生后，省和各受灾地县成立了救灾防病领导小组，开展了救灾防病工作。各级医疗卫生机构、中国人民解放军驻黔部队和武警的卫生部门组织医疗队、防疫队到灾区、疫区开展医疗救护、疾病防治、卫生宣传、疫情监测等工作。全省共派出医疗防疫队451支、医疗防疫人员5 025人。省卫生厅和各级财政增拨了防病经费。全省县及县以上医院开展了1周的赈灾义诊活动，共有9 500多名医务人员参加，义诊收入27.59万元，捐赠药品价值11.29万元。各级红十字会发动赈灾，承办了大量的港澳台和国际援助物品的接收分发。卫生部门有3个单位16名个人，8个单位39名个人分别被评为全国和省救灾防病先进集体、先进个人。

**国际合作** 世界卫生组织援助黎平、福泉两县20万美元，用于实施初级卫生保健；加拿大加中儿童健康基金会向绥阳、平坝、水城、花溪4县（区）提供17万元人民币物资，开展儿童保健工作；日本国佛教协会援助雷山、剑河、台江3县45万美元，发展妇幼卫生和农村改水；爱德基金会援助少数民族自治州及贫困县开办妇幼医师进修班及麻风病防治人员培训班。

**中医工作** 全省有中医机构71所，中医药人员8 481人，中医病床3 336张。黔南州中医院和遵义市中医院被列为全国示范中医院建设单位。国家中医药管理局和省共同投资142万元，为省级中医机构和12个地、县中医院购置医疗设备。贵阳中医学院、贵州省中医研究所等中医机构的4个科研课题被列为国家中医药管理局重点支持的项目，拨给科研经费近20万元。选定省内10名老中医带学徒18名。省中医研究所编印了《贵州苗族医药》一书。

**卫生改革** 贵阳、安顺、毕节、黔东南等地州市实行卫生工作综合目标管理责任制，将目标分解到县，由地、州、市政府或卫生局与县（区）政府或卫生局签订卫生工作目标责任书，年终进行考评。各地医疗卫生单位以建立健全规章制度、操作规程、质量标准为重点，加强内部管理，完善综合目标管理责任制。开展了医院分级管理工作，省成立了医院分级管理评审委员会，制定了贵州省一、二、三级医院分级考核评分标准和实施细则，培训了医院管理干部300余人。遵义、铜仁、六盘水、黔东南等地州市也成立了医院分级管理评审委员会，铜仁地区和六盘水市开展了一级医院试评工作。在全省县及县以上医院开展了优质服务年竞赛活动。据省卫生厅对8所医院的调查，门诊病人和住院病人对医院服务的满意度分别为87.25%和80.75%。

（王蓓蓓）

## 云 南 省

**基本情况** 1991年底，全省共有各类卫生机构6 708个，专业卫生人员129 027名（其中专业卫生技术人员104 173名），床位87 351张（其中医院病床78 382张）。全省有村卫生室17 482个，乡村医生和卫生员31 136人。

**治理整顿** 全省各级卫生部门健全了各项医纪医风管理制度和措施，强化了对社会办医机构的监督和管理，治理了乱办医、乱收费现象。大部分地、州对辖区内所有个体医进行了重新登记和考核，并联合有关部门依法取缔不符合办医条件的诊所和无证游医。各级医院强化物价管理，严格收费检查，减少了乱收费现象。全省各地开展了系统的职业道德和廉洁行医、文明服务教育，弘扬白求恩精神。各级医疗卫生单位进一步完善了“两公开一监督”制度。有243个先进集体，585名模范个人受到表彰，有7个先进集体、11名模范个人受到卫生部的表彰；23个医院、8个防疫站、15个妇幼站（所）、1所卫生学校、8所中医院跨入文明卫生单位行列。

**卫生改革** 1991年，省、地、县分级配套投资136万元，装备了21个卫生防疫站；投资120万元，装备了20个妇幼卫生保健站（所）；投资112万元，装备了25个地方病防治机构；投资178万元，装备了18个县医院；投资122万元，装备了26个乡卫生院；投资113万元，装备了11所卫生学校，投资60万元，装备了10个药品检验所。

省政府批准实行《省级单位公费医疗经费管理和费用负担改革办法》，实行定点医疗、医院参与管理并统筹包干使用公费医疗经费；在发放少量保健金基础上实行个人看病自付少量医药费用等改革措施。价格偏低的门诊挂号费和住院费标准得到调整。

**农村卫生** 农村卫生工作列为全省卫生工作3项任务之一。省政府召开了云南省农村卫生工作暨初级卫生保健现场会议，决定为农村卫生工作办5件实事。10月份省政府批转了6个厅局《关于改革和加强农村医疗卫生工作意见的报告》。许多地、州、市、县政府相继召开农村卫生工作会议。省里安排200万元危房改造专款，补助46个乡卫生院和中心卫生院，把整建村卫生室纳入农村社教和基层政权建设，解决了房屋、人员等问题。省里组织人员对18个初级卫生保健试点县进行了中期评价，1个县基本达标、6个县接近基本达标，18个试点县村卫生室集体办医率为55.2%。经过整建，全省村卫生室集体办医率由1990年的33.2%提高到44.9%。

1991年全省有计划、有步骤地抓了为农村培养适宜卫生技术人才的工作。各高中等医学院校实行面向农村定向招生、定向培养、定向分配的制度。全省17所中等专业卫生学校为县及县以下农村培养了1 750名各类中等卫生技术人员，3个医学院校为县以下农村定向培养678名大学生。昆明医学院和大理医学院从乡卫生院定向招收了220名在职卫生技术人员为成人教育大专生。全省开展了对乡村医生正规化培训工作，实行“乡村医生资格证书（绿卡）”管理。共举办各类乡村医生培训班83个，4 305人；省卫生厅在省卫生学校成立了乡村医生函授总校，在地（州、市）和县分别设立了函授分校、辅导站。各地还举办卫生职业高中班34个，招收学员1 773名。

全省全年完成18项“卫生星火计划”项目的推广运用，开办了各类适宜技术推广学习班。获省科技进步三等奖11项，获卫生部科技进步、科技成果推广奖5项，获云南省小发明奖7项。

**预防保健** 1991年，重点抓肠道传染病、鼠疫、疟疾、艾滋病等疾病的防治。加强疫情监测，共设重点疾病防治监测点61

个，其中艾滋病监测点29个。开展了25个县市的鼠害联防，盈江、耿马、陇川发生人间鼠疫，由于处理及时，疫情很快得到控制，全年仅发病9例（1990年73例），无一人死亡。霍乱在省境内未造成大流行。疟疾发病有所回升，元阳、腾冲两次疟疾暴发流行，得到及时扑灭。血吸虫病防治，大理州及各疫区县实行血防工作目标管理。麻风病联合化疗和规划治疗率都在95%以上，克山病连续21年下降。计划免疫已按期实现了第二个85%的目标。全省传染病发病率为321.174/10万，比1990年有回升，疫情漏报率下降，死亡率为1.353/10万，比1990年上升10%。妇女两病查治工作完成。新法接生率为88.32%，孕产妇死亡率为10.96/万，全年共做节育手术1 227 958例。农村改水受益人口为1 360.4万人，占全省农村总人口的42.8%。

**国际合作** 全年共接待外宾131人次。近年来接待了到云南省采访艾滋病和吸毒问题的外国记者37批，80余人。近几年来全省得到各种形式的贷款及援助资金约2 089.20万美元。联合国儿童基金会、人口基金会、美国福特基金会与部分县建立了妇幼合作项目，香港C、K、X光机检验中心向省红十字会医院捐赠了1台CT。世界银行贷款农村供水与环境卫生项目顺利通过正式评估，传染病项目也进行了评估。派遣了第5批援乌干达医疗队，并将开始向阿拉伯联合酋长国、沙特阿拉伯派出技术劳务输出人员。共派出77人次各类人员到国外访问、考察、留学、进修及出席国际学术交流会议。

（熊汝成）

### 云南省政府为农村卫生办五件实事

1991年8月30日至9月4日云南省政府在玉溪市召开了云南省农村卫生暨初级卫生保健现场会议。会上决定为农村卫生办五件实事：①省和地县按1∶1比例，集资2 000多万元，以每院10万元标准，在“八五”期间对203个中心卫生院进行装备。②每年由省政府投资400万元，以每院3万元标准，对41个贫困县的500多个乡卫生院医疗设备给予重点扶持。③“八五”期间对总计29万平方米的乡卫生院进行危房改建，每年由财政补助200万～300万元专款，采取“补奖结合”的方式，对贫困县乡以补为主，对非贫困县乡视其资金落实情况以奖代补，并实行项目管理。④从扶贫贷款中安排800万元左右，作为对贫困县和边境一线村级卫生室药品垫本专项贷款，每个乡可借支1万元左右，由乡政府统借统还，5年内省财政贴息。⑤发展医学教育大专层次，满足农村医疗卫生机构对高级人才的需求。昆明医学院、大理医学院每年招收300名左右医学成人教育大专生，定向招收乡卫生院在职中专生，毕业后分配回乡卫生院工作，用3～4年时间为全省每个中心卫生院培养1～2名大专生，用8～10年时间为全省一般乡卫生院培养1～2名大专生。

（熊汝成）

## 西藏自治区

**基本情况** 1991年，全区拥有各级各类卫生机构1 197个，比1990年新增87个，专业卫生人员总数为9 740人，比1990年增加227人，其中少数民族专业人员7 727人，占专业人员总数的79.3%。床位总数5 397张，比1990年增加62张。

**农牧区卫生工作** 1991年3月，召开了全区第2次农牧区卫生工作会议，讨论制订了西藏《卫生事业“八五”计划及2 000年规划设想》。卫生厅会同计划经济委员会、财政厅等部门，联合下发了《关于改革和加强农牧区卫生工作的意见》。

1. 加强农牧区基层卫生组织建设。自治区安排乡镇卫生院建设专项资金68万元。拉萨市已有93.4%的乡建立了卫生院。日喀则地区采取地、县、乡政府，群众集资或出料等办法建立了一批乡卫生院。江孜县乡乡建起了卫生院。林芝地区进行了乡卫生院管理体制的改革试点，在第一批5个乡试点的基础上又推广到20个乡。1991年初乡村医生生活补助费，每人每月提高10元。拉萨市的林周、达孜、曲水等县通过集资，将乡村医生的待遇提高到60～120元。与1990年比，全区乡级卫生机构增加44个，卫生人员增加182人，床位增加54张。

2. 为农牧区培养实用型卫生人材。各地、县采取多种形式对1 036名乡村医生和卫生员进行了复训，又培养了136名乡村医生。日喀则等地与国外有关组织合作，吸引外资为当地基层培养了一批卫生人才。

3. 地市以上医疗卫生单位对口支援农牧区。自治区和各地市医疗卫生单位派出医疗队帮助受援单位培训卫生技术人员，解决技术疑难问题，完善和改进管理措施，无偿转让仪器设备。

**预防保健**　1991年西藏如期实现了以县为单位计划免疫接种率达85%的目标。传染病发病率与1990年相比，百日咳发病率下降92.37%，死亡率下降75%，白喉、新生儿破伤风无病例报告。10月，召开了西藏实现计划免疫第二个85%目标经验交流会，表彰了一批计划免疫工作先进单位和个人，提出了“八五”期间实现以乡为单位“四苗”全程接种率达85%的奋斗目标和1993年基本消灭脊髓灰质炎等项任务。

传染病和地方病防治工作。据1～10月疫情报告，西藏累计发生14种甲、乙类传染病16 328例，死亡120例，与1990年同期相比发病数下降7.92%，死亡数下降31.43%。1991年西藏共发生8起鼠间和人间鼠疫疫情，其中人间鼠疫2起，发病21例，死亡10例。山南地区首次发现动物间和人间鼠疫，地委和行署决定建立鼠疫防治机构并解决人员编制。1991年自治区爱卫会组织了两次全区性的爱国卫生运动。西藏有近10万人参加了这项活动。召开了全区妇幼卫生合作项目工作会议，落实了《儿童生存，保护和发展世界宣言》和《90年代行动计划》两个文件精神。自治区政府批转了《卫生厅关于全区妇幼卫生事业“八五”计划和2000年规划设想》。1991年自治区安排120万元，卫生厅安排75万元专款加强妇幼卫生工作。各项目县的区内配套资金基本落实，与联合国儿童基金会、人口基金会合作项目的第一轮培训工作已经完成。共培训县级妇幼卫生人员46名，乡村医生400余名。1990年以来，为16个项目县妇幼保健站及乡、村卫生组织配备了医疗仪器设备。

**发展藏医药**　西藏卫生厅制定了藏医藏药事业发展“八五”计划及2000年规划设想，安排了100万元专项经费重点扶持发展藏医藏药事业。全区藏医藏药专业人员比1990年新增165人，床位增加34张。建立了全区藏医药专科培训中心。

继承和发展藏医学遗产。西藏和青海、甘肃藏医药专家共同编写的《中国医学百科全书·藏医分卷》藏文版编写完成并出版发行。1991年全区有6位名老藏医收徒。8月，区藏医院举办了第五次藏药材考试。自治区藏医院和山南地区藏医院列入国家中医药管理局“杏林计划”重点建设。两所藏医院区内配套资金基本落实，将用两年建成全国示范中医院。

1991年，自治区和各地区藏医院继续组派医疗队深入农牧区巡回医疗。西藏驻成都办事处医院和自治区藏医院联合在成都开设了藏医科。区藏医院制药厂生产的“珍珠七十味”，在北京举办的国际传统医药大会上荣获“长城杯”荣誉奖；在广州博览会上“珍珠七十味、常觉、玉宁尼阿”获金奖。

9月召开了全区藏药、天然药物学术交流会，有29篇论文在会上进行交流，自治区藏医院与华西医科大学药学院共同研究的藏药红景天药用开发利用已完成第一期工作，即将转入临床试验阶段。“电子计算机软件在天文历算中的应用”研究一文获自治区科技进步三等奖。

**治理整顿与改革**　1991年重点抓地市以上医疗卫生单位规章制度的落实和县及县以下医疗卫生单位的基础管理达标工作。8月卫生厅在江孜县召开现场会，总结交流了经验。

进行医疗保健制度的改革。成立了自治区公费医疗制度改革工作领导小组及其办事机构，拟定了西藏公费医疗管理办法。那曲、林芝、山南地区结合本地实际改革了公费医疗制度。为了补充免费医疗经费的不足，缓解基层缺医少药状况，卫生厅下发了《关于进行集资办医试点工作的通知》，林周县共集资11万元用于为农牧民购药。林芝地区加强对免费医疗的管理，将免费医疗经费改暗补为明补。米林县将60%的免费医疗经费拨给乡政府管理，40%留县医院，农牧民在本乡看病免70%的医药费，自付30%。林芝县将免费医疗经费全部划拨给乡政府，群众到县医院看病收费，特殊检查费则减半收费，凭证据到乡政府报销25%，自付25%。卫生厅会同财政厅、物价局对1981年以来制定的医疗收费标准进行清理整顿，对部分偏高的医疗收费项目下调，对1 100多项定价偏低的项目适当上调。同时对外国人在西藏看病的医疗收费标准也作了调整。这次平均上调幅度为20%～30%。

**卫生法制建设**　在西藏和平解放40周年庆祝活动期间，西藏食品卫生监督员依法对国营、集体、个体饮食服务行业、进行了监督检查，对违法事件依法进行处理。其中销毁了日喀则地区贸易公司过期听装饮料5 685听。药政药品监督部门查处了一起贩卖假藏药案。自治区卫生厅药政局在拉萨市召开了西南片药品检验协作会议。药品检验所全年完成180件药品检验任务。卫生厅草拟了《西藏鼠疫防治条例（草案）》和《西藏人间鼠疫紧急处理方案（草案）》等法规性文件。口岸卫生检疫机构贯彻《中华人民共和国国境卫生检疫法》，防止了疫病的传入和传出。樟木卫生检疫所在入境尼泊尔边民中发现霍乱患者8例，就地隔离治疗，防止了疫病的传播。该所还对100余万名出入境人员和百余吨进口食品进行检疫检查，检出不合格食品10吨并予退货。拉萨航空检疫所对82架次出入境飞机检疫消毒，对9 183名出入境旅客进行卫生检疫，并对560名中外旅客进行体检、预防接种和签发免疫接种证书。

**对外合作与交流**　加强和扩大了与联合国儿童基金会等国际组织的合作，引进各种无偿援助交通工具100辆，其中卫生防疫系统71辆，妇幼计划生育系统29辆；以及大批较先进的医疗设备。日喀则红十字会，西藏援助发展基金会，与瑞士红十字会合作，自1988年3月以来，举办了9期乡村医生培训班，每期3个月，已培训了261名乡村医生。并于1989年5月创办了边雄藏医学校，有40名农牧民的子女接受6年的藏医教育。4年来，西藏共接受瑞士红十字会援助经费334.7万元。与日本、意大利、比利时、英、法无国界医生组织官方或非官方有关组织签订了一批卫生合作意向书。

（宋友明　骆　均）

## 陕西省

**基本情况**　1991年底，全省有卫生机构6 433个，比1990年增加17个，其中卫生部门1 612个。机构总数中，医院2 577个，其中县及县以上医院526个，乡镇卫生院1 996个；卫生防疫站125个；妇幼保健站98个；药品检验所104个；高、中等医学院校17个；医学研究院（所）6个。全省共有病床90 156

张，比1990年增加4 665张，其中卫生部门49 168张。有卫生人员147 742人，比1990年增加2 827人，其中卫生技术人员119 934人，年增加1 708人。全省每千人口拥有病床2. 67张、卫生技术人员3. 7人、医生1. 85人。

**卫生改革** 到1991年底，全省有2 543个医疗卫生单位实行了院（所、站）长负责制，占总数的89. 9%。有41. 4%的乡镇卫生院划归乡政府管理。66个县（市、区）实行了计划免疫保偿制，有181. 36万0～7岁儿童入保，投保率为88. 08%；63个县（市、区）实行孕产妇保健保偿制，有11. 72万孕产妇入保，投保率为63. 01%。省卫生厅会同省物价局对现行的464个诊疗检查项目进行成本核算，调整不合理医疗收费标准。渭南、商洛地区推行“人民卫生基金制度”，每人每年集资1～2元钱发展农村卫生事业和建立合作医疗。1991年，全省社会集资524. 7万元，其中85%用于乡镇卫生院建设。

**农村卫生工作** 1991年9月，省人大教科文卫委员会与省卫生厅联合召开了农村卫生工作研讨会。

发展农村三级卫生网。第五批9个重点建设县(不含西安市)共列入项目39个，1991年度省、地、县567万元投资全部到位。重点县防疫站已完成装备工作的达57所，占县级防疫站总数的50. 44%。省、地(市)、县三级解决妇幼卫生合作项目配套资金135万元，11个项目县中有41. 4%的乡、56. 3%的行政村配备了基本设备，三个项目县已通过卫生部评审。第6批重点地段医院建设，省投资154万元，装备地段医院80所。村卫生所（室）覆盖率为88%，集体办医比例由90年的36%上升到45%；实行医药费减免的村数由1990年的743个增加到1 384个，增长了86. 5%；甲级村卫生所(室)约占总数的20%。商南县实现了全县村卫生所覆盖率和集体办医比例两个100%。省卫生厅下发了《关于进一步加强城市医院支援农村卫生建设的决定》，组派了51个城市卫生工作队赴陕南、陕北和关中山区开展专业技术指导、人才培训和医疗工作。

**开展初级卫生保健** 2月，省政府下发了《陕西省农村实现“2000年人人享有卫生保健”概略规划》，成立了省初级卫生保健领导小组。全省有9个地市和43个县成立了初级卫生保健领导机构，5个地市和43个县由行署、政府制订了实施规划，列入政府目标管理，纳入当地社会、经济发展总体规划。19个试点县中蒲城、澄城、岐山基本达标，黄陵、旬邑等县接近达标。

**预防保健** 全省实现了计划免疫第二个85%的目标，并通过卫生部审评。聘请传染病监督员529名，检查员4 000多名。1991年，全省发生乙类传染病19种84 436例，除肝炎等4种传染病外，发病数均有下降，死亡数比1990年下降62. 1%。流行性出血热发病数比1990年同期下降10. 14%，死亡数下降51. 63%。9个地（市）恢复和健全了地方病防治领导小组，10个地（市）和76个县设立了办事机构，增加了防治经费，全省落实了6万多人的防氟改水任务。完成了榆林地区北五县鼠疫防护带的灭鼠任务。继续坚持食盐加碘加硒，巩固了地甲病及大骨节病的防治成果。克山病病情继续稳步下降；鼠疫监测未发现疫情。制定了《陕西省妇幼卫生“八五”计划及2000年规划》和《陕西省分期分批建设地市县妇幼保健机构实施办法》。关中、汉中地区计划内孕产妇系统管理率为60%以上。农村新法接生率为94%，婴儿死亡率降至45‰，孕产妇死亡率降至13/万。对节育技术人员进行考核，为8 074名合格者颁发了合格证书。与省计划生育委员会联合下发了《陕西省长效节育手术证明》。为4 634人进行了适宜技术培训。全省城乡开展爱国卫生运动，咸阳等7市投资约1.23亿元，增加城市基础卫生设施。户县、凤翔、扶风、兴平、南郑、城固、镇安、米脂、澄城、汉阴县被命名为卫生先进县城。"七五"期间，农村改水受益人口占农村人口的69%。西安火车站被全国爱卫会命名为"卫生火车站"。

**中医工作** 1991年，全省有中医机构121个，中医药人员21 364人，有中医病床7 597张，其中中医机构中医药人员3 852人，病床6 331张。陕西中医学院附院等7所医院列入全国"杏林计划"，成为第1批全国示范中医医院建设单位。府谷、凤翔、黄陵等17所中医院（不含西安市2所）列为首批重点建设的中医医院，1991年省投资85万元，地、市落实配套资金150万元。举办了中医医院分级管理学习班，全省县级以上中医医院院长120人参加了学习。2所中医学校1991年毕业280人，为农村输送中医人才。组织中医职业学校毕业生验收考试。第一轮中医大专自学考试首批200多名理论课考试合格的考生已进入临床实习。召开了全省老中医学术经验继承工作座谈会，总结交流了带教经验。修订并下发了《陕西省中医科研课题管理办法》和《陕西省中医科研成果管理办法》。申报国家自然科学基金、国家"八五"攻关计划及省科委自然科学基金和重点课题40余项。7个课题已被批准列入省科委重点项目计划，资助研究经费20余万元。评出厅局级中医药科技进步奖12项。成立了陕西省中医药图书情报工作委员会。

**医学教育** 制定了《陕西省农村卫生技术队伍建设十年规划》和《陕西省农村卫生技术队伍建设"八五"计划》。6所高等医学院校举办了面向农村的医学大专班14个；借助社会力量办学，开设医疗、口腔大专自学考试专业，举办成人大专班，各类大专班共招生877名，毕业556名。商洛地区从1991年起为全区101个边远、特困乡开办了定向到乡的电大医专预科班，第一期57名学员通过1991年全国成人高考，全部进入电大医学专科班学习。中等卫生学校和职工卫生学校1991年招生1800名。成立了中等卫校思想政治教育工作研究会。制订了《陕西省乡村医生教育十年规划》，成立了陕西省乡村医生培训中心。制定了《中等卫生职业学校招生办法》和《中等卫生职业学校教学设备装备标准》。省、地（市）、县共投资82万元，加强卫生职业学校建设。全省卫生职业学校发展到28所，在校生为7 715人，毕业生2 278人。中等卫校继续举办不包分配的"农村优秀青年医士班"，1991年共招生200名。

**医学科研与学术交流** 1991年列入省级以上各类研究计划课题10项，其中，省科委计划课题8项，卫生部科研基金招标课题2项，获得研究经费34.5万元。组织了省卫生系统青年基金课题招标。1991年有15项科研成果获得厅级以上科技进步奖，其中省级7项，厅级8项。举办科技成果推广班4期，参加者70余人。成立了陕西省医学科技情报管理委员会，组织各种专题学术报告195场次。召开省级学术会议10个，交流论文511篇。据不完全统计，全年为省级以上国内外学术会议推荐论文1 401篇，875篇被选用并进行了交流，58篇论文获省科协优秀科技论文奖。接待来陕参观访问和学术交流的外宾、港澳台同胞共76批，607人次；组织各类国际间学术报告会、座谈会15次；派遣出国考察访问、研修学习和出席国际学术会议团组24批，41人。国际奥比斯眼科飞机医院于1991年8月24日至9月14日来陕西进行为期三周的学术交流和访问。在陕期间，来自美国、英国、瑞典等14个国家和地区的40多名眼科专家及护理人员在省内5个医院眼科的配合下，为70名眼病患者施行了治疗，其中手术治疗44例。举办了眼科医师学习班，来自全国22个省、市、自治区的180多名眼科医师参加了学习。举办护理专题讲座5次，听众700多人次。

**卫生法制建设** 编辑了《卫生法规选编》。成立了陕西省卫生厅行政复议委员会。

制定了全省卫生系统“二五”普法规划，成立了领导小组。省人民政府颁布了《陕西省城市市容卫生管理监督办法》。省卫生厅对10个地、市药品监督管理工作进行了全面检查。

1991年，全省共监测食品20 271件，其中合格17 791件，合格率为87.77%，比1990年提高了5.86个百分点。监督检查食品生产经营者269 139户次，户均监督检查2.75次，依法进行各项食品卫生行政处罚25 218户次，占监督检查总数的9.37%。1991年全省共发生食物中毒38起，中毒1 093人，死亡8人，中毒起数、人数和死亡数分别比1990年同期下降11.63%、31.89%和20%。西安市卫生局会同医药、工商、公安等部门对西安市西郊潘家村无证药贩非法经营药品情况进行了突击检查，共查出无证经营摊点21个，没收非法经营药品80余件，价值人民币约15万元，查出假红霉素80多瓶，价值近千元。榆林、西安、延安、铜川、宝鸡、咸阳等6个地市，1991年共查处假、劣药品案件125起，假、劣药品3 500多种（次），价值人民币41万多元，没收、销毁药品价值及处罚金额共12万元。全省公共场所环境卫生监督率80.02%，监测率28.50%，发证率86.89%。

**精神文明建设** 省卫生厅于7月13日举行了西安地区纪念毛泽东同志“救死扶伤，实行革命的人道主义”题词发表50周年大会，卫生部门职工开展了学题词义诊活动。请“英雄国测一大队”的代表和卫生部英模报告团向厅直系统的干部职工作报告。6个单位和12名个人荣获陕西省首届“白求恩精神奖”，表彰了17个“卫生文明先进集体”和23名“卫生文明先进工作者”。卫生厅向全省发出3万多份《致患者的一封公开信》和《公告》，公布了《对当前卫生行业不正之风几个突出问题处理的暂行办法》，促进了全省医德医风的好转。 （杨智海）

## 西安推行“一院两制”拓宽办医路子

西安市卫生局在市属全民所有制医院（以下简称医院）试办集体所有制医疗机构（以下简称分院），增大服务量，缓解医疗供需矛盾。

**一、基本做法** 医院兴办分院，需报上级卫生行政部门和劳动计划部门批准，对经营性质、床位和人员编制、机构设置进行管理。

（一）组织方式

1. 人员组成 ①富余职工。由医院统一组织到分院工作，为分院管理和技术骨干力量，全民身份不变。②固定集体职工。经就业服务局下达录用指标，医院从待业青年中择优录用，属大集体性质。③临时聘用人员。根据专业需要，聘用社会闲散的、有一定经验的离退休人员（医务、财会、工勤），不列为单位正式职工。

2. 房屋来源 ①租用民房或旅馆房屋。②自建新房。医院采取低息贷款、职工集资等方式自筹资金建新房。③利用院内闲置房屋。

3. 资金设备 由医院投资、多渠道贷款、吸引职工入股等方式解决。

（二）管理 行政上，分院是医院下属的集体所有制医疗机构，分院院长由医院院长任免，对院长负责；经营上，实行集体经营，独立核算，自负盈亏；管理上，分院院长与医院院长签订任期目标合同；分院内部，实行院长负责制、干部聘任制、工人合同制，科室实行目标管理责任制。分院院长具有相应的人、财、业务发展和奖惩4个管理权限。

1. 人事管理 分院人员按一定编制配备，保持相对稳定。正式职工与医院有关部门协商调配，集体人员由分院考核，人事部门审查，医院研究，上报劳动管理部门批准录用，按国家有关政策规定管理。为集体职工办理社会统筹保险基金，保障他们的合法权益和利益。

2.业务管理　分院科室设置突出专科特点。医疗护理等工作按照医院标准、要求管理，接受医院医务科、护理部监督检查和指导。

3.财务管理　执行国家会计制度和财务管理办法，建立健全财务机构，配备专业财会人员，接受财政、审计、物价、银行等政府主管部门及医院财务科的监督和指导。对分院实行统一收费标准，参照同类全民医院，适当放宽。

**二、成效**

1.缓解了医疗供需矛盾，社会效益明显。据不完全统计，西安市推行“一院两制”四年来，市属9家医院开办的18所分院共开设病床2 007张，收治住院病人51 000多人。有些已发展成中等规模医院。

2.拓宽了资金来源，增强了医院自我改善能力。

3.填补了医疗网点和学科空白，方便了群众就近就医。

4.有利于改善医务人员待遇，解除职工后顾之忧。

**三、实行“一院两制”需处理好几个关系**　分院和医院的关系；分院和医院有关科室的关系；分院和医院职工的关系；分院内部集体与个人的关系。

（杨智海）

## 甘 肃 省

**基本情况**　1991年全省共有医疗卫生机构4 178个，比1990年增加46个。其中县及县以上医院322个，乡镇卫生院1 522个，卫生防疫站102所，妇幼保健站94所，医学科研所6个，专科防治所28个，药品检验所47个，高等医学院校2所，医学大专班3个，中等专科医药学校14所，县卫生学校24所，卫生职业技术学校19所。全省医院病床总数47 816张，比1990年增加2 005张，平均每千人拥有床位2.05张。卫生人员89 457人，比1990年增加3 399人，卫生人员中有技术人员73 559人，平均每千人口拥有卫生技术人员3.85人。全省有村级卫生组织16 031个，占行政村总数的92.01%，个体开业人员6 799人。

**农村卫生工作**　1991年，卫生部门的中心任务是贯彻执行1990年5月省政府批转卫生厅〈关于加强农村卫生工作的意见》和同年11月召开的全省乡镇卫生院建设庆阳现场会议精神。6月27日，省七届人大21次会议听取并审议了省卫生厅《关于加强农村卫生工作的情况汇报》，7月3日，省人大常委会作出《关于加强农村卫生工作的决议》。

1.加强乡村两级卫生机构。①领导重视。14个地市州和多数县（市、区）政府提出加强农村卫生工作的意见、措施。如兰州市政府决定，1991年首批建成30所标准化卫生院，3年内全市所有乡、村两级卫生机构达到房屋、设备、人员三配套。经年底考评，有33所卫生院建成达标。②各级政府增加卫生院建设资金的投入。共为农村卫生事业筹资2 321.71万元，其中省财政拨专款450万元，地、县、乡三级财政投资1 085.67万元，全省新建、扩建和维修改造卫生院房屋13.1万平方米，添置了部分中小型医疗设备。③发动群众集资办医，捐资助医。一年来，农村集体经济组织、社会各界、农民群众筹集用于卫生院的建设资金786.04万元。④有利于农村卫生事业发展的一些政策、措施、办法逐步得到落实。如省政府规定“八五”期间要将80%的国家统配大中专毕业生分配到地、县工作，并对医疗专业下达部分指令性计划，满足农村卫生机构需求。在农村作出显著成绩的人员，晋升专业技术职务时，适当放宽对外语和学历的要求。在农村第一线工作的中专毕业生晋升中级专业技术职务的年限，可比在城市工作的同类人员缩短5年左右。对乡镇卫生院和乡镇所在地的其他医疗卫生单位工作的大专学历医务人员，向上浮动一级工资。张掖地区从自费生中吸收163人到卫生院工作。庆阳地区财政对卫生院的人头补助费由60%提高到80%，其中防保人员人头费基本达到了全额供给。⑤采取有效措施，培养农村卫生技术人才。20个少数民族县招收学生40名，直接定向到卫生院；省级医院举办农村主治医师培训班，培训学员106人；17个乡村医生函授站，招生面扩大到30个县，参加学习的乡村医生有1 100人；现有14所中等专业卫生学校对农村基本上实行了定向招生、定向培养、定向分配；地县医院为乡镇卫生院举办外科、妇科培训班、检验班和接收进修培训，培养各类人员920名。⑥重视对卫生院长的培养。1991年初，卫生厅制定下发了《甘肃省乡镇卫生院、村卫生所分类建设标准(试行)》和《农村卫生院工作制度、人员职责》，拨出专款资助各地分期分批举办卫生院长管理学习班，1 522所卫生院院长基本接受了1～2次培训。同时各地、县还对在岗的卫生院长公开考评，根据其德才政绩决定是否留任或调整。目前，全省重点建成了300所中心卫生院和150所乡卫生院，维修改造了部分危房，基本实现了房屋、设备、人员、技术、管理五配套。

2. 总结推广平凉地区抓乡镇卫生院建设的新经验。平凉地委、行署和县乡政府动员全社会力量，走集资办医道路。除上级拨款外，全地区多方集资514.9万元，重点建设乡镇卫生院，全区已完成总建筑面积27 136平方米；投资58万多元，为卫生院添置病床和医疗器械876台(件)；为卫生院培训技术骨干，正在代培、进修和参加函授学习的农村卫生人员600多人。全区卫生院的门诊、住院人次分别比1990年同期提高了64%和26%。9月，省政府在平凉地区召开现场会，实地考察了平凉地区7个县(市)的27所卫生院。

3. 广泛开展城市对农村的技术支援活动。省级6家医院对口支援部分县级医院；地州市医院和10所大型厂矿医院直接与中心卫生院挂钩，重点抓人才培训、技术开发。

4. 改革乡镇卫生院管理体制。省政府决定把卫生院放到乡镇政府管理，卫生厅制定了《甘肃省乡镇卫生院管理办法》，明确了各部门和卫生院的管理职责，4个地区已开始下放移交工作。

5. 农村卫生所恢复发展到16 031个，比1990年提高1.6%。

**预防保健工作**

1. 计划免疫和传染病防治工作。1991年全区计划免疫的各项指标均达85%以上，以县为单位"四苗"全程覆盖率为97.20%，实现了计划免疫第二个85%的目标。全省有8个先进集体、12名先进个人受到全国计划免疫协调小组的表彰奖励，31个计划免疫先进集体、250名先进个人受到卫生厅表彰。省政府对全面完成《计划免疫任务责任书》指标的7个地区行署和州市人民政府予以表彰，并与各地州市专员、州长签订了1991～1992年计划免疫责任书，提出了1995年以乡为单位儿童计划免疫接种率达到第三个85%和1993年消灭脊髓灰质炎的目标。

2. 地方病得到有效控制。1991年疫区鼠间鼠疫流行经采取灭鼠灭獭、安全猎獭、免疫接种等综合措施，没有发生人间鼠疫；完成46个县的布鲁氏菌病考核工作，有45个县达到"稳定控制"标准；安排地方性氟中毒病区改水经费318万元，受益人口6.2万人。又有21个县区基本消灭了麻风病。

3. 全省18个"加强中国基层妇幼卫生·计划生育服务"合作项目中，已有11个项目县基本建成妇幼保健站工作用房；各项目县培训妇幼卫生师资767人、村级卫生人员6 300人。推行了妇幼保健保偿合同制，新婚夫妇入保率为65%，儿童入保率为60%。全省新法接生率达80%以上，新生儿破伤风发生率控制到1‰以下，孕产妇死亡率降至9/万以下。

4.完成我国核试验下风向酒泉地区居民受照剂量与健康状况调查工作。

**中医工作** 采取省、地、县各拿一点的办法，装备了20所地、县级中医院。新建和续建13所县级中医院。庆阳地区中医院、武都县中医院被列为全国示范中医院建设单位。举办中医住院医师、中医骨伤科、中医师英语等3个培训班，130人接受培训。

**医学科研** 在省医学情报所开展了光盘检索服务；在新医药学研究所开始修建实验动物楼。完成了1989～1991年度省卫生厅医疗卫生科技进步奖的评奖工作，46项科研成果获奖，其中一等奖2项，二等奖19项，三等奖25项。有15项经初步评审获省科委科技进步奖。“敦煌医学研究”获国家级科技进步三等奖。

**纠正行业不正之风** 对省卫生厅直属单位的收费项目进行了清理，被清理的2 890个医疗卫生收费项目中，有2 530个项目予以保留，已上报待批的346个项目暂时保留，41个自立收费项目停止执行。对过去未作规定的248个新的收费标准进行了审批。各单位对1985年以来的规章制度进行了清理，省级医疗卫生单位共清理各项规章制度266个，其中保留231个，修订27个，废止8个，重新制订65个。省卫生厅聘任了10位老专家为医政监督员，地县卫生部门也聘请了医政监督员。 （乔公先）

## 坚持多渠道筹措资金维修改造卫生院

甘肃省1 522所乡镇卫生院中，有近2/3的房屋是五六十年代修建的土木结构房屋，危房面积16. 4万平方米。为在“八五”期间整顿建设好卫生院，甘肃省政府决定，由省、地、县、乡、村各级共同投入，并发动社会各界和农民群众捐资助医。1991年，共为卫生院筹资2 321.71万元，其中省财政划拨专款450万元，地、县、乡财政投资1 085.67万元，社会各界捐资和卫生院自身集资786.04万元，全省新建、扩建和维修改造卫生院房屋13.18万平方米，并为卫生院添置了部分中小型医疗器械。其主要做法是：

1. 转变观念，提高认识。甘肃省86个县（市、区），财政补贴县有63个，省政府多次号召各级政府发动群众，集资办医，捐资助医。

2. 做好思想发动和组织工作。多渠道筹措卫生经费是一项社会性工作，本着“自愿、受益、适度、资金定向使用”的原则，开展思想发动和组织工作，不搞硬性摊派。如平凉地区各县（市）政府层层召开动员会，进行宣传发动。天水市政府召开关心支持农村卫生事业动员大会，对各级财政、驻市单位、干部职工、农民群众捐资助医提出具体要求。

3. 宣传先进典型，扩大影响，推进工作。通过新闻媒介大力宣传平凉集资办医的事迹。《甘肃日报》以头版头条位置，报道了平凉地区集资办医的经验，并配发了短评。《平凉报》以3个版面集中报道了各县、乡捐资助医的作法、成绩；省、地电台、电视台连续播放了电视新闻和专题片。

4. 加强对集资款的管理，专款专用，保证其全部用到房屋、设备和人才培养上。

（乔公先）

## 对我国核试验下风向酒泉地区居民受照剂量与健康状况的调查

由卫生部和甘肃省政府联合组织的我国

核试验下风向酒泉地区居民受照剂量与健康状况调查，从1987年起，经过3年多时间，于1991年5月正式结束。该课题采用国际80年代发展起来的先进方法和手段，对我国核试验场下风向酒泉地区的5个县（市）、13个乡、于1961年12月31日以前定居在本地的农业家系共114 290人，进行了恶性肿瘤死亡率回顾性调查以及对甲状腺功能改变、甲状腺肿瘤患病率、儿童先天性畸型与遗传性疾病发生率和已婚妇女孕育情况进行了调查；抽样调查了外周血淋巴细胞染色体畸变、微核率和自然杀伤细胞活性。通过环境介质和辐射场的分析测定，估算了现阶段该地区环境内外照射剂量水平。我国核试验所致酒泉地区居民1964～1987年间总内外照射剂量当量约相当于1年半的正常本底地区天然辐射有效剂量当量。1991年6月6日，甘肃省政府和卫生部在兰州联合召开了鉴定会，来自我国有关方面的11位专家和主要科技人员，通过对调查结果的分析并与1976年调查资料和国内正常值进行比较，未发现我国核试验造成下风向居民健康可察觉的不良影响。

这项调查在低剂量辐射效应研究中具有重要的科学价值，为科学地制定防护措施提供了依据。

（乔公先）

## 青海省

**基本情况** 1991年底，全省有人口454万，各类卫生机构1 184个，其中县及县以上医院159个，乡卫生院所425个，门诊部所456个，专科防治所4个，卫生防疫站58个，妇幼保健院、站51个，药品检验所17个，医学院校8个，其他卫生机构7个。全省拥有病床16 262张。卫生专业人员25 474人，其中卫生技术人员20 076人，乡村医生及卫生员6 081人、农村接生员4 455人。与1990年相比，卫生机构减少2.79%，床位增长3.59%，卫生人员增长2.04%。每千人口拥有病床3.7张，拥有卫生专业人员5.8人，拥有医生1.5人。

**预防保健** 计划免疫，“四苗”全程接种全部达标。白喉连续6年无病例，脊髓灰质炎连续4年无病例，麻疹、百日咳的发病率分别下降到4.26/10万和6.17/10万。全省饮用安全水的人数为170余万，占全省农村总人口的50%以上，改建厕所15.5万个，占总农户的30%。全省又有16个县列入“加强中国基层妇幼卫生·计划生育服务”项目。受援县占全省总县数的61.5%。省、州、县三级医疗保健网落实配套资金332万元，占五年计划配套资金数的41%，其中1991年148.6万元，占年计划的92.88%。开展了儿童生长发育和孕产妇系统管理试点，进行了破伤风类毒素接种。新法接生率和住院分娩率上升，孕产妇死亡率、婴幼儿和5岁以下儿童死亡率下降。

**农村卫生** 乡卫生院、所从单纯的医疗型向多功能方向发展，90%的卫生院建立了防疫保健专业组或配备了防疫保健专职干部。各地采取多方集资的办法兴建村卫生室。海南州群众集资110余万元，为村卫生室修建业务用房500余间，恢复和重建村卫生室352个。尖扎县群众集资4.15万元，在财政补贴下，新办70多个村卫生室。为稳定乡村医生和接生员队伍，各地通过群众集资、集体经济补贴、免派义务工，增分责任田等多种办法落实报酬。海晏县对乡村医生的补助年人均为500～800元。全省村卫生室的覆盖率为90.8%。

**教育科研** 1991年青海医学院划归省卫生厅管理。省、州卫生学校扩大乡村医士专业招生，1991年从农村招收新生260名。为提高在职人员的医疗技术，委托省级医疗卫生机构举办各种医疗，医技培训班30期，受训人数860余人，安排省内外进修273人，组织42名专家分赴部分州、县进行40个专业的学术讲座，委托北京职工医学院代培麻醉医生24名。由南京爱德基金会资助举办了眼科、儿科急救、防疫检验、急腹症、外科、妇产科、乡卫生院内儿科和防疫站长等培训班，受训人员共计286人。全年完成科研课题41项，完成课题鉴定21项。高原红细胞增多症综合研究招标后列为国家级攻关项目。在西宁召开了全国第二次高原医学学术讨论会和与澳大利亚合作的缺碘性疾病研究工作总结会议。有17人次参加了5个国际高山医学学术会议，132人次参加全国性学术会议，在国际和全国学术会议上发表论文82篇，在全国性杂志上发表论文22篇。

**医院工作**　1991年，各级医院以岗位责任制为中心的各项规章制度进一步完善，全年门诊690万人次，收住院21.6万人次，急诊26万人次。厅属医疗单位开展新业务20多项，新技术、新手术150多项。在部分省、市开展了医院分级管理试点。西宁地区有10所医院抽调技术力量组成10个医疗队，对10个牧区县进行对口支援。

**民族医药**　全年补助各级藏医院26万余元，购置了B型超声诊断仪、X光机等设备。省藏医学院的门诊、住院、教学楼一期工程全部竣工。制定了《青海藏医学院教学大纲（草案）》、《青海藏医学院藏医专业教学计划（草案）》，编写了部分藏医专业教材。

在国家中医药管理局制定的杏林计划中，青海省海南州藏医院和平安县中医院被列为全国示范中医院，并落实了基建投资。

**对外交流与合作**　1991年接待了澳大利亚、苏联、泰国、德国、美国、日本、玻利维亚、比利时等外事部门和医学界的国际友人。世界卫生组织向青海省提供了价值38万美元的冷链设备。联合国儿童基金会、联合国人口基金会为妇幼卫生提供车辆、设备，达140万美元。日本协力事业团1991年为青海省儿童急救中心提供了价值140万人民币的急救仪器设备。无国界医生组织为乌兰县提供23万美元的援助项目。

**医德医风**　根据抽查，全年行业不正之风发案率控制在0.6%以下。在全省范围内进行的社会对医疗机构作风问题的问卷调查表明，群众对医院的信任率为96.8%，对医务人员态度的满意率为82.6%。

（刘丕承）

## 青海省妇幼卫生事业

1991年，青海省把妇幼卫生工作列为全省卫生工作的重点之一，全省新法接生率由62.12%上升到75.92%。据抽样调查，孕产妇死亡率城市由8.94/万下降到6.50/万，农村由38.03/万下降到14.29/万。婴儿死亡率城市由19.4‰下降到13.70‰，农村由81.53‰，下降到41.06‰。人口平均期望寿命提高了4岁多。

1. 在妇幼工作领域里同联合国儿童基金会，联合国人口基金会和其他组织建立了广泛的合作。通过合作建立了1个妇幼卫生示范县，2个围产保健扩展县，4个妇幼卫生基层保健合作县、16个“加强中国基层妇幼卫生·计划生育服务”项目县，以及1个由无国界医生援助的妇幼卫生项目县等，受援县的覆盖面占全省总县数的61%。在联合国儿童基金会的援助下建立了西北第一个儿童急救中心。接受外援提供的交通车辆28辆，设备170余件，价值140余万美元。

2. 各级领导对项目工作重视，积极落实配套资金。首先创建了省妇幼卫生保健院，投资605万元，作为全省技术指导和培训中心。各项目县配套资金累计332万余元，新建基层妇幼机构用房5 000平方米，比1985年增加1倍以上。妇幼卫生经费占卫生经费的比例，由原来的2%上升到6%。妇幼专业人员数比“七五”初期增长43.7%，专业技术人员中大专毕业的人数增加了3.1倍。乡级妇幼卫生专业人员已有236人，农村接生员4 200余人，增长了13.66%。与此同时，抓了业务培训。举办乡妇幼专职干部培训班20余期，培训人数500余人，举办乡村医生和农村接生员培训班150余期，培训人数3 600人，培训覆盖面为81.94%。

3. 扩大业务范围。有60%的妇幼保健站开展了门诊，设立了病床。保健机构开展门诊业务，设立病床100余张。农村妇幼保健工作由原来单纯的妇女保健、新法接生，逐步扩大到儿童保健、孕产妇系统管理、小儿生长发育监测。并在西宁、贵德、湟中、湟源、乐都等地逐步推行了母婴保健有偿服务和保偿责任制，覆盖面达到25%。

（刘丕承）

## 宁夏回族自治区

**基本情况**　1991年全区共有各类卫生机构1 129个，床位11 118张，专业卫生人员24 971人（卫生技术人员20 064人）。其中，卫生部门的各类卫生机构410个，比1990年增加4个，县及县以上医院41所，乡镇卫生院（所）274个，专科防治机构8个，卫生防疫机构26个，妇幼保健机构27个，药品检验所2个，医学科研机构1个，高、中等医学院校4所，其它卫生事业机构21所。病床8 160张，比1990年增加496张。专业卫生人员17 325人，比1990年增加765人，其中卫生技术人员13 476人。全区有村医疗站2 634个，乡村医生2 159人，卫生员2 226人，接生员6 522人。

**开展优质服务活动**　1991年为优质服务年，全区卫生系统开展了“两学、三创、四树立（学雷锋、学白求恩，创优质服务、创优良作风、创优美环境，树立全心全意为人民服务的思想、树立社会主义的医疗卫生道德风尚、树立职工主人翁精神、树立密切联系群众的工作作风）”为中心内容的优质服务竞赛活动，取得以下成绩：①服务态度改善。在优质服务竞赛活动中，各医疗卫生单位推行文明用语，增设各种便民措施，热情为病人服务。②医德医风好转。自治区人民医院43名有高级职称的医生联名发出“请吃不到、送礼不要”的倡议，得到全体医疗卫生人员响应，得到社会好评。③医疗质量提高。各医疗单位加强了门诊、急诊工作，增派主任、主治医师参加门诊、急诊工作，提高了门诊诊断准确率和抢救成功率。开展新技术、新业务。宁夏医学院附属医院4～6月开展新业务28项。其中，二尖瓣球囊扩张术、近红外线电脑乳腺扫描术达到国内先进水平。

11月份，自治区卫生厅对宁夏医学院附属医院、自治区人民医院、银川市人民医院、石嘴山市第一、第二人民医院进行了行业作风调查，在500份病人问卷调查中，对医生、护士的服务态度满意率分别为87%和77%；对医生和护士技术水平总体评价分别为84%和79%；对医院医疗质量的信任程度达到93.5%。

**农村卫生工作**

1. 巩固和发展农村三级医疗预防保健网，完善农村卫生服务体系。吴忠市村医疗站全部恢复集体办，盐池、中宁、青铜峡等市县集体办的医疗站达到50%，彭阳县为40%。翻建乡卫生院12个，面积为3 728平方米，对第一批重点建设的19所中心卫生院进行检查验收，92.3%基本达到要求。县级卫生机构除平罗县、惠农县外，其它县市的综合医院基本建设已经完成。翻（扩）建4个县卫生防疫站和妇幼保健所（站）。

2. 加强农村卫生人才培养。继续在高中等医学院校实行定向招生、定向培养、定向分配制度。全区医学本科生为20%、专科生为100%、中专生为80%。制定了《1991—

2000年宁夏回族自治区乡村医生教育规划》。从1991年起，在宁夏卫生学校和固原卫生学校开办了乡村医生专业，纳入国家正式招生计划，学制3年，不包分配，毕业后回农村从事乡村医生工作。

3. 开展初级卫生保健试点工作。举办了3期初级卫生保健学习班，成立了初级卫生保健委员会。总结推广了吴忠市初级卫生保健试点经验。在中卫县、平罗宝丰镇开展了合作医疗保健制度试点。

4. 开展卫生支农活动。制订了《关于进一步搞好城市医疗机构支援农村的规定》，自治区级和地、市级医院对口支援县级医院，县级医院支援乡卫生院。各支援单位定期或不定期派技术骨干到受援单位查房、会诊、手术，帮助解决疑难问题，并无偿支援闲置的病床设备和医用物品。

**预防保健**

1. 加强传染病的控制管理和疾病监测，建立健全传染病报告制度。1991年传染病报告发病率为300.26/10万，死亡率为0.40/10万。开展了传染病、艾滋病、性病、儿童营养、生活饮用水、环境放射以及职业危害监测、调查。完成了劳动卫生、环境卫生、学校卫生工作任务。已按期实现儿童计划免疫第2个85%目标。

2. 地方病防治。鼠防工作，组织群众进行灭鼠活动，在疫区重点人群进行鼠疫活菌疫苗预防接种，接种率在85%以上。布氏杆菌病的防治，继续坚持以畜间免疫、检疫和淘汰病畜为主的综合防治措施，完成了固原等10个县的考核，各项指标达到国家新颁发的控制区标准。地方性甲状腺肿病的防治加强了碘盐供应管理，推广了碘酸钾代替碘化钾的工作，提高了防治效果。地方性氟中毒的防治，着重进行降氟改水工程建设。完成改水病区31个，受益人口6万人。

3. 妇幼保健工作，加强了川区孕产妇系统管理和山区新法接生工作。川区孕产妇系统保健管理率为90%，住院分娩率为45%。自治区卫生厅拨专款12万元，为山区8个县配备产包1 580个。在87个乡开展育能妇女破伤风类毒素免疫接种，第一针接种率为67%，举办了婆媳母乳喂养宣传指导学习班，开展了农村散居儿童的系统保健管理试点工作。

**爱国卫生** 进行农村改水和除害灭病工作，开展了第三个爱国卫生月活动。吴忠、贺兰、中卫、青铜峡建成卫生厕所1 300多座。完成了山区5县12个乡河泉水卫生防护项目，6.2万人饮水卫生得到改善。平罗、贺兰、灵武、中卫县四个镇开展了自来水工程建设，受益人口3.4万人。开展健康咨询服务，在吴忠、平罗开展了农民健康教育试点，举办培训班68期，2 639名家庭妇女参加培训，占应参加人数的76.2%。全区已有341所小学开设了健康教育课，受教育的小学生为11万人。

**中医工作** 自治区中医医院住院病房正式向社会开放。对银川市中医医院、灵武县中医医院进行考核评估，开展示范中医医院建设。自治区中医医院、银川市中医医院、平罗县中医医院加强骨伤针灸、推拿按摩和中医治疗心血管疾病的专科建设，突出中医特色。有2项科研成果获1991年国家中医药管理局中医药科技进步三等奖。制订了自治区1991～1994在中国中医研究院委培研究生计划，落实了1992年研究生招生计划。在宁夏卫生学校恢复中医士专业招生，为农村培养中级中医人才。

**医院管理** 制订了自治区《综合医院分级管理评审实施细则》，组织医院分级管理讲座。抓了临床检验质量控制和供应室的建设，对25所医院进行生化室间质量评价。检查验收40所医院供应室工作，卫生部门81%的医院供应室取得了合格证书。加强医务人员“三基”训练，举办学术讲座、电化教育、读书报告会等多种形式的职工教育。开展公费医疗管理情况调查，与自治区财政厅共同制订了《宁夏回族自治区公费医疗经费管理改革实施方案》和《关于转诊转院的若干规定》，加强公费医疗管理工作。

**医学教育与科研** 制订了《1991—2000年宁夏回族自治区医学教育发展规划》和《宁夏回族自治区中等医学院校实习基地管理暂行办法》。完成自治区高、中等医学院校和成人招生计划。举办26期各种类型学习班，接受进修人员908人次，安排零星进修125人次，送出区外进修63人次。召开了医疗卫生科技工作会议，制订了《1991—2000年宁夏回族自治区医药卫生科技发展规划》和《宁夏回族自治区卫生厅医药卫生科学技术进步奖奖励暂行办法》，对全区第4次医疗卫生科技进步奖进行评审。有77项医药卫生科技成果获得了自治区卫生厅科技进步奖。自治区卫生防疫站承担的“环境污水中致病性肠道病毒的监测研究”、宁夏医学院承担的“宁夏回族自治区农村回族婴幼儿及哺乳妇女的营养状况研究”获卫生部科学研究基金和青年科学研究基金。完成了卫生部全国高血压抽样调查的任务。

**贷款、援贝医疗队工作** 世界银行贷款农村卫生项目Ⅰ、Ⅱ通过国际招标，引进设备11个品目88台件。举办初级卫生保健等10个培训班，有1 653人得到培训。组织各项目单位对贷款执行情况进行数据统计，为项目终期评估做好准备。自治区组建的第8批援贝宁国医疗队，于9月间赴贝宁执行任务。

**卫生法制建设** 贯彻《食品卫生法》重点加强食品卫生监督管理和食品及饮食餐具的卫生监测，依法查处各种卫生违法案件。执行《药品管理法》着重加强药品监督管理和监督员队伍建设，到1991年底，全区已配备自治区、地（市）、县三级专兼职药品监督员100人，有10个县（市）配备了200多名乡药品监督员，初步形成了全区城乡药品监督网。查处销售伪劣药品案件60多起。《公共场所卫生管理条例》及其实施细则、《化妆品卫生监督条例》、《学校卫生管理条例》、《放射卫生防护管理条例》也有效地贯彻执行。在全区卫生系统开展了法制宣传教育，制订了《全区卫生系统开展法制宣传教育第二个五年规划》，举办法制学习班，加强对卫生监督执法人员《行政诉讼法》和各专业行政法规的培训，做好卫生执法工作。

（曾晓林）

## 新疆维吾尔自治区

**基本情况** 1991年全区卫生机构3 937个，其中医院1 073个，疗养院5个，门诊部、所2 499个，专科防治所14个，卫生防疫站194个，妇幼保健站（所）64个，药品检验所18个，医学科研机构4个，高等医学院校4个，中等卫（护）校23个，其他卫生机构39个。床位68 504张，其中医院62 363张。专业卫生人员105 396人，其中卫生技术人员82 528人。乡村医生4 407人，卫生员5 737人，接生员3 880人。村设医疗点7 916个，其中村或群众集体办2 586个，乡村医生、卫生员办1 770个，乡卫生院设点1 477个，个体办1 413个，其他形式办670个。

**农牧区卫生工作** 1991年全区出现多方集资，增加农牧区卫生投入的好势头。自治区计划经济委员会从卫生基建计划中拨出76万元用于县、乡卫生机构建设。自治区财政厅拨出200万元作为农牧区卫生建设经费。各地自筹县、乡两级卫生机构建设资金约2 000多万元，其中乡卫生院危房改建近800万元，已改造、峻工的乡卫生院有79个。和田地区有4位农民共损资28万元，为当地乡卫生院修建了1 092平方米的门诊和病房。

为加强农牧区基层卫生机构建设，卫生厅制定了乡卫生院和村卫生室两个暂行管理办法。并组织了33个地、州、市级以上城市医院无偿对口支援33个边远、贫困地区的县医院，时间为3～5年，实行任务包干，限期达标。各地、州组织县（市）医院和其他卫生单位，对口支援乡卫生院。吐鲁番、鄯善、乌恰、和田、策勒、民丰等县（市）实行合作医疗的覆盖率均在60%以上，有的为90%多。10月，自治区人民政府在麦盖提县召开了全区初级卫生保健试点工作经验交流会，总结了试点工作，讨论修改了《新疆农牧区实施2000年人人享有卫生保健战略目标概略规划》。

**预防保健** 经全国审评，新疆计划免疫已如期实现以县（市）为单位达标。卫生厅于6月召开了全区计划免疫和防病工作会议，表彰先进，部署防病任务，制定了1993年消灭脊髓灰质炎规划的实施细则。派出8个防治队到各地协助开展霍乱、肝炎监测和防治工作。1991年霍乱发病14例，分布在6个县（市）；伊宁、霍城等地暴发伤寒流行，发病1 000多例，经防治均得到控制。吐鲁番地区戊型肝炎流行也基本控制。在和田、喀什、阿克苏地区的25个县（市）进行麻风病调查、防治，共发现新病人21人，发现率为0.15/10万；继续推行了院外联合化疗。截止年底，累计发现麻风病人3 591人，患病率为0.007‰；累计治愈3 379人，除死亡、外迁的，尚有现症病人103人。一些地方头癣有所回升。据对和田地区5个县、19所民族中、小学校3 270名7～15岁的中小学生的调查，查出患者445人，患病率为13.6%。

完成2期乡镇食品企业检验技术人员培训，共培训58人。哈密地区制定了《食品卫生管理工作规范（试行）》；伊犁自治州对食品饮食人员进行了上岗前的培训；乌鲁木齐市制定了《肉食品卫生管理标准》，对熟卤制品进行整顿；霍城县制定了《农牧区设立食品卫生助理监督员的意见》。不少地州对中小学生进行了健康检查，建立了健康档案；对企业职业危害进行了调查。自治区卫生厅制定了自治区卫生监督分级管理办法，明确了地方和兵团、铁路等企业部门的卫生管理职责及范围。

**妇幼卫生** 各级妇幼卫生机构实行了岗位责任制，有的试行了站长任期目标管理责任制；在各种妇幼保健服务中普通实行合理收费。部分地州和县、市实施了妇幼保健保偿责任制。在16个妇幼卫生国际合作项目县中，有9个县利用各级配套资金修建了符合项目标准的业务办公楼，已峻工面积为6 900多平方米。外援专用车辆已全部配备并投入使用。自治区组织了地、县、乡、村的妇幼卫生知识和适宜技术培训活动，受到培训的妇幼卫生人员和乡村医生为4 000多人。卫生厅还组织3项目县的自查和互查活动，并进行了重点抽查。

**爱国卫生** 乌鲁木齐市治理市容和环境卫生，加强了卫生设施基本建设。伊犁地区连续3年每年拨出200万元，用于城市卫生基础设施建设。哈密市继1990年获得全国县级卫生城市称号后，进一步制定了目标管理责任制。在呼图壁、伊宁、温宿县的3个村开展了创建卫生示范村工作，进行农村改厕试点，推广、应用“通风改良式”厕所和“双瓮漏斗式”厕所450多个。农村改水受益人口新增20万，累计达640万，占农村人口64%。开展了灭鼠“一役达标”活动，博乐、奎屯、克拉玛依、昌吉4个市达标。

**医院工作** 自治区卫生厅对各地经自查后申报“文明医院”的地方、厂矿、铁路系统的30个医院进行了检查验收，均达到自治区文明医院标准。举办了有16个地州市80多人参加的全区首届医院分级管理学习班。伊犁自治州、伊犁地区、乌鲁木齐市、克拉玛依市和兵团卫生局及部分医院也举办了学习班。同时制定了县级医院标准。自治区人民医院年门诊量、出院人数和年均职工业务收入分别突破70万人次、2万人次和2万元大关。

**中医民族医工作** 卫生厅举办了全区中医民族医医院院长管理学习班，进行了有关分级管理的培训。委托自治区中医院举办了为期2个月的中药炮制加工学习班。在北京国际传统医学展览会上，有6篇中医民族医论文入选大会论文集；维吾尔医展版及电视片《祖国医学宝库的一颗明珠——维吾尔医、火洲沙疗和40多种维吾尔成药参展。各地中医民族医医院发扬特色。克孜勒苏自治州维医骨科医院挖掘民族医药，专科门诊量、住院量均比1990年增加。阿尔泰哈萨克医医院编写、出版了《哈医处方（上册）》。哈密中医院坚持中医药治疗为主，中药使用率达75%。自治区中医院对中风、小儿喘憋性肺炎、轻中型冠心病、高血压等采用中医中药或中西医结合治疗，收到良好效果。

**药品管理** 第二次核发“三证”工作基本结束。自治区卫生厅对427个药品生产企业、97个药品经营企业和80个医疗单位制剂室进行检查验收，核发许可证。由各地州市卫生处（局）验收、核发许可证的药品零售企业（店），近400个。各地继续坚持每年1～2次的药品质量大检查，对县及县级以上医药卫生机构的检查覆盖率为100%。查处假劣药品4 250批次，取缔非法药贩257人次，销毁假劣药、没收违法所得和罚款额达35万多元。自治区药品检验所全年完成检品857件，其中抽检447件，合格率74.3%；送检263件，合格率76%；审批147件，合格率77%。卫生厅举办了全区药品检验学习班，共51人参加。《维吾尔药材标准》一书已完成编目、审校、统编等工作。

**医学教育和科技** 自治区级进修基地举办各类进修班34个，全年共培训各类卫生技术人员983人，其中少数民族306人。招收函授卫生管理人员293名。举办专业证书班10个，招收学员400人。为加速护理人员培养，卫生厅下发了在全区开展护理专业自学考试（分大专和中专）的通知。卫生厅委托新疆医学院一附院和石河子医学院举办了少数民族高级卫生技术人员心血管学习班。为加强卫（护）校汉语教学，着手编写卫（护）校专业汉语教材。

1991年，卫生厅直属单位获自治区科技进步奖10项，其中二等奖4个，三四等奖各3个。获二等奖的梅毒血清学诊断技术推广到基层单位，诊断用品还向广西、青海等地提供。卫生厅会同新疆医学院一附院向和田地区推广了有关心血管的4项技术。为提高烧伤治疗水平，引进推广了卫生部重大科技成果“烧伤湿润暴露疗法”，有13个地区的28所医院的人员参加了学习。克孜勒苏自治州推广应用州医院“HE染液配方的改造”成果，解决了南疆地区提高染片质量和节约化学制剂的问题。阿图什市医院用改装后的721分光光度计代替超微量比色仪，开展超微量生化检验，节约了购置费用。这一技术已在全疆100多个基层单位推广。哈密地区成立了腐植酸临床应用研究中心，加速开发应用当地腐植酸矿产资源。伊犁自治州药检所研制的“输液自净器”获国家专利。自治区人民医院开展肾移植、人工晶体植入、卵巢自体移植取得成功。

**卫生改革** 各级医疗卫生单位普遍实行综合目标管理责任制。乌鲁木齐市卫生局制定了考核管理奖惩条件，与所属单位签订了目标协议书，经年终考核验收，6个单位获得目标三等奖，4个单位受罚。伊犁自治州友谊医院、奎屯医院加强质量控制和社会监督，均超额完成合同规定中的指标。阿克苏地区卫生处按照初级卫生保健指标要求，重新修定地区、县（市）卫生事业综合目标管理考核标准，把总目标具体转化为全地区各个层次卫生机构和干部的工作目标，通过综合目标实现对全区各级卫生机构的宏观控制。

卫生厅抓了治理整顿和纠正行业不正之风工作。确定了工作的阶段性目标，制定了操作性较强的检查评比标准；下发了《关于加强我区医院治理整顿和纠正行业不正之风的若干规定》，召开了廉洁勤政、廉洁行医先进典型表彰大会。

（邓克中）

## 麦盖提县加强医疗预防保健网建设

麦盖提县1989年被确定为自治区初级卫生保健试点县。该县重视医疗预防保健网建设。其做法：

1. 政府重视加强三级医疗预防保健网建设。面对村卫生室解体现象，县委、县政府下发了三级网管理条例、合作医疗管理条例、解决乡村医生报酬等文件。

2. 增加卫生投入，重点抓好乡、村两级卫生机构建设。保持县卫生事业费逐年递增。采取多方集资建设三级网。近5年来用于三级网建设资金累计109.4万元，其中财政拨款占33.2%，乡政府拨款占22.2%，乡卫生院自筹占11%，村资助占8%，合作医疗经费投入占21.9%，地、县卫生部门拨款占3.7%。

开展创建甲级村卫生室活动，131个村卫生室中已有126个落实业务用房。同时规定村卫生室药品金额不得低于该村合作医疗经费的15%～30%，从而保证每个卫生室至少有60种以上的常用药品。每个村从公益金中提取800～1000元，为卫生室添置药柜、诊断床、办公桌椅等。此外，各乡集资10余万元，由县卫生局统一组织货源，为村卫生室配置消毒锅、产包、出诊箱、血压计、听诊器等常用医疗设备。现有88个村卫生室基本达到人员、设备、药品、房屋配套。对乡卫生院，重视加强预防保健力量，每个卫生院都配备了2～3名防保专干和妇幼卫生专干。为乡卫生院配置了X光机、心电图机、妊娠诊断仪，建立了手术室；有的乡卫生院还购置了激光治疗仪，设有牙科门诊，扩大服务项目。为加强三级网各级机构管理，该县制定了各种工作制度40多种，各类卫生技术人员职责30多种。

3. 加强人员培训，稳定乡村医生队伍。几年来，该县集资13万元，用于人员培训。有70多人参加区内外大中专院校举办的成人教育，97人到区内外医疗卫生单位学习。动员选送农民子女共24人到卫生学校学习。与教育部门联合开办了学制3年的乡村医生职业高中，共有40人参加。县、乡医疗卫生机构举办了14期各种专业学习班，受到培训的乡卫生人员和乡村医生为800多人次。有200多人通过了县卫生局组织的自学考试，37名村卫生员取得乡村医生证书。

为了稳定乡村医生队伍，乡政府要求合理解决乡村医生报酬。目前乡村医生报酬与村干部水准相当，而且免除了义务工。

4. 巩固发展合作医疗。该县于1959年起即实行合作医疗。在管理办法上，由过去县卫生局统管代办改为各乡自办，并成立了由乡村干部、集资群众和乡卫生院三方面代表参加的管理委员会。在资金征集上，为适应经济体制的变化，由过去卫生院按村征收，改由乡按当年收成好坏，进行一次性征收。在资金使用上，由乡卫生院管理，按比例分配使用，其中80%用于购买药品，10%作为乡卫生院发展资金，10%用于预防保健和补助乡村医生。在报销比例上，由全包全免改为报销与自费相结合：在乡村就医，实行合药不合医，应报部分实报实销；经批准易地就医，实行合医合药，其医药费按人均收入不同给予不同比例的报销，对“困难户”予以特殊照顾。县卫生局还会同财政、审计等部门，对合作医疗资金使用情况进行检查、审计，并开展评比活动。目前该县131个行政村全部实行合作医疗，参加人数占农村人口

96. 2%。目前乡卫生院床位使用率为76. 4%，村卫生室日均接诊量为15～20人次。全县计划免疫“四苗”接种率均达90%以上。法定报告传染病发病率比1989年下降59.1%，孕产妇和婴幼儿死亡率比1985年分别下降68.3%和47.3%。

（邓克中）

# 学术团体和群众团体

【全国性卫生社会团体复查登记】

根据民政部对社会团体复查登记的具体规定，卫生部从1990年至1991年底对全国性卫生社会团体进行了清理工作。

一、已经过民政部核准登记的全国性卫生社会团体有26个，即：

1. 中国红十字会总会
2. 中华医学会
3. 中国生理学会
4. 中国解剖学会
5. 中国麻风防治协会
6. 中国防痨协会
7. 中华护理学会
8. 中国农村卫生协会
9. 中国健康教育协会
10. 中国吸烟与健康协会
11. 中国康复医学会
12. 中德医学协会
13. 中国输血协会
14. 中国病理生理学会
15. 中国实验动物学会
16. 中国药理学会
17. 中国生物医学工程学会
18. 中国营养学会
19. 中国免疫学会
20. 世界医学气功学会
21. 中国学生营养促进会
22. 中日医学科技交流协会
23. 中国医学影像技术研究会
24. 中国卫生经济学会
25. 中国医疗装备应用与维修技术协会
26. 中国足部反射区健康法研究会

二、已经中国人民银行核准予以保留、尚未经民政部核准登记的基金会4个，即：

1. 环球性病艾滋病基金会
2. 中国癌症研究基金会
3. 马海德基金会
4. 中华国际医学交流基金会

（李玉清）

【中华医学会】

**基本情况** 1991年召开全国性学术会议84个，其中由总会直接主持的综合性会议15个，专科学会组织的专题性会议69个（详见499页表1）。

经上级主管部门批准，《中华实验和临床病毒学杂志》和《中华遗传与疾病杂志》创刊发行。

国际交流，共接待53个项目计1200多

人次，其中双边和多边国际学术会议 16 个；派出 9 个项目计 27 人次（详见 509 页表 2）。

海峡两岸往来，接待台湾医学会、台湾小儿外科学会、台湾防高血压学会等代表团 6 批 98 人次；学会出版的医学系列杂志有 45 种在台湾发行。

根据我国《社会团体登记管理条例》，学会于 9 月 24 日经民政部核准重新登记，登记证号为 0071。

新成立消化内镜学会，主任委员张锦坤；糖尿病学会，主任委员池之盛。超声医学、呼吸系病、耳鼻喉科、结核病科、消化系病、神经精神科、传染病与寄生虫病、医学教育、妇产科、烧伤外科、高原医学、神经外科等专科学会委员会进行了换届改选。

**学会组织管理**　6 月 26～28 日在太原召开了学会理事会 20 届 2 次全体会议，全面深入地总结了前两年的工作，阐明了新形势下学会的性质、地位和作用，提出了今后两年的主要任务。

按计划召开了 3 次常务理事会议，其中一次为通讯会议。《中华医学会专科会员条例》、《中华医学会团体会员条例》和《中华医学会会员管理实施办法》等文件经常务理事会审议通过，颁布施行。

对学术会议管理采取了四点措施：①强调计划性。紧密围绕国家医学科研攻关项目和防病治病工作重点进行选题，重点支持多学科、前瞻性、综合性选题。凡未列入经常务理事会批准的年度活动计划内的会议，原则上不召开。②实行归口管理。制订印发了《关于加强学术会议及学习班统一管理的通知》，明确了总会和专科学会召开学术会议或举办学习班的归口问题。③宏观和微观管理相结合。总会对专科学会的活动除宏观管理外，有重点地选择一些项目给予了具体指导和协助。④统一收费标准和开支项目，使京内外会议、主办和委托办会议互相一致。

开始重视学术会议效益反馈。对总会直接主办的 15 个会议都做了现场调查，并选取 1988～1990 年召开的 10 个会议进行了回顾调查，为评估学术会议在学科发展、防病治病、培养人才等方面所起的作用奠定了初步基础。

为提高学会系统管理干部的科学管理水平，学会于 3 月 9～18 日在北京举办了首次学会管理干部学习班暨学会工作研讨会，全国各地的学会专职干部 70 余人参加，由卫生部、中国医学科学院、中华医学会等有关单位的领导、专家、教授，就 90 年代世界和我国医学科技的发展趋势、我国医药卫生科技方针、政策和中长期规划以及学会的产生、发展、性质、地位及其科学管理等进行了授课。学习班还从理论与实际的结合上对学会工作进行了总结和研讨。

**学术上参政议政**　受中国科协委托，学会联合有关全国性学会、协会，于 4 月分别召开了全国病毒性肝炎防治对策研讨会和全国性病防治对策研讨会。两个会议在深入广泛进行学术交流基础上都提出了对策建议，上报卫生部并追踪实施。"关于我国病毒性肝炎防治工作的建议"针对目前我国甲、乙、丙、丁、戊五种肝炎的流行情况和乙肝疫苗的年生产能力，提出首先在全国城镇及有条件的农村地区新生儿中普及应用乙肝疫苗，预防和控制乙肝的传播。"建议"被卫生部采纳，由陈敏章部长签署"卫生部长令"，决定自 1992 年 1 月 1 日起在全国推广使用乙肝疫苗进行免疫接种。

受卫生部有关司局委托，除继续承担卫生部重大医学科技进步奖的初审和终审、卫生部青年科研基金招标的组织工作外，新承担了卫生部医学科技成果推广应用奖的组织工作及笹川医学奖学金的录取工作。还为有关方面组织起草了《尸体解剖条例（草案）》。

根据卫生部"临床住院医师培训试验办法"，学会组织内、外、妇、儿、放射等专科学会起草了《住院医师培训实施细则》和

《临床住院医师毕业后教育学分积累办法》，报卫生部批准后施行。学会还组织扩大了“住院医师临床能力计算机辅助考试系统”题库（3000道考题）。

**培养中青年医学人才**　在学会理事会20届2次全体会议期间，陈敏章会长等学会领导人和有关专家、教授，就目前我国医学界学科带头人的断层以及由于优秀青年知识分子外流而形成的人才断层等问题进行了座谈。大家一致认为，医学会要为解决医学卫生人才断层问题进行不懈努力，把培养和发现人才，尤其是中青年人才列入重要议事日程。

在卫生部和中国科协的支持下，为中青年医学人才脱颖而出提供更多的机会，在以往每年召开一个中青年医学交流会的基础上，今年召开了儿科、病理和口腔3个中青年会议。口腔会议中青年代表不仅参加学术交流，并在老专家教授指导下，直接承办会议的组织工作，从会议的主持人到会务工作人员全部由中青年担任。

有6种医学专业杂志开辟了“医学教育”或“青年医师进修园地”等专栏，有计划地系统地开展继续医学教育。一些杂志还特邀中青年医师审稿、撰稿，并吸收确有专长的中青年医师参加编委会。

学会举办的主要由中青年参加的口腔、检验、放射3个专业岗位培训班，经过3年学习已近尾声。放射班进行了结业考试，并颁发了专业结业证书。

**科技咨询开发工作**　1989年学会第20届会员代表大会明确提出开展科技咨询开发工作以来，这项工作已成为推广新成果、新产品和新技术，实现学会宗旨的又一重要任务。为使学会的科技咨询开发工作有一个强有力的依托，更加健康地开展和发展，8月16日成立了以副会长王树岐教授为主任委员的科技发展咨询专家委员会，其主要任务是进行宏观指导，提供高层次论证，监督项目实施。

10月11～14日，学会与北京国际技术合作中心联合举办了全国医疗器械设备发展现状与未来研讨会，邀请国内20多个医学学科的100多位知名专家、全国各地近200名各级医院 主管院 长或设备科长、医疗器械生产企业的工程技术人员以及50余家科研、生产、贸易部门的厂长和经理，共同交流了国内外医疗器械的发展现状与趋势，探讨了我国医疗器械产品更新改造的问题。

12月1～4日，学会在厦门召开了第2次科技咨询开发专题研讨会，对1990年8月第1次会议以来医学会系统的科技咨询开发工作进行了检阅和总结。在学会科技咨询开发联合体的带动下，全国已有24个省级医学会因地制宜地开展了工作，形式和内容各具特色。会议强调指出，科技咨询开发既属于科学活动范畴，又是促进经济发展的重要环节，是科技与经济结合的桥梁，要充分发挥为管理科学化、决策民主化服务，为科技转化为生产力、转化为商品服务的社会功能。

（陈清森）

**【中华预防医学会】**

**组织建设**　1991年2月5日学会被中国科学技术协会接纳为所属团体，并派代表参加了中国科协第四次全国代表大会。

4月29～30日在北京召开了第一届第10次常务理事会，决定1992年5月召开第二次全国会员代表大会；确定召开首届青年学术会议，对优秀者进行适当奖励。10月22日召开了第一届第11次（在京）常务理事会，批准成立妇幼卫生管理、卫生标准、医院感染控制三个专科学会，以及煤炭、石化、铁道、化工4个系统分会。

到1991年底，中华预防医学会已拥有29个专科学会、1个学组，21种期刊，1种文献索引。全国有28个省分会、13个计划单列市分会，地市级学会246个，县级学会108个，会员6万多人，团体会员220个。

**学会改革** 在深化改革的总方针指导下，中华预防医学会第一届第9次常务理事（在京）会上，专门讨论了中华预防医学会参政议政实施意见，共有10项内容，重点是充分发挥自己的优势，为实现“2000年人人享有卫生保健”的目标，深入宣传、贯彻“科学技术是第一生产力”的指导思想，努力做好党和政府的参谋助手。

**国内学术活动** 全年共召开46次学术会议，出版科技专业杂志43万册，科普杂志120万册，4月8日在京举办了走向未来学术报告会，邀请4名专家作了微生态学专题报告。5月5日在大连举办了首届全国微生态学高级讲习班，为各省市教学、科研单位培养了技术骨干。举办2期足部按摩保健法学习研讨会，推广了适宜于广大群众自我保健技术。还举办了预防性卫生监督学习班等5期。

**国际学术交流** 学会与日本日中医学协会于1991年1月15～17日在唐山联合召开了中日劳动卫生专题讨论会，共有150人出席，其中日方专家9人，共交流论文115篇。接待日本、美国、苏联等国学者和学术团体来访共9批65人次。派出国进行学术交流和考察2批3人次。

**科技开发** 4月7～13日在北京举办了全国首届卫生保健品及技术开发信息汇展及全国预防医学科科技开发信息交流会。有103个厂家参展展品共分6大类，180个品种，24个省、市64位代表参加了交流会，就如何搞好科技开发，增强学会活力进行了讨论。5月24～26日在重庆举办了预防医学科技开发研讨会，就科技开发的宗旨和目的、咨询服务的形式及内容，办科技开发企业的政策、手续和管理等进行了研讨，交流了经验。

（李学成、王芄、王国健、刘桂英）

**【中国生理学会】**

全年召开4个学术会议。第二届比较生理学学术会议于7月15～19日在北京召开，代表67人，宣读论文65篇、专题讲座9篇、纳入汇编论文139篇，内容涉及生理学各领域：细胞与膜、神经系统、循环、呼吸消化、内分泌与生殖等，有一批工作已经进入分子水平的探讨。计算机技术在生理科学中的应用讨论会于10月4～6日在上海召开，代表70人，收到论文70篇、收入汇编56篇，按生理科学分类有神经、感官、循环、呼吸、消化、多种生物信号处理、行为等方面内容，多项计算机应用技术成果当场进行了演示。第二届学习、记忆神经生物学讨论会于10月10～13日在大连召开、代表55人，收到论文54篇、宣读42篇，并就机制和技术与方法两个专题进行了讨论。生理学教学研讨会于11月26～29日在广州召开，代表86人，论文112篇，收入汇编81篇，重点研讨了如何制定生理学教学大纲，精选教学内容，编写合适的教材。

常务理事会及全体理事扩大会于10月8～11日在江苏无锡召开，总结了1991年工作，讨论了1992年学术活动计划，对学术工作委员会及其所属专业委员会的工作和体制进行了讨论。会议期间召开了我国生理学学科发展研讨会，就生理学学科的前沿问题进行了探讨，论述了生理学科向分子水平发展的必然趋势。

学会副理事长杨雄里教授当选为亚大地区生理学联合会（FAOPS）副主席，并出席了在泰国曼谷召开的执行委员会。

新发展会员200余人。对出国留学生中的生理学工作者开始了发展工作，现已批准12名留学生入会。

根据国家民政部及中国科协的要求，进行了社团登记。

《生理学名词》一书已正式出版。

（肖 玲）

**【中国病理生理学会】**

全年共开8次学术会议，850人次参加。

会议具有以下共同特点：

1. 随着改革开放的深入，自然科学基金及其他基金的支持以及研究生培养的扩大，论文水平明显提高，各个领域中均有一部分工作进入分子水平。

2. 不少病理生理以外的专业人员参加会议，促进了病理生理研究的发展。

3. 青年人参加者增多，40 岁以下的占近一半。各专业委员会在改选时也开始注意吸收中青年参加委员会或聘请作为干事，使科研工作及学会工作后继有人。

4. 实验血液学会议是国际会议，另外心血管会议及休克会议均邀请个别知名外国专家参加，提高了会议水平，并使国外了解我国的学术水平。

（伍贻经）

**【中国解剖学会】**

6 月 8～12 日，在青岛市召开了首次全国中等卫生学校解剖教学研讨会，围绕培养实用型人才、教材的编写、教学方法和教学手段的改进，以及校际学科委员会的工作，进行了讨论。此外，对稳定解剖师资队伍等问题，也提出了一些建议。

9 月 2～4 日，在西安召开了第二届中日组织化学和细胞化学学术讨论会。日本组织化学与细胞化学会会长小川和朗教授率领的日本代表团 31 人，美国、瑞典和香港的代表各 1 人参加了会议。国际组织化学和细胞化学学会联盟主席 J. R. Garrett 教授出席了会议。会议论文汇编共收入论文 144 篇，有 80 多篇论文通过口头报告和墙报展览的形式进行了交流。

8 月 6～10 日，在大连市召开了第二届组织学胚胎学专业青年学术研讨会，代表平均年龄 33. 4 岁。会议共收到论文 245 篇，覆盖面广，除组织学胚胎学外还涉及神经解剖学、分子生物学、肿瘤遗传学、组织生理学和教学法等领域。

11 月 28 日至 12 月 1 日，学会和中国生物医学体视学会在重庆市，联合召开了计量学在形态学研究中应用学术研讨会，会议共收到论文 138 篇，录用 123 篇汇编成册，会上交流 70 篇，集中反映了近两年国内形态计量学的研究水平。

《解剖学名词》全部审校完毕，并经全国自然科学名词委员会委托专家复审，验收通过。创办《中国组织化学与细胞化学杂志》，由武汉同济医科大学具体承办。

9 月 2 日，海南省解剖学会正式成立，至此，我国大陆地区除西藏自治区外已有 29 个省（市，自治区）成立了解剖学会。

根据国家规定，学会进行了重新登记。

（房桂珍）

**【中国生物医学工程学会】**

**国内学术会议** 7 月 15～18 日在西安举行了医学物理暨生物医学工程世界学术大会西安卫星会议。出席大会的国内代表 400 余人，国外代表 30 余人。大会的目的在于使我国的优秀青年科技工作者有更多的机会接触和了解国外的专家学者和先进科学技术。

10 月 18～21 日，第 2 届全国人工器官学术会议在昆明举行。参加会议的有全国 16 个省市的正式代表 257 人，特邀代表 7 人。台湾学者也应邀参加了会议的学术活动。会议共交流学术论文 264 篇。

6 月 2～6 日，学会下属医学物理分会在南京召开了第 7 次学术年会暨成立 10 周年纪念大会，出席会议的代表 203 名，交流学术论文 250 余篇。9 月 30 日至 10 月 3 日，该分会在厦门召开了第 6 届导纳图学术会议，交流学术论文 120 篇，到会代表 150 余名，11 月 12 日～15 日在青岛举行了第 3 届医学仪器会议，出席会议的代表 200 余名。

10 月 7～9 日，学会下属生物医学测量分会同其它学会在上海共同举办了'91 全国生物医学电子学、生物医学测量、生物医学信息与控制联合学术年会。论文涉及的内容主要包括无创伤诊断与治疗技术，心电与脑电等生理信号的处理，医学成像与图像处理，计算机在医学上的应用及生物控制与模式识别等方面。

**国际学术交流** 7月7～12日，第16届国际医学生物工程学术会议暨第9届国际医学物理学术会议在日本京都举行，我国提交论文226篇（连同台湾省23篇，占与会国提交数第二位）。会议期间，学会副理事长江丕栋教授、秘书长杨子彬教授参加了国际医学生物工程联合会代表会议和执行局会议。

7月15～17日，国际医学物理组织和美国医学物理学家协会代表团参加了在广州举行的亚洲太平洋国际医学物理学术会议。两个组织的主席均出席了会议，大会共交流论文140余篇，出席会议的中外代表超过150名。

美国费城托马斯·杰佛逊大学医院超声诊断专家于10月7～13日在西安同我国超声诊断学专家联合举办了超声诊断新技术讲习班。

**组织工作** 民政部于10月正式批准学会进行登记。

10月16～18日在北京召开首届临床医学工程学术会议，宣告临床医学工程分会正式成立。

**编辑出版** 《中国生物医学工程学报》由原来的64页增加到72页。学会下属的心脏起搏专业委员会主办的学术刊物《起搏与心脏》更名为《中国心脏起搏与心律学》。

**继续教育** 医学超声工程分会与上海医学影像技术研究所联合举办了全国超声诊断新技术学习班，邀请上海、西安、苏州的超声诊断专家徐智章教授等8人担任教员。来自全国11个省市的58名学员参加了学习。

心脏起搏专业委员会举办了心律失常与临床电生理学学习班。

医学超声工程分会与西安医科大学生物医学工程系、西安医科大学第二附属医院联合举办了全国超声诊断新技术讲习班（二期），邀请了美国著名超声诊断学专家以及我国多位该领域学者、教授前来授课。有来自全国12个省市的40名学员参加了学习，并有100余人次前来听课。 （胡杨）

**【中华护理学会】**

**学术活动** 第一届中日护理学术交流会于8月20～21日在北京举行。参加会议日方代表60人，澳门代表2人，中方代表62人。日本护士会推荐交流论文16篇，从护士会的作用、护士在社区保健中的地位、护理继续教育、老年护理和临床护理等方面介绍了日本护理工作。中方交流论文9篇，从护理教育、中医护理、专科护理和基础护理方面介绍了我国护理工作的特色。

内科、外科、妇产科、行政管理、教育、中医、传染科等专业委员会共召开学术会议10次，收到学术论文2500余篇，交流546篇，出席1307人次。

**组织工作** 学会第21届全国会员代表大会于10月16～19日在郑州召开。来自全国30个省、自治区、直辖市的代表共331名。大会审议通过了第20届理事会工作报告，修订并通过了新的《中华护理学会章程》，选举产生了第21届理事会。顾美仪主任护师当选为理事长，杨英华主任护师当选为副理事长兼秘书长，聘请林菊英为名誉理事长。15名在学术上卓有成就，对学会工作做出贡献的老理事被授予荣誉会员并颁发了证书。

**外事活动** 接待了瑞士护士代表团和加拿大及美国护士代表，进行了有关学术交流。

（张双双）

**【中国康复医学会】**

**学术活动** 本年度共举办全国性学术会议6次，代表总数为1456人，交流论文1412篇，出版论文集5种计2400册。为强化学术气氛，提高会议成效，每次会议都分别邀请了国内外著名专家举办专题讲座和学术报告会。

**期刊出版** 本会修复重建外科专业委员

会主办的《修复重建外科杂志》经过三年的内部试刊，被国家科委批准为国家一级学术期刊，定名《中国修复重建外科杂志》，准予正式出版发行；脊柱脊髓损伤专业委员会主办的《中国脊柱脊髓杂志》业经卫生部报国家科委批准于1991年10月正式创刊；脑血管病专业委员会也于年内创办了《脑血管病康复医疗杂志》。

**对外交流** 分别邀请了国际著名脑血管病康复医疗专家、瑞典UMEA大学福格麦耶教授夫妇和老年康复医学专家、日本东京大学江滕文夫博士来华讲学和交流；学会于1991年10月组织了4人代表团赴日进行了为期2周的访问考察。

**组织建设** 经常务理事会批准，成立了心血管、老年康复和脊柱脊髓损伤3个专业委员会和运动疗法等3个专业委员会筹备组，进一步健全和完善了学科体系。为加强区域协作，在华东六省一市地方分会的积极配合下，成立了华东地区康复医学协作组。

**社团整顿** 遵照国务院颁布的《社会团体管理条例》，按社团整顿工作的要求和程序提供了本会完备的送审材料，经民政部审查后核准登记注册。

（王跃进）

**【中国卫生统计学会】**

1991年发展会员84名。湖南省成立了省卫生统计学会。到目前为止，全国共有870名会员，21个省级卫生统计学会，46个地（市）级卫生统计学会，4个县级卫生统计学会。

举办学术研讨会、工作讨论会共4次。卫生管理统计研讨会旨在宣传、强化卫生管理统计概念和认识，交流卫生管理统计应用成果，提出新的研究课题。全国医学人口学术研讨会对医学人口的热点，如医学人口的定义与研究对象，老年人口，少数民族人口问题，不同职业和不同婚姻状况人口死亡率，婴儿死亡率，单死因和多死因分析，期望寿命，计划生育评价等展开了讨论。全国卫生管理定量化方法及应用研讨会探讨了卫生管理中综合评价、预测预报、现成资料再分析、效益评价等方面内容。运用灰色系统理论、层次分析、综合指数、移动平均、概率论、多元分析、模糊数学、投入产出等数学模型进行定量化分析。全国医院统计指标体系讨论会确定了全国医院 统计指标体系框架（包括医疗投入医疗服务、医院效益三个部分），初步提出部分医院统计指标（包括指标名称及解释、计算公式、资料来源），为筛选比较科学合理的医院统计指标体系（草稿）奠定了基础。

举办4期卫生统计知识培训班。学员来自省、地（市）、县级卫生统计业务骨干共480人。主要学习：卫生统计学概论，统计分析报告与撰写，统计表列与图示，卫生资源统计，卫生防疫统计，现场调查，综合评价，质量控制，预测预报，医院统计等方面内容。另外还举办一期卫生统计分析应用讲习班，学员来自省级卫生行政部门专职统计干部。讲习班主要内容：卫生统计学概论，卫生服务统计，医院统计、卫生人力统计，妇幼卫生统计，疾病防治统计，居民健康统计，疾病分类，计划生育统计，现场调查，决策论，综合评价，预测预报等。

（陈科　李福田）

**【中国营养学会】**

现有会员4484人。迄今除西藏、海南、台湾外，其余省、市、自治区均已成立营养学会（或专业委员会）。6月召开了第二届理事会第二次会议暨首届学会工作会议。学会下设妇幼营养、微量元素营养、公共营养、临床营养、老年营养、特殊营养、营养资源、营养分析8个专业委员会（组）。

召开了3次学术会议；举办了第四期知识更新班和全国微量元素分析质量保证学习班，编写讲义39万字。

9月16～19日在马来西亚吉隆坡召开

第6届亚洲营养会议，中国学者30人出席会议并作报告。顾景范理事长、陈孝曙副理事长及沈治平名誉理事长代表我国出席亚洲营养学会联合会执行委员会会议，会议决定由中国营养学会主办1995年第7届亚洲营养会议。

（金桂真）

**【中国卫生经济学会】**

7月23～24日，在黑龙江省黑河市召开了学会常务理事会，会议审议了第二届理事会向第三次会员代表会的工作报告（讨论稿），审议了“中国卫生经济学会章程”修改草案，听取了卫生经济学术研究成果评选结果，以及各省、自治区、直辖市评选学会优秀活动分子的汇报。会议决定在第三次会员代表会期间，对学术研究成果和学会优秀活动分子给予适当奖励。会议还讨论并决定了第三届理事会理事名额分配意见。鉴于部分省市遭受水灾，根据中央有关指示精神，原定今年召开的第三次会员代表会，决定延期至1992年召开。

学会的医院经济管理组、农村卫生经济组和卫生计划与预算组分别召开了医院经济管理理论与实践研讨会、第六次全国农村卫生经济学术研讨会和第三次卫生计划与预算管理研讨会。”

中国卫生经济代表团一行6人（由中国卫生经济学会、卫生经济研究所和黑龙江省卫生经济学会各3人组成）应苏联社会卫生、经济及卫生事业管理研究所的邀请，于9月23～30日赴莫斯科同该所进行学术交流。代表团向苏联同道介绍了近10年来我国卫生改革的政策措施和取得的成效，我国卫生经济研究的进展及公费医疗制度改革情况等。双方就今后学术交流交换了意见。

（赵竹岩）

**【中国药学会】**

**会务工作**

1. 派出5名代表参加了中国科协“四大”，嵇汝运副理事长当选为中国科协全国委员会委员。

2. 通过社团登记，取得了民政部颁发的证书。

3. 学会介绍和推荐了不少会员积极参与政府部门分配的工作并做出了成绩。另完成了向中国科协推荐中国科学院学部委员候选人的任务。

4. 搜集整理了具有副教授以上职称的会员材料。学会会员已达5万多名。

5. 召开了第18届第6次常务理事会和其他工作会议14次。3个专业委员会进行了换届改选。召开了各地分会秘书长联席会议，传达了中国科协四大精神，相互交流了工作经验。

**国内外学术交流**

1. 召开了12个学术会议（见附表）。其中，参加新药研究开发国际学术讨论会的国外学者有50多人，国内学者200人。会议期间宣传了我国发展新药的政策。国人报告的一些科研成果引起了国外与会学者的兴趣。

2. 由医院药学专业委员会召开的35岁以下从事医院药学工作3年的青年药师科研成果学术报告会，通过123篇论文的学术交流，评选出了33篇获奖论文，并予以奖励。

**期刊编辑出版**

1. 学会主办的7种药学刊物，全年总发行72万册，共发表学术论文1800篇。为促进各期刊的共同提高，进行了期刊评比。国家科委批准创办《中国药学》（英文版）、《中国新药杂志》、《新药与临床》。

2. 在中国科协领导下，组织编写了《中国科技专家传略》药学卷一书，收载药学专家传略52篇。还参加编写了《医院药师手册》、《新药手册》等。

**科技咨询服务工作**　完成技术成果转让3项，举行了专业培训班，建立了医院药学和医药工业等方面的网络等。

**继续教育和青少年工作**　联合举办的药

学函授学校继续招生，并举办了计算机在药学中的应用学习班、专利学习班、新药审评及药学新进展研讨班等8次。

首次举办'91药学夏令营，50名学生通过7天多的活动，了解了药学的发展，接触了著名药学科学家，参观访问了药学科研、检定机构和医院药剂科。

**国际活动** 接待了英国皇家学会会长来访，初步建立了会际关系。与国际药联主席、副主席就药学会参加国际药联问题进行了接触。

（张天禄 岳来发）

**【中国农村卫生协会】**

经卫生部同意，民政部复查核实，协会于1991年8月领取了社团登记证书。注册登记后，蛇伤防治与蛇类资源医用研究会改称为蛇伤防治与蛇类资源医用研究专业委员会。新批准建立了农村改水专业委员会。

1991年2月27～28日在北京召开了协会第1届常务理事会第3次会议。会议主要审议、修改、通过协会1991年工作要点，讨论关于筹备召开全国第2次会员代表大会的有关问题。会议决定聘请WHO西太区办事处主任韩相泰博士为协会名誉顾问。卫生部副部长、协会会长顾英奇作会议总结发言，强调各级卫协会要加强组织机构建设，特别是建设好省一级机构，逐级抓下去，充分发挥协会的作用。

报请卫生部同意，协会委托沈阳市卫生协会于7月31日至8月2日在沈阳市召开了全国社会办医管理工作研讨会，90余人参加会议。会议收到论文135篇，其中大会交流23篇。会议就加强对社会办医的管理，巩固清理整顿成果，卫协会在社会办医管理中发挥作用等问题进行了广泛的研讨。

1991年继续向日本农村医学会所属医院选派了第四批赴日研修生15名，进行内、外、妇、眼、泌尿、康复等科专业进修。

1991年参与了第十一届国际农村医学学术会议的筹备和召开。在会议期间召开的国际农村医学会会员大会上，协会副会长张自宽当选为国际农村医学会副主席。

1991年，在北京举办了第二期内科新进展学习班，学员大部分来自县级医院。蛇伤防治与蛇类资源医用研究专业委员会在武汉召开了300人左右的第8次学术交流会。

（王玉华）

**【中国心理卫生协会】**

**组织建设** 于1991年7月9日经民政部审核批准注册登记，并发给社会团体法人登记证。湖北、河北、甘肃、天津4省、市相继成立分会。至此已有16个省、市和两个系统成立心理卫生协会，会员已发展到8000多名。10月中旬在杭州召开全国秘书长自身建设研讨会，交流了各地协会工作经验，传达贯彻中国科协“四大”精神，研究了加强协会自身建设等问题。

**国际交流** 1991年4月接待了日本精神卫生冈本纪念财团理事长，冈本常男率领的森田疗法访华团，促进了我国森田疗法的推广和研究。

学术交流活动情况见附表。

（马欣良）

**【中国麻风防治协会】**

**组织工作** 经中国科协和卫生部初审，按民政部要求，对协会章程中的有关章节进行了说明及补充，协会办事机构改称办公室，各学术专题组改为专业委员会；陈敏章理事长委托何达埙副理事长兼秘书长为协会法人代表。6月13～21日在湖南省索溪峪科技活动中心召开了全国麻风协会秘书长会议。会上传达了中国科协四大会议精神。来自全国15个省、区的麻协秘书长介绍了工作经验，并就我国参加将于1993年在美国召开的第14届国际麻风会议的论文准备工作、扶持中青年以克服人才断层等问题进行了讨论。

**学术工作** 以“科学技术是第一生产力”为指导思想，协会委托四川、陕西省麻风协会及中国医科院皮研所举办了全国麻风查菌质控学术研讨会、全国麻风临床和病理分型学术研讨会、全国麻风血清学学术研讨会，会议采用大会发言、书面交流、实例分析、实际操作的方法，使专家与学员两个积极性相结合，理论与实践相结合，学术论文水平普遍提高。

组织专家编译国外麻风防治新动向，印发了8期《国外麻风资料文选》。

**宣传编辑工作** 1月26日，协会会同卫生部卫生防疫司、马海德基金会在人民大会堂内蒙古厅举办庆祝中国麻风节暨国际麻风节联谊会，会上向部分获“第二届马海德基金奖”的同志颁了奖。

1月30日，卫生部何界生副部长、协会苏菲副理事长率团到河北望都皮肤病防治院慰问麻风病人及工作人员。何界生副部长、苏菲副理事长与病人亲切握手并与病人共进午餐。

**对外交往工作** 与美国空中眼科医院(ORBIS)协作“麻风眼疾预防项目”的两个扩展点（江苏泰兴、广东中山）已办了学习班，ORBIS给两个点各资助5000美元。

在荷兰麻协的资助下，协会与马海德基金会合作印制了1992年麻风宣传挂历10000册，发至麻风防治基层单位。

11月20日至12月23日，美国麻协康复专家琳达·雷曼女士到我国四川、湖北、贵州等省实地考察，并就今后美国与贵州麻风康复合作的问题进行了探讨。

协会应邀派代表出席了于11月25～29日在印度马德拉斯召开的第三届麻风教员研讨会，会后考察了孟买、卡瑞吉里、加尔马等地的麻风防治情况。

（潘春枝）

**【中国中西医结合学会】**

全年召开全国性学术会议16个，代表2350人，交流论文1810篇。举办学习班2个。10月在北京召开中国中西医结合学会成立10周年学术发展研讨会，田纪云、李铁映、彭冲、廖汉生、洪学智、胡乔木、钱信忠、崔月犁、朱杰等同志为大会题词。中国科协书记处书记刘恕、卫生部副部长顾英奇、国家中医药管理局副局长朱杰等领导到会并讲话。出席会议代表260人，交流论文141篇，总结了中西医结合工作10年来取得的成就和进展，探讨了今后中西医结合发展方向和发展战略。

开展建会以来第二次全国优秀分会、优秀专业委员会和先进学会上作者表彰活动。表彰和奖励了北京、上海、湖南、浙江、四川、黑龙江等6个优秀分会，急腹症、肿瘤、风湿类疾病、心血管疾病、精神疾病、中药、管理等7个优秀专业委员会和39名先进学会工作者。

经常务理事会批准，成立中医外语专业委员会。肝病、血液病、周围血管疾病、皮肤性病及中药等专业委员会进行了改造换届。至今，该会拥有全国会员27 000余名，28个学科专业委员会（分会）。

（穆大伟）

**【中国针灸学会】**

**学术活动** 共召开全国性及国际性重点学术会议6次（见附表）。出席会议代表共535人，其中国外代表41人。交流学术论文2 075篇。为促进青年针灸工作者的成长，专门举办了第二届青年针灸学术交流会议。与会代表64名，交流论文98篇，并评选出10篇获奖优秀论文。受世界针灸学会联合会委托，在北京召开了国际针法灸法现场交流会议，来自14个国家和地区的代表120人出席了会议。交流论文97篇。会议采用现场表演的方式进行，有44位专家当场献技，针对患者的病情，采用了毫针、火针、梅花针、鬃针、巨针、埋线等针具，运用诸如烧山火、透天凉等补泻于法以及药线灸、铺灸、电针等方法，取得显著疗效。我国受世界卫生组织(WHO)西太区办事处委托拟定的《耳穴国际标准化方案（草案）》，1987年WHO西太区办事处在南朝鲜汉城召开的针灸名词标准化第三次会议上获得原则通过。1990年11月WHO在法国里昂召开了耳穴名词标准化工作组会议上有人妄图否定这一方案。会后又另搞一套，篡改大会精神。中国针灸学会以对针灸事业和中华民族声誉的高度责任感，本着发挥科技专家专长，为行政领导部门当好参谋和助手的指导思想，组织召开了耳穴国际标准化方案专家咨询论证会议，详细研究了WHO发来的全部文件资料，分析了里昂会议的背景和内容及其产生的影响，提出了回复原则，完成了给WHO的文字答复和图谱及说明。随后收到WHO耳穴工作组的回信，对我国的工作给予了积极评价，并予重视。

**组织建设** 经常务理事会批准，1991年9月成立了耳穴诊治专业委员会，至此，中国针灸学会已有9个专业委员会。一年内发展国内会员1140名，通讯会员13名，迄今国内会员已达11156名，通迅会员26名。根据民政部的要求，办理了社团登记手续。

**外事活动** 已同国外64个针灸、中医学术团体及数十名针灸学者建立了联系。

**编辑出版** 组织了《汉英对照简明针灸辞典》编写工作，召开了第五次编写工作会议。《中国针灸》杂志是学会主办的国内外公开发行的全国重点医学刊物，1991年共出版4万册。学会还协同国家技术监督局计量出版社录制了针刺手法录像。

（马纯芳　蔡士兴）

**【中国吸烟与健康协会】**

**一、组织建设** 1991年协会组建了办公室，完成了向民政部申报重新登记工作，民政部于7月22日批准注册，颁发了注册登记证书。先后召开了华东、西南、中南及东北、华北四个片、五个区域性的理事扩大会议，参加会议的有各省、市的理事、爱卫办主任和控烟工作搞得好的单位代表。会议期间，各地介绍了工作情况，交流了经验和研究了对策。截止年底，已有北京、上海、天津、黑龙江、内蒙古、辽宁、山西、湖南、浙江、河南、沈阳市、大连市等12个省市成立了吸烟与健康协会，有的省个别地区成立了地、县、乡、村各级吸烟与健康协会。

**二、宣传教育**

1. 与健康报合作创办了“吸烟与健康”专栏，全年共出版吸烟与健康文章30期32篇文章；与中央人民广播电台合作进行了吸烟与健康专题讲座，“烟草带来的危害”、“戒烟是社会的责任”、“青少年吸烟的危害”、“烟草带来的经济损失”等共12讲，播出后，产生了较好的影响。

2. 配合第四个世界无烟日活动，印制了宣传画1万张，控烟标志8种5万张，发至全国各地各单位。5月31日到街头开展了咨询宣传活动。上海、成都、大连、武汉等城市，组织了控烟检查评比、街头宣传、出版画刊画报、设立监督岗、举办知识竞赛等。

3. 在全国开展了无吸烟先进单位评比活动，共评出无烟医院、无烟学校、无烟车站和各类无吸烟先进单位278个，进行了表彰、颁奖。

**三、吸烟行为干预**

1. 抓住第四个世界无烟日主题，联合全国爱卫会、卫生部、铁道部、交通部、商业部、文化部、广播电影电视部、国家体委、中国民用航空局、国家旅游局等10个部委发出通知，要求各部门采取措施，在公共场所和公共交通工具上不吸烟。通知下达后促进了各地各部门对吸烟行为的干预，一些地区的电影院、俱乐部等公共场所制定并实施了限制吸烟的规定。

2. 一些地区教育部门制定了禁止中小学生吸烟的规定。如北京市规定把禁止中小学生吸烟列入评优学校落实德育的条件，受到学生、家长和社会的赞扬。

3. 中国健康教育研究所和地方合作在全

国10个省的农村开展了5万农民吸烟行为干预研究。在山西运城试验小区对吸烟者采取六种干预方法（个人干预、他人干预、群体干预、行政干预、法制干预、经济干预），一年来使吸烟率下降9%～15%，在山西运城召开现场会议期间，协会对搞得有成绩的稷山县、绛县予以了表彰奖励。

**四、信息交流**

1. 5月与WHO北京烟草与合作中心在北京联合召开了第二届全国吸烟与健康学术研讨会，40多位中外学者，就“吸烟与慢性阻塞性肺部疾患”、“戒烟的干预方法”、“吸烟者的个性特征与心理卫生”、“肺癌与吸烟的关系”等问题进行了学术交流。在此之后上海召开了第二届国际吸烟与健康学术研讨会，两次会议对我国控制吸烟的学术发展有着重要意义。

2. 8月派两名代表参加了第二届亚太地区烟草与健康研讨会。通过会议与亚太地区的控烟组织和专家建立了联系。

（杜绍雍）

**【中国防痨协会】**

继续在全国范围发展国际防痨和肺病联合会个人会员，全年入会者为363名。

3月22～23日在北京召开了全国结核病控制技术政策研讨会，有关专家及领导共24人参加，就控制传染源、充分发挥化学疗法作用、加强农村防痨工作等方面进行交流与研讨。会议通过了《结核病控制技术政策》。

4月15～19日在山东省郓城县召开了全国结核病流行病专题研讨会，有关专家45人参加会议。会议对全国三次结核病流行病学调查进行了评估，认为三次调查对近期结核病疫情特征和趋势已基本明确，根据我国国情和结核病现状，建议在一定时期内不必再作调查，今后在日常防治工作中加强疫情报告、病人转诊和登记工作，有针对性作些专题调查，不断完善结核病监测工作。

4月21～25日在河南省郑州市召开全国结核病细菌学检查规程研讨会，有关学者专家39人参加了会议。会议讨论通过了“全国结核病细菌学检查规程”。

10月7～10日在北京召开第三届全国防痨科普宣教作品评审会。会议收到20个省市自治区报来作品（包括录像、幻灯、书刊、文章、画册、摄影等）101件，评出18件优秀作品和5名优秀作者，并于11月20～23日在河南郑州召开了表彰大会。

根据我国社会团体登记管理条例，经协会申请，民政部已予注册登记。

（李秀英）

**【中国输血协会】**

1991年新成立华东地区及山东省二个地方协会，至今已有省级地方输血协会12个，团体单位115个，会员2006人。9月协会已获民政部正式批准并颁发了社会团体登记证。

由协会和中国医学科学院输血研究所联合编辑出版的学术和技术性期刊《中国输血杂志》，经内部发行3年多，已于1991年12月获国家科委正式批准为公开发行杂志。

协会受卫生部委托，举办了全国血站系统血液制品规程及GMP学习班（5月6～11日），使血站系统生产血液制品单位纳入了国家规范性轨道。

协会还举办了全国性临床输血专业学习班，内容主要为提高输血疗效，保证输血安全，推广新的输血技术。

为使全国输血统计工作逐步纳入国家规范化、标准化要求，从1989年起开始建立了统计制度，每年对全国各血站系统职工状况、外语水平、公民义务献血情况、献血健康检查、临床用血及成分输血开展等进行统计。

11月13～15日，以协会理事长肖星甫教授为团长的我国输血代表团，参加了在香港召开的西太地区输血会议。国内学术会议情况见附表。（杨成民　贾振琴）

表1 各学会召开的学术会议（1991）

**中华医学会**

| 会议名称 | 日期 | 地点 | 主要内容 |
|---|---|---|---|
| 全国老年骨代谢病及骨密度测量专题学术会议 | 1月7～9日 | 北京 | 骨测量方法，不同地区及老年人群的骨含量调查，糖尿病、甲亢、肾病、甲状旁腺功能亢进等多种疾病的骨量变化，绝经后骨质疏松的实验研究及治疗，中医“肾主骨”学说的科学性探讨等 |
| 全国病毒性肝炎防治对策研讨会 | 4月1～4日 | 广州 | 病毒性肝炎的流行病学调查，医源性传播途径，重要的预防措施，诊断、治疗以及基础研究；加强病毒性肝炎防治建议 |
| 全国小儿肛肠外科学术研讨会 | 4月2～4日 | 上海 | 先天性巨结肠，大肠癌与结肠、直肠息肉、直肠前庭瘘，先天性肛门直肠畸形等 |
| 第五次全国小儿神经学术会议 | 4月2～5日 | 海口 | 癫痫病、智力低下等的发病情况、病因分析及合理用药，CT及核磁共振在神经系统疾病中应用的经验等 |
| 全国性病防治对策研讨会 | 4月9～11日 | 深圳 | 性病的流行病学，诊断与治疗，性病的社会学以及性病综合防治对策 |
| 第一次全国继续医学教育学术会议 | 4月9～10日 | 杭州 | 我国开展继续医学教育试点工作成绩，中国特色的继续医学教育模式等 |
| 全国急救医学学术研讨会 | 4月中旬 | 洛阳 | 急救医学研究的新经验、新成果，重点为围产期监护、基层网络院前急救、新科技普及 |
| 第二次全国口腔放射学学术会议 | 4月22～24日 | 北京 | 口腔医学影像诊断技术 |
| 第五次全国妇产科学术会议 | 5月5～8日 | 济南 | 产科：孕产妇死亡、围产儿死亡、内科合并症等；肿瘤：卵巢肿瘤的发病情况及治疗；内分泌：促排卵、老年妇科病如骨质疏松、更年期综合征的诊治；妇产科性传播疾病；新的治疗技术如内窥镜以及其他 |
| 第二次全国儿科急救学术研讨会 | 5月8～10日 | 昆明 | 新生儿呼吸窘迫综合征、新生儿持续肺高压、儿童哮喘并发肺气漏、阵发性室上性心动过速、重型急性感染性多发性神经炎的救治等 |
| 第二次全国头颈肿瘤学术会议 | 5月20～23日 | 上海 | 头颈肿瘤的基础研究、早期诊断以及手术和综合治疗 |
| 全国医学视听教育学术研讨会 | 5月24～26日 | 广州 | 视听教育方法、管理和理论研究 |
| 第六次全国医学伦理学学术讨论会 | 6月5～8日 | 成都 | 卫生改革与医德医风问题的再认识，包括分析当前医德医风状况，重申医德原则，继续克服错误倾向以及医德医风建设经验等。 |
| 第六次全国儿科肾脏病学术会议 | 6月上旬 | 成都 | 肾小球疾病临床和病理的联系，急性肾功能衰竭诊断标准及诊断方法，常见泌尿道疾病诊断和治疗新进展 |
| 第二次全国中西医结合肾脏病专题学术会议 | 6月15～19日 | 广州 | 原发性肾脏病、继发性肾脏病、肾小管肾间质疾病、尿路感染、肾功能不全以及小儿神经性尿频、肾性贫血、顽固性血尿等的中西医结合治疗 |
| 第二次全国高原医学学术会议 | 6月18～20日 | 西宁 | 高原生理研究，如高原适应与“脱适应”之间的双向性生理演变；高原病的防治等 |

| 会议名称 | 日期 | 地点 | 主要内容 |
|---|---|---|---|
| 全国抗早孕专题学术讨论会 | 7月5～7日 | 沈阳 | 抗早孕基础研究、临床应用及方法研究方面的成就 |
| 全国脑血管病专题学术会议 | 7月22～24日 | 青岛 | 颅内动脉瘤、动静脉畸形、高血压脑出血的手术治疗、介入神经放射治疗及脑血管病基础研究 |
| 第五次全国耳鼻喉科学术会议 | 8月1～4日 | 烟台 | 鼻科学及变态反应、咽喉科学及头颈外科学、耳科学方面的基础研究及新技术、新疗法 |
| 住院医师临床能力计算机辅助考试系统协作会议 | 8月13～15日 | 长春 | 住院医师临床能力计算机辅助考试系统的研究和开发 |
| 医学影像学住院医师培训规范研讨会 | 8月22～24日 | 北京 | 结合国外医学影像学（包括X线、CT、MRI、超声及核医学）的发展以及我国的实际情况，制订“医学影像学住院医师培训规范和实施方案” |
| 第二次全国中青年口腔医师学术交流会 | 8月22～25日 | 西安 | 牙体、牙髓病、牙周病、口腔粘膜病、口腔修复、正畸、口腔颌面外科以及口腔病理、生理、解剖等 |
| 第二次全国学生地方病防治研讨会 | 9月4～7日 | 吉林 | 学生地方病防治研究新成果和管理经验 |
| 第二次全国血细胞学术会议 | 9月12～14日 | 郑州 | 血细胞学方面的研究进展 |
| 第四次全国神经病理学术会议 | 9月12～14日 | 长春 | 实验病理、临床病理、脑血管病、肿瘤、周围神经病及脱髓鞘疾病等新进展 |
| 第四次全国乳腺癌学术会议 | 9月18～21日 | 郑州 | 流行病学与病因学，基础研究，诊断和治疗以及防癌普查等方面的新经验、新技术、新成果，重点为早期诊断 |
| 第四次全国神经精神学术会议 | 9月19～21日 | 青岛 | 神经精神科有关的理论研究、实验研究和临床工作成果及新进展 |
| 第三次全国骨肿瘤学术会议 | 9月19～21日 | 上海 | 骨肿瘤基础问题，新的诊断与治疗技术，肢体挽救手术，脊柱肿瘤，继发性肿瘤，肢体软组织肿瘤，骨肿瘤医生培养问题 |
| 全国医院深化改革专题研讨会 | 9月25～27日 | 成都 | 综合目标管理责任制的实践及提高医院基础质量的经验；实施医院分级管理的体会，院外质量评估，医院“达标上等”的做法、问题及对策；城市医院支援农村及加强农村卫生事业建设的经验和问题 |
| 第二次全国口腔殆学学术会议 | 9月26～28日 | 上海 | 殆学基础理论研究，颞下颌关节疾病的预防和治疗，牙周病、正畸、修复、颌骨整形手术等与殆关系 |
| 第四次全国糖尿病合并肾病学术研讨会 | 10月10～12日 | 上海 | 糖尿病流行病学及病因学，糖尿病合并症的发病机理和治疗，Ⅱ型糖尿病的治疗，糖尿病的营养、护理和自我保健教育 |
| 第三次全国烧伤外科学术会议 | 10月17～19日 | 洛阳 | 烧伤外科临床经验总结（包括有关烧伤晚期整形修复）和烧伤基础研究等 |
| 第三次全国脊柱外科学术会议 | 10月17～19日 | 青岛 | 脊柱外伤、畸形、肿瘤、炎症、发育性病变、退行性病变 |
| 全国围产医学学术会议 | 10月17～19日 | 上海 | 早产的预防、诊断与治疗，低体重儿（包括IUGR）的预防、诊断与处理 |

| 会议名称 | 日　期 | 地点 | 主　要　内　容 |
| --- | --- | --- | --- |
| 第四次全国放射免疫学术会议 | 10月17～19日 | 西安 | 放射免疫分析的研究和临床应用（重点为甲状腺功能新策略，肿瘤、肝炎、内分泌及计划生育中的应用药），放射免疫新技术（重点为放射免疫分析、单克隆抗体放射免疫分析、放射免疫受体分析及放射免疫分析标记技术），放射分析测定新仪器、质量控制、数据处理及其应用等 |
| 第三次全国临床检验学术会议 | 10月21～23日 | 南京 | 临床化学、细菌学、血清学、免疫学、血液细胞学、人体寄生虫学等专业的实验诊断新技术、新进展和各专业的专题综述及质量管理方面的新探索 |
| 第三次全国肾脏病学术会议 | 10月23～25日 | 南宁 | 肾小球疾病诊治和实验研究（包括中西医结合治疗）的新进展，小管间质性肾炎的诊治，继发性肾病，高血压与肾病等 |
| 第四次全国骨放射学术会议 | 10月24～26日 | 青岛 | 骨疾患特别是关节病、软组织、五官等疾患的影像学诊断（包括X线、CT、MRI、B超、DSA等），介入放射学，基础研究，X线病理对照及临床X线经验总结等 |
| 第四次全国呼吸系病学术会议 | 10月26～28日 | 武汉 | 肺部感染、肺心病、哮喘病、肺癌等的基础研究及诊断技术的新进展、新成果 |
| 第六次全国中青年医学学术交流会（儿科） | 10月27～29日 | 北京 | 儿内科各专业包括儿童保健的基本问题，儿科领域内实验研究以及临床研究、防治经验和临床总结，儿科的新技术、新进展 |
| 第六次全国结核病学术会议 | 10月27～30日 | 武汉 | 结核病流行病学、防治、卡介苗、病例发现、化学疗法、临床以及基础研究 |
| 第二次全国口腔粘膜病学术会议 | 10月31日～11月2日 | 上海 | 复发性阿弗仑溃疡、白斑、扁平苔藓以及其他粘膜疾病的治疗新进展 |
| 第二次全国疼痛治疗学术会议 | 11月2～4日 | 昆明 | 我国两年来疼痛治疗方面的经验和进展 |
| 第五次全国胆道外科学术会议 | 11月4～6日 | 广州 | 胆道肿瘤、胆结石成因、胆道碎石与溶石、胆道疾病诊断方法的进展、梗阻性黄疸等 |
| 全国流行病学术会议 | 11月5～8日 | 成都 | |
| 第四次全国消化系疾病学术会议 | 11月7～9日 | 北京 | 消化性溃疡、胃炎、非溃疡性消化不良、肝硬化、原发性肝癌、胆石症、动力障碍性疾病、消化系肿瘤、炎症性肠病、胃肠激素研究及内镜治疗现场表演 |
| 第二次全国航空医学学术会议 | 11月7～10日 | 杭州 | 航空生理学、航空心理学、航空人体工程学、航空卫生学、航空临床医学及方法学等 |
| 第二次全国创伤学术会议 | 11月9～12日 | 北京 | 创伤基础研究，成批创伤救治经验，交通事故救治经验，多发伤救治经验等 |
| 第二次全国超声医学学术会议 | 11月12～14日 | 重庆 | 反映医学超声基础和临床的新技术、新进展的论著，理论研究、经验总结、技术革新和文献综述（包括心血管、胸腹部、泌尿、妇产、小器官和医学超声工程） |

| 会议名称 | 日期 | 地点 | 主要内容 |
|---|---|---|---|
| 第一次全国中青年病理学术会议 | 11月12～14日 | 厦门 | 组织病理学：外检及尸检、侧重于胃肠道、心血管、淋巴组织、骨、软组织、呼吸系统等的研究和经验；实验病理研究新成果；分子生物学、细胞生物学、免疫学、遗传学等新技术在病理学方面的应用和新进展 |
| 第一次全国皮肤美容学术研讨会 | 11月13～16日 | 郑州 | 医学美容基础理论研究，皮肤美容新技术和临床经验总结以及美容新药的探索性研究 |
| 全国衰老机理与对策学术研讨会 | 11月21～23日 | 武汉 | 老年衰老机理的研究，包括基因、自由基、免疫、代谢、微量元素、营养、废用等；衰老变化的观察；衰老对策的探索 |
| 1991年全国医学教育学术会议 | 12月2～4日 | 北京 | 面对21世纪医学科学的发展和医疗保健服务的需要，我国医学教育的重点、原则和目的；根据教育要面向现代化、面向世界、面向未来的方针，医学教育应采取的发展战略；随着医学模式转变和医学科学知识迅速增长，加快医学教育内容、方法和评估方法的改革的经验；医学教育适应卫生工作重点转向农村，培训农村医药卫生人才的经验；有关医学教育40年的发展及教育思想的探讨 |
| 全国临床内分泌学术交流会 | 12月2～4日 | 南宁 | 内分泌疾病的临床诊断、治疗经验及新方法研究 |
| 第四次全国传染病与寄生虫病学术会议 | 12月18～20日 | 北京 | 各类传染病与寄生虫病（包括院内感染）的病原学、发病机理（包括病理）、诊断、治疗及预防等 |

**中华预防医学会**

| 会议名称 | 日期 | 地点 | 主要内容 |
|---|---|---|---|
| 中日劳动卫生专题讨论会 | 1月 | 唐山 | 尘肺、职业中毒、中小企业劳动卫生 |
| 第五届微生态学学术讨论会 | 9月 | 佳木斯 | 学术交流、基础临床 |
| 卫生工程学会第二届年会 | 10月 | 武汉 | 通风、空气污染、水、固体废弃物等学术交流 |
| 公共卫生教育学会第二届委员扩大会暨学术交流会 | 10月 | 武汉 | 交流公共卫生教育经验 |
| 全国医院消毒研讨会 | 11月 | 北京 | 医院消毒经验、方法、器械、药品 |
| 食品卫生学术交流会 | 10月 | 连云港 | 监督管理、理化检验、微生物检验 |
| 全国中青年灭鼠学术研讨会 | 10月 | 贵溪 | 学术交流、评审信得过团体会员 |
| 预防医学图书资料管理研讨会 | 4月 | 武汉 | 科学管理图书馆、推广管理软件 |
| 流行病学会第三次全国会议 | 11月 | 成都 | 换届、学术交流 |
| 第三届医院感染学术研讨会 | 11月 | 昆明 | 医院感染有关学术问题 |
| 蚊类防治研讨会 | 10月 | 杭州 | 科研论文、综合防治 |
| 蝇类防治研讨会 | 10月 | 杭州 | 科研论文、防治经验、展望、讨论 |
| 蟑螂抗性监测会议 | 10月 | 北京 | 抗性监测规范程度的确定 |
| 肝炎消毒研讨会 | 6月 | 南京 | 肝炎病毒科研方面经验 |

| 会 议 名 称 | 日期 | 地点 | 主 要 内 容 |
|---|---|---|---|
| 辐射消毒研讨会 | 7月 | 北京 | 辐射消毒科研与生产经验 |
| 卫生化学教育学术交流会 | 10月 | 南京 | 经验及学术交流 |
| 卫生微生物学术交流会 | 8月 | 成都 | 经验及学术交流 |
| 医学扁虫学术研讨会 | 10月 | 长沙 | 血吸虫为主、免疫学、诊断新技术交流 |
| 中等卫校预防医学教育工作研讨会 | 5月 | 无锡 | 教育、教学计划大纲、教材等 |
| 全国免疫毒理学术会 | 10月 | 南京 | 有关免疫毒理学问题 |
| 疫苗接种反应研讨会 | 1月 | 北京 | 疫苗接种异常反应的有关问题 |
| 生物反应器应用研讨会 | 6月 | 北戴河 | 生物反应器基本原理和应用 |
| 乙肝疫苗发展方向讨论会 | 5月 | 长春 | 开发乙肝疫苗的方向 |
| 血液制剂安全性研讨会 | 5月 | 北京 | 血液制剂的使用检测方法 |
| 卫生防疫管理学术讨论会 | 5月 | 昆明 | 基础理论、分类、发展方向、队伍建设 |
| 贯彻传染病法研讨会 | 10月 | | 研讨经验、问题与约束管理机制 |
| 乡镇卫生监督工作研讨会 | 9月 | 河北 | 研讨工作现状、地位、发展与管理 |
| 第二届民族地区卫生发展研讨会 | 10月 | 南宁 | 少数民族地区 PHC 的评价指标 |
| 卫生事业管理学会第二届学术讨论会 | 7月 | 福州 | 卫生管理教育健康发展的研究、换届 |
| 第五次职业病学术交流会 | 9月 | 攀枝花 | 急性中毒、尘肺 |
| “七五”攻关课题成果交流会 | 6月 | 广州 | “七五”攻关项目 |
| 石棉危害专题讨论会 | 5月 | 重庆 | 学术交流，为国际会做准备 |
| 预防医学情报第二次交流会 | 10月 | 北京 | 宣读论文 |
| 环境病理第三次学术交流会 | 9月 | 湖南 | 交流、总结、计划 |
| 有关环境卫生执法案例研讨会 | 8月 | | 典型案例管理经验、专家讲座 |
| 关于国民健康状况研究研讨会 | 9月 | 青岛 | 与中国统计学会、社会医学学会合办 |
| 初级卫生保健中的社会医学问题学术会议 | 4月 | 广州 | 学术交流 |
| 医学人口学术讨论会 | 8月 | 青岛 | 专题讨论 |
| 临床社会医学讨论会 | 10月 | 西安 | 学术交流与委员会议 |
| 第二届全国流行病学教学质量研讨会 | 10月 | 上海 | 如何提高卫生防疫人员业务水平 |
| 第二届生化毒理学术会 | 7月 | 广州 | 交流学术 |
| 消杀灭药品效益与质量控制研讨会 | 6月 | 天津 | 研究控制方法、指标 |

## 中国解剖学会

| 会议名称 | 日期 | 地点 | 主 要 内 容 |
|---|---|---|---|
| 首届全国中等卫生学校解剖学教学研讨会 | 6月8～12日 | 青岛 | 针对中等卫生专业学校培养“实用型”人才、教学的编写、教学方法和教学手段、校际学科委员会的工作、稳定解剖师资队伍等问题进行广泛的交流和深入的讨论 |
| 第2届组织学胚胎学专业青年学术研讨会 | 8月6～10日 | 大连 | 进行组织学和胚胎学方面的学术交流和专题讨论，其中还涉及到神经解剖学、分子生物学肿瘤遗传学、组织生理学和教学方法等领域 |
| 第二届中日组织化学与细胞化学学术讨论会 | 9月2～4日 | 西安 | 会议在组织化学与细胞化学领域进行了广泛的学术交流，并有专题报告，反映了中日两国在此领域的最新研究成果 |
| 计量学在形态学研究中应用学术研讨会 | 11月28～12月1日 | 重庆 | 对生物医学体视学的研究现状和方法进行了交流和讨论，并有专题发言，共交流论文70篇，集中反映了近两年间国内形态计量学的研究水平，对推动我国形态计量学在生物医学中的应用起到了积极作用 |

**病理生理学会**

| 会议名称 | 时间 | 地点 | 主要内容 |
|---|---|---|---|
| 全国受体学术讨论会 | 4月2～5日 | 北京 | 受体研究的新方法、新技术，如受体特异的mRNA检测，受体在膜上的重建等。外周血细胞检测受体的结果如何评价等 |
| 第五届心血管学术会议 | 6月15～18日 | 承德 | 心肌缺血/再灌损伤、心肌电生理、心律失常、心肌力学、心功能、脑缺血、高血压、动脉粥样硬化、血脂及中医药研究等 |
| 第四届炎症发热感染学术会议 | 7月24～27日 | 成都 | 交流了发热的机制，钩端螺旋体病的免疫学研究等 |
| 第五届免疫学术会议 | 7月26～30日 | 呼和浩特 | 基础免疫、肿瘤免疫、移植免疫、抗感染免疫与临床免疫 |
| 动脉粥样硬化学术会议 | 10月7～10日 | 天津 | 从整体、细胞及分子水平揭示动脉粥样硬化的发生发展的机理 |
| 动物病理生理学术会议 | 9月19～23日 | 湖南大庸 | 交流了猪、家禽、实验动物等疾病的病理生理、遗传病理、形态病理和免疫病理 |
| 第二届休克学术会议 | 10月5～8日 | 桂林 | 交流了91年维也纳国际休克会议的情况，神经体液因子在感染性休克中的意义，自由基与铁依赖性脂质过氧化，纤维连结蛋白及氧利用障碍等方面的研究成果 |
| 第三届全国实验血液学学术会议 | 12月5～9日 | 重庆 | 造血及其调控、白血病、MDS与再障、骨髓移植、免疫血液学、分子血液学、辐射血液学、血栓与止血、淋巴因子激活的杀伤（LAK）细胞等 |

**中华护理学会**

| 会议名称 | 日期 | 地点 | 主要内容 |
|---|---|---|---|
| 全国加强外科基础护理与护理新概念学术研讨会 | 5月6～10日 | 青岛 | 外科基础护理，专业护理，新业务、新技术及一次性外科器具临床应用，专题研究 |
| 全国妇产科护理管理研讨会 | 5月27～6月2日 | 杭州 | 加强妇产科护理管理，讨论《产房婴儿室验收标准》征求意见稿 |
| 全国护理教育经验交流会 | 5月31～6月3日 | 北京 | 总结护理教育改革工作的成就与经验，研讨护理教育模式的转变，各层次护理教育的培养目标，师资队伍和学生素质的培训 |
| 全国护理管理研讨会 | 6月7～13日 | 成都 | 研讨医院等级评审工作的开展情况；护士在职培训及护士按职称上岗和责任制护理的开展情况 |
| 全国内科基础护理研讨会 | 6月4～6日 | 北京 | 个案护理、专科护理及抢救危重病人护理等方面论述基础护理，基础护理与伦理道德的关系等 |
| 全国中医护理问题研讨会 | 6月26～29日 | 杭州 | 中医护理问题的概念和依据提出护理问题的思维方法，护理问题措词规类 |
| 第一届中日护理学术交流会 | 8月20～21日 | 北京 | 护理教育，临床护理，护士在社区保健中的地位、专科护理，临床护理经验等 |
| 中华护理学会第21届会员代表大会暨学术会议 | 10月16～19日 | 郑州 | 换届改选护理教育、新业务、新技术医院护理管理，中西医结合护理，护理科研 |
| 第二届传染病护理学术交流会 | 11月6～9日 | 上海 | 基础护理，新业务、新技术消毒隔离，责任制护理及各种传染病护理 |
| 第二届全国医院感染学术研讨会 | 11月13～18日 | 昆明 | 医院感染管理、控制与预防；消毒灭菌研究合理使用抗生素及护理部在医院感染管理中的作用 |

**中国康复医学会**

| 会议名称 | 日期 | 地点 | 主要内容 |
|---|---|---|---|
| 第三届修复重建外科学术会议 | 5月5～9日 | 大连 | 皮肤及软组织的修复；肌健神经和骨骼的修复 |
| 首届老年康复学术交流会 | 5月6～9日 | 大连 | 成立老年康复专业委员会；交流常见老年病的预防与康复医疗经验 |
| 第三届脑血管病康复医疗学术会议 | 9月25～29日 | 石家庄 | 交流脑血管的康复医疗经验，讨论修订《脑血管病康复医疗方案与评价标准》 |
| 第三届颈椎病康复医疗学术会议 | 10月4～8日 | 威海 | 交流颈椎病的康复医疗经验，检阅《颈椎病康复医疗方案》的临床实施效果 |
| 第二届风湿病康复医疗学术会议 | 11月6～9日 | 西安 | 交流风湿病的临床康复经验，讨论、制订《风湿病康复医疗程序及评价标准》 |
| 第二届全国传统康复医学学术会议 | 11月26～30日 | 北京 | 研讨祖国传统康复医疗思想和技术在现代康复医学工作中的地位与作用，调整中医、中西医结合专业委员会成员 |

**中国营养学会**

| 会议名称 | 日期 | 地点 | 主要内容 |
|---|---|---|---|
| 第二届老年营养学术会议 | 5月30日至6月3日 | 南昌 | 论文交流 |
| 第二届妇幼营养学术会议 | 11月6～9日 | 武汉 | 论文交流评选优秀论文 |
| 第二届特殊营养学术会议 | 11月20～22日 | 天津 | 论文交流 |

**中国卫生经济学会**

| 会议名称 | 日期 | 地点 | 主要内容 |
|---|---|---|---|
| 医院经济管理理论与实践研讨会 | 1月8～10日 | 湖北省宜昌市 | 1. 医院经济管理十年回顾；2. 在治理整顿基础上如何深化医院经济管理；3. 90年代医院经济管理的展望；4. 企业医院经济管理及劳保医疗制度的改革 |
| 第六次全国农村卫生经济学术讨论会 | 6月2～5日 | 广西自治区南宁市 | 农村健康保障制度的各种模式 |
| 第三次卫生计划与预算管理研讨会 | 10月22～24日 | 云南省昆明市 | 1. 卫生经济宏观调控的特点；2. 卫生计划和预算在宏观调控中的作用；3. 如何运用卫生计划和预算等杠杆动员卫生资源加强农村卫生工作 |

## 中国针灸学会

| 会议名称 | 日期 | 地点 | 主要内容 |
|---|---|---|---|
| 第六次全国经络学术研讨会 | 10月4～9日 | 长沙 | 总结七五攻关课题所取得的研究成果，探讨经络实验研究与临床研究相结合的方法，呼吁有关方面对经络研究给予重视 |
| 耳穴诊治专业委员会成立暨首届学术交流大会 | 9月6～9日 | 广州 | 成立耳穴专业委员会，交流临床研究与基础研究的成果和经验，制定八五计划和十年规划 |
| 第二次全国单穴学术交流会 | 6月16～19日 | 上海 | 单穴应用的论文交流，应用单穴治病的现场表演，制定八五计划和十年规划 |
| 第二次全国青年针灸学术交流会 | 5月30至6月2日 | 桂林 | 交流自87年以来所取得的成就，评选10篇优秀论文 |
| 第四次全国针刺麻醉与针刺镇痛学术讨论会 | 9月17～20日 | 西安 | 分针麻临床，针刺镇痛临床，针刺甲状腺手术专题，针刺原理四方面进行交流，并讨论下一阶段的工作安排 |
| 国际针法灸法学术经验现场交流会 | 10月23～25日 | 北京 | 现场表演各种针灸手法，相互间切搓技艺 |

## 中国中西医结合学会

| 会议名称 | 日期 | 地点 | 重点内容 |
|---|---|---|---|
| 中国中西医结合学会成立十周年学术发展研讨会 | 10月23～27日 | 北京 | 庆祝学会成立十周年，研讨中西医结合学术发展获得创新性和突破性发展的思路方法与决策以及中西医结合各学科体系建设和理论体系发展的研讨等 |
| 学会工作会议 | 10月23～27日 | 北京 | 1. 总结学会工作<br>2. 讨论1992年学术活动计划<br>3. 表彰优秀分会和优秀学会干部 |
| 中西医结合杂志编委会 | 10月26日 | 北京 | 1. 汇报编辑工作<br>2. 讨论编辑计划等 |
| 第五次全国中西医结合防治肿瘤学术研讨会 | 11月5～9日 | 长沙 | 1. 总结80年代以来肿瘤中西医结合临床与实验研究经验，统计成果，表彰先进，制定90年代攻关协作计划<br>2. 防治头颈部肿瘤的中西医结合方法及经验 |
| 全国中西医结合防治肝病学术交流暨肝病专业委员会换届改选会议 | 11月27～30日 | 福建 | 1. 肝炎、肝硬化、肝Ca的诊断与中西医结合治疗<br>2. 专业委员会换届改选 |
| 中西医结合皮肤性病学术交流暨专业委员会换届改选会议 | 10月28日至11月2日 | 成都 | 1. 学术交流<br>2. 总结工作<br>3. 专业委员会换届改选 |
| 中药研究学术交流暨中药研究专业委员会换届改选会议 | 11月6～10日 | 广州 | 交流中药化学、药理、临床研究的学术经验暨中药研究专业委员会换届改选 |

| 会 议 名 称 | 日期 | 地点 | 重 点 内 容 |
|---|---|---|---|
| 中西医结合血液学专业委员会换届改选暨学术交流会议 | 11月5～10日 | 上海 | 1. 学术交流<br>2. 专业委员会换届改选 |
| 第三届中西医结合周围血管疾病学术交流暨专业委员会换届改选会议 | 9月11～14日 | 石家庄 | 1. 交流近几年来中西医结合治疗周围血管疾病经验<br>2. 专业委员会换届改选 |
| 中西医结合防治消化系统疾病对策研讨会 | 9月16～19日 | 武汉 | 1. 讨论中西医结合防治肠道病的辨证标准及疗效标准 2. 制订中西医结合防治肠道病的辨病辨证标准及疗效标准 3. 修改中西医结合防治慢性胃病的辨证标准 |
| 全国活血化瘀学术暨工作交流会议 | 12月18～22日 | 广州 | 1. 交流开展学术活动经验<br>2. 促进工作<br>3. 加强协作 |
| 管理专业委员会第四次学术讨论会 | 8月 | 青岛 | 中西医结合医院分级管理研讨会 |
| 第二届急腹症基础临床研究学术交流会议 | 4月8～12日 | 珠海市 | 交流急腹症基础临床研究的进展，推广先进技术（如升入放射学等） |
| 手法治疗与关节及软组织损伤研讨会议 | 11月26～29日 | 天津 | 手法治疗骨与关节及软组织损伤的临床及实验研究 |
| 全国中西医结合眼科学术交流会议 | 9月 | 安徽 | 1. 总结学会工作<br>2. 中西医结合防治眼病的临床及实验研究 |
| 常见病中医临床症型的影象诊断研讨会 | 9月 | 安徽 | 通过研讨制订出影象诊断标准（试行） |
| 儿科感染性疾病、固本治疗的进展及基础理论研究研讨会 | 11月5～9日 | 昆明 | 交流儿科感染性疾病、固本治疗的进展及基础理论研究 |
| 中医外语专业委员会成立暨学术交流会 | 12月12～15日 | 济南 | 1. 成立专业委员会<br>2. 交流中医外语学术进展 |

**中国药学会**

| 会 议 名 称 | 日期 | 地点 | 主 要 内 容 |
|---|---|---|---|
| 全国内毒素学术讨论会 | 5月4～8日 | 上海 | 近几年来国内内毒素研究新成果 |
| 全国SOD检测与质量标准学术讨论会 | 5月10～12日 | 汕头 | 研讨SOD的检测方法、质量标准、纯度及在化妆品等方面的问题 |
| 第二届全国医院药学学术会议暨《中国医院药学杂志》第四届编委会 | 5月20～23日 | 北海 | 医院药剂科管理；制剂室标准化研讨；医院药物制剂研究；药物的动力学研究；药物制剂检测；医院药学情报经验交流；医院药学人员继续教育；合理用药 |
| 首届老年药学国际学术研讨会 | 7月24～27日 | 沈阳 | 交流老年药学的基础理论和研究方法；防治老年病药物的研究和开发；补益强壮中药人参的研究和开发 |
| 首届喹诺酮类药物临床应用研讨会 | 10月5～8日 | 黄山 | 喹诺酮类药物的合理应用、不良反应、耐药性、新品种开发及扩大剂型问题 |

| 会 议 名 称 | 日期 | 地点 | 主 要 内 容 |
|---|---|---|---|
| 新药研究与开发国际讨论会 | 10月22～25日 | 北京 | 新药研究方法学；传统药学理论研究和药物作用机理；天然药物的有效成分研究；新药设计与合成；药物新剂型与新用途 |
| 首届灵芝研究专题讨论会 | 10月29～31日 | 北京 | 论文内容包括灵芝的资源、分类、生物学特性、人工栽培、工业发酵、培养、生产工艺及制剂、化学、药理学和医药保健应用等 |
| 全国药物分析学术讨论报告会 | 11月7～11日 | 武汉 | 交流了仪器分析在药物分析领域中的应用、药物分析基础理论方面的探讨以及新技术在药物分析上的应用等 |
| 首届全国医院青年药师优秀论文报告学术会议 | 11月24～26日 | 北京 | 交流医院青年药师在临床药学、药剂、药检、计算机应用及管理方面的工作经验及成绩 |
| 药物化学年会 | 11月25～28日 | 青岛 | 交流药物化学各专业研究成果并召开分科学会委员会工作会议，进行换届改选 |
| 首届医院药学专题研讨会 | 11月28～12月1日 | 北京 | 对医院制剂室建设与医院药师的继续教育两方面的问题进行了交流和研讨 |
| 全国农用抗生素学术会议 | 12月4～6日 | 浙江桐庐县 | 论文内容涉及农用抗生素的菌种鉴定、发酵工艺、分离鉴别、药效、毒理等 |

**中国心理卫生协会**

| 会 议 名 称 | 日期 | 地点 | 主 要 内 容 |
|---|---|---|---|
| 第二届老年心理卫生学术交流会 | 5月14～18日 | 南京 | 老年人心理特点、心理障碍、心理卫生的研究，老年人生活质量的心理、社会因素的调查和探讨，离退人员心理卫生和发挥老年人潜能的研究 |
| 第三届儿童心理卫生学术交流会 | 10月18～21日 | 福州 | 独生子女心理卫生问题，独生子女精神卫生问题的防治建议，如何培养儿童的健康人格 |
| 心理评估专业委员会成立及首届学术年会 | 10月9～13日 | 长沙 | 心理评估的过去与现在，对弱智儿童教育问题提出我国的实施建议，制定心理评估管理办法 |
| 首届全国心理治疗与心理咨询学术会议 | 10月25～30日 | 北京 | 心理治疗基础研究及综述，神经症及情绪障碍的心理治疗等，讨论《卫生系统心理治疗与心理咨询工作者条例草案》 |

**中国防痨协会**

| 会 议 名 称 | 日期 | 地点 | 主 要 内 容 |
|---|---|---|---|
| 全国结核病控制技术政策研讨会 | 3月22～23日 | 北京 | 就控制结核病传染，充分发挥化学疗法作用，加强农村防痨工作等方面进行交流与研讨，会议通过了《结核病控制技术政策》 |
| 全国结核病流行病学专题研讨会 | 4月15～19日 | 郓城 | 对全国三次结核病流行病学抽样调查进行了评估；三次流调对全国各省、市、地县结核病控制工作意义；今后结核病控制工作的对策和建议 |
| 全国结核病细菌学检查规程研讨会 | 4月21～25日 | 郑州 | 讨论通过结核病细菌学检查方法规程，对痰涂片检查，结核菌培养方法，药物敏感性测定和菌种鉴定等检查项目制定了技术标准 |

**中国麻风防治协会**

| 会议名称 | 日期 | 地点 | 主要内容 |
| --- | --- | --- | --- |
| 全国麻风查菌质控学术研讨会 | 9月10～15日 | 成都 | 交流麻风查菌质控论文，显微镜下领会和统一质评标准及进一步完善麻风查菌质控标准研讨 |
| 全国麻风临床和病理分型学术研讨会 | 10月14～20日 | 陕西汉中 | 交流各地麻风临床和病理分型论文经验，研讨如何统一全国的分型标准及提高分型诊断水平 |
| 全国麻风血清学学术研讨会 | 10月25～11月2日 | 南京 | 交流麻风免疫流行病学经验，研讨早期麻风血清诊断方法及今后发展的战略 |

**中国输血协会**

| 会议名称 | 日期 | 地点 | 主要内容 |
| --- | --- | --- | --- |
| 全国输血统计会议 | 5月10～13日 | 南京市 | 1990年输血统计汇总情况分析；1991年输血统计设想、方案、探讨临床输血统计 |
| 全国第二届治疗性单采经验交流会 | 10月8～12日 | 黄山市 | 治疗性单采疗法结合其他疗法治疗疑难病和抢救危重病人 |
| 西南地区首届学术经验交流会 | 11月13～15日 | 昆明市 | 输血技术，临床输血，献血管理，输血科研 |
| 临床输血学术交流会 | 11月23～27日 | 宜昌市 | 临床输血疗效观察、输血及血液治疗的机理研究等 |

表2　各学会中外学术交流活动（1991）

**中华医学会**

| 活动项目 | 日期 | 地点 | 主要内容 |
| --- | --- | --- | --- |
| 法航医务处代表团 | 3月17日至4月1日 | 北京 | 就中法医学日活动安排进行洽谈 |
| 美国PTP疼痛控制代表团 | 3月23日至4月3日 | 北京等 | 对口学术交流 |
| 美国PTP女医生代表团 | 4月8～19日 | 北京等 | 对口学术交流 |
| 美国PTP手外科代表团 | 4月17～28日 | 北京等 | 对口学术交流 |
| 美国PTP胃肠医学代表团 | 4月23日至5月4日 | 北京等 | 对口学术交流 |
| 朝鲜医学代表团 | 4月 | 北京 | 工作访问 |
| 第二届中日甲状腺学术会议 | 5月1～2日 | 上海 | 双边学术交流 |
| 第一届亚太小儿外科学术会议 | 5月13～16日 | 北京 | 地区性学术交流 |
| 美国PTP病毒学代表团 | 6月19～30日 | 北京等 | 对口学术交流 |
| 唐山国际脑血管病学术会议 | 7月3～5日 | 唐山 | 国际学术交流 |
| 日本眼科代表团 | 7月21～28日 | 北京等 | 对口学术交流 |
| 美国夏威夷小儿急救代表团 | 7月31日至8月10日 | 北京等 | 对口学术交流 |
| 日本丸山茂牙科代表团 | 8月13～19日 | 北京等 | 对口学术交流 |
| 中美双边核医学座谈会 | 8月18～20日 | 北京 | 双边学术交流 |
| 日本健康指导学会代表团 | 8月21～27日 | 北京等 | 工作交流 |
| 日中医学摄影代表团 | 9月1～8日 | 沈阳 | 对口学术交流 |

| 活 动 项 目 | 日期 | 地点 | 主 要 内 容 |
|---|---|---|---|
| 美国 PTP 心血管技师代表团 | 9月1～11日 | 北京等 | 对口学术交流 |
| 国际神经病理学术会议 | 9月10～11日 | 长春 | 国际学术交流 |
| 中日乙酰螺旋霉素临床应用学术交流会 | 9月11日 | 北京 | 双边学术交流 |
| 国际医生反对核战争联盟（IPPNW）代表团 | 10月3～18日 | 北京 | 商谈医学会加入该组织有关事宜 |
| 美国肢体保护代表团 | 10月4～16日 | 北京等 | 对口学术交流 |
| 美国 PTP 风湿病医学代表团 | 10月6～15日 | 北京等 | 对口学术交流 |
| 美国 PTP 体疗医学代表团 | 10月6～16日 | 北京等 | 对口学术交流 |
| 中法风湿病学学术讨论会 | 10月7日 | 北京 | 双边学术交流 |
| 美国 PTP 内科医学代表团 | 10月14～23日 | 北京等 | 对口学术交流 |
| 第三次中日糖尿病学术会议 | 10月11～12日 | 上海 | 双边学术交流 |
| 美国 PTP 社区医学代表团 | 10月20～29日 | 北京等 | 对口学术交流 |
| 美国 PTP 脊柱损伤医学代表团 | 10月22～31日 | 北京等 | 对口学术交流 |
| 美国 PTP 超声医学代表团 | 10月23日至11月2日 | 北京等 | 对口学术交流 |
| 中法医学日法国代表团 | 10月26日至11月9日 | 北京等 | 参加中法医学日活动 |
| 美国 PTP 寄生虫病学代表团 | 10月28日至11月10日 | 北京等 | 对口学术交流 |
| 国际儿科学术会议 | 10月30日至11月1日 | 北京 | 国际学术交流 |
| 美国 PTP 外伤后紧张症医学代表团 | 10月30日至11月8日 | 北京等 | 对口学术交流 |
| 中日骨科学术会议 | 11月1～2日 | 北京 | 双边学术交流 |
| 第二届香港内地口腔科学术会议 | 11月3～6日 | 成都 | 双边学术交流 |
| 北京国际胃肠病学学术会议 | 11月4～6日 | 北京 | 国际学术交流 |
| 美国 PTP 神经化学医学代表团 | 11月4～13日 | 北京等 | 对口学术交流 |
| 第二届国际热带医学及寄生虫病学术会议 | 11月6～9日 | 海口 | 国际学术交流 |
| 中日麻醉学术会议 | 11月10～11日 | 武汉 | 双边学术交流 |
| 中日呼吸系病学术会议 | 11月28日至12月1日 | 北京 | 双边学术交流 |
| 亚太耳鼻喉科学术会议 | 12月7～8日 | 北京 | 地区性学术交流 |

**中国麻风防治协会**

| 活 动 项 目 | 日期 | 地点 | 主 要 内 容 |
|---|---|---|---|
| 美国空中眼科医院（ORBIS）协作项目 | 10月20～27日<br>12月5～12日 | 江苏泰兴县<br>广东中山市 | 麻风眼疾预防讲习班 |
| 美国麻风协会康复医学代表 | 11月20～12月23日 | 贵州等 | 到我国四川、湖北、贵州等省进行实地考察、并商讨与贵州麻风康复合作问题 |
| 中国麻风防治协会代表 | 11月25～12月13日 | 印度 | 参加“第三届国际麻风联合会教员研讨会”，考察印度的麻风防治情况 |

**中国营养学会**

| 活 动 项 目 | 日期 | 地点 | 内 容 |
|---|---|---|---|
| 第六届亚洲营养会议 | 1991. 9. 16～19 | 吉隆坡 | 论文交流、专题研讨、贸易展览 |

# 中国红十字会

【中国红十字会的国内工作】

**组织发展概况** 1991年发展会员360万人，全国会员累计达1 510万人。超过百万会员的省、直辖市有辽宁、黑龙江、江苏、山东、湖北省和北京市。新建基层组织1万多个，累计11万多个。有27个省、自治区、直辖市所有的地、市、州、盟和11个省所有的县、市、旗全部成立了红十字会组织。全国地、市、州、盟、区建会364个，占地、市、州、盟、区总数的98%。县、市、旗、区建会2 213个，占县、市、旗、区总数的79%。

**红十字青少年工作** 1991年，全国红十字青少年组织迅速发展，各级各类学校建立红十字组织16 000多个，发展红十字青少年151万多人，全国红十字青少年达441万人。北京、天津、上海等城市学校建会率已达90%以上，其他大、中城市达到50%。

1991年7月，中国红十字会与国家教育委员会在山东省青岛市召开了全国红十字青少年工作会议，形成了《关于进一步加强全国红十字青少年工作的意见》和《学校红十字会工作暂行规程》两个文件。

卫生保健知识、现场救护技术开始被正式列入学校教学计划。清华大学、浙江大学把卫生保健知识和救护技术列为学生选修课，使培训的时间、效果均得到保证。许多学校的红十字青少年开展了大量的社会服务活动。华东水灾中，红十字青少年组织援助了灾区人民。

1991年，中国红十字会与有关部门联合举办了“居安思危·有备无患”全国红十字青少年绘画竞赛。其中130幅优秀作品在北京展出，获奖的30幅参加了世界卫生组织、红十字会与红新月会国际联合会、国际儿童艺术馆在挪威联合举办的世界儿童艺术作品展览的竞赛。

3月，红十字会与红新月会国际联合会在日内瓦举办的“保护妇女·儿童和老人”国际儿童绘画比赛中，中国红十字会推荐的《神圣的星》获得一等奖。这幅画的作者于水是四川省广元市的一名中学生。

中国红十字会8月在哈尔滨举办了主题为“保护环境与促进健康”1991年国际红十字青年夏令营。来自澳大利亚、原苏联、匈牙利、韩国、法国、德国、香港等16个国家和地区以及国内的红十字青少年共159人参加了活动。

**顾英奇被推举为“保护战争受害者世界**

**运动”大使** 全国政协委员、卫生部副部长、中国红十字会常务副会长顾英奇被推举为“保护战争受害者世界运动”大使。该项运动由红十字国际委员会发起。瑞典公主、瑞典红十字会副会长克里斯蒂娜殿下及著名作家韩素音等世界知名人士联合发出“保护战争受害者世界运动”呼吁书，呼吁各国著名人士参加签名。中国在呼吁书上签名的有：雷洁琼、赵朴初、吴作人、冰心、巴金、陈敏章等。我国参加红十字国际委员会倡议的“保护战争受害者世界运动”，显示了我国人民扶贫挤困、助人为乐的优良民风，树立了我国政府热爱和平、反对战争的正义形象。

**第33届南丁格尔奖章和第2届无偿献血金杯奖颁奖** 第33届南丁格尔奖章获得者是河南省商丘地区人民医院护理部主任吴静芳。1991年7月18日，全国人大常委会委员长万里在中南海怀仁堂为其颁奖。

全国共有34人荣获第2届无偿献血金杯奖。人大常委会委员长万里、国务委员李铁映、全国政协副主席赵朴初、钱正英为他们颁奖。

**全国80万机动车驾驶员接受救护培训** 截至1991年12月20日，全国有21个省、自治区、直辖市开展了机动车驾驶员的初级卫生救护训练。据不完全统计，有80余万机动车驾驶员接受了急救技术的培训，经考试合格后，由有关部门颁发了卫生救护合格证书。

**举办国际武装冲突法讲习班** 1991年，中国红十字会总会与红十字国际委员会、中国人民解放军总政治部合作，在西安政治学院为中国人民解放军举办了首届国际武装冲突法讲习班，来自红十字国际委员会的专家为学员们讲授了国际武装冲突法的基本知识和战场前线指挥员的责任与义务。

**中国红十字会杭州备灾救灾中心落成** 由日本政府和红十字会捐款，通过红十字会与红新月会国际联合会援建的中国红十字会杭州备灾救灾中心于1991年12月底落成。中心占地3 400平方米，建筑面积2 400平方米。其主要任务是：①储存、分发、转运救灾医疗队装备药品及其它物资；②生产、采办救灾被服及其它急需救灾物资；③洗涤、消毒、整理募捐所得的被服；④救灾资料的收集及信息反映。

**日本孤儿中国养父母服务中心落成** 由日本塔喀拉俱乐部捐款援建的日本孤儿中国养父母服务中心于1991年1月和12月分别在吉林省长春市、辽宁省沈阳市落成。两中心建筑面积分别为1 200平方米和2 300平方米。中心设有餐厅、客房，康复医疗门诊部和综合服务室。中心主要是：①为日本孤儿中国养父母及其他老年病患者开展医疗保健；②对拟回国的日本孤儿进行日语培训；③建立家庭病床，为孤寡老人以及残疾人送医送药上门。

**台湾事务** 1991年海峡两岸红十字组织关系继续发展。《金门协议》鉴定以来，海峡两岸红十字组织参与见证遣返私自渡海入境人员38批，共计4 426人；1991年，双方遣返私自渡海入境人员22批，共计2 862人。

1991年中国红十字会受理两岸寻人表格及信函5 125件，查寻结果2 290宗。近万名台胞台属与失散亲人取得联系。处理海峡两岸交往中出现的伤、病、亡、海难、渔事纠纷、遗产继承等问题2 220件。

**曲折、庄仲希赴台探视被扣押的大陆渔民** 中国红十字副秘书长曲折、政策理论研究室副主任庄仲希，于1991年8月20日去台湾探视被扣押在台中看守所、观护所及金门的18名大陆渔民。1991年7月21日，福建省渔船“闽狮渔”2 294号和2 295号在传统作业海区内作业时，与台湾渔船“三鑫财号”发生渔事纠纷。台湾海军出动炮艇将“闽狮渔”二船及船上的18名大陆渔民押至台湾。曲折副秘书长一行在台湾的三天期间探望了关押在台中看守所和少年观护所里的

7名被起诉的福建渔民，通过影视电话间接探视滞留金门的11名福建渔民；并与“海基会”达成了由“海基会”负责护送滞留金门的11名渔民回大陆的3项协议。这是海峡两岸在隔绝42年后，中国红十字会代表作为大陆方面首次派出的公务人员赴台办理公务，对进一步发展两岸关系具有重要意义。

**【中国红十字会的国际交往】**

**来访** 红十字会与红新月会协会亚太部主任塔尔博特先生于1991年1月访问中国，就中国红十字会的救灾工作、浙江备灾中心的建设及相互合作等问题进行会谈，并参观了浙江省和上海市红十字会的活动。

蒙古红十字会代表团一行4人于1991年7月对中国红十字会进行工作访问。这是该会自50年代以来的第一次访问。代表团参观了北京、天津的红十字会基层活动，并与总会交流了工作经验。

日本红十字会会长山本正淑先生于1991年9月访华，国家副主席王震会见了代表团。山本会长代表日本红十字会向中国红十字会赠送了救护车、采血车和救灾款，与总会领导进行了工作会谈，并访问了四川、浙江、上海红十字会。

红十字国际委员会亚太地区总代表莫诺先生于1991年10月访华，分别与外交部、中国人民解放军总政治部和中国红十字会就国际人道主义法的传播、国际红十字运动的情况和双边合作等问题交换了意见。

香港红十字会主席郑栋材一行1991年6月来京，代表香港红十字会转达香港同胞对中国南方水灾灾民的慰问并再次捐款。政协副主席赵朴初会见了代表团。

**出访** 中国红十字会常务副会长顾英奇于1991年4月在日内瓦参加了世界卫生组织大会，访问了红十字会与红新月会协会和红十字国际委员会，就中国红十字会与这两个机构的合作交换了意见。

以谭云鹤顾问为团长、孙柏秋副会长为副团长的中国红十字会代表团于1991年11月参加了红十字会与红新月会协会大会等会议。协会大会通过决议，决定将协会改名为“红十字会与红新月会国际联合会”。

中国红十字会副秘书长曲折率中国红十字会代表团1991年8月访问了南朝鲜红十字会，两会自此建立了正式联系。

1991年10月，孙柏秋副会长率中国红十字会代表团赴香港、澳门答谢在大陆发生水灾时港、澳同胞和香港红十字会给予的援助。

**其他** 中国红十字会、红十字国际委员会和北京科学教育电影制片厂合作拍摄的《红十字运动》完成后期制做，向全国发行。影片介绍了红十字运动的起源、发展和现状。

1991年，中国红十字会向遭受各种灾害的21个国家红十字会或政府提供了10.5万美元的现金和价值300万元人民币的物资援助。

1991年，中国南方水灾发生后，引起了国际社会和港、澳、台同胞的广泛关注和同情，到12月底，中国红十字会共收到捐款折合人民币9 700万元和价值1.7亿元人民币的救灾物资。

（张奎吉　吴秋莎　龚怡怡
刘德旺　冯志国）

# 人事与干部

**【卫生部部属事业单位机构编制】**

国务院机构编制主管部门批复卫生部属事业单位 112 个（含二级单位和挂靠单位），共核定事业编制 87904 人。其中，52 个单位（29571 人）经费实行全额管理；48 个单位（56197 人）经费实行差额补贴；12 个单位（2136 人）经费自理。

（王燕平）

**【卫生部完成部机关“七五”培训规划】**

根据卫生部党组批准的《1987～1990 年机关干部培训规划》，卫生部机关在“七五”期间，委托华西医科大学卫生管理干部培训中心举办了 7 期卫生科学管理培训班，共培训处级及其以下干部 216 人。其中，部机关正副处长 79 人，主任科员以下干部 23 人。较好地完成了“规划”中提出的培训任务。

卫生科学管理培训班以马列主义、毛泽东思想为指导，坚持一手抓政治理论学习，一手抓科学管理知识、技能和方法培训，提高干部的政治、业务素质和管理水平；根据学员来自不同管理岗位和从事卫生管理工作的实际情况，开设了《马克思主义哲学学习纲要》、《管理学基础》、《中国卫生事业管理总论》、《卫生经济学》、《卫生统计学》、《电子计算机应用》、《行政诉讼法》等课程；按照成人教育的特点，采取课堂讲授、案例分析、专题讨论、技术操作、现场参观等形式进行授课，注重理论联系实际；选派有较丰富经验的专职教师为主，同时聘请部分卫生部机关司局长和卫生系统专家讲课，以提高教学质量。

参加培训的学员们普遍反映，学习收获较大。通过培训，提高了对学习卫生科学管理知识重要性的认识；理论联系实际，总结了管理工作正反两方面的经验；进行管理工作经验交流，互相学习，取长补短，共同提高。

（訾乃庆）

# 卫生界人物

## 卫生部系统

**【卫生部部长、副部长】**

部长　陈敏章
副部长　孙隆椿
何界生(女)
顾英奇
胡熙明

**【卫生部正、副司(局)长、主任】**

办公厅主任　曹荣桂
副主任　杨保华(1991年1月免)
张景霖
政策法规司司长　支峻波
副司长　蔡仁华
人事司司长　王立忠
副司长　张万有
计划财务司司长　魏　颖
副司长　宋连仲
刘新明
医政司司长　迟宝兰(女)
副司长　陶意传(女)
于宗河(1991年3月任)
卫生防疫司司长　戴志澄
副司长　王　钊
卫生监督司司长　阚学贵
副司长　李清安(1991年11月任)
地方病防治司司长　高淑芬(女)
副司长　傅　鑫
王环增(1991年9月任)
科技司司长　肖梓仁
副司长　刘海林
秦新华(女)
教育司司长　黄永昌
副司长　周东海
史以庆
卫生妇幼司司长　王凤兰(女)
副司长　施妈麟
药政管理局局长　潘学田
副局长　栗福民
陈寅卿
外事司司长　宋允孚
副司长　曹永林(1991年11月免)
赵同彬
驻卫生部监察局局长　杜玉侠
副局长　吴瑞璞
驻卫生部审计局局长　(暂缺)
副局长　武灌心
老干部局局长　(暂缺)
副局长　陈玉民(1991年2月任)
范毓璋(1991年3月离)
王逸山
保健局局长　耿德章(1991年9月任)

副局长　牟天培
宁　辉(女)

卫生统计信息中心
主任　陈育德

国外贷款办公室主任　刘培龙
副主任　吴钟浩

**【卫生部直属单位行政正、副职领导】**

中国医学科学院院长　顾方舟
副院长　陈妙兰(女)
戴玉华(女)
修瑞娟(女)
陈同鉴
卢圣栋
钱昌年(兼)
顾问　傅　莱

中国预防医学科学院
院长　陈春明(女)
副院长　曾　毅
汪梅先(女)
汤双振
王有森
单承仕(兼)
王克安

北京医院院长　蒋葆生(1991年9月免)
耿德章(1991年9月任)
副院长　陈曼丽(女,1991年11月免)
栾文民
杨忠兴
刘元恕
王家惠(女,1991年11月任)

中日友好医院院长　耿德章(1991年9月免)
陈绍武(1991年9月任)
副院长　杨秉贤
徐　彤(女)
潘瑞芹
陈祖业
邓开叔(1991年6月任)

人民卫生出版社
社长兼总编辑　董绵国
副社长　薛则亮(兼)
郭有声
强瑞春(1991年4月任)
副总编辑　张元康(1991年3月病逝)

健康报社总编辑　白筠(女)
副总编辑　余治平
沈明德
曾宝忠
副社长　姜　华(1991年9月免)
徐致光(1991年4月任)
郅忠喜(1991年9月任)

中国药品生物制品检定所名誉所长　李河民
所长　周海钧
副所长　汪开敏
李德富
邢文庭(1991年11月免)

北京生物制品研究所
名誉所长　陈正仁
所长　赵　铠
副所长　顾佩韦
房国盛
尹冠群
苏万年(1991年2月任)
崔成义(1991年

2月任）
顾问　王忠信
工业卫生实验所所长　王作元
副所长　尉可道
和顺福
中国协和医科大学校长　顾方舟
副校长　陈妙兰（女）
戴玉华（女）
修瑞娟（女）
陈同鉴
卢圣栋
钱昌年（兼）
顾问　傅　莱
北京医科大学校长　曲绵域（1991年6月免）
王德炳（1991年6月任）
副校长　嵇静德（女）
杜嘉祺
程伯基
顾问　米　勒
中华人民共和国卫生检疫总所所长　曲绪禄
中国健康教育研究所所长　陈秉中
上海医科大学校长　汤钊猷
副校长　姚　泰
朱世能
刘　俊
谢荣国
华西医科大学校长　杨光华
副校长　刘报晖
孔繁成
傅继樑
中山医科大学校长　卢光启
副校长　朱家恺
卓大宏（兼）
谭绪昌
古建辉

傅祖植（1991年7月任）
同济医科大学
名誉校长　裘法祖
校长　吴在德
副校长　袁　琏（1991年2月免）
文历阳
孙洪顺（1991年2月免）
刘树茂（兼，1991年2月免）
李国成（1991年2月任）
周俊安（1991年2月任）
王祖勤（1991年2月任）
中国医科大学校长　李厚文（1991年10月免）
何三光（1991年10月任）
副校长　孙开来
金奎和
张伟东
湖南医科大学校长　罗嘉典
副校长　彭兴华（女）
杨德森（1991年7月免）
常显宜
陈服文
白求恩医科大学校长　刘树铮（1991年7月免）
陈远耀（1991年7月任）
副校长　钟国干
饶明俐（女）
李广生
吕美德

张英笠(女、兼)
闫永富(1991年11月任)

山东医科大学

名誉校长　方春望
校长　王廷础
副校长　赵庆茂(1991年3月免)
王炎璧(1991年3月任)
郭文茂
周　申

西安医科大学校长　任惠民
副校长　高福庆
高振亚
李同良(1991年7月免)
房台生

上海生物制品研究所

所长　贡文耀
副所长　陈寿阳
朱嘉庸
李玉英(女、兼)
胡方远(1991年7月任)
郭盛淇(1991年7月任)

武汉生物制品研究所

所长　周　坚
副所长　何德娟(女)
刘殿风
梁　鹏(1991年2月任)

长春生物制品研究所

所长　张嘉铭
副所长　李长太
廉锦章

成都生物制品研究所

所长　周海清
副所长　陈敏刚
顾问　朱绵忠

兰州生物制品研究所

名誉所长　王成怀
所长　张国威
副所长　乔德俊
洪明华
周书全
齐续昭

**【各省、自治区、直辖市正、副卫生厅(局)长】**

| 地　区 | 厅(局)长 | 副厅(局)长 |
|---|---|---|
| 北京市 | 刘俊田 | 栾荣生　高寿征<br>李世绰　李长明<br>余靖(女、兼)<br>周凯发(1991年3月任) |
| 天津市 | 乔懋彬 | 张　愈(1991年6月任)<br>甄国才(1991年5月免)<br>王继秋(1991年5月免)<br>曲学申　赵藕善(女)<br>杨大峥　郭　亮(1991年6月任) |
| 河北省 | | 王春然　陈巽昭(女)<br>胡景然　赵银海<br>赵文鹤　于生龙 |
| 山西省 | 俞益生 | 徐大毅　赵震寰<br>王芷芳(女) |
| 内蒙古自治区 | 杜凤华 | 刘广理　李少白<br>敖尔布　苏　力 |
| 辽宁省 | 王滋民 | 王立业(1991年11月逝世)<br>李　仁　刘忠德 |
| 吉林省 | 鲁安平(1991年9月任) | 迟达明　沈萃远 |

| | | |
|---|---|---|
| 黑龙江省 | 王崇一 | 刁文生　张金良<br>宋兆琴(女)　冯喜英 |
| 上海市 | 王道民 | 林发雄　施　杞<br>邵浩奇　袁惠章 |
| 江苏省 | 刘洪祺 | 陈　萍(女)张国义<br>张华强　刘昕耀 |
| 浙江省 | 戴　迪 | 喻华芝(1991年3月任)<br>吕世亭　庄炳瑾(女)<br>王绪鳌 |
| 安徽省 | 周维海(1991年7月免)<br>许占山(1991年7月任) | 陆亚一　武从祥<br>张亚民　刘逎琰 |
| 福建省 | 计克良 | 陆世法　黄春源<br>曾昭鸿 |
| 江西省 | 周　标 | 汪忠武　廖一祥<br>王鱼门　王士林 |
| 山东省 | 张青林 | 张奇文　高传堂<br>耿德祥　王文芳(1991年7月任) |
| 河南省 | 杨龙鹤 | 刘全喜　许桂华(女)<br>张广兴(1991年1月任) |
| 湖北省 | 李清泉 | 张克文　王　斌(女)<br>徐用宏(1991年10月任)<br>魏永信　雷吉初 |
| 湖南省 | 曾繁友(1991年11月任)<br>游　沛(1991年11月免)<br>周绍明(1991年11月任) | 田文琴(女)王蔚文<br>陈吉祥　刘爱华 |

| | | |
|---|---|---|
| 广东省 | 黄光华 | 姜中舟　库文远<br>张衍浩　张孝娟<br>关敏文(1991年10月任) |
| 广西壮族自治区 | 蓝芳馨 | 王荣慈　张慕洁(女)<br>张如松　赵正宝 |
| 海南省 | 韦少成 | 刘通显　胡昌培<br>陆　清(1991年9月任) |
| 四川省 | 殷大奎 | 陈科文　邓明仲<br>钟道友　斯朗旺姆(女，1991年11月任) |
| 贵州省 | 乐志光 | 陶增厚　赵　松<br>刘世钧(1991年8月任)<br>班运秀(女，兼)<br>斯朗旺姆(女，1991年11月免) |
| 云南省 | 吴坤仪 | 杨慈生　舒自尧<br>杨朝斌(1991年2月任) |
| 西藏自治区 | 次仁卓嘎(女) | 阿　登　强巴赤列<br>土　登　赵文鹤 |
| 陕西省 | 卢希谦 | 雷自申　刘爱梅(女)<br>耿庆义　杨世兴 |
| 甘肃省 | 王　颖(1991年5月免)<br>王陇德(1991年5月任) | 张秀礼(女，1991年4月免)<br>洪惠民　石国璧<br>张晋卿(1991年10月任)<br>马登科(1991年10月任) |
| 青海省 | 张彦博(1991年10月免)<br>于丽璇(1991年10月任) | 宣诗孝　秦德奎 |
| 宁夏回族自治区 | 马成义<br>徐彦振 | 牛琦(1991年9月免)<br>马玉章　秦晓明(女，1991年 |

9月任）

新疆维吾尔自治区　热合甫·阿巴斯　李国勇　买买提明·沙比尔　张耀华

【各计划单列市卫生局长】

沈阳市　孙宝鑫
哈尔滨市　穆·瑞
大连市　李学文（1991年12月免）
南京市　朱庆生（1991年6月免）
　薛桂华（女，1991年6月任）
宁波市　朱文卿
青岛市　刘镜如
武汉市　李恢樵
广州市　范孟浩
深圳市　栾　力（1991年2月免）
　刘家琛（1991年2月任）
成都市　卓凯星
重庆市　张泽普
西安市　韩荣升
长春市　张宇舟
厦门市　朱玉珍（女）

# 全国爱国卫生运动委员会系统

【全国爱国卫生运动委员会主任、副主任、办公室主任】

主任　李铁映
副主任　陈敏章
　赵南起
　徐志坚（1991年3月任）
　郝建秀（女）
　何　康（1991年1月免）
　洪绂曾（1991年3月任）
　叶如棠
　曲格平（1991年3月任）
办公室主任　陈敏章
常务副主任　张义芳（1991年4月免）
副主任　朱庆生（1991年1月任）
副主任　刘玉良

【各省、自治区、直辖市爱国卫生运动委员会主任】

北京市　何鲁丽（女）
天津市　钱其璈
河北省　王祖武（1991年6月免）
　王幼辉（1991年6月任）
山西省　吴达才
内蒙古自治区　赵志宏
辽宁省　王文元
吉林省　张岳琦
黑龙江省　黄　枫（1991年4月免）
　戴谟安（1991年4月任）
上海市　谢丽娟
江苏省　吴锡军
浙江省　李德葆
安徽省　杜宜谨
福建省　陈明义（1991年4月免）
　计克良（1991年5月任）
江西省　陈癸尊
山东省　宋法棠
河南省　于友先（1991年7月免）
　范钦臣（1991年7月任）
湖北省　韩南鹏
湖南省　王向天（1991年4月免）
　曹伯纯（1991年4月任）
广东省　卢钟鹤（1991年10月免）
　李兰芳（1991年10月任）
广西壮族自治区　李振潜
海南省　辛业江
四川省　韩邦彦
贵州省　张玉芹（女）
云南省　陈立英
西藏自治区　吉普·平措次登
陕西省　潘蓓蕾（女，1991年3月

免）
姜信真（1991年3月任）

甘肃省　张学忠（1991年10月免）
王金堂（1991年10月任）

青海省　班玛丹增

宁夏回族自治区　杨惠云

新疆维吾尔自治区　铁木尔·达瓦买提

**【各计划单列市爱国卫生运动委员会主任】**

沈阳市　艾廷隽
哈尔滨市　李嘉廷
大连市　（暂缺）
南京市　沃丁柱
宁波市　陈守义
青岛市　程友新
武汉市　高顺龄
广州市　石安海
深圳市　郑良玉
成都市　贺大经
重庆市　张泽普
西安市　姜信真（1991年11月免）
张左已（1991年11月任）
长春市　尚振令
厦门市　蔡望怀

（郭晓强）

## 国家医药管理局系统

**【国家医药管理局局长、副局长】**

局长　齐谋甲
副局长　刘永纲
金同珍
石　岠
王　远
张鹤镛

**【国家医药管理局（机关）司长、主任】**

计划司司长　韩立新
政策法规司司长　马　丁
科技教育司司长　戴庆骏
质量管理司司长　臧君伟
企业与市场管理司司长　沈登乐
财务司司长　（暂缺）
人事劳动司司长　赵　葆
外事司司长　黄纪晔
办公室主任　吴正中
老干部司司长　（暂缺）
监察专员办公室专员　何则能

**【国家医药管理局直属单位行政正职领导】**

中国医药工业公司总经理　聂应凯
中国医疗器械工业公司总经理　王国立
中国医药公司总经理　任德权
中国医药对外贸易总公司总经理　胡宝华
中国医药科学技术情报研究所所长　禹茂章
中国医药科技出版社社长　余传隆
中国医药研究开发中心主任　庄林根
国家医药管理局培训中心主任　尹德洲
中国医药报社总编辑　董泰铎
中国医药物资供销总公司总经理　潘少衡
上海医药工业研究院院长　史炳照
上海医药设计院院长　黄咏雪
上海医疗器械专科学校校长　胡　琦
四川抗菌素工业研究所所长　陈曾湘
重庆医药设计院院长　董凤麟
天津药物研究院院长　毕　楷
武汉医药设计院院长　冉天寿
中国药科大学校长　徐　群
沈阳药学院院长　靳瑞征

**【各省、自治区、直辖市医药管理局（总公**

司）局长（经理）】

北京市　李舜年
天津市　张　宁
河北省　王佐卿
山西省　荣　奋
内蒙古自治区　扎木苏
黑龙江省　王治安
吉林省　牛淑敏
辽宁省　刁友军
山东省　戴庆骏
江苏省　徐树林
浙江省　张承烈
安徽省　李映焕
江西省　黄成龙
福建省　（暂缺）
上海市　谢天寿
河南省　韩文兴
湖北省　徐瑞根
湖南省　王啸云
广东省　张训诚
广西壮族自治区　瞿德庆
海南省　（暂缺）
四川省　吴名智
云南省　阎保清
贵州省　王国栋
西藏自治区　扎西旺秋
陕西省　王长秋
甘肃省　安书麟
青海省　（暂缺）
宁夏回族自治区　史绪哉
新疆维吾尔自治区　于连江

【各计划单列市医药管理局（总公司）局长（经理）】

哈尔滨市　阎喜绵
青岛市　吴登廷
南京市　王　孟
宁波市　张清坤
厦门市　曾静碧
武汉市　郑福楚
深圳市　辜金生
广州市　车明纲
重庆市　张宗顺
成都市　朱锡甫
西安市　姚联盟
沈阳市　陈在为
大连市　都本年
长春市　李景芳

（刘坤霞）

## 国家中医药管理局系统

【国家中医药管理局局长、副局长】

局　长　（暂缺）
副局长　朱　杰
　张洪魁
　诸国本

【国家中医药管理局（机关）司长、主任】

办公室主任　王凤岐
政策法规司司长　邢思邵
综合计划司司长　宋文义
医政司司长　陈佑邦
人事教育司司长　（暂缺）
科学技术司司长　（暂缺）
经济协调司司长　阎洪礼
质量司司长　李　力（女）
外事司司长　张小瑞（女）
监察审计室主任　李天太

【国家中医药管理局直属单位行政正、副职领导】

北京中医学院院长　高鹤亭
副院长　王永炎
　高奎乃
　龙致贤
　张文贵
中国中医研究院院长　傅世垣
副院长　唐由之

高　德
李振吉
张殿璞
广州中医学院院长　李任先
副院长　李国桥
丘和明
吕玉波
中国药材公司经理　张洪魁
副经理　秦双发
李　军
陈文定
中国中医药报社社长　（暂缺）
副社长兼副总编辑　王华章
宋名玉
中国中医药出版社社长　吴大真
副社长兼副总编辑　肖德馨
副社长　宋志恒
中国中医药科技开发交流中心主任　刘维栋
副主任　王亨立
许　明

## 军队卫生系统

**【中国人民解放军总后勤部卫生部部长、副部长】**

部长　张立平
副部长　张文康
陆增祺

**【中国人民解放军总后勤部卫生部（机关）正、副处长、主任】**

办公室副主任　王应征
计划财务处处长　傅　征
副处长　袁永林
科技训练处处长　王　谦
副处长　吴乐山
卫生防疫处处长　王晋山
副处长　唐德文
医疗处处长　黄茂辉
副处长　王万水
刘继武
中医中药管理处处长　宫满库
兽医处副处长　张荣生
药材处处长　王赤才
副处长　郭秀武
全军计划生育办公室副主任　林若青

**【中国人民解放军总后勤部卫生部直属单位行政正、副职领导】**

《人民军医》出版社社长　李超林
副社长　李　晨
罗子铭
卫生勤务研究室主任　陈文亮
副主任　祝世源

**【中国人民解放军总后勤部直属医疗卫生单位行政正、副职领导】**

第一军医大学校长　杨根远
副校长　吴晓恒
任湘舟
第二军医大学校长　卢乃禾
副校长　吴孟超
王通喜
第三军医大学校长　李士友
副校长　李希楷
程凤翔
第四军医大学校长　陈景藻
副校长　李荟元
于光潮
兽医大学校长　景在新
副校长　王满洲
赖佛新
军事医学科学院院长　吴德昌
副院长　李明耀
林炳湘
解放军总医院院长　廖文海
副院长　冯　志
马承宣
赵毅刚

三〇二医院院长　邬美娟
副院长　张玲霞
车宝臣
王耀宗
三〇四医院院长　黎沾良
副院长　陈淑江
王立怡
三〇九医院院长　庞忠玉
副院长　赵济文
谭成锋
总后勤部医学专科学校校长　韩　悌
副校长　洪先本
任勤有

**【各军区、各军兵种后勤部卫生部正、副部长】**

沈阳军区后勤部卫生部部长　杨荣科
副部长　周勤文
北京军区后勤部卫生部部长　林振堂
副部长　阎照荣
兰州军区后勤部卫生部部长　王彦学
副部长　陈友亮
济南军区后勤部卫生部部长　王金义
副部长　张广祥
南京军区后勤部卫生部部长　李富荣
副部长　傅立根
广州军区后勤部卫生部部长　景家江
副部长　梁玉桎
成都军区后勤部卫生部部长　李开兴
副部长　张先浩
海军后勤部卫生部部长　沈晓辉
副部长　曹诚意
空军后勤部卫生部部长　李志刚
副部长　张贵平
第二炮兵后勤部卫生部部长　张庆宪
副部长　夏万全
国防科工委后勤部卫生部部长　李春辉
副部长　孙联众

（郭　进）

## 学术团体和群众团体

**【中华医学会会长、副会长、秘书长】**

名誉会长　吴阶平
会长　陈敏章
副会长　方　圻　王树岐　许文博
汤钊猷　吴孟超　吴咸中
陆道培　胡亚美（女）
郭子恒　曹泽毅　彭文伟
秘书长　王树岐（兼，1991 年 7 月免）
曹泽毅（兼，1991 年 7 月任）

**【中华护理学会理事长、副理事长、秘书长】**

名誉理事长　陈慕华（女）
荣誉理事长　王琇瑛（女）
理事长　林菊英（女）
副理事长　顾美仪（女）　赵静轩（女）
杨英华（女）　王　敏（女）
严渭然（女）
秘书长　杨英华（女，兼）

**【中国生理学会理事长、副理事长、秘书长】**

名誉理事长　冯德培
理事长　陈孟勤
副理事长　杨雄里　蔡益鹏
陈宜张　徐有恒
秘书长　邓希贤

**【中国解剖学会理事长、副理事长、秘书长】**

理事长　薛社普
副理事长　宗书东　钟世镇
吴希智
秘书长　贲长恩

**【中国生物医学工程学会理事长、副理事长、秘书长】**

名誉理事长　钱信忠

理事长　顾方舟
副理事长　蒋大宇　江丕栋　康振黄
秘书长　杨子彬

【中国病理生理学会理事长、副理事长、秘书长】

理事长　伍贻经
副理事长　李楚杰　薛全福　金惠铭
秘书长　薛全福（兼）

【中国营养学会理事长、副理事长、秘书长】

名誉理事长　沈治平
理事长　顾景范
副理事长　陈孝曙　李珏声　彭恕生　陈吉棣
秘书长　陈孝曙（兼）

【中国药理学会理事长、副理事长、秘书长】

理事长　王振纲
副理事长　王建华　王浴生　李家泰　刘干中　金正钧　婿　彬　秦伯益　徐素云
秘书长　张均田

【中国防痨协会理事长、副理事长、秘书长】

名誉理事长　何　穆　黄鼎臣
理事长　阙冠卿
副理事长　王德理　李拯民　张立兴　宋孔章　汪钟贤
秘书长　马同倞

【中国麻风病防治协会理事长、副理事长、秘书长】

名誉理事长　习仲勋
理事长　陈敏章
副理事长　叶干运　何达埙　李桓英　苏　菲　戴志澄
秘书长　何达埙（兼）

【中国心理卫生协会理事长、副理事长、秘书长】

名誉理事长　陆定一　周培源
理事长　陈学诗
副理事长　沈渔邨　李心天　龙耀先　李世绰
秘书长　温泉润

【中国抗癌协会理事长、副理事长、秘书长】

名誉理事长　金显宅
理事长　张天泽
副理事长　张明和　徐光炜　许良中　张友会
秘书长　李树玲

【中国康复医学会会长、副会长、秘书长】

名誉会长　陈仲武
会长　顾英奇
副会长　付大为　耿德章　卓大宏　迟宝兰（女）
秘书长　郑英洲

【中国农村卫生协会会长、副会长、秘书长】

名誉会长　朱学范　费孝通　杜润生　林士笑
会长　顾英奇
副会长　张自宽　陆　忠　彭瑞骢　赵福田（女）
秘书长　赵福田（女，兼）
名誉顾问　中岛宏（世界卫生组织总干事）
顾问　钱信忠

【中国输血协会理事长、副理事长、秘书长】

名誉理事长　钱信忠　顾英奇
理事长　肖星甫
副理事长　才生嘎　范雨田　江焕波　黄茂辉　杨成民　王培华　张钦辉
秘书长　杨成民（兼）

【中华预防医学会会长、副会长、秘书长】

会长　何界生（女）
副会长　刘世杰　陈春明（女）　王　健　戴志澄　陈秉衡
秘书长　王　健（兼）
（1991年3月撤）

【中国卫生经济学会会长、副会长、秘书长】

会长　郭子恒
副会长　何鸿鸣　张立平　司更生

赵竹岩　李永康　王　斌
魏　颖

秘书长　何鸿明（兼）

**【中国卫生统计学会会长、副会长、秘书长】**

名誉会长　何界生（女）
会长　何鸿明
副会长　陈育德　宋连仲　曹荣桂
司更生　田凤调　杨树勤
刘洪祺　殷大奎
秘书长　田凤调（兼）
顾问　郭祖超

**【中国健康教育协会主席、副主席、秘书长】**

名誉主席　廖汉生　陈敏章
黄树则
常务副主席　李九如
副主席　张义芳　朱庆生　林逢春
高运甲　杨伟光
陈秉中　朱丰诚
梁浩材　黄敬亨
秘书长　陈秉中（兼）

**【中德医学协会理事长、副理事长、秘书长】**

理事长　裘法祖
副理事长　武忠弼　吴在德　吴孟超
秘书长　曾昭耆

**【中国学生营养促进会会长、副会长、秘书长】**

会长　于若木
副会长　何界生　邹时炎
秘书长　施承斌

**【中日医学科技交流协会会长、副会长、秘书长】**

会长　郭应录
副会长　那彦群　金恩源　刘猷枋
卢传新
秘书长　那彦群（兼）

**【中国医学影像技术研究会会长、副会长、秘书长】**

会长　郭普远
副会长　邹贤华　高育（王敖）
祝志新　柴振明　姚锦钟
韦　钰　连世海　徐智章
谢楠柱
秘书长　金　元

**【中国吸烟与健康协会会长、副会长、秘书长】**

会长　吴阶平
副会长　翁心植　张义芳　陈春明
贺松源　王如文　俞贵麟
郑　旭
秘书长　张义芳

**【世界医学气功学会主席、副主席、秘书长】**

主席　崔月犁
副主席　间中喜雄　布朗　田小明
冯理达　吴道霖
秘书长　高鹤亭

**【中国足部反射区健康法研究会理事长、副理事长、秘书长】**

理事长　杭雄文
副理事长　张　兴　牟天培　古今生
秘书长　孙向鸿

**【中国实验动物学会理事长、副理事长、秘书长】**

理事长　钱信忠
副理事长　卢耀增　钟品仁　刘瑞三
秘书长　方喜业

**【中国免疫学会理事长、副理事长、秘书长】**

理事长　顾方舟
副理事长　龙振洲　吴宅然　何球藻
杨贵贞　卢景良
秘书长　陈绍先

**【中国优生优育协会会长、副会长、秘书长】**

会长　陈敏章
副会长　何界生　邓朴方　范宝俊
吴景春　康　泠　何鲁丽
李　彦　林逢春　邹时炎
曹泽毅
秘书长　秦新华

（郭晓强）

## 中国红十字会

**【中国红十字会会长、副会长、秘书长】**

名誉会长　朱学范　赵朴初　钱信忠　崔月犁
会长　陈敏章
副会长　顾英奇　邹时炎　范宝俊　吴常康　孙柏秋
秘书长　韩长林
顾问　谭云鹤

（张奎吉）

## 中国科学院学部委员名单（医药卫生界）

王世真　中国医学科学院
吴　旻　中国医学科学院
吴阶平　中国医学科学院
沈其震　中国医学科学院
黄　量（女）　中国医学科学院
梁晓天　中国医学科学院
梁植权　中国医学科学院
谢少文　中国医学科学院
周同惠　中国医学科学院
强伯勤　中国医学科学院
薛社普　中国医学科学院
朱既明　中国预防医学科学院
王志均　北京医科大学
王　夔　北京医科大学
陈中伟　上海医科大学
周廷冲　中国军事医学科学院
陆宝麟　中国军事医学科学院
孙曼霁　中国军事医学科学院
吴英恺　北京市安贞医院
诸福棠　北京市儿童医院
毛江森　浙江省医学科学院
姚开泰　湖南医科大学
吴孟超　第二军医大学
鞠　躬　第四军医大学
陈可冀　中国中医研究院

（苏菊香　王县成）

## 全国表彰的先进人物

**【荣获1991年“五一”劳动奖章的医药卫生工作者】**

**北京市**

田裕民　北京市药材公司经理
吴中学　北京市神经外科研究所主治医师

**天津市**

徐　耀　天津市河西药材公司副主任药师
曹惠民　天津达仁堂制药厂厂长
高广伟　天津医院主治医师

**河北省**

王国三　唐山市中医院院长
谢景龙　新乐县中医院副院长

**山西省**

丰铁成　大同市利群制药厂厂长

**辽宁省**

陶乃文　大连友谊医院外科主任
姜长生　朝阳制药厂厂长

**吉林省**

李凤琴（女）　梅河口市医院护士
张振华　抚松县医院内科主任
崔贞淑（女）　延边卫生学校附属医院副院长

**黑龙江省**

曲贵海　宁安县人民医院院长
李俊洙　黑龙江省眼病防治研究所所长

**上海市**

俞卓伟　上海瑞金医院医务处副处长
周玉仙（女）　上海市松江县中心医院内科护士

**江苏省**

王庆荣　泗洪县人民医院主任医师

李克俭　连云港卫生材料厂厂长

**安徽省**

戴勤瑶　芜湖市中医院骨科主任

**山东省**

郭象贤　青岛市人民医院工会主席

于建华　山东新华医疗器械厂工人

**湖南省**

周孟辉（女）　茶陵县人民医院妇产科主治医师

**广东省**

金顺明（女）　广州市儿童医院主任医师

谢萍娜（女）　汕头市福利医疗器械公司总经理

**四川省**

戴保民　华西医科大学钩端螺旋体病研究室主任、教授

郑竹虚　四川省人民医院院长

卢　杰　四川石油管理局川中矿区职工医院药剂科药剂师

**云南省**

曹逸云（女）　中国医学科学院医学生物学研究所肝炎研究室主任

**陕西省**

陈君长　西安医科大学第二附属医院教授

**新疆维吾尔自治区**

艾加尔·斯地克（女）　新疆喀什英吉莎县医院副总护士长

（王县成）

**【卫生部、国家中医药管理局、人事部表彰全国卫生系统先进集体和模范个人】**

为了进一步促进两个文明建设，弘扬广大卫生工作人员全心全意为人民服务和无私奉献精神，卫生部、国家中医药管理局、人事部决定：授予中国医学科学院协和医院等233个单位（集体）“全国卫生系统先进集体”荣誉称号；授予陈春明等446名同志“全国卫生系统模范工作者”荣誉称号。名单如下：

**北　京　市**

**先进集体**

中国医学科学院协和医院

北京佑安医院

北京中医学院东直门医院

北京中医医院

北京化工集团公司卫生处

昌平县卫生局

通县卫生局

中国预防医学科学院病毒学研究所

**模范工作者**

陈春明（女）　中国预防医学科学院院长、研究员

郭加强　中国医学科学院阜外医院主任医师

朱国英　北京医科大学第一附属医院主任医师

严逸华（女）　航空航天部七一一医院主任医师

尚天裕　中国中医研究院名誉院长、教授

陈文伯　北京市鼓楼中医医院院长、主任医师

钱贻简　北京医院主任医师

夏恩兰（女）　北京市复兴医院教授

张　湖　北京安康医院副院长、主任医师

郑东振　北京佑安医院院长，副主任医师

张金哲　北京儿童医院技术顾问、主任医师

于淑侠（女）　北京矿务局职工医院院长、副主任医师

张立兴　北京市结核病防治所所长、研究员

李河民　中国药品生物制品检定所名誉所长、研究员

朱宗函　首都儿科研究所所长、副研究员

刘立骐　昌平县卫生防疫站站长、主管医师

张俊岭　怀柔县第一医院主任医师

## 天　津　市

**先进集体**

天津医院显微外科

天津市煤矿专用设备厂保健站

天津市和平区卫生防疫站

蓟县尤古庄中心卫生院

**模范工作者**

林世寅　天津市肿瘤研究所室主任、研究员

马腾骧　天津医学院第二附属医院科主任、教授

韩　冰　天津中医学院第二附属医院院长、主任医师

修　平（女）　天津市儿童医院护师

田成瑞　天津市红十字会医院科主任、主任医师

崔福昌　天津市地毯五厂卫生所所长、副主任医师

袁金宝　天津市南开区中医医院主治医师

孙泽田　天津市北郊区第一医院院长、副主任医师

赵增乃　静海县陈官屯卫生院院长、主治医师

## 河　北　省

**先进集体**

河北省鼠疫防治所

河北中医学院附属医院

石家庄市妇幼保健所

唐山市工人医院

秦皇岛市九龙山医院

廊坊市卫生局

石家庄地区卫生防疫站

邯郸地区行政公署卫生局

涿州市向阳乡卫生院

**模范工作者**

刘雅洁（女）　华北石油总医院科主任、主任医师

孙祥骊　河北省鼠疫防治所副所长、主管医师

林元珠（女）　河北医学院第四医院科主任、主任医师

王学忠　河北省医院科主任、副主任医师

刘国仁　正定县南岗乡卫生院院长、医师

冉永建　邯郸市第一医院护士长、护师

谢良宝　邢台县冀家村卫生院院长、医师

王丽霞（女）　张家口市第一医院护师

刘凤山　承德县医院院长、副主任医师

李兰荣（女）　唐海县第十农场十队医师

王绍田　滦县中医医院、滦县脉管炎医院院长、主治医师

李崇盛　沧县七里淀乡卫生院院长、主治医师

程绍欣　馆陶县医院院长、主治医师

孙俊彦　宁晋县医院副主任、护师

郭中元　保定地区中医院主任医师

韩素芬（女）　雄县妇幼保健所所长、副主任医师

刘恒仁　蔚县西合营中心卫生院院长、医师

曹玉良　故城县医院院长

## 山　西　省

**先进集体**

太原市中心医院

长治市健康教育所

忻州地区地方性甲状腺肿防治研究站

太谷县人民医院
侯马市人民医院
洪洞县中医医院

**模范工作者**

朱耀文　山西省肿瘤医院院长、副主任医师
马文运　山西省药物研究所所长、副主任药师
王友桂　山西医学院第二附属医院科主任、副主任医师
原明忠　山西省人民医院科主任、主任医师
邵嘉伟　太原精神病医院院长、主任医师
刘彦林　盂县下曹乡卫生院院长、主治医师
赵凤翔　长治市卫生局局长、副主任技师
刘文贵　应县中医院院长、副主任医师
李　贵　雁北地区卫生防疫站站长、主治医师
崔辰耀　繁峙县柏家庄乡卫生院院长、主治医师
温学信　介休县义安中心卫生院院长、主治医师
刘　凯　汾阳医院副院长、主任医师

## 内蒙古自治区

**先进集体**

包头市卫生防疫站
赤峰市乌丹卫生职业技术学校
商都县中医医院
鄂伦春自治旗第二人民医院
临河市卫生局
阿拉善左旗妇幼保健所

**模范工作者**

乌　兰（女）　内蒙古自治区中蒙医院副主任、医师
赵竹林　内蒙古自治区精神卫生中心院长、副主任医师
蒋　焰（女）　包头市第七医院科主任、主任医师
曹照昂　乌海市乌达矿务局医院院长、副主任医师
鞠凤翔　赤峰市医院院长、副主任医师
周之岐　阿荣旗卫生局局长、主治医师
于凤秀　哲里木盟卫生学校校长、主管医师
王廷敏　鄂托克旗医院副院长、副主任医师
张智行　临河市妇幼保健院科主任、主治医师
孙频声　阿拉善盟医院院长、主任医师

## 辽　宁　省

**先进集体**

中国医科大学第二临床医院
辽宁省人民医院干诊科
沈阳市妇幼保健所
大连市妇产医院
新宾满族自治县地方病防治所
丹东市第一医院、红十字医院
锦县中医院
建平县青峰山地区医院

**模范工作者**

杨式麟　中国医科大学第二临床学院教授
高景恒　辽宁省人民医院主任、主任医师
王慧敏（女）　沈阳市卫生防疫站主管医师
聂希婵（女）　沈阳市第二传染病院科主任、副主任医师
初造强　大连卫生检疫所所长、主任医师
郎志谨（女）　大连医学院附属第一医院室主任、教授
王文松　大连市第四人民医院科主任、

主治医师

李寿山　大连市中医医院技术顾问、主任医师

兰贵臻（女）　鞍山市中心医院科副主任、主治医师

张宝昌　抚顺市第二医院科主任、副主任医师

杨　萍（女）　抚顺市新抚区人民医院主任、主管护师

郭仁发　本溪市中心医院科主任、副主任检验师

李秋实（女）　桓仁满族自治县人民医院副院长、主治医师

匡载元　丹东市第一医院、红十字医院科主任、副主任医师

孙连玉　锦州医学院附属医院科主任、主任医师

刘雨林　北镇满族自治县青堆子中心卫生院院长、副主任医师

齐桂芳（女）　营口市中医院主任、主管护师

孟庆鸿　盘锦市第二人民医院科主任、副主任医师

张庆溪　阜新矿务局总医院科主任、副主任医师

史振富　阜新蒙古族自治县人民医院院长、副主任医师

王秀珍（女）　辽阳市第二人民医院科主任、副主任医师

李介斌　昌图县第三医院院长、副主任医师

张立成　朝阳市卫生防疫站站长、主管医师

周同安　海城市医院院长、副主任医师

由景瑶（女）　兴城市妇幼保健院院长、副主任医师

杨振华　北票市北塔子医院副院长、主治医师

## 吉林省

**先进集体**

白求恩医科大学第一临床医学院

长春中医学院附属医院

长春市中心医院

吉林市中心医院

四平市中心人民医院

浑江市卫生防疫站

**模范工作者**

宋洪德　吉林省肿瘤医院副主任医师

李亚欣（女）　吉林省油田管理局职工医院护士长、护师

许亚辉（女）　白求恩医科大学第二临床医学院科主任、主任医师

刘冠军　长春中医学院附属医院院长、教授

张咸亨　长春市中心医院院长、主任医师

邓维滨　吉林市中医院名誉院长、主任医师

郭长水　四平市中心人民医院院长、副主任医师

陈学志　抚松县万良镇中心卫生院医师

魏翰华（女）　梅河口市医院科主任、主治医师

李永茂　九台市第二人民医院院长、副主任医师

陈俊山　蛟河市卫生局局长、主管医师

许平岩　白城地区卫生局局长、副主任医师

王志国　洮南市卫生防疫站站长、主治医师

金哲九　延边神经精神病防治院院长、副主任医师

## 黑龙江省

**先进集体**

黑龙江省医院

哈尔滨医科大学附属第二医院

哈尔滨市红十字儿童医院
齐齐哈尔市红十字中心血站
克山县中医院
鸡西市传染病医院
牡丹江心血管病医院
勃利县人民医院
肇东市昌五镇中心卫生院
延寿县卫生防疫站

**模范工作者**

张羽翔　黑龙江省卫生防疫站站长、主任医师
张　琪　黑龙江省中医研究院技术顾问、主任医师
臧运起　黑龙江省南岔木材水解厂职工医院院长、副主任医师
刘恒有　黑龙江省宝泉岭国营农场管理局中心医院院长、副主任医师
储云坤　黑龙江省莲江口劳改支队医院院长、副主任医师
王焕程（女）　哈尔滨医科大学附属第二医院护士长、主管护师
李光君　哈尔滨市眼科医院院长、副主任医师
张文忠　克山县卫生局局长、主治医师
张　明　鹤岗市人民医院主治医师
初学祥　双鸭山市人民医院副院长、副主任医师
张景道　大庆市第二医院副院长、副主任医师
初振才　牡丹江市中医医院院长、副主任医师
孙兆玉　佳木斯医学院第一附属医院院长、副主任医师
迟魁方　佳木斯市中医院院长、副主任医师
王嘉福　阿城市蜚克图乡卫生院院长、主治医师
王立冈　同江市卫生局局长、副主任医师
肖　凡　绥化市第一医院院长、副主任医师
王乃福　绥棱林业局建兴医院院长、主治医师
路环庆　嫩江县人民医院院长、副主任医师
王　荣　巴彦县洼兴镇中心卫生院院长、主治医师
张泽远　大兴安岭新林区职工医院院长、副主任医师

## 上　海　市

**先进集体**

上海生物制品研究所
上海市卫生防疫站
上海医科大学附属华山医院
上海第二医科大学附属瑞金医院
上海中医学院附属曙光医院
上海市第一人民医院
上海市第七人民医院
上海市徐汇区中心医院
上海市静安区延安西路地段医院
上海市杨浦区凤城街道医院

**模范工作者**

曾蓉芳（女）　上海生物制品研究所研究员
顾建人　上海市肿瘤研究所室主任、研究员
曾溢滔　上海市儿童医院医学遗传研究所所长、研究员
王正敏　上海医科大学附属眼耳鼻喉科医院科主任、教授
于尔辛　上海医科大学附属肿瘤医院室主任、教授
沈卫峰　上海第二医科大学附属瑞金医院教授、主任医师
江绍基　上海第二医科大学附属仁济医院教授、市政协常委

朱培庭　上海中医学院附属龙华医院科主任、副主任医师、副教授

廖美琳（女）　上海市胸科医院科主任、主任医师

林淑琼（女）　上海市第一人民医院院长、主任医师

胡永伟　上海市纺织工业局第二医院院长、副主任医师

黄伟民　上海市徐汇区中心医院院长、主任医师

傅廷源　上海市南市区卫生防疫站科主任、副主任医师

何承志　青浦县中医医院名誉院长、主任医师

袁建华（女）　嘉定县南翔医院护士长、护师

倪张闻　金山县钱圩乡卫生院院长、主管检验师

## 江　苏　省

**先进集体**

江苏省原子医学研究所

南京神经精神病防治院

徐州市妇产医院

东海县人民医院

淮阴市第二人民医院

射阳县卫生防疫站

泰县中医院

南通县石港中心医院

镇江市卫生防疫站

金坛县初级卫生保健委员会办公室

无锡市第四人民医院

太仓县妇幼保健所

**模范工作者**

张仁希　江苏省肿瘤防治研究所科主任、副主任医师

刘再朋　江苏省中医院主任医师

李柏年　南京市中医院科主任、副主任医师

张新年（女）　南京市钟阜医院院长、主任医师

谢叔良　徐州医学院附属医院科副主任、主任医师

曹学芬（女）　邳县人民医院院长、副主任医师

段继承　连云港市第一人民医院院长、副主任医师

何宜铎　赣榆县大岭乡卫生院院长、主治医师

易竹筠（女）　淮阴市第一人民医院科主任、副主任医师

薛敏华（女）　泗洪县人民医院室主任、主治医师

叶永存　盐城市第一人民医院副院长、主任医师

蔡今如　泰兴县卫生局局长、副主任医师

陆廷仁　靖江县太和乡中心卫生院院长、医师

夏治平　海安县中医院主任医师

龚启荣　南通医学院附属医院副院长、主任医师

郑国强　镇江市第一人民医院院长、副主任医师

王关远　句容县下蜀中心卫生院院长、医师

包秀兰（女）　常州市妇产医院院长、主管医师

曹瑞迎（女）　常州市卫生防疫站站长、主管医师

姚月珍（女）　无锡市第一人民医院护士长、护师

廉金南　无锡县堰桥乡卫生院院长、主管医师

张治国（女）　苏州市妇幼保健院护士长、护师

纪荣祥　吴江县青云乡卫生院院长、主治医师

李拜华　泰州卫生学校校办主任、讲师

## 浙　江　省

**先进集体**

浙江医科大学附属第二医院
杭州市第三人民医院中医科
宁波市卫生防疫站
桐乡县石门中心医院
湖州市南浔镇卫生院
绍兴卫生学校
金华市中医院
衢州市皮肤病防治站
丽水地区人民医院

**模范工作者**

朱智勇　浙江省卫生防疫站主任医师
金宏义　浙江省医院副院长、主任医师
张承模　余杭县卫生局局长
曹吴芬（女）　泰顺县人民医院科主任、副主任医师
蔡少卿　安吉县第一人民医院副院长、主治医师
单水阳　绍兴市人民医院科主任、主治医师
郑樟栋　金华市中心医院科主任、副主任医师
王冬罗（女）　龙游县寺后乡卫生院院长、医师
朱慧麟（女）　岱山县万良乡卫生院主治医师
蒋跃坤　海宁市人民医院主任、副主任医师
夏　霓（女）　奉化市万竹乡卫生院院长、医师
叶加洪　台州医院副院长、副主任医师
肖继何　遂昌县中医院院长、主治医师

## 安　徽　省

**先进集体**

安徽医科大学第一附属医院
安徽省立医院
合肥市精神病医院
六安地区金寨妇幼保健所
蚌埠市妇幼保健院
马鞍山市卫生防疫站
安庆市立医院
天长县中医院
石台县六都卫生院

**模范工作者**

卢文章　安徽中医学院附属医院副主任医师
刘秀兰（女）　皖南医学院弋矶山医院护士长、主管技师
李凤兰（女）　芜湖市卫生防疫站站长、副主任医师
潘功平　蚌埠医学院附属医院副主任医师
张万才　蚌埠市第三人民医院主治医师
邓定保　当涂县石桥医院院长、医师
杨建华　安庆市卫生防疫站科长、副主任医师
马本才　祁门县闪里区卫生院院长、主治医师
李秀芳（女）　宿县芦岭镇卫生院科主任、主治医师
戴全汝　嘉山县潘村区中心卫生院院长、主治医师
赵锦立　巢湖市夏阁区卫生院医师
韩立顺　广德县桃州镇卫生院院长、医师
杜为忠　霍邱县第一人民医院院长、副主任医师

## 福　建　省

**先进集体**

福建省立医院
建瓯县医院
莆田市医院
闽侯县祥谦中心卫生院

漳州市中医院

**模范工作者**

陈亢川　福建省卫生防疫站代理站长、主治医师

吕联煌　福建医学院附属协和医院主任医师

杨春波　福建中医学院附属第二人民医院副院长、副研究员

郑惠英（女）　福建省妇幼保健院科副主任、副主任医师

黄锡琛　厦门市第二医院科主任、主任医师

郭英祥　三明市第二医院副院长、主任医师

苏活龙　仙游县社硎乡卫生院院长、医师

蔡友敬　泉州市中医院名誉院长、主任医师

韩俊如　漳州市医院党委书记

黄跃东　龙海县中医院院长、医师

王旭明　南平市立医院院长、主任医师

## 江　西　省

**先进集体**

江西医学院第一附属医院心胸外科

家庭医生报社

景德镇市第一人民医院

宜春地区行署卫生局

乐安县人民医院

永丰县中医院

**模范工作者**

雷建平　江西省结核病防治所主治医师

何金秋　南昌市第九医院科主任、主治医师

吴少廷　乐平县中医院院长、副主任医师

文艳梅（女）　萍乡市湘东区老关卫生院药士

谭平凡（女）　新余市人民医院副院长、副主任医师

吴景芳　九江市中医医院科副主任、副主任医师

欧阳筱玺　鹰潭市人民医院名誉院长、主任医师

朱炳根　丰城市人民医院

黄细献　南城县徐家卫生院院长、医师

罗良炳　泰和县人民医院科副主任、主治医师

张连惠　赣州市第一人民医院副院长、主任医师

## 山　东　省

**先进集体**

山东省立医院

山东医科大学附属医院

济南市皮肤病防治院

青岛市卫生防疫站

淄博市中医院

潍坊市卫生局

潍坊医学院眼科学教研室

烟台市卫生局

济宁市第一人民医院

莱州市妇幼保健所

滕州市东郭中心卫生院

陵县人民医院

临沂地区人民医院

**模范工作者**

陈延条　山东省肿瘤防治研究院科主任、副研究员

王　琦　山东省中医药研究所室主任、副研究员

张鸣鹤　山东中医学院附属医院主任、主任医师

邵建华　山东省立医院科主任、教授

王化祥　平阴县卫生局局长、主管医师

解学孔　青岛医学院附属医院室主任、主任医师

丁士祯　青岛市肿瘤医院院长、主治医

师

盛传亮　山东南定热电厂职工医院院长、副主任医师

张元顺　枣庄市第二卫生学校校长、讲师

常润堂　东营市卫生局局长、副主任医师

刘心田　安丘县卫生局局长、医师

步广泰　招远县卫生局局长

栾汝仁　威海市立医院院长、主任医师

傅桂才　济宁市第一人民医院科主任、副主任医师

吴乃亮　日照市中医医院科主任、医师

陶桂林　莱芜市茶业口乡医院院长、主治医师

王永福　新泰市人民医院主治医师

林治花（女）　文登市第二人民医院护师

陆菊生　夏津县人民医院科主任、副主任医师

张洪远　惠民地区卫生局局长

刘保清　惠民地区人民医院科主任、副主任医师

孙化鲲　临沂地区人民医院名誉主任、主任医师

王　平（女）　郓城县人民医院护士长、护师

祝桂庭　曹县中医院副院长、主治医师

郑福增　聊城地区人民医院院长、主任医师

冯恩孚　聊城地区第二人民医院科主任、副主任医师

## 河南省

### 先进集体

河南省人民医院胸心外科

开封市医学科学研究所

洛阳市食品卫生监督检验所

洛阳正骨医院

伊川县卫生局

新乡市卫生学校

濮阳市妇幼保健院

长葛县人民医院

内乡县马山口镇卫生院

### 模范工作者

郝宗宇　河南省地方病防治研究所检验师

孟玉葆　河南医科大学第一附属医院科副主任、副主任医师

怀建村　河南医科大学第二附属医院室主任、主任医师

邓启华　河南省中医研究院室副主任、主治医师

王碧如　郑州市中医院科主任、副主任医师

许继红（女）　郑州市儿童医院护士

王　玲（女）　焦作市人民医院护士长、护师

张俊成　博爱县卫生防疫站副站长、主管医师

张道临　鹤壁市第一人民医院院长、副主任医师

张振华（女）　新乡市第一人民医院科副主任、副主任医师

张德怀　林县卫生局局长

毛鸿飞　濮阳市卫生局局长、药师

黄香荣（女）　许昌县卫生学校医师

高素枝（女）　舞阳县北舞渡卫生院主治医师

温景庆　三门峡市人民医院科主任、主治医师

杜书和　汝州市卫生局科长、药师

宋乐信　虞城县卫生防疫站主管医师

张存德　太康县张集乡卫生院院长、主管技师

朱成秀（女）　平舆县妇幼保健所所长、主治医师

张卫民　汝南县人民医院主治医师

王建东　淮滨县芦集乡邢营村卫生所所长

王卫民　南阳地区卫生防疫站副站长、主管医师

## 湖北省

**先进集体**

湖北医学院附属第一医院（湖北省人民医院）

同济医科大学附属同济医院

武汉市卫生防疫站

大冶县中医医院

襄樊市卫生学校

宜昌市卫生防疫站

枣阳市药品检验所

孝感地区血吸虫病防治所

红安县人民医院

京山县妇幼保健院

丹江口市浪河中心卫生院

**模范工作者**

张绍清　湖北省医学科学院寄生虫病防治研究所副所长、副研究员

方天起　湖北省血吸虫病防治研究所副所长、副研究员

陈道达　同济医科大学附属协和医院室主任、教授

桂稀恩　湖北医学院附属第二医院科主任、副主任医师

张晓星（女）　湖北中医学院附属医院主任医师

初慧萍（女）　湖北省妇幼保健院医士

聂文勤（女）　武汉市传染病医院护士长、护师

高　琳（女）　武汉钢铁公司第一职工医院护师

张先强　十堰市人民医院科主任、副主任医师

钟育民　沙市市中医医院院长、副主任医师

钟在华　沙市市卫生局党委书记

张以银　荆门市沙洋区后港镇中心卫生院主治医师

汪道斌　鄂州市临江卫生院院长、主治医师

黄学文　安陆市卫生防疫站副站长、副主任医师

李复治　大悟县药品检验所副所长、药师

李水桃　武穴市龙坪中心卫生院院长、主治医师

郑巧英（女）　蒲圻市卫生防疫站副站长、主管医师

周承明　洪湖市中医医院名誉院长、副主任医师

马竹孙　松滋县人民医院科主任、副主任医师

王泽秀（女）　宜昌地区人民医院科主任、主治医师

郑家宝　秭归县茅坪镇卫生院院长、主治医师

徐启慧（女）　郧阳地区妇幼保健所科主任、副主任医师

谭元绪　巴东县人民医院院长、主治医师

## 湖南省

**先进集体**

湖南医科大学附属第一医院

湖南省人民医院肝胆外科

浏阳县中医医院

湘潭市卫生防疫站

衡阳市妇幼保健院

华容县卫生局

安乡县防治血吸虫病领导小组办公室

桑植县皮肤病防治所

涟源市杨家滩镇卫生院

怀化市人民医院

泸溪县浦市中心卫生院

**模范工作者**

刘炳凡　湖南省中医药研究院学术顾问、研究员

黄溥倪（女）　湖南医科大学附属第二医院副主任医师

周石林　湖南省肿瘤医院科主任、副主任医师

陈济湘　浏阳县卫生防疫站站长、主管医师

王长勋　株洲市第一医院科主任、副主任医师

唐伯银（女）　湘潭县花石医院科主任、主治医师

谢敦祥　衡阳医学院第一附属医院科副主任、主治医师

李立力　邵阳市医院科主任、副主任医师

杨尊贤　隆回县皮肤病防治所所长、主治医师

周武林　汨罗市中医职业中专学校校长、中教一级教师

蒋敦媛（女）　津市市妇幼保健院副院长、副主任医师

杜用宽　郴州地区传染病医院科主任、副主任医师

陈良器　宜章县卫生局兼药检所所长、药师

荣其昌　东安县渌埠头乡卫生院院长、主治医师

余爱珍（女）　沅江市人民医院主任、副主任护师

伍梅芳（女）　湘西土家族苗族自治州人民医院主管护师

**劳动模范**

周树球　湖南省精神病医院

## 广　东　省

**先进集体**

广东省心血管病研究所流行病学研究室

广州市卫生防疫站

广州中医学院附属广东省中医院

汕头市郊区鮀浦中心卫生院

新会县人民医院

中山医科大学孙逸仙纪念医院

佛山市中医院

湛江医学院附属医院

新兴县人民医院

潮州市中心医院

**模范工作者**

钟南山　广州医学院第一附属医院院长、教授

王耀松　广州中医学院附属医院科主任、副教授

黄达德　广州市第一人民医院科副主任、主治医师

罗孝廉　增城县中医院院长、技师

张　云　深圳市红十字会医院医师

方海乔（女）　珠海市妇幼保健院院长、主治医师

元炳松　潮阳县中医院院长、主治医师

曾宪杞　和平县人民医院院长、副主任医师

杨翠芳（女）　大埔县人民医院主任、主治医师

卞益民　韶关市粤北人民医院科主任、副主任药师

叶进才　惠州市人民医院院长、副主任医师

刘焕炬　海丰县彭湃纪念医院副院长、副主任医师

吴广球　东莞市虎门医院院长、主治医师

欧星泰　中山市人民医院院长、副主任医师

金承炽　佛山市第一人民医院科主任、主任医师

吴金兴　阳春县三甲卫生院院长、副主任医师

蔡懿庭　湛江市第二人民医院科主任、副主任医师

谢秀彬　信宜县人民医院院长、副主任医师

黄之樑　清远市人民医院科主任、副主任医师

杨茂林　粤西农垦第一医院院长、副主任医师

## 广西壮族自治区

**先进集体**

广西壮族自治区龙泉山医院

武鸣县妇幼保健所

柳州市人民医院

桂林市中医医院

钦州市小董中心卫生院

融水苗族自治县人民医院

**模范工作者**

王树声　广西壮族自治区卫生防疫站站长、主任医师

班秀云　武鸣县人民医院院长、副主任医师

罗玉凤（女）　龙州县医院副主任医师

李荣世　柳州市工人医院科副主任、主治医师

银春芬　融水苗族自治县人民医院院长、副主任医师

朱名媛（女）　桂林市卫生局局长、主管医师

钟建明　苍梧县鼻咽癌防治所副所长、副主任检验师

唐淑双（女）　富川瑶族自治县妇幼保健所所长、主治医师

邱振梅　博白县中医院院长、主治医师

李鸣宇　浦北县寨圩中心卫生院院长、主治医师

黎　勇　平果县耶圩乡卫生院院长、医师

许斯理　南丹县人民医院院长、副主任医师

## 海　南　省

**先进集体**

海南省人民医院

琼海县卫生防疫站

万宁县和乐镇卫生院

**模范工作者**

蔡少和　海南省农垦大丰农场医院院长、主管医师

吴天诚　海口市人民医院主任医师

王春銮（女）　通什市五指山卫生院副院长、护师

陈达天　琼海县中医院院长、副主任医师

邱生发　澄迈县人民医院院长、副主任医师

## 四　川　省

**先进集体**

华西医科大学附属第一医院

四川省人民医院

成都市第二人民医院

成都无缝钢管公司总医院

重庆医科大学附属第一医院

重庆市第三人民医院

自贡市第一人民医院

攀枝花市卫生防疫站

纳溪县人民医院

安县妇幼保健所

剑阁县开封区卫生院

内江市中医院

简阳县人民医院

乐山市人民医院

忠县卫生局

涪陵地区人民医院

高县第一人民医院

南部县楠木区卫生院

达县地区卫生防疫站

布拖县皮肤病防治站

**模范工作者**

陈春晖　航空航天工业部第三六三医院科主任、副主任医师

曾　纬（女）　四川省中药研究所助理研究员

沈文律　华西医科大学附属第一医院科主任、副教授

彭芝兰（女）　华西医科大学附属第二医院院长、副教授

阿效成　大邑县人民医院科主任、副主任医师

郑陶万　成都市中西医结合医院主任医师

杜传礼　成都市第三人民医院院长、主任医师

李伟道　重庆市肿瘤研究所主任医师

曾定伦　重庆市北碚区中医院院长、主治医师

聂勋兰（女）　江津县吴市乡卫生院院长、主治医师

程天喜　自贡市第四人民医院科主任、副主任医师

董建珠　攀枝花矿务局总医院主治医师

倪昔辉　叙永县人民医院院长、副主任医师

岑远华　绵竹县汉旺中心卫生院院长、副主任医师

王兆华　绵阳市中心医院副主任医师

魏银先　剑阁县剑门区卫生院院长、主治医师

徐昌华　遂宁市红十字医院院长、主治医师

邓修全　资中县卫生局局长

黄建中　丹棱县卫生局局长、主治医师

吴太元　万县地区人民医院院长、主任医师

李辅民　涪陵市惠民乡卫生院院长、主治医师

刘宗益　酉阳土家族苗族自治县人民医院科主任、主治医师

王寿修　高县卫生局局长、主治医师

顾先仕　广安县卫生防疫站副主任技师

张正健　达县地区人民医院科副主任、副主任医师

任先权　名山县新店中心卫生院副院长、主治医师

柯秀兰（女）　阿坝藏族羌族自治州人民医院副院长、主管护师

王泗贤（女）　德昌县妇幼保健站站长、主管医师

## 贵州省

**先进集体**

贵阳市花溪区人民医院

遵义地区医院

余庆县龙溪镇卫生院

黔西县妇幼保健站

大方县中医院

普安县卫生防疫站

黔南布依族苗族自治州人民医院外三病房

**模范工作者**

陈艺新　贵阳市第四人民医院副主任、副主任医师

赵　轩（女）　遵义医学院附属医院副主任、副主任医师

文来明　务川仡佬族苗族自治县中医院副院长、主治医师

姚曙光　铜仁地区人民医院副主任医师

胡晓苏（女）　毕节卫生学校助理讲师

张泽业　安顺地区卫生防疫站医师

曾纪长　黔东南苗族侗族自治州卫生学校副校长、高级讲师

杨安庆　普定县人民医院院长

孙重光　黔东南苗族侗族自治州人民医院科长、主治医师

王宝华　盘江矿务局总医院科主任、副主任医师

## 云　南　省

**先进集体**

云南省卫生防疫站
思茅地区医院
保山卫生学校
文山壮族苗族自治州卫生防疫站
楚雄彝族自治州中医院
中甸县虎跳峡中心卫生院

**模范工作者**

刘凤英（女）　云南省妇幼保健所所长、主管医师
黄建玲（女）　云南省红十字会医院护士长、护师
顾昌彦　昆明市延安医院科主任、主任医师
甫明华　永善县大兴中心卫生院院长、主治医师
荀祖武　曲靖地区第二人民医院院长、副主任医师
陈洪文　西盟佤族自治县勐梭中心卫生院院长、主治医师
蔡传驰　临沧卫生学校校长、高级讲师
廖蕴华　红河县中医院院长、主治医师
熊维迪　建水县人民医院科主任、副主任医师
马金福　勐腊县皮防站站长
梁正荣　坝洒农场曼峨卫生所所长、医师

## 西藏自治区

**先进集体**

西藏自治区人民医院内一科
山南地区藏医院
江孜县人民医院

**模范工作者**

旦增平措　西藏自治区藏医院科主任、副主任医师
徐振河　拉萨市人民医院副主任医师
索朗达吉　那曲地区卫生防疫站科长、主管医师
加永泽培　昌都地区人民医院科主任、主治医师
拉巴多吉　日喀则市江当乡曲夏村医生
桑　姆（女）　改则县人民医院院长、主治医师

## 陕　西　省

**先进集体**

西安市传染病医院
延安地区人民医院
铜川市人民医院
三原县卫生防疫站
镇安县人民医院
平利县八仙区卫生院
汉中市中医医院

**模范工作者**

王志义　陕西省人民医院科主任、主任医师
谢乃萱　西安医科大学第二附属医院药师
袁福镛　西安市红十字会医院副院长、副主任医师
刘云山　宝鸡市中医医院主任医师
马翻宏　扶风县绛帐地段医院院长、医师
孙　先　泾阳县药品检验所所长、药师
魏有余　长武县人民医院护师
贾茂泉　定边县罗庞源卫生院院长
胡生荣　志丹县顺宁地段医院主管检验师
校文彬　渭南地区卫生局局长
张芳莲（女）　商州市妇幼保健院副院长、主管医师
张汉明　洋县医院主治医师

## 甘肃省

**先进集体**

甘肃省结核病防治所

兰州市第一人民医院

兰州市七里河区妇幼保健站

陇南地区卫生学校

民乐县中医医院

**模范工作者**

俞大块　甘肃省卫生防疫站副站长、副主任检验师

王自立　甘肃省中医院科主任、主任医师

师克俭　白银市白银区卫生局局长、主治医师

李　涛　会宁县六〇一站站长、副主任医师

何士科　静宁县原安中心卫生院院长、医师

宋爱华（女）　张掖地区医院主任医师

张子荣（女）　民乐县妇幼保健站站长、主管医师

次智木　甘南藏族自治州卫生学校副校长、副主任医师

## 青海省

**先进集体**

青海省中医院

青海红十字医院

尖扎县妇幼保健站

**模范工作者**

叶俊雄　青海省人民医院副院长、主任医师

韩文治　西宁市城东区卫生防疫站站长、主管医师

陈锡寿　化隆回族自治县卫生局局长

李泉森　刚察县伊克乌兰乡卫生所所长、主治医师

扎　西　贵南县卫生局副局长、主治医师

仁　措（女）　曲麻莱县曲麻河乡卫生院院长、医师

## 宁夏回族自治区

**先进集体**

宁夏回族自治区人民医院

石嘴山市第一人民医院

平罗县中医院

中卫县妇幼保健所

**模范工作者**

崔惠荣（女）　宁夏回族自治区人民医院副院长、副主任医师

杨占元　宁夏回族自治区中医医院暨研究院副院长、主治医师

宋家仁　宁夏医学院附属医院院长、主任医师

马光中　贺兰县立岗中心医院院长、主治医师

周景云　石嘴山矿务局医院副主任药师

李成艾　吴忠市卫生局局长

雍保章　固原县蒿店乡卫生院院长、医师

## 新疆维吾尔自治区

**先进集体**

新疆生产建设兵团农六师医院

温宿县人民医院

莎车县人民医院

尉犁县卫生防疫站

博乐市卫生防疫站

乌苏县中医医院

**模范工作者**

秦惠创　新疆生产建设兵团农六师医院院长、副主任医师

石得仁　新疆维吾尔自治区人民医院科主任、主任医师

热合曼·热依木　喀什地区卫生处处长、主管医师

李冬霞（女） 阿克陶县人民医院科主任、主治医师

张成林 奇台县乔仁哈萨克民族乡卫生院院长、主治医师

关 荣 温泉县卫生防疫站站长、医师

付尔康 伊犁哈萨克自治州友谊医院科主任、主任药师

潘 拯 伊犁哈萨克自治州奎屯医院院长、主任医师

吐达洪 伊犁地区卫生防疫站站长、副主任医师

别 肯 塔城市牧业卫生院院长、主治医师

### 铁 道 部

**先进集体**

沈阳铁路局中心卫生防疫站

沈阳铁路局大连医院

**模范工作者**

李岫云（女） 铁道部第五工程局中心卫生防疫站科主任、主管检验师

余德全 北京铁路局卫生处副处长、主管医师

冯逸松（女） 上海铁路局中心医院科主任、副主任医师

朱信伟 上海铁路局钱江疗养院院长

丁正国 太原铁路分局结核病防治疗养院原副院长、主任医师

王纪勳 呼和浩特铁路局中心医院科主任、主任医师

逄 毅 郑州铁路中心医院科主任、主任医师

黄筱玲（女） 广州铁路局长沙铁路分局医院护士长、护师

（张金鼎、刘文化）

**【卫生部批准的1990年度部分有突出贡献的中青年专家名单】**

顾方舟 中国医学科学院院长、研究员

吴葆桢 中国医学科学院协和医院妇产科教授

刘铁成 中国医学科学院药用植物研究所研究员

韩 锐 中国医学科学院药物研究所研究员

陈昌杰 中国预防医学科学院环境卫生监测所研究员

黄承武 中国预防医学科学院环境工程研究所副研究员

（王县成）

**【国家教育委员会、国家科技委员会表彰的卫生部直属院校先进科技工作者】**

王海燕 北京医科大学

吴秉铨 北京医科大学

陈慰峰 北京医科大学

陈明哲 北京医科大学

宋鸿钊 中国协和医科大学

余铭鹏 中国协和医科大学

李 正 中国医科大学

汤钊猷 上海医科大学

曹小定 上海医科大学

李 鹏 上海医科大学

王 凡 白求恩医科大学

王廷础 山东医科大学

夏穗生 同济医科大学

夏家辉 湖南医科大学

戴保民 华西医科大学

卢 兴 西安医科大学

（李 峰）

**【国家科委、国家计委、财政部联合表彰的在国家“七五”科技攻关中做出贡献的医药卫生科技人员和管理人员名单】**

汤钊猷 上海医科大学肝癌研究所

毛江森 浙江省医学科学院

李德富 中国药品生物制品检定所

余铭鹏 中国医学科学院基础医学研究所

陆士新 中国医学科学院肿瘤研究所

林培中　中国医学科学院肿瘤研究所
孙念怙　中国医学科学院协和医院
丁茂柏　中国预防医学科学院劳动卫生与职业病研究所
史　启　卫生部科技司
曹小定　上海医科大学
曾　纬　四川省中医研究院中药研究所
程翔林　国家中医药管理局科技司
吴德昌　军事医学科学院
侯惠民　上海医药工业研究院
卜书中　上海医用电子仪器厂
李佐邦　上海橡胶制品研究所

（王县成）

**【中央宣传部、国家教育委员会表彰的卫生系统优秀大学毕业生名单】**

梁振东　海南省文昌县文教镇中心医院
郝　毅　新疆钢铁公司职工医院
赵白鸽（女）上海市计划生育所
陈学志　吉林抚松县万良乡中心医院
陈元仲　福建医学院
罗　湘　湖南祁东县步云桥区医院
张灌生　四川内江市第二人民医院
付正良　河北涉县中医院

（李　峰）

**【国家教育委员会、人事部表彰的卫生系统做出突出贡献的回国留学人员名单】**

李维业　中国医学科学院
阮　力　中国预防医学科学院
张　运　山东医科大学
唐朝枢　北京医科大学
王玉新（女）中国医科大学
向继洲　同济医科大学
韩启德　北京医科大学
黄洁夫　中山医科大学
程　明（女）中国生物制品总公司
左焕琮　中日友好医院
邢瑞昌　中国药品生物制品检定所
吴长龙　中国生物制品总公司
邹爱平　同济医科大学
曹世龙　上海医科大学
程书钧　中国医学科学院
李泉根　解放军三〇二医院
刘又宁　解放军总医院
胡育筑（女）中国药科大学
陈孝良　首都医学院
戴建平　北京神经外科研究所
沈祖尧　北京积水潭医院
陈　竺　上海第二医科大学
吕绳凯　上海市临床检验中心
赵金城　天津医学院
陈华堂　安徽医科大学
刘晓程　牡丹江心血管病医院
董广新　西安第一医院
谢立信　山东省医学科学院
刘长春　山东省劳动卫生职业病防治研究所
傅　霞　南京医学院
国毓智　江苏原子医学研究所
孔天翰　河南医科大学
桑卫国　浙江省医学科学院
席焕久　锦州医学院
马　军　哈尔滨第一医院

（李　峰）

**【1991年国家教育委员会表彰的卫生系统全国优秀教师、劳动模范名单】**

陈在嘉（女）中国医学科学院阜外医院
马大龙　北京医科大学
任秉均　河北医学院
雷建章　河北医学院
傅　亮　内蒙古医学院
任镜池　赤峰卫生学校
赵　俊　巴盟卫生学校
王宏彬　中国医科大学
莫秀芬（女）白求恩医科大学
董德长　上海第二医科大学
夏　鹏　上海医科大学

杨家荣　上海市医药管理局技校
石中梁　徐州医学院
潭郁彬　天津医学院
楼宜嘉（女）浙江医科大学
胡汝麒　蚌埠医学院
孙瑞元　皖南医学院
马传庚　安徽医科大学
黄云从　九江医学专科学校
邹志森　江西医学院
王浩丹　山东医科大学
孙汝清　临沂卫生学校
刘桂亭　河南医科大学
马祖奇　河南中医学院
李长松　新乡医学院
郭裕德　焦作煤矿职工医学院
吕咏青（女）安阳卫生学校
张国华　宜昌卫生学校
黄应恒（女）衡阳医学院
张成裕　湖南医科大学
李云霞（女）湖南医科大学
胡少康　湖南中医学院
郑佩萸（女）广东连县卫生学校
凌光鑫　湛江医学院
吴中亮　广州医学院
黄耀光　广西右江民族医学院
农辉图　广西医学院
李耀根　华西医科大学
陶元鋆　四川省卫生干部管理学院
赵润芝（女）延安医学院
杨德昌　西安医科大学
姚　侃　兰州医学院
苏利民　宁夏医学院
王丽容（女）新疆医学院
苏慧慈　第四军医大学
罗　侃　兰州军区卫校

（李　峰）

**【国家教育委员会、国务院学位委员会表彰的卫生系统有突出贡献的中国博士、硕士学位获得者名单】**

白春学　上海医科大学　博士
柏树令　中国医科大学　博士
鲍　朗　华西医科大学　博士
曹　亚（女）湖南医科大学　硕士
常福聚　河南医科大学　博士
陈　实　同济医科大学　博士
陈安民　同济医科大学　博士
陈凯先　中国医学科学院
　　　　上海药物研究所　博士
陈日新　江西中医学院　硕士
陈雅棠　重庆医科大学　博士
程祖享　新疆医学院　硕士
褚嘉佑　中国医学科学院　博士
崔建芳（女）中国医学科学院　硕士
达万明　兰州军区总院　硕士
邓绍庆　北京医科大学　硕士
董福慧　中国中医研究院　博士
董明敏　河南医科大学　博士
樊代明　第四军医大学　博士
范　明　中国军事医学科学院　博士
冯　骆　中国医学科学院　博士
冯鑑强　中山医科大学　博士
冯晓源　上海医科大学　博士
葛　坚　中山医科大学　博士
宫志忠　贵阳医学院　硕士
郭爱丽（女）中国医学科学院　博士
郭继鸿　北京医科大学　博士
韩东一　解放军总医院　博士
何金森　上海中医学院　博士
洪志勇　同济医科大学　博士
侯纬敏　北京医科大学　博士
胡　林　华西医科大学　博士
胡启跃　苏州医学院　博士
惠延年　第四军医大学　硕士
姜良铎　北京中医学院　博士
江　骥　中国医学科学院　博士
李定国　上海第二医学院　博士
李桂源　湖南医科大学　博士
李求是　解放军总医院　博士

| | | |
|---|---|---|
| 李文琪 | 内蒙古医学院 | 硕士 |
| 李晓玫（女） | 北京医科大学 | 博士 |
| 李祖伦 | 成都中医学院 | 博士 |
| 林久祥 | 北京医科大学 | 博士 |
| 刘　平 | 上海中医学院 | 博士 |
| 刘德培 | 中国医学科学院 | 博士 |
| 刘银坤 | 上海医科大学 | 博士 |
| 刘迎龙 | 中国医学科学院 | 硕士 |
| 刘永锋 | 中国医学科学院 | 博士 |
| 路长林 | 第二军医大学 | 博士 |
| 鹿尔驯 | 海军总院 | 博士 |
| 马　利 | 第三军医大学 | 博士 |
| 马绪臣 | 北京医科大学 | 博士 |
| 牛　军 | 山东医科大学 | 博士 |
| 裴月湖 | 沈阳药学院 | 博士 |
| 彭师奇 | 北京医科大学 | 博士 |
| 彭裕文 | 上海医科大学 | 博士 |
| 宋宏伟 | 中国医科大学 | 硕士 |
| 孙德青 | 北京医科大学 | 博士 |
| 孙贵凡 | 中国医科大学 | 硕士 |
| 孙立英 | 第三军医大学 | 博士 |
| 孙庆斌 | 第二军医大学 | 博士 |
| 汪　玲（女） | 上海医科大学 | 博士 |
| 王　钢 | 南京中医学院 | 博士 |
| 王　强 | 中国药科大学 | 博士 |
| 王　兴 | 北京医科大学 | 博士 |
| 王　宇 | 北京医科大学 | 博士 |
| 王锋鹏 | 华西医科大学 | 博士 |
| 王学浩 | 南京医学院 | 硕士 |
| 王玉凤（女） | 北京医科大学 | 博士 |
| 吴清玉 | 中国医学科学院 | 硕士 |
| 吴中学 | 北京市神经外科研究所 | 博士 |
| 夏露娟（女） | 上海医科大学 | 博士 |
| 徐勇勇 | 第四军医大学 | 博士 |
| 颜光美 | 中山医科大学 | 博士 |
| 杨希山 | 第一军医大学 | 博士 |
| 姚　克 | 浙江医科大学 | 博士 |
| 于福年 | 黑龙江中医学院 | 博士 |
| 俞光岩 | 北京医科大学 | 博士 |
| 章杨培 | 军事医学科学院 | 硕士 |
| 章友康 | 北京医科大学 | 博士 |
| 张柏和 | 第二军医大学 | 博士 |
| 张伯礼 | 天津中医学院 | 硕士 |
| 张德昌 | 中国医学科学院 | 博士 |
| 张恩勤 | 山东中医学院 | 硕士 |
| 张锦生 | 上海医科大学 | 博士 |
| 张鲁榕（女） | 第二军医大学 | 博士 |
| 张岂凡 | 哈尔滨医科大学 | 硕士 |
| 张为远 | 白求恩医科大学 | 硕士 |
| 张祥宏 | 河北医学院 | 硕士 |
| 张肇达 | 华西医科大学 | 博士 |
| 赵文汝 | 北京结核病胸部肿瘤研究所 | 硕士 |
| 赵耀基 | 上海医科大学 | 博士 |
| 郑　珊（女） | 上海医科大学 | 博士 |
| 郑德先 | 中国医学科学院 | 博士 |
| 周思亮（女） | 华西医科大学 | 博士 |
| 朱宝泉 | 上海医药工业研究院 | 博士 |

（李　峰）

**【人事部批准的1990年度有突出贡献的中青年科学、技术和管理专家（40人）】**

**孙永华**　男，1935年生，河北人。1960年毕业于北京医学院。现任北京积水潭医院烧伤科主任医师，北京医科大学兼职教授。他从事烧伤专业30年，擅长于大面积烧伤抢救工作。他抢救成功数百名80%以上大面积严重烧伤病员。特别是对电烧伤的治疗提出了新观点，并开展了新的治疗手法。在国内首次提出游离血管移植治疗上肢电烧伤并运用于临床，获1980年卫生部一级成果奖；参加的“大面积三度烧伤治疗技术”获1985年国家科技进步一等奖；“严重烧伤合并一氧化碳中毒续发症抢救成功”获1983年卫生部科技进步二等奖。30年间共获国家、卫生部、北京市科委、市卫生局成果奖15项，发表《游离大网膜移植治疗手骨烧伤》等70余篇论文。为全国培养了一大批烧伤专业人才。

**尹伯约** 男，1933年生，浙江人。1955年毕业于南京医学院。现任甘肃省人民医院外科主任医师，兼任中国肛肠学会副会长。在西北地区的地方病研究和肛肠疾病研究方面取得了突出的成绩。编著了我国第一部《人体包虫病》专著，获得了1978年全国科学大会奖；“人体包虫病研究”获1976年部级科技进步一等奖；中西医结合防治肛肠疾病获得1970年全国中西医结合科技进步一等奖；“消痔丸的研制”和“肠息肉癌变”于1984年分别获省科技进步二等奖和一等奖；“人工肛门研究”获1987年省科技进步一等奖。他发表论文多篇，专著数部。1983年被评为全国卫生先进工作者。

**吴仁秀** 男，1937年生，安徽人。1962年毕业于安徽医学院医学系。现任安徽医科大学外科副教授。主要从事外科学的医疗教学科研工作。他长期坚持在教学第一线，注重学生能力培养和启发式教学方法的应用。其“寓德于教，深化教学改革”获1989年普通高校优秀教学成果奖和省级二等奖，主编有《大学生伦理学》等。他在显微外科解剖学理论研究和实践方面成绩显著。其“肩胛背皮瓣显微外科解剖学及临床应用”获1989年安徽省科技进步一等奖；“斜角肌三角应用解剖及中斜角肌前缘入路臂丛阻滞”获1985年卫生部重大科技成果乙等奖和1986年安徽省科技进步三等奖。撰写学术论文70多篇，学术专著9部，其中《显微外科进展》获得1990年华东地区优秀科技图书二等奖。主编和参加编写专业教材7部。

**韩向阳** 男，1932年生，辽宁人。1956年毕业于哈尔滨医科大学。现任哈尔滨医科大学计划生育研究所所长、主任医师、教授。长期从事计划生育的医、教、研工作，取得了突出的成绩。他获得了15项科研成果。他主持的“中药甘遂中期引产作用的研究”获1985年部级科技进步一等奖；“中药甘遂中、晚期引产及作用机理研究”获得黑龙江省1984年科技进步二等奖；“宫内节育器出血机理的研究”获省1986年部级科技进步二等奖；“金属避孕环放置20年左右及经绝期取出研究”、“新型宫内节育器临床效果的研究”分别获1986年和1989年部级科技进步三等奖。撰写发表论文70余篇，编著、主编、合编了《临床计划生育学》等12部专著。培养硕士研究生数名。先后获得省劳动模范、省有突出贡献的中青年专家和全国计划生育优秀科技工作者等称号。

**秦泗河** 男，1951年生，山东人。1973年毕业于山东潍坊医学院。现任黑龙江省佳木斯市矫形外科康复医院院长，副主任医师。1978年在山东莱芜市创立了国内第一家专治小儿麻痹后遗症的矫形外科专业。1985年9月应聘佳木斯市，创办了黑龙江省第一家专治肢体残疾的矫形外科医院，并协助江西等7省10余家医院开展工作。至1990年底共主刀治疗全国29个省、市、自治区的各类肢体残疾病人9643例，治疗效果优良率达94%。首次提出应用“运筹学”的基本原理指导小儿麻痹的治疗，创立了优良的矫形外科工作程序、手术方法、手术技巧，在本领域及其它医疗专业均具有突破性意义。他主持的“脊髓灰质炎后遗症连枷腿的治疗”、分别获1985年和1990年黑龙江省科技进步一等奖。他为全国培训了200余名矫外医师。发表论文50多篇，与清华大学等合作研制的《儿麻功能康复仪》通过了鉴定。1990年中国科学院出版社拍摄发行了他的《小儿麻痹后遗症的矫形手术治疗》录像片。他先后被评为全国卫生先进工作者，“五一”劳动奖章获得者，黑龙江省劳动模范，1988年被人事部批准为有突出贡献的中青年专家。

**高治忠** 男，1931年生，北京人。1955年毕业于山东医学院。现任哈尔滨医科大学第二附属医院泌尿外科主任医师、教授。长期从事医、教、研工作。1973年开始肾移植动物实验。1975年在该省首次应用肾自体移植治疗肾血管性高血压获得成功。1978年2月在全国较早地开展了同种异体肾移植，取得优异成绩，获黑龙江省科技二等奖。1981年在该省首先应用体外肾手术、肾自体移植术治疗肾血管性高血压获成功，该论文获得省自然科学技术优秀论文一等奖。在国内首先开始不灌洗法器官移植的系列研究，临床应用该法行肾、肾上腺、睾丸等移植获得成功。自行研制的HYD -I型肾脏自动灌注器获1990年省医疗新技术成果一等奖。在慢性前列腺炎分型研究的基础上研制出不同剂型的前列腺丸，临床取得满意效果。他指导研究生进行了肾缺血再灌注损伤的研究和丹参对肾缺血再灌注损伤保护的研究。他先后发表了《尿生殖膈钻孔尿道直接吻合术治疗外伤性尿道狭窄》等多篇论文。相继被评为黑龙江省劳动模范、全国卫生文明先进工作者、全国优秀教育工作者、“五一”劳动奖章获得者。

**刘凤岐**　男，1939年生，山东人。1964年毕业于哈尔滨医科大学。现任哈尔滨医科大学第一附属医院副主任医师。长期从事心血管疾病的诊治工作。他经过多次实验后，提出联合应用硝普钠、多巴胺治疗急性心肌梗塞的疗法，其治愈率达95%以上。他对心肌梗塞合并休克的治疗收到较好效果，诊治的30例病人中无一例死亡（国外治疗该病症的病死率仍达40%）。在心肌病、心肌炎的治疗方面摸索出了一套独特的治疗体系，使病人恢复快、治愈率高。多年来，先后发表论文60余篇。他参加培养博士、硕士研究生数人。1986年被评为全国卫生文明先进工作者。

**贺端湜**　男，1943年生，湖南人。1968年毕业于武汉大学。现任山东新华制药厂厂长、高级经济师。他自1984年任厂长以来，始终坚持改革，1984年首先在省属企业中试行了“百元产值工资含量包干办法”，建立了多种形式的经营承包责任制。在企业管理中，他着重强调企业基础工作的强化，在全厂建立了以完善技术标准为中心（包括管理标准和工作标准在内）的企业标准化体系。在生产经营中，他始终把“质量是企业的生命、药品保障人民的生命”作为指导思想，使产品质量逐步提高，目前全厂有21个产品被评为省、部级以上优质产品，获国家金银牌6枚。他十分重视企业的科技进步，该厂获得国家科技进步奖1项，省级科技进步奖10项、开发原料药、制剂新产品29个，14个出口产品全部享受免检。自1985年以来该厂获各种企业荣誉称号53项；1987年作为全国医药行业第一家首批跨入国家二级企业行列。贺端湜于1988年、1989年先后荣获全国“五一”劳动奖章，全国企业管理优秀奖——金马奖，全国劳动模范及全国优秀企业家奖——金球奖。1989年、1990年企业分别被评为国家一级企业和获得国家质量管理奖。

**沈慧凤**　女，1937年生，上海人。1959年毕业于南京药学院。现任上海医药工业研究院高级工程师。长期从事药用新辅料研制及应用研究工作，为国内填补了9项药用新辅料材料空白。其羟丙基甲基纤维束辅料研制成功后，取得了很好的社会和经济效益，总税利增加几百万元，丙烯酸树脂系列产品的研制获利润50万元。她主持研制的“乐胃片”总税利已达500多万元，“乐胃片片剂工艺研究”获1984年省科技进步二等奖。她于1990年分别获得上海市“巾帼奖”，全国先进科技工作者、“五一”劳动奖章和上海市劳动模范奖。她先后发表《药用辅料硫酸钙化片剂上应用》等多篇论文。

**石学敏**　男，1937年生，天津人。1962年毕业于天津中医学院。现任天津中医学院第一附属医院主任医师。长期从事中医临床、教学、科研和医院行政管理工作。他对中风病机理提出了富有创见的学术观点，首创的“醒脑开窍”针刺疗法有效率达99.45%，治愈率为55.0%，达到了国内领先水平。他在国内首次开展了针刺手法的量学研究，提出了手法量学的四大要素并做了客观的论述，制定了科学的量化方法。他医术精湛、医德高尚，多次应邀出国讲学和诊治疑难危重病症，曾受到卫生部、外交部的通令嘉奖。在医院管理中，能运用现代科学管理理论，主持制定了全额管理标准、11个专科诊疗常规、三级医生查房制度等管理方法和措施，收到了良好的效果。1988年被评为天津市劳动模范和全国优秀院长，1989年获天津市“五一”劳动奖章和优秀科技工作者称号。他主持的“醒脑开窍针刺法治疗中风的临床及实验”获市1982年科技进步二等奖；“针刺手法的量学研究”获1986年市科技进步二等奖。他著有《当代中国针灸精要》等书，先后发表论文多篇。培养博士、硕士生多人。

**鲁焕章**　男，1934年生，河北人。1959年毕业于河北医学院。现任天津南开医院主任医师。他在国内较早开展消化系内镜治疗，进行了胆胰管造影5000余例，10余种胆胰疾病的内镜治疗，达到了国内先进水平。他主持的“利胆排石汤配合EST治疗胆管结石”获1985年天津市科技进步二等奖；主持的“中西医结合治疗重型胆管炎”获1990年天津市科技进步三等奖；参加的中西医结合治疗溃疡病急性穿孔”获1986年天津市科技进步三等奖。他先后发表《海绵球支撑oddi′S括约肌成型术》等40余篇论文。培养博士、硕士研究生数人。任《内镜》杂志副主编，多次评为市级优秀工作者。

**李经才**　男，1936年生，北京人。1958年毕业于北京大学。现任沈阳药学院副教授，主要从事药理学的教学与研究，特别是在时间药理学及时间生物学的研究工作中做出了突出的成绩。他通过多项药理指标，首次较全面地阐明了人参的有效成分—人参皂甙及其几种单体药理作用的昼夜节律规律，并在细胞分子水平上首次研究了人参皂甙对肾上腺皮质激素昼夜节律的影响是通过神经递质实现的，阐明脑内5-羟色胺能和胆碱能神经元起促进作用，肾上腺能神经元起抑制作用。他在研究昼夜节律过程中揭示了松果体的新功能，它对垂体-肾上腺素轴有阻遏作用，可以影响皮质激素昼夜节律的中值和振幅，但不改变其位相。他还测出了苦参碱等14种药物的依时性，依时药效和时间药代动力学等方面的变化。“人参‘六五’攻关题目”和“人参系统研究”分别于1987年和1989年获省部级科技进步二等奖；“时间药理学中的全弦法”获1989年省科技进步一等奖。他先后在国内外发表论文多篇，多次被评为先进个人。

**陈英杰**　男，1936年生，辽宁人。1960年毕业于沈阳药学院；1964～1967年在北京医学院读研究生；1983～1985年赴日本名古屋市立大学研修。现任沈阳药学院教授。主要从事天然药化的教学和研究工作。培养研究生数人，其中博士生1人。他在天然药化方面的研究中取得了突出的成绩。他参加的“紫丁香抗菌成分及止痢灵的研究”获得省科技进步二等奖；“高纯度人参茎叶皂甙提取工艺的研究”获省科技进步一等奖。他的人参抗癌及抗心律失常活性成分的理论研究达到了世界先进水平。发现了人参皂甙的结构与抗人类早幼粒白血病HL-60细胞活性间关系的规律和人参皂甙的结构与抗心律失常活性间的关系规律，发现了三种有意义的活性先导化合物。近年来还研究了12个人参皂甙类新化合物。先后在国内外杂志上发表了《纸层先导设计法》等60余篇论文。他多次被评为优秀教师，优秀科技工作者。

**施文海**　男，1932年生，甘肃人。1955年毕业于兰州医学院。现任陕西省人民医院院长、主任医师。长期从事医疗、科研及医院管理工作。他在搞好业务工作的同时，不断地进行医院管理学的偿试。他重视知识、爱惜人才、运用现代管理学的理论，结合医院实际，制定出了一套切实可行的实施计划及具体措施，使医院面貌发生了很大变化。自

1978年以来，该院获得科技成果632项，其中获省、部级以上奖的39项。他撰写的《综合性医院科研管理》获1987年陕西省人民政府首届科技进步三等奖；他主持研究的“复方气管炎片”获陕西省政府1984年科技成果一等奖；“自动牵引综合治疗及临床应用研究”获陕西省政府1983年科技成果二等奖。他撰写论著40余篇、科普文章40余篇。由于他在管理工作上所取得的成绩和学术上的贡献，多次被评为省先进工作者，1989年又被陕西省批准为有突出贡献的专家。

**徐世明** 男，1950年生，陕西人，1974年毕业于北京医科大学药学系。现任陕西安康地区药检所副所长，副主任药师。主要从事药物的开发与研究。他在中药淫羊藿和绞股蓝研究中取得了突破性进展。他主持的国家星火计划“绞股蓝研究”取得了可喜的成果，研制出了绞股蓝总甙片、绞股蓝健美片、绞股蓝蜂王浆、绞股蓝总皂甙和绞股蓝口服液等5种新药。制定出了系列产品的先进生产工艺和质量标准，获得了卫生部新药证书和批准号。1987年获得了国家发明专利，1988年以来先后获陕西省科技进步一等奖；国家科技星火二等奖，其产品获国家星火金奖。他主持参加与中国西洋天然化妆品研究所合作的绞股蓝对皮肤保护作用研究，开发出绿海牌绞股蓝系列化妆品，通过轻工部审定并投入批量生产。他主持参加了以绞股蓝中草药为主体的“祝尔慷”新混合型卷烟的研究，于1990年通过鉴定，并批量生产。他与平利天然营养制品厂合作研究出了绞股蓝茶、可乐、酒等8种产品。主持修订《中国药典》(1985年版)中药淫羊藿质量标准等内容。他承担完成了该地区下达的一些科研任务，并都取得了许多地区级成果。先后被评为陕西省科技攻关先进个人、省劳动模范、全国“五一”劳动奖章获得者、陕西省有突出贡献的专家。

**陈立礼** 男，1931年生，江西人。1953年毕业于江西医学院，1956～1960年在四川医学院读硕士研究生。现任四川省防疫站主任医师。主要从事病毒学的研究工作，在流行性感冒控制研究、甲型肝炎、乙型肝炎病毒检测技术研究、流行性出血热病毒分离方面做出了显著成绩。他的“疫区不同宿主动物及患者流行性出血热病毒分离及抗原”、“流行性出血热高发区宿主动物血清流行病学调查”和“应用人胚肺二倍体细胞（2B C株）分离培养甲型肝炎”分别获1986年四川省科技进步三等奖。他多次被评为省级先进工作者。

**曾庆祥** 男，1939年生，广东省人。1964年7月毕业于北京大学生物系生物物理专业。现任武汉市卫生防疫站防护科主任，武汉市放射防护研究所所长，主任技师，兼任卫生部放射卫生防护法规专家咨询委员会委员，中华医学会湖北分会核医学、放射医学及防护学会副主任委员。长期从事医疗卫生放射防护工作。1981年以来，共取得9项科技成果。其“X线防护材料和防护措施”获1985年国家科技进步三等奖；“医用X光工作者剂量与效应关系的研究”获1982年湖北省科技成果二等奖；“医用X线诊断机防护措施的研究”获1985年湖北省科技成果三等奖；“在乙型肝炎核心抗体检测中应用微量固相放射免疫分析的方法研究”获1985年河北省科技成果三等奖；参加的“长江水系放射性水平评价”获1982年卫生部二等甲级奖；“肿瘤病人意外照射所致急性放射病临床治疗研究”获1986年卫生部乙级奖；“镀铅防护活动百叶窗与门的研制”等三项分别获得武汉市科技进步奖。他译著了《固体剂量学》。他多次被评为省、市及全国先进工作者，湖北省劳动模范，1990年荣获湖北省有突出贡献的中青年专家称号

**张伯礼** 男，1948年生，河北人。1968年毕业于天津卫生学校，1982年毕业于天津中医学院，获硕士学位。现任天津中医学院

中医研究所副研究员。近7年来，他主持和参加了国家级、部级、市级及局级科研课题21项，其中主持15项。取得市级以上科研成果9项，申请专利4项。他的“天津地区健康人舌象调查和实验室研究”获1986年天津市科技进步三等奖；“计算机舌诊文摘库及检索系统”获1987年天津市科技进步三等奖；“血液流变学电脑分析仪研制及应用”获1988年天津市科技进步二等奖；“舌色仪研制及临床应用”获1988年天津市优秀发明奖，全国中医（神农杯）优秀奖；“舌红外热象检测技术及临床应用”获1989年天津市科技进步三等奖。他的舌象摄影仪等多种仪器获得了国家专利。他获得了天津市“七五”立功奖。他培养硕士研究生数人，发表了《吸烟对皮肤血流影响》等多篇论文。

**邢鹤林** 男，1939年生，辽宁人。1960年毕业于辽宁阜新县卫校。现任辽宁省阜新蒙医药研究所主任蒙医师。他在乡村医院行医，在长期的医疗实践中积累了丰富的经验，特别是对再生障碍性贫血、系统性红斑狼疮等疑难病症的治疗有独特疗效。自1990年，他对再生障碍性贫血进行了深入的研究，研制出治疗“再障”系列蒙药方剂“瘀紫蜜丸1-7号”，临床证明总有效率达92.1%。他翻译了蒙医经典《四部医》和《兰头巴》，合编有《蒙医方剂选》。发表论文10多篇。他多次被评为全国先进个人，辽宁省有突出贡献的科技管理人员，辽宁省劳动模范。

**高智仁** 男，1937年生，江苏人。1960年毕业于北京医学院。现任青海医学院附属医院主任医师、副教授，从事烧伤外科临床工作30年。1980年创建了青海医学院附属医院烧伤外科，收治患者1447例，总治愈率达98.55%。他的《自体表皮细胞移植治疗三度烧伤》发表在伦敦出版的国际烧伤协会刊物上受到三个国家的关注，该文获青海省科协优秀论文一等奖。他主持的“治疗1例特大面积烧伤”获1983年青海省卫生厅一等成果奖。“手部烧伤坏死组织染色”等4项分别获得省卫生厅科技成果二等奖。发表论文10多篇。多次被评为青海省、全国卫生先进工作者。

**朱锦沁** 女，1938年生，上海人。1962年毕业于北京医学院。现任青海省地方病防治研究所所长、研究员。他在鼠疫菌的诊断、分型及免疫学方面造诣较高。她参加的“鼠疫被动血凝试验在鼠疫动物流行病调查中的应用研究”获1978年青海省医药卫生系统科技成果二等奖；“中国鼠疫菌分型及其生态流行病学意义”获1982年卫生部甲级科技成果奖；“中国鼠疫自然疫源地的发现与研究”获1985年卫生部甲级成果奖、1988年国家自然科学一等奖；她主持的“鼠疫抗体致敏血球的研制和反向血凝试验方法及其应用”获1988年青海省科技进步三等奖；“鼠疫活菌苗新菌株的选育研究”获1990年青海省科技进步二等奖。撰写学术论文50余篇。多次被评为全国先进工作者。

**郭文通** 男，1937年生，河北人。1962年毕业于内蒙古医学院。现任内蒙古医学院副院长、骨科副教授、副主任医师。主要从事骨科的医疗、教学和科研工作。他主持的“三步三向牵引和可调式功能性外展装具治疗婴幼儿先天性髋关节脱位”和“吻合血管游离复合组织移植”分别获1988年和1989年内蒙古科技进步二等奖和三等奖；主要参加的“体位牵引复位手术内固定治疗环椎脱位”获1987年内蒙古科技进步二等奖；“指掌侧固有深静脉吻合的研究和应用”和“前路多节段脊髓减压及椎间植骨治疗脊髓型颈椎病”分别获1988年和1990年内蒙古科技进步三等奖。先后发表论文30余篇。

**蒋次鹏** 男，1933年生，湖南人。1956年毕业于湖南医科大学。现任湖南医学专科学校教授，国际包虫病学会会员。从事包虫病研究工作30年，有扎实的理论基础和较丰富的科研实践经验，先后主编和参与编写

《包虫病学》等专著11本，发表论文50余篇。他的“人体包虫增殖生长研究”分别获得1985年西班牙第13届国际包虫病学大会米格尔·贝佐国际特别奖和1988年国家自然科学三等奖。多次评为全国先进工作者、甘肃省优秀专家，湖南省有突出贡献的中青年专家。

**韦加宁**　男，1937年生，广西人。1961年毕业于武汉医学院。现任北京积水潭医院手外科主任医师、北京医科大学兼职教授。长期从事手外科的医、教、研工作，特别是在四肢神经血管损伤修复、断肢及断指再植、手部功能重建、手部损伤康复时期的手部支具研制及临床使用方面有较深的造诣。他在国内第一个成功地施行了“同体断足移植”和“同体拇指移植”手术。曾抢救过1例四肢严重创伤休克并进行同体拇指移植获得成功，得到1982年全国科学大会奖。他开展的周围神经损伤的束间神经移植获1979年北京市科技进步二等奖；“手部支具临床应用”获1981年卫生部乙级科技成果奖；“深度烧伤修复新技术研究及应用”获1988年北京市科技进步一等奖。先后发表学术论文30余篇。

**王育才**　男，1938年生，辽宁人。1962年毕业于大连医学院。现任吉林省人民医院副院长、骨科主任、主任医师。从事骨科临床28年，诊治病人数万人，抢救危重病患者千余例，亲自手术有3000余例，从未发生过任何医疗事故或差错，特别是在先天性髋脱位、脊柱疾患、恶性骨肿瘤及复杂骨折的治疗等方面有独特专长。近10年来，结合临床实际，积极开展科学技术研究和发明创造，先后开展新技术30多项，主持完成的获奖项目8个，获国家专利2项。其中“颌式骨盆截骨术治疗小儿先天髋脱位”、“大腿全切除小腿大腿化”和“脊柱侧弯加压固定器”获1989年省科技进步三等奖、二等奖；“骨科可塑夹板”获1987年省发明二等奖。近年来，出版学术专著、译著和医学科普著作13部，发表论文100多篇。为全国培养骨科医疗骨干100多人。1987年被评为全国卫生系统先进个人。

**王振国**　男，1954年生，吉林人。1972年毕业于通化卫生学校。1985年毕业于通化师范学院。现任吉林省抗癌协会长白山药物研究所所长、副研究员。主要进行药物的研究与开发。他经过18年的刻苦钻研，主持研制了抗癌中药“复方天仙胶囊”。该药经过美国癌症中心和中国中医研究院等25个科研单位实验证明，不仅对癌细胞有明显的杀伤作用，而且可以提高机体的免疫功能，尤其是从其成分中发现的三萜等有效物质对人的DNA、TOPI及TOPII均有抑制作用。该药已于1988年经卫生部批准生产，同年获得通化市科技进步特等奖。他1989年在第38届尤里卡世界发明博览会上荣获了“最高个人发明奖”、“发明研究奖”、“将军勋章”和“骑士勋章”。1990年他被评为中国十大杰出青年，获得全国科技实业家创业家金奖。

**阎洪臣**　男，1936年生，黑龙江人。1959年毕业于长春中医学院。现任长春中医学院中医系主任、内经学教授。主要从事医、教、研工作。教学中，他注意实效，注意知识更新，不断改进教学方法，提出了一系列系统有效的教学理论和方法。编写了6部教材及教学参考书。发表教学论文8篇。医疗上，他一贯奉守“谨守病机、辩证论治、治病求本”的原则，对多种疾病都有独特的治疗办法。他对一些疑难病症进行深入研究，特别是对脊髓空洞症的研究，明确提出了“脊髓空洞症多虚而少实，病机关键在肾不在脾胃，治疗上宜补不宜泻”的理论，独创性地把脊髓空洞症分为阴虚、阳虚、阴阳两虚三种类型。进行辩证论治。1986年成功地发明了治疗该病的新药“益髓冲剂”，1987年获省科技进步二等奖和第三届全国发明展览会银牌奖，1988年国家中医药科技进步三等奖。他先后发表学术论文60余篇，编著有《内难经选释》等多部专著。培养研究生 8 人。

**王树声** 男，1937 年生，江苏人。1960 年毕业于南京医学院。1964 年在中国医学科学院研究生毕业。现任广西壮族自治区卫生防疫站站长、主任医师。

专长病毒的诊断、免疫、流行病学。被聘为世界卫生组织病毒快速诊断亚洲组成员。1980～1984 年获广西壮族自治区科技成果奖三项。1985 年以来获广西壮族自治区科技成果奖、广西壮族自治区医药卫生科技进步奖 8 项。1985 年以来在国内外发表学术论文 38 篇，其中 9 篇论文获奖。在科学化管理、防病治病、科学研究、人才培养和对外合作交流等方面成绩显著。1979 年获广西壮族自治区直属卫生系统先进工作者称号；1988 年获广西壮族自治区卫生文明先进工作者称号。

**王植柔** 男，1940 年生，广东人。1962 年毕业于广西医学院。现任广西医学院附属医院泌尿外科研究室主任、教授。长期从事泌尿外科的医疗、教学、科研工作，临床经验丰富。在肾、肾上腺移植术、血管造影技术、体外碎石术、化学假体治疗阳萎、精子洗涤法治疗不孕症等方面成绩显著。1980 年主持的“同种肾移植术的临床应用”获广西壮族自治区科技进步四等奖；1986 年国内首例开展同种带血管的肾上腺移植，获广西壮族自治区科技进步二等奖；1986 年以来主要参加的“区位低温肾脏手术及肾组织的超微结构研究”，获 1988 年广西壮族自治区教委三等奖。1985 年以来在国内外刊物上发表学术论文 10 篇。1990 年获“科技兴桂”优秀科技工作者称号。

**席忠义** 男，1932 年生，山西人。1960 年毕业于河北医学院。现任山西省肿瘤医院外科副主任、副主任医师，山西中医学院兼职副教授。从事临床外科工作 30 年，有系统的基础理论知识和丰富的临床工作经验。国内首创“改良式阴茎半切术”、“直肠膀胱会阴部结肠套叠式人工肛门术”、“双侧输尿管下腹正中皮管式造口术”。他的“Miles 根治术后会阴部结肠套叠式人工肛门”1986 年获山西省科技进步二等奖。1985 年获“五一”劳动奖章；1986 年分别获“山西省特级劳动模范”、“山西省卫生文明先进工作者”称号。在国内外杂志上发表论文 8 篇。

**张安桢** 男，1932 年生，福建人。1957 年毕业于福建医学院。现任福建中医学院教授、副院长。在创建我国第一个中医骨伤专业过程中，首先研究了中医院校举办骨伤专业的必要性、可能性及其实施办法，在教学、科研、生产三结合方面取得优异成绩，为我国中医骨伤医疗与教育专业的发展作出贡献。为继承老中医学术经验，他跟师学习、密切配合，前后总结整理林如高老中医经验专著 5 本，并通过现代医学知识和手段对老中医经验开展学术研究。他的“我国第一个中医骨伤专业创造与发展”1988 年获国家教委优秀教学成果奖；“骨科内伤诊疗法”1987 年获部委级科技进步二等奖。研制成功“麝香正骨水”，1986 年正式大批量投产，现年产值 70 多万元。该项研究 1988 年获福建省科技进步二等奖。1985 年获福建省先进教育工作者称号，1987 年获福建省有突出贡献的中青年专家称号。

**朱云瑞** 男，1938 年生，浙江人。1961 年毕业于山东医学院。现任福建中医学院现代医学部教授。首创吞水音图听诊试验诊断食管癌、贲门癌，确立吞水音图诊断食管癌、贲门癌诊断指标与标准，为食管癌、贲门癌的普查提供了一种理想的初筛方法，为音图研究与应用开辟了广阔的领域。他研究的“贲门癌吞水音图诊断及音图仪”获山东省科技进步一等奖。1986 年获山东省优秀教师称号；1983 年获福建省优秀教师、优秀教育工作者称号；1990 年获福建省有突出贡献的中青年专家称号。

**曾溢滔** 男，1939 年生，广东人。1962

年毕业于复旦大学生物系，1965年复旦大学遗传研究所研究生毕业。现任上海市儿童医院医学遗传研究所所长、研究员。他在血红蛋白研究与若干遗传病的产前诊断中，首先创造性地应用分子生物学技术进行诊断与研究，为优生和提高人口素质作出了积极贡献。他以“血红蛋白异常的分子机理”为题，连续三期获得美国国立卫生研究院（NIH）科学基金，并荣获美国普兰斯市荣誉市民称号。目前他承担的重点科研项目达10项之多，其中包括国家863高科技项目、国家自然科学基金和部委、上海市的项目。近年来先后荣获国家级、部委级和上海市科技成果奖共10次，在国内外发表论文200余篇。1984年被国家科委授予“有突出贡献的中青年专家”；1985年获“上海医学十杰”称号、1989年被上海市授予上海市科技精英提名奖。

**戴尅戎**　男，1934年生，福建人。1955年毕业于上海第一医学院，现任上海第二医科大学附属第九人民医院骨科主任医师、教授。长期从事骨科的医、教、研工作，除系统矫形外科外，尤其专长髋关节、人工关节的临床应用，临床经验丰富。在国内首次开展形状记忆合金加压骑缝钉的临床应用。1989年获得国家发明二等奖。他在步态分析、骨的力学研究、生物材料学、康复医学等方面均取得显著成绩。他开展的“多孔表面人工关节的实验研究”获上海市科技进步三等奖；“形状记忆双杯型髋假体”获上海市科技进步二等奖。在国内外发表论文40余篇。1988年获卫生部“全国卫生先进工作者”称号；1990年分别获“国际形状记忆合金医学应用奠基人”、“全国卫生系统优秀出国人员”、“国家教委科技工作先进”称号。

**王邦康**　男，1937年生，广东人。1962年毕业于北京医学院。现任北京口腔医院口腔正畸副主任医师。他在口腔正畸方面做出了突出的成绩。他主持的“钛镍记忆合金的口腔正畸临床应用”获1981年北京市科技进步二等奖；“T—N矫正法—矫正牙殆畸形的高效方法”获1989年北京市科技进步一等奖；主要参加的“电子计算机在口腔正畸临床的应用”和“口腔正畸学中立体摄影测量的应用研究”分别于1984年和1987年获北京市科技进步三等奖和二等奖。发表学术论文数篇。

**胡宗汉**　男，1934年生，吉林人。1956年毕业于沈阳医学院。现任中国药品生物制品检定所肝炎室主任、主任技师。主要从事肝炎研究工作。他早在五六十年代参加了我国“麻疹活疫苗的研制”，是1978年全国科学大会奖的获得者之一。他主要参加的“中国病毒性肝炎的流行病学研究”获1983年卫生部科技进步甲等奖；“乙肝疫苗与乙肝母婴传播阻断的研究”获1986年卫生部科技成果一等奖和1987年国家科技进步三等奖；“乙型肝炎疫苗的研究”获1988年国家科技进步一等奖。先后发表《急性散发性病毒性肝炎的血清学研究》等多篇论文，著有《病毒性肝炎实验诊断》等书。1988年被卫生部批准为有突出贡献的中青年专家。

**郑惠君**　女，1930年生，福建人。1955年毕业于湖南医学院。现任贵州省寄生虫病研究所主任医师。从事寄生虫病工作三十余年，在丝虫病的防治和研究工作中做出了突出贡献。她主持的“周期型马来丝虫皮下感染长爪沙鼠的实验观察”获得了1978年全国科学大会奖；参加的“贵州省基本消灭丝虫病的实验研究”获1984年贵州省科技进步二等奖；主持的“丝虫病实验研究”获1985年省科技进步四等奖；“单克隆抗体酶联夹心法检测班氏丝虫病循环抗原”和“马来和班氏丝虫病体外培养发育到四期幼虫和童虫”获1987年省科技进步三等奖和四等奖。先后在国内外发表了《中国丝虫病象皮肿的治疗方法》等多篇论文。曾多次被评为贵州省劳模。

**王海燕**　女，1937年生，山东人。1959年毕业于北京医学院。1963年至1966年在该校攻读硕士研究生。现任北京医科大学第一附属医院副院长，内科教授。主要从事肾脏内科的医疗、教学和科研工作。她的“实验性肾炎模型系列的建立与应用”获1986年卫生部科技进步乙等奖和北京市科技进步二等奖；“扫描电镜、相差显微镜光镜高培视野在鉴别血尿素来源上的系列应用”获1986年北京市科技进步三等奖；“应用实验肾脏模型对治疗肾炎中药实验研究”获1987年北京市科技进步二等奖；“对IgA肾病临床及病理认识的深化”获1988年北京市科技进步二等奖；“我国成人原发性肾小球疾病的临床病理系统研究”获1989年北京市科技进步二等奖。他自1980年后发表论文95篇。培养博士、硕士研究生12人。

**李鹏** 男，1932年生，上海人。1955年毕业于上海第一医学院。现任上海医科大学生理教研室主任、教授。从事生理学的教学与研究工作，特别是1979年以来，主要从事针刺调整心血管功能的系列研究，取得了显著的成绩。他的“针刺抑制实验性高血压与心律失常的机制分析”获1980年卫生部科技进步二等奖和上海市科技进步三等奖；“针刺对实验性高血压、低血压、心室期前收缩、容量负荷和失血的调整作用”获1986年国家教委科技进步一等奖；“延髓头端腹外测区在躯体传入冲动调整心血管功能中的作用”获1988年国家教委科技进步二等奖和1989年卫生部科技成果二等奖。发表《决定血压水平的神经机制》等50多篇论文，培养博士、硕士研究生13人。

**俞顺章** 男，1932年生，上海人。1955年毕业于中国医科大学，1959年于上海医科大学获得硕士学位。现任上海医科大学公共卫生学院院长，流行病学教授。长期从事流行病学教学和研究工作。在血防工作中由于做出了重要贡献，1985年上海市人民政府记大功一次。在肿瘤流行病学研究方面，尤其是在原发性肝癌病因研究及近年来的分子流行病学研究方面都做出了很多成绩。主要参加的“靖安县宫颈癌普查早治12年效果及其流行病学病因学研究”获1988年国家科技进步三等奖；“黄浦江饮水污染研究”获1988年上海市科技进步二等奖。自1984年担任卫生系（院）领导以来，坚持理论联系实际的传统，在巩固和发展公共卫生学院的教学基地工作中起了积极的领导、规划和组织作用。特别是上海县农村教学基地，已成为国内外医学、卫生农村教学基地的典范。他参与和组织临床医学专业学进行预防医学实习的教学改革试点工作，收到了良好的效果。为此，1989年他获得了国家教委授予的优秀教学成果特等奖。先后发表了《原发性肝癌流行病学》等多篇论文，培养博士、硕士研究生13人。

**项坤三** 男，1936年生，浙江人。1958年毕业于上海医科大学。1963～1968年在上海医大华山医院攻读硕士研究生。现任上海市第六人民医院内科主任医师。他在国外进修时进行了各种糖脂代谢基因多态性研究，建立了中国人特异的基因型及等位基因型数据，在胰岛素基因/胰岛锌生长因子发现了多种限制性内切酶断片长度多态性，在糖尿病研究方面发现了三种糖脂代谢有关的基因与中国人糖尿病有关联，为糖尿病发现多基因理论，首先提供了分子生物学依据。他创建了分子生物学实验室。他以分子生物学的手段来研究“II型糖尿病的发病机理”，完成了6个糖尿病候选基因的分析，为糖尿病的多基因遗传提供了依据。他对反映血糖水平的果糖胺检测这一最新技术进行了系统研究并获得成功，合成了果糖胺测定中所需的关键性标准物1—脱氧吗啡啉葡萄糖，其纯度与美国西根马公司的同类产品完全一致。建立了临床检测方法学，研制了果糖胺试剂盒，获得1990年上海市科技进步三等奖。其“DNA指纹图检测技术”获得了鉴定。他及时把科研成果运用于临床，亲自设计、建立了以治病、化验、咨询为综合措施为病人服务的糖尿病专题门诊。他绘制了《糖尿病防治知识》幻灯片，编印了糖尿病防治知识，对病员进行义务教育。他先后被评为上海市劳动模范、全国卫生先进工作者和全国“五一”劳动奖章获得者。

（苏菊香　王县成）

**【11 名青年医药卫生科技工作者获中国科协第二届青年科技奖】**

1991 年 5 月 27 日，在人民大会堂举行的颁奖仪式上，来自数理化、天地环保、医药卫生等 12 个领域的百名青年科技工作者获奖。其中医药卫生系统有 11 名获奖者。

**王建业**　1957 年 10 月生。1982 年新疆医学院医疗系毕业，1989 年在中国协和医科大学、卫生部老年医学研究所获硕士学位，现为卫生部北京医院外科主治医师。前列腺肥大是老年男性的多发病，常见病，近年来我国对该病的手术治疗有了新的进展，经尿道电切前列腺术（TURP）对病人创伤小、痛苦少，但术中需大量的冲洗液，部分冲洗液通过创面和切断的血管吸收到体内，引起低钠血症（TURP 综合征），不及时发现会导致死亡，国外报道低钠血症发生率为 2.5%，死亡率为 1%～2%，因此研究如何减少冲洗液的渗入是完善该手术的重要课题。他采用半衰期 60 天的 $^{125}$碘，配制一次可用 60 天，因而能用同一配剂观察较多病例。经过研究，他证明冲洗液渗透主要因素是压力，并找到冲洗瓶悬高 40 厘米是既达到冲洗效果，又使渗透量降到最低度的最佳部位，较之惯用的悬高 60 厘米可减少渗透 50%，经 300 多例临床验证，没有发生一例 TURP 综合征。他的论文在全国第三届泌尿外科学术会议上被评为优秀论文一等奖。

**王兴海**　1951 年 2 月生。1983 年毕业于第一军医大学护士学校，现为该校解剖学教研室技术组组长，实验师。他在人体标本制作技术方面有创新，特别在血管铸型制作技术方面具有特长，创新部分有环氧树酯静脉丛铸型法、过氯乙烯铸型标本在电镜扫描技术上的应用、骨内动脉铸型显示法、静脉逆向灌注法、头颈部动静脉铸型混合腐蚀法等，并能不断总结经验，研究分析血管灌注用填充剂的理化性质，对不同器官采用不同灌注方法，因而所显示的动脉、静脉、微血管标本，造型美观，立体感强。他带领技术组经过 10 年努力，建成了一个占地 180 平方米，拥有 800 多件人体解剖标本的实验室，已接待 40 多个国家 400 多位国外同行参观交流，得到很高评价。以他为主完成的“人体解剖标本制作法的研究和应用”课题已于 1989 年获得国家科学技术进步三等奖。他参加了《解剖学技术》一书的编写，发表论文 12 篇，其中作为第一作者 8 篇。由他制作的部分标本幻灯片和照片，于 1989 年曾在美国临床解剖学学术年会上放映展出。他先后招收培养进修生 10 多名，为 50 多个单位指导培训技术员 200 多名。他曾 3 次受嘉奖，2 次记三等功。

**戈建新**　1954 年 6 月 6 日生，蒙族。现为内蒙拉善盟医药分公司大芸种植试验场场长，主管药师。从 1979 年起，他主持名贵中药肉苁容的引种栽培课题，开辟了一条生产肉苁蓉的新途径。肉苁蓉具有重要的药用价值，引种栽培成功不仅有很高的生产价值和经济意义，而且在生物科学领域中也是一项创造性成果。该成果获 1987 年内蒙古自治区科技进步二等奖；1988 年获国家发明三等奖。1987 年被授予全国“五一”劳动奖章。

**杨晓敏**　1956 年 5 月生。1982 年苏州医学院毕业，1989 年在军事医学科学院毒物药物研究所获博士学位，现为该所助理研究员。他从行为、递质、受体三个层次研究发现可乐定［中枢去甲肾上腺素（NA）a2 受体激动剂］有加强安定［苯二氮卓（BZD）受体激动效应的重要递质系统，同时发现其机制与激活突触前 a2 受体及单胺递质释放有关，这是一项新的发现和新的见解，不仅纠正了过去认为 GABA 系统是介导 BZD 受体激动和反相激动剂药理作用唯一递质系统的概念，而且对探索新型抗焦虑措施及指导临床用药具有理论及实用价值，达到国内先进水平。他的主要工作在 1987 年第二届世界神经科学大会和 1988 年亚太地区药理会议上报告后，在国际上产生了一定影响。他在国内学术刊物上先后发表论文 12 篇，综述 1 篇。

**陈世明** 1953 年 12 月生。1978 年毕业于上海第二医学院医疗系，现为中国药品生物制品检定所主管药师。他应用 AO 染料与 DNA 特异性结合产生绿色荧光，在荧光显微镜下易于和其他非特异颗粒区别，提高了嗜多染红细胞微核检测结果的可靠性，并建立了一种外周血嗜多染红细胞微核测定法。比传统方法简便、经济、快速。在此基础上，他又对微核敏感动物品系进行了研究选择，发现 NIH 小鼠优于传统敏感品种动物(地鼠和 LACA 小鼠)。他的研究成果对药物及化学品的致突变性及致癌性的筛检和安全性评价具有实用价值，有独创性，处于国内领先水平，并进入国外同类工作先进水平，有较明显的社会效益和一定的经济效益。他已发表论文 15 篇，其中作为第一作者的有 10 篇。曾获得 1987 年中央国家机关青年优秀论文三等奖；1986 年、1989 年中国药品生物制品检定所科研先进奖。1988 年与其他同志合作的“药物致突变测试系列的建立与推广应用”科研成果获得卫生部科学技术进步三等奖。

**张运** 1952 年 9 月生。1976 年毕业于山东医学院医疗系，1985 年获挪威奥斯陆大学国家医院博士学位，现为山东医科大学附属医院心内科副研究员，心脏病研究室主任。1986 年，他首先开展冠心病多普勒负荷超声测量大血管膜性与管性狭窄对压差影响的研究和超声引导下心导管与多普勒超声血流动力学同步检查等。将此技术用于定性诊断，使多数心脏病人免于心导管等有创性检查，而定量化研究成果更扩大了无创性诊断范围，上述成果属 80 年代新技术，有明显的经济及社会效益，本项工作属国际先进水平。1988 年编著我国第一部多普勒超声技术专著《多普勒超声心动图学》，先后发表论文近 70 篇。已指导和协助培养硕士研究生 10 余名。

**张霁** 1963 年 11 月生。1984 年南开大学化学系毕业，1987 年在该校获硕士学位，现为中国医学科学院药物研究所助理研究员。他 1987 年参加筹建中国兴奋剂检测中心的工作，担任蛋白同化激素组组长。蛋白同化激素属国际奥委会规定的运动员禁止服用的兴奋剂，由于尿中代谢产物复杂、干扰因素多，检测难度大。他和同志们一起刻苦钻研，建立了对 20 种同化激素药物(包括国际奥委会规定的 16 种禁用药)的系统分析检测方法，通过国际奥委会正式资格考试。近三年撰写有关论文 6 篇，为配合第十一届亚运会，编写了有关合成类固醇的滥用及控制的科普书籍。他参加的“尿中多种蛋白同化激素 GCMS 分析方法的建立及应用”课题已于 1988 年获国家体委科技进步三等奖。他获得了第十一届亚运会组委会群工部和北京市团委的表彰，荣立二等功。

**郑国强** 1951 年 2 月生。1975 年陕西省卫生学校护士专业毕业，现为西安医科大学第一附属医院技师。他在从事心脏外科系列仪器的研究工作中，做出了显著成绩。他先后研制成功了心内血液吸引回收微栓过滤多用器、氧气过滤器、多用途一次性牙垫、心脏停搏液双向温度自动控制仪、半自动环氧乙烷消毒柜、库血或自体静脉血微型氧合器、动脉微栓过滤器、西医 II 型微泡型鼓泡式氧合器等 12 种仪器，前 3 项已获专利。其中心内血液吸引回收微栓过滤多用器，于 1989 年获陕西省卫生厅科技进步一等奖、陕西省科技进步三等奖、卫生部科技进步三等奖；西医 II 型心内血液吸收回收微栓过滤多用器获第二届国际专利及新技术新产品展览会铜奖。他发表论文多篇，担任《心肺转流论文集》的主编。经他研制成功的这些具有中国特色并有实用价值的仪器，对提高心脏外科手术效果起着很大作用，现已为全国 24 个省、市 150 多家医院所采用，并获得 200 多万元的经济效益。

**姚爱国** 1951 年 5 月生。1974 年毕业于山东大学电子系，现为济南军区总医院高级工程师。自 1974 年以来，曾先后从事无线电通讯、电子医疗设备维修及研制，以及计算机开发应用等工作，取得 15 项研究成果。“晶体管高频手术刀”获全军科技进步二等奖，国家发明四等奖，该成果已向两家工厂作技术转让，获得较大经济效益。1980～1982 年期间研制的“三通道无线电心电遥测仪”、“自动药片点数机”及“家用录音机心电图遥测及磁带记录系统”获军区科技成果四等奖。他的创造发明及技术革新项目较多，且他研制的“语音报尿器”、“遗尿治疗仪”及“植入式前列腺段尿道扩张管”、已申报专利，均已在临床应用。曾荣立军内一等功和三等功各一次，并被评为济南军区科学技术先进个人。

**徐根兴** 1955 年 7 月生。1982 年南京大学生物系动物专业毕业，1984 年在该校获硕士学位，现为南京海军医学专科学校组胚室讲师。他的主要成果是：①高压氧中毒机制的研究。高压氧与潜水医学有重要关系，是海军的重要研究项目。他采用电镜及酶组化技术，对实验动物组织进行了多种酶活性和细胞超微结构的研究，取得了好成绩。②在电镜酶细胞化学技术的应用方面，他用铈染色法取代铅染色法，研究了细胞内 18 种酶的分布，方法稳定，并应用于高压氧中毒及脑膜瘤等工作。这项技术在国内领先，对酶在超微结构上的定性，定时及生物医学上的应用有推广价值。③他研究了鱼类尾部垂体分泌系统的结构与功能，研究结果为尾垂体激素与生殖功能有关的假说提供了新的论据，在国内居领先地位，此项工作不光有理论价值，而且对鱼类养殖具有实际的应用价值。以上研究，曾发表论文 20 篇，其中 2 篇被美国剑桥科学文摘所选用。他曾在军内和地方 10 次获得科技进步奖，2 次获优秀论文奖。

**黄开星** 1963 年 8 月生。1984 年毕业于上海医科大学药理学专业，1989 年获中国科学院上海药物研究所药理学博士学位，现为该所助理研究员。他应用先进的多种研究方法，进一步证明中药成分左旋千金藤啶碱对脑内多巴胺受体有阻滞和激动双相作用，并证明这种特性随着多巴胺受体敏感性的改变而转化，即对超敏状态的多巴胺受体有激动作用，而对常态的多巴胺受体起阻滞作用，还证明黑质网状区 $D_1$受体介导与左旋千金藤啶碱产生激动作用有关。这一研究结果为寻找阻滞—激动兼容的新型药物和研究黑质纹状体系统的生理功能提供了新的思路，有一定的理论价值，达到了国际先进水平。1989 年曾获得中科院院长奖学金优秀奖。他所在课题组研究的“脑内多巴胺系统与四氢原小檗碱同类物的药理作用关系”1989 年获中国科学院自然科学奖二等奖。

**樊代明** 1953 年 11 月生。1978 年毕业于重庆第三军医大学医疗系，1989 年在第四军医大学获消化内科博士学位，现为西安第四军医大学消化内科副教授、科室副主任。他开展消化道肿瘤，特别是胃癌单抗的研制工作，成功地建立了 12 株鼠源性人胃癌单抗细胞株和 2 株人源性胃癌单抗细胞株。鼠源性细胞株已在体外连续培养一年半以上，证明这些杂交瘤细胞株分泌单抗能力稳定，抗体效价高，特异性较强，阳性率亦高，用多个单抗联合染色，胃癌阳性率可达 95%以上。此外，这几株单抗可用于胸腹水脱落细胞学检查，用于提高转移淋巴结中癌细胞检出率，可用于原发性或胃肠道转移性卵巢癌的鉴别诊断。所筛选的 2 株抗胃癌的人鼠杂交瘤

(FMC—1）分泌的人源性单抗，其效价、特异性等方面均达到较高的水平。这项工作有较大的社会效益，达到国际先进水平。近三年内他发表论文26篇，荣获全国、全军、陕西省首届中青年医学优秀论文奖各一次，全军科技进步奖一、二等奖各一次。

（王县成）

**【全国卫生系统救灾防病先进集体和先进个人名单】**

1991年11月，卫生部、国家中医药管理局、全国爱国卫生运动委员会办公室，通报表彰卫生系统救灾防病先进集体88个，先进个人349名。具体名单如下：

### 安徽省

**先进集体**

安徽省卫生厅及爱国卫生运动委员会办公室

安徽省卫生防疫站

合肥市卫生防疫站

凤台县卫生局

蚌埠市救灾防病办公室

黄山市黄山区赴乌石乡医疗队

枞阳县卫生局

嘉山县卫生防疫站

凤阳县卫生局

巢湖市卫生局

含山县清溪区卫生院

郎溪县东夏镇卫生院

六安地区人民医院

寿县救灾防病领导小组

阜阳地区行署卫生局

阜南县卫生防疫站

**先进个人**

吴万能　安徽省卫生防疫站主管医师

李建生　安徽省立医院主治医师

许戈良　安徽省立医院主治医师

冷智生　安徽省药品检验所药师

胡以棠　合肥市卫生防疫站站长、副主任医师

袁家印　长丰县卫生局局长、主治医师

高宗彪　肥东县三十埠乡马岗卫生所医师

刘德林（女）　肥西县三河镇卫生所医生

王全海　凤台县焦岗乡卫生院副院长、医师

陈光琳　濉溪县人民医院医师

余文波　芜湖市卫生防疫站副科长、主治医师

徐　兵（女）　蚌埠医学院附属医院护士

丁振蕾（女）　蚌埠市郊区妇幼保健所所长、护师

丁善乐　铜陵有色职工总医院副主任医师

王道章　怀远县卫生防疫站站长

陈凤美　固镇县卫生局局长

张乃成　五河县临北乡卫生院医士

张庆秧　当涂县卫生防疫站副站长、医师

胡临荪　黟县东源乡卫生院院长、主治医师

赵树民　灵璧县卫生局股长、主治医师

邹继田　嘉山县人民医院院长、主治医师

李延智　来安县汉河镇卫生院医师

吴　玺　定远县池河区卫生院院长、医师

胡家柳　安庆市第三人民医院医师

石庆祥　桐城县卫生局副股长

吴庭华　天长县桥湾乡卫生院副院长

冯　林　全椒县古河医院副院长、主治医师

刘庭芳　凤阳县卫生局局长、副主任医师

陶京沪　巢湖市中垾乡卫生院院长、医师
纪明智　含山县卫生防疫站医士
朱华杰　含山县半湖乡卫生院院长、医师
宣　军　无为县汤沟区卫生院医士
高燕山　庐江县卫生防疫站医士
陈自水　和县长建乡西陈村卫生室医士
李　季　宁国县胡乐区卫生院院长、医师
李日普　郎溪县毕桥卫生院院长、助理会计师
朱良从　贵池市卫生局副局长、副主任医师
江求瑞　六安行署卫生局科长、医师
胡世荣　六安县卫生防疫站副站长、主管医师
霍文章　寿县卫生局局长
洪良绍　霍山县卫生局局长
孟凡贺　霍邱县周集区卫生院院长
许家爱　舒城县卫生局局长
储士喜　金寨县船冲乡卫生院院长、医师
洪乃敏　阜阳行署卫生局局长、主管医师
范广义　阜阳地区卫生防疫站主管医师
刘寿敏　阜阳县卫生防疫站医士
陈立昌　利辛县胡集中心卫生院院长、医师
张忠礼　临泉县艾亭区卫生院院长、医师
胡云献　颍上县卫生局副局长
黄希善　颍上县杨湖中心卫生院院长、主治医师
杜俊杰　阜南县曹集区卫生院院长、主治医师

## 江　苏　省

### 先进集体

江苏省卫生厅及爱国卫生运动委员会办公室
江苏省卫生防疫站
江苏省肿瘤防治研究所抗洪救灾医疗队
南京市卫生局
邳县卫生局
淮阴市卫生局
盐城市卫生局
大丰县人民医院
扬州市卫生局
高邮市郭集乡卫生院
南通市卫生局
句容县卫生局
常州市妇产医院
金坛县卫生防疫站
无锡市崇安区卫生局
苏州市金阊区卫生防疫站

### 先进个人

胡晓抒　江苏省卫生厅主任科员、医师
陈　勇　江苏省医学情报研究所主管技师
江　旦　江苏省中医院副主任医师
赵志泉　江苏省人民医院副院长、副主任医师、副教授
程广田　南京市第一医院技师
戴玉厚　南京医学院第二附属医院副主任医师
李又龙　南京市浦口区卫生防疫站副科长、医师
徐爱媛(女)　溧水县中医院护士总长、主管护师
王丰乡　江浦县血吸虫病防治站站长、主管医师

范　杰　六合县卫生防疫站站长、主管医师
朱崇先　淮阴市卫生防疫站副科长、主管医师
朱长川　金湖县卫生局局长
周　坚(女)　盱眙县卫生局局长
薛启凡　盱眙县淮河乡卫生院院长、医士
王锦华　盐城市卫生防疫站站长、主管医师
孔繁仁　建湖县卫生局局长、讲师
黄　平　阜宁县公兴中心卫生院院长、主治医师
顾正涵　射阳县卫生局局长、主管医师
吴宗福　扬州市卫生防疫站站长
陆正林　扬州市苏北人民医院副院长、副主任医师
周世诚　宝应县卫生局局长、主管医师
张仁礼　宝应县望直港镇军师村卫生室室长、乡村医生
张家祥　泰县里华乡卫生院院长、主治医师
范有茂　海门县卫生局局长、医师
黄玉富　海安县卫生局局长
王祖谟　海安县皮肤病防治院院长、工程师
胡建华　镇江市卫生局科长
丁海青(女)　丹徒县荣炳卫生院院长、药剂师
周顺全　句容县卫生防疫站站长、副主任医师
夏兆庆　句容县葛村方溪村乡村医生
周业俊　常州市卫生局局长、主管医师
沈茂忠　常州市青龙乡卫生院会计员
戴玉芳(女)　常州市广化医院护士长、护师
时瑞良　武进县坂上乡卫生院院长、医师
徐汇仁　无锡市卫生防疫站站长、副主任医师
王志旦　无锡市郊区广益乡卫生院院长、主管医师
高筱燕(女)　无锡市崇安区复兴路街道卫生所所长、医师
丁永泉　无锡县卫生防疫站站长、副主任检验师
朱云华　苏州市卫生防疫站站长、副主任医师
郑新来　苏州市第四人民医院主治医师
孙阿炳　吴江县七都乡卫生院院长、医士
林凤池　太仓县卫生防疫站科主任、主管医师
姜润荪　江阴市卫生防疫站副站长、主管医师
刘　歆　兴化市卫生局医师
陈付金　兴化市荡朱乡卫生院院长、医师
陈益夫　淮安市南闸乡卫生院院长、主治医师
虞庆伢　溧阳市河心乡卫生院医师
蔡保初　宜兴市卫生防疫站副科长、主管医师
苏德茂　东台市卫生防疫站科主任、主管医师
宋伟君　张家港市卫生局局长、医师
吴新昌　丹阳市延陵中心卫生院院长、主治医师

## 河南省

### 先进集体

河南省卫生防疫站
54676部队医院
新蔡县卫生局
信阳地区人民医院医疗队

**先进个人**

何家龙　河南省卫生防疫站副站长、副主任医师
岳维海　河南省人民医院主任、主治医师
梅建伟　河南医科大学第一附属医院
秦大明　河南省军区第一五三医院副主任、主治医师
宋亿楠　武警河南省总队医院副主任、主治医师
石侠峰　襄城县卫生局局长、主治医师
梁照升　淮阳县卫生局局长、医师
王仲民　新蔡县卫生局副局长、医师
赵秀丽(女)　新蔡县李桥回族镇卫生院副院长、医师
李国友　新蔡县涧头乡曹庄卫生所所长、乡村医生
胡起海　平舆县卫生局副局长
梅耀甫　正阳县卫生防疫站站长、主管医师
张志忠　信阳市人民医院主任、主治医师
张孔华　信阳地区卫生防疫站科副主任、医师
付振勤　淮滨县邓湾乡邓湾村卫生所所长、乡村医生
朱国振　息县红十字医院院长、主治医师
谢瑞生　息县长陵乡卫生院医师
鲍思仁　固始县卫生局副局长、主治医师
魏秀均　南阳地区卫生防疫站站长
刘义兵　桐柏县卫生防疫站科主任、主管医师

## 湖北省

**先进集体**

湖北省卫生厅
湖北省人民医院
同济医科大学附属同济医院
黄冈地区卫生局
荆州地区卫生防疫站

**先进个人**

肖伟平　湖北省人民医院副主任医师
王文清　湖北省卫生防疫站主管医师
吴继雄　武汉市卫生局防疫处处长、主管医师
魏炎均　武汉市医学科学研究所助理工程师
褚玉琳　武钢第一职工医院副院长、副主任医师
金京娥(女)　新洲县中医医院科主任、主治医师
白云富　荆门市沙洋区李市镇卫生院副院长、医师
张志明　鄂州市第一医院医师
熊彦柏　孝感地区卫生局
戈海林　广水市二医院主任、主治医师
赵复勋　汉川县卫生局副局长、主治医师
樊孝政　黄冈地区行署卫生局副局长
陈抗生　蕲春县卫生防疫站副站长、医师
聂海南　咸宁市张公乡卫生院院长、医师
来易成　蒲圻市新店镇血防组医师

王学文　通城县大溪乡卫生院院长、药师
代百良　洪湖红军医院副院长、医师
卢正杰　江陵县资市镇卫生院院长、主治医师
张金阶　监利县棋盘乡卫生院院长、医士
艾　军（女）　宜昌地区妇幼保健所主管护师
莫元林　巴东县人民医院医士

## 四　川　省

**先进集体**

四川省卫生防疫站
泸州市卫生局
宜宾县卫生防疫站
达县地区救灾防病领导小组

**先进个人**

王在银　四川省卫生厅卫生防疫处处长、讲师
周全彦　四川省卫生防疫站科主任、主管医师
叶　宁　四川石油管理局川南矿区职工医院副院长
陶遂林　蒲江县卫生防疫站站长、主管医师
唐奇跃　江津县卫生防疫站站长、主管医师
陈仲祥　富顺县牛佛区卫生院院长、主治医师
孙树明　合江县中医医院院长、主治医师
张永伦　苍溪县卫生局副局长
边伦光　苍溪县东溪区卫生院院长、医师
罗定宇　蓬溪县卫生局副局长
陈盛发　简阳县卫生防疫站主管医师
柳　林　犍为县卫生局局长、主治医师
周天文　沐川县人民医院主治医师
杨万璋　巫山县骡坪区政府副区长、会计员
张胜臻　涪陵地区卫生防疫站主管医师
张长贵　宜宾市卫生防疫站主管医师
刘维政　宜宾县卫生学校校长、主治医师
余延秀（女）　绵阳市卫生防疫站科主任、主管医师
李明林　宣汉县厂溪乡卫生院院长、主治医师
周发琼　汉源县卫生局局长、主治医师
殷德强　喜德县卫生防疫站站长、医士
潘高旭　邻水县鼎屏镇卫生院医士

## 湖　南　省

**先进集体**

湖南省卫生防疫站
常德市卫生局
常德市血防办
澧县卫生局

**先进个人**

周德才　茶陵县卫生局局长
向立模　平江县时丰乡卫生院医师
贺定钧　常德市药政处主任兼药检所所长
戴晰本　澧县卫生局局长
云从亚　澧县小渡口血防站医师
汤光甲　临澧县烽火乡卫生院院长
陈文艺　汉寿县岩汪湖血防站医师

廖树理　汉寿县毓德铺卫生院院长、主治医师
袁维炳　安乡县三岔河镇防保所副所长
李基顺　石门县卫生局局长
覃道勋　石门县中医院院长
李柏桂　慈利县卫生防疫站站长
李文孝　津市市卫生局
尹久如　津市市人民医院副院长
钟含林　零陵地区卫生局副局长
朱恩义　零陵地区卫生防疫站科主任、主管医师
郭立纯　沅江市阳罗医院主管医师
苏舫初　沅江市目平湖乡卫生院院长、主治医师
史绍轮　南县华阁镇卫生院主任、主治医师
田光培　龙山县药品检验所所长

## 贵　州　省

**先进集体**

六盘水市直卫生系统抗洪抢险救灾医疗队

遵义地区医院

安顺市卫生局

**先进个人**

王　思　武警贵州总队医院主治医师
石敏胜　六盘水卫生防疫站科长、医师
何万府　盘县牧区卫生防疫站副站长、主管医师
王芳荣　水城县卫生局副局长、主治医师
王清志　遵义地区卫生防疫站副站长、主任医师
孙显明　遵义医学院附属医院室主任、教授
田玉良　遵义县枫香区卫生院防疫员
马应良　桐梓县新站区卫生院院长、主治医师
杨光华　铜仁地区卫生防疫站主管医师
张昌荣　毕节地区卫生防疫站主管医师
陆　超　纳雍县治昆区左鸣戛乡卫生院院长、医士
黄明聪　安顺市卫生局局长、药剂师
马钟瑜　安顺市第二人民医院院长、副主任医师
张时林　安顺市卫生防疫站、市卫生局副局长、副主任医师
冯一平　平坝县卫生局局长、药师
王文荣　台江县卫生防疫站副科长、医师

## 浙　江　省

**先进集体**

浙江省卫生厅

浙江赴皖疫病防治工作队

嘉善县卫生局

长兴县卫生防疫站

**先进个人**

胡品乾　浙江省卫生厅防疫处处长、副主任医师
卢苗贵　浙江省卫生防疫站医师
邹寿椿　浙江省人民医院副院长、主任医师
张　勤　浙江省中医院主治医师
干梦九　浙江医科大学附属第一医院副院长、副教授
吴金民　浙江医科大学附属第二医院院长、教授

付学铨　杭州市红十字会医院副院长、副主任医师
朱毓仁　杭州市第一人民医院院长、主任医师
谢生根　临安县卫生局局长、主治医师
周爱芬(女)　嘉兴市卫生防疫站站长、主治医师
陈美英(女)　嘉兴市郊区卫生局局长、医师
于红雷　嘉兴市郊区卫生防疫站站长、主管医师
陈毓元　嘉善县卫生局局长、副主任医师
沈正澎　嘉善县卫生防疫站站长、医师
林宝生　湖州市卫生局副主任、主治医师
章国良　湖州市卫生防疫站医师
康佩良　长兴县卫生局局长、主管医师
邱闻如　长兴县卫生防疫站副站长、主管医师
张建明　长兴县洪桥镇中心卫生院医师
李发生　长兴县横山乡卫生院院长、医士

## 黑龙江省

**先进集体**

大兴安岭地区卫生防疫站

**先进个人**

乔志明　鸡西市卫生局局长、主治医师
翟小光　牡丹江市卫生防疫站科主任、主管医师
王连杰　富锦市卫生局局长、主任医师
张长山　通河县卫生防疫站站长、医师
于德水　塔河县预防保健中心主任、副主任医师

## 吉林省

**先进集体**

延边朝鲜族自治州卫生局

**先进个人**

潘庆余　双阳县卫生局局长
乔茂森　桦甸市老金厂乡卫生院
任力勋　镇赉县卫生局局长、主治医师
李龙洙　敦化市黑石乡卫生院院长
朱锡豹　汪清县卫生防疫站副站长

## 海南省

**先进集体**

三亚市保港镇卫生院

**先进个人**

黄中兴　海南省卫生防疫站科主任、副主任医师
麦世玉　三亚市卫生防疫站科主任、主管医师
黄文利　通什市毛道乡卫生院医士
王会中　琼海县阳江中心卫生院院长、主治医师
廖礼乐　陵水县卫生防疫站医师

## 山东省

**先进集体**

临沂地区沂水中心医院

**先进个人**

宋文阁　山东省立医院副主任医师
栾志和　千佛山医院副主任医师

陈学良　山东医科大学附属医院主治医师

马自力　临沂地区人民医院院长、主治医师

任永魁　平邑县卫生局局长、主治医师

### 河　北　省

**先进集体**

河北省卫生防疫站

**先进个人**

赵　瑜　河北省卫生厅卫生防疫处副处长

焦　静(女)　冀县医院科主任、医师

### 北　京　市

**先进集体**

北京市赴皖疫病防治工作队

密云县卫生局

**先进个人**

彭国克　北京市卫生防疫站医师

许政刚　北京同仁医院科主任、副教授

刘　湘　密云县卫生局局长

黄恩普　怀柔县第二医院科副主任、主治医师

彭明伟　怀柔县长哨营乡卫生院医士

### 上　海　市

**先进集体**

上海赴皖疫病防治工作队

金山县卫生防疫站

**先进个人**

黄雨舜　上海市卫生防疫站副站长、副主任医师

高　恪　上海第二医科大学附属瑞金医院副院长、副主任医师

赵慧新(女)　南汇县爱国卫生运动委员会办公室主任、护师

汪寿明　青浦县卫生防疫站站长、医师

徐福洲　青浦县红十字会副秘书长

### 广　东　省

**先进集体**

汕头大学医学院第一附属医院

**先进个人**

张志龙　汕头市第二人民医院科主任、主治医师

洪生凯　汕头市鮀浦中心卫生院院长、主治医师

陈　水　汕尾市红十字会医院副院长、主治医师

黄振登　徐闻县前山中心卫生院院长、主治医师

肖　哲　潮州市潮州医院科副主任、医师

### 广西壮族自治区

**先进集体**

都安瑶族自治县卫生局

**先进个人**

高光荣　钦州市卫生防疫站站长、医师

韦炳雷　河池市保平乡卫生院医士

韦俊保　都安县卫生局局长、主治医师

周生兰　都安县爱国卫生运动委员会办公室主任、主管医师

蓝安光　都安县人民医院副主任医师

## 甘 肃 省

**先进集体**

宕昌县卫生防疫站

**先进个人**

赵　琮　　岷县禾驮卫生院院长、医师

王建才　　西峰市卫生防疫站股长、主治医师

张兆品　　天祝藏族自治县卫生防疫站副主任、主治医师

黄桑才　　舟曲县卫生防疫站站长、医师

## 江 西 省

**先进集体**

万安县人民医院

**先进个人**

周时雨　　湖口县大垅乡卫生院主治医师

蔡礼德　　上饶地区人民医院院长、副教授

徐绍昌　　金溪县人民医院科副主任、主治医师

彭应飞　　遂川县卫生防疫站医师

肖慎荣　　万安县桂红乡中心卫生院医士

## 天 津 市

**先进集体**

天津市第三批赴皖疫病防治工作队

**先进个人**

祝兆林　　天津第二医学院附属第一中心医院副院长、副主任医师

晏国利　　天津市第二中心医院副院长、主治医师

张　玲(女)　天津市第二中心医院护士

张之伦　　天津市卫生防病中心主管医师

乔树芳　　天津市长征医院医师

## 山 西 省

**先进个人**

俞益生　　山西省卫生厅厅长

庄荣欢　　山西省人民医院副院长、主任医师

## 内蒙古自治区

**先进个人**

郭德志　　赤峰市喀喇沁旗四十家子乡卫生院副院长、医士

陶　柱　　科右中旗坤都冷苏木卫生院院长、医师

## 辽 宁 省

**先进个人**

谢世荣　　辽宁省人民医院科主任、副教授

陈　笠　　沈阳医学院附属中心医院副院长、副教授

邓向东　　中国医科大学附属第一医院副院长、副教授

## 福 建 省

**先进个人**

沈丁之　　诏安县医院主治医师

邱淦安　　武平县下坝卫生院院长、医师

## 云　南　省

**先进个人**

李忠瑞　澜沧县卫生局局长

孙时勤　耿马县医院院长

## 西藏自治区

**先进个人**

郁晓峰　山南地区卫生防疫站科长、主管医师

茶　果　林芝县医院院长、医师

## 陕　西　省

**先进个人**

胡德育　陕西省卫生防疫站科主任、主管医师

滕大强　凤县中医医院院长、主治医师

## 青　海　省

**先进个人**

彭哇才仁　玉树藏族自治州地方病防治研究所副所长、医师

道尔杰　乌兰县卫生防疫站站长、医师

## 新疆维吾尔自治区

**先进个人**

宋海深　喀什地区卫生处副处长

## 军　　队

**先进集体**

南京军区总医院

南京军区第一二三医院

**先进个人**

曾刚沂(女)　南京军区第一〇五医院主治军医

周凤兰(女)　南京军区空军大校场场站卫生队队长、主治军医

张自庆　济南军区第一三九医院科副主任、主治医师

张正宏　湖南省军区后勤部卫生处处长

章德钰　贵州省军区第四四医院副院长、副主任医师

## 武　警　部　队

**先进集体**

湖北省总队医院

**先进个人**

姜海良　江苏省总队一支队卫生队队长

朱扬彪　安徽省总队合肥市支队卫生队少校军医

张华玉　安徽省总队阜阳地区支队赴灾区医疗队军医

## 铁　道　部

**先进集体**

上海铁路局卫生处

**先进个人**

李华云(女)　上海铁路局合肥铁路医院水家湖卫生所所长

赵渊博　牡丹江铁路卫生防疫站站长

赵春翰　六盘水医院院长

## 国家中医药管理局

**先进集体**

中国中医研究院疫病防治工作队

北京中医学院救灾防病医疗队

**先进个人**

金章安　北京中医学院第二附属医院筹备处主治医师

赵树森　北京中医学院附属东直门医院主治医师

宋一同　北京针灸骨伤学院主任医师

张广生　中国中医研究院西苑医院副主任医师

姜在阳　中国中医研究院广安门医院主治医师

## 卫生部部属单位

**先进集体**

卫生部救灾防病办公室

中国预防医学科学院

中国生物制品总公司系统

健康报社声像部

中国健康教育研究所抗洪救灾宣传教育办公室

北京医科大学赴皖疫病防治工作队

北京协和医院赴皖疫病防治工作队

上海医科大学疫病防治工作队第三队

中国医科大学附属二、三医院赴皖疫病防治工作队

白求恩医科大学赴豫疫病防治工作队

西安医科大学第一附属医院赴豫疫病防治工作队

卫生部办公厅行政处

**先进个人**

陈宝珍　中国预防医学科学院副处长、副研究员

张洪祥　中国预防医学科学院食品卫生监督检验所助理研究员

刘崇柏　中国预防医学科学院病毒学研究所主任、研究员

曹惠林　中国预防医学科学院病毒学研究所主任医师

汪诚信　中国预防医学科学院流行病学微生物学研究所副所长、研究员

时曼华(女)　中国预防医学科学院流行病学微生物学研究所副研究员

张凝瑞　北京生物制品研究所企管办主任

魏　萍(女)　健康报社公卫部助编

靳　玮(女)　健康报社科教部编辑(记者)

邢远翔(女)　健康报社科教部编辑(记者)

周　寰(女)　健康报社记者

杨玉凯　中国健康教育研究所副主任、高级工程师

齐广志　北京卫生检疫所主管医师

周锡兴　上海卫生检疫所医师

黄万忠　北京医科大学第一临床医学院副处长、助理研究员

王　敏　北京医科大学第三医院副主任、主治医师

唐　君(女)　北京医科大学附属人民医院主治医师

唐伟松　北京协和医院副教授

徐德川　北京协和医院主治医师

乐竹琴(女)　上海医科大学附属华山医院副主任、副教授

张希德　上海医科大学中山医院副教授

张劲松　中国医科大学附属第一医院主治医师

康玉振　中国医科大学附属第二医院主治医师

王树权　中国医科大学附属第二、三医院副教授

张东航　白求恩医科大学第一临床医学院科长、主治医师

孙显斌　白求恩医科大学二院副教授

冷维春　白求恩医科大学三院主治医师

高积勇　西安医科大学第一附属医院

潘承恩　西安医科大学第一附属医院科副主任、副教授

张雅文(女)　西安医科大学第二附属医院副主任医师

张爱萍　卫生部药政局副处长、主管药师

赵世麟(女)　卫生部卫生统计信息中心

安　然(女)　卫生部办公厅

赵同刚　卫生部办公厅处长、助理研究员

齐小秋　卫生部卫生防疫司处长

任明辉　卫生部政策法规司

孟建国　河北省医院科长、会计师

(张金鼎)

**【农业部、卫生部、水利部表彰的全国血吸虫病防治先进集体、先进个人】**

**一、先进集体**

**浙江省**

省人民政府地方病防治领导小组办公室

中共嘉兴市委地方病防治领导小组办公室

衢州市人民政府地方病防治领导小组办公室

余杭县地方病防治领导小组

**江西省**

南昌县机械灭螺队

余干县血吸虫病防治站

上饶地区行署血吸虫病防治领导小组办公室

彭泽县人民政府

九江市人民政府血吸虫病地方病防治领导小组

丰城市人民政府

省人民政府血吸虫病地方病防治办公室

省家畜防疫检疫站血吸虫病防治组

湖口水电局

**安徽省**

贵池市人民政府血吸虫病防治领导小组办公室

望江县人民政府

无为县人民政府

绩溪县人民政府

省血吸虫病防治所

无为县家畜血吸虫病防治站

南陵县柏山渠灌区管理处

**四川省**

四川省医学科学院寄生虫病研究所血吸虫病防治办公室

德阳市人民政府地方病防治办公室

雅安地区行署地方病防治办公室

成都市青白江区血吸虫病防治站

彭山县血吸虫病防治站

冕宁县血吸虫病防治站

**上海市**

市寄生虫病研究所

上海县人民政府

**广东省**

广东省大旺华侨农场

广东省水电厅

**广西壮族自治区**

横县血吸虫病防治站

区人民政府地方病防治办公室

**云南省**

宁蒗县防疫站血吸虫病防治科

云南大理血吸虫病防治所

弥渡县血吸虫病防治站

鹤庆县血吸虫病防治站

**江苏省**

苏州市政府血吸虫病防治办公室

江宁县血吸虫病防治站

丹阳市人民政府

丹徒县畜牧兽医站

高邮市人民政府

江浦县水电局

江苏省血吸虫病防治所

**湖北省**

江陵县马家寨乡人民政府

公安县人民政府

应城市委血吸虫病防治领导小组

阳新县血吸虫病防治站

黄州市血吸虫病防治站

当阳市血吸虫病防治领导小组

汉阳县血吸虫病防治领导小组办公室

省水利厅

省地方病防治办公室

省家畜血吸虫病防治站

**福建省**

霞浦县卫生防疫站

长乐县卫生防疫站

**湖南省**

岳阳县麻塘区区公所

钱粮湖农场

沅江市人民政府

益阳地区血吸虫病防治所

安乡县人民政府

津市市保河堤血吸虫病防治站

省水利电力厅洞庭湖工程局

省家畜血吸虫病防治站

省寄生虫病防治研究所

**有关部委**

水利部长江水利委员会血吸虫病防治办公室

化工部天津大沽化工厂

农业部血防工作组

卫生部血吸虫病专家咨询委员会

**二、先进个人**

**浙江省**

马寿根　庄炳瑾　金美玲　王近南　李思温
陶海全　朱永嘉　杨如春　童懋月　刘建中
范巴陵　姚开明　泮志贵　俞　群　王光华
李国培　康佩良　唐炳炎　沈端华　王志岳
周德宏　董卫丰　孔庆炎　屠仁勇　金祖成
王尧荣　胡柏斐　陈跃明　戚贤德　经维勤
王道芳　寿松福　裘忆慈　邹善华　徐佑坤
王雨土　郑培余　钱国女　谢忠俭　王秩斌

**福建省**

林金祥　李大基　赵善务　杜蔚苍　王孝志
林金财　郑君玉　钟坤荣　张宝莲　吴宗义
陈瑟理　何小平　程德强　张　政　林茂光
俞士奇　倪秉宇　余德龙

**江西省**

赖斯兴　李炳生　钟祖标　傅祖虞　刘志德
黄飞鹏　李怡如　潘育兴　肖名洋　肖兰英
张子华　吴成仰　刘　育　曾文范　王银伦
余来喜　章锡辉　樊孝渎　夏宗浩　王小琴
胡金水　刘荣辉　向景雍　熊玉龙　严均林
刘惟其　石朝阳　谭天岳　吴立水　占炳福
王大正　王文柏　徐治平　韩南星　曾瑞和
汪　霞　李久涛　林宏府　张国成　黄席珍
熊培康　肖玉林　郑三元　李荣年　叶淦泉
徐观谷　李青山　彭凯乐　郑建华　陆志云
万德煌　汪汉庆　吴火林　刘运金　万顺弟
谢书梁　方　明

**安徽省**

陈昌顺　鲁茂发　唐化功　李方荣　洪长青
李道和　窦德新　胡坤亚　乐家林　赵正东
何家凤　吴礼清　张旭光　崔应吉　吴智仁
黄敬陆　曹志光　张士明　柯兆明　樊彩珠
陈国忠　吴炳生　凌必元　程居沂　汪书泽
艾政明　翟春虎　章翠英　胡绍舜　王宜钊
沈尧康　产芳松　张登岚　陈贤初　梁传见
李　华　王根胜　郭芝芳　洪晋康　钱基模
崔之静　翟光远　阚伯英　张良逢　唐大昌
章志善　王汉元　赵中荣　詹富祖　刘凯平
苗一龙　张功良　李绪木　吴光力　张一云
刘心放　徐伏牛　洪芳田　杨兆莘　张国芳
龙其保　江韵玲　章家荣

**湖南省**

周达人　余　诚　胡述光　潘觉知　黄昌林
李仕跃　李伯善　黄维恒　王国和　薛忠元
陈秋生　严晓承　肖德意　姜钧奎　张金阶
李久雁　陈超伦　王辉龙　尹廉才　白春涛

熊绍国　刘源敬　彭水生　杨海棠　刘向东
李荣华　陈友三　张凯元　葛文致　王利泉
王范华　周　健　吴敏政　李继如　史顺国
于来山　石中谷　蒋年钦　张声宏　王春喜
王镜清　皮　辉　田子英　何英满　徐隆裕
邓威特　何成朗　刘宏炎　谌和香　杨谷江
钟光华　陶昌鉴　何正田　孙维俊　朱传湘
李可育　安家宽　郭雪飞　罗旺德　黎友才
云从亚　陈文艺　孙益民

**江苏省**

曹　霄　邱汉辉　朱长川　张九春　施越云
陆耀德　杨　震　王金元　周家瑜　陈建亚
张守训　卞汝霖　杨建国　瞿廷栋　朱霞章
董龙文　徐健生　叶维仁　唐怀宙　承瑞洪
顾德才　王　霖　戚顺元　花永政　任子龙
王国春　马万顺　钟学军　郜如保　朱　健
张家楷　吴椿年　王　雷　金嘉珍　王根生
魏　群　赵贤贵　周　莉　王　锐　周家修
许正元　过伯裕　刘伯荧　赵伯阳　黄京龙
丁焕洪　李法宝　陆崇章　马文华

**湖北省**

徐林茂　袁对松　向从凯　陈长生　曾凡海
孙明雅　凌孝甫　裴光奇　马正甲　金长思
雷勋辉　夏述云　聂良荣　张　翚　肖善平
汪德虎　杨先枝　孙柏枝　陈德润　魏瑞官
蒋万法　张玉琪　李安元　梅延良　黎　光
夏江源　饶望卿　胡又芳　王运忠　陈又忠
刘桂琛　董美玉　李　繁　谈际胜　刘伟南
刘合意　陈世洪　丁征河　胡国基　周起元
王国平　高　戟　夏启荣　冯长柏　赵昌元
廖光生　郑爱民　李祥金　刘义华　白明永
陶鸿润　戴跃汉　詹仲伟　蔡先达　游　山
范如顺　帅同辉　陈理富　田济汉　邹先胜
郭立岗　刘瑞林　曾宪光　王在华　张海川
褚金南　杨石锦　徐华容

**云南省**

杨绍全　张翠云　李增池　李松林　毕树云
段所胜　马崇文　王秀芬　周开德　姚国辉
李文运　程吉政　杨枝云　孙德林　周镇炳

和建功　张显清　罗有登　段玉春　赵崇德
袁庆明　左增友

**四川省**

樊亚东　谢智明　颜洁邦　高志乔　何祖坤
唐澄宇　贺明钊　刘孟春　肖法渊　张景昌
严修体　杜守云　王周齐　周泽林　孙浦贵
叶明泽　杜宗福　王洪林　洪德成　但民安
方长德　彭增文　骆永骧　何崇松　张从新
郭仲篪　徐孝贵　尹建华　王福华　杨允直
王恩灿　刘文秀　杜燮田　洋从玉　张德爰
陈光有　冯汉德　朱广俭　克其木石
肖仁彦　陈　友　熊伟业　马瑞云　黄秋涛
黄青云　谢必林　吕世尊　陈远模　刘清明
袁顺银　胡贤忠　黄全冰　郭建本　张万春
钟世坤　彭纪汉　钟长乐　罗长德　郑运昌
鄢学铭

**广东省**

陆少琼　陈佩玑　黄志祥　成汉才　林森源
容寿铭　刘杰生　林忠诚　古卫东　梁德洪
苏伯浓　梁松芳　吴益桥　何才锦　杨贤钊
曾伙炎　吴文展　李沂强　朱仲云　陈韶恩

**上海市**

郑正赓　高志强　杨少峰　钱仁亲　范金媛
陆建荣　唐建国　倪锦心　高玉林　黄达君

**广西壮族自治区**

覃民强　冯石莲　卢　勇　覃寿荣　黎大功
何鸿德　苏建昌　刘自忠　吴立进　杨弟业
李存杰　何华滔　黄瑞禧　许子东　刘国亮
韦明春　韦仕高　兰金忠　黄槐厅　张绍志
鲍正鹰　杨玉峰

**有关部委**

农业部：李长友　王桂林　施福恢（专家）
林业部：张佩昌
化工部：张绍静（天津大沽化工厂）
轻工部：卢慧敏
国家科委：丛　众
解放军总后勤部卫生部：李建华　赵维全
张克宁　柯常绿
国家医药管理局：高　峰　韩明朗

卫生部：郭源华（专家） 袁鸿昌（专家）

水利部：黄安生 周淦明 顾斌杰

（王县成）

**【全国爱国卫生运动委员会表彰的农村改水先进单位和先进工作者名单】**

1991年12月6日，在第二次全国农村改水工作会议上，全国爱国卫生运动委员会表彰了农村改水先进单位、先进工作者。

**一、农村改水先进县**

**内蒙古自治区**

突泉县 赤峰市郊区

**安徽省**

天长县 祁门县

**湖南省**

绥宁县 靖州苗族自治县

**广西自治区**

北流县 邕宁县

**海南省**

琼海县

**四川省**

资阳县 蓬溪县

**贵州省**

遵义县 盘县特区

**甘肃省**

金塔县 张液市

**青海省**

湟源县

**宁夏自治区**

贺兰县

**江西省**

宜丰县 德兴市

**二、农村改水先进单位**

沈阳军区81233部队 南京军区32430部队 广州军区53061部队 上海铁路局 成都铁路分局 乌鲁木齐铁路局 伊图里河铁路分局 武警甘肃总队武威地区支队

**三、全国农村改水先进工作者**

**北京市**

于永海 马福旺 刘景云 沈维锐
辛瑞春 邹积煊 陈士祥 张中兴
张启库 单仲奎

**天津市**

王凤梧 王怀义 史永庚 冯根山
李乃彦 陈作忠 杨学忠 杨延祥
项洪发 董乃倩

**上海市**

王新其 朱世伟 何凤炫（女）沈岳才
吴起敏 周桐生 黄　雄 龚志学
彭　克 殷荣强

**河北省**

马兆泰 王文昌 王立仁 王志勇
王长发 王炳文 王铁僧 王春然
王崇生 王德昌 王德旺 史汉学
刘林生 刘秋占 刘焕芹（女）田华亭
冯银芬 边振庆 孙文胜 孙显春
孙瑞亭 阎洪儒 沈玉州 李长顺
李光顺 李成华 李桐梓
李丽敏（女）李谦阳 陈建蓉（女）武殿亮
范永德 杨树青 张芳兰（女）张剑倜
张国琦 张茂森 张殿臣
赵先琴（女）赵敬忠 封福江
信文娥（女）贾文全 贾云庭
贾体新（女）郭秋月 袁振宗 钱祖裕
崔铁根 康志华 谢恩国 唐景玉
韩九龄 翟双珠（女）董胜秋

**山西省**

马临源 马桂梅（女）王代申 王彦魁
史香元 申林昌 孙　录 刘在年
吕栓过 同来标 李安国 李如崇
李英杰 陈素爱（女）陈锦梅（女）陈福宝
张　茂 张　冠 张玉兰（女）张新华
张振临（女）张道魁 张高隆 杨立志
杨兆太 杨明华 赵玉秀 秦保泽
续建邦 熊体生

**内蒙古自治区**

李二芬（女）李向荣 李增胜 武德文
黄　耆 赵永盛 祝德俭 崔风瑞

**辽宁省**

马骥 王杰(女) 王忠源 刘樱(女)
刘守义 刘懿卿 卢振起 李仁
陈宝国 宋福新 张颖(女) 张公法
张家清 张秉庆 单秀文(女) 杨维庆
赵炳权 侯乐民 龚世萍
韩宝桐(女) 王国斌 朴学军 李夏永
肖毓箐 胡会员 胡景勋 于永祥
刘宏盛 刘铭翰 刘德成 阎家骙
吴明熹 倪西柯 崔庆群 唐祥文

**吉林省**

马俊 王辑荣 宁群 刘占林
冯玉 孙育才 纪文庆 芮喜德
李世亭 李秋成 李源喆 李嘉训
何连贵 国淑琴(女) 杨桂范 胡春生
祝国治 高玉玺 曹景德 焦英军
刘玉艮 何子京 汪金波 张国祥
徐宝山

**黑龙江省**

于文艺 王才 王一兵 王声惠
叶雪峰 丛树京 孙永岱 孙克俭
孙泉洗 宋仁堂 宋兆琴 沈毅
李有志 邵淑芬 杨俊礼 杨殿文
周纯英 韩宝恒 路东波 董武
刘平德 阎中治 轩昭珍(女) 陈惠兴
常如意 隋锡娥(女)

**江苏省**

卜建民 马士平 毛有道 王建国
左成仁 史兆英(女) 刘娴春(女)
刘静芳(女) 朱兴干 朱善普
后登凤(女) 孙融 李玉琴(女) 李加贵
李济民 李福文 杜雪奇 沈文华
沈汉川 陈辉 陈士龙
陈晓进(女) 陈福君 陆美凤(女) 陆镇馀
季林根 范德义 张汉根
张秀兰(女) 张斛西 张德才 屈宝贤
洪光启 姚香远 姜海明 徐永达
徐崇嘉 顾华珍(女) 袁以祥 钱道宏
黄彤军 韩光礼 韩永清 高明
解信其 童方云 晨阳 霍二永
潘传良 丁绍文 许广成 邢三兵
邱绍云 张承慧 张道渭 殷长礼
黄哲冲

**浙江省**

马寿根 王日椿 王洪鹏 王钦雷
王祥长 王彩琴(女) 方艾(女) 方淼
方洋生 方浩泉 冯效祖 朱流顺
齐家声 汪永胜 汪启高 应勇
应明永 陈从钦 陈亦林 来群
李启农 李国培 李祖火 吴顺凯
金文才 张文述 张世珍(女) 项义亭
林小真 泮长生 杨文康 杨尔昌
杨永祥 郎治庭 周绍翔 罗党东
俞其根 俞柏槐 钟生林 姚伟新
姚景来 祝阿根 徐国标 秦文勇
傅延土 黄昌惠 黄澄仪(女) 翁新弟
钱学荪 潘学明 朱国友
朱调庭(女) 应远达 张纪兆 林瑞岳
胡成伟 俞兆昌 郭时樟 柳志国

**安徽省**

包发生 朱仁 朱全根 刘春景
田勤祥 李兴福 李保玉 陆永炽
陈正友 陈怀勤 陈国坤 张江安
张建华 郑以道 周其东 项登珊
胡毅烈 唐升平 黄文郁 黄长海
常杯行 程极鹏 韩立祥 雷新民
翟继民

**福建省**

马承佳 方丽玉(女) 王玉昆 王织玉
刘东武 吴本潘 陈国吟 陈起恭
郑志岗 郑祥开 郑恒孙 林尔凯
林化雄 林殿国 林黄星 周申(女)
周玉源 杨继来 桂其明 黄衍兴
黄敬光 黄婉如(女) 薛昭祥 颜克兴
蔡文森 杨炳森 郑天聪 周忠泽
梁荣春

**江西省**

齐金火 伍自尧 吕金秀(女) 李言龙

李显照　　李厚秀　　吴继媛　　张义立
郑远光　　武敦润　　周爱珍(女)洪文声
浦志龙　　胡振华　　席新忠　　黄新招
曾昭驹　　钱瑞珍(女)熊根泉　　潘小保

**山东省**

丁传英(女)于永仁　　王大福　　王伟民
王新莉(女)王翰科　　王勤友　　车发亮
仉兴意　　边玉梓　　艾立功　　刘善义
刘德义　　江洪泽　　孙化津　　孙元龄
孙承府　　许公绥　　许德常　　曲立彦
李万和　　李广春　　李允俭
李凤莲(女)李长松　　李坤庭　　李忠学
李忠泰　　李晓明　　李贤书
李艳华(女)吴清成　　邵荣聚　　宋正贵
苏可文　　杨乃新　　杨青川　　杨俊生
杨洪奎　　泮凯生　　张作沛　　周福聚
赵元山　　赵书坦　　赵传圣
姜玉莲(女)郭立成　　陶宪法　　薛　新
韩守菊(女)韩辅廉　　蔡运波　　魏传省
魏连真　　樊兆坤　　瞿建俊
于淑玲(女)龙新怀　　乔光琰　　江崇祥
赵黄河　　咸树忠　　高元吉　　高瑞玺
薛丰松

**河南省**

王干臣　　王凤琴(女)王永茂　　王学明
王香典(女)占海涛　　田文忠　　田怀利
石国祯　　石爱花(女)刘士英　　刘彦林
朱海成　　李　敏(女)李乃方
李玉兰(女)李书生　　李连成　　沙明富
谷玉雷　　肖庆祥　　陈守寅　　张小有
张中建　　张庆山　　张庆华
张冬青(女)张东真(女)张治业　　张金星
张秀彬(女)张海峰　　张德华(女)
张耀珍(女)成　永　　尚牛拴　　尚景勇
孟慧丛(女)岳喜成　　杨　建
杨素芳(女)宫素青(女)郜　森　　郝士明
范国显　　郭立年　　郭家清　　康留根
夏天佑　　柳万荣　　曾昭震
鲍宝珠(女)谢德义　　董正文　　孔祥有

**湖北省**

王文新　　王光祖　　王国华　　邓楚鸿
刘　安　　刘胜军　　刘贤木　　刘涛清
左　明　　艾　东　　孙作斌　　江正海
朱致平　　朱锦华　　庄光禹　　阮祥银
纪俊华　　李彩友　　李德清　　杜亚生
杜志旺　　师长山　　陈立梅(女)陈启文
陈健全　　宋明玉(女)林　健　　周明龙
郑其玉(女)杨仲年　　罗桃村　　罗道佑
张二江　　张为民　　张俊超　　张银祥
官　锋　　胡忠林　　钟瑞彬　　程才旺
倪高中　　姚祖华　　高帮道　　梅文革
程树华　　舒荣翔　　钱保元　　熊宗歧
熊兆鑫　　樊孝文　　石绍昌　　汪义方
吴积清　　肖德本　　项新明　　唐德甫
黄子贵　　谭立书

**湖南省**

王光杏　　王承藻　　刘建庭　　田冬初
吉中富　　孙志成　　李　美(女)李仕奇
李立明　　李孔和　　李克秀　　李翊云
吴汉邦　　陈林泉　　陈春林　　吕芳村
苏　野　　初易生　　易冬华　　莫爱莲
林玉梅(女)杨友松　　杨树柏　　张祝林
张依亲　　张振德　　欧阳通　　康祥金
黄达安　　黄祖海　　谢炳勋　　曾云清
彭明道　　彭定然　　彭茂松　　管掀天
梁朝作　　姚存哲　　谭显乐　　熊银庭

**广东省**

王湖生　　卢国超　　叶国雄　　刘达兴
刘岳屏　　刘炳林　　许立凡　　许洪涛
伍仰晃　　沈立仁　　何　强　　何竞成
李长兴　　李灯海　　李仲文　　李纪群
吕伟雄　　陈家仁　　陈维旭　　杨业荣
杨学波　　林　明　　林永琪　　张扬增
张敬秀　　郑楼成　　欧阳洪　　姚锦柏
官礼初　　贺家伟　　唐良沅　　唐启恩
唐济勃　　聂鉴兴　　黄　超　　黄云伟
黄本甲　　黄衍利　　黄钦柱　　唐福明
章伟才　　梁泽志　　梁锦洪　　温耀深

曾广宏　曾广章　曾华山
喻春娥(女)谭圣琛　廖幼明　廖晚成
江国钱　许树林　冯润玲(女)陈春凯
严锡荣　麦国洪　梁恬根　曾惠常
温锡辉　罗维沛　袁汝稳

**广西壮族自治区**

白锦添　叶明旭　吴文安　吴彰均
苏良汉　罗殿林　张　琏　武表珍
钟北泉　莫必参　莫家亮　曾一江
曾小立　秦新末　黄以仁　黄荣三
黄家范　蓝冠初　谭　正　谭大杰

**海南省**

李精云　陈书英　陈家胜　陈钟强
麦敬礼　张仲祥　张振美　冼光黎
黄奕英　梁定平

**四川省**

王艾文　王仁远　王仕福　白荣柱
史　为　刘元由　刘显于　刘承福
左时叙　朱文华　朱先成　朱应富
许棣华(女)阳宏模　邱含忠　邱明君
邱联荣　李　宁　李正发　李发科
李贤良　李奎廷　杜宏国　严　庄
沙元元　汪顺贤　余桂芳(女)肖培海
肖福杰　陈统双　陈家庭　何启德
苏荣林　张　科　张平西　张发模
张志伦　张学炳　张治超　杨　刚
杨延寿　杨启泉　杨通善　罗正顺
罗驺先　苟必伦　苟在杨　岳桂元
青明恕　钟奕成　胡先碧(女)莫恒彪
郭云放　郭兴邦　候武松　黄伯容
舒选文　曾品炉　彭　英　董延衣
李代富　阮显清　何守鑫
吴正妮(女)陈育英(女)罗维云　胡治波
高开富　施为禄　梁晓鹏　潘隆树
王明章　刘治华　牟阳忠　阳勤丰
肖本森　杨正华　徐正和　黄云潮
舒金良　曾昭奎　窦瑞华　颜时雨

**贵州省**

丁美和(女)王运昌　邓光杰　刘兴国
龙启超　孙光明　罗明珠　张家泰
杨玉伦　夏高理　高清明　顾凯凯
曹继容　邵家才　谢正球

**云南省**

马艳秋　邓开宪　刘庆才　朱云库
吴　勇　李玉有　李显达　罗玉文
陈天庆　陈海洲　周德勋　岳玉明
张宝善　范绍兴　黄世荣　高毓兴
鲁宗敏　瞿锦标

**陕西省**

毛　敏　王万杰　王兴武　王登记
王普辉　王森林　白俊和　史新民
刘廷博　刘新元　朱炳瑞　吴华树
沈省三　陈树成　杨先锋　杨成厚
杨政才　张让欣　张清朴　张德科
栗安民　校文彬　谢世廷　葛承春
董德胜　文　潮　刘柱国　孙松明
张俊林　张敬堂

**甘肃省**

王治昌　王贵德　邓有信　孙富华
李取岳　李春江　李鹏勇　陈大志
邹　超　张令德　杨世学　曹瑞元
曹恩泽　殷振学　谢敏昌

**青海省**

才　仁　关应存　李　斌　苏文卿
祈却柱　陈得库　张浩然
张晓宁(女)赵奎章　祝明甲　韩关祥

**宁夏回族自治区**

朱慧芝(女)陈学文　杜成忠
张玉翠(女)张永祥　张国新　张富贵
赵公良　高德法　董继德

**新疆维吾尔族自治区**

王菊兰(女)赵宗方　艾力·买买提
买买提明托乎提尼牙孜　李晓玲(女)
李智明　宗道明　张发旺　张连德
柯玉海　崔光明　傅永裕

**中国人民解放军**

丁南瑚(女)史培才　刘恩波　安国印
肖继民　何财诚　邱国英　李　平

| | | | |
|---|---|---|---|
| 郑保春 | 张　波 | 张　裴 | 武申龙 |
| 周信山 | 赵凤举 | 陶绪元 | 崔长义 |
| 高玉书 | 黄国泰 | 夏葆真(女) | 蔡建宇 |

**中国人民武装警察部队**

| | | | |
|---|---|---|---|
| 王明如 | 王振荣 | 兰振东 | 仲庆和 |
| 李书彦 | 何清润 | 郑吉生 | 房兴胜 |
| 贺金华 | 杨声期 | | |

**中华人民共和国铁道部**

| | | | |
|---|---|---|---|
| 丁国兴 | 王海有 | 尹国涛 | 陈斌实 |
| 易超学 | 杨遇程 | 张金岭 | 周洪海 |
| 彭基全 | 解长士 | | |

（王县成）

**【第二届无偿献血金杯奖获得者名单】**

1991 年 7 月 18 日，中国红十字总会举办了第二届无偿献血金杯颁奖仪式。34 名献血者获得无偿献血金杯。

**江苏省**

王汉仁

**湖北省**

汪维奎

**北京市**

张传增　郑晓春

**云南省**

杜仕昆　傅志宏

**大连市**

刘万金

**天津市**

王素华

**上海市**

| | | | |
|---|---|---|---|
| 魏凤英 | 黄永刚 | 吴春依 | 季祥祯 |
| 周月霞 | 杨建新 | 田礼虎 | 李春荣 |
| 胡旦明 | 李海明 | 李春龙 | 刘刚雅 |
| 王金根 | 时永发 | 王道成 | 邹　烈 |
| 赵福弟 | 余健六 | 乐忠明 | 孙汇泉 |
| 顾建胜 | 沈瑞景 | 紫根宝 | 吴伟卿 |
| 沈志强 | 陈余观 | | |

（王县成）

**【“七五”计划生育科学研究先进集体、先进工作者名单】**

1991 年 7 月 8 日，在“七五”期间计划生育科技工作中作出优异成绩的 19 个先进集体、100 名先进工作者和 431 名优秀科研工作者在北京受到国家计划生育委员会表彰。

**一、先进集体**

国家计划生育委员会科学技术研究所
中国医学科学院药物研究所
中国科学院动物研究所内分泌室
北京医科大学生殖医学研究与培训中心
天津市计划生育研究所
辽宁省计划生育科学研究所
吉林省计划生育科学技术研究所
上海市计划生育科学研究所
上海医学遗传研究所
上海市生殖医学研究与培训中心
上海市科委业务三处
浙江省医学科学院计划生育研究所
山东省计划生育科学技术研究所
河南省计划生育科研所
同济医科大学计划生育研究所
暨南大学生殖免疫研究中心
四川省计划生育科学研究所
重庆市计划生育科学研究所
成都市计划生育技术指导所

**二、先进工作者**

王士娴　国家计生委科研所　研究员
顾忠伟　国家计生委科研所　助理研究员
崔应琦　国家计生委科研所　研究员
宋育文　中国药品生物制品检定所　研究员
李伟雄　北京医科大学　教授
郑淑蓉　北京医科大学附属第一医院　教授
诸定寿　首都医学院　教授
翁梨驹　北京朝阳医院妇产科　主任医师
宋传琳　清华大学　高级工程师
马魁榕　中科院动物研究所　高级实验师
叶唯三　医科院基础研究所　副教授
高凤鸣　工业卫生实验所　研究员
张志诚　天津医学院附属医院　主任医师
陈昌柏　天津医药工业研究院　研究员

钱丽娟　天津医学院附属二院　教授
肖绍博　天津计划生育科研所　副研究员
崔志娟　天津计划生育科研所　副研究员
胡自正　天津计划生育科研所　副研究员
吴淑熙　天津医学院附属医院　研究员
彭敦仁　天津计划生育科研所　副研究员
张　珉　河北省计划生育科研所　研究员
徐　铎　河北省计划生育科研所　副研究员
葛杏林　河北医学院附属二院　主任医师
雷建章　河北医学院　教授
赵生才　山西省人民医院　教授
郭景阳　辽宁省计划生育科研所　副研究员
岑瑶华　中国医科大学附属三院　研究员
邓纯中　中国医科大学　副教授
邢青峰　辽宁省计划生育科研所　助理研究员
刘福阳　辽宁省计划生育科研所　副研究员
麦荫乔　白求恩医科大学　教授
赵雪俭　白求恩医科大学　副教授
马洪良　吉林省计划生育科研所　副研究员
杨玉兰　吉林省计生委科技处　处长
韩向阳　哈尔滨医科大学附属一院　教授
赵玉莲　哈尔滨医科大学　博士生
李瑞麟　上海市计划生育科研所　研究员
李佐邦　上海橡胶制品研究所　研究员
刘志煜　中科院上海有机化学研究所　研究员
金昭英　上海医科大学　教授
陈海林　上海市计划生育科研所　助理研究员
褚云鸿　上海医科大学　教授
谢星辉　上海医药工业研究院　研究员
刘世范　上海市计划生育科研所　副研究员
董炳麟　上海医疗器械研究所　高级工程师
张忠恕　上海市计划生育科研所　研究员
谢衷明　上海市计划生育科研所　研究员
徐肇华　上海市临床检验中心　副主任技师
李光平　上海市计划生育科研所　助理研究员
杜明昆　上海医科大学妇产科医院　教授
卢琦华　上海市计划生育科研所　副研究员
叶智厚　上海市计划生育科研所　高级工程师
龚岳亭　上海市计划生育科研所　研究员
庄留琪　上海计划生育技术指导所　主任医师
谢文英　上海第二医科大学　教授
吴明章　上海第二医科大学　教授
周孝瑚　上海医科大学　教授
王一飞　上海第二医科大学　教授
张德玮　上海市计生委科研处　教授
蔡建华　上海市计划生育科研所　工程师
钱绍祯　江苏省计划生育科研所　研究员
郑家润　医科院皮肤研究所　副研究员
廖清江　中国药科大学　教授
陈连植　中国药科大学　教授
张正行　中国药科大学　副教授
徐佩珍　江苏省计生委科技处　处长
桑国卫　浙江省医科院计划生育研究所　研究员
陈秋波　浙江医科大学计划生育研究所　主任医师
石修业　安徽省计划生育科研所　主治医师
倪进发　安徽医科大学　讲师
魏振年　福建省计划生育科研所　主任医师
苏应宽　山东医科大学　教授
王志新　山东省计划生育科研所　研究员
黄真嘉　山东省计划生育科研所　副研究员
邵文祺　青岛市计划生育科研所　副主任医师
伦玉兰　青岛市计划生育科研所　主任医师
郭玉麒　山东省计生委科技处　处长
王应太　河南省计划生育科研所　助理研究员
阎英地　河南省计划生育科研所　助理研究员
李培全　河南省计划生育科研所　助理研究员

周甫田　河南省计划生育科研所　所长
吴熙瑞　同济医科大学计划生育科研所　教授
卢光秀　湖南医科大学　研究员
刘学高　暨南大学生殖免疫研究中心　教授
余森泉　广东省计划生育科研所　主治医师
麦庭福　广州市计划生育宣传技术指导所　副主任医师
龙桂芳　广西医学院附院　教授
马长俊　四川省计划生育科研所　研究员
张思霖　四川省计划生育科研所　副主任医师
黄天华　四川省计划生育科研所　副研究员
杨惠钟　四川省计划生育科研所　副研究员
张思仲　华西医科大学　研究员
李顺强　重庆市计划生育科研所　研究员
刘　锋　重庆市计划生育科研所　研究员
杨国范　贵阳医学院　教授
骆　毅　云南省计划生育科研所　主任医师
刘筱坤　兰州医学院附属二院　主任医师
郭仁舆　西安医科大学　教授
江　海　新疆维吾尔族自治区计生委　主任医师
呰维昌　新疆建设兵团农六师医院　医师

**三、优秀科研工作者**

**北京市**

叶卫平　袁　冬　刘德喻　徐人庆
赵　珩　嵇小迎　杨纪元　梁志国
邬毓明　何翠华　左启华　顾素娟
范植明　施从柱　李荣浩　罗淑宜
庄临之　陈幼珍　曹咏清　杜　翌
尚伟荣　赵学坤　潘星光　张崇理
沈卫斌　殷　红　程丽仁　于　潜
吴忠勇　张志成　运红旗　冯新德
李又欣

**天津市**

刁筱辉　李敬之　程渭玉　胡宜彰
李焕亭　宋宝良　杨吉田　宋丽娟
王美怡　许国祥　马季涛　赵日敏
赵永荃　陈　琦　徐美芳　徐　莉
韩建起　方佩华　辜士杨　王惠茹
刘映彝　赵玉纹　张淑静　李瑞娟
张静姿　许后然　朱荷令　陈凤兰

**河北省**

符云峰　王振海　蔡文娟　丛洪泉
张鹏程　刘立昌　谭凤琴　康少文
何现龙　贾太和　侯广棋　朱韵球
张迺哲　马锦媚　毛福祥　王晓旭
徐勤文　陈振亚　王尚德

**山西省**

丁　琰　饶惠玲　路　华　晋朝英
姜随吉　李定国　刘金荣

**辽宁省**

王家光　张秀清　王小平　曲　鸥
张令德　陈春妍　吴绍连　杜荣光
杨　丹　韩维田　孙晓玲　倪凤贤
郝凤华　金莅颖　李德成　杨学芳
王春华　李彦慧　孙彦玉　陈玉芬

**吉林省**

肖树芳　周连福　李守柔　朱淑芳
董甲有　孙立群　秦洪志　张佩茵
刘丽艳　李　新　马世盐　张为远
王小东　刘玉璠

**黑龙江省**

肖永义　刘贵德　白淑兰　李　璞
刘权章　张贵寅　程治平　于天文
朱文峰　林义家　朱淑英　李树林
白馨芝　蒋智俭　包文孝　王舒兰
裴廷甫　姜素清　吕德滨　王卓然
祁　芬　关光伟　魏正新

**上海市**

金善炜　潘家骧　杨秉炎　钱耀贤
李顺安　严隽鸿　顾芝萍　薛　培
陈瑞冠　张云秋　曹采薮　王世瑄
陆湘云　王寒正　邱维勤　金毓翠
黄祝玲　卢玉兰　刘昌官　刘承权
杨丽珍　武镇忆　曹芦生　方可娟
林德良　周毓棻　章仁安　李超荆

邴圣民 赵志芳 周剑萍 朱丽华
朱长青 姜守玲 康金芳 张亚琴
翁淑英 丁传伟 林秀英 任海燕
吴纪文 林建华 姚梅影 王大增
王迪钧 万珍华 黄正南 马如鸿
洪传沪 徐珊珍 秦国炜 褚真威
周炳南 王伟成 陆荣发 陈孙敏
陈和芬 张玉慧 张华宋 吴保同
方丽娣 孙菊芳 姚中本 杨邦元
陈惠贤 刘和平 卢倩姿 梁善玲
袁惠良 李玉萍 李志沅 杨苏鸣
潘知行 陈俊康 熊用周 陈敏华
陈留村 王明道 周美蓉 王益鑫
陈钟英 焦德尧 陶　稔 李惠庭
顾林金 钟玄肖 夏子煌 陈涵芬
张风兰 法蕴玉 王妙仙 陈振兴
余国恩 王斌军 董金瀚 郑怀美
徐　运 郑树蘅 徐瑞英 张国庆
白秀梅 吴慧燕

**江苏省**

须　明 倪雪漫 吕燮余 平其能
许　烨 申文恺 刘启兰 屠树滋
蔡起航 徐　芳 陈钟华 孙国庆
盛　时 郁　通 陈国华 李传富
张　适 胡志刚 李　毅 杨怀恭
梁月琴 冯善章 韦溶澄 朱泰来
刘　慧 陈嘉政 陶国泰 鲁龙光
杨纫珠 张丽珊 徐惠尼 沈子愈
王士勤

**浙江省**

沈文照 吴兰亭 方瑞英 邵庆翔
石其贤 赵承洛 张寅恭 朱家蕙
韩锦文 龚赛君 张美云 周慈官
陈方浪 吕时铭 张来有 蒋海英
周慧君 赵秀菊

**安徽省**

张缔华 沙玉成 谢荣诚

**福建省**

陈志刚 黄秀兰

**江西省**

符琏式 黄占球 余桂林

**山东省**

孟祥阁 夏寿恺 丁声玲 江　森
亓天伟 束怀符 徐娟英 赵　盛
赵美华 尹桂香 付曾矩 许纯孝
刘士怡 冯国银 王美岭 田奎武
王作立 叶鑫生

**河南省**

仝昭瑾 程立法 陈春明 娄筱爱
王玉富 张建国 杜梅林 夏伏生
李荣丽 沈志仁

**湖北省**

王佩珠 刘超凡 曹秀娟 姚学军
涂仁标

**湖南省**

廖善祥 左诗慧 朱秀兰 吴嵩龄
吴菊英 孔希模 罗先望 李景月
王　正 邹雛宾 刘瑜瑚 房秉仁
吴志成 陈凤歧 林秋华 赵　海
张友明 邹雁宾 戴春华 董开林

**广东省**

杜传书 潘仕荣 黄振球 李世勤
涂喜庆 何家梁 贾广虹 李素春
周修德 范美荣 彭　洁 刘美意
陆子兰 潘善培 朱伟杰 谭　驰
吴伟雄 袁石锦

**广西壮族自治区**

李　琪 杨挹芳 陈振坤 罗跃文
刘林伟 洪庚辛 侯扬华 郭联邦
黄　莉 陆丽萱 曾静影

**四川省**

陈在贤 毛火平 徐若璞 曾维三
罗德纯 周永华 孙国梁 毕婵琴
杨式之

**贵州省**

孙　清 肖远禄 齐宏文

**云南省**

于兰馥 彭　林 周曾娣 顾昌彦

易淑君　田　颢　沈汝端

**陕西省**

刘金惠　宋秀兰　崔秀英　蔡光宗

贺桂莲　孙锦凤

**甘肃省**

冯守诚

**青海省**

方淑梅　虎玉英　卢惠民　杨于恒

党小红

（王县成）

**【"全国乡镇卫生院优秀院长"称号获得者】**

刘文宽　北京市房山区紫草坞乡卫生院

赵增乃　天津市静海县陈官屯卫生院

郭志学　河北省霸州市岔河集卫生院

蔡本清　河北省黄骅市岐口镇卫生院

刘礼振　河北省安平县石千乡卫生院

牛德朝　河北省邯郸县工程乡卫生院

高银海　山西省临汾市乔李镇卫生院

马言顺　山西省太原市郊区金胜医院

李计瑞　山西省交口县双池中心卫生院

王金山　内蒙古宁城县汐子中心卫生院

谭世安　内蒙古科右前旗哈拉黑乡卫生院

拉布登　内蒙古鄂托克旗查汉淖苏木卫生院

宣布杰　内蒙古托克托县五申卫生院

刘雨林　辽宁省北镇县青堆子中心卫生院

董少卿　辽宁省清原县草市中心卫生院

郑万国　吉林省公主岭市怀德镇中心卫生院

李永茂　吉林省九台市上河湾镇中心卫生院

张殿英（女）　吉林省抚松县泉阳镇中心卫生院

孙繁富　黑龙江省绥化市双河镇卫生院

高振芳　黑龙江省鸡东县向阳镇卫生院

倪张闾　上海市金山县钱圩乡卫生院

张国培　江苏省靖江县城南卫生院

廉金南　江苏省无锡县堰桥卫生院

徐定山　江苏省如东县拼茶医院

吴松熙　江苏省吴江县盛泽中心卫生院

吴锁海　江苏省金坛县直溪中心卫生院

范连兴　浙江省余杭县小林乡卫生院

唐根英（女）　浙江省鄞县石锲镇卫生院

项兆敏　浙江省瓯海县定埠镇卫生院

于文扬　浙江省海宁市许巷乡卫生院

何素兰（女）　浙江省兰溪市朱家乡卫生院

陆继贤　安徽省濉溪县双堆中心卫生院

张　景　安徽省宿县褚兰区卫生院

汪永兆　安徽省休宁县溪口区中心卫生院

马凤岐　安徽省嘉山县桥头区中心卫生院

李林政　安徽省马鞍山市杜塘乡卫生院

胡开贵　安徽省郎溪县定埠镇卫生院

高文秀　福建省浦城县水南卫生院

江国敦　福建省福州市郊区洪山乡卫生院

谢基润　福建省古田县杉洋乡卫生院

吴建中　江西省宁都县长胜镇中心卫生院

邹振环　江西省高安县筠阳卫生院

李传智　山东省滕州市东郭中心卫生院

刘雨生　山东省莱州市过西镇卫生院

王增禄　山东省诸城市皇华镇卫生院

殷召祥　山东省邹县城前中心卫生院

| | |
|---|---|
| 李传禄 | 山东省长清县平安店镇卫生院 |
| 李广义 | 河南省柘城县申桥中心卫生院 |
| 李诚谦 | 河南省淮阳县鲁台镇卫生院 |
| 周新义 | 河南省禹州市张得乡中心卫生院 |
| 司马扩军 | 河南省洛阳市郊区关林镇卫生院 |
| 陈殿勋 | 河南省密县来集乡卫生院 |
| 陈开金 | 湖北省钟祥县胡集镇卫生院 |
| 郑家宝 | 湖北省秭归县茅坪镇卫生院 |
| 何修德 | 湖北省通山县通羊镇卫生院 |
| 熊宇章 | 湖北省黄州市但店中心卫生院 |
| 周祥照 | 湖南省黔阳县洗马乡卫生院 |
| 刘荣淼 | 湖南省新邵县迎光乡卫生院 |
| 杨顺稳 | 湖南省泸溪县浦市中心卫生院 |
| 彭求发 | 湖南省涟源市杨家滩镇卫生院 |
| 荣其昌 | 湖南省东安县渌埠头乡卫生院 |
| 丁大文 | 湖南省常德市鼎城区丁家巷乡卫生院 |
| 张焕发 | 广东省南海县大沥镇卫生院 |
| 吴广球 | 广东省东莞市虎门镇卫生院 |
| 何荣耀 | 广东省遂溪县附城卫生院 |
| 黄利金 | 广东省曲江县周田卫生院 |
| 张居良 | 海南省东方县中沙卫生院 |
| 李鸣宇 | 广西浦北县寨圩中心卫生院 |
| 伍福贵 | 广西全州县文桥乡卫生院 |
| 陆秉义 | 广西田东县义圩乡卫生院 |
| 李辅民 | 四川省涪陵市马武区惠民乡卫生院 |
| 王　琦 | 四川省重庆市九龙坡区中心卫生院 |
| 彭建康 | 四川省名山县新店中心卫生院 |
| 贾明聪 | 四川省剑阁县开封区卫生院 |
| 陈大吉 | 四川省什祁县灵杰乡卫生院 |
| 陈国泰 | 四川省金堂县赵家乡卫生院 |
| 周家义 | 四川省蓬安县河舒镇卫生院 |
| 徐坤瑜 | 贵州省织金县以那区卫生院 |
| 贺宏琼(女) | 贵州省开阳县羊场区卫生院 |
| 刘昌新 | 贵州省贵定县昌明区卫生院 |
| 李建国 | 贵州省贵阳市花溪区湖潮乡卫生院 |
| 肖钦奖 | 贵州省余庆县龙溪区卫生院 |
| 董雨荣 | 贵州省福泉县牛场区卫生院 |
| 丹珍泽仁 | 云南省中甸县虎跳峡中心卫生院 |
| 沈忠义 | 云南省文山县马塘中心卫生院 |
| 沈传志 | 云南省华宁县盘溪中心卫生院 |
| 贡布顿珠 | 西藏那曲县罗马乡卫生院 |
| 马翻宏 | 陕西省扶风县绛帐中心卫生院 |
| 刘春秀(女) | 陕西省华县吉林卫生院 |
| 魏向民 | 陕西省礼泉县新时卫生院 |
| 郭福来 | 陕西省定边县定边镇卫生院 |
| 苏积有 | 甘肃省泰安县中山中心卫生院 |
| 殷志华 | 甘肃省酒泉市总寨中心卫生院 |
| 王玉麟 | 甘肃省临夏县土桥中心卫生院 |
| 仁　措(女) | 青海省曲麻莱县曲麻河乡卫生院 |
| 马如祥 | 青海省化隆县初麻卫生院 |
| 徐明福 | 宁夏中卫县永康中心卫生院 |
| 高建平(女) | 新疆哈密市二堡乡卫生院 |
| 阿布力克木 | 新疆伊宁县温亚尔乡卫生院 |

**【“全国城市医院卫生支农先进院长”称号获得者】**

| | |
|---|---|
| 郑心校 | 北京友谊医院 |

成俊芝　天津市中心妇产科医院
李宏为　上海第二医科大学附属医院
曾庆云　中国医科大学附属二、三医院
王福荣　重庆医科大学附属第一医院
廖清奎　华西医科大学附属第一医院

（王县成）

**【政府特殊津贴获得者名单】**

1990年、1991年国务院给为我国科技事业做出突出贡献的专家、学者发放了政府特殊津贴，其中全国卫生系统的名单如下：

**卫生部直属单位**

李铭新　中国医学科学院肿瘤学教授
邓家栋　中国医学科学院内科学教授
冯应琨　中国医学科学院精神病学教授
宋儒耀　中国医学科学院外科学教授
李洪迥　中国医学科学院皮肤病学教授
周华康　中国医学科学院儿科学教授
吴阶平　中国医学科学院外科学教授
谢少文　中国医学科学院免疫学研究员
张承平　中国医学科学院工程学总工程师
陶寿淇　中国医学科学院内科学教授
李清潭　中国医学科学院外科学教授
王世真　中国医学科学院同位素室研究员
黄　量（女）　中国医学科学院有机化学研究员
何观清　中国医学科学院流行病学研究员
曹松年　中国医学科学院皮肤病学教授
宋鸿钊　中国医学科学院妇产科学教授
梁晓天　中国医学科学院有机化学研究员
梁植权　中国医学科学院生物化学研究员
胡懋华（女）　中国医学科学院放射学教授
谢晶曦　中国医学科学院药物学研究员
方　圻　中国医学科学院内科学教授
孙宗棠　中国医学科学院肿瘤学研究员
吴　旻　中国医学科学院肿瘤学研究员
修瑞娟（女）　中国医学科学院基础医学研究员
祝谌予　中国医学科学院中医学研究员
徐锦堂　中国医学科学院药用植物学研究员
沈其震　中国医学科学院生理学教授
顾方舟　中国医学科学院院长、病毒学研究员
程书钧　中国医学科学院肿瘤研究所病理生理学研究员
陆士新　中国医学科学院肿瘤研究所所长、病理生理学研究员
宋振玉　中国医学科学院药物研究所药理学研究员
周同惠　中国医学科学院药物研究所室主任、分析化学研究员
刘耕陶　中国医学科学院药物研究所室主任、药理学研究员
韩　锐　中国医学科学院药物研究所室主任、药理学研究员
佘铭鹏　中国医学科学院基础医学研究所名誉所长、病理学研究员
罗会元　中国医学科学院基础医学研究所医学遗传学研究员

| | |
|---|---|
| 薛社普 | 中国医学科学院基础医学研究所生物学研究员 |
| 强伯勤 | 中国医学科学院基础医学研究所分子生物学研究员 |
| 肖培根 | 中国医学科学院药用植物研究所所长、药用植物学研究员 |
| 刘铁成 | 中国医学科学院药用植物研究所室主任、药用植物栽培学研究员 |
| 周庆年 | 中国医学科学院药用植物研究所分所所长、药用植物栽培学研究员 |
| 张致平 | 中国医学科学院医药生物技术所所长、微生物药物学研究员 |
| 甄永苏 | 中国医学科学院医药生物技术所室主任、肿瘤药理学研究员 |
| 陆如山 | 中国医学科学院情报所所长、放射医学研究员 |
| 卢耀增 | 中国医学科学院实验动物研究所所长、实验动物学研究员 |
| 宋增璇(女) | 中国医学科学院血液学研究所副所长、实验血液学研究员 |
| 董德祥 | 中国医学科学院医学生物学研究所副所长、病毒学流行病学研究员 |
| 朱　预 | 中国医学科学院北京协和医院院长、普外科教授 |
| 连利娟(女) | 中国医学科学院北京协和医院妇科教授 |
| 张乃峥 | 中国医学科学院北京协和医院内科教授 |
| 史轶蘩(女) | 中国医学科学院北京协和医院科主任、内分泌科教授 |
| 金　兰(女) | 中国医学科学院北京协和医院内科学教授 |
| 罗慰慈 | 中国医学科学院北京协和医院内科学教授 |
| 毕增祺 | 中国医学科学院北京协和医院内科学教授 |
| 李邦琦 | 中国医学科学院北京协和医院内科传染病学教授 |
| 池芝盛 | 中国医学科学院北京协和医院内科学教授 |
| 潭铭勋 | 中国医学科学院北京协和医院神经科教授 |
| 吴德诚 | 中国医学科学院北京协和医院泌尿外科学教授 |
| 王直中 | 中国医学科学院北京协和医院科主任、耳鼻喉科学教授 |
| 葛秦生(女) | 中国医学科学院北京协和医院妇科内分泌学教授 |
| 王爱霞(女) | 中国医学科学院北京协和医院内科副主任、传染病学主任医师 |
| 朱元珏(女) | 中国医学科学院北京协和医院内科副主任、教授 |
| 吴　宁(女) | 中国医学科学院北京协和医院内科学教授 |
| 刘彤华(女) | 中国医学科学院北京协和医院病理学教授 |
| 袁兆庄 | 中国医学科学院北京协和医院皮科主任医师 |
| 孙　燕 | 中国医学科学院北京肿瘤医院肿瘤内科主任医师 |
| 郭加强 | 中国医学科学院阜外医院院长、心血管外科研究员 |
| 朱晓东 | 中国医学科学院阜外医院心血管外科主任、心血管外科研究员 |
| 刘玉清 | 中国医学科学院阜外医院放射诊断、医学影像学研究员 |

陈在嘉(女) 中国医学科学院阜外医院心血管内科主任医师

刘力生(女) 中国医学科学院阜外医院心血管内科学主任医师

李式瀛 中国医学科学院整形外科医院代理院长、整形外科主任医师

谷铣之 中国医学科学院肿瘤医院放射肿瘤学研究员

哈献文 中国医学科学院肿瘤医院头颈肿瘤外科研究员

叶干运 中国医学科学院皮肤病研究所顾问、麻风性病学研究员

张景源 中国医学科学院放射医学研究所放射医学研究员

肖星甫 中国医学科学院输血研究所名誉所长、研究员

李维业 中国医学科学院协和医院眼科主任、研究员

吴葆桢 中国医学科学院协和医院妇科主任、教授

王彭延 中国医学科学院生物医学工程研究所第一副所长、医用高分子学研究员

陆星华(女) 中国医学科学院北京协和医院内科主任医师

戴汝平 中国医学科学院阜外医院放射诊断学研究员

张汝刚 中国医学科学院肿瘤医院副院长、胸部肿瘤外科主任医师

张友会 中国医学科学院肿瘤所肿瘤免疫学研究员

周　前(女) 中国医学科学院协和医院核医学教授

金荫昌 中国医学科学院基础所药理学教授

张承芬(女) 中国医学科学院协和医院眼科教授

朱既明 中国预防医学科学院病毒学研究员

刘秉阳 中国预防医学科学院微生物学教授

毛守白 中国预防医学科学院寄生虫学研究员

张希仲 中国预防医学科学院通风学研究员

曾　毅 中国预防医学科学院病毒学研究员

侯云德 中国预防医学科学院病毒学研究员

洪　涛 中国预防医学科学院病毒学研究员

何凤生(女) 中国预防医学科学院劳动卫生学研究员

肖树华 中国预防医学科学院寄生虫病研究所药理研究室主任、抗寄生虫药药理学研究员

余森海 中国预防医学科学院寄生虫病研究所所长、医学寄生虫学研究员

刘述先 中国预防医学科学院寄生虫病研究所免疫学研究室主任、寄生虫病免疫学研究员

纪树立 中国预防医学科学院流行病学研究所鼠疫防治学研究员

高守一 中国预防医学科学院流行病学研究所医学微生物学研究员

汪诚信 中国预防医学科学院流行病学研究所副所长、媒介生物控制学研究员

刘崇柏 中国预防医学科学院病毒所病毒学研究员

任贵方 中国预防医学科学院病毒所病毒学研究员

张礼璧 中国预防医学科学院病毒所病毒学研究员

阮　力　　中国预防医学科学院病毒所病毒学研究员

胡玉琴(女)　　中国预防医学科学院寄生虫研究所药物化学副研究员

丁茂柏　　中国预防医学科学院劳动卫生研究所尘肺诊断学研究员

黄承武　　中国预防医学科学院环境工程研究所分析化学研究员

陈孝曙(女)　　中国预防医学科学院营养卫生学研究所营养学研究员

杨光圻　　中国预防医学科学院营养卫生研究所营养学研究员

陈昌杰　　中国预防医学科学院环境监测研究所所长环境卫生学研究员

戴　寅　　中国预防医学科学院食品卫生监督检验所名誉所长、食品卫生学研究员

邵　强　　中国预防医学科学院环境工程研究所工业通风学研究员

韩　驰(女)　　中国预防医学科学院营养卫生研究所食品毒理学研究员

邹昌淇　　中国预防医学科学院劳动卫生研究所副所长、尘肺病理学研究员

曹守仁　　中国预防医学科学院环境工程研究所分析化学研究员

秦钰慧(女)　　中国预防医学科学院环境监测研究所副所长、环境毒理学研究员

郭存三　　中华预防医学会卫生防疫学主任医师

米　勒　　北京医科大学内科学教授

冯传汉　　北京医科大学外科学教授

张昌颖　　北京医科大学生化学教授

黄萃庭　　北京医科大学外科学教授

李肇特　　北京医科大学组织化学教授

刘家琦(女)　　北京医科大学眼科学教授

朱希涛　　北京医科大学口腔学教授

叶恭绍(女)　　北京医科大学少儿卫生学教授

严仁英(女)　　北京医科大学妇产科学教授

郑麟蕃　　北京医科大学口腔病理学教授

王志均　　北京医科大学生理学教授

王　夔　　北京医科大学分析化学教授

李家泰(女)　　北京医科大学临床药理学教授

陆道培　　北京医科大学血液内科学教授

韩济生　　北京医科大学生理学教授

贾博琦　　北京医科大学内科学教授

潘中允　　北京医科大学核医学教授

郭静秋(女)　　北京医科大学小儿眼科主任、教授

张鸣和　　北京医科大学肾脏内科学教授

谢　荣　　北京医科大学麻醉学教授

左启华(女)　　北京医科大学小儿神经科学教授

顾方六　　北京医科大学泌尿外科学教授

何申戌　　北京医科大学碎石所所长、泌尿外科学副教授

谷铣之　　北京医科大学外科学教授

陶其敏(女)　　北京医科大学肝病研究所所长、教授

汤　健　　北京医科大学心肺内分泌学教授

陈慰峰　　北京医科大学免疫学教研室副主任、教授

吴秉铨　　北京医科大学基础医学院院长、病理学教授

龙振洲　　北京医科大学医学免疫学教授

唐朝枢　　北京医科大学病理生理学教授

林克椿　北京医科大学生物物理学教授
楼之岑　北京医科大学生药学教研室主任、教授
诚静容（女）　北京医科大学药用植物学教授
庄　辉　北京医科大学流行病学教授
刘世杰　北京医科大学、劳动卫生学教授
陈明哲　北京医科大学第三临床医学院副院长、内科学教授
陈吉棣（女）　北京医科大学运动医学研究所室主任、研究员
张丽珠（女）　北京医科大学妇产科教授
曲绵域　北京医科大学校长、运动医学教授
韩启德　北京医科大学心血管病理生理与药理学研究员
张震康　北京医科大学口腔医院院长、口腔颌面外科学教授
徐恒昌　北京医科大学口腔医院副院长、口腔材料学研究员
付民魁　北京医科大学口腔医院副院长、口腔正畸学教授
王洁泉　北京医科大学口腔医学院口腔修复学教授
沈渔村（女）　北京医科大学精神卫生研究所所长、教授
朱洪荫　北京医科大学整形外科学教授
李美玉（女）　北京医科大学眼科学教授
钱和年（女）　北京医科大学人民医院妇科主任、教授
王世俊　北京医科大学职业病学教授
苏静怡（女）　北京医科大学病理生理学教研室主任、教授
王海燕（女）　北京医科大学第一医院副院长、内科肾脏病学教授

蔡孟深　北京医科大学药学院有机化学教研室主任、教授
杨国亮　上海医科大学皮肤病学教授
徐丰彦　上海医科大学生理学教授
郭秉宽　上海医科大学眼科学教授
王淑贞（女）　上海医科大学妇产科学教授
林兆耆　上海医科大学内科学教授
林飞卿（女）　上海医科大学微生物学教授
王有琪　上海医科大学生物学教授
顾绥岳　上海医科大学外科学教授
张去病　上海医科大学放射学教授
戴天右　上海医科大学卫生保健学教授
王鹏万　上海医科大学耳鼻喉学教授
范日新　上海医科大学卫生统计学教授
李鸿儒　上海医科大学骨科学教授
杨铭鼎　上海医科大学环境卫生学教授
戴自英　上海医科大学传染病学教授
石美鑫　上海医科大学胸外科学教授
陈中伟　上海医科大学外科学主任医师
汤钊猷　上海医科大学外科学教授
姜春华　上海医科大学中山医院中医学教授
郑思竞　上海医科大学人体解剖学教授
吴学愚　上海医科大学眼耳鼻喉科学医院耳鼻喉科学教授
徐苏恩　上海医科大学儿少卫生学教授
范维琥　上海医科大学心血管内科副教授
余赛妹（女）　上海医科大学科研管理学副研究员
顾学箕　上海医科大学劳动卫生学教授

夏镇夷　上海医科大学精神病学教授
顾天爵　上海医科大学生物化学教授
奚念朱　上海医科大学药剂学教授
顾杏元　上海医科大学社会医学教研室主任、教授
张镜如　上海医科大学生理学教授
曹小定(女)　上海医科大学中西医结合教授
李　鹏　上海医科大学生理学教研室主任、教授
俞顺章　上海医科大学卫生学院院长、流行病学教授
闻玉梅(女)　上海医科大学微生物教研室主任、教授
宋后燕(女)　上海医科大学生物遗传学教研室主任、教授
刘湘云　上海医科大学儿科医院儿科学教授
李超荆(女)　上海医科大学妇产科医院妇产科中西医结合学教授
张惜阴(女)　上海医科大学妇产科医院妇产科中西医结合学教授
史玉泉　上海医科大学华山医院神经外科学教授
徐肇玥(女)　上海医科大学华山医院传染病学教授
戴瑞鸿　上海医科大学华山医院副院长、心脏内科学教授
陈星荣　上海医科大学华山医院院长、放射学教授
顾玉东　上海医科大学华山医院手外科主任、显微外科学教授
黄鹤年　上海医科大学眼耳鼻喉科医院耳鼻喉科学教授
熊汝成　上海医科大学中山医院泌尿外科学教授
吴　珏　上海医科大学中山医院麻醉学教授
陈灏珠　上海医科大学中山医院心研所所长、心脏内科学教授
吴肇光　上海医科大学中山医院外科主任、普外科学教授
诸骏仁　上海医科大学中山医院内科主任、心脏内科学教授
林　贵　上海医科大学中山医院院长、放射学教授
张元芳　上海医科大学中山医院副院长、泌尿外科学教授
李月云　上海医科大学肿瘤医院肿瘤外科学教授
曹世龙　上海医科大学肿瘤医院院长、放射治疗学教授
陈康颐　上海医科大学法医学教授
吴和光　华西医科大学外科学教授
乐以成(女)　华西医科大学妇产科学教授
曹钟梁　华西医科大学传染病学教授
肖卓然　华西医科大学口腔科学教授
陈志潜　华西医科大学劳动卫生学教授
陈钦材　华西医科大学病毒学教授
兰天鹤　华西医科大学生物化学教授
陆振山　华西医科大学组织胚胎学教授
刘昌永　华西医科大学精神病学教授
彭吉人　华西医科大学耳鼻喉科学教授
冉瑞图　华西医科大学外科学主任医师
胡孝素(女)　华西医科大学寄生虫学教授
戴保民　华西医科大学病理生理学教授
杨光华　华西医科大学校长、病理解剖学教授
罗万福　华西医科大学口腔医院口腔医学副主任技师
王翰章　华西医科大学口腔学教授

|  |  |
|---|---|
| 陈安玉(女) | 华西医科大学口腔学院院长、口腔学教授 |
| 高贤华 | 华西医科大学人体解剖学教授 |
| 吴梅筠(女) | 华西医科大学法医学教研室主任、教授 |
| 詹承烈 | 华西医科大学劳动卫生与职业病学教授 |
| 张思仲 | 华西医科大学医学遗传学教研室主任、教授 |
| 唐孝达 | 华西医科大学医学院院长、外科学教授 |
| 李正化 | 华西医科大学药物化学教授 |
| 魏治统(女) | 华西医科大学口腔科学教授 |
| 林志靖 | 华西医科大学微生物学教授 |
| [于光元] | 同济医科大学皮肤病学教授 |
| 裘法祖 | 同济医科大学外科学教授 |
| 周裕德 | 同济医科大学外科学教授 |
| 陈　任 | 同济医科大学眼科学教授 |
| 吕富华 | 同济医科大学药理学教授 |
| 过晋源 | 同济医科大学内科学教授 |
| 夏穗生 | 同济医科大学附属同济医院外科学教授、主任医师 |
| 周有尚 | 同济医科大学公共卫生学院卫生统计学教授 |
| 童萼塘 | 同济医科大学附属协和医院神经内科主任、教授、主任医师 |
| 王新房 | 同济医科大学附属协和医院心血管病研究所副所长、超声诊断学教授、主任医师 |
| 石佑恩 | 同济医科大学基础医学部主任、寄生虫学教授 |
| 邹爱平 | 同济医科大学基础医学部教务处副处长、病理生理学副教授 |
| 向继洲 | 同济医科大学基础医学部科研处副处长、药理学副教授 |

|  |  |
|---|---|
| 陈道达 | 同济医科大学附属协和医院外科学教授、主任医师 |
| 王迪浔 | 同济医科大学基础医学部病理生理学教研室主任、教授 |
| 刘筱娴(女) | 同济医科大学公共卫生学院妇幼卫生学教研室主任、教授 |
| 陈　实 | 同济医科大学附属同济医院外科学教授、主任医师 |
| 易见龙 | 湖南医科大学生理学教授 |
| [凌敏猷] | 湖南医科大学精神病学教授 |
| 夏家辉 | 湖南医科大学遗传学教授 |
| 卢光秀(女) | 湖南医科大学生殖工程研究室医学遗传学研究员 |
| 王振华 | 湖南医科大学第一附属医院内科心血管病学教授 |
| 张阳德 | 湖南医科大学第一附属医院外科学教授 |
| 李麓芸(女) | 湖南医科大学遗传学国家重点实验室主任、妇产科学、医学遗传学教授 |
| 姚开泰 | 湖南医科大学肿瘤研究所所长、病理生理学教授 |
| 李桂源 | 湖南医科大学肿瘤研究所副所长、病理生理学副研究员 |
| 谢振武 | 湖南医科大学第二附属医院儿科心血管学教授 |
| 龚跃先 | 湖南医科大学第二附属医院医学心理学教授 |
| 卢惠霖 | 湖南医科大学医学遗传学教授 |
| 陈国祯 | 中山医科大学内科学教授 |
| 李士梅 | 中山医科大学内科学教授 |
| 姚集鲁 | 中山医科大学传染病学教授 |
| 王成恩 | 中山医科大学外科学教授 |
| 龚兰真(女) | 中山医科大学生物化学教授 |
| 郑惠国 | 中山医科大学孙逸仙纪念医院妇产科学教授 |

|  |  |
|---|---|
| 区庆嘉 | 中山医科大学孙逸仙纪念医院肝脏外科学教研室主任、教授 |
| 严　棠 | 中山医科大学孙逸仙纪念医院内科学教授 |
| 朱家恺 | 中山医科大学副校长、显微外科学教授 |
| 郑振声 | 中山医科大学附属一院心血管内科及生物医学工程学教研室主任、教授 |
| 梅　骅 | 中山医科大学附属一院泌尿外科主任、教授 |
| 刘焯霖 | 中山医科大学附属一院教研室主任、神经病学教授 |
| 余斌杰 | 中山医科大学附属一院教研室主任、内科内分泌学教授 |
| 彭文伟 | 中山医科大学附属三院传染病学教授 |
| 区宝祥(女) | 中山医科大学肿瘤研究所细胞遗传学及肿瘤病因学研究室主任、教授 |
| 周文炳 | 中山医科大学眼科中心眼科学教授 |
| 陈家祺 | 中山医科大学眼科中心副主任、眼科角膜病学主任医师 |
| 吴乐正 | 中山医科大学眼科中心副主任、临床视觉生理学教授 |
| 胡本荣 | 中山医科大学药理学研究室主任、教授 |
| 杜传书 | 中山医科大学医学遗传学教研室主任、教授 |
| 颜光美 | 中山医科大学药理学副教授 |
| 马涧泉 | 中山医科大学生物化学教研室主任、教授 |
| 陈培熹 | 中山医科大学生理学教授 |
| 蔡纪辕 | 中山医科大学附属一院脑外科学教授 |
| 何天骐 | 中山医科大学孙逸仙纪念医院骨科学教授 |
| 叶鹿鸣 | 中山医科大学人体解剖学教授 |
| 侯宗濂 | 西安医科大学生理学教授 |
| 卢　兴 | 西安医科大学病理生理学教研室主任、教授 |
| 楚雍烈 | 西安医科大学医学副研究员 |
| 邓云山 | 西安医科大学皮肤科学教授 |
| 刘守勋 | 西安医科大学教研室副主任、副主任医师 |
| 秦兆寅 | 西安医科大学第二附属医院外科主任、教授 |
| 刘治全 | 西安医科大学第一附属医院心血管内科副主任、副教授 |
| 陈君长 | 西安医科大学党委书记、骨科学研究员 |
| 朱育惠 | 白求恩医科大学生物化学教授 |
| 刘多三 | 白求恩医科大学神经病学教授 |
| 刘树铮 | 白求恩医科大学放射生物学教授 |
| 杨贵贞(女) | 白求恩医科大学基础所所长、免疫学教授 |
| 王　凡 | 白求恩医科大学地方病研究所病理学教授 |
| 杨同书 | 白求恩医科大学地方病研究所室主任、生化学教授 |
| 王嘉桔 | 白求恩医科大学三院外科学教授 |
| 李守柔(女) | 白求恩医科大学二院妇产科学教授 |
| 徐莘香 | 白求恩医科大学一院骨科主任、教授 |
| 王　绍 | 白求恩医科大学生理学教授 |
| 陈洪铎 | 中国医科大学皮肤病学教授 |
| 李厚文 | 中国医科大学校长、胸外科学教授 |
| 张荫昌 | 中国医科大学肿瘤研究所副所长、病理学教授 |

贾静涛　中国医科大学法医学教研室主任、教授

郝文学　中国医科大学蛇毒防治中心主任、教授

谢启文　中国医科大学神经内分泌学研究室主任、教授

陈铁镇　中国医科大学病理学研究室主任教授

李　正　中国医科大学儿科研究所所长、小儿外科学教授

李　智(女)　中国医科大学药理学教研室主任、教授

张铭铮　中国医科大学泌尿外科教研室主任、教授

王玉新(女)　中国医科大学颌面外科学教研室主任、教授

何维为　中国医科大学脑研究所所长、神经解剖学教授

王　序　中国医科大学医学美术学研究员

陈淑珍(女)　中国医科大学肝胆外科学教授

夏德昭　中国医科大学眼科学教授

戴国钧　中国医科大学流行病学副教授

于秉治　中国医科大学生物化学副教授

项全申　中国医科大学小儿内科学教授

江　森　山东医科大学妇产科学教授

吴承远　山东医科大学神经外科副主任、副主任医师

张茂宏　山东医科大学血液病研究室主任、教授

应诗达　山东医科大学麻醉科主任、教授

郭亦寿　山东医科大学医学遗传学教授

王天铎　山东医科大学耳鼻咽喉科学教授

王慧才　山东医科大学药学系主任、药物化学教授

王廷础　山东医科大学校长、耳鼻喉学教授

苏应宽　山东医科大学妇产科学教授

陶恒乐　北京医院内科学主任医师

吴　洁　北京医院内科学主任医师

左克明　北京医院眼科学主任医师

魏龙骧　北京医院中医内科学主任医师

吴蔚然　北京医院普通外科学教授

张惠芬(女)　北京医院呼吸内科学主任医师

钱贻简　北京医院心血管内科学主任医师

林子杨　北京医院皮肤性病学主任医师

韩宗琦　北京医院口腔矫形学主任医师

王新德　北京医院神经内科学主任医师

李辅仁　北京医院中医内科、妇科学主任医师

赵夷年　北京医院肿瘤内科学主任医师

高日新　北京医院医学麻醉学主任医师

李果珍(女)　北京医院放射医学主任医师

岳辉南　北京医院放射医学主任医师

周尚珏　北京医院心血管内科学主任医师

蒋国彦　北京医院内分泌科主任医师

刘梓荣　北京医院心血管内科学主任医师

王福权　北京医院骨外科学主任医师

力伯畏(女)　北京医院内科学主任医师

何慧德(女)　北京医院老年医学研究员

顾承敏(女)　北京医院心血管内科学主任医师

曾昭耆　北京医院心血管内科学主任医师

印会河　中日友好医院中医内科学教授

薛　智(女)　中日友好医院分析化学研究员

焦树德　中日友好医院中医内科学教授

辛育龄　中日友好医院专家室主任、胸外科学教授

张光铂　中日友好医院骨外科主任、主任医师

钟毓斌(女)　中日友好医院放疗科主任、放射治疗学主任医师

张　菁(女)　北京生物制品研究所病毒学主任技师

巩志立　北京生物制品研究所病毒学副研究员

陈廷祚　成都生物制品研究所生物制品研究员

[齐长庆]　兰州生物制品研究所生物制品研究员

王世鹏　成都生物制品研究所生物制品研究员

程　明(女)　北京生物制品研究所室主任、生物制品免疫诊断学研究员

杜桂枝(女)　北京生物制品研究所室主任、生物制品免疫制剂学高级工程师

张权一　长春生物制品研究所生物制品、免疫制剂研究员

钱汶光　成都生物制品研究所干扰素室主任、生物制品免疫制剂学高级工程师

王寿贵　成都生物制品研究所疫苗室主任、生物制品、免疫制剂学高级工程师

董树林　兰州生物制品研究所室主任、生物制品、免疫制剂学研究员

刘新铭　兰州生物制品研究所生物制品、免疫诊断学研究员

张天仁　上海生物制品研究所血液制剂学研究员

史良如　武汉生物制品研究所免疫研究室主任、生物制品、免疫诊断学研究员

林放涛　武汉生物制品研究所生物制品免疫诊断学研究员

魏履新　卫生部工业卫生实验所放射医学研究员

[徐诵明]　中华医学会病理学教授

翁永庆　中华医学会编审

孙祖基　人民卫生出版社药学编审

俞永新　中国药品生物制品检定所病毒、生物制品学研究员

徐康森　中国药品生物制品检定所生物药品学副研究员

邢瑞昌　中国药品生物制品检定所实验动物学副研究员

胡宗汉　中国药品生物制品检定所生物制品学主任技师

李河民　中国药品生物制品检定所名誉所长、微生物学研究员

赵建西(女)　中国药品生物制品检定所抗菌素学研究员

## 北　京　市

孙衍庆　安贞医院名誉院长、教授

陈学诗　安定医院名誉院长、主任医师

胡亚美(女)　儿童医院名誉院长、主任医师、教授

张金哲　儿童医院主任医师、教授

江载芳(女)　儿童医院主任医师、教授

| | |
|---|---|
| 安家宾(女) | 儿童医院遗传室主任、副研究员 |
| 刘　铤 | 耳鼻喉研究所所长、研究员 |
| 张颖杰(女) | 妇产医院院长、主任医师 |
| 翁心植 | 红十字朝阳医院名誉院长、主任医师 |
| 王澍寰 | 积水潭医院名誉院长、教授 |
| 王云钊 | 积水潭医院、教授 |
| 沈祖尧 | 积水潭医院烧伤科副主任、主任医师 |
| 张明良 | 积水潭医院烧伤科副主任、主任医师 |
| 王亦璁 | 积水潭医院创伤研究室主任、教授 |
| 严碧涯(女) | 结核病胸部肿瘤研究所名誉所长、研究员 |
| 赖百塘 | 结核病胸部肿瘤研究所副研究员 |
| 朱宣智 | 口腔医院院长、主任医师 |
| 阚冠卿 | 结核病防治所名誉所长、主任医师 |
| 赵雅度 | 神经外科研究所副所长、教授、主任医师 |
| 邓国仁 | 肿瘤防治研究所教授 |
| 董志伟 | 肿瘤防治研究所教授 |
| 徐光炜 | 肿瘤研究所所长、教授、主任医师 |
| 王忠诚 | 天坛医院名誉院长、所长、教授、主任医师 |
| 杨炯达 | 天坛医院副院长、主任医师 |
| 罗世祺 | 天坛医院、教授、主任医师 |
| 兰宝森 | 同仁医院放射科主任医师 |
| 林明美(女) | 卫生局临床药学研究所所长、研究员 |
| 金世元 | 北京市卫生学校主任药师 |
| 王宝恩 | 友谊医院名誉院长、主任医师 |
| 李铁一 | 友谊医院主任医师 |
| 王为兰 | 中医医院主任医师、教授 |
| 王玉章 | 中医医院主任医师、教授 |
| 许公岩 | 中医医院主任医师、教授 |
| 陈增潭 | 中医医院肝病科主任、主任医师 |
| 张梓荆 | 首都儿科研究所研究员 |
| 王之梁 | 首都儿科研究所病毒室主任、研究员 |
| 丁育基 | 首都医学院宣武医院科主任、主任医师 |

### 天　津　市

| | |
|---|---|
| 林必锦 | 一中心医院耳鼻喉科主任医师 |
| 林　崧 | 一中心医院妇产科主任医师 |
| 施锡恩 | 一中心医院泌尿科主任医师 |
| 金显宅 | 肿瘤医院主任医师 |
| 王今达 | 一中心医院急救科主任医师 |
| 王德延 | 肿瘤医院病理科主任医师 |
| 边天羽 | 长征医院中西医结合皮肤科主任医师 |
| 朱宗尧 | 肺科医院结核病科主任医师 |
| 李汉民 | 天津医院骨科主任医师 |
| 李树玲 | 肿瘤医院乳腺科主任医师 |
| 李　竞 | 中医药研究院中西医结合疮疡科主任医师 |
| 李德华 | 医药科研所研究员 |
| 吴廷椿 | 口腔医院口腔科主任医师 |
| 杨宝琦 | 一中心医院耳鼻喉科主任医师 |
| 杨浩观 | 第一医院中医科主任医师 |
| 张天泽 | 肿瘤医院主任医师 |
| 张化新 | 胸科医院外科主任医师 |
| 张铁良 | 天津医院骨科主任医师 |
| 宋继昌 | 河东医院肝外生物医学工程主任医师 |
| 杜梓柏(女) | 中心妇产科医院妇产科主任医师 |
| 林士寅 | 肿瘤医院放射科主任医师 |

金鸿宾　天津医院急创科主任医师
范殿英　防病中心主任医师
周祥宁　一中心医院耳鼻喉科主任医师
周秦玉(女)　儿童医院儿科主任医师
屈鸿均　防病中心流行病主任医师
顾云五　天津医院骨科主任医师
钱绍诚　河东医院消化内科主任医师
顾荣生　劳动卫生研究所研究员
高广伟　天津医院显微外科主任医师
黄耀权　一中心医院外科主任医师
鲁焕章　南开医院主任医师

## 河北省

刘震华　河北医学院第二医院教授
何瑞荣　河北医学院生理学教授
袁凤燕(女)　河北医学院有机化学教授
张嫡群(女)　河北医学院药物化学副教授
王学礼　河北医学院人体解剖学副教授
陈瑞梅(女)　河北医学院口腔颌面外科学教授
储宗瀛　河北医学院第二医院儿科学教授
李振东　河北医学院第二医院儿外科学教授
梁树今(女)　河北医学院第二医院眼科学教授
魏桂庭　河北医学院第二医院耳鼻喉科学教授
林振福　河北医学院第三医院骨科学教授
凌　彤　河北医学院第三医院骨科学教授
刘英奇　河北医学院第三医院眼科学教授
张毓德　河北医学院第四医院胸外科学教授
杨集祥　河北医学院第四医院肿瘤外科学教授
曹雪笠　河北医学院第四医院内科学教授
张鸿修　河北省医学科学院流行病学研究员
庞赞襄　河北省医学科学院中医眼科学主任医师
吴育锦　河北医学院神经内科学主任医师
李翔九　河北省结核病院胸外科副主任医师
梁　冰　河北省廊坊中医院中医血液病学主任医师
林屿琮　河北省保定市妇幼保健院儿科学副主任医师

## 内蒙古自治区

郭文通　内蒙古医学院副院长、骨科教授
阙求豪　内蒙古医学院骨科教授
姚文炳　内蒙古医学院医学寄生虫学教授
孙慧宽　内蒙古医学院法医学教授
李明洙　内蒙古医学院神经外科教授
罗布桑　内蒙古医学院蒙医蒙药学教授
舍　英　内蒙古医学院组织化学教授
苏荣扎布　内蒙古蒙医学院蒙医学教授
周光甫　内蒙古防疫站流行病学主任医师
费荣中　赤峰市防疫站鼠疫防治主任医师
王金锐　伊盟盟医院超声诊断学副主任医师

## 辽宁省

高景恒　辽宁省人民医院主任医师

叶文丘　辽宁省人民医院教授
李玉奇　辽宁省中医研究院主任医师
贺瑞麟　辽宁省中医研究院主任医师
付立人　辽宁省肿瘤研究所主任医师
张文范　辽宁省肿瘤医院教授
任宏造　辽宁省职工医学院教授
付百川　辽宁省职工医学院教授
李芳生　辽宁省职工医学院教授
刘占元　辽宁省劳动卫生研究所主任医师
徐肇翊　辽宁省防疫站主任医师
袁一傲　辽宁省防疫站主任医师
李德新　辽宁中医学院教授
彭静山　辽宁中医学院教授
康　白　大连医学院教授
钱长超　大连医学院教授
梅懋华　大连医学院教授
裴德恺　大连医学院教授
夏元洵　大连医学院教授
吴汝丹　大连医学院教授
叶兴杰　大连医学院教授
吴　襄　大连医学院教授
孙　耀(女)　锦州医学院教授
蔡林方　沈阳医学院附院主任医师
李润庭　沈阳市肛肠医院主任医师
赵金铎　沈阳市劳动卫生研究所主任医师
高秀贤(女)　沈阳市眼病研究所教授
刘业俭　大连市中心医院主任医师
周鸣歧　大连市第二医院主任医师
赵庆呈　鞍山市千山结核医院主任医师
韩安国　鞍钢铁东医院主任医师
王初堂　抚顺市中心医院主任医师
吴永安　本钢总医院主任医师
王丙庚　辽阳峨嵋疗养院主任医师
邢鹤林　阜新蒙医药研究所主任蒙医师
才东升　铁岭市公安局主任法医师

## 吉林省

张树臣　吉林省中医中药研究院临床药理研究员
王育才　吉林省人民医院骨科主任医师
闫洪臣　长春中医学院中医学教授
王本祥　吉林省中医中药研究院中药药理研究员
钱本余　吉林省药品检验所中药学主任药师
李在琉　延边医学院消化生理学教授
崔其盛　吉林省地方病一所鼠疫防治学主任医师
刘冠军　长春中医学院附属医院院长、针灸学教授
邓明鲁　长春中医学院院长、中药学教授
李　恭　吉林医学院神经精神病学教授
宋延富　吉林省地方病第一防治研究所副研究员
孙校楼　吉林省地方病第二防治研究所副研究员
陈兰田　吉林市中心医院骨科主任医师
史洪涛　吉林市医院中医学主任医师

## 黑龙江省

冯克玉　省劳动卫生与职业病研究所所长、研究员
卢　庄　省劳动卫生与职业病研究所卫生学主任医师
张　缙　省中医研究院中医针灸学研究员
张　琪　省中医研究院中医学研究员
赵博施　省医院主任医师

陈美征(女)　省卫生防疫副主任医师
孙保珩　省卫生防疫站主任医师
孙玉林　省药品检验所主任药师
于维汉　哈尔滨医科大学名誉校长、克山病学教授
付世英　哈尔滨医科大学心血管疾病研究所所长、心血管内科学教授
巴德年　哈尔滨医科大学肿瘤免疫学研究员
程治平　哈尔滨医科大学生理学研究室主任、教授
李　璞　哈尔滨医科大学生物学教研室主任、教授
刘志诚　哈尔滨医科大学食品营养学教授
孙明智　哈尔滨医科大学生理学教授
王吾如(女)　哈尔滨医科大学病理学教授
戴钦舜　哈尔滨医科大学神经外科学教授
黄永麟　哈尔滨医科大学心血管内科学教授
杨建伯　哈尔滨医科大学大骨节病学教授
郑　方　哈尔滨医科大学麻醉学主任医师
陈秉卿(女)　哈尔滨医科大学食品营养学研究员
韩向阳　哈尔滨医科大学计划生育学教授
洪宝源　哈尔滨医科大学血液病学教授
赵士杰　哈尔滨医科大学胸外科学教授
关庆润　哈尔滨医科大学儿外科学教授
李　彬　哈尔滨医科大学耳鼻喉科学教授
徐敬业　哈尔滨医科大学心胸外科学教授
赵成林　哈尔滨医科大学微生物学教授
姒元翼　哈尔滨医科大学医史学教授
张乃庚　哈尔滨医科大学妇产科学主任医师
韩百灵　省中医学院中医妇科学教授
于致顺　省中医学院任针灸学教授
孙申田　中医学院针灸学教授
段富津　省中医学院方剂学教授
黄炳山　省中医学院副院长、中医基础学教授
车　离　省中医学院医学史教授
黄殿栋　省中医学院骨科学教授
朱兴仁　省中医学院人体解剖学副教授
刘　沛　佳木斯医学院外科学副教授
李树春　佳木斯医学院小儿神经学教授
马　军　哈尔滨血液病研究所所长、血液学副主任医师
诸懋午(女)　哈尔滨市第一医院妇产科学主任医师
吕德滨　哈尔滨市第一医院男性学主任医师
刘晓程　牡丹江心血管病医院院长、心脏外科学主任医师
秦泗河　佳木斯矫形外科康复医院院长、儿麻矫形学主治医师

## 上　海　市

赵东生　第一人民医院眼科主任医师
董承琅　第六人民医院内科主任医师
于仲嘉　第六人民医院骨科主任医师
苏祖斐(女)　儿童医院营养学主任医师
曾铭新　上海第二医科大学内科教授
邝安堃　上海第二医科大学内科教授

兰锡纯　上海第二医科大学心外科教授
叶衍庆　上海第二医科大学骨科教授
杨之骏　上海第二医科大学烧伤科教授
张镜人　市第一人民医院中医内科主任医师
谢　桐　市第一人民医院泌尿外科主任医师
胡远峰　市第一人民医院内分泌主任医师
任引津　市第六人民医院职业病主任医师
周永昌　市第六人民医院超声诊断主任医师
项坤山　市第六人民医院内分泌主任医师
钱允庆　市第六人民医院普外科主任医师
孔新明　市华东医院口腔科主任医师
严和骎　市精神卫生中心精神科主任医师
张明园　市精神卫生中心精神科主任医师
杨思源　市儿童医院儿科主任医师
裘德懋　市第一肺科医院中西医结合主任医师
高玉堂　市肿瘤研究所肿瘤学研究员
顾健人　市肿瘤研究所肿瘤学研究员
吕绳凯　市临床检验中心免疫学主任技师
陶义训　市临床检验中心免疫学研究员
殳家豪　市卫生防疫站劳动卫生学主任医师
董廷瑶　市中医文献馆中医儿科学主任医师
李全路　市职业病防治研究所劳动卫生学主任医师
肖鹭白（女）　市性病防治中心皮肤病性病主任医师
吴国光　市血液中心血液学研究员
邹　仲　市第六人民医院放射学主任医师
胡志远　市第六人民医院妇产科主任医师
陆颂慈　市寄生虫病防治研究所研究员
李家耿　市遵义医院麻风病学主任医师
汪　士　市第一肺科医院结核病学主任医师
黄偶麟　市胸科医院胸外科学主任医师
康来仪　市卫生防疫站流行病学主任医师
徐富星　市华东医院内窥镜学主任医师
华嘉增（女）　市第一妇婴保健院妇产科主任医师
巫善明　市传染病医院传染病学主任药师
申蕴如　市卫生局药品检验所生物检定学主任医师
邱志芳（女）　市牙病中心防治所口腔学主任医师
徐肇华（女）　市临床检验中心生化学主任医师
陈家琨　市遵义医院麻风病学主任医师
周运乾　市胸科医院胸外科主任医师
王文英（女）　市第一人民医院妇产科主任医师
陈万春　市第六人民医院心内科主任医师
马寄晓　市第六人民医院同位素主任医师
徐昌文　市胸科医院肺内科主任医师

陈家伦　市瑞金医院内分泌学教授
张锡泽　市第九人民医院口腔外科学教授
王一山　市仁济医院心胸外科教授
柴本甫　市瑞金医院骨科学教授
陈　竺　市瑞金医院血液学教授
沈卫峰　市瑞金医院心血管学主任医师
罗　敏　上海第二医科大学内分泌学副研究员
周光炎　上海第二医科大学免疫学研究员
史济湘　上海第二医科大学烧伤学教授
汤雪明　上海第二医科大学医学细胞学教授
王一飞　上海第二医科大学组胚学教授
王振义　上海第二医科大学血液学教授
许以平　市仁济医院免疫学教授
戴克戎　市第九人民医院骨科学教授
裘沛然　上海中医学院中医学教授
顾伯华　上海中医学院中医外科学主任医师
郑凤胡　市岳阳医院中医推拿学主任医师
胡之璧(女)　上海中医学院药物生物学研究员
刘　平　市中医药研究院中医内科学副研究员
王　左　市曙光医院中医学主任医师
邱尉六　市第九人民医院口腔外科学教授
丁文祥　市新华医院小儿胸外科教授
张涤生　市第九人民医院整形外科学教授
江绍基　市仁济医院消化内科学教授
龚兰生　市瑞金医院心内科学教授
郭　迪　市新华医院儿科学教授
陆道炎　市新华医院眼科学教授
李国衡　市瑞金医院中医伤科学教授
夏宗勤　上海第二医科大学核医学教授
金正均　上海第二医科大学药理学教授
董德长　市瑞金医院肾脏病学教授
陆汉明　市新华医院消化内科学教授
石仰山　黄浦区中心医院骨伤科学主任医师
姚光弼　静安区中心医院免疫学主任医师
奚九一　虹口区中心医院周围血管病学主任医师
黄伟民　徐汇区中心医院心血管学主任医师
薛汉麟　杨浦区中心医院职业病学主任医师
焦东海　卢湾香山医院中西医结合主任医师
何明焕　长宁区中心医院药剂学主任医师
刘瑗如　市第九人民医院口腔病理学主任医师
陈诗书　市第九人民医院分子生物学主任医师

## 江　苏　省

张满达　省原子医学研究所研究员
蔡海江(女)　南京医学院教授
赵慰先　南京医学院教授
马文珠(女)　南京医学院教授
王敬良　南京医学院教授
叶炳辉　南京医学院教授
陈钟英(女)　南京医学院教授
刘天培　南京医学院教授
蔡毓英　南京医学院教授

周仲瑛　南京中医学院中医内科主任医师
孟澍江　南京中医学院中医温病学教授
于光迪　南京中医学院中医学教授
吴贻谷　南京中医学院中医药学研究员
赵升皓　徐州医学院生物化学教授
曾因明　徐州医学院麻醉学教授
江育仁　省中医院中医儿科主任医师
邱茂良　省中医院中医针灸主任医师
候金镐　省人民医院神经外科教授
张忠邦　省人民医院内科教授
陈务民　苏州医学院小儿科主任医师
何馥贞（女）　苏州医学院小儿科主任医师
陈明斋　苏州医学院外科主任医师
干祖望　省中医院中医耳鼻喉科主任医师
谷兴琳　南京市儿童医院小儿外科主任医师
鲁龙光　南京神经精神病防治院主任医师
韩祖斌　南京鼓楼医院骨科主任医师
施和生　省中医院推拿学主任医师
钱云铉（女）　省肿瘤防治研究所放射科主任医师
刘本立　南京鼓楼医院妇产科主任医师
丁泽民　南京市中医院主任医师
吴夕琛　南京鼓楼医院主任医师
傅宗翰　南京市中医院主任医师
周志耀　南京鼓楼医院主任医师
马德瓒　南京鼓楼医院主任医师
翟书涛　南京神经精神病防治院主任医师
奚凤霖　苏州市中医院主任医师
顾乃勤（女）　苏州市妇幼保健院主任医师
辛定一　无锡市第四人民医院主任医师
华　铮　常州市第一人民医院主任医师
屠揆先　常州市中医院主任医师
张志清　镇江市第一人民医院主任医师
任达然　扬州市苏北人民医院主任医师
何天禄　扬州市人民医院主任医师
朱源荣　启东肝癌防治研究所副研究员
朱良春　南通市中医院主任医师
李子良　徐州市第一人民医院主任医师
秦永彦　南京市第一医院主任医师
周达春　淮阴市灌南县中医院
宋玉斋　连云港市东海县人民医院

## 浙　江　省

毛江森　浙江医学科学院院长、研究员
桑国卫　浙江医学科学院副院长、研究员
郎林福　浙江省人民医院、副研究员
杨国栋　宁波市微循环与莨菪类药研究所所长、副研究员
潘澄濂　浙江省中医药研究院研究员
李　容　原杭州市第一人民医院院长、主任医师
吴元璋　原宁波市卫生局副局长、主任医师
朱智勇　浙江省卫生防疫站主任医师
鲍行豪　浙江省卫生防疫站主任医师
严志琨　浙江省人民医院院长、主任医师
金宏义　浙江医院院长、主任医师
高永良　浙江省肿瘤医院院长、主任医师

徐贤达　浙江省金华市中心医院主任医师
徐嗣茹　浙江省精神病医院院长、主任医师
胡微珊(女)　浙江省诸暨县人民医院护理部主任、副主任护师

## 安徽省

徐荣楠　安徽省立医院教授、主任医师
陆正伟　安徽省立医院教授、主任医师
刘认华　安徽省立医院教授、主任医师
罗兆庄(女)　安徽省卫生防疫站副主任医师
王乃益　安徽省卫生防疫站主任医师
黄士雄　安徽省卫生防疫站主任医师
倪大石　安徽省医学研究所研究员
叶文虎　安徽省优生优育遗传医学中心副研究员
汪赛进(女)　中华医学会安徽分会主任护师
徐叔云　安徽医科大学教授
吴系科　安徽医科大学教授
吴仁秀　安徽医科大学副教授
张方振　安徽医科大学副教授
陈国钧　安徽医科大学教授、主任医师
耿兆麟　安徽医科大学教授、主任医师
许学受　安徽医科大学教授、主任医师
江顺林　安徽医科大学教授、主任医师
汪国良　安徽医科大学教授、主任医师
黄谷良　蚌埠医学院教授
黄咏齐　蚌埠医学院主任医师
陈大本　蚌埠医学院副主任医师
孙瑞元　皖南医学院教授
尚志钧　皖南医学院教授
刘贻德　皖南医学院教授
陆仁康　皖南医学院副主任医师
李济仁　皖南医学院教授、主任医师
杨任民　安徽中医学院教授
陈可望　安徽中医学院教授
王乐陶　安徽中医学院教授
李云龙　安徽中医学院副教授
周楣声　安徽中医学院主任医师

## 福建省

吕联煌　福建医学院协和医院教授
王永铿　省中医药研究所研究员
殷凤峙　福建医学院院长、教授
邹宁生　福建医学院教授
陈国熙　福建医学院教授
吴运鸿　福建医学院教授
张安桢　福建中医学院副院长、教授
朱云瑞　福建中医学院教授
俞滇初　福建中医学院教授
陈在得　福建中医学院高级工程师
林礼务　福建医学院协和医院主任医师
陈春光　福建医学院协和医院主任医师
陈锡谋　福建医学院协和医院主任医师
潘明继　福州市第一医院主任医师
郑乃光　福州市第二医院原副院长
陈宠跃　省田县医院原院长
潘秀珍(女)　省立医院院长、主任医师
胡锡衷　省立医院副院长、主任医师
谢维泉　省立医院主任医师
陈元川　省卫生防疫站副站长、主任医师

| | |
|---|---|
| 于恩庶 | 省卫生防疫站主任医师 |
| 林金祥 | 省卫生防疫站主任医师 |
| 邵康蔚 | 省皮肤病性病防治院院长、主任医师 |
| 刘端华 | 省药品检验所副主任药师 |

## 江 西 省

| | |
|---|---|
| 符式珪(女) | 江西省医院妇产科主任医师 |
| 胡人义 | 江西省医学科学研究所生物学教授 |
| 张国忱 | 江西医学院附属一院放射科主任医师 |
| 吴燮卿 | 江西医学院附属一院烧伤科主任医师 |
| 戴育成 | 江西省医学科学研究所研究员 |
| 易为民 | 江西医学院附属一院妇产科主任医师 |
| 曹　勇 | 江西医学院附属一院主任医师 |
| 魏　稼 | 江西中医学院针灸学主任医师 |
| 姚荷生 | 江西中医学院中医伤寒学主任医师 |
| 洪广祥 | 江西中医学院中医学主任医师 |
| 王贤才 | 《江西医药》编辑部主任医师 |
| 杨学志 | 江西省妇产医院妇产科学主任医师 |
| 顾毓麟 | 江西省儿童医院儿科主任医师 |
| 徐炽度 | 江西省人民医院内科学主任医师 |
| 张绍基 | 江西省寄生虫病研究所主任医师 |
| 刘　仁 | 江西省建筑总公司职工医院主任医师 |
| 潘若男(女) | 江西省南昌市医学科学研究所医学微生物学副主任技师 |
| 舒普荣 | 江西省鹰潭市蛇伤研究所副主任医师 |

## 山 东 省

| | |
|---|---|
| 王兆俊 | 山东省寄生虫病防治研究所研究员 |
| 任维国 | 山东省立医院副主任医师 |
| 毕玉华 | 山东省千佛山医院主任医师 |
| 张灿玾 | 山东中医学院教授 |
| 周次清 | 山东中医学院教授 |
| 曹来宾 | 青岛医学院教授 |
| 石珍荣(女) | 青岛医学院教授 |
| 翁维权 | 青岛医学院主任医师 |
| 袁聿德 | 泰山医学院副教授 |
| 仲崇祜 | 山东省寄生虫病防治研究所研究员 |
| 程义亮 | 山东省寄生虫病防治研究所副研究员 |
| 谢立信 | 山东省医科院眼科研究所教授 |
| 赵承善 | 山东省卫生防疫站主任医师 |
| 姚乾元 | 山东省中医药研究所研究员 |
| 彭广芳(女) | 山东省中医药研究所研究员 |
| 卢信义 | 济南市第二人民医院主任医师 |
| 王菊芬 | 山东省文登市整骨医院副主任医师 |

## 河 南 省

| | |
|---|---|
| 沈　琼 | 河南医科大学医学病理学教授 |
| 张效房 | 河南医科大学第一附院眼科学教授 |
| 苏寿氏 | 河南医科大学昆虫学教授 |

周礼荣　　省显微外科研究所外科学研究员

郭维淮　　洛阳正骨医院名誉院长、中医骨伤科主任医师

唐祖宣　　邓州市中医院中医诊断学主任医师

郑启仲　　清丰县中医院院长、副主任医师

## 湖 北 省

樊明文　　湖北医学院附属口腔医院院长、教授

詹炳炎　　湖北医学院附属第一医院教授

李同生　　湖北省中医药研究院院长、研究员

胡礼泉　　湖北医学院附属第二医院主任医师

许汝正　　湖北省药品检验所主任药师

李　晖　　湖北省梨园医院教授

田孝坤　　湖北医学院附属第一医院教授

陈振光　　湖北医学院附属第二医院教授

## 广 东 省

梁尚农　　广州市一医院名誉院长、主任医师

梁毅文(女)　　广州市二医院名誉院长、主任医师

张梦石　　广州医学院教授

陈安良　　广州市人大常委副主任、主任医师

罗征祥　　省人民医院院长、研究员、主任医师

陈传荣　　省人民医院主任医师

陈为敏(女)　　省心血管研究所研究员、主任医师、科主任

李祖资　　省卫生防疫站主任医师

冼维逊　　省卫生防疫站主任医师

翁明翰　　省药物研究所所长、研究员

罗季儿(女)　　广东医药学院教授

梁希若(女)　　广州医学院教授、教研室主任

黄济群　　广州医学院教授

管锦霞(女)　　广州医学院教授

吴梓梁　　广州医学院教授

钟南山　　广州呼吸病研究所教授

梁悉慈　　湛江医学院院长、教授

郝新光　　湛江医学院教授、教研室主任

梁赐芳　　广州市一医院主任医师

金顺明(女)　　广州市儿童医院主任医师

梁剑波　　肇庆中医院名誉院长、中医主任医师

何炎申　　东莞市中医院名誉院长、中医主任医师

## 广西壮族自治区

王树声　　广西卫生防疫站主任医师

王力珩　　广西职业病防治研究所副主任医师

苏建家　　广西肿瘤防治研究所副主任医师

## 海 南 省

周德华　　省人民医院麻醉科主任、副主任医师

蔡贤铮　　省热带病研究所副所长、副主任医师

## 四 川 省

邓文龙　　四川省中医研究院中药研究所药理学副研究员

| | |
|---|---|
| 李仲愚 | 成都中医学院附属医院中医学主任医师 |
| 杨明均 | 成都中医学院附属医院中医学主任医师 |
| 罗建仲 | 四川省人民医院主任医师 |
| 胡鹭芳 | 四川省医学科学院皮肤病研究所副研究员 |
| 袁明忻 | 四川省医学科学院皮肤病研究所研究员 |
| 潘慈康 | 四川省人民医院主任医师 |
| 杨锡强 | 重庆医科大学附属儿科医院副主任医师 |
| 刘先齐 | 四川省中医研究院药物种植研究所中药学研究员 |
| 左景鉴 | 重庆医科大学附一院教授 |
| 陈立礼 | 四川省卫生防疫站主任医师 |

**贵 州 省**

| | |
|---|---|
| 吴若秋 | 贵阳医学院教授 |
| 郑惠君(女) | 贵州省卫生防疫站主任医师 |
| 刘家骝 | 贵阳医学院教授 |
| 李德俊 | 遵义医学院教授 |
| 陈汉彬 | 贵阳医学院教授 |
| 刘祥昆 | 贵州省卫生防疫站主任医师 |
| 曹素元 | 贵阳中医学院副教授 |
| 余志豪 | 遵义医学院教授 |
| 陈艺新 | 贵阳市第四人民医院副主任医师 |
| 叶贵龄(女) | 贵州省人民医院主任医师 |

**云 南 省**

| | |
|---|---|
| 梁明达 | 昆明医学院附属一院肿瘤研究所副所长、肿瘤细胞学教授 |
| 方睿才 | 云南省人民医院骨科主任医师 |
| 肖代芬(女) | 云南省人民医院妇科主任医师 |
| 况 铣 | 昆明医学院附属一院麻醉学主任医师、教授 |
| 乐开礼 | 云南省药品检验所所长药检学主任药师 |
| 劳汉昌 | 昆明医学院附属二院骨科主任医师 |
| 管遵仪 | 云南省中医中药研究所针灸学副主任医师 |
| 赵和武 | 云南省人民医院院长、心胸外科主任医师 |

**陕 西 省**

| | |
|---|---|
| 姜克俭 | 陕西省卫生防疫站站长、主任医师 |
| 赵建础 | 陕西省中医药研究院院长、研究员 |
| 郭秉森 | 陕西省人民医院副主任技师 |
| 蔡光宗 | 陕西省妇幼保健院名誉院长、主任医师 |
| 王保乐 | 陕西省中医药研究院副研究员 |
| 施文海 | 陕西省人民医院院长、主任医师 |
| 李梅生 | 陕西省人民医院主任医师 |
| 徐祥麟 | 陕西省汉中市人民医院名誉院长、主任医师 |
| 午雪峤 | 西安市新城区中医医院名誉院长、主任医师 |
| 李增烈 | 陕西省人民医院主任医师 |
| 陈克勤 | 陕西省中医药研究院副研究员 |
| 高荫藻 | 陕西省人民医院主任医师 |
| 郝金凯 | 延安地区医院研究员 |
| 朱秀萍 | 西安市第一医院副院长、主任医师 |

| | |
|---|---|
| 张学文 | 陕西中医学院教授、主任医师 |
| 杜雨茂 | 陕西中医学院副院长、教授、主任医师 |
| 吴霁棠 | 陕西省结核病防治研究所名誉所长、主任医师 |
| 米伯让 | 陕西省中医药研究院名誉院长、研究员 |

## 甘 肃 省

| | |
|---|---|
| 马兰芳(女) | 兰州医学院第一附属医院教授 |
| 刘国栋 | 兰州医学院第二附属医院教授、主任医师 |
| 尹伯约 | 省人民医院主任医师 |
| 张涛清 | 省中医院主任医师 |
| 黄正良 | 甘肃中医学院教授 |
| 张经济 | 兰州医学院教授 |
| 李景文 | 兰州市第一人民医院主任医师 |
| 侯家麟 | 兰州药品监督检验所副主任医师 |

## 青 海 省

| | |
|---|---|
| 香扎·尕布藏 | 黄南州政协副主席、藏医主任医师 |
| 郭焕章 | 青海省中医院中医骨伤科主任医师 |
| 孙志新 | 青海省人民医院血液科副主任医师 |
| 姚庆镛 | 青海省儿童医院儿内科主任医师 |
| 高智仁 | 青海医学院附属医院烧伤科主任医师 |
| 祁秉文 | 青海省高原医学科学研究所副所长心胸外科副主任医师 |

## 新疆维吾尔自治区

| | |
|---|---|
| 魏晋璜 | 阿勒泰地区医院院长 |
| 吴季高 | 塔城地区卫生防疫站站长、检验师 |
| 田惠中 | 自治区建工医院脊椎外科研究所所长、主任医师 |
| 徐明谦 | 自治区医院外科主任医师、包虫病研究室主任 |
| 曹学义 | 自治区防疫站站长、主任医师 |
| 木拉提·霍加 | 自治区医院外科主任医师、普外一科主任 |
| 邹文良 | 自治区放射医学监督所副主任医师、一室主任 |
| 金根源 | 自治区地方病研究所副研究员、室主任 |

注：缺山西、湖南、宁夏、西藏等省、自治区、直辖市材料。

**【陈敏章获“人人享有卫生保健”金质奖章】**

世界卫生组织总干事中岛宏博士1991年2月4日在人民大会堂授予中国卫生部部长陈敏章教授“人人享有卫生保健”金质奖章，以表彰他本人对中国基层卫生工作和世界卫生事业做出的贡献，并通过他表彰中国全体卫生工作者。这是世界卫生组织首次颁发这一内容的最高奖，亦是中国卫生高级官员首次在国际上赢得的最高荣誉。中岛宏博士赞誉陈敏章教授自1987年出任卫生部长以来，以坚定的信念、不懈的努力和非凡的才华主持实施中国“2000年人人享有初级卫生保健”的计划，使中国提前实现了全球儿童计划免疫目标；尤其是占中国人口80%的农村，医疗保健覆盖面和质量显著提高，许多指标达到了发达的工业化国家的水平。

（王县成）

**【吴静芳获第33届南丁格尔奖】**

吴静芳　女，河南商邱地区医院护理部

主任，1947年毕业于商邱圣保罗医院高级护士职业学校。她在商邱地区医院工作，为护理工作做出贡献。为了做好护理工作，稳定护理队伍，她组织讲课，作典型报告，整顿护理队伍，组建护理指挥系统，完善规章制度，提高了该院的护理质量，改善了该院的服务态度。她编写了《护理业务复习题解》，发表了《鼠伤寒沙门氏菌病医院内感染调查》等多篇论文。

（王县成）

**【吴阶平获吸烟与健康纪念奖】**

我国医学专家、中国吸烟与健康协会会长吴阶平教授，于1991年7月20日接受了世界卫生组织授予的“吸烟与健康纪念奖”。

（王县成）

**【曾毅等获得1991年度陈嘉庚医药科学奖】**

曾毅、王培中、邓洪教授研究的“鼻咽癌早期诊断、前瞻性现场和病因的研究”，获得了1991年度陈嘉庚医药科学奖。曾毅等始于1973年的这项研究，涉及病毒学、流行病学、血清学、免疫学、病理学、临床医学、环境医学、遗传学等。通过EB病毒、遗传因素、环境促癌物和致癌物因素的系统研究，曾毅等提出了“遗传因素是鼻咽癌发生的基础，EB病毒在鼻咽癌发生中起重要作用，环境致癌及促癌因素在鼻咽癌发生中起协同作用”的学说。获得的结果阐明了EB病毒IgA抗体的存在与鼻咽癌发生的规律，根据血液学检测，可以在10年前预测鼻咽癌发生的可能性，使鼻咽癌的早期诊断率从20%提高到90%以上。发现环境中存在大量促癌物质，能促进大鼠鼻咽癌的发生。曾毅领导的研究课题，发现了与HLA连锁的鼻咽癌易感基因，有此基因者，发生鼻咽癌的危险性高21倍。

曾毅等人自1978年在广西苍梧县、梧州市开辟鼻咽癌血清学普查。追踪观察现场以来，追踪观察了4万人，从中发现EB病毒抗体的消长规律和EB病毒抗体存在与鼻咽癌发生的关系：当免疫球蛋白A抗EB病毒壳抗原上升和免疫球蛋白抗EB病毒早期抗原出现或上升后1～3年就可发生鼻咽癌。这不仅证明了EB病毒在鼻咽癌发生中所起的重要作用，而且使鼻咽癌早期诊断率从20%～30%提高到80%～90%以上，并可在鼻咽癌发生前5～10年预测。梧州市实施他们研究出的防治措施，使鼻咽癌患者5年生存率达49.9%，超过了卫生部提出到2000年时鼻咽癌患者5年生存率达到35%的指标。

（王县成）

**【卫生部组织全国卫生系统先进人物模范事迹报告团】**

1991年6月，卫生部组织了全国卫生系统先进人物模范事迹报告团，共12名成员。6月25日，报告团在北京人民大会堂作了首场报告，从6月29日起，报告团分三路赴黑龙江、云南、新疆等9个省、自治区22个市和地区巡回报告31场，听众有35000多人。

报告团成员名单如下：

| | |
|---|---|
| 马兰芳(女) | 甘肃省兰州医学院血液病研究所教授 |
| 王丽华(女) | 北京市结核病胸部肿瘤外科研究所护士长 |
| 田克武 | 青海省人民医院副主任医师 |
| 孙秀兰(女) | 河北省唐山市人民医院护理部副主任 |
| 刘晓程 | 黑龙江省牡丹江市心血管病医院院长、主任医师 |
| 刘庭芳 | 安徽省凤阳县卫生局局长、凤阳县第一人民医院副主任医师 |
| 李永茂 | 吉林省九台市上河湾中心卫生院副主任医师 |
| 张　运 | 山东医科大学附属医院副主任医师 |
| 赵增乃 | 天津市静海县中医医院副院长、主治医师 |
| 席忠义 | 山西省肿瘤医院主任医师 |

| | |
|---|---|
| 傅　震 | 南京医学院第一附属医院副教授 |
| 潘子民 | 中国医科大学附属第一临床医院教授 |

（樊　娟）

**【卫生部组织全国卫生系统救灾防病先进事迹报告团】**

1991年12月，卫生部组织了全国卫生系统救灾防病先进事迹报告团，共9名成员。报告团于12月6日在北京人民大会堂作了首场报告，以后分三路分别到云南、福建、广东等9省巡回报告共24场，听众为21090人。9名成员是：

安徽省卫生防疫站的代表

天津市卫生局的代表

江苏省扬州市的代表

无锡市崇安区复兴路街道卫生所的代表

| | |
|---|---|
| 高宗彪 | 安徽省肥东县三十埠乡马岗卫生所医师 |
| 杜俊杰 | 安徽省阜南县曹集区中心卫生院院长 |
| 金京娥（女） | 湖北省新州县中医医院主治医师 |
| 王祖谟 | 江苏省海安县皮肤病防治院院长 |
| 戴玉芳（女） | 江苏省常州市广化医院内科护士长 |

（刘秀琴）

## 1991年逝世的医药卫生界人物

**王淑贞**（1899～1991）　医学教育家、妇产科专家，我国妇产科学奠基人之一。1991年11月2日因病逝世，享年92岁。

王淑贞教授，女，江苏吴县人。1925年美国霍普金斯大学医学院毕业，获医学博士学位。1926年回国，先后任上海西门妇孺医院妇产科主任、上海女子医学院院长，教授。新中国成立后，先后任上海第一医学院附属妇产科医院院长、卫生部科学委员会委员、中华妇产科学会副主任委员、上海医科大学妇产科医院名誉院长等职，是全国及上海市第一、二、三届人大代表，全国第五届政协委员。

王淑贞教授在医疗，科研，教学方面都有很高的造诣。早在40年代妇科内分泌学处于萌芽状态时，她就组织医生研究，开设内分泌门诊，建立实验室，开展临床应用，使她领导的妇产科医院在内分泌学术领域，至今仍保持国内领先地位。50年代初，她开展了妇科恶性肿瘤根治术，开展妇科肿瘤的普查普治，如宫颈癌等疗效达到国际领先地位。60年代初，从国外引进了宫内节育器，为以后在国内推广使用打下了基础。1964年，她担任了全国计划生育临床组负责人，卓有成效地领导了全国计划生育的临床研究，探索有效的避孕方法，为我国计划生育研究和发展作出了积极的贡献。1960年，她主编了第一部全国高等医药院校统一教材《妇产科学》，1977年获全国科学大会奖。1979年，她主编的《现代妇产科理论与实践》，获1982年全国优秀科技图书奖，国庆30周年献礼奖。1987年，她主编的《实用妇产科学》，获1990年全国优秀科技图书一等奖。她还主编了《中国医学百科全书》妇产科学分册，参加了《辞海》医学部分妇产科学和《医学英语辞典》等书的编写和修订。1978、1982年分别被评为上海市"三八"红旗手，1984年中华医学会授予表彰奖，1985年获首届中国福利基金会妇幼儿童工作"樟树"奖。

**郭秉宽**（1904～1991）　眼科学专家。1991年9月28日因病逝世，享年87岁。

郭秉宽教授，福建龙岩人。1934年毕业于奥地利维也纳大学，获医学博士学位。1935年回国，曾先后在同济医学院、贵阳医学院、桂林省立医院、重庆江北陆军医院任眼科主任、教授。建国后，先后任上海医学院附属中山医院眼科主任、上海医学院附属眼耳鼻喉科医院副院长、上海医科大学眼科研究所所长等职。他曾是九三学社中央委员、上海市第二至六届政协委员。

郭秉宽教授首先提出了“角膜上皮血管翳作为诊断早期沙眼依据”的论点，是我国开展角膜移植术的先驱者之一。早在50年代，他就编写了《眼科学》教材。是上海医科大学耳鼻喉科医院和眼科研究所的创始人之一。

**张去病**（1903～1991）　肿瘤学专家，我国肿瘤放射治疗奠基人之一。1991年11月1日因病逝世，享年88岁。

张去病教授，浙江平湖人。1931年毕业于北京协和医院，获医学博士学位。曾先后任上海肿瘤医院放射科主任，教授，卫生部全国肿瘤研究组组长，中华医学会放射学会理事，中华医学会上海放射学会副理事长。

张去病教授和协和医院放射科主任谢志光教授一起开创了放射治疗科，专门研究恶性肿瘤的治疗方法、剂量分布、生物效应以及其他疗法的综合治疗。在数十年的临床实践中，制订了恶性肿瘤外科等其它疗法的综合治疗。制订了恶性包括宫颈癌、鼻咽癌、乳腺癌、肺癌、食道癌的放射治疗常规，其中许多方法一直沿用到今天。发表了鼻咽癌、绒毛膜癌的放射治疗等数十篇论文。自1954年起开办了全国放射治疗医师进修班33期，共培养高级放射治疗医师400余名。

**于光元**（1899～1991）　医学教育家、皮肤病学家、我国近代皮肤病学主要创始者和奠基人之一。1991年2月9日因病逝世，享年92岁。

于光元教授，山东烟台人。1921年毕业于辽宁医学院，1923年赴英国爱丁堡大学进修药理学，获医学博士学位。1925年学成回国后，长期担任皮肤性病学及药理学的教学工作，历任科主任、院长等。解放后，为同济医科大学的建设与发展做出了贡献。曾先后任中华医学会皮肤科杂志副总编辑、湖北省和武汉市皮肤科学会主任委员，是第三届全国人大代表、第五、六届全国政协委员，第四届湖北省政协委员。

于光元教授于20年代就发表了《毛地黄及其类似药物的药理学研究》等重要论文，并翻译了卜、狄二氏《药物详要和治疗学》，爱、柯二氏《实验药理学》等著作，对我国药理学的发展作出了重大贡献。他以国家利益为重转变专业从事皮肤性病学的研究，并且造诣高深。他著有《皮肤病学》、《麻风病学》等，译著英文版博氏《耳鼻喉疾病》，主校卡塔梅舍夫《皮肤病学》，主译主校了安德鲁士《临床皮肤病学》第六版和第七版的工作，为我国皮肤病学留下了宝贵财富。他在国内外发表论文40余篇，其中“全身性弥漫性血管角化瘤”一文，受到世界权威的高度评价；“见于中国的雅司病”、“骨雅司”等论文，为我国消灭雅司病做出了突出贡献。他的“核黄素缺乏症的组织病理研究”居世界领先地位，并荣获1978年全国科学大会奖。由他命名并从事研究的“日光性皮炎”在国内外影响很大。

**徐诵明**（1890～1991）　著名教育家和病理学家。因病于1991年8月26日在北京逝世，享年102岁。

徐诵明教授，浙江新昌县人。1918年毕业于日本九州大学医学院，1919年回国任北京医学专门学校教授，1928年任北平大学医学院院长，1932年任北平大学代理校长。1937年抗战后，任西北联合大学校务委员会常务委员兼法商学院院长，同济大学校长，1946年任沈阳医学院院长。新中国成立后，1950年任卫生部教育处处长兼任卫生部教材编审委员会委员，任教于北京医学院。1951年加入九三学社，1983年被聘为九三学社中央委员顾问。1953年人民卫生出版社成立时出任社长。1956年任中华医学会编辑部主任兼中华医学杂志总编辑。他曾任第三届、第五届全国政协委员。1990年百岁之年加入中国共产党。

徐诵明教授一生从事医学教育和病理学工作，在开创建立我国病理学、培养病理学人才方面做了开拓性的贡献。

1919年在北京医学专门学校创建了我国第一个病理学教研室，并翻译了日本病理学家本村哲二的病理学专著，审定了病理学中文名词，为我国培养了一批著名的病理学家。

在他主持中央卫生部教育处工作期间，统筹规划了全国医药院校的建设发展和招生规模，在创办教育三年制的专修科制度、建立中专教育制度和组织建立在职干部进修教育制度等方面取得了显著成绩，使新中国的医学教育形成了一个比较完整的符合我国国情的体系。在教学计划、院系设置、学制规定、经费调拨、师资培养等方面，制定了统一的原则和具体要求，为我国医学教育事业的发展做出了重要的贡献。

**应元岳**（1896～1991）　内科学家、热带病学家、医学教育家。1991年1月21日因病逝世，享年95岁。

应元岳教授，浙江宁波人。1921年获美国康乃狄克州医学博士学位。1933年赴印度、英国皇家热带病研究院进修，获热带病学博士学位和金质奖章。1934年回国在上海中央大学医学院任教，并先后兼任上海红十字会医院，上海中山医院院长。新中国成立后，他先后任华东军区人民医院、第二军医大学内科主任、教授。他是第三届全国政协委员、第三届全国人大代表。

应元岳教授是我国热带病学的开拓者和创始人之一，曾主编了《内科手册》、《传染病学》、《热带病学》。他生前留下遗嘱，将生前积蓄捐赠给第二军医大学，作为发展医学科研基金。

**王肇元**（1913～1991）　老红军。1991年6月2日因病逝世，享年78岁。

王肇元同志，河南沁阳人。1931年加入中国工农红军，1934年加入中国共产党。土地革命战争时期，他先后参加了漳州战斗，苏区第四次、第五次反围剿战斗和二万五千里长征，亲手抢救了大批红军战士。抗日战争时期，为巩固和发展冀南抗日根据地的卫生工作做出了重大贡献。解放战争时期，他曾任东北人民联军三纵队卫生部部长、四十军卫生部长等职，参加了辽沈战役、平津战役和衡宝、粤桂边等重大战役，特别是解放海南岛战役中，在没有海空军配合作战的情况下，出色地完成了海上救护的组织领导工作。1955年中央军委授予他二级八一勋章、二级独立自由勋章和二级解放勋章。

新中国成立后，王肇元同志历任十五兵团卫生部长、中南军区后勤部第一副部长兼卫生部长、中央卫生部防疫局局长、卫生部党组纪检组副组长、中国红十字会副会长、中央爱国卫生运动委员会办公室副主任等职，从事卫生行政领导工作几十年。在他任卫生部防疫局局长期间，深入现场，调查研究，提出有力的防治措施，使各种烈性传染病和重要地方病得到了控制和消灭，并积极主持制订《卫生防疫站工作条例》、《中华人民共和国国境卫生检疫条例实施细则》及食品卫生、劳动卫生、环境卫生等一系列标准条例法规。在任中央爱国卫生运动委员会办公室副主任期间，他积极重建、恢复组织机构。他重视发挥专家技术人员的作用，组织制定了生物制品长期研究规划，狠抓小儿麻痹，麻疹等疫苗的研究生产，有步骤地实行了计划免疫，对防治有关儿童传染病做出了贡献。

**柯麟**（1900～1991）　医学教育家。1991年9月23日因病逝世，享年91岁。

柯麟同志，广东海丰人，1924年在广东加入中国共产主义青年团，1926年转为共产党员。他受党组织委派，曾先后任国民革命军第四军二十四师教导队军医、军部医务处主任等职。后历任厦门医院院长、澳门镜湖医院院长、镜湖医院慈善会副主席、名誉主席，澳门南通银行董事长。他在长期革命斗争中，出色完成了党交给的各项任务，保护了许多干部和群众。新中国成立后，柯麟同志仍然兼任澳门镜湖医院院长。1951 年，他任广州中山医学院院长兼党委书记，中共广东省委委员，广东省科协主席等职务。是第一至三届全国人大代表，第五、六届全国政协常委，是原卫生部顾问。

**王桂生**（1912～1991）　骨科学家。1991 年 5 月 15 日因病逝世，享年 79 岁。

王桂生教授，河北省定兴人。1941 年 6 月毕业于四川成都华西大学医学院，并获医学博士学位。曾先后赴美国南达科他州 Mokennon 医院、圣路易斯大学医学院进修骨科，中华人民共和国成立后，到北京协和医院外科工作，历任骨科副教授、教授、外科副主任等职。他积极组建协和医院骨科专业组，并为创建积水潭骨科医院、创伤骨科中心作出了重大贡献。他在国家领导人的医疗保健中，付出了辛勤的劳动，获得中央保健委员会的表彰。

王桂生教授一生专心从事骨科临床医学、教学和研究工作。他治学严谨，诲人不倦，在医疗实践中，他率先进行了人工股骨头置换术，对骨恶性肿瘤的治疗除首先应用氮芥区域灌注提高患者生存率外，并对骨肿瘤的病理、细胞培养等基础研究做了大量工作，对四肢骨折骨缺损、脊柱结核并发截瘫、类风湿性关节炎伴有双髋关节强直进行了有成效的手术。他培养了大批医学骨干。他一生发表了几十篇医学论文，在 50 年代创建了骨科实验室，他领导的骨髓炎研究，荣获卫生部二等奖。他还主编了我国第一部《骨科手术学》。历任中华医学会中华骨科学会常委、中华外科杂志编委、中华骨科杂志副主编、全国人工关节学会主任委员、中华医学会北京分会理事、北京骨科学会主任委员、中国协和医科大学教授、北京协和医院原外科副主任、骨科主任。

**徐秉锟**（1923～1991）　寄生虫学家。1991 年 4 月 27 日病逝，享年 69 岁。

徐秉锟教授，福建古田县人。1945 年毕业于福建协和大学生物系，1946 年进入广州岭南大学生物系攻读，获硕士学位并被选为斐陶斐会员（金钥匙奖）。解放后历任中山医学院副院长、中山医科大学寄生虫学教授、博士导师、寄生虫学研究所所长、第一军医大学名誉教授、广东省寄生虫病研究委员会主任委员、广东省寄生虫学会理事长、河南省科协顾问、国务院学位委员会学科评议组成员与基础医学 1 组召集人、国务院学位委员会西医专家小组成员、中国寄生虫学会副理事长、全国寄生虫病专家咨询委员会副主任委员、英国皇家热带医学暨卫生学会中国分会会员。曾任广东省热带病研究所副所长、全国高等医药院校教材编审委员会委员与《寄生虫学》编审组组长、卫生部科学技术委员会专题委员会委员、全国血吸虫病研究委员会副主任、世界卫生组织西太区血吸虫病指导委员会成员。他还为我国培养了许多高级专门人才，其中培养博士研究生 4 名，硕士研究生 25 名，进修生百余名。

徐教授 1978 年以来先后获得多项科研成果的奖励。其“恙虫病媒介恙螨形态分类学和实验生态学、恙虫病流行病学与防治研究”获 1978 年国家科学大会奖；“日本血吸虫病流行病学、防治和广东地区钉螺生态研究”获 1985 年广东省防治血吸虫病立功奖；主编《中国人兽共患病学》获 1987～1988 年度华东地区科技出版社优秀科技图书一等奖；主编全国高等医药院校教材《人体寄生虫学》获 1988 年国家教育委员会全国高等学校优秀教材奖；主编《人体寄生虫电镜图谱》获 1990 年广东省卫生厅科学技术进步二等奖；1990 年国家教委颁发高等学校 40 年教龄优秀教师奖；“中国并殖病病原区系及广东省并殖病流行病学研究”获1990年国家教委科技进步二等奖，1991年荣获国家科委的《荣誉证书》奖。

他从事寄生虫学研究工作40余年来，对有关蠕虫、医学昆虫的形态学、分类学、生态学以及血吸虫病、恙虫病等流行病学、防治问题进行了系统的深入的研究，学术造诣较深，在教学、科研工作中取得显著成就，在国内外多种刊物先后发表过150篇学术论文。

**何　轮**（1931～1991）　内科学专家。1991年8月1日病逝，享年60岁。

何轮教授，女，浙江省义乌市人，1953年毕业于上海第一医学院医疗系，1960年北京医学院，研究生毕业。先后在新疆医学院内科教研组、北京协和医院内科消化组任教、博士生导师。是中华医学会会员及美国组织培养学会终身会员。

何轮教授一生专心从事消化临床医学、教学和科研工作。1980～1983年在哈佛大学进修期间，日夜工作在实验室，几乎用自己的生命和健康建立了美国哈佛系统第一株人肝细胞癌细胞株，她热爱祖国和美国人民，将该细胞株命名为中美友好株（简写为FOCUS）。她所进行的这一开创性的理论和实验室研究工作，在世界上得到了公认、引用和发展，为世界医学宝库作出了重要贡献。

回国后，何轮教授创建了细胞基因实验室，在肝病学科建设中作出了重要的贡献。8年多来，她培养了7名硕士研究生和5名博士研究生。她先后得到高等院校博士点基金、国家自然科学基金、卫生部科学基金、国家科委“七五”攻关国家重点项目及UNDP等项基金，在肝占位性病变的临床研究、大肠癌基因和癌相关抗原以及单克隆诊治研究、抗人肝癌单抗的放射免疫显相及导向治疗研究、抗人胰腺癌单克隆抗体研究等方面进行了深入的研究，并取得了显著的成绩。完成论文、著作22篇，多次在国内外学术会议上进行了交流。1990年北京协和医院科研汇报讨论中，她的肝癌单克隆放射免疫显相的导向治疗获一等奖。

**顾绥岳**（1912～1991）　肿瘤病理学家。1991年1月9日因病逝世，享年79岁。

顾绥岳教授，上海市人。是著名肿瘤病理学家、上海医科大学附属肿瘤医院教授、副院长、中华医学会病理学会副主任委员、中华病理杂志副主编、上海市政协委员、市劳动模范、九三学社上海医科大学支社主任委员。

顾绥岳教授，1947年留学美国，专攻肿瘤病理学，有较高的学术造诣，是我国肿瘤病理学的元老，擅长软组织肿瘤病理。顾教授四十多年来致力于外科标本和病理诊断，特别是肿瘤的组织学形态、结合临床研究肿瘤的生物学行为而为临床服务。首先开展国内外外科病理学的学科并开办外科病理进修班，研究我国常见的部位癌瘤和软组织肉瘤的病理形态学和生物学特性，研究肿瘤的命名学和分类学以及肿瘤统计学，为建立我国自己的肿瘤分类命名及病理诊断标准以及开展肿瘤的统计学工作作出了重要的贡献，对常见的上皮性肿瘤：如宫颈癌、乳腺癌、鼻咽癌作了较详尽的研究，为解决临床诊断提供了科学的依据，他还参加全国协作组从事于研究恶性淋巴癌，填补了空白。顾绥岳教授建立了我国第一家肿瘤医院病理科，1958年创建我国第一个肿瘤研究所—上海市肿瘤研究所。他于1957年倡议在上海开展肿瘤登记，1977年他为推动全国淋巴瘤研究做了大量组织工作。顾绥岳教授在常见癌病病理形态方面、肿瘤统计研究方面、软组织肉瘤研究方面以及恶性淋巴瘤病理形态研究方面著有20余篇论文，他还为我国医学界培养了近500名肿瘤病理医生，为肿瘤病理学的发展作出了杰出的贡献。

**蓝天鹤**（1903～1991）　生物化学家。

1991年11月23日因病逝世，享年88岁。

蓝天鹤教授，四川省荣县人。1931年毕业于燕京大学，获理学硕士学位。先后任华西协合大学化学系讲师，生物化学系副教授和系主任。1943年7月在美国罗彻斯特尔大学获哲学博士学位，并荣获金钥匙奖，先后任该校生化系讲师、副教授，国际癌瘤基金会研究员，美国曼哈顿原子能计划医学部高级生物化学家和副组长。1946年回国后任华西协合大学生化系教授，医药基金会总干事、教务长。解放后曾任华西大学生化系教授和主任。他是中国共产党党员，九三学社社员，成都市第六、七、八届政协委员，中国生物化学会名誉理事长。

蓝天鹤教授一生挚着追求生物化学事业，为了我国生物化学的发展，1946年他毅然放弃了在美国的优厚生活和工作条件，携带大量先进仪器回到华西，并于1948年7月在该校前身一华西协合大学医学院创建了我国第一所生物化学研究所，担任所长，并将他受聘于英国伯明翰大学客座教授的基金全部用于该所的建设。蓝天鹤教授是我国生物化学学科的奠基人之一，他的一生为我国培养了一大批生物化学高级人才，为我国生化事业的发展作出了重要贡献。

他十分关心生物化学事业的发展，他将自己大批珍藏多年的书籍杂志，无偿献给了学校和研究所。1988年将自己多年节俭下来的1万元人民币捐赠给生化研究所，建立了优秀研究生奖励基金。1985年和1986年他获得了四川省人民政府颁发的优秀教育工作者证书，1989年被评选为华西医科大学优秀共产党员。

蓝天鹤教授学术造诣精深、知识渊博。他曾在《科学》、《癌学研究》、《生物化学杂志》、《美国结核杂志》等国际刊物和国内刊物发表许多重要论文，早在40年代他就与Dounce一起提出应着重从细胞核深入研究肿瘤，曾在国际上产生重要影响。

**沈尚德**（1910～1991）　人体解剖学专家。1991年12月11日因病逝世，享年81岁。

沈尚德教授，江苏南汇人。1935年7月毕业于上海同济大学医学院，1935年9月任广州军医学校解剖及组织学教官，1942年至国立同济大学医学院任解剖学馆副教授及医学院前期主任，1945年晋升为教授。1949年起先后任中南同济医学院解剖学教研室主任、基础部主任、院工会主席，中国解剖学会第五、六、七届理事会理事、湖北省解剖学会理事长、名誉理事长，《科学文摘一解剖学》编委。他早期从事人类体质的研究工作，在颅骨、血管和神经方面积累了大量国人正常资料，并对人体运动系统的机能解剖学有较深的造诣。在后期对大脑边缘系统的结构和功能进行了研究。晚年参与《巴格曼组织学》、大型工具书《德汉医学词汇》和《汉德医学字典》的编译工作。

**过晋源**（1914～1991）　内科学家。1991年5月11日因病逝世，享年77岁。

过晋源教授，江苏无锡人。1932年就读于上海国立同济大学医学院，后赴德国深造，1939年毕业于慕尼黑大学医学院，获医学博士学位。他先后在慕尼黑大学医院、维也纳大学医院、维也纳市立中心医院任职。抗日战争胜利后，他毅然辞去维也纳市立中心医院内科代理主任的高级职务，于1946年回国工作。他出任上海同济大学医学院，附属医院内科主任兼放射科主任、全国高等医学院校调整时，他积极响应党组织号召，欣然迁住武汉，任武汉同济医科大学附属同济医院内科教研室主任。

过晋源教授以满腔热忱致力于新中国的卫生和医学教育事业。历任中华消化病学会常务委员、中华医学会湖北分会暨武汉分会常务理事、湖北省暨武汉市内科学会和消化病学会的主任委员、《中华内科杂志》、《中华消化杂志》、《国外医学消化分册》、《国外医学内科学分册》、《临床内科杂志》、《大众医学》、《德国医学》等12种医学期刊的编委、常务编委、正副主编。曾当选为武汉市第二、第三届政协委员、湖北省第四、第五、第六届政协常委、湖北省第六届人大代表、武汉市科协副主席、湖北省科学技术委员会顾问团副团长，为人民健康事业和内科学的发展作出了巨大贡献。

过晋源教授是国内外著名的内科学和消化病学专家，尤其对肝脏疾病的研究，造诣尤深。他学识渊博、治学严谨，重视理论与实践结合、中西医结合的原则。他指导的《肝脏微血管调节机制与门脉高压的研究》、《血管活性物质与门脉高压的研究》等多项科研获国家教委、卫生部和湖北省科技成果奖和进步奖，达国内领先和国际先进水平。数十年来他主编及参加编写的专著、大型参考书和全国教材14部，撰写学术论文和讲座百余篇，并主译了大量国外医学资料。他曾数次应邀出访西德、瑞士、日本等国家讲学，受到国外医学界高度赞扬。加强我国与国外医学学术交流、尤其在中德医学界交流和友谊方面作了杰出的工作。

**吕鉴朋**（1915～1991）　老红军。1991年6月因病逝世，享年76岁。

吕鉴朋同志，湖北阳新县人，1930年3月在江西参加红军，做医护工作，在枪林弹雨中经常冒着生命危险抢救伤员。他参加了二万五千里长征。1936年3月在长征路上加入了中国共产党。随部队转战南北，先后担任过看护员、医生、卫生队长、医务科长、师卫生部部长等职务。1946年6月组织选送到中国医科大学学习3年。新中国成立后，先后任东北军区后勤第六医院医管局副局长，辽宁康复医院管理局局长，辽宁省卫生厅副厅长，1960年任大连医学院附属医院副院长，遵义医学院附属医院党委副书记，遵义医学院党委副书记、副院长，大连医学院党委副书记、副院长。

**李天华**（1915～1991）　老红军。1991年5月27日病逝，享年75岁。

李天华同志，四川阆中人。1933年2月参加中国工农红军，历任红四方面军81团勤务兵、护士班长，到延安后在120师718团邓华支队、晋察冀军区医院、六军新四旅卫生队担任护士班长、司药、医生等。解放后历任新疆军区第二步兵学校卫生所所长、新疆公安中队卫生科副科长、新疆工人疗养院院长、新疆昌吉回族自治州流行病防治所副所长、州医院副院长、州卫生局副局长、州计生委副主任等职。

**崔谷忱**（1903～1991）　结核病防治专家。1991年2月因病逝世，享年89岁。

崔谷忱同志，北京市人。1930年毕业于天津海军部医学院。1930年赴法国波尔都医学院进修肺痨专科，1931年任法国巴黎大学医学院助教。1932年回国后历任北京中央医院医师、肺科主任、北京谷忱医院院长、北京结核病医院院长、内科主任、主任医师。曾兼任中国防痨协会常务理事，中华医学会结核病和呼吸病杂志编委会顾问。他一生从事肺结核病的临床诊断和研究工作，推广肺结核分类法。此分类法在临床上应用可以更科学、更有效地分别病变性质和变化，比欧美的方法更有利于诊断和治疗，为提高我国的肺痨防治工作水平做出了贡献。著有《肺结核临床分类》和《抗结核药物的作用机理与临床上的应用》等。

**董正山**（1918～1991）　老红军。1991年12月16日因病逝世，享年73岁。

董正山同志，湖北红安人。1929年3月在湖北红安参加红军，1930年加入共青团，1933年加入中国共产党。历任红军护士、护士班长、卫生队长，陕甘边区骑兵旅药房主任，宁夏回族自治区医院军事代表，宁夏回族自治区卫生处医政科长，宁夏回族自治区卫校校长，甘肃省康复医院副院长、总支书记，甘肃省疫源调查队、甘肃省卫生防疫站、甘肃省新医药学研究所、甘肃省二〇一所负责人、甘肃省防治地方病领导小组办公室主任，甘肃省卫生厅职称晋升办公室主任等职务。曾获得“二级‘八一’勋章”、“三级独立自由勋章”。

**李幼昌**（1918～1991） 中医学专家。1991年11月病逝，享年73岁。

李幼昌教授，云南昆明人。1943年云南大学文史系肄业。1951年云南省首届中医进修班毕业。他自幼随父李继昌习医，深得其法，从事医疗及医学教育工作48年。1959年调至昆明医学院第一附属医院从事中医的医疗和教学工作。历任中医教研室副主任、全国医史学会理事、云南中医学会常务理事。他是全国500名著名中医老专家之一。1978年他负责整理了《李继昌医案》一书。“李幼昌诊疗‘泄泻’病电脑专家系统”获1988年云南省卫生厅科技进步三等奖。

**凌敏猷**（1902～1991） 精神病学家。1991年3月23日病逝，享年89岁。

凌敏猷教授，湖南平江人。1922年考入长沙雅礼大学医预科，1924年进入湘雅医科大学学习；1927年投笔从戎参加北伐革命军；大革命失败后，进入上海医学院继续完成医科学业，1932年毕业，同年回到湘雅医学院任教行医。1933年12月赴北京协和医学院进修神经精神病学，在学习过程中即开始神经精神病学的教学工作并指导临床医疗。1944年9月至1945年11月赴美国考察精神病学；1948年4月至1957年底，续任国立湘雅医学院（湖南医学院前身）院长。1978年全国开始招收硕士研究生时，他即招收了3名研究生。改革开放以来，积极促进对外学术交流，为我国精神病学事业的发展起了积极的推动作用。

凌敏猷教授从事医学教育和临床工作50多年，在精神病学方面造诣很深，曾翻译、编写了多种精神病学论文，参加了医学参考资料《精神病学分册》的编审工作，主审了《精神医学基础》第一卷，撰写了《精神病学百科全书》中“精神分析治疗”章节。

**于兰馥**（1922～1991） 妇产科学专家。1991年12月因病逝世，享年70岁。

于兰馥，女，云南昆明人。1945年9月毕业于云南大学医学院，同年就职于云南省人民医院（原昆华医院），历任该院妇产科副主任医师、主任医师、副院长。她主持的“竹红菌加光疗治疗外阴白色病变及组织变化的研究”获省科技成果二等奖；“自体输卵管修复严重尿管损伤”获省科技成果三等奖；“云南部分民族地区异常血红蛋白病的分布及类型的研究”获省科技成果四等奖。她撰写论文和临床经验总结60余篇。编著和主持编著了《女性泌尿科学》等17本专著。曾多次获云南省、卫生部、国家计生委授予的先进工作者称号。

**陈瑞梅**（1922～1991） 1991年12月因病逝世，享年69岁。

陈瑞梅，教授，女，四川金堂人。1945年毕业于成都华西协合大学牙学院，同年获美国纽约州立大学博士学位，后到河北医学院工作。1950年至1953年，她积极创办河北医学院牙科大专班；1978年建立口腔系后，她招收了10余名硕士研究生。她指导研究生进行的“复合异种骨在颌骨修复中的基础研究和临床应用研究”获河北省科技成果二等奖，指导研修生发明的“智能化多功能口腔阻抗测定仪”获第37届尤里卡世界发明博览会银奖。她在各级杂志上发表论著40余篇。她是1991年国务院发放的政府特殊津贴获得者。

**曾育生**（1913～1991） 老红军。1991年10月因病逝世，享年78岁。

曾育生同志，湖南人。1927年加入共青团，1929年入护士学校学习。1930年7月参加红军，先后在红八军政治部宣传大队任宣传员、军医处见习医生。参加了一至五次反“围剿”战役。1931年4月加入中国共产党。

1931年12月至1933年2月曾任红三军团卫生部学员班长，看护大队大队长，红三军医四师十一团卫生队队长。参加了黄陂战役，1933年10月任红三军团六师卫生部长，随部队从于都出发开始长征。1935年2月，改任军团卫生部医务主任、后调军团卫生部任副部长兼军团医院院长。部队到达黑水，卢霍一带时，不顾极度疲劳，先后收治一、四方面军伤病员近2000人。同年8月，医院奉命调毛儿盖，他继续率领极少数人员担负艰巨的收容任务。三军团改称陕甘支队二纵队后，他任一方面军兵站医院院长。在老人庄、乔家庄一带开展收容工作。毛主席路经乔家庄时，曾亲自向他了解病员情况。1937年3月，任红军一方面军卫生部保健科科长。红军改编八路军后任八路军医院院长。1938年8月改任120师卫生部部长。到任不久即率领一个30多人的医疗队转战敌后根据地。在冀中平原与白求恩大夫率领的医疗组共同战斗一年多，为战地救死扶伤做出了很大贡献。1940年6月任留守兵团卫生部部长，次年参加医大研究班，学习了三年的医学基础理论。其间还参加了延安整风学习。1944年到中共中央医院工作，跟随苏联医学专家阿罗夫当实习医生。1945年9月，调陕甘宁晋绥联军卫生部任党委书记兼卫生部长。西北医药专门学校校长。1950年2月任西北军政委员会卫生部副部长。10月改任西北军区卫生部长兼党委书记。1954年7月调任第四军医大学任校长兼党委书记，参加了四、五医大的合并工作。1955年被授予少将军衔。1960年5月转业任云南省卫生厅党组书记兼厅长。1978年2月平反后，继续任卫生厅厅长兼党组书记。1981年后，先后任中国人民政治协商会议云南省第四、五届委员会常委副主席。他在解放初期曾被授予“二级八一勋章”、“二级独立自由勋章”和“一级解放勋章”。

**张冠民**（1913～1991）　九三学社成员，1991年2月逝世，享年88岁。

张冠民同志，江苏泰州人。1940年毕业于江苏医学院。先后在重庆市民医院、贵州遵义卫生院、贵州惠水卫生院、贵州省立疗养院、贵州东山医院、浙江美兴福音医院从事医疗或医务管理工作。建国后担任旅大市传染病院院长、旅大市第九医院院长、大连市立医院副院长。1955年7月至1970年1月担任辽宁省卫生厅副厅长。此间加入九三学社，被选为辽宁省政协委员、常委。1978年至1990年担任辽宁省卫生厅（局）顾问。

张冠民同志早年从事医疗工作，因对国民党反动统治不满，自己挂牌开业。抗战期间，他对日本侵略者极为痛恨，读了大量进步书籍后，思想上受到启发，对革命的认识不断加深。他多次深入少数民族地区和疫区，为广大穷苦人治疗传染病，以其丰富的临床经验和高尚的医德而饮誉医务界。

建国后，张冠民同志思想积极要求进步，全心全意投入人民的卫生事业。在旅大市工作期间，他主持建立了传染病院；抗美援朝期间，他兼任第七战伤医院院长，与医护人员一起收治了大量的志愿军官兵，治愈率达到较高水平，受到苏联专家的高度评价，为抗美援朝的胜利做出了贡献。担任辽宁省卫生厅副厅长和省政协常委后，他为辽宁省的卫生事业发展和社会主义建设事业耗费了大量心血。

（苏菊香　王县成）

**张禄增**（1915～1991）　总后勤部卫生部原部长。1991年11月1日因病逝世，享年76岁。

张禄增同志，河北蠡县人。1934年就读于河北医学院，1938年参加八路军，1942年加入中国共产党。历任白求恩手术组医生、白求恩卫生学校教师及该校附属医院副院长、晋察冀军区二纵队卫生部部长、华北野战军二十兵团后勤部卫生部副部长、第六军医学院副院长、第十三军医学校校长、第四军医大学副校长、总后勤部卫生部训练局副局长、总后勤部训练部副部长、总后勤部司令部军校局局长、军事医学科学院副院长、五三研究院院长、第四军医大学校长、总后勤部卫生部部长等职。1984 年 12 月离职休养。

抗日战争初期，张禄增同志在白求恩手术组工作，参加了华北多次反扫荡战斗和冀中齐会战斗，抢救了许多伤员的生命，白求恩同志誉他为八路军前方医院的好大夫；尔后长期从事医学教学工作，培养了大批卫生干部。解放战争时期，参加了怀来、正太、大清河北、察南、平津、太原、大同等战役，完成了各个战斗的卫勤保障任务。新中国成立以后，长期从事医学教育、医学科学研究及卫勤领导工作，为国防卫生事业做出了重要贡献，在全军卫生界享有很高威望。

（总后卫生部）

# 卫生工作纪事

## 1991年卫生工作纪事

### 1　月

**10日**　江泽民总书记视察吉林省通化长白山药物研究所和通化长白山制药厂。

▲陈敏章部长签署第9号卫生部令，《非医用加速器放射卫生管理办法》发布施行。

**11日**　首届全国中药工作局长会议在北京召开（11～15日）。

**16日**　全国医药管理局局长会议在北京开幕。会议的中心议题是：总结“七五”和1990年医药工作，研究部署“八五”计划和十年规划，安排1991年工作。全国人大常委会副委员长陈慕华、中顾委常委李德生出席了会议。

**17日**　全国儿童计划免疫协调小组、卫生部联合召开电话会议，对联合国儿童基金会、世界卫生组织和卫生部联合审评我国普及儿童免疫第二个85%的目标（1990年以县为单位接种率达到85%）进行动员。全国儿童计划免疫协调小组组长、卫生部副部长何界生讲了话。

▲国务院批转了卫生部、农业部、国家计委、国家教委、人事部《关于改革和加强农村医疗卫生工作的请示》，并通知各省、自治区、直辖市人民政府和国务院各部委、直属机构遵照执行。

**21日**　全国卫生厅局长会议在北京召开（21～26日）。会议的主要议题是：以加强农村卫生工作为重点，研究制定农村卫生工作的具体方针、政策和工作目标；讨论修改《中国卫生发展与改革纲要》；布置1991年工作要点。会议特邀了江苏、山东、湖北、河南、四川、云南省和内蒙古自治区人民政府主管卫生工作的领导同志出席会议并介绍经验。

**26日**　纪念“中国麻风节”。20名荣获“1990年度马海德基金奖”的麻风工作者在北京受到表彰。

**27 日** 全国爱卫会第九次委员扩大会暨全国城市卫生检查评比表彰会在北京举行。国务委员、全国爱卫会主任李铁映代表国务院向 51 个卫生城市的市长、副市长们表示祝贺。卫生部部长、全国爱卫会副主任陈敏章作了总结报告。

**28 日** 卫生部举行新闻发布会，首次公布建国四十年我国尘肺累计病例：死亡 87919 例，现患病例 353173 例。

**30 日** 我国首届高等教育护理专业自学考试揭榜，82 名护士通过三年勤奋自学获大专文凭。卫生部副部长顾英奇参加了毕业典礼。

## 2 月

**1 日** 世界首例输卵管栓堵复通再育婴儿降生，男婴重 4 公斤。

**4 日** 世界卫生组织总干事中岛宏博士代表世界卫生组织向卫生部长陈敏章颁发了“人人享有卫生保健”金质奖章，使他成为世界上获得这一殊荣的第一位卫生部长。同日吴学谦副总理会见了中岛宏博士。

**8 日** 中国中医研究院召开大会，表彰“七五”期间获得 30 项部局级以上科技成果奖的 104 名科技人员。

**26 日** 卫生部长陈敏章签署第 12 号卫生部令，《γ辐照加工装置卫生防护管理规定》发布实施。

▲全国医药行业企业管理优秀单位和首届优秀企业家表彰大会在北京召开。人大常委会副委员长陈慕华、中顾委常委李德生、中顾委委员钱信忠出席了大会，并向受表彰的西南合成制药厂等 10 家企业和王申昌等 45 名企业家颁奖。

▲全国艾滋病监测检验工作会议在深圳召开。会议公布 5 年来我国已做血清检测 40 万例，1990 年 9 月共检出包括境外人员在内的阳性 446 例，分布在全国 11 个省、自治区，其中艾滋病患者 5 例，2 例为本国公民。

**28 日** 《健康报》载：中共中央政治局委员、国务委员李铁映同志视察了黑龙江省牡丹江心血管病医院，就医院管理、发展方向、医德医风建设、人才培养等问题发表了意见，并为医院题词：“德高医精，为医之道”。

▲“兴奋剂检测方法的研究与实施”课题，通过鉴定。

## 3 月

**4 日** 四川省人民政府召开全省初级卫生保健暨卫生工作会议，并以省委和省政府的名义联合发出《关于加强农村卫生工作的通知》。陈敏章部长称该省全面研究解决阻碍农村卫生事业发展问题和卫生部门实际困难的作法为全国作出了表率。

▲卫生部决定设立医药卫生科技成果推广应用奖。奖励分一、二、三等，奖励金额、荣誉等均与部科技进步奖相同。评奖活动也与进步奖同步。

**8 日** 邓颖超与 10 名女科技工作者座谈，其中有北京医科大学护师郭桂芳同志。

**9 日** 国家教委决定从 3 月 10～16 日在全国中小学中开展“保护学生视力宣传周”活动。

▲卫生部陈敏章部长、国家档案局冯子直局长签署第 10 号令，《医药卫生档案管理暂行办法》颁布实施。

**11 日** 全国计划免疫第二个 85％达标审评工作在全国范围内展开。卫生部领导同志及世界卫生组织、联合国儿童基金会所派的专家分别赴各省参加审评。

▲陈敏章部长签署第 11 号卫生部令，《公共场所卫生管理条例实施细则》颁布施行。

**13 日** 国家统计局在北京向中外记者公布了我国“七五”时期国民经济和社会发展的统计公报。“七五”期间卫生机构增加 7000 个，医院病床增加 39.5 万张，专业卫生技术人员增加48.7万人，均达到计划目标。1990年末，全国总人口为114333万人，比1985年增加8482万人，年均增长1.55%。

**14日** 中国预防和控制艾滋病国际合作会议在北京召开。会议的中心议题是：研讨中国、西太平洋区艾滋病发展现状，评估中国防制艾滋病规划，寻求和加强国际合作等事宜。

**16日** 国务委员、国家教委主任李铁映，卫生部副部长顾英奇到北京医科大学，就学校的党建工作等问题同校领导进行了座谈。

**18日** 李鹏总理会见联合国副秘书长、儿童基金执行主任詹姆斯·格兰特，并代表中国政府正式签署了《儿童生存、保护和发展世界宣言》、《执行90年代儿童生存、保护和发展世界宣言行动计划》两个文件。

**19日** 国务院调整全国爱卫会组成人员。全国爱卫会主任仍由国务委员李铁映担任。副主任有：卫生部部长陈敏章、解放军总后勤部部长赵南起、国务院副秘书长徐志坚、国家计委副主任郝建秀、农业部副部长洪绂曾、建设部副部长叶如棠、国家环保局局长曲格平。

**20日** 国家中医药管理局宣布：经世界卫生组织同意，我国成立中国国际针灸考试委员会，并于今年10月首次开展国际针灸专业人员水平考试。

▲全国爱卫会组成的5个全国改水检查组，对“七五”农村改水进行考核检查，有18个省、自治区、直辖市及9个计划单列市完成了“七五”改水规划的自来水普及率指标。

**22日** 波兰卫生、社会福利部长西多罗维奇一行6人来华进行访问，并与中国卫生部商签了卫生保健和医学科学1991～1994年度合作计划。吴学谦副总理会见了波兰客人，陈敏章部长就两国现有卫生资源及公费医疗等问题与他们进行了交流。

**27日** 陈敏章部长签署第13号卫生部令，《化妆品卫生监督条例实施细则》颁布实施。

**29日** 陈敏章部长向医务界政协委员汇报卫生事业“七五”执行情况及“八五”计划设想。

**29日** 中国计划免疫第二个85%目标审评会议宣布：我国如期实现了以县为单位儿童免疫接种率达到85%的目标。会议期间，国务委员李铁映会见了全体代表并做了重要指示。全国计划免疫协调小组向受表彰的261个计划免疫先进集体和401名先进个人颁奖。

## 4 月

**3日** 全国鼠疫防治工作会议在北京举行（3～6日）。会议中心议题是：1、总结交流建国以来，特别是1986年以来的鼠疫防治工作经验；2、讨论修改《关于加强鼠疫防治工作的意见》；3、讨论《“八五”和2000年鼠疫防治工作规划》；4、部署1991年鼠疫防治工作。国务院副秘书长徐志坚出席了开幕式。何界生副部长传达了李鹏总理1990年6月在反映我国鼠疫疫情和防治工作进展的材料上的批示：“要认真抓一下，采取坚决措施，防止蔓延”和李铁映同志的批示：“此事应有个通盘的、长期的治理方案。依靠科学，发动群众，每年打一仗，是利国利民的好事”。

**7日** 世界卫生日。主题是：“居安思危，防患未然—防备意外伤害”。

**11日** 卫生部批准中山医科大学为卫生部首批接受高等医药学院校国内访问学者的试点单位。

**15日** 卫生部召开全国继续加强廉政建设，纠正行业不正之风电话会议。会议内容是：总结前一阶段纠正卫生行业不正之风的工作情况，部署今年深入加强廉政建设、纠正行业不正之风的要求。会议由陈敏章部长主持，孙隆椿副部长讲话，顾英奇副部长以及总后卫生部、国务院纠正行业不正之风办公室、中央国家机关纪工委等部门有关负责人出席了会议。

**24日** 卫生部直属医院、院校纠正行业不正之风汇报会在武汉召开。孙隆椿副部长在会上强调：抓行业作风建设，促深化卫生改革。

**25日** 儿童预防接种日。主题是："儿童的权利与机会—免疫、消灭脊髓灰质炎"。卫生部何界生副部长发表广播讲话，呼吁全社会都来关心支持计划免疫工作。

**26日** 《健康报》在首都20余家报纸编校质量第一次抽查评比中，荣获第5名。

**27日** 卫生部通报表彰安徽省金寨县、吉林省磐石县的妇幼保健工作。他们的经验是：①县政府把妇幼卫生工作作为政府的一项职责和社会综合工程来抓；②健全妇幼卫生组织网络；③全面实行系列保健保偿责任制；④重视科学管理。

## 5　月

**6日** 第四十四届世界卫生大会在日内瓦开幕。以卫生部副部长顾英奇为团长的中国代表团出席了会议。

**7日** 世界红十字日。国际护士节纪念大会在北京召开。李铁映、严济慈、雷洁琼、赵朴初、钱正英等领导同志和世界卫生组织西太区驻华代表肯·基恩应邀出席了纪念大会。

▲首届全国中医护理工作会议在北京召开，百名优秀中医护理工作者受表彰。

**9日** 全国妇幼卫生暨合作项目工作会议在厦门召开。会议的主要内容是：总结改革开放以来我国妇幼卫生与合作项目取得的成绩和经验；分析研究当前妇幼卫生事业的现状和发展策略；制定"八五"和今后十年妇幼卫生工作奋斗目标和行动计划。李鹏总理为会议题词："关心妇幼保健，努力提高人口素质"。

**11日** 卫生部部长陈敏章会见了来华访问的老挝卫生部部长坎布·苏米赛。

**15日** 《中华人民共和国残疾人保障法》开始施行。

**16日** 卫生部在北京召开第六届药典委员会全体会议，成立了第六届药典委员会。

**20日** 国家科委、卫生部联合公布36项血防科研成果，这次血防新技术、新成果评估活动是建国以来的第一次。

**21日** 卫生部举办的首届中国国际先进医疗器械设备展览会暨技术交流会在北京开幕，国务院副总理邹家华为展览会剪彩。

**22日** 首次全国无吸烟先进单位表彰大会在北京举行，全国273个单位受到表彰。全国爱卫会副主任、卫生部长陈敏章出席大会并讲了话。

**23日** 陈敏章部长致电西藏自治区卫生系统全体职工，热烈祝贺西藏和平解放40周年。

**27日** 中国科协第二届青年科技奖颁奖，11位医药卫生界人士获奖。

▲由卫生部、国家计委、财政部、国家物价局、世界银行和世界卫生组织联合主办的卫生资源筹集与利用高层次政策研讨会在上海召开。研讨会的主题是：如何建立我国卫生资源多渠道筹集的有效机制，确保有限的资源得到合理和科学的利用。卫生部长陈敏章、副部长何界生及华东7省市和陕西省政府领导出席了会议。会后卫生部与EDI共同签署建立了"中国卫生经济培训与研究网络"联合公报。

**28日** 上海血液制剂生产线在上海生物制品研究所落成剪彩。卫生部部长陈敏章、上海市副市长谢丽娟、卫生部原部长钱信忠等领导同志出席。

**29日** 上海第六医院新院落成，陈敏章部长出席开诊典礼。该院迁建工程是国家"七五"期间重点医院建设项目，是装备先进的一所新型现代化综合性医院。

**31日** “世界无烟日”。主题是：在公共场所和公共交通工具上不吸烟。

## 6 月

**1日** 北京医科大学第一临床医学院妇儿医院落成开院。国务院秘书长罗干在开院典礼上宣读了李鹏总理的贺信。贺信说，党中央、国务院历来十分关心妇女儿童的身心健康，为了满足妇女儿童日益增长的医疗保健需要，各级党委、政府做了大量工作，广大医务工作者为此付出了辛勤的劳动。希望从事这项工作的全体同志，遵循为人民服务的宗旨，努力钻研业务，提高医疗水平，发扬“救死扶伤，治病救人”的优良传统，树立良好的医德医风，为发展我国妇女、儿童医疗保健事业做出积极的贡献。陈敏章部长出席开院典礼并讲了话。

▲世界卫生组织公布，截止5月底，全世界已报告的艾滋病例总数已达366455人。

▲中国优生优育协会主办的刊物《家家乐》创刊。李铁映为该刊题写刊名。雷洁琼、陈敏章、于若木任总顾问。

**8日** 卫生部医院评审委员会成立，其任务是：

①了解和掌握各地医院分级管理和评审进度，进行信息交流；②负责评审三级特等医院；③核查各地评审结果，进行评审质量控制；④研究修订综合医院分级管理标准的意见；⑤组织研究、制定专科医院分级管理标准；⑥培训医院分级管理干部；⑦开展医院分级管理和评审的宣传工作。

**14日** 首届国际中药节在江西樟树市闭幕，共展出中药材1050种，中成药1200种，购销总额达1.8亿元。党和国家领导人田纪云、薄一波以及卫生部长陈敏章为国际中药节题了词。

**18日** 江泽民、李鹏、王震等党和国家领导人为将举行的国际传统医药大会题词。江泽民总书记的题词是“弘扬民族优秀文化振兴中医中药事业”；李鹏总理的题词是“发展传统医药，为人民健康服务”；王震副主席的题词是“传统医药中华瑰宝”。

**25日** 卫生部在北京人民大会堂举行模范人物先进事迹首场报告会，国务委员李铁映等领导同志出席，山东医科大学附属医院副教授张运、黑龙江牡丹江心血管病医院院长刘晓程作了报告。全国卫生系统模范人物先进事迹报告团还将赴一些省市作巡回报告。

**26日** 首都隆重集会纪念国际禁毒日。公安部、卫生部、外交部、海关总署负责同志讲了话。联合国开发计划署驻京代表、世界卫生组织驻京代表出席了纪念会。

▲卫生部决定：在全国卫生系统开展设备支农工作。

**27日** 世界卫生组织与国际糖尿病联盟共同发起第一个世界糖尿病日。

## 7 月

**1日** 卫生部发出《关于扩大继续医学教育工作试点的通知》，要求各地根据《继续医学教育暂行规定》，结合当地具体情况，制定具体的实施计划与方案。

▲卫生部、国家医药管理局联合下发《关于〈咖啡因管理规定〉的通知》。

**3日** 卫生部向首都新闻界公布了1991年度医药卫生科技进步奖（含成果推广应用奖）获奖情况：共有161项成果获得奖励，其中推广应用项目21项，占获奖总数的13%。

**5日** 卫生部发出《关于认真做好汛期传染病防治工作的紧急通知》。

**10日** 卫生部召开抗洪救灾电话会议。何界生副部长号召各地卫生部门紧急行动起来，努力做好灾区的医疗防病工作，保障广大人民群众的健康，为夺取全国抗洪救灾的胜利贡献力量。孙隆椿副部长主持了电话会议。会后何界生副部长打电话给安徽省卫生厅，代表卫生部慰问奋战在抗洪救灾第一线的医疗卫生人员。

▲卫生检疫总所发出《关于对入境救灾物资迅速放行并免费的通知》,要求各口岸卫生检疫机关对救灾物资做到随到随检随放，免收费用。

▲中宣部、国家计生委、人民日报社和中国计划生育协会联合在北京为纪念“世界人口日”举行90年代中国人口控制和社会经济发展座谈会。

**11日**　中华人民共和国卫生部与比利时王国卫生及环境部公共卫生和医学科学合作1991年至1993年度执行计划文书在北京签署。中国卫生部副部长顾英奇和比利时卫生及环境部秘书长万达尔分别代表缔约双方签字。

**15日**　卫生部在北京举行纪念毛主席“救死扶伤，实行革命的人道主义”题词五十周年大会。李德生同志出席了大会。

**16日**　卫生部成立救灾防病领导小组，由陈敏章任组长，孙隆椿、何界生任副组长。领导小组强调当前卫生工作要以救灾防病为中心，并派出工作组赴湘鄂灾区和十一支抗洪救灾医疗队。

卫生部号召各地卫生部门开展义诊活动，支援抗洪救灾。

**18日**　全国首届乡镇卫生院优秀院长表彰大会在北京举行。钱正英、钱信忠、陈敏章、张立平、孙隆椿等领导同志向100名优秀院长代表发了奖。陈敏章部长就加强农村乡镇卫生院建设等问题发表了重要讲话。

▲第33届南丁格尔奖和第二届无偿献血金杯奖颁奖仪式在中南海怀仁堂举行。河南商丘地区医院护理部主任吴静芳获南丁格尔奖，有34名献血者获无偿献血金杯奖。

**20日**　为表彰吴阶平教授在戒烟工作上的突出成就，世界卫生组织西太区主任韩相泰代表世界卫生组织授予吴阶平“吸烟与健康纪念奖”。

**27日**　国家救灾防病领导小组成立。国务委员李铁映任组长，国务院副秘书长徐志坚、卫生部长陈敏章任副组长。国家救灾防病领导小组办公室设在卫生部。

**30日**　国务院召开抗灾防疫工作电话会议。李铁映、陈敏章、陈虹分别讲话，国务院39个部委及有关部门的负责同志参加了会议。

**31日**　卫生部长陈敏章签署第14号卫生部令，《全国卫生系统荣誉称号暂行规定》自发布之日起施行。

## 8　月

**1日**　受国家救灾防病领导小组的委托，首批卫生部援皖医疗队启程。

**4日**　中国医科大学建校六十周年，党和国家领导人为此题了词。江泽民总书记的题词是“发扬红军卫校传统，办好社会主义的医科大学”。邓小平同志为该校题写书名“中国医科大学校史”。杨尚昆主席的题词是“发扬延安精神，办好中国医科大学”。李鹏总理的题词是“继往开来，为祖国培养更多的优秀医生”。陈云同志的题词是“发扬革命传统，培养更多的医学人才”。李先念同志的题词是“发扬红军光荣传统，培养优秀医务人才”。彭真同志题词是“发扬革命优秀传统，攀登医学高峰”。邓颖超同志的题词是“祝贺中国医科大学建校六十周年”。李铁映同志的题词是“继承革命传统，培养优秀人才”。

**6日**　国家救灾防病领导小组向全国下发《全国救灾防病预案》。此预案还包括：重点传染病控制方案；血吸虫病疫情控制方案；食物中毒预防及处理方案；饮用水的处理与消毒及水源的选择与保护方案；粪便、垃圾、尸体处理方案；消、杀、灭工作方案；卫生防病知识宣传教育工作安排方案；目前各灾区提出的药品、生物制品、器械、消杀灭用物资的品种。

**7日**　国家救灾防病领导小组下发《关于进一步加强救灾防病经费及国内外捐赠资

金管理工作的通知》。

**12日** 陈敏章部长签署第15号卫生部令，《性病防治管理办法》发布施行。

**13日** 国家救灾防病领导小组组长李铁映、国家救灾防病领导小组副组长、卫生部长陈敏章、国家救灾防病领导小组副组长、国务院副秘书长徐志坚及有关部委的同志赴安徽、江苏灾区考察救灾防病工作（13～21日）。

**16日** 首都纪念庸川医学奖学金协议签署五周年。陈敏章部长首次向庸川良一、石馆守三颁发中国卫生奖。

**20日** 中国红十字会总会副秘书长曲折、政策研究室副主任庄仲希乘泰国航空公司班机离开香港抵达台北。这是海峡两岸隔绝42年后，中国红十字会总会第一次派人前往台湾。

**21日** 国家"七五"科技攻关成果展览会在北京开幕。医药卫生计划生育部门有100项成果参展。

**22日** 国务院总理李鹏会见前来参加第十届亚太地区肿瘤会议的世界卫生组织总干事中岛宏。李鹏强调，中国卫生工作的方针是：贯彻预防为主，依靠科技进步，动员全社会参与，中西医并重，为人民健康服务。

## 9　月

**2日** 国家"七五"科技攻关总结表彰大会在北京举行。17位医药卫生科技和管理人员，41项医药卫生重大成果受奖。

**6日** 我国近代妇幼卫生事业先驱者杨崇瑞博士诞辰100周年。卫生部、北京市卫生局、杨崇瑞基金会在北京举行纪念大会。陈慕华、雷洁琼以及联合国儿童基金会和世界卫生组织的代表出席了大会。严仁英、周荣先、项吉措、孙杏果分别获首届杨崇瑞基金奖。

**9日** 在全国爱卫会电话会议上，全国爱卫会主任李铁映部署了9月17日至23日"救灾防病爱国卫生突击周"活动。

**12日** 陈敏章部长签署第16号卫生部令，《结核病防治管理办法》颁布实施。

**18日** 卫生部举行抗洪救灾报告会，安徽省阜南县委书记邓成标，江苏省兴化市政协副主席姚正生、常州市卫生局长周业俊分别介绍了蓄洪区移民、医务卫生人员灾中救护灾民和灾后抗御大疫等方面的事迹。

▲《健康文摘报》正式创刊发行。该报为周刊，由卫生部主管，健康报社主办。

**20日** "全国爱牙日"。主题是：儿童与口腔保健。

▲公安部、商业部、文化部、卫生部、国家工商行政管理局、国家旅游局在福州市联合召开了部分省市打击取缔卖淫嫖娼活动、加强旅店业、公共娱乐场所治安管理工作座谈会。中央政治局常委乔石同志到会并作了重要讲话。

**23日** 中国共产党优秀党员、久经考验的共产主义忠诚战士、著名医学教育家、第六届全国政协常委、卫生部原顾问柯麟同志在北京逝世，享年91岁。

**24日** 健康报创刊60周年纪念日。陈云、田纪云、李铁映、姬鹏飞、朱学范、周谷城等领导同志分别题词："宣传卫生工作方针和医药卫生知识，提高人民健康水平"；"加强健康教育，弘扬精神文明"；"为2000年人人享有卫生保健而奋斗"；"发扬光荣革命传统，提高人民健康水平"；"健康挚友"；"发扬专业报刊作用，保护人民大众健康"。

**28日** 国家救灾防病领导小组副组长、卫生部长陈敏章接受中央电视台、中央人民广播电台、新华社和健康报记者采访时指出，救灾防病工作取得大灾后无大疫阶段性胜利，夺取最后胜利仍需付出艰苦努力。

▲陈敏章部长发出慰问信，表彰医疗卫生人员救灾防病业绩，勉励他们顽强作战作出新的贡献。

▲中国军事医学科学院成立40周年纪

念日。

## 10　月

**3 日**　泰国卫生部长派洛·宁沙农一行抵京对我国进行为期 10 天的访问，陈敏章会见了其一行，中泰 两国卫生部长相互介绍了各国卫生事业的发展情况。

**5 日**　卫生部药品审评委员会按现行标准严格审查，通过了 57 家共计 240 个肝炎诊断试剂的申报品种，使我国肝炎诊断试剂的生产走向正轨。

**12 日**　国家医药管理局成立了由 102 名专家组成的医疗器械新产品评审专家委员会，负责医疗器械第一类新产品的成果鉴定。

▲全国爱卫会、国家教委、卫生部联合下发《关于认真搞好城乡各类学校厕所与供水设施卫生建设的通知》。

**13 日**　由全国政协、卫生部、国家医药管理局、化工部、财政部、民政部、中国红十字会、全国爱卫会、国家中医药管理局有关人员组成的国家救灾防病领导小组检查组分赴安徽、江苏、湖北、河南、浙江、湖南 6 省检查救灾防病工作。

**16 日**　全国直辖市、计划单列市、省会市卫生系统纠正行业不正之风工作汇报会在天津市召开。卫生部副部长孙隆椿到会并讲话。

**18 日**　国际传统医药大会在北京召开。国家副主席王震宣布大会开幕，国务委员李铁映致开幕词，江泽民、李鹏、李先念、王震、田纪云、李铁映、宋健为大会题词。会议主要内容：召开部分国家卫生行政部门官员的圆桌会议，研讨发展传统医药的有关政策；进行学术交流；举行传统医药科技成果和成就展览。世界卫生组织总干事中岛宏博士参加了会议并作特别报告。

**19 日**　李鹏总理在人民大会堂接见出席国际传统医药大会代表时说：中国政策一贯重视传统医药，倡导传统医学与现代医学相结合、中医西医并重。新中国建立以来医疗卫生事业发展迅速，但与发达国家相比还有差距。中国政府将继续重视传统医药，使之得到更大发展。

▲卫生部长陈敏章在中宣部召开的情况通报会上，向首都新闻界通报了救灾防病情况。至 9 月 14 日止，共向灾区派出疫病防治工作队 10385 支，90182 人。

▲400 余名医学专家荣获国务院颁发的《政府特殊津贴证书》。孙隆椿副部长向专家致贺。

**25 日**　卫生部颁发《全国乙肝疫苗免疫接种实施方案》，规定从 1992 年 1 月 1 日起，我国将在全国范围内推行乙肝疫苗接种工作，(87）卫防字第 47 号文同时废止。

## 11　月

**1 日**　由卫生部、国家中医药管理局、全国爱卫会、中国红十字会总会、中国摄影家协会和中国新闻摄影学会联合举办的“1991 救灾防病纪实摄影展览”在北京民族文化宫开幕。政协副主席钱正英、卫生部长陈敏章为展览会剪彩。

**4 日**　中国农村改水技术中心在北京成立。其任务是根据国家农村改水发展战略，协调和配合国内相关机构开展技术业务活动，依靠科技进步，不断提高农村改水技术水平。

**7 日**　在国家救灾防病领导小组第 5 次会议上，陈敏章汇报时说，自今年我国遭受特大洪涝灾害以来，中央、地方和部队及时向灾区组派疫病防治工作队和疫情监测专家组，总计组派疫病防治工作队 13594 支，队员 156397 人次，共诊治灾区群众 5115 万人次，投放药物 8805 吨，分发药品 902. 8 万户；消毒水井 38 万口；发送卫生宣传品 1333 万份；培训灾区卫生人员 22 万人，圆满完成医疗、防病、宣传、培训四大任务。截至 10 月底，全国共落实救灾防病经费 2. 4 亿元。国务委员、国家救灾防病领导小组组长李铁映对灾区防病工作给予高度评价。

**9日** 第11届国际农村医学会议在北京开幕。这是国际农村医学会首次在中国举行会议。杨尚昆主席、李鹏总理向大会发了贺信。

**22日** 国家救灾防病领导小组召开电话会议宣布：我国救灾防病取得巨大胜利。国家救灾防病领导小组组长、国务委员李铁映高度赞扬医疗卫生队伍是有战斗力的，过得硬的，是经得起考验的。国家救灾防病领导小组副组长、卫生部长陈敏章总结了前一阶段的工作。

▲国家救灾防病领导小组办公室发布全国救灾防病工作公告。公告内容有：①疫情简况；②全国救灾防病工作；③下一步救灾防病工作。

## 12 月

**1日** 世界艾滋病日。主题是"艾滋病—共同迎接挑战"。

▲加拿大—中国儿童健康基金会设立"诸福棠奖"。北京协和医院前儿科主任周华康教授获首届"诸福棠奖"。全国政协副主席钱正英、卫生部长陈敏章向诸老及周华康教授祝贺。

**2日** 国务院法制局、卫生部召开《中华人民共和国国境卫生检疫法》颁布五周年大会。李先念、田纪云、江华、李德生、姬鹏飞、廖汉生、王汉斌、任建新、王任重为大会题词。大会授予27个卫生检疫机关"认真执法"的称号。世界卫生组织驻华代表基恩博士出席了会议。

**4日** 全国爱国卫生运动委员会副主任陈敏章在全国农村改水工作会议上宣布，经过10年努力，在我国8.8238亿农村人口中，改水受益人口已达6.6572亿人，占农村人口的75.4%。

**6日** 全国卫生系统救灾防病先进事迹首场报告会在人民大会堂举行。卫生部长陈敏章及国家中医药管理局、北京市卫生局的领导出席了报告会。会后报告团的9位同志分三路赴外地介绍他们参加救灾防病工作的先进事迹。

▲卫生部长陈敏章签署第17号卫生部令，《中华人民共和国传染病防治法实施办法》已经1991年10月4日国务院国函（1991）66号批准，发布施行。

▲全国爱国卫生运动委员会表彰农村改水先进。全国爱卫会主任李铁映、全国人大常委会副委员长廖汉生等领导同志，为在农村改水事业中做出突出贡献的8个单位和943名个人颁奖。受到表彰的还有完成"七五"农村改水任务的北京市等18个省、自治区、直辖市和大连市等9个计划单列市；农村自来水普及率达到80%以上的天津宝坻县等210个县（市、区）。

**6日** 中国协和医科大学授予马耳他共和国总统文森特·塔博恩名誉医学博士学位。国务委员李铁映、卫生部长陈敏章出席了授学位典礼。

**11日** 1991年国家科技奖励项目揭晓，共有46个医药卫生项目获得国家科技进步奖，其中一等奖两项，二等奖16项。有14个医药卫生项目获国家发明奖，其中有三等奖6项，四等奖8项。

**16日** 卫生部长陈敏章签署第18号卫生部令，发布自1992年7月1日起至1993年1月1日，分步淘汰硫酸锌浊度试验等35项临床检验项目与方法。

**18日** 国家医药管理局、人事部联合召开全国医药系统第二届先进个人、先进集体表彰大会。李瑞环、王震、李铁映、邹家华、陈慕华、王任重、卢嘉锡、陈敏章等为大会题词祝贺。陈慕华、余秋里、张爱萍等领导同志出席大会并向81名先进个人和83个先进集体颁了奖。

▲中国人民对外友好协会、全国卫生系统思想政治工作研究会、中国健康教育协会

及白求恩医科大学北京校友会联合召开白求恩精神研讨会。聂荣臻、廖汉生、杨成武、王平等同志为大会题词。

**21日**　1991年全国血吸虫病防治工作会议在湖南省岳阳市召开。国务委员李铁映宣布："经过艰苦奋战，我国已取得了大灾之后无急性血吸虫病暴发流行的巨大胜利。"国务院副秘书长徐志坚主持开幕式，卫生部长陈敏章致开幕词，水利部长杨振怀代表国务院做工作报告。会前李铁映同志还视察了湖南省的血防工作。

**22日**　全国医药局长会议在北京召开。1991年全国医药产品质量明显提高，有9种产品获国家优质产品奖，其中金质奖3个、银质奖7个；有33种产品获国家医药管理局优质产品证书。国家医药管理局局长齐谋甲在会上作了"巩固和发展治理整顿成果，调整结构，提高效益，深化改革，转变机制，促进医药事业健康发展"的报告。

▲1991年度中医药科学技术进步奖揭晓。74项获奖项目中有一等奖7项，二等奖23项，三等奖44项。

**25日**　卫生系统又有41名中青年医学科技工作者被国家人事部批准为1990年度有突出贡献的中青年科学、技术和管理专家。26名同志被卫生部批准为1990年度有突出贡献的青年科学、技术和管理专家。目前我国卫生系统已有221名同志荣获国家人事部批准的有突出贡献的中青年专家称号；卫生部直属单位已有111名同志荣获卫生部批准的有突出贡献的中青年专家称号。

**29日**　李鹏总理为北京中医医院建院35周年题词："名医荟萃，盛誉不衰"。

（宗音）

# 卫生统计工作

## 卫生统计信息工作

**【1991年卫生统计信息工作】**

1991年，卫生统计信息工作主要是开展各项统计基础建设，搞好统计服务，发挥统计信息、咨询与监督在卫生事业宏观决策和科学管理中的整体功能。

卫生部制订并下发了《全国卫生统计工作发展规划纲要（1991～2000年）》。各省、自治区、直辖市卫生厅（局）按照《纲要》的基本原则，结合本地区卫生统计工作的实际情况，着手制订地区卫生统计工作发展规划。

各级卫生部门加快建立、健全统计机构。1991年，上海、江苏、湖北、陕西卫生厅（局）成立了统计机构；各省、自治区、直辖市的地（市）以上一级医院都在陆续成立统计信息科（室）。

为进一步掌握反映我国农村卫生状况的统计数据，更好地为制订农村卫生政策和预防保健战略提供信息、咨询服务，1991年，卫生部组织有北京市、内蒙古自治区、山东省卫生厅（局）参加的检查组，对黑龙江省部分农村地区的死因、疫情、妇幼保健等统计工作进行了检查。

各级卫生部门抓紧统计信息自动化系统建设。1991年，全国已有2/3的省、自治区、直辖市卫生厅（局）实现了同卫生部的计算机远程通讯联网，并试用通讯网络传输1991年卫生统计年报数据。

卫生部制定了《基层卫生单位综合统计表》，该表利用已建立起来的卫生单位名称代码数据库，试以新的年报汇总方式，提供满足多层次卫生部门、各类卫生机构需求的年报数据。此项工作已在江西、陕西两省部分地区试行，为1992年全国试用《基层卫生单位综合统计表》做准备。

卫生部卫生统计信息中心向全国卫生厅（局）长会议提供了反映“七五”时期卫生事业发展情况的统计分析资料；向部领导提供了 1991 年卫生事业发展情况综合分析资料，1989、1990 年卫生部医院社会及经济效益情况分析简报；在《健康报》上发表了反映 1991 年卫生机构、床位、人员，医院工作、居民病伤死因情况的统计公报。

各级卫生部门开展国际疾病分类统计基础工作。1991 年，卫生部下发了按照国际疾病分类第 9 版（ICD-9）原则制定的《医院病案首页》和《死亡医学证明书》，全国县及县以上医院和死因调查点已开始执行这两项统计原始记录登记工作。

为了提高卫生部门统计人员实际工作中的咨询服务水平，搞好现成统计资料的开发利用，卫生部卫生统计信息中心委托中国卫生统计学会于 1991 年举办了一期卫生统计分析应用讲习班，对各省、自治区、直辖市卫生厅（局）以及计划单列市卫生局的专职统计干部进行培训。许多地区卫生部门对在职统计人员也都进行了各种形式的业务培训。

（陈育德　毛嘉文）

**【制定《全国卫生统计工作发展规划纲要（1991～2000 年）》】**

1991 年，卫生部制定并下发了《全国卫生统计工作发展规划纲要（1991-2000）》。

该《纲要》包括 9 个部分：①任务的提出；②规划目标、重点和步骤；③努力提高卫生统计服务水平；充分发挥卫生统计的整体功能；④建立、健全各级卫生统计机构；⑤改革卫生统计制度，完善卫生统计调查方法；⑥建立卫生统计信息自动化系统；⑦进一步加强统计法制建设；⑧加强卫生统计队伍建设；⑨发展卫生统计教育和科学研究工作。

该《纲要》是指导全国各级卫生部门在本世纪最后十年进行统计改革和统计现代化建设的总体设计。卫生部将根据全国卫生统计事业发展以及《纲要》的实施情况进行必要的修订，使其成为滚动式规划，并依据该《纲要》制订每年的全国卫生统计工作安排要点。各省、自治区、直辖市卫生厅（局）将根据《纲要》的指导原则，结合本地区具体情况，制定区域卫生统计工作发展规划。

（毛嘉文）

**【卫生统计工作检查】**

卫生部组织有北京市、山东省、内蒙古自治区卫生厅（局）参加的全国卫生统计工作检查组，于 1991 年 7 月 16～23 日对黑龙江省北安、黑河、绥化、哈尔滨市的 9 所卫生机构及 2 个村卫生室的统计工作进行了检查。检查的重点是乡、村两级医疗卫生保健网所搜集的生命、疫情及妇幼保健统计数据的数字质量。

检查结果表明：县级卫生单位统计机构健全，统计队伍基本稳定，人员业务素质较好，乡镇卫生机构配有兼职统计人员；领导重视卫生统计工作、统计法制观念较强，各单位都能按照统计法和与之相适应的有关统计规章制度执行统计任务；政府参与、部门支持生命统计工作；各地区充分利用本地健全的农村三级医疗卫生保健网，建立了一套自下而上的统计信息网络及相应管理办法；原始记录齐全、绝大部分卫生统计数据比较可靠，无原始卡片与报表数据不吻合的现象。

检查发现的问题主要有：某几项卫生统计数据的准确性有待提高，如：死亡率、婴儿死亡率和传染病报告发病率过低；少数单位统计人员业务素质亟待提高；居民死亡医学证明书等原始记录填写不完整，少数根本死因推断不准确；统计工作手段落后，绝大多数县级卫生单位未配备微机。

（胡建平）

**【卫生Ⅲ项目地区卫生总费用调查试点】**

1990 年 4～9 月卫生部卫生统计信息中心、国外贷款办公室和哈尔滨医科大学参与并组织了卫生Ⅲ项目地区卫生总费用调查的试点工作。调查范围包括城市和农村，人口1000万以上，三个地区收集了1986～1989年四年的数据。调查结果简要分析如下（数据见表1和表2）。

表1 金华、宝鸡、九江市卫生总费用评价指标

| 指标名称 | 地区 | 1986年 | 1987年 | 1988年 | 1989年 | 平均增长% |
|---|---|---|---|---|---|---|
| 按当年价格计算的卫生总费用(亿元) | 金华 | 1.12 | 1.41 | 1.86 | 2.29 | 26.92 |
| | 宝鸡 | 0.94 | 1.07 | 1.36 | 1.72 | 22.31 |
| | 九江 | 0.97 | 0.98 | 1.21 | 1.31 | 10.53 |
| 按可比价格计算的卫生总费用(亿元) | 金华 | 1.12 | 1.28 | 1.35 | 1.41 | 12.13 |
| | 宝鸡 | 0.94 | 1.01 | 1.02 | 1.10 | 5.38 |
| | 九江 | 0.97 | 0.90 | 0.89 | 0.83 | -5.06 |
| 按当年价格计算的人均卫生费用(元) | 金华 | 27.36 | 34.12 | 44.40 | 54.10 | 25.51 |
| | 宝鸡 | 30.48 | 34.04 | 43.01 | 53.48 | 20.61 |
| | 九江 | 25.57 | 25.50 | 30.89 | 32.86 | 8.72 |
| 按可比价格计算的人均卫生费用(元) | 金华 | 27.36 | 30.88 | 32.13 | 33.25 | 6.72 |
| | 宝鸡 | 20.48 | 32.05 | 32.34 | 34.06 | 3.77 |
| | 九江 | 25.57 | 23.48 | 22.73 | 20.90 | -6.50 |
| 卫生总费用/GNP | 金华 | 3.16 | 3.22 | 3.27 | 3.70 | 5.40 |
| | 宝鸡 | 3.52 | 3.30 | 3.54 | 3.94 | 3.83 |
| | 九江 | 3.80 | 3.71 | 3.69 | 3.74 | -0.53 |

**一、项目地区社会经济基本形势**

1986～1989年，金华、宝鸡、九江三个城市经济发展缓慢。按可比价格计算，上述三城市GNP（国民生产总值）的平均发展速度分别为102.2%，101.3%和95.6%。经济状况对财政状况的影响是，按可比价格计算的财政支出除金华市略有上升之外，其余两个城市均呈现负增长，分别为102.2%、97.6%和97.7%。三个城市的经济与财政形势对卫生筹资与支出会有重大影响。

**二、卫生总费用**

按可比价格计算，金华、宝鸡、九江三城市卫生总费用的平均发展速度为112.1%、105.4%和94.9%，金华市增长过快，九江市呈负增长。三个城市按现行价格计算的人均卫生费用，金华市增长最快，1986年为27.36

元，三年间翻了一番，已达到 54.10 元，与国民经济状况比较，呈现超前趋势。其次为宝鸡市，从 27.36 元上升到 53.48 元，增长速度略快于经济增长。但九江市仅从 1986 年的 25.57元增长到 1989 年的 32.86 元。扣除物价因素，呈现下降趋势。从表 1 可见，金华与宝鸡两市卫生总费用占 GNP 的百分率呈现上升趋势，已接近 GNP 的 4%，九江市则略有下降，但总的水平也已接近 GNP 的 4%

**三、卫生事业财政拨款**

从表 2 可见，按现行价格计算，卫生事业财政拨款呈现上升趋势，但消除物价变动因素的影响之后，三个城市的财政拨款均呈下降趋势。卫生事业财政拨款占地方财政支出的百分比：金华从 7%下降为 4.8%；九江从 6.3%下降为 5.5%；宝鸡从 4.9%下降为 4.3%。伴随着财政拨款的绝对与相对下降，财政拨款在卫生总费用当中所占比重下降，以金华最为突出，从 16.2%下降到 9.4%；宝鸡其次，从 14.3%下降为 9.8%；九江稍好，只从 20.2%下降为 18.2%(见表 2)。

表 2　卫生事业拨款及个人消费水平

| 指标名称 | 地区 | 1986 年 | 1987 年 | 1988 年 | 1989 年 |
|---|---|---|---|---|---|
| 卫生事业财政拨款占地方财政支出的% | 金华 | 7.00 | 6.20 | 6.20 | 4.80 |
| | 宝鸡 | 4.95 | 4.76 | 4.44 | 4.26 |
| | 九江 | 6.30 | 5.60 | 5.80 | 5.50 |
| 卫生事业财政拨款占卫生总费用的% | 金华 | 16.20 | 12.10 | 11.00 | 9.40 |
| | 宝鸡 | 14.27 | 13.11 | 11.31 | 9.83 |
| | 九江 | 20.20 | 18.20 | 17.00 | 18.20 |
| 公费医疗人均水平(元) | 金华 | 109.8 | 132.6 | 141.1 | 148.1 |
| | 宝鸡 | 97.8 | 102.1 | 95.4 | 84.6 |
| | 九江 | 122.1 | 94.8 | 72.8 | 66.5 |
| 城市居民人均医疗费支出(元) | 金华 | — | — | 21.8 | 19.5 |
| | 宝鸡 | 10.1 | 11.2 | 11.2 | 16.2 |
| | 九江 | 7.2 | 3.2 | 7.7 | 7.0 |
| 乡村居民人均医疗费支出(元) | 金华 | — | — | 14.2 | 15.7 |
| | 宝鸡 | 11.9 | 13.2 | 14.3 | 16.2 |
| | 九江 | 6.4 | 7.9 | 7.2 | 7.3 |

**四、卫生费用内部构成**

金华市财政拨款比重下降主要是靠企业福利来弥补，企业福利占卫生总费用的比重，从 1986 年的 22.9%，上升为 1989 年的 32.3%。宝鸡市主要是靠增加个人支付来弥补，财政拨款与企业福利所占比重均呈下降趋势，而唯有个人支付部分所占比重从 38.0%上升为 47.7%。九江市财政拨款比重变化不显著，但医疗福利部分明显收缩，个人支付部分明显扩大。

**五、居民医疗消费水平**

四年间，三城市公费医疗人均水平按可比价格计算除金华外，呈下降趋势。宝鸡市居民医疗消费的负担偏重，特别是乡村居民负担偏重。九江增长不明显，其城市居民负担水平逐年有所下降。人均消费水平与人均国民收入之比，宝鸡市不到 1/2 的国民收入进入居民消费，而另外两市，2/3 以上进入个人消费。

（杜乐勋　兰宇曦）

**【卫生Ⅲ项目地区的卫生管理统计信息系统建设】**

卫Ⅲ项目卫生管理统计信息系统是制订规划和管理项目活动的重要支持系统。该项目自 1990 年执行以来，宝鸡、金华、九江三个地区已经建立或正在筹建卫生统计信息中心，并使之成为独立的综合的信息机构。如宝鸡市卫生局已经成立卫生统计信息中心，区、县一级的卫生统计机构也比较健全。区一级的统计信息机构和部分疾病监测点县的计算机已经到位，为统计信息自动化提供了条件。项目地区在人员培训方面，举办了讲习班，系统介绍了常规资料的收集、指标体系、抽样调查、计算机数据处理等的统计信息开发利用的全过程。1991 年 5 月又举办了国际疾病分类培训班。此外，三个地区还参与中央项目及省级外延单位其他的技术援助活动，同时进行地区内的有关培训活动。卫Ⅲ项目卫生管理统计信息系统的资料收集是以涉及死亡、预防接种等信息的“六卡五册”为重点。1991 年初，部卫生统计信息中心组织进行了项目地区“六卡五册”执行情况的检查，三个地区均已建立了不同形式的卡册。为推动“六卡五册”等有关信息的尽快利用，1991 年 11 月，由卫生部国外贷款办公室、防疫司、卫生统计信息中心及中国预防医学科学院等有关单位于西安举办了“六卡五册”计算机软件应用培训班，解决了卡册数据处理的手段和工具问题。项目地区普遍开展了专题抽样调查，通过调查实践，培养和锻炼了统计队伍。卫生经济信息是信息系统重要的组成部分，自 1990 年以来，三个地区先后进行了卫生总费用调查的试调查。统计信息的开发利用目前是薄弱环节，三个地区亟需加强统计信息的综合利用并在此基础上写出本地区卫生状况的年度分析报告，并为中期评估做准备，亦期随着项目的深入开展，此系统真正为卫生Ⅲ项目各项活动服务，为全国的综合信息点建设起到示范作用。

（赵京华）

**【发表《1990 年我国卫生事业发展情况统计公报》】**

卫生部卫生统计信息中心于 1991 年 4 月 11 日在《健康报》上发表了《1990 年我国卫生事业发展情况统计公报》。公报公布了 1990 年我国卫生机构、床位、人员数字，并首次发表了医院工作、居民病伤死亡原因三个方面的统计数据。

（伍晓玲）

**【试用基层卫生单位综合统计表】**

为改革现行综合卫生统计年报汇总方式，卫生部卫生统计信息中心设计了基层卫生单位综合统计表。此表分为两个部分，表 1 包括卫生机构、床位、人员和农村村级卫生组织情况指标，表 2 列入卫生费用、设备、房屋建筑和医院工作情况指标。该表由各基层卫生单位填报后录入计算机，利用卫生单位名称代码数据库汇总卫生统计年报，产出满足多层次卫生部门、各类卫生机构信息需求的年报数据。

卫生部卫生统计信息中心于1991年5月下旬和6月下旬先后赴江西九江市、陕西宝鸡市鸡进行了该统计表试行情况调查。结果表明，在全国范围内推行此统计表是完全可行的。试点地区统计人员反映，此表内容简明，填报说明详细、清楚；其汇总方式不仅提高了年报工作效率，而且提高了统计数字质量。试点工作为1992年在全国正式使用基层卫生单位综合统计表做好了准备。

（伍晓玲）

**【颁布和实施《卫生单位名称代码及数据库管理办法（暂行）》】**

卫生单位名称代码及数据库（以下简称“代码数据库”）的建立是将计算机引入卫生统计工作的产物，它的建立和应用将彻底改变卫生统计工作的方式，提高统计工作的效率，在原有统计范围和报表的基础上大量地增加信息，变定期汇总统计报表为经常性的数据处理和统计分析。代码数据库的建立为卫生行政管理部门对所管辖的卫生机构实行宏观管理提供了有利条件。它是统计工作利用数据库进行常规统计和分析最基本的工具之一。

代码数据库按照卫生单位不同的行政区划、隶属关系、功能（医疗、预防保健、医学教育、科研等）、地区级别以及所有制性质，对全国20多万个机构（包括工业及其他部门卫生机构）逐个编码，每个卫生单位赋18位代码，包含以上信息。鉴于以上信息是经常变化的，如卫生机构的行政区划、隶属关系、功能、所有制等常有变动，此外单位迁址、合并、新增设等情况也常有发生，而各级卫生行政部门对卫生单位的管理、计划和决策又要求掌握最接近事物目前状态的信息，因此，代码数据库的维护就成为一项经常性的工作。为了使维护工作有一套较为科学、方便易行的制度和规则，卫生部和国家中医药管理局于1991年10月颁发并从即日开始实施《全国卫生单位名称代码及数据库管理办法（暂行）》（以下简称“管理办法”）。

“管理办法”共有7章20条，规定了主管部门和负责人编制代码和变动代码的权限、责任和义务，规定了单位识别代码更改原则，根据实际管理工作需要，各级卫生行政管理部门变动卫生单位编码结构以及对数据库进行拓展的界限，这些具体规则有助于全国范围内卫生机构统计口径的一致性，保证机构变动信息反馈的及时性和常规调查与专题调查统计数据分析的准确性。

（兰宇曦）

**【第五届中国医药信息学大会】**

1991年9月20～23日，在大连市召开了第五届中国医药信息学大会。参加大会的多数是医院和医学科研部门的计算机专业人员和医务工作者，共530人。会议共报告论文160篇，演示软件34项，论文集已出版，共收入论文184篇。论文的内容主要涉及①医院信息系统（HIS）及数据库管理系统。②医学人工智能和专家系统，这些专家系统都不同程度地采用了人工智能技术，普遍采用了专家生成系统或生成工具，运用了知识获取、知识表达、智能推理机、动态知识库等技术，使专家系统达到了一个新的水平。③信号处理和图象处理技术与基础医学研究和医学临床实践密切结合，对医学形态学和机能学的研究都有很大促进作用。④医学统计与流行病学、情报检索与咨询系统、方法学研究与智能化仪器等十几篇论文。

大会期间成立了中国电子学会医药信息学会的护理信息学组和医药信息工程学组。在此期间中国医药信息学会召开了全体理事会，决定今后改为每三年召开一次中国医药信息学大会，第六届中国医药信息学大会CMIA'94，将于1994年四五月间召开，以利于组织会员向第八届世界医药信息学大会

MEDIFO'95 投稿。

（姜　新）

**【中外专家共同研讨计算机在卫生系统的应用】**

1991 年 6 月 10～22 日，卫生部卫生统计信息中心，邀请美国国家医学图书馆国际部主任、美国 JOHNS HOPKINS 大学教授谢国冀博士（Richard Hsieh Dr. P. H）来华讲学，国内有 14 个省、市，31 个单位，50 多名专家学者、管理人员参加。讲授的主要内容：①系统规划。规划的重要性和所作规划的过程。②信息。信息是资源，处理和运用信息是要花钱的；信息是这样一种资源，它可以被多次重复使用，而且没有"损耗"。③医院信息系统（HIS）发展的简史。由于微机性能的提高，微机网络的作用愈来愈大，有取代过时小型机系统的趋势。④医学情报检索。⑤MUMPS 语言（Massachuset ts General Hospital Utility Multi-Programming System）。它是美国四个标准语言之一，这种医学专用的计算机语言在世界各国得到广泛应用。⑥办公自动化（OA）。微机实现电子邮件的传送是非常有意义的。美国 BITNET（大学教育网）、CSNET（计算机科技网）覆盖面很广，中国应充分利用已有设备，早日实现这一新技术，促使中国医学信息网络的实现。

此后举办了三个专题讲座：①医院信息系统（HIS）。②图书情报检索系统。③卫生行政管理系统。有 100～300 人参加。

（李本增）

**【卫生部卫生统计信息中心引进新型计算机系统】**

1991 年卫生部卫生统计信息中心引进了美国 DEC 公司生产的 VAX6410 中型计算机系统，并于 12 月投入运行。该系统性能先进，可扩充余地大，主机运算速度相当于 7 台 VAX780。系统配备有内存 32M、2 台 1500M 磁盘驱动器、1 台 296M 盒式磁带机及局域网和远程网络通讯设施。所配备的应用软件有：数据分析软件 SAS 统计软件包；数据库软件 RDB 关系数据库管理系统；办公自动化管理软件 ALL-IN-1 等，此外还配有其它软件开发工具和高级程序设计语言。

该系统可用来承担大规模数据的统计分析和信息处理工作，为卫生部门各级领导决策提供及时、可靠的科学依据。该系统所配备的网络设施和办公管理软件将直接支持部机关办公自动化工作，以提高办公效率和管理质量。其远程数据通讯能力可有助于实现国内、国际间信息交换、加快信息交换速度和提高工作时效性。系统所配备的数据库管理系统可满足今后建立各种大型国家级卫生信息数据库的需求。

（王才有）

# 卫生统计

## 卫 生 基 本 情 况 统 计

### 1991年全国卫生机构、床位、人员数和构成

| | 实有数 | | | 构成(%) | | |
|---|---|---|---|---|---|---|
| | 机构(个) | 床位(张) | 人员(人) | 机构 | 床位 | 人员 |
| **总计** | **209 036** | **2 991 859** | **5 025 134** | **100.0** | **100.1** | **100.0** |
| 医院合计 | 63 101 | 2 688 600 | 3 585 398 | 30.2 | 89.9 | 71.3 |
| 县及县以上医院 | 13 638 | 1 900 679 | 2 602 717 | 21.6 | 70.7 | 72.6 |
| 乡卫生院 | 48 140 | 729 152 | 912 612 | 76.3 | 27.1 | 25.4 |
| 其他医院 | 1 323 | 58 769 | 70 069 | 2.1 | 2.2 | 2.0 |
| 疗养院、所 | 642 | 125 395 | 56 142 | 0.3 | 4.2 | 1.1 |
| 门诊部、所 | 128 665 | 91 876 | 600 777 | 61.6 | 3.1 | 12.0 |
| 专科防治所、站 | 1 818 | 31 732 | 57 351 | 0.9 | 1.1 | 1.1 |
| 卫生防疫站 | 3 652 | 1 172 | 185 037 | 1.7 | 0.0 | 3.7 |
| 妇幼保健所、站 | 2 854 | 14 873 | 69 022 | 1.4 | 0.5 | 1.4 |
| 药品检验所、站 | 1 927 | — | 21 600 | 0.9 | — | 0.4 |
| 其他卫生事业机构 | 5 349 | 29 475 | 94 852 | 2.6 | 1.0 | 1.9 |
| 医学科学研究机构 | 335 | 5 825 | 36 984 | 0.2 | 0.2 | 0.7 |
| 高等医药院、校 | … | 206 | 106 785 | … | 0.0 | 2.1 |
| 中等医药学校 | … | 2 549 | 61 999 | … | 0.1 | 1.2 |
| 个体开业人员 | — | 156 | 149 187 | — | 0.0 | 3.0 |

### 1991年全国卫生机构专业卫生人员数和构成

| | 人员数(人) | 各类人员构成(%) | | | 人员数(人) | 各类人员构成(%) | |
|---|---|---|---|---|---|---|---|
| | | 占总人员 | 占卫生技术人员 | | | 占总人员 | 占卫生技术人员 |
| **总　　计** | **5 025 134** | **100.0** | … | | | | |
| | | | | 护士 | 572 837 | 11.4 | 14.7 |
| 卫生技术人员合计 | 3 984 974 | 79.3 | 100.0 | 助产士 | 59 731 | 1.2 | 1.5 |
| 高级卫生技术人员 | 2 065 587 | 41.1 | 53.0 | 药剂士 | 165 514 | 3.3 | 4.2 |
| 内:中医师 | 240 818 | 4.8 | 6.2 | 检验士 | 72 764 | 1.4 | 1.9 |
| 西医师 | 1 065 223 | 21.2 | 27.3 | 初级卫生技术人员 | 518 372 | 10.3 | 13.0 |
| 中西医结合医师 | 4 892 | 0.1 | 0.1 | 合计中: | | | |
| 护师 | 439 106 | 8.7 | 11.3 | 医　　生 | 1 779 545 | 35.4 | 45.7 |
| 药师 | 163 541 | 3.3 | 4.2 | 内:医师 | 1 310 933 | 26.1 | 33.7 |
| 检验师 | 82 543 | 1.6 | 2.1 | 护师、士 | 1 011 943 | 20.1 | 26.0 |
| 中级卫生技术人员 | 1 401 015 | 27.9 | 36.0 | 其他技术人员 | 91 265 | 1.8 | — |
| 内:中医士 | 89 097 | 1.8 | 2.3 | 管理人员 | 408 819 | 8.1 | — |
| 西医士 | 346 795 | 6.9 | 8.9 | 工勤人员 | 540 076 | 10.7 | — |

注:医生包括中医师、西医师、中西医结合医师、中医士、西医士和其他中医,医师包括中医师、西医师和中西医结合高级医师。以下各表同。

## 1991年全国医院机构、床位、人员数

| | 机构数（个） | 床位数（张） | 人员数（人） | | 机构数（个） | 床位数（张） | 人员数（人） |
|---|---|---|---|---|---|---|---|
| **总　　计** | **63 101** | **2 688 600** | **3 585 398** | | | | |
| 县及县以上医院 | 13 638 | 1 900 679 | 2 602 717 | 麻风病院 | 49 | 11 332 | 2 502 |
| 综合医院 | 9 817 | 1 375 517 | 1 904 675 | 职业病院 | 49 | 6 754 | 7 097 |
| 中医医院 | 2 108 | 171 885 | 250 151 | 肿瘤医院 | 46 | 12 550 | 17 547 |
| 医学院校附属医院 | 194 | 102 604 | 182 004 | 康复医院 | 64 | 7 259 | 6 489 |
| 内：中医医院 | 36 | 14 261 | 25 072 | 口腔医院 | 52 | 1 647 | 6 790 |
| 口腔医院 | 10 | 678 | 3 244 | 眼耳鼻喉科医院 | 20 | 2 188 | 2 799 |
| 肿瘤医院 | 4 | 1 292 | 1 972 | 骨科医院 | 49 | 4 926 | 5 096 |
| 传染病院 | 138 | 27 269 | 29 622 | 中西医结合医院 | 27 | 6 985 | 9 412 |
| 精神病院 | 449 | 87 762 | 65 180 | 其他专科医院 | 99 | 11 541 | 12 867 |
| 结核病院 | 110 | 28 322 | 26 190 | 乡卫生院 | 48 140 | 729 152 | 912 612 |
| 妇幼保健院 | 333 | 33 325 | 57 124 | 其他医院 | 1 323 | 58 769 | 70 069 |
| 儿童医院 | 34 | 8 813 | 17 172 | 内：中医医院 | 51 | 2 054 | 2 151 |

## 全国卫生机构、床位数

| | 1949年 | 1957年 | 1965年 | 1975年 | 1980年 | 1985年 | 1990年 | 1991年 |
|---|---|---|---|---|---|---|---|---|
| **机构数总计（个）** | **3 670** | **122 954** | **224 266** | **151 733** | **180 553** | **200 866** | **208 734** | **209 036** |
| 内：医院 | 2 600 | 4 179 | 42 711 | 62 425 | 65 450 | 59 614 | 62 454 | 63 101 |
| 县及县以上医院 | 2 600 | 4 179 | 5 445 | 7 757 | 9 478 | 11 497 | 13 489 | 13 638 |
| 疗养院、所 | 30 | 835 | 887 | 297 | 470 | 640 | 650 | 642 |
| 门诊部、所 | 769 | 102 262 | 170 430 | 80 739 | 102 474 | 126 604 | 129 332 | 128 665 |
| 专科防治所、站 | 11 | 626 | 822 | 683 | 1 138 | 1 566 | 1 781 | 1 818 |
| 卫生防疫站 | … | 1 626 | 2 499 | 2 912 | 3 105 | 3 410 | 3 618 | 3 652 |
| 妇幼保健所、站 | 9 | 4 599 | 2 795 | 2 025 | 2 610 | 2 724 | 2 820 | 2 854 |
| 药品检验所、室 | 1 | 28 | 131 | 310 | 1 213 | 1 420 | 1 892 | 1 927 |
| 医学科研机构 | 3 | 38 | 94 | 141 | 282 | 323 | 337 | 5 349 |
| **床位数合计（万张）** | **8.46** | **46.18** | **103.33** | **176.43** | **218.44** | **248.71** | **292.54** | **299.19** |
| 内：医院 | 8.00 | 29.47 | 76.56 | 159.82 | 198.22 | 222.92 | 262.41 | 268.86 |
| 县及县以上医院 | 8.00 | 29.47 | 62.12 | 94.85 | 119.24 | 148.71 | 184.71 | 190.07 |
| 疗养院、所 | 0.39 | 6.89 | 9.84 | 3.72 | 6.79 | 10.62 | 12.30 | 12.54 |

## 全国卫生机构专业卫生人员数(万人)

| | 1949年 | 1957年 | 1965年 | 1975年 | 1980年 | 1985年 | 1990年 | 1991年 |
|---|---|---|---|---|---|---|---|---|
| **卫生人员总计** | **54.12** | **125.44** | **187.23** | **259.35** | **353.47** | **431.30** | **490.62** | **502.51** |
| 其中: | | | | | | | | |
| 卫生技术人员合计 | 50.50 | 103.92 | 153.16 | 205.71 | 279.82 | 341.09 | 389.79 | 398.50 |
| 中医人员 | 27.60 | 33.70 | 32.14 | 22.86 | 26.22 | 33.62 | 36.85 | 36.26 |
| 中药人员 | … | 5.35 | 7.18 | 8.62 | 10.70 | 15.12 | 16.97 | 16.94 |
| 高级卫生技术人员 | 3.89 | 7.89 | 20.34 | 31.85 | 50.20 | 75.02 | 174.75 | 176.57 |
| 内:西医师 | 3.80 | 7.36 | 18.87 | 29.30 | 44.73 | 60.22 | 105.85 | 106.52 |
| 护师 | … | … | … | … | 1.65 | 6.83 | 43.15 | 43.91 |
| 西药师 | 0.05 | 0.24 | 0.83 | 1.28 | 2.52 | 3.30 | 10.38 | 10.45 |
| 中级卫生技术人员 | 10.33 | 34.16 | 61.99 | 93.84 | 117.44 | 133.95 | 115.30 | 120.62 |
| 内:西医士 | 4.94 | 13.57 | 25.27 | 35.61 | 44.38 | 47.28 | 33.12 | 34.68 |
| 护士 | 3.28 | 12.82 | 23.45 | 37.95 | 44.93 | 56.87 | 54.30 | 57.28 |
| 助产士 | 1.39 | 3.58 | 4.56 | 6.49 | 7.08 | 7.55 | 5.84 | 5.97 |
| 西药剂士 | 0.29 | 1.84 | 3.72 | 5.72 | 8.39 | 8.97 | 9.05 | 9.25 |
| 初级卫生技术人员 | 8.69 | 22.82 | 31.50 | 48.54 | 75.26 | 83.38 | 45.93 | 48.11 |
| 卫生技术人员中:医生 | 36.34 | 54.63 | 76.28 | 87.77 | 115.32 | 141.33 | 176.31 | 177.95 |

注:1.高、中、初级卫生技术人员数内均不再包括中医和中药人员;2.1965年以后中医人数减少,主要是部分中医改为不脱产的赤脚医生,不再计入卫生技术人员中。

## 全国市、县医院床位数及专业卫生技术人员数

| | 1949年 | 1957年 | 1965年 | 1975年 | 1980年 | 1985年 | 1990年 | 1991年 |
|---|---|---|---|---|---|---|---|---|
| 医院床位(万张) | 8.00 | 29.47 | 76.56 | 159.82 | 198.22 | 222.92 | 262.41 | 268.86 |
| 市 | 5.99 | 22.06 | 45.77 | 63.74 | 76.78 | 96.21 | 138.67 | 144.86 |
| 县 | 2.01 | 7.41 | 30.79 | 96.08 | 121.44 | 126.71 | 123.73 | 124.00 |
| 卫生技术人员(万人) | 50.50 | 103.92 | 153.16 | 205.71 | 279.82 | 341.09 | 389.79 | 398.50 |
| 市 | 17.68 | 38.19 | 65.15 | 95.73 | 131.35 | 167.73 | 218.53 | 226.36 |
| 县 | 32.83 | 65.73 | 88.01 | 109.98 | 148.47 | 173.36 | 171.26 | 172.14 |
| 医生(万人) | 36.34 | 54.63 | 76.28 | 87.77 | 115.32 | 141.33 | 176.31 | 177.95 |
| 市 | 6.60 | 13.81 | 26.88 | 36.74 | 52.68 | 70.93 | 97.76 | 100.29 |
| 县 | 29.74 | 40.82 | 49.40 | 51.03 | 62.64 | 70.40 | 78.55 | 77.66 |
| 护师.士(万人) | 3.28 | 12.82 | 23.45 | 37.95 | 46.58 | 63.70 | 97.45 | 101.19 |
| 市 | 2.36 | 10.01 | 17.56 | 24.00 | 29.96 | 39.21 | 63.40 | 66.57 |
| 县 | 0.92 | 2.80 | 5.89 | 13.95 | 16.62 | 24.49 | 34.05 | 34.62 |

补充资料:1991年医师131.09万人,其中:市81.96万人,县49.13万人。

## 全国平均每千人口医院床位数及专业卫生技术人员数

| | 1949年 | 1957年 | 1965年 | 1975年 | 1980年 | 1985年 | 1990年 | 1991年 |
|---|---|---|---|---|---|---|---|---|
| 医院床位(张) | 0.15 | 0.46 | 1.06 | 1.74 | 2.02 | 2.14 | 2.32 | 2.35 |
| 市 | 0.63 | 2.08 | 3.78 | 4.61 | 4.70 | 4.54 | 4.18 | 4.21 |
| 县 | 0.05 | 0.14 | 0.51 | 1.23 | 1.48 | 1.53 | 1.55 | 1.55 |
| 卫生技术人员(人) | 0.93 | 1.61 | 2.11 | 2.24 | 2.85 | 3.28 | 3.45 | 3.49 |
| 市 | 1.87 | 3.60 | 5.37 | 6.92 | 8.03 | 7.92 | 6.59 | 6.58 |
| 县 | 0.73 | 1.22 | 1.46 | 1.41 | 1.81 | 2.09 | 2.15 | 2.16 |
| 医生(人) | 0.67 | 0.84 | 1.05 | 0.95 | 1.17 | 1.36 | 1.56 | 1.56 |
| 市 | 0.70 | 1.30 | 2.22 | 2.66 | 3.22 | 3.35 | 2.95 | 2.92 |
| 县 | 0.66 | 0.76 | 0.82 | 0.65 | 0.76 | 0.85 | 0.98 | 0.97 |
| 护师、士(人) | 0.06 | 0.20 | 0.32 | 0.41 | 0.47 | 0.61 | 0.86 | 0.89 |
| 市 | 0.25 | 0.94 | 1.45 | 1.74 | 1.83 | 1.85 | 1.91 | 1.94 |
| 县 | 0.02 | 0.05 | 0.10 | 0.18 | 0.20 | 0.30 | 0.43 | 0.43 |

补充资料:1991年平均每千人口医师1.15人,其中:市2.38人,县0.62人。

## 全国卫生技术人员中获得中级及以上技术职称人数

| | 1985 | 1986 | 1987 | 1988 | 1989 | 1990 | 1991 |
|---|---|---|---|---|---|---|---|
| **总计** | **161 110** | **169 011** | **207 603** | **564 975** | **696 091** | **729 070** | **717 586** |
| 主任医.药.护.技师合计 | 4 159 | 4 586 | 7 323 | 12 186 | 12 692 | 11 792 | 11 378 |
| 主任医师 | … | … | 6 678 | 11 123 | 11 711 | 10 879 | 10 535 |
| 主任护师 | … | … | 120 | 114 | 166 | 116 | 81 |
| 主任药师 | … | … | 317 | 572 | 507 | 467 | 433 |
| 主任技师 | … | … | 208 | 377 | 308 | 330 | 329 |
| 副主任医.药.护.技师合计 | 14 898 | 16 873 | 25 288 | 75 863 | 88 955 | 91 778 | 89 547 |
| 副主任医师 | … | … | 22 231 | 67 387 | 79 491 | 82 339 | 80 628 |
| 副主任护师 | … | … | 420 | 1 556 | 1 870 | 1 640 | 1 491 |
| 副主任药师 | … | … | 1 416 | 3 713 | 4 153 | 4 174 | 3 928 |
| 副主任技师 | … | … | 1 221 | 3 207 | 3 441 | 3 625 | 3 500 |
| 主治医.药.护.技师合计 | 142 053 | 147 552 | 174 992 | 476 926 | 594 444 | 625 500 | 616 661 |
| 主治(主管)医师 | … | … | 143 302 | 351 133 | 436 579 | 459 030 | 455 130 |
| 主管护师 | … | … | 13 235 | 67 518 | 86 793 | 91 664 | 87 025 |
| 主管药师 | … | … | 8 554 | 28 899 | 37 202 | 39 689 | 39 757 |
| 主管技师 | … | … | 9 901 | 29 376 | 33 870 | 35 117 | 34 749 |

## 全国按床位数分组的县及县以上医院数

| | 合计 | | | 综合医院 | | | 中医院 | | |
|---|---|---|---|---|---|---|---|---|---|
| | 1980年 | 1985年 | 1990年 | 1980年 | 1985年 | 1990年 | 1980年 | 1985年 | 1990年 |
| **总　计** | **9 478** | **11 497** | **13 489** | **7 859** | **8 748** | **9 760** | **647** | **1 414** | **2 037** |
| 1-50张 | 3 000 | 3 943 | 4 585 | 2 500 | 2 903 | 3 258 | 307 | 752 | 927 |
| 51-100张 | 2 371 | 2 664 | 3 202 | 2 001 | 2 032 | 2 184 | 190 | 355 | 644 |
| 101-150张 | 1 520 | 1 668 | 1 802 | 1 298 | 1 306 | 1 347 | 77 | 168 | 237 |
| 151-200张 | 977 | 1 047 | 1 070 | 827 | 842 | 816 | 34 | 69 | 105 |
| 201-300张 | 901 | 1 131 | 1 250 | 733 | 908 | 985 | 31 | 56 | 85 |
| 301-400张 | 389 | 535 | 751 | 310 | 422 | 596 | 3 | 13 | 28 |
| 401-500张 | 160 | 259 | 388 | 123 | 199 | 291 | 1 | 1 | 9 |
| 500张以上 | 155 | 250 | 441 | 67 | 136 | 283 | 1 | — | 2 |

注:1980年县及县以上医院数包括5个无床医院,县及县以上中医院数包括3个无床中医院。

## 全国县及县以上医院分科床位数

| | 实有数(张) | | | | 构成(%) | | | |
|---|---|---|---|---|---|---|---|---|
| | 1963年 | 1978年 | 1985年 | 1990年 | 1963年 | 1978年 | 1985年 | 1990年 |
| **总　计** | **544 307** | **1 092 914** | **1 487 148** | **1 847 072** | **100.0** | **100.0** | **100.0** | **100.0** |
| 内　科 | 153 089 | 314 781 | 421 865 | 501 985 | 28.1 | 28.8 | 28.4 | 27.2 |
| 外　科 | 121 000 | 252 230 | 321 875 | 392 288 | 22.2 | 23.1 | 21.6 | 21.2 |
| 妇产科 | 59 204 | 91 310 | 142 934 | 174 230 | 10.9 | 8.4 | 9.6 | 9.4 |
| 儿　科 | 42 394 | 71 485 | 97 730 | 118 673 | 7.8 | 6.5 | 6.6 | 6.4 |
| 眼　科 | }14 365 | 13 360 | 21 220 | 29 633 | }2.6 | 1.2 | 1.4 | 1.6 |
| 耳鼻喉科 | | 14 047 | 20 941 | 26 119 | | 1.3 | 1.4 | 1.4 |
| 皮肤科 | 9 846 | 8 197 | 9 964 | 10 043 | 1.8 | 0.8 | 0.7 | 0.5 |
| 传染科 | 25 822 | 91 281 | 112 765 | 121 790 | 4.7 | 8.4 | 7.6 | 6.6 |
| 精神病科 | 18 776 | 45 269 | 71 984 | 93 471 | 3.5 | 4.1 | 4.9 | 5.1 |
| 结核科 | 29 169 | 35 056 | 34 907 | 36 211 | 5.4 | 3.2 | 2.3 | 2.0 |
| 口腔科 | 1 389 | 3 495 | 6 093 | 9 538 | 0.3 | 0.3 | 0.4 | 0.5 |
| 中医科 | 15 697 | 46 200 | 129 453 | 210 698 | 2.9 | 4.2 | 8.7 | 11.4 |
| 职业病科 | … | 10 234 | 8 946 | 10 781 | … | 0.9 | 0.6 | 0.6 |
| 肿瘤科 | … | 9 044 | 13 447 | 25 309 | … | 0.8 | 0.9 | 1.4 |
| 其　他 | 53 556 | 86 925 | 72 994 | 86 303 | 9.8 | 8.0 | 4.9 | 4.7 |

注:1963年系按正规床位数分科,不包括简易床。

## 全国分科西医师人数

| | 实有数（人） | | | | | 构成（%） | | | | |
|---|---|---|---|---|---|---|---|---|---|---|
| | 1952年 | 1963年 | 1978年 | 1985年 | 1990年 | 1952年 | 1963年 | 1978年 | 1985年 | 1990年 |
| **总计** | **51 736** | **142 640** | **358 520** | **602 237** | **1 058 460** | **100.0** | **100.0** | **100.0** | **100.0** | **100.0** |
| 公共卫生 | 532 | 6 428 | 10 855 | 23 909 | 63 236 | 1.0 | 4.5 | 3.0 | 4.0 | 6.0 |
| 内科 | 17 703 | 51 112 | 146 664 | 223 917 | 387 730 | 34.2 | 35.8 | 40.9 | 37.2 | 36.6 |
| 外科 | 5 129 | 20 489 | 56 093 | 89 467 | 154 715 | 9.9 | 14.4 | 15.7 | 14.8 | 14.6 |
| 妇产科 | 1 740 | 9 218 | 22 295 | 44 680 | 92 359 | 3.4 | 6.5 | 6.2 | 7.4 | 8.7 |
| 儿科 | 1 420 | 10 281 | 19 433 | 36 162 | 56 661 | 2.7 | 7.2 | 5.4 | 6.0 | 5.4 |
| 眼科 | }1 342 | 2 650 | 6 028 | 12 160 | 20 262 | }2.6 | 1.8 | 1.7 | 2.0 | 1.9 |
| 耳鼻喉科 | | 2 321 | 5 870 | 10 553 | 17 619 | | 1.6 | 1.6 | 1.8 | 1.7 |
| 皮肤科 | 170 | 1 085 | 2 294 | 5 435 | 10 752 | 0.3 | 0.8 | 0.6 | 0.9 | 1.0 |
| 传染科 | … | 2 041 | 6 112 | 14 447 | 22 954 | … | 1.4 | 1.7 | 2.4 | 2.2 |
| 精神病科 | 100 | 1 404 | 3 128 | 6 683 | 11 570 | 0.2 | 1.0 | 0.9 | 1.1 | 1.1 |
| 结核科 | 243 | 3 387 | 3 880 | 7 156 | 10 002 | 0.5 | 2.4 | 1.1 | 1.2 | 0.9 |
| 口腔科 | 656 | 3 106 | 5 741 | 11 044 | 23 725 | 1.3 | 2.2 | 1.6 | 1.8 | 2.2 |
| 放射科 | … | 2 640 | 6 978 | 14 411 | 32 397 | … | 1.8 | 2.0 | 2.4 | 3.1 |
| 理疗科 | … | 424 | 1 150 | 3 533 | 8 093 | … | 0.3 | 0.3 | 0.6 | 0.8 |
| 同位素科 | … | … | 610 | 1 326 | 1 855 | … | … | 0.2 | 0.2 | 0.2 |
| 职业病科 | … | … | 1 598 | 2 880 | 5 387 | … | … | 0.4 | 0.5 | 0.5 |
| 肿瘤科 | … | … | 2 159 | 3 678 | 6 950 | … | … | 0.6 | 0.6 | 0.7 |
| 其他 | 22 701 | 26 054 | 57 632 | 90 796 | 132 193 | 43.9 | 18.3 | 16.1 | 15.1 | 12.5 |

## 全国县医院机构、床位、人员数

| | 单位 | 1947年 | 1957年 | 1965年 | 1975年 | 1978年 | 1980年 | 1985年 | 1990年 | 1991年 |
|---|---|---|---|---|---|---|---|---|---|---|
| **实有数** | | | | | | | | | | |
| 机构数 | 个 | 1 437 | 2 193 | 2 276 | 2 324 | 2 363 | 2 377 | 2 276 | 2 240 | 2 199 |
| 床位数 | 张 | 11 224 | 69 545 | 175 409 | 262 598 | 298 326 | 326 335 | 364 133 | 388 958 | 391 078 |
| 人员数 | 人 | 13 202 | 86 123 | 169 281 | 238 834 | 288 714 | 359 350 | 436 949 | 477 849 | 484 839 |
| 其中：卫技人员 | 人 | 11 000 | 61 348 | 131 033 | 179 654 | 221 778 | 277 428 | 341 278 | 376 433 | 381 022 |
| 内：医生 | 人 | 2 525 | 20 305 | 52 033 | 66 762 | 85 242 | 97 750 | 119 503 | 137 381 | 137 997 |
| 护师、士 | 人 | 3 192 | 13 415 | 37 246 | 50 169 | 55 815 | 71 111 | 101 461 | 139 452 | 140 716 |
| **平均每院** | | | | | | | | | | |
| 床位数 | 张 | 7.8 | 31.7 | 77.1 | 113.0 | 126.2 | 137.3 | 160.0 | 173.6 | 177.8 |
| 人员数 | 人 | 9.2 | 39.3 | 74.4 | 102.8 | 122.2 | 151.2 | 192.0 | 213.3 | 220.5 |
| 其中：卫技人员 | 人 | 7.7 | 28.0 | 57.6 | 77.3 | 93.9 | 116.7 | 149.9 | 168.1 | 173.3 |
| 内：医生 | 人 | 1.8 | 9.3 | 22.9 | 28.7 | 36.1 | 41.1 | 52.5 | 61.3 | 62.8 |
| 护师、士 | 人 | 2.2 | 6.1 | 16.4 | 21.6 | 23.6 | 29.9 | 44.6 | 62.3 | 64.0 |

## 全国农村乡卫生院机构、床位、人员数

| | 单位 | 1965 年 | 1975 年 | 1980 年 | 1985 年 | 1990 年 | 1991 年 |
|---|---|---|---|---|---|---|---|
| **实有数** | | | | | | | |
| 机构数 | 个 | 36 965 | 54 026 | 55 413 | 47 387 | 47 749 | 48 140 |
| 床位数 | 张 | 132 487 | 620 281 | 775 413 | 720 619 | 722 877 | 729 152 |
| 人员数 | 人 | 245 361 | 860 773 | 1 037 543 | 905 871 | 889 219 | 912 612 |
| 其中:卫生技术人员 | 人 | 214 427 | 749 912 | 900 400 | 784 070 | 776 925 | 798 021 |
| 内:医生 | 人 | 109 555 | 371 198 | 390 455 | 313 517 | 358 770 | 362 302 |
| 护师、士 | 人 | 13 096 | 69 698 | 66 237 | 74 731 | 115 884 | 122 127 |
| **平均每院** | | | | | | | |
| 床位数 | 张 | 3.6 | 11.5 | 14.0 | 15.2 | 15.1 | 15.1 |
| 人员数 | 人 | 6.6 | 15.9 | 18.7 | 19.1 | 18.6 | 19.0 |
| 其中:卫生技术人员 | 人 | 5.8 | 13.9 | 16.2 | 16.5 | 16.3 | 16.6 |
| 内:医生 | 人 | 3.0 | 6.9 | 7.0 | 6.6 | 7.5 | 7.5 |
| 护师、士 | 人 | 0.4 | 1.3 | 1.2 | 1.6 | 2.4 | 2.5 |

## 全国按床位数分组的乡卫生院数

| | 中心卫生院 | | | 乡卫生院 | | |
|---|---|---|---|---|---|---|
| | 1980 年 | 1985 年 | 1990 年 | 1980 年 | 1985 年 | 1990 年 |
| **总　计** | **11 267** | **10 970** | **10 054** | **44 146** | **36 417** | **37 695** |
| 1～5 张 | 456 | 741 | 529 | 11 471 | 13 780 | 14 084 |
| 6～10 张 | 927 | 990 | 1 049 | 9 573 | 9 826 | 10 655 |
| 11～30 张 | 5 638 | 5 536 | 5 093 | 12 021 | 10 952 | 10 884 |
| 31～50 张 | 2 625 | 2 636 | 2 374 | 1 729 | 1 491 | 1 582 |
| 51～100 张 | 973 | 978 | 921 | 546 | 341 | 443 |
| 100 张以上 | … | 89 | 88 | … | 27 | 47 |

注:1980 年中心卫生院数包括 648 个无床的中心卫生院,乡卫生院数包括 8806 个无床的乡卫生院。

## 全国中医机构、床位、人员数

| | 单位 | 1952年 | 1957年 | 1963年 | 1975年 | 1980年 | 1985年 | 1990年 | 1991年 |
|---|---|---|---|---|---|---|---|---|---|
| 中医人数 | 人 | 306 000 | 337 022 | 339 291 | 228 635 | 262 185 | 336 224 | 368 462 | 362 635 |
| 中医院数 | 个 | 19 | 257 | 124 | 160 | 678 | 1 455 | 2 115 | 2 195 |
| 内:县及县以上中医院 | 个 | 19 | 257 | 124 | 160 | 647 | 1 414 | 2 037 | 2 108 |
| 中医院床位数 | 张 | 224 | 5 684 | 9 254 | 13 675 | 49 977 | 102 393 | 175 655 | 188 200 |
| 内:县及县以上中医院 | 张 | 224 | 5 684 | 9 254 | 13 675 | 49 151 | 101 418 | 160 899 | 171 885 |
| 中医药研究院、所 | 个 | — | 16 | 33 | 29 | 47 | 54 | 55 | 57 |

补充资料:1991年中医人员中:民族医总人数5 584人(蒙医3325人,藏医1787人,维医439人,傣医33人)。

## 全国分科的中医师和中医院床位数

| | 中医师数(人) | | 中医院床位数(张) | |
|---|---|---|---|---|
| | 1985年 | 1990年 | 1985年 | 1990年 |
| **总　计** | **119 965** | **239 602** | **101 418** | **160 899** |
| 内　　科 | 75 914 | 150 140 | 49 911 | 75 534 |
| 外　　科 | 5 313 | 13 219 | 10 865 | 22 706 |
| 妇 产 科 | 3 813 | 8 025 | 4 319 | 8 262 |
| 儿　　科 | 3 110 | 6 374 | 2 991 | 5 283 |
| 针 灸 科 | 4 956 | 11 438 | 1 867 | 4 197 |
| 肛 肠 科 | 1 144 | 3 318 | 5 960 | 7 897 |
| 骨 伤 科 | 3 656 | 9 580 | 11 159 | 20 349 |
| 耳鼻喉科 | 470 | 965 | 473 | 688 |
| 眼　　科 | 786 | 1 526 | 1 125 | 1 859 |
| 皮肤疮疡科 | 575 | 1 591 | 626 | 961 |
| 按摩推拿科 | 1 163 | 4 459 | 1 536 | 2 367 |
| 其　　他 | 19 065 | 28 967 | 10 586 | 10 796 |

## 全国卫生防疫、防治机构、人员数

| | 单位 | 1952年 | 1957年 | 1965年 | 1975年 | 1980年 | 1985年 | 1990年 | 1991年 |
|---|---|---|---|---|---|---|---|---|---|
| **机构数合计** | **个** | **481** | **2 505** | **3 388** | **3 625** | **4 276** | **5 013** | **5 449** | **5 527** |
| 卫生防疫站 | 个 | 147 | 1 626 | 2 499 | 2 912 | 3 105 | 3 410 | 3 618 | 3 652 |
| 专科防治所、站 | 个 | 188 | 626 | 822 | 683 | 1 138 | 1 566 | 1 781 | 1 818 |
| 国境卫生检疫所 | 个 | 20 | 21 | 26 | 30 | 33 | 37 | 50 | 57 |
| 防疫队 | 个 | 126 | 232 | 41 | — | — | — | — | — |
| **人员数合计** | **人** | **20 504** | **57 436** | **77 179** | **93 025** | **138 575** | **193 588** | **237 769** | **245 176** |
| 其中:卫生技术人员 | 人 | 15 750 | 45 806 | 63 879 | 71 746 | 106 903 | 150 832 | 187 835 | 193 127 |
| 内:医生 | 人 | 2 155 | 18 424 | 42 502 | 41 237 | 62 593 | 85 025 | 118 830 | 120 745 |
| 护师、士 | 人 | 1 030 | 4 338 | 3 337 | 5 049 | 6 007 | 8 307 | 11 721 | 12 212 |
| **平均每所、站人员** | **人** | **42.6** | **25.3** | **22.4** | **25.7** | **32.4** | **38.6** | **43.6** | **44.4** |
| 其中:卫生技术人员 | 人 | 32.7 | 20.2 | 18.5 | 19.8 | 25.0 | 30.1 | 34.5 | 34.9 |
| 内:医生 | 人 | 4.5 | 8.1 | 12.3 | 11.4 | 14.6 | 17.0 | 21.8 | 21.8 |
| 护师、士 | 人 | 2.1 | 1.9 | 1.0 | 1.4 | 1.4 | 1.7 | 2.2 | 2.2 |

补充资料:1991年有麻风村480个,人员总数3 407人,其中卫生技术人员2 202人;
注:1952年仅有5个县卫生防疫站,故平均每所、站人员数较高。

## 全国妇幼卫生机构、床位、人员数

| | 单位 | 1949年 | 1957年 | 1965年 | 1975年 | 1980年 | 1985年 | 1990年 | 1991年 |
|---|---|---|---|---|---|---|---|---|---|
| 妇幼保健院数 | 个 | 80 | 96 | 115 | 103 | 135 | 272 | 328 | 333 |
| 床位数 | 张 | 1 762 | 6 794 | 9 233 | 8 307 | 11 013 | 24 443 | 32 304 | 33 325 |
| 儿童医院数 | 个 | 5 | 16 | 28 | 23 | 24 | 26 | 33 | 34 |
| 床位数 | 张 | 139 | 2 295 | 4 527 | 4 546 | 5 407 | 6 209 | 7 866 | 8 813 |
| 妇幼保健所、站 | 个 | 9 | 4 599 | 2 795 | 2 025 | 2 610 | 2 724 | 2 820 | 2 854 |
| 妇产科西医师 | 人 | … | 4 194 | 9 218 | … | … | 44 680 | 92 359 | … |
| 儿科西医师 | 人 | … | 4 539 | 10 281 | … | … | 36 162 | 56 661 | … |
| 助产士 | 人 | 13 900 | 35 774 | 45 639 | 64 875 | 70 843 | 75 517 | 58 397 | 59 731 |
| 农村接生员 | 人 | … | 657 335 | 685 740 | 615 184 | 634 858 | 513 977 | 470 982 | 462 436 |

注:1965年妇产科、儿科西医师系1963年数字。

## 全国医学科学研究机构、人员数

| | 单位 | 1947年 | 1957年 | 1963年 | 1975年 | 1980年 | 1985年 | 1990年 | 1991年 |
|---|---|---|---|---|---|---|---|---|---|
| **实有数** | | | | | | | | | |
| 机构数 | 个 | 4 | 38 | 120 | 141 | 282 | 323 | 337 | 335 |
| 总人员 | 人 | 300 | 4 512 | 8 250 | 12 389 | 25 107 | 33 434 | 38 717 | 36 984 |
| 内:科技人员 | 人 | … | 4 299 | 5 770 | 8 140 | 17 596 | 23 392 | 28 606 | 27 503 |
| 卫生技术人员 | 人 | … | … | … | 6 033 | 13 971 | 19 628 | 23 308 | 22 317 |
| 其他技术人员 | 人 | … | … | … | 2 107 | 3 625 | 3 764 | 5 298 | 5 186 |
| **平均每院、所人员** | **人** | **75.0** | **118.7** | **68.8** | **87.8** | **89.0** | **103.5** | **114.9** | **110.4** |
| 内:科技人员 | 人 | … | 113.1 | 48.1 | 57.7 | 62.4 | 72.4 | 84.9 | 82.1 |
| 卫生技术人员 | 人 | … | … | … | 42.8 | 49.5 | 60.8 | 69.2 | 66.6 |
| 其他技术人员 | 人 | … | … | … | 14.9 | 12.9 | 11.7 | 15.7 | 15.5 |

注:1947年4个科学研究机构系指设在南京的中央卫生实验院和设在北京、沈阳、兰州3个中央卫生实验分院。

## 全国民族自治地方卫生机构、床位、人员数

| | 单位 | 1949年 | 1957年 | 1965年 | 1975年 | 1980年 | 1985年 | 1990年 | 1991年 |
|---|---|---|---|---|---|---|---|---|---|
| 机构总计 | 个 | 361 | 13 819 | 25 306 | 21 575 | 26 073 | 30 432 | 31 973 | 32 142 |
| 内:医院 | 个 | 230 | 603 | 6 275 | 9 749 | 10 433 | 10 061 | 10 574 | 10 680 |
| 疗养院、所 | 个 | 2 | 17 | 43 | 25 | 34 | 47 | 48 | 48 |
| 医院、疗养院(所)床位数合计 | 张 | 3 310 | 22 050 | 93 229 | 194 158 | 245 997 | 294 945 | 338 217 | 344 582 |
| 卫生技术人员 | 人 | 3 531 | 65 649 | 156 889 | 232 218 | 324 300 | 423 733 | 488 661 | 500 254 |

补充资料:1991年民族自治地方卫生技术人员中,其中少数民族卫生技术人员为145 406人。

## 全国卫生部门卫生机构、床位、人员数

| | 1949年 | 1957年 | 1965年 | 1975年 | 1980年 | 1985年 | 1990年 | 1991年 |
|---|---|---|---|---|---|---|---|---|
| **机构总数（个）** | **2 461** | **26 408** | **22 323** | **29 854** | **34 887** | **37 955** | **40 479** | **41 456** |
| 内：医院合计 | 1 650 | 3 259 | 13 768 | 22 051 | 23 228 | 22 904 | 24 045 | 24 718 |
| 县及县以上医院 | 1 650 | 3 259 | 3 697 | 4 143 | 4 635 | 5 639 | 6 947 | 7 085 |
| 乡卫生院 | — | — | 10 071 | 17 843 | 18 492 | 17 157 | 16 955 | 17 469 |
| 疗养院、所 | 20 | 143 | 184 | 83 | 77 | 84 | 78 | 75 |
| 门诊部、所 | 693 | 15 797 | 1 507 | 419 | 461 | 2 291 | 2 892 | 3 022 |
| 专科防治所、站 | 11 | 614 | 775 | 622 | 1 036 | 1 437 | 1 638 | 1·673 |
| 卫生防疫站 | — | 1 563 | 2 375 | 2 774 | 2 931 | 3 079 | 3 143 | 3 158 |
| 妇幼保健所、站 | 9 | 3 617 | 2 471 | 1 981 | 2 554 | 2 648 | 2 697 | 2 716 |
| 药品检验所、室 | 1 | 28 | 131 | 310 | 1 212 | 1 418 | 1 889 | 1 924 |
| 医学科研机构 | 3 | 34 | 89 | 135 | 268 | 299 | 309 | 308 |
| **床位总数（张）** | **44 591** | **306 217** | **579 724** | **1 016 035** | **1 227 633** | **1 416 842** | **1 698 265** | **1 752 181** |
| 内：医院 | 41 000 | 239 644 | 536 246 | 966 720 | 1 173 756 | 1 353 682 | 1 624 082 | 1 676 074 |
| **人员总数（人）** | **66 270** | **490 401** | **754 886** | **1 250 066** | **1 804 815** | **2 242 982** | **2 692 751** | **2 795 035** |
| 其中：卫生技术人员 | 44 389 | 353 538 | 562 201 | 933 752 | 1 353 885 | 1 685 280 | 2 057 389 | 2 136 800 |
| 内：医生 | 12 692 | 115 951 | 240 598 | 392 605 | 565 146 | 691 040 | 878 014 | 902 826 |
| 护师、士 | 13 022 | 76 971 | 145 538 | 216 138 | 281 917 | 399 367 | 606 525 | 632 272 |

## 1991年全国卫生部门按隶属关系分县及县以上医院机构、床位、人员数

| | 机构数（个） | 床位数（张） | 人员数（人） | | 机构数（个） | 床位数（张） | 人员数（人） |
|---|---|---|---|---|---|---|---|
| **总　计** | **7 085** | **1 299 956** | **1 774 230** | **中医医院合计** | **1 937** | **159 027** | **232 214** |
| 卫生部属 | 47 | 28 168 | 57 998 | 卫生部属 | 2 | 1 027 | 1 997 |
| 省、自治区、直辖市属 | 316 | 150 677 | 244 829 | 省、自治区、直辖市属 | 18 | 4 825 | 8 188 |
| 直辖市区、省辖市（地区）属 | 1 629 | 444 659 | 607 445 | 直辖市区、省辖市（地区）属 | 266 | 42 888 | 64 519 |
| 省辖市区、地辖市属 | 1 237 | 181 816 | 242 755 | 省辖市区、地辖市属 | 306 | 29 785 | 43 152 |
| 县属 | 3 856 | 494 636 | 621 203 | 县属 | 1 345 | 80 502 | 114 358 |
| **综合医院合计** | **3 781** | **836 360** | **1 136 281** | **其他各类医院合计** | **1 367** | **304 569** | **405 735** |
| 卫生部属 | 5 | 2 935 | 7 700 | 卫生部属 | 40 | 24 206 | 48 301 |
| 省、自治区、直辖市属 | 62 | 35 418 | 66 561 | 省、自治区、直辖市属 | 236 | 110 434 | 170 080 |
| 直辖市区、省辖市（地区）属 | 706 | 266 650 | 389 889 | 直辖市区、省辖市（地区）属 | 657 | 135 121 | 153 037 |
| 省辖市区、地辖市属 | 755 | 136 385 | 182 440 | 省辖市区、地辖市属 | 176 | 15 646 | 17 163 |
| 县属 | 2 253 | 394 972 | 489 691 | 县属 | 258 | 19 162 | 17 154 |

## 全国卫生部门县及县以上医院床位与人员、医护之比

| | 1952 年 | 1957 年 | 1965 年 | 1975 年 | 1978 年 | 1980 年 | 1985 年 | 1990 年 | 1991 年 |
|---|---|---|---|---|---|---|---|---|---|
| **每张床位与总人员之比** | | | | | | | | | |
| 县以上综合医院 | 1.06 | 1.28 | 1.23 | 1.28 | 1.38 | 1.50 | 1.54 | 1.46 | 1.46 |
| 县医院 | 1.22 | 1.24 | 0.97 | 0.91 | 0.97 | 1.10 | 1.20 | 1.23 | 1.24 |
| 医学院校附属医院 | 1.19 | 1.34 | 1.25 | 1.41 | 1.58 | 1.68 | 1.77 | 1.80 | 1.78 |
| **每名医生与护理人员之比** | | | | | | | | | |
| 县以上综合医院 | 2.28 | 1.84 | 1.35 | 1.28 | 1.10 | 1.17 | 1.12 | 1.12 | 1.13 |
| 县医院 | 1.45 | 1.19 | 0.98 | 0.99 | 0.87 | 1.07 | 1.15 | 1.11 | 1.12 |
| 医学院校附属医院 | 2.26 | 1.92 | 1.43 | 1.45 | 1.23 | 1.25 | 1.18 | 1.12 | 1.13 |
| **每名护理员与护师、士之比** | | | | | | | | | |
| 县以上综合医院 | 2.10 | 2.33 | 5.72 | 3.69 | 3.70 | 3.66 | 4.88 | 20.65 | 20.38 |
| 县医院 | 0.92 | 1.25 | 2.75 | 3.12 | 2.99 | 2.10 | 2.91 | 10.42 | 9.99 |
| 医学院校附属医院 | 2.88 | 3.24 | 9.18 | 8.81 | 9.53 | 8.06 | 9.97 | 44.43 | 48.17 |

## 全国工业及其他部门卫生机构、床位、人员数

| | 单位 | 1949 年 | 1957 年 | 1965 年 | 1975 年 | 1980 年 | 1985 年 | 1990 年 | 1991 年 |
|---|---|---|---|---|---|---|---|---|---|
| **机构数** | 个 | **404** | **19 725** | **44 561** | **74 161** | **105 498** | **118 187** | **123 388** | **123 357** |
| 内：医院 | 个 | 150 | 500 | 1 748 | 3 614 | 4 502 | 5 401 | 6 430 | 6 548 |
| 疗养院、所 | 个 | 5 | 691 | 692 | 214 | 393 | 553 | 567 | 562 |
| 门诊部、所 | 个 | 76 | 16 069 | 41 381 | 69 552 | 99 743 | 111 100 | 113 811 | 113 496 |
| **床位数** | 张 | **9 734** | **139 322** | **312 200** | **423 605** | **531 677** | **634 268** | **769 093** | **782 847** |
| 内：医院 | 张 | 9 000 | 48 119 | 157 849 | 310 992 | 384 978 | 458 115 | 560 310 | 573 309 |
| 疗养院、所 | 张 | 700 | 50 536 | 77 474 | 23 129 | 55 072 | 91 247 | 107 493 | 108 666 |
| **人员数** | 人 | **35 326** | **189 472** | **385 855** | **741 375** | **1 037 491** | **1 252 597** | **1 387 066** | **1 415 223** |
| 其中：卫生技术人员 | 人 | 25 880 | 142 972 | 294 301 | 592 470 | 840 527 | 998 983 | 1 096 423 | 1 116 126 |
| 内：医生 | 人 | 9 941 | 51 827 | 128 797 | 236 011 | 351 265 | 433 452 | 524 153 | 526 775 |
| 护师、士 | 人 | 10 791 | 42 986 | 72 156 | 125 430 | 150 781 | 194 883 | 292 887 | 302 958 |

## 全国农村村级卫生组织情况

| | 单位 | 1985 年 | 1986 年 | 1987 年 | 1988 年 | 1989 年 | 1990 年 | 1991 年 |
|---|---|---|---|---|---|---|---|---|
| **行政村数** | **个** | **716 639** | **738 139** | **721 327** | **734 095** | **743 410** | **749 963** | **740 356** |
| 设置医疗点的村数 | 个 | 625 992 | 647 850 | 634 276 | 641 076 | 651 089 | 646 529 | 649 303 |
| 占行政村的比重 | % | 87.35 | 87.77 | 87.93 | 87.33 | 87.58 | 86.21 | 87.7 |
| **村设置的医疗点数** | **个** | **777 674** | **795 963** | **807 844** | **806 497** | **820 798** | **803 956** | **794 733** |
| 村或群众集体办 | 个 | 305 537 | 298 042 | 300 315 | 287 586 | 263 893 | 266 137 | 285 988 |
| 乡村医生或(与)卫生员联合办 | 个 | 88 803 | 86 016 | 82 966 | 78 873 | 90 745 | 87 149 | 83 629 |
| 乡卫生院设点 | 个 | 29 769 | 28 969 | 29 141 | 29 845 | 29 720 | 29 963 | 30 340 |
| 个体办 | 个 | 323 904 | 349 792 | 363 285 | 369 209 | 396 431 | 381 844 | 356 734 |
| 其他 | 个 | 29 661 | 33 144 | 32 137 | 40 984 | 40 009 | 38 863 | 38 042 |
| **乡村医生和卫生员** | **人** | **1 293 094** | **1 279 935** | **1 278 499** | **1 247 045** | **1 241 275** | **1 231 510** | **1 253 324** |
| 乡村医生 | 人 | 643 022 | 694 718 | 723 799 | 731 653 | 753 686 | 776 859 | 794 507 |
| 卫生员 | 人 | 650 072 | 585 217 | 554 700 | 515 392 | 487 589 | 454 651 | 458 817 |
| 其中:女性 | 人 | 341 972 | 341 783 | 342 903 | 309 515 | 321 730 | 321 225 | 341 851 |
| **农村接生员** | **人** | **513 977** | **507 538** | **481 630** | **466 974** | **444 791** | **470 982** | **462 436** |

注:乡村医生是指经过县级卫生行政部门考核,获得乡村医生证书的医生。

## 1991 年各地区平均每千人口医院床位、医生、护士数

| | 医院床位(张) | 医 生(人) | 医 师(人) | 护师.士(人) | | 医院床位(张) | 医 生(人) | 医 师(人) | 护师.士(人) |
|---|---|---|---|---|---|---|---|---|---|
| **总 计** | **2.35** | **1.56** | **1.15** | **0.89** | 山 东 | 1.93 | 1.23 | 1.01 | 0.74 |
| | | | | | 河 南 | 1.91 | 1.14 | 0.83 | 0.56 |
| 北 京 | 5.63 | 5.02 | 4.26 | 3.42 | 湖 北 | 2.47 | 1.61 | 1.23 | 1.10 |
| 天 津 | 4.01 | 3.69 | 3.31 | 2.19 | 湖 南 | 2.19 | 1.33 | 1.04 | 0.69 |
| 河 北 | 2.09 | 1.40 | 1.08 | 0.64 | 广 东 | 1.88 | 1.31 | 0.88 | 0.79 |
| 山 西 | 3.49 | 2.12 | 1.64 | 1.03 | 广 西 | 1.66 | 1.20 | 0.87 | 0.74 |
| 内蒙古 | 2.74 | 2.14 | 1.42 | 1.05 | 海 南 | 3.15 | 1.69 | 1.04 | 1.08 |
| 辽 宁 | 4.48 | 2.25 | 1.71 | 1.95 | 四 川 | 2.02 | 1.44 | 0.99 | 0.60 |
| 吉 林 | 3.41 | 2.09 | 1.53 | 1.48 | 贵 州 | 1.65 | 1.16 | 0.75 | 0.57 |
| 黑龙江 | 3.22 | 2.09 | 1.54 | 1.45 | 云 南 | 2.10 | 1.42 | 0.99 | 0.71 |
| 上 海 | 4.90 | 4.58 | 3.45 | 2.63 | 西 藏 | 2.29 | 2.08 | 1.36 | 0.78 |
| 江 苏 | 2.20 | 1.52 | 1.13 | 0.83 | 陕 西 | 2.48 | 1.77 | 1.24 | 0.85 |
| 浙 江 | 2.11 | 1.41 | 0.96 | 0.68 | 甘 肃 | 2.12 | 1.50 | 1.05 | 0.71 |
| 安 徽 | 1.72 | 1.04 | 0.78 | 0.57 | 青 海 | 3.47 | 2.11 | 1.45 | 1.24 |
| 福 建 | 2.03 | 1.20 | 0.80 | 0.76 | 宁 夏 | 2.26 | 2.02 | 1.52 | 1.10 |
| 江 西 | 2.19 | 1.36 | 1.02 | 0.83 | 新 疆 | 4.08 | 2.28 | 1.63 | 1.58 |

## 1991年各地区卫生机构、床位数

| | 机构数（个） | | | | 床位数（张） | |
|---|---|---|---|---|---|---|
| | 合计 | 其中 | | | 合计 | 其中：医院 |
| | | 医院 | 卫生防疫站 | 妇幼保健所、站 | | |
| **总计** | **209 036** | **63 101** | **3 652** | **2 854** | **2 991 859** | **2 688 600** |
| 北京 | 4 970 | 525 | 22 | 17 | 61 744 | 58 747 |
| 天津 | 3 397 | 300 | 25 | 17 | 37 504 | 35 124 |
| 河北 | 10 647 | 3 630 | 211 | 175 | 148 107 | 129 340 |
| 山西 | 6 121 | 2 602 | 145 | 137 | 107 713 | 100 590 |
| 内蒙古 | 5 172 | 1 927 | 155 | 122 | 62 929 | 59 268 |
| 辽宁 | 7 736 | 1 979 | 133 | 120 | 200 752 | 176 365 |
| 吉林 | 4 369 | 1 352 | 92 | 81 | 92 741 | 83 826 |
| 黑龙江 | 8 878 | 1 675 | 248 | 186 | 124 949 | 113 068 |
| 上海 | 7 554 | 463 | 33 | 23 | 70 105 | 63 099 |
| 江苏 | 12 377 | 2 495 | 137 | 114 | 167 711 | 148 475 |
| 浙江 | 8 983 | 3 379 | 103 | 87 | 99 282 | 89 992 |
| 安徽 | 7 359 | 3 158 | 128 | 109 | 111 320 | 98 941 |
| 福建 | 4 867 | 1 206 | 91 | 64 | 68 985 | 61 674 |
| 江西 | 5 632 | 2 308 | 119 | 114 | 92 745 | 83 190 |
| 山东 | 11 141 | 2 861 | 161 | 146 | 181 832 | 164 700 |
| 河南 | 8 639 | 2 834 | 190 | 138 | 184 862 | 165 637 |
| 湖北 | 10 509 | 2 111 | 122 | 98 | 165 219 | 134 313 |
| 湖南 | 10 557 | 4 219 | 146 | 129 | 148 735 | 135 201 |
| 广东 | 9 032 | 1 906 | 152 | 64 | 129 774 | 119 079 |
| 广西 | 5 865 | 1 492 | 117 | 85 | 77 120 | 71 323 |
| 海南 | 3 154 | 427 | 26 | 20 | 21 402 | 20 857 |
| 四川 | 20 403 | 8 389 | 254 | 224 | 247 178 | 220 020 |
| 贵州 | 6 908 | 3 630 | 104 | 89 | 59 168 | 53 978 |
| 云南 | 6 708 | 1 928 | 150 | 144 | 87 351 | 78 382 |
| 西藏 | 1 197 | 479 | 80 | 21 | 5 397 | 5 077 |
| 陕西 | 6 433 | 2 577 | 125 | 98 | 90 156 | 82 216 |
| 甘肃 | 4 178 | 1 550 | 102 | 94 | 51 194 | 47 816 |
| 青海 | 1 184 | 472 | 58 | 48 | 16 262 | 15 238 |
| 宁夏 | 1 129 | 154 | 29 | 26 | 11 118 | 10 701 |
| 新疆 | 3 937 | 1 073 | 194 | 64 | 68 504 | 62 363 |

## 1991 年各地区卫生机构专业卫生人员数

| | 卫生人员 | 其中：卫生技术人员 | | | |
|---|---|---|---|---|---|
| | | 合计 | 医生 | 医师 | 护师、士 |
| **总计** | **5 025 134** | **3 984 974** | **1 779 545** | **1 310 933** | **1 011 943** |
| 北京 | 161 103 | 114 342 | 52 309 | 44 439 | 35 714 |
| 天津 | 89 237 | 68 887 | 32 385 | 29 055 | 19 230 |
| 河北 | 224 468 | 183 493 | 86 800 | 66 832 | 39 581 |
| 山西 | 159 753 | 132 792 | 61 241 | 47 305 | 29 684 |
| 内蒙古 | 123 935 | 97 984 | 46 375 | 30 688 | 22 797 |
| 辽宁 | 305 498 | 228 663 | 88 475 | 67 163 | 76 982 |
| 吉林 | 163 178 | 124 309 | 51 323 | 37 660 | 36 410 |
| 黑龙江 | 232 614 | 178 220 | 73 390 | 54 198 | 50 882 |
| 上海 | 159 677 | 119 226 | 58 928 | 44 459 | 33 843 |
| 江苏 | 286 322 | 222 156 | 102 022 | 75 977 | 56 052 |
| 浙江 | 166 705 | 135 034 | 60 252 | 41 034 | 29 143 |
| 安徽 | 169 006 | 137 868 | 59 620 | 44 823 | 32 708 |
| 福建 | 106 429 | 88 607 | 36 448 | 24 390 | 23 073 |
| 江西 | 146 418 | 117 903 | 51 893 | 38 967 | 31 434 |
| 山东 | 308 458 | 241 202 | 104 959 | 85 937 | 63 134 |
| 河南 | 279 020 | 230 291 | 99 336 | 71 743 | 48 582 |
| 湖北 | 275 060 | 215 493 | 87 839 | 66 759 | 59 699 |
| 湖南 | 217 321 | 178 106 | 81 733 | 64 305 | 42 710 |
| 广东 | 249 717 | 199 051 | 82 875 | 56 088 | 50 269 |
| 广西 | 137 363 | 110 577 | 51 325 | 37 303 | 31 728 |
| 海南 | 36 796 | 29 743 | 11 172 | 6 853 | 7 172 |
| 四川 | 389 978 | 315 166 | 156 856 | 107 314 | 65 340 |
| 贵州 | 105 271 | 87 778 | 37 978 | 24 624 | 18 548 |
| 云南 | 129 027 | 104 173 | 53 210 | 36 841 | 26 597 |
| 西藏 | 9 740 | 7 749 | 4 620 | 3 018 | 1 730 |
| 陕西 | 147 742 | 119 934 | 58 738 | 40 948 | 28 053 |
| 甘肃 | 89 457 | 73 559 | 33 803 | 23 665 | 16 047 |
| 青海 | 25 474 | 20 076 | 9 282 | 6 378 | 5 447 |
| 宁夏 | 24 971 | 20 064 | 9 570 | 7 186 | 5 228 |
| 新疆 | 105 396 | 82 528 | 34 788 | 24 981 | 24 126 |

## 各地区农村村级卫生组织情况

| | 无医疗点村数比重(%) | | | 村设置的医疗点数(个) | | | 平均每村乡村医生和卫生员(人) | | | 平均每千农业人口乡村医生和卫生员(人) | | |
|---|---|---|---|---|---|---|---|---|---|---|---|---|
| | 1985 | 1990 | 1991 | 1985 | 1990 | 1991 | 1985 | 1990 | 1991 | 1985 | 1990 | 1991 |
| 总　计 | 12.6 | 13.8 | 12.3 | 777 674 | 803 956 | 794 733 | 1.80 | 1.64 | 1.69 | 1.55 | 1.42 | 1.39 |
| 北　京 | 10.4 | 8.8 | 9.2 | 4 589 | 4 835 | 4 811 | 1.74 | 1.57 | 1.70 | 1.88 | 1.81 | 1.77 |
| 天　津 | 7.0 | 6.4 | 6.0 | 4 466 | 4 304 | 4 356 | 1.88 | 2.00 | 2.00 | 1.98 | 2.02 | 2.02 |
| 河　北 | 7.6 | 5.2 | 5.2 | 64 700 | 65 048 | 65 113 | 2.10 | 1.90 | 1.91 | 2.15 | 1.94 | 1.82 |
| 山　西 | 11.0 | 10.2 | 10.6 | 30 118 | 29 390 | 30 546 | 1.60 | 1.38 | 1.59 | 2.50 | 2.33 | 2.36 |
| 内蒙古 | 8.8 | 15.3 | 15.2 | 13 695 | 14 314 | 13 949 | 1.73 | 1.40 | 1.47 | 1.65 | 1.40 | 1.43 |
| 辽　宁 | 3.0 | 2.8 | 3.0 | 17 790 | 18 985 | 17 482 | 2.10 | 1.76 | 1.75 | 1.50 | 1.30 | 1.23 |
| 吉　林 | 2.8 | 7.6 | 7.3 | 10 284 | 9 675 | 9 804 | 2.07 | 2.05 | 2.09 | 1.38 | 1.52 | 1.44 |
| 黑龙江 | 5.0 | 3.9 | 4.8 | 14 365 | 14 159 | 14 148 | 2.02 | 1.91 | 1.98 | 1.44 | 1.40 | 1.43 |
| 上　海 | 1.3 | 3.0 | 2.0 | 3 083 | 2 918 | 2 954 | 2.68 | 2.28 | 2.28 | 2.12 | 1.68 | 1.62 |
| 江　苏 | 4.9 | 4.9 | 4.1 | 35 822 | 35 239 | 35 328 | 2.09 | 1.95 | 2.02 | 1.48 | 1.32 | 1.37 |
| 浙　江 | 30.4 | 40.4 | 34.2 | 31 997 | 29 944 | 30 233 | 1.00 | 0.86 | 0.85 | 1.23 | 1.08 | 1.04 |
| 安　徽 | 9.7 | 5.7 | 5.9 | 40 323 | 44 904 | 42 178 | 2.01 | 1.57 | 1.56 | 1.43 | 1.06 | 0.99 |
| 福　建 | 5.7 | 4.1 | 3.9 | 17 837 | 22 170 | 22 227 | 2.04 | 1.97 | 2.04 | 1.28 | 1.26 | 1.20 |
| 江　西 | 6.1 | 5.0 | 4.8 | 25 545 | 26 079 | 26 118 | 2.04 | 2.20 | 2.03 | 1.45 | 1.36 | 1.36 |
| 山　东 | 5.0 | 3.4 | 3.3 | 97 480 | 96 867 | 90 700 | 1.66 | 1.51 | 1.58 | 2.15 | 2.07 | 2.03 |
| 河　南 | 2.4 | 2.7 | 2.6 | 79 740 | 80 669 | 75 994 | 3.25 | 2.90 | 2.84 | 2.17 | 1.95 | 1.79 |
| 湖　北 | 11.0 | 16.1 | 15.5 | 32 225 | 30 036 | 30 109 | 2.06 | 1.83 | 1.84 | 1.67 | 1.48 | 1.42 |
| 湖　南 | 24.2 | 13.5 | 12.2 | 42 497 | 47 789 | 49 748 | 1.66 | 1.27 | 1.28 | 1.35 | 1.18 | 1.19 |
| 广　东 | 8.1 | 7.8 | 11.0 | 30 977 | 29 815 | 30 246 | 1.89 | 1.72 | 1.65 | 0.79 | 0.83 | 0.78 |
| 广　西 | 6.8 | 3.7 | 4.1 | 21 183 | 26 015 | 26 515 | 2.45 | 2.70 | 2.73 | 1.05 | 0.78 | 1.07 |
| 海　南 | — | 60.4 | 22.5 | — | 2 596 | 2 555 | — | 0.42 | 2.70 | — | 1.13 | 0.71 |
| 四　川 | 17.9 | 18.8 | 18.1 | 67 874 | 70 942 | 71 461 | 1.57 | 1.44 | 1.51 | 1.31 | 1.18 | 1.23 |
| 贵　州 | 62.5 | 60.8 | 59.2 | 9 203 | 10 544 | 10 921 | 0.72 | 0.72 | 0.74 | 0.64 | 0.58 | 0.66 |
| 云　南 | 4.2 | 3.6 | 2.5 | 16 436 | 16 753 | 17 482 | 2.33 | 2.20 | 2.35 | 1.00 | 0.91 | 0.95 |
| 西　藏 | 4.4 | 82.2 | 66.3 | 1 899 | 1 982 | 2 507 | 1.42 | 0.33 | 0.48 | 1.62 | 1.83 | 1.85 |
| 陕　西 | 15.0 | 11.4 | 12.0 | 31 030 | 32 438 | 31 372 | 1.71 | 1.60 | 1.70 | 2.22 | 1.98 | 2.05 |
| 甘　肃 | 9.2 | 9.6 | 8.0 | 19 633 | 21 172 | 21 541 | 1.78 | 1.86 | 1.83 | 1.75 | 1.89 | 1.69 |
| 青　海 | 24.4 | 13.8 | 13.6 | 3 282 | 3 969 | 3 785 | 1.20 | 1.48 | 1.46 | 1.60 | 1.94 | 1.93 |
| 宁　夏 | 4.1 | 9.2 | 17.6 | 2 711 | 2 729 | 2 634 | 2.01 | 1.70 | 1.74 | 1.40 | 1.25 | 1.22 |
| 新　疆 | 17.4 | 14.9 | 13.0 | 6 881 | 7 676 | 7 916 | 1.36 | 1.21 | 1.19 | 1.13 | 1.03 | 1.00 |

## 1991年省会所在市及百万人口以上市每千人口医院床位、医生、护士数

| | 医院床位（张） | 医生（人） | 医师（人） | 护师.士（人） | | 医院床位（张） | 医生（人） | 医师（人） | 护师.士（人） |
|---|---|---|---|---|---|---|---|---|---|
| *北京 | 6.85 | 6.28 | 5.50 | 4.47 | *济南 | 6.01 | 5.17 | 4.75 | 2.95 |
| *天津 | 5.37 | 5.61 | 5.03 | 3.33 | *青岛 | 4.85 | 4.60 | 4.25 | 2.71 |
| *石家庄 | 7.19 | 3.13 | 3.02 | 2.87 | *淄博 | 5.12 | 2.90 | 2.34 | 1.88 |
| *唐山 | 6.43 | 3.59 | 2.96 | 3.20 | *郑州 | 10.97 | 7.95 | 6.91 | 4.42 |
| *太原 | 10.49 | 5.58 | 4.82 | 4.37 | *武汉 | 6.70 | 5.27 | 4.74 | 4.24 |
| 呼和浩特 | 7.17 | 5.29 | 4.59 | 3.46 | *长沙 | 7.69 | 6.51 | 6.18 | 4.43 |
| *沈阳 | 7.20 | 4.12 | 3.41 | 3.81 | *广州 | 7.06 | 5.87 | 5.03 | 4.41 |
| *大连 | 8.85 | 4.49 | 3.94 | 4.38 | 南宁 | 6.71 | 5.62 | 5.14 | 3.76 |
| *鞍山 | 9.20 | 4.61 | 3.63 | 4.29 | 海口 | 10.53 | 6.28 | 5.60 | 5.22 |
| *抚顺 | 6.52 | 3.35 | 2.52 | 3.89 | *成都 | 7.24 | 5.50 | 4.90 | 1.76 |
| *长春 | 7.39 | 5.12 | 4.68 | 3.88 | *重庆 | 6.67 | 4.19 | 3.37 | 2.70 |
| *吉林 | 7.41 | 4.56 | 4.04 | 3.76 | *贵阳 | 6.06 | 4.55 | 4.15 | 3.27 |
| *哈尔滨 | 8.05 | 4.99 | 4.68 | 3.89 | *昆明 | 9.65 | 7.01 | 6.36 | 4.15 |
| *齐齐哈尔 | 10.68 | 6.68 | 4.97 | 4.92 | 拉萨 | 9.38 | 8.32 | 6.82 | 4.88 |
| *上海 | 5.49 | 5.75 | 4.51 | 3.35 | *西安 | 7.97 | 5.09 | 4.48 | 3.34 |
| *南京 | 5.46 | 5.41 | 4.82 | 3.54 | *银川 | 6.92 | 6.12 | 5.51 | 3.82 |
| *杭州 | 7.79 | 7.05 | 6.28 | 4.19 | 西宁 | 8.44 | 5.14 | 4.66 | 4.02 |
| *南昌 | 7.66 | 5.51 | 5.07 | 3.80 | 乌鲁木齐 | 8.42 | 6.39 | 5.64 | 4.96 |

1. *系指非农业人口在百万以上的城市；2. 人口数系指总人口数；3. 表中数字系不含县。

# 医疗服务统计

## 1991年全国医院诊疗人次及入院人数

| | 诊疗人次数（亿次） | | 入院人数（万人） | 每百诊次的入院人数 | |
|---|---|---|---|---|---|
| | 合计 | 其中：门、急诊 | | 合计 | 其中：门、急诊 |
| **总计** | **26.14** | **24.93** | **5 292** | **2.0** | **2.1** |
| 县及县以上医院 | 14.39 | 13.53 | 3 218 | 2.2 | 2.4 |
| 卫生部门 | 8.88 | 8.64 | 2 433 | 2.7 | 2.8 |
| 工业及其他部门 | 5.09 | 4.48 | 735 | 1.4 | 1.6 |
| 集体所有制 | 0.42 | 0.41 | 50 | 1.2 | 1.2 |
| 乡卫生院 | 10.82 | 10.53 | 2 016 | 1.9 | 1.9 |
| 中心卫生院 | 3.30 | 3.24 | 835 | 2.5 | 2.6 |
| 乡卫生院 | 7.52 | 7.28 | 1 181 | 1.6 | 1.6 |
| 其他医院 | 0.93 | 0.87 | 58 | 0.6 | 0.7 |

注：本表的全国医院诊疗人次及入院人数是推算的数字，不包括全国12.9万个门诊部、所（各种门诊机构）、79.5万个村村卫生室和14.9万名个体开业人员的诊疗人次数；

补充资料：1991年全国每万人口入院人数包括家庭病床为468.8人；不包括家庭病床为463.4人。

## 全国医院病床使用情况

| | 病床使用率（%） | | | 病床周转次数（次） | | | 出院者平均住院日（日） | | |
|---|---|---|---|---|---|---|---|---|---|
| | 1985 年 | 1990 年 | 1991 年 | 1985 年 | 1990 年 | 1991 年 | 1985 年 | 1990 年 | 1991 年 |
| **县及县以上医院合计** | **82.7** | **80.9** | **81.4** | **18.1** | **17.6** | **17.6** | **15.8** | **15.9** | **15.9** |
| 卫生部门 | 87.9 | 85.6 | 85.9 | 19.8 | 19.2 | 19.2 | 15.4 | 15.5 | 15.5 |
| 综合医院 | 87.0 | 85.7 | 86.2 | 22.8 | 22.3 | 22.3 | 13.3 | 13.5 | 13.4 |
| 卫生部属 | 82.1 | 89.2 | 86.5 | 10.4 | 11.2 | 10.5 | 27.1 | 28.5 | 29.4 |
| 省、自治区、直辖市属 | 93.9 | 97.5 | 97.8 | 16.7 | 15.5 | 14.9 | 20.0 | 22.8 | 23.6 |
| 直辖市区、省辖市(地区)属 | 92.3 | 94.6 | 93.7 | 20.4 | 19.3 | 18.8 | 15.9 | 17.5 | 17.7 |
| 省辖市区、地辖市属 | 85.1 | 81.8 | 82.2 | 20.6 | 21.4 | 21.9 | 14.2 | 13.5 | 12.7 |
| 县　　属 | 84.0 | 80.2 | 81.3 | 25.1 | 25.1 | 25.7 | 11.6 | 11.0 | 10.9 |
| 中医医院 | 83.9 | 73.6 | 74.0 | 12.3 | 13.9 | 14.7 | 23.3 | 18.0 | 17.4 |
| 医学院校附属医院 | 94.7 | 98.6 | 97.5 | 15.6 | 15.6 | 15.0 | 21.7 | 22.5 | 23.2 |
| 传染病院 | 76.9 | 83.4 | 83.9 | 9.2 | 8.7 | 8.5 | 29.5 | 34.1 | 35.2 |
| 精神病院 | 98.2 | 95.3 | 96.0 | 3.5 | 3.6 | 3.7 | 92.2 | 80.9 | 79.1 |
| 结核病院 | 94.0 | 86.3 | 83.8 | 4.0 | 4.6 | 4.7 | 82.9 | 67.0 | 66.5 |
| 妇幼保健院 | 80.6 | 79.0 | 76.6 | 35.7 | 34.6 | 33.0 | 8.0 | 8.1 | 8.3 |
| 儿童医院 | 91.6 | 88.1 | 88.5 | 27.6 | 28.5 | 27.8 | 11.9 | 11.1 | 11.2 |
| 职业病院 | 88.9 | 78.9 | 75.9 | 4.1 | 4.6 | 4.3 | 63.8 | 59.1 | 59.3 |
| 肿瘤医院 | 86.2 | 96.8 | 97.4 | 6.9 | 8.1 | 8.6 | 44.8 | 42.4 | 40.0 |
| 其他专科医院 | 90.4 | 78.7 | 79.4 | 11.2 | 10.6 | 10.8 | 28.7 | 25.2 | 25.4 |
| 工业及其他部门 | 69.5 | 69.8 | 70.3 | 14.2 | 13.8 | 13.5 | 16.5 | 17.0 | 17.5 |
| 集体所有制 | 81.5 | 69.5 | 69.5 | 13.9 | 13.8 | 13.2 | 19.4 | 16.9 | 17.4 |
| **乡卫生院合计** | **46.0** | **43.4** | **43.5** | **26.4** | **28.6** | **29.1** | **5.9** | **5.2** | **5.1** |
| 中心卫生院 | 51.7 | 48.4 | 48.2 | 27.4 | 28.7 | 29.1 | 6.5 | 5.8 | 5.7 |
| 乡卫生院 | 40.7 | 39.5 | 39.7 | 25.4 | 28.3 | 29.0 | 5.4 | 4.8 | 4.7 |
| **其他医院合计** | **74.4** | **68.5** | **71.1** | **10.3** | **10.0** | **10.2** | **21.4** | **22.1** | **22.0** |

## 全国卫生部门城市医院住院病人前十位疾病构成

| 顺序 | 1955年 | | 1965年 | | 1975年 | | 1980年 | | 1985年 | | 1989年 | |
|---|---|---|---|---|---|---|---|---|---|---|---|---|
| | 疾病种类 | 疾病构成(%) | 疾病种类 | 疾病构成(%) | 疾病种类 | 疾病构成(%) | 疾病种类 | 疾病构成(%) | 疾病种类 | 疾病构成(%) | 疾病种类 | 疾病构成(%) |
| 1 | 消化系病 | 24.74 | 消化系病 | 18.99 | 消化系病 | 19.65 | 呼吸系病 | 19.16 | 消化系病 | 19.00 | 消化系病 | 20.13 |
| 2 | 呼吸系病 | 11.72 | 呼吸系病 | 18.17 | 呼吸系病 | 19.02 | 消化系病 | 18.42 | 呼吸系病 | 18.34 | 呼吸系病 | 17.75 |
| 2 | 妊娠病、分娩病及产后病 | 11.34 | 传染病(肺结核除外) | 12.19 | 传染病(肺结核除外) | 9.06 | 外伤及中毒 | 9.22 | 外伤及中毒 | 9.82 | 外伤及中毒 | 12.46 |
| 4 | 传染病(肺结核除外) | 9.43 | 妊娠病、分娩病及产后病 | 7.25 | 外伤及中毒 | 8.48 | 传染病(肺结核除外) | 8.83 | 妊娠病,分娩病及产后病 | 8.28 | 妊娠病,分娩病及产后病 | 6.42 |
| 5 | 外伤及中毒 | 6.39 | 外伤及中毒 | 6.25 | 妊娠病、分娩病及产后病 | 5.15 | 妊娠病,分娩病及产后病 | 7.00 | 传染病(肺结核除外) | 6.20 | 传染病(肺结核除外) | 6.02 |
| 6 | 女生殖器病 | 3.41 | 泌尿系病 | 3.55 | 泌尿系病 | 3.56 | 心脏病 | 3.80 | 心脏病 | 3.98 | 恶性肿瘤 | 3.69 |
| 7 | 寄生虫病 | 3.38 | 寄生虫病 | 2.78 | 恶性肿瘤 | 3.49 | 泌尿系病 | 3.71 | 恶性肿瘤 | 3.75 | 心脏病 | 3.66 |
| 8 | 肺结核 | 3.31 | 眼病 | 2.68 | 心脏病 | 3.45 | 恶性肿瘤 | 3.43 | 良性肿瘤 | 3.65 | 泌尿系病 | 3.40 |
| 9 | 眼病 | 2.83 | 女生殖器病 | 2.58 | 眼病 | 2.85 | 良性肿瘤 | 3.16 | 泌尿系病 | 3.56 | 良性肿瘤 | 3.14 |
| 10 | 皮肤病 | 2.74 | 恶性肿瘤 | 2.24 | 女生殖器病 | 1.80 | 眼病 | 2.85 | 眼病 | 2.80 | 眼病 | 2.27 |
| | **十种疾病合计** | **79.29** | **十种疾病合计** | **76.68** | **十种疾病合计** | **76.51** | **十种疾病合计** | **79.58** | **十种疾病合计** | **79.38** | **十种疾病合计** | **78.94** |

## 全国卫生部门县医院住院病人前十位疾病构成

| 顺序 | 1965年 | | 1975年 | | 1980年 | | 1985年 | | 1989年 | |
|---|---|---|---|---|---|---|---|---|---|---|
| | 疾病种类 | 疾病构成(%) | 疾病种类 | 疾病构成(%) | 疾病种类 | 疾病构成(%) | 疾病种类 | 疾病构成(%) | 疾病种类 | 疾病构成(%) |
| 1 | 消化系病 | 19.31 | 消化系病 | 21.35 | 消化系病 | 21.06 | 消化系病 | 22.05 | 消化系病 | 22.94 |
| 2 | 传染病(肺结核除外) | 16.93 | 呼吸系病 | 19.28 | 呼吸系病 | 18.93 | 呼吸系病 | 18.97 | 呼吸系病 | 17.35 |
| 3 | 呼吸系病 | 14.27 | 传染病(肺结核除外) | 13.35 | 传染病(肺结核除外) | 12.45 | 外伤及中毒 | 11.31 | 外伤及中毒 | 14.39 |
| 4 | 妊娠病,分娩病及产后病 | 6.43 | 外伤及中毒 | 7.58 | 外伤及中毒 | 9.91 | 传染病(肺结核除外) | 9.91 | 传染病(肺结核除外) | 8.32 |
| 5 | 外伤及中毒 | 6.13 | 妊娠病,分娩病及产后病 | 5.27 | 妊娠病,分娩病及产后病 | 6.26 | 妊娠病、分娩病及产后病 | 7.64 | 妊娠病、分娩病及产后病 | 6.80 |
| 6 | 寄生虫病 | 4.01 | 泌尿系病 | 4.03 | 泌尿系病 | 3.83 | 泌尿系病 | 3.39 | 泌尿系病 | 3.32 |
| 7 | 泌尿系病 | 2.69 | 寄生虫病 | 3.07 | 心脏病 | 3.11 | 心脏病 | 3.14 | 心脏病 | 2.82 |
| 8 | 肺结核 | 2.69 | 心脏病 | 2.77 | 寄生虫病 | 2.39 | 恶性肿瘤 | 1.69 | 脑血管病 | 1.88 |
| 9 | 皮肤病 | 2.53 | 肺结核 | 2.33 | 肺结核 | 1.78 | 良性肿瘤 | 1.57 | 恶性肿瘤 | 1.77 |
| 10 | 女生殖器病 | 1.92 | 皮肤病 | 1.63 | 皮肤病 | 1.67 | 脑血管病 | 1.53 | 良性肿瘤 | 1.68 |
| | **十种疾病合计** | **76.88** | **十种疾病合计** | **80.66** | **十种疾病合计** | **81.39** | **十种疾病合计** | **81.20** | **十种疾病合计** | **81.27** |

## 全国卫生部门城市医院住院病人前十位疾病构成(ICD—9)

| 顺序 | 1987年 | | 1990年 | | 1991年 | |
|---|---|---|---|---|---|---|
| | 疾病种类 | 疾病构成(%) | 疾病种类 | 疾病构成(%) | 疾病种类 | 疾病构成(%) |
| 1 | 消化系病 | 19.89 | 消化系病 | 18.16 | 消化系病 | 17.76 |
| 2 | 呼吸系病 | 16.58 | 呼吸系病 | 17.70 | 呼吸系病 | 17.25 |
| 3 | 妊娠病、分娩病及产褥期并发症 | 10.59 | 损伤及中毒 | 11.37 | 损伤及中毒 | 11.67 |
| 4 | 损伤及中毒 | 8.50 | 妊娠病、分娩病及产褥期并发症 | 8.21 | 妊娠病、分娩病及产褥期并发症 | 7.51 |
| 5 | 传染病和寄生虫病 | 6.25 | 传染病和寄生虫病 | 6.48 | 传染病和寄生虫病 | 6.47 |
| 6 | 泌尿和生殖系病 | 6.23 | 泌尿和生殖系病 | 6.32 | 泌尿和生殖系病 | 6.32 |
| 7 | 恶性肿瘤 | 4.67 | 心脏病 | 4.36 | 心脏病 | 4.63 |
| 8 | 心脏病 | 4.08 | 恶性肿瘤 | 4.30 | 恶性肿瘤 | 4.52 |
| 9 | 良性肿瘤 | 3.52 | 良性肿瘤 | 2.87 | 良性肿瘤 | 2.97 |
| 10 | 眼病 | 2.89 | 脑血管病 | 2.53 | 脑血管病 | 2.88 |
| | **十种疾病合计** | **83.20** | **十种疾病合计** | **82.30** | **十种疾病合计** | **81.98** |

## 全国卫生部门县医院住院病人前十位疾病构成(ICD—9)

| 顺序 | 1987年 | | 1990年 | | 1991年 | |
|---|---|---|---|---|---|---|
| | 疾病种类 | 疾病构成(%) | 疾病种类 | 疾病构成(%) | 疾病种类 | 疾病构成(%) |
| 1 | 消化系病 | 23.90 | 消化系病 | 21.51 | 消化系病 | 20.87 |
| 2 | 呼吸系病 | 21.20 | 呼吸系病 | 19.12 | 呼吸系病 | 18.84 |
| 3 | 损伤及中毒 | 10.74 | 损伤及中毒 | 14.09 | 损伤及中毒 | 14.91 |
| 4 | 传染病和寄生虫病 | 10.43 | 传染病和寄生虫病 | 9.84 | 传染病和寄生虫病 | 9.68 |
| 5 | 妊娠病、分娩病及产褥期并发症 | 9.03 | 妊娠病、分娩病及产褥期并发症 | 8.11 | 妊娠病、分娩病及产褥期并发症 | 7.88 |
| 6 | 泌尿和生殖系病 | 6.10 | 泌尿和生殖系病 | 5.35 | 泌尿和生殖系病 | 5.42 |
| 7 | 心脏病 | 2.89 | 心脏病 | 3.24 | 心脏病 | 3.43 |
| 8 | 恶性肿瘤 | 1.63 | 脑血管病 | 1.92 | 脑血管病 | 2.13 |
| 9 | 皮肤和皮下组织病 | 1.47 | 恶性肿瘤 | 1.91 | 恶性肿瘤 | 1.99 |
| 10 | 良性肿瘤 | 1.19 | 良性肿瘤 | 1.52 | 良性肿瘤 | 1.57 |
| | **十种疾病合计** | **88.58** | **十种疾病合计** | **86.61** | **十种疾病合计** | **86.72** |

## 1991年卫生部门综合医院社会及经济效益情况

| | 医院总计 | 卫生部属 | 省.自治区.直辖市属 | 直辖市区.省辖市(地区)属 | 省辖市区.地辖市属 | 县属 |
|---|---|---|---|---|---|---|
| 平均每所医院 | | | | | | |
| 业务收入(万元) | 651.7 | 4 305.6 | 2 939.0 | 1 187.0 | 443.4 | 297.5 |
| 内:门诊收入(万元) | 242.2 | 1 899.5 | 1 086.8 | 406.0 | 204.0 | 105.2 |
| 住院收入(万元) | 304.8 | 1 814.8 | 1 168.8 | 535.4 | 197.1 | 167.5 |
| 差额预算拨款(万元) | 53.0 | 261.1 | 198.9 | 84.7 | 39.8 | 31.6 |
| 专项拨款(万元) | 26.2 | 393.1 | 162.2 | 33.8 | 16.8 | 10.5 |
| 业务支出(万元) | 599.1 | 4 306.7 | 2 775.5 | 991.5 | 441.9 | 287.0 |
| 平均每一诊疗人次医疗费(元) | 13.7 | 26.3 | 20.8 | 14.5 | 12.6 | 9.5 |
| 内:药费(元) | 9.4 | 18.5 | 14.0 | 10.0 | 8.9 | 6.4 |
| 平均每一出院者住院医疗费(元) | 564.7 | 1 737.4 | 1 234.1 | 730.5 | 471.5 | 354.0 |
| 内:药费(元) | 309.4 | 881.4 | 656.8 | 396.1 | 268.5 | 200.5 |
| 检查治疗费(元) | 122.9 | 363.1 | 268.8 | 168.0 | 98.4 | 74.4 |
| 出院者平均每天住院医疗费(元) | 38.9 | 70.3 | 49.6 | 41.7 | 34.2 | 31.9 |
| 年内病人欠费率(%) | 1.5 | 3.3 | 1.7 | 1.1 | 1.7 | 1.5 |
| 平均每一医生每天负担 | | | | | | |
| 诊疗人次(次) | 5.3 | 5.1 | 5.0 | 5.3 | 5.9 | 5.1 |
| 住院人数(人) | 2.0 | 1.5 | 1.7 | 2.1 | 1.8 | 2.1 |
| 药品卫生材料周转天数(天) | 67.0 | 47.0 | 64.0 | 59.0 | 62.0 | 83.0 |
| 平均每床占用专业设备金额(元) | 9 315 | 50 993 | 27 178 | 9 282 | 5 488 | 3 424 |

统计范围:卫生部门县及县以上综合医院 2654 个。

## 卫生部门综合医院社会及经济效益情况

| | 1988 | 1989 | 1990 | 1991 |
|---|---|---|---|---|
| 医院数(个) | 1 744 | 2 081 | 2 438 | 2 654 |
| 平均每所医院 | | | | |
| 业务收入(万元) | 341.4 | 447.4 | 484.7 | 651.7 |
| 内:门诊收入(万元) | 141.5 | 168.3 | 187.8 | 242.2 |
| 住院收入(万元) | 180.1 | 236.2 | 254.0 | 304.8 |
| 差额预算拨款(万元) | 42.1 | 50.0 | 47.1 | 53.0 |
| 专项拨款(万元) | 19.1 | 23.4 | 22.8 | 26.2 |
| 业务支出(万元) | 368.0 | 414.4 | 468.7 | 599.1 |
| 平均每一诊疗人次医疗费(元) | 7.5 | 9.7 | 10.9 | 13.7 |
| 内:药费(元) | 5.1 | 6.6 | 7.4 | 9.4 |
| 平均每一出院者住院医疗费(元) | 327.2 | 432.7 | 473.3 | 564.7 |
| 内:药费(元) | 174.4 | 232.8 | 260.6 | 309.4 |
| 检查治疗费(元) | 75.4 | 102.3 | 104.1 | 122.9 |
| 出院者平均每天住院医疗费(元) | 23.0 | 30.5 | 33.6 | 38.9 |
| 平均每一医生每天负担 | | | | |
| 诊疗人次(次) | 6.1 | 5.4 | 5.5 | 5.3 |
| 住院人数(人) | 2.2 | 2.1 | 2.1 | 2.0 |
| 药品卫生材料周转天数(天) | 80.0 | 71.0 | 65.0 | 67.0 |
| 平均每床占用专业设备金额(元) | 4 782 | 5 784 | 6 464 | 9 315 |

## 卫生部门综合医院部分病种出院病人平均住院日和住院医疗费用

| | | 平均住院日(日) | | | 平均住院医疗费(元) | | |
|---|---|---|---|---|---|---|---|
| | | 总　计 | 卫生部属 | 省、自治区、直辖市属 | 总　计 | 卫生部属 | 省、自治区、直辖市属 |
| 病毒性肝炎 | 公费 | 34.9 | 36.0 | 43.4 | 1 591.6 | 2 436.9 | 2 236.3 |
| | 自费 | 20.3 | 24.1 | 30.2 | 642.3 | 1 158.9 | 1 215.9 |
| 糖尿病 | 公费 | 37.2 | 34.3 | 44.4 | 1 267.1 | 1 698.8 | 1 905.2 |
| | 自费 | 25.4 | 30.3 | 32.0 | 676.3 | 1 018.7 | 1 161.4 |
| 急性心肌梗塞 | 公费 | 33.2 | 26.8 | 47.4 | 2 097.0 | 4 206.8 | 3 523.2 |
| | 自费 | 20.0 | 23.0 | 20.1 | 906.2 | 3 280.0 | 1 753.2 |
| 大叶性肺炎 | 公费 | 15.9 | 20.5 | 39.1 | 604.1 | 1 440.0 | 1 376.4 |
| | 自费 | 11.0 | 15.4 | 16.6 | 357.3 | 1 299.8 | 837.4 |
| 支气管肺炎 | 公费 | 15.5 | 26.4 | 22.9 | 550.7 | 2 366.8 | 1 094.7 |
| | 自费 | 10.3 | 21.0 | 14.1 | 283.3 | 3 498.0 | 518.0 |
| 急性胰腺炎 | 公费 | 18.3 | 30.2 | 25.5 | 846.4 | 1 588.4 | 1 919.6 |
| | 自费 | 12.1 | 20.2 | 14.9 | 442.8 | 2 213.1 | 764.7 |
| 急性肾小球肾炎 | 公费 | 33.7 | 38.1 | 29.6 | 695.1 | 2 303.0 | 942.1 |
| | 自费 | 16.9 | 27.0 | 21.3 | 366.6 | 772.2 | 421.6 |
| 胃癌 | 公费 | 30.2 | 27.8 | 33.2 | 2 088.3 | 3 341.0 | 3 815.1 |
| | 自费 | 20.4 | 25.7 | 27.3 | 1 046.0 | 2 787.5 | 1 832.2 |
| 肺癌 | 公费 | 42.1 | 33.5 | 43.7 | 2 495.8 | 5 584.3 | 3 478.6 |
| | 自费 | 28.2 | 30.3 | 33.1 | 1 268.9 | 3 525.9 | 1 885.3 |
| 甲状腺腺瘤 | 公费 | 15.7 | 15.3 | 17.4 | 568.8 | 792.2 | 618.5 |
| | 自费 | 12.2 | 14.7 | 14.3 | 401.5 | 750.7 | 528.0 |
| 胃及十二指肠溃疡 | 公费 | 20.1 | 26.2 | 22.1 | 951.9 | 2 371.1 | 1 553.3 |
| | 自费 | 13.6 | 20.9 | 18.1 | 609.3 | 1 957.7 | 1 170.6 |
| 急性阑尾炎 | 公费 | 10.6 | 8.7 | 9.4 | 436.4 | 703.8 | 515.0 |
| | 自费 | 9.0 | 7.4 | 9.2 | 336.8 | 637.4 | 511.5 |
| 胆囊炎及胆结石 | 公费 | 21.4 | 25.8 | 22.7 | 1 071.1 | 2 331.0 | 1 442.0 |
| | 自费 | 16.8 | 24.1 | 19.7 | 679.8 | 1 467.9 | 1 223.3 |
| 胫腓骨骨折 | 公费 | 39.4 | 31.6 | 34.7 | 1 173.2 | 2 081.1 | 1 544.2 |
| | 自费 | 30.6 | 27.7 | 36.4 | 774.6 | 1 752.7 | 1 613.8 |
| 宫颈癌 | 公费 | 23.9 | 38.0 | 27.7 | 852.5 | 1 845.2 | 1 683.3 |
| | 自费 | 16.9 | 39.7 | 7.6 | 559.9 | 709.4 | 375.5 |
| 卵巢囊肿 | 公费 | 16.7 | 17.5 | 20.3 | 856.9 | 972.6 | 892.8 |
| | 自费 | 14.1 | 20.1 | 22.5 | 512.3 | 865.9 | 870.2 |
| 剖腹产 | 公费 | 12.2 | 11.6 | 13.8 | 700.4 | 969.2 | 900.4 |
| | 自费 | 10.5 | 12.1 | 11.5 | 553.7 | 875.2 | 866.3 |
| 小儿支气管肺炎 | 公费 | 9.7 | 10.3 | 10.9 | 290.1 | 556.5 | 375.3 |
| | 自费 | 8.0 | 10.8 | 9.5 | 203.6 | 427.9 | 294.4 |
| 婴儿腹泻 | 公费 | 7.1 | 7.4 | 8.2 | 167.1 | 301.3 | 220.4 |
| | 自费 | 5.0 | 7.3 | 6.7 | 105.0 | 227.7 | 162.4 |
| 急性肾小球肾炎(儿科) | 公费 | 18.4 | 19.6 | 22.1 | 483.6 | 546.1 | 594.8 |
| | 自费 | 13.6 | 20.8 | 19.3 | 270.6 | 445.2 | 422.7 |

注:公费包括劳保医疗。

## 部分地区居民两周患病率

| 顺位 | 城市 | | 农村 | |
|---|---|---|---|---|
| | 疾病名称 | 两周患病率(%) | 疾病名称 | 两周患病率(%) |
| 1 | 呼吸系病 | 41.30 | 呼吸系病 | 23.44 |
| 2 | 循环系病 | 15.64 | 消化系病 | 12.84 |
| 3 | 消化系病 | 12.16 | 传染病 | 9.37 |
| 4 | 运动系病 | 6.00 | 神经系病 | 3.26 |
| 5 | 传染病 | 5.67 | 心脑血管病 | 3.02 |
| 6 | 外伤 | 3.22 | 运动系病 | 2.92 |
| 7 | 皮肤病 | 2.66 | 皮肤病 | 2.27 |
| 8 | 泌尿系病 | 1.88 | 外伤 | 2.01 |
| 9 | 眼病 | 1.72 | 耳鼻喉病 | 1.69 |
| 10 | 神经系病 | 1.58 | 发热 | 1.53 |
| | 合计 | 91.83 | 合计 | 62.35 |

资料来源:摘自《1986年九省城市医疗服务调查》和《1985年十省农村卫生服务调查》。

## 部分地区医院门诊人次数分科构成

| 顺位 | 城市 | | 农村 | |
|---|---|---|---|---|
| | 科别 | 门诊人次数构成(%) | 科别 | 门诊人次数构成(%) |
| 1 | 内科 | 45.14 | 内科 | 28.25 |
| 2 | 中医科 | 22.86 | 中医科 | 22.30 |
| 3 | 儿科 | 9.85 | 外科 | 9.83 |
| 4 | 外科 | 7.83 | 儿科 | 8.04 |
| 5 | 妇产科 | 2.97 | 妇产科 | 6.55 |
| 6 | 眼耳鼻喉科 | 2.90 | 眼耳鼻喉科 | 3.95 |
| 7 | 口腔科 | 2.22 | 口腔科 | 3.14 |
| 8 | 皮肤科 | 1.73 | 眼科 | 2.82 |
| 9 | 传染病科 | 1.13 | 皮肤科 | 2.49 |
| 10 | 精神科 | 0.40 | 传染科 | 1.65 |
| | 合计 | 97.03 | 合计 | 89.31 |

资料来源:摘自《1986年九省城市医疗服务调查》和《1985年十省农村卫生服务调查》。

## 城市各种医疗制度医疗服务利用情况

| 医疗制度 | 两周就诊率(%) | 年住院率(%) |
|---|---|---|
| 公费医疗 | 15.74 | 6.18 |
| 劳保医疗 | 15.47 | 5.67 |
| 部分免费 | 13.98 | 4.38 |
| 自费医疗 | 11.89 | 3.10 |

资料来源：摘自《1986年九省城市医疗服务调查》。

## 部分地区农村医疗机构服务范围构成

单位：%

| | 合计 | 0～1公里 | 1～2公里 | 2～3公里 | 3～4公里 | 4～5公里 | 5～10公里 | 10公里以上 |
|---|---|---|---|---|---|---|---|---|
| 山西 | 100.0 | 82.9 | 7.5 | 5.7 | 1.0 | 0.5 | 1.5 | 0.9 |
| 内蒙 | 100.0 | 46.2 | 17.7 | 6.2 | 4.9 | 5.6 | 2.6 | 16.9 |
| 吉林 | 100.0 | 54.1 | 23.4 | 8.9 | 2.9 | 3.6 | 5.4 | 1.8 |
| 黑龙江 | 100.0 | 66.5 | 21.7 | 7.7 | 1.7 | 0.6 | 0.7 | 1.1 |
| 江苏 | 100.0 | 81.5 | 13.6 | 2.9 | 0.6 | 1.2 | 0.1 | 0.2 |
| 安徽 | 100.0 | 61.1 | 23.6 | 8.9 | 2.6 | 1.5 | 2.3 | 0.1 |
| 广东 | 100.0 | 66.0 | 24.7 | 6.6 | 0.5 | 1.6 | 0.6 | 0.1 |
| 云南 | 100.0 | 57.5 | 11.3 | 8.6 | 2.8 | 3.3 | 10.9 | 6.4 |
| 陕西 | 100.0 | 63.7 | 14.7 | 8.6 | 1.9 | 1.4 | 6.4 | 3.6 |
| **合计** | **100.0** | **64.4** | **17.5** | **7.1** | **2.1** | **2.1** | **3.4** | **3.4** |

资料来源：摘自《1985年十省农村卫生服务调查》。

## 全国家庭病床工作情况

| | 诊疗人次数（万次） | | | 全年开设家庭病床总数（万张） | | | 平均每张家庭病床开设床日数（日） | | |
|---|---|---|---|---|---|---|---|---|---|
| | 1985年 | 1990年 | 1991年 | 1985年 | 1990年 | 1991年 | 1985年 | 1990年 | 1991年 |
| **总计** | **1 214.1** | **984.7** | **919.5** | **91.2** | **65.5** | **60.8** | **39.6** | **68.0** | **64.7** |
| 县及县以上医院 | 907.7 | 738.5 | 701.6 | 61.1 | 47.4 | 43.5 | 42.0 | 67.4 | 65.4 |
| 卫生部门 | 728.7 | 630.0 | 609.8 | 48.6 | 40.3 | 38.0 | 42.5 | 69.6 | 66.5 |
| 工业及其他部门 | 100.0 | 64.2 | 54.0 | 7.9 | 4.8 | 3.6 | 36.3 | 50.4 | 53.8 |
| 集体所有制 | 79.0 | 44.4 | 37.7 | 4.6 | 2.3 | 2.0 | 47.6 | 65.2 | 66.6 |
| 乡卫生院 | … | 42.9 | 38.2 | … | 7.8 | 7.4 | … | 18.9 | 13.7 |
| 其他医院 | 120.8 | 136.0 | 131.8 | 7.3 | 6.1 | 6.2 | 67.8 | 166.1 | 151.3 |
| 门诊部、所 | 88.0 | 58.2 | 39.5 | 5.6 | 3.8 | 3.2 | 44.7 | 55.7 | 50.6 |
| 其他卫生机构 | 17.9 | 9.0 | 8.4 | 2.1 | 0.4 | 0.4 | 27.2 | 90.9 | 55.9 |

注：门诊部、所不包括工业及其他部门的数字。

# 人口自然变动及死亡原因统计

## 全国人口出生率、死亡率、自然增长率

单位:‰

| | 总计 | | | 市 | | | 县 | | |
|---|---|---|---|---|---|---|---|---|---|
| | 出生率 | 死亡率 | 自然增长率 | 出生率 | 死亡率 | 自然增长率 | 出生率 | 死亡率 | 自然增长率 |
| 1949 | 36.00 | 20.00 | 16.00 | … | … | … | … | … | … |
| 1952 | 37.00 | 17.00 | 20.00 | … | … | … | … | … | … |
| 1957 | 34.03 | 10.80 | 23.23 | 44.48 | 8.47 | 36.01 | 32.81 | 11.07 | 21.74 |
| 1965 | 37.88 | 9.50 | 28.38 | 26.59 | 5.69 | 20.90 | 39.53 | 10.06 | 29.47 |
| 1970 | 33.43 | 7.60 | 25.83 | … | … | … | … | … | … |
| 1975 | 23.01 | 7.32 | 15.69 | 14.71 | 5.39 | 9.32 | 24.17 | 7.59 | 16.58 |
| 1978 | 18.25 | 6.25 | 12.00 | 13.56 | 5.12 | 8.44 | 18.91 | 6.42 | 12.49 |
| 1980 | 18.21 | 6.34 | 11.87 | 14.17 | 5.48 | 8.69 | 18.82 | 6.47 | 12.35 |
| 1985 | 21.04 | 6.78 | 14.26 | 14.02 | 5.96 | 8.06 | 19.17 | 6.66 | 12.51 |
| 1986 | 22.28 | 6.86 | 15.57 | 17.39 | 5.75 | 11.64 | 21.94 | 6.74 | 15.20 |
| 1987 | 23.33 | 6.72 | 16.61 | … | … | … | … | … | … |
| 1988 | 22.37 | 6.64 | 15.73 | … | … | … | … | … | … |
| 1989 | 21.58 | 6.54 | 15.04 | 15.98 | 5.74 | 10.24 | 22.28 | 6.69 | 15.59 |
| 1990 | 21.06 | 6.67 | 14.39 | … | … | … | … | … | … |
| 1991 | 19.68 | 6.70 | 12.98 | … | … | … | … | … | … |

资料来源:摘自《中国统计年鉴·1991》。

## 部分市、县婴儿死亡率

| | 婴儿死亡率(‰) | 统计范围 |
|---|---|---|
| 解放前 | 200左右 | |
| 其中:市 | 120左右 | |
| 1954年 | 138.5 | 据14个省五万余人的调查 |
| 1958年 | 80.8 | 北京等19个省、市的大部分市、县 |
| 其中:市 | 50.8 | 北京、河北等17个省、市的大部分市 |
| 县 | 89.1 | 河北等18个省、市的大部分县 |
| 1973—1975年 | 47.0 | 全国肿瘤死亡回顾调查 |
| 1981年 | 34.7 | 全国第三次人口普查 |
| 1983年市 | 13.6 | 北京等28个市全市或部分市区 |
| 县 | 26.5 | 上海、江苏等12个省、市的58个县全县或部分公社 |
| 1985年市 | 14.0 | 北京等36个市全市或部分市区 |
| 县 | 25.1 | 上海、江苏等15个省、市的72个县全县或部分乡 |
| 1991年市 | 16.5 | 北京等40个市全市或部分市区 |
| 县 | 25.4 | 上海、江苏等15个省、市的88个县全县或部分乡 |

## 1991年部分市前十位主要疾病死亡专率及死亡原因构成

| 顺位 | 合计 | | | 男 | | | 女 | | |
|---|---|---|---|---|---|---|---|---|---|
| | 死亡原因 | 死亡专率(1/10万) | 占死亡总人数的% | 死亡原因 | 死亡专率(1/10万) | 占死亡总人数的% | 死亡原因 | 死亡专率(1/10万) | 占死亡总人数的% |
| 1 | 恶性肿瘤 | 123.92 | 22.39 | 恶性肿瘤 | 151.08 | 25.46 | 脑血管病 | 110.16 | 21.56 |
| 2 | 脑血管病 | 116.48 | 21.05 | 脑性肿瘤 | 122.44 | 20.63 | 恶性肿瘤 | 95.12 | 18.62 |
| 3 | 呼吸系病 | 84.18 | 15.21 | 呼吸系病 | 86.44 | 14.56 | 心脏病 | 85.06 | 16.65 |
| 4 | 心脏病 | 82.36 | 14.88 | 心脏病 | 79.82 | 13.45 | 呼吸系病 | 81.79 | 16.01 |
| 5 | 损伤和中毒 | 39.38 | 7.12 | 损伤和中毒 | 45.86 | 7.73 | 损伤和中毒 | 32.50 | 6.36 |
| 6 | 消化系病 | 22.52 | 4.07 | 消化系病 | 25.56 | 4.31 | 消化系病 | 19.30 | 3.78 |
| 7 | 内分泌、营养、代谢及免疫疾病 | 10.07 | 1.82 | 肺结核 | 8.93 | 1.51 | 内分泌.营养.代谢及免疫疾病 | 12.66 | 2.48 |
| 8 | 泌尿.生殖系病 | 8.71 | 1.57 | 泌尿、生殖系病 | 8.74 | 1.47 | 泌尿.生殖系病 | 8.68 | 1.70 |
| 9 | *新生儿病 | 866.31 | 1.35 | *新生儿病 | 980.50 | 1.43 | 精神病 | 6.87 | 1.34 |
| 10 | 肺结核 | 6.36 | 1.15 | 内分泌.营养.代谢及免疫疾病 | 7.63 | 1.29 | *新生儿病 | 744.22 | 1.25 |
| | 十种死因合计 | | 90.61 | 十种死因合计 | | 91.84 | 十种死因合计 | | 89.75 |

统计范围：包括北京等40个市全市或部分市区资料；
*新生儿病死亡专率系以每十万出生人数为分母计算的。下表同。

## 1991年部分县前十位主要疾病死亡专率及死亡原因构成

| 顺位 | 合计 | | | 男 | | | 女 | | |
|---|---|---|---|---|---|---|---|---|---|
| | 死亡原因 | 死亡专率(1/10万) | 占死亡总人数的% | 死亡原因 | 死亡专率(1/10万) | 占死亡总人数的% | 死亡原因 | 死亡专率(1/10万) | 占死亡总人数的% |
| 1 | 呼吸系病 | 157.06 | 24.95 | 呼吸系病 | 158.41 | 23.52 | 呼吸系病 | 155.65 | 26.68 |
| 2 | 恶性肿瘤 | 101.39 | 16.11 | 恶性肿瘤 | 125.79 | 18.67 | 脑血管病 | 94.57 | 16.21 |
| 3 | 脑血管病 | 97.51 | 15.49 | 脑性肿瘤 | 100.33 | 14.89 | 恶性肿瘤 | 75.85 | 13.00 |
| 4 | 损伤和中毒 | 75.81 | 12.04 | 损伤和中毒 | 84.98 | 12.62 | 心脏病 | 69.21 | 11.86 |
| 5 | 心脏病 | 67.45 | 10.71 | 心脏病 | 65.76 | 9.76 | 损伤和中毒 | 66.21 | 11.35 |
| 6 | 消化系病 | 33.64 | 5.34 | 消化系病 | 37.65 | 5.59 | 消化系病 | 29.45 | 5.05 |
| 7 | 肺结核 | 14.19 | 2.25 | 肺结核 | 18.18 | 2.70 | *新生儿病 | 861.98 | 2.05 |
| 8 | *新生儿病 | 917.14 | 2.10 | *新生儿病 | 965.96 | 2.15 | 肺结核 | 10.02 | 1.72 |
| 9 | 传染病(肺结核除外) | 11.23 | 1.78 | 传染病(肺结核除外) | 12.52 | 1.86 | 传染病(肺结核除外) | 9.87 | 1.69 |
| 10 | 泌尿、生殖系病 | 8.87 | 1.41 | 泌尿、生殖系病 | 10.05 | 1.49 | 泌尿、生殖系病 | 7.63 | 1.31 |
| | 十种死因合计 | | 92.18 | 十种死因合计 | | 93.25 | 十种死因合计 | | 90.92 |

统计范围：包括北京等88个县的资料。

## 1991年部分市、县恶性肿瘤死亡率(1/10万)

| | 市 | | | 县 | | |
|---|---|---|---|---|---|---|
| | 合计 | 男 | 女 | 合计 | 男 | 女 |
| 合　　计 | 123.92 | 151.08 | 95.12 | 101.39 | 125.79 | 75.85 |
| 内：肺　癌 | 32.53 | 42.78 | 21.68 | 14.29 | 20.21 | 8.10 |
| 胃　癌 | 19.69 | 25.58 | 13.44 | 22.55 | 28.89 | 15.91 |
| 肝　癌 | 19.63 | 28.46 | 10.28 | 22.25 | 31.60 | 12.46 |
| 食管癌 | 8.94 | 12.35 | 5.34 | 16.32 | 20.46 | 11.98 |
| 肠　癌 | 8.53 | 8.61 | 8.45 | 5.14 | 5.38 | 4.89 |
| 白血病 | 3.60 | 3.88 | 3.31 | 3.31 | 3.59 | 3.09 |
| 乳腺癌 | 3.11 | — | 6.41 | 1.51 | — | 3.02 |

注：本表的统计范围同前面两个表。

## 全国人口平均期望寿命(岁)

| | 地　　区 | 合计 | 男 | 女 |
|---|---|---|---|---|
| 解放前 | | 35.0 | … | … |
| 1957 | 11个省、市的70个市、1个县和126个乡镇 | 57.0 | … | … |
| 1973～1975 | 全国人口三个肿瘤死亡回顾调查 | … | 63.6 | 66.3 |
| 1981 | 1982年第三次全国人口普查 | 67.9 | 66.4 | 69.3 |
| 1985 | 国家统计局人口抽样调查 | 68.9 | 67.0 | 71.0 |

注：本表数字均按平均期望寿命计算公式推算。

## 分年龄组的男、女期望寿命(岁)

| 年龄 | 1931年(农民) | | 1973～1975年 | | 1981年 | |
|---|---|---|---|---|---|---|
| | 男 | 女 | 男 | 女 | 男 | 女 |
| 0岁 | 34.85 | 34.63 | 63.62 | 66.31 | 66.34 | 69.35 |
| 1岁 | 40.28 | 39.76 | 65.88 | 68.26 | 67.87 | 70.75 |
| 5岁 | 47.58 | 46.95 | 64.22 | 66.75 | 64.94 | 68.01 |
| 10岁 | 47.05 | 46.00 | 59.94 | 62.43 | 60.36 | 63.36 |
| 15岁 | 43.93 | 42.80 | 55.23 | 57.69 | 55.58 | 58.57 |
| 20岁 | 40.74 | 40.08 | 50.52 | 52.95 | 50.87 | 53.83 |
| 30岁 | 34.16 | 34.40 | 41.22 | 43.71 | 41.54 | 44.52 |
| 40岁 | 26.84 | 28.05 | 32.10 | 34.66 | 32.30 | 35.28 |
| 50岁 | 20.04 | 21.26 | 23.51 | 25.99 | 23.52 | 26.36 |
| 60岁 | 14.19 | 15.22 | 15.93 | 18.07 | 15.72 | 18.19 |
| 70岁 | 9.42 | 10.67 | 9.88 | 11.52 | 9.56 | 11.34 |

注：1931年农民寿命表系美籍学者H.E.Seifert根据原金陵大学学生1929～1931年间对我国16个省101个县的38256户农家调查资料编制；1973～1975年、1981年均系全国寿命表，前者根据全国三年肿瘤死亡回顾调查资料推算，后者根据全国人口普查资料推算。

# 传染病发病、死亡及计划免疫统计

## 1991年全国法定报告传染病发病及死亡情况

| | 发病率(1/10万) | 死亡率(1/10万) | 病死率(%) | | 发病率(1/10万) | 死亡率(1/10万) | 病死率(%) |
|---|---|---|---|---|---|---|---|
| 总计 | 287.4180 | 0.8466 | 0.295 | 白喉 | 0.0204 | 0.0043 | 21.212 |
| | | | | 流脑 | 0.6944 | 0.0480 | 6.908 |
| 鼠疫 | 0.0029 | 0.0010 | 33.333 | 猩红热 | 2.7833 | 0.0012 | 0.044 |
| 霍乱 | 0.0186 | 0 | 0 | 出血热 | 4.3667 | 0.1169 | 2.677 |
| 病毒性肝炎 | 118.1455 | 0.1445 | 0.122 | 狂犬病 | 0.1861 | 0.1857 | 99.810 |
| 痢疾 | 116.6440 | 0.1027 | 0.088 | 钩端螺旋体病 | 2.6043 | 0.0535 | 2.056 |
| 伤寒副伤寒 | 10.5716 | 0.0307 | 0.290 | 布病 | 2.6043 | 0.0535 | 2.056 |
| 艾滋病 | 0 | 0 | 0 | 炭疽 | 0.2386 | 0.0089 | 3.739 |
| 淋病 | 7.3587 | 0.0001 | 0.001 | 斑疹伤寒 | 0.3852 | 0.0002 | 0.046 |
| 梅毒 | 0.0721 | 0 | 0 | 乙病 | 2.1511 | 0.1059 | 4.924 |
| 脊灰 | 0.1701 | 0.0054 | 3.167 | 黑热病 | 0.0285 | 0.0001 | 0.310 |
| 麻疹 | 10.9027 | 0.0311 | 0.285 | 疟疾 | 8.9788 | 0.0040 | 0.044 |
| 百日咳 | 0.9432 | 0.0019 | 0.197 | 登革热 | 0.0797 | 0.0003 | 0.333 |

## 全国法定报告传染病的发病及死亡情况

| | 发病率(1/10万) | 死亡率(1/10万) | 病死率(%) |
|---|---|---|---|
| 1980 | 2 076.17 | 3.07 | 0.15 |
| 1985 | 872.33 | 2.00 | 0.23 |
| 1986 | 718.95 | 1.53 | 0.21 |
| 1987 | 556.88 | 1.28 | 0.23 |
| 1988 | 465.89 | 1.49 | 0.32 |
| 1989 | 337.71 | 0.76 | 0.23 |
| 1990 | 292.22 | 1.15 | 0.40 |
| 1991 | 287.42 | 0.85 | 0.30 |

注:1990年以前报告的传染病包括鼠疫、副霍乱、白喉、流脑、百日咳、猩红热、麻疹、流感、痢疾、伤寒副伤寒、病毒性肝炎、乙脑、疟疾、黑热病、森林脑炎、恙虫病、出血热和钩端螺旋体病19种;1990和1991年包括的病种见前页。

## 全国一岁儿童计划免疫疫苗接种率及相应传染病发病率

| | 发病率(1/10万) | | | | 十二月龄接种率(%) | | | |
|---|---|---|---|---|---|---|---|---|
| | 白喉 | 百日咳 | 脊灰 | 麻疹 | 卡介苗 | 百白破 | 脊灰 | 麻苗 |
| 1980 | 1.00 | 62.82 | 0.76 | 114.88 | … | … | … | … |
| 1982 | 0.65 | 51.25 | 0.97 | 101.46 | … | … | … | … |
| 1985 | 0.14 | 14.22 | 0.15 | 40.37 | … | … | … | … |
| 1986 | 0.08 | 8.02 | 0.18 | 18.97 | 70 | 62 | 68 | 63 |
| 1987 | 0.04 | 5.61 | 0.18 | 9.88 | 85 | 74 | 78 | 77 |
| 1988 | 0.03 | 3.06 | 0.06 | 9.80 | 98 | 96 | 95 | 95 |
| 1989 | 0.03 | 2.46 | 0.42 | 7.77 | … | … | … | … |
| 1990 | 0.04 | 1.76 | 0.45 | 7.59 | 99 | 97 | 98 | 98 |
| 1991 | 0.02 | 0.94 | 0.17 | 10.90 | 96 | 95 | 96 | 95 |

# 农村改水工作统计

## 全国农村改水工作情况

| | 单位 | 1985年底 | 1986年底 | 1987年底 | 1989年底 | 1990年底 |
|---|---|---|---|---|---|---|
| 已改水受益人口数 | 万人 | 42 321 | 47 593 | 50 994 | 61 543 | 66 585 |
| 占农村人口比重 | % | 49.8 | 54.8 | 60.2 | 70.3 | 75.5 |
| 改水形式 | | | | | | |
| 自来水厂、站数 | 个 | 144 126 | 177 038 | 204 107 | 320 096 | 332 044 |
| 受益人口 | 万人 | 11 945 | 14 748 | 17 415 | 22 725 | 27 128 |
| 占改水受益总人口比重 | % | 28.3 | 31.0 | 34.2 | 36.9 | 40.7 |
| 手压机井数 | 万台 | 1 484 | 1 685 | 4 823 | 3 041 | 3 311 |
| 受益人口 | 万人 | 9 899 | 11 998 | 13 772 | 18 398 | 17 251 |
| 占改水受益总人口比重 | % | 23.4 | 25.2 | 27.0 | 29.9 | 25.9 |
| 改良大口井、水窖、水柜 | | | | | | |
| 受益人口 | 万人 | 20 468 | 20 847 | 19 807 | 20 422 | 22 214 |
| 占改水受益总人口比重 | % | 48.3 | 43.8 | 38.8 | 33.2 | 33.4 |
| 改水总投资 | 万元 | 324 732 | 474 001 | 507 806 | 867 271 | 1 335 332 |
| 受益群众集资 | 万元 | 100 772 | 165 152 | 195 225 | 383 716 | 612 806 |
| 乡镇企业投资 | 万元 | 127 011 | 167 387 | 162 325 | 221 392 | 328 514 |
| 地方财政补助 | 万元 | 36 259 | 59 676 | 64 218 | 125 392 | 189 234 |
| 有关部门投资 | 万元 | 46 919 | 49 638 | 51 602 | 64 058 | 95 911 |
| 银行贷款 | 万元 | 5 035 | 11 349 | 16 140 | 34 809 | 58 621 |
| 海外侨胞捐款 | 万元 | 4 022 | 4 997 | 6 097 | 8 051 | 10 391 |
| 其他 | 万元 | 4 714 | 15 802 | 12 199 | 29 853 | 39 855 |

注:1.自来水包括水塔、高位水池、压力罐、泉水管道;2.表中数字系累计数。

## 各地区农村改水情况

| | 改水受益人口占农村人口% | | | | | 饮用自来水人口占农村人口% | | | | |
|---|---|---|---|---|---|---|---|---|---|---|
| | 1985 | 1986 | 1987 | 1989 | 1990 | 1985 | 1986 | 1987 | 1989 | 1990 |
| 总　计 | 48.8 | 54.8 | 60.2 | 70.3 | 75.4 | 14.1 | 17.0 | 20.6 | 26.0 | 30.7 |
| 北　京 | 85.9 | 86.9 | 90.4 | 95.9 | 97.1 | 71.1 | 72.3 | 75.7 | 88.0 | 88.9 |
| 天　津 | 73.4 | 98.0 | 98.0 | 98.0 | 98.0 | 70.0 | 98.0 | 98.0 | 85.4 | 85.4 |
| 河　北 | 74.6 | 83.6 | 81.4 | 87.7 | 95.1 | 29.6 | 36.1 | 40.3 | 46.2 | 55.5 |
| 山　西 | 63.2 | 84.5 | 73.0 | 72.0 | 78.4 | 32.2 | 43.4 | 54.0 | 58.9 | 66.6 |
| 内蒙古 | 35.5 | 40.8 | 42.7 | 52.6 | 54.6 | 4.4 | 6.7 | 8.2 | 13.0 | 13.9 |
| 辽　宁 | 82.1 | 79.6 | 83.0 | 87.4 | 85.9 | 8.9 | 10.6 | 7.1 | 20.7 | 33.0 |
| 吉　林 | 57.1 | 69.8 | 72.5 | 78.1 | 82.6 | 10.6 | 16.8 | 17.9 | 21.1 | 28.1 |
| 黑龙江 | 59.7 | 73.2 | 77.5 | 80.3 | 85.3 | 20.0 | 28.3 | 31.3 | 31.0 | 32.1 |
| 上　海 | 75.5 | 78.2 | 81.2 | 83.8 | 95.5 | 29.4 | 34.7 | 41.2 | 59.9 | 69.6 |
| 江　苏 | 49.4 | 53.0 | 57.0 | 79.5 | 81.4 | 15.9 | 19.8 | 23.8 | 31.3 | 33.9 |
| 浙　江 | 53.3 | 59.3 | 67.8 | 79.4 | 86.3 | 33.6 | 39.3 | 45.6 | 54.2 | 55.0 |
| 安　徽 | 64.6 | 65.4 | 69.9 | 81.0 | 83.8 | 2.5 | 2.6 | 6.6 | 8.8 | 12.5 |
| 福　建 | 57.5 | 59.2 | 62.2 | 71.4 | 88.0 | 13.2 | 19.6 | 22.6 | 27.3 | 35.7 |
| 江　西 | 43.3 | 50.0 | 61.9 | 71.2 | 81.7 | 7.8 | 8.6 | 11.4 | 16.1 | 19.3 |
| 山　东 | 37.6 | 48.3 | 71.9 | 84.8 | 92.0 | 12.5 | 16.0 | 17.4 | 23.6 | 32.4 |
| 河　南 | 60.2 | 77.1 | 73.3 | 83.5 | 86.3 | 12.7 | 14.8 | 20.4 | 26.5 | 30.2 |
| 湖　北 | 27.6 | 31.0 | 42.4 | 56.1 | 62.2 | 15.5 | 18.6 | 24.6 | 30.7 | 32.7 |
| 湖　南 | 73.5 | 80.8 | 86.4 | 71.0 | 77.2 | 4.9 | 6.5 | 8.9 | 14.5 | 17.1 |
| 广　东 | 54.5 | 57.5 | 65.9 | 75.4 | 87.4 | 25.6 | 29.1 | 34.8 | 43.5 | 47.2 |
| 广　西 | 35.9 | 43.2 | 43.6 | 55.7 | 61.0 | 7.8 | 9.9 | 11.2 | 15.3 | 19.5 |
| 海　南 | … | … | … | 52.8 | 83.8 | … | … | … | 18.9 | 31.1 |
| 四　川 | 38.3 | 35.0 | 40.7 | 70.7 | 60.6 | 6.7 | 7.0 | 9.4 | 14.8 | 17.7 |
| 贵　州 | 22.1 | 22.8 | 25.5 | 30.4 | 32.1 | 7.0 | 7.9 | 10.0 | 12.7 | 13.4 |
| 云　南 | 26.1 | 26.7 | 30.0 | 38.6 | 42.8 | 13.2 | 13.4 | 15.0 | 21.3 | 23.8 |
| 陕　西 | 36.8 | 23.2 | 25.5 | 36.3 | 69.0 | 2.1 | 2.1 | 2.1 | 2.1 | 26.4 |
| 甘　肃 | 16.4 | 23.1 | 26.9 | 33.5 | 37.0 | 5.9 | 7.2 | 7.9 | 9.4 | 15.2 |
| 青　海 | 44.2 | 44.7 | 44.7 | 47.6 | 54.8 | 17.0 | 17.0 | 17.0 | 19.2 | 24.0 |
| 宁　夏 | 49.7 | 55.1 | 56.3 | 56.9 | 58.3 | 1.9 | 2.3 | 2.7 | 4.5 | 5.4 |
| 新　疆 | 30.3 | 38.9 | 15.5 | 52.4 | 56.5 | 4.1 | 13.2 | 15.5 | 25.6 | 27.8 |

# 食品卫生监测统计

## 食品卫生监测情况

| | 监测件数(万件) | | | | | | 合格率(%) | | | | | |
|---|---|---|---|---|---|---|---|---|---|---|---|---|
| | 1985 | 1986 | 1987 | 1988 | 1989 | 1990 | 1985 | 1986 | 1987 | 1988 | 1989 | 1990 |
| 合　计 | 65.23 | 85.33 | 86.79 | 97.37 | 91.01 | 91.94 | 71.3 | 74.6 | 76.1 | 77.4 | 82.3 | 81.9 |
| 熟肉及其制品 | 6.45 | 7.08 | 6.80 | 8.11 | 8.77 | 8.77 | 68.5 | 68.5 | 67.1 | 70.7 | 73.7 | 74.0 |
| 冷食及饮料 | 29.15 | 31.77 | 31.35 | 28.63 | 28.62 | 27.81 | 70.5 | 72.9 | 76.6 | 76.8 | 78.7 | 80.6 |
| 酱　油 | 3.48 | 3.57 | 3.27 | 2.94 | 2.98 | 2.84 | 53.8 | 56.1 | 58.8 | 63.7 | 64.8 | 66.2 |
| 消毒奶.奶粉 | 1.79 | 2.18 | 2.46 | 2.29 | 1.89 | 2.18 | 65.9 | 67.6 | 73.1 | 75.5 | 78.1 | 83.1 |
| 酒 | 8.85 | 12.70 | 11.98 | 12.29 | 11.09 | 10.45 | 77.6 | 83.5 | 85.9 | 88.4 | 90.2 | 90.9 |
| 水产品 | 0.48 | 0.62 | 0.70 | 0.66 | 0.82 | 0.88 | 83.6 | 81.4 | 87.0 | 87.7 | 90.9 | 90.2 |
| 豆制品 | 1.02 | 1.04 | 0.97 | 1.03 | 1.06 | 1.30 | 75.5 | 73.3 | 69.1 | 75.8 | 76.9 | 77.4 |
| 粮食 | 0.53 | 0.62 | 0.54 | 0.87 | 0.88 | 1.12 | 85.5 | 84.1 | 88.2 | 76.3 | 90.9 | 95.0 |
| 植物油 | 0.88 | 1.02 | 1.30 | 2.09 | 2.05 | 2.36 | 71.3 | 75.7 | 75.1 | 74.9 | 81.2 | 84.5 |
| 糕点 | 8.54 | 10.07 | 11.65 | 13.59 | 15.66 | 17.26 | 75.4 | 81.7 | 79.0 | 80.9 | 80.9 | 83.2 |
| 其他 | 4.07 | 14.66 | 15.78 | 24.88 | 17.19 | 16.98 | 72.0 | 74.0 | 73.0 | 74.8 | 81.3 | 82.7 |

## 食物中毒情况

| | 食物中毒人数 | | | | | 死亡人数 | | | | |
|---|---|---|---|---|---|---|---|---|---|---|
| | 1985 | 1986 | 1987 | 1989 | 1990 | 1985 | 1986 | 1987 | 1989 | 1990 |
| 总　计 | 76 213 | 88 569 | 89 827 | 57 453 | 47 367 | 620 | 495 | 501 | 482 | 338 |
| 动物类小计 | 48 570 | 57 178 | 54 996 | 35 245 | 30 398 | 133 | 103 | 85 | 122 | 123 |
| 肉及肉制品 | 20 690 | 27 317 | 29 760 | 17 022 | 14 078 | 24 | 18 | 25 | 19 | 35 |
| 病死性畜肉 | 11 148 | 11 890 | 9 170 | 4 716 | 4 208 | 29 | 37 | 19 | 15 | 20 |
| 变质肉禽 | 5 512 | 6 339 | 5 517 | 6 073 | 4 395 | 10 | 7 | 2 | 3 | 15 |
| 蛋及蛋制品 | 1 202 | 1 162 | 971 | 577 | 1 211 | 2 | 4 | 2 | 6 | 2 |
| 鱼贝及其制品 | 6 824 | 5 926 | 481 | 3 437 | 4 708 | 14 | 3 | 5 | 17 | 2 |
| 河豚鱼 | 178 | 284 | 97 | 201 | 193 | 42 | 30 | 28 | 17 | 42 |
| 乳及乳制品 | 794 | 1 204 | 707 | 325 | 42 | 0 | 1 | 1 | 0 | 0 |
| 植物类小计 | 20 290 | 20 783 | 24 103 | 18 920 | 14 572 | 353 | 221 | 252 | 244 | 172 |
| 谷及谷制品 | 7 298 | 7 091 | 5 899 | 5 780 | 3 365 | 100 | 41 | 72 | 74 | 51 |
| 豆及豆制品 | 2 912 | 2 102 | 4 766 | 3 483 | 2 429 | 8 | 8 | 7 | 12 | 0 |
| 调味料 | 69 | 121 | 746 | 116 | 119 | 2 | 0 | 0 | 0 | 1 |
| 发芽马铃薯 | 56 | 25 | 1 043 | 15 | 484 | 0 | 0 | 0 | 0 | 1 |
| 植物油 | 2 084 | 3 497 | 3 015 | 1 672 | 886 | 2 | 0 | 10 | 2 | 1 |
| 毒蕈 | 2 056 | 1 875 | 1 680 | 884 | 859 | 137 | 96 | 119 | 98 | 60 |
| 其他 | 7 514 | 10 608 | 10 728 | 3 288 | 2 397 | 134 | 171 | 164 | 116 | 43 |

# 妇幼卫生统计

## 1971～1991 年全国节育手术情况

| 总　计 | 放置宫内节育器人次数 | 取出宫内节育器人次数 | 输精管结扎人数 | 输卵管结扎人数 | 人工流产例　数 | |
|---|---|---|---|---|---|---|
| 1971 | 13 051 123 | 6 172 889 | … | 1 223 480 | 1 744 644 | 3 910 110 |
| 1972 | 18 690 446 | 9 220 297 | 853 625 | 1 715 822 | 2 087 160 | 4 813 542 |
| 1973 | 25 075 557 | 13 949 569 | 1 126 756 | 1 933 210 | 2 955 617 | 5 110 405 |
| 1974 | 22 638 229 | 12 579 886 | 1 352 787 | 1 445 251 | 2 275 741 | 4 984 564 |
| 1975 | 29 462 861 | 16 743 693 | 1 702 213 | 2 652 653 | 3 280 042 | 5 084 260 |
| 1976 | 22 385 435 | 11 626 510 | 1 812 590 | 1 495 540 | 2 707 849 | 4 742 946 |
| 1977 | 25 539 086 | 12 974 313 | 1 941 880 | 2 616 876 | 2 776 448 | 5 229 569 |
| 1978 | 21 720 096 | 10 962 517 | 2 087 420 | 767 542 | 2 511 413 | 5 391 204 |
| 1979 | 30 581 114 | 13 472 392 | 2 288 670 | 1 673 947 | 5 289 518 | 7 856 587 |
| 1980 | 28 628 437 | 11 491 871 | 2 403 408 | 1 363 508 | 3 842 006 | 9 527 644 |
| 1981 | 22 760 305 | 10 344 537 | 1 513 376 | 649 476 | 1 555 971 | 8 696 945 |
| 1982 | 33 702 389 | 14 069 161 | 2 056 671 | 1 230 967 | 3 925 927 | 12 419 663 |
| 1983 | 58 205 572 | 17 755 736 | 5 323 354 | 4 359 261 | 16 398 378 | 14 371 843 |
| 1984 | 31 734 864 | 11 751 146 | 4 383 129 | 1 293 286 | 5 417 163 | 8 890 140 |
| 1985 | 25 646 972 | 9 576 980 | 2 278 892 | 575 564 | 2 283 971 | 10 931 565 |
| 1986 | 28 475 506 | 10 637 909 | 2 313 157 | 1 030 827 | 2 914 900 | 11 578 713 |
| 1987 | 34 597 082 | 13 448 332 | 2 411 389 | 1 752 598 | 4 407 755 | 10 489 412 |
| 1988 | 31 820 664 | 12 227 219 | 2 264 969 | 1 062 161 | 3 590 469 | 12 675 839 |
| 1989 | 29 031 912 | 10 854 752 | 2 066 723 | 1 509 294 | 4 221 717 | 10 379 426 |
| 1990 | 34 982 328 | 12 352 110 | 2 355 128 | 1 466 442 | 5 314 722 | 13 493 926 |
| 1991 | 38 135 578 | 12 289 953 | 2 623 304 | 2 382 670 | 6 753 338 | 14 086 313 |

## 全国新法接生、住院分娩百分比(%)

| | 新法接生占接产总次数的比重(%) | | | 住院分娩率(%) | | |
|---|---|---|---|---|---|---|
| | 总计 | 市 | 县 | 总计 | 市 | 县 |
| 1977 | 88.5 | 98.2 | 87.6 | … | … | … |
| 1978 | 88.9 | 97.9 | 87.9 | … | … | … |
| 1980 | 91.4 | 98.7 | 90.3 | … | … | … |
| 1983 | 93.9 | 98.8 | 92.9 | … | … | … |
| 1984 | 94.4 | 98.4 | 93.4 | 41.1 | 74.9 | 32.8 |
| 1985 | 94.5 | 98.7 | 93.5 | 43.7 | 73.6 | 36.4 |
| 1986 | 94.4 | 98.3 | 93.4 | 45.9 | 73.5 | 39.1 |
| 1987 | 95.2 | 98.7 | 94.2 | 48.2 | 75.0 | 40.9 |
| 1988 | 95.5 | 98.6 | 96.1 | 50.3 | 75.6 | 44.3 |
| 1989 | 95.7 | … | … | 51.5 | … | … |
| 1990 | 94.0 | 98.6 | 93.9 | 50.6 | 74.2 | 45.1 |
| 1991 | 93.7 | 98.1 | 93.2 | 50.6 | 72.8 | 45.5 |

注：1989 年缺西藏数字。

# 青少年身体发育统计

**城市男性**

## 青少年、儿童身体发育情况

| | 身高平均值（厘米） | | | 身高标准差（厘米） | | 体重平均值（公斤） | | | 体重标准差（公斤） | | 胸围平均值（厘米） | | | 胸围标准差（厘米） | |
|---|---|---|---|---|---|---|---|---|---|---|---|---|---|---|---|
| | 1979 | 1985 | 差值 | 1979 | 1985 | 1979 | 1985 | 差值 | 1979 | 1985 | 1979 | 1985 | 差值 | 1985 | 1990 |
| 7岁 | 121.2 | 122.4 | 1.2 | 5.0 | 5.1 | 21.3 | 22.0 | 0.7 | 2.4 | 3.0 | 57.7 | 58.1 | 0.4 | 2.5 | 3.1 |
| 8岁 | 125.7 | 126.7 | 1.0 | 5.3 | 5.4 | 23.2 | 23.7 | 0.5 | 2.8 | 3.3 | 59.3 | 59.6 | 0.3 | 2.7 | 3.3 |
| 9岁 | 130.6 | 131.8 | 1.2 | 5.6 | 5.7 | 25.5 | 26.2 | 0.7 | 3.2 | 4.0 | 61.1 | 61.6 | 0.5 | 2.9 | 3.8 |
| 10岁 | 135.3 | 136.5 | 1.2 | 5.8 | 5.8 | 28.0 | 28.7 | 0.7 | 3.7 | 4.4 | 63.0 | 63.6 | 0.6 | 3.2 | 4.0 |
| 11岁 | 139.9 | 141.9 | 2.0 | 6.0 | 6.5 | 30.5 | 31.8 | 1.3 | 4.1 | 5.1 | 64.8 | 65.9 | 1.1 | 3.3 | 4.3 |
| 12岁 | 145.2 | 147.0 | 1.8 | 6.8 | 7.3 | 34.0 | 35.4 | 1.4 | 5.1 | 6.4 | 67.2 | 68.4 | 1.2 | 3.8 | 4.9 |
| 13岁 | 151.8 | 155.6 | 3.8 | 8.0 | 7.9 | 38.6 | 41.5 | 2.9 | 6.4 | 7.1 | 70.5 | 72.9 | 2.4 | 4.6 | 5.1 |
| 14岁 | 158.3 | 162.0 | 3.7 | 7.8 | 7.6 | 44.1 | 46.6 | 2.5 | 6.9 | 7.3 | 74.2 | 76.8 | 2.6 | 4.8 | 5.1 |
| 15岁 | 163.8 | 165.9 | 2.1 | 6.9 | 6.5 | 49.0 | 50.5 | 1.5 | 6.6 | 6.8 | 77.8 | 79.4 | 1.6 | 4.7 | 5.0 |
| 16岁 | 167.0 | 168.6 | 1.6 | 5.9 | 5.9 | 52.5 | 53.9 | 1.4 | 6.1 | 6.7 | 80.5 | 82.2 | 1.7 | 4.3 | 4.6 |
| 17岁 | 168.6 | 170.3 | 1.7 | 5.7 | 5.7 | 54.8 | 56.1 | 1.3 | 5.8 | 6.5 | 82.3 | 83.9 | 1.6 | 4.0 | 4.4 |
| 18岁 | 169.3 | 170.7 | 1.3 | 5.6 | 5.7 | 56.5 | 57.1 | 0.6 | 5.5 | 6.3 | 83.9 | 84.8 | 0.9 | 3.8 | 4.4 |
| 19岁 | 170.1 | … | … | 5.6 | … | 58.0 | … | … | 5.7 | … | 85.0 | … | … | 3.9 | … |
| 20岁 | 170.4 | … | … | 5.8 | … | 58.7 | … | … | 5.7 | … | 85.7 | … | … | 3.9 | … |
| 21岁 | 170.7 | … | … | 5.6 | … | 59.1 | … | … | 5.6 | … | 86.0 | … | … | 3.8 | … |
| 22岁 | 170.8 | … | … | 5.6 | … | 59.2 | … | … | 5.8 | … | 86.2 | … | … | 3.9 | … |
| 18～25 | 170.3 | … | … | 5.8 | … | 58.5 | … | … | 5.8 | … | 85.7 | … | … | 4.1 | … |

资料来源：1979.1985年《全国学生体质健康调查》，以下三表同。

**城市女性**

## 青少年、儿童身体发育情况

| | 身高平均值（厘米） | | | 身高标准差（厘米） | | 体重平均值（公斤） | | | 体重标准差（公斤） | | 胸围平均值（厘米） | | | 胸围标准差（厘米） | |
|---|---|---|---|---|---|---|---|---|---|---|---|---|---|---|---|
| | 1979 | 1985 | 差值 | 1979 | 1985 | 1979 | 1985 | 差值 | 1979 | 1985 | 1979 | 1985 | 差值 | 1985 | 1990 |
| 7岁 | 120.4 | 121.1 | 0.7 | 5.0 | 5.1 | 20.6 | 20.9 | 0.3 | 2.4 | 2.9 | 55.8 | 56.0 | 0.3 | 2.5 | 2.9 |
| 8岁 | 125.0 | 126.0 | 1.0 | 5.4 | 5.7 | 22.5 | 23.1 | 0.6 | 2.7 | 3.3 | 57.4 | 57.8 | 0.4 | 2.7 | 3.4 |
| 9岁 | 130.1 | 131.6 | 1.5 | 5.7 | 6.1 | 24.9 | 25.7 | 0.8 | 3.2 | 4.0 | 59.3 | 59.9 | 0.6 | 3.0 | 3.8 |
| 10岁 | 135.6 | 137.2 | 1.6 | 6.3 | 6.5 | 27.8 | 28.4 | 0.6 | 4.0 | 4.5 | 61.6 | 62.1 | 0.5 | 3.5 | 4.1 |
| 11岁 | 141.2 | 143.8 | 2.6 | 6.7 | 6.8 | 31.0 | 32.5 | 1.5 | 4.8 | 5.5 | 64.1 | 65.4 | 1.3 | 4.0 | 4.8 |
| 12岁 | 147.1 | 149.6 | 2.5 | 6.6 | 6.6 | 35.4 | 37.0 | 1.6 | 5.4 | 6.2 | 67.5 | 68.9 | 1.4 | 4.4 | 5.2 |
| 13岁 | 151.6 | 154.7 | 3.1 | 6.2 | 5.7 | 39.8 | 42.1 | 2.3 | 5.9 | 6.0 | 70.0 | 72.8 | 1.8 | 4.5 | 4.6 |
| 14岁 | 154.8 | 156.9 | 2.1 | 5.6 | 5.4 | 43.5 | 44.9 | 1.4 | 5.8 | 5.8 | 73.7 | 74.8 | 1.1 | 4.3 | 4.4 |
| 15岁 | 156.8 | 157.5 | 0.7 | 5.3 | 5.2 | 46.4 | 46.7 | 0.3 | 5.6 | 5.6 | 75.8 | 76.2 | 0.4 | 4.1 | 4.3 |
| 16岁 | 157.8 | 158.5 | 0.7 | 5.2 | 5.2 | 48.3 | 48.3 | 0 | 5.5 | 5.6 | 77.2 | 77.2 | 0 | 4.0 | 4.1 |
| 17岁 | 158.1 | 158.9 | 0.8 | 5.2 | 5.4 | 49.2 | 49.2 | 0 | 5.5 | 5.9 | 77.6 | 77.7 | 0.1 | 4.0 | 4.3 |
| 18岁 | 158.2 | 158.8 | 0.6 | 5.1 | 5.2 | 50.7 | 49.4 | −1.4 | 5.5 | 5.8 | 78.5 | 78.1 | −0.4 | 3.9 | 4.3 |
| 19岁 | 158.8 | … | … | 5.3 | … | 51.5 | … | … | 5.5 | … | 78.9 | … | … | 3.9 | … |
| 20岁 | 159.1 | … | … | 5.2 | … | 52.1 | … | … | 5.7 | … | 79.1 | … | … | 4.0 | … |
| 21岁 | 159.2 | … | … | 5.2 | … | 51.8 | … | … | 5.5 | … | 79.0 | … | … | 3.8 | … |
| 22岁 | 159.4 | … | … | 5.1 | … | 51.9 | … | … | 5.5 | … | 79.0 | … | … | 3.8 | … |
| 18～25 | 159.0 | … | … | 5.2 | … | 51.5 | … | … | 5.6 | … | 78.9 | … | … | 3.9 | … |

## 农村男性　　青少年、儿童身体发育情况

| | 身高 X(厘米) | | | 身高 S(厘米) | | 体重 X(公斤) | | | 体重 S(公斤) | | 胸围 X(厘米) | | | 胸围 S(厘米) | |
|---|---|---|---|---|---|---|---|---|---|---|---|---|---|---|---|
| | 1979 | 1985 | 差值 | 1979 | 1985 | 1979 | 1985 | 差值 | 1979 | 1985 | 1979 | 1985 | 差值 | 1985 | 1990 |
| 7岁 | 117.3 | 118.2 | 0.9 | 4.9 | 5.1 | 20.3 | 20.4 | 0.1 | 2.1 | 2.3 | 57.7 | 57.6 | −0.1 | 2.4 | 2.6 |
| 8岁 | 121.2 | 122.6 | 1.4 | 5.1 | 5.3 | 21.9 | 22.3 | 0.4 | 2.3 | 2.7 | 59.1 | 59.3 | 0.2 | 2.5 | 2.8 |
| 9岁 | 125.5 | 127.5 | 2.0 | 5.5 | 5.7 | 23.9 | 24.4 | 0.5 | 2.8 | 3.1 | 60.8 | 61.0 | 0.2 | 2.7 | 3.0 |
| 10岁 | 129.9 | 132.2 | 2.3 | 5.5 | 5.6 | 25.9 | 26.7 | 0.8 | 3.0 | 3.2 | 62.5 | 62.9 | 0.4 | 2.7 | 3.1 |
| 11岁 | 133.8 | 136.9 | 3.1 | 6.0 | 5.8 | 28.0 | 29.4 | 1.4 | 3.4 | 3.8 | 64.1 | 65.0 | 0.9 | 2.9 | 3.4 |
| 12岁 | 138.9 | 141.8 | 2.9 | 6.3 | 6.8 | 31.0 | 32.4 | 1.4 | 4.0 | 4.8 | 66.2 | 67.2 | 1.0 | 3.2 | 3.9 |
| 13岁 | 144.1 | 159.9 | 5.8 | 7.3 | 7.8 | 34.4 | 38.2 | 3.8 | 5.2 | 6.3 | 68.7 | 71.2 | 2.5 | 3.8 | 4.6 |
| 14岁 | 150.7 | 155.1 | 4.4 | 8.2 | 7.9 | 39.2 | 42.5 | 3.3 | 6.3 | 6.8 | 71.9 | 74.4 | 2.5 | 4.4 | 4.9 |
| 15岁 | 157.0 | 160.5 | 3.5 | 7.7 | 6.9 | 44.5 | 47.5 | 3.0 | 6.6 | 6.5 | 75.7 | 78.0 | 2.3 | 4.7 | 4.8 |
| 16岁 | 161.8 | 164.1 | 2.3 | 6.6 | 5.9 | 49.1 | 51.5 | 2.4 | 6.2 | 5.9 | 78.8 | 81.1 | 2.3 | 4.4 | 4.3 |
| 17岁 | 164.4 | 166.1 | 1.7 | 6.9 | 5.6 | 51.7 | 54.3 | 2.6 | 5.7 | 5.7 | 80.9 | 83.2 | 2.3 | 4.1 | 4.1 |
| 18岁 | … | 167.2 | … | … | 5.5 | … | 55.5 | … | … | 5.6 | … | 84.4 | … | … | 4.0 |

## 农村女性　　青少年、儿童身体发育情况

| | 身高 X(厘米) | | | 身高 S(厘米) | | 体重 X(公斤) | | | 体重 S(公斤) | | 胸围 X(厘米) | | | 胸围 S(厘米) | |
|---|---|---|---|---|---|---|---|---|---|---|---|---|---|---|---|
| | 1979 | 1985 | 差值 | 1979 | 1985 | 1979 | 1985 | 差值 | 1979 | 1985 | 1979 | 1985 | 差值 | 1985 | 1990 |
| 7 | 116.3 | 117.0 | 0.7 | 4.8 | 5.0 | 19.6 | 19.6 | 0 | 2.1 | 2.2 | 56.0 | 55.8 | −0.2 | 2.4 | 2.6 |
| 8 | 120.1 | 121.7 | 1.6 | 5.1 | 5.5 | 21.2 | 21.5 | 0.3 | 2.4 | 2.6 | 57.4 | 57.5 | 0.1 | 2.5 | 2.8 |
| 9 | 124.5 | 126.9 | 2.4 | 5.4 | 5.8 | 23.1 | 23.8 | 0.7 | 2.7 | 3.1 | 59.0 | 59.4 | 0.4 | 2.6 | 3.1 |
| 10 | 129.5 | 132.0 | 2.5 | 6.0 | 6.4 | 25.4 | 26.4 | 1.0 | 3.2 | 3.8 | 60.9 | 61.5 | 0.6 | 2.9 | 3.6 |
| 11 | 134.1 | 137.9 | 3.8 | 6.5 | 6.6 | 27.9 | 29.8 | 1.9 | 3.9 | 4.6 | 62.8 | 64.3 | 1.5 | 3.4 | 4.2 |
| 12 | 140.1 | 143.5 | 3.4 | 6.8 | 6.9 | 31.8 | 33.8 | 2.0 | 4.9 | 5.6 | 65.9 | 67.6 | 1.7 | 4.0 | 4.7 |
| 13 | 145.6 | 150.2 | 4.6 | 6.7 | 6.1 | 36.1 | 40.0 | 3.9 | 5.5 | 5.8 | 69.1 | 72.2 | 3.1 | 4.4 | 4.7 |
| 14 | 150.0 | 152.4 | 2.4 | 6.0 | 5.5 | 40.4 | 42.9 | 2.5 | 5.6 | 5.7 | 72.4 | 74.7 | 2.3 | 4.3 | 4.4 |
| 15 | 153.2 | 154.2 | 1.0 | 5.3 | 5.1 | 44.4 | 46.0 | 1.6 | 5.5 | 5.3 | 75.3 | 76.9 | 1.6 | 4.1 | 4.1 |
| 16 | 154.9 | 155.1 | 0.2 | 5.1 | 5.1 | 47.0 | 48.0 | 1.0 | 5.4 | 5.4 | 77.1 | 78.4 | 1.3 | 4.0 | 4.3 |
| 17 | 155.7 | 155.8 | 0.1 | 4.9 | 5.0 | 48.8 | 49.5 | 0.7 | 5.2 | 5.2 | 78.4 | 79.5 | 1.1 | 3.9 | 4.2 |
| 18 | … | 156.2 | … | … | 4.9 | … | 50.1 | … | … | 5.3 | … | 79.8 | … | … | 4.2 |

# 医学教育、科研统计

## 全国高、中等医药院、校数及在校学生数

| | 单位 | 1949年 | 1957年 | 1965年 | 1975年 | 1980年 | 1985年 | 1990年 | 1991年 |
|---|---|---|---|---|---|---|---|---|---|
| 高等医药院、校 | 所 | 22 | 37 | 92 | 88 | 109 | 116 | 122 | 122 |
| 在校学生数 | 人 | 15 234 | 49 107 | 82 861 | 86 336 | 139 569 | 157 388 | 201 789 | 197 900 |
| 其中：中医学院数 | 所 | … | 5 | 21 | 17 | 22 | 24 | 31 | 31 |
| 在校学生数 | 人 | … | 1 020 | 10 155 | 13 538 | 25 282 | 28 450 | 34 048 | 30 932 |
| 中等医药学校 | 所 | … | 182 | 298 | 480 | 555 | 515 | 563 | 557 |
| 在校学生数 | 人 | 15 387 | 81 079 | 88 972 | 139 113 | 224 695 | 220 963 | 308 394 | 298 500 |

注：1. 校数：包括中、西医药院、校，不包括未招生的筹建院校和其他院校所设的医学院、系；
2. 在校学生人数：包括扩大招生人数和其他院校医药专业学生数；
3. 中医学院是1956年开始建立的；
资料来源：摘自有关年份的《教育统计资料》，下表同。

## 全国高、中等医药院、校毕业人数

| | 高等医药院、校 | 中等医药学校 |
|---|---|---|
| 1949年 | 1 314 | 3 803 |
| 1950～1952年合计 | 6 393 | 31 263 |
| 1953～1957年合计 | 25 918 | 96 042 |
| 1958～1962年合计 | 60 135 | 169 545 |
| 1963～1965年合计 | 72 882 | 69 513 |
| 1966～1970年合计 | 78 246 | 100 956 |
| 1971～1975年合计 | 44 167 | 126 437 |
| 1976～1980年合计 | 116 612 | 256 473 |
| 1981～1985年合计 | 152 054 | 329 218 |
| 1986～1990年合计 | 179 431 | 392 637 |
| 1991年 | 44 300 | 103 500 |

补充资料：1. 1928～1947年高等医药院校毕业生总数为9499人；
2. 解放前中等医药学校毕业生总数为41437人。

## 医学科研成果

| | 卫生部科技成果 | | | 国家 | |
|---|---|---|---|---|---|
| | 一等奖 | 二等奖 | 三等奖 | 发明奖 | 技术进步奖 |
| 1979 | 20 | 34 | … | 1 | … |
| 1980 | 20 | 30 | … | 6 | … |
| 1981 | 22 | 49 | … | 6 | … |
| 1982 | 23 | 74 | … | 4 | … |
| 1983 | 29 | 68 | … | 8 | … |
| 1984 | 32 | 82 | … | 7 | … |
| 1985 | 19 | 85 | … | 6 | 52 |
| 1986 | 16 | 66 | … | … | … |
| 1987 | 8 | 34 | 76 | 3 | 22 |
| 1988 | 8 | 41 | 75 | 4 | 10 |
| 1989 | 5 | 22 | 62 | 9 | 12 |
| 1990 | 5 | 25 | 70 | 4 | 6 |
| 1991 | 11 | 30 | 120 | 3 | 14 |

补充资料：1978 年全国科技大会，卫生部门获奖 335 项；卫生部科学大会奖 697 项。

# 卫生经费统计

## 全国各个时期的卫生事业费

| | 卫生事业费（亿元） | 国家财政支出（亿元） | 科教文卫事业费（亿元） | 卫生事业费 | |
|---|---|---|---|---|---|
| | | | | 占国家财政支出％ | 占科教文卫事业费％ |
| 恢复时期 | 5.59 | 366.56 | 29.05 | 1.52 | 19.24 |
| 一五时期 | 14.55 | 1 345.68 | 110.21 | 1.08 | 13.20 |
| 二五时期 | 23.34 | 2 288.67 | 193.54 | 1.02 | 12.11 |
| 调整时期 | 18.84 | 1 204.98 | 126.89 | 1.56 | 14.85 |
| 三五时期 | 44.50 | 2 518.60 | 225.82 | 1.77 | 19.71 |
| 四五时期 | 65.62 | 3 919.60 | 341.98 | 1.67 | 19.19 |
| 五五时期 | 113.64 | 5 247.35 | 566.73 | 2.17 | 20.05 |
| 1978 年 | 22.42 | 1 111.00 | 112.66 | 2.02 | 19.90 |
| 1980 年 | 30.16 | 1 212.73 | 146.26 | 2.49 | 20.62 |
| 六五时期 | 215.35 | 6 952.00 | 1 171.73 | 3.10 | 18.38 |
| 1985 年 | 54.82 | 1 844.80 | 316.70 | 2.97 | 17.31 |
| 七五时期 | 354.06 | 13 978.30 | 2 439.40 | 2.53 | 14.51 |
| 1986 年 | 64.28 | 2 330.80 | 379.93 | 2.76 | 16.92 |
| 1987 年 | 64.05 | 2 448.50 | 402.75 | 2.62 | 15.90 |
| 1988 年 | 71.86 | 2 706.60 | 486.10 | 2.65 | 14.78 |
| 1989 年 | 74.40 | 3 040.20 | 553.33 | 2.45 | 13.45 |
| 1990 年 | 79.47 | 3 452.20 | 617.29 | 2.30 | 12.87 |

注：1. 从 1987 年开始，卫生事业费不再包括中医事业费和医学科研经费；2. 卫生事业费系财政决算数，不含公费医疗经费部分；3. 本表均按当年价格计算，下表同；

资料来源：摘自《中国统计年鉴·1991》，下表同。

## 全国各个时期的卫生基本建设投资

| | 卫生基建投资(亿元) | 全国基建投资总额(亿元) | 科教文卫和社会福利费(亿元) | 卫生基建投资 | |
|---|---|---|---|---|---|
| | | | | 占全国基建投资总额% | 占科教文卫和社会福利费% |
| 一五时期 | 6.48 | 588.47 | 44.56 | 1.10 | 6.88 |
| 二五时期 | 4.85 | 1 206.09 | 46.39 | 0.40 | 10.45 |
| 调整时期 | 2.67 | 421.89 | 24.05 | 0.63 | 11.10 |
| 三五时期 | 3.29 | 976.03 | 27.44 | 0.34 | 11.20 |
| 四五时期 | 9.00 | 1 763.95 | 55.45 | 0.51 | 16.23 |
| 五五时期 | 18.29 | 2 342.17 | 127.82 | 0.78 | 14.31 |
| 1978 年 | 3.21 | 500.99 | 21.77 | 0.64 | 14.75 |
| 1980 年 | 5.78 | 558.89 | 44.29 | 1.03 | 13.05 |
| 六五时期 | 52.62 | 3 410.09 | 353.48 | 1.54 | 14.89 |
| 1985 年 | 18.10 | 1 074.37 | 120.81 | 1.68 | 14.98 |
| 七五时期 | | | | | |
| 1986 年 | 18.03 | 1 176.11 | 140.28 | 1.53 | 12.85 |
| 1987 年 | 19.11 | 1 343.10 | 151.17 | 1.42 | 12.64 |
| 1988 年 | 20.03 | 1 525.79 | 152.83 | 1.31 | 13.11 |
| 1989 年 | 18.06 | 1 551.74 | 149.42 | 1.16 | 12.09 |
| 1990 年 | 20.32 | 1 703.81 | 155.27 | 1.19 | 13.09 |

## 卫生部门、集体所有制卫生机构房屋建筑情况

| | 总占地面积(万平方米) | 总建筑面积(万平方米) | 房屋用途% | | | 建筑年代% | | | 危房比重(%) |
|---|---|---|---|---|---|---|---|---|---|
| | | | 工作用房 | 生活用房 | 其他用房 | 1949 年以前 | 1950～1979 年 | 1980～1988 年 | |
| **总　　计** | **29 073.5** | **11 680.5** | **61.0** | **37.0** | **2.0** | **4.0** | **45.2** | **50.9** | **4.6** |
| 内:医　　院 | 18 170.2 | 8 228.5 | 62.1 | 36.1 | 1.8 | 3.7 | 49.7 | 47.0 | 4.7 |
| 乡卫生院 | 1 780.2 | 752.5 | 61.6 | 35.9 | 2.5 | 1.0 | 70.7 | 28.3 | 5.9 |
| 疗养院、所 | 344.8 | 88.6 | 60.4 | 35.1 | 4.5 | 11.0 | 43.5 | 45.5 | 4.2 |
| 门诊部、所 | 279.0 | 144.3 | 70.2 | 27.7 | 2.1 | 8.0 | 48.2 | 43.7 | 5.1 |
| 专科防治所、站 | 3 122.7 | 274.7 | 55.6 | 41.2 | 3.2 | 3.6 | 52.0 | 44.4 | 6.1 |
| 卫生防疫站 | 1 336.5 | 744.7 | 51.4 | 46.2 | 2.4 | 2.2 | 40.6 | 57.2 | 4.3 |
| 妇幼保健所、站 | 359.2 | 221.6 | 60.4 | 37.2 | 2.4 | 2.3 | 29.8 | 67.9 | 4.3 |
| 高等医药院、校 | 1 370.5 | 789.3 | 61.4 | 35.5 | 3.1 | 4.5 | 46.4 | 49.1 | 3.8 |
| 中等医药学校 | 1 941.3 | 760.5 | 66.9 | 29.7 | 3.4 | 2.0 | 41.2 | 56.8 | 4.7 |
| 医学科研机构 | 1 190.3 | 188.9 | 57.2 | 40.2 | 2.6 | 4.5 | 43.1 | 52.4 | 2.6 |

资料来源:摘自 1989 年《全国卫生部门房屋建筑情况调查》;
调查范围:包括全国 50 张病床以上的乡镇卫生院在内的卫生部门和集体所有制卫生机构。

(卫生部卫生统计信息中心供稿)

# 附　　录

## 台湾医疗卫生工作

**一、人口**　1990年粗出生率为16.55‰，粗死亡率为5.21‰，自然增长率为11.35‰。人口年龄中位数为27.24岁，其中14岁以下占27.07%，65岁以上占6.21%，15～64岁的生产年龄者占66.72%。因此，每100个生产年龄人口要负担49.89个14岁以下及65岁以上的依赖人口。

台湾每平方公里人口密度达565人，仅次于孟加拉，居世界第二位。每户平均人口数为4人。人口最稠密的地区为台北市，每平方公里10 007人，其次是高雄市，每平方公里9 028人。最低的是台东县和花莲县，分别为每平方公里73人和76人。

**二、受教育状况**　台湾地区6岁以上人口占总人口90.41%。其中受过大专以上教育者占10.83%，高中(职)程度者占25.60%，初中程度者占20.48%，小学程度者占35.13%，自修及略通文字者占1.20%，文盲占6.76%。总识字率为93.2%。

**三、一般社会指标**　①人均国民收入为7 332美元。②社会保险人数963万余人，占总人口47%。③政府医疗保健经费占 总支出3.67%。④期望寿命：男71.30岁，女76.70岁。

**四、卫生指标**

1. 婴儿死亡率5.27‰。

2. 孕产妇死亡率11.94/10万人口。

3. 10大死因顺位：恶性肿瘤，脑血管疾病，意外灾害及不良影响，心脏疾病，糖尿病，慢性肝病及肝硬化，肺炎，高血压性疾病，支气管炎、肺气肿及哮喘，肾炎、肾病综合征及肾变性疾病。

4. 营养状况：人均每日摄入热量为3 014.47卡，人均每日摄入蛋白质90.16克。

5. 医疗设施：总医院数为741所(不含中医)，其中公立医院94所，财团法人医院66所，私立医院581所。总病床数为54 438张，其中公立医院有18 163床(占33.4%)，财团法人医院有15 321床(占28.1%)，私立医院有20 954床(占38.5%)。

6. 医务人员：台湾规定，医学院毕业生必须经过“考选部”的考试，才能向卫生署申请领取医事人员证书。持有证书者方可向地方卫生局申请开业或执业。到1991年，领取医生证书者共有29 380人，执业者为20 075人；中医师分别为5 693人和2 372人；牙医师分别为8 127人和5 729人；护理师分别为26 852人和12 708人；护士分别为61 836人和25 649人；助产士分别为45 060人和1 891人；药师分别为18 427人和9 879人；药剂生分别为12 253人和8 065人；医事检验师分别为5 301人和3 265人；医事检验生分别为1 033人和392人；放射线师(士)执业人数为1 431人。

按每万人计算，1990年每万人有病床43.79张，执业医师10.96名(含中医师)。

**五、医学科学技术研究及成果** 1991年召开的第4次科技会议上提出，今后6年内，医学科学研究重点是：神经科学、免疫学、重要的及常见的疾病的基础研究、生物畸变及生态学研究、分子医学研究、生物技术的基础研究，以及医学工程学的基础研究。

卫生署在1991年委托科研单位进行的研究计划共77项，重要成果如下。

1. 重要健康问题的研究，包括对酗酒、艾滋病、老年性疾病、职业性皮肤病等的流行病学调查，鼻咽癌与EB病毒的关系、嚼食槟榔与口腔疾病的关系，心血管疾病的监测及社区追踪等研究。

2. 药物科技及药政管理的研究，包括药品及化妆品的不良反应、药品安全性、中药制剂化学成分、缓释剂型的设计与开发等方面的研究。

3. 食品卫生方面包括食品中微生物污染的快速检验法、食品及其成份的生理影响等研究。

4. 医疗保健服务方面有：医院医疗质量指标、病人分类管理，以及慢性病医疗机构的现状调查及护理人员的功能等研究。

5. 中医中药方面有：中医治疗支气管哮喘和用同位素造影术研究经络及穴道等研究，约数十项。

**六、促进医疗卫生工作发展的几项重大措施**

1. 台湾从1985年开始实施“医疗网计划”，通过了《医疗法》、《医师法修正案》和在1986年决定推行全民健康保险，其目的均在于使医疗设施和卫生人力的分布趋于合理化，使居民得到必需的医疗服务，同时提高医疗质量，合理控制医疗费用等等。目前，台湾地区已有医学中心(一级医疗机构)10所，区域医院(二级医疗机构)40所，已接近需要，但地区医院(三级医疗机构)尚待进一步加强。现在的问题主要是卫生资源的分布不平衡，城乡之间，特别是城市与边远地区之间差别很大。这对于实现全民健康保险和分级医疗制度是一个障碍。为落实医疗网计划，1991年7月通过了《医疗发展基金》草案，鼓励民间到医疗资源缺乏的地区去增设或扩充地区医院和基层医疗单位。由台湾行政当局贷款，按每床位补助200万元，并由卫生署代支付至少60%的贷款利息。

2. 为解决边远地区居民医疗缺乏问题，1983年以来，在第一期医疗网计划中共设立117所群体医疗执业中心。1991年开始实施第二期医疗网计划，到1994年将增设80所。群体医疗执业中心的设置按每名医师服务3000名人口为原则，1991年共建35所。

3. 为配合全民健康保险的实施，卫生署决定在5年内全地区建立7个医疗资讯中心，以利于医院的转诊工作，以及缩短健康保险医疗费用申请时间，估计将要投入43亿台币。

在1988年时已着手试办了新竹医疗资讯网，1992年将成立第一个医疗资讯交换中心，计划以2年为一阶段，到1996年陆续完成建立7个中心的计划，届时医院之间可以连线作业。

4. 筹设“国家卫生研究院”。设立“国家卫生研究院”作为一个综合临床医学与公共卫生学研究的高级研究机构，其原因是：(1)提高医药卫生研究水平，以解决现有的问题，如居民寿命延长造成的慢性病问题，工业污染造成的职业病等等；(2)现在尚无健全的医药卫生研究发展体系，且各医学中心的研究工作缺乏协调，使研究工作缺乏长远的计划和共同的目标，影响了医药卫生研究工作的发展；(3)1994 年实行全民健康保险后，须要进一步研究健康保险和医疗资源的有效利用；(4)目前尚无统一和协调医、药、卫生科技方面专门的研究培训机构。该研究院计划成立 11 个机构，包括癌症、慢性病、传染病、神经性疾病、遗传优生、精神卫生、药物科技、毒理、职业病、医疗保健等研究所和一个临床中心。其任务为：负责医药卫生研究政策的拟订、研究方向的规划、研究人才的培训，以及协调各大医学研究中心之间的研究合作。

设立“国家卫生研究院”已纳入“国家建设六年计划”，并已编列预算。1991 年先在台大及荣总第二医学中心开展癌症临床治疗及研究计划。1993 年起将陆续成立癌症、脑血管及心脏、医疗保健、药物科技及毒理学等研究所。

“国家卫生研究院”将仿效英国的医学研究院的方式管理。除由当局拨款外，并向社会集资，以财团法人的组织方式成立。

5. 为实施全民健康保险作好组织上和技术上的准备。1991 年 5 月成立“医疗精算学会”，专门从事医疗收费、医疗成本、保费负担、保险给付、医疗赔偿等等的精算学术研究，以保障群众的医疗权益。1991 年 10 月，经“立法院”审查通过成立“中央劳工保险局”。同年 12 月，卫生署全民健康保险规划指导委员会，决定设立“中央健康保险局”。统一管理公保、劳保和农保业务。

6. 目前台湾地区每年有 6000～7000 个肺结核新病例，而且有逐年增加的趋势。但现卫生署下设的“慢性病防治局”只能掌握 30%左右的病人，70%的患者得不到监督管理，故决定恢复原来的“防痨局”，加强对肺结核病人的防治。此外，台湾现有艾滋病病毒带原者 234 人，其中死亡 28 人，离境 13 人，存活 193 人。带原及发病人数尚有扩大之势。为此在卫生署防疫处下成立了艾滋病科，负责此病的防治与科研工作。

**七、中医药**

1. 1991 年 11 月，“立法院”通过“卫生署中医药委员会组织条例草案”，赋予该会实权，正式成为卫生署内半独立的行政单位。该委员会下设中医、中药、研究发展、典籍资讯等 4 个组和一个秘书室，分别负责中医师行医辅导，中医师临床进修，制定中药政策，辅导中药厂商，中药广告，中医诊断及临床评估，中药材基质、质量、性味及剂型的研究，以及中医药典籍和资讯整理等工作。

2. 台湾从 1982 年起推行 GMP(优良药品制造标准)，但只限于西药，中药方面则从 1991 年 7 月起实施，并于 1992 年全面推广。

对中药传统剂型实施 GMP 制度是因为“中药系固有国粹，宜以科学方法加强研究作为依据”，故申请登记的中药必须符合 GMP，否则不予颁发新药许可证。此项工作已列为“促进中药发展计划”的一个组成部分。

台湾现有 300 家中药厂，其中只有 47 家采用 GMP 生产中药浓缩制剂和西药剂型的中药。未实施 GMP 制度的药厂，其产品质量得不得保证。

实施分三个阶段进行：第一阶段从 1991 年 7 月 1 日开始。规定凡现有中药厂申办新药许可证，必须符合 GMP 制造品管理作业相关资料的要求；第二阶段从 1992 年 7 月 1 日到 1993

年 6 月 30 日。药厂商申请新药许可证时，其软件设备必须符合 GMP 制度。第三阶段为 1993 年 7 月 1 日到 1994 年 6 月底，要求药厂商的硬体设备一律达到 GMP 标准始能提出申请。

1991 年 4 月卫生署已制定 200 种中药标准处方，以统一配方剂量，并于 9 月指标中医师和中药房在调剂口服药时，禁止使用硃砂铅丹。

（黎璧莹）

# 香港地区医疗卫生工作

**市民健康** 一般健康状况良好。婴儿死亡率低，小于 7‰。平均寿命，女性为 80 岁，男性为 74 岁。引起死亡的病因主要是癌症、心脏病以及与脑血管有关的疾病。艾滋病病例由 1989 年的 32 例增加到 44 例，其中有 30 例死亡。1990 年，发现霍乱 5 例。病毒性肝炎患者有所增加，以甲型肝炎的情况最为严重。结核病仍是一种主要疾病，1990 年结核病发病 6510 例，发病率为 112/10 万，死亡 382 例，死亡率为 6.59/10 万。

**医疗机构** 香港的公立和私立医院共有病床 25 286 张，平均每千名居民有 4.4 张。1990 年，在 35 家公立医院接受治疗的病人超过 645 400 人，前往专科诊疗所就诊者共 9 837 000 人次，公立医院就医者 110 万人次，平均每日 3 057 人。市民对医院服务的需求增加。医院管理局于 1990 年 12 月 1 日正式成立，逐步将政府医院及辅助医院一体化。医院事务署正在大规模进行医院、普通科门诊诊疗所和专科门诊诊疗所的增建和扩建计划。1990 年，屯门医院分五个阶段投入服务，为新界西区提供 1 600 张病床。沙田慈氏安养院和沙田护养院相继落成。玛丽医院第二期扩建工程已经峻工，香港第一个骨髓移植组于 1990 年 5 月开始投入服务。湾仔律敦治疗养院经过重建后，已经成为拥有 614 张病床的胸肺急症全科医院。至 1990 年底，精神病医院有病床 3 486 张，全科医院附设的精神病科组有病床 645 张。政府尽可能安排精神病患者在社区内接受治疗。目前，精神科社区康复护理服务中心共有 7 个。普通科门诊服务也是整个医疗体系中的主要部分。现共有普通科门诊诊疗所 55 个。1990 年前往政府门诊诊疗所求诊者，共达 1 500 万人次。年底时，由慈善团体办理的诊疗所共 94 个，豁免注册诊疗所 164 个。

**家庭健康** 卫生署家庭健康服务部属下共有母婴健康院 45 所。为育龄妇女和初生至 5 岁的儿童推行全面保健计划。政府给儿童进行一般疫苗接种和防疫注射，防止结核病、白喉、百日咳、破伤风、小儿麻痹症、麻疹、流行性腮腺炎、德国麻疹和病毒性乙型肝炎等疾病。1990 年，超过 90%的初生婴儿在母婴健康院接受检查。小学生接受疫苗注射的比率达 98%以上。推行的卡介苗防疫计划，为 99%的初生婴儿提供疫苗注射。所有在香港出生的婴儿，均纳入初生婴儿检查计划服务范围内。香港现有 4 所儿童体能智力测验中心。卫生署计划今后还要增加 4 所。健康教育也是家庭健康服务的主要工作之一。

**学校保健** 到 1990 年 12 月 31 日止，参加学生保健计划的人数超过 352 800 人，分属 1 116所学校，约占参加学生的 45%。参加该计划的普通科医生，约有 540 名。从 1990 年 11 月 1 日起，学生前往选定医生的医务所就诊，每次交费 12 元（港币，下同）。政府每年资助每名学生 105 元。学校卫生服务由政府负责提供，包括检查校舍的环境卫生及控制传染病。1990 年，参加学校牙科保健计划的学生有 400 921 人，占全港小学生的 74%。

**健康教育** 卫生署中央健康教育组织极推广多项健康教育活动。包括环境卫生、家庭安全、运动与健康、预防病毒性肝炎和疟疾等传染病、防疫注射、捐赠器官、营养、青春期健康及心理健康等。1990年的大型健康教育活动以“建设健康香港、共创美好世界”为主题。中央健康教育组和卫生署的艾滋病辅导及健康教育服务与其他部门合作，推广艾滋病教育，开展了多项活动。政府为保障市民的健康免受吸烟危害，制订了一套建议措施，进一步禁止在公众场合吸烟，限制香烟的焦油含量，加强宣传，并准备修订吸烟(公众卫生)条例，以实行上述措施。

**医疗费用** 在1990～1991财政年度内，政府医疗卫生服务方面获拨款48.54亿元。拨给多所非政府医疗机构的补助金共20.76亿元。用于新医院和其他建筑物，包括购置仪器和家俱等的非经常性开支，约为16.39亿元，其中补助机构占4.77亿元。政府的医疗服务，收费仍然偏低。政府医院普通病房每日收费34元，包括膳食、药物、化验、手术及治疗费用。各大医院还设有少量私家病床，住院费和各项医疗费用均较普通病房高。普通门诊诊疗所每次诊费18元，专科诊所为28元。

**医学教育** 香港大学1990年录取医科学生151人，香港中文大学录取第十批医科学生162人，菲腊牙科医院有58名牙医学员毕业。香港的9所见习护士训练学校及11所见习助理护士训练学校每年分别招生1 180名和580名。葵涌医院和青山医院平均每年招收精神病科见习护士170名，青山医院还招收见习助理护士80名。香港理工学院的诊断学，康复治疗和医学等学系，为医疗和牙科辅助人员提供训练。

**毒品问题** 根据政府的药物滥用资料中央档案室电脑记录和其他有关资料显示，至1990年底，香港染有毒瘾的人数约39 000名，占11岁以上人口的0.8%。男性吸毒者占90%，女性占10%，年逾30岁的占69%，介于20～30岁之间的占25%，21岁以下的占6%。毒品仍以海洛因为主，吸毒者中有94%吸食海洛因。1990年，政府全面推行反吸毒计划，在戒毒治疗中，有14 000名吸毒者戒毒，平均每天有14 100名戒毒者和戒除毒瘾者接受某种形式的治疗、康复和善后辅导服务。

**环境卫生** 1990年，由市政局(区域市政局)保持香港清洁联合策划委员会统筹的“清洁运动”，分期进行，范围包括环境、水域、道路、学校、家居、寮屋区和乡村，以及郊野，并着重社区参与、教育及通过电视和海报宣传。

统计资料见表1～4。

注：材料选自《香港·1991》

(李 珣)

表1 人口生死统计数字

| | 1988 | 1989 | 1990 |
|---|---|---|---|
| 年中人口估计 | 5 681 300 | 5 761 400 | 5 800 600 |
| 出生： | | | |
| 已知出生人数 | 75 412 | 69 621‡ | 67 911 |
| 出生率(每千人) | 13.3 | 12.2 | 11.8 |
| 死亡： | | | |
| 已知死亡人数 | 27 659 | 28 745‡ | 28 688 |
| 死亡率(每千人) | 4.9 | 5.0 | 5.0 |
| 婴儿死亡率*(每千名出生婴儿) | 7.6 | 6.9 | 5.9 |
| 新生婴儿死亡率*(每千名出生婴儿) | 4.8 | 4.4‡ | 3.8 |
| 产妇死亡率*(每千名产妇) | 0.04 | 0.06 | 0.04 |
| 出生时估计寿命(以年计) | | | |
| 男性 | 74.4 | 74.3‡ | 74.6 |
| 女性 | 79.9 | 80.1‡ | 80.3 |

‡修订数字；*根据已登记的死亡数字。

表2 死因*统计

| | 1988 | 1989 | 1990+ |
|---|---|---|---|
| 传染病和寄生虫病 | 859 | 1 009 | 1 067 |
| 各种结核病 | 388 | 403 | 382 |
| 肿瘤 | 8 197 | 8 603 | 8 696 |
| 恶性肿瘤，包括淋巴组织和造血组织的肿瘤 | 8 177 | 8 585 | 8 676 |
| 内分泌、营养、新陈代谢和血液的毛病 | 258 | 301 | 325 |
| 糖尿病 | 211 | 250 | 282 |
| 神经系统或感觉器官疾患和神经错乱 | 190 | 217 | 230 |
| 循环系统疾病 | 7 946 | 7 994 | 8 242 |
| 心脏病，包括高血压症 | 4 599 | 4 836 | 4 922 |
| 脑充血 | 3 145 | 2 915 | 3 056 |
| 呼吸系统疾病 | 4 798 | 4 975 | 5 002 |
| 各种肺炎 | 2 013 | 2 029 | 2 023 |
| 支气管炎、肺气肿和哮喘 | 514 | 497 | 553 |
| 消化系统疾病 | 1 122 | 1 251 | 1 240 |
| 胃溃疡 | 20 | 31 | 37 |
| 慢性肝病和肝脏硬化 | 302 | 329 | 321 |
| 泌尿生殖系统疾病 | 1 243 | 1 267 | 1 349 |
| 妊娠、分娩和产后并发症 | 3 | 4 | 3 |
| 皮肤、皮下组织、骨骼组织和结缔组织疾患 | 52 | 61 | 75 |
| 先天异态 | 228 | 213 | 218 |
| 若干生育期病症 | 248 | 238 | 209 |
| 症状、病征和病况不明 | 681 | 697 | 808 |
| 受伤和中毒 | 1 551 | 1 653 | 1 737 |
| 各种意外事故 | 743 | 839 | 893 |
| 自杀和自伤 | 579 | 604 | 657 |
| 不详 | — | 2 | — |
| 合计 | 27 376 | 28 485 | 29 201 |

*根据已登记的死亡数字；+临时数字。

表 3　医院病床数

| 医院种类 | 截至年底 1988 | 1989 | 1990# |
|---|---|---|---|
| 政府医院* | 12 302 | 12 352 | 12 679 |
| 政府留产所暨诊疗所 | 385 | 363 | 317 |
| 政府补助医院 | 9 577 | 9 537 | 9 464 |
| 私立医院 | 2 749 | 2 763 | 2 782 |
| 私立护理兼留产所 | 44 | 44 | 44 |
| 合计 | 25 057 | 25 059 | 25 286 |

*包括惩教机构和戒毒所；# 临时数字。

表 4　医疗专业人员数

| | 截至年底 | | | | | |
|---|---|---|---|---|---|---|
| | 在政府服务 | | | 注册总数 | | |
| | 1988 | 1989 | 1990 | 1988 | 1989 | 1990 |
| 医科——医生 | 1 643+ | 1 700+ | 1 846+ | 5 785* | 6 025* | 6 260* |
| 暂准注册实习医生 | 213 | 240 | 234 | 214 | 242 | 233 |
| 暂准注册非驻院实习医生 | 70 | 58 | 54 | 71 | 58 | 54 |
| 牙科——牙医 | 165 | 163 | 173 | 1 346* | 1 431* | 1 532* |
| 牙齿卫生员 | 5 | 6 | 4 | 79 | 83 | 89 |
| 护理科——注册护士(普通科) | 6 332 | 7 981 | 7 879 | 16 991 | 18 058 | 19 121 |
| 注册护士(精神科) | 859 | 1 029 | 1 052 | 1 124 | 1 162 | 1 242 |
| 注册护士(智力迟缓科) | — | — | — | 10 | 10 | 11 |
| 注册护士(儿科) | — | — | — | 2 | 3 | 3 |
| 登记护士(普通科) | 1 412 | 1 597 | 1 616 | 6 123 | 6 406 | 6 724 |
| 登记护士(精神科) | 412 | 545 | 589 | 502 | 520 | 578 |
| 助产科——助产士(无护士资格者) | 236 | 222 | 211 | 981 | 981 | 981 |
| 药剂及毒物科——药剂师 | 62 | 62 | 80 | 646 | 678‡ | 694 |

注：只有医生、牙医和药剂师须每年重新注册；+包括无注册资格的医生

*包括本地及海外名册内的专业医疗人员；‡修订数字。

## 全 国 人 口 数

| | 实有数(万人) | | | 比重(%) | | 性比例 |
|---|---|---|---|---|---|---|
| | 总计 | 男 | 女 | 男 | 女 | |
| 1949 | 54 167 | 28 145 | 26 022 | 52.0 | 48.0 | 108.2 |
| 1952 | 57 482 | 29 833 | 27 649 | 51.9 | 48.1 | 107.9 |
| 1957 | 64 653 | 33 469 | 31 184 | 51.8 | 48.2 | 107.3 |
| 1962 | 67 295 | 34 517 | 32 778 | 51.3 | 48.7 | 105.3 |
| 1965 | 72 538 | 37 128 | 35 410 | 51.2 | 48.8 | 104.9 |
| 1970 | 82 992 | 42 686 | 40 306 | 51.4 | 48.6 | 105.9 |
| 1975 | 92 420 | 47 564 | 44 856 | 51.5 | 48.5 | 106.0 |
| 1978 | 96 259 | 49 567 | 46 692 | 51.5 | 48.5 | 106.2 |
| 1980 | 98 705 | 50 785 | 47 920 | 51.5 | 48.5 | 106.0 |
| 1985 | 105 851 | 54 725 | 51 126 | 51.7 | 48.3 | 107.0 |
| 1990 | 114 333 | 58 904 | 55 429 | 51.5 | 48.5 | 106.3 |
| 1991 | 115 823 | … | … | … | … | … |

注:本表包括大陆 30 个省、自治区、直辖市人口数和现役军人数字;

资料来源:《中国统计年鉴·1991 年》。

## 全国国民生产总值、国民收入、财政收支情况

| | 国民生产总值(亿元) | 国民收入(亿元) | 人均国民收入(元) | 财政收入(亿元) | 财政支出(亿元) |
|---|---|---|---|---|---|
| 1957 年 | … | 908 | 142 | 310 | 304 |
| 1960 年 | … | 1 220 | 183 | 572 | 654 |
| 1965 年 | … | 1 387 | 194 | 473 | 466 |
| 1970 年 | … | 1 926 | 235 | 663 | 649 |
| 1975 年 | … | 2 503 | 273 | 816 | 821 |
| 1978 年 | 3 588 | 3 010 | 315 | 1 121 | 1 111 |
| 1980 年 | 4 470 | 3 688 | 376 | 1 085 | 1 213 |
| 1985 年 | 8 558 | 7 020 | 668 | 1 866 | 1 845 |
| 1986 年 | 9 696 | 7 859 | 737 | 2 260 | 2 331 |
| 1987 年 | 11 301 | 9 313 | 859 | 2 369 | 2 448 |
| 1988 年 | 14 018 | 11 738 | 1 066 | 2 628 | 2 707 |
| 1989 年 | 15 916 | 13 176 | 1 178 | 2 948 | 3 040 |
| 1990 年 | 17 686 | 14 429 | 1 271 | 3 313 | 3 452 |
| 1991 年 | 19 580 | 15 707 | 1 356 | 3 583 | 3 794 |

注:本表数字均按当年价格计算;

资料来源:1990 年及以前的数字摘自《中国统计年鉴·1991》,1991 年的数字摘自《关于 1991 年国民经济和社会发展的统计公报》。

## 1989 年人口指标

| | 年中人口数(百万) | 出生率(‰) | 死亡率(‰) | 自然增长率(‰) | 平均期望寿命(岁) | 总和生育率(个) | 城市化人口(%) |
|---|---|---|---|---|---|---|---|
| 中国 | 1 133.7 | 21 | 6 | 15 | 71 | 2.25 | 19 |
| 日本 | 123.0 | 11 | 7 | 4 | 81 | 1.70 | 77 |
| 美国 | 247.3 | 15 | 9 | 6 | 79 | 1.80 | 74 |
| 英国 | 57.1 | 13 | 12 | 1 | 78 | 1.80 | 92 |
| 法国 | 56.0 | 14 | 10 | 4 | 79 | 1.80 | 74 |
| 澳大利亚 | 16.7 | 15 | 7 | 8 | 79 | 1.80 | 85 |
| 苏联 | 286.5 | 18 | 11 | 7 | 74 | 2.40 | 67 |
| 波兰 | 38.2 | 17 | 10 | 7 | 75 | 2.20 | 62 |
| 罗马尼亚 | 23.2 | 15 | 11 | 4 | 73 | 2.10 | 50 |
| 南斯拉夫 | 23.7 | 15 | 9 | 6 | 72 | 1.90 | 49 |
| 巴西 | 147.4 | 28 | 8 | 20 | 68 | 3.40 | 75 |
| 泰国 | 54.9 | 22 | 7 | 15 | 67 | 2.50 | 22 |
| 印度 | 835.6 | 32 | 11 | 21 | 58 | 4.30 | 27 |
| 埃及 | 51.2 | 36 | 10 | 26 | 62 | 4.80 | 48 |
| 赞比亚 | 8.1 | 51 | 14 | 37 | 56 | 7.20 | 54 |

资料来源：摘自联合国儿童基金会的《1991 年世界儿童状况报告》，下表同。

## 营养和卫生指标

| | 每人每天供应与所需的热卡(%) 1984—1989 | 出生时低体重婴儿比重(%) 1982—1988 | 婴儿死亡率(‰) 1989 | 孕产妇死亡率(1/10 万) 1980—1989 | 一岁儿童完成全程免疫百分比 1987—1991 | | | |
|---|---|---|---|---|---|---|---|---|
| | | | | | 卡介苗(%) | 百白破(%) | 脊灰(%) | 麻苗(%) |
| 中国 | 111 | 5 | 35 | 95 | 96 | 95 | 96 | 95 |
| 日本 | 122 | 5 | 5 | 16 | 85 | 83 | 95 | 73 |
| 美国 | 138 | 7 | 10 | 8 | … | 37 | 24 | 82 |
| 英国 | 128 | 7 | 9 | 9 | 96 | 70 | 87 | 76 |
| 法国 | 130 | 5 | 8 | 14 | 98 | 96 | 97 | 41 |
| 澳大利亚 | 125 | 6 | 9 | 8 | … | … | … | 68 |
| 苏联 | 133 | 6 | 25 | 48 | 93 | 79 | 80 | 79 |
| 波兰 | 126 | 8 | 16 | 11 | 95 | 98 | 99 | 99 |
| 罗马尼亚 | 127 | 6 | 22 | 150 | 95 | 92 | 94 | 90 |
| 南斯拉夫 | 139 | 7 | 25 | 22 | 87 | 90 | 90 | 92 |
| 巴西 | 111 | 8 | 62 | 120 | 67 | 54 | 89 | 60 |
| 泰国 | 105 | 12 | 149 | … | 97 | 80 | 80 | 60 |
| 印度 | 100 | 30 | 98 | 340 | 72 | 73 | 64 | 44 |
| 埃及 | 132 | 5 | 83 | 318 | 80 | 87 | 87 | 84 |
| 赞比亚 | 92 | 14 | 79 | 151 | 92 | 83 | 81 | 80 |

注：中国婴儿死亡率系 1982 年人口普查数。

# 1991 年度诺贝尔医学奖

1991 年 10 月 7 日瑞典卡罗琳医学院代表诺尔基金会将本年度医学或生理学奖授给了“发现细胞离子通道”的两名德国生理学家——埃尔温·内尔和贝尔特·扎克曼。

埃尔温·内尔(47 岁)和贝尔特·扎克曼(49 岁)一起工作在德国的马克斯·普朗克研究所。

1976 年这两位生理学家共同研究出一项称为“斑夹”的技术，他们利用这项新技术探明了活细胞膜上离子通道的结构和功能。他们证明，离子通道是镶嵌在膜上的跨膜蛋白质。这种蛋白质具有 α-螺旋结构，也被称为通道蛋白。在蛋白质的中心具有亲水性通道，对离子具有较高度的亲和力，允许适当大小的离子顺浓度梯度(物质在膜两侧的浓度差)瞬间大量通过。离子通道可迅速开放或关闭，这是受闸门的控制，这种闸门由通道蛋白带电分子或基团构成。有的持续开放，有的间断开放。间断开放的通道分两类：一类是电位依赖性的电压闸门通道，其开闭受膜电压控制，如钠离子和钙离子通道；另一类是化学闸门通道，其开闭受化学物质调节，如乙酰胆碱离子通道。当膜两侧特异离子浓度发生变化，膜电位改变或当某一配体(如神经递质等化学物质)与通道蛋白的相应部位结合，则引起通道蛋白构象发生改变，而导致闸门开放。闸门开放时间极短暂，只有几毫秒，随即自然关闭。这种特性有利于一些顺序性活动，例如一个通道离子的流入，可引起另一个通道的开放，后者在顺序变化中又可影响其他特异的通道开放。因此，第一个通道闸门的关闭对第二通道的活动有调节作用。

内尔和扎克曼还证实，一些非脂溶性的物质，如糖、氨基酸、核苷酸、金属离子等，穿过细胞膜需要借助于一定载体的帮助。他们还证明，载体是膜上的某种与物质转运有关的跨膜蛋白。这种跨膜蛋白具有与某种物质专一性结合的部位，不同的物质由不同的载体转运。当某种物质与其专一的载体蛋白结合后，载体蛋白分子发生可逆性的构象变化，产生物质转运。

离子通道的发现与探明，推动了现代生理学和医学的研究。在生理学领域，人们终于弄清了卵的受精、神经脉冲和心脏搏动规律的机制。在医学领域，他们的研究使高血压、心肌病、肾性糖尿病和癫痫病的病因得到了新的阐明。

(郝巨为改编于《健康报》)

# 索　引

## K

## L



## M



## N



## P



## Q



## R



## S

云丰®

…伤肿、创伤出血…
·对内脏出血，诸如鼻出血，…
扩张、肺结核空洞、胃肠道出血和…
型紫癜有肯定疗效。

…效果显著。

## 宫 血 宁

1987年获云南省优质产品奖
1988年获全国首届中成药健康杯优秀奖
· 有缩宫止血、消炎止痛之功
· 是适用妇产科各种血症的止血新药
· 对宫内放取节育器所致出血，效果显著。
· 总有效率97%以上，无副作用

## 三七冠心宁

1983年获国家经委优秀新产品金龙奖
· 对冠心病、心绞痛有较好疗效

## 白 药 精

1989年获云南省优质产品奖
· 对筋骨疼痛、风湿麻木疗效显著

## 生田七片

1989年获云南省优质产品奖
· 有活血散瘀、通脉、止血、消肿、定痛之功。
· 治疗跌打损伤，防止冠心病、胆固醇过高有显著疗效。

## 百 宝 丹

1990年获云南省优质产品奖
· 对妇科血症及慢性胃病有显著疗效

## 云南白药酊

1991年获云南省优质产品奖
· 有活血散瘀、消肿止痛之功
· 对冻伤有100%疗效
· 既可内服又可外用

## 云南白药厂简介

座落在祖国西南边陲的云南白药厂于1971年在周恩来总理的亲切关怀下成立，其占地面积为39000平方米，现有职工800余人，各类专业技术人员178人。云南白药厂具有国内外先进水平的生产设备和检测仪器721台（套）。厂房按GMP标准设计，白药车间、片剂车间、原料车间配备有空调装置和机械化的生产线。此外，还建有现代化多功能综合仓库一幢。

云南白药厂是以生产“云丰”牌云南白药及其系列产品和田七系列产品为主，产品剂型8个，品种60余种，有12个产品对外出口。云南白药厂是全国二十一个重点中成药厂之一，也是云南省一百家大中型骨干企业之一，在云南省医药行业中第一家晋升为国家二级企业。

厂长：秦百平
厂址：云南省昆明市西坝路51号
邮编：650032
电话：（总机）41098、41134
电挂：3344.
传真：41473.

现任所长、著名神经外科专家王忠诚教授

北京市神经外科研究所：

本所创建于一九六〇年三月，目前已发展成为亚洲最大的神经外科科研、医疗和教学中心，中国的世界卫生组织（WHO）神经科学研究及培训合作中心、全国脑血管病防治研究办公室、中华神经外科学会、中华神经外科杂志编辑部设在本所，一九八三年国家卫生部任命本所为神经外科培训基地。

北京市神经外科研究所位于天坛公园西南侧，占地面积21000平方米，拥有固定资产1700多万，基础研究科室14个，神经外科病床300多张，9个专业组，全所科技人员450多人，拥有较多的国内外知名的科技专家。以脑血管病、脑瘤为中心的研究为国内领先地位，神经介质和脑动脉瘤外科治疗的研究达国际先进水平，一九七八年以来共获科研成果148项，发表论文365篇。

本所拥有扫描电镜、透视电镜、二维多谱勒超声仪、三维多谱勒超声仪、高压液相色谱仪、CT、ECT、数字减影血管造影仪、直线加速器、核磁共振等一大批国内外先进的诊疗仪器。

北京市神经外科研究所